LE MACMILLAN

LINUX

Jack Tackett, Jr. Steven Burnett

S&SM

EN UN CLIN D'ŒIL

4 Travailler avec Linux

5 Administration réseau

6 Internet

Mise en place d'un serveur Web Linux

8 Annexes

I INSTALLATION DE LINUX

2 Administration système

3 SYSTÈMES DE FICHIERS

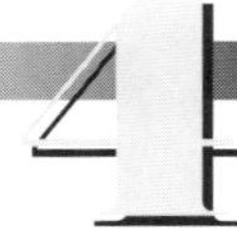

Travailler avec Linux

5 ADMINISTRATION RÉSEAU

8 Annexes

Introduction

Linux n'est plus un système d'exploitation de second ordre. Ses utilisations commerciales sont légion, que ce soit pour créer les effets spéciaux du désormais célèbre *Titanic* de James Cameron, ou pour en faire le système d'exploitation de nouveaux ordinateurs de réseaux. Linux évolue, et on se doit d'en suivre les changements ; c'est pourquoi vous constaterez beaucoup de nouveautés dans cette quatrième édition du *Macmillan Linux*.

Beaucoup de chapitres ont été réécrits pour mettre l'accent sur la distribution de Red Hat — probablement la plus connue et la plus simple à installer. En outre, le livre traite de sujets tels que RPM (*Red Hat Package Manager*), l'outil le plus simple pour installer et mettre à jour votre système, PAM, une fonction de sécurité majeure, présente sur la plupart des distributions de Linux, ainsi que X Window. Vous trouverez également un CD-ROM contenant une version allégée d'OpenLinux de Caldera et un exemplaire de StarOffice de Caldera, une application de bureau intégrée.

Toutefois, si Linux est pour vous un domaine nouveau, vous voudrez peut-être savoir de quoi il s'agit réellement.

En 1991, Linus Torvalds, alors un jeune étudiant de 23 ans, démarra un projet personnel dont le but était d'accroître les capacités du système d'exploitation Minix et d'élaborer un clone à part entière d'UNIX, alors en vogue sur les campus universitaires. Ce projet suit son cours et Linux est sans cesse amélioré et mis à jour par des centaines de personnes sur toute la planète.

Linux est une exception dans le secteur informatique. Ce n'est pas un produit commercial dû à une entreprise importante ; c'est au contraire un système d'exploitation dont l'origine est due à la frustration et aux efforts de fanas d'informatique à travers le monde. Cette équipe s'est servi des ressources d'Internet pour communiquer et bâtir le système d'exploitation Linux.

Ne vous représentez pas Linux comme un passe-temps pour hackers. De nombreux produits sont commercialisés pour Linux. En fait, plusieurs sociétés adaptent leurs applications UNIX pour Linux, par exemple WordPerfect de Corel. En fait, Corel a adopté Linux pour son nouvel ordinateur de réseau, et a créé le logiciel pour la communauté des développeurs.

INFO

Même s'il est très difficile d'estimer le nombre d'utilisateurs ou d'installations Linux de par le monde, on le situe entre 5 000 000 et 10 500 000. Pour d'autres informations, visitez l'URL :

http://www.redhat.com/redhat/linuxmarket.html

Si vous ne savez pas ce qu'est une URL ni comment l'utiliser, ne désespérez pas ! Ce livre va vous aider à progresser dans votre apprentissage de l'Internet à l'aide de Linux.

Voir Chapitre 32.

Certaines des plus grandes entreprises utilisent Linux pour leurs projets internes ou pour des applications cruciales. Récemment, certaines, comme Nestcape Communications, ont adopté le concept des solutions ouvertes en faisant paraître leur logiciel dans la communauté des développeurs, comme Linus Torvalds et d'autres font paraître leur logiciel au grand jour.

Il existe de nombreuses applications gratuites pour Linux. Depuis les débuts de Linux, la quasi-totalité des utilitaires GNU a été portée sous Linux, de même que l'interface graphiques X Window, très populaire dans le monde UNIX. GNU (acronyme récursif de *GNU's not UNIX*) est un projet qui a été lancé par une seule personne afin que tout le monde puisse se procurer des logiciels. La Licence Publique Générale GNU de l'Annexe D décrit la philosophie sous laquelle Linux et beaucoup d'autres logiciels sont diffusés. Les CD-ROM inclus dans ce livre contiennent un grand nombre de packages GNU.

Ce livre apporte suffisamment d'informations pour que vous puissiez utiliser Linux et en tirer profit. Les CD-ROM contiennent les versions Red Hat 5.2 et Caldera OpenLinux Lite de Linux, chacune utilisant le noyau 2.0.34.

INFO

La première chose à faire est certainement de vous aider à prononcer le mot Linux. *Vous pouvez l'entendre prononcer en anglais à l'adresse suivante :*

ftp://ftp.linux.org/pub/kernel/SillySounds/english.au

A qui s'adresse ce manuel

Toute personne qui s'intéresse au phénomène Linux peut utiliser ce manuel pour installer, configurer et utiliser ce système. Linux est souvent considéré comme un clone d'UNIX, mais c'est en réalité un système d'exploitation multitâche et multiutilisateur, conforme aux normes POSIX pour processeurs Intel 386 et suivants. POSIX est une norme internationale détaillant les spécifications d'interopérabilité pour systèmes d'exploitation et logiciels. MS-DOS et Windows ne sont pas indispensables au fonctionnement de Linux sur un ordinateur, il peut en fait les remplacer.

Linux étant en constante évolution, il faut être conscient du risque de perte de données. Par conséquent, *n'installez pas Linux sans avoir pris la précaution de faire une sauvegarde du système*. Pour l'installer, il sera peut-être nécessaire de partitionner le disque afin de libérer de la place. Remarquez tout de même qu'il est possible d'installer Linux au-dessus de MS-DOS ou de partitionner votre disque sans perdre de données. Ce manuel n'est pas destiné aux novices, toutefois, en prenant des précautions, n'importe qui peut installer et utiliser Linux.

INFO

La version la plus récente de Linux est toujours disponible sur Internet, à partir des sources indiquées à l'Annexe A. Les CD-ROM de ce livre contiennent les versions de Linux les plus récentes que nous ayons pu rassembler. Le développement très rapide et quelque peu chaotique de ce système d'exploitation nous a interdit de livrer la toute dernière version. En fait, bien que tout soit fait pour synchroniser le livre et les CD-ROM, c'est presque impossible. Contrairement aux logiciels commercialisés, qui changent peu souvent et dans des conditions précises, Linux et les logiciels qui s'y rapportent sont en perpétuelle évolution.

Linux ressemble beaucoup à UNIX. Une grande partie des procédures et des actions concernant Linux s'appliquent à d'autres systèmes UNIX. C'est pourquoi, en apprenant à utiliser Linux, vous apprendrez également à utiliser la plupart de ces systèmes.

UNIX s'est beaucoup développé au cours de ces dernières années, pour devenir le système privilégié de milliers d'utilisateurs de par le monde ; cela ne doit rien au hasard. Bien que les premières versions d'UNIX se soient avérées plus difficiles d'utilisation que les autres systèmes d'exploitation de l'époque, UNIX a su s'imposer dans les cercles scientifiques et universitaires. Ces professionnels se sont non seulement rendu compte de la puissance, de la flexibilité et de la maniabilité d'UNIX, mais ils ont également vu les perspectives qu'offrait UNIX en devenant le meilleur système d'exploitation. Leurs efforts ont donné naissance au système UNIX actuel et à ses utilitaires extraordinaires, auxquels il faut ajouter les capacités de communication et les interfaces graphiques les plus récentes.

Aujourd'hui, UNIX promet encore une fois de révolutionner les ordinateurs personnels et, peut-être, d'en changer l'évolution. D'un système d'exploitation destiné à l'origine aux mini-ordinateurs, UNIX s'est transformé en un système capable de s'adapter à toutes les plates-formes. Rien ne permet d'affirmer que cette évolution va s'arrêter. UNIX peut devenir le système d'exploitation rêvé par de nombreux utilisateurs, un système qui permettrait de standardiser et de rendre efficacement et définitivement compatibles tous les systèmes informatiques, quelles que soient leur taille ou leur puissance.

UNIX est disponible sous différentes formes, y compris les versions pour plates-formes Intel PC, chez de nombreux fabricants, mais coûte souvent très cher. Gratuit sur Internet et dans cet ouvrage, Linux constitue la solution idéale pour se familiariser à l'univers UNIX, à ses commandes, à ses procédures, à l'interface utilisateur X Window et au Web.

Quand ne pas utiliser ce livre

Si vous êtes un hacker Linux ou un expert UNIX, ce livre ne répondra peut-être pas à vos attentes. Il est destiné à toute personne voulant travailler avec Linux et UNIX et n'ayant jamais utilisé ces systèmes d'exploitation.

Toutefois, même si vous savez comment installer Linux et jongler avec UNIX, ce livre pourra vous être utile, surtout si vous avez utilisé uniquement UNIX et que vous n'avez jamais eu l'occasion d'effectuer des tâches administratives. Plusieurs sections du livre sont consacrées à ce sujet et à la gestion d'un système Linux/UNIX. Généralement, un utilisateur UNIX typique n'est pas autorisé à effectuer les tâches d'administration du système ;, mais avec Linux, vous êtes libre de faire tout ce qu'il vous plaît.

Si vous ne connaissez pas MS-DOS et ne savez pas à quoi ressemble une disquette, il sera bon de commencer par les bases en informatique avant de vous attaquer à Linux. Ce système n'est pas destiné aux novices ; il faut comprendre comment fonctionne un ordinateur. Si vous frissonnez à la pensée de repartitionner ou de reformater votre disque dur, attendez de maîtriser suffisamment votre ordinateur avant de passer à Linux.

Configuration matérielle nécessaire

La plus grande partie de Linux a été écrite par des *hackers* (pas des *pirates*, mais des personnes aimant vraiment ce qu'elles font, c'est-à-dire écrire des programmes). Par conséquent, les matériels supportés par Linux sont ceux dont disposent ces développeurs.

Toutefois, de nombreux fabricants considèrent Linux comme un marché intéressant et commencent à écrire des pilotes pour leur matériel. Ils fournissent également leurs spécifications, et les développeurs Linux peuvent ainsi écrire des logiciels adaptés à ce matériel. Beaucoup d'entreprises font aussi appel à des développeurs Linux indépendants pour écrire des pilotes spécifiques. Elles publient ensuite le code sous les termes de GNU. Il s'agit d'une évolution radicale par rapport au comportement observé durant les années précédentes, lors desquelles les fabricants conservaient leurs informations à cause de la concurrence.

Le Tableau 1 présente brièvement les matériels supportés. Si vous ne disposez pas du matériel adéquat, il est peu probable que Linux s'installe et tourne chez vous. Un homme averti en vaut deux ! L'Annexe C donne un listing plus détaillé du matériel utilisable avec Linux.

Il n'est pas inutile de vous indiquer quel type de système a été utilisé pour fabriquer ce livre. La machine de test est un Pentium II 233 avec 64 Mo de RAM et un contrôleur SCSI Buslogic, un disque SCSI Micropolis de 4 Go, une carte Ethernet PCI NE2000, un CD-ROM ATAPI 24×, et une carte graphique Matrox Mystique. Le serveur de noms utilisé sur notre réseau est un système 486dx100 avec des disques IDE et 32 Mo de mémoire tournant sous Red Hat Linux.

Cette machine joue également le rôle de serveur sendmail principal du site. Le serveur Web principal est un Alpha de Digital Equipment, fonctionnant également sous Red Hat Linux. Tout le site est connecté à l'Internet via une ligne RNIS utilisant un routeur Ascend Pipeline 75.

Tableau 1.1 : Aperçu du matériel supporté par Linux

Elément	Description
UC	Intel 386 et suivants (et compatibles), DEC Alpha, Sun Sparcs et PowerMacs.
BUS	ISA, EISA et bus local VESA, PCI. Le bus Microchannel n'est pas encore entièrement géré
RAM	2 Mo nécessaires, 4 Mo conseillés
Disque dur	Contrôleur standard d'unité de disque dur AT. Linux gère les contrôleurs MFM, IDE, ESDI, RLL, ainsi que les contrôleurs SCSI et CD-ROM les plus courants.
Place sur disque	20 Mo minimum ; 80 conseillés.
Moniteur	Linux gère les cartes vidéo Hercules, CGA, EGA, VGA et SVGA. D'autres configurations nécessaires à X Window sont détaillées au Chapitre 21.
Souris	Toutes les souris standards (Logitech, Microsoft, Mouse Systems). Linux supporte également les souris de type bus de Microsoft, Logitech et ATIXL.
Lecteur de CD-ROM	Tous les lecteurs de CD-ROM qui utilisent une véritable interface SCSI. Certains lecteurs de CD-ROM propriétaires tels que les séries SoundBlaster fonctionnent également. Les lecteurs connus pour fonctionner sous Linux sont : NEC CDR-74, Sony CDU-45 et CDU-31a, les lecteurs Mitsumi et Texel DM-3042.
Lecteur de bandes	Tous les lecteurs SCSI ainsi que ceux pris en charge à partir des lecteurs de disquettes ; les modèles Colorado Jumbo 120 et 250 qui utilisent le format QIC 80 sont à présent supportés.
Imprimante	Si vous pouvez accéder à votre imprimante à partir de MS-DOS, vous devriez aussi pouvoir y accéder à partir de Linux ; certaines options pourront ne pas être disponibles.
Carte Ethernet	Si vous avez accès à un réseau Ethernet, Linux gère plusieurs cartes Ethernet standard, parmi lesquelles les cartes 3C503, 3C509, et 3C503/16 de 3Com, les cartes NE1000 et NE2000 de Novell et les cartes WD8003 et WD8013 de Western Digital.

Le site Web **http://glycerine.itsmm.uni.edu/mca/** donne d'autres informations sur le bus MicroChannel.

Contenu du manuel

Vous faites peut-être partie des lecteurs qui préfèrent lire un livre de bout en bout. L'organisation des chapitres et des sections de ce manuel répond à cette attente, la complexité des informations allant croissant. Ces informations sont organisées en sept parties et cinq annexes. Chaque partie mettant l'accent sur un sujet particulier, vous pouvez lire celles qui répondent à vos besoins immédiats. Nous vous conseillons cependant de lire dès que possible l'ensemble de ce livre, vous y trouverez de nombreuses informations fort utiles.

• Partie I : Installation de Linux

La Partie I décrit de façon détaillée le système Linux et indique comment installer ce système. Elle comprend 6 chapitres :

- Le Chapitre 1 présente le système et fournit un aperçu général des divers composants et des différentes distributions de Linux.
- Le Chapitre 2 est une présentation générale de l'installation des différentes distributions de Linux, l'accent étant mis sur le matériel supporté, les problèmes éventuels et leurs solutions.
- Le Chapitre 3 donne des instructions détaillées sur l'installation de la version Red Hat fournie sur CD-ROM.
- Le Chapitre 4 décrit l'installation de la version OpenLinux livrée avec ce livre.
- Le Chapitre 5 est une introduction à la mise en place du système Linux.
- Le Chapitre 6 fournit les informations nécessaires à l'installation de nouveaux logiciels à l'aide du système RPM (*Red Hat Package Management*). Il traite également de l'installation de logiciels à partir de l'Internet et de la façon de modifier les programmes existants.

• Partie II : Administration système

Dans la Partie II vous trouverez les informations de base sur la configuration et la gestion d'un système Linux typique.

- Le Chapitre 7 décrit rapidement les procédures et les processus nécessaires à la configuration et à la maintenance d'un système Linux.
- Le Chapitre 8 présente l'éditeur `vi` d'UNIX. Bien que ce ne soit pas le plus puissant, il est livré avec tout système Linux/UNIX, et c'est quelquefois le seul qui soit disponible.
- Le Chapitre 9 décrit ce qui se passe lors du démarrage et de l'arrêt d'un système Linux, et explique pourquoi on ne peut pas simplement mettre une machine UNIX hors tension. Il contient la liste complète des fichiers utilisés au démarrage de Linux.
- Le Chapitre 10 montre comment ajouter, supprimer et gérer les comptes utilisateur sur votre machine.
- Le Chapitre 11 traite de la nécessité de sauvegarder les données, et présente les procédures s'y rapportant.
- Le Chapitre 12 est une brève présentation de la sécurité des systèmes Linux ; il explique les procédures assurant une sécurité raisonnable.

- Le Chapitre 13 montre comment configurer un noyau Linux adapté à votre matériel, indépendamment de la distribution utilisée.

• Partie III : Systèmes de fichiers

La Partie III montre comment tirer parti des diverses caractéristiques de Linux. Les informations de cette partie serviront pour travailler avec d'autres systèmes UNIX :

- Le Chapitre 14 traite de la création, du montage et de l'utilisation des systèmes de fichiers sous Linux.
- Le Chapitre 15 décrit le logiciel Samba en détail, et explique comment configurer Linux pour qu'il utilise Samba avec d'autres systèmes Linux et avec NT.
- Le Chapitre 16 présente les droits d'accès aux fichiers, les utilisateurs, et les types de fichiers.
- Le Chapitre 17 détaille la structure et l'organisation des systèmes de fichiers de Linux, les conventions de dénomination et la hiérarchie des répertoires. Ce chapitre enseigne également l'art de naviguer dans les systèmes de fichiers Linux.

• Partie IV : Travailler avec Linux

Les cinq chapitres de la Partie IV décrivent de façon plus détaillée les outils et les utilitaires Linux accessibles depuis la ligne de commande.

- Le Chapitre 18 présente le monde magique des shells Linux, les puissantes possibilités des scripts shell et les différents shells existants pour Linux.
- Le Chapitre 19 explore les possibilités de Linux en ce qui concerne l'exécution simultanée de plusieurs processus. Vous apprendrez à lancer et à gérer plusieurs processus, ainsi qu'à les contrôler et à les stopper.
- Le Chapitre 20 couvre les bases de l'impression sous Linux : émission des commandes d'impression, vérification du statut de l'imprimante et annulation des travaux d'impression ; les problèmes les plus courants seront également abordés.
- Le Chapitre 21 présente l'installation du système X Window sous Linux. La version Linux de X s'appelle XFree86 ; elle est semblable aux autres interfaces graphiques, telles que Microsoft Windows ou OS/2 Workplace Shell.
- Le Chapitre 22 donne les informations nécessaires pour utiliser X Window avec Linux.

• Partie V : Administration réseau

La Partie V approfondit les procédures et les processus nécessaires à l'administration d'un système Linux robuste. Elle comprend six chapitres.

- Le Chapitre 23 présente les protocoles réseau les plus utilisés actuellement sur Internet.
- Le Chapitre 24 décrit la mise en place et la configuration de TCP/IP avec Linux.
- Le Chapitre 25 traite de l'utilisation de DNS.
- Le Chapitre 26 indique comment installer le courrier électronique et l'utiliser avec sendmail.
- Le Chapitre 27 donne les informations nécessaires à l'installation des news Usenet sur votre système.
- Le Chapitre 28 décrit l'éditeur emacs, très répandu dans le monde UNIX ; il a été développé par Richard Stallman, patriarche du projet GNU.

• Partie VI : Internet

Les cinq chapitres de la Partie VI constituent une présentation au réseau des réseaux.

- Le Chapitre 29 illustre la configuration et l'utilisation des protocoles SLIP (*Serial Line Internet Protocol*) et PPP (*Point to Point Protocol*), pour pouvoir se connecter à Internet.
- Le Chapitre 30 donne des informations sur l'utilisation de divers programmes pour accéder aux sources d'informations à travers le monde.
- Le Chapitre 31 présente divers outils cherchant à rechercher des informations sur Internet ; l'accent sera mis sur le Web.
- Le Chapitre 32 traite de la création de pages Web au moyen du langage HTML.
- Le Chapitre 33 présente le courrier électronique et son utilisation avec Linux.
- Le Chapitre 34 est une introduction aux groupes de discussion Usenet.

• Partie VII : Mise en place d'un serveur Web Linux

Les trois chapitres de la Partie VII montrent comment installer et faire fonctionner un serveur Web.

- Le Chapitre 35 apporte les bases nécessaires à la prise en main du serveur Web Apache. Il présente la compilation et l'installation d'Apache, ainsi que les options de configuration de base.
- Le Chapitre 36 traite des principales options de configuration : types MIME, indexation des répertoires, directives sur le serveur, imagemaps, et hôtes virtuels.
- Le Chapitre 37 présente les tâches d'administration concernant un serveur Web : contrôle des processus fils, efficacité du serveur, gestion des fichiers log et sécurité du système.

• Annexes

L'Annexe A répertorie les livres, les magazines, les groupes Usenet et les sites FTP concernant Linux. Il donne également un bref aperçu des nombreuses ressources qui s'offrent aux utilisateurs de Linux.

L'Annexe B dresse la liste les documents HOWTO et Mini-HOWTO se rapportant à Linux. Ces documents, qui proviennent d'Internet, indiquent comment (*how*) effectuer des tâches spécifiques avec Linux.

L'Annexe C donne des informations importantes à propos du matériel utilisable avec Linux. Ce document HOWTO est également disponible sur Internet.

L'Annexe D est le texte exact de la licence d'utilisation des applications GNU. Elle décrit vos responsabilités au regard de la modification, la distribution, ou l'utilisation des programmes GNU.

L'Annexe E décrit comment installer et utiliser StarOffice, la suite d'applications bureautiques de la société Caldera.

Conventions utilisées dans cet ouvrage

Ce manuel utilise les différentes conventions typographiques ci-dessous.

Linux est un système d'exploitation qui distingue les *majuscules et minuscules*. Lorsqu'il vous est demandé de taper une instruction à la suite ou à l'invite d'une commande, vous devez taper exactement ce qui est indiqué sur le manuel, *en respectant majuscules et minuscules*. Ce manuel utilise une police `non proportionnelle` pour les commandes de Linux, afin de les distinguer du texte standard. Les caractères que vous devez saisir sont représentés avec `cette même police et en` **`gras`** ; par exemple, si le livre stipule :

Tapez **`cat`**

vous devez appuyer sur les touches <c>, <a> et <t>, puis sur la touche <Entrée>.

Les touches sont parfois utilisées en combinaisons, représentées de la manière suivante : <CTRL-h>. Dans ce cas, vous devez maintenir enfoncée la touche <Ctrl>, puis appuyer sur la lettre <h>.

INFO

Ce manuel utilise des conventions de représentation des touches qui diffèrent peut-être de celles auxquelles vous êtes accoutumé. Pour éviter toute confusion en ce qui concerne la distinction majuscule/minuscule, ce manuel utilise une minuscule pour représenter une touche alors qu'une majuscule peut être la norme. Vous trouverez par exemple <Ctrl-c>, au lieu de <Ctrl-C> (avec cette dernière forme, certains lecteurs pourront se demander s'il faut presser la touche <Majus> en même temps que les autres).

Certains listings montrent une partie de l'écran après la saisie d'une commande spécifique. Ces listings présentent la commande ou l'invite de commande (généralement le caractère $), suivi de ce que vous tapez, en **gras**. Dans ce cas, ne tapez pas le caractère $.

Considérons l'exemple suivant :

```
$ lp report.txt &
3146
$
```

Tapez seulement ce qui apparaît en **gras** sur la première ligne (c'est-à-dire **`lp report.txt &`**, puis appuyez sur <Entrée>). Le reste du listing correspond à la réponse de Linux à la commande.

Lors de la discussion de la syntaxe d'une commande Linux, les parties obligatoires et variables sont représentées différemment. Considérez l'exemple suivant :

```
lp nomfichier
```

Ici, la partie *nomfichier* de la commande est variable ; elle dépend du fichier faisant l'objet de la commande `lp`. Le mot `lp` est nécessaire, car c'est le nom de la commande. Les informations variables sont présentées en *italique* ; les informations nécessaires ne sont pas en italique.

Dans certains cas, des informations sont optionnelles, c'est-à-dire qu'elles ne sont pas indispensables à l'exécution de la commande. Dans l'exemple suivant, **`périph1`** est un paramètre variable et optionnel (il est en italique et entre crochets).

```
lp nomfichier [périph1] [abc]
```

Le nom de la commande, `lp`, n'est ni optionnel ni variable. Le paramètre *`périph1`* est à la fois optionnel et variable (il est en italique et entre crochets) ; vous pouvez le remplacer par tout nom de périphérique (sans taper les crochets), ou ne rien taper du tout. Le paramètre `abc` est optionnel, mais n'est pas variable ; si vous l'utilisez, il faudra saisir ces caractères tels quels (à nouveau sans les crochets).

Les conseils, notes et avertissements apparaissent dans un format spécial afin de les distinguer du texte normal. Des informations plus longues, ne faisant pas partie du texte en cours, apparaissent également différemment.

Voir
Chapitre 22.

Vous remarquerez également dans ce livre des références croisées vers des emplacements appropriés. Ces références ont le format ci-contre.

Installation de Linux

1 Introduction à Linux

Connaître le système UNIX permet de mieux comprendre l'étendue des possibilités offertes par Linux. Ce système a été conçu pour procurer aux utilisateurs de PC un environnement de travail comparable à UNIX pour les machines à base de processeur Intel, également dites compatibles PC.

UNIX est, aujourd'hui, le système d'exploitation le plus souple et le plus utilisé sur les stations scientifiques et haut de gamme. Ce chapitre explique l'intérêt de choisir Linux pour les machines Intel, plutôt que les autres systèmes d'exploitation, comme MS-DOS, Windows 95, Windows NT ou OS/2...

Dans ce chapitre, nous aborderons :

- la présentation de Linux ;
- l'intérêt de Linux ;
- les avantages de Linux ;
- les inconvénients de Linux ;
- les différentes versions de Linux.

Présentation de Linux

Linux est un système d'exploitation fonctionnant sur divers types d'ordinateurs, et principalement sur PC et compatibles. Ce système a été mis au point par des centaines de programmeurs du monde entier. L'objectif était de créer un clone d'UNIX, mais exempt de droits de reproduction et utilisable par tous.

Linux est né de l'esprit d'un étudiant finlandais, Linus Torvalds, qui en avait fait son passe-temps à l'université d'Helsinki. Il voulait créer un système comparable à UNIX, mais conçu pour le PC, qui remplacerait le système d'exploitation Minix.

INFO

Une partie de la terminologie utilisée ici sera expliquée ultérieurement dans ce chapitre.

Linux est un clone d'UNIX, ce qui signifie que vous possédez nombre des avantages offerts par ce dernier. Linux est entièrement *multitâche préemptif*, c'est-à-dire que vous pouvez faire fonctionner plusieurs programmes en même temps sans problème. D'autres systèmes, tels que

Microsoft Windows 3.1, le permettent également ;, mais lorsque vous passez d'un programme à un autre, le premier cesse de fonctionner. Windows 95 et Windows NT se comportent plus ou moins comme Linux, car ils autorisent le multitâche préemptif. Linux permet en même temps d'effectuer un transfert de fichier, d'imprimer un document, de copier une disquette, d'utiliser un CD-ROM ou de jouer à un jeu.

Linux est également multiutilisateur, ce qui signifie que plusieurs utilisateurs peuvent se connecter et utiliser le système simultanément. Bien que cette fonction ne soit pas très utile à la maison, elle permet à de nombreuses personnes d'une entreprise ou d'une université d'accéder aux mêmes ressources en même temps, sans avoir besoin de posséder plusieurs machines. Même à la maison, cette fonction peut devenir très utile pour se connecter à des comptes séparés, sur ce que l'on appelle des *terminaux virtuels*. De la maison, vous pouvez aussi offrir votre propre service en ligne en utilisant Linux et divers modems.

Voir Chapitre 5.

Linux est gratuit, ou presque. En fait, le prix du présent ouvrage comprend deux versions de Linux sur CD-ROM, avec toutes les fonctionnalités du système d'exploitation. Tout ce dont vous avez besoin pour faire fonctionner Linux se trouve sur des CD-ROM, avec des centaines d'applications. Vous trouverez en plus, sur le troisième CD-ROM, la suite de logiciels bureautiques StarOffice.

Linux représente une occasion unique pour progresser aujourd'hui. Vous avez en effet un système d'exploitation complet, incluant le code source. Vous pouvez le découvrir et apprendre son fonctionnement. Savoir comment fonctionne Linux est une chose impossible à faire dans un environnement UNIX classique et avec un système d'exploitation du commerce, car aucun fournisseur ne veut communiquer le code source.

Enfin, Linux vous offre la chance de vivre ou de revivre le bouillonnement de la première révolution micro-informatique. Au milieu des années 70, les ordinateurs étaient l'apanage des grands organismes tels que les gouvernements, les grosses entreprises et les universités. Les gens ordinaires n'avaient pas accès à ces merveilles. Mais, avec l'introduction des microprocesseurs et des premier micro-ordinateurs, les choses ont changé. Au début, les PC étaient le domaine des seuls passionnés et enthousiastes de l'informatique, qui trafiquaient les systèmes, car ceux-ci n'étaient pas très efficaces. Tandis que les *hackers* faisaient leurs expériences et devenaient des entrepreneurs, les PC devenaient plus puissants et plus répandus.

REMARQUE

Le terme "hacker" a malheureusement pris une connotation péjorative dans la société actuelle. Reportez-vous à la section qui leur est consacrée, plus loin dans ce chapitre, pour plus d'informations sur les hackers et les crakers.

Il en est de même, aujourd'hui, pour les logiciels système (c'est-à-dire les systèmes d'exploitation). Linux n'est pas relié à un système contrôlé par de grands organismes qui entravent la créativité et les améliorations au nom des parts de marché.

Intérêt de Linux

A l'heure actuelle, Linux est le seul système d'exploitation multitâche et multiutilisateur disponible pour les PC et qui plus est, gratuit. Il n'en existe aucun autre bénéficiant à la fois de sa puissance et de ses atouts. Linux permet de sortir du cercle infernal des nouvelles versions et des mises à jour toujours plus coûteuses, car la plupart de ses applications sont disponibles sur Internet. Vous pouvez ainsi modifier le système d'exploitation et l'adapter à vos besoins, ce qui est impossible avec ceux actuellement sur le marché.

Cette indépendance vis-à-vis des éditeurs de logiciels peut causer quelques problèmes. Puisqu'aucun n'apporte son soutien à Linux, il ne suffit pas toujours de décrocher le téléphone pour trouver de l'aide. Linux demande parfois de la patience et il est possible qu'il ne fonctionne pas correctement sur certains types d'ordinateurs. Il y a un risque d'endommager ou d'effacer des fichiers de données sur votre machine, car Linux évolue constamment et ne fait pas l'objet de tests approfondis avant d'être diffusé. Ce n'est pas un jouet, c'est un système qui donnera aux utilisateurs l'impression de "travailler au clavier", comme aux premières heures du PC.

Cependant, Linux fonctionne sans problème sur bon nombre d'ordinateurs et permet donc aux utilisateurs d'exploiter UNIX ou de s'initier à peu de frais à ce système d'exploitation comptant parmi les plus utilisés dans le monde. Des fabricants de lecteurs de CD-ROM et des éditeurs de logiciels, comme Red Hat et Caldera, intègrent Linux dans leurs offres. Linux peut aussi remplacer des systèmes d'exploitation UNIX parfois coûteux. En programmant sous UNIX sur votre lieu de travail, vous pouvez, d'autre part, avoir un système d'exploitation comparable chez vous, ce qui vous permet de travailler également à la maison. Et si vous ne connaissez rien à UNIX, commencez donc votre apprentissage à moindre coût avec Linux.

Linux vous permet, enfin, d'accéder facilement à l'Internet et aux autoroutes de l'information.

Distributions de Linux

Linux est distribué par de nombreuses organisations, chacune offrant un ensemble unique de programmes, mais avec un noyau commun de fichiers dans chaque révision. Une révision est identifiée par un numéro de la forme *A.BB.CC*, où *A* est 0, 1 ou 2, et *BB* et *CC* des valeurs comprises entre 00 et 99. Plus le numéro est élevé, plus la révision est récente.

Le noyau actuel de Linux sur les CD-ROM qui accompagnent ce livre est la version 2.0.34. Cette distribution peut également contenir des noyaux expérimentaux avec des pilotes destinés à des matériels particuliers. Avec la version Red Hat, les noyaux font partie du système RPM (*Red Hat Package Management*) et sont installés dans le système. OpenLinux de Caldera suit le même schéma, car il est basé sur la distribution Red Hat.

Le choix de la distribution devrait être facile pour vous, car les CD-ROM accompagnant ce livre contiennent des versions complètes de Red Hat et Caldera (les versions disponibles sur Internet et non celles qui sont vendues). Il existe d'autres versions disponibles sur Internet, par exemple :

- MCC Interim Linux ;
- TAMU Linux ;
- LST ;
- SLS ;
- Debian Linux ;
- Le CD-ROM Yggdrasil Plug and Play et la bible Linux ;
- Le CD-ROM Trans-Ameritech Linux et BSD ;
- Le Linux Quaterly CD-ROM ;
- Caldera (ce fournisseur se fonde sur la distribution Red Hat) ;
- Red Hat (la version commerciale de Red Hat comprend un serveur X appelé Metro X).

Le document Distribution HOWTO donne également une liste exhaustive des diverses distributions Linux. Nous verrons, dans ce chapitre, comment accéder aux documents HOWTO qui accompagnent chaque révision de Linux.

Avantages de Linux

Linux présente de nombreux avantages. Parmi les systèmes d'exploitation disponibles aujourd'hui sur le marché, c'est le système gratuit le plus populaire et le plus facile à obtenir. Pour les IBM PC, Linux propose un système complet comprenant des fonctions multiutilisateurs et multitâches qui exploitent au mieux la puissance du traitement de votre 386 et des ordinateurs plus puissants.

Linux est fourni avec une implémentation complète du protocole de réseau TCP/IP. Vous pouvez donc vous connecter à Internet et accéder à ce vaste espace d'informations. Linux fournit également un système de messagerie électronique complet qui permet de recevoir et d'envoyer des messages dans le cyberespace.

Il existe également une interface graphique pour Linux, appelée XFree86, qui se fonde sur le système X Window. XFree86 est une implémentation complète du système X Window qui peut être distribuée gratuitement avec Linux. Elle offre des éléments d'interface graphique courants, que l'on trouve sur d'autres plates-formes graphiques du commerce comme Windows et OS/2.

Aujourd'hui, tout cela est disponible pour Linux, et presque gratuitement. Il vous suffit de vous procurer les programmes, soit sur Internet, soit par correspondance auprès des différents revendeurs. Bien entendu, vous possédez déjà tout le système Linux grâce aux CD-ROM inclus dans cet ouvrage.

• Portabilité

De nombreux efforts sont réalisés pour tenter de standardiser les systèmes d'exploitation. UNIX ne déroge pas à la règle. Comme il en existe différentes versions, une standardisation est nécessaire. Ce chapitre traite, plus loin, de la mise au point de celles-ci.

D'autre part, les différentes versions d'UNIX ont été réunies en un seul système d'exploitation. Cette standardisation ne s'est pas faite sans mal et il a fallu ménager les susceptibilités des différents chercheurs.

Aujourd'hui, plusieurs versions d'UNIX coexistent toujours, mais cela n'est pas nécessairement un inconvénient, car elles restent toutes supérieures aux systèmes d'exploitation disponibles, toutes bénéficiant des caractéristiques décrites plus haut.

Un système est portable lorsqu'il peut être transposé sans problème d'une plate-forme à une autre. A l'origine, UNIX ne pouvait être installé que sur les mini-ordinateurs de type DEC PDP-7. Maintenant, les nombreuses variantes d'UNIX fonctionnent sur tout type de plate-forme, depuis les ordinateurs portables jusqu'aux grands systèmes.

La portabilité permet à des ordinateurs de différentes familles de communiquer de façon précise et efficace sans qu'il soit nécessaire d'utiliser une interface de communication, souvent coûteuse. UNIX est le seul système d'exploitation à offrir de telles possibilités.

• Applications

La plupart d'entre nous utilisent un ordinateur pour travailler. Linux fournit des milliers d'applications disponibles comprenant des tableurs, des bases de données, des traitements de texte, des outils de développement avec différents langages de programmation et des progiciels de télécommunication pour se connecter sur les services en ligne. Linux est également fourni avec une vaste gamme de jeux, en modes texte et graphique, qui vous permettent de faire une pause, si vous le souhaitez.

• Avantages pour les professionnels de l'informatique

Si vous êtes informaticien, Linux présente une gamme d'outils d'une grande richesse pour la création de programmes. Il existe des compilateurs pour une grande partie des langages de programmation les plus utilisés aujourd'hui, comme C, C++ et Smalltalk. Si vous ne les appréciez pas, Linux vous fournit des outils comme Flex et Bison, pour créer votre propre langage de programmation. Ils sont proposés sur les CD-ROM inclus ; leurs équivalents sur le marché coûtent plusieurs milliers de francs. Si vous désirez apprendre l'un des langages cités plus haut, mais que vous ne souhaitez pas acheter un autre compilateur, Linux et ses outils de création sont faits pour vous.

Linux permet également de communiquer avec les ordinateurs de votre société. Et si vous êtes un administrateur système UNIX, Linux peut vous permettre de travailler chez vous. Alors que le télétravail en est à ses balbutiements, peut-être utiliserez-vous Linux pour faire votre travail chez vous, en ne vous rendant au bureau que pour des réunions occasionnelles.

Deux des mots magiques de l'informatique sont *systèmes ouverts et interopérabilité*. Ces termes se réfèrent à des systèmes différents, capables de communiquer entre eux. La plupart des spécificités des systèmes ouverts demandent à être compatibles POSIX (*Portable Operating System Interface*), soit une certaine forme d'UNIX. Linux répond aujourd'hui à ces standards. En fait, il a été conçu pour la portabilité du code source, c'est-à-dire que si votre société possède un programme qui fonctionne avec une version d'UNIX, vous devriez pouvoir le transporter plus ou moins rapidement sur un système Linux.

Les entreprises recherchent ce type de systèmes ouverts afin de ne pas dépendre d'un seul revendeur, car elles se méfient des systèmes contrôlés par un seul et même fabricant qui dicte le fonctionnement des logiciels et le choix des ordinateurs pour ces logiciels. Si ce fabricant choisit une direction qui ne convient pas à une société, celle-ci risque de se retrouver coincée par cette décision. Avec UNIX/Linux et les systèmes ouverts, il est plus facile de contrôler son destin. Si le système d'exploitation ne possède pas la caractéristique désirée, des consultants peuvent faire les changements nécessaires. En outre, et notamment avec Linux, le code source du système d'exploitation est disponible.

• Etudiants

Les étudiants remarqueront que Linux propose des éditeurs permettant la rédaction de leurs travaux, des correcteurs orthographiques et la connexion sur le réseau informatique des universités. Avec un accès à Internet, ils disposent également d'informations immédiates et illimitées. En outre, des milliers d'experts peuvent répondre à leurs questions sur une vaste gamme de sujets.

Voir Annexe D.

Si Linux offre autant d'avantages pour un prix dérisoire, c'est grâce à l'esprit et à la philosophie de la communauté qui a créé et continue à développer Linux. Des centaines de hackers à travers le monde y contribuent.

• Hackers

Linux est un système créé par et pour des hackers. Actuellement, ce terme a une connotation péjorative, mais il est aussi synonyme d'engagement et d'excitation. Fondamentalement, il signifie apprendre tout ce qu'il y a à savoir sur un système, s'y immerger totalement et être capable de le réparer s'il tombe en panne.

Les hackers veulent savoir comment fonctionne un système qui les intéresse et n'apprécient guère qu'on les compare aux vandales informatiques que les médias populaires appellent couramment *hackers* au lieu de *crackers*.

Si vous êtes simplement curieux et désirez en apprendre davantage sur UNIX, Linux est le système idéal. Vous avez en effet une version entièrement fonctionnelle d'UNIX, gratuite et sans restriction d'accès, ce que vous trouverez rarement ailleurs. La plupart des utilisateurs d'UNIX ont des comptes sur des machines UNIX grâce auxquels ils ont des droits et des privilèges limités. Il existe des commandes UNIX/Linux qu'un utilisateur normal ne peut pas utiliser ni expérimenter. Tout cela ne contribue pas à en apprendre davantage sur UNIX. Toutefois, avec Linux, vous contrôlez tout et pouvez faire ce que vous voulez, quand vous le voulez. Bien sûr, avec ce grand potentiel, il faut faire preuve d'une grande responsabilité ; vous devez apprendre à gérer un véritable système UNIX, ce qui peut se révéler amusant en soi.

Inconvénients de Linux

Le plus gros inconvénient de Linux est peut-être le fait qu'aucune société n'est en charge de son développement. Si vous avez un problème, il n'existe pas de service après-vente par téléphone. Mais ces services apportent-ils réellement une aide pour les systèmes d'exploitation vendus dans le commerce ? Combien de fois vous a-t-on renvoyé sur un autre service, si toutefois vous avez réussi à contacter des techniciens, pour obtenir une réponse à vos questions ? Avec Linux, s'il n'y a pas de service d'aide par téléphone, il y a des milliers d'utilisateurs sur les serveurs qui peuvent répondre à vos questions. Consultez l'Annexe A pour savoir où trouver de l'aide.

• Manque d'aide technique

Il ne fait aucun doute que l'absence d'aide technique peut constituer un problème pour Linux et ses applications. Il existe quelques programmes pour Linux dans le commerce, la plupart sont créés par de petites sociétés qui les vendent par correspondance. Néanmoins, certaines peuvent vous aider à résoudre vos problèmes.

INFO

De nombreuses sociétés développent maintenant des applications pour Linux. Pour que les utilisateurs puissent s'en servir, elles fournissent généralement une copie gratuite d'une distribution Linux, ainsi que le support technique pour cette version.

• Problèmes matériels

Un autre inconvénient de Linux tient aux difficultés de son installation et au fait qu'il ne fonctionne pas sur tous les ordinateurs. Contrairement aux entreprises organisées qui passent des mois à tester, dans des conditions diverses et sur différents ordinateurs, les systèmes vendus dans le commerce, les créateurs de Linux sont éparpillés dans le monde. Il n'existe pas de programme d'assurance qualité. Chaque créateur lance ses programmes lorsqu'il en a envie.

De la même manière, le matériel pris en charge par Linux dépend de celui que possède chaque créateur lorsqu'il écrit sa partie de code. Linux ne fonctionne donc pas avec tous les matériels disponibles pour les PC aujourd'hui.

ATTENTION

Si votre système ne possède pas le matériel pris en charge par Linux, vous aurez des problèmes pour l'installer et l'utiliser. Les Chapitres 3 et 4 et l'Annexe C donnent des informations sur le matériel nécessaire.

Si vous possédez le matériel adéquat, il y a de fortes chances pour que vous n'ayez aucun problème à installer et utiliser Linux. Sinon, les créateurs de Linux espèrent que vous réglerez le problème vous-même ; après tout, c'est le principe des hackers.

• Impossibilité d'utiliser les logiciels courants

Un autre inconvénient est que les applications courantes pour les systèmes d'exploitation comme DOS et OS/2 risquent de ne pas fonctionner sous Linux. Heureusement, ceux-ci peuvent cohabiter. Bien qu'il soit impossible d'utiliser simultanément les deux systèmes d'exploitation, vous pouvez quitter Linux et lancer l'autre pour utiliser l'application désirée.

Des émulateurs sont en cours de développement pour faire fonctionner les programmes DOS et Windows, ainsi que le projet Executor pour exécuter des programmes Macintosh sous Linux. Le projet DOS est plus avancé que les projets Windows et Macintosh, mais tous deux n'en sont qu'à leur phase préliminaire et sont loin d'être lancés sur le marché. Linux sera néanmoins bientôt capable de faire fonctionner les applications DOS, Windows et Mac.

En outre, Caldera, Inc. a porté sous Linux le produit WABI (*Windows Applications Binary Interface*) de Sun. Il permet aux applications Windows 3.1 de fonctionner sous X Window. Ce produit, ainsi que plusieurs autres applications Linux, est vendu par Caldera. Toutefois, Caldera fournit gratuitement la distribution Red Hat de Linux comme système de base pour les applications qu'elle vend, et travaille également au portage sous Linux d'une version de DOS, appelée DR-DOS.

Pour installer Linux, vous devrez repartitionner votre disque dur. Cela consiste à effacer des programmes et des données du disque. Il n'existe pas d'autres manières sûres d'installer Linux et, auparavant, vous devrez sauvegarder votre disque (deux ou trois sauvegardes offrent plus de sécurité). Si vous n'avez pas assez de mémoire pour installer Linux et garder les autres logiciels sur le même disque, vous devrez faire un choix entre ceux que vous garderez et ceux que vous effacerez. Ensuite, vous devrez sauvegarder votre système, repartager le disque, réinstaller vos anciens logiciels puis installer Linux, ce qui peut être fastidieux et engendrer des erreurs.

INFO

Il existe des alternatives au repartitionnement. Vous pouvez partager l'espace disque entre Linux et DOS, ou utiliser un programme qui partitionne le disque sans effacer les fichiers. Ces solutions sont possibles, mais vous courez tout de même le risque de perdre des données lors de l'installation du système. En outre, en partitionnant le disque, vous gagnez en performance et en contrôle de l'espace utilisé pour Linux.

L'espace requis pour faire fonctionner Linux dépend de ce que vous avez l'intention d'installer. Il faut que le disque possède au moins 120 Mo libres, en plus des programmes et des données que vous désirez garder sur vos autres systèmes d'exploitation. Si vous avez 200 Mo, vous avez assez de place pour installer intégralement Linux.

• Manque d'expérience

Voir Chapitre 7.

Enfin, à moins que vous ne soyez déjà un expert UNIX, vous devez apprendre à faire fonctionner le système Linux. Linux et UNIX, contrairement à DOS, Windows et OS/2, doivent être gérés. Le gestionnaire est généralement appelé *l'administrateur système* : il est responsable de l'entretien du système et des tâches consistant, par exemple, à ajouter ou effacer des comptes clients, sauvegarder régulièrement le système, installer de nouveaux logiciels, configurer le système et réparer les pannes. C'est là une occasion d'apprendre à devenir administrateur système sur UNIX.

• Surmonter les inconvénients

Au premier abord, vous aurez peut-être l'impression qu'en utilisant Linux vous êtes seul au monde et livré à vous-même. C'est en partie vrai puisque Linux est un système pour hackers, et que ceux-ci aiment bricoler et régler les problèmes eux-mêmes. Mais aujourd'hui, la popularité de Linux a pris de l'ampleur et de nombreuses sources d'aide sont maintenant disponibles.

Il existe des milliers de pages de documentation disponibles auprès de la plupart des distributeurs de Linux. Vous trouverez ces informations dans le répertoire `/DOCS` du CD-ROM Slackware 96 et dans le répertoire `/DOC` des CD-ROM Red Hat. Il existe des magazines consacrés à Linux, et de nombreux serveurs d'informations et utilisateurs disposés à répondre à vos questions, même si vous dépendez d'une société. Lorsque vous aurez installé Linux, vous trouverez aussi dans l'aide en ligne de nombreuses informations sur presque toutes les commandes et les programmes disponibles (voir Annexe A).

• Disparition des inconvénients

Bien que les inconvénients dont nous venons de parler existent encore, beaucoup disparaissent peu à peu, au fur et à mesure que de nouvelles sociétés se créent pour offrir des solutions au monde Linux. Les sociétés Red Hat et Caldera en sont deux exemples. Le choix de la version Red Hat comme source principale fournie avec ce livre est dû à sa simplicité d'installation et d'utilisation. Caldera utilise également la distribution de Red Hat pour sa ligne de produits Linux. Ces sociétés offrent un support technique par courrier électronique et fax pour leurs produits et versions Linux.

Aspect commercial de Linux

Linux n'est pas un système d'exploitation marginal. De nombreuses entreprises s'en sont servi pour construire un serveur Web peu coûteux destiné à leur intranet, ou pour de nombreuses applications en réseau, comme des serveurs DNS (*Domain Names Services*), des routeurs ou des pare-feu. De même, certains prestataires de services Internet ont retenu Linux comme principal système d'exploitation. Vous trouverez des programmes pour Linux en consultant le document Commercial HOWTO. D'autres organismes, comme la NASA et Digital Domain, utilisent Linux pour restituer différentes images, comme les photos de la planète en haute résolution (NASA) ou les effets spéciaux réalistes de films comme le Titanic (Digital Domain).

• Programmes commercialisés par Red Hat

Red Hat distribue une des versions les plus populaires de Linux et commercialise aussi plusieurs programmes, dont un gestionnaire pour les packages Linux, appelé RPM, qui est utilisé sous les termes de la licence GPL par d'autres distributeurs de Linux. Outre le programme RPM et les versions GPL, Red Hat distribue également un ensemble d'applications, l'Applixware, qui contient un traitement de texte, un tableur, un programme de présentation, une application de courrier électronique et divers outils de développement. Red Hat commercialise aussi une version de Motif destinée au développement et à l'exécution de X sous Linux.

• Programmes commercialisés par Caldera

Caldera fournissait à l'origine une version réseau fondée sur Red Hat et la technologie de Novell. La seconde génération de produits, Caldera Open Linux Base, est un système d'exploitation économique basé sur le noyau 2.0 de Linux et la version Open Linux de Caldera. Elle comprend une interface utilisateur graphique pouvant gérer les ressources du système et des réseaux, notamment l'interaction entre le serveur et les clients, sur Internet et les principaux réseaux. L'installation, pilotée par menus, peut se faire dans plusieurs langues. Caldera Open Linux Base est une passerelle non dédiée qui comprend tous les protocoles client et serveur Internet, le routage, un serveur X d'origine Metrolink et une licence complète de Netscape Navigator.

Caldera fournit en outre le traitement de texte WordPerfect de Corel, ainsi qu'une suite bureautique Internet rassemblant diverses applications de gestion. Ces programmes, et des douzaines d'autres, sont disponibles sur le CD Solutions de Caldera. Vous pouvez parcourir le catalogue à l'aide de Netscape et suivre les instructions de la page Ordering pour passer commande.

On peut consulter le catalogue en ligne de Caldera à l'adresse **http://www.caldera.com/solutionscd**.

Caldera a adapté la technologie WABI de Sun à Linux, et la distribue sous licence, afin de permettre aux utilisateurs d'exécuter la plupart des applications Windows 3.1.

Bref historique de Linux

L'histoire de Linux est calquée sur celle d'UNIX et, dans une moindre mesure, sur celle d'un autre système d'exploitation connu sous le nom de Minix. Minix avait été écrit par Andrew Tannebaum, informaticien célèbre et respecté. Il était utilisé sur de nombreux PC, y compris sur certains utilisant MS-DOS. Nous reviendrons sur le système Minix ; résumons tout d'abord l'histoire d'UNIX.

Même si c'est chez AT&T qu'UNIX est né, de nombreux individus et sociétés ont contribué à son amélioration au fil des années. Les paragraphes suivants décrivent quelques-unes des variantes d'UNIX exploitées aujourd'hui.

• AT&T

En 1969, un groupe d'informaticiens dirigé par Ken Thompson, alors programmeur chez AT&T, a mis au point un système d'exploitation à la fois souple et répondant aux besoins divers des programmeurs. L'histoire raconte que Ken, qui utilisait alors le système MULTICS avait, sur le ton de la plaisanterie, appelé son nouveau produit UNIX. Le plus ironique est certainement que peu d'utilisateurs se souviennent aujourd'hui de MULTICS comme d'un système multiutilisateur viable, alors qu'UNIX est devenu la référence des systèmes multitâches et multiutilisateurs.

• BSD

C'est en 1978 que Berkeley Software Distribution, de l'université de Berkeley en Californie, a lancé sa première version d'UNIX, inspirée de la version 7 d'AT&T. L'UNIX BSD, comme l'appellent les professionnels, avait bénéficié d'améliorations apportées par la communauté scientifique de Berkeley et destinées à augmenter la convivialité du système.

Il avait été ainsi amélioré pour que l'utilisateur lambda et le programmeur confirmé, qui appréciaient tous deux la souplesse avec laquelle il répondait à leurs attentes, puissent l'exploiter. Même s'il n'était pas compatible à 100 % avec celui d'AT&T, l'UNIX de BSD réussit à atteindre les objectifs que ses concepteurs s'étaient fixés : les nouvelles fonctionnalités attiraient de nouveaux utilisateurs.

BSD est depuis devenu la référence du monde universitaire. Ses programmeurs ont lancé une version utilisable sur des ordinateurs à base de processeur Intel, baptisée elle aussi BSD. Cette version reste diffusée de façon marginale sur Internet et par certains éditeurs de CD-ROM. Les auteurs de BSD ont également publié plusieurs articles, il y a quelques années, dans le magazine d'informatique, Dr. Dobb's, dans lequel ils détaillaient l'élaboration et la mise au point de la version 386BSD ou FreeBSD. Aujourd'hui, BSDI, la version commerciale de FreeBSD, est un autre système d'exploitation similaire à Linux.

• USL

USL (*UNIX System Laboratories*) était une société périphérique d'AT&T qui travaillait sur le système UNIX depuis le début des années 80. Avant d'être rachetée par Novell en 1993, USL mettait au point le code source de tous les systèmes développés à partir du système V d'UNIX, mais ne vendait pas de produit prêt à l'emploi.

La dernière version mise au point par USL est la SVR 4.2 du système V d'UNIX. C'est la première qu'USL ait vendue en grande distribution. En collaboration avec Novell qui, pour l'occasion, avait créé la société Univel, USL mit au point UNIXware, une version de SVR 4.2 prête à la vente d'UNIX. Rachetée par Novell, USL a mis l'accent sur le développement d'UnixWare. Novell a vendu sa version d'UNIX à la société SCO (*Santa Cruz Operation*).

Récemment, SCO a créé une licence mono-utilisateur gratuite pour SCO UNIX. Le programme coûte 19 US $, pour le support de distribution, ce qui n'est pas différent de Linux. SCO ne fournit cependant pas le code source de son système d'exploitation. Certaines personnes de la communauté Linux pensent que Linux insuffle un certain esprit de compétition à la communauté UNIX — ou du moins à la communauté SCO.

• XENIX, SunOS et AIX

Fin des années 70, début des années 80, à l'apogée de la révolution du PC, Microsoft a mis au point sa propre version d'UNIX : XENIX. La puissance de calcul des PC commençait à rivaliser avec celle des mini-ordinateurs. L'arrivée du processeur 80386 d'Intel marqua la fin de XENIX, qui avait été mis au point exclusivement pour PC. Microsoft et AT&T rassemblèrent XENIX et UNIX en un seul système baptisé V/386 version 3.2, qui pouvait être installé sur pratiquement n'importe quelle configuration matérielle. Aujourd'hui, XENIX est toujours vendu par SCO, qui a participé à sa mise au point avec Microsoft. Grâce aux efforts de SCO, XENIX est devenu l'une des versions commerciales d'UNIX les plus vendues.

Sun Microsystems a beaucoup contribué à faire d'UNIX un succès commercial en faisant la promotion de SunOS et des stations de travail sur lesquelles il était installé. La version d'UNIX mise au point par Sun était basée sur BSD. Il est intéressant de constater que SVR4 d'AT&T est également compatible avec BSD. C'est un produit dérivé de la collaboration entre AT&T et Sun Microsystems, lors de la mise au point de la version 4.0 du système V d'UNIX.

L'aventure d'IBM dans le monde d'UNIX a donné naissance à AIX (*Advanced Interactive Executive*). Même si AIX n'est peut-être pas aussi connu que d'autres versions d'UNIX, il fonctionne tout aussi bien et se taille une part du marché des systèmes d'exploitation. C'est certainement la mauvaise réputation d'UNIX, que l'on dit peu convivial et sans pitié, qui a fait que cette version n'a pas été bien accueillie par le marché.

• Linux

Linux est né de l'imagination d'un étudiant en informatique de 23 ans, Linus Torvalds, pour lequel, en 1991 il était un passe-temps. Il souhaitait créer une version plus complète qu'UNIX pour les utilisateurs de Minix. Comme il a été dit précédemment, Minix avait été mis au point par Andrew Tannebaum, et écrit pour mettre en œuvre plusieurs concepts informatiques de systèmes d'exploitation. Torvalds avait intégré ceux-ci à un système autonome comparable à UNIX. Il était alors facile pour les étudiants en informatique du monde entier de se procurer ce système, qui rassembla très vite un grand nombre d'adeptes, y compris dans les groupes de discussion USENET. Linus Torvalds décida de mettre au point pour ses camarades un système exploitable à partir des IBM PC et compatibles à base de coprocesseurs 80386.

Vous trouverez, ci-dessous, des extraits des communications faites par Linus lors de la sortie de Linux.

INFO

Les communications suivantes sont extraites du Guide d'installation et premiers pas avec Linux (Linux Installation and Getting Started Guide) *de Matt Welsh (Copyright 1992-94, Matt Welsh, 205 Gray Street NE, Wilson, NC 27893,* ***mdw@sunsite.unc.edu****).*

Vous pouvez vous procurer la version intégrale de ce guide sur différents sites du projet Linux Documentation. Celui-ci est également disponible sur ***sunsite.unc.edu*** *dans le répertoire* ***/pub/Linux/docs/LDP/install-guide****. Pour plus d'informations sur l'accès à ces documents et leur téléchargement, reportez-vous au Chapitre 28.*

[...] "Après ça, c'était dans la poche : toujours un peu difficile du point de vue de la syntaxe, mais j'avais de bons outils et le débogage était plus facile. Ensuite, j'ai commencé à utiliser le langage C et cela a beaucoup accéléré la mise au point. C'est aussi à ce moment que j'ai commencé à devenir un peu mégalo et à vouloir faire un Minix meilleur que Minix. J'espérais un jour pouvoir recompiler gcc sous Linux." [...]

"Deux mois pour la configuration de base, et ensuite à peine plus longtemps pour un lecteur de disques (plein de bogues, mais qui tournait sur ma machine) et un petit gestionnaire de fichiers. C'est à peu prêt à cette époque que j'ai sorti la version 0.01 (fin août 1991). Ce n'était pas très beau à voir, une version qui ne gérait pas de lecteur de disquettes et qui ne pouvait pas faire grand-chose. Je crois que personne n'a jamais utilisé cette version. Mais j'étais devenu accro et je ne voulais pas m'arrêter avant d'avoir viré Minix."

Lors d'une autre communication faite sur comp.os.minix, le 5 octobre 1991, Linus présentait la version 0.02 de Linux, la première version officielle.

> "Vous regrettez les beaux jours de Minix 1.1 quand les hommes étaient de vrais hommes et programmaient eux-mêmes les pilotes de leurs périphériques ? Vous vous tournez les pouces et mourez d'envie de vous attaquer à un OS et de l'adapter à vos besoins ? Vous sentez la frustration monter en vous quand tout baigne dans l'huile pour Minix ? Plus de nuits blanches avant de faire tourner un programme qui devait vous prendre cinq minutes ? Ne désespérez pas, ce poste correspond à votre profil."
>
> "Comme je vous l'ai dit il y a un mois, je travaille sur une version qui ressemble à Minix pour les ordinateurs AT-386 et disponible gratuitement. J'ai atteint le stade où l'on peut même tirer quelque chose du système (pas forcément ce que vous voulez), et je souhaite publier les sources pour augmenter sa distribution. Je n'en suis qu'à la version 0.02, mais je suis parvenu, sous ce système, à lancer avec succès bash, gcc, gnu-make, gnu-sed, compress, etc."

Droits de propriété concernant Linux

IBM détient les droits sur OS/2 ; MS-DOS et Windows sont la propriété de Microsoft, mais qui détient les droits sur Linux ? Le problème est que ce n'est pas un logiciel du domaine public ; ses différents composants font l'objet d'un copyright multiple. Linus Torvalds détient les droits pour le noyau de base. Red Hat, Inc. détient ceux de la version de distribution Red Hat, et Paul Volkerding ceux de la version Slackware. De nombreux utilitaires de Linux sont distribués sous les termes de la GPL (*General Public License*), et Linus, ainsi que la plupart des développeurs de Linux ont protégé le résultat de leurs travaux selon ceux de cette licence.

Voir Annexe D.

Celle-ci est quelquefois appelée *GNU Copyleft*. Elle couvre tous les logiciels créés par le projet GNU (jeu de mots récursif : GNU's Not UNIX) et la Free Software Foundation. La licence permet aux programmeurs de créer des logiciels distribués publiquement. Le principe de base de GNU est que tout le monde devrait avoir accès aux logiciels, et qu'un programme doit pouvoir être modifié en fonction des besoins. Néanmoins, le code modifié ne doit pas faire l'objet de restrictions et doit être publiquement accessible.

La licence GPL permet aux créateurs de conserver les droits de copyright sur leurs programmes, mais aussi aux utilisateurs de prendre ceux-ci, de les modifier et de vendre le résultat de leur travail. Les premiers programmeurs ne peuvent donc pas empêcher les acheteurs de modifier ce qu'ils ont écrit. Si vous vendez un programme en l'état, ou après l'avoir modifié, vous devez en fournir le code source. C'est la raison pour laquelle Linux est fourni avec ce dernier.

Informations complémentaires

Linux est une alternative crédible à UNIX pour les ordinateurs individuels. Le code source et les applications disponibles gratuitement en font un système d'exploitation tout à fait convenable. Pour d'autres informations, sachez que :

- Le Chapitre 3 donne des informations sur l'installation de la distribution Red Hat de Linux.
- Le Chapitre 4 donne des informations sur l'installation de la distribution Caldera de Linux.
- Le Chapitre 5 présente des applications fournies sur les CD-ROM.
- L'Annexe D présente les termes de la licence d'utilisation des applications GNU.

Aperçu de l'installation de Linux

Vous trouverez, dans ce chapitre, les informations nécessaires à l'installation de presque toutes les distributions de Linux. Ce livre montre comment procéder, mais vous devrez peut-être utiliser des ressources fournies sur le CD-ROM et disponibles sur l'Internet, comme les fichiers HOWTO.

INFO

Nous supposons ici que vous savez utiliser le DOS et que vous connaissez les notions de disque dur, de tables de partition et de tailles de secteur. Si elles vous sont inconnues, lisez un manuel traitant du DOS ou faites appel à quelqu'un qui pourrait vous donner des explications.

Vous allez apporter des modifications très importantes à votre système ; il faut donc être prudent. Préparez de quoi prendre des notes, au cas où surviendrait un problème et pour marquer quelques chiffres en cours de travail.

Matériel nécessaire pour Linux

Pour pouvoir installer Linux, il faut disposer du matériel adéquat. La configuration nécessaire dépend du nombre d'utilisateurs qui travailleront avec le système et du type des applications exécutées. Ces facteurs déterminent les besoins en termes de mémoire, d'espace disque, de terminaux, etc.

Pour obtenir des informations à jour sur le matériel géré par les versions Red Hat 5.2 et antérieures, consultez le site Web de Red Hat à l'adresse

http://www.redhat.com/support/docs/rhl/intel

La plupart des systèmes Linux sont aujourd'hui basés sur les ordinateurs personnels. Ils sont le plus souvent destinés à un seul utilisateur, bien qu'ils puissent être connectés à d'autres systèmes Linux ou UNIX plus importants.

ATTENTION

Linux est un système en perpétuelle évolution ; la liste du matériel géré est mise à jour périodiquement. La distribution Red Hat du CD-ROM est assez stable mais, entre le moment où ce livre a été imprimé et celui où le CD-ROM a été gravé, cette liste peut avoir changé. Bien que la plupart des composants matériels puissent être remplacés par des clones ou des composants similaires, tous ne fonctionnent pas avec Linux. Si vous disposez du matériel traité dans ce chapitre, vous pourrez certainement installer, démarrer et faire fonctionner Linux correctement. Sinon, cela n'est pas garanti.

Si vous utilisez un système Linux mono-utilisateur (cas le plus probable), vous êtes l'administrateur système. Vous devez alors suffisamment bien comprendre le système pour effectuer les tâches administratives nécessaires et le garder au niveau optimal : gestion de l'espace disque, sauvegardes régulières, vérification des périphériques connectés au système et leur adéquation avec les pilotes, installation et configuration des logiciels, etc.

Contrairement aux développeurs de produits commercialisés, qui peuvent tester leurs systèmes sur de nombreuses configurations matérielles, les développeurs Linux n'ont en général accès qu'à leur machine personnelle. Heureusement, grâce à leur nombre important, la plupart des matériels standards pour PC sont pris en compte.

• Unité centrale du système

Un système de base comprend un PC compatible IBM avec un processeur Intel 80386 ou ultérieur (80386SX, 80486DX/2 et les divers Pentium). D'autres processeurs reproduisant les fonctionnalités des précédents sont également utilisables avec Linux, notamment ceux de Cyrix et de AMD (*Advanced Micro Devices*).

Les processeurs 80386 et 80486SX n'ont pas de coprocesseur mathématique, mais celui-ci n'est pas indispensable avec Linux. Le système peut émuler le coprocesseur par des routines logicielles, ce qui induit toutefois une diminution de la vitesse d'exécution. Pour un système rapide, choisissez une unité centrale possédant un coprocesseur, par exemple un 80486DX ou un Pentium.

Le noyau de Linux a également été porté sur d'autres processeurs, par exemple l'Alpha de DEC, le PowerPC (Mac), le Sparc (Sun), et même certains processeurs de systèmes intégrés comme ceux du Network PC de Caldera.

• Bus du système

Le type de bus servant pour les communications avec les périphériques est également important. Linux ne peut fonctionner qu'avec les bus ISA, EISA et PCI. L'architecture MCA (*Micro-Channel Architecture*) des PS/2 d'IBM n'est pas gérée, bien qu'une adaptation soit en cours. Certains systèmes plus récents disposent d'un bus plus rapide, appelé bus local, pour les accès aux disques et l'affichage. Linux gère le bus local VESA, mais pas d'autres.

• Besoins en mémoire

Linux a besoin de peu de mémoire pour fonctionner, surtout quand on le compare à des systèmes d'exploitation tels qu'OS/2 et Windows NT. Il faut au moins 2 Mo de mémoire RAM, mais il est recommandé d'en avoir 4. Avec moins de 4 Mo, un *fichier d'échange* (swap file) sera nécessaire. La règle générale est que, plus le système possède de mémoire, plus il est rapide.

Voir
Chapitre 21.

Le second point, en ce qui concerne la mémoire avec Linux, est l'utilisation de Xfree86, un clone du système X Window. C'est une version de X Window distribuée gratuitement et qui, pour cette raison, est livrée avec Linux. XFree86 est une interface graphique semblable à Microsoft Windows.

Une utilisation productive de X exige un système ayant au moins 16 Mo de *mémoire virtuelle*, qui est une combinaison de la mémoire physique et de l'espace d'échange sur le disque dur. La rapidité de la machine sera aussi proportionnelle à la mémoire physique installée, surtout avec X.

• Disques et espace

Bien qu'il soit possible de faire fonctionner Linux à partir d'un système n'étant équipé que des lecteurs de disquettes, ce mode de fonctionnement n'est pas recommandé.

INFO

On peut booter Linux à partir d'un lecteur de disquettes. Le terme booter *un système signifie démarrer la machine et charger en mémoire le système d'exploitation.*

Pour un système personnel, un lecteur de disquettes est nécessaire (5.25" ou 3.5"), même si vous installez et exécutez Linux à partir des CD-ROM.

Afin d'obtenir de meilleures performances, il est préférable d'installer Linux sur un disque dur. Il faut, pour cela, un contrôleur standard de disque, de type IBM AT. Cela ne doit pas poser de problème, car la plupart des contrôleurs modernes, autres que les contrôleurs SCSI, sont compatibles AT. Linux gère tous ceux de type MFM et IDE, ainsi que la plupart des RLL et ESDI. Les lecteurs IDE récents de grande capacité pourront ou non être gérés à partir des anciens contrôleurs IDE 8 bits.

Voir
Annexe D.

Linux gère une grande variété de contrôleurs SCSI. Si vous en avez un qui n'est pas une version propriétaire, Linux peut l'utiliser. Linux gère maintenant les contrôleurs SCSI d'Adaptec, Future Domain, Seagate, UltraStor, Western Digital et l'adaptateur SCSI de la carte ProAudio Spectrum 16. Les types de cartes suivants sont reconnus :

Adaptec 152x/1542/1740/274x/284x/294X	Always IN2000
Buslogic	Pro Audio Spectrum 16
EATA-DMA (DPT, NEC, AT&T)	Qlogic
Seagate ST-02	Trantor T128/T128F/T228
Future Domain TMC-8xx, 16xx	UltraStor
Generic NCR5380	7000FASST
NCR 53c7, 8xx	

Il faut ensuite prendre en considération les besoins en espace disque. Linux gère plusieurs disques durs et peut être réparti sur plusieurs disques. Contrairement aux autres systèmes d'exploitation, il n'est pas nécessaire d'installer tout le système sur un seul.

Espace disque. Linux ne peut pas être installé sur la même partition que d'autres systèmes d'exploitation, tels que MS-DOS et OS/2. Les *partitions* sont des zones spécifiées lors de la préparation du disque et avant son formatage, généralement créées au moyen d'un programme appelé `fdisk`. Certains logiciels du commerce permettent de repartitionner un disque ; Linux fournit un utilitaire, FPIS, qui a la même fonction. Pour utiliser efficacement Linux, il vous faudra repartitionner le disque dur et lui allouer suffisamment d'espace.

ATTENTION

A moins que vous n'installiez Linux sur un nouveau disque, il faudra le repartitionner et le formater. Ce processus détruit toutes les informations qui se trouvent dessus. Il est donc impératif de sauvegarder vos fichiers avant d'installer Linux. Si l'espace disque le permet, vous pouvez créer plusieurs partitions et copier les fichiers vers l'une d'elles.

L'espace nécessaire sur le disque dépend des logiciels que vous installez et du volume des données qui seront générées. Linux a besoin de moins d'espace que la plupart des autres implémentations d'UNIX. On peut faire tenir un système Linux totalement opérationnel, sans le support de X Window, dans 20 Mo. Pour installer tout ce qui se trouve sur les CD-ROM, prévoyez de 150 à 200 Mo.

Espace d'échange. Enfin, un espace d'échange est nécessaire si la mémoire RAM est limitée. Alors que des systèmes tels que Microsoft Windows créent un fichier d'échange qui réside sur le disque comme tout autre, Linux permet de placer ce fichier sur une partition réservée à cet effet. La plupart des installations Linux utilisent des partitions à la place de fichiers. Etant donné qu'il peut y en avoir plusieurs sur un même disque, on peut placer celle d'échange sur le disque du système Linux. On obtiendra toutefois de meilleures performances en la plaçant sur un autre.

Linux autorise jusqu'à huit partitions d'échange qui ne peuvent pas dépasser 16 Mo. Une règle générale est de donner au fichier d'échange une taille égale à deux fois la taille de la mémoire vive. Ainsi, avec 8 Mo de mémoire vive, la taille de la partition d'échange sera de 16 Mo.

• Moniteurs

Pour les terminaux en mode texte, Linux gère toutes les cartes et tous les moniteurs standards Hercules, CGA, VGA et SuperVGA. Pour bénéficier des listings de répertoire utilisant les couleurs, un moniteur couleur sera nécessaire. Ainsi, pour toutes les opérations en mode texte, les combinaisons contrôleur/vidéo fonctionneront.

Les problèmes importants surviennent lorsque vous exécutez le système X Window livré avec Linux. Pour faire fonctionner XFree86, il faut un adaptateur vidéo (carte vidéo) utilisant l'un des circuits vidéo répertoriés ci-dessous. Les *circuits vidéo* regroupent des circuits intégrés, ou puces, convertissant les données transmises par l'ordinateur en signaux exploitables par un moniteur vidéo. Pour déterminer le circuit vidéo de votre adaptateur, consultez la documentation livrée avec lui.

Tableau 2.1 : Circuits vidéo gérés par Linux

Fabricant	Circuit(s)
Tseng	ET3000, ET40000AX, ET4000/W32
Western Digital	WD90C00, WD90C10, WD90C11, WD90C24, WD90C30, WD90C31
Trident	TVGA8800CS, TVGA8900B, TVGA8900C, TVGA8900CL, TVGA9000, TVGA9000i, TVGA9100B, TVGA9200CX, TVGA9320, TVGA9400CX, TVGA9420
ATI	28800-4, 28800-5, 28800-a
NCR	77C22, 77C22E, 77C22E+
Cirrus Logic	CLGD5420, CLGD5422, CLGD5424, CLGD5426, CLGD5428, CLGD6205, CLGD6215, CLGD6225, CLGD6235
OAK	OTI067, OTI077
S3	86C911, 86C924, 86C801, 86C805, 86C805i, 86C928
Compaq	AVGA
Western Digital/Paradise	PVGA1

INFO

Les notes de distribution pour la version de XFree86 livrée avec Linux contiennent certainement une liste plus récente des circuits gérés.

Voir Annexe C.

Les développeurs de XFree86 ont été confrontés à certains problèmes dus au fait que des fabricants ne fournissaient pas les informations nécessaires pour programmer les pilotes adaptés aux cartes vidéo. Sans elles, il n'est pas possible d'utiliser X Window avec ces cartes. En outre, certains fabricants les donnaient, mais exigeaient des royalties ou demandaient de ne pas les divulguer. Ce type de restriction rendait impossible le support de ces adaptateurs pour un système comme XFree86, qui est distribué gratuitement.

INFO

Les cartes vidéo Diamond n'étaient pas gérées dans le passé, à cause des restrictions imposées par le fabricant sur les informations propriétaires. Celui-ci a commencé à travailler avec le groupe Xfree afin d'adapter les systèmes vidéo pour Linux et XFree86.

• Lecteurs de CD-ROM

Pour installer le système Linux livré sur les CD-ROM accompagnant ce livre, vous devez disposer d'un lecteur reconnu par Linux. La plupart des lecteurs se servant de contrôleurs SCSI, les CD-ROM devraient fonctionner également avec le lecteur. Linux gère également un grand nombre de lecteurs EIDE et ATAPI disponibles sur le marché.

Voir Annexe C.

Les CD-ROM fournis avec les packages multimédias peuvent fonctionner ou non avec Linux, selon que le contrôleur est un adaptateur SCSI standard ou une version propriétaire, qui ne fonctionne généralement pas. Toutefois, Linux reconnaît les produits SoundBlaster de Creative Labs et fournit une configuration spécifique pour ces lecteurs. Voici d'autres lecteurs de CD-ROM connus pour fonctionner avec Linux :

NEC CDR-74	Okano
Sony CDU-541	Wearnes CD avec carte d'interface
Sony CDU-31a ou 33a	SoundBlaster, Panasonic Kotobuki, Matsushita, TEAC-55a ou Lasermate
Plextor DM-3024	La plupart des CD-ROM IDE/ATAPI
Aztech	CD-ROM Mitsumi
Orchid	

• Accès aux réseaux

Il existe plusieurs façons de relier un système Linux au monde extérieur, les deux plus courantes étant via une carte contrôleur de réseau et un modem. Les cartes contrôleurs de réseau comprennent Token Ring, FDDI, TAXI et Ethernet. Les réseaux les plus courants en entreprise utilisent les cartes Ethernet.

Voir Annexe C.

Accès réseau via Ethernet. Le protocole Ethernet, inventé par Xerox, jouit d'une grande popularité dans le monde des réseaux ; un grand nombre d'entreprises et d'organismes de formation utilisant ce type de connexion. Le tableau ci-dessous recense plusieurs adaptateurs Ethernet reconnus par Linux.

Tableau 2.2 : Cartes Ethernet reconnues par Linux

Fabricant	Carte
3Com	3c503, 3c503/16, 3c509
Novell	NE1000, NE2000
Western Digital	WD8003, WD8013
Hewlett-Packard	HP27245, HP27247, HP27250

Voir
Chapitre 25.

Accès réseau par modem. A la maison, vous vous connecterez certainement au monde extérieur via un modem et un protocole de communication tel que SLIP ou PPP. Linux reconnaît pratiquement tout type de modem, interne ou externe. Si vous pouvez l'utiliser depuis le DOS, vous n'aurez pas de problèmes sous Linux.

• Matériel

Les sections suivantes présentent plusieurs types de matériel gérés par Linux, comme les souris, les lecteurs de bandes et les imprimantes. Bien qu'ils ne soient pas indispensables, ceux-ci facilitent le travail avec Linux.

Souris. Une souris n'est pas indispensable pour utiliser Linux en mode texte. Néanmoins, contrairement à beaucoup d'autres versions d'UNIX, Linux permet, à l'aide de la souris, de couper du texte sur l'écran et de le coller sur la ligne de commande. Pour utiliser XFree86, ce périphérique est indispensable.

Linux gère la plupart des souris série, dont les suivantes :

- Logitech ;
- MM series ;
- Mouseman ;
- Microsoft ;
- Mouse Systems.

Linux gère également les souris bus Microsoft, Logitech, ATIXL et PS/2. En fait, tous les périphériques de pointage, tels que les boules et les écrans tactiles, qui émulent les souris répertoriées ci-dessus, devraient fonctionner avec Linux.

Voir
Annexe C.

Dérouleurs de bandes. Les dérouleurs de bandes (*streamers*) apportent une grande capacité de stockage. Linux gère plusieurs systèmes SCSI, répertoriés au Tableau 2.3, ainsi que les lecteurs Colorado Memory Systems (versions 120 et 250), qui sont connectés sur la carte contrôleur du lecteur de disquettes. Les systèmes reliés au port parallèle ne sont pas gérés pour le moment. La plupart des lecteurs compatibles QIC-02 devraient fonctionner avec Linux.

Tableau 2.3 : Dérouleurs de bandes gérés par Linux

Fabricant	Modèle
Exabyte	Tous les modèles SCSI
Sanko	CP150SE
Tandberg	3600
Wangtek	5525ES, 5150ES, 5099EN

Imprimantes. Linux gère toute la gamme des imprimantes parallèles. La configuration de Linux pour celles de type série est longue et sujette à erreurs, car elle n'est pas bien documentée ou effectuée par les programmes d'installation de Linux. Si vous avez une imprimante série, vous aurez donc peut-être des problèmes. Avec une imprimante parallèle, le problème le plus important est l'effet "escalier" :

```
Voici la ligne un.
                   Voici la ligne deux.
                                        Voici la ligne trois.
```

Voir Chapitre 20.

Ce problème est dû à la façon dont UNIX (et donc Linux) traite les caractères retour chariot et saut de ligne. Avec la plupart des systèmes UNIX, les commandes permettant de passer à la ligne suivante (saut de ligne) et servant à placer la tête d'impression au début de la ligne (retour chariot) s'obtiennent par un même caractère de contrôle. Avec des systèmes tels que MS-DOS ou Microsoft Windows, chaque commande est représentée par un caractère de contrôle différent. En imprimant un fichier UNIX sur une imprimante configurée pour MS-DOS, vous obtiendrez l'effet "escalier", car le fichier ne contient que le caractère de contrôle saut de ligne et non de retour chariot.

Lancement du processus d'installation

Pour lancer le processus d'installation, vous avez besoin d'une ou deux disquettes 3.5" formatées (en fonction de la méthode retenue). Celles-ci serviront à créer une disquette d'amorçage pour l'installation de Linux.

Ensuite, il faut vérifier que vous disposez de l'espace disque nécessaire pour Linux. Si vous installez tout ce qui se trouve sur les CD-ROM, environ 300 Mo seront nécessaires, ou moins si vous n'installez pas le système X Window. Il faut également prendre en compte l'espace réservé aux comptes utilisateurs ; sur un système mono-utilisateur, 30 Mo sont suffisants.

Vous devez décider ensuite de la taille de l'espace d'échange. Avec une machine ayant 8 Mo de RAM ou moins, vous aurez besoin de 24 Mo d'espace d'échange. Avec 16 Mo de mémoire RAM, celui-ci aura la même taille.

Voir Chapitre 16.

Finalement, comptez environ 30 Mo pour le répertoire racine. Il s'agit du répertoire principal à partir duquel vous accédez à tous les autres sous Linux.

Il est également possible d'exécuter une partie du système de fichiers Linux à partir du CD-ROM, sans installer la totalité du logiciel. Ce choix se fait lors de l'installation.

Une installation minimale demandera environ 200 Mo, alors qu'une complète, réservant beaucoup de place pour les utilisateurs, tiendra facilement sur un disque de 500 Mo.

Si vous décidez d'installer et de configurer X (ce qui est recommandé), notez le type de circuit vidéo de votre adaptateur. Si vous avez une souris série et un modem, notez les ports série auxquels ils seront connectés. Ces informations seront nécessaires plus tard, lors du processus d'installation.

Méthodes d'installation

Nous supposons que la plupart des lecteurs installeront la version Red Hat à partir du CD-ROM adéquat. Toutefois, l'installation peut s'effectuer selon quatre méthodes : à partir du CD-ROM, via NFS, via FTP ou à partir d'un disque dur.

Pour installer Linux directement à partir du CD-ROM, il faut avoir accès au DOS. Depuis l'invite DOS, tapez la commande :

```
[lecteur-cdrom]:\dosutils\autoboot
```

où `[lecteur-cdrom]` est la lettre représentant le lecteur de CD-ROM.

ATTENTION *Cette méthode efface votre disque dur. Sauvegardez les fichiers que vous ne voulez pas perdre.*

Si une autre partition est disponible, vous pouvez faire coexister Linux avec votre système sans effacer ce qui s'y trouve. Pour cela, vous avez besoin du CD-ROM, d'une partition vide et d'une disquette d'amorçage. Nous verrons, dans ce chapitre, comment la créer et repartitionner le disque dur.

NFS (*Network File System*) permet d'installer Red Hat via un réseau. Premièrement, il faut monter le lecteur de CD-ROM sur une machine gérant le système de fichiers ISO-9660 avec les extensions RockRidge, puis exporter celui-ci via NFS. Vous devez connaître le chemin du système de fichiers exporté et le numéro IP ou, si DNS (*Domain Names Services*) est configuré, le nom du système.

FTP (*File Transfer Protocol*) permet de transférer des fichiers sur Internet (le Chapitre 31 présente FTP en détail). Cette installation nécessite une disquette d'amorçage et le disque supplémentaire décrit dans ce chapitre.

L'installation de la version Red Hat depuis un disque dur requiert les mêmes disquettes d'amorçage et supplémentaire qu'avec celle opérée via FTP. Tout d'abord, créez un répertoire appelé RedHat. Copiez ensuite dedans le répertoire correspondant à partir du CD-ROM, puis tous les sous-répertoires. Voici la commande DOS permettant de le faire :

```
cd \RedHat
xcopy /s e:\RedHat
```

La commande cd suppose que vous vous trouvez déjà sur le disque d'installation et xcopy que le lecteur de CD-ROM est E.

Quelle que soit la méthode retenue, il faut au moins la disquette d'amorçage pour effectuer l'installation. Mais, auparavant, il faut réunir certaines informations.

• Collecte des informations nécessaires

Avant de lancer l'installation de votre système, il faut connaître :

- le type de la carte vidéo, du circuit vidéo et du moniteur utilisés ;
- le port série sur lequel est connectée la souris ;
- le port série utilisé pour le modem ;
- dans le cas où votre machine est reliée à un réseau, les informations concernant celui-ci (par exemple, l'adresse IP, la passerelle, le nom de domaine, etc.) ;
- le type de disque dur, celui du lecteur de CD-ROM et des contrôleurs ;
- le nom que vous voulez donner au système.

Si vous êtes relié à Internet, vous pourrez obtenir certaines informations auprès de votre administrateur réseau ou de votre prestataire Internet.

Pour utiliser d'autres systèmes d'exploitation sur le même ordinateur (par exemple Windows 95, Windows NT ou OS/2), vous devrez créer les partitions nécessaires pour ces systèmes. En général, vous devrez vous servir du programme de partitionnement de ces systèmes, car Linux ne sait pas gérer ces types de partitions.

Le logiciel System Commander, de V Communications, permet d'installer et de choisir trente-deux systèmes d'exploitation différents. Pour plus d'informations, consultez le site

http://www.v-com.com/

Ensuite, vérifiez les changements de dernière minute sur la distribution Red Hat. Linux étant constamment mis à jour et ce chapitre ayant été écrit avant que le CD-ROM soit gravé, des informations de mise à jour ou de gestion du matériel ont pu être ajoutées.

Vous pouvez également consulter le matériel mis à jour sur le Web à l'adresse

http://www.redhat.com/errata

Voir
Chapitre 6.

Le Tableau 2.4 énumère les paquetages de mise à jour actuellement disponibles (au 29 janvier 1999), qui règlent les problèmes connus de la distribution Red Hat 5.2.

Pour plus d'informations sur Caldera, lisez le fichier /pub/OpenLinux/updates/README à l'adresse suivante :

ftp://ftp.caldera.com/pub/OpenLinux/updates/

Tableau 2.4 : Liste des errata de Red Hat

Date Released	Package
22-Jan-1999	XFree86
19-Jan-1998	fvwm2
03-Jan-1999	kernel
03-Jan-1999	pam
03-Jan-1999	New Boot Images
22-Dec-1998	ftp client
15-Dec-1998	nfs server
17-Nov-1998	samba
17-Nov-1998	sysklogd

Pour plus d'informations sur Caldera, lisez le fichier /pub/OpenLinux/updates/README à l'adresse suivante :

ftp://ftp.caldera.com/pub/OpenLinux/updates/

Ces répertoires contiennent diverses images de disquettes de démarrage et des paquetages de mise à jour sous format RPM, destinés aux versions d'OpenLinux de Caldera. Le Tableau 2.5 énumère les paquetages de mise à jour disponibles.

Voir Chapitre 14.

Si vous ne procédez pas à l'installation avec le CD-ROM, vous devrez ensuite partitionner le disque dur afin de réserver de la place pour Linux et sauvegarder des données ailleurs. Après avoir fait de la place, amorcez le système Linux et créez les nouvelles partitions et les systèmes de fichier. Les systèmes Linux ont généralement besoin d'une partition principale (ou primaire) dans laquelle seront placés les fichiers, et d'une partition d'échange (*swapping*), surtout avec une machine possédant 8 Mo de RAM ou moins.

INFO

Un système de fichiers peut se définir comme une partie du disque dur, formatée spécialement pour contenir certains types de fichiers. UNIX et Linux représentent des sections de l'arborescence des répertoires à l'aide de systèmes de fichier, contrairement à MS-DOS qui place les sous-répertoires d'un répertoire sur le même disque logique. Les systèmes UNIX utilisent une arborescence, car le fait de placer les sous-répertoires sur des disques différents offre plus de sécurité. Si un disque présente des dysfonctionnements, seules seront affectées les informations qu'il contient.

Tableau 2.5 : Liste des errata de Caldera

File/Directory	Description
update.col-1.2.007.12.tgz	Upgrade script for OpenLinux 1.2
update.col.README	Instructions for using upgrade script
README	Instructions on how to get update materials
1.0/	Updated packages for OpenLinux Base release 1.0
1.1/	Updated packages for OpenLinux release 1.1
1.2/	Updated packages for OpenLinux release 1.2

Après avoir créé les systèmes de fichier, vous installerez le système d'exploitation Linux, les fichiers associés et les différentes applications livrées avec. Il faut, tout d'abord, booter une version limitée du système d'exploitation. Pour cela, vous créerez une disquette d'amorçage et une disquette de base contenant ce système limité.

• Création des disquettes d'amorçage et de base

Cette opération se fait au moyen du programme `rawrite`, qui se trouve sur le CD-ROM d'accompagnement, dans le répertoire `/dosutils`. Vous aurez besoin de deux disquettes formatées, l'une intitulée *boot*, l'autre *base*. Placez la disquette boot dans le lecteur A et tapez la commande :

```
E:\dosutils>rawrite
Enter disk image source file name: e:\images\boot.img
Enter target diskette drive: A:
Please insert a formatted diskette into drive A: and press -ENTER-
```

Pour interrompre le processus, appuyez sur <Ctrl-c>. Si `rawrite` échoue, essayez avec une autre disquette formatée. Si l'échec persiste, il y a peut-être un problème lié à votre matériel, qu'il faudra faire vérifier.

L'étape suivante consiste à créer la disquette base. Pour cela, remplacez simplement dans la séquence précédente le nom du fichier image (`boot.img`) par `supp.img`.

Partitionnement du disque dur

Après avoir sauvegardé votre système et créé les disquettes boot et base, il faut préparer le disque dur en vue de son utilisation sous Linux.

ATTENTION

Cette étape est la plus dangereuse, car elle peut détruire beaucoup de données. Si vous n'avez pas sauvegardé votre système, faites-le maintenant. Même si on peut se servir du programme expérimental FIPS et des logiciels du commerce, tels que Partition Magic, pour créer des partitions sans danger, il est préférable d'effectuer une sauvegarde complète, pour le cas où un problème surviendrait.

• Présentation des partitions

Au début de la micro-informatique, les disques durs étaient rares. Sur la plupart des ordinateurs, le système d'exploitation, les programmes et les données se trouvaient sur disquettes. Lors de son apparition sur le marché, l'IBM PC XT avait un disque dur de 10 Mo. Les systèmes d'exploitation de cette époque ne pouvaient accéder qu'à un espace assez restreint. Les fabricants ont continué ensuite à accroître la taille des disques durs, plus rapidement que les fonctionnalités du système d'exploitation ne pouvaient en tirer parti. Pour contourner ce problème, on découpait les disques durs en *partitions*, qui pouvaient contenir des programmes, d'autres systèmes d'exploitation ou des données.

La plupart des systèmes MS-DOS ont une seule partition, appelée lecteur C. Si vous découpez le disque en plusieurs partitions, celles-ci seront généralement désignées en ordre alphabétique par les lettres D, E, etc. MS-DOS permet également d'installer plusieurs disques durs ; le prochain dans la série serait donc désigné par la lettre F.

UNIX et Linux ne désignent pas les partitions par des lettres, mais par des noms de répertoire. En outre, comme nous l'avons signalé auparavant, les répertoires peuvent être placés sur différentes partitions, et même sur des disques différents. Les partitions peuvent également contenir des systèmes d'exploitation différents.

Elles sont référencées dans la *table des partitions*, qui se trouve dans une partie spéciale du disque dur, le *secteur d'amorçage*. Cette table sert à déterminer le système qui servira à amorcer la machine et à savoir où se trouvent les fichiers des différents systèmes d'exploitation sur le disque dur. Le secteur d'amorçage est utilisé pour amorcer (booter) le système d'exploitation. Le programme d'amorçage de Linux, LILO (*LInux LOader*) et les autres se servent de cette partie du disque dur, généralement située dans les premiers secteurs du disque.

La table des partitions contient des informations concernant l'emplacement et la taille des différentes partitions du disque dur. Il existe trois sortes de partitions : principale (primaire), étendue et logique. Le DOS et d'autres systèmes d'exploitation doivent être amorcés à partir des premières. Un disque dur ne peut contenir que quatre partitions. Une partition étendue ne contient pas de données, mais permet de définir des partitions logiques sur le disque. Ainsi, pour contourner la limite de quatre partitions pour un disque, on peut en définir une étendue, puis définir à l'intérieur de celle-ci des partitions logiques.

Certains systèmes d'exploitation, tels que MS-DOS et les versions d'OS/2 antérieures à la version 2.0, exigent d'être installés dans une partition primaire ; ils peuvent néanmoins accéder à des disques logiques situés dans des partitions étendues. Cela est important pour utiliser un système DOS et Linux sur le même disque.

• Le programme FDISK

La création, la suppression et la gestion des partitions se font au moyen d'un programme généralement appelé `FDISK`. Si vous utilisez le DOS, il faut repartitionner le lecteur DOS son `FDISK`. Vous utiliserez ensuite la version Linux de `FDISK` pour créer les partitions Linux. Il faut également utiliser la version OS/2 de `FDISK` pour préparer les partitions OS/2.

Voir Chapitre 5.

Exigences concernant les partitions. Commencez par planifier les partitions dont vous avez besoin. Le DOS exige une partition principale ; Linux et OS/2 peuvent résider dans d'autres partitions. Si vous utilisez le gestionnaire d'amorçage d'OS/2, qui fonctionne correctement avec Linux, il faut préparer son utilisation. Sachez également que si vous réduisez une partition DOS existante afin de la réserver pour Linux, tous les fichiers ne pourront pas être restaurés dans la nouvelle, car elle sera plus petite.

INFO

Vous pouvez accéder aux partitions DOS depuis Linux et ainsi, déplacer, sauvegarder et éditer les fichiers DOS sous Linux, mais pas exécuter de programmes DOS sous Linux.

Deux composants de Linux, au stade expérimental, permettent d'émuler le DOS sous Linux et d'installer Linux sous DOS. Les deux systèmes sont encore en phase de développement et, par conséquent, plus particulièrement destinés aux programmeurs Linux expérimentés. L'un des programmes, UMS-DOS, est en outre incompatible avec la version Red Hat. Vous trouverez de nombreuses informations concernant ces sujets dans le monde Linux.

Ensuite, notez le nombre de partitions dont vous avez besoin et l'espace disque à réserver pour chacune d'elle.

Conditions pour DOS. Le DOS doit être dans une partition principale pour que l'on puisse le lancer. Une version amorçable du DOS ne demande pas beaucoup d'espace : juste ce qu'il faut pour les fichiers système, COMMAND.COM, CONFIG.SYS et les pilotes nécessaires pour lancer le système. La partition DOS peut ainsi occuper environ 5 Mo sur le premier disque.

Lorsque le DOS est chargé et actif, vous pouvez accéder à toute partition étendue ou logique du système. Malheureusement, alors que Linux peut accéder aux fichiers DOS sur une partition DOS, l'inverse est impossible.

Conditions pour OS/2. Les versions OS/2 2.0 et ultérieures ne nécessitent pas de partition primaire. Le système OS/2 peut s'installer et s'amorcer à partir d'une étendue. Vous pouvez ainsi installer le DOS sur une partition primaire et en créer une étendue pour OS/2 et Linux. L'espace nécessaire pour OS/2 dépend de la version et des fonctionnalités souhaitées ; consultez la documentation OS/2 à ce propos. Si vous avez l'intention d'utiliser le programme d'amorçage d'OS/2, soustrayez 1 Mo de l'espace disponible.

Conditions pour Linux. Nous avons vu que Linux place les fichiers dans des systèmes de fichier qui peuvent résider sur différentes partitions, pour des raisons de sécurité des données. Linux en requiert une pour chaque système. Il faut également prendre en compte une partition d'échange. Linux, comme la plupart des systèmes d'exploitation qui utilisent le disque comme mémoire supplémentaire (ou *mémoire virtuelle*), a besoin d'un fichier d'échange, ou partition afin de simuler la mémoire vive.

La taille de cette partition d'échange dépend de la mémoire vive disponible sur votre système. Selon une règle générale, avec 8 Mo de RAM sur la machine, elle occupe 16 Mo. Avec 4 Mo ou moins, il est nécessaire d'activer une partition d'échange.

La taille des partitions d'échange est limitée à 128 Mo. Pour un espace plus important, il faut en créer plusieurs. Ainsi, pour un système comprenant deux partitions Linux (une pour les fichiers système et l'autre pour les fichiers utilisateurs), plus une d'échange, il faudra définir trois partitions.

• Repartitionnement du disque DOS

Nous supposons dans cette section qu'il est nécessaire de repartitionner un disque DOS. Lancez tout d'abord le programme `FDISK` en tapant `fdisk` depuis l'invite du DOS. L'écran présente ses options (voir Figure 2.1).

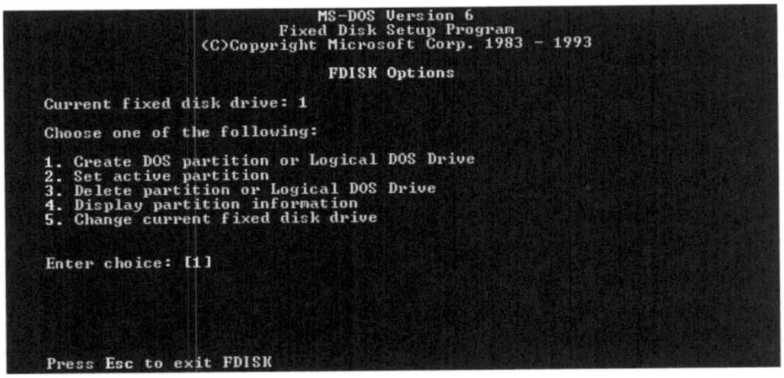

```
                         MS-DOS Version 6
                     Fixed Disk Setup Program
              (C)Copyright Microsoft Corp. 1983 - 1993

                          FDISK Options

Current fixed disk drive: 1

Choose one of the following:

1. Create DOS partition or Logical DOS Drive
2. Set active partition
3. Delete partition or Logical DOS Drive
4. Display partition information
5. Change current fixed disk drive


Enter choice: [1]




Press Esc to exit FDISK
```

Figure 2.1
A partir de l'écran des options FDISK, on peut voir les partitions existantes, et en créer ou en supprimer.

L'écran présenté sur cette figure peut varier selon la version du DOS. Sélectionnez l'option 4, Affichage de l'information de la partition. L'écran correspondant apparaît (voir Figure 2.2). Notez ces informations, car elles seront nécessaires pour remettre le système dans son état initial si vous interrompez l'installation de Linux.

Figure 2.2
Ecran Affichage de l'information de la partition sous MS-DOS 6.x.

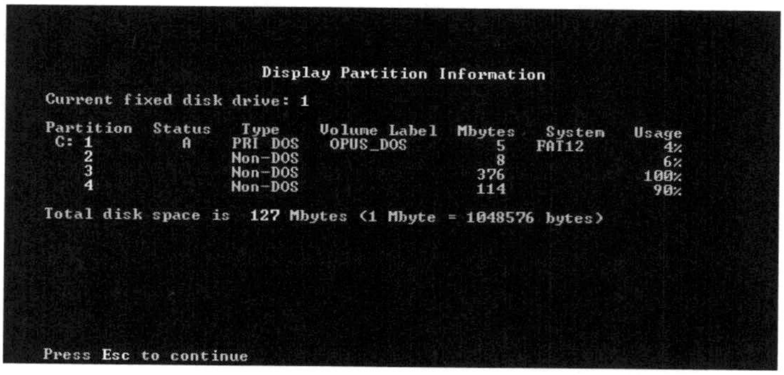

```
                     Display Partition Information

Current fixed disk drive: 1

Partition  Status   Type    Volume Label  Mbytes   System   Usage
 C: 1        A     PRI DOS   OPUS_DOS        5     FAT12       4%
    2              Non-DOS                   8                 6%
    3              Non-DOS                 376               100%
    4              Non-DOS                 114                90%

Total disk space is  127 Mbytes (1 Mbyte = 1048576 bytes)




Press Esc to continue
```

Alternative au repartitionnement du disque dur. Il se peut que vous ne soyez pas obligé de repartitionner le disque dur, bien que ce soit préférable. Le programme FIPS permet de repartitionner le disque sans détruire les données. FIPS (*First non-destructive Interactive Partition Splitting*), créé par Arno Schaefer, qui fait partie du projet Linux, déplace les partitions DOS et fait de la place pour les partitions Linux.

Le document fips.doc, situé dans le répertoire /utils/fips du CD-ROM, donne des informations complètes le concernant. FIPS ne peut être utile que s'il reste de la place sur le disque dur pour installer Linux. Sinon, vous devrez effacer les fichiers qui ne sont plus nécessaires ou suivre la méthode présentée auparavant pour repartitionner le disque dur.

Avec la version Slackware de Linux (dont l'installation est présentée au Chapitre 4), vous pouvez, au moyen de UMSDOS, installer Linux sur la même partition que le DOS. C'est un projet qui permet d'utiliser Linux sur des partitions DOS, tout en créant le système de fichiers Linux sous un répertoire DOS existant. Malheureusement, on ne peut pas l'employer avec la version Red Hat.

Suppression des partitions. `FDISK` ne permet malheureusement pas de changer la taille d'une partition ; il faut tout d'abord la supprimer puis l'ajouter avec la taille souhaitée. A partir de l'écran des options de `FDISK`, sélectionnez la 3, Suppression d'une partition ou d'un lecteur logique. L'écran correspondant est alors affiché (voir Figure 2.3).

Sélectionnez l'option appropriée pour le type de partition à supprimer, par exemple la 1 pour une partition DOS principale.

Figure 2.3
L'écran Suppression d'une partition ou d'un lecteur logique.

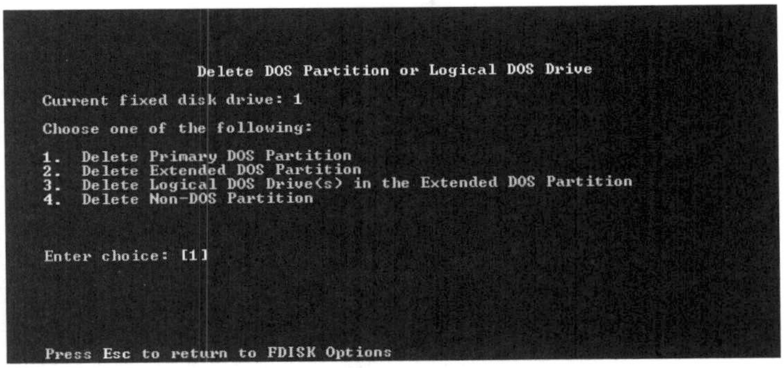

```
                    Delete DOS Partition or Logical DOS Drive

Current fixed disk drive: 1

Choose one of the following:

1.  Delete Primary DOS Partition
2.  Delete Extended DOS Partition
3.  Delete Logical DOS Drive(s) in the Extended DOS Partition
4.  Delete Non-DOS Partition


Enter choice: [1]



Press Esc to return to FDISK Options
```

Sélectionnez l'option 1 pour afficher l'écran Effacer la partition principale DOS (voir Figure 2.4). Le programme demande son nom, puis une confirmation. Comme toutes les informations de cette partition vont être supprimées, le programme `FDISK` veut être sûr que vous voulez bien la supprimer.

Figure 2.4
MS-DOS signale que vous allez supprimer une partition DOS principale.

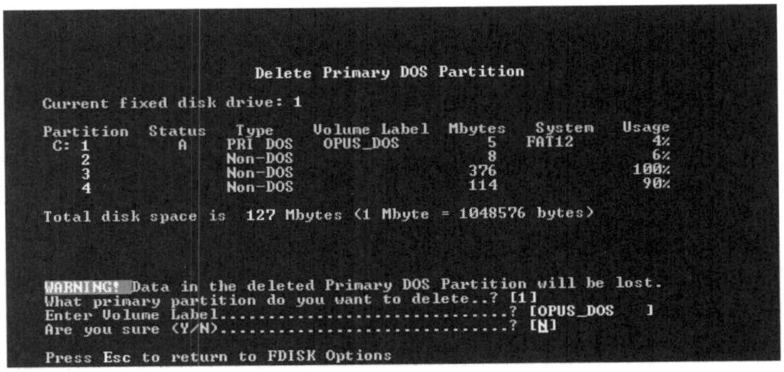

```
                         Delete Primary DOS Partition

Current fixed disk drive: 1

Partition  Status   Type    Volume Label  Mbytes   System   Usage
 C: 1         A    PRI DOS   OPUS_DOS         5    FAT12       4%
    2              Non-DOS                    8                6%
    3              Non-DOS                  376              100%
    4              Non-DOS                  114               90%

Total disk space is  127 Mbytes (1 Mbyte = 1048576 bytes)



WARNING! Data in the deleted Primary DOS Partition will be lost.
What primary partition do you want to delete..? [1]
Enter Volume Label..............................? [OPUS_DOS    ]
Are you sure (Y/N)..............................? [N]

Press Esc to return to FDISK Options
```

Ajout de partitions. Lorsque les partitions concernées ont été supprimées, vous devez ajouter celles qui sont appropriées au système DOS, en sélectionnant l'option Création d'une partition DOS ou d'un lecteur logique DOS. La Figure 2.5 montre l'écran qui apparaît alors.

INFO

Vous ne pouvez pas ajouter de partitions Linux ou OS/2 avec le programme `FDISK` *du DOS. Le partitionnement du disque sous Linux est présenté plus loin, à la section consacrée au programme* `fdisk` *de Linux.*

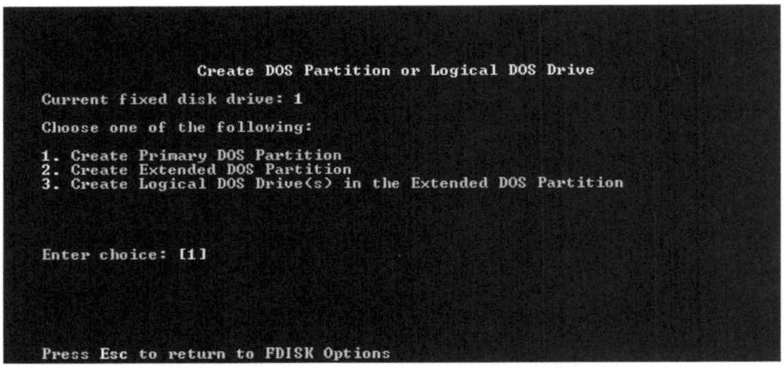

Figure 2.5
La plupart des systèmes d'exploitation nécessitent une partition principale pour pouvoir s'amorcer correctement.

```
                Create DOS Partition or Logical DOS Drive

Current fixed disk drive: 1

Choose one of the following:

1. Create Primary DOS Partition
2. Create Extended DOS Partition
3. Create Logical DOS Drive(s) in the Extended DOS Partition



Enter choice: [1]




Press Esc to return to FDISK Options
```

Par défaut, `FDISK` affecte tout l'espace disponible à la partition et active celle-ci.

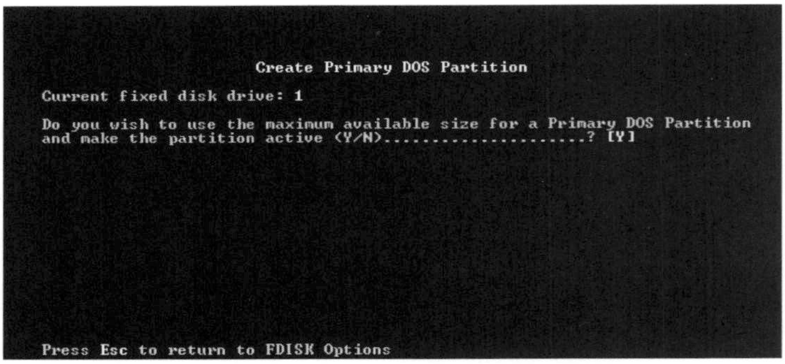

Figure 2.6
On peut attribuer tout l'espace disponible à une seule partition ou le répartir entre plusieurs d'entre elles.

```
                    Create Primary DOS Partition

Current fixed disk drive: 1

Do you wish to use the maximum available size for a Primary DOS Partition
and make the partition active (Y/N).....................? [Y]








Press Esc to return to FDISK Options
```

Une partition *active* est une partition à partir de laquelle on peut amorcer le système. Pour amorcer le DOS, il faut activer la partition principale. Répondez N (non) à la première option, afin de pouvoir spécifier l'espace à réserver pour la partition DOS. L'écran permettant de le définir est alors affiché (voir Figure 2.6). Indiquez-le, soit en mégaoctets, soit en pourcentage de l'espace disponible, puis appuyez sur <Entrée>.

Ensuite, il faut indiquer que cette partition est active. A partir de l'écran des options de `FDISK`, sélectionnez l'option 2, Activation d'une partition, et suivez simplement les instructions qui apparaissent.

Formatage de la partition. Lorsque le disque dur a été repartitionné, il faut préparer la nouvelle partition pour le DOS et restaurer les fichiers sauvegardés. Redémarrez votre machine avec la disquette d'amorçage créée auparavant. Formatez ensuite le disque et transférez les fichiers système, au moyen de la commande suivante :

```
format c: /s
```

Lorsque la partition est formatée, vous pouvez restaurer les fichiers sur le disque. Rappelons que, si vous diminuez la taille d'une partition, il se peut que vous ne puissiez pas restaurer tous les fichiers.

• Le programme fdisk de Linux

A l'invite de `fdisk`, tapez `m` pour obtenir une liste des commandes, qui sont présentées dans le tableau ci-dessous.

Tableau 2.6 : Commandes du programme fdisk de Linux

Commande	Description
a	Définit un indicateur d'amorçage
c	Définit l'indicateur de compatibilité DOS
d	Supprime une partition
l	Recense les types de partitions connus
m	Affiche cette table
n	Ajoute une nouvelle partition
p	Affiche la table des partitions
q	Quitte le programme sans sauvegarder les modifications
t	Change l'ID du type d'une partition
u	Change les unités d'affichage/de saisie
v	Vérifie la table des partitions
w	Ecrit sur disque la table des partitions et quitte le programme
x	Offre d'autres fonctionnalités réservées aux experts

Pour lancer le partitionnement, sélectionnez la commande `p` (appuyez sur <p-Entrée>) afin d'afficher la table actuelle des partitions, qui doit refléter le disque tel qu'il a été réorganisé avec le programme FDISK du DOS. Le Listing 2.1 montre un exemple de ce que vous obtiendrez avec la commande `p`.

INFO

Les données de votre écran seront certainement différentes de celles-ci, car elles dépendent du type de disque et des partitions définies.

Listing 2.1 : Exemple de table des partitions

```
Disk /dev/hda: 15 heads, 17 sectors, 1024 cylinders
Units = cylinders of 255 * 512 bytes
Device          Boot     Begin     Start     End      Blocks   Id     System
/dev/hda1       *        1         1         41       5219     1      DOS 12-bit FAT
dev/hda2                 1024      1024      4040     384667+  51     Novell?
Partition 2 has different physical/logical endings:
phys=(967, 14, 17) Logical=(4096, 14.17)
```

Le Listing 2.1 indique les partitions détectées par le programme, leurs début et fin, ainsi que leurs tailles en nombre de blocs. Ce listing indique également le type des partitions. Le Tableau 2.7 présente ceux que l'on peut définir avec le programme `fdisk` de Linux. Ceux que vous avez utilisés sont 83-Linux Native et 82-Linux Swap. La commande `l` donne un listing similaire.

Tableau 2.7 : Types de partitions Linux connus

Numéro de référence	Type
0	Empty
1	DOS 12-bit FAT
2	XENIX root
3	XENIX usr
4	DOS 16-bit < 32M
5	Extended
6	DOS 16-bit >= 32M
7	OS/2 HPFS
8	AIX
9	AIX bootable
a	OS/2 Boot Manager
40	Venix 80286
51	Novell?
52	Microport
63	GNU HURD
64	Novell
75	PC/IX
80	Old MINIX
81	MINIX/Linux

Numéro de référence	Type
82	Linux Swap
83	Linux Native
93	Amoeba
94	Amoeba BBT
a5	BSD/386
b7	BSDI fs
b8	BSDI swap
c7	Syrinx
db	CP/M
e1	DOS access
e3	DOS R/O
f2	DOS secondary
ff	BBT

Dans le Listing 2.1, Linux indique les fins physique et logique de la partition 2. La différence provient du fait que, sur le système ayant servi à rédiger ce chapitre, une partition contenant le lecteur D du DOS était conservée intacte, alors que la taille du lecteur C a été réduite afin de réserver de la place pour Linux.

Les valeurs de début (begin) et de fin (end) sont très importantes ; notez-les. Vous en aurez besoin pour spécifier les tailles des partitions ajoutées.

• Ajout d'une partition

Puisque vous avez repartitionné le lecteur pour DOS, il n'y a pas de partition Linux à supprimer. Il ne reste donc qu'à en ajouter. Pour cela, tapez la commande `n`, qui affiche

```
Command Action
e extended
p primary(1-4)
```

Appuyez sur <p-Entrée>. `fdisk` demande le numéro de la partition ; tapez cette valeur, puis appuyez sur <Entrée>. Si vous indiquez un numéro déjà utilisé, `fdisk` le signale et demande s'il faut supprimer la partition concernée avant de l'ajouter dans la table. Ici, tapez `3` pour ajouter la troisième partition primaire, qui est désignée par /dev/hda3.

Ensuite, `fdisk` demande l'emplacement du premier cylindre. Il s'agit généralement du premier disponible ; en fait, `fdisk` affiche un intervalle par défaut, par exemple :

```
First cylinder (42-1024) :
```

Remarquez que la première partition se terminait au cylindre 41 et que la suivante commençait au 1 024. Les valeurs indiquées par `fdisk` permettent donc de faire commencer la nouvelle partition à tout endroit de l'intervalle 42-1 024. Toutefois, il est préférable de ne pas placer les partitions n'importe où sur le disque ; retenez donc le premier emplacement disponible, le cylindre 42 dans ce cas. Tapez `42` et appuyez sur <Entrée>.

Le lancement de Linux à partir de partitions commençant à des cylindres dont le numéro est supérieur à 1 024 peut poser des problèmes. Si vous ne pouvez pas mettre la partition ailleurs, vous devrez peut-être lancer Linux depuis une disquette. Nous verrons, dans ce chapitre, comment créer une disquette d'amorçage (différente de celle utilisée lors de l'installation). Le seul inconvénient est que cela prend un peu plus de temps.

`fdisk` demande ensuite l'espace à attribuer pour cette partition. Cette taille peut être indiquée en nombre de cylindres, en octets (`+size`), kilo-octets (`+sizeK`) ou mégaoctets (`+sizeM`). Comme vous avez déjà une idée de la taille de la partition d'échange, définissez d'abord celle-ci, ce qui laissera le reste du disque pour les programmes et les données. Dans cet exemple, votre machine a 8 Mo de RAM ; la partition d'échange occupera donc 16 Mo :

```
Last cylinder or +size or +sizeM or +sizeK (42-1023): +16M
```

Examinez maintenant la table des partitions, à l'aide de la commande `p`. Dans cet exemple, la nouvelle table sera la suivante :

```
Disk /dev/hda: 15 heads, 17 sectors, 1024 cylinders
Units = cylinders of 255 * 512 bytes
Device       Boot Begin  Start  End    Blocks  Id    System
/dev/hda1    *      1      1     41    5219 1  DOS   12-bit FAT
/dev/hda2         1024   1024   4040   384667+ 51    Novell?
Partition 2 has different physical/logical endings:
phys=(967, 14, 17) Logical=(4039, 14.17)
/dev/hda3           42     42    170   16447+  83     Linux native
```

Par défaut, `fdisk` crée une nouvelle partition du type Linux Native. Pour en faire une partition d'échange, tapez `t`, suivi du numéro de la partition à modifier, ici `3`. `fdisk` demande la valeur hexadécimale du type à affecter à la partition, pris dans le Tableau 3.5 (si vous ne disposez pas de cette table, tapez `l` pour avoir la liste des codes). Puisqu'il s'agit d'une partition d'échange, tapez `82`.

`fdisk` indique le nouveau type de la partition ; la commande `p` permet de le confirmer.

Vous pouvez maintenant ajouter les partitions Linux. Dans cet exemple, nous n'en ajouterons qu'une seule ; toutefois, pour en ajouter plusieurs, vous pouvez le faire maintenant. Pour ce faire, appuyez sur <n>, spécifiez `p` pour une partition principale, puis son numéro (4). Pour éviter que les partitions soient fragmentées, indiquez comme numéro de cylindre de départ le prochain disponible (171). Comme nous voulons utiliser tout l'espace restant du disque, nous indiquerons le dernier cylindre et non un nombre d'octets. Tapez 1023.

```
Command (m for help): n
Command action
e    extended
p    primary partition (1-4)
p
Partition number (1-4): 4
First cylinder (171-1024): 171
Last cylinder or +size or +sizeM or +sizeK (171-1023): 1023
```

A nouveau, la commande p permet de vérifier les nouvelles partitions. Pour apporter des modifications, faites-le maintenant.

Lorsque cette structure vous convient, vous pouvez écrire sur disque la table des partitions, au moyen de la commande w. Tant qu'elle n'est pas lancée, les modifications ne sont pas permanentes. Si vous avez l'impression d'avoir commis une erreur, quittez le programme sans sauvegarder les modifications, au moyen de la commande q. Si vous utilisez w, Linux indique que la table des partitions a été modifiée et resynchronise le disque en conséquence. Si votre système Linux reste bloqué, redémarrez avec les disquettes boot et root jusqu'à ce que vous obteniez l'invite #.

ATTENTION *N'utilisez pas le programme* `fdisk` *de Linux pour créer ou modifier des partitions destinées à d'autres systèmes d'exploitation. Le disque dur pourrait devenir inutilisable pour ces systèmes.*

Dépannage

Lorsque la machine redémarre, l'invite LILO doit apparaître. Vérifiez que vous pouvez lancer l'ancien système d'exploitation si vous l'avez laissé sur le disque. S'il s'agissait du DOS, appuyez sur <Maj> et tapez le mot utilisé pour identifier la partition DOS lors de l'installation de LILO. Si vous saisissez un mot invalide, appuyez sur <Tab> pour obtenir une liste des systèmes d'exploitation valides. En cas de problème, placez alors la disquette d'amorçage dans le lecteur et redémarrez.

Vous devriez pouvoir démarrer à partir de celle-ci. Lorsque le système est chargé et actif sous DOS, essayez celle créée lors de l'installation, et non celle réalisée au début pour installer tout le système. Si cette disquette d'amorçage ne fonctionne pas, il vous faudra peut-être réinstaller

Linux. Commencez par vérifier les problèmes concernant le noyau et le matériel. Avant de recommencer, assurez-vous que vous disposez du matériel approprié. Si vous avez pris des notes lors du processus d'installation, vérifiez le noyau installé par rapport au matériel. Le matériel doit être géré par Linux.

Voici quelques réponses aux problèmes courants posés sur le site Web de Red Hat. Ces indications sont données sous les termes de la GPL de GNU.

Q Puis-je utiliser un disque dur de plus de 1 023 cylindres ?

R La fameuse question du cylindre 1 023. Oui, mais pas démarrer Linux. Vous pouvez installer Linux sur des partitions situées au-delà du cylindre 1 023;, mais pour démarrer Linux, le répertoire racine et tout particulièrement le répertoire /boot doivent résider sur le premier disque dur en deçà du cylindre 1 024.

Q Comment ajouter des arguments à l'invite pour LILO ?

R Certains matériels ont besoin que certains paramètres soient communiqués au noyau pour que celui-ci les reconnaisse. Vous pouvez pour cela éditer le fichier /etc/lilo.conf ou les indiquer manuellement au démarrage. Consultez le HOWTO LILO pour des exemples sur les paramètres de LILO.

Q Pourquoi LILO se bloque-t-il sur LI ?

R Il s'agit précisément du symptôme du problème du cylindre 1 023. Si vous avez installé le système d'amorçage au-delà de 1 023, LILO ne pourra pas lancer le système. Vous pouvez essayer à partir d'une disquette en utilisant celle de secours créée lors de l'installation, ou repartitionner votre disque dur et réinstaller Linux.

Q L'installation ne trouve pas la carte SCSI.

R Pour remédier à ce problème, vous devez ajouter un argument de démarrage :

```
LILO: linux qlogicfas=0x230,11,5
```

Cette option peut être rendue permanente. Reportez-vous à l'option de configuration `append` de LILO, dans la page de manuel lilo.conf.

Q Comment désinstaller LILO ?

R Pour désinstaller LILO et réinstaller le secteur d'amorçage d'origine, essayez la commande suivante :

```
lilo -u /dev/hda
```

qui représente le secteur d'amorçage du premier disque IDE. Les paramètres peuvent être différents pour votre machine, par exemple, si votre premier disque dur est un disque SCSI, utilisez `/dev/sda`.

Q Puis-je utiliser LILO et Win95 sur une installation ?

R Oui, installez d'abord Windows 95 puis Linux. Lors de l'installation, dites à Linux de placer LILO sur le MBR. Vous pouvez également utiliser un programme du commerce comme System Commander.

Q Comment monter un CD-ROM ?

R L'installation de Red Hat Linux 5.2 devrait placer les entrées dans votre fichier /etc/fstab, comme ci-dessous :

```
#
# /etc/fstab
#
# You should be using fstool (control-panel) to edit this!
#
# <device>  <mountpoint>  <filesystemtype>  <options>  <dump>  <fsckorder>
/dev/sda1        /                ext2      defaults 1 1
/dev/sda5        /home            ext2      defaults 1 2
/dev/cdrom       /mnt/cdrom       iso9660   noauto, ro 0 0
/dev/fd0         /mnt/floppy      ext2      noauto 0 0
/dev/sda6        /var             ext2      defaults 1 2
/dev/sda2        none             ignore    0 0 0
none             /proc            proc      defaults
/dev/sda7        none             swap      sw
```

Remarquez l'usage de `noauto` pour l'entrée `cdrom`. Sans ce paramètre, Linux essaierait de monter automatiquement le CD-ROM lors du démarrage, ce qui n'est pas vraiment un problème, à moins qu'il n'y ait aucun CD-ROM dans le lecteur.

Si votre fichier fstab ne contient pas d'entrée, vous pouvez soit l'éditer, soit utiliser l'outil Panneau de contrôle de X Window pour ajouter les informations de montage appropriées. Assurez-vous également que le point de montage /mnt/cdrom existe effectivement. Si l'entrée est correcte, vous pouvez vous rendre au point de montage et émettre les commandes :

```
cd /mnt
mount cdrom
```

Q Je possède Red Hat 5.0 et j'ai évolué vers le paquetage RPM ld.so indiqué dans l'errata, mais mes applications libc5 engendrent toujours une erreur de segmentation. Que se passe-t-il ?

R Le problème de plantage des applications libc5 peut avoir plusieurs causes.

Avant ou après la mise à jour, soit une autre version de libc peut avoir été installée et ne pas avoir été périmée suite la mise à jour, soit les bibliothèques libc5 peuvent avoir été placées dans un endroit provoquant un conflit.

Pour voir si c'est le cas, exécutez la commande :

```
rpm -qa ¦ grep libc
```

Vous devriez obtenir :

```
glibc-devel-2.0.5c-12
libc-5.3.12-24
```

```
glibc-debug-2.0.5c-12
rpm-2.4.10-1glibc
rpm-devel-2.4.10-1glibc
glibc-profile-2.0.5c-12
glibc-2.0.5c-12
```

Si vous constatez des éléments comme `libc-debug-5.3.12-18` ou `libc-5.4.44-2`, vous devez supprimer ces paquetages (à l'aide de la commande `rpm -e libc-debug`) et exécuter `ldconfig -v`.

Votre fichier `/etc/ld.so.conf` n'a plus un paramétrage optimal. Pour un chargement optimal, modifiez votre fichier `/etc/ld.so.conf` par l'ordre suivant :

```
/usr/i486-linuxaout/lib
/usr/i486-linux-libc5/lib
/usr/openwin/lib
/usr/X11R6/lib
```

Q Certaines de mes anciennes applications obtiennent une heure erronée.

R Certaines applications libc5 demandent /usr/lib/zoneinfo. Vous pouvez soit les recompiler pour fonctionner avec libc6, soit créer un lien symbolique à l'aide de la commande suivante :

```
ln -s ../share/zoneinfo /usr/lib/zoneinfo
```

Q Les plus récentes mises à jour sont installées, mais mes programmes obtiennent toujours une heure erronée.

R Vérifiez, dans ce cas, les paramètres de /etc/sysconfig/clock. Ils ressemblent probablement à ceci :

```
UTC=true
ARC=false
```

Cela signifie que Linux supposera que l'horloge de votre BIOS est réglée sur l'heure UTC ou GMT. Il est plus que probable que l'horloge soit réglée sur votre heure locale, et que vous deviez modifier la ligne UTC du fichier :

```
UTC=false
```

Q Lors du démarrage du système, un message indique que je possède un matériel PCI inconnu. Que cela signifie-t-il ?

R L'erreur "unknown PCI device" peut survenir pour plusieurs raisons. La première et la plus anodine est que PCI ne répond pas aux requêtes de Linux d'une manière compréhensible, mais Linux peut continuer à fonctionner. Le plus souvent, le système se bloque, en interrogeant les cartes PCI, et est incapable de continuer.

S'agissant d'un problème matériel lié au noyau, Red Hat ne peut pas faire grand-chose excepté vous orienter vers la personne en charge de cette section du noyau. Elle pourra peut-être vous dire ce qui se passe et souhaiter étudier le matériel qui équipe votre système, afin de mieux le gérer à l'avenir. Vous pouvez la joindre à l'adresse :

```
linux-pcisupport@cck.uni-kl.de
```

Joignez les informations suivantes :

```
/proc/pci
```

qui représentent la description exacte de votre matériel. Essayez de détecter quel est le périphérique inconnu. Il peut s'agir du chipset de votre carte mère, de votre pont PCI-CPU, ou de votre pont PCI-ISA. Si vous ne trouvez pas les renseignements dans le manuel de votre matériel, essayez de lire les références de la puce sur la carte.

Q Linux ne détecte pas ma carte réseau compatible NE2000.

R On a remarqué que certaines NE2000 qui fonctionnaient avec les précédents noyaux ne fonctionnent pas avec les derniers noyaux 2.0.x. Pour certaines, essayez de saisir cela pour résoudre le problème :

```
insmod 8390
insmod ne io=0XXXX irq=Y
```

Remarque : remplacez `XXXX` et `Y` par l'adresse d'E/S et l'IRQ. Les valeurs les plus courantes de l'adresse d'E/S sont `0x300` et `0x310`. L'IRQ peut être quelconque.

Utilisez ensuite `ifconfig` ou `netcfg` pour configurer la carte. Parfois, même si la carte est reconnue, elle n'est pas capable de transférer les paquets TCP/IP.

Si le paramétrage ci-dessus fonctionne, ajoutez-le à /etc/conf/modules, qui devrait ressembler à ceci :

```
alias eth0 8390
alias eth0 ne
options etn0 io=0xXXX irq=Y
```

Q J'ai installé Linux qui paraît tout d'abord s'amorcer. Mais en arrivant à sendmail, la machine semble se bloquer. Que se passe-t-il, et que faire ?

R Si après l'installation, la machine semble se bloquer en arrivant à certains processus comme senmail, apache, ou SMB, vous avez certainement un problème de réseau. La cause la plus courante est que Linux n'arrive pas à trouver le nom que vous avez attribué à la machine (si vous avez paramétré le réseau pour qu'il ait un nom de machine). La machine est provisoirement arrêtée, en attendant le délai des recherches DNS, et va vous amener à l'invite d'ouverture de session. Arrivé à cette invite, logez-vous en tant que root, et vérifiez les responsables habituels.

Si vous résidez directement sur un réseau pourvu d'un serveur DNS, vérifiez que le fichier /etc/resolv.conf contient les valeurs correspondant au serveur DNS de votre machine (demandez les valeurs correctes à votre administrateur système).

Si vous utilisez Linux sur un réseau dépourvu de serveur DNS (ou si cette machine doit être le serveur DNS), vous devez éditer le fichier /etc/hosts afin qu'il contienne le nom d'hôte et l'adresse IP, de sorte que les recherches se déroulent correctement. Le format du fichier /etc/hosts ressemble à l'exemple suivant :

127.0.0.1 localhost.localdomain

192.168.200.1 mamachine mamachine.monreseau.net

où la machine s'appelle mamachine.

Informations complémentaires

Lorsque votre système sera en état de marche, vous pourrez lire les chapitres suivants pour obtenir d'autres informations sur Linux :

- Le Chapitre 5 présente l'utilisation des applications que vous venez d'installer.
- Le Chapitre 21 fournit des informations sur l'installation de X au cas où un problème serait survenu lors de celle de la distribution Red Hat. Bien que conçu pour la version Slackware, XFree86 est toujours identique, quelle que soit la version de Linux.
- Le Chapitre 22 intéressera ceux qui ont installé le système X Window.
- Le Chapitre 6 indique comment réinstaller les paquetages qui ne l'ont pas été lors de la mise en place du système Linux.
- Le Chapitre 32 apporte des informations de base sur Internet.

3 Installation de la version Red Hat

Vous trouverez dans ce chapitre les informations nécessaires à l'installation de la distribution Red Hat de Linux. Souvenez-vous, le Red Hat Linux qui accompagne ce livre n'est pas un produit commercial, et il se pourrait que vous rencontriez quelques problèmes. Ce livre montre comment procéder, mais vous éprouverez peut-être le besoin de faire appel aux ressources disponibles sur le CD-ROM de Red Hat, comme par exemple les divers HOWTO. Red Hat reste toutefois l'une des distributions les plus faciles à installer, alors courage !

REMARQUE *Pour les informations concernant le matériel nécessaire et le partitionnement des disques, consultez le Chapitre 2.*

Commencer l'installation

Pour commencer l'installation, vous avez besoin d'une ou de deux (selon la méthode d'installation) disquettes formatées de 1,44 Mo 3,5 pouces. Elles serviront à créer une disquette de démarrage pour l'installation de Linux. Vous avez également besoin d'une autre disquette pour créer une disquette de secours.

Vous devez ensuite vous assurer que vous disposez d'assez d'espace sur votre disque dur. La totalité de ce qui se trouve sur le CD-ROM, lorsqu'elle est installée, occupe environ 700 Mo d'espace disque, mais vous pouvez vous contenter de beaucoup moins, en particulier si vous n'installez pas le système X Window (une installation par défaut occupe 300 Mo). Pour déterminer l'espace disque nécessaire, vous devez décider de l'espace que vous souhaitez réserver aux comptes utilisateur — c'est-à-dire l'espace que vous accorderez à vos utilisateurs. Sur un système mono-utilisateur, 50 Mo conviennent parfaitement.

Déterminez ensuite la quantité d'espace de swap requise par votre machine. Si elle possède 8 Mo ou moins de RAM, vous avez besoin de 24 Mo d'espace de swap. Avec 16 Mo ou plus de RAM, il vous faut autant d'espace de swap que de RAM.

Voir Chapitre 16.

Prévoyez enfin 50 Mo environ pour le répertoire racine. Il s'agit du répertoire principal à partir duquel on accède à tous les autres répertoires sous Linux.

Une installation minimale devrait donc se contenter de 200 Mo, alors qu'une installation complète, avec une grande quantité d'espace utilisateur, devrait se sentir à l'aise sur un disque de 500 Mo. Le Tableau 3.1 indique le pour et le contre des diverses méthodes d'installation.

Tableau 3.1 : Le pour et le contre des installations

Méthode	Pour	Contre
CD-ROM	Rapide, fiable.	Distribution vite dépassée.
FTP	Commode, logiciel à jour, accessible du monde entier.	Non fiable, lente.
NFS	Commode, parfaite si aucun lecteur de CD-ROM n'est disponible.	Requiert un réseau, lente.
SMB	Commode si l'on dispose d'un réseau MS-Windows.	Requiert un réseau et une certaine connaissance de Samba.
Disque dur	Convient lorsque toutes les autres méthodes échouent.	Exige beaucoup d'espace supplémentaire.

REMARQUE

Vous pouvez également exploiter une partie du système de fichiers de Linux à partir du CD-ROM officiel sans avoir à installer tout le logiciel. Vous pouvez choisir cette solution durant l'installation.

Si vous décidez d'installer et de configurer X (hautement conseillé), notez par écrit quel type de circuit équipe votre carte graphique. Si vous disposez d'un modem et d'une souris, notez également le nom du port série de chacun d'eux. Vous aurez besoin de ces renseignements lors de la configuration.

Comprendre les différentes méthodes d'installation

Nous considérons que la plus grande partie de votre installation de Red Hat sera faite depuis le CD-ROM d'accompagnement. Vous pouvez toutefois utiliser l'une des cinq méthodes suivantes : depuis le CD-ROM, via NFS, via FTP, via une image SMB sur un disque partagé, ou depuis un disque dur (cette fonctionnalité est disponible uniquement avec les dernières mises à jour de la distribution).

Pour effectuer une installation directement depuis le CD-ROM, vous devez pouvoir accéder à MS-DOS. A partir d'une invite DOS, exécutez la commande :

```
[lecteur-de-CD-ROM]:\dosutils\autoboot
```

où [*lecteur-de-CD-ROM*] est la lettre de lecteur du CD-ROM de votre système.

Si vous disposez d'une autre partition, vous pouvez installer Linux de sorte qu'il cohabite avec votre système sans rien effacer de ce qui s'y trouve déjà. Vous avez besoin pour cela du CD-ROM, d'une partition vide et de la disquette de démarrage. Nous apprendrons plus loin dans ce chapitre comment créer la disquette de démarrage, et comment repartitionner votre disque dur.

ATTENTION *Pour éviter tout risque d'erreur, effectuez une sauvegarde des fichiers que vous craignez de perdre.*

Ceux d'entre vous qui possèdent des systèmes capables de démarrer depuis un CD-ROM (vérifiez les paramètres de votre BIOS) peuvent démarrer et effectuer l'installation à partir du CD-ROM (officiel, seulement) de Red Hat.

NFS (Network File System) permet d'installer Red Hat à travers un réseau. Vous devez tout d'abord monter le lecteur de CD-ROM sur une machine supportant le système de fichiers ISO-9660 avec les extensions RockRidge, puis exporter le système de fichiers via NFS. Vous devez connaître le chemin vers le système de fichiers exporté ainsi que le numéro IP, ou, si le DNS est configuré, le nom du système.

FTP (File Transfer Protocol) est une méthode de transfert de fichiers sur l'Internet. Le Chapitre 30 explique FTP de façon plus détaillée. Une installation par l'intermédiaire de FTP requiert l'utilisation de la disquette supplémentaire, décrite plus loin dans ce chapitre.

Dans les dernières mises à jour de la distribution, l'installation de Red Hat à partir d'un disque dur requiert la disquette de démarrage et la disquette supplémentaire également utilisées dans une installation FTP. Commencez par créer un répertoire nommé RedHat, dans lequel vous recopierez le répertoire et tous les sous-répertoires correspondants du CD-ROM. Vous pouvez utiliser la commande DOS suivante :

```
cd \RedHat
xcopy /s e:\RedHat
```

La commande `cd` suppose que vous vous trouviez déjà sur le disque dur d'installation ; la commande `xcopy` suppose que votre lecteur de CD-ROM se nomme E.

Quelle que soit la méthode utilisée, vous aurez besoin de rassembler quelques informations.

• Rassembler les informations nécessaires

Avant de commencer l'installation, vous avez besoin des renseignements suivants sur votre système :

- Le type de la carte graphique, du circuit, et du moniteur utilisés.
- Le port série utilisé par la souris.
- Le port série utilisé par votre modem.
- Les renseignements réseau de votre ordinateur, si celui-ci est connecté à un réseau (adresse IP, passerelle et nom de domaine).
- Le type de disque dur et de CD-ROM de votre machine, ainsi que le type de leur contrôleur.

- L'arborescence que vous souhaitez utiliser sur votre système, par exemple pour situer /home sur un disque dur indépendant et /var sur une partition différente de celle de votre fichier de swap.
- Le nom que vous comptez attribuer à votre système (nom d'hôte, ou *hostname*).

Si vous êtes connecté à l'Internet, vous pouvez demander la plupart de ces renseignements à votre administrateur réseau ou à votre prestataire de services Internet.

Si vous devez utiliser d'autres systèmes d'exploitation sur le même ordinateur (par exemple Windows 95, Windows NT ou OS/2), vous devez créer les partitions nécessaires à ces systèmes, à l'aide du logiciel de partitionnement de ces systèmes d'exploitation, car Linux ne sait pas gérer ces autre types de partitions.

Un produit, baptisé System Commander, de chez V Communications, vous permet d'installer et de basculer entre 32 systèmes d'exploitation différents. Vous trouverez toutes les informations sur ce produit à l'adresse :

http://www.v-com.com/

Recherchez ensuite tout changement de dernière minute dans la distribution Red Hat. Les raisons peuvent en être nombreuses, mais les deux principales sont que Linux évolue continuellement, et que ce chapitre est rédigé au moins un mois avant que le CD-ROM ne soit gravé. Dans l'intervalle, de nouveaux sujets ou de nouvelles corrections d'erreurs peuvent avoir été réalisés. Vous pouvez contacter InfoMagic, le fabricant du CD-ROM d'accompagnement, pour obtenir davantage d'informations.

Vous pouvez également vérifier les mises à jour sur le Web, à l'adresse :

http://www.redhat.com/errata

Voir
Chapitre 14.

Si vous n'effectuez pas une installation directement du CD-ROM, vous devez ensuite repartitionner votre disque dur actuel pour faire de la place à Linux. Cela peut poser des problèmes, car le repartitionnement d'un disque dur détruit toutes les données résidant dans les partitions concernées. Après avoir réservé de la place à Linux, vous devez démarrer le système Linux et créer ses nouvelles partitions et ses systèmes de fichiers. Fondamentalement, les systèmes Linux ont besoin d'une partition primaire destinée au stockage des fichiers, et d'une partition de fichier de swap, en particulier si votre machine dispose d'une mémoire au plus égale à 8 Mo.

INFO

Un système de fichiers *est une section de votre disque dur spécialement formatée pour contenir certains types de fichiers. UNIX et Linux utilisent des systèmes de fichiers pour représenter des sections entières de l'arborescence. Cela contraste avec MS-DOS, qui place les sous-répertoires dans l'arborescence de répertoires du même disque logique. Les systèmes UNIX utilisent le format d'arborescence de répertoires, car le fait de placer les sous-répertoires sur des disques différents est plus sûr. Si un disque tombe en panne, seules les informations résidant sur ce disque doivent être remplacées ou corrigées.*

Après avoir créé les systèmes de fichiers, vous installez le système d'exploitation Linux, ses fichiers de ressources, ainsi que divers paquetages d'applications fournis avec le système. Pour installer Linux, vous devez d'abord démarrer une version allégée du système d'exploitation, après avoir créé une disquette de démarrage et une disquette supplémentaire qui contiennent l'OS allégé.

• Création des disquettes de démarrage, supplémentaires et de secours

Vous devez créer les disquettes de démarrage et supplémentaires à l'aide du programme `rawrite`. Celui-ci réside dans le sous-répertoire /dosutils du CD-ROM d'accompagnement. Vous avez besoin pour cela de deux disquettes formatées : l'une libellée *boot*, l'autre *supp*. Insérez la disquette *boot* dans le lecteur A, puis saisissez la commande suivante :

```
E:\dosutils>rawrite
Enter disk image source file name: e:\images\boot.img
Enter target diskette drive: A:
Please insert a formatted diskette into drive A: and press -ENTER-
```

Pour interrompre le processus, appuyez simplement sur <Ctrl-c>. En cas d'échec de `rawrite`, essayez une autre disquette fraîchement formatée. Si le problème persiste, recherchez un problème éventuel sur votre matériel.

Après la disquette de démarrage, vous devez créer la disquette supplémentaire. Utilisez à nouveau la séquence de commandes ci-dessus, mais en indiquant `supp.img` comme nom du fichier source.

Voir Chapitre 2.

Vous devez ensuite créer une disquette de secours. Contrairement aux versions de Red Hat antérieures à 5.1, il n'est pas possible avec 5.2 d'utiliser la disquette d'installation pour lancer le système en cas de problème. Red Hat propose une meilleure solution : l'image d'une disquette de secours (`rescue.img`). Pour créer la disquette de secours, indiquez `rescue.img` comme fichier source dans les commandes `rawrite` ci-dessus.

Installer le système Linux

Pour commencer l'installation de Linux, insérez la disquette de démarrage que vous avez créée, et redémarrez votre ordinateur. Après que votre système a effectué les contrôles de votre matériel/BIOS, vous devriez observer les messages de démarrage suivants sur votre écran :

```
Welcome to Red Hat Linux
To install or upgrade a system run-
ning Red Hat 2.0 or later, press the <ENTER> key.
To enable expert mode, type expert <ENTER>. Press <F3> for more information
➥ about expert mode.
This disk can no longer be used as a rescue disk. Press <F4> for more
➥ information on the new rescue disk.
```

```
Use the Function Keys listed below for more information
[F1-Main] [F2-General] [F3-Expert] [F4-Rescue] [F5-Kickstart] [F6-Kernel]
boot:
```

Le Tableau 3.2 indique les différentes touches de fonction et leurs rôles. En principe, il suffit d'appuyer sur la touche <Entrée> pour poursuivre l'installation.

Tableau 3.2 : Touches de fonction de l'installation

Touche de fonction	Description
F1	Affiche l'écran présenté ci-dessus. L'appui sur <F1> vous ramène toujours à cet écran.
F2	Donne des indications générales sur l'installation.
F3	Explique le mode expert. De base, l'installation de Linux teste le matériel pour tenter de déterminer ce qui est installé. Ce test peut bloquer un système. Dans ce cas, vous devez entrer en mode expert et indiquer le matériel de votre système lors de l'installation.
F4	Fournit des indications sur la création et l'utilisation de la disquette de secours.
F5	Red Hat 5.2 vous permet d'effectuer une installation non prévue, à l'aide d'un fichier de configuration. Cet écran donne les indications concernant ce type d'installation.
F6	Si Linux ne peut pas démarrer correctement, il se peut que vous deviez transmettre des paramètres supplémentaires au noyau lors du démarrage. Cet écran vous indique comment procéder.

INFO

Pour davantage d'informations sur le passage des paramètres de démarrage, reportez-vous au HOWTO Linux BootPrompt du CD-ROM, situé en ***/doc/HOWTO/BootPrompt-HOWTO****.*

Le système affiche l'invite suivante puis commence l'initialisation du système :

```
Loading initrd.img….
loading vmlinuz....
```

Le démarrage terminé, votre système affiche l'écran de bienvenue (voir Figure 3.1).

Appuyez sur <Entrée> pour continuer. L'écran suivant (voir Figure 3.2), vous demande la langue utilisée lors de l'installation.

ASTUCE

Il est très facile de se déplacer d'une boîte de dialogue à l'autre, et le programme d'installation fournit des aide-mémoire en bas de la plupart des écrans. Pour passer d'un élément (champ) à l'autre, appuyez sur <Tab> ou <Alt-Tab>. Sélectionnez un élément d'une liste ou cochez une case à cocher en appuyant sur la barre <Espace>. Pour sélectionner un bouton (par exemple OK ou Cancel), appuyez sur <Entrée>. Pour faire défiler une liste de choix, utilisez les touches fléchées.

Figure 3.1
L'écran de bienvenue de Red Hat Linux.

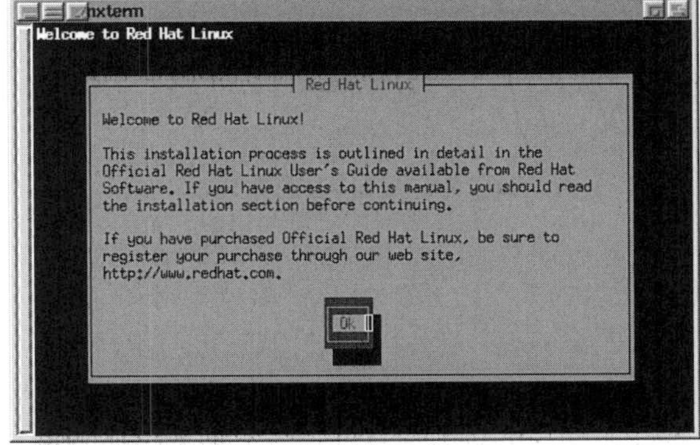

Figure 3.2
Pour vous amuser, essayez d'installer Red Hat Linux en utilisant la langue Redneck !

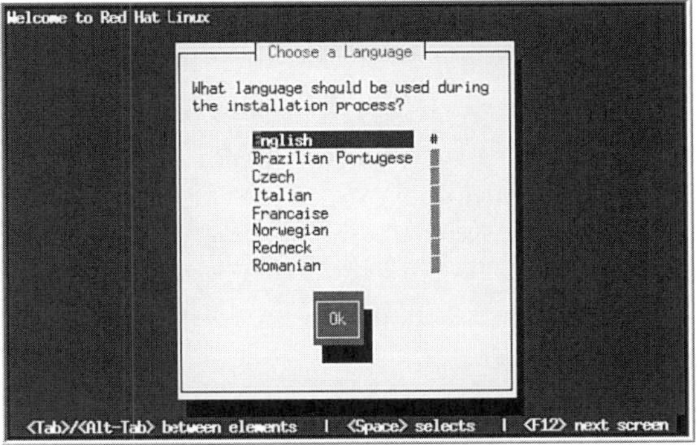

Figure 3.3
Red Hat Linux vous demande d'indiquer le type de clavier utilisé par votre système.

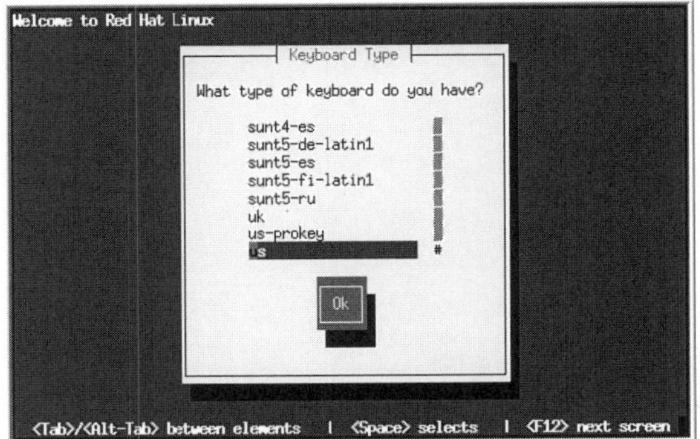

La boîte de dialogue suivante (voir Figure 3.3) vous demande d'indiquer le type de clavier utilisé par votre système.

Linux se servira des sélections que vous effectuez pour votre clavier, durant l'installation et lors des démarrages ultérieurs de votre système.

Pour changer votre sélection de clavier ultérieure, utilisez la commande `/usr/sbin/kbdconfig`.

L'écran suivant vous demande si vous avez besoin du support PCMCIA (PC Card) pour votre système (voir Figure 3.4). Choisissez la réponse adéquate à l'aide de la touche <Tab>, puis appuyez sur <Entrée>.

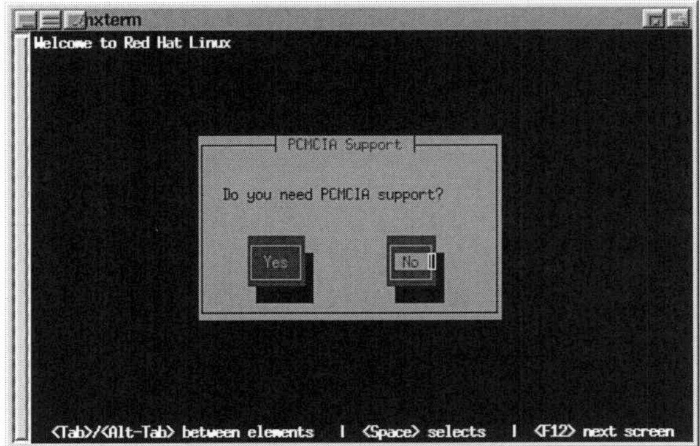

Figure 3.4
Red Hat Linux fournit un support optionnel des cartes PCMCIA (PC).

Vous devez ensuite choisir la méthode d'installation, puis appuyer sur <Entrée>. Le programme d'installation vous demande d'insérer le CD-ROM Red Hat dans le lecteur. Appuyez ensuite sur <Entrée> pour continuer.

Figure 3.5
Red Hat vous permet d'installer le système en suivant plusieurs méthodes, dont NFS et ftp.

Le reste de ce chapitre suppose que vous effectuez l'installation depuis le lecteur de CD-ROM local. Si vous choisissez une autre méthode, consultez les sujets d'assistance appropriés, ou le site Web de Red Hat, à l'adresse :

http://www.redhat.com.

Le programme d'installation tente ensuite de détecter le type du lecteur de CD-ROM de votre système. S'il y parvient, il continue, sinon vous devez sélectionner ce type dans la liste suivante :

SCSI	Pour les vrais périphériques SCSI
Other CD-ROM	Pour les CR-ROM non-IDE ou compatibles avec une carte son.

Si vous choisissez Other, le programme d'installation affiche la boîte de dialogue présentée à la Figure 3.6. Sélectionnez le type de lecteur adéquat et appuyez sur <Entrée> pour continuer l'installation.

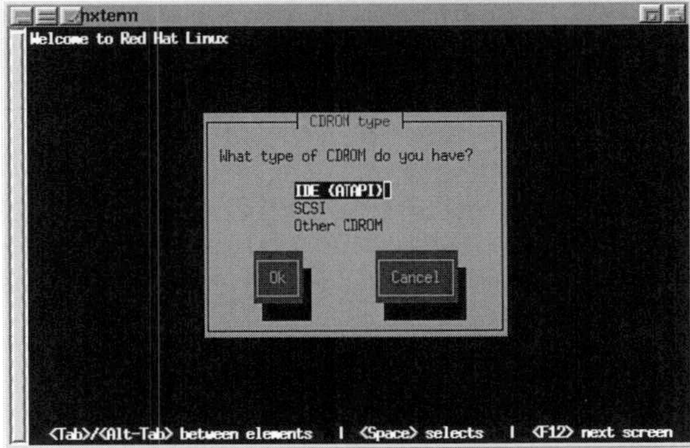

Figure 3.6
Le programme d'installation de Red Hat Linux doit connaître le type de CD-ROM qui équipe votre système.

L'autre catégorie de CD-ROM comprend par exemple les lecteurs distribués par Creative Labs (SoundBlaster), et ceux reposant sur les kits multimédias, comme :

- Aztech CD
- Goldstar R420
- Mitsumi
- Optics Storage 8000
- Phillips CM206/CM260
- Sanyo
- Sony CDU-31A
- Sony CDU-5xx
- SoundBlaster/Panasonic

Suivant votre choix, le programme d'installation peut être amené à vous demander certains paramètres, comme les IRQ ou les adresses DMA. Il peut aussi essayer de déterminer automatiquement ces valeurs en sondant votre matériel. Il est préférable de laisser le programme faire ses tests avant d'indiquer les paramètres.

INFO

Chaque fois que le programme d'installation sonde le matériel du système, celui-ci peut se bloquer. Si cela arrive, vous devez redémarrer et exécuter à nouveau l'installation. Prenez soin de rassembler les renseignements nécessaires, comme les IRQ et les adresses DMA, avant de recommencer l'installation.

Voir
Chapitre 6

Après avoir détecté le type de votre CD-ROM, le système commence son installation à partir du lecteur de CD-ROM. Il vous demande d'abord si vous installez un nouveau système ou si vous mettez à jour un système Red Hat déjà installé. Vous devez choisir ensuite le type d'installation que vous voulez utiliser. Vous avez le choix entre Station de travail, Serveur et Personnalisée. Nous vous recommandons le type d'installation personnalisé. Red Hat 5.2 s'installe facilement au-dessus des versions 2.0 ou supérieures, mais aucune distribution Linux n'est capable de s'installer facilement au-dessus d'une version d'une distribution différente. Par conséquent, si vous disposez d'une version d'une distribution antérieure, telle que Slackware, il est préférable d'effectuer une nouvelle installation complète et de supprimer le système précédent — après avoir sauvegardé les fichiers de données importants, naturellement. Si vous effectuez une mise à jour d'une version antérieure de Red Hat, le programme d'installation sauvegardera vos fichiers de configuration actuels en les renommant avec l'extension .rpmsave.

Toutes les actions réalisées par le programme d'installation sont par ailleurs enregistrées dans le fichier /tmp/upgrade.log

ASTUCE

Pour observer ce que le programme d'installation est en train de faire, appuyez sur <ALT-F3> afin de basculer sur le terminal virtuel servant à afficher ces renseignements.

Le programme d'installation essaie ensuite de détecter les périphériques SCSI. Il se peut qu'il vous demande de choisir un contrôleur SCSI dans la boîte de dialogue Configuration. Sélectionnez le bouton adéquat et continuez.

Si vous disposez d'une carte SCSI, le programme affiche la boîte de dialogue des modules à charger, dans laquelle vous pouvez choisir parmi les pilotes SCSI suivants :

Adaptec 152x	Iomega PPA3 (Parallel port Zip)
Adaptec 1542	NCR 5380
Adaptec 1740	NCR 53c406a
Adaptec 2740,2840, 2940	NCR 53C810/53C820 PCI
AdvanSys Adapters	Pro Audio Spectrum/Studio 16

Always IN200	Qlogic FAS
Buslogic Adapters	Qlogic ISP
DTC 3180/3280	Seagate ST01/02
EATA DMA Adapters	Trantor T128/T128F/T228
EATA PIO Adapters)	UltraStor 14F/34F
Future Domain TMC-885, TMC-950	UltraStor 14F/24F/34F
Future Domain TMC-16x0	Western Digital wd7000

Sur le Web

Pour obtenir des informations sur le matériel supporté ou non par Red Hat 5.2, visitez le site Web de Red Hat, à l'adresse :

http://www.redhat.com/support/docs/rhl/intel/rh52-hardware-intel.html

Vous devez ensuite partitionner vos disques — ou au moins sélectionner les partitions que vous avez déjà créées. Le programme d'installation affiche la boîte de dialogue Disk Setup présentée à la Figure 3.7. Vous pouvez utiliser le programme de ligne de commande `fdisk` ou le programme plein écran Disk Druid. Pour utiliser fdisk, déplacez-vous sur le bouton de `fdisk`, et appuyez sur <Entrée>. Pour utiliser Disk Druid, passez à la section "Utiliser Disk Druid".

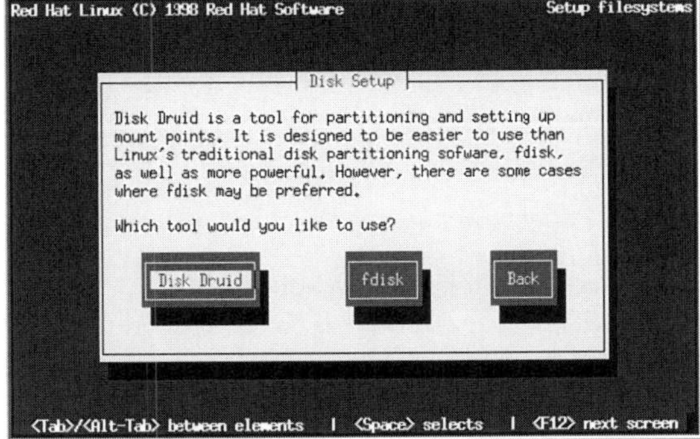

Figure 3.7
Préparez vos disques durs à l'aide du programme plein écran Disk Druid ou du programme ligne de commande fdisk.

• Le programme fdisk de Linux

A l'invite de `fdisk`, saisissez `m` pour afficher la liste des commandes. Le Tableau 3.3 énumère les différentes commandes.

ATTENTION

Vous allez utiliser ici le programme `fdisk` *propre à Linux. Soyez très prudent, car ce programme est différent des programmes* `fdisk` *des autres systèmes d'exploitation, tels MS-DOS, Windows 98/95 et OS/2. Ces programmes ne sont pas interchangeables ! Par exemple, il n'est pas possible de réorganiser une partition DOS avec le* `fdsik` *de Linux. Même s'il est possible de créer des partitions avec n'importe quel fdisk, vous devez utiliser la version propre à chaque système pour certaines actions, comme l'installation des types de fichiers.*

Tableau 3.3 : Commandes du fdisk de Linux

Commande	Description
a	Sélectionne/désélectionne le drapeau amorçable.
c	Sélectionne/désélectionne le drapeau de compatibilité DOS.
d	Supprime une partition.
l	Affiche la liste des partitions connues.
m	Affiche ce menu.
n	Ajoute une nouvelle partition.
p	Affiche la table des partitions.
q	Quitte sans enregistrer les modifications.
t	Change l'ID système d'une partition.
u	Change les unités d'affichage/d'entrée.
v	Vérifie la table des partitions.
w	Ecrit la table sur disque et quitte.
x	Permet d'autres fonctions destinées aux experts.

Pour commencer le partitionnement, choisissez la commande `p` (en appuyant sur <p-Entrée>) afin d'afficher la table des partitions en cours, laquelle devrait refléter le disque que vous aviez partitionné avec le programme `FDISK` de DOS. Le Listing 3.1 montre un exemple de ce que l'on peut obtenir par la commande `p`.

Listing 3.1 : Exemple de table de partition

```
Disk /dev/hda: 15 heads, 17 sectors, 1024 cylinders
Units = cylinders of 255 * 512 bytes
Device          Boot     Begin     Start     End      Blocks   Id     System
/dev/hda1       *        1         1         41       5219     1      DOS 12-bit FAT
dev/hda2                 1024      1024      4040     384667+  51     Novell?
Partition 2 has different physical/logical endings:
phys=(967, 14, 17) Logical=(4096, 14.17)
```

INFO

Votre affichage est certainement différent de celui-ci, les valeurs étant propres à chaque type de disque, et les partitions déjà définies sur le disque.

Le Listing 3.1 décrit les partitions déjà définies, le début et la fin de chacune d'elles, ainsi que leur taille en blocs. Il en indique également le type. Le Tableau 3.4 présente les différents types de partition qu'il est possible de définir à l'aide du programme `fdisk` de Linux. Les principaux types de partition utilisés sont 83-Linux Native et 82-Linux Swap. Vous pouvez obtenir une liste semblable avec la commande `l`.

Tableau 3.4 : Types de partition Linux connus

Numéro de référence	Type
0	Empty
1	DOS 12-bit FAT
2	XENIX root
3	XENIX usr
4	DOS 16-bit < 32M
5	Extended
6	DOS 16-bit >= 32M
7	OS/2 HPFS
8	AIX
9	AIX bootable
a	OS/2 Boot Manager
40	Venix 80286
51	Novell?
52	Microport
63	GNU HURD
64	Novell
75	PC/IX
80	Old MINIX
81	MINIX/Linux
82	Linux Swap
83	Linux Native
93	Amoeba

Numéro de référence	Type
94	Amoeba BBT
a5	BSD/386
b7	BSDI fs
b8	BSDI swap
c7	Syrinx
db	CP/M
e1	DOS access
e3	DOS R/O
f2	DOS secondary
ff	BBT

Dans le Listing 3.1, Linux indique une remarque sur les différentes terminaisons physiques et logiques du bas de l'écran. La différence est due au système utilisé lors de la rédaction de ce chapitre, une précédente partition contenant le disque D de DOS ayant été conservée, alors que le lecteur C était repartitionné en lecteur C plus petit afin de faire de la place pour Linux. Il existe par conséquent de l'espace entre les lecteurs C et D. C'est à cet endroit que les partitions réservées à Linux seront créées.

Les nombres du Listing 3.1 qui correspondent à begin, start et end sont très importants, et vous devriez les noter par écrit. Vous en aurez besoin plus tard pour préciser les tailles des partitions que vous ajouterez.

• Ajouter la partition requise

Ayant repartitionné le lecteur de DOS, vous n'avez pas besoin de supprimer de partition pour Linux. Il vous suffit d'en ajouter. Pour cela, saisissez la commande `n`, qui affiche :

```
Command Action
e extended
p primary(1-4)
```

Appuyez sur <p-Entrée>. `fdisk` demande alors le numéro de la partition ; saisissez votre choix et appuyez sur <Entrée>. Si vous indiquez un numéro de partition déjà utilisée, `fdisk` vous le signale et vous demande de la supprimer avant d'essayer de l'ajouter à la table des partitions. Dans cet exemple, entrez **3**, afin d'ajouter une troisième partition principale référencée par /dev/hda3.

fdisk demande ensuite l'emplacement du premier cylindre. Il s'agit en général du premier cylindre disponible ; en fait, fdisk propose une étendue par défaut pour votre choix — par exemple,

```
First cylinder (42-1024) :
```

Remarquez que la première partition se termine au cylindre 41 et que la suivante commence au cylindre 1 024. Le choix ainsi proposé par fdisk vous permet de faire commencer la partition suivante à n'importe quel endroit compris entre les cylindres 42 et 1 024. Il n'est pas recommandé de placer les partitions n'importe où sur le disque, choisissez par conséquent le prochain emplacement disponible, ici le cylindre 42. Saisissez **42** et appuyez sur <Entrée>.

REMARQUE

Linux peut avoir du mal à démarrer depuis les partitions qui commencent au-delà du cylindre 1 024. Si vous ne pouvez créer une partition Linux que dans cet espace, il se pourrait que vous soyez obligé de lancer Linux depuis une disquette. Nous apprendrons comment créer une disquette de démarrage (différente de la disquette de démarrage utilisée pour l'installation) plus loin dans ce chapitre. Seul inconvénient, il est plus long de lancer Linux d'une disquette que du disque dur.

A présent, fdisk vous demande quelle quantité d'espace allouer à cette partition. Vous pouvez l'exprimer par nombre de cylindres ou par nombre d'octets (+*quantité*), de kilo-octets (+*quantité*K), ou de mégaoctets (+*quantité*M). Puisque vous devriez déjà connaître la quantité approximative d'espace requise par le fichier de swap, définissez sa partition en premier lieu, puis réservez le reste de l'espace disque aux partitions des programmes Linux. Ainsi, votre machine disposant dans notre exemple de 8 Mo de RAM, vous devez indiquer une taille de partition de 16 Mo :

```
Last cylinder or +size or +sizeM or +sizeK (42-1023): +16M
```

A l'aide de la commande p, vous pouvez ensuite consulter la nouvelle table des partitions que vous venez de créer. Dans notre exemple, elle ressemble à ceci :

```
Disk /dev/hda: 15 heads, 17 sectors, 1024 cylinders
Units = cylinders of 255 * 512 bytes
Device       Boot Begin  Start  End   Blocks  Id    System
/dev/hda1    *    1      1      41    5219 1  DOS   12-bit FAT
/dev/hda2         1024   1024   4040  384667+ 51    Novell?
Partition 2 has different physical/logical endings:
phys=(967, 14, 17) Logical=(4039, 14.17)
/dev/hda3         42     42     170   16447+  83     Linux native
```

Par défaut, fdisk a attribué le type Linux Native à la nouvelle partition. Pour changer cela, dans le cas d'une partition de swap, vous devez utiliser la commande t. Saisissez **t** puis le numéro de la partition que vous voulez modifier ; dans notre exemple, saisissez **3**. fdisk vous

demande alors la valeur hexadécimale correspondant au type de partition désiré, valeur figurant dans le Tableau 3.4 (si vous n'avez pas le tableau sous la main, saisissez **l** pour obtenir la liste des codes). Pour la partition de swap, répondez **82** à l'invite.

`fdisk` rappelle le type de la nouvelle partition, mais vous pouvez également utiliser la commande `p` pour vérifier à nouveau que la partition 3 est bien dorénavant une partition de swap Linux.

Vous pouvez dès lors ajouter vos partitions Linux. Pour notre exemple, ajoutez une seule partition, mais si vous souhaitez disposer de plusieurs partitions pour diverses raisons, vous pouvez les créer dès maintenant. Pour ajouter une partition, appuyez sur <n>, indiquez `p` pour autre partition primaire, et précisez le numéro de cette partition (4). Pour éviter d'éparpiller les partitions sur le disque, faites commencer la nouvelle partition juste après à l'endroit où la précédente se termine, au cylindre 171. Concernant le dernier cylindre, dans la mesure où vous voulez réserver le reste de l'espace disque au système Linux, vous pouvez préciser le numéro du dernier cylindre au lieu d'un nombre d'octets précis. Saisissez par conséquent **1023**, comme ci-dessous :

```
Command (m for help):n
Command action
e    extended
p    primary partition (1-4)
p
Partition number (1-4): 4
First cylinder (171-1024):171
Last cylinder or +size or +sizeM or +sizeK (171-1023):1023
```

Vérifiez maintenant les nouvelles partitions à l'aide de la commande `p`. Si vous souhaitez effectuer des modifications, faites-le maintenant.

Après avoir terminé l'agencement de vos partitions, vous pouvez utiliser la commande w pour écrire sur le disque dur les informations relatives à la table des partitions. Aucune des modifications effectuées ne devient permanente tant que vous n'avez pas utilisé la commande `w` ; si vous pensez avoir effectué des modifications par erreur, vous pouvez quitter `fdisk` par la commande `q`, et la table des partitions ne sera pas altérée. En cas d'utilisation de la commande `w`, Linux vous avertit que la table des partitions a été modifiée, puis resynchronise les disques pour qu'ils correspondent à la nouvelle table des partitions. Si, à ce moment, votre système Linux semble arrêté, redémarrez avec les disquettes de démarrage jusqu'au moment de l'invite `#`.

N'utilisez pas le programme fdisk pour créer ou modifier des partitions destinées à d'autres systèmes d'exploitation. Cela pourrait rendre le disque dur inexploitable pour tous les systèmes.

• Créer la partition d'échange

Certaines distributions de Linux permettent la création et l'activation automatiques du fichier de swap, lors de l'installation. Avec d'autres distributions, vous pouvez toutefois être amené à vous en occuper vous-même avant de continuer l'installation.

REMARQUE

Si vous obtenez une erreur de type "manque de mémoire" lors des procédures d'installation qui suivent, augmentez la taille de votre fichier de swap. Si vous disposez déjà du maximum de 16 Mo, créez et activez une autre partition de swap en suivant les instructions. Souvenez-vous que le programme d'installation de Red Hat Linux ne crée qu'une seule partition de swap.

On crée une partition de swap à l'aide de la commande `mkswap`, en lui indiquant quelle partition utiliser et quelle quantité réserver à la RAM virtuelle. Par exemple, pour créer un espace de swap dans la partition /dev/hda3 précédemment définie, saisissez la commande suivante, à l'invite `#` :

```
# mkswap -c /dev/hda3 16447
```

Le nombre 16 447, qui représente 16 Mo, est visible dans la colonne blocks de l'écran d'affichage obtenu par la commande `p` de `fdisk`. Le paramètre optionnel `-c` indique à `mkswap` de rechercher les parties défectueuses de la partition.

Vous devez ensuite activer le système de swap à l'aide de la commande `swapon` :

```
# swapon /dev/hda3
```

Nous vous rappelons que si vous utilisez le CD-ROM d'accompagnement de Red Hat, vous n'avez pas à vous préoccuper de l'activation du système de swap tant que vous ne créez qu'une seule partition. Lors de l'installation, le programme détecte la partition de swap et lance automatiquement le système pour l'installer.

Après avoir créé vos partitions sur les divers disques durs, et être retourné à la boîte de dialogue Partitioning Disks, sélectionnez le bouton Done pour poursuivre l'installation.

Le système vous demande ensuite de choisir l'espace de swap actif, qui doit être la partition que vous avez créée et marquée comme étant du type Linux Swap (82) dans la section précédente. Indiquez-la et sélectionnez OK. Le programme initialise alors l'espace de swap.

Voir Chapitre 14.

Après avoir créé l'espace de swap, le programme affiche la boîte de dialogue Select Root Partition. La partition racine (root) est constituée du système de fichiers principal de votre Linux, dans lequel résident tous les fichiers de démarrage. Sélectionnez le périphérique (disque dur) de votre partition racine dans la zone de liste, puis appuyez sur <Entrée>. Vous pouvez dès lors monter les autres partitions, si elles existent, depuis la boîte de dialogue Partition Disk. Vous pouvez également monter les éventuels systèmes de fichiers DOS ou OS/2 afin de pouvoir y accéder depuis Linux. Choisissez dans la liste la partition à modifier, et appuyez sur <Entrée>. Dans la boîte de dialogue Edit Mount Point, vous pouvez indiquer un point de montage — c'est à dire un répertoire — sur lequel vous voulez la monter.

Après la sélection de la racine et des points de montage de vos diverses partitions, le programme va formater les partitions que vous aurez choisies dans la boîte de dialogue Format Partition.

• Disk Druid

Si vous sélectionnez le bouton Disk Druid dans la boîte de dialogue Disk Setup (voir Figure 3.7), l'écran principal de Disk Druid s'affiche (voir Figure 3.8).

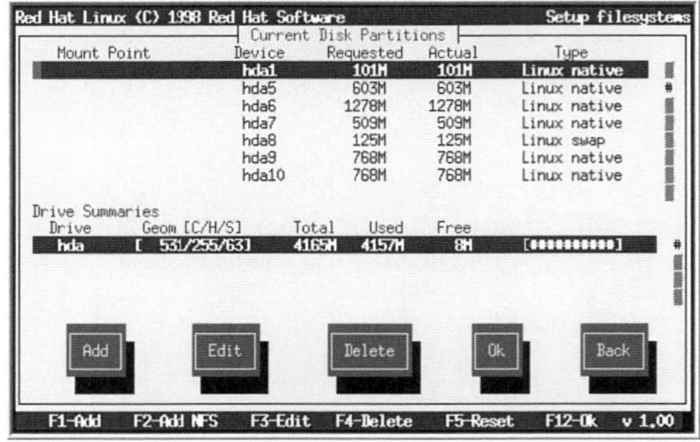

Figure 3.8
Disk Druid fait du partitionnement des disques et de la création des points de montage un jeu d'enfant.

Voir Chapitre 14.

Disk Druid permet de créer des partitions, de définir les points de montage sur les périphériques indiqués, de définir les tailles des partitions, et d'indiquer les types des systèmes de fichiers. Il fournit également des informations sur ces attributions. Le Tableau 3.5 énumère les divers champs de l'écran principal de Disk Druid, et décrit la tâche exécutée par chaque bouton.

Tableau 3.5 : Champs de Disk Druid

Champ/Bouton	Description
Mount Point	Autre terme désignant un répertoire ; emplacement auquel le répertoire spécifié et tous les sous-répertoires seront situés.
Device	Le disque dur physique et la partition auxquels ce point de montage appartient.
Requested Size	Vous pouvez indiquer soit la taille par défaut d'une partition, soit une taille initiale qui pourra croître.
Actual Size	La taille réelle allouée à la partition.
Type	Type de système de fichiers de la partition.
Drive Summaries	Cette partie de l'écran principal de Disk Druid fournit des informations sur le périphérique spécifié (disque dur/ patron), comme l'espace disponible. Souvenez-vous qu'un périphérique disque dur peut posséder plusieurs partitions.

Champ/Bouton	Description
Add	Ajoute une nouvelle partition.
Edit	Edite le point de montage sélectionné.
Delete	Supprime le point de montage sélectionné.
Ok	Effectue les modifications spécifiées sur votre système et poursuit avec le programme d'installation.
Back	Retourne à la boîte de dialogue précédente du programme d'installation, et abandonne toutes les modifications indiquées.

Pour ajouter une nouvelle partition, cliquez sur le bouton Add ou appuyez sur la touche de fonction <F2>. La boîte de dialogue Edit New Partitions, présentée à la Figure 3.9, s'affiche alors.

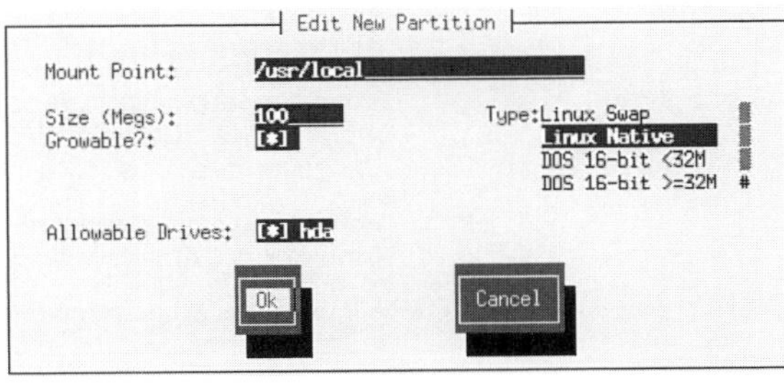

Figure 3.9
Inutile de vous souvenir de tous les types de systèmes de fichiers. La boîte de dialogue Edit New Partition les propose dans une zone de liste.

Indiquez le point de montage de cette nouvelle partition dans le champ Mount Point. Les exemples concernent la partition racine (/) ou la partition var (/var). Indiquez ensuite la taille de la partition en mégaoctets, et pour que la partition croisse si nécessaire lorsque vous ajoutez ou supprimez d'autres partitions. Vous devez ensuite choisir dans la zone de liste Type: de quel type sera le système de fichiers de la partition. Vous pouvez enfin choisir sur quel disque dur physique placer la partition, d'après la liste Allowable Drives.

INFO

Si vous indiquez une taille trop importante pour l'espace disponible du périphérique choisi, Disk Druid vous prévient et vous demande de réduire la quantité requise. Il vous avertit également des autres problèmes potentiels, et vous propose des solutions possibles.

• Installer les composants logiciels

Félicitations ! A présent, votre système est prêt à recevoir Linux, mais vous n'êtes qu'à la moitié du chemin. Vous devez maintenant sélectionner les différents composants logiciels à installer, puis les configurer.

Le programme d'installation affiche la boîte de dialogue Components to Install, qui vous permet de choisir les divers paquetages. Le Tableau 3.6 décrit chaque paquetage.

Tableau 3.6 : Composants logiciels

Composant	Description
Printer Support	Vous permet d'imprimer depuis votre système Linux.
X Windows System	Fournit le GUI de toutes les stations de travail UNIX — donc Linux ; X est un GUI puissant, comme Windows 95 et OS/2.
Mail/WWW/News tools	Fournit des programmes permettant d'utiliser le courrier électronique, de surfer sur le World Wide Web, et de lire et de poster des news Usenet.
DOS/Windows Connectivity	Vous permet d'accéder aux fichiers DOS, d'exécuter des programmes DOS, et d'exécuter certains programmes Windows (avec un succès limité).
File Managers	Fournit des outils permettant de manipuler vos systèmes de fichiers, par exemple Midnight Commander.
Graphics Manipulation	Propose des programmes permettant de travailler sur des images graphiques, par exemple xv et le célèbre The GIMP.
X Games	Fournit des jeux célèbres de types stratégie et arcade fonctionnant sous X.
Console Games	Fournit des jeux fonctionnant sur une console texte.
X Multimedia Support	Fournit un support multimedia à X.
Console Multimedia Support	Fournit un support multimedia aux consoles texte.
Print Server	Permet à votre machine Linux de travailler comme serveur d'impression de votre réseau.
Networked Workstation	Fournit des applications de réseau et le support SNMP.
Dialup Workstation	Vous permet d'accéder à l'Internet par l'intermédiaire d'une ligne téléphonique — c.-à-d. d'un modem.
News Server	Permet à votre système de travailler comme serveur de news (si vous pouvez vous approvisionner en news), et donc de fournir des news à vos utilisateurs.

NFS Server	Permet à votre système d'exporter et d'attacher d'autres systèmes de fichiers sur votre réseau.
SMB (Samba) Connectivity	Fournit les services SMB, aussi bien client que serveur.
IPX/NetWare Connectivity	Fournit l'accès aux réseaux Novell NetWare.
Anonymous FTP/Gopher Server	Vous permet de configurer votre système de sorte que l'on puisse y accéder par FTP anonyme.
Web Server	Inclut le logiciel serveur Web le plus utilisé à l'heure actuelle, Apache.
DNS Name Server	Fournit le logiciel nécessaire à l'exécution de votre propre serveur de noms de domaines (DNS) sur votre système Linux.
PostGress (SQL) Server	Vous permet d'exécuter le système de base de données SQL PostGress.
Network Management Workstation	Fournit les utilitaires et les outils nécessaires au dépannage et à la surveillance de votre réseau, dont les services SNMP.
TeX Document Formatting	Fournit plusieurs programmes servant à ajouter du code formaté aux documents.
Emacs	Installe l'éditeur omniprésent de Linux (les gourous disent que l'on peut faire n'importe quoi ou presque avec `emacs`).
Emacs with X Windows	Fournit un frontal X au puissant éditeur `emacs`.
C Development	Fournit le compilateur `gcc` et les outils GNU.
Development Libraries	Fournit les diverses bibliothèques requises par différents outils de développement, comme `gcc` et `g++`.
C++ Development	Installe le compilateur C++ GNU, `gcc`.
X Development	Fournit les outils, les bibliothèques, et divers éléments (comme des polices) nécessaires au développement des applications X.
Extra Documentation	Fournit le projet de documentation de Linux contenant les importants HOWTO, ainsi que d'autres informations utiles.
Everything	Installe tout ce qui se trouve sur le CD-ROM ; vous avez besoin d'environ 700 Mo, sans compter l'espace destiné à vos fichiers de données, mais c'est à déconseiller fortement.

Vous pouvez désormais utiliser le programme RPM décrit au Chapitre 6 pour installer n'importe quel paquetage.

REMARQUE

Vous pouvez sélectionner des paquetages individuels en cochant la case appropriée de la boîte de dialogue, ou tout installer en sélectionnant cette option de la liste. Pour sélectionner un paquetage à installer, déplacez-vous simplement sur le composant souhaité et appuyez sur la barre <Espace>. Après avoir sélectionner tous vos composants, placez-vous sur le bouton OK à l'aide de la touche <Tab>, et appuyez sur <Entrée>.

La boîte de dialogue qui suit l'installation vous informe que vous pouvez connaître les fichiers installés en parcourant le fichier /tmp/install.log. Appuyez sur <Entrée> pour poursuivre l'installation.

Arrive ensuite la partie difficile : attendre. Le transfert et le décompactage d'environ 350 Mo peuvent demander un certain temps. Setup installe d'abord un système de fichiers sur les partitions que vous avez indiquées, puis les logiciels. Le système vous informe, dans la boîte de dialogue Install Status, de son avancement dans l'installation des différents fichiers choisis. La durée de l'installation varie en fonction de ce que vous installez et de la vitesse de votre machine. Patientez, et commandez une pizza !

Configurer le système

Après l'installation du logiciel, le programme configure votre système. Il commence par la souris en affichant la boîte de dialogue Configure Mouse. Sélectionnez dans la zone de liste le type de souris qui décrit le mieux la vôtre. Souvenez-vous que de nombreuses souris sont capables d'émuler la souris série de Microsoft si nécessaire. La case à cocher Emulate 3 Buttons est présente, car beaucoup de souris de PC ne possèdent que deux boutons, et X Window utilise généralement 3 boutons pour manipuler et sélectionner les programmes. Si cette case est cochée, le système fera en sorte que le clic simultané des 2 boutons de la souris soit équivalent au clic du bouton du milieu d'une souris à 3 boutons. Faites votre sélection et choisissez OK.

Vous pouvez utiliser la commande suivante

```
/usr/sbin/mouseconfig
```

pour reconfigurer votre souris à tout moment.

Vous devez indiquer ensuite le port série auquel votre souris est connectée. Après l'avoir choisi dans la zone de liste, déplacez-vous sur le bouton OK et appuyez sur <Entrée>. Le programme vous demande alors de sélectionner le type de carte graphique de votre système.

ATTENTION

Essayez de sélectionner la bonne carte graphique, car de tout ce qui dépend du logiciel, seul le sous-système carte graphique et moniteur peut être facilement détruit par le logiciel. En faisant un mauvais choix, vous pouvez griller votre moniteur ! Même si cela reste peu probable, il existe toujours une possibilité, par conséquent, soyez prudent.

Voir
Chapitre 21.

Le système essaie maintenant d'installer le serveur XFree86 adapté à votre matériel.

Vous devez ensuite sélectionner votre moniteur. Une nouvelle fois, soyez le plus précis possible. Votre moniteur sélectionné, le programme demande la quantité de mémoire vidéo de votre carte. Après avoir répondu, sélectionnez OK pour continuer.

Vous vous souvenez de toutes ces mises en garde concernant votre moniteur grillé ? Et bien maintenant vous avez une véritable occasion de le rôtir, aussi soyez prudent. L'écran suivant vous demande d'indiquer l'horloge de votre carte graphique. Ces puces sont utilisées pour piloter les signaux vidéo au travers de votre carte et dans votre moniteur. S'ils sont hors synchronisation, les signaux peuvent — vous l'aviez deviné — griller votre moniteur (très rarement exploser, la plupart du temps étinceler et fumer). Faites attention ! Si vous ne disposez pas d'indications sur les horloges utilisées par votre carte, choisissez la valeur par défaut, No Clockchip Setting, et choisissez OK.

Voir
Chapitre 21.

Les horloges étant sélectionnées (ou leur absence), le système peut effectuer une auto-détection et essayer de configurer X. La détection peut bloquer votre système, mais tant qu'aucune erreur n'est vraiment sérieuse (vous avez par exemple sélectionné des vitesses d'horloge excessives pour votre carte), vous pouvez redémarrer votre système et reprendre l'installation. Vous disposez de la possibilité de sauter les tests pour poursuivre l'installation.

INFO

J'ai installé Red Hat de nombreuses fois et je dois encore laisser le logiciel d'installation configurer mon système X. Vous pourrez être plus chanceux que moi, aussi, ne vous inquiétez pas si votre installation X échoue. J'ai toujours pu configurer X après installation à l'aide des divers programmes disponibles.

Lorsque l'autodétection réussit, le système présente un écran d'information sur la sélection des résolutions à utiliser. Vous pouvez en choisir plusieurs, à condition que votre carte graphique et votre moniteur soient capables de les gérer. Le programme vous indique enfin comment démarrer et arrêter votre système X Window.

Configurer le réseau

Après la configuration de X Window, le programme d'installation poursuit par celle de votre réseau. Si votre machine est ou doit être connectée à l'Internet, et si vous avez installé les composants réseau, sélectionnez Yes et poursuivez.

Le système demande tout d'abord quel pilote Ethernet utiliser dans la boîte de dialogue Load Module. Sélectionnez le pilote adapté à votre carte Ethernet et choisissez OK.

Il se peut que le programme d'installation tente une nouvelle fois d'effectuer une autodétection du matériel, afin de déterminer certaines valeurs adaptées à la carte. Ce test peut bloquer le

système et vous obliger à redémarrer. Commencez par vérifier que vous avez sélectionné le bon pilote. Voyez ensuite s'il faut lui transmettre certains paramètres spéciaux, comme une IRQ ou une adresse DMA, en choisissant l'option Specify Parameter au lieu de l'option d'autodétection.

REMARQUE

Ethernet est à l'heure actuelle l'interface réseau la plus répandue pour Linux. D'autres technologies, comme Token Ring, ISDN, et ATM, disposent d'un certain support, mais elles ne sont pas encore prêtes pour la première place sous Linux. Beaucoup en sont encore au stade de développement alpha ou bêta et dépendent du matériel de chaque fabricant.

Après avoir réussi à détecter votre carte réseau, le système vous permet de configurer votre réseau TCP/IP.

• Configurer le réseau TCP/IP

Le logiciel d'installation rassemble les informations TCP/IP de votre système dans la boîte de dialogue Configure TCP/IP. Les renseignements suivants sont à demander à votre administrateur réseau ou à votre prestataire de services Internet : le numéro IP de votre machine, le masque de réseau, l'adresse du réseau, ainsi que l'adresse de diffusion.

Le système doit ensuite configurer votre réseau. Il déduit les informations de la boîte de dialogue Configure Network. Vous devez indiquer le nom de domaine de votre réseau, ainsi que le nom d'hôte de votre système. Le nom de domaine est en principe constitué des deux derniers éléments d'une adresse Internet. Par exemple, dans un nom tel que www.netwharf.com, netwharf.com est le nom de domaine, et www le nom d'hôte.

Votre administrateur réseau doit ensuite vous indiquer les valeurs correspondant à la passerelle par défaut de votre système et au serveur de noms primaire. Si votre réseau dispose également d'un serveur de noms secondaire, saisissez sa valeur à l'emplacement prévu.

INFO

Faites attention au nom que vous attribuez à votre machine, car il apparaîtra sur votre ligne d'invite par défaut, dans les messages e-mail, ainsi que dans les rapports d'historique. Tenez-vous vraiment à ce que votre patron reçoive un courrier de uradork.netwharf.com?

• Configurer l'horloge

Vous devez ensuite préciser de quelle manière votre système gérera l'heure, et dans quelle zone horaire il se trouve, en saisissant les informations dans la boîte de dialogue Configure Timezones. Indiquez si vous souhaitez utiliser l'heure locale ou l'heure GMT, et choisissez votre zone horaire d'après la liste. Après avoir fait vos sélections, choisissez OK.

• Sélectionner les services à lancer au démarrage

Voir Chapitre 9.

Vous devez ensuite indiquer quels services (programmes et démons) votre système doit lancer automatiquement à chaque démarrage, en les choisissant dans la liste des services de la boîte de dialogue Services, présentée à la Figure 3.10. Le Tableau 3.7 fournit la liste des services disponibles, et une description de leur utilisation. Les services marqués d'un astérisque (*) ont été sélectionnés par Red Hat pour être lancés par défaut au démarrage.

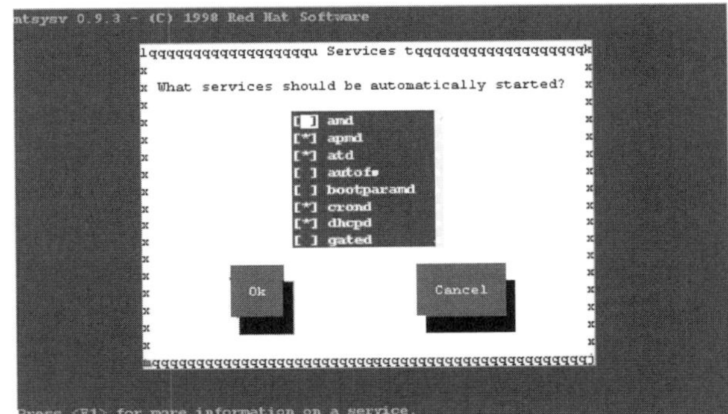

Figure 3.10
Linux vous permet de déterminer quels programmes lancer au démarrage, ce qui correspond au dossier Démarrage sous Microsoft Windows.

Tableau 3.7 : Services au démarrage

Service	Description
amd	Lance le démon de montage automatique
apmd*	Surveille l'état de la batterie et peut arrêter le système en cas de batterie trop faible
atd*	Exécute les commandes at aux moments prévus
autofs	Monte automatiquement les systèmes de fichiers au moment de les utiliser
bootparamd	Permet aux serveurs Sun de démarrer à partir d'une machine Linux, en utilisant bootp
crond*	Lance le démon cron
dhcpd*	Fournit les services DHCP
gated	Lance le démon gate destiné à la fourniture des services de routage de BGP et d'autres protocoles
gpm*	Lance le programme de support de la souris de Linux
httpd*	Lance le serveur Web Apache
Inet*	Lance le super démon de l'Internet (inetd) qui fournit tous les services indiqués dans /etc/inet.conf
inmd	Lance le serveur de news Usenet innd
kerneld*	Lance le démon kerneld, qui charge et décharge les modules du noyau suivant les besoins

Service	Description
`keytable*`	Charge la table du clavier approprié
`lpd*`	Fournit les services d'impression de Linux
`mars-new`	Charge le démon serveur de fichiers et d'impression MArs NetWare
`mcserv`	Fournit les services de fichiers distants midcommander
`named*`	Fournit les services DNS
`network*`	Permet le contrôle de toutes les interfaces du réseau
`nfs*`	Fournit les services NFS du réseau
`nfsfs*`	Monte et démonte les points de montage NFS indiqués dans le fichier /etc/exports
`pcmcia`	Fournit l'accès aux services PCMCIA (PC Cards)
`pnserver`	Lance les services Real Media
`portmap*`	Permet les appels de procédures à distance (RPC) pour d'autres protocoles, comme NFS
`postgresql`	Exécute la base de données `postgres` et fournit les services SQL
`random*`	Sauvegarde et restaure une valeur aléatoire facilitant la génération de nombres aléatoires plus sûrs (utilisés dans différents systèmes de sécurité)
`routed`	Fournit les mises à jour automatiques de table de routage à l'aide du protocole RIP
`rusersd`	Fournit les services permettant à un utilisateur d'en rechercher un autre sur le réseau
`rwalld`	Permet aux utilisateurs d'utiliser la commande `rwall` pour écrire des messages sur des terminaux distants
`rwhod`	Le protocole `rwho` permet aux utilisateurs éloignés d'obtenir la liste de tous les utilisateurs connectés à la machine, en utilisant le démon `rwho`
`sendmail*`	Exécute le démon `sendmail` nécessaire au courrier électronique
`smb*`	Fournit les services client-serveur SMB (Samba)
`snmpd*`	Fournit le support Simple Network Management Protocol de Linux
`sound*`	Permet l'accès aux cartes sonores
`squid*`	Exécute le serveur Web de proxy `squid`
`syslog*`	Fournit les capacités d'historique de votre système Linux system
`xntpd`	Lance le démon `NTPv3`
`ypbind`	Rattache des clients YP/NIS à un serveur de pages jaunes
`yppasswd`	Permet aux utilisateurs de changer de mot de passe sur les systèmes qui exécutent NIS/YP
`ypserv`	Ce démon fournit les fonctions d'un serveur YP/NIS

Même si vous pouvez changer manuellement les services devant être lancés au démarrage, en éditant les fichiers rc.d correspondants (voir Chapitre 9), la commande /usr/sbin/ntsysv vous ramène à la boîte de dialogue Services et vous permet de reconfigurer les services à l'aide de l'interface graphique.

• Choisir un mot de passe pour root

Vous devez à présent choisir le mot de passe de l'utilisateur root. Il représente la clé absolue de votre système, par conséquent, apportez-lui une certaine attention. Le superutilisateur, ou root, d'un système Linux/UNIX peut faire beaucoup, notamment créer des dommages effroyables. Choisissez un mot de passe fiable et confiez-le avec prudence. La boîte de dialogue Root Password présentée à la Figure 3.11 vous permet de saisir le mot de passe deux fois, afin de confirmer votre choix.

Figure 3.11
Vous devez choisir un mot de passe avec attention.

Voir Chapitre 12.

Il est possible de réparer les comptes des utilisateurs qui ont oublié leur mot de passe, mais en oubliant le mot de passe de root, vous pourriez devoir réinstaller le système. Il est toutefois possible de démarrer à partir d'une disquette et de modifier le fichier des mots de passe pour régler le problème.

• Installer LILO

On vous demande ensuite de créer une disquette de démarrage, comme le montre la Figure 3.12. Nous vous conseillons vivement de le faire, pour le cas où vous ne pourriez plus démarrer votre machine. Une disquette de démarrage est en fait votre premier outil de dépannage, suivi de la disquette de secours.

Figure 3.12
Une disquette de démarrage peut vous aider à vous sortir de nombreux plantages de système, ou à récupérer des fichiers de configuration abîmés.

La disquette de démarrage étant créée, vous êtes invité à installer LILO (LInux LOader). Il s'agit d'un programme exécuté au démarrage du système, qui vous permet de choisir sous quel système d'exploitation fonctionnera l'ordinateur. Il peut servir à lancer plusieurs systèmes d'exploitation, comme Linux ou MS-DOS. Appuyez sur <Tab> pour obtenir la liste des systèmes d'exploitation que LILO peut lancer.

LILO permet de préciser par défaut un système d'exploitation à lancer, ainsi qu'un délai d'attente avant le lancement. Par exemple, si votre ordinateur dispose de MS-DOS et de Linux, vous pouvez configurer LILO de sorte qu'il lance l'un ou l'autre des systèmes. Vous pouvez ordonner à LILO de lancer MS-DOS si personne n'intervient dans les 30 secondes. Durant ce délai, un utilisateur a la possibilité de choisir l'autre système d'exploitation. Vous pouvez appuyer sur l'une des touches <Ctrl>, <Alt>, ou <Maj> pour arrêter le processus programmé.

Toutes ces informations sont indiquées au moment de la configuration de LILO. Il est ensuite possible de modifier directement le fichier lilo.conf, situé dans le répertoire /etc. Si vous ne souhaitez pas lancer Linux automatiquement, sélectionnez le bouton Skip. Sinon, choisissez un disque dur sur lequel installer LILO, et appuyez sur <Entrée> pour modifier la saisie.

Félicitations ! Une fois LILO chargé, votre système est installé et fonctionne — espérons-le — sans problème.

Installer Red Hat Linux sur DEC Alpha

Contrairement aux autres distributions, Red Hat fournit également une version de Linux destinée aux Alpha de DEC. Elle ne figure pas sur le CD-ROM Red Hat d'accompagnement, mais elle est disponible auprès de Red Hat. Pour plus d'informations sur la façon de vous la procurer, visitez le site Web de Red Hat, à l'adresse **http://www.redhat.com/products/rhl-alpha.html**. Suivez ensuite les instructions pour installer Red Hat Linux sur une machine Alpha.

INFO

Red Hat dispose également d'une distribution pour la série des processeurs Sparc de Sun. Visitez le site Web de Red Hat pour davantage d'informations.

Avant d'installer la distribution sur un Alpha, lisez les instructions d'installation indiquées dans la première partie de ce chapitre, de nombreuses étapes étant identiques. Vous aurez également besoin d'accéder à un ordinateur capable de lire et d'écrire sur des disquettes MS-DOS, afin de créer une disquette d'installation.

• Le matériel Alpha supporté

Red Hat supporte divers matériels Alpha produits par Digital Equipment Corporation (DEC) et d'autres fabricants. Le matériel suivant est supporté :

- AlphaPC64 (Cabriolet, Aspen Telluride) ;
- AxpPCI133 (sans nom) ;
- EB64+ (Aspen Alpine) ;
- EB66 (NekoTek Mach 1) ;
- EB66+ ;
- Jensen (DEC PC 150, 2000 modèle 300, Cullean) ;
- Universal Desktop Box (UDB, alias Multia) ;
- AlphaStation 200, 250,255,400 (machines Avanti) ;
- EB164 (Aspen Avalanche, Timerline, Summit) ;
- Machines pour Platform 2000 de Kinetic ;
- PC164 (Durango) ;
- Alcor AlphaStations 500, 600 (Maverick, Brett) ;
- Alpha-XL ;
- Alpha-XLT (XL 300, XL 366) ;
- Mikasa AlphaServer 1000 – 1000A n'est PAS supportée.

Tous ces systèmes disposent de systèmes SCSI supportés par Red Hat Linux. Les systèmes graphiques devraient également fonctionner, bien que le support S3 pour les systèmes Jensen ne soit pas inclus par défaut. Pour exécuter X sur un système Jensen, vous devez télécharger le serveur X depuis l'adresse **ftp://ftp.azstarnet.com/pub/linux/axp/jensen**. Enfin, toutes les solutions Ethernet de ces systèmes sont supportées, et les noyaux de ces machines supportent également les adaptateurs Token-Ring.

La liste des matériels change fréquemment, aussi devez-vous consulter la liste mise à jour sur le site Web de Red Hat, en **http://www.redhat.com**.

• Créer une disquette de démarrage et une disquette racine

Pour une installation Alpha, il est nécessaire de créer des disquettes de démarrage et racine. La disquette de démarrage contient une image de programme vous permettant de lancer le système. La disquette racine procure une image du noyau Linux, utilisable par le système durant l'installation. Comme pour les machines Intel, on crée ces images sur disquette à l'aide du programme `rawrite`.

L'image de la disquette de démarrage dépend du type d'Alpha utilisé. Les images résident dans le répertoire /images, et sont accompagnées d'un fichier README contenant des informations sur chacune des images énumérées dans le Tableau 3.8.

Tableau 3.8 : Images de démarrage destinées aux Alpha de DEC

Image	Description
cab.img	AlphaPC64, Cabriolet
noname.img	AxpPCI33, Noname, Universal Desktop Box (Multias)
eb64p.img	EB64+, Aspen Timberlines
eb66.img	EB66
eb66p.img	EB66+
jensen.img	Jensens
avanti.img	AlphaStation 200, 250, et 400
xl.img	Alpha XL
xlt.img	Alpha XLT
eb164.img	machines à base de EB164
p2000.img	Platform 2000
alcor.img	Machines à base de Alcor
mikasa.img	Machines à base de Mikasa

Pour créer une image de démarrage destinée à Universal Desktop Box, utilisez la commande :

```
E:\dosutils\rawrite -f E:\images\noname.img -d a: -n
```

où `E:` représente la lettre de lecteur de votre CD-ROM. Après avoir créé la disquette de démarrage, vous devez créer la disquette racine, qui contient l'image du RAM disque du noyau Linux. Elle est créée par la commande :

```
E:\dosutils\rawrite -f E:\images\ramdisk.img -d a: -n
```

• Installer la distribution principale de Red Hat

Une fois que vous disposez d'un support de démarrage, vous pouvez installer Linux. La procédure d'installation ressemble beaucoup à celle décrite ci-dessus dans la section "Installer le système Linux". Le programme d'installation vous guide tout au long du processus, en vous demandant d'effectuer des choix dans des listes de possibilités.

Pour commencer, relancez votre système après avoir inséré la disquette. A l'invite, saisissez la commande suivante :

```
boot fd0:vmlinux.gz root=/dev/fd0 load_ramdisk=1
```

Il se peut qu'apparaissent parfois plusieurs messages SCSI. Ne vous en préoccupez pas, sauf s'il s'agit d'un message tel que `scsi0 : 1`, qui indique que vous rencontrez un problème de terminaison SCSI qui doit être réglé pour pouvoir continuer. Si tout se passe bien, vous devez voir le message `VFS: Insert Root floppy to be loaded into ramdisk`. Insérez la disquette racine que vous avez créée, puis appuyez sur <Entrée> pour poursuivre l'installation.

Retour à la case départ

Après avoir installé et configuré votre système, vous devez le relancer afin que le paramétrage soit pris en compte.

Voir Chapitre 11.

Le redémarrage de Linux est plus compliqué que celui de DOS — vous ne pouvez pas vous contenter d'éteindre puis de rallumer la machine. En procédant ainsi, vous pourriez endommager les arborescences et les systèmes de fichiers. Linux essaie de se remettre lui-même en état, au démarrage. Ne coupez pas l'alimentation électrique lorsque Linux est en fonctionnement.

Pour quitter Linux, exécutez la commande suivante :

```
shutdown [-r] délai
```

Le paramètre optionnel `-r` signifie que le système doit être relancé après l'arrêt, et *délai* indique dans combien de temps le système doit s'arrêter. On peut utiliser `now` à la place de *délai*, pour indiquer un arrêt immédiat. Linux reconnaît également les touches de démarrage à chaud utilisées par le DOS pour redémarrer la machine, <Ctrl-Alt-Suppr> ; il les interprète comme la commande :

```
shutdown -r now
```

Après avoir enlevé la disquette racine du lecteur, redémarrez votre nouvelle machine Linux.

Dépannage

Voir Chapitre 2.

Une fois votre machine relancée, l'invite de LILO devrait apparaître. Vérifiez que vous disposez toujours de la possibilité de lancer votre ancien système d'exploitation, si vous l'avez conservé sur votre disque dur. S'il s'agissait de DOS, appuyez sur la touche <Maj> et saisissez le mot clé qui vous a servi à identifier la partition DOS lors de l'installation de LILO. Si vous saisissez un mot invalide, appuyez sur <Tab> pour obtenir la liste des systèmes d'exploitation disponibles. Si vous rencontrez des problèmes, insérez votre disquette de démarrage DOS dans le lecteur, et redémarrez.

Vous devez pouvoir démarrer de votre disquette de secours. Votre système étant en marche sous DOS, essayez la disquette de secours de Linux que vous avez créée lors de l'installation. Si elle ne fonctionne pas, il se peut que vous deviez réinstaller Linux. Les premiers problèmes possibles à vérifier concernent les noyaux et votre matériel. Vérifiez avant tout que vous disposez d'un matériel adéquat. Si vous avez pris des notes lors de l'installation, comparez le noyau que vous avez installé au matériel dont vous disposez.

Informations complémentaires

Votre système étant installé et opérationnel, lisez les chapitres suivants pour approfondir vos connaissances sur Linux :

- Le Chapitre 2 fournit des informations détaillées sur l'installation de Linux, ainsi que sur les problèmes potentiels et leurs solutions.
- Le Chapitre 5 vous mène rapidement aux divers programmes que vous venez d'installer.
- Le Chapitre 6 fournit les instructions nécessaires pour réinstaller les paquetages que vous auriez pu négliger lors de l'installation initiale de votre système Linux.
- Le Chapitre 21 vous fournit les informations nécessaires à l'installation de X, au cas où quelque chose se serait mal passé lors de votre installation de Red Hat. Bien que conçu pour la distribution Slackware, le logiciel XFree86 est le même pour toutes les versions des distributions Linux.
- Le Chapitre 22 est intéressant si vous avez installé le système X.

Installation de Caldera OpenLinux Lite

Vous trouverez dans ce chapitre les informations nécessaires à l'installation de la distribution Caldera OpenLinux. De même que Red Hat et Slackware, OpenLinux est une distribution complète d'un système d'exploitation multiutilisateur et multitâche basé sur le noyau 2.0 de Linux. Le CD-ROM qui accompagne ce livre contient une édition *lite (allégée)* — c'est-à-dire non commerciale — de cette distribution. Il s'agit d'un sous-ensemble du produit commercial OpenLinux Base de Caldera. Le Tableau 4.1 résume les différences entre le produit commercial de Caldera et celui du CD-ROM d'accompagnement.

Tableau 4.1 : OpenLinux Base et OpenLinux Lite

Composant	OpenLinux Base (officiel)	OpenLinux Lite (CD-ROM)
Linux et utilitaires	Oui	Oui
Outils d'admin sys. et d'instal.	Oui	Oui
Manuel (250 pages)	Oui	Non
Support technique	Oui	Non
Netscape Navigator	Oui	Non
Looking Glass Desktop	Oui	Oui (essai 30 jours)
Editeur graphique CrispLite	Oui	Oui (essai 30 jours)

Pour plus d'informations sur les produits Caldera, visitez le site Web de l'entreprise à l'adresse **http://www.caldera.com**

Matériel nécessaire pour Linux

Caldera a passé un accord avec Red Hat pour utiliser sa distribution, par conséquent, de nombreuses phases d'installation sont les mêmes pour Caldera et pour Red Hat. Le Chapitre 3 vous aidera à installer OpenLinux Lite.

Pour installer OpenLinux Lite, vous devez disposer des composants système suivants :

- Un PC à base d'Intel 80386 ou plus (Caldera ne supporte pour l'instant pas d'autres processeurs).
- Un lecteur de disquettes 3,5".
- Au moins 8 Mo de RAM.
- Environ 250 Mo d'espace disque, mais un système minimal sans X Window ne requiert que 50 Mo environ. Une installation complète, environ 690 Mo.
- Une souris et une carte graphique supportées par XFree86.

Voir
Chapitre 2

En résumé, vous devez partitionner votre disque dur, créer la disquette de démarrage, puis installer et configurer le système.

ATTENTION *Vous allez apporter des modifications importantes à votre système, aussi, soyez prudent.*

Installation

Pour commencer l'installation, outre la distribution de Caldera OpenLinux qui se trouve sur le CD-ROM d'accompagnement, vous avez besoin de deux disquettes haute densité formatées.

Vous devez également décider de quelle manière vous démarrerez Linux. Vous avez deux possibilités :

- Démarrer Linux depuis une disquette, auquel cas vous avez besoin d'une autre disquette formatée — soit trois disquettes au total.
- Utiliser le programme LILO (LInux LOader). LILO vous permet d'indiquer quel système d'exploitation lancer. Certains programmes comme OS/2, Windows 98, et Windows NT offrent la même fonctionnalité.

Vous devez ensuite vous assurer que vous disposez d'un espace disque suffisant pour installer Linux. La plupart des utilisateurs pourront se contenter de 200 Mo réservés à Linux — moins s'il n'est pas envisagé d'utiliser des applications telles que TeX et X Window.

Il est judicieux de vous munir d'un papier et d'un crayon, pour prendre des notes au cas où certaines choses se passeraient mal. Vous aurez par ailleurs besoin de noter certains nombres. Pour configurer XFree86, le programme X Window distribué avec Linux, notez par écrit quel type de circuit est utilisé par votre carte graphique. Si vous disposez d'une souris et d'un modem, notez le port utilisé par chacun. Vous aurez besoin de toutes ces informations pendant l'installation.

Les préparatifs

Si vous avez un système flambant neuf ou contenant des données auxquelles vous ne tenez pas, vous pouvez sauter la plupart des sections suivantes et passer directement à la section "Créer les disquettes de démarrage et racine". Si, en revanche, vous utilisez déjà un système auquel vous voulez ajouter Linux, vous devez planifier l'installation, Linux étant un autre système d'exploitation, pas seulement une collection de programmes.

En général, lorsque vous installez Linux — nouveau système d'exploitation —, vous devez :

- **Créer les disquettes d'amorçage de Linux.** Vous devez créer deux disquettes, car vous devez amorcer Linux sur le nouveau système.
- **Repartitionner le disque dur pour faire de la place à Linux.** Le repartitionnement d'un disque dur peut créer des problèmes, car il détruit toutes les données qui résident dans les partitions concernées.
- **Démarrer Linux.** Après lui avoir réservé de la place, vous devez démarrer le système Linux pour avoir accès aux outils nécessaires à la création de ses nouvelles partitions et de ses systèmes de fichiers.
- **Créer les partitions Linux.** Par essence, les systèmes Linux ont besoin d'une partition primaire destinée à stocker les fichiers, et d'une partition de fichier de swap, en particulier si votre machine ne possède pas plus de 8 Mo de mémoire.
- **Créer les systèmes de fichiers.** Un *système de fichiers* est une partie du disque dur spécialement formatée pour contenir des fichiers. UNIX et Linux utilisent des systèmes de fichiers pour représenter des parties entières de l'arborescence des répertoires. Cette démarche est différente de celle de MS-DOS, qui place les sous-répertoires dans l'arborescence du même disque logique. Les systèmes UNIX utilisent la structure des systèmes de fichiers, car il est plus sûr de ranger les sous-répertoires sur des disques différents. Si un disque tombe en panne, seules ses données doivent être remplacées ou réparées.
- **Installer les systèmes Linux et les logiciels d'applications.** Après avoir créé les systèmes de fichiers, vous installez le système d'exploitation, ses fichiers de configuration, ainsi que divers paquetages distribués avec le système, par exemple des jeux et le support réseau.

Préparer les disquettes d'installation

Il est nécessaire de créer une disquette système destinée à votre PC. Pour installer Linux, vous devez repartitionner votre disque dur afin de réserver de la place au nouveau système d'exploitation, car il n'est hélas pas possible de recopier les fichiers dans un système de fichiers MS-DOS, OS/2, ou Windows NT.

Si votre système est capable de démarrer depuis un CD-ROM, ou si votre disque dur comprend des partitions disponibles, ou si vous ne craignez pas de détruire votre système de fichiers actuel, vous pouvez effectuer l'installation directement depuis le CD-ROM, sans vous soucier de créer la disquette d'installation. Nous vous conseillons toutefois de créer la disquette des modules, car vous pourriez avoir besoin de l'un de ses pilotes.

INFO

Pour lancer une installation de OpenLinux à partir du CD-ROM, passez dans le répertoire d:/col/launch (à l'aide des commandes `d:`*,* `cd col`*, puis* `cd launch`*) et suivez les instructions indiquées dans le fichier README.us de ce répertoire. Pensez à créer la disquette des modules décrite ci-dessous.*

• Créer les disquettes d'installation et de modules

Caldera requiert deux disquettes pour installer Linux : la disquette d'installation et la disquette des modules. On les crée à l'aide du programme MS-DOS `rawrite` que l'on trouve avec la plupart des distributions de Linux.

`rawrite` écrit le contenu d'un fichier directement sur une disquette, sans tenir compte du format. Les images sont ainsi recopiées sur les disquettes appropriées.

INFO

Les exemples de ce chapitre supposent que votre lecteur de CD-ROM se trouve en D:. Dans le cas contraire, remplacez cette lettre par sa valeur correcte.

Pour créer la disquette d'installation, exécutez la commande suivante :

D:/col/launch/floppies/rawrite3.com

Le programme `rawrite` est lancé, et vous pouvez répondre à ses invites. A la demande du nom du fichier, indiquez le fichier d'installation adéquat : install.144 pour des disquettes de 1,44 Mo (comme dans d:/col/launch/floppies/install.144), install.288 pour des disquettes de 2,88 Mo.

Créez ensuite la disquette des modules en suivant les mêmes instructions. Vous pouvez l'insérer dans un lecteur de 1,44 Mo ou de 2,88 Mo. Indiquez le nom de fichier D:/col/launch/floppy/modules.144.

Installer Linux

Insérez la disquette d'installation que vous venez de créer, et relancez votre système. Si vous effectuez une installation à partir de DOS, lisez les instructions du fichier d:/col/launch/dos/README.us. Quelle que soit le mode de démarrage, le programme d'installation affiche un écran de bienvenue, puis vous invite à démarrer le système.

Si vous avez des paramètres à passer au noyau, saisissez-les à l'invite `boot:`. (Pour des informations concernant ces paramètres, consultez le HOWTO BootPrompt situé dans le répertoire /doc/HOWTO.) Si vous n'avez aucun paramètre à transmettre, appuyez sur <Entrée> pour poursuivre l'installation.

Le système essaie alors de détecter les équipements utilisés par votre système, puis le programme LISA (Linux Installation and System Administration) s'exécute. Au cours de l'installation, vous pouvez manipuler les différentes boîtes de dialogue et effectuer des choix dans des zones de liste à l'aide des touches fléchées. La touche Tab vous permet de passer d'un élément à l'autre, par exemple des zones de liste aux boutons. Vous pouvez à tout moment appuyer sur la touche <Echap> pour annuler un choix. Pour valider votre sélection, appuyez sur la touche <Entrée>.

INFO

Lors de l'installation, vous pouvez utiliser la séquence de touches <ALT-F6> pour visualiser l'avancement de l'installation.

Le premier écran vous permet de choisir la langue utilisée durant l'installation, parmi l'anglais, l'allemand, le français, l'italien, l'espagnol ou le portugais. LISA vous demande ensuite de sélectionner un clavier. Le système Linux utilisera les informations de configuration de votre sélection pour associer certaines touches aux caractères de certaines langues.

• Utiliser une précédente configuration

LISA vous demande ensuite si vous souhaitez utiliser une précédente configuration. La distribution Caldera vous permet d'en créer plusieurs et de les sauvegarder. Vous pouvez les utiliser lors d'une réinstallation ultérieure, ce qui évite de parcourir tout le processus de configuration une nouvelle fois. Puisqu'il s'agit ici de votre première installation du système OpenLinux, répondez no.

• Configurer LISA

Vous devez ensuite configurer LISA. Vous pourrez généralement accepter les valeurs par défaut de la boîte de dialogue Change LISA Setup. Si vous avez besoin d'effectuer des modifications, choisissez parmi les options suivantes :

- **Disable Plug and Play Cards.** Désactive la fonctionnalité du BIOS qui interagit avec les cartes Plug and Play. Lors de l'autodétection et de la configuration, ces cartes peuvent entraîner des problèmes avec Linux.
- **Automatic Network Configuration with bootp.** Permet à un autre ordinateur de fournir une configuration réseau à votre machine, par l'intermédiaire du protocole bootp. Au moins

au début, vous devriez configurer vos propres paramètres de réseau au lieu d'essayer d'utiliser bootp. En outre, cette option n'est pas encore totalement supportée par Caldera OpenLinux Lite.

- **Automatic Network Configuration with Netprobe.** Fournit le paramétrage réseau à l'aide de Netprobe. Netprobe est un produit Caldera remplissant la même fonction qu'un ordinateur exécutant bootp, et autorise la configuration réseau à distance.
- **Use Selection and Continue.** Indique au programme d'accepter vos choix et de poursuivre l'installation.

• Autodétection du matériel

Le système va ensuite tenter de détecter le matériel. Si LISA n'est pas capable de localiser tout votre matériel, vous devrez utiliser la disquette des modules créée plus tôt, pour charger les pilotes matériels adéquats. Le système teste d'abord l'équipement IDE et ATAPI. Consultez à nouveau la liste du matériel affichée dans la boîte de dialogue Hardware Found (IDE/ATAPI), pour vérifier si tout votre matériel a été détecté. Dans le cas contraire, sélectionnez no et laissez se poursuivre la détection du matériel.

Si la détection ne trouve toujours pas votre matériel, LISA affiche la boîte de dialogue Kernel Module Manager, qui vous offre les possibilités suivantes :

- poursuivre l'installation ;
- analyser les modules du noyau ;
- charger les modules du noyau ;
- supprimer des modules.

Lors de l'installation, vous aurez essentiellement à charger et à analyser des modules du noyau. Plus vous aurez de matériel auquel ajouter un support, plus vous devrez parcourir les diverses boîtes de dialogue du Kernel Module Manager.

Analyser les modules du noyau

Pour visualiser le matériel détecté, choisissez la fonction Analyze Kernel Modules. Vous pouvez également utiliser cette fonction pour voir quels modules vous ou LISA avez ajoutés au cours de l'installation. Il est aussi possible de consulter les messages générés par le système lors du processus de démarrage. Le Tableau 4.2 décrit chaque fonction de la boîte de dialogue Analyze Kernel.

Charger et supprimer des modules du noyau

La fonction Load Kernel Modules vous permet de charger divers pilotes de périphériques pour le support de votre matériel par Linux. Ces pilotes résident sur la disquette de modules que vous avez créée. Le Tableau 4.3 énumère les différentes sous-fonctions proposées par la boîte de dialogue Load Kernel Modules.

Tableau 4.2 : Les fonctions de Analyze Kernel

Fonction	Description
Return to Previous Screen	Vous ramène à la boîte de dialogue Kernel Modules.
Show Hardware That Has Already been found	Présente tout le matériel trouvé jusqu'ici dans votre système.
Show Loaded Kernel Modules	Présente tous les modules de noyau actuellement installés dans votre système.
Verbose System Analysis	Fournit des messages d'information plus détaillés lors de l'installation.
Display Boot Process Messages	Semblable à l'information affichée par la séquence de touches <ALT-F6>. Toutes les informations générées pendant le processus de démarrage sont affichées. Cela comprend les résultats de la détection de votre système et de l'installation des divers modules de noyau.
Store Information on a DOS Floppy	Vous permet de créer une copie de toutes les informations disponibles des fonctions de Analyze Kernel Module.

Tableau 4.3 : Les fonctions de Load Kernel Module

Fonction	Description
Return to Previous Menu	Vous ramène à la boîte de dialogue Kernel Modules
Load Driver for CD-ROM	Permet de sélectionner un pilote pour votre CD-ROM, de la disquette des modules
Load Driver for SCSI Adapter	Permet de charger un pilote pour l'adaptateur SCSI de votre système
Load Driver for Network Card	Permet de sélectionner un pilote pour votre carte Ethernet

Pour charger un pilote non proposé par le programme d'installation, vous devez enlever la disquette d'installation du lecteur et insérer la disquette des modules. La disquette d'installation contient par exemple plusieurs contrôleurs SCSI, comme les cartes Adaptec 2940, mais pas de pilotes pour les adaptateurs Buslogic. Vous devez donc dans ce cas utiliser la disquette des modules. Plusieurs boîtes de dialogue vous aideront à choisir le pilote souhaité, en vous fournissant des informations de configuration complémentaires. LISA propose une aide contextuelle tout au long du processus ; il suffit d'appuyer sur <F1> à tout moment pour l'obtenir.

Avancez progressivement dans la liste des fonctions, en installant d'abord le support de votre CD-ROM, puis celui des périphériques SCSI, enfin celui de votre carte réseau. Si vous pensez avoir installé un mauvais pilote, ou que LISA n'a pas détecté le bon, sélectionnez la fonction Remove Kernel Module et précisez le module à supprimer.

• Préparation des disques durs

Remarquez la première ligne affichée par `fdisk` : `Using /dev/hda as default device!` Souvenez-vous que MS-DOS se réfère à la plupart des partitions et des disques durs par des lettres comme C ou D. Linux s'y réfère d'une tout autre manière, qu'il utilise même pour faire référence aux périphériques, aux fichiers, etc.

Linux et MS-DOS communiquent avec le matériel par différents programmes appelés *pilotes de périphériques*. Les pilotes de périphériques de MS-DOS portent habituellement un nom d'extension .SYS et peuvent résider n'importe où sur le système ; Linux range tous ces pilotes de périphériques dans le répertoire /dev. Les pilotes utilisés par Linux lors de l'installation ont été précisés ci-dessus dans la boîte de dialogue Kernel Modules. Les disques durs, les lecteurs de disquette, et les lecteurs de CD-ROM étant du matériel, Linux utilise les pilotes de périphériques du répertoire /dev pour y accéder. Il s'y réfère également par leur nom de sous-répertoire et non pas par une lettre. Le Tableau 4.4 montre un répertoire typique de périphériques Linux.

Tableau 4.4 : Périphériques Linux

Périphérique	Nom
Lecteur de disquette A	/dev/fd0
Lecteur de disquette B	/dev/fd1
Premier disque dur	/dev/hda
Première partition primaire du disque dur A	/dev/hda1
Deuxième partition primaire du disque dur A	/dev/hda2
Première partition logique du disque dur A	/dev/hda4
Deuxième disque dur	/dev/hdb
Première partition primaire du disque dur B	/dev/hdb1
Premier disque dur SCSI	/dev/sda

Remarquez que l'on se réfère à un disque dur entier par /hd/*lettre*. Les partitions primaires reçoivent ensuite l'un des quatre premiers chiffres, et sont suivies des partitions logiques. Celles-ci commencent donc toujours par /dev/hda4. Les disques durs SCSI et les CD-ROM respectent la même convention, à la différence près que sd remplace hd.

• Utilisation du programme fdisk de Linux

A l'invite de `fdisk`, saisissez `m` pour obtenir la liste des commandes, représentée dans le Tableau 4.5.

Tableau 4.5 : Les commandes du fdisk de Linux

Commande	Description
a	Définit un indicateur d'amorçage
c	Définit l'indicateur de compatibilité DOS
d	Supprime une partition
l	Recense les types de partitions connus
m	Affiche ce tableau
n	Ajoute une nouvelle partition
p	Affiche la table des partitions
q	Quitte fdisk sans sauvegarder les modifications
t	Change l'ID du type d'une partition
u	Change les unités d'affichage/de saisie
v	Vérifie la table des partitions
w	Ecrit sur disque la table des partitions et quitte fdisk
x	Offre d'autres fonctionnalités réservées aux experts

Pour lancer le partitionnement, sélectionnez la commande `p` (appuyez sur <p-Entrée>) afin d'afficher la table actuelle des partitions, qui doit refléter le disque tel qu'il a été réorganisé avec le programme FDISK du DOS. Le Listing 4.1 montre un exemple de ce que vous obtiendrez avec la commande `p`.

Listing 4.1 : Exemple de table des partitions

```
Disk /dev/hda: 15 heads, 17 sectors, 1024 cylinders
Units = cylinders of 255 * 512 bytes
Device          Boot     Begin     Start     End      Blocks     Id     System
dev/hda2          1024     1024     4040     384667+     51     Novell?
Partition 2 has different physical/logical endings:
phys=(967, 14, 17) Logical=(4096, 14.17)
```

INFO

Les données de votre écran seront certainement différentes de celles-ci, car elles dépendent du type de disque et des partitions définies.

Le Listing 4.1 indique les partitions détectées par le programme, leur début et leur fin, ainsi que leurs tailles en nombre de blocs. Ce listing indique également le type des partitions. Le

Tableau 4.6 présente les types que l'on peut définir avec le programme `fdisk` de Linux. Ceux que vous avez utilisés sont 83-Linux Native et 82-Linux Swap. La commande `l` donne un listing similaire.

Tableau 4.6 : Types de partitions Linux connus

Numéro de référence	Type	Numéro de référence	Type
0	Empty	75	PC/IX
1	DOS 12-bit FAT	80	Old MINIX
2	XENIX root	81	MINIX/Linux
3	XENIX usr	82	Linux Swap
4	DOS 16-bit < 32M	83	Linux Native
5	Extended	93	Amoeba
6	DOS 16-bit >= 32M	94	Amoeba BBT
7	OS/2 HPFS	a5	BSD/386
8	AIX	b7	BSDI fs
9	AIX bootable	b8	BSDI swap
a	OS/2 Boot Manager	c7	Syrinx
40	Venix 80286	db	CP/M
51	Novell	e1	DOS access
52	Microport	e3	DOS R/O
63	GNU HURD	f2	DOS secondary
64	Novell	ff	BBT

A la fin du Listing 4.1, Linux indique des fins physique et logique différentes. La différence provient du fait que, sur le système ayant servi à rédiger ce chapitre, une partition contenant le lecteur D du DOS a été conservée intacte, alors que la taille du lecteur C a été réduite afin de réserver de la place pour Linux. Il en résulte un espace entre les lecteurs C et D. C'est là que les partitions nécessaires à Linux seront créées.

Les valeurs de début (begin), et de fin (end) sont très importantes ; notez-les. Vous en aurez besoin pour spécifier les tailles des partitions ajoutées.

• Ajout d'une partition

Puisque vous avez repartitionné le lecteur de MS-DOS, aucune partition ne doit être supprimée pour Linux. Il suffit d'en ajouter. Un ensemble standard de partitions comprend les partitions suivantes :

- une partition / (racine) pour tout le système ;

- une partition d'échange pour le fichier d'échange ;
- une partition /usr pour les programmes ;
- une partition /home pour les répertoires des utilisateurs ;
- une partition /var pour les fichiers d'historique.

Pour ajouter une partition, saisissez la commande `n` qui affiche :

```
Command Action
e extended
p primary(1-4)
```

Appuyez sur <p-Entrée>. `fdisk` demande le numéro de la partition ; saisissez cette valeur, puis appuyez sur <Entrée>. Si vous indiquez un numéro déjà utilisé, `fdisk` le signale et demande s'il faut supprimer la partition concernée avant de l'ajouter dans la table. Ici, saisissez `3` pour ajouter une troisième partition primaire, désignée par /dev/hda3.

Ensuite, `fdisk` demande l'emplacement du premier cylindre. Il s'agit généralement du premier disponible ; en fait, `fdisk` affiche un intervalle par défaut, par exemple :

```
First cylinder (42-1024) :
```

Voir
Chapitre 2.

Remarquez que la première partition se termine au cylindre 41 et que la suivante commence au 1 024. Les valeurs indiquées par `fdisk` permettent donc de faire commencer la nouvelle partition à tout endroit de l'intervalle 42-1 024. Toutefois, il est préférable de ne pas placer les partitions n'importe où sur le disque ; retenez donc le premier emplacement disponible, le cylindre 42 dans ce cas.

INFO

Le lancement de Linux à partir de partitions commençant au-delà du cylindre 1 024 peut poser des problèmes. Si vous ne pouvez pas mettre la partition ailleurs, vous devrez peut-être lancer Linux depuis une disquette. Nous verrons dans ce chapitre comment créer une disquette d'amorçage (différente de celle utilisée lors de l'installation). Le seul inconvénient est que cela prend un peu plus de temps. Si vous possédez un disque IDE de plus de 1 024 cylindres, lisez la section sur le dépannage du Chapitre2.

`fdisk` demande ensuite l'espace à attribuer pour cette partition. Cette taille peut être indiquée en nombre de cylindres, en octets (`+size`), en kilo-octets (`+size`*K*) ou en mégaoctets (`+size`*M*). Comme vous avez déjà une idée de la taille de la partition d'échange, définissez d'abord celle-ci, ce qui laissera le reste du disque pour les programmes et les données. Dans cet exemple, votre machine contient 8 Mo de RAM ; la partition d'échange occupera donc 16 Mo :

```
Last cylinder or +size or +sizeM or +sizeK (42-1023): +16M
```

Examinez maintenant la table des partitions, à l'aide de la commande `p`. Dans cet exemple, la nouvelle table sera la suivante :

```
Disk /dev/hda: 15 heads, 17 sectors, 1024 cylinders
Units = cylinders of 255 * 512 bytes
Device       Boot Begin  Start  End    Blocks  Id    System
/dev/hda1    *    1      1      41     5219 1  DOS   12-bit FAT
/dev/hda2         1024   1024   4040   384667+ 51    Novell?
Partition 2 has different physical/logical endings:
phys=(967, 14, 17) Logical=(4039, 14.17)
/dev/hda3         42     42     170    16447+  83     Linux native
```

Par défaut, `fdisk` crée une nouvelle partition du type Linux Native. Pour en faire une partition d'échange, tapez `t`, suivi du numéro de la partition à modifier, ici `3`. `fdisk` demande la valeur hexadécimale du type à affecter à la partition, pris dans le Tableau 4.8 (si vous ne disposez pas de cette table, tapez `l` pour obtenir la liste des codes). Puisqu'il s'agit d'une partition d'échange, saisissez `82`.

`fdisk` indique le nouveau type de la partition ; la commande `p` permet d'en avoir confirmation.

Vous pouvez maintenant ajouter les partitions Linux. Dans cet exemple, nous n'en ajouterons qu'une seule ; vous pouvez toutefois en ajouter plusieurs dès maintenant, si vous le souhaitez. Pour cela, appuyez sur <n>, spécifiez `p` pour une partition principale, puis son numéro (4). Pour éviter que les partitions ne soient fragmentées, indiquez comme numéro de cylindre de départ le prochain disponible (171). Comme nous voulons utiliser tout l'espace restant du disque, nous indiquerons le dernier cylindre et non un nombre d'octets. Saisissez `1023`.

```
Command (m for help): n
Command action
e    extended
p    primary partition (1-4)
p
Partition number (1-4): 4
First cylinder (171-1024): 171
Last cylinder or +size or +sizeM or +sizeK (171-1023): 1023
```

De nouveau, la commande `p` permet de vérifier les nouvelles partitions. Pour apporter des modifications, faites-le maintenant.

Si cette structure vous convient, vous pouvez écrire sur disque la table des partitions, au moyen de la commande `w`. Tant que cette dernière n'est pas lancée, les modifications ne sont pas permanentes. Si vous pensez avoir commis une erreur, quittez le programme sans sauvegarder les modifications, au moyen de la commande `q`. Si vous utilisez `w`, Linux indique que la table des partitions a été modifiée et resynchronise le disque en conséquence. Si votre système Linux reste bloqué, redémarrez avec la disquette d'installation.

• Création d'une partition d'échange

Une fois votre système partitionné, LISA vous demande de créer une partition d'échange. Dans la boîte de dialogue Configure Swap Space, sélectionnez la partition que vous avez créée à cette intention, puis le bouton Continue. LISA configure, formate, puis active alors l'espace d'échange.

Installer le logiciel du système Linux

Le système étant partitionné pour Linux, vous pouvez installer les différents paquetages logiciels qui composent le système OpenLinux. LISA affiche la boîte de dialogue Installation Source Selection, dans laquelle vous sélectionnez le support d'installation : CD-ROM, disque dur ou NFS (Network File System).

L'installation à partir des paquetages du CD-ROM est un jeu d'enfant. Vous pouvez néanmoins recopier le contenu du CD-ROM dans une partition du disque dur et faire l'installation depuis cet endroit. Par ailleurs, si vous disposez d'une connexion réseau opérationnelle, vous pouvez vous connecter à un autre ordinateur et procéder à l'installation à partir de cette machine, notamment si OpenLinux ne reconnaît pas votre CD-ROM.

Votre choix étant fait, commencez l'installation des logiciels en suivant les instructions. (Souvenez-vous qu'une aide est accessible par la touche <F1>.) Par exemple, si vous choisissez une installation CD-ROM, vous devez sélectionner le pilote adapté au matériel.

Vous devez ensuite choisir dans la liste des partitions la partition racine (/) dans laquelle tous les logiciels seront copiés. LISA la formate et la prépare en vue de l'installation ; vous observerez pendant ce temps des affichages de nombres et entendrez une forte activité du disque, mais ne vous inquiétez pas, cela est normal.

LISA vous demande ensuite s'il faut placer d'autres répertoires de la racine dans leur propre partition. Attention : la réponse par défaut est no, mais vous devez placer les répertoires /usr, /home, et /var dans les partitions que vous avez créées. Par conséquent, répondez yes et recommencez le processus pour chaque répertoire.

Après avoir créé les points de montage de vos systèmes de fichiers, LISA vous demande quels paquetages installer. Le système de base requiert environ 50 Mo ; une installation complète environ 700 Mo. Vous pouvez choisir d'après la liste suivante :

- système minimal sans X (49 Mo) ;
- système minimal avec X (68 Mo) ;
- petit système standard (121 Mo) ;
- système standard (349 Mo) ;
- tous les paquetages (688 Mo).

Dès que vous avez sélectionné une taille, LISA crée la liste des paquetages, puis commence l'installation automatique. Vous pouvez vous détendre en la regardant progresser.

Configurer votre système

Après l'installation des paquetages, vous devez configurer votre système. Si vous êtes connecté à un réseau, vous devez demander certaines informations à votre prestataire de services ou à votre administrateur réseau. Vous devez également choisir un mot de passe pour l'utilisateur root. Il est important, choisissez-le par conséquent avec attention et ne l'oubliez pas.

Voir Chapitre 24.

Pour commencer, LISA demande un nom d'hôte. C'est par ce nom que votre machine sera connue du réseau. Vous devez également indiquer votre nom de domaine, qui devrait typiquement ressembler à quelque chose comme entreprise.com. Le nom d'hôte et le nom de domaine constituent le nom de domaine pleinement qualifié de votre ordinateur (par exemple, opus.netwharf.com).

Vous devez indiquer l'adresse IP de votre ordinateur, son masque, ainsi que la passerelle par défaut, de même que le serveur de noms de domaines, ou machine DNS.

Après avoir installé votre réseau, vous devez régler l'horloge et indiquer votre fuseau horaire. Nous vous conseillons d'utiliser l'heure locale, même si la plupart des serveurs Internet choisissent l'heure GMT, car la plupart des PC possèdent un BIOS réglé sur l'heure locale. Le réglage d'un PC en heure GMT peut poser problème, en particulier si vous utilisez d'autres systèmes d'exploitation sur la machine.

Voir Chapitre 6.

Vous devez ensuite préciser le type de souris utilisé. La plupart des systèmes ATX sont équipés d'une souris de style PS/2. Si vous utilisez une souris série, indiquez le port sur lequel elle est connectée. Choisissez ensuite l'imprimante que vous envisagez d'utiliser, le cas échéant.

Vous devez maintenant choisir un mot de passe pour l'utilisateur root. Il s'agit du compte du superutilisateur, qui permet de faire tout et n'importe quoi avec votre système. Ne confiez ce mot de passe à personne ! Et ne l'oubliez pas. En cas d'oubli, il est plus que probable que vous devrez réinstaller le système.

INFO

Reportez-vous au Chapitre 12 pour les questions de mots de passe et les modes de secours.

Voir Chapitre 10.

Après avoir créé votre mot de passe root, vous devez créer votre compte utilisateur principal. LISA propose par défaut le nom "col" (pour Caldera OpenLinux), mais vous pouvez indiquer n'importe quel nom — même le vôtre. Le compte utilisateur principal vous permet d'utiliser le système comme un utilisateur normal, et non en tant que superutilisateur (root). En principe, vous ne devez pas utiliser le compte root pour les tâches quotidiennes, à cause des problèmes éventuels que cela peut causer. Après avoir indiqué le nom du nouveau compte, acceptez les valeurs par défaut proposées pour les autres items. Ces champs, comme les groupes, sont étudiés au Chapitre 10.

Vous préciserez ensuite la façon dont vous voulez que votre système démarre.

• Installation de LILO

LILO (LInux LOader) est un programme exécuté au démarrage du système, qui vous permet de choisir le système d'exploitation à utiliser, par exemple Linux ou MS-DOS. Il permet également de désigner le système d'exploitation par défaut, ainsi qu'un délai d'attente avant le lancement. Par exemple, si votre ordinateur dispose de MS-DOS et de Linux, vous pouvez configurer LILO de sorte qu'il lance l'un ou l'autre système. Vous pouvez ordonner à LILO de lancer MS-DOS si personne n'intervient dans les 30 secondes. Durant ce délai, l'utilisateur a la possibilité de choisir l'autre système d'exploitation. Il peut appuyer sur l'une des touches <Ctrl>, <Alt>, ou <Shift> pour arrêter le processus programmé, ou sur <Tab> pour obtenir la liste des systèmes d'exploitation que LILO peut lancer.

On précise toutes ces informations lors de la configuration de LILO. Bien qu'il soit possible d'éditer directement le fichier lilo.conf situé dans le répertoire /etc, l'écran LILO INSTALLATION propose une interface plus conviviale.

Votre système étant configuré, Setup vous permet d'installer LILO, et de le configurer.

• Désinstallation de LILO

Avec la version 0.14 (ou plus récente), il est possible de désinstaller LILO, par la commande :

```
opus:~# lilo -u
```

Avec une version antérieure, vous devez supprimer ou désactiver LILO dans sa partition primaire. Vous pouvez utiliser les programmes `fdisk` de Linux ou `FDISK` de MS-DOS pour activer une autre partition.

Si vous avez placé LILO sur le MBR (*master boot record*), vous devez remplacer celui-ci par un autre MBR, provenant d'un autre système d'exploitation. La commande de MS-DOS 5.0 (ou supérieur), `c:\>fdisk /mbr`, permet de restaurer le MBR de MS- DOS.

Voir Chapitre 16.

Dès que LILO est supprimé de la partition active ou du MBR, vous pouvez supprimer les fichiers de /etc/lilo.

Retour à la case départ

Votre système étant installé et configuré, le programme Setup vous ramène au menu principal, où l'option `EXIT` vous permet de quitter Setup. Si vous souhaitez modifier des options, vous pouvez le faire ici ou après l'installation (consultez à ce sujet le Chapitre 6).

Vous voici de nouveau face à l'invite du système, représentée par le signe dièse (#). Vous vous trouvez sous Linux, et pouvez exécuter des commandes simples, par exemple `ls` pour recenser un répertoire. Vous devez toutefois relancer le système pour que tous vos paramètres d'installation et de configuration soient pris en compte.

Le redémarrage de Linux est plus compliqué que celui de DOS — vous ne pouvez pas vous contenter d'éteindre puis de rallumer la machine. En procédant ainsi, vous pourriez endommager les arborescences et les systèmes de fichiers. Linux essaie de se remettre lui-même en état, au démarrage. Ne coupez pas l'alimentation électrique lorsque Linux est en fonctionnement. Pour quitter Linux, exécutez la commande suivante :

```
shutdown [-r] délai
```

Voir Chapitre 9.

Le paramètre optionnel `-r` signifie que le système doit être relancé après l'arrêt, et *délai* précise dans combien de temps le système doit s'arrêter. On peut utiliser `now` à la place de *délai*, pour indiquer un arrêt immédiat. Linux reconnaît également les touches de démarrage à chaud utilisées par le DOS pour redémarrer la machine, <Ctrl-Alt-Suppr> ; il les interprète comme la commande :

```
shutdown -r now
```

Après avoir enlevé toute disquette du lecteur, redémarrez votre nouvelle machine Linux.

Dépannage

Une fois votre machine relancée, l'invite de LILO devrait apparaître. Vérifiez que vous disposez toujours de la possibilité de lancer votre ancien système d'exploitation, si vous l'avez conservé sur votre disque dur. S'il s'agissait de DOS, appuyez sur la touche <Maj> et saisissez le mot clé qui vous a servi à identifier la partition DOS lors de l'installation de LILO. Si vous saisissez un mot invalide, appuyez sur <Tab> pour obtenir la liste des systèmes d'exploitation disponibles. Si vous rencontrez des problèmes, insérez votre disquette de démarrage DOS dans le lecteur, et redémarrez.

Informations complémentaires

Votre système étant installé et opérationnel, lisez les chapitres suivants pour approfondir vos connaissances sur Linux :

- Le Chapitre 3, car de nombreux processus de l'installation de Caldera sont basés sur une ancienne version de la distribution de Red Hat, par exemple l'utilisation de RPM.
- Le Chapitre 5 vous mène rapidement aux divers programmes que vous venez d'installer.
- Le Chapitre 6 fournit les instructions nécessaires pour réinstaller les paquetages que vous auriez pu délaisser lors de l'installation initiale de votre système Linux.
- Le Chapitre 12 fournit des trucs et astuces nécessaires à la création des mots de passe et à la récupération des erreurs.

Exécuter les applications Linux

Maintenant que vous avez installé Linux, vous trouverez dans ce chapitre les informations nécessaires à la création de votre propre compte utilisateur ainsi que les commandes de base pour naviguer dans votre nouveau système multitâche et multiutilisateur. Enfin, explorez toutes ses possibilités, car vous n'aurez probablement jamais une telle occasion avec un système UNIX classique.

Vous utiliserez à cette fin des applications. Or, Linux peut accéder à des milliers d'entre elles à travers le monde entier. Vous en avez déjà installé quelques-unes à partir des CD-ROM Slackware ou Red Hat qui vous sont fournis. Il en existe bien d'autres de la même provenance. Des programmes pour PC rivalisant avec des programmes payants sont actuellement disponibles pour Linux.

Dans ce chapitre, vous apprendrez :

- à vous déplacer dans Linux avec des commandes simples pour changer de répertoire, établir une liste des fichiers, ajouter de nouveaux utilisateurs et lancer des programmes ;
- à utiliser le tableur `sc` ;
- à manipuler le programme de communication par modem `minicom` ;
- quels types de jeux sont disponibles et comment y jouer.

Se déplacer dans UNIX

Une fois que vous avez installé et réinitialisé Linux, une invite système avec le nom que vous avez donné à votre système pendant l'installation apparaît à l'écran. L'invite ressemble à ceci :

```
Red Hat Linux release 5.0 (Hurricane)
Kernel 2.0.31 on an I486
web login:
```

Celle-ci peut indiquer une autre version de Linux, car c'est un système évolutif.

Il faut maintenant définir un nom d'utilisateur (*user name*) et un mot de passe (*password*). Le premier permet au système d'exploitation de vous identifier, car de nombreux utilisateurs peuvent travailler sous Linux à des moments différents ou simultanément. Le compte fournit également à chacun un répertoire par défaut : le répertoire *home* (ou *personnel*). Plusieurs comptes ont été créés pour cantonner les utilisateurs dans certains répertoires du système et les empêcher d'utiliser des commandes, afin de protéger des fichiers utilisateur contre les regards indiscrets.

• Saisie des commandes

Les commandes sont entrées sous Linux de la même façon que sous DOS ou d'autres systèmes d'exploitation orientés commande en ligne. Comme UNIX, Linux fait la distinction entre majuscules et minuscules ; s'il ne reconnaît pas une commande, vérifiez que vous l'avez correctement orthographiée et que vous l'avez entrée au bon endroit. La plupart des commandes s'exécutent une fois que vous avez appuyé sur la touche <Entrée>.

• Historique des commandes

Linux dispose d'une commande `history` permettant de rappeler des commandes antérieures. L'historique garde en mémoire celles qui ont été utilisées au cours des différentes sessions de travail. Vous pouvez utiliser la touche flèche vers le haut pour les rappeler, puis appuyer sur la touche <Entrée> pour exécuter celle de votre choix. Pour obtenir la liste complète de toutes les commandes déjà entrées, utilisez `history` :

```
[tackett@web~]$ history
1 clear
2 adduser
3 history
```

Lorsque vous disposez de l'historique, vous pouvez rappeler une commande, soit en utilisant la touche flèche vers le haut et en faisant défiler la liste jusqu'à voir apparaître celle que vous cherchez, soit en tapant le signe ! et le numéro de celle que vous voulez exécuter de nouveau. Si vous souhaitez, par exemple, répéter la commande `adduser` de la liste précédente, entrez :

```
[tackett@web~]$ !2
```

Le nombre d'entrées dans cette liste est défini dans le fichier de configuration .profile de chaque compte utilisateur. Référez-vous au Chapitre 17 pour de plus amples informations sur ce fichier.

INFO

Il existe de nombreux shells pour Linux, et tous n'offrent pas les fonctions d'historique.

• Sélection à l'aide de la souris

Si vous disposez d'une souris et que vous avez installé le programme `sélection`, vous pouvez également utiliser celle-ci pour copier du texte figurant dans d'autres parties de votre écran vers votre ligne de commande. Pour sélectionner ce texte, il vous suffit de déplacer le pointeur de la souris, qui apparaît dès que vous cliquez sur le bouton gauche : sans le lâcher, faites glisser le curseur pour sélectionner le texte choisi, puis cliquez du bouton droit pour copier le texte vers la ligne de commande. Cela est très utile lorsque vous avez besoin d'un nom de fichier très long.

• Terminaison des commandes

Linux présente également un autre avantage lors de l'entrée des commandes. Vous pouvez saisir les premières lettres du nom d'un fichier, puis appuyer sur <Tab> : Linux cherche dans le répertoire un fichier commençant par ces lettres, et complète son nom avec ce qu'il a trouvé. Si Linux trouve plusieurs noms de fichiers correspondants, il émet un bip et complète celui du fichier jusqu'au dernier caractère commun aux différents fichiers. Pour, par exemple, copier un fichier nommé `afaire-lundi` vers un fichier `afaire-cejour`, tapez `cp to` sur la ligne de commande et appuyez sur <Tab>. Linux émet un bip et complète la ligne de commande comme suit :

```
[tackett@web~]$ cp afaire-
```

Si vous tapez un `m` puis appuyez sur <Tab>, Linux inscrit le nom entier du fichier `afaire-lundi` sur la ligne de commande.

Gestion des utilisateurs

Sur de nombreux systèmes, la personne qui est responsable de la gestion des comptes utilisateur est appelée l'*administrateur système*. Celui-ci a plusieurs rôles, dont la création des comptes. Pour de plus amples informations sur les différents aspects de l'administration d'un système, voyez les chapitres de la Partie II ("Administration système"). Avec Linux, l'administrateur système, c'est vous ; et c'est aussi à vous qu'incombe la tâche de créer des comptes.

On appelle souvent l'administrateur système le *superutilisateur* en raison du pouvoir dont il dispose sur le système. Pour commencer à circuler dans Linux, vous devez tout d'abord vous connecter en tant que tel sur le compte root.

• Connexion et déconnexion

Pour vous connecter sur root, tapez `root` lorsque vous êtes positionné sur l'invite *login* et appuyez sur <Entrée>. Linux vous demande alors le mot de passe.

Celui-ci empêche les utilisateurs non autorisés de se connecter sur un compte. Linux s'assure qu'il s'agit bien de quelqu'un qui est habilité. Ne confiez votre mot de passe à personne. Sous Linux, ce dernier est protégé, car il n'y a pas d'*écho* (c'est-à-dire qu'il ne s'affiche pas à l'écran). Assurez-vous en conséquence que vous tapez le bon mot de passe. Si vous en entrez un erroné, Linux affiche le message d'erreur suivant, et recommence depuis le début.

```
web login: jack
Password: motdepasse
Login incorrect
web login:
```

Puisque c'est la première fois que vous vous connectez au système depuis l'installation, il n'y a pas de mot de passe pour le compte root ; après avoir tapé `root` et appuyé sur <Entrée>, une invite de commande s'affiche directement à l'écran. Vous pouvez maintenant entrer des commandes Linux. La plupart d'entre elles peuvent être tapées de la même façon que sous DOS ; tapez-les selon les paramètres requis et appuyez sur <Entrée>.

Pour vous déconnecter, tapez `logout`. Cette commande réaffiche l'invite *login*. Si cela ne marche pas, essayez la commande `exit`.

• Ajout d'utilisateurs avec Slackware

Une fois que vous êtes connecté sur root, il est conseillé de créer un compte. Pour cela, entrez la commande suivante et suivez les invites :

```
[root@web~]# adduser
Adding a new user. The user name should not exceed 8 charac-
ters in length, or you many run into problems later.(Ajoutez un nouvel utili-
sateur. Le nom d'utilisateur ne doit pas dépasser huit caractè-
res, sinon vous risquez de rencontrer des problèmes par la suite.)
Enter login name for new account (^C to quit):(Entrez un nom pour le nou-
veau compte (^C pour sortir))
```

Regardez cet écran un moment. Examinez l'invite de commande à la suite de laquelle vous avez entré cette dernière. Celle-ci débute avec le *host name* de l'ordinateur. C'est le nom que vous lui avez donné en installant les logiciels. Puis, vous trouvez le caractère ~. Linux l'utilise pour faire référence au *répertoire personnel* du compte, qui sera décrit par la suite. Il indique ici le répertoire dans lequel l'utilisateur se trouve actuellement. Si vous avez tapé la commande `adduser` en étant dans le répertoire `/usr/bin`, l'invite est la suivante :

```
[root@web~]#/usr/bin#
```

Le dernier caractère est #. Par convention, cette invite est celle de tout compte superutilisateur. Un compte utilisateur normal présente habituellement un signe dollar (`$`) comme invite.

Ensuite, vous remarquerez probablement des fautes d'orthographe et de grammaire dans les invites, comme `should be not` et `you many run`. Ces fautes n'affectent pas les performances du système, mais montrent bien que Linux, même s'il fonctionne parfaitement, n'est pas un produit commercial. Maintenant, entrez un nom d'utilisateur constitué de huit caractères maximum et appuyez sur <Entrée>. Voici un exemple des opérations à effectuer pour créer un compte pour Jack Tackett :

```
Enter login name for new account (^C to quit): jack
Editing information for new user (jack)
Full name: Jack Tackett, Jr.
```

```
GID[100]: <Entrée>
Checking for an available UID after 500
501...
First unused uid is 502
UID[502]: <Entrée>
Home Directory [/home/jack]: <Entrée>
Shell [/bin/bash]: <Entrée>
Password: opus
Information for new user [jack]:
Home directory: [/home/jack] Shell: [/bin/bash]
Password: [opus] uid: [502] gid: [100]
Is this correct? [y/N]: y
Adding login [jack] and making directory [/home/jack]
Adding the files from the /etc/skel directory:
./ .kermc -> /home/jack/ ./ .kermc
./ .less -> /home/jack/ ./ .less
./ .lessrc -> /home/jack/ ./ .lessrc
./ .term -> /home/jack/ ./ .term
./ .term/termrc -> /home/jack/ ./ .termrc
./ .emacs -> /home/jack/ ./ .emacs
[root@web ~]#
```

Au cours de ces opérations, vous devez entrer un nom complet pour l'utilisateur, qui permettra par la suite d'identifier son compte. Ensuite, vous devez taper un identificateur de groupe (GID) et un identificateur utilisateur (UID). Ne vous préoccupez pas de cela pour le moment. Linux s'en sert pour déterminer les répertoires et fichiers auxquels vous avez accès par défaut. Vous pouvez, en toute confiance, accepter les valeurs qui vous sont proposées par défaut, c'est-à-dire celles entre crochets, en appuyant tout simplement sur <Entrée> après chaque question.

Puis, il faut entrer un répertoire personnel pour l'utilisateur. C'est là que l'utilisateur se retrouvera automatiquement quand il se connectera. Cette zone de compte permettra à l'utilisateur de stocker des fichiers et constitue un disque de travail. Linux propose un répertoire par défaut portant le nom de l'utilisateur. Si cela vous convient, appuyez sur <Entrée> ; sinon, entrez un nom de répertoire et appuyez sur <Entrée>. Pour le moment, acceptez les propositions par défaut de la commande `adduser`.

Voir Chapitre 18.

Il vous faut maintenant définir un shell pour l'utilisateur. C'est un interpréteur de commandes du même ordre que COMMAND.COM pour DOS. Il gère et exécute des commandes spécifiques. Depuis que vous avez installé Linux, vous utilisez le shell `bash`. Pour le moment, acceptez l'option par défaut, `bash`.

Le dernier paramètre requis est le mot de passe du compte. Il est vivement conseillé d'en attribuer un à chaque compte. Linux affiche alors toutes les informations entrées et demande

si elles sont correctes. Si ce n'est pas le cas, entrez `n` ou appuyez sur <Entrée>, car No (non) est la proposition par défaut. Il vous faut revenir en arrière et corriger les erreurs. S'il n'y en a pas, tapez `y` et appuyez sur <Entrée>.

Linux affiche une série de fichiers qu'il a copiés à partir d'un modèle de compte utilisateur situé dans le répertoire ./etc/skel vers le nouveau répertoire *home* de l'utilisateur. Ce sont des fichiers de configuration pour des éléments comme le terminal utilisateur, par exemple, ou pour l'exécution des programmes `emacs` et `less` à partir de leur compte. Les utilisateurs peuvent apporter des modifications à tout moment afin de changer le comportement par défaut des programmes.

Après avoir ajouté un compte, vous pouvez vérifier son existence selon deux méthodes. La plus rapide consiste à utiliser l'utilitaire `finger` afin de voir si l'utilisateur a un compte. La structure de la commande est `finger nom`. Vous pouvez, par exemple, vérifier que le compte créé précédemment existe en entrant ceci :

```
[root@web ~]#finger jack
Login: jack   Name Jack Tackett, Jr.
Directory: /home/jack Shell: /bin/bash
Never logged in.
No Mail.
No Plan.
[root@web ~]#
```

Si l'utilisateur a un compte, l'information adéquate s'affiche ; dans le cas contraire, un message précisant qu'il n'en a pas apparaît à l'écran.

Vous pouvez également vérifier que le compte existe en vous connectant sur celui-ci et en voyant si Linux vous laisse entrer. Il y a plusieurs façons d'y parvenir.

- Sortez et reconnectez-vous comme nouvel utilisateur.
- Utilisez la commande `su`, qui signifie *switch user*.
- Utilisez la commande `login`.
- Utilisez l'un des six terminaux virtuels proposés par Linux, pour vous connecter à un nouveau compte. N'oubliez pas que Linux est multiutilisateur.

Le Tableau 5.1 donne un aperçu de chaque méthode.

Tableau 5.1 : Connexion à un nouveau compte utilisateur

Commande	Description
`logout`	Vous déconnecte du compte root et vous ramène à l'invite login. Vous n'y avez plus accès jusqu'à ce que vous vous connectiez dessus.
`su` *`utilisateur`*	Vous déconnecte du compte sans demander le nom d'utilisateur sous lequel vous voulez vous connecter, puis vous demande le mot de passe. Si vous ne précisez pas l'utilisateur, su suppose que vous tentez une connexion sous root et attend que vous entriez le mot de passe root.

Commande	Description
`login` *`utilisateur`*	Semblable à `su`, à la différence près que si vous omettez l'utilisateur, vous vous retrouvez à l'invite login normale.
`Alt-Fx`	Utilisation des terminaux virtuels. Vous pouvez parvenir à un terminal virtuel en appuyant sur Alt et sur l'une des touches de fonction de F1 à F6. Vous accédez alors à un autre écran login où vous pouvez vous connecter comme nouvel utilisateur. Le principal avantage de cette méthode est que vous vous trouvez encore dans l'autre compte et que vous pouvez passer de l'un à l'autre en utilisant les touches Alt-F*x*.

INFO

Si vous essayez d'ajouter ultérieurement un utilisateur depuis un compte que vous êtes certain d'avoir créé, il est possible que vous ne puissiez pas utiliser `adduser`*, car certaines commandes, dont celle-ci, ne peuvent être entrées que par le superutilisateur. Si vous avez des difficultés, assurez-vous que vous êtes connecté sous root.*

• Ajout d'utilisateurs avec Red Hat

La version Red Hat automatise une grande partie des fonctions d'`adduser`. Pour ajouter un nouvel utilisateur à partir de la ligne de commande, tapez la commande suivante :

```
[root@web /root]# adduser jack
```

Cette commande est un script shell qui se trouve dans le répertoire /usr/bin. Pour l'émettre, vous devez être le superutilisateur, c'est-à-dire root.

Voir Chapitre 17.

Le script qui est simplement un fichier ASCII, crée les répertoires et les fichiers nécessaires au nouvel utilisateur. Il ne lui reste ensuite plus qu'à définir le mot de passe lors de la première connexion. Le changement du mot de passe est présenté plus loin dans ce chapitre, à la section sur le changement du mot de passe.

• Gestion des utilisateurs avec le panneau de contrôle de Red Hat

Si vous avez installé XFree86 avec la distribution Red Hat, la fenêtre de configuration Control Panel's User/Group Manager permet d'ajouter, de supprimer ou désactiver des utilisateurs, ou de modifier les paramètres les concernant. Pour modifier un compte utilisateur, sélectionnez simplement l'utilisateur dans la boîte de dialogue et cliquez sur le bouton approprié. Le Tableau 5.2 décrit la fonction de chaque bouton.

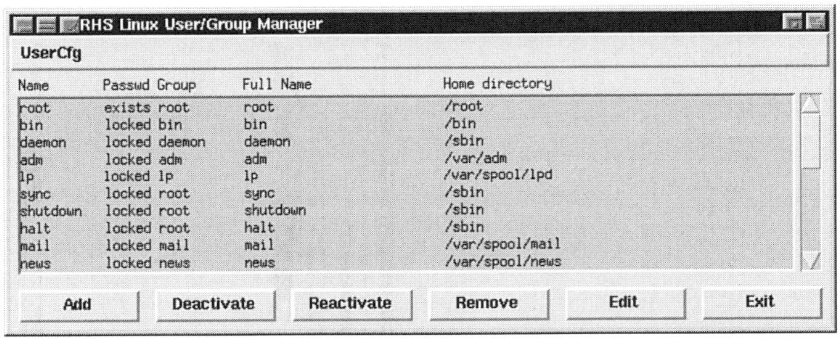

Figure 5.1
Le gestionnaire de groupes/utilisateurs de Red Hat Linux permet de voir et de changer les informations du fichier /etc/passwd.

Tableau 5.2 : Boutons User/Group Manager de Linux Red Hat

Bouton	Description
Add	Affiche la boîte de dialogue Add User, qui permet de définir les différents attributs nécessaires à un utilisateur, tels que le répertoire personnel et le mot de passe.
Deactivate	Permet de désactiver le compte d'un utilisateur qui l'utilisera de nouveau plus tard. Pour désactiver le compte d'un utilisateur qui est absent longtemps ou qui fait l'objet d'une sanction, vous pouvez compacter ses fichiers afin d'économiser de la place sur le système et ce, jusqu'à ce que le compte soit réactivé.
Reactivate	Permet de réactiver le compte d'un utilisateur.
Remove	Supprime un utilisateur du système ainsi que ses différents fichiers et répertoires. Sauvegardez ces derniers auparavant si vous le souhaitez.
Edit	Permet de modifier des éléments d'un compte utilisateur : mot de passe (dans le cas où il a été oublié), groupes ou shell utilisé.
Exit	Quitte le gestionnaire de groupes/utilisateurs de Red Hat.

Voir
Chapitre 10.

Un clic sur le bouton Add affiche la boîte de dialogue Add User, présentée Figure 5.2. Vous pouvez alors définir un compte utilisateur en saisissant les informations dans les champs. Le Tableau 5.2 décrit ces champs et leurs fonctions.

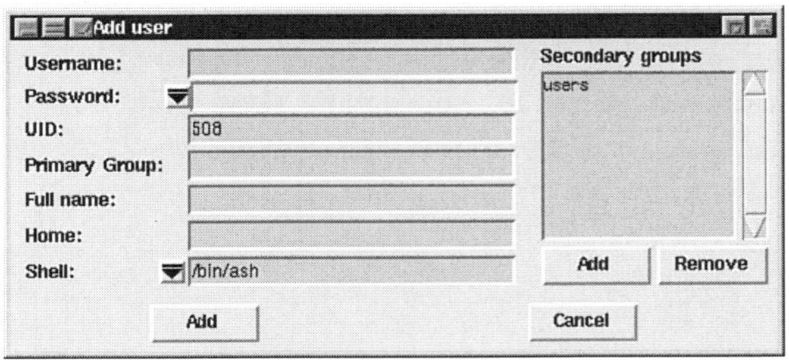

Figure 5.2
Avec les outils graphiques, l'ajout de nouveaux utilisateurs est un jeu d'enfant.

Tableau 5.3 : Options de la boîte de dialogue Add User

Champ	Description
Username	Le nom indiqué par l'utilisateur pour se connecter au système.
Password	Le mot de passe de l'utilisateur. Pour lui affecter un mot de passe, il faut sélectionner Edit dans le menu affiché lorsqu'on clique sur la liste déroulante. Une nouvelle boîte de dialogue permet alors de saisir un nouveau mot de passe pour l'utilisateur. L'option None permet de l'effacer. Le mot de passe peut également être verrouillé.
UID	Un champ généré par le système. Pour plus d'informations sur les identifiants des utilisateurs et des groupes, reportez-vous au Chapitre 10.
Primary Group	Le groupe principal auquel appartient l'utilisateur. Les groupes permettent d'en regrouper plusieurs, en leur affectant à tous les mêmes droits.
Full Name	Le nom complet de l'utilisateur.
Home	Le répertoire personnel de l'utilisateur. En général, il est placé dans un répertoire sous /home ou /usr/home.
Shell	Le shell par défaut du compte utilisateur. Cette liste déroulante permet de choisir l'un des shells proposés par le système Red Hat.

• Changement du mot de passe

Par la suite, vous pourrez changer de mot de passe ou en ajouter un à un compte qui n'en a pas, comme le compte root courant. Il est conseillé de toujours protéger ce dernier à l'aide d'un mot de passe.

Pour changer un mot de passe avec toute version d'UNIX ou de Linux, utilisez la commande passwd, en précisant l'ancien et le nouveau, puis vérifiez ce dernier. Si vous n'avez pas l'ancien (ou pire, si vous l'avez oublié), il est impossible d'utiliser la commande passwd pour le changer. Les opérations de changement de mot de passe sont habituellement les suivantes :

```
[tackett@web ~]$ passwd
Changing password for jack
Enter old password: password
Enter new password: nouveau-mot
Re-type new password: nouveau-mot
```

Voir
Chapitre 10.

Si vous faites une erreur, Linux signale que le mot de passe n'a pas été changé. Linux impose également au moins six caractères pour en créer un valide.

ATTENTION

N'oubliez pas vos mots de passe. Sinon, vous serez obligé de changer les informations du compte. Si vous oubliez celui du root, vous devrez utiliser la disquette de démarrage créée pendant l'installation afin de lancer le système et de modifier le mot de passe. En général, vous pouvez ne pas en mettre en sélectionnant None dans la boîte de dialogue Add/Edit User de Red Hat puis laisser à l'utilisateur le soin d'en entrer un nouveau avec la commande `passwd`. *Il est aussi possible d'éditer le fichier /etc/passwd et d'enlever le mot de passe chiffré de l'enregistrement de l'utilisateur.*

Commandes de base

Il faut connaître certaines commandes de base pour naviguer dans le système. Les paragraphes suivants vous présentent celles dont vous avez besoin pour utiliser Linux. La plupart sont en fait des programmes utilisés par Linux pour étendre son jeu de commandes, qui se trouvent dans les répertoires /bin, /sbin et /usr/bin.

• Aide en ligne sur les commandes

Vous pouvez taper `man` pour obtenir l'aide en ligne concernant chacune des commandes de Linux. Le système affichera, écran par écran, toute l'aide disponible pour la commande. Si vous avez un doute à propos de celle à utiliser, essayez le paramètre `-k` et tapez un mot clé indiquant le thème. `man` recherche dans les fichiers d'aide (appelés man, manuel ou pages) un thème contenant celui spécifié. Linux fournit également l'alias `apropos` pour cette commande.

Si vous tapez la commande `man ls`, Linux affiche l'aide sur la commande `ls`, y compris tous ses paramètres. `man -k cls` affiche une liste des commandes avec le mot `cls` dans l'aide et `apropos cls` aura le même effet.

• Commandes de manipulation des répertoires

Linux propose de nombreuses commandes pour travailler avec les répertoires. Comme les autres systèmes d'exploitation que vous connaissez peut-être, Linux permet de créer, de supprimer ou de déplacer des répertoires, et d'afficher les informations sur un répertoire.

Changer le répertoire de travail avec cd. Tout comme sous DOS ou sous d'autres systèmes d'exploitation, Linux range les fichiers dans une structure arborescente appelée répertoire. Vous pouvez accéder à l'un d'entre eux par un chemin à partir du répertoire root désigné par le caractère /. Ainsi, le fichier de configuration pour `emacs` de l'utilisateur jack peut être désigné comme suit :

```
home/jack/ .emacs
```

Voir Chapitre 16.

Si vous avez l'habitude des limitations de DOS à huit caractères pour un nom de fichier et à trois caractères pour l'extension, vous aurez l'agréable surprise de découvrir que Linux ne fait l'objet d'aucune restriction de ce genre.

Linux utilise le concept de répertoire *home* qui est défini lorsqu'on ajoute un compte au système. Un répertoire home utilisateur est habituellement désigné par le caractère tilde (~). Vous pouvez utiliser celui-ci à la place du nom complet, pour copier, depuis le répertoire de travail, un fichier dans votre répertoire personnel :

```
cp .emacs ~
```

Pour naviguer dans l'arborescence Linux, utilisez la commande de changement de répertoire `cd`. Si vous entrez `cd` sans paramètre, Linux vous renvoie immédiatement à votre répertoire `home`. Pour vous déplacer de l'un à l'autre, utilisez la commande `cd` de la même façon que sous DOS, c'est-à-dire `cd` *`nouveau-répertoire`*. Linux utilise également le point (.) pour indiquer le répertoire courant et deux points (..) pour désigner le père. En fait, c'est DOS qui émule UNIX et non UNIX/Linux qui émulent DOS.

INFO

Faites attention au séparateur de répertoires que vous utilisez. Sous DOS, c'est le caractère \ qui est utilisé, alors que Linux l'emploie afin d'indiquer que la commande continue à la ligne suivante. Pour séparer les noms de répertoires sous Linux, utilisez le caractère /.

De même, alors que vous pouvez omettre les espaces sous DOS avec les paramètres `.` et `..`, c'est impossible sous Linux, car il ne reconnaît pas la commande `cd..`, mais comprend `cd ..`. Sous Linux, l'espace séparant la commande et le paramètre est indispensable.

Voir Chapitre 17.

Afficher des informations sur les fichiers et répertoires avec ls. `ls` signifie *list* et permet, sous Linux, d'afficher une liste de fichiers. Cette commande est l'équivalent de `DIR` sous DOS (Linux accepte également la commande `dir`). Sous Linux, `ls` affiche en couleurs tous les fichiers principaux d'un répertoire. Par défaut, les répertoires sont affichés en bleu, et les programmes exécutables en vert. Vous pouvez changer ces couleurs en modifiant le fichier /etc/DIR-COLORS.

Avec `ls`, de nombreux paramètres vous permettent de préciser non seulement la présentation d'un fichier, mais aussi quels sont les fichiers à afficher. Le plus courant est `-la` qui commande à `ls` d'afficher tous les détails sur chaque fichier d'un répertoire.

La commande `ls -la` permet d'afficher toutes les informations sur chaque fichier du répertoire en cours. `ls .emacs` répertorie le fichier `.emacs`, alors que `ls -l .emacs` affiche les détails de ce fichier.

Les options de commande -ltar (comme dans ls -ltar) fournissent les mêmes renseignements que la commande ls ci-dessus, à la différence près que les noms des fichiers sont affichés du plus ancien au plus récent.

Créer un nouveau répertoire avec mkdir. Etant donné que le système de fichiers Linux est basé sur des répertoires, il existe une commande `mkdir`, qui permet aux utilisateurs de créer de nouveaux répertoires. A la différence de DOS, où `mkdir` possède un alias `MD`, `mkdir` doit être tapée en entier sous Linux. Un nouveau nom doit être spécifié pour chaque répertoire créé.

Voir
Chapitre 18.

```
mkdir backup
```

INFO

Sous Linux, il existe un procédé permettant de créer des alias de commandes, en passant par le shell de commandes. De ce fait, si vous ne pouvez pas travailler sans la commande `MD`*, vous pouvez attribuer l'alias* `MD` *à la commande* `mkdir`*.*

Supprimer un répertoire avec rmdir. La commande `rmdir` supprime un répertoire Linux si on connaît son nom. Ce répertoire doit être vide, sinon Linux ne peut pas le supprimer.

Exemple : si le répertoire `/backup` contient deux sous-répertoires, la commande `rmdir /backup` échoue. `rmdir /backup/jack/*` efface tous les fichiers du répertoire jack, alors que `rmdir /backup/jack` efface le répertoire /backup/jack, qui est alors vide.

ATTENTION

`rmdir` *ne permet pas de supprimer un répertoire qui contient des fichiers. Utilisez pour cela le paramètre* `-r` *de la commande* `rm`*. Exemple :*

*rm -r **

Cette commande supprime tout ce qui se trouve dans le répertoire en cours, y compris les sous-répertoires. Faites attention, car une fois qu'un répertoire a été supprimé, vous ne pourrez ni le récupérer, ni retrouver les fichiers qu'il contenait. Il est donc fortement conseillé de faire des copies de sauvegarde.

• Commandes de manipulation de fichiers

Linux traitant les fichiers et les répertoires de la même façon, vous trouverez ici des commandes similaires à celles que nous venons de voir.

Copier des fichiers avec cp. `cp` ressemble à la commande `copy` sous DOS et est utilisée pour copier un ou plusieurs fichiers d'un répertoire vers un autre. Sa syntaxe est :

```
cp fichier-source fichier-destination
```

Les paramètres *`fichier-source`* et *`fichier-destination`* sont obligatoires. Si vous désirez garder le même nom de fichier, utilisez le `.` comme caractère de substitution pour le paramètre `fichier-source`. Ce procédé diffère de celui du DOS, où `fichier-source` est facultatif.

La commande `cp fred1 fred1.old` copie le fichier fred1 vers un fichier de sauvegarde appelé fred1.old, alors que la commande `cp ~fred1.old /backup/jack` copie le fichier `fred1.old` à partir du répertoire home vers le répertoire /backup/jack. (Le caractère ~ représente le home de l'utilisateur.)

Déplacer des fichiers avec mv. `mv` est similaire à la commande `move` du DOS, et permet de déplacer des fichiers d'un répertoire vers un autre. Déplacer un fichier revient à le copier vers un nouveau répertoire avant de le supprimer dans celui d'origine. `mv` ne copie donc pas les fichiers.

La syntaxe de la commande `mv` est identique à celle de `cp` :

```
mv fichier-source fichier-destination
```

La commande `mv fred1 fred1.old` copie le fichier fred1 vers un fichier de sauvegarde appelé fred1.old, et supprime l'ancien fred1, alors que la commande `mv ~fred1.old /backup/jack` copie fred1.old depuis le home vers le répertoire /backup/jack.

Supprimer des fichiers avec rm. Sous Linux, la commande `rm` permet de supprimer des fichiers. Faites attention en utilisant cette commande. Une fois qu'un fichier a été supprimé, il ne peut pas être récupéré. Pour des raisons de sécurité, la forme suivante de la commande `rm` est fortement conseillée :

```
rm -i nom-fichier
```

Le paramètre `-i` sert à demander à l'utilisateur si ce fichier est bien celui qu'il désire supprimer. La commande `rm fred1` supprime directement le fichier fred1, alors que `rm -i fred1` supprime fred1 après avoir demandé une confirmation à l'utilisateur.

ATTENTION

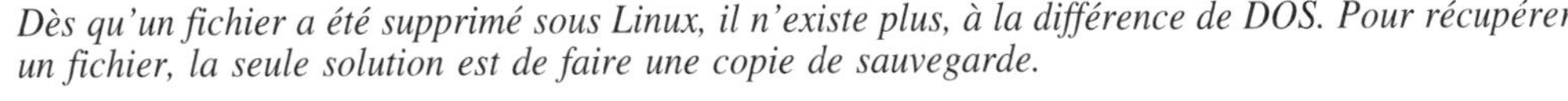

Dès qu'un fichier a été supprimé sous Linux, il n'existe plus, à la différence de DOS. Pour récupérer un fichier, la seule solution est de faire une copie de sauvegarde.

Afficher le contenu d'un fichier avec more. La commande `more` affiche le contenu d'un fichier texte à l'écran. Vous pouvez le regarder sans appeler un éditeur, sans l'imprimer et sans essayer d'arrêter le défilement du texte. Pour afficher, par exemple, le fichier de configuration d'`emacs`, tapez :

```
more .emacs
```

INFO

Si vous essayez d'afficher un fichier binaire à l'aide de `more`*, vous risquez d'avoir des surprises : il se peut par exemple que votre terminal bloque. Si cela arrive, essayez de le débloquer en tapant Ctrl-q ou Ctrl-s.*

`more` présente un inconvénient : il est impossible de revenir sur un écran précédent une fois qu'il est passé. Seule la commande qui suit permet de le faire.

`less` **: un more amélioré.** `less` affiche le contenu d'un fichier, écran par écran, sur votre terminal. Il peut afficher un écran d'informations venant d'un fichier texte, mais il vous permet aussi de vous déplacer à l'intérieur d'un fichier. La commande suivante permet de naviguer dans le fichier readme situé dans le répertoire info :

```
less /info/readme
```

Effacer l'écran avec clear. Après avoir rempli l'écran d'informations, vous pourrez avoir besoin de le vider le temps de réfléchir à votre prochaine manipulation. Sous DOS, c'est le rôle de la commande `cls`. Sous Linux, en revanche, la commande `clear` est obligatoire.

Gestion des fichiers DOS sous Linux

Voir Chapitre 3.

Pendant l'installation, vous avez eu la possibilité de rendre toute partition DOS visible sous Linux, puis de la placer dans un répertoire spécifié lors de la configuration (/dosc par exemple).

Si vous désirez copier ces fichiers sur disquette, l'emploi de la commande `cp` risque de poser des problèmes parce qu'UNIX et Linux gèrent les fichiers texte de façon différente, surtout en ce qui concerne les retours-chariot et les sauts de ligne. Pour résoudre ce problème, plusieurs programmes ont été développés. Ils permettent de gérer les fichiers MS-DOS sous un environnement UNIX. Il s'agit des commandes `m-`, qui comprennent, entre autres, `mcopy` et `mdir`. La première fonctionne exactement comme COPY sous DOS et la seconde affiche le contenu d'un répertoire. Vous aurez remarqué qu'elles ressemblent à leur équivalent DOS. Elles font partie du package `mtools`, collection de programmes du domaine public permettant à UNIX d'interagir plus facilement avec les fichiers DOS.

Ces commandes facilitent la copie de fichiers vers une disquette, parce que les désignations DOS sont autorisées (A: au lieu de la désignation Linux /dev/fd0). Pour plus d'informations sur les commandes `m`, tapez :

```
man mtools
```

Le Tableau 5.4 est un listing des différentes commandes `m`.

Tableau 5.4 : Les commandes m

Commande	Description
`matttrib`	Affiche les attributs des fichiers spécifiés.
`mcd`	Change pour le répertoire spécifié.
`mcopy`	Copie les fichiers spécifiés vers le nouveau chemin.
`mdel`	Efface les fichiers spécifiés.
`mdir`	Affiche le contenu d'un répertoire.
`mformat`	Formate une disquette.

Commande	Description
`mlabel`	Définit le nom d'un système de fichiers DOS.
`mmd`	Crée un répertoire.
`mrd`	Supprime un répertoire (qui doit être vide, comme sous DOS).
`mren`	Renomme un fichier DOS existant.
`mtype`	Affiche le contenu du fichier DOS en mode texte.

INFO

Bien qu'il soit possible de visualiser, et même d'éditer les fichiers texte qui se trouvent dans les partitions DOS visibles sous Linux, l'exécution de programmes DOS ou Windows est impossible. Toutefois, des projets visant à fournir une telle émulation sous Linux sont en cours de développement sur Internet. Bien que les perspectives d'avenir semblent prometteuses pour ce genre d'utilitaire, il n'existe pas encore d'émulation DOS et Windows complète. Nous parlerons de ces sujets, plus loin dans ce chapitre.

Arrêt de Linux

Quand vous avez terminé de travailler sur une machine DOS, il vous suffit en général d'éteindre l'ordinateur. Il en va de même pour Windows (bien que vous risquiez d'endommager vos fichiers). Si vous faites la même chose sous Linux, il y a plus de risques d'endommager votre système (le matériel et les systèmes de fichier). Une session Linux doit être fermée correctement afin d'éviter que le système d'exploitation ne se détériore au point d'être incapable de démarrer la fois suivante.

Voir Chapitre 9.

Linux garde en mémoire de nombreuses informations sur les fichiers et sur lui-même. Celles-ci sont stockées dans la mémoire tampon (le *buffer*) avant d'être écrites sur disque dur. Ce procédé permet d'améliorer les performances du système et de contrôler l'accès au matériel. Il est essentiel dans un système d'exploitation multitâche, afin d'éviter qu'un utilisateur n'accède à un périphérique déjà utilisé par quelqu'un d'autre. Si le système est éteint, toutes ces informations sont perdues et votre système de fichiers peut être endommagé.

Etant donné que Linux est un système d'exploitation multitâche et multiutilisateur, il doit permettre à chaque utilisateur d'arrêter de travailler calmement, de sauvegarder tous ses travaux en cours, avant d'éteindre son système. Ainsi, il évite de perdre des données et d'endommager des fichiers. Ces opérations laissent aussi aux utilisateurs connectés au système le temps de se déconnecter. Afin d'éteindre Linux correctement, utilisez la commande `Shutdown`, dont la syntaxe est :

```
shutdown [-r] heure-de-fermeture [message]
```

Le paramètre `-r` indique que Linux doit redémarrer immédiatement après fermeture. Cette fonction sera utile si vous désirez sortir de Linux et démarrer sous un système d'exploitation différent.

`heure-de-fermeture` indique quand le système doit être arrêté. L'heure est spécifiée au format 24 h ; pour arrêter à 11 h du soir, vous taperez

```
shutdown 23:00
```

Le contenu du paramètre `message` est envoyé à chacun des utilisateurs connectés au système. Vous pouvez l'utiliser afin d'indiquer la raison pour laquelle vous arrêtez le système. Si, par exemple, vous avez besoin de faire des copies de sauvegarde une fois par semaine, le message suivant indiquera aux utilisateurs qu'ils doivent se déconnecter :

```
[root@web /root]# shutdown -r 23:00 Fermeture à 23:00 pour maintenance système
```

Voir Chapitre 14.

Rappelez-vous qu'il ne faut pas sortir de Linux en éteignant votre ordinateur, ni en appuyant sur RESET.

ATTENTION

Sur certains systèmes, Linux reconnaît les touches Ctrl-Alt-Suppr et procède à une fermeture propre, comme si l'utilisateur avait tapé la commande `shutdown`. *En revanche, sur d'autres systèmes, Linux ne détecte pas cette combinaison, et il redémarre immédiatement.*

Si vous éteignez votre système accidentellement, et endommagez la structure des fichiers, certaines opérations permettent de réparer cet incident.

Exécution de programmes Linux

Une fois que vous avez l'habitude de vous déplacer dans Linux et d'exécuter les commandes de base, essayez les applications installées au moment de la mise en place des systèmes. Celles-ci comprennent toute une gamme d'utilitaires allant d'une calculatrice jusqu'à de vrais compilateurs pour C et C++. Certains programmes coûtent assez cher, mais grâce à la philosophie du GNU, la plupart d'entre eux sont disponibles à peu de frais : ceux du téléchargement à partir d'Internet.

Heureusement, de nombreux programmes Linux sont aussi disponibles sur les BBS locaux, qui sont accessibles grâce au programme de communication fourni avec la distribution Slackware de Linux. Il existe aussi des CD-ROM contenant des centaines de programmes Linux en code source. Vous pouvez les récupérer à partir du CD-ROM et, à l'aide des compilateurs `gcc` et `g++` fournis avec Linux, les installer et les faire tourner sur votre PC, même si vous n'avez jamais utilisé un compilateur.

En conclusion, ces programmes sont en mode texte et leur lancement ne nécessite pas la présence du système X Window. De ce fait, ils ne sont pas dotés de grandes capacités graphiques, mais ils tournent sur la plupart des installations Linux.

• Ecouter un CD : workbone

Si vous possédez un lecteur de CD-ROM capable de lire les CD audio, essayez `workbone`. Ce programme est un lecteur de CD en mode texte, développé par Thomas McWilliams.

Celui-ci a écrit ce programme pour son plaisir, en en modifiant un basé sur X Window. Etant donné qu'il s'agit d'un travail privé, il se peut que `workbone` ne fonctionne pas correctement sur tous les lecteurs de CD-ROM.

Avec ce programme, vous devez utiliser le pavé numérique pour commander le CD. De ce fait, assurez-vous qu'il est activé. Le Tableau 5.5 présente les différentes commandes.

Tableau 5.5 : Commandes de workbone

Touche	Description
0	Quitte `workbone` ; la musique continue.
Suppr	Affiche l'écran d'aide.
1	Recule de 15 secondes.
2	Abandonne `workbone` et arrête la musique.
3	Avance de 15 secondes.
4	Sélection précédente.
5	Recommence la sélection courante.
6	Prochaine sélection.
7	Arrêt.
8	Pause/Recommencer.
9	Lecture.

Au fur et à mesure que `workbone` lit le CD, l'heure et la piste courante sont affichées. Si vous désirez continuer votre travail alors que le CD tourne, vous pouvez :

- soit quitter `workbone` et laisser la musique continuer (touche 0) ;
- soit conserver l'affichage. Vous basculez alors vers un autre terminal virtuel (Alt), et vous vous connectez sur un autre compte. Pour vérifier l'écran `workbone`, basculez vers le terminal virtuel adéquat et vérifiez l'état du CD.

Vous pouvez aussi arrêter ce dernier avec la touche 0, et relancer le programme plus tard afin de voir quelles pistes sont en train de passer et ainsi de suite. Pour plus d'informations, voir la page d'aide en tapant `man workbone`.

• Le tableur sc

Les ordinateurs performants font-ils vendre les logiciels, ou bien est-ce le contraire ? C'est une vieille question ; la réponse est qu'une bonne application fait vendre des milliers d'ordinateurs. A l'apparition sur le marché de Visicalc, l'utilisation commerciale des PC a explosé. La raison en est que, pendant des années, les chefs d'entreprise avaient utilisé des registres ou feuilles de calculs. Visicalc qui constituait une version électronique du tableau, révolutionna les modes de prévision et de planification en entreprise. Aujourd'hui, les tableurs tels que Excel de Microsoft et 1-2-3 de Lotus s'inscrivent dans sa lignée. Dans le monde de Linux, `sc` reprend le flambeau.

`sc` est un tableur composé de cellules disposées en lignes et colonnes. Chaque cellule peut contenir une valeur numérique, une chaîne de caractères ou une expression (formule) liée à une valeur numérique ou à une chaîne de caractères. Ces chaînes peuvent aussi être basées sur d'autres cellules afin de présenter des relations complexes entre un nombre considérable de données.

Si vous avez déjà travaillé avec des tableurs, vous comprendrez rapidement le fonctionnement de `sc`. Sinon, il existe un didacticiel accessible par la commande suivante :

```
sc /usr/lib/sc/tutorial.sc
```

Ce didacticiel constitue une parfaite introduction à `sc`. Si vous désirez imprimer une fiche de référence, tapez la commande suivante :

```
scqref ¦ lpr
```

La barre (|) est appelée un caractère pipe, car elle fait passer les résultats d'une commande `scqref`, vers une deuxième, `lpr`.

ATTENTION

Si vous rencontrez des problèmes d'impression sous Linux, lisez le Chapitre 20, consacré à l'Impression. Celui que vous risquez de rencontrer (mis à part l'impossibilité d'imprimer) est celui des irrégularités (effets d'escalier). Celles-ci sont provoquées par la façon dont UNIX et Linux gèrent les retours-chariot et les sauts de ligne par rapport à MS-DOS lors de l'impression de fichiers texte qui contiennent ces caractères.

Pour accéder à l'aide sur `sc`, il suffit de taper `man sc`.

• La calculatrice bc

`bc` est une calculatrice de type ligne de commande destinée aux calculs rapides. `bc` est en réalité un langage de programmation complexe qui permet d'évaluer de façon interactive des expressions mathématiques.

A l'exécution, `bc` répond par un petit message de copyright avant de présenter l'invite de commande avec une ligne vide. Vous pouvez alors entrer des opérations simples d'addition et de soustraction. La multiplication et la division sont aussi possibles, mais malheureusement, cette version de bc tronque le résultat. C'est l'un des dangers des logiciels GNU. bc est excellent pour des calculs simples, mais beaucoup moins fiable pour les opérations de multiplication et de division.

La fonction qui permet de mémoriser des valeurs d'une opération précédente afin de les utiliser par la suite est également très utile. La syntaxe de cette opération est très simple : nom-variable = valeur. Dans l'exemple suivant, bc calcule la valeur de 125*5, qui est ensuite stockée dans la variable var1. Les résultats des calculs peuvent être visualisés en tapant le nom de la variable. bc affiche la valeur sur la ligne suivante (voir ci-dessous). Ensuite, la valeur de var1 divisée par 5 est attribuée à la variable var2.

```
var1 = 125*5
var1
625
var2 = var1 / 5
var2
```

Télécommunications avec minicom

Nous espérons qu'après avoir lu les chapitres de la Partie VI consacrée à Internet, vous serez capable de piloter votre système Linux sur les autoroutes de l'information et plus précisément sur Internet. Jusque là, vous pouvez quand même communiquer raisonnablement si vous avez un modem et un logiciel de télécommunication. Linux en fournit un, appelé minicom. La seule chose que vous ayez à faire est de brancher votre modem à l'un des ports série.

minicom, comme beaucoup de logiciels Linux, a été écrit par un programmeur avec l'aide de nombreux utilisateurs d'Internet. Son auteur principal s'appelle Miquel van Smoorenburg.

minicom est une application très robuste pouvant rivaliser avec bien d'autres applications disponibles dans le commerce. Grâce à elle, vous pouvez vous connecter à une grande variété de BBS, gérer un répertoire de numéros à composer et télécharger des fichiers une fois connecté. La page du manuel minicom propose de l'aide sur la plupart des fonctionnalités de ce programme.

La première chose à savoir est que minicom utilise la séquence de contrôle Ctrl-Maj-a pour accéder à un certain nombre de fonctions, comme la composition automatique ou le téléchargement. A tout moment, vous pouvez obtenir de l'aide : pour cela, appuyez simplement sur Ctrl-a-z. Un résumé des commandes s'affiche à l'écran. Le Tableau 5.6 en présente quelques-unes.

Lorsque vous êtes dans l'aide, il vous suffit de taper la lettre de votre choix pour exécuter la commande associée. A partir du programme minicom, vous devez la faire précéder de Ctrl-a.

Tableau 5.6 : Résumé des commandes de minicom

Touche	Description
D	Accède au répertoire pour la numérotation.
S	Envoi de fichiers.
P	Répertorie les paramètres de communication.
L	Commutateur de capture de la session dans un fichier.
F	Envoie un BREAK à un autre terminal.
T	Choisit l'émulation du terminal : vt100, Minix ou ANSI.
W	Commutateur on/off de retour à la ligne.
G	Lance un fichier script `minicom`.
R	Réceptionne un fichier.
A	Ajoute un caractère de saut de ligne à la fin des lignes.
H	Raccroche le téléphone.
M	Initialise le modem.
K	Exécute le protocole kermit.
E	Commutateur d'écho local.
C	Efface l'écran local.
O	Permet de configurer `minicom`.
J	Bascule vers un nouveau shell.
X	Quitte et réinitialise le modem.
I	Mode curseur.
Z	Affiche cette aide.
B	Défilement arrière dans la fenêtre du terminal.

`minicom` gère quatre protocoles de transfert de fichier : zmodem, ymodem, xmodem et kermit. Si possible, utilisez le premier, car il offre de meilleures possibilités de récupération d'erreur. Si zmodem n'est pas disponible sur le système auquel vous vous connectez, essayez les autres protocoles, de préférence dans l'ordre. Cela ne signifie en aucun cas que kermit soit un mauvais protocole, il est simplement plus lent que les autres. Son avantage incontesté réside dans le fait qu'il est accepté par la majorité des systèmes.

Voir
Chapitre 12.

Il existe un autre point auquel vous devez faire attention : `minicom` profite de certaines commandes qui donnent accès à un type de contrôle semblable à celui normalement réservé exclusivement au superutilisateur. Par conséquent, n'importe quelle personne utilisant `minicom` a accès à certaines caractéristiques de Linux que vous ne voudriez pas qu'elle ait.

Les jeux

Si vous installez le package y, vous avez accès à une myriade de jeux. Beaucoup sont en mode texte, ne nécessitent pas X Window et offrent quelques minutes de bon temps. Pour vous donner une idée de cette variété de jeux, consultez le répertoire /usr/games. En examinant les fichiers, vous verrez ceux qui sont disponibles. Si vous ne comprenez pas un jeu, vous pouvez obtenir de l'aide par l'intermédiaire de la commande `man`. Evidemment, vous pouvez aussi lancer le jeu et le découvrir.

• Tetris

Tetris est un jeu originaire de l'ex-Union soviétique. On y voit différentes figures tomber du ciel et s'empiler en bas de l'écran. Le but est d'éliminer les formes accumulées et d'empêcher le remplissage de l'aire de jeu. Pour y parvenir, vous devez compléter les lignes du champ de jeu. Lorsque vous reliez un mur du champ à l'autre sans qu'il y ait de trous, la ligne ainsi formée disparaît et toutes les formes se trouvant au-dessus tombent, comblant alors la ligne vacante. La difficulté réside dans le fait que les formes ont des motifs différents. Par conséquent, pour pouvoir remplir une ligne, vous devez décider de l'orientation de la figure, afin de la placer correctement avant qu'elle ne se positionne sur un autre bloc. Une fois qu'une figure touche un autre bloc, elle reste dans cette position.

Ce jeu existe sur de très nombreuses plates-formes, si vous y avez déjà joué sur un autre système, vous ne devriez avoir aucun problème sous Linux. Cette version de Tetris est destinée à être pratiquée uniquement sur le terminal, ne vous attendez donc pas à voir des graphiques de grande qualité. Le seul reproche que l'on puisse faire tient au maniement des formes. En effet, si sur les autres systèmes vous déplaciez et orientiez la chute des figures avec les touches de déplacement du clavier (les flèches), ce n'est pas le cas dans cette version. Vous devez vous servir des touches énumérées dans le Tableau 5.7 pour positionner et orienter les différents blocs.

Tableau 5.7 : Commandes de Tetris

Commande	Touche
A gauche	<,>
A droite	</>
Rotation	<.>
Laisser tomber	<Barre d'espace>
Pause	<s>
Quitter	<q>
Rafraîchir l'écran	<Ctrl-l>

• Dungeon

Dungeon est un jeu d'aventure en mode texte basé sur les anciens jeux de ce genre. Au lieu de se dérouler dans des grottes, il reconstitue le monde des donjons et dragons. Vous évoluez de façon interactive dans ce monde textuel à la recherche de trésors et d'aventure. Si vous avez déjà joué à ce genre de jeu, vous ne verrez pas tellement de différence, mais sachez que le graphisme est décevant. Vous interagissez avec le jeu par l'intermédiaire de commandes et de requêtes formées de noms et de verbes. Par exemple, au début du jeu, on vous dit que vous êtes dans un champ à l'ouest d'une grande maison blanche avec une porte d'entrée en bois. Il y a une petite boîte aux lettres juste à côté. A l'invite, vous pouvez demander de lire ce qui se trouve dedans :

```
There is a small mailbox here.
> open box
Opening the mailbox reveals :
   a leaflet
> read leaflet
```

Le jeu est alors résumé succinctement et présente ses brillants programmeurs. La dernière ligne indique que pour obtenir une assistance, il faut entrer la commande `help` ou `info`.

• Trek

Trek est un jeu en mode texte, tiré du très célèbre feuilleton TV Star Trek. Votre but est de survivre aux sanglants combats qui vous opposent aux Klingons et de débarrasser votre secteur stellaire de leur emprise. Lorsque vous commencez, en tapant la commande `trek`, vous devez répondre à quelques questions afin de configurer le jeu :

- La durée de la partie que vous voulez jouer.
- Vous pouvez reprendre un jeu qui a été sauvegardé. Pour cela, spécifiez un fichier log sur la ligne de commande. Son nom devient alors celui du jeu sauvegardé.
- Le niveau d'habileté auquel vous voulez jouer.
- Vous pouvez saisir un mot de passe de façon que d'autres ne puissent pas s'approprier vos victoires. En fait, il est nécessaire pour que personne ne puisse détruire votre vaisseau.

A tout moment, que ce soit durant l'installation ou en cours de jeu, vous pouvez taper un point d'interrogation afin d'obtenir une aide sur les différentes réponses et actions possibles. Certaines sont décrites au Tableau 5.8.

Le jeu débute en vous indiquant le nombre de Kinglons qui se trouvent dans votre secteur et le nombre de bases ainsi que leurs localisations. S'arrêter dans une base permet de réparer et de réapprovisionner le vaisseau. Malheureusement, le jeu ne dit pas où se trouvent les navires de guerre des méchants Kinglons. Faites très attention à l'utilisation de votre énergie ; sinon vous risquez d'avoir de mauvaises surprises.

Tableau 5.8 : Commandes de Trek

Commande	Description
`abandon`	Quitte Trek
`damages`	Enumère les dommages subis par votre vaisseau spatial
`impulse`	Puissance maximale
`ram`	Passe à la vitesse lumière
`srscan`	Engage le radar courte portée
`undock`	Quitte la base
`capture`	Capture les Kinglons
`destruct`	Auto-destruction
`lrscan`	Radar longue portée
`dump`	Qui sait ?
`visual`	Examine la position des Kinglons
`cloak`	Invisibilité (vaisseau)
`dock`	Retour à la base
`move`	Relève et suit une trajectoire
`rest`	Se reposer un moment
`terminate`	Quitte
`Warp`	Met en route les moteurs
`computer`	Recherche des informations
`help`	Demande de l'aide à la base spatiale
`phasers`	Tir phasers
`shields`	Active les boucliers
`torpedo`	Lance des torpilles

Comme il s'agit d'un jeu en mode texte, il n'y a pas de splendides graphismes, mais vous pouvez obtenir une image radar courte portée avec la commande `srscan`. Celle-ci affiche votre secteur et tous les objets inconnus avec leurs coordonnées respectives et fournit également des renseignements de grande importance sur l'état de votre vaisseau. Toutes les coordonnées se réfèrent à un repère cartésien que vous pouvez gérer sur papier, et même mieux, sur un papier quadrillé de façon à ne pas oublier l'évolution entre deux commandes `srscan`.

Exécution de programmes DOS sous Linux

Vous voudrez de temps en temps exécuter des programmes DOS ou Windows. Bien que ce ne soit pas entièrement possible pour le moment, des développements sont en cours, qui permettent d'émuler différents systèmes d'exploitation sous Linux. DOSEMU (DOS EMUlator) est un programme qui permet de faire tourner des programmes DOS (et les variantes telles que PC-DOS).

INFO

Certaines distributions de Linux comprennent une commande nommée `simply dos`, *qui lance un éditeur DOS. Les distributions commerciales de RedHat Linux 5.1 et ultérieures possèdent cette commande.*

Un autre projet, Wine, est en cours pour permettre l'accès aux programmes Windows depuis Linux. Il est présenté plus loin, à la section "Exécution de programmes Windows sous Linux".

• Installation de DOSEMU

Le CD-ROM Slackware contient la version actuelle de DOSEMU sous les noms /contrib/dosemu_0.000 et /contrib/dosemu_0.060. Ce fichier archive doit être placé dans le répertoire /usr/src, puis désarchivé et décompacté au moyen des commandes suivantes :

```
[root@web src]# gzip -d dosemu_5.tgz
[root@web src]# tar -xvf dosemu_5.tar
```

Ensuite, il faut construire les différents fichiers au moyen des commandes suivantes :

```
[root@web src]# make config
[root@web src]# make depend
[root@web src]# make most
```

Ces commandes doivent installer les fichiers de DOSEMU dans le répertoire /var/lib/dosemu. Vous devez être connecté en tant que root et disposer d'au moins 10 Mo de mémoire virtuelle pour les construire.

INFO

Il faut avoir installé le package `d`, *qui concerne les outils de développement. Certains, dont les compilateurs, sont nécessaires pour construire l'émulateur DOS.*

• Configuration de DOSEMU

Lorsque l'émulateur a été construit, il faut configurer le système. Pour commencer, créez une disquette d'amorçage DOS et copiez les fichiers suivants dessus : command.com, fdisk.exe et sys.com.

Ensuite, copiez sur la disquette les fichiers DOSEMU suivants, à partir du répertoire dosemu : emufs.sys, ems.sys, cdrom.sys et exitemu.com. Vous pouvez utiliser pour cela les commandes `m` décrites à la section précédente.

ASTUCE

Si vous avez des problèmes pour trouver les fichiers Linux, utilisez la command `find` *afin de les localiser. Par exemple*

`find -name emufs.sys -print`

affichera l'emplacement du fichier dans votre système, à condition bien sûr qu'il existe.

DOSEMU a besoin d'un fichier de configuration, `dosemu.conf`, pour fonctionner correctement. Celui-ci doit être adapté à votre système. Vous en trouverez un exemple, `config.dist`, dans le répertoire `examples` de votre système (voir le Listing 5.1). Les remarques sont balisées par le signe #, et la plupart des options prennent la forme *`paramètre valeur`*. Si un paramètre a plusieurs valeurs, celles-ci sont placées entre accolades `{}`.

Listing 5.1 : Exemple de fichier dosemu.conf

```
# Linux dosemu 0.51 configuration file.
# Updated to include QuickStart documentation 5/10/94 by Mark Rejhon
# James MacLean, jmaclean@fox.nstn.ns.ca, 12/31/93
# Robert Sanders, gt8134b@prism.gatech.edu, 5/16/93
#
# NOTICE:
#   - Although QuickStart information is included in this file, you
#     should refer to the documentation in the "doc" subdirectory of the
#     DOSEMU distribution, wherever possible.
#   - This configuration file is designed to be used as a base to make
#     it easier for you to set up DOSEMU for your specific system.
#   - Configuration options between lace brackets { } can be split onto
#     multiple lines.
#   - Comments start with # or ; in column 1. (beginning of a line)
#   - Send E-mail to the jmaclean address above if you find any errors.
#************************ DEBUG ****************************************
#
# QuickStart:
#  This section is of interest mainly to programmers. This is useful if
#  you are having problems with DOSEMU and you want to enclose debug info
#  when you make bug reports to a member of the DOSEMU development team.
#  Simply set desired flags to "on" or "off", then redirect stderr of
#  DOSEMU to a file using "dos 2>debug" to record the debug information
#  if desired. Skip this section if you're only starting to set up.
#
debug { config off   disk  off   warning off   hardware off
port  off   read  off   general off   IPC   off
video  off   write  off   xms   off   ems   off
serial off   keyb  off   dpmi  off
printer off   mouse  off
}
```

```
#************************ MISCELLANEOUS ***********************************
#
#  Want startup DOSEMU banner messages? Of course :-)
dosbanner on
#
#  timint is necessary for many programs to work.
timint on
#************************** KEYBOARD ************************************
#
# QuickStart:
#  With the "layout" keyword, you can specify your country's keyboard
#  layout. The following layouts are implemented:
#    finnish      us      dvorak    sf
#    finnish_latin1  uk      sg      sf_latin1
#    gr         dk      sg_latin1  es
#    gr_latin1     dk_latin1  fr      es_latin1
#    be         no      fr_latin1
#  The us-layout is selected by default if the "layout" keyword is omitted.
#
#  The keyword "keybint" allows more accurate keyboard interrupts,
#  It is a bit unstable, but makes keyboard work better when set to "on".
#
#  The keyword "rawkeyboard" allows for accurate keyboard emulation for
#  DOS programs, and is only activated when DOSEMU starts up at the
#  console. It only becomes a problem when DOSEMU prematurely exits
#  with a "Segmentation Fault" fatal error, because the keyboard would
#  have not been reset properly. In that case, you would have to reboot
#  your Linux system remotely, or using the RESET button. In reality,
#  this should never happen. But if it does, please do report to the
#  dosemu development team, of the problem and detailed circumstances,
#  we're trying our best! If you don't need near complete keyboard
#  emulation (needed by major software package), set it to "off".
#
keyboard { layout us keybint on rawkeyboard on }
# keyboard { layout gr-latin1 keybint on rawkeyboard on }
#
#  If DOSEMU speed is unimportant, and CPU time is very valuable to you,
#  you may want to set HogThreshold to a non-zero value. This means
#  the number of keypress requests in a row before CPU time is given
#  away from DOSEMU. A good value to use could be 10000.
#  A zero disables CPU hogging detection via keyboard requests.
#
HogThreshold 0
#*************************** SERIAL ************************************
#
# QuickStart:
#  You can specify up to 4 simultaneous serial ports here.
#  If more than one ports have the same IRQ, only one of those ports
#  can be used at the same time. Also, you can specify the com port,
#  base address, irq, and device path! The defaults are:
#    COM1 default is base 0x03F8, irq 4, and device /dev/cua0
```

```
#    COM2 default is base 0x02F8, irq 3, and device /dev/cua1
#    COM3 default is base 0x03E8, irq 4, and device /dev/cua2
#    COM4 default is base 0x02E8, irq 3, and device /dev/cua3
#  If the "com" keyword is omitted, the next unused COM port is assigned.
#  Also, remember, these are only how you want the ports to be emulated
#  in DOSEMU. That means what is COM3 on IRQ 5 in real DOS, can become
#  COM1 on IRQ 4 in DOSEMU!
#
#  Also, as an example of defaults, these two lines are functionally equal:
#  serial { com 1 mouse }
#  serial { com 1 mouse base 0x03F8 irq 4 device /dev/cua0 }
#
#  If you want to use a serial mouse with DOSEMU, the "mouse" keyword
#  should be specified in only one of the serial lines. (For PS/2
#  mice, it is not necessary, and device path is in mouse line instead.)
#
#  Uncomment/modify any of the following if you want to support a modem
#  (or any other serial device).
#serial { com 1 device /dev/modem }
#serial { com 2 device /dev/modem }
#serial { com 3 device /dev/modem }
#serial { com 4 device /dev/modem }
#serial { com 3 base 0x03E8 irq 5 device /dev/cua2 }
#
#  If you have a non-PS/2 mouse, uncomment/modify one of the following.
#serial { mouse com 1 device /dev/mouse }
#serial { mouse com 2 device /dev/mouse }
#
#  What type is your mouse? Uncomment one of the following.
#  Use the internaldriver' option with ps2 and busmouse options.
#mouse { microsoft }
#mouse { logitech }
#mouse { mmseries }
#mouse { mouseman }
#mouse { hitachi }
#mouse { mousesystems }
#mouse { busmouse }
#mouse { ps2 device /dev/mouse internaldriver }
#  The following line won't run for now, but I hope it will sometime
#mouse { mousesystems device /dev/mouse internaldriver cleardtr }
#************************ NETWORKING SUPPORT ****************************
#
#  Turn the following option 'on' if you require IPX/SPX emulation.
#  Therefore, there is no need to load IPX.COM within the DOS session.
#  The following option does not emulate LSL.COM, IPXODI.COM, etc.
#  NOTE: MUST HAVE IPX PROTOCOL ENABLED IN KERNEL !!
ipxsupport off
```

```
#
#  Enable Novell 8137->raw 802.3 translation hack in new packet driver.
#pktdriver novell_hack
#************************ VIDEO *****************************************
#
# !!WARNING!!: A LOT OF THIS VIDEO CODE IS ALPHA! IF YOU ENABLE GRAPHICS
# ON AN INCOMPATIBLE ADAPTOR, YOU COULD GET A BLANK SCREEN OR MESSY SCREEN
# EVEN AFTER EXITING DOSEMU. JUST REBOOT (BLINDLY) AND THEN MODIFY CONFIG.
#
# QuickStart:
#  Start with only text video using the following line, to get started.
#  then when DOSEMU is running, you can set up a better video configura-
#  tion.
#
# video { vga console }     # Use this line, if you are using VGA
# video { cga console }     # Use this line, if you are using CGA
# video { ega console }     # Use this line, if you are using EGA
# video { mda console }     # Use this line, if you are using MDA
#
# Even more basic, like on an xterm or over serial, use one of the
# following :
#
#  For Xterm
# video { vga chunks 25 }
#  For serial at 2400 baud
# video { vga chunks 200 }
#
# QuickStart Notes for Graphics:
#  - If your VGA-Bios resides at E000-EFFF, turn off video BIOS shadow
#   for this address range and add the statement vbios_seg 0xe000
#   to the correct vios-statement, see the example below.
#  - Set "allowvideoportaccess on" earlier in this configuration file
#   if DOSEMU won't boot properly, such as hanging with a blank screen,
#   beeping, or the video card bootup message.
#  - Video BIOS shadowing (in your CMOS setup) at C000-CFFF must be dis-
#   abled.
#
#   *> CAUTION <*: TURN OFF VIDEO BIOS SHADOWING BEFORE ENABLING GRAPHICS!
#
#  It may be necessary to set this to "on" if DOSEMU can't boot up properly
#  on your system when it's set "off" and when graphics are enabled.
#  Note: May interfere with serial ports when using certain video boards.
allowvideoportaccess on
#
#  Any 100% compatible standard VGA card _MAY_ work with this:
#video { vga console graphics }
#
#  If your VGA-BIOS is at segment E000, this may work for you:
#video { vga console graphics vbios_seg 0xe000 }
#
#  Trident SVGA with 1 megabyte on board
```

```
#video { vga console graphics chipset trident memsize 1024 }
#
#  Diamond SVGA
#video { vga console graphics chipset diamond }
#
#  ET4000 SVGA card with 1 megabyte on board:
#video { vga console graphics chipset et4000 memsize 1024 }
#
#  S3-based SVGA video card with 1 megabyte on board:
#video { vga console graphics chipset s3 memsize 1024 }
#************************** MISCELLANEOUS *********************************
#
# QuickStart:
#  For "mathco", set this to "on" to enable the coprocessor during DOSEMU.
#  This really only has an effect on kernels prior to 1.0.3.
#  For "cpu", set this to the CPU you want recognized during DOSEMU.
#  For "bootA"/"bootC", set this to the bootup drive you want to use.
#  It is strongly recommended you start with "bootA" to get DOSEMU
#  going, and during configuration of DOSEMU to recognize hard disks.
#
mathco on      # Math coprocessor valid values: on off
cpu 80386      # CPU emulation valid values: 80286 80386 80486
bootA          # Startup drive valid values: bootA bootC
#*********************** MEMORY *****************************************
#
# QuickStart:
#  These are memory parameters, stated in number of kilobytes.
#  If you get lots of disk swapping while DOSEMU runs, you should
#  reduce these values. Also, DPMI is still somewhat unstable,
#  (as of early April 1994) so be careful with DPMI parameters.
#
xms 1024      # XMS size in K, or "off"
ems 1024      # EMS size in K, or "off"
dpmi off      # DPMI size in K, or "off". Be careful with DPMI!
#********************** PORT ACCESS *************************************
#
# !!WARNING!!: GIVING ACCESS TO PORTS IS BOTH A SECURITY CONCERN AND
# SOME PORTS ARE DANGEROUS TO USE. PLEASE SKIP THIS SECTION, AND
# DON'T FIDDLE WITH THIS SECTION UNLESS YOU KNOW WHAT YOU'RE DOING.
#
# ports { 0x388 0x389 } # for SimEarth
# ports { 0x21e 0x22e 0x23e 0x24e 0x25e 0x26e 0x27e 0x28e 0x29e } # for
# jill
#****************** SPEAKER *********************************************
#
# These keywoards are allowable on the "speaker" line:
#  native   Enable DOSEMU direct access to the speaker ports.
```

```
#  emulated  Enable simple beeps at the terminal.
#  off     Disable speaker emulation.
#
speaker native     # or "off" or "emulated"
#****************** HARD DISKS ******************************************
#
# !!WARNING!!: DAMAGE MIGHT RESULT TO YOUR HARD DISK (LINUX AND/OR DOS)
# IF YOU FIDDLE WITH THIS SECTION WITHOUT KNOWING WHAT YOU'RE DOING!
#
# QuickStart:
#  The best way to get started is to start with a boot floppy, and set
#  "bootA" above in the configuration. Keep using the boot floppy
#  while you are setting this hard disk configuration up for DOSEMU,
#  and testing by using DIR C: or something like that.
#  If you want DOSEMU to be able to access a DOS partition, the
#  safer type of access is "partition" access, because "wholedisk"
#  access gives DOSEMU write access to a whole physical disk,
#  including any vulnerable Linux partitions on that drive!
#
#  !!! IMPORTANT !!!
#  You must not have LILO installed on the partition for dosemu to boot
#  off.
#  As of 04/26/94, doublespace and stacker 3.1 will work with wholedisk
#  or partition only access. Stacker 4.0 has been reported to work with
#  wholedisk access. If you want to use disk compression using partition
#  access, you will need to use the "mkpartition" command included with
#  dosemu to create a partition table datafile for dosemu.
#
#  Please read the documentation in the "doc" subdirectory for info
#  on how to set up access to real hard disk.
#
#  "image" specifies a hard disk image file.
#  "partition" specifies partition access, with device and partition
#   number.
#  "wholedisk" specifies full access to entire hard drive.
#  "readonly" for read only access. A good idea to set up with.
#
#disk { image "/var/lib/dosemu/hdimage" }   # use diskimage file.
#disk { partition "/dev/hda1" 1 readonly }  # 1st partition on 1st IDE.
#disk { partition "/dev/sda2" 1 readonly }  # 1st partition on 2nd SCSI.
#disk { wholedisk "/dev/hda" }              # Entire disk drive unit
#****************** DOSEMU BOOT******************************************
#
#  Use the following option to boot from the specified file, and then
#  once booted, have bootoff execute in autoexec.bat. Thanks Ted :-).
#  Notice it follows a typical floppy spec. To create this file use
#  dd if=/dev/fd0 of=/var/lib/dosemu/bdisk bs=16k
#
#bootdisk { heads 2 sec-
tors 18 tracks 80 threeinch file /var/lib/dosemu/#bdisk }
#
```

```
#  Specify extensions for the CONFIG and AUTOEXEC files. If the below
#  are uncommented, the extensions become CONFIG.EMU and AUTOEXEC.EMU.
#  NOTE: this feature may affect file naming even after boot time.
#  If you use MSDOS 6+, you may want to use a CONFIG.SYS menu instead.
#
#EmuSys EMU
#EmuBat EMU
#****************** FLOPPY DISKS ***************************************
#
# QuickStart:
#  This part is fairly easy. Make sure that the first (/dev/fd0) and
#  second (/dev/fd1) floppy drives are of the correct size, "threeinch"
#  and/or "fiveinch". A floppy disk image can be used instead, however.
#
#  FOR SAFETY, UNMOUNT ALL FLOPPY DRIVES FROM YOUR FILESYSTEM BEFORE
#  STARTING UP DOSEMU! DAMAGE TO THE FLOPPY MAY RESULT OTHERWISE!
#
floppy { device /dev/fd0 threeinch }
floppy { device /dev/fd1 fiveinch }
#floppy { heads 2 sectors 18 tracks 80
#     threeinch file /var/lib/dosemu/diskimage }
#
#  If floppy disk speed is very important, uncomment the following
#  line. However, this makes the floppy drive a bit unstable. This
#  is best used if the floppies are write-protected.
#
#FastFloppy on
#****************** PRINTERS ********************************************
#
# QuickStart:
#  Printer is emulated by piping printer data to a file or via a unix
#  command such as "lpr". Don't bother fiddling with this configuration
#  until you've got DOSEMU up and running already.
#
#printer { options "%s" command "lpr" timeout 20 }
#printer { options "-p %s" command "lpr" timeout 10 }  # pr format it
#printer { file "lpt3" }
```

INFO

Vous pouvez également lancer DOSEMU à partir d'une partition du disque dur à la place d'une disquette. Pour accéder au disque dur, configurez simplement une partition/un disque dans le fichier dosemu.conf.

Il vous faudra utiliser un éditeur de texte afin d'adapter ce fichier à votre système. Il est indispensable en effet que des éléments, tels que le type de processeur ou la carte vidéo, correspondent à votre matériel.

• Lancement de DOSEMU

Pour lancer DOSEMU, tapez `dos` lorsqu'une invite Linux est affichée. Pour quitter ce programme, tapez `exitemu`. Le Tableau 5.9 répertorie les options de ligne de commande que l'on peut passer à DOSEMU. Vous pouvez également taper `-?` pour obtenir une liste complète et à jour des paramètres de ligne de commande.

Tableau 5.9 : Paramètres de ligne de commande pour DOSEMU

Paramètre	Description
-A	Lance depuis le lecteur A.
-C	Lance depuis le disque dur.
-c	Optimise les performances vidéo à partir des terminaux virtuels.
-D	Active les options de mise au point.
-e	Spécifie la quantité de mémoire EMS.
-F#	Nombre (#) de lecteurs de disquettes à utiliser depuis dosemus.conf.
-f	Inverse les lecteurs de disquettes A et B.
-H#	Nombre (#) de disques durs à utiliser depuis dosemus.conf.
-k	Utilise la console clavier définie dans le paramètre `rawkeyboard` de dosemu.conf.
-P	Copie les informations de mise au point dans un fichier.
-t	Délivre l'interruption 9 (time).
-V	Active l'émulation VGA.
-x	Spécifie la quantité de mémoire XMS.
-?	Affiche une aide pour chaque commande.
-2	Emule un 286.
-3	Emule un 386.
-4	Emule un 486.

A partir de l'invite DOS affichée par DOSEMU, vous pouvez lancer pratiquement tous les programmes DOS, à l'exception de ceux qui se servent du support DPMI (*DOS Protected Mode Interface*). Tapez simplement le nom du programme et, à condition que DOSEMU le trouve dans le chemin de recherche, il sera chargé en mémoire et exécuté.

Le Tableau 5.10 répertorie des programmes qui sont connus pour fonctionner sous Linux ; cette liste s'allonge chaque jour (examinez le fichier EMUsuccess.txt, dans le répertoire où DOSEMU a été installé ; il contient une liste mise à jour). Le Tableau 5.10 répertorie ceux qui ne fonctionnent pas sous Linux.

Tableau 5.10 : Programmes DOS connus pour fonctionner avec DOSEMU

Nom	Fonction	Succès signalé par
1st Wordplus	GEM traitement de texte	jan@janhh.hanse.de
4desc	Editeur desc 4dos	piola@di.unito.it
4DOS 4.2	Interp. de commandes	rideau@clipper.ens.fr
4dos 5.0c	Interp. de commandes	J1MCPHER@VAXC.STEVENS-TECH.EDU
ack3d	Moteur 3-D	martin5@trgcorp.solucorp.qc.ca
ACU-COBOL	Compilateur	fjh@munta.cs.mu.OZ.AU
Alite 1.10		ph99jh42@uwrf.edu
AmTax 93 & 94	Gestion des impôts	root@bobspc.canisius.edu
ansi.sys	Pilote écran/clavier (fonction d'affichage)	ag173@cleveland.Freenet.edu
arj v2.41a	[Dés]archivage	tanner@winternet.mpls.mn.us
As Easy As 5.01	Tableur	ph99jh42@uwrf.edu
Autoroute Plus	Route planner	hsw1@papa.attmail.com
Axum	Graphiques scientifiques	miguel@pinon.ccu.uniovi.es
battle chess	Echecs	jvdbergh@wins.uia.ac.be
Binkley 2.50eebd	Fidomailer	stub@linux.rz.tuclausthal.de
Blake Stone_	Jeu	owaddell@cs.indiana.edu
bnu 1.70	Fossil (Fido)	stub@linux.rz.tu-clausthal.de
Borland C++ 2.0	86/286 C/C++ IDE	rideau@clipper.ens.fr
Boston BusinessEDT+		keegstra@csdr2.fsfc.nasa.gov
Cardbox Plus	Base de données	hsw1@papa.attmail.com
Castle Wolfenstein	Jeu 3-D	gt8134b@prism.gatech.edu
Checkit diagnostics		
clipper 5.1	Compilateur dBASE	jvdbergh@wins.uia.ac.be
COMPRESS	Compactage de fichiers	rideau@clipper.ens.fr
CCM (Crosstalk)	Modem	
cshow 8.61	Visualisateur d'images	jvdbergh@wins.uia.ac.be
cview	Visualisateur d'images	lotov@avarice.ugcs.caltech.edu
d86/a86		

Nom	Fonction	Succès signalé par
DataPerfect 2.1	Base de données	fbennett@uk.ac.ulcc.clus1
Dbase 4		corey@amiganet.xnet.com
Derive 1.2	Outils mathématiques	miguel@pinon.ccu.uniovi.es
Disk Freedom 4.6	Utilitaires disque	
diet 1.45f	Compression de fichiers	stub@linux.rz.tu-clausthal.de
dosnix 2.0	Utilitaires UNIX	miguel@pinon.ccu.uniovi.es
Dosshell task	Swapper	jmaclean@fox.nstn.ns.ca
dtmm	Modèles moléculaires	miguel@pinon.ccu.uniovi.es
Dune 2	Jeu	COLIN@fs1.in.umist.ac.uk
dviscr	Prévisualisation des fichiers EMTEX `dvi`	ub9x@rz.uni-karlsruhe.de
Easytrax	Mise en page	maehler@wrcd1.urz.uni-wuppertal.de
Elvis	Clone `vi`	miguel@pinon.ccu.uniovi.es
Epic Pinball	Jeu	krismon@quack.kfu.com
ETen 3.1	Terminal chinois	tyuan!root@mp.cs.niu.edu
Eureka 1.0	Outils mathématiques	miguel@pinon.ccu.uniovi.es
Falcon 3.0	Simulateur de combat	rapatel@rockypc.rutgers.edu
FastLST 1.03	FidoNdlstcompiler	stub@linux.rz.tu-clausthal.de
FormGen II		root@bobspc.canisius.edu
freemacs 1.6d	Editeur	ph99jh42@uwrf.edu
Frontier (Elite II)	Jeu	COLIN@fs1.in.umist.ac.uk
FW3		Sebastian.Bunka@vu-wien.ac.at
Flight Simulator 5	Jeu (*lent !*)	newcombe@aa.csc.peachnet.edu
Foxpro 2.0	Base de données	
Framework 4	Intégré	corey@amiganet.xnet.com
Freelance Graphics 2.1	Dessin/graphisme	jwest@jwest.ecen.okstate.edu
GEM/3	GUI	jan@janhh.hanse.de
GEM Draw	App. dessin GEM	jan@janhh.hanse.de
GEM Paint	App. graphique GEM	jan@janhh.hanse.de
gmouse	Pilote de souris	tk@pssparc2.oc.com
God of Thunder	Jeu	ensor@cs.utk.edu
Gravity	Simulation	miguel@pinon.ccu.uniovi.es

Nom	Fonction	Succès signalé par
GWS for DOS	Conv. fichiers graphiques	**bchow@bchow.slip**
Gzip 1.1.2	Compactage de fichiers	**miguel@pinon.ccu.uniovi.es**
Harpoon	Jeu	**wielinga@physics.uq.oz.au**
Harvard Graphics 3.0	Dessin/graphisme	**miguel@pinon.ccu.uniovi.es**
Hero's Quest I	Jeu	**lam836@cs.cuhk.hk**
Hijaak 2.0	Conv. fichiers graphiques	**bchow@bchow.slip**
hocus pocus	Jeu	**kooper@dutiws.TWI.TUDelft.NL**
Image Alchemy Pro (–V ne fonctionne pas)	Conv. fichiers graphiques	**J1MCPHER@VAXC.STEVENS-TECH.edu**
Incredible Machine	Jeu (lent)	**sdh@po.cwru.edu**
Key Spreadsheet Plus	Tableur (sur les disques dont l'espace n'est pas doublé)	**jwest@jwest.ecen.okstate.edu**
Lemmings		**sdh@po.cwru.edu**
less 1.7.7	Encore plus que `more`	**miguel@pinon.ccu.uniovi.es**
LHA	Compactage de fichiers	
Lotus Manuscript	Traitement de texte	**miguel@pinon.ccu.uniovi.es**
Managing Your Money	Finances	**newcombe@aa.csc.peachnet.edu**
Manifest	(meurt lors des timings mémoire)	**hsw1@papa.attmail.com**
Mathcad 2.01	Outils mathématiques	**root@bobspc.canisius.edu**
MathCad 2.06	Outils mathématiques	**miguel@pinon.ccu.uniovi.es**
mcafee 9.23 v112	Détection des virus	**jvdbergh@wins.uia.ac.be**
Microemacs	Editeur	**hjstein@MATH.HUJI.AC.IL**
MicroLink Yaht 2.1		**root@bobspc.canisius.edu**
Microsoft C 6.0	Compilateur	**ronnie@epact.se**
Microsoft Assembler 5.0	Assembleur	**ronnie@epact.se**
Microsoft Library 2.0		**root@bobspc.canisius.edu**
Microsoft Make	make	**ronnie@epact.se**
Microsoft MouseDrv 8.2	Pilote de souris	**hsw1@papa.attmail.com**
MoneyCounts 7.0	Logiciel comptable	**raeburn@cygnus.com**
mscmouse	Pilote de souris	**tk@pssparc2.oc.com**

Nom	Fonction	Succès signalé par
nnansi.com	Pilote ANSI	mdrejhon@undergrad.math.uwaterloo.ca
Netzplan	Gestionnaire de projets GEM	jan@janhh.hanse.de
NHL Hockey	Jeu	krismon@quack.kfu.com
NJStar 2.1	Traitement de texte chinois	aab2@cornell.edu
Norton Utils 4.5	Util. disque	rideau@clipper.ens.fr
Norton Utils 7.0	Util. disque	rideau@clipper.ens.fr
PAF	Généalogie	geek+@CMU.EDU
Paradox	Base de données	hp@vmars.tuwien.ac.at
PC Paintbrush IV	Programme Paint	bchow@bchow.slip
PCtools 4.20	Util. disque	rideau@clipper.ens.fr
pcwdemo		vinod@cse.iitb.ernet.in
PC-Write 3.0	Traitement de texte	
pcxlab 1.03	Visualisateur PCX	miguel@pinon.ccu.uniovi.es
peachtree complete 6.0	Comptabilité	stjeanp@math.enmu.edu
Pinball Dreams	Jeu	ronnie@lysator.liu.se
PKzip/unzip	Compactage de fichiers	
pklite 1.15	Compactage de fichiers	stub@linux.rz.tu-clausthal.de
Pong Kombat	Jeu	ensor@cs.utk.edu
PrintShop	Cartes de vœux	geek+@CMU.EDU
Procomm Plus 2.0	Communication	newcombe@aa.csc.peachnet.edu
Procomm 2.4.3	Communication	hsw1@papa.attmail.com
Pspice 5.0	Circuit sim.	root@bobspc.canisius.edu
Q&A	TT de texte/Base de données	newcombe@aa.csc.peachnet.edu
Qbasic/edit (depuis DOS 5.0)	Interpréteur	
Qedit	Editeur	
QuickC	Compilateur	martin@trcsun3.eas.asu.edu
Quicken 4.0 for DOS	Comptabilité	juphoff@nrao.edu
Quicken 6.0 for DOS	Comptabilité	
Quicken 7.0 for DOS	Comptabilité	juphoff@astro.phys.vt.edu
Railroad Tycoon		juphoff@astro.phys.vt.edu
Red Baron	Jeu	wielinga@physics.uq.oz.au

Nom	Fonction	Succès signalé par
RM/COBOL	Compilateur	fjh@munta.cs.mu.OZ.AU
Rpro 1.6		root@bobspc.canisius.edu
scan109	Antivirus	miguel@pinon.ccu.uniovi.es
scan112	Antivirus	piola@di.unito.it
Scorch	Jeu	geek+@CMU.EDU
Shez94	Arcer-Shell	stub@linux.rz.tu-clausthal.de
sled	Editeur	piola@di.unito.it
Space Quest IV	Jeu	lam836@cs.cuhk.hk
Spell Casting 301		mancini@phantom.com
SPSS/PC+4.0	Statistiques	jr@petz.han.de
Squish 1.01	Fido Scan/Tosser	stub@linux.rz.tu-clausthal.de
Stacker 3.1	Compactage de disque	mdrejhon@undergradmath.uwaterloo.ca
Stacker 4.00	Compactage de disque	J1MCPHER@VAXC.STEVENS-TECH.EDU
StatPhys	Simulation	miguel@pinon.ccu.uniovi.es
STSORBIT	Simulation	troch@gandalf.rutgers.edu
Stunts	Jeu	gt8134b@prism.gatech.EDU
Superstor	Compactage de disque	rideau@clipper.ens.fr
TAG 2.02	Trait. de texte polonais	rzm@oso.chalmers.se
TASM 2.51	MACRO assembleur	rideau@clipper.ens.fr
Telix	Modem	jou@nematic.ep.nctu.edu.tw
THelp from BC++2.0	Aide en ligne	rideau@clipper.ens.fr
TimED/beta	Fido MSGeditor	stub@linux.rz.tu-clausthal.de
TLINK 4.0	LINKER	rideau@clipper.ens.fr
Topspeed Modula-2	Compilateur	informatik.uni-stuttgart.de
Turbo Debugger 2.51	Débogueur temps réel	rideau@clipper.ens.fr
Turbo Pascal 5.5	Compilateur	
Turbo Pascal 6.0	Compilateur	t2262dj@cd1.lrz-muenchen.de
Turbo Pascal 7.0	Compilateur	mdrejhon@undergrad.math.uwaterloo.ca
Turb-opoly 1.43		root@bobspc.canisius.edu
Ultima 6	Jeu	msphil@birds.wm.edu

Nom	Fonction	Succès signalé par
Vpic 6.1		**root@bobspc.canisius.edu**
warlords II	Jeu	**buckel@cip.informatik.uni-wuerzburg.de**
Warrior of Destiny	Jeu	**msphil@birds.wm.edu**
WITWI Carmen Sandiego	Jeu	**tillemaj@cae.wisc.edu**
Windows 3.0	Windows (mode réel)	**cjw1@ukc.ac.uk**
Wolf3d	Jeu	**owaddell@cs.indiana.edu**
WordPerfect 5.1	Traitement de texte	**sdh@po.cwru.edu**
WordPerfect 6.0	Traitement de texte (a besoin de plus de 1 Mo de RAM)	**lujian@texmd.minmet.mcgill.ca**
Xtpro 1.1	Util. disque	**root@bobspc.canisius.edu**
XWing	Jeu (très lent)	**ronnie@lysator.liu.se**
Zarkov 2.6	Echecs	**a-acero@uchicago.edu**
zoo	Compactage de fichiers	

Tableau 5.11 : Programmes connus pour ne pas fonctionner avec DOSEMU

Nom	Fonction	Posté par
4D-box	Jeu	**jvdbergh@wins.uia.ac.be**
Apple][emulator	Emulateur	**ph99jh42@uwrf.edu**
Borland C++ 3.1 IDE	Compilateur	**juphoff@uppieland.async.vt.edu**
brief	Editeur	**bchow@bchow.slip**
Chuck Yeager Aircombat	Simulateur de vol	**jvdbergh@wins.uia.ac.be**
CIVILIZATION	Jeu	**miguel@pinon.ccu.uniovi.es**
DesqView 2.51 (Touche Alt ne fonctionne pas)		**hsw1@papa.attmail.com**
doom	Jeu	**rideau@clipper.ens.fr**
dpms de Stacker 4.0		**J1MCPHER@VAXC. STEVENS-TECH.EDU**
dxma0mod.sys	Pilote Token-ring	**adjihc4@cti.ecp.fr**
dxmc0mod.sys	Pilote Token-ring	**adjihc4@cti.ecp.fr**
ELDB	BDD économique	**hjstein@math.huji.ac.il**
FIPS 0.2.2	Util. disque (problème hdimage FAT)	

Nom	Fonction	Posté par
Howitzer	Jeu	**geek+@CMU.EDU**
Lahey Fortran	Compilateur Fortran	**hjstein@math.huji.ac.il**
Maple V2	Outils mathématiques	**ralf@ark.btbg.sub.de**
MSDOS 5/6 QBASIC/EDIT	Editeur	**bchow@bchow.slip**
NORTON UTILITIES 7.0	Util. disque	**bchow@bchow.slip**
Quattro Pro 4.0	Tableur	**jwest@jwest.ecen.okstate.edu**
Raptor	Jeu	**ensor@cs.utk.edu**
Silent Service II	Jeu	**jvdbergh@wins.uia.ac.be**
thunderByte scan	Antivirus	**jvdbergh@wins.uia.ac.be**
Ventura Publisher 3.0	PAO	**niemann@swt.ruhr-uni-bochum.de**
wildunix	Cartes génériques	**miguel@pinon.ccu.uniovi.es**
Windows 3.1		**juphoff@uppieland.async.vt.edu**

L'exécution de programmes sous DOSEMU pose plusieurs problèmes, notamment parce que l'ordinateur émule le DOS et la machine sous-jacente au lieu d'exécuter réellement le DOS. L'émulation ralentit le système. Ce qui peut devenir gênant, surtout si vous exécutez en même temps d'autres programmes Linux sur des terminaux virtuels. Les mises à jour de l'écran sont en général assez lentes sous DOSEMU.

De nombreux programmes DOS peuvent bloquer le processeur, fonctionnant comme s'ils étaient les seuls à s'exécuter. Dans ce cas, les autres programmes Linux n'auront plus accès au processeur. Pour supprimer ce problème, Thomas McWilliams a écrit le programme `garrot` pour libérer le CPU accaparé par un programme DOS. Il est disponible sur le site FTP `sunsite.unc.edu`, dans le répertoire /pub/linux/alpha/dosemu.

Exécution de programmes Windows sous Linux

DOSEMU ne peut pas exécuter les programmes Microsoft Windows ; la communauté Linux a donc entrepris d'écrire un programme capable de le faire aux utilisateurs Linux. Cet émulateur Windows s'appelle Wine (ce qui signifie *WINdows Emulator* ou, puisque Wine peut être construit comme une bibliothèque statique au lieu d'un émulateur, Wine Is Not a Windows Emulator).

La lecture du document Windows FAQ est indispensable pour utiliser Wine, car le développement de ce programme n'est pas aussi avancé que celui de DOSEMU. Il est à un stade expérimental et sujet à erreur. De plus, les programmes Windows acceptés ne sont pas très nombreux. En fait, pour utiliser Wine, il faut que Windows soit installé sur une partition accessible à Linux, car Wine se base sur de nombreuses parties de Windows. Wine nécessite également X Window pour être installé et opérationnel.

L'utilisation de Wine nécessite les éléments suivants :

- un noyau Linux, version 99.13 ou supérieure ;
- le code source de Wine, car il n'est disponible que dans ce format ;
- le package `d` installé pour disposer des outils construisant Wine ;
- au moins 8 Mo de RAM et au moins 12 Mo d'espace d'échange ;
- au moins 10 Mo d'espace disque ;
- X Window installé et configuré ;
- un périphérique de pointage, une souris par exemple ;
- Microsoft Windows installé sur une partition accessible à Linux.

Voir
Chapitre 27.

Wine étant dans une phase de développement intensif, de nouvelles versions apparaissent presque chaque semaine. Le code source le plus récent se trouve sur le site `sunsite.unc.edu` (et d'autres sites FTP importants) dans le répertoire /pub/Linux/ALPHA/wine/development. Le nom du fichier indique la date de sortie de la version, par exemple wine-961201.tar.tgz.

Wine changeant très rapidement et étant très instable, il n'est pas fourni sur les CD-ROM de ce livre. Si vous faites des essais, téléchargez les fichiers les plus récents et lisez les documents FAQ et HOWTO qui se trouvent dans le répertoire /docs du CD-ROM ; ils donnent les informations nécessaires pour compiler, installer, configurer et utiliser Wine.

L'installation de Wine ressemble beaucoup à celle de DOSEMU. La différence est que vous pouvez placer le fichier tar n'importe où. Utilisez la commande `tar` pour le désarchiver dans le répertoire, par exemple :

```
[root@web wine]# gzip -d 950606.tar.gz
[root@web wine]# tar -xvf 950606.tar
```

La construction de Wine est un peu plus complexe que celle de DOSEMU ; en fait, elle ressemble à celle d'un nouveau noyau. Il faut répondre à plusieurs questions pour configurer le processus de construction, qui est détaillé dans le document Wine HOWTO.

Vous devez ensuite répondre à plusieurs questions afin de configurer les paramètres d'exécution de Wine. Ceux-ci sont placés dans le fichier /usr/local/etc/wine.conf. Bien que l'on puisse l'éditer manuellement, il est préférable de le faire au moyen du fichier de configuration qui est fourni.

Après avoir configuré les fichiers nécessaires à la compilation, ainsi que celui des paramètres d'exécution, vous pouvez construire Wine, avec la commande `make`. Ce processus prend plusieurs minutes. Pour utiliser Wine, il faut invoquer l'émulateur en indiquant le chemin d'un programme Windows exécutable. Voici un exemple :

```
[tackett@web ~]$ wine /dosc/windows/winmine.exe
```

Les programmes actuellement exécutables par Wine sont calc.exe, clock.exe, notepad.exe et winmine.exe. Cette liste s'agrandissant en permanence, consultez les documents FAQ et HOWTO.

INFO

MS-DOS et Microsoft Windows ne sont pas les seuls systèmes d'exploitation émulés sous Linux. Il existe d'autres émulateurs pour Apple II, CPM et les nouveaux systèmes pour Macintosh. On peut généralement se procurer ces émulateurs dans le répertoire /pub/Linux/system/emulators des sites FTP.

Informations complémentaires

Ce chapitre était une introduction à l'utilisation de Linux et aux différentes applications disponibles. Pour d'autres informations, consultez :

- le Chapitre 22, qui présente XFree 86, l'interface graphique fournie avec Linux ;
- le Chapitre 6, qui explique comment installer des logiciels à partir d'un CD-ROM ou d'Internet ;
- le Chapitre 8, qui traite de ce célèbre éditeur pour Linux.

Installation et mise à jour des logiciels avec RPM

Le système Linux de base ne contient initialement qu'un noyau d'outils et de fichiers de données. L'administrateur système installe des commandes supplémentaires, des programmes d'application utilisateur, et divers fichiers de données en fonction des besoins. Les applications sont souvent mises à jour. Le logiciel système change à chaque ajout de nouvelles fonctionnalités et à chaque correction d'erreur. La responsabilité d'ajouter, de configurer, d'entretenir et de supprimer le logiciel du système Linux incombe à l'administrateur système.

Le terme *installer* signifie recopier sur le disque dur du système les fichiers du programme concerné, et *configurer* l'application (assigner des ressources) pour son fonctionnement correct sur un système donné. La configuration d'un programme lui indique à quel endroit les parties de l'application doivent être installées, et comment il doit fonctionner dans l'environnement du système.

Les distributions Linux de Red Hat et de Caldera facilitent l'installation et la mise à jour des logiciels, grâce à la commande `rpm`. Vous aurez néanmoins l'occasion d'installer des logiciels qui ne seront pas au format `rpm`. De nombreux paquetages de logiciels disponibles sur l'Internet sont en effet compactés au format `tar`.

Sur les grands systèmes, l'installation des applications est souvent faite par un administrateur, la plupart des utilisateurs n'ayant pas accès aux dérouleurs de bande ou aux lecteurs de disquettes. L'autorisation d'administration est également souvent nécessaire pour installer des composants d'applications dans les répertoires système. Ces composants peuvent être des bibliothèques partagées, des utilitaires et des périphériques devant résider dans des répertoires non accessibles à un utilisateur ordinaire.

Comprendre les termes clés de ce chapitre

Comme vous avez pu le deviner en lisant l'introduction de ce chapitre, l'installation des applications suppose un riche vocabulaire. Le Tableau 6.1 énumère certains termes et certaines définitions à connaître.

Tableau 6.1 : Termes relatifs à l'installation d'une application

Terme	Définition
superutilisateur	Utilisateur possédant le plus de privilèges sur le système. Egalement nommé *utilisateur root*.
administrateur système	Personne chargée de maintenir le système Linux opérationnel et optimisé. Elle possède les privilèges du superutilisateur et peut installer les nouveaux logiciels sur le système.
installation d'applications	Installation initiale ou mise à jour d'un programme sur un système UNIX. Le processus requiert habituellement les privilèges du superutilisateur et l'accès au dérouleur de bande ou au lecteur de disquette de l'ordinateur.
configuration	Paramétrage de l'application afin qu'elle fonctionne avec un système donné. La configuration peut comprendre le paramétrage de l'application pour plusieurs utilisateurs, en étant installée dans des répertoires accessibles, ou partagée sur le réseau.

Comprendre les principes de mise à jour

Voir Chapitre 11.

Quels logiciels mettre à jour ? A quelle périodicité ? Les réponses à ces questions sont largement déterminées par l'utilisation de votre système — personnelle ou professionnelle — et par les demandes de vos utilisateurs. Les versions des logiciels changent en permanence. Certaines parties de Linux sont continuellement mises à jour. Si vous essayez de suivre toutes les mises à jour qui apparaissent, vous n'aurez jamais le temps d'utiliser votre système.

En principe, vous ne devriez pas avoir à réinstaller le système Linux complet lors d'une mise à jour. Seule une infime partie change à chaque nouvelle version. Vous pouvez avoir à mettre à jour votre noyau ou vos bibliothèques système, mais certainement pas à refaire une installation complète. Toutefois, lors de mises à jour de paquetages, vous devrez assez souvent effectuer une installation complète de la nouvelle version, en particulier si vous êtes en retard de plusieurs mises à jour.

Il est conseillé d'effectuer une sauvegarde de votre système actuel avant de mettre à jour un logiciel. Vous pourrez ainsi revenir à votre système initial si quelque chose tourne mal.

En général, on actualise un système lorsqu'une nouvelle version d'un logiciel système ou d'une application apparaît, permettant de régler un problème sérieux ou de satisfaire une nouvelle fonctionnalité nécessaire. Il vous appartient de déterminer ce qui constitue un problème sérieux. Si la nouvelle version d'un paquetage résout une question qui a posé problème à votre système, ou corrige une erreur susceptible de l'endommager, il vaut certainement la peine de prendre le temps de l'installer.

ASTUCE

N'essayez pas de continuer avec chaque version de chaque partie de logiciel ; la mise à jour par plaisir demande trop de temps et d'efforts. Avec un peu de recherche, vous pouvez maintenir votre système dans de bonnes conditions de fonctionnement et ne mettre à jour que les parties nécessaires.

Installation des logiciels

Installer un programme important sur un système Linux est plus complexe que sur un système monotâche tel que MS-DOS ou Apple Macintosh System 7.6. La nature multiutilisateur de Linux signifie que chaque application du système reçoit parfois plusieurs demandes d'accès simultanées.

Pour compliquer encore l'installation, la plupart des programmes d'application — à l'exception des très simples — ont besoin d'une configuration spécifique à chaque système pour fonctionner. Il appartient à l'administrateur système qui installe le logiciel d'identifier les caractéristiques propres à la configuration du système, lors de chaque demande du processus d'installation d'une application.

Par exemple, un utilisateur ne dispose que d'un ancien terminal texte, alors qu'un autre est équipé d'un superbe terminal X Window. Le superutilisateur doit s'assurer que l'application réagit correctement à l'ancien terminal, en n'envoyant que des caractères ASCII — des lettres et des chiffres — et que le terminal X Window bénéficie de toutes les propriétés couleur et graphique de l'application. L'administrateur système gère le système et a la responsabilité de le maintenir optimisé (tous les programmes à jour de la dernière version, noms de comptes correctement assignés, etc.).

Comme nous l'avons déjà affirmé, le chargement d'un programme sur Linux est plus compliqué que sur un système d'exploitation mono-utilisateur. L'administrateur système qui installe une application doit créer de nouveaux répertoires destinés à héberger les fichiers associés à un programme donné. Certains paquetages logiciels font appel à la configuration ou la reconfiguration de périphériques du système. L'utilisateur final ne s'intéresse qu'à l'apprentissage des fonctionnalités et des commandes du nouveau programme, mais le superutilisateur doit veiller à ce que les ressources système soient correctement allouées, configurées et maintenues pour le programme (évidemment sans perturber les applications déjà installées).

L'installation d'un logiciel à l'aide de menus ou de commandes apparaît comme une tâche relativement simple, pour le système lui-même, pourtant, elle est complexe. Les applications destinées à des systèmes d'exploitation mono-utilisateur, comme les programmes DOS, ne s'exécutent en général qu'en un seul exemplaire et n'ont pas de programmes concurrents.

Même dans une installation Linux simple où un seul utilisateur est connecté, de nombreux processus peuvent s'exécuter en même temps. Multipliez cette activité par plusieurs utilisateurs — y compris ceux utilisant une même application — et la complexité croît énormément.

Le système d'exploitation Linux jongle admirablement avec une multitude de processus, de programmes, d'utilisateurs, et de périphériques. Pour vivre dans un environnement Linux, une application doit être correctement chargée. Une application instable ou mal installée aurait entraîné un plantage du système (un processus ou un programme bloque la CPU, lui faisant perdre le contrôle de tous les programmes en cours d'exécution). Le système s'arrête, tous les utilisateurs sont déconnectés et leurs programmes interrompus. Attendez-vous à de nombreuses plaintes et grincements de dents de personnes interompues au beau milieu d'un travail complexe.

A l'installation d'une application, l'administrateur système ou le superutilisateur doit s'assurer qu'elle est compatible avec le système et la tester après installation. La compétence dans l'installation d'un logiciel sur un système Linux requiert d'abord la connaissance de base des responsabilités et des privilèges de l'administrateur système.

• Comprendre le travail de l'administrateur système

Si vous utilisez Linux sur un petit système, vous êtes probablement l'administrateur système ; vous lancez et exécutez vos applications. Il vous appartient de conserver à jour une sauvegarde des fichiers, de préserver un espace libre suffisant sur le disque dur, de vous assurer que le système fonctionne de manière optimale en fonction de la gestion de la mémoire et d'autres ressources, et de faire tout ce qui est nécessaire à l'administration d'un système efficace et productif. Si vous êtes utilisateur d'un grand système, quelqu'un s'occupe certainement de son administration. La liste suivante résume rapidement les tâches de l'administrateur :

- Démarrer et arrêter le système sur demande.
- Vérifier qu'il existe assez d'espace disque de libre et que les systèmes de fichiers sont dépourvus d'erreurs.
- Régler le système de sorte que le maximum d'utilisateurs puissent accéder aux ressources matérielles et logicielles du système, et que celui-ci fonctionne aussi rapidement et efficacement que possible.
- Protéger le système des incursions non autorisées et des actes de destruction.
- Mettre en place les connexions avec les autres ordinateurs.
- Mettre en place et supprimer les comptes utilisateur du système.
- Travailler avec les revendeurs de matériels et de logiciels et avec les personnes chargées de la formation ou d'autres supports du système.
- Installer, monter et dépanner les terminaux, imprimantes, disques durs et autres éléments du système et des périphériques.
- Installer et assurer la maintenance des programmes, y compris les nouvelles applications, les mises à jour du système d'exploitation, et les corrections aux problèmes logiciels.

- C'est tout. Trop souvent les utilisateurs se connectent en tant que root et font tout à partir de là, mais cela peut créer une myriade de problèmes sur le système. Utilisez root pour les tâches administratives, et votre compte utilisateur pour les tâches quotidiennes !

Utilisation du gestionnaire de paquetages de Red Hat

Les distributions Red Hat et Caldera OpenLinux utilisent les paquetages pour installer les logiciels. Un paquetage contient un programme complet, pleinement testé et configuré. Il est construit à partir d'un paquetage de code source de sorte que les développeurs et les utilisateurs connaissent ce qu'ils possèdent. Pour gérer ces paquetages, Red Hat Software a développé RPM (*Red Hat Package Manager*) et l'a largement diffusé.

Pour obtenir davantage d'informations sur RPM, visitez l'adresse **http://www.rpm.org**.

RPM comprend six modes de fonctionnement, cinq pouvant être utilisés aussi bien de la ligne de commande que d'un outil pour X Window, appelé Glint. Les différents modes sont l'installation, la suppression, la mise à jour, l'interrogation, la vérification, et la compilation. On ne peut compiler un paquetage RPM que depuis la ligne de commande.

Pour obtenir davantage d'informations sur la compilation de paquetages par RPM, référez-vous au livre Maximum RPM *(SAMS Publishing) ou à* Maximum RPM de Red Hat Software.

On utilise RPM depuis la ligne de commande de la façon suivante :

```
rpm [options] nom-de-paquetage
```

où `options` est l'un des paramètres utilisés par RPM pour manipuler les paquetages, et `nom-de-paquetage` désigne le paquetage concerné. Celui-ci ressemble en général à ceci : quota-1.55-4.i386.rpm, et possède le format suivant :

nom quota

version 1.55

release 4

architecture matérielle i386

extension .rpm (typique)

Cependant, le fichier du paquetage peut posséder n'importe quel nom, car les informations sur le paquetage lui-même résident dans le fichier.

• Localiser les paquetages

Vous trouverez la plupart des paquetages de votre distribution dans le répertoire /RedHat/RPMS de votre CD-ROM. Pour monter celui-ci et consulter la liste des paquetages disponibles, utilisez les commandes suivantes :

```
cd /mnt
mount CD-ROM
cd CD-ROM/RedHat/RPMS
ls ¦ more
```

Voir Chapitre 3.

Beaucoup de ces paquetages ont été installés lors de votre installation de Linux. Néanmoins, si vous aviez décidé de ne pas installer certains d'entre eux, vous pouvez le faire maintenant à partir de cette liste.

RPM permet également d'installer des paquetages situés sur d'autres ordinateurs, en utilisant FTP.

• Installer les paquetages avec RPM

Pour installer un paquetage depuis la ligne de commande, on utilise l'option `-i`, comme ceci :

```
rpm -i quota-1.55-4.i386.rpm
```

Cette commande installe le paquetage quota sur votre système. L'option -i indique que le paquetage quota-1.55-4.i386.rpm doit être installé sur le système local. En procédant à l'installation, RPM traverse les étapes suivantes :

- **Contrôle des dépendances.** Chaque paquetage peut dépendre d'un autre logiciel déjà en cours d'installation.
- **Contrôle des conflits.** RPM vérifie si un composant est déjà installé ou s'il n'est pas antérieur à celui qui a déjà été installé.
- **Traitement des fichiers de configuration.** RPM essaie de créer un fichier de configuration adapté, et s'il découvre qu'il en existe déjà un, il le sauvegarde.
- **Installation des fichiers.** RPM décompacte les divers composants du paquetage et les installe dans les répertoires appropriés.
- **Traitement après installation.** Après avoir installé les différents composants, RPM effectue les tâches éventuellement requises pour configurer le système.
- **Mise à jour de la base de données.** RPM garde trace de toutes ses actions dans une base de données.

La commande ne fournit aucun compte rendu lors de l'installation, mais vous pouvez utiliser l'option `-v` (mode verbeux) pour recueillir davantage d'informations. Le Tableau 6.2 indique la liste des autres options utilisables pour une installation.

Tableau 6.2 : Options d'installation

Option	Description
`-vv`	Informations en mode très verbeux.
`-h`	Affiche une série de caractères dièse (#) lors de l'installation. Cela permet de constater que RPM effectue bien quelque chose et n'est pas bloqué.
`--percent`	Affiche le caractère pourcent (%) au lieu de dièse (#) durant l'installation.
`--test`	N'installe pas le paquetage, mais teste l'installation et rend compte des éventuelles erreurs.
`--replacefiles`	Remplace les fichiers d'autres paquetages.
`--force`	Indique à RPM d'ignorer certaines erreurs de conflit et installe le paquetage malgré elles.

Pour installer un paquetage résidant sur une autre machine, désignez-le à l'aide d'une URL de type FTP :

```
rpm -i ftp://ftp.netwharf.com/pub/RPMS/quota-1.55-4.i386.rpm
```

Voir Chapitre 31.

Cette commande suppose que la machine distante accepte le FTP anonyme.

Si vous avez besoin de préciser un nom utilisateur et un mot de passe pour installer le fichier, utilisez la commande suivante :

```
rpm -i ftp://mark@ftp.netwharf.com/pub/RPMS/quota-1.55-4.i386.rpm
Password for mark@ftp.netwharf.com:  <saisissez ici votre mot de passe>
```

ASTUCE

Vous pouvez saisir en même temps votre nom utilisateur et votre mot de passe sur la ligne de commande, comme ceci :

```
rpm -i ftp://mark:password@ftp.netwharf.com/pub/RPMS/ quota-1.55-4.i386.rpm
```

Ce n'est toutefois pas une méthode sûre pour saisir des commandes, car quelqu'un pourrait regarder par-dessus votre épaule ou (plus probablement) rappeler la commande de votre fichier d'historique.

• Supprimer les paquetages avec RPM

L'un des avantages de RPM est sa facilité à installer de nouveaux programmes. Si vous entendez parler d'un nouveau programme sur l'Internet, vous pouvez installer son paquetage et l'essayer. Mais que se passe-t-il si vous décidez qu'il ne vous convient pas et voulez vous en débarrasser ? Fort heureusement, RPM rend la suppression des paquetages aussi simple que leur installation. Pour supprimer (*désinstaller*) un paquetage, utilisez l'option `-e` :

```
rpm -e quota-1.55-4.i386.rpm
```

Lors de la suppression d'un paquetage de votre système, RPM traverse les étapes suivantes :

- **Contrôle des dépendances.** RPM contrôle dans sa base de données si d'autres paquetages dépendent d'elle. Si c'est le cas, RPM ne supprime pas le paquetage, à moins d'en avoir reçu l'ordre explicite.
- **Exécution de scripts.** RPM exécute un script d'avant suppression.
- **Contrôle des fichiers de configuration.** RPM sauvegarde les fichiers de configuration qui ont été modifiés.
- **Suppression de fichiers.** RPM supprime tous les fichiers associés au paquetage concerné.
- **Exécution de scripts.** RPM exécute un script d'après suppression.
- **Mise à jour de la base de données.** RPM supprime de sa base de données toutes les références au paquetage concerné.

Comme dans le cas de l'option `-i`, vous pouvez utiliser les options `-v` et `-vv` pour recevoir des informations de la commande `erase`. Vous pouvez également utiliser l'option `--test` pour constater si des problèmes surviendront lors de la véritable suppression, ou l'option `--nodeps` pour ordonner à RPM d'ignorer les dépendances et de poursuivre la suppression du paquetage.

ATTENTION *Soyez prudent lors de l'utilisation de* `--nodeps`. *Si vous supprimez un paquetage dont dépend un autre paquetage, il se pourrait que ce dernier ne fonctionne plus correctement.*

• Mettre des paquetages à jour avec RPM

Un paquetage déjà installé peut avoir besoin d'être mis à jour, que ce soit pour corriger ses erreurs ou lui apporter de nouvelles fonctionnalités. L'option `-U` (en majuscule !) permet à RPM de rendre aisée la tâche habituellement terrible de mise à jour d'un programme. Supposons par exemple que quelqu'un ait ajouté plusieurs fonctionnalités au programme quota, et édité un nouveau paquetage baptisé quota-1.55-4.i386.rpm. Pour adopter la nouvelle version, utilisez la commande suivante :

```
rpm -U quota-1.55-4.i386.rpm
```

Lors d'une mise à jour, RPM installe le paquetage concerné puis supprime toutes ses anciennes versions (si elles existent). Il consacre également un long moment aux fichiers de configuration associés au paquetage. Il se pourrait par conséquent que vous constatiez, lors d'une mise à jour, un message semblable à celui-ci, indiquant qu'un fichier de configuration est sauvegardé sous un nouveau nom :

```
Saving syslog.conf to syslog.conf.rpmsave
```

Cela signifie que RPM a créé un nouveau fichier de configuration qui devrait être compatible avec votre système. Après la mise à jour, vous pouvez comparer les deux fichiers de configuration et apporter les modifications nécessaires dans le nouveau fichier.

• Interroger les paquetages avec RPM

Pour connaître les paquetages installés sur votre système, utilisez la commande suivante :

```
rpm -qa
```

Voir Chapitre 16.

Elle énumère tous les paquetages actuellement installés. Pour obtenir des informations sur un paquetage particulier, utilisez seulement l'option `-q`. Le Tableau 6.3 indique les diverses options utilisables avec la commande `rpm -q` d'interrogation des paquetages RPM.

Tableau 6.3 : Options d'interrogation de RPM

Option	Description
-q name	Indique le nom, la version, et le numéro de release du paquetage
-qa	Enumère tous les paquetages actuellement installés
-qf fichier	Interroge le paquetage associé à fichier
-qp paquetage	Interroge paquetage
-qi paquetage	Indique le nom, la description, la release, la taille, la date de compilation, la date d'installation, et diverses autres informations sur paquetage
-ql paquetage	Enumère les paquetages associés à paquetage

ATTENTION

Les diverses options de `-q` *ne fonctionnent pas correctement lorsqu'on indique des liens symboliques de fichiers. Pour obtenir de meilleurs résultats, rendez-vous (par* `cd`*) dans le répertoire où réside le fichier réel, avant d'utiliser les options de* `-q`.

Par exemple, si vous rencontrez un nouveau paquetage et voulez en savoir plus à son sujet, utilisez la commande d'interrogation suivante :

```
rpm -qip quota-1.55-9.i386.rpm
```

Elle devrait produire un affichage semblable à ceci :

```
Name        : quota                    Distribution: Manhattan
Version     : 1.55                           Vendor: Red Hat Software
Release     : 9                          Build Date: jeu 10 sep 1988 22:21:10 GMT+1
Install date: (not installed)            Build Host: porky.redhat.com
Group       : Utilities/System           Source RPM: quota-1.55-9.src.rpm
Size        : 82056
Packager    : Red Hat Software <bugs@redhat.com>
Summary     : Paquetage de gestion des quotas
```

```
Description :
Les quotas permettent à l'administrateur système de limiter l'utilisation disque
par un utilisateur et/ou groupe par système de fichiers. Ce paquetage contient les
outils nécessaires à la mise en place, la modification et la mise à jour des quotas.
```

• Vérifier les paquetages avec RPM

Le dernier mode de RPM sert à vérifier un paquetage. Il se peut que vous ayez parfois besoin de vérifier la cohérence d'un fichier de votre système. Par exemple, vous soupçonnez qu'un fichier a été accidentellement abîmé par un programme ou un utilisateur errant. Vous devez comparer les fichiers réels à ceux que vous avez installés, ce que RPM permet grâce à l'option `-V` (majuscule !). La vérification d'un paquetage consiste à comparer la taille, la somme de contrôle MD5, les autorisations de fichier, le type de fichier, ainsi que le propriétaire de fichier et les paramètres de groupe. Pour vérifier si les fichiers d'un paquetage précis n'ont pas été modifiés depuis leur installation, utilisez la commande `rpm -V nom-de-paquetage`. Par exemple, pour vérifier le paquetage de quota, exécutez :

```
rpm -V quota
```

Si rien n'a été modifié, RPM n'affiche aucune indication. Dans le cas contraire, il affiche une chaîne de huit caractères précisant ce qui a changé, ainsi que le nom du fichier modifié. Vous pouvez alors inspecter les différents fichiers du paquetage et en conclure si vous devez réinstaller le paquetage endommagé. Le Tableau 6.4 énumère les codes de sortie possibles.

Tableau 6.4 : Codes de contrôle d'erreurs

Code	Signification
c	Il s'agit d'un fichier de configuration
5	Le fichier a échoué au test de la somme de contrôle MD5
S	La taille du fichier a changé depuis l'installation
L	Problème avec les liens symboliques
T	L'heure de modification du fichier ne correspond pas à l'original
D	Attribut de périphérique
U	Le paramètre utilisateur est différent
G	Le paramètre groupe est différent
M	Le mode est différent, pour l'autorisation ou le type de fichier

• Installer un logiciel non Linux

Malheureusement, la plupart des programmes que vous rencontrerez ne sont pas au format RPM. Ils sont essentiellement téléchargés d'un site d'archivage par FTP anonyme.

L'installation d'un logiciel varie de l'très simple au presque impossible. Elle dépend totalement de la qualité des scripts d'installation et de la documentation rédigée par l'auteur.

Décodage des formats de paquetages

Voir Chapitre 11.

Les paquetages de logiciels que vous obtenez par FTP anonyme se présentent pratiquement tous sous la forme de fichier tar compressé. Ces fichiers peuvent être créés de diverses manières. Habituellement, une arborescence de répertoires contient des fichiers sources, des bibliothèques, de la documentation, des exécutables, et d'autres fichiers utiles rassemblés dans un fichier tar à l'aide du programme `tar`. Ce fichier tar est alors compressé pour économiser de l'espace.

Le nom de fichier du paquetage comprend probablement une extension permettant de connaître le format du fichier. S'il se termine par .gz, il a été compressé à l'aide du programme GNU `gzip`. Il s'agit du format de compression de fichier le plus courant pour les paquetages de logiciels Linux. S'il se termine par .Z, il a été compressé par le programme `compress`. Par exemple, le paquetage foo.tar.gz est une archive `tar` qui a été compressée à l'aide de `gzip`.

INFO

Un fichier `tar` *compressé à l'aide de* `gzip` *possède parfois l'extension* `.tgz` *au lieu de* `.tar.gz`.

Installation du logiciel

Après avoir déterminé le format du paquetage, vous devez décider de l'endroit où vous voulez placer les fichiers sources pour le compiler. Certains paquetage sont assez volumineux, aussi devez-vous les placer dans un système de fichiers disposant d'une bonne réserve d'espace libre. Certaines personnes créent un système de fichiers indépendant destiné aux sources, et le montent sous un répertoire, par exemple /usr/local/src ou /src. Chaque fois que vous décidez de compiler un paquetage de logiciels, vérifiez que vous disposez d'un espace disque suffisant.

Vous pouvez maintenant déplacer le paquetage dans l'arborescence source que vous avez créée, le décompacter puis développer l'archive. Lorsqu'un fichier est compressé avec `gzip`, vous pouvez le décompacter à l'aide de la commande `gzip -d`. Par exemple, la commande

```
gzip -d foo.tar.gz
```

décompacte le fichier compressé foo.tar.gz et le remplace par l'archive tar nommée foo.tar. Les paramètres de ligne de commande de `gzip` sont indiqués au Tableau 6.5.

Utilisez la commande `uncompress` pour décompacter les fichiers qui ont été compressés avec `compress`. Par exemple, la commande :

```
uncompress foo.tar.Z
```

Tableau 6.5 : Paramètres de la commande gzip

Paramètre	Nom du paramètre	Description
-a	ascii	Texte ASCII ; convertit les caractères de fin de ligne à l'aide des conventions locales
-c	stdout	Ecrit sur la sortie standard ; laisse les fichiers d'origine inchangés
-d	decompress	Décompacte
-f	force	Force l'écrasement du fichier de sortie et compresse les liens
-h	help	Fournit une liste des commandes d'aide
-l	list	Recense le contenu d'un fichier compressé
-L	license	Indique la licence du logiciel
-n	no-name	Ne sauvegarde pas et ne restaure pas le nom et l'heure d'origine
-N	name	Sauvegarde ou restaure le nom et l'heure d'origine
-q	quiet	Supprime tous les avertissements
-S suffix	suffix .suf	Utilise le suffixe *.suf* pour les fichiers compressés
-t	test	Teste l'intégrité d'un fichier compressé
-v	verbose	Passe en mode verbeux
-V	version	Affiche le numéro de version
-1	fast	Compresse plus rapidement
-9	best	Compresse davantage (le fichier est moins volumineux)
file		Indique le(s) fichier(s) à compresser ; si aucun nom n'est indiqué, utilise l'entrée standard

décompacte le fichier compressé foo.tar.Z et le remplace par l'archive tar nommée foo.tar.

Après avoir décompacté le fichier compressé, vous devez développer le fichier tar dans une arborescence. Placez les sources de chaque paquetage dans un répertoire particulier de votre arborescence de sources. Avant de *détarer* le fichier, consultez sa liste tar pour voir s'il a été créé en indiquant un répertoire comme première entrée. Exécutez pour cela la commande

```
tar -tvf nom-de-fichier-tar | more
```

Si la première entrée du fichier tar est un répertoire, le fichier tar crée ce répertoire lors du développement. Dans le cas contraire, tous les fichiers du niveau supérieur sont extraits dans le répertoire courant. Vous devez dans ce cas créer un répertoire pour y placer le fichier tar avant de le développer.

ASTUCE

Vérifiez toujours l'existence d'un répertoire de niveau supérieur avant de développer un fichier tar. Il serait gênant de développer un fichier tar qui créerait plusieurs centaines de fichiers dans le répertoire courant au lieu d'un sous-répertoire.

Dès que le fichier tar se trouve à l'endroit où vous voulez le développer, utilisez la commande :

```
tar -xvf nom-de-fichier-tar
```

L'étape suivante dépend de la manière dont le paquetage installé a été écrit. Habituellement, on se rend dans le répertoire de niveau supérieur des sources, pour y rechercher un fichier vaguement nommé README.1ST, et quelques fichiers de documentation expliquant le processus d'installation.

ASTUCE

Sur la plupart des versions de Linux, vous pouvez décompacter un fichier tar "au vol" en le développant. Ajoutez simplement le paramètre z à la commande tar, comme dans `tar -zxvf foo.tar.gz`.

Le processus d'installation habituel comprend l'édition du fichier Makefile pour indiquer les répertoires de destination dans lesquels le logiciel doit placer ses binaires compilés. On exécute en général `make`, puis `make install`.

Le processus `make` varie en fonction du paquetage installé. Pour certains paquetages, une sorte de script shell de configuration pose certaines questions puis compile le logiciel. Prenez soin de lire les fichiers de documentation qui accompagnent le paquetage.

• Révision des autorisations des fichiers

Voir Chapitre 16.

Les autorisations d'un paquetage sont habituellement définies automatiquement lors de l'installation. Le script d'installation joint à l'application installe les fichiers avec les autorisations et la propriété correctes. Vous ne devez rechercher le répertoire dans lequel l'installation a été effectuée et vérifier les autorisations que lorsque quelque chose s'est mal passé et qu'un utilisateur est incapable d'accéder au programme alors qu'il le devrait.

Habituellement, le fichier exécutable qui vous permet de démarrer l'application est installé avec des autorisations permettant cette action à tous les utilisateurs ; cependant, seul le super-utilisateur peut le supprimer ou le remplacer. L'application est habituellement installée dans un répertoire possédant les autorisations lecture et exécution, mais pas écriture.

• Dépannage

Une application bien conçue et bien employée s'installe sur votre système en vous demandant un minimum de renseignements. Elle définit correctement les autorisations, et il ne vous reste plus qu'à tester le programme et informer vos utilisateurs — souvent par e-mail — qu'elle est

désormais opérationnelle. Mais il arrive que certaines choses se passent mal dans l'installation des programmes et leur fonctionnement (ou non-fonctionnement) ultérieur. Si, pour une raison quelconque, le programme ne se charge pas complètement ou ne fonctionne pas correctement après installation, il vous appartient de découvrir pourquoi et de régler le problème.

Si un programme ne s'installe pas complètement, vos efforts de dépannage se résument généralement à la lecture de la documentation et des fichiers README d'accompagnement, et à l'étude d'une liste d'erreurs et de problèmes et de leurs solutions. Cependant, personne n'attend que vous soyez un expert des paquetages de logiciels disponibles pour Linux. Vous ferez parfois appel à une aide extérieure.

Si vous ne pouvez pas résoudre le problème à l'aide des renseignements fournis avec le paquetage, cherchez dans les news Usenet s'il n'existe pas un forum traitant de ce paquetage particulier. Une question postée au groupe Linux approprié de Usenet peut contribuer à résoudre bien des problèmes. Si vous ne parvenez pas à obtenir de l'aide du Net, essayez de contacter le développeur de l'application, habituellement par e-mail. Souvenez-vous que Linux est gratuit, de même que la plupart des paquetages qui lui sont destinés. N'espérez pas des manuels reliés ni une assistance téléphonique de 24 heures sur 24. Mais si vous n'étiez pas un aventurier, vous n'utiliseriez pas Linux, n'est-ce pas ?

• Supprimer des applications

Lorsqu'une application est remplacée par un meilleur paquetage ou n'est plus utilisée sur le système, il est judicieux de la supprimer. L'espace disque est toujours précieux ; vous ne voulez certainement pas que des programmes anciens et inutiles accaparent l'espace nécessaire aux applications nouvelles.

De même que son installation, la suppression d'un paquetage sur un système Linux est plus complexe que sur un système d'exploitation mono-utilisateur. Parfois, il ne suffit pas de supprimer les fichiers et le répertoire de l'application. Des pilotes ainsi que diverses connexions logicielles doivent être désactivés pour éviter des problèmes ultérieurs. En prenant des notes et en capturant les messages d'installation dans un fichier d'historique, il est généralement possible de se rendre compte de ce qui a changé lors de l'installation du logiciel. Vous pouvez alors en déduire quels fichiers doivent être supprimés ou remplacés pour que la suppression du paquetage se déroule correctement.

Mise à jour de votre noyau

Voir
Chapitre 13.

De même que pour n'importe quel autre logiciel, de nouvelles versions des sources du noyau voient régulièrement le jour, destinées à corriger des erreurs ou à ajouter une nouvelle fonctionnalité. Vous pouvez en outre décider de mettre votre noyau à jour pour le reconfigurer ou y ajouter de nouveaux pilotes de périphériques. Quel que soit le cas, le processus est simple. Vous devez vous assurer de posséder une sauvegarde de vos logiciels système ainsi qu'une disquette d'amorçage Linux, pour pouvoir repartir au cas où vous endommageriez votre système. Pour une description complète de la manière de recompiler le noyau de Linux, reportez-vous au Chapitre 13.

Ce processus est expliqué en détail dans le document Kernel HOWTO, régulièrement posté dans les groupes de news Linux de l'Internet. Il est également disponible sur les sites FTP de Linux, dont `sunsite.unc.edu`. Pensez à vous en procurer une copie et lisez-la attentivement avant de commencer la mise à jour.

La première étape de ce processus consiste à se procurer les nouvelles sources de la partie résidente, disponibles, via FTP anonyme, auprès des sites d'archivage Linux. Vous devez ensuite les préserver. Pour cela, changez le nom du répertoire /usr/src/linux et choisissez, par exemple, /usr/src/linux.old. Décompactez les sources de la partie résidente dans le répertoire /usr/src, ce qui créera en même temps le sous-répertoire Linux. Ensuite, passez au répertoire Linux et consultez la documentation ainsi que les fichiers README. Lisez-les bien, car ils peuvent avoir changé depuis la dernière distribution.

A partir de là, le processus peut varier légèrement. Vous devez normalement taper `make config`. Un script de configuration est ainsi lancé et il vous pose des questions sur le système. Lorsque la phase de configuration est terminée, tapez `make dep`. Cette commande vérifie toutes les dépendances des fichiers et vérifie que la nouvelle partie résidente a trouvé tous les fichiers qu'elle doit compiler. Une fois que le contrôle des dépendances est fait, tapez `make clean` afin d'effacer les vieux fichiers qui restent dans le répertoire source du noyau. Si tout s'est bien passé jusque-là, tapez `make` puis <Entrée> pour compiler la nouvelle partie résidente. Vous pouvez ensuite l'installer avec le gestionnaire d'initialisation LILO puis quitter.

Pensez à lire le document Kernel HOWTO avant d'essayer d'effectuer cette opération. Il explique en détail comment organiser votre noyau, et vous épargnera probablement des heures de frustration ou l'endommagement de votre système Linux.

Informations complémentaires

Vous trouverez, dans les chapitres indiqués ci-dessous, des informations complémentaires sur l'installation et la mise à jour des logiciels :

- Le Chapitre 3 détaille l'installation et la mise à jour de cette version de Linux.
- Le Chapitre 4 détaille l'installation et la mise à jour de cette version.
- Le Chapitre 5 est une introduction à l'utilisation du système Linux.
- Le Chapitre 11 traite de la sauvegarde des données.
- Le Chapitre 13 fournit tous les détails nécessaires à l'installation d'un nouveau noyau de Linux.

ADMINISTRATION SYSTÈME

Administration des systèmes

Pour chaque système Linux, il faut au moins une personne, appelée *administrateur système*, pour gérer le système Linux et contrôler ses performances. Celui-ci doit veiller à ce que le système fonctionne normalement, savoir à qui s'adresser si le problème ne peut être réglé localement, et être capable de fournir des logiciels ou du matériel aux utilisateurs (qu'ils soient nouveaux ou non).

Un système Linux doit d'abord être configuré, puis constamment surveillé pour garantir à tous les utilisateurs efficacité, fiabilité et bon fonctionnement. L'administrateur système est la personne chargée de pourvoir aux besoins du système Linux. Pour cela, elle doit accomplir de nombreuses et diverses tâches.

Nous en examinerons dans ce chapitre quelques-unes et verrons les difficultés principales auxquelles l'administrateur système est confronté lorsqu'il se trouve sous un environnement multiutilisateur. Si vous avez acheté ce manuel pour connaître et installer Linux, vous allez probablement vous retrouvez dans ce rôle. Certains thèmes du chapitre sont adaptés à la gestion de systèmes dans de plus grandes organisations. Lisez-les, même si vous souhaitez simplement jouer avec Linux à la maison, car ils vous permettront de connaître plus en profondeur les problèmes relatifs à ce sujet.

Dans ce chapitre, nous verrons :

- la nécessité d'administrer les systèmes ;
- les différents modèles de traitement informatique ;
- les points concernant le support des utilisateurs.

Il arrive souvent que des systèmes Linux soient connectés à des ordinateurs sur lesquels tournent d'autres versions d'UNIX ou des systèmes d'exploitation différents. Comme Linux est un clone d'UNIX, la plupart des informations fournies ici pourront s'appliquer à ces deux versions. UNIX et Linux sont donc parfois employés de manière interchangeable.

De l'importance d'une gestion adaptée

Tous les systèmes UNIX sont plus ou moins différents, et chacun d'entre eux doit être géré d'une manière particulière. Il en va de même pour Linux. Les tâches d'administration varieront

en fonction d'éléments tels que le nombre d'utilisateurs à gérer, les types de périphériques reliés à l'ordinateur (imprimantes, lecteurs de cartouches, etc.), les interconnexions et le niveau de sécurité demandé.

L'administrateur système, qu'il travaille seul ou en équipe, doit garantir aux utilisateurs un environnement sûr et efficace. Le gestionnaire a les moyens et la responsabilité d'établir puis d'entretenir un système opérationnel et solide. Il existe, sous un environnement multiutilisateur, un certain nombre d'objectifs et de priorités à définir. L'administrateur est chargé d'appliquer les mesures nécessaires au bon fonctionnement de son système.

La répartition des tâches de gestion varie selon le système utilisé. Pour les gros systèmes, celles-ci peuvent être partagées entre plusieurs personnes. Certains systèmes de petite taille n'ont même pas besoin d'un administrateur à temps complet ; un utilisateur est simplement désigné pour tenir ce rôle. Si vous travaillez en réseau, votre système pourra être géré à distance par un administrateur de réseau.

Chaque système Linux contient un superutilisateur spécial qui peut effectuer toutes les opérations qu'il désire sur l'ordinateur. Celui-ci se connecte sous un nom particulier : *root*, son répertoire personnel est généralement la racine (/) ou un répertoire spécifique, par exemple /home/root.

L'administrateur système se connecte en tant que superutilisateur pour effectuer des tâches nécessitant des droits d'accès spéciaux. Pour travailler normalement, l'administrateur se connecte comme un utilisateur ordinaire. Le superutilisateur n'utilise le nom root que pour des tâches limitées et particulières. Le nombre d'utilisateurs pouvant se connecter en tant que root doit rester très petit (deux ou trois maximum). Lorsqu'un individu utilise l'identité root pour se connecter, il devient un superutilisateur et peut faire absolument tout ce qu'il veut sur ce système. Il peut, grâce à ses privilèges, modifier tous les fichiers, arrêter ou lancer le système, sauvegarder des données et bien d'autres choses encore.

L'administrateur doit connaître un bon nombre d'aspects techniques du système informatique, savoir quels sont les besoins des utilisateurs et à quoi sert le système. Toute installation informatique a des ressources limitées ; des règles concernant son usage doivent être fixées et appliquées. L'administrateur a donc un rôle technique et décisionnaire. Cette tâche, combinée aux privilèges illimités, ne peut être confiée qu'à quelqu'un de responsable, compétent et diplomate.

Le travail précis de l'administrateur système dépend souvent de l'organisation locale et les activités peuvent être très variées : de l'élaboration de règles à l'installation de logiciels, en passant par le déplacement de meubles. Cependant, tous les administrateurs effectuent ou supervisent un certain nombre de tâches :

- **Gérer les utilisateurs**. Ajout, suppression des utilisateurs ; modification des autorisations et des privilèges qui leur sont accordés.
- **Configurer les périphériques.** Mettre à disposition et partager les matériels : imprimantes, terminaux, modems, lecteurs de cartouches, etc.

- **Réaliser les sauvegardes.** Copier les fichiers du système et stocker les doubles pour une éventuelle restauration en cas de perte ou de dégradation.
- **Arrêter le système.** Arrêter le système de manière organisée afin d'éviter des incohérences dans le système de fichiers.
- **Former les utilisateurs.** Fournir ou indiquer aux utilisateurs une formation valable afin qu'ils puissent utiliser au mieux le système.
- **Protéger le système.** Empêcher que les utilisateurs interfèrent les uns avec les autres, que ce soit volontairement ou accidentellement.
- **Consigner les modifications du système.** Noter dans un "carnet de bord" tout changement significatif concernant le système.
- **Conseiller les utilisateurs.** Jouer le rôle "d'expert local" pour aider les utilisateurs ordinaires du système.

Comprendre les concepts multiutilisateurs

Les systèmes multiutilisateurs ont recours aux concepts des services multitâches et multiutilisateurs. Avec Linux, l'utilisateur peut effectuer plusieurs tâches de manière simultanée et transparente, par exemple, lire son courrier électronique et compiler un programme en même temps.

Chaque tâche, qu'il s'agisse d'une simple commande entrée sur une ligne de commande ou d'une opération complexe, lance un ou plusieurs processus. Tout ce qui peut tourner sur Linux est associé à un processus ; Linux est donc, puisqu'il permet d'en exécuter plusieurs en même temps, un système d'exploitation multitâche.

Vous pouvez vous connecter à un ordinateur tournant sur UNIX (appelé également serveur) de nombreuses façons : en utilisant un terminal ou un ordinateur, physiquement proche d'un serveur et connecté par un câble, ou bien à l'autre bout de la planète et connecté soit par des lignes téléphoniques ordinaires, soit par lignes de données à grande vitesse. Les ressources de votre ordinateur sont dites décentralisées ou centralisées, selon que vous utilisez un terminal ou un ordinateur et selon votre type de connexion au serveur.

Un système d'exploitation mono-utilisateur, tel DOS, ne peut être utilisé que par un seul utilisateur à la fois. Tout est traité par un ordinateur unique qui est seul à avoir accès à des ressources comme les imprimantes, le stockage ou le traitement.

Les systèmes multiutilisateurs se servent des modèles de traitement centralisé et décentralisé décrits ici pour accueillir plusieurs utilisateurs en même temps :

- Dans un environnement de *traitement centralisé*, de nombreux utilisateurs accèdent aux ressources d'un ordinateur : le stockage, l'imprimante, la mémoire et les fonctions de traitement sont réalisées par cet ordinateur.

- Avec le *traitement distribué*, le traitement peut avoir lieu sur la station de travail personnelle de l'utilisateur, et l'unité centrale sert alors à distribuer les applications et les données. Les imprimantes et la mémoire peuvent être connectées à la station de travail de l'utilisateur ou au serveur principal.

Traitement centralisé

Au cours des années 50 et 60, l'évolution des technologies a permis à plusieurs utilisateurs de partager des ressources provenant de différents terminaux. Deux utilisateurs pouvaient, par traitement séquentiel, exécuter deux jeux d'instructions tout en partageant l'unité centrale, la mémoire et la sortie.

Avec l'avènement des réseaux téléphoniques commutés, les ordinateurs ont commencé à utiliser des lignes téléphoniques pour étendre géographiquement leurs ressources. Dans ce modèle, chaque processeur utilisait des ressources de traitement des transmissions pour se connecter aux terminaux distants. Il a donc fallu trouver le moyen d'améliorer la communication entre les ordinateurs et les terminaux. C'est ainsi que le traitement frontal a été développé et appliqué aux tâches de communication ainsi qu'au modèle de traitement centralisé.

La plupart des systèmes UNIX ont continué à utiliser le modèle centralisé jusqu'à ce que les ordinateurs personnels deviennent bon marché, puissants et omniprésents. Avec le traitement centralisé, les ordinateurs centraux prenaient en charge la totalité du traitement. Les utilisateurs connectés au processeur central partageaient ses ressources. Aujourd'hui, ce modèle est de moins en moins utilisé, bien qu'il convienne toujours aux sites informatiques dont les utilisateurs sont dispersés géographiquement.

Par exemple, une banque peut avoir un centre principal de traitement et permettre à chacune de ses agences, et quel que soit son emplacement, d'accéder à ce centre de données. Sur chaque bureau d'utilisateur se trouve un terminal comprenant un clavier, un moniteur et une connexion directe à l'unité centrale, qui lui permet d'accéder aux ressources centralisées : traitement, impression et mémoire (voir Figure 7.1). Le modèle de traitement centralisé est généralement composé de nombreux éléments : serveur, processeurs frontaux, terminaux, modems et adaptateurs multiports.

Lorsqu'un utilisateur demande des données, sa requête est traitée par l'ordinateur de la banque centrale. Le résultat du traitement est ensuite renvoyé au terminal de l'agence. Toutes les données sont gérées et stockées par l'ordinateur central.

• Eléments du modèle de traitement centralisé

Pour que le modèle de traitement centralisé puisse fonctionner, vous devez posséder de nombreux éléments : serveur, processeurs frontaux, terminaux et adaptateurs multiports.

Figure 7.1
Modèle de traitement centralisé.

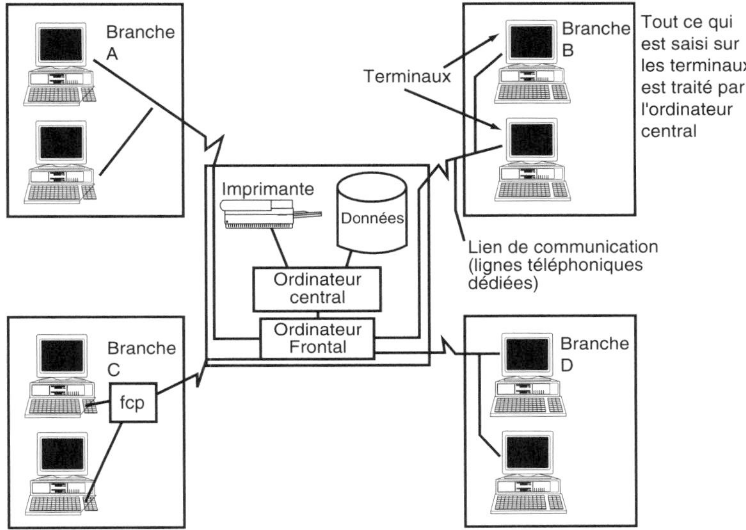

Tout ordinateur configuré pour partager ses ressources (puissance de traitement, stockage, imprimantes, etc.) peut tenir lieu de *serveur*. Par exemple, un IBM compatible PC peut être utilisé comme tel, à condition qu'il y ait assez d'espace sur le disque dur et de RAM.

Un *frontal* relie les canaux de transmission au serveur. Il se charge des détails de la communication pour que le serveur soit ainsi libre de traiter ses propres données.

Actuellement, deux types de terminaux sont couramment utilisés : les *passifs* (ou "non-intelligents") et les *intelligents*. UNIX est traditionnellement employé avec les premiers (qui n'ont rien d'autre qu'un clavier et un moniteur). Il est important de réaliser que ce type de terminal ne possède pas de puissance de traitement local. Le port de communication du terminal est relié, directement ou par modem, au serveur. Lorsque vous tapez sur le clavier d'un terminal passif, chaque frappe est transmise au serveur qui la traite.

Les terminaux intelligents peuvent effectuer un traitement minimal sur le site local. Les caisses enregistreuses et autres appareils de point de vente en sont des exemples, tout comme les guichets automatiques. L'appareil local enregistre la demande de transaction, puis transmet le tout au lieu de transmettre chaque touche frappée.

Pour connecter votre terminal à une ligne téléphonique, il faut utiliser un *modem*, qui traduit les signaux digitaux des terminaux et des ordinateurs en signaux analogues et propres aux lignes téléphoniques. Les modems sont toujours utilisés par paire. Le premier relie votre terminal

à la ligne téléphonique et le second connecte le serveur à celle-ci. Pour vous connecter, il faut composer un numéro sur le terminal. Lorsque le modem à l'autre bout (celui connecté au serveur) répond, votre terminal peut alors communiquer avec le serveur.

Pour augmenter le nombre de ports auxquels les utilisateurs peuvent se connecter, il faut installer un *adaptateur multiport*. Par exemple, un PC n'utilise généralement que deux ports séries : COM1 et COM2. Vous aurez besoin d'autres ports pour que plusieurs utilisateurs utilisent votre machine comme serveur. Dans ce cas, l'adaptateur multiport est composé d'une carte installée à l'intérieur de votre ordinateur, d'une petite boîte avec au moins huit connecteurs et d'un câble qui relie la boîte à cette carte. Les logiciels sont fournis avec l'adaptateur pour permettre aux connecteurs supplémentaires de fonctionner comme des ports série.

Traitement décentralisé

En traitement décentralisé, le terminal est remplacé par un poste de travail, ou ordinateur, qui tourne généralement sous DOS ou UNIX. Les programmes peuvent être implantés et exécutés à partir du serveur ou sur le poste de travail. Les fichiers peuvent, de la même façon, être situés dans un des deux systèmes. Lorsque vous en traitez un sur votre machine, stockez-le dans le serveur pour que d'autres personnes puissent ainsi y accéder. Vous pouvez l'imprimer localement, ou sur les imprimantes connectées au serveur.

Les stations de travail étant très répandues, votre banque utilise probablement un système de traitement décentralisé (voir Figure 7.2) au lieu du système centralisé décrit plus haut.

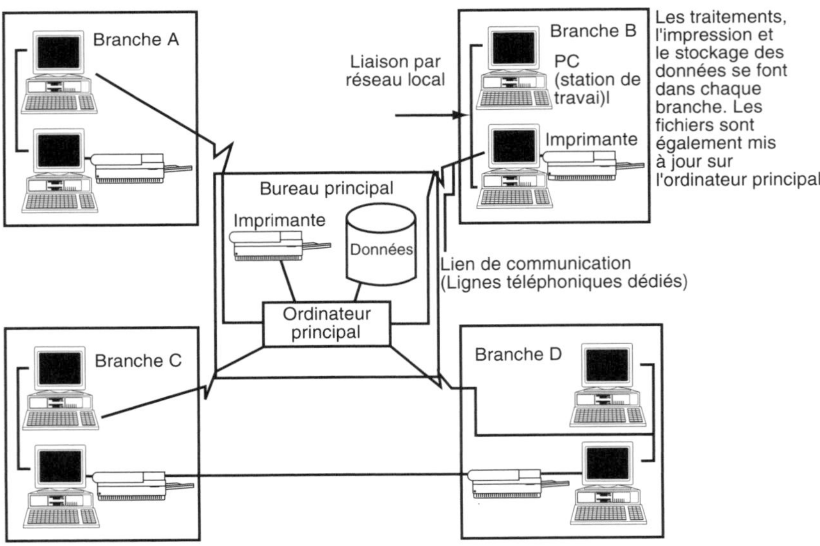

Figure 7.2
Le modèle de traitement décentralisé.

• Eléments du modèle de traitement décentralisé

Le traitement décentralisé utilise des serveurs de fichiers, des stations de travail, des cartes d'interfaces réseau, des hubs, des répéteurs, des ponts, des routeurs et des passerelles. Le rôle du serveur de fichiers est de répartir les fichiers et les segments de programmes entre les ordinateurs, d'imprimer depuis une implantation centrale et de contrôler la circulation des informations entre les machines connectées. Plus de 90 % du traitement a lieu au niveau de ces dernières, ce qui laisse 5 à 10 % de la charge au serveur de fichiers pour les tâches administratives.

Votre ordinateur personnel peut servir de serveur de fichiers, mais également de station de travail Linux. La configuration minimale pour faire tourner Linux est un microprocesseur 386SX avec 4 Mo de RAM. Les systèmes actuels offrant plus de puissance que le minimum requis par Linux, vous ne devriez avoir aucun problème. L'espace requis sur le disque dur dépend des logiciels que vous voulez installer. Pour tourner uniquement à partir du CD-ROM, vous n'aurez besoin que de 5 Mo. Une installation minimale occupera 10 à 20 Mo et une complète, plus de 100 Mo.

En général, il vaut mieux installer les ressources au niveau de la station de travail, car c'est là que la plupart des traitement sont effectués. La quantité de ressources supplémentaires dépend du type de tâches que vous voulez réaliser. Par exemple, les traitements de texte ont besoin de peu de ressources (disque dur, RAM, qualité de moniteur) comparativement aux tâches de type graphique telles que les programmes multimédias ou la conception assistée par ordinateur (CAO). Vous aurez besoin, pour les applications comprenant de la CAO, de très gros disques durs (un gigaoctet ou plus), de beaucoup de RAM (16 Mo, 32 Mo ou même 64 Mo), de moniteurs à haute résolution et de cartes vidéo (1 280 × 1 024 ou plus). Vous pourriez également avoir recours à un lecteur de disquettes, pour les sauvegardes, et de CD-ROM, pour charger les applications.

Les *cartes d'interface réseau* (NIC) s'insèrent dans la carte mère et constituent le lien physique entre l'ordinateur et le câblage pour le réseau. Elles sont généralement disponibles pour les câbles coaxiaux ou en paire torsadée.

Un *hub* sert de point de connexion pour le câblage du réseau, par exemple, Ethernet 10BaseT, et peut être passif ou actif. Le premier a généralement quatre connecteurs. Le second possède en général au moins huit ports et il amplifie ou relaie les signaux.

Les *répéteurs* amplifient ou régénèrent le signal à travers le réseau pour que vous puissiez étendre les limites normales de distance du câblage réseau.

Le rôle d'un *pont* est d'interconnecter deux types de réseaux similaires.

On utilise les *routeurs* pour les réseaux étendus et complexes, lorsque les signaux du réseau peuvent emprunter de nombreux chemins d'accès pour atteindre la même destination. Ils choisissent la route la plus pratique puis envoient le signal.

Une *passerelle* sert à connecter des types de réseaux utilisant des protocoles différents. Elle effectue les conversions de protocoles nécessaires pour que les deux réseaux puissent communiquer. Par exemple, il en faudra une pour relier un réseau SNA à un TCP/IP.

• Topologies des réseaux

Le terme *topologie* désigne la manière dont les stations de travail et les serveurs de fichiers sont reliés au réseau. Les noms des diverses topologies correspondent aux modèles formés par les câbles, après que tous les terminaux, stations de travail et serveurs de fichiers ont été connectés. Parmi les plus courantes, on peut citer celles en étoile, en bus et en anneau. Un réseau qui en utilise plusieurs est dit *hybride*.

Topologie en étoile

Les réseaux en étoile sont connectés de façon que que toutes les stations de travail soient reliées à un serveur de fichiers central, ou hub (voir Figure 7.3). Avec ce modèle, les hubs peuvent être actifs ou passifs.

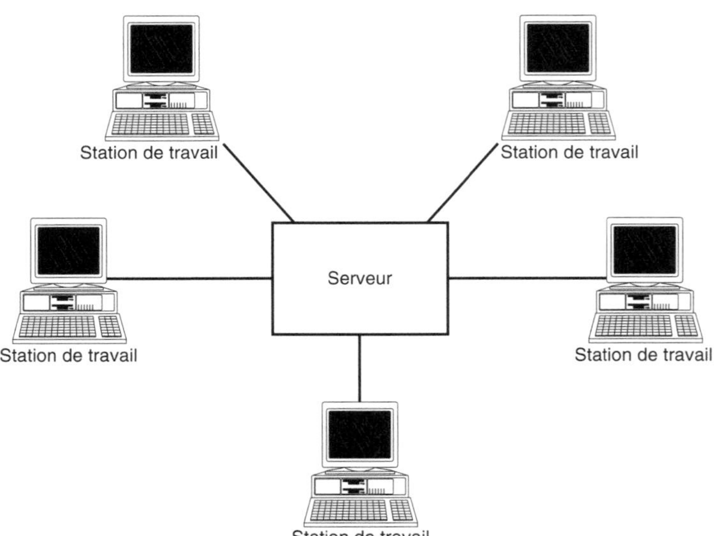

Figure 7.3
Dans une topologie en étoile, toutes les stations de travail sont reliées à un serveur de fichiers central.

Un hub est un simple point de connexion pour les stations de travail. S'il est actif, il offre en plus une amplification du signal. Le Starlan d'AT&T est un exemple de réseau utilisant une telle topologie.

Topologie en bus

Dans un réseau en bus, toutes les stations de travail et les serveurs de fichiers partagent le même chemin d'accès. Ils sont en fait connectés directement les uns aux autres. Ethernet et Token Bus sont ainsi configurés.

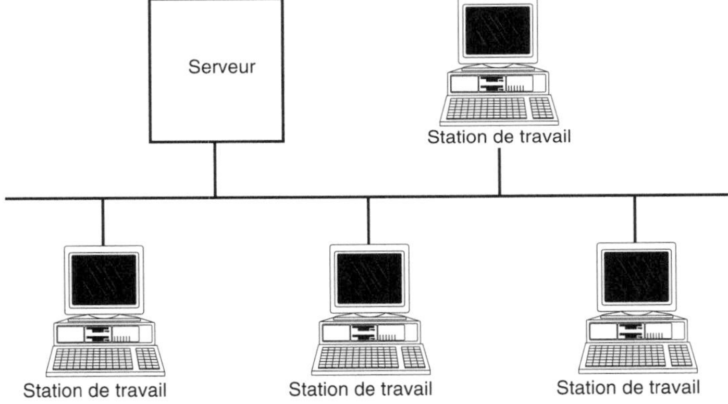

Figure 7.4
Dans une topologie en bus, toutes les stations de travail et les serveurs de fichiers partagent le même chemin d'accès.

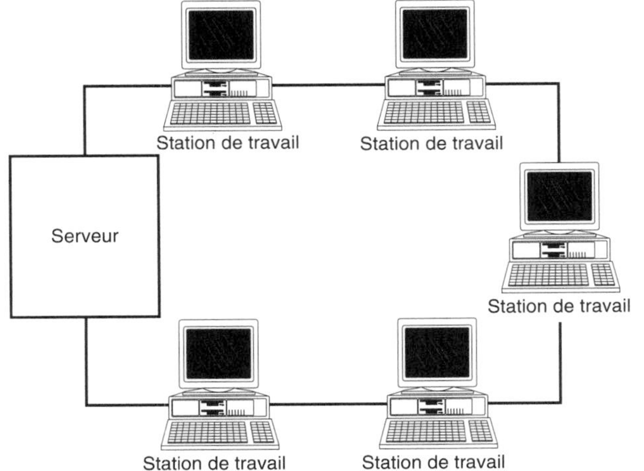

Figure 7.5
Dans une topologie en anneau, le serveur est connecté aux stations de travail à la manière d'un réseau en bus.

Topologie en anneau

Un réseau en anneau ressemble à une roue de wagon sans moyeu (voir Figure 7.5). Le serveur est connecté aux stations de travail comme dans la topologie en bus, mais les deux extrémités du réseau sont reliées entre elles pour constituer une boucle fermée. Cette configuration recourt à un répétiteur, qu'IBM appelle Unité d'Accès Multistation (*Multistation Access Unit*). Le réseau Token Ring d'IBM en est un exemple.

Topologie hybride

Au cours des années 70 et 80, les entreprises qui pratiquaient l'achat décentralisé ont vu se développer des topologies différentes sur leurs réseaux. Par exemple, un réseau en bus pour la comptabilité ; des machines Token Ring pour le service achat ; un bus Ethernet pour la fabrication et des processeurs centraux pour le service de gestion. Cette combinaison de réseaux est à l'origine du développement de l'informatique dans les entreprises et des réseaux hybrides longues distances et a permis de relier des topologies dissemblables.

Modèle client-serveur

Le développement du traitement décentralisé a entraîné la création d'un nouveau modèle : *client-serveur*. Aujourd'hui, Linux peut être utilisé comme client et/ou serveur.

Pour comprendre une configuration client-serveur, imaginez que plusieurs stations de travail Linux (les clients) sont connectées dans une topologie en bus à un serveur (un PC haut de gamme avec beaucoup d'espace disque tournant également sous Linux). Le serveur possède des répertoires pour chaque client, dans lesquels des fichiers importants peuvent être stockés et copiés (avec le mécanisme de sauvegarde de nuit du serveur). Le serveur a des répertoires qui contiennent des fichiers que les clients peuvent partager. Il est aussi connecté à une imprimante laser rapide, à laquelle tout le monde peut accéder, ainsi qu'à un lecteur de disquettes capable de sauvegarder les gros disques durs. Plusieurs clients ont également leurs propres imprimantes laser, plus lentes et moins chères, connectées localement.

INFO

Dans cet exemple, le serveur est un PC tournant sur Linux — comme les PC clients, bien qu'il soit plus puissant. Il n'y a aucune raison pour qu'il ne puisse pas parfois agir comme un client, tout en partageant les ressources d'autres clients. En d'autres termes, tout système Linux peut être un client et un serveur.

Gestion d'un environnement réseau

Un réseau UNIX est généralement constitué de beaucoup d'ordinateurs, petits et gros, reliés les uns aux autres par des connexions directes entre les câbles ou par des lignes téléphoniques communes. Sa gestion est généralement confiée à une ou plusieurs personnes qui se trouvent sur l'un des ces sites.

La plupart des gens peuvent apprendre à administrer un réseau Linux. Dans un environnement de production, l'idéal serait de pouvoir trouver tout de suite une personne qualifiée. Avec de l'entraînement et de la patience, même ceux qui ne connaissent rien, ou peu de choses, aux ordinateurs, peuvent apprendre à gérer une station de travail UNIX/Linux d'entreprise.

Rôle de l'administrateur réseau

Il faudrait probablement avoir un administrateur réseau spécialisé dès qu'un certain nombre de systèmes UNIX/Linux sont reliés. Il faut, en effet, une expérience solide pour décider comment relier les systèmes (réseau local ou modems), choisir le niveau de sécurité requis et planifier la répartition des périphériques communs (imprimantes, sauvegardes de bandes, etc.). Le travail quotidien du gestionnaire consiste à mettre à jour les listes de noms de systèmes, d'adresses de réseaux, d'accès utilisateur et de veiller à ce que le réseau fonctionne normalement.

Les entreprises dont les réseaux comprennent des centaines d'ordinateurs peuvent se permettre d'avoir plusieurs administrateurs spécialisés dans différents domaines. Cela peut se révéler indispensable si, par exemple, un système d'impression complexe est nécessaire. Il faut parfois, en ce qui concerne l'impression, avoir des connaissances très approfondies sur certains types d'imprimantes et savoir comment les relier à Linux.

• Configuration matérielle et logicielle

Si vous êtes l'administrateur système et qu'il vous appartient de choisir le matériel et le logiciel de gestion de réseau pour les ordinateurs qui sont sous votre responsabilité, vous devez d'abord prendre plusieurs points en considération. Il faut, comme bien souvent dans la vie, étudier quels sont vos besoins et moyens financiers.

Si vos systèmes sont proches les uns des autres et rassemblés dans le même bâtiment, choisissez un réseau local, car c'est sans doute la façon la plus économique et la plus rapide de connecter vos ordinateurs. Placez une carte Ethernet dans chaque système Linux et utilisez TCP/IP comme protocole de réseau. C'est un composant standard des distributions Linux.

Pour les connexions longues distances, vous pouvez utiliser des modems à moindre vitesse de transmission. Les protocoles Point-to-Point (PPP) ou Serial Line Internet Protocol (SLIP) vous permettront de bénéficier de connexions TCP/IP asynchrones. Le logiciel UUCP peut, en dépit de ses limites, servir aux courriers électroniques, news et transferts de fichiers. Pour obtenir des vitesses plus grandes sur de longues distances, vous pouvez utiliser ISDN ou des lignes louées.

N'achetez pas de vieux matériels réseau. Même si la plupart sont immédiatement disponibles et fournis avec les pilotes indispensables à leur fonctionnement sous DOS, il n'en va pas de même pour Linux. C'est pourquoi les systèmes Linux intègrent beaucoup de pilotes réseau standards. Le Tableau 7.1 montre une partie des cartes Ethernet actuellement compatibles avec Linux. Consultez le document Ethernet HOWTO pour connaître les dernières mises à jour (voir Annexe A).

Tableau 7.1 : Cartes Ethernet actuellement compatibles avec Linux

Fabricant	Cartes
3Com	3c503, 3c503/16, 3c509, 3c579
SMC (Western Digital)	WD8003, WD8013, SMC Elite, SMC Elite Plus, SMC Elite 16 ULTRA
Novell Ethernet	NE1000, NE2000, NE1500, NE2100
D-Link	DE-600, DE-650, DE-100, DE-200, DE-220-T
Hewlett Packard	27245A, 27247B, 27252A, 27247A, J2405A
Digital	DE200, DE210, DE202, DE100, DEPCA (rev. E)
Allied Telesis	AT1500, AT1700
PureData	PDUC8028, PDI8023

Les applications qui ne sont pas intégrées aux produits de gestion de réseau peuvent être utilisées sous un environnement réseau. Vous pouvez, par exemple, installer une application sur un système Linux, et permettre à de nombreux utilisateurs d'autres ordinateurs de les employer en lançant la commande d'exécution à distance qui est intégrée à UNIX. Vous pouvez également en partager une en montant à distance le système de fichiers où elle figure, puis en la faisant tourner à partir du système local.

• Tâches courantes de la gestion de réseau

La gestion de réseau s'effectue sur plusieurs niveaux. La plupart des réseaux ne sont pas simplement créés ; en général, ils évoluent. Le scénario idéal pour un administrateur, serait d'être impliqué dans l'achat d'ordinateurs et de logiciels pour savoir ainsi ce que les utilisateurs attendent de lui et ce qu'ils peuvent faire.

Mise en place du système

Le logiciel de gestion de réseau devrait maintenant être installé et prêt à être connecté au site. Si vous utilisez Ethernet pour cette partie du réseau sous Linux, effectuez tous les tests de continuité. Si vous utilisez des lignes téléphoniques, faites-les tester, ainsi que les câblages et les terminaux pour utilisateurs. Le matériel devrait être "prêt à l'emploi" (*Plug and Play*), mais ce n'est jamais le cas. Il y a toujours des problèmes d'installation et de connexion.

Lorsque vous achetez un ordinateur et que votre système d'exploitation n'est pas encore installé, vous avez l'avantage de pouvoir organiser le système de fichiers selon vos besoins. Vous devez savoir quels logiciels peuvent être installés, combien de personnes utiliseront le système et quels usages elles en feront.

ASTUCE

Jusqu'à présent, vous avez investi du temps et de l'argent dans l'organisation de ce réseau. Sauvegardez donc immédiatement les fichiers de configuration que vous venez de constituer.

Une fois que le système est complètement opérationnel, les logiciels peuvent être installés. Ils sont généralement beaucoup plus compliqués sur un ordinateur Linux que sur un système mono-utilisateur. Sachez donc qu'il vous faudra du temps pour l'installer, le régler et le rendre complètement opérationnel.

Vous pouvez maintenant ajouter des utilisateurs au système, même si vous n'êtes pas encore sur le site. Attribuez des noms d'identification à quelques utilisateurs clés et choisissez-leur, pour commencer, un mot de passe commun (*temp01*, par exemple). Cela garantira une certaine sécurité et permettra aux personnes clés choisies de se connecter au système, aussitôt qu'il sera mis en place

Une fois que l'ordinateur est installé, vous pouvez le relier au réseau. Assurez-vous que la communication est possible en tout point du réseau et vers n'importe quel autre point. Testez-la en déplaçant des fichiers, de grosse et de petite taille, d'un ordinateur à un autre. Le courrier électronique devrait être dirigé à partir, et vers d'autres nœuds du réseau. Tous les ordinateurs du réseau doivent "connaître" ce nouvel ordinateur. Vous devez donc l'ajouter à la banque de données qui regroupe les noms d'hôtes et qui est utilisée par toutes les autres machines du réseau. Si vous utilisez localement un DNS (*Domain Name System*), vous devez l'ajouter à la banque de données qui regroupe tous les noms DNS. Si vous n'en utilisez pas, ajoutez le nom de votre ordinateur dans les fichiers /etc/hosts des autres systèmes.

Gestion des périphériques

Les imprimantes posent parfois beaucoup de problèmes aux administrateurs. La surveillance et l'entretien de ce type de matériel constituent une tâche très importante et qui prend du temps, notamment pour comprendre le traitement désynchronisé (*spooling*) du travail d'impression, les interfaces et les particularités des équipements.

Les modems sont ce qu'il y a de plus économique pour relier un réseau qui couvre de longues distances. Ceux des types PPP et UUCP permettent à une petite équipe de gérer plus facilement de nombreux ordinateurs. Cependant, des difficultés peuvent surgir si des imprimantes sont associées à des modems trop lents. Choisissez une ou deux grandes marques et apprenez bien leurs particularités.

Contrôle du système

Lorsque l'installation est terminée, vous pouvez installer les outils UNIX pour contrôler ce nouveau système. Les administrateurs devraient commencer par voir un peu comment il fonctionne.

Tous les systèmes qui font partie d'un réseau doivent être constamment contrôlés. Cela dit, la charge de gestion devrait finir par se stabiliser une fois qu'il n'y a plus de périphériques ou de logiciels à ajouter. Des problèmes se présenteront à l'occasion et quelques "peaufinements" seront alors nécessaires. Un bon administrateur doit savoir déterminer si les problèmes sont liés au matériel ou au logiciel.

Gestions des mises à jour des logiciels

Certains programmes sont constamment remis à jour. Si c'est une préoccupation avec l'UNIX commercial, c'est un réel problème avec Linux, car la plupart des logiciels sont publiquement disponibles via l'Internet et sont continuellement mis à jour. La bonne nouvelle est que les bogues seront ainsi corrigés. En revanche, chaque système du réseau devra être mis à jour, opération qui est un véritable défi.

Il vaut mieux ne pas installer immédiatement toutes les nouvelles versions sur vos systèmes, mais plutôt tester celle qui est mise à jour ou corrigée sur un système sans grande importance. Lorsque vous êtes certain qu'elle fonctionne, installez-la sur les autres. Un bon administrateur apprend à faire ces corrections ou à installer de nouvelles versions sans se déplacer sur les autres sites du réseau. Cela peut sembler à première vue impossible, mais vous découvrirez bientôt que beaucoup d'outils UNIX facilitent ces tâches.

• Formation de l'administrateur

La formation est dispensée "au petit bonheur" dans la plupart des entreprises. Une personne peut avoir des compétences informatiques dans certains domaines, mais peu de choses seront faites pour qu'elle soit réellement formée à la gestion de systèmes. Ce travail demande de l'attention et de solides compétences dans les domaines suivants :

- *Conception et utilisation de Linux/UNIX*. L'administrateur doit, entre autres, connaître en profondeur le réacheminement, les canaux de communication, le traitement en tâche de fond, etc.
- *L'éditeur* `vi`. Il figure dans tous les ordinateurs UNIX dignes de ce nom, y compris Linux, qui ont été lancés au cours de ces dix dernières années. Il est assez critiqué et souvent remplacé par d'autres éditeurs. Cela dit, il est important que les administrateurs sachent utiliser `vi`, car c'est un "dénominateur commun" parmi les éditeurs UNIX.
- *La programmation du shell*. La plupart des programmes clés utilisés pour administrer UNIX sont des scripts shell, qui devront parfois être adaptés à vos besoins. Parmi les outils qui ont été présentés dans ce chapitre, nombreux sont ceux qui ne pourront servir que si vous savez écrire et utiliser un script shell. Presque tous les utilisateurs ont un shell favori. Le Bourne Again, `bash`, est un clone du shell Bourne et c'est celui que Linux utilise par défaut. Les shells Z et T sont également disponibles avec Linux. Vous devriez cependant vous en tenir au premier jusqu'à maîtriser le langage shell. Tous les programmes shell

écrits par les créateurs de Linux ont d'ailleurs été rédigés en shell Bourne. Vous devriez également examiner le langage Perl. Il propose une gamme importante d'outils pour la gestion de systèmes dans un environnement de programmation.

- *Les communications.* Il est actuellement rare de trouver une bonne formation en communication. Vous devrez absolument connaître TCP/IP et les protocoles apparents pour assembler un réseau informatique de manière efficace. Vous devrez également maîtriser PPP pour installer une connexion Internet asynchrone. L'idéal serait que ces protocoles soient enseignés "sur le terrain" avec toutes les options disponibles. Participez à des formations ou achetez au moins des manuels sur ce sujet, mais soyez prêt à y passer un certain temps.
- *Les conventions UNIX.* Elles ne sont ni enseignées ni même mentionnées dans la plupart des stages UNIX. Seule l'observation vous permettra probablement de les découvrir au cours de votre formation. Par exemple, les programmes d'exécution binaires résident généralement dans les répertoires bin, tels que /usr/bin, /bin et /usr/local/bin. Vous pouvez stocker les vôtres dans /usr/local/bin. Les répertoires lib, tel /usr/lib, sont utilisés pour les fichiers bibliothèques. Vous pouvez ranger vos propres bibliothèques dans un répertoire tel que /usr/local/lib. Comprendre et suivre ce type de convention standard Linux/UNIX peut permettre de trouver et de régler un problème plus rapidement.

Plusieurs sociétés réputées, et sans doute celle à qui vous avez acheté votre ordinateur, proposent une formation dans tous ces domaines. Cependant, celle-ci ne sera peut-être pas spécifique à Linux. Quelques fournisseurs vendent les différentes distributions des systèmes d'exploitation Linux et proposent en même temps des stages sur des sujets particuliers. Cherchez des groupes d'utilisateurs dans votre domaine et consultez les conférences `comp.os` de USENET sur Internet.

La formation est plus efficace si elle est dispensée petit à petit. Mieux vaux participer à un stage, puis revenir sur le réseau pour appliquer immédiatement ce que vous avez appris. De plus, il y a peu de chances que vous maîtrisiez totalement la gamme élaborée d'outils que propose Linux. Dans ce cas, munissez-vous des manuels qui pourront vous renseigner.

Informations complémentaires

Pour trouver d'autres informations concernant l'administration système, consultez les chapitres suivants.

- Le Chapitre 9 présente les procédures correctes pour démarrer et arrêter un système Linux.
- Le Chapitre 10 montre comment créer et gérer des comptes utilisateur sous Linux.
- Le Chapitre 14 indique comment créer, mettre à jour et gérer les systèmes de fichier.

8 L'éditeur vi

Les chapitres précédents vous ont montré combien il est pratique et avantageux de stocker des séquences de commandes ou des programmes shell dans un fichier. Vous aurez sûrement besoin de créer des données, e-mail, listes, notes, informations, rapports, etc. ; pour cela, vous utiliserez un éditeur. Plusieurs éditeurs ou traitements de texte sont disponibles dans l'environnement Linux. Pour insérer des commandes ou des programmes shell dans un fichier, vous avez cependant besoin d'un éditeur capable de sauvegarder votre travail dans un fichier texte — un fichier au format ASCII. Linux fournit un éditeur de texte standard appelé `vi`, que vous pouvez utiliser dans la plupart de vos projets d'écriture et d'édition.

`vi` est très utile pour les administrateurs système, car il est présent sur toutes les plates-formes UNIX. Par conséquent, lorsque vous connaissez `vi`, vous pouvez l'utiliser sur tout système UNIX. Par ailleurs, il monopolise très peu de ressources pour s'exécuter ; vous pouvez donc l'utiliser quand d'autres programmes ne fonctionnent pas toujours, à cause de problèmes matériels ou autres.

Les éditeurs `vi` et `ex` livrés avec la distribution Red Hat sont en réalité des appellations de l'éditeur `vim` (*VI iMproved*). Les noms `vi` et `ex` sont des liens symboliques vers `vim`, par conséquent, en lançant `vi`, vous exécutez en réalité `vim`. Le fichier /usr/share/vim/vim_diff.txt résume les différences entre vim et vi.

Votre environnement Linux possède d'autres éditeurs de texte : un éditeur graphique utilisable sous l'environnement XFree86 et deux éditeurs de texte standards non graphiques appelés `ed` et `ex`, des éditeurs de texte en mode ligne (c'est-à-dire que l'on ne peut travailler que ligne par ligne). Un autre éditeur, `emacs`, est également fourni dans la plupart des distributions de Linux. `vi` et `emacs` sont des éditeurs plein écran ; lorsque vous les utilisez, un écran d'information vous permet de faire des modifications et des ajouts en contexte. Ce chapitre n'aborde pas `ed` et `ex`, car `vi` est beaucoup plus simple à utiliser et il est fourni sur tout système UNIX et Linux.

Dans ce chapitre, vous découvrirez :

- les commandes de base de `vi` ;
- la création de nouveaux fichiers et la modification des fichiers existants ;
- l'initialisation de l'environnement `vi`

Pour comprendre `vi` (prononcez *vi-aï*), vous devez connaître son évolution au sein du monde UNIX. Et bien que les systèmes actuels, Linux compris, possèdent des éditeurs beaucoup plus conviviaux et puissants, vous devrez apprendre à utiliser vi puisque chaque UNIX (et donc Linux) dispose d'une copie de vi. Quelquefois, vi est le seul éditeur disponible au moment crucial ; par conséquent, vous avez besoin de connaître quelques-unes de ses fonctionnalités fondamentales.

UNIX a été développé dans un environnement où le terminal de l'utilisateur était un téléscripteur ou autre terminal d'impression caractérisé par sa lenteur. Les moniteurs n'étaient généralement pas utilisés. Un éditeur naturel pour cet environnement était un éditeur en mode ligne offrant à l'utilisateur la possibilité de voir et de travailler sur une ligne en même temps. Deux éditeurs en mode ligne sont actuellement disponibles dans les systèmes UNIX : ed et ex.

A ses débuts, UNIX fut mis à la disposition des universités presque gratuitement. Les étudiants de nombreuses universités contribuèrent à l'évolution de l'environnement UNIX. Plusieurs améliorations notables vinrent de l'Université de Berkeley en Californie ; un éditeur plein écran permit par exemple de travailler avec un écran de données plutôt qu'une simple ligne de texte. Cet éditeur plein écran a été baptisé vi, pour *visuel*. Les utilisateurs allaient dorénavant délaisser leurs imprimantes pour travailler sur écrans.

ASTUCE

Vous n'avez pas besoin de devenir expert pour utiliser vi *; tapez simplement* man vi *afin d'obtenir une aide sur* vi*. Vous pouvez aussi obtenir de l'aide en appuyant sur <Echap> et en tapant* help.

INFO

Ce chapitre n'est pas exhaustif. Des ouvrages sont consacrés uniquement à vi*. Ici, vous apprendrez à réaliser les travaux d'édition indispensables. Si vous désirez connaître les caractéristiques avancées de* vi*, consultez les pages d'aide fournies avec Linux.*

• Présentation de vi

Parce qu'il fait partie de l'environnement UNIX standard, des millions d'utilisateurs ont appris à connaître et à utiliser vi. Il se lance rapidement et permet d'effectuer des tâches plus ou moins complexes. Il est employé pour saisir, modifier, effacer du texte, chercher, remplacer du texte, et copier, couper et coller des blocs de texte. Il peut être personnalisé pour répondre au mieux à vos besoins. Vous pouvez bouger le curseur sur tout l'écran, et passer en revue les fichiers que vous voulez éditer. Les méthodes sont identiques pour tous les fichiers, quel que soit leur contenu.

L'éditeur vi n'est ni un traitement de texte ni un logiciel de PAO. Il ne comprend pas de menu et pratiquement aucun système d'aide.

INFO

La version originelle de `vi` ne propose pas de système d'aide. Toutefois, les nouvelles versions, par exemple le programme `vim` de Red Hat, fournit une aide en ligne.

Les traitements de texte offrent habituellement une possibilité de mise en forme à l'affichage et à l'impression. `vi` ne permet pas de représenter du texte en **gras**, en *italique*, ou en souligné par exemple. D'autres commandes Linux se chargent de certaines de ces fonctions : `lp` permet d'imprimer et `nroff` de formater du texte. Certains traitements de texte comme TeX (prononcez *tek*) et LaTeX peuvent intégrer des commandes dans le texte, par exemple pour les attributs gras et souligné.

L'éditeur `vi` fonctionne selon deux modes :

- En *mode commande*, ce que vous frappez est interprété comme une commande. Certaines commandes permettent de modifier, effacer, remplacer et rechercher du texte.
- En *mode insertion*, ce que vous frappez est accepté comme le texte du fichier en cours d'édition. L'éditeur agit alors comme une machine à écrire.

Lors d'une session d'édition, vous pouvez librement basculer d'un mode à l'autre. Rappelez-vous seulement le mode que vous utilisez et la façon d'en changer. Vous découvrirez plus loin l'option `showmode` qui indique le mode de `vi`. Avec un peu de pratique, vous trouverez `vi` extrêmement commode pour éditer vos fichiers Linux ASCII, spécialement les fichiers de configuration et les scripts shell.

• Processus d'édition

Vous éditez du texte, soit en en créant un nouveau texte, soit en modifiant un texte existant. Lorsque vous créez un nouveau texte, vous le placez dans un fichier avec un nom Linux standard. Lorsque vous modifiez du texte existant, vous utilisez le nom du fichier existant pour appeler une copie de ce fichier dans la session d'édition. Dans l'un ou l'autre cas, quand vous utilisez l'éditeur, le texte est gardé en mémoire dans une zone de sauvegarde appelée *tampon*. Un tampon vous empêche de modifier directement le contenu d'un fichier tant que vous ne décidez pas de sauvegarder ce tampon.

Lorsque vous modifiez le texte, vous travaillez sur celui qui se trouve dans le tampon, et non sur le fichier stocké sur le disque. Lorsque le résultat vous satisfait, vous appelez une commande qui va enregistrer le texte. A partir de là les changements deviennent définitifs.

Vous pouvez enregistrer des changements autant de fois que vous le désirez (faites-le assez souvent de façon à limiter les pertes en cas de blocage ou de panne de la machine). Il n'est d'ailleurs pas nécessaire de quitter l'éditeur pour les effectuer. Ce chapitre présente les différentes manières de quitter l'éditeur ; certaines écrivent le tampon du fichier texte sur le disque.

L'éditeur `vi` est considéré comme interactif du fait qu'il interagit avec l'utilisateur durant la session d'édition. Il communique avec vous en affichant des messages d'état, d'erreur, ou rien (ce qui est caractéristique de Linux). La dernière ligne à l'écran, appelée *ligne d'état*, affiche les messages de Linux.

L'éditeur premet de modifier, supprimer, remplacer, et rechercher du texte. Pour ce faire, il doit être en mode commande. Dans plusieurs cas, une commande sera représentée par une simple lettre correspondant à l'initiale du nom de l'action. Par exemple, `i` correspond à insérer (*insert*) et `r` est utilisé pour remplacer (*replacing*) un caractère.

La plupart des commandes fonctionnent sur une simple ligne ou sur une série de lignes de texte. Les lignes sont numérotées à partir de 1 (ligne supérieure), jusqu'à la dernière contenue dans le tampon. Lorsque vous ajoutez ou supprimez des lignes, leurs numéros sont modifiés automatiquement. Le numéro d'une ligne correspond à son adresse dans le tampon. Un paragraphe est représenté par deux adresses (ou numéros de ligne) séparées par une virgule. Si vous désirez spécifier le paragraphe allant de la troisième à la huitième ligne, utilisez `3,8`.

La position du curseur indique toujours votre situation dans le tampon d'édition. Certaines commandes utilisées en mode commande influent sur le caractère repéré par la position du curseur. Naturellement, `vi` possède plusieurs commandes permettant de déplacer le curseur à l'intérieur du tampon.

Vous savez maintenant que `vi` est un éditeur plein écran. Vous lui transmettez des commandes pour déplacer le curseur vers différentes positions dans un fichier, et vous voyez les modifications au fur et à mesure que vous les effectuez. Ainsi, `vi` est capable de déplacer et de modifier le texte aussi bien sur votre terminal que sur d'autres types de terminaux hôtes. Il reconnaît le type de terminal utilisé en contrôlant la variable shell `TERM`. Linux utilise aussi cette variable pour déterminer les possibilités graphiques de votre terminal, par exemple le soulignement, la vidéo inversée, la méthode pour effacer l'écran, l'attribution des touches de fonction, et les couleurs.

DÉPANNAGE

Mon éditeur `vi` semble ne pas fonctionner correctement avec mon terminal ou mon écran, je vois des caractères étranges.

La variable `TERM` *n'est peut-être pas initialisée correctement. Autre symptôme dû à une mauvaise installation du terminal : la superposition de blocs de caractères sur le texte lisible. L'expression* `$TERM` *donne la valeur du réglage actuel du terminal. Pour vérifier la valeur de* `TERM`, *tapez* `echo $TERM`. *Si vous travaillez sur un vt100 ou un terminal qui l'émule, cette commande affichera le résultat suivant (tapez la commande sur le terminal, et non dans l'éditeur* `vi`) *:*

```
vt100
```

Si le type correct de terminal n'est pas affiché en écho, initialisez la variable `TERM` *avec la commande suivante, si vous utilisez le shell* `bash` *:*

```
TERM=vt100
```

export TERM

Avec le shell C, tapez les lignes suivantes (les espaces encadrant le signe = sont importants).

`setenv TERM = vt100`

export TERM

Le type de votre terminal peut être différent de vt100 ; donnez la valeur correspondante à la variable `TERM`.

J'ai lancé `vi`, mais je n'ai pas obtenu les résultats escomptés.

Vérifiez que votre terminal a été correctement initialisé. Votre type de terminal diffère du nom qui lui a été attribué ; il doit correspondre à l'un des types de terminal contenu dans le répertoire /usr/lib/terminfo.

Travailler avec vi

Pour démarrer `vi`, il suffit de taper son nom à l'invite du shell (en ligne de commande). Si vous connaissez le nom du fichier que vous voulez créer ou éditer, appelez la commande `vi` avec ce nom comme argument. Par exemple, pour créer le fichier mon-fic avec `vi`, entrez `vi mon-fic`.

Quand `vi` devient actif, l'écran du terminal s'efface et un tilde (~) apparaît à gauche de chaque ligne de l'écran, sauf pour la première. Le tilde signale toute ligne dont le tampon est vide. Voici une version raccourcie de ce que vous pouvez voir à l'écran (seulement cinq lignes sont affichées pour économiser de l'espace) :

```
_
~
~
~
~
```

Le curseur se trouve sur la position la plus à gauche de la première ligne (représenté par le caractère de soulignement). Vous verrez probablement entre 20 et 22 tildes sur la gauche de l'écran. Si tel n'est pas le cas, vérifiez la valeur de `TERM` (voir le Dépannage précédent) et consultez éventuellement votre administrateur système.

Si vous obtenez cet affichage, vous avez démarré `vi` avec succès ; `vi` est alors en mode commande, et attend votre première instruction.

INFO

Contrairement aux autres traitements de texte, `vi` *démarre en mode commande. Avant de pouvoir saisir le texte, vous devez basculer en mode insertion par l'intermédiaire des touches <a> ou <i>, présentées dans la section suivante.*

• Les deux modes de vi

En mode commande, `vi` interprète ce que vous tapez comme des instructions (des commandes). Vous pouvez utiliser des commandes pour enregistrer un fichier, quitter `vi`, déplacer le curseur vers diverses positions d'un fichier, ou modifier, supprimer, remplacer, ou rechercher du texte. Vous pouvez même exécuter une commande du shell. Si vous entrez un caractère comme commande alors qu'il n'en est pas une, `vi` émet un signal sonore, qui vous permet de contrôler ce que vous faites et corriger toute erreur.

Vous pouvez saisir du texte en mode insertion (ou saisie) en ajoutant des caractères après ou avant le curseur. En début de ligne, il n'y a pas de différence. Pour passer du mode commande au mode insertion, appuyez sur l'une de ces touches :

<a>Pour insérer du texte après le curseur.

<i>Pour insérer du texte devant le curseur.

Employez le mode insertion uniquement pour saisir du texte. La plupart des traitements de texte démarrent en mode insertion, contrairement à `vi`. Lorsque vous utilisez un logiciel de traitement de texte, vous pouvez saisir du texte ; pour appeler une commande, vous devez utiliser les touches de fonction ou des touches différentes de celles usitées lors de la saisie standard du texte. `vi` ne fonctionne pas ainsi : il faut basculer en mode insertion en pressant <a> ou <i> avant de commencer à saisir le texte et appuyer sur <Echap> pour revenir en mode commande.

• Création d'un fichier vi

Vous allez apprendre à créer un fichier avec `vi`. Chaque étape associe l'action à entreprendre et ce qu'il faut frapper au clavier. Cet exemple vous montrera les mécanismes permettant de créer un fichier, de basculer du mode commande au mode insertion, et d'enregistrer votre travail avec `vi`. Si vous rencontrez des difficultés, vous pouvez quitter et recommencer en appuyant sur <Echap>, puis en tapant `:q!`.

1. Lancez `vi` en tapant `vi`. Un écran comprenant une colonne remplie de tilde s'affiche.
2. Passez en mode insertion de façon à placer les caractères sur la première ligne. Appuyez sur la touche <a>. N'appuyez pas sur <Entrée>. Vous pouvez maintenant insérer des caractères sur cette première ligne. Le caractère `a` n'apparaîtra pas à l'écran.
3. Ajoutez des lignes de texte au tampon. Tapez :

```
Emploi du temps pour aujourd'hui
a. Pratique de vi
b. Tri des données de ventes et impression des résultats.
```

Vous pouvez utiliser la touche <Correction> pour supprimer les erreurs de la ligne en cours. Mais ne vous préoccupez pas de l'exactitude de la frappe, cet exemple constitue un entraînement. Vous apprendrez plus loin à effectuer d'autres changements.

4. Passez du mode insertion au mode commande en appuyant sur <Echap>. Vous pouvez appuyer plusieurs fois sur <Echap> sans que cela n'entraîne un changement de mode. Votre système émettra un signal si vous appuyez sur <Echap> alors que vous êtes déjà en mode commande.
5. Enregistrez votre tampon dans un fichier appelé vipract.1 en tapant `:w vipract.1`. Les caractères `:w vipract.1` apparaissent sur la ligne du bas de l'écran (ligne d'état). Ils n'apparaîtront pas dans le texte. La commande `:w` écrit le tampon dans le fichier spécifié, vipract.1.
6. La ligne d'état confirme alors votre action en affichant :

```
"vipract.1" [New File] 3 lines, 80 characters.
```

   Cette déclaration confirme la création du fichier vipract.1 en tant que nouveau fichier, et indique qu'il contient 3 lignes et 78 caractères. (L'affichage peut être différent si vous n'avez pas tapé l'information exactement comme elle a été spécifiée.)
7. Quittez `vi` en tapant `:q`.

Lorsque vous tapez `:q`, vous êtes encore en mode commande et voyez ces caractères sur la ligne d'état. Lorsque vous appuyez sur <Entrée>, toutefois, `vi` se termine et vous revenez au prompt du shell de login.

Ces étapes vous aideront dans vos travaux d'édition. Soyez sûr de pouvoir les faire fonctionner avant d'aborder la suite.

INFO

`vi` démarre en mode commande.

Pour passer du mode commande au mode insertion, appuyez sur <a> (pour ajouter du texte) ou <i> (pour l'insérer).

L'ajout de texte se fait en mode insertion.

Vous ne pouvez transmettre des instructions à `vi` qu'en mode commande.

Pour enregistrer un fichier et pouvoir quitter l'éditeur, il faut être en mode commande.

Pour passer du mode insertion au mode commande, appuyez sur <Echap>.

• Lancement de vi avec un fichier existant

Pour éditer et regarder un fichier qui existe déjà dans votre répertoire courant, tapez `vi` suivi du nom du fichier. Essayez avec le fichier que vous avez créé dans le paragraphe précédent en rentrant :

```
vi vipract.1
```

L'affichage obtenu sera le suivant (le nombre de lignes présenté ici est inférieur à celui affiché).

```
Emploi du temps pour aujourd'hui
a. Pratique de vi
```

```
b. Tri des ventes et impression des résultats
~
~
~
"vipract.1" 3 lines, 80 characters
```

Comme précédemment, les tildes apparaissent à l'extrême gauche des lignes vides du tampon. Regardez la ligne d'état : elle contient le nom du fichier que vous éditez et le nombre de lignes et de caractères.

DÉPANNAGE

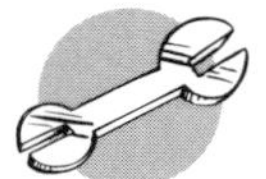

Je tape le nom d'un fichier dont je connais l'existence, mais `vi` agit comme si je créais un nouveau fichier.

*Personne n'est un parfait dactylo et vous devez avoir tapé le nom d'un fichier qui n'existe pas dans votre répertoire courant. Supposez que vous tapiez **vi*** `vipract.1`*, mais qu'il n'y ait pas de fichier nommé vipract.1 dans votre répertoire courant. Vous lancez encore* `vi`*, mais* `vi` *agit comme si vous créiez un nouveau fichier.*

J'essaie d'éditer un nouveau fichier, mais `vi` affiche un message indiquant une interdiction d'accès en lecture et je reviens au prompt du shell.

Vous avez essayé d'éditer un fichier qu'il vous est interdit de lire. De la même manière, vous ne pouvez éditer un répertoire. Cela dit, si vous tapez `vi.nomrep` *(*`nomrep` *étant le nom d'un répertoire),* `vi` *vous informe que vous avez ouvert ce répertoire, mais ne vous permet pas de l'éditer. Si vous tentez d'utiliser* `vi` *avec un fichier qui est un exécutable binaire, en opposition à un fichier ASCII, vous obtiendrez un plein écran de caractères (de contrôle) étranges, que vous ne pourrez ni lire ni éditer.* `vi` *attend des fichiers stockés en ligne.*

J'ouvre un fichier dans `vi`, mais j'obtiens un message indiquant que la ligne est trop longue.

Vous tentez d'utiliser `vi` *sur un fichier de données qui est juste une longue chaîne d'octets. Vous pouvez modifier le fichier, mais vous risquez de l'endommager.*

J'ouvre un fichier dans `vi`, mais j'aperçois des caractères étranges à l'écran.

Vous devez utiliser `vi` *avec un fichier généré par un traitement de texte.*

Dans tous ces cas, sortez de `vi` *de façon à revenir sur le prompt du shell en appuyant sur <Echap> pour passer en mode commande, puis en tapant :*`:q!`*. En utilisant :*`q!`*, vous êtes sûr de quitter* `vi` *sans apporter de modifications au fichier existant.*

• Sortie de vi

Vous pouvez sortir de `vi` de plusieurs façons. Le Tableau 8.1 présente les commandes utilisables.

Souvenez-vous que vous devez être en mode commande pour quitter `vi`*. Pour passer en mode commande, appuyez sur <Echap> (si vous y êtes déjà lorsque vous appuyez sur <Echap>, le terminal émet un bip anodin).*

Tableau 8.1 : Moyens de quitter vi

Commande	Action
:q	Sort si le tampon n'a subi aucune modification, ou s'il a été modifié et sauvegardé dans un fichier
:q!	Sort et abandonne toutes les modifications du tampon depuis sa dernière sauvegarde sur disque
:wq, :x ou ZZ	Sauvegarde le tampon dans le fichier de travail avant de sortir

Comme le montre ce tableau, plusieurs raccourcis clavier accomplissent la même action. En guise d'exercice, reprenons le fichier vipract.1. Pour l'éditer, tapez `vi vipract.1`. L'affichage obtenu ressemble à cela :

```
Emploi du temps pour aujourd'hui
a. Pratique de vi
b. Tri des ventes et impression des résultats
~
~
~
"vipract.1" 3 lines, 80 characters
```

Le curseur est signalé par un caractère de soulignement. Lorsque vous ouvrez un fichier pour la première fois, il se trouve sous le premier caractère du fichier, le E d'`Emploi`. Puisque vous n'avez effectué aucun changement depuis l'ouverture du fichier, vous pouvez sortir en tapant `:q` et en appuyant sur <Entrée>. Vous voyez le prompt du shell. Vous pouvez aussi taper `:wq` ; ainsi, vous obtiendrez le message suivant avant de revenir sur le prompt du shell :

```
"vipract.1" 3 lines, 80 characters
```

Ce message apparaît parce que `vi` écrit le tampon dans le fichier vipract.1 et sort ensuite.

Lancez à nouveau `vi` avec le même fichier (tapez `vi vipract.1`).

Vous verrez un affichage semblable à :

```
Emploi du temps pour aujourd'hui
a. Pratique de vi
b. Tri des ventes et impression des résultats
~
~
~
"vipract.1" 3 lines, 80 characters
```

Bien que `vi` commence en mode commande, pour en être sûr, appuyez sur <Echap>. A présent, appuyez sur la <Barre d'espace> autant de fois que nécessaire pour que le curseur se déplace sous l'occurrence suivant `aujourd'hui`. Dans la première ligne, pour remplacer ce caractère par un point d'exclamation, appuyez sur <r> (pour remplacer) et tapez !. La première ligne ressemble maintenant à cela :

```
Emploi du temps pour aujourd'hui!
```

Puisque vous avez modifié le tampon, `vi` ne vous laissera pas sortir, à moins que vous n'enregistriez les changements ou ne donniez explicitement l'instruction de quitter sans sauvegarder les modifications. Si vous essayez de sortir de `vi` en tapant :`q`, `vi` affiche le message suivant pour vous rappeler que vous n'avez pas écrit le fichier sur le disque depuis que vous l'avez modifié :

```
No write since last change (:quit! overrides)
```

Voir Chapitre 11.

Pour abandonner les modifications apportées au fichier, quittez en tapant :`q!`. Pour les enregistrer, quittez en tapant :`wq` ou une autre forme équivalente (`zz` ou `:x`).

INFO

vi ne conserve pas de copie de sauvegarde des fichiers. Une fois :`wq` *tapé, lorsque vous appuyez sur <Entrée>, le fichier original est modifié et ne peut plus être restauré à son état d'origine. Vous devez effectuer vos propres copies de sauvegarde des fichiers de* `vi`.

ATTENTION

Utilisez la commande :`q!` *modérément. Lorsque vous entrez :*`q!`*, tous les changements effectués sont perdus.*

Plutôt que d'utiliser la commande :`q!`, il est souvent plus sûr de sauvegarder le fichier sous un autre nom (voir "Sauvegarde d'un nouveau fichier", plus loin dans ce chapitre).

• Annulation d'une commande

Dans `vi`, vous avez la possibilité d'effacer (*undo*) en mode commande vos actions ou modifications récentes sur le tampon tant que vous n'avez pas enregistré ce changement sur le fichier. Supposez que vous ayez par inadvertance effacé une ligne de texte, modifié quelque chose qu'il ne fallait pas, ou ajouté incorrectement du texte. Appuyez sur <Echap> pour basculer en mode commande puis appuyez sur <v> : les choses redeviennent telles qu'elles étaient avant que la commande ne modifie le tampon.

Voici un exemple d'utilisation de la commande `undo`. Lancez à nouveau `vi` avec le fichier vipract.1: (tapez `vi vipract.1`). Un écran apparaît :

```
Emploi du temps pour aujourd'hui !
a. Pratique de vi.
b. Tri des ventes et impression des résultats.
~
~
"vipract.1" 3 lines, 80 characters
```

Pour ajouter *pendant 60 minutes* entre vi et la deuxième ligne, rendez-vous sur cette dernière en appuyant sur <Entrée>. Le curseur apparaît maintenant sous le premier caractère de la deuxième ligne. Dirigez-le alors vers l'occurrence se trouvant après le i de vi en appuyant sur la <Barre d'espace>. Insérez *pendant 60 minutes* en appuyant sur <i> pour obtenir le mode insertion puis en tapant les caractères. Appuyez sur <Echap> de façon à revenir en mode commande. L'affichage ressemble alors à :

```
Emploi du temps pour aujourd'hui !
a. Pratique de vi pendant 60 minutes.
b. Tri des ventes et impression des résultats.
~
~
~
```

60 minutes, est-ce une bonne idée ? Peut-être pas. Pour annuler les modifications apportées à la deuxième ligne, vérifiez si vous vous trouvez bien en mode commande (appuyez sur <Echap>), puis appuyez sur <u>. La deuxième ligne du fichier redevient alors :

```
a. Pratique de vi.
```

Mais finalement, pratiquer vi durant 60 minutes était peut-être une bonne idée. Appuyez à nouveau sur <u> (vous êtes déjà en mode commande) pour voir réapparaître *pendant 60 minutes*. A vous de décider si vous pratiquerez ou non vi durant 60 minutes. Utilisez la commande vi pour annuler les changements (et annuler l'annulation) autant de fois que vous le désirez. Même si vous décidez de laisser le tampon dans sa forme d'origine, vi suppose que celui-ci a changé et vous devrez sortir en utilisant :q! (abandonner les modifications) ou :wq! (enregistrer les modifications).

Si vous décidez de sauvegarder le fichier avec les changements, sauvegardez-le dans un autre fichier. Entrez :w vipract.2.

ASTUCE

Vous pouvez utiliser la touche <Correction> pour corriger les erreurs produites en tapant une simple ligne. Malheureusement, en effectuant un retour arrière, vous effacez tous les caractères sur lesquels vous repassez. La touche <Flèche vers la gauche> n'efface pas les caractères. L'utilisation des flèches est présentée plus loin dans ce chapitre.

• Ecriture des fichiers et enregistrement du tampon

Vous savez comment écrire le tampon dans un fichier et quitter vi. Quelquefois, cependant, vous souhaiterez sauvegarder le tampon dans un fichier sans quitter vi. Vous pouvez enregistrer ce fichier régulièrement durant la session d'édition. Si le système s'éteint à cause d'une défaillance ou d'une panne de courant, il est possible que vous perdiez votre travail s'il n'a pas été récemment sauvegardé. Pour enregistrer le tampon, exécutez la commande :w à partir du mode commande.

INFO

Avant d'émettre la commande d'écriture, pressez <Echap> pour être sûr de passer en mode commande si `vi` *n'est pas dans ce mode. S'il y est, vous entendrez un signal sonore, sans conséquence.*

Les étapes à suivre pour sauvegarder un fichier varient. La forme de la commande d'écriture que vous utilisez correspond à quatre cas, que décrivent les sections suivantes. Le Tableau 8.2 présente les différentes variantes de la commande d'écriture.

Tableau 8.2 : Commandes pour enregistrer et écrire un fichier

Commande	Action
`:w`	Ecrit le tampon dans le fichier que `vi` est en train d'éditer
`:w` *`fichier`*	Ecrit le tampon dans le fichier nommé
`:w!` *`fichier`*	Impose à `vi` d'écraser le fichier existant

Enregistrement d'un nouveau fichier

Si vous lancez `vi` sans spécifier un nom de fichier, vous devez en fournir un pour garder le fichier sur disque. La commande d'écriture (*write*) à utiliser dans ce cas est de la forme :

```
:w fichier
```

Elle écrit le tampon dans `fichier`. Si elle s'effectue avec succès, vous verrez s'afficher le nom du fichier ainsi que le nombre de lignes et de caractères qu'il contient. Si le nom spécifié correspond à celui d'un fichier existant, un message apparaît sur la ligne d'état :

```
File exists - use "w! file-name" to overwrite.
```

Cette condition est décrite dans la section "Remplacement d'un fichier existant".

Enregistrement du fichier courant

Vous voulez peut-être enregistrer le tampon dans le fichier que vous êtes en train d'éditer. Par exemple, vous avez lancé `vi` avec un fichier existant, lui avez apporté quelques modifications, et souhaitez enregistrer les changements sur le fichier d'origine : il vous suffit simplement d'entrer :w, l'une des variantes de la commande d'écriture.

ASTUCE

Enregistrez régulièrement les changements effectués sur un fichier. Utilisez la commande :w fréquemment, à peu près toutes les quinze minutes, durant la session d'édition. En effet, les pannes du système sont imprévisibles.

Cette commande enregistre le tampon dans le fichier sur lequel vous travaillez (votre fichier de travail). La ligne d'état vous indique le nom du fichier et les nombres de lignes et de caractères écrits dans le fichier.

Enregistrement d'un nouveau fichier

Vous voulez peut-être enregistrer le tampon avec un nom de fichier différent de celui avec lequel vous avez démarré. Par exemple, vous avez lancé `vi` avec le fichier vipract.1, opéré quelques changements, et souhaitez enregistrer les modifications dans un nouveau fichier sans perdre pour autant le fichier d'origine vipract.1 : vous pouvez enregistrer le fichier comme un nouveau fichier. Pour ce faire, tapez cette variante de la commande d'écriture :

```
:w fichier2
```

Cette forme de la commande d'écriture est exactement identique à celle d'origine, décrite dans la section "Enregistrement d'un nouveau fichier". Le tampon est écrit dans le fichier appelé fichier2. Si la commande réussit, vous verrez s'afficher le nom du fichier ainsi que les nombres de lignes et de caractères. Si le nom spécifié est celui d'un fichier existant, un message apparaît sur la ligne d'état :

```
File exists - use "w! new-file" to overwrite.
```

Remplacement d'un fichier existant

Si vous tentez d'enregistrer le tampon dans un fichier existant, différent de celui avec lequel vous avez commencé à travailler, vous devez indiquer explicitement à `vi` qu'il doit écraser ou remplacer ce fichier. Si vous donnez le nom d'un fichier existant lorsque vous essayez de sauvegarder le tampon, `vi` affiche le message suivant :

```
File exists - use "w! new-file" to overwrite.
```

Si vous désirez vraiment enregistrer le tampon par-dessus le fichier existant, utilisez cette forme :

```
:w! fic-existant
```

Dans cette syntaxe, `fic-existant` représente le nom du fichier que vous voulez remplacer. Faites attention : une fois que vous avez écrasé le fichier, vous serez dans l'impossibilité de lui rendre automatiquement son état d'origine.

• Déplacement du curseur

Lorsque vous éditez du texte, vous avez besoin de positionner le curseur à l'endroit où vous voulez insérer du texte supplémentaire, en effacer, corriger des erreurs, modifier des mots, ou rajouter du texte à la fin d'un fichier existant. Les commandes que vous entrez en mode commande pour sélectionner l'endroit désiré sont appelées *commandes de positionnement du curseur*.

Les flèches

Vous pouvez utiliser les flèches afin de positionner le curseur dans la plupart des systèmes. Le fonctionnement des flèches est facile à comprendre : lancez `vi` avec un fichier existant et observez leur influence. Vous devriez aussi être capable de vous servir des touches <Page Up> et <Page Down> sur le clavier de Linux, qui stipulent que le type de terminal présent dans la variable d'environnement TERMCAP est correct.

Pour créer un nouveau fichier appelé vipract.3, contenant une liste des fichiers et répertoires du répertoire usr, entrez :

```
ls /usr > vipract.3
```

Vous pouvez utiliser ce fichier pour expérimenter les commandes de déplacement du curseur.

Une fois le fichier créé, lancez `vi` avec le fichier vipract.3 (tapez `vi vipract.3`). Essayez à présent d'utiliser les flèches, <Page Up> et <Page Down> pour évoluer dans le tampon d'édition.

Bien que les touches de positionnement du curseur semblent fonctionner, il se peut que vous obteniez d'étranges caractères dans le fichier. Pour éviter si une action sur ces touches entraîne l'apparition de caractères à la place du déplacement du curseur, appuyez sur <Echap> pour être sûr de bien vous trouver en mode commande, puis entrez `:q`. Si `vi` vous autorise à quitter et n'indique pas que le fichier a été modifié, tout va bien.

ASTUCE

Dans `vi`, *vous pouvez effacer les caractères invalides ou insolites de l'écran en appuyant sur <Ctrl-l>.*

Autres touches de déplacement du curseur

Vous pouvez positionner le curseur dans `vi` sans utiliser les flèches, d'autant que cela s'avère parfois plus efficace.

Lorsque `vi` a été développé, les claviers de nombreux terminaux étaient dépourvus de flèches. D'autres touches étaient et sont toujours utilisées pour positionner le curseur parce que leur position est commode pour les dactylos.

Il faut un peu de pratique pour se sentir à l'aise avec ces touches, mais sachez que certains utilisateurs expérimentés de `vi` les préfèrent aux flèches.

Voici quelques-unes de ces touches :

- Appuyez sur la <Barre d'espace> ou sur <l> pour déplacer le curseur sur la première position de droite.

- Appuyez sur <Entrée> ou sur <+> pour vous rendre au début de la ligne suivante. Remarquez que l'utilisation de la touche <j> pour descendre d'une ligne conserve votre position dans la ligne.
- Appuyez sur le signe moins (<–>) pour revenir au début de la ligne précédente. Remarquez que l'utilisation de la touche <k> pour remonter d'une ligne conserve votre position dans la ligne.
- Appuyez sur <h> pour déplacer le curseur d'un caractère vers la gauche.
- Appuyez sur la touche <0> (zéro) pour aller au début d'une ligne.
- Appuyez sur <$> pour aller en fin de ligne.

Certaines commandes de `vi` permettent de positionner le curseur par rapport aux mots d'une ligne. Un mot est défini comme une séquence de caractères séparés par des espaces ou des symboles de ponctuation usuels comme `. ? , - .`

Ces commandes sont :

Commande	Action
<w>	Déplace le curseur au début du mot suivant
<b>	Déplace le curseur au début du mot courant
<e>	Déplace le curseur à la fin du mot courant

Voici un exemple illustrant quelques-unes de ces actions. Lancez `vi` et ouvrez le fichier vipract.1 en tapant `vi vipract.1`. A présent, utilisez une commande de positionnement du curseur pour déplacer le curseur (représenté par le caractère de soulignement) sous le `t` de `ventes` à la troisième ligne du fichier. La troisième ligne ressemble alors à :

```
b. Tri des ventes et impression des résultats
```

Pour vous rendre au début du mot suivant, appuyez sur <w> ; le curseur est positionné sous le `e` de `et`. Pour atteindre la fin de ce mot, appuyez sur <e> ; le curseur se trouve alors sous le `t` de `et`. Pour revenir au début de ce mot, appuyez sur <b> le curseur revient alors se placer sous le `e` de `et`.

Vous pouvez avancer de plusieurs mots jusqu'au début d'un autre en tapant un nombre avant d'appuyer sur <w>. Par exemple, pour déplacer le curseur de sa position courante (sous le `e` de `et`) au début du mot se trouvant trois mots plus loin (sous le `r` de `résultats`), appuyez sur <3><w>.

De même, vous pouvez reculer de quatre mots en tapant <4><b> ou avancer jusqu'à la fin du deuxième mot en tapant <2><e>.

Vous pouvez aussi utiliser cette technique de nombre entier avec les touches <h>, <j>, <k>, <l>, <+>, et <–>. Par exemple, tapez <1><5><j> pour faire descendre le curseur de 15 lignes. S'il n'y a pas 15 lignes dans le tampon, vous entendrez un signal sonore et le curseur restera à sa place.

Touches de déplacement rapide

Vous pouvez rapidement positionner le curseur en haut, au milieu et en bas de l'écran. Dans chaque cas, il apparaît en début de ligne.

- Appuyez sur <Maj-h> pour vous rendre à la première ligne de l'écran (appelée quelquefois *position de départ*).
- Appuyez sur <Maj-m> pour atteindre la ligne qui se trouve au milieu des lignes affichées.
- Appuyez sur <Maj-l> pour atteindre la dernière ligne à l'écran.

Pour vous déplacer à travers un fichier écran par écran, plutôt que d'appuyer 23 fois sur <Entrée> ou sur <j>, utilisez les commandes de défilement. <Ctrl-f> vous fait avancer d'un écran. <Ctrl-b> vous fait reculer d'un écran.

Pour vous rendre rapidement à la dernière ligne d'un fichier ou d'un tampon, appuyez sur <Maj-g> ; pour remonter jusqu'à la première ligne du fichier, appuyez sur <1><Maj-g>. En fait, pour vous déplacer vers une ligne spécifique du tampon, tapez le numéro de la ligne avant d'appuyer sur <Maj-g>. Par exemple, pour atteindre la ligne 35 du fichier (si elle existe), appuyez sur <3><5><Maj-g>.

INFO

Prenez un peu de temps pour vous exercer à positionner le curseur en utilisant les commandes décrites dans ces derniers paragraphes. N'oubliez pas que vous devez être en mode commande pour que les commandes de déplacement du curseur fonctionnent. Avant d'effectuer l'une d'elles, appuyez sur <Echap>.

• Insertion de texte

Pour ajouter du texte au tampon d'édition, vous devez passer du mode commande au mode insertion. Tous les caractères tapés seront ajoutés au tampon. Si vous appuyez sur <Entrée> pendant que vous êtes en mode insertion, `vi` "ouvre", ou ajoute, une ligne au tampon. Avant de commencer à ajouter du texte, il faut d'abord positionner le curseur à l'endroit où vous voulez l'insérer. Appuyez sur <a> pour basculer en mode insertion et ajouter du texte après le curseur. Appuyez sur <i> pour passer en mode insertion et insérer du texte devant le curseur. Lorsque vous avez fini vos ajouts, appuyez sur <Echap> pour revenir en mode commande.

Voici deux exemples de saisie en mode insertion. La position du curseur est représentée par un caractère souligné.

- Exemple décrivant l'utilisation de <i> (commande insérer) pour ajouter du texte.

  Avant :

```
Ce résumé est important.
```

Appuyez sur <i> pour insérer du texte devant "important", tapez `très`, appuyez sur la <Barre d'espace> puis sur <Echap>.

Après :

```
Ce résumé est très-important.
```

Remarquez que le curseur est positionné sous le dernier caractère ajouté (ici, l'espace).

- Exemple décrivant l'utilisation de <a> (commande ajouter).

  Avant :

  ```
  Ce résumé est important
  ```

  Appuyez sur <a> pour ajouter du texte à la suite de "est", appuyez sur la touche <Barre d'espace>, tapez `très` puis <Echap>.

  Après :

  ```
  Ce résumé est très important.
  ```

  Remarquez que le curseur se trouve de nouveau sous le dernier caractère ajouté (le s de "très").

Pour ajouter du texte à la fin d'une ligne, positionnez le curseur à la fin de cette ligne et appuyez sur <a> ; ou bien positionnez le curseur n'importe où sur la ligne et appuyez sur <Maj-a> pour le déplacer en fin de ligne, passer en mode insertion et ajouter du texte, le tout avec une seule commande. Vous pouvez aussi aller au début de la ligne courante, et y insérer du texte en tapant <Maj-i>.

Pour ajouter une ligne de texte au-dessous et au-dessus de la ligne courante, utilisez respectivement les touches <o> ou <Maj-o>. Chacune "ouvre" une ligne dans le tampon et vous permet d'y insérer du texte. Dans les deux exemples suivants, vous ajoutez une ligne à du texte existant.

- Exemple décrivant l'utilisation de <o> pour insérer des lignes en dessous de la ligne courante

  Avant :

  ```
  Travaux en tout genre
  SVP appelez
  Si vous avez des questions.
  ```

  Le curseur se trouve sur la deuxième ligne. Appuyez sur <o> pour ajouter une ou plusieurs lignes sous celle-ci. A présent tapez les lignes suivantes :

  ```
  Jack Tactett, Jr. <Entrée>
  555-1837
  ```

  Appuyez sur <Echap>.

  Après :

  ```
  Travaux en tout genre
  ```

```
SVP appelez
Jack Tactett, Jr.
555-1837
Si vous avez des questions
```

- Exemple décrivant l'utilisation de <Maj-o> pour insérer des lignes au-dessus de la ligne courante

  Avant :

  ```
  Travaux en tout genre
  SVP appelez
  Si vous avez des questions.
  ```

  Le curseur se trouve sur la troisième ligne. Appuyez sur <Maj-o> pour ajouter une ou des lignes au-dessus de cette ligne. A présent, tapez les lignes suivantes :

  ```
  Jack Tactett, Jr.
  555-1837
  ```

  Appuyez sur <Echap>.

  Après :

  ```
  Travaux en tout genre
  SVP appelez
  Jack Tactett, Jr.
  555-1837
  Si vous avez des questions.
  ```

Dans les deux cas, lorsque vous appuyez sur <Echap>, le curseur se trouve sous le dernier caractère tapé (le 7 du numéro de téléphone). Vous auriez pu ajouter plus de deux lignes en appuyant sur <Entrée> à la fin de chacune d'elles. Naturellement, vous auriez pu n'ajouter qu'une seule ligne (il n'est pas nécessaire alors d'appuyer sur <Entrée>).

Le Tableau 8.3 récapitule les commandes permet d'insérer du texte. Avant de les utiliser, appuyez sur <Echap> pour passer en mode commande.

Tableau 8.3 : Commandes d'ajout de texte

Commande	Description
<a>	Ajoute du texte après le curseur.
<Maj-a>	Passe en mode insertion et ajoute du texte à la fin de la ligne courante.
<i>	Insère du texte devant le curseur.
<Maj-i>	Passe en mode insertion et insère du texte au début de la ligne courante.
<o>	Ouvre une ligne en dessous de la ligne courante pour y ajouter du texte.
<Maj-o>	Ouvre une ligne au-dessus de la ligne courante pour y ajouter du texte.

• Effacement de texte

Faire des corrections ou des modifications sur un fichier nécessite d'effacer du texte. Vous devez être en mode commande pour supprimer des caractères. Si vous êtes en mode insertion lorsque vous tapez les commandes de suppression de texte, les lettres des commandes apparaissent comme des caractères dans le fichier tampon. Si cela se produit, appuyez sur <Echap> pour basculer en mode commande puis appuyez sur <u> afin d'annuler l'erreur.

Avec `vi`, vous avez la possibilité d'effacer un caractère, un mot, plusieurs mots consécutifs, tout le texte jusqu'à la fin d'une ligne, ou une ligne entière. Comme `vi` est un éditeur visuel, les caractères, les mots, et les lignes disparaissent de l'écran au fur et à mesure que vous les effacez. Le Tableau 8.4 présente les commandes de suppression.

Tableau 8.4 : Commandes de suppression de texte

Commande	Description
<x>	Efface le caractère se trouvant à la position du curseur.
<d><w>	Efface le mot courant à partir de la position du curseur jusqu'au début du prochain mot.
<d><$>	Efface à partir du curseur jusqu'à la fin de la ligne.
<Maj-d>	Comme <d><$> : efface le reste de la ligne courante.
<d><d>	Efface entièrement la ligne courante sans tenir compte de la position du curseur.

Toutes ces commandes agissent à partir de la position courante du curseur. Déplacez le curseur vers le caractère, le mot ou la ligne à modifier puis effectuez la commande de suppression désirée. Utilisez ces commandes pour observer leurs effets. Vous les trouverez très utiles pour apporter des corrections à vos fichiers.

En tapant un nombre entier avant la commande, vous pouvez l'appliquer à plusieurs objets (caractères, mots, ou lignes). Voici quelques exemples :

- Appuyez sur <4><x> pour effacer 4 caractères.
- Appuyez sur <3><d><w> pour supprimer 3 mots.
- Appuyez sur <8><d><d> pour effacer 8 lignes.

ASTUCE

Pour que `vi` *affiche les numéros de ligne, appuyez sur <Echap> pour passer en mode commande, et tapez* `:se number`. *Pour supprimer l'affichage des numéros de ligne, tapez* `:se nonumber`.

Vous pouvez aussi spécifier un ensemble de lignes à supprimer. Pour cela, appuyez sur la touche <:>, tapez les deux numéros de ligne que vous voulez effacer, séparés par une virgule, et appuyez sur <d> puis sur <Entrée>. Par exemple, pour effacer l'ensemble des lignes comprises entre les lignes 12 et 36, tapez `:12,36d` puis appuyez sur <Entrée>.

Lorsque vous supprimez deux lignes ou plus, la ligne d'état annonce le nombre de lignes effacées. N'oubliez pas que vous avez la possibilité d'utiliser la commande <u> pour annuler la suppression.

• Recherche de texte

Trouver un mot, une phrase, ou un nombre dans un fichier peut s'avérer difficile si vous devez lire le fichier ligne par ligne. Comme beaucoup d'éditeurs et de traitements de texte, `vi` possède une commande permettant de rechercher une chaîne de caractères. Vous pouvez faire la recherche en avançant ou en reculant à partir de la position courante dans le tampon. Vous avez également la possibilité de continuer la recherche : `vi` la recommence en partant du début du tampon quand il atteint la fin. Les commandes de recherche sont présentées dans le Tableau 8.5. Dans chaque cas, `vi` cherche la chaîne spécifiée dans la direction choisie et positionne le curseur au début de cette chaîne.

Tableau 8.5 : Commandes de recherche

Commande	Description
/*chaîne*	Effectue la recherche de *chaîne* en avançant dans le tampon.
?*chaîne*	Effectue la recherche de *chaîne* en reculant dans le tampon.
<n>	Reprend la recherche dans la direction courante.
<Maj-n>	Reprend la recherche dans la direction opposée.

Lorsque vous tapez une commande de recherche, elle apparaît sur la ligne d'état. Pour trouver une occurrence de la chaîne `ventes > 100K` en avançant dans un fichier, vérifiez tout d'abord que vous vous trouvez en mode commande puis entrez :

```
/ventes > 100K
```

Cette commande s'affiche sur la ligne d'état. Si la chaîne est présente dans le tampon, `vi` positionne le curseur sous le v du mot "ventes". Sinon, `vi` affiche le message `Pattern not found` sur la ligne d'état. Pour rechercher une nouvelle occurrence de la chaîne, appuyez sur <n>. `vi` positionne le curseur sous la prochaine occurrence de la chaîne ; s'il n'y en a pas, le curseur ne se déplace pas.

DÉPANNAGE

J'ai tapé une chaîne dont je connais l'existence dans le fichier, mais `vi` ne la trouve pas.

La raison la plus courante de cette erreur est que la chaîne que vous avez tapée est incorrecte. `vi` *(et les ordinateurs en général) n'effectue pas un gros travail de réflexion. Si vous cherchez la chaîne "Pentium" et que vous avez tapé "Pentiom",* `vi` *ne la trouvera pas, à moins que vous n'ayez mal orthographié "Pentium" dans le tampon et qu'il corresponde à la chaîne recherchée. Vérifiez soigneusement la chaîne à rechercher avant d'appuyer sur <Entrée>.*

J'ai recherché une phrase contenant des signes de ponctuation, et `vi` m'a renvoyé des résultats curieux.

La recherche dans `vi` *ne vous donnera pas les résultats escomptés si vous utilisez des caractères "spéciaux" pour* `vi`*. Ainsi, pour trouver un mot et savez qu'il se trouve à la fin d'une phrase (par exemple, la chaîne "fin."), vous devez déspécialiser le point final ; pour* `vi`*, le point signifie "n'importe quel caractère". Si vous entrez* `/fin.` *et appuyez sur <Entrée>,* `vi` *localise le mot "fin" suivi d'un espace, aussi bien que "fin" suivi d'un point. Pour trouver uniquement le mot "fin" suivi d'un point final, entrez* `\fin/`*. Lorsque* `vi` *effectue une recherche, il respecte la casse (il différencie majuscules et minuscules). Pour trouver le mot "Tigre" dans le tampon, il faut donc entrer* `/Tigre` *et non* `/tigre`.

• Modification et remplacement de texte

Vous aurez souvent à modifier ou à remplacer une chaîne de texte par une autre (il y a très peu de différence entre ces deux opérations). Les commandes de modification de `vi` vous permettent de modifier un mot ou le reste d'une ligne par un autre. Les commandes de remplacement vous permettent de changer ou de modifier un caractère ou une suite de caractères. Le Tableau 8.6 récapitule les commandes de modification et de remplacement. Après avoir entré la commande, tapez le texte.

Tableau 8.6 : Commandes de modification et de remplacement

Commande	Action
<r>	Remplace un seul caractère
<Maj-r>	Remplace une suite de caractères
<c><w>	Modifie le mot courant à partir de la position du curseur jusqu'à la fin du mot
<c><e>	Modifie le mot courant à partir de la position du curseur jusqu'à la fin du mot (identique à<c><w>)
<c><b>	Modifie le mot courant à partir du début du mot jusqu'au caractère précédant la position du curseur
<c><$>	Modifie une ligne à partir de la position du curseur jusqu'à la fin de cette ligne
<Maj-c>	Modifie une ligne à partir de la position du curseur jusqu'à la fin de cette ligne (identique à <c><$>)
<c><c>	Modifie la ligne entière

Les modifications s'effectuent par rapport à la position du curseur. Vous devez vous trouver en mode commande pour les utiliser. Positionnez le curseur à l'endroit du tampon à partir duquel vous voulez effectuer une correction, puis appuyez sur <Echap>. Comme `vi` est visuel, les modifications sont effectuées sur le tampon lorsque vous exécutez les commandes.

Chaque commande vous fait basculer en mode insertion. Sauf quand vous utilisez <r> afin de remplacer un seul caractère, vous devez appuyer sur <Echap> à la fin des modifications pour retourner en mode commande.

INFO

Pour modifier plusieurs mots, utilisez un nombre entier (représentant le nombre de mots à changer) avant d'appuyer sur <c><w>.

Voici quelques exemples illustrant les commandes de modification et de remplacement.

- Utilisation de <c><e> pour modifier la fin d'un mot

  Avant :

  ```
  Le résumé démonrte lnforce de leur aproche.
  ```

  Le curseur se trouve à l'endroit où le mot est mal orthographié et où les corrections doivent s'effectuer. Appuyez sur <c><e>, tapez `tre`, puis appuyez sur <Echap>.

  Après :

  ```
  Le résumé démontre lnforce de leur aproche.
  ```

- Utilisation de <Maj-r> pour remplacer une suite de caractères

  Avant :

  ```
  Le résumé démontre lnforce de leur aproche.
  ```

  Le curseur se trouve à l'endroit du mot mal orthographié à partir duquel vous voulez commencer à remplacer les caractères. Pour corriger `ln` en `la` et un espace, appuyez sur <Maj-r>, tapez `a`, appuyez sur la <Barre d'espace>, puis sur <Echap>.

  Après :

  ```
  Le résumé démontre la-force de leur aproche.
  ```

- Utilisation de <c><w> pour modifier du texte, en commençant avec le mot courant et en continuant sur 2 mots

  Avant :

  ```
  Le rsum démontre la force de leur approche.
  ```

  Le curseur se trouve sous la lettre du mot à partir duquel vous voulez commencer à effectuer les modifications. Pour attacher les deux derniers mots à la phrase, appuyez sur <r><c><w>, tapez `notre approche`, puis appuyez sur <Echap>.

  Après :

  ```
  Le résumé démontre la force de notre approche.
  ```

N'oubliez pas d'appuyer sur <Echap> après avoir effectué les changements sur les lignes de façon à revenir en mode commande.

• Copier, couper et coller du texte

Lorsque vous effacez ou coupez des caractères, des mots, des lignes ou des portions de lignes, l'objet supprimé est sauvegardé dans un *tampon de récupération*. Vous pouvez coller le contenu de ce tampon où vous le désirez dans le texte édité, grâce aux commandes <p> et <Maj-p>. La commande <p> colle l'objet à droite, ou après la position du curseur ; la commande <Maj-p> effectue le collage à gauche, ou avant le curseur.

Voici quelques exemples de couper-coller.

- Utilisation de <p> pour coller le contenu du tampon de récupération après le curseur

  Avant :

  ```
  Effacer ces soigneusement instructions.
  ```

  Effacez `ces` et espace en appuyant sur <d><w>. Maintenant, déplacez le curseur sur l'espace se trouvant après le *t* de `soigneusement` et appuyez sur <p>.

  Après :

  ```
  Effacer soigneusement ces-instructions.
  ```

- Utilisation de <Maj-p> pour coller le contenu du tampon de récupération devant le curseur

  Avant :

  ```
  Effacer ces soigneusement instructions.
  ```

  Effacez `ces` et espace en appuyant sur <d><w>. Maintenant, déplacez le curseur vers le premier *i* d'instructions et appuyez sur <Maj-p>.

  Après :

  ```
  Effacer soigneusement ces instructions.
  ```

ASTUCE

Pour changer l'ordre de deux caractères, positionnez le curseur sous le premier caractère et appuyez sur <x><p>. Essayez de transformer le mot Trios *en* Trois.

Les exemples précédents montrent comment coller après avoir effacé du texte. Mais il n'est pas nécessaire d'effacer le texte avant de le coller. Vous avez en effet à votre disposition une opération appelée copier (*yank*), qui est identique à celle de certains traitements de texte. Vous copiez une portion de texte puis vous la collez quelque part en utilisant <p> ou <Maj-p>. Le tableau suivant présente quelques-unes des commandes de copie (remarquez que la plupart des commandes *yank* utilisent la minuscule *y*).

Touches	Description
<y><w>	Copie à partir de la position du curseur jusqu'au début du mot suivant
<y><$>	Copie de la position du curseur jusqu'à la fin de la ligne
<Maj-y>	Identique à <y><$> : copie le contenu de la ligne courante
<y><y>	Copie l'intégralité de la ligne courante

Toutes ces commandes peuvent s'appliquer à plusieurs objets, caractères, mots ou lignes, en tapant un nombre entier avant elles.

Pour copier une suite de quatre lignes vers une autre position du texte, procédez ainsi :

1. Positionnez le curseur au début de la première des quatre lignes.
2. Appuyez sur <4><y><y> afin d'effectuer des copies de ligne, quatre fois de suite en partant du curseur et ce jusqu'à la fin de la ligne.
3. Positionnez le curseur ailleurs dans le texte.
4. Appuyez sur <p> pour coller les lignes copiées sous la ligne contenant le curseur.

On peut également rechercher et remplacer certains mots dans tout le fichier ou dans un groupe de lignes. Voici le format de la commande à utiliser :

```
:[portée]s/anciennechaîne/nouvellechaîne/g
```

où

`portée`. Indique la portée de l'opération ; vous pouvez par exemple utiliser le signe pourcentage (`%`) pour opérer sur tout le fichier, ou des numéros de lignes particuliers (comme 1,4) pour opérer dans un groupe de ligne (dans ce cas, les lignes 1 à 4)

`s`. Indique qu'il s'agit d'une recherche/remplacement

`anciennechaîne`. La chaîne à rechercher dans le fichier et à remplacer par nouvellechaîne

`nouvellechaîne`. La chaîne à insérer ; nouvellechaîne remplace anciennechaîne

Par exemple, pour remplacer dans tout le fichier le mot mal orthographié "recu" par le mot correct, utilisez la commande suivante :

```
:%s/recu/reçu/g
```

• Répétition de commandes

Non seulement `vi` conserve le texte venant juste d'être effacé ou copié pour une future utilisation, mais il emmagasine aussi la dernière commande effectuée, dans le même but. Vous pouvez ainsi répéter la dernière commande qui a modifié le tampon en appuyant sur <.>.

Supposez que vous ayez fini un rapport, mais pensiez qu'il serait préférable d'y ajouter deux lignes contenant ce texte, aux endroits clés :

```
********* Donnez votre opinion ************
*********** Sur ce paragraphe *************
```

Pour ce faire, procédez ainsi :

1. Positionnez le curseur dans le fichier tampon à l'endroit où vous désirez placer ces lignes pour la première fois.
2. Insérez les lignes en appuyant sur <o> pour ouvrir une ligne et en tapant les deux lignes d'astérisques et de texte.
3. Appuyez sur <Echap> pour vous assurer d'être en mode commande.
4. Autant de fois qu'il sera nécessaire, positionnez le curseur sur une autre partie du rapport et appuyez sur le point afin d'y insérer les deux mêmes lignes.

Résumé des commandes de vi

Le Tableau 8.7 vous récapitule les raccourcis clavier et les commandes que vous pouvez utiliser avec `vi`.

Tableau 8.7 : Résumé des commandes de vi

Raccourci/Commande	Description
<i>	Insère du texte avant le curseur
<I>	Ajoute du texte en début de ligne
<a>	Insère du texte après le curseur
<A>	Ajoute du texte en fin de ligne
<o>	Crée une nouvelle ligne au-dessous du curseur
<O>	Crée une nouvelle ligne au-dessus du curseur
<d><w>	Supprime un mot
<d><d>	Supprime une ligne
<D>	Supprime la fin d'une ligne
<x>	Supprime le caractère sous le curseur
<c><w>	Change un mot
<c><c>	Change une ligne
<C>	Change la fin d'une ligne
<R>	Remplace le caractère sous le curseur
<J>	Rassemble des lignes
<e>	Se déplace à la fin d'un mot
<w>	Se déplace au mot suivant

Raccourci/Commande	Description
<$>	Se déplace à la fin d'une ligne
<l>	Se déplace d'un espace vers la droite
<k>	Monte d'une ligne
<j>	Descend d'une ligne
<h>	Se déplace d'un espace vers la gauche
<f><x>	Déplace le curseur sur la première occurrence de x
<F><x>	Déplace le curseur sur la dernière occurrence de x
<;>	Répète la dernière commande f/F
numéro<l>	Déplace le curseur au numéro de colonne indiqué
<H>	Déplace le curseur à la ligne supérieure de l'écran (pas la première ligne du fichier)
<L>	Déplace le curseur à la dernière ligne de l'écran
<M>	Déplace le curseur à la ligne à mi-hauteur de l'écran
<G>	Déplace le curseur à la dernière ligne du fichier
numéro<G>	Déplace le curseur au numéro de ligne indiqué (équivaut à <ESC>:numéro)
<^>	Se déplace au début d'une ligne
<m>x	Marque la position courante avec la lettre x
<Ctrl-d>	Défile d'un demi écran vers le bas
<Ctrl-u>	Défile d'un demi écran vers le haut
<Ctrl-f>	Défile d'un écran vers le bas
<Ctrl-b>	Défile d'un écran vers le haut
<Ctrl-l>	Redessine l'écran
<Ctrl-G>	Indique le nom de fichier, la ligne courante, et le numéro de colonne
<z><z>	Redessine l'écran en plaçant la ligne courante à mi hauteur de l'écran
<y><y>	Insère la ligne entière dans le tampon
<p>	Place le contenu du tampon au-dessous du curseur
<P>	Place le contenu du tampon au-dessus du curseur
x"[nombre]"<y><y>	Insère le nombre de lignes indiqué dans le tampon nommé x (x peut être n'importe quel caractère unique de a–z)
x<p>	Place le contenu du tampon x après le curseur
:w [fichier]	Ecrit sur disque le contenu du fichier
:q	Quitte vi

Raccourci/Commande	Description
:q!	Quitte sans enregistrer les modifications sur disque
:wq	Sauvegarde les modifications sur disque et quitte vi
:r fichier	Charge le fichier indiqué dans l'éditeur
:e fichier	Modifie le fichier
:!commande	Exécute la commande shell indiquée
:numéro	Se déplace au numéro de ligne indiqué
:f	Imprime la ligne courante et le nom de fichier (comme <Ctrl-G>)
/chaîne	Recherche une chaîne vers l'avant
?chaîne	Recherche une chaîne vers l'arrière
:x,ys/anciennechaîne/ nouvellechaîne	Remplace anciennechaîne par nouvellechaîne, de la ligne x à la ligne y (y = $ remplacera jusqu'à la fin du fichier)
<ESC><u>	Annule la dernière commande
<n>	Recherche la prochaine occurrence d'une chaîne
.	Répète la dernière commande
~	Fait passer le caractère dans la casse inverse
<ESC>	Passe en mode commande

Configuration de l'environnement de vi

L'éditeur vi possède plusieurs options. Certaines peuvent être configurées sur la base de nombreux systèmes par l'administration système. Vous pouvez personnaliser votre environnement avec un certain nombre d'options qui agiront chaque fois que vous lancerez vi. Le Tableau 8.8 définit toutes les options de l'environnement qu'il vous sera possible d'initialiser pour vi. Lorsque vous les utilisez, vous pouvez utiliser soit les abréviations de la colonne gauche du tableau, soit le nom complet de l'option, dans la colonne de droite.

Tableau 8.8 : Options de l'environnement de vi

Option abrégée	Fonction
ai	autoindent indente chaque ligne au même niveau que celle du dessus. Utile pour écrire des programmes. La valeur par défaut est autoindent off.

Option abrégée	Fonction
ap	`autoprint` affiche la ligne courante à l'écran lorsque cette dernière est modifiée. L'option `autoprint` est initialisée par défaut à `on`.
eb	`errorbells` déclenche un signal sonore lorsque vous entrez une commande erronée. La valeur par défaut est `errorbells off`.
nu	`number` affiche les numéros de ligne lors de l'édition d'un fichier. La valeur par défaut est `number off`.
redraw	`redraw` tient l'écran à jour lorsque des changements se produisent. Par défaut, l'option `redraw` a la valeur `on`.
report	`report` configure la taille d'un changement à l'édition qui se termine par un message sur la ligne d'état. Par exemple, `report=3` déclenche un message lorsque vous effacez un nombre de lignes supérieur ou égal à trois. Par défaut, `report=5`.
sm	`showmatch` affiche une parenthèse ouvrante correspondant à la parenthèse fermante tapée. Cette option est utile pour les programmeurs qui écrivent du code source. La valeur par défaut est `showmatch off`.
smd	`showmode` affiche `INPUT`, `REPLACE` ou `CHANGE` sur le côté droit de la ligne d'état lorsqu'une commande associée est saisie. La valeur par défaut est `showmode off`.
warn	Lorsque vous tentez de quitter `vi`, `warn` affiche un avertissement indiquant que le tampon a été modifié et n'a pas été enregistré sur le disque. La valeur par défaut est `warn on`.
wm=*n*	`wrapmargin` définit la marge droite. Dans la syntaxe de cette commande, *n* est un nombre entier. S'il est supérieur à 0, la commande force un retour chariot de façon qu'aucun mot ne puisse se trouver à moins de *n* caractères de la marge droite. Par exemple, `wm=5` ordonne à `vi` de passer à la ligne suivante lorsqu'un caractère se présente à l'intérieur des cinq derniers caractères de la ligne. Pour désactiver cette option, spécifiez `wm=0` (initialisation par défaut).
ws	L'option `word search` (appelée `wrapscan` sur certains systèmes) saute du caractère de fin de fichier `<eof>` au caractère de début de fichier `<bof>` durant une recherche. La valeur par défaut est `word search on`.

• Affichage et configuration des options à l'aide de set

Pour visualiser les valeurs des options actuellement définies pour votre système, tapez `:set` lorsque vous êtes en mode commande sous `vi`. Les options courantes de la session de `vi` sont alors affichées sur la ligne d'état. Les options affichées par la commande `set` varient selon les options par défaut et selon l'implémentation de `vi`. Voici ce que vous pouvez voir avec la commande `set` :

```
autoprint errorbells redraw report=1 showmatch showmode term=vt100 wrap margin=5
```

INFO

La commande `set` *sans argument affiche seulement les options définies par l'utilisateur. Vous pouvez abréger la commande* `set` *en tapant juste* `se`*. Pour initialiser un certain nombre d'options sur la même ligne, utilisez* `se` *et séparez les options par un espace :*

```
:se ap eb redraw report=1 sm smd warn wm=5 ws
```

Remarquez que le premier caractère est le caractère deux-points, qui indique à `vi` *qu'une commande va suivre.*

Pour connaître la liste des options disponibles et de leurs valeurs, tapez `:set all`. Les options et leurs valeurs sont présentées dans le Tableau 8.7.

• L'option showmode

L'une des options les plus utilisées est `showmode`. Pour apprendre à vous en servir, lancez `vi` avec le fichier vipract.1 (tapez `vi vipract.1`).

Lorsque `vi` démarre, vous voyez apparaître à l'écran le texte de votre première session de `vi`. Dans cette première session, vous avez dû remarquer qu'il n'y avait aucun moyen de déterminer si vous étiez en mode insertion lorsque vous aviez entré le texte de ce fichier. Vous pouvez demander à `vi` de vous informer quand vous êtes en mode insertion, par l'intermédiaire de `showmode`. L'option `showmode` indique le mode sur la ligne de commande.

Lorsque `showmode` est activée, `vi` affiche le mode d'insertion dans lequel il se trouve : le mode d'insertion régulier `INPUT MODE`, le mode `APPEND MODE`, le mode `REPLACE 1 CHAR`, etc. Pour configurer `showmode` sous `vi`, appuyez sur <Echap> afin de passer en mode commande, puis entrez `:set showmode`. A présent, basculez en mode insertion (appuyez sur <i>). Vous devriez voir apparaître le message `INPUT MODE` sur la ligne d'état. Appuyez sur <Echap> pour retourner en mode commande. Vous pouvez essayer de voir ce qu'il se passe lorsque vous lancez une commande pour remplacer ou modifier le texte.

• Configuration des options de type bascule

Toute option qui n'attend pas de nombre en argument ressemble à un commutateur à bascule : elle peut être activée ou désactivée. Par exemple, vous configurez l'option `showmode` en entrant :

```
:se showmode
```

Pour désactiver `showmode`, il suffit d'ajouter `no` devant l'option :

```
:se noshowmode
```

• Modification des options pour chaque session de vi

La définition d'une option pendant une session de vi est valable uniquement pour cette session. Vous avez la possibilité de personnaliser vos sessions vi en plaçant les commandes de configuration dans le fichier .exrc de votre répertoire personnel ($home/.exrc). Pour savoir si ce fichier existe, tapez les commandes suivantes :

```
cd
vi .exrc
```

La première commande vous conduit à sur votre répertoire personnel. La seconde lance vi en utilisant le fichier .exrc. Si ce dernier existe, il apparaîtra sous vi sur votre écran. S'il n'existe pas, vi indiquera qu'il s'agit d'un nouveau fichier.

Les commandes de configuration dans le fichier .exrc commencent par le mot set, non précédé des deux-points. Par exemple, la ligne suivante active les options number et showmode :

```
set number showmode
```

INFO

Le fichier .exrc est lu lorsque vous lancez vi. *Si vous le créez alors que vous êtes sous* vi, *vous devez relancer* vi *afin que les modifications prennent effet.*

Les options que vous initialisez et la valeur que vous leur attribuez dépendent de vos préférences et du genre d'édition que vous effectuez. Expérimentez quelques options et discutez avec des utilisateurs avertis.

Informations complémentaires

Bien que ce chapitre n'ait pas traité toutes les options et les fonctionnalités de vi, vous savez maintenant comment lancer cet éditeur et utiliser ses fonctions de base. Il est important de savoir se servir de vi, car il est disponible sur tout système UNIX/Linux. Il est rapide à charger en mémoire et consomme peu de ressources ; on peut donc l'utiliser sur un système modeste. Les administrateurs système l'utiliseront pour les tâches de routine. Pour d'autres informations, reportez-vous aux chapitres suivants :

- Le Chapitre 11, qui indique comment protéger vos fichiers de texte contre un effacement accidentel. Il traite également de la sauvegarde des fichiers importants créés avec vi.
- Le Chapitre 16, qui décrit le fonctionnement et l'utilisation des fichiers sous Linux. Pour utiliser efficacement vi ou un autre éditeur de texte, une compréhension minimale du système de fichiers est nécessaire.
- Le Chapitre 20, qui traite de l'impression sous Linux. Il indique comment imprimer les fichiers de texte créés avec vi.
- Le Chapitre 28, qui présente emacs, un autre éditeur de texte disponible avec Linux. emacs apporte de nombreuses fonctionnalités supplémentaires par rapport à vi. Il offre également un environnement avec lequel vous pouvez effectuer un grand nombre de tâches, normalement dévolues à d'autres programmes, par exemple la lecture du courrier électronique ou des news.

9 Lancement et arrêt d'un système Linux

Le démarrage et l'arrêt d'un système Linux sont deux tâches que vous, administrateur, aurez le plus souvent à effectuer. Ce sont deux opérations qui exigent une attention toute particulière.

Pour utiliser Linux, vous devez d'abord initialiser le système d'exploitation. Même si cela semble évident à première vue, il faut prendre en compte le fait que la plupart des gens rajoutent au moins un système, autre que Linux, sur leur PC. Il faut donc trouver un moyen de spécifier, au démarrage de la machine, celui qui sera initialisé. Il existe deux méthodes pour ceci : vous pouvez initialiser Linux à partir d'une disquette ou à partir du disque dur au moyen d'un programme d'amorçage.

Dans ce chapitre, nous verrons :

- le démarrage d'un système Linux ;
- le démarrage à l'aide de LILO ;
- l'arrêt d'un système Linux.

Le processus d'amorçage

Red Hat et la plupart des distributions récentes de Linux utilisent le processus d'amorçage SysV `init`, et non plus l'ancien processus BSD `init`. `init` est le premier programme exécuté par le noyau lors du démarrage, et il reçoit par conséquent l'identificateur de processus (ou PID) 1. Il devient ainsi le processus parent de tous les autres processus s'exécutant sur le système Linux.

Le PID d'un processus est un numéro que le système d'exploitation utilise pour l'identifier. De nombreuses commandes Linux se servent de ce PID comme paramètre d'identification.

Voir Chapitre 18.

Lors de l'amorçage, Linux passe par les étapes suivantes :

1. Le noyau exécute le programme `init`, qui se trouve dans le répertoire /sbin.
2. `init` exécute le script shell /etc/rc.d/rc.sysinit.
3. rc.sysinit initialise diverses variables système et effectue d'autres initialisations de démarrage.

4. `init` exécute tous les scripts correspondant au niveau d'exécution par défaut.
5. `init` exécute le script /etc/rc.d/rc.local.

Ce programme lance divers processus et écrit sur la console et dans le fichier d'historique du système /var/log/messages différentes informations sur l'état des processus lancés. Le Listing 9.1 présente une séquence de démarrage typique.

La consultation du fichier /var/log/messages facilite la résolution des problèmes de démarrage. Le noyau y enregistre toutes les erreurs, aussi n'avez-vous pas à vous préoccuper de noter par écrit les messages qui défilent.

Listing 9.1 : Entrées classiques de l'historique de démarrage

```
May 22 23:23:42 ns syslogd 1.3-3: restart.
May 22 23:23:43 ns kernel: klogd 1.3-3, log source = /proc/kmsg started.
May 22 23:23:45 ns kernel: Loaded 4189 symbols from /boot/System.map.
May 22 23:23:45 ns kernel: Symbols match kernel version 2.0.31.
May 22 23:23:45 ns kernel: Loaded 2 symbols from 3 modules.
May 22 23:23:45 ns kernel: Console: 16 point font, 400 scans
May 22 23:23:45 ns kernel: Console: colour VGA+ 80x25, 1 virtual
➥ console (max 63)
May 22 23:23:45 ns kernel: pci_init: no BIOS32 detected
May 22 23:23:45 ns kernel: Calibrating delay loop.. ok - 49.97 BogoMIPS
May 22 23:23:45 ns kernel: Memory: 30816k/32768k available
➥ (736k kernel code, 384k reserved, 832k data)
May 22 23:23:45 ns kernel: This proces-
sor honours the WP bit even when in supervisor mode. Good.
May 22 23:23:45 ns kernel: Swansea University Compu-
ter Society NET3.035 for Linux 2.0
May 22 23:23:45 ns kernel: NET3: Unix domain sockets 0.13 for Linux NET3.035.
May 22 23:23:45 ns kernel: Swansea University Computer Society
➥ TCP/IP for NET3.034
May 22 23:23:45 ns kernel: IP Protocols: IGMP, ICMP, UDP, TCP
May 22 23:23:45 ns kernel: VFS: Diskquotas version dquot_5.6.0 initialized
May 22 23:23:45 ns kernel:
May 22 23:23:45 ns kernel: Checking 386/387 coupling... Ok, fpu using
➥ exception 16 error reporting.
May 22 23:23:45 ns kernel: Checking hlt' instruction... Ok.
May 22 23:23:45 ns kernel: Linux version 2.0.31 (root@porky.redhat.com)
➥ (gcc version 2.7.2.3) #1 Sun Nov 9 21:45:23 EST 1997
May 22 23:23:45 ns kernel: Starting kswapd v 1.4.2.2
May 22 23:23:45 ns kernel: Serial driver version 4.13
➥ with no serial options enabled
May 22 23:23:45 ns kernel: tty00 at 0x03f8 (irq = 4) is a 16550A
May 22 23:23:45 ns kernel: tty01 at 0x02f8 (irq = 3) is a 16550A
May 22 23:23:45 ns kernel: Real Time Clock Driver v1.07
May 22 23:23:45 ns kernel: Ramdisk driver initialized : 16 ramdisks of
➥ 4096K size
May 22 23:23:45 ns kernel: hda: Micropolis 2217A, 1551MB w/508kB Cache,
➥ CHS=3152/16/63
```

```
May 22 23:23:45 ns kernel: hdb: Maxtor 72700 AP, 2583MB w/128kB Cache,
➥ CHS=20746/15/17
May 22 23:23:45 ns kernel: ide0 at 0x1f0-0x1f7,0x3f6 on irq 14
May 22 23:23:45 ns kernel: Floppy drive(s): fd0 is 1.44M
May 22 23:23:45 ns kernel: FDC 0 is an 8272A
May 22 23:23:45 ns kernel: md driver 0.35 MAX_MD_DEV=4, MAX_REAL=8
May 22 23:23:45 ns kernel: scsi : 0 hosts.
May 22 23:23:45 ns kernel: scsi : detected total.
May 22 23:23:45 ns kernel: Partition check:
May 22 23:23:45 ns kernel:  hda: hda1
May 22 23:23:45 ns kernel:  hdb: hdb1 hdb2
May 22 23:23:45 ns kernel: VFS: Mounted root (ext2 filesystem) readonly.
May 22 23:23:45 ns kernel: Adding Swap: 3300k swap-space (priority -1)
May 22 23:23:45 ns kernel: sysctl: ip forwarding off
May 22 23:23:45 ns kernel: Swansea University Computer Society IPX 0.34 for
➥ NET3.035
May 22 23:23:45 ns kernel: IPX Portions Copyright  1995 Caldera, Inc.
May 22 23:23:45 ns kernel: Appletalk 0.17 for Linux NET3.035
May 22 23:23:45 ns kernel: eth0: 3c509 at 0x300 tag 1, 10baseT port,
➥ address  00 60 97 13 30 e1, IRQ 10.
May 22 23:23:45 ns kernel: 3c509.c:1.12 6/4/97 becker@cesdis.gsfc.nasa.gov
May 22 23:23:45 ns kernel: eth0: Setting Rx mode to 1 addresses.
May 22 23:23:50 ns named[243]: starting.  named 4.9.6-REL Thu Nov  6
➥ 23:29:57 EST 1997
^Iroot@porky.redhat.com:/usr/src/bs/BUILD/bind-4.9.6/named
```

`init` lance tous les processus nécessaires au service du système d'exploitation, comme le fonctionnement en réseau, l'utilisation de la souris, et les fonctions de base comme les E/S du terminal. Le programme `SysV init` lit les fichiers de configuration situés dans le répertoire /etc/rc.d pour connaître les processus à démarrer. Ces fichiers sont classés dans des répertoires, en fonction des niveaux d'exécution.

Un niveau d'exécution permet de préciser les services disponibles, depuis le mode mono-utilisateur (niveau d'exécution 1) au mode complet multiutilisateur, multitâche (niveau 3). Le Tableau 9.1 décrit les différents niveaux d'exécution disponibles sous Linux.

Le programme `init` utilise l'arborescence de répertoires suivante :

init.d

rc0.d

rc1.d

rc2.d

rc3.d

rc4.d

rc5.d

rc6.d

Tableau 9.1 : Niveaux d'exécution de Linux

Niveau d'exécution	Description
0	arrêt
1	mode mono-utilisateur
2	mode multiutilisateur sans NFS
3	mode multiutilisateur complet
4	inutilisé
5	X11
6	redémarrage

Voir Chapitre 18.

Les numéros des noms de répertoires correspondent aux niveaux d'exécution du Tableau 9.1. Chaque répertoire contient divers scripts shell destinés à lancer et arrêter les services de chaque niveau d'exécution. Ces scripts initialisent également le système de fichiers et verrouillent les fichiers suivant un état déterminé.

Chaque répertoire contient un certain nombre de scripts shell, dont les noms commencent par les lettres S (pour Start) ou K (pour Kill), suivie d'un nombre à deux chiffres. Ces nombres n'ont qu'un rôle d'ordonnancement.

Chaque script accepte habituellement un argument de ligne de commande, start ou stop, même s'il peut accepter d'autres paramètres. `init` ne transmet au script que start ou stop, selon que `rc` a été appelé pour changer ou non les niveaux d'exécution. Vous pouvez également exécuter les scripts manuellement pour reconfigurer un service. Par exemple, pour `sendmail` (vous devez être connecté en tant que root pour exécuter les scripts `init`), exécutez la commande :

```
/etc/rc.d/init.d/sendmail stop
/etc/rc.d/init.d/sendmail stop
/etc/rc.d/init.d/sendmail start
```

Vous pouvez remarquer deux points : premièrement, la commande est exécutée deux fois avec le paramètre `stop`. Cela permet de garantir que le système a le temps de terminer le processus. Puis la commande `start` est appelée. Deuxièmement, nous avons lancé le script à partir du répertoire init.d, et non à partir du répertoire correspondant au niveau d'exécution. En outre, le script ne contient ni lettre (S ou K) ni nombre. En listant les fichiers du répertoire d'un niveau d'exécution, vous remarquez que ce ne sont en réalité que des liens vers les fichiers du répertoire init.d, ainsi que le montre le Listing 9.2. Après ce listing, le Tableau 9.2 décrit quelques scripts de démarrage essentiels de ce répertoire.

Listing 9.2 : Liste d'un répertoire rc3.d typique

```
lrwxrwxrwx   1 root   root   16 Jan 25 21:56 K08autofs -> ../init.d/autofs
lrwxrwxrwx   1 root   root   18 Dec 14 12:17 K10pnserver -> ../init.d/
➥ pnserver
lrwxrwxrwx   1 root   root   17 Dec 14 12:17 K20rusersd -> ../init.d/rusersd
lrwxrwxrwx   1 root   root   15 Dec 14 12:17 K20rwhod -> ../init.d/rwhod
lrwxrwxrwx   1 root   root   15 Dec 14 12:17 S15nfsfs -> ../init.d/nfsfs
lrwxrwxrwx   1 root   root   16 Dec 14 12:17 S20random -> ../init.d/random
lrwxrwxrwx   1 root   root   16 Dec 14 12:17 S30syslog -> ../init.d/syslog
lrwxrwxrwx   1 root   root   13 Dec 14 12:17 S40atd -> ../init.d/atd
lrwxrwxrwx   1 root   root   15 Dec 14 12:17 S40crond -> ../init.d/crond
lrwxrwxrwx   1 root   root   14 Dec 14 12:17 S50inet -> ../init.d/inet
lrwxrwxrwx   1 root   root   15 Dec 14 12:17 S55named -> ../init.d/named
lrwxrwxrwx   1 root   root   13 Dec 14 12:17 S60lpd -> ../init.d/lpd
lrwxrwxrwx   1 root   root   13 Jan 31 20:17 S72amd -> ../init.d/amd
lrwxrwxrwx   1 root   root   18 Dec 14 12:17 S75keytable -> ../init.d/
➥ keytable
lrwxrwxrwx   1 root   root   18 Dec 14 12:17 S80sendmail -> ../init.d/
➥ sendmail
```

Tableau 9.2 : Scripts init de rc.3

Nom du script	Démon	Description
S15nfsfs	`nfs`	Gère Network File Services (NFS)
S30syslog	`syslog`	Permet l'enregistrement des messages du système dans /var/log/messages
S40atd	`atd`	Permet à un utilisateur d'effectuer une tâche à un moment donné
S40crond	`cron`	Programmateur de batch de Linux
S50inet	`inetd`	Le super serveur (PID 1)
S55named	`Serveur de noms`	Fournit les services de noms DNS
S60lpd	`lpd`	Démon d'impression

Voir
Chapitre 16.

`init` parcourt les fichiers du répertoire du niveau d'exécution indiqué, et transmet le paramètre start ou stop, en fonction de la première lettre du nom des fichiers.

Le répertoire rc.d contient également trois fichiers nommés rc, rc.local, et rc.sysinit. Le script shell `rc` a pour tâche de redémarrer le système dans un niveau d'exécution différent. Il prend un paramètre correspondant au nouveau niveau d'exécution. Le fichier rc.local est exécuté après tous les autres scripts de démarrage. Vous pouvez y placer n'importe quelle instruction d'initialisation locale. Le fichier rc.local suivant (voir Listing 9.3) est un exemple de démarrage d'un processus local, baptisé shell sécurisé, permettant un accès à distance sécurisé au système.

Listing 9.3 : Exemple de script shell rc.local

```
#!/bin/sh
# Ce script sera exécuté *après* tous les autres scripts d'init.
# Vous pouvez y placer toutes vos tâches d'initialisation, lorsque vous
# ne voulez pas pas d'une initialisation à 100% de style Sys V.
if [ -f /etc/redhat-release ]; then
        R=$(cat /etc/redhat-release)
else
        R="release 3.0.3"
if
arch=$(uname -m)
a="a"
case "_$arch" in
        _a*) a="an";;
        _i*) a="an";;
esac
# Ceci écrasera /etc/issue à chaque démarrage. Par conséquent, faites ici
# toutes les modifications que vous voulez apporter à /etc/issue, sinon
# elles seront perdues au redémarrage.
echo "" > /etc/issue
echo "Red Hat Linux $R" >> /etc/issue
echo "Kernel $(uname -r) on $a $(uname -m)" >> /etc/issue
cp -f /etc/issue /etc/issue.net
echo >> /etc/issue
## Démarre sshd
## By Lance Brown 1/29/1998
/usr/local/sbin/sshd
```

Le script rc.sysinit est le premier fichier exécuté par init au démarrage. Il réalise différentes fonctions, comme l'initialisation des variables système (par exemple le nom d'hôte), le contrôle du système de fichiers et sa réparation éventuelle, l'ouverture des quotas utilisateur, et le montage du système de fichiers /proc. Le script du Listing 9.3 lance également un processus local, nommé `sshd`, le démon de shell sécurisé qui fournit Telnet et les commandes à distance sécurisées à Linux.

`ssh` ne fait pas partie de la distribution Red Hat standard, à cause de la réglementation de l'exportation des armes (le gouvernement des Etats-Unis a classé les utilitaires de cryptage dans la même catégorie que les missiles nucléaires). Vous pouvez néanmoins installer vous-même l'utilitaire. Visitez le site Web suivant pour de plus amples renseignements :

http://www.cs.hut.fi/ssh/

Le niveau d'exécution par défaut est défini dans le fichier /etc/inittab, par la commande suivante :

```
id:3:initdefault:
```

Cette commande ordonne au système de démarrer au niveau d'exécution 3 (multiutilisateur et multitâche complets). Le Listing 9.4 montre un exemple de fichier /etc/inittab.

Listing 9.4 : Exemple de fichier inittab

```
# inittab       Ce fichier décrit comment le processus INIT doit
# installer le système en fonction du niveau d'exécution.
#
# Auteur:       Miquel van Smoorenburg, <miquels@drinkel.nl.mugnet.org>
#               Modifié pour RHS Linux par Marc Ewing et Donnie Barnes
#
# Niveau d'exécution par défaut. Les niveaux d'exécution de RHS sont :
#   0 - halt (ne PAS initialiser initdefault à cette valeur)
#   1 - Mode mono-utilisateur
#   2 - Multiutilisateur, sans NFS (comme 3, sans réseau)
#   3 - Mode multiutilisateur complet
#   4 - inutilisé
#   5 - X11
#   6 - redémarrage (ne PAS initialiser initdefault à cette valeur)
#
id:3:initdefault:
# Initialisation du système.
si::sysinit:/etc/rc.d/rc.sysinit
l0:0:wait:/etc/rc.d/rc 0
l1:1:wait:/etc/rc.d/rc 1
l2:2:wait:/etc/rc.d/rc 2
l3:3:wait:/etc/rc.d/rc 3
l4:4:wait:/etc/rc.d/rc 4
l5:5:wait:/etc/rc.d/rc 5
l6:6:wait:/etc/rc.d/rc 6
# A exécuter pour tous les niveaux d'exécution.
ud::once:/sbin/update
# Intercepte CTRL-ALT-DELETE
ca::ctrlaltdel:/sbin/shutdown -t3 -r now
# Lorsque notre UPS nous indique une défaillance d'alimentation,
# nous disposons de quelques minutes avant l'arrêt. Programme un
# arrêt dans deux minutes. Cela suppose évidemment que powerd soit
# installé et que votre UPS soit connecté et fonctionne correctement.
pf::powerfail:/sbin/shutdown -f -h +2 "Power Failure; System Shutting Down"
# Si l'alimentation revient avant l'arrêt, interrompre le processus.
pr:12345:powerokwait:/sbin/shutdown -c "Power Restored; Shutdown Cancelled"
# Exécute les gettys sous les niveaux d'exécution standards.
```

```
1:12345:respawn:/sbin/mingetty tty1
2:2345:respawn:/sbin/mingetty tty2
3:2345:respawn:/sbin/mingetty tty3
4:2345:respawn:/sbin/mingetty tty4
5:2345:respawn:/sbin/mingetty tty5
6:2345:respawn:/sbin/mingetty tty6
# Exécute xdm sous le niveau d'exécution 5.
x:5:respawn:/usr/bin/X11/xdm -nodaemon
```

N'indiquez pas les niveaux d'exécution 0 ou 6 comme niveau par défaut, car ils rendraient votre système inutilisable. Si, pour une raison quelconque, votre fichier inittab est endommagé, vous pouvez amorcer le système en mode mono-utilisateur pour résoudre le problème. A l'invite de démarrage de LILO, saisissez le paramètre "Linux single" :

```
LILO boot:   Linux single
```

LILO est le logiciel de chargement de Linux, étudié plus loin dans ce chapitre.

Initialisation de Linux à partir d'une disquette

La plupart des utilisateurs se servent d'une disquette d'initialisation pour lancer Linux. Celle-ci contient une copie du noyau Linux qui désigne le système de fichiers principal de Linux, sur la partition appropriée de votre disque dur. Lors du processus d'installation, les versions Caldera et Red Hat de Linux offrent la possibilité de créer une telle disquette initialisable.

ASTUCE

Il est recommandé de créer une disquette d'initialisation, même si vous souhaitez installer un programme d'amorçage sur votre disque dur. Elle pourrait être le seul moyen d'amorcer votre système, si votre disque dur rencontre un problème ! Par ailleurs, si vous essayez d'utiliser une disquette d'amorçage "générique" créée d'après un autre système Linux, celle-ci ne fonctionnera probablement pas !

Vous pouvez également utiliser les disquettes d'installation en secours. A l'invite de démarrage, passez l'option "rescue" au noyau. Après quelques questions, le système vous demandera d'insérer la disquette supplémentaire pour terminer l'amorçage.

Une fois démarré, le système met à votre disposition un shell réduit, nommé `ash`, ainsi que quelques utilitaires. Le Tableau 9.3 énumère ces utilitaires, qui devraient s'avérer suffisants pour réparer votre système.

Tableau 9.3 : Utilitaires de secours

Utilitaire	Description
`cat`	Affiche le contenu d'un fichier
`chmod`	Modifie les droits d'accès aux fichiers
`cpio`	Copie des fichiers à partir d'une archive

Utilitaire	Description
`e2fsck`	Vérifie un système de fichiers Linux "second extended"
`fdisk`	Gestionnaire des tables de partitions de Linux
`gzip/gunzip`	Comprime ou décompresse des fichiers
`insmod`	Installe un module chargeable du noyau
`ls`	Liste des fichiers
`mkdir`	Crée un répertoire
`mke2fs`	Crée un système de fichiers Linux "second extended"
`mount`	Monte un système de fichiers
`rm`	Supprime un fichier
`rmmod`	Décharge un module chargeable

ASTUCE

Sur les systèmes Intel dont la partition racine est située sur un disque dur IDE, vous pouvez également amorcer Linux à l'aide de la disquette d'amorçage. A l'invite de démarrage, saisissez la commande suivante :

```
Linux single root=/dev/hda1 initrd=
```

Si le périphérique IDE de votre système de fichiers racine est autre que /dev/hda1, indiquez-le bien. Cette commande remonte la partition racine, vous fait passer immédiatement en mode mono-utilisateur, et poursuit le processus d'amorçage à partir du disque de démarrage. Malheureusement, cette procédure ne fonctionne pas lorsque la partition racine réside sur un périphérique SCSI.

Initialisation à partir d'un programme d'amorçage

Vous pouvez également initialiser Linux en utilisant un programme d'amorçage. Linux est fourni avec un programme de chargement pour Linux appelé LILO (*Linux Loader*). Celui-ci modifie le principal secteur d'initialisation de votre disque dur et vous permet de choisir, lorsque vous allumez l'ordinateur, le système d'exploitation à initialiser.

INFO

L'utilisation de ces programmes présente à la fois des avantages et des inconvénients. Avec eux, vous n'avez pas besoin d'une disquette pour initialiser le système. Vous avez également la possibilité de sélectionner, dans un menu, le système d'exploitation que vous souhaitez initialiser ou de le régler de façon que qu'il en choisisse automatiquement un.

En ce qui concerne les inconvénients, le gestionnaire ajoute au processus d'initialisation un autre degré de complexité. Vous devrez en effet le modifier et peut-être même le réinstaller pour ajouter, effacer ou augmenter les capacités de n'importe lequel de vos systèmes d'exploitation. Vous modifierez

ainsi le principal enregistrement d'initialisation de votre disque dur, ce qui pourrait vous forcer, si quelque chose se passe mal, à initialiser uniquement à partir d'une disquette et cela jusqu'au reformatage du disque dur. Autre inconvénient : le gestionnaire d'initialisation choisi ne sera peut-être pas compatible avec certains systèmes d'exploitation.

Vous devrez étudier attentivement vos besoins informatiques avant de vous décidez pour une disquette ou pour un gestionnaire.

Vous pouvez également régler LILO de façon que qu'il puisse être lancé à partir du gestionnaire d'initialisation OS/2.

LILO : le chargeur Linux

Le gestionnaire d'initialisation LILO est distribué avec les versions Caldera et Red Hat. Il peut être installé dans l'enregistrement principal d'initialisation, sur une disquette formatée ou sur le superbloc de la partition d'initialisation utilisé pour amorcer OS/2.

Lorsque LILO est installé, vous pouvez utiliser le secteur principal d'amorçage pour sélectionner parmi tous les systèmes d'exploitation celui que vous voulez initialiser. Selon sa configuration, LILO attend que le temps de réponse imparti soit épuisé, puis initialise un système par défaut.

Le programme d'installation de Caldera ou de Red Hat permet d'installer LILO de la manière la plus simple possible. Il vous guide à travers un système de menus qui automatise une bonne partie du processus d'installation.

ATTENTION

Il est fortement recommandé d'installer LILO avec le programme d'installation de Caldera ou de Red Hat. La mise en place d'un gestionnaire d'initialisation est une opération délicate et les données contenues dans votre disque dur risquent de s'altérer si elle n'est pas faite correctement.

• Configuration de LILO

LILO lit le fichier de configuration /etc/lilo/conf et l'utilise pour déterminer quels sont les systèmes d'exploitation installés dans votre ordinateur et où sont localisées les informations concernant leur initialisation. Le fichier /etc/lilo/conf fournit d'abord des renseignements indiquant à LILO comment fonctionner. Il est également formé de plusieurs sections, chacune listant les informations spécifiques à un système d'exploitation que peut amorcer LILO.

Voici deux exemples de section, issus d'un fichier de configuration :

```
# Section pour la partition Linux
image=/vmlinuz
label=Linux
root=/dev/hda1
```

```
# Section pour MS-DOS
other=/dev/hda3
table=/dev/hda
label=msdos
```

La première section fournit les renseignements qui permettront d'initialiser Linux. La ligne `image` indique à LILO où se trouve la partie résidente de Linux. Les lignes `label`, dans les deux sections, donnent le nom du système d'exploitation qui apparaît dans le menu d'initialisation de LILO. La ligne `root` précise l'endroit où se trouve le principal système de fichiers Linux.

Dans la section pour MS-DOS, la ligne `other` indique que la partition pour un système d'exploitation supplémentaire est localisée sur la partition hda3 du disque. La ligne `table` montre à LILO où se trouve la table des partitions pour /dev/hda3.

• Travailler avec LILO

Lorsque vous installerez LILO, vous réglerez le temps de réponse systématique et choisirez le système d'exploitation qui sera sélectionné par défaut. Vous bénéficierez ainsi d'un temps imparti au cours duquel vous pourrez choisir un autre système. Si vous n'entrez aucun choix, LILO initialisera l'option par défaut aussitôt que le délai fixé sera écoulé.

Une fois LILO installé et votre ordinateur initialisé, vous recevez un prompt `LILO :`. Plusieurs options s'offrent maintenant à vous. Vous pouvez attendre jusqu'à ce que Linux initialise le système d'exploitation par défaut ou bien appuyer sur <Ctrl>, <Alt> ou <Maj> pour que LILO lance immédiatement l'option par défaut. Vous pouvez également taper le nom d'un des systèmes d'exploitation et LILO initialisera celui que vous avez choisi. Enfin, vous pouvez appuyer sur la touche <Tab> pour qu'il affiche la liste de tous ceux disponibles.

Arrêt de Linux

Soyez prudent lorsque vous fermez votre système d'exploitation Linux. Il ne s'agit pas simplement de pousser le bouton arrêt. Linux conserve dans des mémoires tampon les informations d'entrée et de sortie du système de fichiers. Si vous coupez simplement l'alimentation, ce système pourra s'en trouver altéré.

ATTENTION

N'éteignez jamais votre système Linux avant de l'avoir correctement arrêté. Les systèmes de fichier doivent être auparavant synchronisés correctement. Si vous coupez simplement l'alimentation, ce système pourra s'en trouver altéré.

Le meilleur moyen d'arrêter un système Linux est d'utiliser la commande `shutdown`.

Voici sa syntaxe :

```
/sbin/shutdown [options] heure [message d'avertissement]
```

Le `[message d'avertissement]` est envoyé à tous les utilisateurs connectés en même temps que vous. `heure` est l'heure à laquelle la fermeture aura lieu. Cet argument peut s'écrire de différentes façons.

- Il peut être spécifié dans le format `hh:mm`.
- Le paramètre `heure` peut également s'écrire sous la forme `+m`, `m` étant le nombre de minutes qui précèdent l'heure d'arrêt. Vous pouvez spécifier le mot `now` (maintenant) qui a le même effet que `+0`.

Le Tableau 9.4 dresse la liste des options que l'on peut utiliser avec la commande `shutdown`.

Tableau 9.4 : Lignes de commandes optionnelles avec shutdown

Code	Description
`-t` *sec*	Attend *sec* secondes avant d'envoyer le message d'avertissement et le signal tuant tous les processus. Ce délai permet aux processus de terminer le traitement d'arrêt qu'ils ont à faire.
`-k`	N'arrête pas réellement le système. Envoie simplement un message d'avertissement à tous les utilisateurs.
`-r`	Réinitialise après l'arrêt du système.
`-h`	Stoppe après l'arrêt du système.
`-n`	Ne synchronise pas les disques après l'arrêt ou l'interruption. A utiliser avec prudence, car les données pourraient être endommagées.
`-f`	Effectue une réinitialisation "rapide". Cela crée le fichier `/etc/fastboot`. Le script `rc` doit chercher ce dernier et ne pas faire un `fsck` s'il le trouve.
`-c`	Annule un arrêt déjà en cours. Avec cette option, il est impossible de spécifier l'argument `time`.

La commande `shutdown` empêche les utilisateurs de se connecter, informe tous ceux qui travaillent sur le système que celui-ci va être arrêté, attend pendant le temps spécifié et envoie un signal `sigterm` à tous les processus de façon que qu'ils puissent sortir convenablement. `shutdown` appelle ensuite `halt` ou `reboot` en fonction de l'option indiquée dans sa commande.

ATTENTION

Vous pouvez arrêter le système ou le réinitialiser en tapant directement `halt` *ou* `reboot`*. Cependant, aucun utilisateur n'en sera averti et le système sera immédiatement arrêté. Ces commandes ne doivent être utilisées que si vous êtes seul à utiliser le système. Pour savoir qui est connecté au système, appuyez sur la touche <w> ou utilisez la commande* `who`.

Informations complémentaires

L'administration ne se limite évidemment pas au démarrage et à l'arrêt d'un système Linux. Vous trouverez des informations complémentaires sur ce sujet dans les chapitres suivants :

- Le Chapitre 7 constitue une introduction aux différentes tâches que rencontre un administrateur système.
- Le Chapitre 10 montre comment créer et gérer les comptes utilisateur sur un système Linux.
- Le Chapitre 14 traite de la façon de gérer correctement les systèmes de fichier.
- Le Chapitre 18 montre comment écrire divers scripts shell sous les différents shells présents dans Linux.

Gestion des comptes utilisateur

L'administrateur système est responsable de la gestion des utilisateurs. Il lui incombe donc d'ajouter ceux-ci pour qu'ils puissent se connecter au système, d'accorder les privilèges, de créer et d'assigner des répertoires personnels, de répartir les utilisateurs dans des groupes et d'en supprimer lorsque cela est nécessaire. Dans ce chapitre, nous vous présenterons les différents outils et techniques utilisés pour gérer les comptes utilisateur.

Ce chapitre traitera les sujets suivants :

- ajout et suppression de comptes utilisateur ;
- gestion des mots de passe des utilisateurs ;
- travail avec des groupes ;
- gestion des répertoires personnels ;
- administration par le Web.

Gestion des utilisateurs

Les utilisateurs sont censés se connecter sous un nom unique. Cette procédure permet de les identifier tous et d'éviter qu'un d'entre eux ne supprime des fichiers qui ne lui appartiennent pas.

Voir Chapitre 12.

Chaque utilisateur doit également avoir un mot de passe. La seule exception à cette règle concerne les cas où une seule personne utilise un système qu'aucun modem ou réseau ne relie à d'autres ordinateurs.

Si une personne veut accéder à votre système sans motif valable, vous devez faire en sorte qu'elle ne puisse pas se connecter. Le nom sous lequel elle se connecte, devra être supprimé ainsi que les fichiers devenus inutiles.

• Ajout d'un utilisateur

Lorsque vous ajoutez un utilisateur, il en résulte une entrée dans le fichier des mots de passe /etc/passwd. L'entrée se présente sous cette forme :

```
nomconnexion:motdepasse-crypté:ID-util:ID-groupe:info-util:répertoire-
➥ connexion:shell-connexion
```

Cette syntaxe implique que les champs soient séparés par un deux-points. La liste des champs se trouve dans le Tableau 10.1.

Tableau 10.1 : Champs dans une entrée de fichier /etc/passwd

Champs	Description
nomconnexion	Nom utilisé pour se connecter.
motdepasse-crypté	Mot de passe indispensable pour authentifier l'utilisateur ; principale protection contre les violations de sécurité.
ID-util	Nombre unique que le système d'exploitation utilise pour identifier l'utilisateur.
ID-groupe	Nombre ou nom unique qui sert à identifier le groupe principal de cet utilisateur. Si celui-ci appartient à plusieurs groupes, il peut en changer si l'administrateur le lui permet.
info-util	Description de l'utilisateur contenant, par exemple, son nom ou un titre.
répertoire-connexion	Répertoire personnel de l'utilisateur (vers lequel il est dirigé après la connexion).
shell-connexion	Shell affecté à l'utilisateur lorsqu'il se connecte (ex : /bin/bash si c'est le shell bash).

La commande adduser permet d'ajouter un nouvel utilisateur au système Linux. On invoque cette commande en spécifiant son nom.

• Commande adduser

Voir Chapitre 12.

Lorsque vous ajoutez un utilisateur avec la commande adduser, il suffit d'indiquer son nom (voir Listing 10.1). La section suivante fournit davantage de détails à ce sujet.

Listing 10.1 : Exemple de session adduser

```
# ./adduser jschmoe
#
```

La commande adduser copie dans le répertoire personnel des utilisateurs les fichiers du répertoire /etc/skel dont les noms commencent par un point. Ce répertoire doit contenir des fichiers à attribuer, selon vous, à chacun. Cela comprend généralement ceux qui sont "personnels" tels .profile, .cshr et .login pour la configuration du shell ; .mailrc pour le courrier électronique ; .emacs pour ceux qui utilisent cet éditeur, etc.

La commande adduser est un script shell Bourne situé dans le répertoire /usr/sbin, que vous pouvez personnaliser pour qu'il effectue des actions supplémentaires lors de la création d'un compte utilisateur. Une modification assez courante consiste à demander le nom complet de l'utilisateur plutôt qu'en placer un par défaut dans le fichier des mots de passe. Si vous ne modifiez pas le script dans ce but, il faudra changer le nom avec la commande `chfn` ; voici un exemple :

```
# chfn jschmoe
Changing finger information for jschmoe.
Name [RHS Linux User]: Joseph A. Schmoe
Office []:
Office Phone []:
Home Phone []:
Finger information changed.
#
```

La commande `adduser` ne définit pas le mot de passe pour le compte ajouté. Il faudra le faire au moyen de `passwd`.

• Définition des mots de passe

La commande `passwd` sert à définir les mots de passe des utilisateurs. L'administrateur système est censé en attribuer un à chaque utilisateur qui se rajoute au système. Il est possible d'en changer au moment de la connexion. Voici comment `passwd` s'utilise :

1. Tapez la commande et le nom d'utilisateur (par exemple, `passwd jschmoe`) et appuyez sur <Entrée>.
2. Le mot de passe vous est demandé. Tapez-le et appuyez sur <Entrée> ; il n'apparaît pas à l'écran :

   `Enter new passeword:` *`nouveau_mot_de_passe`*

3. Le mot de passe est demandé une seconde fois. Saisissez-le et appuyez sur <Entrée> :

   `New password (again):` *`nouveau_mot_de_passe`*

Le mot de passe est alors chiffré et rangé dans le fichier `/etc/passwd`. Il est important de prendre son temps et d'en choisir un qui soit conforme aux règles suivantes :

- Il doit comprendre au minimum six caractères (huit de préférence).
- Il doit comprendre des majuscules et des minuscules, des symboles de ponctuation et des chiffres.

Voir Chapitre 12.

Lors de l'ajout de nombreux utilisateurs, vous serez tenté de créer des mots de passe simples et courts. Ne tombez pas dans ce piège. Ils constituent la première ligne de défense contre les intrus. Pensez à indiquer aux utilisateurs ceux que vous avez choisis et changez-en régulièrement. Enfin, pensez à initier les utilisateurs au choix d'un bon mot de passe.

Une fois que l'utilisateur reçoit un mot de passe, l'entrée du fichier ressemble à cela :

```
jschmoe:Zoie.89&^ØgW*:123:21:Joseph A. Schmoe:/users/jschmoe:/bin/bash
```

Le deuxième champ représente le mot de passe sous sa forme chiffrée et non pas comme il a été tapé.

INFO

Il arrive que les utilisateurs oublient leurs mots de passe. L'administrateur ne peut les leur rappeler. Vous pouvez supprimer un mot de passe oublié en éditant /etc/passwd et en effaçant le deuxième champ dans l'entrée du fichier de l'utilisateur. Vous pouvez ensuite en créer un autre avec la commande `passwd`. *Etablissez une procédure pour réglementer ce genre de situation et informez-en les utilisateurs.*

• Suppression d'un utilisateur

La suppression d'un utilisateur peut se faire à différents niveaux et pas nécessairement de manière irrévocable ni définitive. Voici plusieurs scénarios possibles :

- Retirez uniquement la possibilité de se connecter. Cette solution est pratique si l'utilisateur s'absente pour un certain temps, mais souhaite être réintégré par la suite. Son répertoire, ses fichiers et les renseignements sur son groupe sont gardés intacts. Editez le fichier des mots de passe (/etc/passwd), et placez une étoile (*) dans le second champ de l'entrée de l'utilisateur :

```
jschmoe:*:123:21:joseph A. Schmoe:/users/jschmoe:/bin/bash
```

- Retirez l'utilisateur du fichier des mots de passe, mais conservez ses fichiers dans le système. Cette possibilité peut être utile si ces fichiers sont utilisés par d'autres personnes, ou si un nouvel arrivant reprend le travail d'un autre. Effacez l'entrée de l'utilisateur du fichier des mots de passe ou des fichiers. Vous pouvez le faire en employant un éditeur ou la commande `userdel` *`nom-utilisateur`*. Les commandes `chown` et `mv` permettent de modifier le propriétaire et l'emplacement des fichiers de l'ancien utilisateur.
- Retirez l'entrée de l'utilisateur du fichier des mots de passe et supprimez tous les fichiers du système qui lui appartiennent. Cette dernière possibilité est définitive. Elle se réalise au moyen de la commande `find` :

```
find répertoire-home-utilisateurs -exec rm {} \;
```

- Supprimez ensuite le répertoire avec la commande `rmdir` *`répertoire-home-utilisateurs`*, et effacez l'entrée correspondante du ou des fichiers des mots de passe.

INFO

Si vous utilisez d'autres fichiers de configuration (tels que ceux des alias de courrier électronique), vous devez supprimer manuellement leur utilisateur.

Gestion des groupes

Chaque utilisateur est membre d'un groupe. Vous pouvez attribuer à différents types de groupes des privilèges et des possibilités très divers. Par exemple, il semble normal d'accorder aux utilisateurs chargés d'analyser les ventes des droits d'accès différents de ceux qui sont accordés à un groupe dont la fonction principale est la recherche de nouveaux produits.

Le fichier des mots de passe contient uniquement des informations sur des individus. Les renseignements sur les groupes sont conservés dans le fichier /etc/group. Voici un exemple d'entrée :

```
ventes::21:tuser, jschmoe, staplr
```

Le nom de ce groupe est `ventes`, son numéro d'identification du groupe est `21` et les membres sont `tuser`, `jschmoe`, `staplr`. Les fichiers et les répertoires sont associés à des autorisations pour les propriétaires, les groupes et autres. Un utilisateur peut être membre de plusieurs groupes et peut changer de groupe.

• Ajout d'un groupe

L'ajout d'un groupe se fait en éditant directement le fichier /etc/group et en entrant des informations sur le nouveau :

A chaque groupe dans le fichier /etc/group est associé un identifiant de groupe. Linux gère cet identifiant et non le nom. Si vous donnez le même identifiant à deux groupes, ils se comporteront comme s'il s'agissait du même.

• Suppression d'un groupe

La suppression d'un groupe se fait en éditant le fichier /etc/group et en retirant la ligne le concernant. Vous pouvez réaffecter à un autre groupe tous les fichiers qui étaient associés au groupe supprimé. La commande `find` permet de le faire aisément :

```
find / -gid id-groupe find rép-home-util -exec chgrp nouvgroupe {} \;
```

Gestion des répertoires personnels

Voir
Chapitre 14.

Si vous avez l'intention d'accueillir beaucoup d'utilisateurs sur votre système, essayez de regrouper les répertoires personnels de la manière la plus cohérente possible. En général, il vaut mieux tous les placer sur la même machine et sous un seul répertoire général en suivant la méthode qui vous conviendra.

Vous pouvez, par exemple, indiquer que /home sera le répertoire général des répertoires des utilisateurs. Vous pouvez alors les classer par service. Les utilisateurs de `ventes` auront ainsi des comptes dans /home/ventes ; le développement se fera dans /home/develop et ainsi de suite. Les répertoires personnels figureront dans l'un de ceux-ci ou dans un autre ensemble si un nouveau groupement est nécessaire. Ce type de répertoire occupant parfois beaucoup d'espace disque, vous pourrez placer des groupes cohérents d'utilisateurs dans différents systèmes de fichier. Si vous avez besoin de plus d'espace, vous pouvez simplement créer une catégorie supplémentaire de répertoires personnels et l'établir sur un système de fichiers comme un point de montage dans /home.

Administration par le Web

La distribution Red Hat 5.2 de Linux comprend l'outil d'administration système de Jacques Gelinas, Linuxconf. Celui-ci vous permet d'effectuer de nombreuses tâches d'administration système, notamment la gestion des utilisateurs et des groupes. En plus de l'habituelle ligne de commande et de l'accès par X Window, Linuxconf supporte l'administration du système Linux au travers du World Wide Web. Lorsque l'option Linuxconf HTML Access Control est sélectionnée, vous pouvez saisir l'URL **http://<hostname>:98/** pour afficher la page Web d'accueil de l'outil Linuxconf.

Pour agir sur le système, vous devez vous rendre dans l'une des pages de niveau inférieur. Il vous sera alors demandé le mot de passe de root ; par conséquent, préparez-le.

Informations complémentaires

En tant qu'administrateur, vous êtes responsable de la gestion et de la maintenance des utilisateurs qui se connectent sur votre système. Des procédures adéquates de gestion peuvent aider à simplifier la création et la suppression de comptes. Linux vous propose une gamme complète d'outils pour gérer les comptes utilisateur et l'information sur les groupes. Il est important de comprendre comment les premiers peuvent être regroupés de manière cohérente. Si vous structurez les répertoires de façon que qu'ils reflètent ce groupement, vous pourrez exploiter au maximum l'espace disque et simplifier les tâches de maintenance.

Vous trouverez des informations supplémentaires sur l'administration système aux chapitres suivants :

- Le Chapitre 7 est une introduction aux tâches d'administration courantes.
- Le Chapitre 11 montre comment planifier et mettre en œuvre la sauvegarde des données.
- Le Chapitre 14 décrit l'initialisation et la gestion des systèmes de fichier.

Sauvegarde des données

Plusieurs types de problèmes peuvent entraîner la perte de données. Des fichiers sont parfois accidentellement supprimés, un incident machine peut survenir ou il se peut que vous ne puissiez plus accéder à certaines informations. Les utilisateurs doivent donc pouvoir compter sur une sauvegarde automatique et ainsi accéder, si besoin est, à ces fichiers "perdus".

L'avenir de votre société, et le vôtre, peut dépendre de ces fichiers de sauvegarde. Dans des moments de crise, vous serez récompensé d'avoir pris le temps et fait l'effort de les copier sur un quelconque support et selon un calendrier régulier, rigoureux et bien référencé. Les sauvegardes n'ont rien de très attrayant, mais c'est un procédé qu'aucun administrateur système ne peut ignorer.

Ce chapitre traite des points suivants :

- planification des sauvegardes ;
- création d'un plan de sauvegarde ;
- utilisation de `tar` et `cpio`.

Points à prendre en considération

Voici les questions qu'il faut prendre en compte lors de la sauvegarde d'un système :

- *Sauvegardes intégrales ou incrémentielles*. Elles permettent de copier tous les fichiers. Faut-il le faire tous les jours ? Une sauvegarde complète prend généralement beaucoup de temps et nécessite un support capable de conserver tous vos fichiers dans le système. Une *sauvegarde incrémentielle* permet de copier ceux qui ont été modifiés après la dernière sauvegarde intégrale.
- *Les systèmes de fichier à sauvegarder*. Naturellement, les systèmes de fichier actifs doivent absolument être sauvegardés régulièrement. Les autres peuvent l'être moins souvent. Assurez-vous que vous possédez des copies des tous les systèmes de fichier et que ces doubles sont à jour.
- *Types de support pour les sauvegardes*. Vous pourrez utiliser, selon les appareils qui sont sur votre système, des bandes à 9 pistes, des cartouches de bandes 1/4 pouce, des bandes audionumériques de 4 ou 8 mm ou des disquettes. Chacune d'entre elles présente des avantages que les autres n'ont pas en termes de volume ou masse d'informations

stockables, et de coût pour les appareils et les supports. Choisissez des supports de sauvegarde qui correspondent à votre budget et n'oubliez pas que le moins cher sera peut-être le plus lent.

- *Conséquences des sauvegardes pour les utilisateurs.* Exécuter une opération de sauvegarde augmente la charge du système. Cela constituera-t-il un fardeau excessif pour l'utilisateur ? D'autre part, les fichiers modifiés alors que le processus de sauvegarde est en cours ne seront pas copiés. Ce simple inconvénient peut devenir un problème majeur si vous êtes en train de sauvegarder une base de données utilisée. Doit-on donc réaliser des sauvegardes lorsque le système est au repos ?
- *Commandes à utiliser pour les sauvegardes.* Certaines commandes, telles `tar` et `cpio`, sont relativement simples et permettent de réaliser des sauvegardes en temps consacré. Sont-elles suffisantes ?
- *Documentation concernant les fichiers sauvegardés.* Vous devez référencer tout le matériel de sauvegarde de façon à pouvoir retrouver les fichiers dont vous aurez peut-être besoin. Certaines procédures ou commandes vous permettent de constituer une table des matières ou liste de tout le matériel sauvegardé.

Du point de vue de l'administrateur, le système de fichiers devrait être automatiquement sauvegardé avec le minimum d'intervention de sa part. L'opération devrait également avoir lieu lorsque le système est relativement calme pour que cette opération soit la plus complète possible. Les coûts et le côté pratique doivent également être pris en compte. L'administrateur ou l'opérateur doivent-ils rester le vendredi jusqu'à minuit pour effectuer une sauvegarde intégrale ? Faut-il investir 10 000 F dans un lecteur de bande de type DAT pour que le système soit sauvegardé automatiquement à trois heures du matin et sans intervention de l'opérateur ?

Etudiez ces alternatives, calculez les coûts réels, puis prenez une décision. Il est généralement beaucoup plus économique et toujours plus facile de restaurer des informations qui ont été convenablement sauvegardées que de les recréer ou de se débrouiller sans.

Quelques conseils concernant la sauvegarde

Les sauvegardes ont pour objet de permettre la restauration des fichiers individuels ou des systèmes de fichier complets aussi rapidement et aisément que possible. Toutes celles que vous réaliserez doivent tourner autour de ce principe.

Etablissez un plan de sauvegarde, que vous suivrez à la lettre. Incluez-y les fichiers que vous devez copier, le rythme auquel vous devez les sauvegarder et les références qui permettront de les restaurer.

Pensez à vérifier votre travail. Vous devrez notamment consulter la table des matières après qu'une sauvegarde a été effectuée, ou restaurer au hasard un fichier. N'oubliez pas qu'un support de sauvegarde, disque ou bande, peut toujours avoir un défaut.

Effectuez les sauvegardes de façon que que les fichiers puissent être restaurés n'importe où dans le système de fichiers ou dans un autre ordinateur. Servez-vous des utilitaires de sauvegarde ou d'archivage qui créent des archives exploitables sur d'autres systèmes informatiques Linux ou UNIX.

Pensez à référencer tous les supports, bandes, disques ou autres, utilisés pour la sauvegarde. Si vous utilisez plusieurs cartouches ou disques, assurez-vous qu'ils sont numérotés séquentiellement et datés. Vous devez être capable de retrouver le ou les fichiers dont vous avez besoin.

Envisagez le pire. Prévoyez des copies de tous les fichiers de façon à pouvoir restaurer le système tout entier dans un délai raisonnable. Stockez ces bandes ou disques hors du site. Cette dernière recommandation est très importante. Vous devez disposer d'au moins un exemplaire de vos sauvegardes hors site. En cas de désastre (incendie, par exemple), il est plus que probable que vos copies de proximité seront également détruites. De nombreuses entreprises louent un coffre de sécurité pour y stocker leurs bandes. Placez-y également une liste complète du matériel nécessaire, de façon à pouvoir l'acheter si un désastre survient.

Dressez un plan pour réévaluer périodiquement vos procédures de sauvegarde afin d'être sûr qu'elles correspondent à vos besoins.

Il existe plusieurs outils permettant d'automatiser les procédures de sauvegarde. Consultez les archives Linux sur le site **sunsite.unc.edu** pour plus d'informations. En outre, Linux gère les extensions FTAPE qui permettent d'effectuer des sauvegardes sur des unités à bandes QIC-80 pilotées par un contrôleur de lecteur de disquettes. Le document FTAPE HOWTO vous donnera des informations plus détaillées.

Planification des sauvegardes

Il est important que vous dressiez un calendrier de sauvegarde qui soit conforme à vos besoins et vous permettant de restaurer des fichiers ou des copies récentes. Une fois que vous en avez choisi un, respectez-le.

L'idéal serait de pouvoir restaurer un fichier à n'importe quel moment, mais poussé à l'extrême, cet objectif se révèle impossible. Vous devez cependant être capable de restaurer des fichiers sur une base journalière. Pour cela, utilisez une combinaison de sauvegardes intégrales et incrémentielles. La *sauvegarde complète* est celle qui permet de copier tous les fichiers de votre système.

La *sauvegarde incrémentielle* permet de copier les fichiers modifiés après la dernière sauvegarde. Elle peut se faire à différents niveaux : à partir de la dernière sauvegarde totale ou à partir de la dernière partielle. Examinons donc les différents niveaux :

- **Niveau 0.** Sauvegarde intégrale.

- **Niveau 1.** Incrémentielle à partir de la dernière sauvegarde totale.
- **Niveau 2.** Incrémentielle à partir de la dernière sauvegarde de niveau 1.

Voici quelques exemples de plannings :

- *Sauvegarde intégrale un jour, incrémentielle les autres jours* :

  Jour 1Niveau 0, sauvegarde complète.

  Jour 2Niveau 1, sauvegarde incrémentielle.

  Jour 3Niveau 1, sauvegarde incrémentielle.

  Jour 4Niveau 1, sauvegarde incrémentielle.

  Jour 5Niveau 1, sauvegarde incrémentielle.

  Si vous créez et conservez un index de chaque sauvegarde, un seul jour de sauvegarde suffira pour restaurer un fichier individuel et deux jours (jour 1 plus un autre) pour rétablir complètement le système.

- *Sauvegarde intégrale une fois par mois, sauvegardes incrémentielles chaque semaine et chaque jour.* Dans cet exemple, nous avons choisi le mardi, mais tout autre jour fixe peut convenir.

  Premier mardiNiveau 0, sauvegarde intégrale.

  Tous les autres mardiNiveau 1, sauvegarde incrémentielle.

  Tous les autres joursNiveau 2, sauvegarde incrémentielle.

  Vous aurez peut être besoin, pour restaurer un fichier individuel avec ce calendrier, d'une sauvegarde complète si celui-ci n'a pas été modifié au cours du mois, du niveau 1 s'il l'a été la dernière semaine (et non celle-ci), du niveau 2 s'il a été modifié cette semaine. Ce calendrier est plus complexe que dans le précédent, mais les sauvegardes prennent moins de temps par jour.

Vous devrez peut-être conserver les sauvegardes sur une période assez longue, pour le cas où il vous faudrait restaurer une ancienne version. On conserve généralement pendant quatre semaines une sauvegarde hebdomadaire complète. Pour des périodes dépassant ce délai, on peut conserver pendant trois mois une sauvegarde couvrant deux semaines.

Sauvegarde et restauration des fichiers

Plusieurs utilitaires permettent de sauvegarder et de restaurer des fichiers dans un système Linux. Certains sont simples et directs, d'autres plus complexes. Les méthodes simples ont cependant leurs limites. Choisissez celle qui correspond à vos besoins.

Etant donné l'importance des sauvegardes et des restaurations de fichiers, il existe de nombreux logiciels dédiés à cette tâche. Nous vous présenterons deux d'entre eux dans les sections qui suivent :

- `tar`. Utilitaire d'archivage sur bandes disponible sur tous les systèmes Linux ou UNIX. Cette version pour Linux est simple et peut utiliser plusieurs bandes ou disques.

- `cpio`. Utilitaire générique pour copier des fichiers ; disponible sur tous les systèmes UNIX. Il est d'usage simple, plus robuste que `tar` et peut utiliser plusieurs bandes ou disques.

• Sauvegardes avec tar

A l'origine, l'utilitaire `tar` d'UNIX a été conçu pour créer des archives de bandes (reproduction des fichiers ou des répertoires sur des bandes pour ensuite les en extraire ou les restaurer), permettant de copier sur n'importe quel appareil. Il offre plusieurs avantages :

- Il est simple à utiliser.
- Il est fiable et stable.
- Les archives peuvent être lues sur n'importe quel système Linux ou UNIX.

Il présente également quelques inconvénients :

- Avec certaines versions de `tar`, les archives doivent résider dans un seul disque ou une seule bande. Cela signifie que, si une partie du support ne fonctionne pas (exemple : secteur défectueux sur un disque ou bloc endommagé sur une bande), la sauvegarde peut être entièrement perdue.
- Il ne peut pas être utilisé avec des fichiers spéciaux, comme ceux de périphériques.
- Utilisé seul, il ne peut exécuter que des sauvegardes intégrales. Pour en réaliser des incrémentielles, vous devrez faire quelques programmations de shell.

Voir
Chapitre 18.

Quelques options couramment utilisées avec `tar` sont décrites au Tableau 11.1. Consultez la page de manuel de `tar` pour connaître les nombreuses autres options disponibles.

Tableau 11.1 : Options couramment utilisées avec tar

Option	Description
`c`	Crée une archive
`x`	Extrait ou restaure des fichiers d'une archive se trouvant soit dans l'unité par défaut, soit dans celle spécifiée avec l'option `f`
`f` *`nom`*	Crée ou lit l'archive `nom`, qui peut être un nom de fichier ou un périphérique spécifié dans /dev, comme /dev/rmt0
`Z`	Compacte ou décompacte l'archive `tar`
`z`	Compacte ou décompacte l'archive `tar` avec `gzip`
`M`	Crée une sauvegarde `tar` multivolume
`t`	Crée un index de tous les fichiers stockés dans une archive et l'affiche dans `stdout`
`v`	Mode verbeux

Voyons comment certaines commandes tar peuvent être utilisées pour sauvegarder et restaurer des fichiers. La suivante permet de copier le répertoire /home vers le lecteur de disquettes /dev/fdØ :

```
tar cf /dev/fdØ /home
```

Dans cet exemple, l'option f précise que l'archive est créée dans le lecteur de disquettes /dev/fdØ. La commande suivante archive également le répertoire /home :

```
tar cvfzM /dev//fdØ /home ¦ tee homeindex
```

L'option v indique le mode verbeux, la z signale que l'archive devrait être compactée pour économiser de l'espace, la M demande à tar de créer une sauvegarde multivolume. Lorsque la disquette est pleine, tar en demande une autre. Une liste des fichiers copiés est envoyée à homeindex. Il est bon de les consulter pour voir ce qui a été copié.

La commande find permet de localiser les fichiers qui ont été modifiés au cours d'une certaine période afin qu'ils soient ensuite inclus dans la sauvegarde incrémentielle. Voici comment la commande find crée une liste de tous les fichiers qui ont été modifiés le dernier jour :

```
find /home -mheure -1 -type f -print > bkuplst tar cvfzM /dev/fdØ 'cat
➥ bkuplst' ¦ tee homeindex
```

Pour utiliser cette liste comme une entrée pour la commande tar, entourez cat bkuplst d'apostrophes inversées ('cat bkuplst'). Le shell sait ainsi qu'il doit exécuter la commande en tant que sous-shell puis placer sa sortie sur la ligne de commande, à l'endroit où se trouvaient les apostrophes inversées.

Voir Chapitre 19.

La commande suivante extrait le fichier /home/dave/notes.txt de l'unité /dev/fd0 (notez qu'on donne le nom complet du fichier à restaurer) :

```
tar xv /usr2/dave/notes.text
```

INFO

Vous pouvez automatiser ces commandes en les plaçant dans le fichier crontab de root. Par exemple, cette entrée suivante dans le fichier crontab de root réalise une sauvegarde de /home tous les jours à 1h30 :

```
30 Ø1 * * * tar cvfz /dev/fdØ /home >homeindex
```

Si vous avez besoin de réaliser des sauvegardes plus compliquées, vous pouvez créer des scripts de shell pour les contrôler. Ceux-ci peuvent également être exécutés via cron.

La commande tar permet de créer des archives non seulement sur une unité de sauvegarde, mais également dans le système de fichiers Linux. De cette façon, vous pouvez archiver un groupe de fichiers avec leur structure de répertoire dans un seul. Pour cela, il suffit d'ajouter un nom de fichier, au lieu d'un nom d'unité, à l'option f. Dans l'exemple qui suit, la commande tar archive un répertoire avec ses sous-répertoires :

```
tar cvf /home/backup.tar /home/dave
```

Cette commande crée le fichier /home/backup.tar, qui contient une sauvegarde du répertoire /home/dave ainsi qu'une copie de tous ses fichiers et sous-répertoires.

INFO

La commande `tar` *ne peut effectuer seule des compactages de fichiers. Pour y parvenir, il faut ajouter l'option* `z` *à la commande* `tar` *ou utiliser un programme de compactage comme* `gzip`.

Lorsque vous utilisez `tar` pour créer des fichiers d'archivage, il vaut mieux essayer de transformer l'entrée principale du fichier tar en répertoire. De cette façon, si vous l'extrayez, tous les fichiers qu'il contient seront placés, sous un répertoire central, dans celui sur lequel vous travaillez. Si vous ne le faites pas et que vous l'extrayez au mauvais endroit, vous vous retrouverez avec des centaines de fichiers dans votre répertoire.

Supposons qu'un répertoire appelé data se situe sous votre répertoire actif et qu'il contienne plusieurs centaines de fichiers. Deux méthodes permettent d'en créer un à partir de ce répertoire. Vous pouvez créer le fichier tar dans le répertoire data.

```
$ pwd
/home/dave
$ cd data<Entrée>
/home/dave/data
$ tar cvf . . /data.tar *<Entrée>
```

Cela crée un fichier **tar** dans /home/dave avec le seul *contenu* de data, sans entrée pour le répertoire. Lorsque vous extrayez ce fichier, aucun répertoire n'est créé pour accueillir ces fichiers ; celui qui est actif en reçoit simplement plusieurs centaines.

Vous pouvez également créer le fichier tar en partant du répertoire parent de data et en précisant le nom de celui-ci comme s'il s'agissait d'une chose à archiver. Par exemple :

```
$ pwd
/home/dave
$ tar cvf data.tar données<Entrée>
```

Cela crée également une archive dans le répertoire data, mais place son entrée en tête. De cette façon, lorsque le fichier tar est extrait, le répertoire data est créé en premier, puis tous ses fichiers sont placés dans le sous-répertoire de data.

INFO

Lorsque vous créez un fichier `tar` *de tous les fichiers du répertoire, il est bon de le placer ailleurs que dans celui qui est actif. De cette façon, si vous essayez d'archiver tous ceux du répertoire actif,* `tar` *ne sera pas désorienté et ne tentera pas d'ajouter de façon récurrente son fichier tar au tar qu'il est en train de créer.*

• La commande cpio

`cpio` est une commande à usage général qui sert à copier des archives de fichiers. Vous pouvez l'utiliser avec l'option `-o`, pour créer des sauvegardes, ou avec l'option `-i`, pour restaurer des fichiers. Elle prend les données sur l'entrée standard et envoie la sortie vers la sortie standard.

`cpio` offre plusieurs avantages :

- Elle peut sauvegarder n'importe quel ensemble de fichiers.
- Elle peut sauvegarder des fichiers spéciaux.
- Elle stocke l'information plus efficacement que `tar`.
- Elle évite les secteurs ou les blocs défectueux lorsqu'elle restaure des données.
- Ses sauvegardes peuvent être restaurées sur presque tous les systèmes Linux ou UNIX.

Certaines personnes trouvent que la syntaxe de `cpio` est un peu plus compliquée que celle de `tar`. Vous devrez également écrire des scripts shell pour réaliser des sauvegardes incrémentales.

Le tableau ci-dessous répertorie quelques options couramment utilisées avec `cpio`. L'aide en ligne concernant `cpio` décrit chaque option de la commande.

Tableau 11.2 : Options courantes de cpio

Option	Description
`-o`	(Copy out) Crée une archive sur la sortie standard.
`-B`	Bloque les entrées et sorties à 5 120 bits par enregistrement. Utile pour des stockages efficaces sur bande magnétique.
`-i`	(Copy in) Extrait les fichiers à partir de l'entrée standard. Généralement utilisée lorsque l'entrée standard est le résultat d'une commande `cpio` avec l'option `-o`.
`-t`	Crée une table des matières pour les entrées.

Examinons quelques exemples de sauvegardes et de restaurations de fichiers avec `cpio`.

- La commande suivante copie les fichiers du répertoire /home vers l'unité /dev/fd0 :
  ```
  ls /home ¦ cpio -o > /dev/fd0
  ```
- Dans l'exemple qui suit, les fichiers sont extraits de l'unité /dev/fdØ et un index est créé dans le fichier bkup.indx :
  ```
  cpio -it < /dev/fdØ > bkup.indx
  ```
- Ici, la commande `find` sert à créer une liste de tous les fichiers de /home qui ont été modifiés le dernier jour :
  ```
  find /home -mheure 1 -type f -print ¦ cpio -oB > /dev/fdØ
  ```

  Le résultat de la commande est envoyé à `cpio`, qui crée alors une archive sur /dev/fdØ où les données sont stockées avec 5 120 bits par enregistrement.

Voir
Chapitre 18.

- La commande qui suit extrait le fichier /home/dave/notes.txt de l'unité /dev/fdØ :

```
echo "/home/dave/notes.txt" ¦ cpio -i < /dev/fdØ
```

INFO

Vous devez donner le nom complet du fichier pour qu'il soit restauré avec `cpio`.

INFO

Vous pouvez automatiser toutes ces commandes en les plaçant dans le fichier crontab de root. Par exemple, cette entrée dans le fichier crontab réalise une sauvegarde du répertoire /home, tous les jours à 1h30 :

```
3Ø Ø1 * * * ls /home ¦ cpio -o > /dev/fd0
```

Pour exécuter des sauvegardes plus compliquées, vous pouvez créer des scripts shell pour les contrôler.

Reportez-vous à l'aide en ligne concernant `cpio` pour obtenir une description complète de toutes les options qui peuvent être utilisées avec cette commande.

Informations complémentaires

Les chapitres suivants donnent des informations complémentaires sur l'administration système :

- Le Chapitre 7 présente les attributions d'un administrateur système.
- Le Chapitre 10 montre comment créer et gérer les accès accordés aux utilisateurs.
- Le Chapitre 14 décrit les tenants et aboutissants des systèmes de fichiers et les différents points à prendre en considération.

Amélioration de la sécurité du système

Vous devez vous préoccuper de la sécurité de votre système. Le risque que quelqu'un s'introduise en effet sans autorisation dans votre système est bien réel si les utilisateurs sont multiples, si celui-ci est relié au monde extérieur par des modems ou un réseau et s'il reste parfois sans surveillance.

Les accès non autorisés sont parfois bénins, mais si quelqu'un réussit à accéder à votre système, il est fort probable qu'il saura aussi comment copier les informations que vous ne voulez pas divulguer. Il sera aussi capable d'utiliser les ressources de votre système, de modifier ou de supprimer des données.

L'administrateur est responsable de la sécurité du système dans la plupart des organisations. Sans devenir paranoïaque, vous devez réaliser quels sont les risques et être capable de prendre des mesures adéquates pour sécuriser votre système. Soyez sûr de vous et professionnel lorsque vous traiterez ces problèmes.

Ce chapitre étudie des idées et des mesures destinées à accroître la sécurité informatique. Certaines ne sont pas d'un grand intérêt pour les utilisateurs privés, car elles concernent généralement des installations plus importantes. D'autres points s'adresseront à ce type d'utilisateurs.

Voici les questions de sécurité qui seront traitées dans ce chapitre :

- protection physique ;
- protection des mots de passe ;
- protection des fichiers ;
- manipulations sociales ;
- PAM : architecture des modules d'identification enfichables ;
- mots de passe shadow.

INFO

Au cours de ces dernières années, le sens du mot hacker *a été transformé par les médias et il ne signifie désormais plus "mordu de l'informatique", mais "pirate". Il est plutôt d'usage d'appeler* cracker *(pirate) la personne qui s'introduit illégalement dans les systèmes informatiques. C'est ce terme que nous emploierons tout au long de ce chapitre.*

Protection physique

L'intérêt des médias est tellement focalisé sur les virus, les violations informatiques et les crackers diaboliques munis de modems et connectés au réseau, que trop peu d'attention est généralement accordée à la protection physique des systèmes informatiques.

Le matériel informatique est assez sensible à certains milieux ambiants. Le feu et la fumée peuvent ainsi rapidement mettre fin à vos machines. Si vous avez des installations informatiques commerciales, vous devez envisager de mettre en place des détecteurs de fumée, des extincteurs automatiques et un système d'alarme incendie.

La poussière peut provoquer, tout comme le feu et la fumée, des ravages dans votre équipement informatique. Etant abrasive, elle peut raccourcir la durée de vie des supports magnétiques, des bandes et des lecteurs optiques. Elle peut s'installer dans les systèmes de ventilation, bloquer l'arrivée d'air et provoquer ainsi une surchauffe des ordinateurs. La poussière est également conductrice d'électricité et peut entraîner des coupures ou des ruptures de circuits.

L'électricité est une véritable menace pour le matériel informatique. Les ordinateurs sont très sensibles aux surtensions de courant : pour éviter ou limiter ce genre de risques, ils devraient tous être connectés à un équipement de sécurité (parasurtenseur ou onduleur). Il en va de même pour les modems connectés aux lignes téléphoniques.

Beaucoup de secteurs souffrent ainsi de "mauvaises alimentations électriques" qui provoquent des fluctuations de courant et de voltage.

INFO

Les parasurtenseurs peuvent permettre de protéger le matériel contre les pointes de courant, mais ils sont totalement impuissants en cas de foudre. Si un éclair atteint une ligne menant à votre maison ou à votre société, ils auront peu de chances de sauver votre matériel. En cas d'orage violent, le plus simple est de débrancher le parasurtenseur et d'attendre.

Les ordinateurs sont également la proie habituelle des voleurs. Beaucoup de composants informatiques sont petits et chers. Ils sont donc faciles à voler et à revendre. Vous devez évaluer la protection de vos ordinateurs et essayer de les protéger contre le vol, comme vous le feriez pour n'importe quel objet de valeur.

Un autre aspect de cette protection consiste également à empêcher les personnes non autorisées d'accéder aux systèmes. Si un individu peut rentrer dans une pièce équipée d'ordinateurs, s'asseoir près d'une console et travailler en toute impunité, c'est un vrai problème. En contrôlant l'accès aux ordinateurs, vous compliquerez la tâche de celui qui veut voler ou endommager du matériel, voire des données. Etablissez des règles d'accès aux installations informatiques et apprenez aux utilisateurs à les respecter.

Assurez-vous que votre système et ses composants sont physiquement protégés. Certains systèmes et appareils sont assez petits pour être facilement emportés.

Voici quelques mesures qui peuvent être prises pour améliorer la sécurité physique de votre installation :

- Ne laissez pas un système, des lecteurs de bande ou de disque, des terminaux ou des stations de travail sans surveillance pendant une durée prolongée. Il est bon de limiter l'accès à la ou les pièces qui abritent votre système principal, ainsi qu'à ses lecteurs de bande ou de disques. Une serrure sur la porte constitue un premier barrage. Une personne non autorisée peut facilement prendre du matériel de sauvegarde (disques ou bandes) dans une pièce qui n'est pas fermée à clé.
- Ne laissez pas une console du système ou tout autre terminal connecté sous root et sans surveillance. Si les utilisateurs connaissent le système, ils pourront facilement s'attribuer les privilèges de superutilisateur, modifier des logiciels importants ou supprimer des informations.
- Formez les utilisateurs aux risques de sécurité physique. Encouragez-les à signaler toute activité non autorisée qu'ils pourront remarquer. N'hésitez pas à interroger courtoisement une personne qui utilise le système et que vous ne reconnaissez pas.
- Ne gardez pas, si possible, d'informations précieuses dans des systèmes qui sont reliés à un modem ou à un réseau.
- Conservez vos sauvegardes dans un endroit sûr et limitez-en l'accès.

Protection des mots de passe

Les mots de passe constituent la première ligne de défense contre les accès non autorisés. Ils forment également le maillon le plus faible de cette chaîne. Dans cette partie, nous décrirons les mesures que vous pouvez prendre pour les protéger.

Les utilisateurs recherchent souvent des mots de passe simples et faciles à mémoriser. Ils ne souhaitent pas non plus en changer. Ils les notent généralement quelque part par peur de les oublier. Malheureusement pour vous, administrateur, toutes ces habitudes sont mauvaises pour la sécurité de votre système. Les mots de passe requièrent une attention presque constante.

Le superutilisateur (root) possède un mot de passe spécial. Ceux qui le connaissent peuvent accéder au système et peut-être même aux ordinateurs qui sont reliés au vôtre grâce au réseau. Changez souvent de mot de passe root, choisissez-le avec attention et gardez-le secret. Il vaut mieux vous fier à votre mémoire. Dans la plupart des entreprises, il est bon que deux personnes le connaissent, mais c'est un maximum.

Un mot de passe devrait contenir un minimum de six caractères ; toutefois seuls les huit premiers sont reconnus. Cela signifie qu'il sera réduit à huit caractères s'il en contient plus. Il n'est pas très difficile d'écrire un programme qui tente de découvrir un mot de passe. Plus ce dernier est long, et plus ce genre de programme aura du mal à le deviner.

Les ordinateurs sont très doués pour les tâches répétitives et peuvent, par exemple, codifier les mots du dictionnaire et les comparer à votre mot de passe pour essayer de s'introduire dans votre système. N'en choisissez donc jamais qui se trouve dans le dictionnaire. N'en choisissez pas non plus un qui soit trop proche de vous. Vos nom, adresse, numéro de téléphone ou de permis de conduire, le nom de votre conjoint, de votre µµ ou de votre animal de compagnie sont toujours passés en revue par les crackers.

Comment faire, donc, pour sélectionner un bon mot de passe si les plus simples sont également les plus faciles à deviner ? Une technique consiste à choisir au hasard deux mots courts et à les associer par un caractère de ponctuation. Vous pourrez facilement vous en rappeler alors que le pirate devra pratiquement deviner une série de lettres au hasard. Voici quelques exemples de mots de passe constitués avec cette technique :

joe&jour

cal!pain

modem!al

L'autre méthode consiste à choisir une phrase dont vous vous souviendrez et à utiliser la première lettre de chaque mot. Le mot de passe ainsi obtenu sera constitué de lettres placées dans un ordre quelconque, tout en étant dérivé d'une phrase facile à mémoriser. Par exemple, "Mesdames et Messieurs, Elvis a quitté la salle" formera `M&MEaqls`.

Choisissez un mot de passe que vous ou l'utilisateur n'oublierez pas. Celui-ci doit être mémorisé, et n'être écrit nulle part. Si vos utilisateurs pensent avoir besoin de l'écrire, indiquez-leur comment le camoufler sous forme de liste ou de phrase. Ainsi, avec modem!al, on pourra écrire sur un morceau de papier "Ne pas oublier de passer prendre le modem à la boutique du coin". Cela ressemble à une note mais camoufle le mot de passe.

Protection des connexions

Chaque compte de votre système Linux est une porte qui mène à votre ordinateur. Pour l'ouvrir, il suffit d'avoir la bonne clé : le mot de passe. Si vous avez établi de bons principes de gestion des mots de passe, votre système est déjà mieux protégé. La protection des entrées ou des comptes est un autre aspect de la sécurité informatique, qui marche main dans la main avec celle des mots de passe.

La protection des connexions ou des comptes consiste, entre autres, à repérer dans votre système les comptes susceptibles de soulever des problèmes de sécurité et à s'en occuper. Celle-ci peut poser plusieurs types de problèmes.

• Comptes sans mots de passe

Voir
Chapitre 10.

Beaucoup de crackers réussissent à s'infiltrer dans un ordinateur grâce à un compte resté sans mot de passe. Vous devez contrôler régulièrement votre fichier de mots de passe et neutraliser ce genre de comptes. Sous Linux, ce mot est stocké dans le deuxième champ du fichier.

Plusieurs outils, tels `grep`, `awk` ou `perl`, permettent de localiser les champs vides. Vous pouvez neutraliser l'entrée d'un compte en éditant ce type de fichier et en remplaçant le champ mot de passe par une étoile (*). De cette façon, personne ne pourra entrer ce nom d'utilisateur pour se connecter.

• Comptes inutilisés

Voir
Chapitre 10.

Lorsqu'un nom d'utilisateur devient inutile, il est préférable de supprimer son compte afin d'éviter les risques. Il faut au minimum remplacer son mot de passe par * dans le fichier des mots de passe, afin d'empêcher quiconque de se connecter sur ce compte. Si vous supprimez ce dernier, recherchez, au moyen de la commande `find`, tous les fichiers lui appartenant et changez-en la propriété ou supprimez-les.

INFO

Le compte à effacer devra être supprimé manuellement si vous utilisez d'autres fichiers de configuration (ex : alias pour le courrier électronique).

• Comptes utilisés par défaut

Linux est distribué avec plusieurs noms d'utilisateurs standards qui permettent au système d'exploitation de fonctionner normalement. Vous constaterez ainsi, lorsque vous l'installerez la première fois, que le compte root n'a aucun mot de passe. Une fois l'installation terminée, vérifiez dans le fichier des mots de passe que tous les comptes par défaut ont de bons mots de passe ou qu'ils ont bien été neutralisés avec un caractère étoile (*) placé dans le champ correspondant.

Certains ensembles de programmes créent automatiquement des comptes sur votre système au moment de l'installation. Pensez à les neutraliser ou à changer leurs mots de passe.

• Comptes pour invités

Il arrive que des centres informatiques proposent aux visiteurs un accès public à certains comptes pour qu'ils puissent ainsi utiliser des ordinateurs locaux de façon temporaire. Ces comptes n'ont généralement pas de mots de passe ou sont accessibles grâce aux noms d'utilisateurs, comme l'entrée `guest` (invité). Comme vous vous en doutez, ces comptes laissent la porte ouverte aux désastres de sécurité.

Ces comptes et leurs mots de passe sont en général connus de tous et peuvent être utilisés par des intrus pour s'introduire dans votre système. Une fois qu'un pirate s'est infiltré, il peut tenter de s'accorder des privilèges de superutilisateur ou se servir de votre système comme "base d'attaque" pour s'en prendre aux autres ordinateurs du réseau. Il est beaucoup plus difficile de trouver la véritable source de l'attaque si la piste que vous remontez vous mène à un compte public et ouvert.

Les comptes ouverts, ou pour invités, ne sont pas forcément une bonne idée sur tous les systèmes. Si vous en avez absolument besoin, maintenez-les hors service lorsque vous ne les utilisez pas. Sinon, créez au hasard un mot de passe puis neutralisez-le aussitôt que possible et ne l'envoyez pas par courrier électronique.

• Comptes avec commande

Les ordinateurs ont souvent plusieurs "comptes de commandes", c'est-à-dire des ID d'utilisateur qui exécutent une commande donnée puis sortent. Par exemple, finger est un compte sans mot de passe. Lorsqu'un utilisateur se connecte avec le nom finger, le programme `finger` est lancé, montrant qui se trouve sur le système, puis clôt la session. sync et date font également partie de ce type de comptes et n'ont, en général, pas de mots de passe. Ceux-ci posent des problèmes de sécurité même s'ils ne lancent pas de shell et exécutent simplement une commande.

Si vous les autorisez sur votre système, assurez-vous qu'aucune de ces commandes n'accepte de saisie sur la ligne de commande. Elles ne devraient pas non plus proposer d'échappements vers le shell permettant à un utilisateur de parvenir à un shell interactif.

Nous déconseillons ces types de comptes, car ils peuvent également renseigner les intrus sur votre système. Des programmes comme `finger` et `who` peuvent leur permettre d'obtenir des identifiants d'utilisateurs. N'oubliez pas que c'est la combinaison nom d'utilisateur/mot de passe qui protège vos comptes. Si un intrus obtient l'identité d'un utilisateur, il détient alors la moitié des informations requises pour accéder à son compte.

• Comptes pour groupes

Voir
Chapitre 10.

Avec les comptes pour groupes, plusieurs personnes connaissent le mot de passe et se connectent sous la même identité, ce qui est une mauvaise idée ! Si plusieurs personnes partagent un compte et que quelqu'un s'y infiltre pour s'en servir comme base d'attaque contre les autres ordinateurs, il sera très difficile de découvrir qui a révélé le mot de passe. En fait, si votre compte est utilisé par cinq utilisateurs, il se peut très bien que vingt-cinq personnes se le partagent en réalité. Il n'y a aucun moyen de le découvrir.

Linux permet aux groupes d'accéder à des fichiers communs. De cette façon, plusieurs personnes peuvent partager un ensemble de fichiers sans avoir à utiliser le même compte. Au lieu de créer des comptes communs, organisez donc intelligemment des groupes sous Linux. Respectez la philosophie "une identité utilisateur, une personne".

Protection des fichiers

Le système de fichiers sous Linux est une arborescence constituée de fichiers et de répertoires. Linux y stocke plusieurs types de renseignements sur chacun d'entre eux, et notamment :

- le nom du fichier ;
- le type de fichier ;
- le volume du fichier ;
- l'emplacement du fichier sur le disque ;
- les diverses heures d'accès et de modification ;
- le propriétaire et l'identité de groupe du fichier ;
- les autorisations d'accès associées aux fichiers.

Si un utilisateur peut modifier ce genre d'informations dans certains fichiers, des failles apparaîtront dans le système de protection. Le système de fichiers joue, par conséquent, un rôle très important en matière de protection.

• Permissions

Les autorisations de fichiers Linux établissent quels sont les utilisateurs qui peuvent accéder aux fichiers et aux commandes. Elles permettent de contrôler les droits d'accès pour le propriétaire, les membres d'un groupe et autres utilisateurs. La commande `ls -l` peut fournir une liste des fichiers avec leurs champs d'autorisation. Le plus à gauche indique les autorisations de fichiers et peut ressembler, par exemple, à `-rw-r--r--`. Le premier `-` révèle le type de fichier. Pour les fichiers normaux, ce champ est toujours `-`.

Les neuf caractères suivants représentent les autorisations d'accès aux fichiers pour, dans l'ordre, le propriétaire, le groupe et les autres. Chaque catégorie occupe trois caractères dans le champ d'autorisation : `r` (lecture), `w` (écriture) et `x` (exécuter). Un de ces caractères ou les trois peuvent être présents.

Si l'une de ces autorisations est accordée, le caractère correspondant sera présent dans le champ. Si elle est refusée, le caractère est remplacé par `-`. Par exemple, si un fichier a les droits `-rw-r--r-`, on peut en déduire qu'il s'agit d'un fichier normal (le premier caractère est `-`), que le propriétaire a les autorisations `rw-` (lecture, écriture, mais pas exécution) et que les autres membres du groupe et du monde entier ont les autorisations `r--` (de lecture, mais pas d'écriture ni d'exécution). Ces dernières peuvent être modifiées avec la commande `chmod`.

INFO

La commande `chmod` *peut recevoir des autorisations sous forme de notation octale au lieu des valeurs symboliques* `rwx`. *Traitez simplement les trois caractères du champ d'autorisation comme des bits dans une valeur octale (si le caractère est présent, comptez-le comme un* `1`*). De cette manière, les permissions* `rw-r--r--` *sont représentées numériquement comme* `644`.

• Les programmes SUID et SGID

Deux autorisations supplémentaires sont associées aux fichiers : les bits SUID ou "*Set User ID*" (définir identité de l'utilisateur), et SGID ou "*Set Group ID*" (définir identité du groupe). Les programmes qui ont ces autorisations se comportent, lorsqu'on les lance, comme s'ils appartenaient à différentes UID (identité utilisateur). Lorsqu'un programme SUID est exécuté, l'UID valide est la même que celle de l'utilisateur à qui appartient le programme sur le système de fichiers, et cela quelle que soit la personne qui lance réellement le programme. SGID fonctionne de façon similaire, mais il modifie l'identité du groupe.

Même si l'option SUID/SGID est parfois utile, elle peut également poser un gros problème de sécurité. Les programmes SUID sont généralement utilisés lorsque l'un d'entre eux a besoin d'autorisations spéciales, comme root, pour pouvoir fonctionner.

Les programmeurs vont généralement très loin pour s'assurer que leurs programmes SUID sont sécuritaires. La plupart des failles surviennent lorsque le programme exécute une ligne de commande, active un shell ou lance un fichier qu'un utilisateur peut modifier pour y placer ses propres commandes. Même si certains programmes SUID sont nécessaires, essayez de les utiliser au minimum. Vous devez parcourir régulièrement vos systèmes de fichier et rechercher, avec la commande `find`, les nouveaux programmes SUID à contrôler. Reportez-vous à la page manuelle pour connaître la syntaxe exacte de cette commande.

Dangers de la manipulation

En dépit de tous les mécanismes de protection disponibles sur les systèmes Linux, ce sont vos utilisateurs eux-mêmes qui mettent le plus en péril leur sécurité. Après tout, ils possèdent déjà un compte valide !

Mais quel est le rapport avec la manipulation sociale ? La *manipulation sociale* consiste à manipuler les gens pour qu'ils agissent comme vous voulez, soit en misant sur leurs attentes et leur comportement, soit en transformant totalement la réalité ou en mentant. En général, les gens aiment se rendre utiles. Et s'ils en ont la possibilité, ils essaient généralement d'aider le plus possible. Les crackers qui savent comment s'y prendre jouent avec ce trait de caractère. Prenons maintenant un exemple.

Supposons qu'un de vos utilisateurs s'appelle M. Jones. C'est un employé quelconque, pas du tout un spécialiste. Il reçoit un jour au bureau un coup de téléphone qui ressemble à cela :

M. Jones : Allô !

Le demandeur : Bonjour M. Jones. Fred Smith, du support technique, à l'appareil. En raison de certaines contraintes d'espace disque, nous allons devoir transférer votre répertoire d'accueil sur un autre disque à 17h30. Votre compte en fera partie et ils sera donc momentanément indisponible.

M. Jones : "OK. Je serai déjà parti de toute façon.

Correspondant : Bien. N'oubliez pas de vous déconnecter avant de partir. J'ai juste besoin de vérifier certaines choses. Vous avez dit que votre nom d'utilisateur était jones, je crois ?

M. Jones : Oui, jones. Aucun de mes fichiers ne va être perdu lors du transfert, n'est-ce pas ?

Correspondant : Non monsieur. Mais je vérifierai votre compte, au cas où. Quel est votre mot de passe pour que je puisse y accéder et vérifier vos fichiers ?

M. Jones : Mon mot de passe est "dimanche".

Correspondant : D'accord, M. Jones. Merci pour votre aide. Je consulterai votre compte pour vérifier que tous vos fichiers sont bien présents.

M. Jones : Merci. Au revoir.

Que vient-il de se passer ? Quelqu'un a téléphoné à l'un de vos utilisateurs et a réussi à obtenir ses nom d'utilisateur et mot de passe valides au cours de la conversation. Et comme vous l'avez deviné, si M. Jones appelait le service technique le lendemain, il découvrirait probablement qu'aucun Fred Smith ne travaille là-bas !

Comment faire pour empêcher que cela arrive ? Formez vos utilisateurs. Ils ne devraient jamais révéler leurs mots de passe au téléphone, pas plus que par courrier électronique ou audio-messagerie. Les pirates les manipulent pour obtenir ce qu'ils veulent et n'essaient même pas de s'infiltrer sans autorisation dans votre système.

La commande su

Linux se sert de la combinaison nom d'utilisateur/mot de passe pour vérifier votre identité. Lorsque vous vous connectez, vous entrez un nom d'utilisateur qui vous identifie auprès du système. C'est cette UID qui est contrôlée pour l'accès au fichier et au répertoire.

Linux offre également la possibilité d'utiliser une autre UID au cours d'une session. Lorsque les utilisateurs se servent de la commande su, ils peuvent devenir root ou un autre utilisateur. Ils doivent connaître le mot de passe de l'utilisateur sous lequel ils veulent se connecter. Par exemple, pour devenir l'utilisateur ernie, utilisez cette commande :

```
su ernie
```

L'utilisateur reçoit ensuite un prompt pour le mot de passe associé à l'identité ernie.

Pour basculer en mode superutilisateur (root), la commande est :

```
su root
```

L'utilisateur reçoit ensuite un prompt pour le mot de passe.

En général, toutes les tentatives pour utiliser su sont automatiquement enregistrées dans un fichier log tel /var/dam/syslog. Consultez-le périodiquement pour contrôler ce genre d'activité.

Développer un système sûr

Tout pouvoir suppose une responsabilité. Le pouvoir de partager l'information, de traiter des ressources et des périphériques peut, s'il n'est pas manipulé avec précaution, ouvrir votre système aux abus. Votre travail consiste à organiser la sécurité du système pour que seuls les utilisateurs autorisés puissent se connecter au vôtre et utiliser uniquement les parties de votre ordinateur que vous voulez partager.

• Menaces sur la sécurité

Vous pouvez suivre le déroulement des opérations sur votre système pour dépister les dangers. La commande ps vous indique qui utilise votre système et pour quel type de travail.

Méfiez-vous des opérations qui prennent beaucoup de temps ou des utilisateurs qui utilisent plus de ressources que la normale. Cela peut signifier qu'une entrée a été forcée et qu'un utilisateur non autorisé exécute un programme permettant de découvrir les mots de passe.

• Contrôle des connexions root

La connexion root est réservée aux administrateurs. La personne qui se connecte sous root a le pouvoir d'effacer n'importe quel fichier, de limiter les capacités des utilisateurs sur le réseau, et de causer de sérieux ravages. Voilà pour le côté sombre du tableau. Linux a été conçu pour donner aux superutilisateurs des outils qui leur permettent de réaliser un meilleur travail que sous les autres environnements.

Beaucoup de systèmes d'exploitation propriétaires ont des blocages établis par leurs constructeurs pour éviter que des fichiers ou d'autres secteurs d'exploitation soient accidentellement endommagés. Les créateurs d'UNIX et de Linux envisagent l'administration d'une manière différente. Vous trouverez des outils permettant de connecter presque tous les appareils informatiques. Des logiciels vous permettront de surveiller les performances de votre ordinateur et vous pourrez également en créer une gamme infinie et les adapter à tous les environnements commerciaux.

Vous pouvez obliger les utilisateurs à restreindre leurs activités ou leur donner des droits limités jusqu'à ce qu'ils développent leurs connaissances. Le superutilisateur, ou administrateur, a le pouvoir de faire tout cela.

ATTENTION

L'accès à root est tellement important que certaines entreprises ne l'accordent qu'à très peu de personnes.

• Contrôle des modems et des pirates

Autoriser l'accès à partir d'un modem courant (semblable à ceux que les gens ont à la maison) peut permettre à quelqu'un de "percer" un système et de détruire des données importantes. Par conséquent, de nombreuses entreprises insistent pour que les ordinateurs aient des systèmes de protection élaborés, ce qui rend ces machines pratiquement impossibles à utiliser. D'autres installent une option de rappel sur l'ordinateur pour que l'utilisateur soit obligé d'appeler un ordinateur et d'attendre un appel de retour avant de pouvoir communiquer avec le système.

La plupart du temps, une approche traditionnelle d'UNIX/Linux est recommandée. Assurez-vous que toutes les entrées d'utilisateurs ont un mot de passe. Limitez les machines qui peuvent se connecter à votre système. Interdisez l'accès aux fichiers confidentiels. Méfiez-vous des programmes qui sélectionnent les numéros d'identification des utilisateurs (UID) (ceux qui donnent à l'utilisateur qui exécute le programme les autorisations pour tourner sous une autre identité). La plupart des infiltrations ont lieu parce que quelqu'un a laissé une brèche ouverte.

INFO

En fin de compte, ce sont les individus, plus que les systèmes, qui créent des problèmes de sécurité. Vous ne pouvez pas admettre que des mots de passe soient gravés sur le mur près d'un terminal ou que des ordinateurs DOS aient des mots de passe root intégrés aux programmes de transmission.

• Terminaux inactifs

Les utilisateurs devraient se déconnecter ou utiliser un programme de verrouillage de terminal lorsqu'ils quittent leur travail. La plupart des systèmes UNIX en possèdent afin d'éteindre les terminaux laissés inactifs après un délai défini.

• Renforcement de la sécurité

La notion de sécurité est primordiale dans le secteur de la défense. Les entreprises qui ont des produits très importants en phase de conception en sont également conscientes. Mais les employés qui travaillent pour un petit distributeur de matériel de plomberie auront peut-être du mal à comprendre cette préocuppation. Dans cet exemple, la sécurité ne devient un problème que lorsque l'on n'arrive pas à savoir qui a supprimé un fichier contenant un projet clé.

Les employés devraient être informés de l'importance des données contenues dans votre ordinateur. Toute entreprise repose en partie sur celles-ci, leur perte pouvant causer un incident mineur ou un véritable chaos. Les employés qui ne participent pas à la protection du système doivent comprendre que cela peut constituer un motif de licenciement.

Pour un administrateur, la tâche devient claire. Mais si vous êtes responsable de la sécurité du réseau, comment pouvez-vous être certain que les fichiers et les répertoires sont suffisamment protégés ? Heureusement, de nombreux outils, tels que `unmask`, `cron`, ainsi que Linux, peuvent vous aider.

Les autorisations semblent beaucoup préoccuper la plupart des administrateurs. Les nouveaux gestionnaires les restreignent toujours au maximum et reçoivent ensuite des appels d'utilisateurs qui ne peuvent pas accéder au fichier dont ils ont besoin ou exécuter un programme sur le système. Au bout de quelque temps, ces administrateurs relâchent tellement les autorisations que tout le monde peut faire ce qu'il veut. Il est parfois difficile de trouver un équilibre qui garantisse la sécurité du système tout en donnant aux bonnes personnes les outils pour effectuer leur travail.

• Gérer les violations de sécurité

La protection d'un ordinateur peut parfois demander un peu de travail d'investigation. Regardons l'exemple suivant :

```
# who -u
root    tty02   Jan 7 08:35   old   Ofc #2
martha  ttym1d  Jan 7 13:20   . Payroll #1
ted     ttyp0   Jan 7 08:36   8:25  Warehouse
margo   ttyp2   Jan 7 07:05   9:45  CEO Ofc
root    ttyp4   Jan 7 08:36   . Modem #1
# date
Tue Jan 7 19:18:21 CST 1997
```

Supposons que vous sachiez que Martha a quitté le bureau à 17h. Quelqu'un a-t-il trouvé son mot de passe ou a-t-elle oublié de fermer le terminal avant de partir ? Nous pouvons voir qu'elle s'est connectée à 13h20 aujourd'hui. Il est maintenant 19h18 et une personne a pris son entrée pour utiliser le terminal. Devez-vous appeler la sécurité ?

Que pouvez-vous faire si quelqu'un s'est infiltré dans le système ? Tout d'abord, essayez de déterminer s'il s'agit réellement d'un intrus. Il arrive souvent que l'alerte ne soit produite que par une erreur humaine. Si vous découvrez vraiment un intrus, plusieurs options s'offrent à vous. Vous devez vérifier s'il y a eu des dégâts et, si tel est le cas, estimer leur étendue. Voulez-vous poursuivre la ou responsable si vous réussissez à les attraper ? Si oui, commencez à rassembler des preuves et protégez-les.

Vous devez choisir quelles mesures adopter pour mieux protéger votre système et comment utiliser vos sauvegardes pour réparer les dégâts. Et, sans doute le plus important, consignez tout ce que vous faites. Lancez immédiatement un enregistrement. Signez et datez toutes les sorties sur imprimante qui montrent qu'il y a eu intrusion. Elles pourront servir de preuve. Votre enregistrement pourra vous être d'une aide inestimable lorsque vous aurez à modifier ou à restaurer des fichiers.

Vous devez également prendre deux autres mesures de prévention : sortir sur imprimante vos fichiers de configuration du système (ex : /etc/fstab) et protéger le site. Faites en sorte que vos utilisateurs connaissent ces mesures et rappelez-leur fréquemment.

L'employé qui quitte l'entreprise peut également être un sujet de préoccupation. Lorsque cela se produit, le responsable du personnel devrait contacter le service informatique pour que l'on retire cette identité d'utilisateur.

Si l'on prend tous ces aspects en considération, quand est-on assez protégé ? Peut-on l'être trop ? Vous serez peut-être surpris d'apprendre qu'on peut l'être. En général, vous devez réduire le niveau de protection de vos systèmes si le coût de réparation des dégâts est inférieur à celui de la sécurité. Notez que ces facteurs incluent beaucoup plus que des charges financières. Prenez également en considération le contenu de vos fichiers, la quantité de temps et d'argent investie pour les remplacer, la perte de productivité qu'une attaque peut entraîner et l'effet que cette nouvelle pourra avoir sur votre entreprise.

• Les sauvegardes

L'administrateur système aura peu de problèmes aussi importants à traiter que la sauvegarde et l'archivage d'un système. La perte de données précieuses peut lui faire perdre son emploi ou causer de graves ennuis à son entreprise. Les disques d'un ordinateur sont des unités électromécaniques qui tomberont forcément en panne un jour ou l'autre.

Voir Chapitre 11.

La plupart des nouveaux disques durs sont crédités d'une durée moyenne sans panne de 150 000 heures (plus de cinq ans). Cette statistique n'est pas infaillible. Le vôtre peut avoir un problème après 50 000 heures ou bien durer plus de dix ans (fortement improbable). Vous prenez des risques si vous misez sur une sauvegarde occasionnelle de vos systèmes, et plus encore si vous ne contrôlez pas vos bandes de sauvegarde.

PAM : architecture des modules d'identification enfichables

Les utilisateurs doivent pouvoir effectuer les tâches qu'ils souhaitent, même s'il ne s'agit que de gagner au Solitaire. Ils altèrent pour cela le système et son contenu, à différents niveaux.

D'une manière générale, ils doivent être en mesure d'exécuter des applications et de créer, modifier et supprimer les fichiers qui n'affectent en rien la performance soutenue du système, et ne modifient pas ce qui appartient à un autre utilisateur, et que celui-ci n'aurait pas décidé de partager. L'une des manières d'accorder un pouvoir sur un système repose sur la combinaison du nom de connexion et du mot de passe. En se fondant sur ce que vous prétendez être, le système vous autorise à effectuer à peu près tout ce que voulez dans votre espace réservé, et vous empêche de modifier les autres parties du système.

D'autres méthodes permettent de vérifier l'identité d'un utilisateur. L'architecture PAM (*Pluggable Authentication Modules*) vous permet de modifier les règles d'identification sans avoir à modifier les applications elles-mêmes. Cette section présente la structure de l'architecture du module PAM.

Voici les quatre types de modules PAM :

- *Auth* se charge de l'identification.
- *Account* détermine si l'identification est autorisée. Par exemple, imaginez un utilisateur censé se connecter au système durant la journée, mais jamais la nuit ou le week-end. Un module *account* détectera si l'utilisateur a tenté de faire quelque chose au milieu de la nuit.
- *Password* initialise les mots de passe.
- *Session* fournit des services à l'utilisateur après que le module *account* a autorisé le module d'authentication à vérifier son identité.

Les modules peuvent être empilés pour valider plusieurs méthodes d'accès ou pour limiter l'accès.

• Fichiers de configuration de PAM

Les fichiers de configuration de PAM résident dans le répertoire /etc/pam.d/.

Dans les systèmes Linux précédents, les définitions de configuration se trouvaient dans le fichier /etc/pam.conf. Celui-ci est toujours supporté pour des raisons de compatibilité, mais son utilisation est déconseillée.

Pour comprendre la syntaxe, la meilleure méthode consiste à examiner un fichier de configuration. Voici le fichier PAM de passwd. Si vous avez installé PAM en tant qu'élément de votre installation Linux, il s'agit du fichier /etc/pam.d/passwd par défaut :

```
#%PAM-1.0
auth        required     /lib/security/pam_pwdb.so shadow nullok
account     required     /lib/security/pam_pwdb.so
password    required     /lib/security/pam_cracklib.so retry=3
password    required     /lib/security/pam_pwdb.so use_authtok nullok
```

La première ligne est un commentaire, ce qui est indiqué par le signe dièse (#) en début de ligne. La deuxième ligne indique que l'utilisateur sera invité à saisir un mot de passe. La troisième fait de même dans le cas où les mots de passe shadow ne sont pas utilisés (nous en verrons davantage sur ce sujet bientôt). La quatrième ligne appelle une application d'analyse de mot de passe, afin de déterminer si le mot de passe est valide, et la ligne 5 précise quel module doit être utilisé pour modifier le mot de passe.

• Required, requisite, et optional : ordre et nécessité des modules

Vous pouvez constater que les quatre modules appelés sont marqués comme étant "requis" (*required*). Cela signifie qu'ils sont appelés, que les modules précédents aient réussi ou échoué. Il s'agit d'une mesure de sécurité : tous sont appelés. Par conséquent, une réponse d'échec a la même apparence, quel que soit l'endroit d'où elle provient. La dissimulation de l'endroit de l'échec rend la tâche plus difficile pour le pirate.

Lorsque tous les modules sont requis, leur ordre n'a pas d'importance. PAM fournit néanmoins les paramètres de contrôle suivants, en plus de *required* :

- *optional* ;
- *sufficient* ;
- *requisite*.

Optional est tout à fait secondaire par rapport aux autres modules ; le succès ou l'échec d'un module optionnel n'affecte pas la réussite de l'identification, si un autre module figure dans le fichier de configuration de PAM. Lorsque seul un module *optional* est défini pour l'identification, son succès ou son échec détermine le succès ou l'échec de l'identification elle-même. Un module *sufficient* se comporte comme un module *optional*, sauf qu'il a priorité sur le(s) module(s) *optional*. La réponse d'un module *required* ou *requisite* supplante toutefois celle d'un module *sufficient*. Lorsqu'un module *requisite* échoue, le contrôle est directement renvoyé à l'application. Pour qu'une pile PAM s'arrête à un module particulier, éditez le fichier de configuration et remplacez le paramètre *required* par *requisite*.

Red Hat Software propose une documentation relative à PAM sur son site Web, à l'adresse

http://www.redhat.com/linux-info/pam/

Mots de passe shadow : que valent-ils ?

Sur un système Linux sans Suite Shadow installée, les renseignements utilisateur (y compris les mots de passe) résident dans le fichier /etc/passwd. Le mot de passe est stocké dans un format crypté : même si cela paraît être du charabia, il est simplement codé à l'aide de la commande UNIX `crypt`, le texte étant initialisé à [null], et le mot de passe utilisé comme clé.

Il est difficile, mais possible de recréer le mot de passe d'origine à partir d'un mot de passe crypté. Les gens pouvant parfois se montrer paresseux, il est possible, sur un système multiutilisateur, que certains des mots de passe soient des mots courants ou de simples variations. Il est possible, et à la portée de beaucoup, de crypter les mots du dictionnaire et de les comparer aux mots de passe du fichier /etc/passwd. D'autres attaques sont possibles et souvent menées, et cette méthode brutale est simple et facile à suivre. En plus des mots de passe, le fichier /etc/passwd contient certaines informations comme les ID des utilisateurs et des groupes, lues par de nombreux programme du système ; il doit donc demeurer lisible.

Le procédé des mots de passe *shadow* déplace les mots de passe dans un autre fichier, habituellement /etc/shadow, qui ne peut être lu que par root. Il n'est par conséquent plus possible pour un agresseur d'accéder aux mots de passe cryptés et de lancer une attaque "par le dictionnaire".

La Suite Shadow fait partie de la plupart des distributions de Linux.

Il reste néanmoins certains cas où il n'est pas conseillé d'installer la Suite Shadow. En voici quelques exemples :

- Le système ne contient pas de comptes utilisateur.
- Il fait partie d'un LAN et utilise NIS (*Network Information Services*) pour obtenir ou fournir les noms et les mots de passe des utilisateurs, sur les autres machines du réseau.
- Il est utilisé par des serveurs de terminaux pour contrôler les utilisateurs via NFS (*Network File System*), NIS, ou toute autre méthode.
- Il exécute un autre logiciel destiné à valider les utilisateurs. Aucune version *shadow* n'est disponible et vous ne possédez pas le code source.

• Les fichiers /etc/passwd et /etc/shadow

Un fichier /etc/passwd sans *shadow* possède le format suivant :

```
nomutilisateur:motdepasse:UID:GID:nom:/home/nomutilisateur:/bin/csh
```

Par exemple,

```
nomutilisateur:Npje044eh3mx8e:507:200:Votre Nom:/home/nomutilisateur:/bin/csh
```

Un fichier /etc/passwd avec *shadow* contient au contraire :

```
nomutilisateur:x:507:100:Votre Nom:/home/nomutilisateur:/bin/csh
```

Le `x` du deuxième champ est dans ce cas un remplaçant du mot de passe réel stocké dans le fichier *shadow* /etc/shadow. Ce dernier possède le format suivant :

```
username:passwd:last:may:must:warn:expire:disable:reserved
```

Le Tableau 12.1 décrit les champs du fichier /etc/shadow.

Tableau 12.1 : Champs d'une ligne du fichier /etc/shadow

Champ	Description
`username`	Nom utilisé pour se connecter
`password`	Mot de passe crypté
`last`	Le mot de passe a été modifié pour la dernière fois à telle date (en nombre de jours depuis le 1er janvier 1970)
`may`	Le mot de passe pourra être modifié dans tant de jours
`must`	Le mot de passe devra être modifié dans tant de jours
`warn`	L'utilisateur sera prévenu tant de jours avant que son mot de passe n'expire
`expire`	Le compte sera désactivé dans tant de jours après l'expiration du mot de passe
`disable`	Le compte est désactivé depuis telle date (en nombre de jours depuis le 1er janvier 1970)
`reserved`	Champ réservé

• Ajout, modification et suppression d'utilisateurs avec les mots de passe shadow

La Suite Shadow propose, pour ajouter, modifier, et supprimer des utilisateurs, les commandes `useradd`, `usermod`, et `userdel`.

useradd. La commande `useradd` permet d'ajouter des utilisateurs au système, et de modifier les paramètres par défaut.

La première chose que vous devriez faire est d'examiner les paramètres par défaut et d'effectuer les adaptations pour votre système, grâce à la commande :

```
useradd -D
```

usermod. L'utilitaire `usermod` sert à modifier les renseignements concernant un utilisateur ; il ressemble beaucoup au programme `useradd`.

userdel. `userdel` vous permet de supprimer le compte d'un utilisateur, grâce à la commande :

```
userdel -r nomutilisateur
```

L'option `-r` permet de supprimer tous les fichiers du répertoire personnel de l'utilisateur concerné, ainsi que le répertoire lui-même. Il existe une méthode moins drastique pour supprimer un utilisateur du système, qui consiste à utiliser la commande `passwd` pour verrouiller son compte.

passwd. En plus d'initialiser et de modifier des mots de passe, l'utilisateur root peut effectuer les tâches suivantes, à l'aide de la commande `passwd` :

- verrouiller et déverrouiller des comptes (avec les options `-i` et `-u`) ;
- définir le nombre de jours maximum de validité d'un mot de passe (`-x`) ;
- définir le nombre minimum de jours entre deux modifications d'un mot de passe (`-n`) ;
- définir le nombre de jours pendant lesquels avertir l'utilisateur que son mot de passe va expirer (`-w`) ;
- définir le nombre de jours suivant l'expiration du mot de passe, avant le verrouillage du compte (`-i`).

pwck. Le programme `pwck` permet de vérifier la cohérence des fichiers /etc/passwd et /etc/shadow. Il contrôle, pour chaque utilisateur, les points suivants :

- nombre de champs correct ;
- nom d'utilisateur unique ;
- identificateurs d'utilisateur et de groupe valides ;
- groupe primaire valide ;
- répertoire personnel valide ;
- shell de connexion valide.

Enfin, `pwck` prévient lorsqu'un compte ne possède pas de mot de passe.

Il est conseillé d'utiliser `pwck` après avoir installé la Suite Shadow, puis de l'exécuter régulièrement (environ une fois par semaine ou par mois). En utilisant l'option `-r`, vous pouvez demander à `cron` de l'exécuter régulièrement et de vous fournir un rapport par e-mail.

Grpck. `grpck` permet de vérifier la cohérence des fichiers /etc/group et /etc/gshadow. Il contrôle le nombre de champs, l'unicité du nom des groupes, et la validité d'une liste de membres et d'administrateurs.

Là aussi, l'option `-r` génère un rapport automatisé, que vous pouvez déclencher à l'aide de `cron`.

Activation des mots de passe de connexion à distance. Pour contrôler la connexion à distance, vous pouvez le faire grâce aux mots de passe de connexion à distance. Pour activer cette fonctionnalité, vous devez examiner le fichier /etc/login.defs et vérifier que DIALUPS_CHECK_ENAB est bien initialisée à Yes.

Deux fichiers contiennent les informations de connexion à distance :

- /etc/dialups contient les ttys (un par ligne, sans le préfixe "/dev/"). Si le tty est indiqué, les contrôles d'appel sont effectués.
- /etc/d_passwd contient le nom de chemin pleinement qualifié d'un shell, suivi d'un mot de passe facultatif.

Lorsqu'un utilisateur se connecte par une ligne indiquée dans le fichier /etc/dialups, et que son shell figure dans le fichier /etc/d_passwd, son accès ne sera autorisé que s'il est capable d'indiquer le mot de passe correct de connexion à distance.

La commande `dpasswd` permet d'assigner les mots de passe aux shells du fichier /etc/d_passwd.

Informations complémentaires

Vous trouverez d'autres informations concernant la sécurité aux chapitres suivants :

- Le Chapitre 10 indique comment créer et gérer les accès accordés aux utilisateurs.
- Le Chapitre 11 traite de la mise en place et de la gestion des sauvegardes de votre système.

13 Configuration du noyau de Linux

Ce chapitre vous fournit les informations nécessaires à la configuration et à l'installation d'un nouveau noyau de Linux. Le noyau est le cœur du système d'exploitation Linux ; il fournit les services système de base au reste de Linux. Souvenez-vous que Linux n'est pas un produit commercial, aussi pouvez-vous rencontrer des problèmes à la sortie d'une nouvelle distribution. Ou quelqu'un peut découvrir une sérieuse faille dans la sécurité du noyau. Cela se produit continuellement aussi bien avec les systèmes d'exploitation commerciaux qu'avec les "gratuits". La différence est qu'avec Linux, le code source est disponible, et vous pouvez régler (par un patch) tous les problèmes dès leur découverte. Vous n'avez pas à attendre la sortie d'un nouveau pack de correction de la part de votre vendeur.

En outre, une nouvelle fonctionnalité des versions actuelles du noyau de Linux permet de charger dans le noyau le support d'un périphérique spécifique et de son programme, sans avoir à précompiler le support dans un vaste noyau. De cette façon, Linux ne charge en mémoire que les parties du noyau dont il a besoin. Les modules offrent également une possibilité de modifier le noyau pour résoudre un problème ou ajouter une nouvelle fonctionnalité, sans avoir à recompiler entièrement le système.

Préparation de la compilation d'un nouveau noyau

Parfois, un problème ne connaît qu'une solution : un nouveau noyau. Le noyau est le cœur du système d'exploitation pour Linux. Même si cela n'est pas passionnant, il est parfois nécessaire de télécharger un nouveau noyau du Net et de le compiler. Si vous possédez un peu d'expérience de la programmation et que vous vous débrouilliez en C, vous devriez être capable de compiler et d'installer un nouveau noyau. Sinon, sautez cette section.

Plusieurs raisons peuvent vous amener à installer un nouveau noyau :

- Une correction (patch) est diffusée, destinée à un nouveau matériel.
- Vous voulez supprimer des fonctionnalités inutilisées du noyau, afin de réduire les besoins en mémoire de votre système.

Le premier point consiste à déterminer la version de votre noyau actuel. Elle est indiquée par la commande :

```
uname -a
```

La réponse indique la version du noyau en cours et sa date de compilation. Les numéros de version sont sous la forme :

NuméroDeVersionMajeur.NuméroDeVersionMineur.NiveauDeCorrection

Linus Torvalds est le point de référence des release des nouveaux noyaux, même si n'importe qui peut modifier Linux (à cause de la GPL). Grâce à cette référence, la communauté des développeurs et des utilisateurs de Linux dispose d'une base commune lui permettant de travailler et de communiquer.

INFO

Prenez soin de lire Kernel HOWTO pour disposer d'informations à jour, avant d'essayer de compiler et de configurer un nouveau noyau. En cas d'erreur, vous pourriez rendre votre système inutilisable. Conservez par ailleurs un exemplaire d'un ancien noyau opérationnel, pour le cas où. Vous pourrez alors lancer ce noyau à la place du noyau défaillant.

Configuration d'un nouveau noyau

Pour compiler un nouveau noyau, vous devez d'abord configurer les fichiers du code source, normalement situés dans le répertoire /usr/src/Linux. Le paquetage du compilateur C doit également être installé. S'il ne l'a pas été lors de l'installation, faites-le maintenant à l'aide des commandes RPM suivantes :

```
rpm -i kernel-source-2.0.34-0.6.i386.rpm
rpm -i gcc-2.7.2.3-11.i386.rpm
```

Voir Chapitre 6.

Vous devez également installer les en-têtes du noyau et diverses bibliothèques de compilation.

Pour commencer, vous devez vous procurer les sources ou les corrections du nouveau noyau, généralement sur l'Internet ; cherchez les noyaux les meilleurs et les plus récents à l'adresse sunsite.unc.edu. Si vous modifiez votre noyau actuel, cette étape est naturellement superflue. Les fichiers sources sont généralement dans un fichier tar que vous devez développer.

Il est vivement conseillé d'effectuer une sauvegarde de votre noyau actuel à l'aide des commandes suivantes :

```
cd /usr/src
cp Linux linux.sav
```

Cela recopie l'intégralité du répertoire des sources Linux dans un autre répertoire nommé linux.sav.

Vous devez ensuite utiliser la commande patch pour appliquer les éventuels fichiers de correction. Les fichiers sources étant prêts, vous pouvez configurer et compiler votre nouveau système. Selon vos préférences personnelles et le matériel disponible, trois méthodes permettent de configurer le noyau : un programme texte, un programme par menus texte, et, si vous avez installé X Window, un programme X.

Pour être en mesure d'utiliser les modules du noyau, vous devez répondre Yes pour le support de kerneld et celui de la version avec modules (CONFIG_MODVERSIONS).

• Le programme texte interactif

Si vous utilisez le programme texte interactif, commencez par la commande suivante, depuis le répertoire /usr/src :

```
# make config
```

Tableau 13.1 : Quelques options de configuration

Option de configuration	Description
Code Maturity Level	A utiliser avec des composants expérimentaux de ce noyau.
Loadable Module Support	Nécessaire pour utiliser un noyau modulaire à la place d'un noyau monolithique.
General Setup	Pose une série de questions sur des composants généraux, comme le support d'un coprocesseur mathématique ou celui d'un BIOS PCI.
Floppy, IDE, and Other Block Devices	Pose des questions sur le type des disques durs IDE et des autres périphériques d'E/S par blocs.
Networking Options	Pose plusieurs questions sur la façon de supporter diverses fonctionnalités de réseau, comme les firewalls, et le masque IP.
SCSI Support	Autorise le support des contrôleurs SCSI.
SCSI Low-Level Support	Autorise le support de bas niveau des contrôleurs SCSI et du rapport de diverses statistiques SCSI.
Network device support	Autorise le support de divers contrôleurs et processus de réseau.
ISDN subsystem	Autorise le support Integrated Services Digital Network (ISDN).
CD-ROM drivers (not for SCSI or IDE/ATAPI drivers)	Support de lecteurs de CD-ROM propriétaires.
Filesystems	Vous permet de configurer le support de divers systèmes de fichiers, y compris les pages de codes DOS des langues étrangères.
Character Devices	Fournit le support de divers périphériques de type caractère et assimilés, comme les surveillants de système.
Sound	Fournit le support de configuration de diverses cartes son.
Kernel Hacking	Fournit le support de profiling du noyau.

La commande `make` vous pose différentes questions sur les pilotes à installer ou à configurer. Un appui sur <Entrée> entérine la valeur par défaut de chaque question ; sinon, vous devez saisir la réponse. Certaines questions sont indiquées dans le Tableau 13.1. Vous pouvez avoir besoin de répondre à des questions complémentaires, selon la version du noyau installé ou les corrections appliquées. Les options de cette liste sont supportées par tous les utilitaires de configuration décrits dans ce chapitre.

• Le programme texte graphique

Si vous utilisez le programme texte graphique, commencez par la commande suivante, depuis le répertoire /usr/src/linux :

```
# make menuconfig
```

Linux affiche alors l'écran principal, présenté à la Figure 13.1.

L'avantage du système graphique est que vous ne devez configurer que les parties du noyau qui ont besoin d'être modifiées. Le système interactif par menus vous guide dans tout le processus d'installation.

• Le programme pour X Window

Si vous utilisez le programme pour X Window, commencez par la commande suivante, depuis le répertoire /usr/src/linux :

```
# make xconfig
```

Linux affiche alors l'écran principal, présenté à la Figure 13.2.

L'outil de configuration X vous permet de ne configurer que les parties du noyau que vous souhaitez modifier, comme le fait l'outil graphique texte. Lorsque vous cliquez sur un bouton, une autre boîte de dialogue s'affiche, vous permettant de configurer divers composants. Par exemple, la Figure 13.3 présente la boîte de dialogue Loadable Module Support, dans laquelle vous pouvez configurer le noyau modulaire.

Pour sélectionner un élément, cliquez sur la case d'option associée (les losanges). Si vous avez besoin d'aide sur un sujet particulier, comme par exemple "Enable Loaded Module Support", cliquez sur le bouton Help correspondant, situé à droite de la boîte de dialogue. Vous obtenez alors une boîte de dialogue d'information (voir la Figure 13.4).

Après avoir répondu aux questions, vous devez sauvegarder votre configuration en cliquant sur le bouton Save and Exit, ce qui vous fait ensuite sortir du programme de configuration.

Compilation du nouveau noyau

Après avoir répondu aux diverses questions de configuration de votre nouveau noyau, vous devez compiler celui-ci, à l'aide des commandes suivantes :

```
make dep
make clean
make zImage
```

ATTENTION

Vous devez faire attention à la casse, zImage doit s'écrire avec I majuscule. Si vous avez un message d'erreur vous indiquant que le noyau est trop volumineux, vous devrez utiliser, à la place de `make zImage`, *la commande* `make bzImage`

La compilation peut demander quelques minutes ou plusieurs heures, selon votre matériel. Par conséquent, relaxez-vous, et commandez une autre pizza !

La compilation terminée, vous devez paramétrer votre système pour qu'il s'amorce avec le nouveau noyau. Celui-ci se nomme /usr/src/linux/arch/i386/boot/zImage, et vous devez copier ce fichier image dans le répertoire d'amorçage. Cependant, créez auparavant une copie de sauvegarde de l'image de votre noyau actuel, au cas où quelque chose se passerait mal. Exécutez pour cela la commande :

```
mv /boot/vmlinuz /boot/vmlinuz.old
```

Voir
Chapitre 9.

Vous pouvez alors mettre en place le nouveau noyau, par la commande :

```
cp /usr/src/linux/arch/i386/boot/zImage /boot/vmlinuz
```

Pour changer le noyau par défaut avec lequel Linux s'amorce, éditez le fichier /etc/lilo.conf et ajoutez une nouvelle entrée pour le nouveau noyau. L'exemple du Listing 13.1 montre comment on a ajouté l'ancien noyau à la liste des systèmes d'exploitation que la machine peut lancer. Nous avons renommé /boot/vmlinuz en /boot/vmlinuz.old à l'aide des commandes ci-dessus, puis remplacé son label par "old", dans le fichier lilo.conf.

Listing 13.1 : Exemple de fichier /etc/lilo.conf

```
boot=/dev/hda
map=/boot/map
install=/boot/boot.b
prompt
timeout=50
image=/boot/vmlinuz
label=linux
initrd=/boot/initrd
root=/dev/hda1
read-only
image=/boot/vmlinuz.old
label=old
root=/dev/hda1
read-only
```

Après avoir apporté les modifications au fichier /etc/lilo.conf, exécutez la commande suivante :

```
/sbin/lilo -v
```

et le lilo mis à jour sera écrit sur le périphérique d'amorçage. Dorénavant, lorsque vous redémarrerez, la machine sera lancée avec le nouveau noyau (Linux) par défaut, et vous disposerez d'un délai de 50 secondes pour choisir éventuellement l'ancien noyau à l'invite boot:, si vous le souhaitez.

Compilation d'un noyau modulaire

L'introduction des modules au noyau Linux 2.0.x a apporté des changements notables à la compilation des noyaux personnalisés. Auparavant, il était nécessaire de compiler dans le noyau lui-même le support d'un élément matériel ou d'un système de fichiers, pour pouvoir y accéder. Pour certaines configurations matérielles, la taille du noyau pouvait rapidement atteindre un niveau critique ; le besoin de disposer à tout moment d'éléments utilisés seulement à titre occasionnel entraînait une exploitation irrationnelle des ressources du système. Avec les propriétés du noyau 2.0.x, les modules des pilotes des composants matériels ou des systèmes de fichiers rarement utilisés peuvent être chargés sur demande. Pour connaître les modules en cours d'utilisation, utilisez la commande suivante :

```
lsmod
```

L'affichage ci-dessous permet de connaître quels sont les modules chargés et comment ils le sont, de même que le nombre de pages mémoire qu'ils utilisent :

```
Module          Pages    Used by
isofs               5            1 (autoclean)
ne2k-pci            1            1 (autoclean)
8390                2    [ne2k-pci]       0 (autoclean)
BusLogic           20            4
```

Seuls Red Hat Linux/Intel et Red Hat Linux/SPARC supportent les noyaux modulaires ; les utilisateurs de Red Hat Linux/Alpha doivent compiler un noyau monolithique, comme nous l'avons décrit dans la section de ce chapitre sur la compilation du nouveau noyau. Les instructions suivantes vous apprennent à tirer profit de la puissance et de la souplesse du noyau modulaire.

INFO

Les paquetages kernel-headers et kernel-source doivent être installés sur votre système. Par ailleurs, vous devez émettre toutes les commandes depuis le répertoire /usr/src/linux.

Pour compiler les modules, rendez-vous dans le répertoire /usr/src/linux et lancez la commande suivante :

```
make modules
```

Puis celle-ci, pour les installer :

```
make modules-install
```

• Le noyau modulaire

Les modules étant compilés et installés, vous pouvez étendre votre noyau avec des modules chargeables. Le Tableau 13.2 présente les commandes de base disponibles :

Tableau 13.2 : Commandes des modules disponibles sous Linux

Commande	Description
lsmod	Enumère les modules actuellement chargés dans le noyau.
insmod	Intègre au noyau le module indiqué.
rmmod	Supprime du noyau le module indiqué.
depmod	Crée un fichier des dépendances, utilisable par `modprobe`
modprobe	Charge les modules d'une liste créée par `depmod`.

Si vous vous trouvez sous X Window, vous pouvez exploiter le démon `kerneld` depuis le Panneau de contrôle (voir la Figure 13.5), pour manipuler les modules à partir d'un GUI plutôt que de la ligne de commande. En cliquant sur ce bouton, vous obtenez la boîte de dialogue Kernel Configurator présentée à la Figure 13.6.

Pour recenser les modules actuellement chargés, utilisez la commande `lsmod`. Pour ajouter au noyau un module que vous avez compilé, vous avez le choix entre utiliser la commande suivante :

```
insmod module-name
```

ou cliquer sur le bouton Add de la boîte de dialogue de kerneld et préciser le module (voir la Figure 13.7).

Pour supprimer un module du noyau, vous avez le choix entre utiliser cette commande :

```
rmmod module-name
```

ou sélectionner le module dans la liste affichée à la Figure 13.6, puis cliquer sur le bouton Remove.

• Relancer kerneld

Les modifications que vous effectuez à l'aide de l'outil Kernel Daemon Configuration sont enregistrées dans le fichier /etc/conf.modules, que le démon `kerneld` lit chaque fois qu'il est lancé. Le Listing 13.2 présente un exemple de ce fichier.

Listing 13.2 : Exemple du fichier /etc/conf.modules

```
alias scsi_hostadapter BusLogic
alias eth0 ne2k-pci
```

Pour relancer kerneld, vous pouvez utiliser l'outil présenté à la Figure 13.6 et cliquer sur le bouton Restart Kerneld.

Vous pouvez également utiliser la ligne de commande, comme ceci :

```
/etc/rc.d/init.d/kerneld stop
/etc/rc.d/init.d/kerneld start
```

Le nouveau lancement de `kerneld` ne provoque pas un nouveau chargement des modules en cours d'utilisation, mais `kerneld` utilisera la configuration dès la prochaine fois où il chargera des modules.

Informations complémentaires

Dans ce chapitre, vous avez appris à configurer et à compiler un nouveau noyau pour votre système. Vous avez également appris à ajouter de nouvelles fonctionnalités grâce aux modules. Vous trouverez d'autres informations dans les chapitres suivants :

- Le Chapitre 3 explique comment installer la distribution Red Hat de Linux.
- Le Chapitre 5 vous montre comment exécuter diverses applications Linux, par exemple le compilateur et X Window.
- Le Chapitre 6 explique comment installer des logiciels à partir d'un CD-ROM ou d'Internet.
- Le Chapitre 22 vous montre comment utiliser X sous Linux.

SYSTÈMES DE FICHIERS

Gestion des systèmes de fichiers

Les systèmes de fichier constituent la base de toutes les données d'un système Linux. Les programmes Linux, les bibliothèques, les fichiers système et utilisateur résident tous dedans. Il est extrêmement important de bien les gérer, car toutes vos données et vos programmes existent grâce à eux.

La plupart des opérations abordées dans ce chapitre sont automatiquement exécutées lorsque vous installez Linux. Il vous sera toutefois utile d'apprendre à gérer vos systèmes de fichier pour être ainsi capable de créer ou de modifier Linux. Vous ne pourrez pas utiliser correctement votre système si vous ne le comprenez pas. Linux ne peut fonctionner que si votre système de fichiers tourne normalement.

Dans ce chapitre, vous apprendrez à :

- connaître les systèmes de fichier ;
- parcourir le système de fichiers Linux ;
- monter et démonter les systèmes de fichiers ;
- travailler avec le Network File System (NFS) ;
- mettre à jour les systèmes de fichiers ;
- créer et formater des systèmes de fichiers ;
- utiliser des fichiers et des partitions de permutation.

Présentation des systèmes de fichiers

Sous Linux, l'espace fichier visible pour les utilisateurs est fondé sur une arborescence, dont la racine (root) se situe au sommet. Les répertoires et les fichiers se trouvent dans cette branche espace, au-dessous de la racine. Le premier répertoire, /, est la racine. La Figure 14.1 donne un exemple d'arborescence.

Aux yeux des utilisateurs, l'arborescence des répertoires est une entité transparente. En réalité, ils ne voient que des répertoires et des fichiers. Beaucoup de répertoires appartenant à l'arborescence forment en fait différentes partitions sur un ou plusieurs disques, voire sur un ordinateur. Lorsque l'une d'entre elles est rattachée à une arborescence de fichiers par un répertoire appelé *point de montage*, celui-ci et tous ceux qui se trouvent au-dessous constituent un *système de fichiers*.

Figure 14.1
Pour visualiser le système de fichiers Linux, imaginez un arbre renversé dont les racines se trouvent au sommet tandis que les branches et les feuilles sont déployées vers le bas.

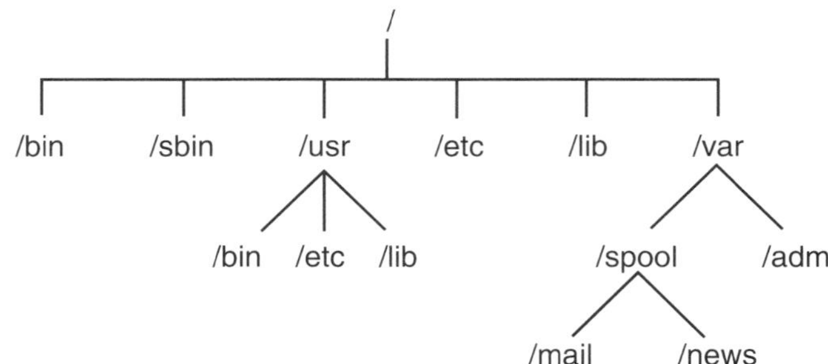

Le système d'exploitation Linux est constitué de plusieurs répertoires, et de nombreux fichiers, qui peuvent être, selon la façon dont vous avez sélectionné votre système, différents systèmes de fichier. La plupart des systèmes d'exploitation en possèdent deux : le système de fichiers principal (root), appelé /, et celui monté sous /usr (*user*, ou utilisateur).

Passez au répertoire root avec la commande /cd et demandez un listing des répertoires : plusieurs d'entre eux s'affichent. Ils représentent le contenu du système de fichiers principal et servent également de point de montage aux autres. Le répertoire /bin contient des programmes exécutables, dits binaires. En fait, `/bin` est l'abréviation de "binary" (binaire). Ces programmes sont indispensables aux systèmes de fichier. De nombreuses commandes, dont `ls`, sont en réalité des programmes situés dans ce répertoire. /sbin sert également à stocker les fichiers binaires du système. La plupart de ceux contenus dans ce répertoire sont utilisés dans le cadre de la gestion de systèmes.

Le répertoire /etc est très important : il contient de nombreux fichiers de configuration du système Linux. Ce sont eux qui, par essence, donnent à Linux sa "personnalité". Le fichier mot de passe passwd en fait partie, tout comme la liste des systèmes de fichier qu'il faut monter lors de la mise en route (fstab). Ces répertoires contiennent également les scripts de démarrage pour Linux, la liste des hôtes avec les adresses électroniques que vous voulez conserver, ainsi que beaucoup d'autres renseignements sur la configuration.

Les programmes utilisent les bibliothèques communes stockées dans le répertoire /lib (*library*, ou bibliothèque), qui permettent à de nombreux programmes de réutiliser les mêmes codes. Elles sont rangées au même endroit, ce qui réduit la taille de vos programmes lorsqu'ils tournent.

Le répertoire /dev contient des fichiers unités, qui sont utilisés pour accéder à tous les types de matériels et de logiciels de votre système. Par exemple, le fichier /dev/mouse (*mouse*, ou souris) sert à lire les entrées issues de la souris. Si vous organisez l'accès aux appareils de cette manière, Linux fait en sorte que l'interface pour un périphérique ressemble à un fichier. Cela signifie que vous pouvez, dans bien des cas, avoir recours à la syntaxe que vous utilisez pour les logiciels pour réaliser des opérations concernant le matériel. Ainsi la commande suivante permet-elle de créer sur disquette une archive du répertoire personnel :

```
tar -cdf /dev/fd0 ~tackett
```

Voir
Chapitre 11.

/dev/fd0 signifie que la commande tar doit utiliser le lecteur de disquettes fd0.

De nombreuses unités du répertoire /dev sont rassemblées en groupes cohérents. Le Tableau 14.1 dresse la liste des unités les plus couramment utilisées avec /dev.

Tableau 14.1 : Quelques unités souvent utilisées avec le répertoire /dev

Fichier Unité	Description
/dev/console	La console du système, c'est-à-dire l'écran physiquement relié à votre système Linux.
/dev/hd	Pilote servant d'interface vers les disques durs IDE. L'unité /dev/hd1 est la première partition sur le disque dur hda et /dev/hda englobe la totalité de hda.
/dev/sd	Pilote servant d'interface vers les disques SCSI. Les conventions utilisées pour ceux-ci ainsi que les partitions s'appliquent de la même manière qu'aux unités /dev/hd.
/dev/fd	Ces unités offrent un support pour les lecteurs de disquettes. /dev/fd0 est le premier lecteur et /dev/fd1, le second.
/dev/st	Pilote pour les lecteurs de bande SCSI.
/dev/tty	Pilotes de périphériques proposant différentes consoles pour les entrées des utilisateurs. Ce nom est issu du temps où les terminaux, appelés Teletype, étaient physiquement raccordés à un système UNIX. Sous Linux, ils fournissent un support pour les consoles virtuelles, auxquelles on peut accéder en appuyant sur les touches <Alt-F1> à <Alt-F6> incluses. Ces consoles offrent des sessions locales séparées et simultanées.
/dev/pty	Les unités pty fournissent des supports pour les pseudo-terminaux, qui sont utilisés lors des sessions de connexion à distance comme avec Telnet.
/dev/ttyS	Ports série sur votre ordinateur. /dev/ttyS0 correspond, sous MS-DOS, à COM1. Si vous avez une souris série, /dev/mouse est un lien symbolique vers l'unité ttyS appropriée, à laquelle votre souris est connectée.
/dev/cua	Unités spéciales utilisées avec des modems.
/dev/null	Il s'agit d'une unité particulière, qui est une sorte de trou noir. Toutes les données qui lui sont envoyées sont irrémédiablement perdues. Cela peut être très utile pour exécuter une commande et jeter les sorties ou les erreurs standards. Si /dev/null est utilisée comme fichier entrée, un fichier de longueur zéro est créé.

Le répertoire /proc est en fait un système de fichiers virtuel. Il sert à extraire de la mémoire les informations en cours de traitement.

Le répertoire /tmp permet de stocker des fichiers temporaires créés par les programmes, lorsqu'ils sont en cours d'utilisation. Si vous en avez un qui crée beaucoup de fichiers temporaires, vous pouvez toujours monter le répertoire /tmp comme un système de fichiers séparé, au lieu d'en faire un principal. Si /tmp est un répertoire du système de fichiers principal et que beaucoup de gros fichiers sont stockés à l'intérieur, le système de fichiers principal risque de ne plus avoir d'espace libre.

/home est le répertoire de base pour les répertoires personnels des utilisateurs. Il est courant de le monter comme un système de fichiers séparé, afin que les utilisateurs aient suffisament de place pour leurs fichiers. En fait, s'ils sont très nombreux, vous aurez peut-être besoin de diviser /home en plusieurs systèmes de fichier. Pour cela, vous pouvez créer des sous-répertoires tels que /home/staff, pour les utilisateurs, et /home/admin pour les administrateurs. Montez chacun d'entre eux comme des systèmes de fichier différents, puis créez les répertoires d'accueil des utilisateurs en dessous.

Le répertoire /var contient les fichiers qui ont tendance à changer de volume. En général, les divers fichiers d'accueil sont situés en dessous de celui-ci. Le répertoire `/var/spool` et ses sous-répertoires permettent de conserver les données de nature passagère, comme les courriers et les news (nouvelles) récemment reçus ou mis en file d'attente afin d'être transmis à un autre site.

ASTUCE

Il est possible de créer d'autres points de montage sous le répertoire /. Par exemple /cdrom si vous montez fréquemment des CD-ROM sur votre système.

Le répertoire /usr joue un très grand rôle dans l'exploitation de votre système Linux. Il contient plusieurs répertoires avec quelques-uns des programmes les plus importants, il est presque toujours monté comme un système de fichiers séparé. Les sous-répertoires de /usr abritent les grands ensembles de programmes que vous installez. Certains sont présentés Tableau 14.2.

Tableau 14.2 : Sous-répertoires importants dans le système de fichiers /usr

Sous-répertoire	Description
/user/bin	Conserve bon nombre des programmes exécutables de votre système Linux.
/usr/etc	Contient de nombreux fichiers très divers de configuration du système.
/usr/include	Vous y trouvez, et dans tous ses sous-répertoires, les fichiers inclus pour le compilateur C. Ces fichiers d'en-tête définissent les constantes, les fonctions, et sont indispensables pour la programmation en C.
/usr/g++-include	Contient les fichiers inclus pour le compilateur C++.
/usr/lib	Contient plusieurs bibliothèques que les programmes utilisent lors de l'édition des liens.
/usr/man	Contient l'aide en ligne pour les programmes du système Linux. Sous /usr/man se trouvent plusieurs répertoires qui correspondent aux différentes pages d'aide.
/usr/src	Comprend les répertoires qui conservent les codes source des différents programmes de votre système. Pour installer un ensemble de programmes, /usr/src/nom-des-programmes est un bon endroit pour placer les sources avant de l'installer.

Sous-répertoire	Description
/usr/local	Créé pour les personnalisations locales de votre système. En général, l'essentiel de votre logiciel se trouve dans les sous-répertoires de celui-ci, qui est structuré différemment sur presque tous les systèmes UNIX. Vous pouvez l'installer avec /usr/local/bin pour les binaires, /usr/local/lib pour les bibliothèques et /usr/local/src pour le code source. L'arborescence entière du répertoire `/usr/local` peut être montée comme un système de fichiers séparé, si celui-ci a besoin de beaucoup de place.

Monter et démonter des systèmes de fichiers

Pour monter un système de fichiers dans l'arborescence du répertoire Linux, vous devez avoir une partition de disque, un CD-ROM ou une disquette à monter. Vous devez également vous assurer que le répertoire (point de montage) auquel rattacher votre système de fichiers existe bien.

Le montage d'un système de fichiers ne crée pas de répertoire de point de montage. Celui-ci doit déjà exister. Supposons, par exemple, que vous vouliez monter un CD-ROM, dans le lecteur /dev/sr0, sous le point de montage /mnt. Ce dernier doit exister pour que le montage soit possible. Une fois que le système de fichiers a été mis en place sous ce répertoire, tous les fichiers et sous-répertoires du système de fichiers apparaissent sous /mnt. Dans le cas contraire, /mnt reste vide.

ASTUCE

La commande `df .` *permet de savoir dans quel système de fichiers se trouve le répertoire courant. La sortie qu'elle produit indique le système de fichiers ainsi que l'espace restant disponible.*

• Montage interactif des systèmes de fichiers

Linux utilise la commande `mount` pour monter un système de fichiers, dont la syntaxe est :

```
mount periph point-de-montage
```

`periph` est le périphérique que vous voulez monter et `point-de-montage` l'endroit où vous voulez qu'il apparaisse dans l'arborescence du système de fichiers.

`mount` accepte plusieurs arguments de ligne de commande, outre les deux qui ont été mentionnés ci-dessus (voir Tableau 14.3). Si vous omettez une commande qui est nécessaire, `mount` essaie de la déterminer à partir du fichier /etc/fstab.

INFO

La commande `mount` *ne peut être utilisée que par les superutilisateurs, cela afin de contribuer à la protection du système. Il existe plusieurs programmes permettant aux utilisateurs de monter des systèmes de fichier spécifiques, en particulier des disquettes.*

Tableau 14.3 : Arguments de ligne de commande pour mount

Argument	Description
-f	Tout est fait sauf le lancement du montage du système. Cette commande simule ce montage.
-v	Mode verbeux. `mount` fournit des informations supplémentaires sur ce qu'elle essaye de faire.
-w	Monte le système de fichiers avec les autorisations de lecture et d'écriture.
-r	Monte le système de fichiers avec l'autorisation de lecture uniquement.
-n	Monte sans enregistrer une entrée dans le fichier /etc/mtab.
-t *type*	Spécifie le type de système de fichiers monté. Les types valides sont `minux`, `ext`, `ext2`, `xiafs`, `msdos`, `hpfs`, `proc`, `nfs`, `umsdos`, `sysv` et `iso9660` (valeur par défaut).
-a	Demande à `mount` d'essayer de monter tous les systèmes de fichier dans /etc/fstab.
-o *liste-d-options*	L'argument -o suivi de *liste-d-options* demande à mount d'appliquer les options spécifiées au système de fichiers qu'il est en train de monter. Pour avoir leur liste complète, reportez-vous à l'aide en ligne de mount.

INFO

Plusieurs formes de la commande `mount` *sont très souvent utilisées.* `mount/dev/hdb3 /mnt` *monte la partition /dev/hdb3 du disque dur sous le répertoire /mnt.* `mount -r -t iso9660` */dev/sr0 monte le lecteur de CD-ROM SCSI appelé* `/dev/sr0`*, en lecture seule etavec un format de fichier ISO 9660, sous le répertoire /mnt.* `mount -vat nfs` *monte tous les systèmes de fichier NFS répertoriés dans /etc/fstab.*

ASTUCE

Si un système de fichiers n'est pas monté correctement, utilisez la commande `mount -vf periph point-de-montage` *pour voir ce que* `mount` *est en train de faire. La commande fournit un listing verbeux et demande à* `mount` *de tout faire sauf monter le système de fichiers. De cette façon, vous pouvez "tromper" la commande* `mount` *et obtenir beaucoup d'informations sur ce qu'elle tente de faire.*

• Montage des systèmes de fichiers lors de l'initialisation

Dans la plupart des cas, les systèmes de fichier que Linux utilise ne changeront pas souvent. Vous pouvez donc facilement définir une liste de systèmes de fichier qu'il montera lors de l'initialisation et démontera lors de la fermeture. Vous les trouverez dans le fichier spécial de configuration /etc/fstab pour tables de systèmes de fichier.

Ce fichier répertorie les systèmes de fichier à monter, avec un système par ligne. Les champs de chacune sont séparés par des espaces ou des tabulations. Le Tableau 14.4 dresse la liste des différents champs du fichier `/etc/fstab`.

Tableau 14.4 : Champs du fichier /etc/fstab

Champ	Description
Spécification du système de fichiers	Spécifie l'unité spéciale pour émuler le bloc ou le système de fichiers distant qui doit être monté.
Point de montage	Spécifie le point de montage pour le système de fichiers. Pour les systèmes de fichier spéciaux, comme ceux de remplacement, utilisez `none` (aucun), ce qui rend les fichiers d'échange actifs, mais invisibles à l'intérieur de l'arborescence du fichier.
Type	Donne le type du système de fichiers spécifié. Voici ceux qui sont actuellement supportés :
	`mimix`, système de fichiers local autorisant les noms de fichiers de 14 ou 30 caractères.
	`ext`, système de fichiers avec des noms de fichiers plus longs et des inodes plus gros (ce dernier a été remplacé par un autre, appelé `ext2`, et il ne devrait plus être utilisé).
	`ext2`, système de fichiers local avec des noms de fichiers plus longs, de plus gros inodes et d'autres fonctionnalités.
	`xiafs`, système de fichiers local.
	`msdos`, système de fichiers local pour les partitions MS-DOS.
	`hpfs`, système de fichiers local pour les partitions de systèmes de fichier à haute performance (HPFS) d'OS/2.
	`iso9660`, système de fichiers local utilisé pour les lecteurs de CD-ROM.
	`nfs`, système de fichiers servant à monter des partitions à distance.
	`swap`, partition de disque ou fichier spécial pour le swapping.
	`umsdos`, système de fichiers UMSDOS.
	`sysv`, système de fichiers System V.
Options de montage	Liste d'options de montage, séparées par des virgules, pour le système de fichiers. Elle doit contenir au minimum le type de montage. Pour plus d'informations, consultez l'aide en ligne de `mount`.
Fréquence de vidage	Spécifie la fréquence à laquelle le système de fichiers devrait être sauvegardé par la commande `dump` (vidage). Si ce champ n'est pas présent, `dump` en déduit que le système de fichiers n'a pas besoin d'être sauvegardé.

Champ	Description
Numéro de Passage	Spécifie dans quel ordre les systèmes de fichier devraient être contrôlés par la commande `fsck` lors de l'initialisation du système. Le système de fichiers principal (root) devrait avoir la valeur 1, mais tous les autres, la valeur 2. Si aucune valeur n'est fournie, le contrôle de cohérence du système de fichiers n'aura pas lieu au moment de l'initialisation.

ASTUCE

Il est recommandé de monter vos systèmes de fichier au moment de l'initialisation via le fichier /etc/fstab plutôt que d'utiliser la commande `mount`. *Rappelez-vous que seul les superutilisateurs peuvent se servir de* `mount`.

Voici un extrait de fichier fstab :

```
# appareil      répertoire     type     options
/dev/hda1       /              ext2     defaults
/dev/hda2       /usr           ext2     defaults
/dev/hda3       none           swap     sw
/dev/sda1      /dosc           msdos    defaults
/proc          /proc           proc     none
```

Dans cet extrait, vous pouvez voir plusieurs systèmes de fichier différents. Tout d'abord, remarquez que les commentaires sont signalés par un caractère #. Deux systèmes de fichier normaux pour Linux sont montés : les partitions /dev/hda1 et /dev/hda2. On voit également qu'ils sont de type **ext2** et qu'ils sont montés sous le répertoire principal (pour le premier) et sous /usr (pour le second).

Voir Chapitres 3 et 4.

La valeur `defaults`, dans le champ options, indique que ce système de fichiers devrait être monté avec un ensemble commun d'options par défaut. Pour être plus précis, il doit l'être avec les autorisations de lecture et d'écriture, être interprété comme une unité de bloc spéciale, toutes les entrées/sorties de fichiers doivent être traitées de façon asynchrone, l'exécution de binaires est permise, le système de fichiers peut être monté avec la commande `mount -a`, les éléments binaires choisis pour UID (identifiant de l'utilisateur) et GID (identifiant du groupe) sont interprétés sur ce système et les utilisateurs ordinaires ne sont pas autorisés à le monter. Comme vous pouvez le constater, il est beaucoup plus facile de taper simplement `defaults`.

/dev/hda3 est une partition d'échange utilisée pour la permutation d'espace de la mémoire virtuelle de la partie résidente du système d'exploitation. Son point de montage n'est pas spécifié (none), car on ne veut pas qu'il apparaisse dans l'arborescence du système de fichiers. Il doit tout de même se trouver dans /etc/fstab pour que l'ordinateur sache ainsi où il est placé. Les partitions de remplacement sont également montées avec l'option `sw`.

/proc est un système de fichiers virtuel orienté vers l'information en cours de traitement dans la mémoire. Il n'a pas de partition physique correspondante à monter.

INFO

Pour des informations complètes sur toutes les options du fichier /etc/fstab, consultez l'aide en ligne de fstab.

Les systèmes de fichier MS-DOS peuvent aussi être montés automatiquement. /dev/sda1 est la première partition sur le disque dur SCSI sda. Elle est montée comme une partition MS-DOS si le type spécifié est `msdos` et /dosc comme point de montage. Vous pouvez placer ce dernier n'importe où ; rien ne l'oblige à se trouver sous le répertoire principal (root).

• Démontage des systèmes de fichiers

La commande `umount` sert à démonter un système de fichiers. Cela peut être nécessaire : pour pouvoir le vérifier ou le réparer avec la commande `fsck`, en cas de problèmes sur le réseau avec les systèmes de fichier NFS, pour un système de fichiers sur disquette.

ATTENTION

La commande est `umount` *et non* `unmount`. *Vérifiez qu'elle est correctement tapée.*

La commande `umount` existe sous trois formes :

```
umount unité ¦ point-de-montage
umount -a
umount -t fstype
```

`unité` est le nom de l'appareil à démonter et *`point-de-montage`* est le nom du répertoire qui sert de point de montage (spécifiez l'un des deux). La commande `umount` n'a que deux paramètres de lignes de commande : `-a` démonte tous les systèmes de fichiers et `-t` *`fstype`* agit uniquement sur ceux du type spécifié.

ATTENTION

La commande `umount` *ne démonte pas le système de fichiers en cours d'utilisation. Par exemple, si vous avez un système de fichiers monté sous /mnt et que vous écrivez :*

`cd /mnt`

umount /mnt

un message d'erreur signalera que ce système est occupé. Pour le démonter, vous devez passer à un autre répertoire.

NFS : systèmes de fichiers en réseau

Le système NFS (*Network File System*) permet de monter un système de fichiers à distance sur un réseau TCP/IP. Il permet de partager des données entre des systèmes PC, Mac, UNIX, et Linux. Si le système de fichiers est situé sur un ordinateur distant, il peut être monté localement et apparaître aux yeux des utilisateurs comme un système de fichiers local. Cela peut

servir à plusieurs choses. Imaginons que, sur votre réseau, vous possédiez une machine qui ait beaucoup d'espace disque et qui serve de serveur de fichiers. Cet ordinateur possède, dans ses disques locaux, les répertoires d'accueil de tous vos utilisateurs. Si vous montez ces disques sur les autres ordinateurs via NFS, vos utilisateurs pourront accéder à leurs répertoires à partir de n'importe quelle machine.

NFS nécessite trois points essentiels :

- Les ordinateurs sur lesquels se trouvent les systèmes de fichier que vous voulez monter avec NFS doivent pouvoir communiquer entre eux via un réseau TCP/IP.
- L'ordinateur qui détient localement le système de fichiers qui vous intéresse doit rendre ce dernier disponible pour qu'il puisse être monté. Cet ordinateur s'appelle le *serveur* et le processus qui permet de rendre le système disponible s'appelle l'*exportation*.
- L'ordinateur, ou *client*, doit monter le système de fichiers exporté comme un système NFS. Il peut le faire soit avec le fichier /etc/ftsab au moment de l'initialisation, soit interactivement avec la commande `mount`.

Les sections suivantes sont consacrées à l'exportation du système de fichiers et à son montage local.

• Exportation d'un système de fichiers NFS

Les clients ne peuvent monter un système de fichiers NFS que si le serveur le rend disponible. Avant de le libérer, assurez-vous qu'il figure bien sur le serveur. Si le système de fichiers va toujours vers un système exporté NFS, vérifiez qu'il est bien répertorié sur le serveur dans /etc/fstab, pour qu'il puisse ainsi être automatiquement monté lorsque le serveur est lancé.

Une fois que le système est monté localement, vous pouvez le rendre disponible via NFS. Ce processus se fait en deux temps. En premier lieu, vous devez vérifier que les démons NFS `rpc.mountd` et `rpc.nfsd` tournent sur votre serveur. Ceux-ci sont généralement lancés par un script de démarrage /etc/rc.d/init.d.nfs. Vous devez simplement vous assurer que le script /etc/rc.inet2 contient les lignes suivantes :

```
daemon rpc.mountd
daemon rpc.nfsd
```

INFO

En tant que programmes RPC, les démons `rpc.mountd` *et* `rpc.nfsd` *ne sont pas gérés par le démon* `inetd`. *Ils sont mis en route au moment de l'initialisation, en s'inscrivant auprès du démon* `portmap`. *Lancez-les uniquement après que* `rpc.portmap` *a été exécuté.*

En second lieu, vous devez entrer le système de fichiers NFS dans le fichier de configuration /etc/exports. Celui-ci vous renseigne sur ce que les systèmes de fichier peuvent exporter, sur le type et le niveau d'accès autorisé et sur les ordinateurs qui peuvent y accéder.

• Le fichier /etc/exports

Le fichier /etc/exports est utilisé par les démons `mountd` et `nfsd` pour déterminer quels sont les systèmes de fichier qui devront être exportés et quelles restrictions leurs seront appliquées. Ces systèmes sont répertoriés, un par ligne, dans /etc/exports. Chaque ligne contient le nom du point de montage pour un système local, suivi d'une liste de tous les ordinateurs autorisés à le monter. Une liste des options de montage (séparées les unes des autres par des virgules) pourra être mise entre parenthèses et placée après chaque nom. Le Tableau 14.5 dresse celle des options de montage disponibles dans /etc/exports.

Tableau 14.5 : Options de montage disponibles dans le fichier /etc/exports

Option	Description
`insecure`	Autorise les accès non authentifiés à partir de cette machine.
`secure`	Requiert une authentification RPC sécurisée de cette machine.
`root_squash`	Transfère toutes les requêtes de root, d'UID 0 sur le client à l'UID NOBODY_UID sur le serveur.
`no-root_squash`	Ne transfère aucune des requêtes d'UID0 (comportement par défaut).
`ro`	Monte le système de fichiers en lecture seulement (comportement par défaut).
`rw`	Monte le système de fichiers avec autorisation de lecture et d'écriture.
`link_relative`	Convertit les liens symboliques absolus (lorsque le lien est précédé d'un slash) en liens relatifs. Pour cela, il faut faire précéder le lien par un nombre approprié de caractères `../`, à prendre dans le répertoire contenant la connexion à root sur le serveur.
`link_absolute`	Ne modifie pas les liens symboliques (comportement normal pour les serveurs NFS Sun). C'est le comportement par défaut pour Linux.
`map_daemon`	Associe les noms et les identités locaux et distants et les identifiants numériques, en utilisant le daemon Iname/uid map, sur le client d'où provient la requête d'origine. Permet d'établir une correspondance entre les UID des clients et des serveurs.
`all-squash`	Associe les UID et les GID à l'utilisateur anonyme. Cette option est utile pour les répertoires publics exportés, par exemple, ceux qui hébergent FTP et les news.
`no-all-squash`	Opposé de l'option `all-squash`. C'est l'option par défaut pour Linux.
`squash-uids`	Spécifie une liste d'UID associés de façon anonyme. Voici un exemple de liste d'UID valide : `squash-uids=0-15,20,25-50`

Option	Description
squash-gids	Spécifie une liste de GID associés de façon anonyme. Voici un exemple de liste valide : squash-gids=0-15,20,25-50
anonuid	Définit l'UID pour les utilisateurs anonymes. Cette option est utile pour les clients PC/NFS.
anongid	Définit le GID pour les utilisateurs anonymes. Cette option est utile pour les clients PC/NFS.
noaccess	Permet d'exclure certains répertoires pour un client. Tout ce qui se trouve sous un répertoire exclu lui est alors inaccessible.

Voici un extrait de fichier /etc/exports :

```
/home     bill.tristar.com(rw) fred.tristar.com(rw)
george.tristar.com(rw)
/usr/local/bin/bin     *.tristar.com(ro)
/projects     develop.tristar.com(rw) bill.tristar.com(ro)
/pub     (ro, insecure, root_squash)
```

Dans cet exemple, le serveur exporte quatre systèmes de fichier différents. /home est monté avec autorisation de lecture et d'écriture sur trois ordinateurs : bill, fred et george. Cela indique que le répertoire contient probablement les répertoires personnels des utilisateurs. Le système de fichiers /usr/local/bin est exporté en lecture seule et tous les ordinateurs du domaine tristar.com peuvent y avoir accès.

Le système de fichiers /projects est exporté avec autorisation de lecture et d'écriture vers l'ordinateur develop.tristar.com, mais en consultation seule pour bill.tristar.com.

En ce qui concerne le système de fichiers /pub, aucune liste d'hôtes n'est fournie pour l'accès. N'importe quel hôte peut donc monter ce système de fichiers. Il a été exporté avec autorisation de lecture seule, l'accès non authentifié est autorisé et le serveur applique toute requête de root sur la machine distante qui accède à ce système.

• Montage d'un système de fichiers NFS

Les systèmes de fichier NFS se montent pratiquement de la même façon que les autres types de systèmes. Vous pouvez les monter au moyen de /etc/fstab lors de l'amorçage, ou de façon interactive avec la commande `mount`.

Montage de systèmes de fichier NFS via /etc/fstab. Lorsque vous spécifiez un système de fichiers NFS dans /etc/fstab, vous l'identifiez avec ce format :

```
nom-hôte:/fichier/système/chemin
```

ATTENTION

Il faut séparer avec un deux-points, le nom de l'hôte et les parties fichier/système/chemin dans le nom du système de fichiers distant, comme cela :

```
mailserver:/var/spool/mail
```

lorsque vous utilisez la commande mount, ou lorsque vous définissez une entrée du fichier /etc/fstab. Si vous ne le faites pas, votre système ne pourra pas monter correctement le répertoire distant.

`nom-hôte` est le nom du serveur dans lequel le système de fichiers est localisé ; `fichier/système/chemin` est le système de fichiers sur le serveur.

Le type de système de fichiers est spécifié dans le champ de montage optionnel de son entrée comme étant `nfs`. Le Tableau 14.6 présente les options de `mount` qui sont le plus souvent utilisées.

Tableau 14.6 : Options couramment utilisées pour les montages NFS

Option	Description
`rsize=n`	Spécifie en octets la taille des datagrammes utilisés par les clients NFS sur demandes de lecture. Sa valeur par défaut est de 1 024 octets.
`wsize=n`	Spécifie en octets la taille des datagrammes utilisés par les clients NFS sur demandes d'écriture. Sa valeur par défaut est de 1 024 octets.
`timeo=n`	Règle, en dixièmes de secondes, le temps de réponse accordé par le client NFS. La valeur par défaut est de 0,7 seconde.
`hard`	Monte ce système de fichiers avec un montage fixe. Cela est le comportement par défaut.
`soft`	Monte ce système de fichiers avec un montage souple.
`intr`	Permet à des signaux d'interrompre un appel NFS. Utilisé pour annuler une opération lorsque un serveur NFS ne répond pas.

INFO

Les montages fixes *(hard mounts) et les* montages souples *(soft mounts) déterminent le comportement du client NFS lorsqu'un serveur NFS ne répond plus. Celui des systèmes de fichier est fixe par défaut. Avec chaque type de montage, si un serveur ne répond plus, le client attend jusqu'à ce que le temps imparti par l'option* `timeo` *soit écoulé, puis renvoie la requête. On appelle cela un dépassement mineur. Si les requêtes adressées au serveur continuent de dépasser le délai fixé et que le total d'épuisement du temps atteint 60 secondes, il s'agit alors d'un dépassement majeur.*

Si un système de fichiers est monté de manière fixe, le client envoie un message à la console et lance de nouveau les requêtes de montage, tout en doublant le temps de réponse imparti lors du cycle précédent. Cela peut se répéter indéfiniment, le client tentant chaque fois de monter le système de fichiers à partir du serveur, et cela, jusqu'à ce qu'il y parvienne. Point.

Lorsque un dépassement majeur a lieu, les montages souples envoient, au contraire, une erreur d'entrée/sortie au processus d'appel. Linux continue ensuite de fonctionner.

En général, les utilitaires et les packages importants devraient, via NFS, faire l'objet d'un montage fixe. C'est pour cette raison que ce dernier est choisi par défaut. Vous ne voulez pas que votre système se mette à agir bizarrement si Ehternet est débranché quelques instants. Vous voulez qu'il patiente, puis reparte une fois que le réseau fonctionne à nouveau. D'un autre côté, vous voudrez peut-être utiliser un montage souple pour installer des données non critiques, telles que des partitions différées de news distantes. De cette façon, votre session ne s'arrêtera pas de manière abrupte si votre hôte distant tombe en panne.

Voici à quoi ressemble une entrée de système de fichiers NFS dans /etc/fstab :

```
mailserver: /var/spool/mail /var/spool/mail nfs timeo=20,intr
```

Elle monte le système de fichiers /var/spool/mail, situé dans le serveur de courrier (mail server host), au point local de montage appelé /var/spool/mail et précise que le système de fichiers est de type `nfs`. De plus, elle règle la valeur du temps de réponse imparti à 2 secondes (20 dixièmes de seconde) et donne la possibilité d'interrompre les opérations sur ce système de fichiers.

Montage interactif de systèmes de fichier NFS. Les systèmes de fichier NFS peuvent être montés interactivement, comme avec n'importe quel autre type de système. Cependant, il faut savoir que la commande `mount` n'est pas très "esthétique" étant donné le nombre d'options que l'on peut spécifier sur la ligne de commande.

Si l'on reprend l'exemple précédent, voici la commande interactive `mount` que vous utiliserez pour monter le système de fichiers /var/spool/mail :

```
# mount -t nfs -o timeo=20, intr mailserver: /var/spool/mail /var /spool/mail
```

Si vous avez besoin de spécifier les tailles des datagrammes et les temps impartis, les commandes interactives `mount` peuvent devenir très complexes. Il est fortement recommandé de les placer dans le fichier /etc/fstab afin que le montage se fasse automatiquement lors de l'initialisation.

Maintenance des systèmes de fichiers

L'administrateur système est chargé de maintenir l'intégrité des systèmes de fichier. Il doit donc vérifier périodiquement que ces derniers n'ont pas de fichiers endommagés ou dégradés. Au moment de l'initialisation, Linux contrôle automatiquement tous les systèmes de fichier qui ont une valeur supérieure à 0, spécifiée dans le champ "mot de passe" numérique du fichier /etc/fstab.

INFO

Le système de fichiers ext2, couramment utilisé sous Linux, a un indicateur spécial appelé clean bit. *S'il a été correctement synchronisé et démonté, ce bit est placé dans le système de fichiers. L'intégrité de ce dernier ne sera pas vérifiée si ce bit propre a pour valeur 1 au moment où Linux est lancé.*

La commande fsck

Il est bon de contrôler de temps en temps que vos systèmes de fichier ne contiennent pas de fichiers endommagés ou dégradés. Avec la distribution Slackware de Linux, vous pouvez utiliser la commande `fsck` (*file system check*) à cette fin. `fsck` sert en fait de commande "frontale" à une série de commandes conçues pour vérifier des systèmes de fichier spécifiques. Voici sa syntaxe :

```
fsck [-A] [-V] [-t fs-type] [-a] [-l] [-r] [-s] systfichiers
```

Cette commande peut aussi s'écrire plus simplement :

```
fsck systfichiers
```

Le Tableau 14.7 décrit les options de cette commande.

Tableau 14.7 : Arguments de ligne de commande pour fsck

Argument	Description
`-A`	Passe en revue /etc/fstab et essaye de contrôler tous les systèmes de fichier en un seul passage. Cette option est généralement utilisée lors d'une séquence d'initialisation de Linux pour vérifier tous les systèmes montés normalement. Vous ne pouvez pas utiliser l'option -A avec l'argument *`systfichiers`*.
`-V`	Mode verbeux. Affiche des informations supplémentaires sur ce que `fsck` est en train de faire.
`-t` *`fs-type`*	Spécifie le type de système de fichiers à vérifier.
`systfichiers`	Spécifie quel système de fichiers doit être vérifié. Cet argument peut être le nom d'une unité de bloc spécial, tel que /dev/hda1, ou un point de montage, tel que /usr.
-a	Répare automatiquement, et sans poser de questions, tout problème dans le système de fichiers. Utilisez cette option avec précaution.
`-l`	Dresse la liste tous les noms de fichiers contenus dans le système de fichiers.
-r	Demande confirmation avant de réparer le système de fichiers.
-s	Dresse la liste des superblocs avant de contrôler le système de fichiers.

`fsck` se comporte en fait comme une interface qui appelle la commande vérifiant le système de fichiers, en fonction du type spécifié. Pour cela, Linux a besoin de connaître le type du système à vérifier. La façon la plus simple pour être sûr que `fsck` appelle la commande correcte est de spécifier le type de système avec l'option `-t`. Si celle-ci n'est pas utilisée, Linux essaie de le déterminer en examinant le fichier /etc/fstab et en prenant celui qui y est indiqué. Si `fsck` ne trouve pas les informations sur le type dans /etc/fstab, elle suppose qu'il s'agit du type Minix.

ATTENTION

Si vous ne spécifiez pas le type de système de fichiers (soit avec l'argument `-t`*, soit en le répertoriant dans /etc/fstab), la commande* `fsck` *en déduit qu'il s'agit du type Minix. Pourtant, votre système Linux est probablement de type ext2 et non Minix. Soyez donc vigilant et assurez-vous que* `fsck` *connaisse le bon. Cela est d'autant plus important si vous contrôlez un système non répertorié dans* `/etc/fstab`.

Il est préférable de démonter le système de fichiers avant de le contrôler. De cette façon, vous serez sûr qu'aucun de ses fichiers n'est actif au moment de la vérification.

INFO

N'oubliez pas qu'il est impossible de démonter un système si l'un de ses fichiers est en cours d'utilisation. Par exemple, si un utilisateur se sert d'un répertoire qui se trouve dans celui que vous voulez démonter, vous recevez un message signalant que ce répertoire n'est pas disponible.

Le contrôle du système de fichiers principal (root) présente une autre difficulté. Il est impossible de le démonter directement, car Linux a besoin d'y accéder pour fonctionner. Vous devrez donc initialiser le système à partir d'une disquette de maintenance en contenant puis, à partir de là, exécuter `fsck` sur votre véritable système de fichiers principal en spécifiant le nom de l'unité spéciale de votre système.

Si `fsck` modifie votre système de fichiers, vous devez absolument réinitialiser votre ordinateur tout de suite après cette opération. Linux pourra ainsi relire les informations importantes le concernant et lui éviter de nouvelles dégradations.

ATTENTION

Si votre système de fichiers a subi des modifications, pensez à réinitialiser votre ordinateur immédiatement après avoir exécuté `fsck`. *Pour cela, utilisez la commande* `shutdown -r` *ou* `reboot`.

Création et formatage des systèmes de fichiers

Lorsque vous ajoutez un nouveau disque dur à votre ordinateur ou que vous voulez modifier les informations concernant les partitions d'un ancien disque, vous suivez en fait le processus qui permet de créer un système de fichiers à partir d'un disque non formaté. En admettant que vous le fassiez, Linux ne pourra utiliser le disque dur que si vous fournissez des renseignements sur les partitions de disque et créez ensuite dessus le système de fichiers. Pour modifier les renseignements sur les partitions de disque, utilisez la commande `fdisk`. Utilisez ensuite la commande `mkfs` pour créer le système de fichiers.

• Création des partitions sur disque au moyen de fdisk

La commande `fdisk` sert à créer des partitions de disque et à définir les attributs indiquant à Linux quel type de système de fichiers se trouve sur l'une d'entre elles. Si vous avez installé Linux à partir de zéro sur un système MS-DOS, vous n'avez pu le faire qu'après avoir exécuté `fdisk` et changé les informations concernant les partitions de disque.

ATTENTION

Si vous utilisez `fdisk` *sur un disque, toutes les données qu'il contient peuvent être détruites. En effet,* `fdisk` *réécrit totalement la table des fichiers et vous risquez de perdre tous ceux qui s'y trouvaient. Assurez-vous donc que vous possédez une sauvegarde complète et à jour de vos disques avant de l'employer.*

Vous devez toujours exécuter la commande `fdisk` sur un système de fichiers démonté. `fdisk` n'est pas simplement une commande, c'est un programme interactif et "piloté" par menus. Pour la lancer, tapez :

```
fdisk [lecteur]
```

où *`lecteur`* est le lecteur de disques sur lequel vous voulez travailler. Si vous ne le spécifiez pas, le disque /dev/hda sera choisi. Par exemple, pour exécuter `fdisk` sur la deuxième unité de disque dur IDE de votre système, tapez :

```
fdisk /dev/hdb
```

au prompt de commande du superutilisateur. `fdisk` étant un programme à base de menus, il permet d'utiliser plusieurs commandes. Le Tableau 14.8 donne un aperçu des commandes disponibles avec `fdisk`.

`fdisk` peut choisir le type d'un système de fichiers parmi ceux disponibles. Servez-vous uniquement du programme `fdisk` de Linux pour créer des partitions qui seront utilisées sous Linux. Pour celles de type MS-DOS ou OS/2, vous devez d'abord employer l'outil `fdisk` propre à cet environnement d'exploitation, puis exécuter le `fdisk` de Linux pour indiquer qu'il s'agit de partitions Linux native ou Linux swap (partition d'échange).

Le Tableau 14.9 donne une liste des partitions reconnues par le programme `fdisk` de Linux. Chacune est associée à un code hexadécimal qui l'identifie. Vous devez entrer le code approprié dans `fdisk` lorsque vous voulez définir un type de partition.

Tableau 14.8 : Commandes de fdisk

Commande	Description
a	Définit un indicateur d'amorçage sur une partition
c	Définit l'indicateur de compatibilité DOS pour une partition
d	Supprime une partition
l	Dresse la liste des types de partitions que connaît fdisk
m	Affiche un menu de toutes les commandes disponibles
n	Ajoute une nouvelle partition
p	Affiche la table des partitions du disque en cours
q	Quitte le programme sans sauvegarder les modifications
t	Change le type du système de fichiers pour une partition
u	Change les unités d'affichage/de saisie
v	Vérifie la table des partitions
w	Ecrit sur disque la table des partitions et quitte le programme
x	Offre d'autres fonctionnalités réservées aux experts : b Déplace l'emplacement de début des données dans une partition. c Change le nombre de cylindres. d Affiche les données brutes de la table des partitions. e Répertorie les partitions étendues sur le disque. h Modifie le nombre de têtes sur le disque. r Retourne au menu principal. s Modifie le nombre de secteurs sur le disque.

Tableau 14.9 : Codes et types de partitions dans le programme fdisk de Linux

Code	Type de partition
0	Vide
1	Table d'affectation de fichiers 12 bits pour DOS
2	XENIX root
3	XENIX utilisateur
4	Système de fichiers 16 bits pour DOS, moins de 32 Mo
5	Etendu
6	Systèmes de fichier 16 bits gérant plus de 32 Mo
7	Système HPFS (*High Performance File System*) pour OS/2
8	AIX
9	AIX amorçable
a	Programme d'initialisation pour OS/2

Code	Type de partition
40	Venix 80286
51	Novell ?
52	Microport
63	GNU HURD
64	Novell NetWare
65	Novell NetWare
75	PC/IX
80	Ancien MINIX
81	Linux/MINIX
82	Linux swap, utilisé pour les fichiers d'échange sous Linux
83	Linux native (propre à Linux), type commun de système de fichiers pour Linux
93	Amoeba
94	Amoeba BBT
a5	BSD/386
b7	Système de fichiers BSDI
b8	Système d'échange BSDI
c7	Syrinx
db	CP/M
e1	Accès DOS
e3	R/O DOS (lecture uniquement)
f2	DOS secondaire
ff	BBT

Les sections qui suivent montrent comment utiliser `fdisk` pour organiser des partitions sur un disque dur utilisé par Linux. Supposons que vous vouliez configurer le premier lecteur IDE dans votre système. Vérifiez que vous possédez une sauvegarde de vos données. Toutes les données contenues dans votre disque dur seront détruites lors de l'opération. Le nom du premier disque dur IDE est /dev/hda. C'est l'unité par défaut pour Linux.

Lancement de fdisk. Vous lancez `fdisk` avec :

```
# fdisk
```

fdisk répond par :

```
Using /dev/hda as default device!
Command (m for help)
```

Ce message indique que fdisk a choisi le disque /dev/hda comme unité de travail. C'est parfait puisque c'est celui-là que vous vouliez. Vous devez toujours vérifier que vous êtes bien sur le disque qui vous intéresse. Linux affiche alors le prompt de la commande fdisk.

Affichage de la table des partitions actuelles. La première chose à faire est d'afficher la table des partitions actives avec la commande p :

```
Command (m for help) : p
Disk /dev/hda : 14 heads, 17 sectors, 1024 cylinders
Units = cylinders of 238 * 512 bytes
Device     Boot     Begin     Start     End     Blocks     Id System
Command (m for help) :
```

Le listing montre que le disque actif /dev/hda a 14 têtes, 17 secteurs et 1 024 cylindres. Les unités d'affichage se trouvent dans des cylindres de 238 × 512 (121 856) octets chacun. On peut en déduire que le disque peut contenir 1 024 × 121 856 = 124 780 544 octets soit 120 Mo environ. Vous pouvez également constater que /dev/hda n'a aucune partition.

Création d'une partition. Supposons que vous vouliez créer une partition de fichiers Linux de 100 Mo pour les répertoires d'accueil des utilisateurs, ainsi qu'une de remplacement de 20 Mo. Vous devez maintenant utiliser la commande n pour y parvenir :

```
Command (m for help): n
Command action
e extended
p primary partition (1-4)
p
Partition number (1-4): 1
First cylinder (1-1023): 1
Last cylinder or +size or +sizeM or +sizeK (1-1023): +100M
```

La commande n affiche un nouveau menu lorsque vous l'utilisez pour créer une nouvelle partition. Vous devez choisir entre une partition étendue (extended) ou primaire (primary). Cette dernière est généralement sélectionnée, à moins que le disque ne possède déjà plus de quatre partitions. fdisk demande ensuite le numéro de celle que vous voulez créer. Etant donné qu'il s'agit de la première partition du disque, tapez 1. Vous recevez alors un prompt pour le premier cylindre de la partition. Cela permet de déterminer à partir d'où la zone de données débute sur le disque. Il s'agit, une fois encore, de la première partition et vous pouvez donc démarrer la partition au cylindre 1.

A la ligne suivante, vous devez indiquer la largeur souhaitée pour la partition. Vous pouvez répondre à cette question de plusieurs manières. fdisk accepte un chiffre, qu'elle interprète comme étant la taille des cylindres, ainsi que des octets, kilo-octets ou mégaoctets. La taille en octets est spécifiée en `+bytes` (bytes=taille de la partition). De la même façon, `+sizeK` et `+sizeM` définissent respectivement la taille de la partition en kilo-octets et en mégaoctets. Comme vous désirez une partition de 100 Mo, la réponse la plus simple est `+100M`.

Vérification de la table des partitions. Examinez à nouveau la table des partitions pour voir ce que `fdisk` a fait :

```
Command (m for help): p
Disk /dev/hda: 14 heads, 17 sectors, 1024 cylinders
Units= cylinders of 238 * 512 bytes
Device      Boot  Begin   Start      End   Blocks     Id      System
/dev/hda1             1       1      861   102400      1      Linux/MINIX
Command (m for help):
```

La table des partitions montre que vous avez une partition, /dev/hda1, qui va du cylindre 1 au cylindre 861 et qui utilise 102 400 blocs. Elle est de type 81, Linux/MINIX.

Création de la partition d'échange. Vous devez maintenant créer la partition de remplacement de 20 Mo avec l'espace disque qui reste. Faites exactement comme avec la première :

```
Command (m for help): n
Commande action
e extended
p primary partition (1-4)
p
Partition number (1-4): 2
First cylinder (862-1023): 862
Last cylinder or +size or +sizeM or +sizeK (862-1023): 1023
```

ASTUCE

Il est généralement préférable de continuer et de spécifier la taille de la dernière partition en cylindres pour être certain d'utiliser tout l'espace disponible.

Vous venez de taper le numéro 2 pour la deuxième partition. Notez que `fdisk` donne une fourchette entre 862 et 1 023 lorsqu'elle demande le premier cylindre. La première partition occupe, en effet, les 861 premiers cylindres. Entrez donc 862 comme cylindre de départ pour la seconde. La partition d'échange aura besoin de tout l'espace disque qui reste. Cela équivaut à 20 Mo environ, mais si vous spécifiez la taille en mégaoctets, les calculs effectués par `fdisk` pourraient laisser quelques cylindres inoccupés. Entrez donc 1 023 lorsque l'on vous demande la taille du dernier cylindre

Vérification de la taille des partitions. Les deux partitions qui vous intéressaient viennent d'être créées. Examinons une fois de plus la table des partitions et vérifions qu'il s'agisse bien des bonnes tailles :

```
Command (m for help): p
```

```
Disk /dev/hda: 14 heads, 17 sectors, 1024 cylinders
Units= cylinders of 238 * 512 bytes
Device      Boot   Begin    Start     End    Blocks    Id    System
/dev/hda1              1        1     861    102400    81    Linux/MINIX
/dev/hda2            862      862    1023     19159    81    Linux/MINIX
command (m for help):
```

INFO

Vous verrez peut-être une erreur semblable à :

`Warning : Linux cannot currently use the last xxx sectors of this partition`

(Attention : Linux ne peut actuellement pas utiliser les xxx *derniers secteurs de cette partition.)*

xxx *désigne un chiffre particulier. Vous pouvez ignorer ce genre de message, car c'est un héritage du temps où Linux ne pouvait pas accéder aux systèmes de fichier supérieurs à 64 Mo.*

Comme vous pouvez le constater, /dev/had1 utilise les cylindres 1 à 861 avec 102 400 blocs soit approximativement 100 Mo. La partition /dev/hda2 va du cylindre 862 au 1 023 et comprend 19 156 blocs, soit 20 Mo environ.

Changement du type de la partition. Il faut maintenant modifier le type de chaque partition. Pour cela, entrez la commande t au prompt de `fdisk`. On choisit le plus souvent le type de partition 83 (Linux native) pour les systèmes de fichiers Linux standards. La partition de remplacement devrait être associée au type 82 (Linux swap) :

```
Command (m for help): t
Partition number (1-4): 1
Hex code (type L to list codes): 83
Command (m for help): t
Partition number (1-4): 2
Hex code (type L to list codes): 82
```

Lorsque vous utilisez la commande t, vous devez spécifier le numéro de la partition à modifier. On vous demande ensuite le code hexadécimal qui servira à identifier celle-ci. En général, les systèmes de fichier Linux sont associés au type 83 pour les systèmes normaux et 82 pour les partitions de remplacement. Vous pouvez, si vous le voulez, taper l pour consulter la liste des systèmes de fichier.

Terminer le travail. Maintenant que vous avez créé et dénommé des partitions, vous devez consulter une dernière fois la table des partitions, juste pour vérifier que tout est en ordre avant de quitter :

```
Commande (m for help): p
Disk /dev/hda: 14 heads, 17 sectors, 1024 cylinders
Units = cylinders of 238 * 512 bytes
Device      Boot   Begin    Start     End     Blocks    Id     System
/dev/hda1              1        1     861     102400    83     Linux native
/dev/hda2            862      862    1023      19159    82     Linux swap
Command (m for help):
```

Comme vous pouvez le constater, les partitions sont au bon endroit, à la bonne taille et les types de systèmes de fichier sont correctement définis. Avant de sortir, il vous reste à utiliser la commande w pour inscrire la table des partitions dans le disque :

```
Command (m for help): w
#
```

Les changements effectués lors d'une session fdisk ne prennent effet qu'à partir du moment où vous les introduisez dans le disque avec la commande w. Vous pouvez toujours quitter avec la commande q et annuler ainsi les modifications. Vous devez néanmoins toujours avoir une sauvegarde de tous les disques que vous souhaitez modifier.

Réinitialisez ensuite le système pour être certain que Linux a bien remis à jour les informations sur les partitions qui se trouvent dans sa partie résidente.

• Création d'un système de fichiers avec mkfs

Une fois que vous avez créé une partition avec fdisk, vous devez y incorporer un système de fichiers afin de pouvoir l'utiliser pour stocker des données. La commande mkfs sert à cela. Imaginez un parking en construction. fdisk le construit tandis que mkfs peint les lignes qui indiqueront aux conducteurs où se garer.

mkfs s'adresse en fait, selon le type de système de fichiers que vous voulez créer, à différents programmes, de la même façon que fsck, programme "frontal", sert à les vérifier. Voici la syntaxe de mkfs :

```
mkfs [-V] [-t fs-type] [fs-options] systfich [blocs]
```

où *systfich* est le nom de l'unité pour le système de fichiers que vous voulez créer, par exemple /dev/hda1.

ATTENTION

La commande mkfs accepte également un point de montage, par exemple /home, comme nom de système de fichiers. Vous devez l'utiliser avec beaucoup de prudence. Si vous lancez mkfs sur un système monté qui est actif, vous pourrez altérer toutes les données qu'il contient.

Le Tableau 14.10 dresse la liste des divers paramètres de ligne de commande qui peuvent être spécifiés avec mkfs.

Même si -t fs-type est un argument optionnel, vous devez vous habituer à spécifier le type de système de fichiers. mkfs essaye, tout comme fsck, de le deviner à partir du fichier /etc/fstab. Si elle n'y arrive pas, elle crée automatiquement un système de fichiers MINIX. Cependant, vous aurez sans doute besoin d'une partition ext2 pour les systèmes Linux normaux, à la place de ce type.

Tableau 14.10 : Paramètres de ligne de commande pour mkfs

Option	Description
`-V`	Demande à `mkfs` de produire une sortie verbeuse comprenant toutes les commandes spécifiques des systèmes de fichier. Si vous spécifiez cette option plus d'une fois, cela annule l'exécution des commandes propres à tout système de fichiers.
`-t` *`fs-type`*	Spécifie le type de système à construire. S'il n'est pas spécifié, `mkfs` essaye de le deviner en cherchant `sysfich` dans /etc/fstab et en utilisant l'entrée correspondante. Si elle n'y parvient pas, un système MINIX est créé.
`fs-options`	Options spécifiques pour les systèmes de fichiers qui doivent être fournies au programme chargé de les constituer. Les suivantes sont en général supportées par la plupart des constructeurs de systèmes de fichiers : `-c` vérifie que les blocs de l'unité ne sont pas défectueux avant de constituer le système de fichiers ; `-l` *`nom-fichier`* extrait de *`nom-fichier`* la liste des blocs défectueux du disque ; `-v` demande au programme chargé de constituer le système de fichiers de produire une sortie verbeuse.
`filesys`	Spécifie le périphérique sur lequel résidera le système de fichiers. Ce paramètre est obligatoire.
`blocs`	Nombre de blocs utilisés pour le système de fichiers.

Fichiers et partitions d'échange

Sur votre système Linux, l'espace de transfert est utilisé pour la mémoire virtuelle. Nous n'avons pas prévu de parler, dans ce livre, de toutes les questions relatives à ce sujet. Elles sont examinées en détail dans tout bon manuel général consacré aux systèmes d'exploitation informatiques.

Linux supporte deux sortes d'espace de transfert : les partitions et les fichiers de permutation. Une partition de permutation (*swap partition*) est utilisée comme zone de transfert et dont le système de fichiers est de type 82, Linux swap. Un *fichier d'échange* est un gros fichier situé dans un système de fichiers normaux et utilisé comme espace de transfert.

Il vaut mieux utiliser une partition de permutation plutôt qu'un fichier. Tous les accès aux fichiers de remplacement se font via un système de fichiers normaux pour Linux. Les blocs de disques qui forment le fichier de permutation sont rarement contigus et ils risquent donc d'être moins performants qu'avec une partition de remplacement. A l'inverse, les entrées et sorties de ce type de partitions sont traitées directement sur l'unité et leurs blocs de disques sont toujours contigus. D'autre part, si vous conservez l'espace de transfert hors des systèmes de fichier normaux, vous limitez alors le risque d'altération de ces derniers si un problème affecte votre fichier de permutation.

• Création d'une partition d'échange

Pour créer une partition de permutation, vous devez constituer une partition en utilisant `fdisk` et lui donner le type 82, Linux swap. Ensuite, il faut encore deux étapes pour en créer une de remplacement active.

Tout d'abord, vous devez préparer la partition comme vous l'avez fait avec le système de fichiers. Utilisez pour cette opération la commande `mkswap` au lieu de `mkfs`. Voici sa syntaxe :

```
mkswap [-c] unité taille-en-blocs
```

où *`unité`* est le nom de la partition de remplacement, comme /dev/hda2, et *`taille-en-blocs`* est la taille du système de fichiers en question. Vous pouvez modifier cette dernière en blocs en exécutant `fdisk` et en consultant la table des partitions. Dans l'exemple de la section sur la vérification des tailles des partitions, /dev/hda2 était composée de 19 159 blocs. Sous Linux, les partitions de remplacement doivent contenir entre 9 et 65 357 blocs. L'argument `-c` demande à `mkswap` de vérifier, lors de la création de l'espace de transfert, qu'il n'y ait pas de blocs défectueux dans le système de fichiers.

La commande qui sert à monter le système de partitions sur /dev/hda2 est :

```
mkswap -c /dev/hda2 19159
```

Une fois que vous avez lancé `mkswap` pour préparer la partition, vous devez la rendre active afin que la partie résidente du système d'exploitation puisse l'utiliser. La commande `swapon` permet d'activer la partition de remplacement. Voici sa syntaxe :

```
swapon sysfich
```

où *`sysfich`* est le système de fichiers que vous voulez libérer pour servir d'espace de transfert. Linux appelle `swapon -a`, lors de l'initialisation, et ce dernier monte toutes les partitions disponibles qui sont répertoriées dans /etc/fsatb.

INFO

Pensez à mémoriser chaque entrée de fichier ou de partition de remplacement dans le fichier /etc/fstab. Linux pourra ainsi y accéder automatiquement au moment de l'initialisation.

• Création d'un fichier d'échange

Les fichiers d'échange (ou de permutation) peuvent être utiles si vous avez besoin d'étendre votre espace de transfert, mais que vous ne pouvez pas allouer d'espace disque pour créer une partition de remplacement spéciale. Les fichiers et partitions de permutation se créent presque de la même façon. La principale différence est que vous devez créer le fichier avant de pouvoir lancer `mkswap` et `swapon`.

Pour créer un fichier de permutation, utilisez la commande dd, qui sert à copier de gros volumes de données. Pour une description complète de cette commande, consultez l'aide en ligne de dd. Auparavant, vous devez connaître le nom du fichier de permutation que vous voulez constituer ainsi que sa taille en blocs. Sous Linux, un bloc contient 1 024 octets. Par exemple, pour créer un fichier de permutation de 10 Mo appelé /swap, tapez :

```
# dd if=/dev/zero of=/swap bs=1024 count=10240
```

of=/swap indique que le fichier à créer s'appelle /swap et count=102400 fixe la taille du fichier sortie à 102 400 blocs, soit 10 Mo. Utilisez maintenant mkswap pour préparer le fichier en tant qu'espace de transfert.

```
# mkswap /swap 10240
```

N'oubliez pas que vous devez indiquer à mkswap la taille du fichier. Vous devez vous assurer, avant de faire tourner swapon, que ce dernier est complètement enregistré sur le disque, au moyen de la commande # /etc/sync.

Vous êtes maintenant prêt à activer le fichier de permutation. Utilisez, comme pour une partition de permutation, la commande swapon. Par exemple :

```
# swapon /swap
```

Si vous avez besoin de vous débarrasser d'un tel fichier, assurez-vous qu'il n'est pas actif. Pour cela, utiliser la commande swapoff comme suit :

```
# swapoff /swap
```

Vous pouvez maintenant effacer le fichier de permutation en toute tranquillité.

Informations complémentaires

Dans ce chapitre, vous avez découvert de nombreux aspects des systèmes de fichier Linux, depuis la structure de base des répertoires jusqu'au montage et au démontage de ces systèmes. Vous avez vu comment créer des systèmes de fichier, les rendre prêts à l'emploi et y accéder à distance grâce à NFS. Enfin, ce chapitre a présenté en détail la création de fichiers et partitions de permutation.

Vous trouverez des informations complémentaires sur l'administration système dans les chapitres suivants :

- Le Chapitre 7 présente les tâches courantes de l'administration système.
- Le Chapitre 10 décrit la création et la gestion des comptes utilisateur sur un système Linux.
- Le Chapitre 11 montre comment planifier et mettre en œuvre la sauvegarde des données.

15 Samba

Ce chapitre vous indique le nécessaire pour installer, configurer et utiliser les services du protocole Session Message Block (SMB ou Samba) sous Linux. Avec Samba, il est possible de :

- partager un système de fichiers Linux avec Windows 95, 98, ou NT ;
- partager un système de fichiers Windows 95, 98, ou NT avec Linux ;
- partager une imprimante connectée à un système Linux avec Windows 95, 98, ou NT ;
- partager une imprimante Windows 95, 98, ou NT avec Linux.

Samba est le protocole utilisé par les systèmes d'exploitation de Microsoft pour partager les services de fichiers et d'imprimantes. Microsoft et Intel ont développé le protocole SMB en 1987 ; Andrew Tridgell l'a ensuite porté sur divers systèmes UNIX puis sur Linux.

INFO

Microsoft propose actuellement un autre standard de partage de fichiers, baptisé Common Internet File System *(CIFS). Il a été soumis à l'Internet Engineering Task Force, mais CIFS est déjà largement adopté, y compris par la communauté de développement de Linux.*

L'ensemble Samba est composé de plusieurs éléments. Le démon `smbd` fournit les services de fichiers et d'impression aux clients SMB tels que Windows for Workgroups, Windows NT ou LanManager. Le fichier de configuration de ce démon est décrit dans smb.conf. Le démon `nmbd` fournit le support de service de noms et de recherche NETBIOS. On peut également l'utiliser de manière interactive pour interroger d'autres démons de service de noms.

Le programme `smbclient` implémente un simple client de type FTP. Il sert à accéder aux partages SMB de serveurs compatibles, comme les machines Windows, et peut être également utilisé pour permettre à une machine UNIX d'imprimer sur une imprimante connectée à un serveur SMB, comme un PC sous Windows 98.

L'utilitaire `testparm` vous permet de tester votre fichier de configuration smb.conf, et l'utilitaire `smbstatus` de savoir qui utilise actuellement le serveur smbd.

Installation de Samba

Samba peut être installé lors de l'installation de Linux, ou ultérieurement, à l'aide de RPM. Si vous avez besoin de ce paquetage, commencez par télécharger la version en cours du site Web de Red Hat (**http://www.redhat.com**). Vous pouvez ensuite l'installer (la version actuelle est samba-1.9.18p5-1.i386.rpm) en exécutant la commande suivante :

```
rpm -ivh samba-1.9.18p5-1.i386.rpm
```

Voir Chapitre 6.

Le paquetage contient tous les fichiers nécessaires à l'exécution de Samba, y compris les deux programmes principaux `smbd` et `nmbd`. Il se peut néanmoins que vous ayez à recompiler divers programmes si vous utilisez une autre distribution.

Configuration de Samba sur Linux

Le principal fichier de configuration se nomme smb.conf et réside dans le répertoire /etc. Le Listing 15.1 en présente le fichier par défaut qui accompagne Red Hat 5.2.

INFO

Un point-virgule (;) au début d'une ligne signifie que cette ligne est un commentaire et qu'elle est ignorée lorsque le serveur Samba la rencontre.

Listing 15.1 : Exemple du fichier de configuration smb.conf

```
# This is the main Samba configuration file. You should read the
# smb.conf(5) manual page in order to understand the options listed
# here. Samba has a huge number of configurable options (perhaps too
# many!) most of which are not shown in this example
#
# Any line which starts with a ; (semi-colon) or a # (hash)
# is a comment and is ignored. In this example we will use a #
# for commentry and a ; for parts of the config file that you
# may wish to enable
#
# NOTE: Whenever you modify this file you should run the command "testparm"
# to check that you have not many any basic syntactic errors.
#
#======================= Global Settings =====================================
[global]

# workgroup = NT-Domain-Name or Workgroup-Name
   workgroup = MYGROUP

# server string is the equivalent of the NT Description field
   server string = Samba Server

# This option is important for security. It allows you to restrict
# connections to machines which are on your local network. The
# following example restricts access to two C class networks and
# the "loopback" interface. For more examples of the syntax see
# the smb.conf man page
;   hosts allow = 192.168.1. 192.168.2. 127.
```

```
# if you want to automatically load your printer list rather
# than setting them up individually then you'll need this
   printcap name = /etc/printcap
   load printers = yes

# It should not be necessary to spell out the print system type unless
# yours is non-standard. Currently supported print systems include:
# bsd, sysv, plp, lprng, aix, hpux, qnx
;    printing = bsd

# Uncomment this if you want a guest account, add this to /etc/passwd
# otherwise the user "nobody" is used
;  guest account = pcguest

# this tells Samba to use a separate log file for each machine
# that connects
   log file = /var/log/samba/log.%m

# Put a capping on the size of the log files (in Kb).
   max log size = 50

# Security mode. Most people will want user level security. See
# security_level.txt for details.
   security = user
# Use password server option only with security = server
;    password server = <NT-Server-Name>

# Password Level allows matching of _n_ characters of the password for
# all combinations of upper and lower case.
;  password level = 8
;  username level = 8

# You may wish to use password encryption. Please read
# ENCRYPTION.txt, Win95.txt and WinNT.txt in the Samba documentation.
# Do not enable this option unless you have read those documents
;  encrypt passwords = yes
;  smb passwd file = /etc/smbpasswd

# Unix users can map to different SMB User names
;  username map = /etc/smbusers

# Using the following line enables you to customise your configuration
# on a per machine basis. The %m gets replaced with the netbios name
# of the machine that is connecting
;    include = /etc/smb.conf.%m

# Most people will find that this option gives better performance.
```

```
# See speed.txt and the manual pages for details
   socket options = TCP_NODELAY

# Configure Samba to use multiple interfaces
# If you have multiple network interfaces then you must list them
# here. See the man page for details.
;   interfaces = 192.168.12.2/24 192.168.13.2/24

# Configure remote browse list synchronisation here
#  request announcement to, or browse list sync from:
#  a specific host or from / to a whole subnet (see below)
;   remote browse sync = 192.168.3.25 192.168.5.255
# Cause this host to announce itself to local subnets here
;   remote announce = 192.168.1.255 192.168.2.44

# Browser Control Options:
# set local master to no if you don't want Samba to become a master
# browser on your network. Otherwise the normal election rules apply
;   local master = no

# OS Level determines the precedence of this server in master browser
# elections. The default value should be reasonable
;   os level = 33

# Domain Master specifies Samba to be the Domain Master Browser. This
# allows Samba to collate browse lists between subnets. Don't use this
# if you already have a Windows NT domain controller doing this job
;   domain master = yes

# Preferred Master causes Samba to force a local browser election on startup
# and gives it a slightly higher chance of winning the election
;   preferred master = yes

# Use only if you have an NT server on your network that has been
# configured at install time to be a primary domain controller.
;   domain controller = <NT-Domain-Controller-SMBName>

# Enable this if you want Samba to be a domain logon server for
# Windows95 workstations.
;   domain logons = yes

# if you enable domain logons then you may want a per-machine or
# per user logon script
# run a specific logon batch file per workstation (machine)
;   logon script = %m.bat
# run a specific logon batch file per username
;   logon script = %U.bat

# Where to store roving profiles (only for Win95 and WinNT)
#        %L substitutes for this servers netbios name, %U is username
#        You must uncomment the [Profiles] share below
```

```
;   logon path = \\%L\Profiles\%U

# All NetBIOS names must be resolved to IP Addresses
# 'Name Resolve Order' allows the named resolution mechanism to be specified
# the default order is "host lmhosts wins bcast". "host" means use the unix
# system gethostbyname() function call that will use either /etc/hosts OR
# DNS or NIS depending on the settings of /etc/host.con-
fig, /etc/nsswitch.conf
# and the /etc/resolv.conf file. "host" therefore is system configuration
# dependant. This parameter is most often of use to prevent DNS lookups
# in order to resolve NetBIOS names to IP Addresses. Use with care!
# The example below excludes use of name resolution for machines that are NOT
# on the local network segment
# - OR - are not deliberately to be known via lmhosts or via WINS.
; name resolve order = wins lmhosts bcast

# Windows Internet Name Serving Support Section:
# WINS Support - Tells the NMBD component of Samba to enable it's WINS Server
;   wins support = yes

# WINS Server - Tells the NMBD components of Samba to be a WINS Client
#   Note: Samba can be either a WINS Server, or a WINS Client, but NOT both
;   wins server = w.x.y.z

# WINS Proxy - Tells Samba to answer name resolution queries on
# behalf of a non WINS capable client, for this to work there must be
# at least one  WINS Server on the network. The default is NO.
;   wins proxy = yes

# DNS Proxy - tells Samba whether or not to try to resolve NetBIOS names
# via DNS nslookups. The built-in default for versions 1.9.17 is yes,
# this has been changed in version 1.9.18 to no.
   dns proxy = no

# Case Preservation can be handy - system default is _no_
# NOTE: These can be set on a per share basis
;  preserve case = no
;  short preserve case = no
# Default case is normally upper case for all DOS files
;  default case = lower
# Be very careful with case sensitivity - it can break things!
;  case sensitive = no

#============================ Share Definitions ==============================
[homes]
   comment = Home Directories
   browseable = no
```

```
   writable = yes

# Un-comment the following and create the netlogon direc-
tory for Domain Logons
; [netlogon]
;   comment = Network Logon Service
;   path = /home/netlogon
;   guest ok = yes
;   writable = no
;   share modes = no


# Un-comment the following to provide a specific roving profile share
# the default is to use the user's home directory
;[Profiles]
;    path = /home/profiles
;    browseable = no
;    guest ok = yes


# NOTE: If you have a BSD-style print system there is no need to
# specifically define each individual printer
[printers]
   comment = All Printers
   path = /var/spool/samba
   browseable = no
# Set public = yes to allow user 'guest account' to print
   guest ok = no
   writable = no
   printable = yes

# This one is useful for people to share files
;[tmp]
;   comment = Temporary file space
;   path = /tmp
;   read only = no
;   public = yes

# A publicly accessible directory, but read only, except for people in
# the "staff" group
;[public]
;   comment = Public Stuff
;   path = /home/samba
;   public = yes
;   writable = yes
;   printable = no
;   write list = @staff

# Other examples.
#
# A private printer, usable only by fred. Spool data will be placed in fred's
```

```
# home directory. fred must have write access to the spool directory,
# wherever it is.
;[fredsprn]
;   comment = Fred's Printer
;   valid users = fred
;   path = /homes/fred
;   printer = freds_printer
;   public = no
;   writable = no
;   printable = yes

# A private directory, usable only by fred. Note that fred requires write
# access to the directory.
;[fredsdir]
;   comment = Fred's Service
;   path = /usr/somewhere/private
;   valid users = fred
;   public = no
;   writable = yes
;   printable = no

# a service which has a different directory for each machine that connects
# this allows you to tailor configurations to incoming machines. You could
# also use the %u option to tailor it by user name.
# The %m gets replaced with the machine name that is connecting.
;[pchome]
;  comment = PC Directories
;  path = /usr/pc/%m
;  public = no
;  writable = yes

# A publicly accessible directory, read/write to all users. All files
# created in the directory by users will be owned by the default user, so
# any user with access can delete any other user's files. Obviously this
# directory must be writable by the default user. Ano-
ther user could of course
# be specified, in which case all files would be owned by that user instead.
;[public]
;   path = /usr/somewhere/else/public
;   public = yes
;   only guest = yes
;   writable = yes
;   printable = no

# The following two entries demonstrate how to share a directory so that two
# users can place files there that will be owned by the specific users. In this
# setup, the directory should be writable by both users and should have the
```

```
# sticky bit set on it to prevent abuse. Obviously this could be extended to
# as many users as required.
;[myshare]
;   comment = Mary's and Fred's stuff
;   path = /usr/somewhere/shared
;   valid users = mary fred
;   public = no
;   writable = yes
;   printable = no
;   create mask = 0765
```

Le fichier smb.conf est divisé en plusieurs sections nommées. Chacune commence par son nom, entre crochets, par exemple [global]. A l'intérieur de chaque section, les paramètres sont indiqués à l'aide de paires clé=valeur, par exemple comment = RedHat Samba Server.

smb.conf est composé de trois sections spéciales, [global], [homes], [printers], et d'une ou plusieurs sections personnalisées.

• La section [global]

La section [global] sert à contrôler les paramètres du serveur smb global. Elle définit également les valeurs par défaut des autres sections.

La première ligne de la section [global] du Listing 15.1 définit le groupe de travail auquel cette machine appartiendra sur votre réseau. Le fichier indique ensuite un commentaire et un label de volume.

Voir Chapitre 20.

L'entrée suivante informe le serveur Samba du type du système d'impression disponible sur votre serveur, et la ligne suivante précise l'emplacement du fichier de configuration de l'impression.

La ligne suivante ordonne à Samba de mettre à la disposition du réseau toutes les imprimantes définies dans le fichier printcap.

L'entrée suivante indique le nom d'utilisateur du compte client invité de votre serveur. Ce compte sert à identifier les utilisateurs des services Samba disponibles pour les connexions client invité.

L'entrée fichier d'historique indique l'emplacement du fichier journal de chaque client ayant accès aux services Samba. Le paramètre `%m` demande au serveur Samba de créer un fichier journal individuel pour chaque client. L'entrée `max log size` fixe la taille maximale des fichiers journaux créés.

• La section [homes]

La section [homes] permet aux clients du réseau de se connecter au répertoire personnel d'un utilisateur de votre serveur, sans posséder d'entrée explicite dans le fichier smb.conf. Lorsqu'il reçoit une requête, le serveur Samba recherche la section du service correspondant dans le fichier smb.conf. S'il ne trouve pas le service, il cherche une section [homes]. Si celle-ci existe, il consulte le fichier des mots de passe pour connaître le répertoire personnel de l'utilisateur qui a émis la requête. Une fois trouvé, ce répertoire est partagé sur le réseau.

Voir Chapitre 16.

L'entrée `comment` est présentée aux clients pour leur indiquer les partages disponibles. L'entrée `browseable` indique à Samba comment afficher ce partage dans une liste de parcours de recherche du réseau. Le paramètre `read only` définit si un utilisateur peut créer et modifier des fichiers de son répertoire personnel, lorsque celui-ci est partagé sur le réseau. Les paramètres `preserve case` et `short preserve case` ordonnent au serveur de conserver la casse des informations écrites sur le serveur. Cela est important, car les noms de fichiers Windows sont indépendants de la casse des caractères, ce qui n'est pas le cas des noms de fichiers Linux. La dernière entrée définit les droits des fichiers créés dans le répertoire partagé.

• La section [printers]

La section [printers] indique comment les services d'impression sont contrôlés lorsque aucune entrée spécifique ne figure dans le fichier smb.conf. Comme dans la section [homes], lorsqu'il n'existe aucune entrée particulière pour un service d'impression, Samba utilise la section [printers] (si elle existe) pour autoriser un utilisateur à se connecter à une imprimante définie dans le fichier /etc/printcap.

Voir Chapitre 20.

Les entrées `comment`, `browsable`, et `create` ont la même signification que pour les sections [homes] étudiées ci-dessus. L'entrée `path` indique l'emplacement du fichier de spool à utiliser en réponse à une demande d'impression via SMB.

La valeur `printable`, lorsqu'elle est définie par yes, indique que la ressource de cette imprimante est disponible pour l'impression. L'entrée `public` détermine si le compte client invité est autorisé à imprimer.

• Partage de répertoires

Après avoir configuré les valeurs par défaut de votre serveur Samba, vous pouvez créer des répertoires partagés spécifiques, réservés à certains utilisateurs ou à tous. Vous voulez par exemple mettre un répertoire à la disposition d'une seule personne ; vous devez créer une nouvelle section et indiquer au serveur SMB les informations requises, c'est-à-dire le nom de l'utilisateur, le chemin du répertoire et les informations de configuration, comme ci-dessous :

```
[jacksdir]
comment = Répertoire du code source distant de Jack
path = /usr/local/src
valid users = tackett
browsable = yes
public = no
```

```
writable = yes
create mode = 0700
```

Cette section exemple crée un répertoire partagé baptisé jacksdir. Le chemin du répertoire sur le serveur local est /usr/local/src. Puisque la valeur de l'entrée `browsable` est yes, jacksdir apparaîtra dans la liste de parcours de recherche du réseau. Néanmoins, comme la valeur de l'entrée `public` est no, seul l'utilisateur tackett peut accéder à ce répertoire par l'intermédiaire de Samba. Vous pouvez autoriser d'autres utilisateurs en les indiquant dans l'entrée `valid users`.

• Test du fichier smb.conf

Après avoir créé le fichier de configuration /etc/smb.conf, il est conseillé de le tester avec le programme `testparm`. Si celui-ci n'indique aucune erreur, vous pouvez être certain que `smbd` réussira à charger le fichier de configuration.

ATTENTION `testparm` *ne garantit PAS que les services indiqués dans le fichier de configuration seront disponibles ou fonctionneront comme prévu.*

`testparm` s'exécute avec la ligne de commande suivante :

```
testparm [fichier-de-configuration [hostname hostip]]
```

où *fichier-de-configuration* indique l'emplacement du fichier smb.conf s'il est différent de l'emplacement par défaut (/etc/smb.conf). Le paramètre facultatif *hostname hostIP* demande à `testparm` de vérifier si l'hôte peut accéder aux services indiqués dans le fichier smb.conf.

L'exemple suivant montre le résultat d'une exécution de `testparm`. Si le fichier smb.conf contient des erreurs, le programme les mentionne, à l'aide d'un message d'erreur spécifique.

```
# testparm
Load smb config files from /etc/smb.conf
Processing section "[homes]"
Processing section "[printers]"
Loaded services file OK.
Press enter to see a dump of your service definitions
```

Dès que vous appuierez sur la touche <Entrée>, `testparm` commencera l'évaluation de chacune des sections définies dans le fichier de configuration.

Exécution du serveur Samba

Le serveur Samba est composé de deux démons, `smbd` et `nmbd`. Le démon `smbd` fournit les services de partage des fichiers et des imprimantes. Le démon `nmbd` fournit le support de serveur de noms NetBIOS.

Voir Chapitre 9.

Il est possible d'exécuter Samba à partir des scripts init décrits au Chapitre 9, ou à partir de `inetd`, en tant que service du système.

Puisque Red Hat et Caldera lancent les services SMB à partir des scripts init plutôt qu'en tant que service de `inetd`, vous pouvez démarrer et arrêter le serveur SMB à l'aide de la commande suivante :

```
/etc/rc.d/init.d/samba start¦stop
```

smbclient

Voir Chapitre 30.

Le programme `smbclient` permet aux utilisateurs Linux d'accéder aux partages SMB des autres machines, typiquement sous Windows. En effet, pour accéder aux fichiers d'autres machines Linux, plusieurs méthodes sont disponibles : FTP, NFS, et les commandes `-r` (comme `rcp`).

`smbclient` propose une interface de type FTP permettant de transférer des fichiers avec un partage de réseau situé sur un autre ordinateur exécutant un serveur SMB. Malheureusement, contrairement à NFS, `smbclient` ne permet pas de monter un autre partage en tant que répertoire local.

`smbclient` comprend des paramètres de ligne de commande permettant d'interroger un serveur sur les répertoires partagés disponibles ou d'échanger des fichiers. Pour davantage d'informations à ce sujet, consultez la page de manuel de `smbclient`. Pour connaître tous les partages disponibles sur la machine win.netwharf.com, exécutez la commande suivante :

```
smbclient -L -I win.netwharf.com
```

Le paramètre `-L` demande la liste. Le paramètre `-¦` indique à `smbclient` de considérer le nom de la machine qui suit comme une entrée DNS et non comme une entrée NetBIOS. Pour transférer un fichier, vous devez d'abord vous connecter au serveur Samba à l'aide de la commande :

```
smbclient \\WORKGROUP\PUBLIC' -I win.netwharf.com -U tackett
```

Le paramètre `'\\WORKGROUP\PUBLIC'` représente le service distant de l'autre machine. Il s'agit en principe d'un répertoire du système de fichiers ou d'une imprimante. L'option -U vous permet d'indiquer le nom d'utilisateur sous lequel vous voulez vous connecter. Samba vous demandera un mot de passe (si ce compte en requiert un) et vous conduira à l'invite suivante :

```
smb: \
```

où \ indique le répertoire de travail courant. Sur cette ligne de commande, vous pouvez exécuter les diverses commandes du Tableau 15.1 pour transférer et manipuler des fichiers.

Informations complémentaires

Pour d'autres informations sur Linux et Samba, lisez les chapitres suivants :

- Le Chapitre 9 traite des processus et des fichiers utilisés pour démarrer et arrêter les différents services de Linux.

Table 15.1 : Commandes de smbclient

Commande	Paramètres	Description
? ou `help`	[commande]	Fournit un message d'aide sur la commande, ou en général lorsque aucune commande n'est indiquée.
!	[commande shell]	Exécute la commande shell indiquée ou conduit l'utilisateur à une invite du shell.
`cd`	[répertoire]	Passe dans le répertoire indiqué de la machine du serveur (pas la machine locale). Si aucun répertoire n'est indiqué, `smbclient` indique le répertoire de travail courant.
`lcd`	[répertoire]	Passe dans le répertoire indiqué de la machine locale. Si aucun répertoire n'est précisé, `smbclient` indique le répertoire de travail courant de la machine locale.
`Del`	[fichiers]	Les fichiers indiqués résidant sur le serveur seront supprimés si l'utilisateur dispose des droits adéquats. "fichiers" peut contenir des caractères génériques.
`dir` ou `ls`	[fichiers]	Recense les fichiers indiqués. Vous pouvez également utiliser la commande `ls` pour obtenir une liste de fichiers.
`exit` ou `quit`	aucun	Quitte le programme `smbclient`.
`get`	[fichier distant] [nom local]	Récupère le fichier distant indiqué et le sauvegarde sur le serveur local. Si "nom local" est indiqué, le fichier copié est sauvegardé sous ce nom et non sous le nom du serveur distant.
`mget`	[fichiers]	Copie tous les fichiers indiqués — y compris ceux qui correspondent aux caractères génériques — sur la machine locale.
`md` ou `mkdir`	[répertoire]	Crée le répertoire indiqué sur la machine distante.
`rd` ou `rmdir`	[répertoire]	Supprime le répertoire indiqué de la machine distante.
`put`	[fichier]	Copie le fichier indiqué de la machine locale sur le serveur.
`mput`	[fichiers]	Copie tous les fichiers indiqués de la machine locale sur le serveur.
`print`	[fichier]	Imprime le fichier indiqué de la machine distante.
`queue`	aucun	Affiche tous les travaux d'impression en attente sur le serveur distant.

- Le Chapitre 16 étudie les notions fondamentales des fichiers et des répertoires. Vous devez posséder une connaissance de base du système de fichiers pour utiliser emacs ou un autre éditeur. Lorsque l'éditeur crée et modifie des fichiers, il vous appartient de les nommer et de les placer dans les répertoires appropriés.
- Le Chapitre 20 vous indique comment imprimer vos fichiers texte sous Linux. Cela peut être assez complexe ; ce chapitre vous aide à préparer votre système en vue de l'impression.
- Le SMB-HOWTO fournit des exemples du fichier de configuration et de scripts pour imprimer depuis Samba. Voyez à l'Annexe A comment accéder aux divers HOWTO.

Fonctionnement du système de fichiers et de répertoires

L'expression *système de fichiers Linux* peut être interprétée de deux manières différentes et souvent opposées. La première concerne l'organisation des fichiers sur les disques et leurs mécanismes. La seconde porte sur l'organisation logique des fichiers telle qu'elle est perçue et manipulée par les utilisateurs. C'est ce deuxième aspect qui sera analysé dans ce chapitre. Si le lecteur maîtrise un système d'exploitation du monde PC tel que MS-DOS ou OS/2, bon nombre des sujets abordés ici lui sembleront déjà familiers. En effet, de la version 2.0 à la version 6.0, le système de fichiers de MS-DOS s'est inspiré d'UNIX, modèle qu'utilise précisément Linux.

Sous Linux, toute entité physique ou logique est représentée par un fichier appartenant au système. Les entités physiques comprennent les disques, les imprimantes et les terminaux ; les logiques sont les répertoires et bien entendu, les fichiers ordinaires (utilisés pour enregistrer des données et des programmes).

Dans ce chapitre, nous verrons :

- les noms de fichiers Linux ;
- les types de fichiers Linux ;
- les droits d'accès ;
- la structure des répertoires Linux.

Noms de fichiers et chemins

Sous Linux, comme dans tout système d'exploitation, dont MS-DOS, il faut distinguer le nom du fichier du chemin de ce dernier. Le premier est constitué d'une suite continue de caractères, de nombres et de certaines marques de ponctuation. Cependant, ce nom ne doit contenir ni espace, ni tout autre caractère représentant un séparateur. Par exemple, Jean.lettre est un nom de fichier valide ; en revanche, jean lettre ne l'est pas.

Un nom de fichier ne doit contenir aucun caractère revêtant une signification particulière pour le shell, ce qui exclut les suivants :

```
! @ # $ % ^ & * () [] {} ' " \ / ; < >
```

Par ailleurs, il ne doit pas contenir de slash (/), étant donné que ce caractère est utilisé pour désigner les chemins. Ces derniers seront analysés plus loin dans cette section.

INFO

En réalité, il est possible d'utiliser les caractères répertoriés ci-dessus à condition de spécifier le nom du fichier entre guillemets, par exemple "! jean.lettre". Toutefois, en utilisant cette méthode, on risque d'une part, de ne pas pouvoir accéder au fichier à partir de certains programmes et d'autre part, de ne pas pouvoir l'exporter vers d'autres systèmes UNIX.

La majeure partie des premières versions d'UNIX limitait la longueur d'un nom de fichier à 14 caractères. Cependant, Linux en accepte 256. Certaines versions plus récentes d'UNIX, par exemple celle de Berkeley (BSD), permettent de déclarer des noms de 64 caractères, mais seuls les 14 premiers sont significatifs. Il est donc conseillé de limiter la longueur des noms de fichiers à 14 caractères pour faciliter la portabilité (l'un des objectifs principaux de Linux) des programmes et des scripts shell.

Un *chemin* peut être constitué d'un nombre de caractères illimité. Sous Linux, les fichiers appartiennent à un répertoire. Celui qui se trouve à la tête de l'arborescence s'appelle le *répertoire racine* (root directory) et il est représenté par la slash (/). Si un fichier nommé fred est situé à la racine, le chemin absolu pour le désigner est /fred. Lorsqu'un compte utilisateur est créé sur la machine à l'aide de la commande `adduser`, un *répertoire personnel* (*home directory*) est affecté à l'utilisateur. Habituellement, la convention veut que ce répertoire soit situé sous la racine et rattaché à un répertoire baptisé à juste titre home. Si un répertoire nommé /home/fred est affecté à l'utilisateur Fred, tous les fichiers créés par ce dernier seront rattachés à celui-ci. Le chemin complet pour retrouver un des fichiers de Fred sera par exemple, /home/fred/freds.file. Le chemin complet spécifie avec précision où trouver un fichier donné dans le système.

Le *chemin relatif* désigne sans ambiguïté un fichier par rapport au répertoire courant. Si Fred travaille dans son répertoire personnel, le nom de fichier freds.file représente un chemin relatif par rapport à son répertoire courant. La commande `pwd` (*print working directory*) permet d'afficher le nom du répertoire courant. Une autre possibilité serait de visualiser, à l'aide de la commande `echo $PWD`, le contenu de la variable système `$PWD`.

L'utilisation d'un chemin relatif permet de désigner un fichier se trouvant n'importe où dans le système de fichiers Linux en utilisant les deux pseudonymes présents dans tous les répertoires. Le point (.) représente le répertoire courant ; et deux (..) désignent le répertoire parent. Les mêmes conventions sont utilisées par les systèmes MS-DOS et OS/2.

Si Fred travaille dans /home/fred, il peut pointer vers le répertoire /fred en utilisant ../../fred. Dans ce nom de chemin relatif, le second double point permet de remonter à /home (le répertoire parent de /home/fred) ; le premier remonte au répertoire parent de /home, en l'occurrence la racine.

Le point, alias pour le répertoire courant, est très utile lorsqu'on souhaite déplacer des fichiers. Si Fred désire déplacer /fred vers le répertoire courant, il peut le faire en utilisant des chemins absolus et en tapant la commande suivante :

```
mv /fred fred
```

Une autre solution consiste à utiliser le caractère de substitution en lieu et place du répertoire courant, en tapant la commande ci-dessous :

```
mv /fred .
```

Voir Chapitre 14.

La majeure partie des commandes Linux s'applique à des chemins. Bien souvent, le chemin spécifié dans le nom d'un fichier correspond au répertoire courant, et celui par défaut correspond à votre répertoire courant. Si Fred travaille dans son répertoire personnel, /home/fred, les trois commandes ci-dessous sont équivalentes :

```
command fred.lettre
command /home/fred/fred.lettre
command ./fred.lettre
```

INFO

Bien qu'il existe une différence entre noms des fichiers et chemins, les répertoires sont malgré tout des fichiers. De ce fait, lorsqu'un nom leur est attribué, il faut garder à l'esprit qu'ils sont soumis aux mêmes contraintes que les fichiers ordinaires.

De même, contrairement à plusieurs systèmes d'exploitation du monde PC, Linux n'utilise pas de lettres pour désigner les unités de disques, mais uniquement des chemins de répertoires. L'accès à des fichiers MS-DOS sur disquettes avec les commandes `m`*, par exemple* `mcopy`*, se trouve être le seul cas où Linux utilise des lettres.*

Types de fichiers

Il existe seulement quatre types de fichiers de base : les fichiers ordinaires, les répertoires, les liens et les fichiers spéciaux. En revanche, il existe plusieurs variétés de chacun, ainsi qu'un grand nombre de répertoires standards. Les différentes variantes sont décrites dans les sections ci-dessous.

La commande `file` permet de déterminer le type d'un fichier et peut reconnaître s'il s'agit d'un exécutable, de texte, de données, etc. De nombreuses commandes UNIX sont de simples scripts shell, ou des programmes interprétés similaires aux fichiers batch du DOS ; `file` peut indiquer si une commande UNIX est un programme binaire exécutable, ou un script shell. Elle est également utile pour déterminer si un fichier contient ou non du texte et, par conséquent, s'il peut être examiné ou édité. Voici la syntaxe de `file` :

```
file [-vczl] [-f nomfichier] [-m fichmagique] listefich
```

Le Tableau 16.1 présente les arguments de la commande `file`.

Tableau 16.1 : Arguments de la commande file

Argument	Description
`-c`	Affiche la forme analysée du *fichier magique* (/usr/lib/magic), qui est un numéro figurant dans la première partie d'un fichier binaire identifiant le type de fichier. Cet argument est généralement utilisé avec `-m` pour la mise au point d'un nouveau fichier magique avant de l'installer.
`-z`	Examine un fichier compacté et tente de déterminer son type.
`-L`	Force le suivi des liens symboliques.
`-f` *`nomfichier`*	Indique à `file` que la liste des fichiers à identifier se trouve dans *`nomfichier`*, qui est un fichier texte. Utile lorsqu'il y a beaucoup de fichiers à identifier.
`-m` *`fichmagique`*	Spécifie un autre fichier magique utilisé pour déterminer les types de fichiers. Celui par défaut est /usr/lib/magic.
`listfichiers`	Liste les fichiers, séparés par des espaces, dont vous voulez connaître le type.

• Fichiers ordinaires

Voir Chapitre 18.

Les *fichiers ordinaires* sont les plus courants. Ils peuvent contenir du texte, le code source d'un programme en langage C, des scripts shell (programmes exécutés par un des interpréteurs de commandes Linux), des sous forme binaire et des données variées. En ce qui concerne Linux, les fichiers se distinguent selon qu'ils sont exécutables ou non. Dans le permier cas, ils peuvent être directement exécutables, à condition qu'ils contiennent bien entendu matière à exécution et qu'ils se trouvent dans le chemin de recherche. Le chemin de recherche est une liste de répertoires dans lesquels Linux recherche les fichiers à exécuter.

Les fichiers exécutables sont soit binaires, ils contiennent alors des instructions en langage machine, soit des scripts shell. La commande Linux `file`, présentée auparavant, examine les données d'un fichier et tente d'en définir le contenu. Lorsqu'on tape la commande `file*`, on est susceptible de voir apparaître une liste de fichiers semblable à celle-ci :

```
INSTALL:     symbolic link to /var/adm
ghostvw.txt:     ascii text
linux:     symbolic link to /usr/src/linux
mbox:     mail text
mterm.txt:     English text
seyon.txt:     English text
xcalc.txt:     English text
xclock.txt:     English text
xeyes.txt:     English text
xgrap.txt:     English text
xlock.txt:     English text
xspread.txt:     English text
xtris.txt:     empty
```

Les fichiers ordinaires mentionnés dans la première colonne contiennent différents types de données et appartiennent tous au répertoire à partir duquel la commande `file` a été exécutée.

• Répertoires

Les *répertoires* sont des fichiers qui contiennent les noms de ces derniers, des sous-répertoires et les pointeurs vers les uns et les autres. Ce sont les seuls lieux où Linux stocke les noms des fichiers. Afficher la liste des fichiers d'un répertoire avec la commande `ls` revient à lire le contenu du fichier représentant ce répertoire.

Lorsqu'un fichier est rebaptisé au moyen de la commande `mv` et qu'il se trouve dans le répertoire courant, l'opération se résume à la modification d'une entrée dans le fichier représentant le répertoire. De même, déplacer un fichier d'un répertoire vers un autre consiste à déplacer sa description représentant le répertoire d'origine vers le fichier décrivant le répertoire destination, à condition, bien entendu, que ce dernier soit situé sur le même disque physique ou dans la même partition. Si ce n'est pas le cas, Linux copie physiquement chaque octet du programme sur l'autre disque.

• Répertoires et disques physiques

Un numéro appelé *inode* est affecté à chaque fichier d'un système Linux et enregistré dans la *table des inodes*. Celle-ci est créée lors du formatage du disque. Chaque disque physique ou partition en possède une. Un inode contient tous les renseignements sur un fichier, y compris l'emplacement des données sur le disque et le type de ce fichier.

Le système de fichiers Linux assigne l'inode numéro 1 à la racine. Cela indique à Linux l'emplacement du fichier décrivant le répertoire root. Celui-ci contient une liste de noms de fichiers et de sous-répertoires ainsi que leurs numéros d'inode respectifs. A commencer par la racine, Linux peut retrouver n'importe quel fichier dans le système en le recherchant parmi une liste de répertoires. Le contenu du fichier dans le répertoire racine peut ressembler à cela :

```
1      .
1      ..
45      etc
230      dev
420      home
123      .profile
```

Les fichiers . et .. sont présents dans la liste. Il s'agit du répertoire root, . et du répertoire parent .. et ils sont identiques. Cette similitude ne se retrouve pas dans le contenu du répertoire /home.

```
420      .
1           ..
643      fred
```

D'une part, l'inode du répertoire courant . correspond à celui de /home trouvé dans le fichier répertoire de root et d'autre part, celui du répertoire parent .. est le même que celui de root.

Linux permet de naviguer à travers le système de fichiers en maintenant des liens bidirectionnels entre les répertoires. Si on désire déplacer un fichier vers un répertoire d'un autre disque physique, Linux le détecte en lisant la table des inodes. Dans ce cas, celui-ci est physiquement déplacé vers le nouveau disque et sur ce dernier, un nouvel inode lui est affecté. Dès lors, le fichier est détruit sur le disque d'origine.

Comme pour la commande `mv`, lorsque vous détruisez un fichier à l'aide de la commande `rm`, en fait, vous ne touchez pas au fichier : Linux marque l'inode comme étant libre et le replace dans le pool de ceux disponibles. L'entrée concernant ce fichier dans le répertoire est supprimée.

• Liens

Les liens ordinaires ne sont pas du tout des fichiers. Ce sont simplement des entrées de répertoires qui pointent vers un inode donné. La table des inodes tient à jour la liste des liens établis avec chaque fichier. Ce n'est que lorsque la dernière référence à un fichier est supprimée que l'inode est enfin replacé dans le pool de ceux qui sont disponibles. Naturellement, des liens ordinaires ne peuvent enjamber les périphériques, étant donné que toutes les références à un même fichier doivent indiquer le même inode.

Pour créer un lien, utilisez la commande `ln`, dont le format est le suivant :

```
ln [options] source destination
```

Par exemple, pour créer un lien entre un fichier nommé mainfile.txt et un fichier nommé tempfile.txt, exécutez la commande suivante :

```
ln mainfile.txt tempfile.txt
```

Comme la majeure partie des versions modernes d'UNIX, Linux dispose d'un autre type de liens, baptisés liens symboliques. Dans ce cas, l'enregistrement dans le répertoire contient l'inode d'un fichier qui lui-même fait référence à un autre situé ailleurs dans le système de fichiers Linux. Un lien symbolique peut pointer vers un fichier ou un répertoire situé sur le même disque ou non, ou encore vers un fichier ou un répertoire situé sur un autre ordinateur. L'une des différences principales entre les liens normaux et les symboliques réside dans le fait que les premiers ont tous la même valeur (cela implique que le système les traite tous comme s'ils représentaient le fichier d'origine). Les données constituant le fichier ne sont pas détruites tant qu'il existe un lien sur celui-ci. En ce qui concerne les seconds, lorsque le fichier d'origine est supprimé, tous les liens établis avec lui sont également détruits. Les liens symboliques ne possèdent pas la même valeur que le fichier d'origine.

Pour créer un lien symbolique, ajoutez l'option `-s` à la commande `ln`. Par exemple, pour créer un lien symbolique d'un fichier appelé `named` du répertoire /etc/rc.d/initd vers le fichier `S55nom`, exécutez la commande suivante :

```
ln -s /etc/rc.d/initd/named /etc/rc.d/rc3.d/S55named
```

Hormis ces quelques différences subtiles entre les liens et les fichiers, on peut traiter et gérer les uns exactement comme s'il s'agissait des autres.

La commande `ls -l` permet de détecter dans un répertoire le fait qu'une entrée est en réalité un lien. En effet, cette commande retrouve à la fois le nom du fichier local et une indication concernant le fichier associé. En voici un exemple :

```
lrwxrwxrwx 1 root root 4 Oct 17 15:27 info -> info/
```

Le champ des droits d'accès au fichier débute par `l` pour indiquer qu'il s'agit d'un lien.

• Fichiers spéciaux

Les disques, les terminaux, les imprimantes et les autres périphériques physiques installés sur un système Linux sont représentés par un fichier spécial. La majeure partie, sinon la totalité de ces fichiers spéciaux se situent dans le répertoire /dev. Lorsqu'un utilisateur travaille sur la console système, par exemple, le fichier associé s'appelle /dev/console. Sur un terminal normal, il pourrait s'appeler /dev/tty01. Les terminaux ou les ports série sont nommés périphériques de type tty (de teletype, les terminaux d'origine d'UNIX). Pour déterminer le nom du terminal utilisé, il faut taper la commande tty. Le système affichera celui du périphérique à partir duquel l'utilisateur est connecté.

Les imprimantes et les terminaux sont des fichiers spéciaux orientés "caractères" (*character-special devices*). Ils peuvent recevoir et émettre un flot de caractères. En revanche, cylindres et secteurs permettent l'accès aux disques sur lesquels sont stockés les données par blocs. Il n'est pas possible de lire uniquement un caractère sur un disque ; on lit ou on écrit par blocs entiers. La même chose est généralement vraie des bandes magnétiques. Les périphériques sont dits spéciaux orientés "blocs" (*block-special devices*) et doivent être capables de fonctionner comme des périphériques orientés "caractères". C'est pourquoi, chaque périphérique orienté "blocs" a un pendant orienté "caractères". Linux convertit les données destinées à un autre orienté "caractères" en données émises par un périphérique orienté "blocs". Cette conversion se produit sans l'intervention de l'utilisateur.

Il existe un autre type de périphérique spécial : un FIFO (*first-in-first-out*, premier entré-premier sorti) aussi appelé *pipeline nommé* (*named pipe*). Les FIFO ressemblent à des fichiers ordinaires. En effet, leur taille augmente lorsqu'on y écrit des données, mais diminue lorsqu'on les y lit. Les FIFO sont essentiellement utilisés dans les processus de type système pour permettre à plusieurs programmes d'envoyer des informations à un processus de contrôle. Par exemple, lorsqu'un fichier est imprimé avec la commande `lp`, celle-ci prépare le processus responsable de l'impression et prévient le démon `lpshed` en émettant un message dans un FIFO. Un *démon* est un processus système qui agit sans qu'aucun utilisateur n'intervienne.

/dev/null est l'un des périphériques spéciaux qui sert le plus. Tout ce qui lui est envoyé est ignoré ; cela est très utile lorsque l'utilisateur ne souhaite pas visualiser le résultat produit par une commande. Par exemple, s'il ne tient pas à analyser les rapports des diagnostics d'erreurs à l'écran, il peut les envoyer vers le périphérique fourre-tout à l'aide de la commande suivante :

```
ls -la > /dev/null
```

• Droits d'accès

Les droits d'accès sous Linux dépassent la notion de droits d'accès des fichiers et des répertoires. Non seulement ils déterminent les droits pour lire, écrire ou exécuter un fichier pour chaque utilisateur, mais ils définissent aussi le type du fichier et la manière dont celui-ci doit être exécuté.

Ils peuvent être affichés à l'aide de la version détaillée de la commande d'affichage des fichiers d'un répertoire, `ls -l`. L'option `-l` indique à la commande `ls` d'afficher la version détaillée. Lorsque l'utilisateur tape `ls -l`, un résultat semblable à celui-ci apparaît alors à l'écran :

```
drwx------  2   sglines  doc      512  Jan   1   13:44   Mail
drwx------  5   sglines  doc     1024  Jan  17   08:22   News
-rw-------  1   sglines  doc     1268  Dec   7   15:01   biblio
drwx------  2   sglines  doc      512  Dec  15   21:28   bin
-rw-------  1   sglines  doc    44787  Oct  20   06:59   books
-rw-------  1   sglines  doc    23801  Dec  14   22:50   bots.msg
-rw-r-----  1   sglines  doc   105990  Dec  27   21:24   duckie.gif
```

Ce listing contient pratiquement toutes les informations disponibles sur un fichier à partir de l'enregistrement correspondant dans le répertoire et à partir de son inode. La première colonne affiche les droits d'accès, la deuxième, le nombre de liens établis sur un fichier (ou le nombre de blocs supplémentaires pour un répertoire), quant à la troisième, elle donne le nom du propriétaire (sous Linux, la propriété d'un fichier peut être transférée à son propriétaire, au groupe auquel ce dernier appartient ou encore à tous les utilisateurs). La propriété d'un fichier est décrite en détail plus loin dans ce chapitre. La quatrième colonne indique à quel groupe celui-ci appartient. La cinquième colonne donne la taille des fichiers en nombre d'octets, la sixième affiche la date et l'heure de leur création et la septième affiche le nom du fichier lui-même.

Les droits d'accès (c'est-à-dire la première colonne) sont divisés en quatre groupes :

```
- rwx rwx rwx
```

Le premier sous-groupe décrit le type du fichier. Un fichier ordinaire est représenté par un tiret (-) ; les répertoires par la lettre `d`. Le Tableau 16.2 énumère les valeurs susceptibles d'être rencontrées dans ce champ.

Les trois sous-groupes suivants indiquent pour chaque utilisateur les droits de lecture, de mise à jour et d'exécution sur le fichier (*read, write and execute*). Par exemple, `rwx`, dans le premier de ces trois sous-groupes, signifie que le propriétaire a le droit de lire, de mettre à jour et d'exécuter le fichier. La colonne suivante affiche les mêmes informations, mais cette fois, pour le groupe ; la troisième, quant à elle, spécifie les droits d'accès pour tous les autres utilisateurs.

Tableau 16.2 : Valeurs autorisées pour le champ Type

Caractère	Signification
-	Fichier ordinaire
b	Fichier spécial en mode blocs
c	Fichier spécial en mode caractères
d	Répertoire
l	Lien symbolique

Les champs affichant les droits d'accès peuvent contenir plus d'informations. En effet, plusieurs attributs sont codifiés dans ces trois champs. Malheureusement, leur signification varie en fonction de la version de Linux et dépend également du fait que le fichier est exécutable ou non.

INFO

Normalement, un programme en cours d'exécution appartient à celui qui l'a déclenché. Si le bit user a la valeur 1, ce programme appartient au propriétaire du fichier. Cela signifie qu'il contient tous les droits d'accès du propriétaire du fichier. Lorsqu'un utilisateur normal exécute un programme appartenant à l'utilisateur root, ce programme bénéficie automatiquement du droit de lire et de mettre à jour n'importe quel fichier sur le système, quels que soient les droits d'accès de l'utilisateur. La même chose est vraie si le bit Group-ID a la valeur 1.

Le sticky bit, ou "bit collant", peut également être positionné dans ces champs. Il indique au système de conserver un programme en mémoire après son exécution. Si celui-ci est souvent sollicité, le sticky bit permet au système d'améliorer les temps de réponse, car le programme n'a pas besoin d'être chargé systématiquement en mémoire à partir du disque.

A l'aide de la commande `chmod`, on peut changer les droits d'accès de tout fichier sur lequel l'utilisateur possède le droit d'écriture. Il existe deux versions de cette commande, une relative et une absolue. Avec la version absolue, on déclare exactement ce que doivent être les droits d'accès du fichier en octal, ou base. Un nombre octal peut avoir une valeur de 0 à 7. UNIX a été conçu à l'origine sur des mini-ordinateurs DEC qui utilisaient le système octal ; d'où cet usage actuel. Les valeurs octales souhaitées sont additionnées pour obtenir un nombre qui détermine les droits d'accès. Le Tableau 16.3 énumère les droits d'accès valides en octal.

Les bits Group ID et User ID déterminent qui possède le droit d'utiliser, de lire, ou d'exécuter un fichier. Initialement, ces droits d'accès sont octroyés par l'administrateur système lors de la création des comptes utilisateur. Seuls les membres d'un groupe déterminé peuvent accéder aux fichiers du groupe et cela, uniquement si le propriétaire du fichier accorde des droits d'accès au groupe.

Tableau 16.3 : Valeurs absolues autorisées pour spécifier les droits d'accès

Valeur octale	Droits d'accès correspondants
0001	Le propriétaire a le droit d'exécuter le fichier
0002	Le propriétaire a le droit de mettre à jour le fichier
0004	Le propriétaire a le droit de lire le fichier
0010	Le groupe a le droit d'exécuter le fichier
0020	Le groupe a le droit de mettre à jour le fichier
0040	Le groupe a le droit de lire le fichier
0100	Les autres utilisateurs ont le droit d'exécuter le fichier
0200	Les autres utilisateurs ont le droit de mettre à jour le fichier
0400	Les autres utilisateurs ont le droit de lire le fichier
1000	Le sticky-bit prend la valeur 1
2000	Si le fichier est exécutable, le bit Group ID a la valeur 1 ; dans le cas contraire, le verrouillage obligatoire du fichier est actif
4000	Si le fichier est exécutable, le bit User ID a la valeur 1

Pour accorder le droit de lire et de mettre à jour un fichier à tous les autres utilisateurs, les droits d'accès correspondants doivent être additionnés, comme dans l'exemple ci-dessous :

0002 Le propriétaire a le droit de mettre à jour le fichier.
0004 Le propriétaire a le droit de lire le fichier.
0020 Le groupe a le droit de mettre à jour le fichier.
0040 Le groupe a le droit de lire le fichier.
0200 Les autres utilisateurs ont le droit de mettre à jour le fichier.
0400 Les autres utilisateurs ont le droit de lire le fichier.
0666 Autorisation pour tous de lire et de mettre à jour le fichier.

Pour affecter ces droits d'accès à un fichier, utilisez la commande suivante :

```
chmod 666 fichier
```

Les droits d'accès relatifs utilisent quant à eux un format différent. Vous devez définir les paramètres suivants:

- à qui s'appliquent ces droits d'accès ;
- le type d'opération effectué (octroi, retrait ou positionnement des droits d'accès) ;

- les droits d'accès.

Par exemple, la commande `chmod a=rwx fichier` accorde à tous les utilisateurs le droit de lire, de mettre à jour et d'exécuter le fichier. Les commandes se trouvent résumées dans le Tableau 16.4.

Tableau 16.4 : Droits d'accès relatifs utilisés avec la commande chmod

Valeur	Description
Qui	
a	Tous les utilisateurs (l'utilisateur, son groupe et tous les autres)
g	Le groupe du propriétaire
o	Tous les autres utilisateurs, sauf ceux du groupe
u	Utilisateur uniquement
Opérateur	
+	Ajout de ce droit d'accès
-	Retrait du droit d'accès
=	Spécification du droit d'accès
Droit	
x	Accorde le droit d'exécuter
r	Accorde le droit de lire
w	Accorde le droit de mettre à jour
s	Active le bit User ID
t	Active le sticky bit

Si le bit User ID d'un fichier est actif, les droits d'accès affichés par la commande `ls -l` ressemblent à :

```
-rws------ 1 sglines 3136 Jan 17 15:42 x
```

Si le bit Group ID est actif, les droits d'accès affichés ressemblent plutôt à :

```
-rws--S--- 1 sglines 3136 Jan 17 15:42 x
```

Si le sticky bit est actif, les droits d'accès ressemblent en revanche à cela :

```
-rws--S--rws--S--T 1 sglines 3136 Jan 17 15:42 x
```

Les lettres majuscules `S` et `T` signalent respectivement l'état des bits UID et GID.

Répertoires standards de Linux

La notion de répertoire a été présentée précédemment. Lors de la connexion, le système place l'utilisateur dans son répertoire personnel. La variable système PATH permet de spécifier la liste des autres répertoires contenant des programmes exécutables. Ceux-ci font partie de l'arborescence des répertoires Linux standards.

Il existe d'une part "les répertoires classiques" d'UNIX et, d'autre part, ce qu'il convient d'appeler "les nouveaux". Ceux-ci constituent une nouvelle norme de fait adoptée entre autres par Linux. Ces deux catégories de répertoires sont décrites dans les sections suivantes.

• Répertoires UNIX classiques

Avant UNIX System V Release 4 (par exemple, version 3.2 et les précédentes), la plupart des versions d'UNIX proposaient une arborescence de répertoires semblable à celle-ci :

```
/
    /etc
    /lib
    /tmp
    /bin
    /usr
        /spool
        /bin
        /include
        /tmp
        /adm
        /lib
```

Le répertoire /etc contient la plupart des fichiers spécifiques à une machine, qui sont nécessaires pour amorcer et faire fonctionner le système, tels que passwd et inittab.

Le répertoire /lib comprend une bibliothèque de fonctions nécessaires au compilateur C. Il est important même lorsque le système ne possède pas de compilateur C, car il contient toutes les bibliothèques communes pouvant être appelées par les programmes applicatifs. Une *bibliothèque partagée* n'est chargée en mémoire que lorsque la commande qui l'appelle est activée. Ce procédé permet d'écrire des exécutables de taille réduite. S'il n'existait pas, chaque programme contiendrait une partie de code redondante, occupant ainsi beaucoup plus d'espace disque pour conserver le fichier et beaucoup plus de mémoire pour l'exécuter.

Le répertoire /tmp sert à stocker les fichiers temporaires. En règle générale, les programmes qui recourent à ce répertoire font le ménage dès la fin de leur exécution et effacent les fichiers temporaires créés. Si /tmp est utilisé, il est nécessaire de supprimer tous les fichiers avant de se déconnecter. Etant donné que le système vide périodiquement et de manière son contenu, il est conseillé de ne pas y sauvegarder des fichiers qui pourraient se révéler utiles ultérieurement.

Le répertoire /bin contient tous les programmes exécutables requis pour amorcer le système. En principe, il contient également les commandes Linux les plus utilisées. Cependant, il est bon de noter qu'un programme exécutable n'est pas obligatoirement binaire, ainsi que le laisse supposer le terme bin. En effet, plusieurs petits programmes dans /bin sont en fait des scripts shell.

Le répertoire /usr contient tout le reste. La variable `PATH` contient la chaîne de caractères `/bin:/usr/bin` parce que le répertoire /usr/bin abrite toutes les commandes Linux qui ne se trouvent pas dans /bin. Ce procédé date de l'époque des premiers systèmes Linux : les disques durs n'étaient pas bien grands. Or, pour s'amorcer, Linux nécessite au minimum les répertoires /etc, /tmp et /bin. Les disques des premiers systèmes ne contenaient donc que ces trois répertoires, tout le reste se trouvait sur un disque qui pouvait être monté après que Linux avait complètement démarré. Lorsque Linux n'était encore qu'un système d'exploitation de petite taille, ajouter des sous-répertoires sous le répertoire /usr ne posait pas d'énormes problèmes. Cela permettait à un système de taille moyenne de ne fonctionner qu'avec deux disques : un disque root et un disque /usr.

Le répertoire /usr/adm comprend toutes les informations de comptabilisation et de diagnostic nécessaires à l'administrateur système. Lorsque ces deux fonctionnalités sont désactivées, /usr/adm est effectivement vide.

Le répertoire /include contient tous les codes source utilisés par les instructions `#include` des programmes C. Tous les utilisateurs bénéficieront au minimum du droit de lire son contenu parce qu'il contient toutes les portions de codes et de structures définissant le système. Conçus minutieusement (et à n'en pas douter avec rigueur) par le revendeur du système, les fichiers de ce répertoire ne doivent surtout pas être modifiés.

Le répertoire /usr/spool possède toutes les données temporaires utilisées par le gestionnaire des imprimantes `lp`, le démon `cron`, et le système de communication UUCP. Les fichiers "spoulés" sont conservés dans le répertoire /spool jusqu'au moment de l'impression. Tout programme attendant d'être exécuté par le `cron`, ainsi que tous les fichiers crontab, les tâches `at` et les traitements par lot en suspens résident dans ce répertoire.

Le répertoire /usr/lib contient tout ce qui fait partie du système Linux standard, à l'exclusion de ce qui a été décrit ci-dessus. Généralement, il représente le chaos organisé qui se cache sous le système relativement bien ordonné de Linux. Il contient les programmes appelés par ceux résidant dans les répertoires /bin, /usr/bin ainsi que les fichiers de configuration des terminaux et des imprimantes, ceux utilisés pour la messagerie, le `cron` et le système de communication UUCP.

Le répertoire /usr contient tous les sous-répertoires assignés aux utilisateurs. La convention voudrait que, lorsque l'utilisateur s'appelle Marie, le répertoire personnel associé soit nommé /usr/marie.

Cette disposition des répertoires se justifiait quand les disques utilisés avaient peu de mémoire et coûtaient cher. Cependant, les disques actuels, de grande capacité, à des prix relativement peu élevés, offrent la possibilité de mieux organiser Linux. C'est ce que prouve la nouvelle arborescence des répertoires Linux analysée ci-dessous.

• Répertoires de Linux

Un des problèmes posés par la structure classique d'UNIX est la difficulté à sauvegarder des fichiers de données lorsque le répertoire /usr est fractionné. En règle générale, un système nécessite trois différents types de sauvegarde : la sauvegarde intégrale du système original, celle des tables modifiées pour un site particulier ainsi que celle des données de l'utilisateur.

Le système original ne devrait être sauvegardé qu'une seule fois. Quant aux tables contrôlant le système, il faut en garder une copie en cas de modification. Les données utilisateur changent en permanence et doivent donc être sauvegardées régulièrement. La structure type de l'arborescence des répertoires Linux est décrite ci-dessous. Toutefois, selon les packages installés sur chaque ordinateur, celle-ci peut s'avérer légèrement différente.

```
/
     /etc
          /passwd (base de données des utilisateurs)
          /rc (scripts pour l'amorçage du système)
/sbin
/bin
/tmp
/var
/lib
/home
     / <nom utilisateur>(comptes utilisateurs)
/install
/usr
     /bin
/proc
```

Les répertoires /bin, /etc, et /tmp remplissent les mêmes fonctions que dans l'ancienne arborescence. En revanche, les tables de définition du système se retrouvent dans le répertoire /var. Ainsi, seul ce dernier est sauvegardé lorsque la configuration du système est modifiée.

La nouveauté réside dans le fait que tous les programmes système se retrouvent à présent dans le répertoire /sbin. Tous les Linux habituels figurent dans /usr/bin, ce répertoire étant relié à /bin. Pour des raisons de compatibilité, les anciens répertoires sont maintenus à l'aide de liens symboliques. Ne contenant plus aucune donnée utilisateur, /usr a été réorganisé afin de mettre de l'ordre dans le chaos que présentait jusque-là /usr/lib.

Informations complémentaires

Ce chapitre a couvert d'une part, l'utilisation des fichiers et des répertoires Linux et d'autre part, la manière de protéger les fichiers à l'aide des droits d'accès. Vous avez également appris à modifier les droits d'accès affectés aux fichiers et aux répertoires ainsi que le rôle d'un fichier spécial. Enfin, vous avez analysé les rôles des répertoires les plus courants de Linux, ainsi que les noms qui leurs sont attribués.

Les chapitres suivants vous apporteront des informations complémentaires :

- Le Chapitre 7 explique comment accorder les droits d'accès aux nouveaux utilisateurs.
- Le Chapitre 14 présente le concept de systèmes de fichier et leur organisation.
- Le Chapitre 17 traite de l'organisation et de l'utilisation des fichiers et des répertoires.

Gestion des fichiers et des répertoires

La plupart des commandes Linux servent à manipuler les fichiers et les répertoires. En effet, les séquences d'interpréteurs de commandes Linux sont particulièrement adaptées à leur manipulation. Le maniement des fichiers, difficile en langage conventionnel (même en C), est facilité depuis un interpréteur de commandes grâce au large éventail de commandes spécifiques disponibles dans Linux.

Dans ce chapitre, vous apprendrez à :

- recenser les fichiers ;
- organiser les fichiers ;
- copier les fichiers ;
- déplacer et renommer les fichiers ;
- supprimer les fichiers et les répertoires ;
- examiner le contenu d'un fichier ;
- Compacter les fichiers.

Parmi les commandes de manipulation des fichiers, on distingue :

- celles qui manipulent les fichiers en tant qu'objets ;
- celles qui manipulent le contenu des fichiers.

Ce chapitre est plus particulièrement consacré aux commandes de la première catégorie, qui permettent de déplacer, de renommer, de copier, de supprimer, d'implanter et de changer les attributs des fichiers et des répertoires. Les commandes qui manipulent le contenu des fichiers seront étudiées plus brièvement.

Liste des fichiers

La commande principale pour obtenir la liste des fichiers est `ls`. La façon dont `ls` affiche les fichiers dépend de la manière dont vous l'utilisez.

Si vous utilisez la commande `ls` dans un canal de communication, chaque fichier s'affiche sur une seule ligne. Il s'agit de l'affichage par défaut de certaines versions d'UNIX, comme SCO

UNIX. Dans d'autres versions d'UNIX, les fichiers s'affichent en colonnes. Habituellement, l'affichage en colonnes est plus pratique ; les systèmes qui affichent un fichier par ligne possèdent souvent une commande, généralement `lc`, destinée à un format en colonnes.

Le comportement de la commande `ls` est modifié par l'utilisation de codes sous la forme `-abcd`. En général, les versions de la commande `ls` se divisent en deux catégories : celles qui dérivent de Linux System V, et celles qui dérivent de Berkeley. Comme les systèmes Linux Berkeley sont progressivement remplacés par Linux System V, ce chapitre est consacré aux codes utilisés par ce dernier. Si vous ne savez pas de quelle version de `ls` vous disposez, consultez le manuel de votre système ou essayez la commande `man ls`.

INFO

L'aide en ligne relative aux commandes présentées dans ce chapitre n'est plus mise à jour et peut être inexacte ou incomplète dans la version Red Hat, car le système est de plus en plus basé sur des formats graphiques tels que le HTML ou Texinfo. Toutefois, ces informations sont pour l'instant exactes en ce qui concerne la version Red Hat 4.0.

Les codes utilisés avec la commande `ls` peuvent être concaténés ou recensés séparément. Les commandes suivantes sont donc identiques :

```
ls -l -F
ls -lF
```

Les codes utilisés avec `ls` et leur emploi sont présentés dans le Tableau 17.1, par ordre alphabétique :

Tableau 17.1 : Codes pour la commande ls

Code	Description
-a	Recense toutes les entrées. En l'absence de cette option ou de l'option -A, les entrées qui commencent par un point (.) ne sont pas recensées. Linux peut "cacher" les fichiers : par défaut, tous les fichiers qui commencent par un point ne sont pas recensés, car ils sont généralement utilisés pour personnaliser les applications. Par exemple, on se sert de `.profile` pour personnaliser les interpréteurs de commandes Bourne et Korn et de `.mailrc` pour personnaliser le courrier électronique. Comme chaque commande importante possède un fichier de démarrage, votre répertoire personnel semblerait encombré si la commande `ls` recensait tous les fichiers par défaut. Pour les afficher, utilisez le code -a.
-A	Semblable à -a, excepté que les fichiers `.` et `..` ne sont pas recensés. `.` est le pseudonyme du répertoire actif et `..` le pseudonyme du répertoire parent (voir Chapitre 15). Comme ces noms de fichiers commencent par un point, le code -a les recense. Si vous ne voulez pas voir ces pseudonymes, utilisez le code -A.
-b	Affiche les caractères non graphiques sous forme octale \ddd. L'option -b est plus utile que l'option -q, car elle permet de déterminer ce que sont ces caractères.
-c	Utilise l'heure de la dernière édition (ou du dernier changement de mode) pour le classement et l'impression. Linux conserve trois empreintes d'heure et de date pour chaque fichier : la date de création du fichier, la date du dernier accès et la date de la dernière modification. Généralement, les fichiers sont classés en ordre ASCII (ordre alphabétique, les capitales apparaissant avant les minuscules).

Code	Description
-C	Impose des sorties en plusieurs colonnes avec les entrées classées en colonnes, verticalement. Il s'agit du format par défaut de `ls`, lorsque la sortie se fait sur terminal.
-d *nom-fichier*	Si l'argument est un répertoire, -d affiche seulement son nom (pas son contenu) ; souvent utilisé avec le code -l pour obtenir l'état d'un répertoire. Normalement, le contenu du répertoire est recensé si son nom est recensé de manière explicite ou mentionné dans l'utilisation d'un caractère générique. Ainsi, la commande `ls` recense les fichiers, les répertoires et le contenu des répertoires qui se trouvent dans le répertoire actif.
-F	Marque les répertoires d'une slash (/), les fichiers exécutables d'un astérisque (*), les liens symboliques du signe @, les FIFO d'une barre (¶), et les plots d'un signe égal (=).
-i	Imprime le nombre d'inodes de chaque fichier (les *inodes* sont décrits au Chapitre 15) dans la première colonne du rapport. Si vous répertoriez deux fichiers liés, ils ont le même nombre d'inodes.
-l	Recense les entrées du répertoire, en format long, en donnant le mode, le nombre de liens, le propriétaire, la taille en octets, et l'heure de la dernière modification de chaque fichier. Si le fichier est spécial, le champ Taille contient le plus grand et le plus petit nombre d'unités. Si la dernière heure de modification remonte à plus de six mois, le jour, le mois et l'année s'affichent ; sinon, seules la date et l'heure s'affichent. Si le fichier est un lien symbolique, le nom du chemin du fichier lié est imprimé, précédé des caractères ->. Vous pouvez combiner -l avec d'autres options, comme -n, pour afficher le numéro d'identité de l'utilisateur ou du groupe au lieu de leur nom.
-n	Recense les identifiants de l'utilisateur ou du groupe associé à chaque fichier et répertoire, au lieu de leur nom. Généralement, seuls ces derniers sont recensés. Si vous installez des produits réseau, par exemple TCP/IP, il est utile de connaître les numéros d'identité lorsque vous définissez les permissions sur plusieurs systèmes.
-q	Affiche des caractères non graphiques dans les noms de fichiers, par exemple ?. Pour `ls`, il s'agit d'un code par défaut lorsque la sortie se fait vers un terminal. Si un fichier a été créé par mégarde avec des caractères non imprimables, le code -q l'affiche.
-r	Affiche les fichiers par ordre alphabétique inverse ou selon la plus ancienne date de création.
-s	Donne la taille de chaque fichier, y compris les blocs indirects utilisés pour projeter les fichiers, en kilo-octets. Si la variable `POSIX-CORRECT` est définie, la taille du bloc est de 512 octets.
-t	Trie les fichiers selon la date de la dernière modification, au lieu de leur nom. Pour afficher le fichier le plus ancien en premier, utilisez la combinaison -rt.
-u	Utilise la dernière date d'accès, au lieu de la dernière date de modification, pour trier les fichiers (en combinaison avec l'option -t), ou les afficher (avec l'option -l).
-x	Impose des sorties en plusieurs colonnes avec des entrées classées en rangées, horizontalement.

Si vous avez installé la version Slackware, la commande `ls` produit un affichage en couleur pour les types de fichier. Les définitions couleur sont déterminées dans le fichier de configuration DIR-COLORS situé dans le répertoire /etc. La configuration par défaut affiche les fichiers exécutables en vert, les répertoires en bleu, et les liens symboliques en cyan. Pour personnaliser les couleurs, vous devez copier le fichier DIR-COLORS dans votre répertoire personnel et remplacer son nom par .dir-colors. Le Tableau 17.2 recense les couleurs disponibles. Reportez-vous à l'aide en ligne et au fichier DIR-COLORS pour plus d'informations.

INFO

Avec la version Red Hat, il faut taper `ls --color` *pour obtenir une affichage en couleur.*

Tableau 17.2 : Valeurs de DIR-COLORS pour une présentation en couleurs

Valeur	Description
0	Restaure la couleur par défaut
1	Pour des couleurs plus brillantes
4	Pour souligner le texte
5	Pour faire clignoter le texte
30	Pour un premier plan noir
31	Pour un premier plan rouge
32	Pour un premier plan vert
33	Pour un premier plan jaune (ou marron)
34	Pour un premier plan bleu
35	Pour un premier plan violet
36	Pour un premier plan cyan
37	Pour un premier plan blanc (ou gris)
40	Pour un arrière-plan noir
41	Pour un arrière-plan rouge
42	Pour un arrière-plan vert
43	Pour un arrière-plan jaune (ou marron)
44	Pour un arrière-plan bleu
45	Pour un arrière-plan violet
46	Pour un arrière-plan cyan
47	Pour un arrière-plan blanc (ou gris)

Pour connaître les autres options, consultez l'aide en ligne pour `ls`.

Organisation des fichiers

Il n'existe pas de règle prédéterminée pour organiser les fichiers dans Linux. Contrairement à ceux de MS-DOS, ils n'ont pas d'extension (comme EXE pour les fichiers exécutables). Vous pouvez, voire devez, créer votre propre système pour nommer les fichiers. Mais dans Linux, on organise généralement ceux-ci en sous-répertoires.

Toutefois, les applications Linux venant du monde DOS imposent de plus en plus souvent leurs conventions à Linux. Bien que cela ne soit pas absolument nécessaire, les applications demandent que les fichiers portent un nom et une extension correspondant à l'application.

Si vous avez l'intention d'écrire vos propres commandes, vous pouvez organiser vos fichiers de la même manière que le fait Linux dans les répertoires /bin, /lib et /etc. Créez votre propre structure de sous-répertoires avec ces noms, sous le répertoire `/home` par exemple, et, comme le veut la tradition Linux, placez les fichiers exécutables dans votre répertoire /bin, vos commandes secondaires dans /lb, et vos fichiers d'initialisation dans /etc. Bien sûr, vous n'êtes pas obligé de procéder ainsi ; il s'agit seulement d'une méthode possible.

Vous créez les répertoires avec la commande `mkdir`. Sa syntaxe est simple :

```
mkdir nom-répertoire
```

`nom-répertoire` est remplacé par le nom que vous voulez attribuer au nouveau répertoire. Bien sûr, vous devez avoir la permission d'écrire dans le répertoire avant de créer un sous-répertoire avec `mkdir` ; mais si vous créez un sous-répertoire dans votre répertoire personnel, cela ne devrait pas poser de problèmes.

Supposons que vous ayez écrit trois programmes intitulés prog1, prog2 et prog3, se trouvant tous dans le répertoire $HOME/bin. Sachez que $HOME est votre répertoire personnel ; pour exécuter vos propres programmes comme s'il s'agissait de parties standards du jeu de commandes Linux, vous devez ajouter $HOME/bin à votre variable environnement `PATH`. Pour cela, utilisez la commande de l'interpréteur Bourne ou Korn :

```
PATH=$PATH:$HOME/bin;export PATH
```

Dans l'interpréteur C, utilisez la commande suivante :

```
setenv PATH "$PATH $HOME/bin"
```

Sachez que $HOME est un endroit réservé pour le chemin complet qui désigne votre répertoire personnel. Si ce dernier est /home/ams, $HOME/bin est alors interprété comme /home/ams/bin.

Si vos programmes appellent des programmes secondaires, vous pouvez créer des sous-répertoires dans votre répertoire $HOME/lib. Vous pouvez en créer un pour chaque programme. La commande privée `pgm1` peut alors appeler explicitement le sous-répertoire $HOME/lib/pgm1/pgm1a, par exemple.

De même, si votre commande `prog1` nécessite un tableau de démarrage, vous pouvez nommer ce tableau $HOME/etc/pgm1.rc ; vos données peuvent être stockées dans votre répertoire $HOME/data/pgm1.

Copie de fichiers

La commande permettant de copier les fichiers est `cp de vers`. Vous devez avoir un droit de lecture pour le fichier que vous voulez copier, et un droit d'écriture pour le répertoire (et le fichier, si vous écrasez un fichier existant) sur lequel vous voulez copier ce fichier. Mis à part ces restrictions, rien ne vous empêche d'effectuer cette opération.

Vous devez faire attention à plusieurs points en copiant des fichiers :

- Si vous copiez un fichier et lui donnez le nom d'un fichier existant pour lequel vous avez un droit d'écriture, vous écraserez ce dernier.
- Si vous indiquez le nom d'un répertoire comme destination dans votre commande `cp`, le fichier sera copié dans ce répertoire avec son nom d'origine. Par exemple, si vous entrez la commande `cp fichier répertoire`, le fichier est copié dans `répertoire` en tant que `répertoire/fichier`.
- Vous pouvez copier une liste de fichiers dans un répertoire avec la commande `cp fichier1 fichier2 fichier3. . . répertoire`. Si le dernier objet de la liste n'est pas un répertoire, un message d'erreur apparaît. De même, si un objet autre que le dernier de la liste est un répertoire, un message d'erreur s'affiche.
- Soyez vigilant lorsque vous utilisez des caractères génériques avec la commande `cp`, car vous pouvez copier plus de fichiers que vous ne le pensez.

INFO

Comme de nombreux utilisateurs ont sur leur système des fichiers MS-DOS accessibles à Linux, la plupart des commandes Linux reconnaissent les fichiers copiés sur ou d'une partition DOS. Ainsi, Linux peut gérer la traduction de fichiers lorsqu'il les copie. Cette traduction est nécessaire, car beaucoup de fichiers DOS intègrent les caractères retour chariot/changement de ligne dans un fichier ASCII pour indiquer un saut de ligne. La plupart des systèmes Linux et UNIX comprennent seulement un caractère de changement de ligne, appelé newline, *pour indiquer cette rupture.*

Déplacer et renommer les fichiers

Dans Linux, on utilise la même commande, `mv`, pour déplacer et renommer les fichiers. La syntaxe et les règles sont les mêmes pour `v` que pour la commande de copie, `cp`. Cela signifie que vous pouvez déplacer autant de fichiers que vous le désirez dans un répertoire, mais que le nom du répertoire doit être le dernier dans la liste et que vous devez avoir le droit d'écrire sur ce répertoire.

A la différence de `cp`, vous pouvez déplacer et renommer les répertoires avec `mv`. Lorsque vous déplacez ou renommez un fichier, la seule chose qui change est l'entrée dans le fichier répertoire (à moins que le nouvel emplacement ne se trouve sur un autre disque ou une autre partition, auquel cas le fichier et le contenu du répertoire sont déplacés physiquement).

Si vous essayez d'utiliser `rm` (pour *remove*, c'est-à-dire supprimer), ou `cp` sans options sur un répertoire, la commande échoue et affiche un message vous indiquant que l'objet que vous traitez est un répertoire. Pour supprimer ou copier des répertoires, vous devez utiliser le code `-r` (pour *récursive*) avec `rm` et `cp`. Toutefois, la commande `mv` peut aussi déplacer les répertoires.

Suppression de fichiers et de répertoires

La commande permettant de supprimer un fichier est `rm`. Afin d'effacer un fichier qui n'est pas à vous, vous devez avoir les droits de lecture et d'écriture. S'il s'agit d'un fichier vous appartenant, vous pouvez l'effacer, à condition que vous n'ayez pas désactivé votre propre autorisation. Si par exemple vous la désactivez en entrant `chmod 000` *`fichier`*, vous devez la réactiver à l'aide de la commande `chmod` (en entrant `chmod 644` *`fichier`*) avant de pouvoir effacer le fichier.

Si par mégarde vous entrez `rm *`, vous effacez tous les fichiers auxquels vous avez un droit d'accès dans le répertoire actif ; vous n'effacez pas les sous-répertoires. Pour effacer ces derniers, vous devez utiliser l'option récurrente (`-r`).

Certaines versions de `rm` marquent une pause et vous demandent pour vraiment effacer des fichiers qui sont les vôtres, mais pour lesquels vous n'avez pas de droit en écriture. D'autres versions vous demandent le nom des fichiers à supprimer marqués par des caractères génériques. Vous pouvez en effet écrire une macro ou une commande en langage natif qui vous donnent une deuxième chance avant que vous ne supprimiez définitivement le fichier.

Si votre version de `rm` refuse de supprimer les fichiers qui vous appartiennent, mais pour lesquels vous n'avez pas de droit en écriture, vous pouvez vous protéger partiellement contre une suppression accidentelle en procédant de la manière suivante :

1. Créez un fichier nommé 0. Dans la séquence de chaîne ASCII, le chiffre 0 est répertorié avant tous les fichiers dont le nom commence par une lettre.
2. Annulez tous les droits des fichiers nommés 0 en entrant la commande `chmod 000 0`. Celle-ci supprime les droits en écriture, en lecture et en exécution pour tous les utilisateurs, vous compris.

3. Si vous tapez la commande `rm *`, le fichier nommé 0 sera le premier que `rm` tentera de supprimer.

Si votre version de `rm` refuse de détruire le fichier 0 après que vous avez entré `rm *`, vous avez là une chance de réfléchir à ce que vous faites. Si vous ne vouliez pas tout effacer dans votre répertoire, appuyez sur <Del> ou sur <Ctrl-c> pour annuler la procédure `rm`. Pour tester cette fonction, essayez de supprimer le fichier 0. N'utilisez pas la commande `rm *`, car si votre version ne marque pas de pause au fichier 0, vous risquez de supprimer tous les fichiers de votre répertoire.

Pour éviter de détruire les fichiers par mégarde, vous pouvez utiliser l'option `-i` (pour *interactifs*) avec `rm`. Si vous entrez la commande `rm -i file-name`, un message vous demande si vous désirez réellement supprimer le fichier sélectionné. Répondez oui pour que le fichier soit supprimé. Si vous entrez la commande `rm -i *`, vous devez répondre oui pour chaque fichier du répertoire. Cela vous donne alors assez de temps pour réfléchir à ce que vous faites.

ATTENTION

Réfléchissez bien avant de supprimer des fichiers. Lorsque vous supprimez un fichier (dans la plupart des versions Linux), il disparaît pour de bon et le seul moyen de le récupérer est d'ouvrir la copie de sauvegarde. Vous avez fait une sauvegarde, n'est-ce pas ?

Voir Chapitre 11.

Si vous utilisez la commande `rm -i` fréquemment, vous pouvez la mettre en application de deux façons : en écrivant un script shell ou en créant une fonction shell. Si vous choisissez la première solution, sachez que l'interpréteur cherche les commandes parmi les répertoires recensés dans votre variable `PATH`, dans l'ordre de leur recensement. Si votre répertoire $HOME/bin arrive en dernier, la commande en langage natif appelée `rm` ne peut être trouvée. Vous pouvez placer le répertoire $HOME/bin en première place dans la liste de la variable `PATH` ou créer une nouvelle commande en langage natif, par exemple `del` (vous devez alors signaler que `del` est exécutable à l'aide d'une commande `chmod` pour que l'interpréteur puisse la reconnaître). Lorsque vous créez votre commande `del`, vous ne devez lui donner qu'une seule commande : `rm -i $*`. Par la suite, si vous entrez `del *`, l'interpréteur la traduit en `rm -i *`.

Voir Chapitre 18.

Une autre méthode possible consiste à créer un *alias*. Un alias a la priorité sur les commandes qui doivent être vérifiées. On peut se représenter un alias comme une commande interne du shell (semblable aux commandes *doskey* introduites dans la version 5.0 de MS-DOS).

Pour ajouter un alias si vous utilisez un interpréteur C, vous devez éditer le fichier appelé .cshrc. Vous pouvez utiliser n'importe quel éditeur de texte, par exemple `vi` (voir Chapitre 19). Pour l'interpréteur C, ajoutez les lignes suivantes au-dessus de votre fichier .cshrc :

```
rm ( )
{
/bin/rm -i $*
}
```

Pour ajouter un alias à l'interpréteur Korn, ajoutez la ligne suivante à votre fichier $HOME/.kshrc :

```
alias rm 'rm -i $*'
```

Si vous essayez de supprimer un répertoire avec la commande `rm`, un message indique qu'il s'agit d'un répertoire et que vous ne pouvez pas le supprimer. Pour détruire des répertoires vides, utilisez la commande `rmdir` (comme dans MS-DOS).

Linux offre une autre méthode de suppression des fichiers et de leur contenu, mais elle est beaucoup plus dangereuse. La commande `rm -r` supprime de manière récurrente tous les répertoires et les fichiers qu'elle trouve. Si un répertoire appelé ./foo contient fichiers et sous-répertoires, la commande `rm -r foo` l'efface sous-répertoires compris.

Si vous exécutez la commande `rm -i -r`, chaque répertoire que trouve la commande `rm` envoie une invite de confirmation. Vous devez répondre oui pour que le répertoire et son contenu soient supprimés. Si vous avez laissé des fichiers dans ce répertoire, `rm` refuse de le supprimer, comme lorsque vous essayez d'annuler un répertoire plein avec la commande `rm` sans option.

INFO

Il n'est pas nécessaire de spécifier individuellement chaque option dans une commande Linux. On peut combiner ensemble les options qui ne prennent pas d'argument. Ainsi, `rm -i -r` *peut s'écrire* `rm -ir`.

Examen du contenu d'un fichier

Presque toutes les commandes de Linux impriment sur la sortie standard, généralement l'écran. Si la commande prend son entrée dans un fichier, elle affiche celui-ci à l'écran après l'avoir traité. Le choix d'une commande Linux dépend de la façon dont vous voulez que soit affiché le fichier. Vous disposez de trois commandes standards : `cat`, `more` et `less`.

INFO

Linux, comme tous les systèmes UNIX, ouvre quatre fichiers système lors du chargement du système d'exploitation : l'entrée standard, la sortie standard, le fichier d'erreur standard et AUX. Ces fichiers correspondent en fait à des périphériques physiques :

Nom	Alias	Périphérique
Entrée standard	stdin	Clavier
Sortie standard	stdout	Ecran
Erreur standard	stderr	Ecran
AUX	auxiliaire	Un périphérique auxiliaire

• Affichage d'un fichier avec cat

Pour afficher de petits fichiers ASCII, la commande la plus simple est `cat`, qui signifie *concaténer*. `cat` prend une liste de fichiers (ou un seul fichier) et imprime le contenu tel quel sur la sortie standard, un fichier après l'autre. L'objectif principal est de concaténer des fichiers (par exemple avec `cat fichier1 fichier2>fichier3`), mais la commande fonctionne aussi bien pour envoyer le contenu d'un petit fichier sur l'écran.

Si vous essayez d'afficher des fichiers volumineux avec `cat`, ils se déroulent sur votre écran aussi vite que ce dernier le permet. Afin d'arrêter le flux de données, appuyez sur <Ctrl-s> et sur <Ctrl-q> pour lancer et arrêter les messages sur votre écran. Sinon, vous pouvez utiliser les commandes `more` ou `less`, qui n'affichent qu'une page à la fois.

• Affichage d'un fichier avec more

Les commandes `more` et `less` n'affichent qu'une page (contenu d'un écran) de données à la fois. Bien qu'elles fassent presque la même chose, leurs méthodes sont différentes. `more` et `less` déterminent le nombre de lignes que votre terminal peut afficher depuis la base de données terminal et depuis la variable environnement `TERM`.

La commande `more` est plus ancienne que la commande `less`, et dérive de la version Berkeley d'UNIX. Elle s'est révélée si utile qu'elle est devenue un standard, comme l'éditeur `vi`. Cette section ne couvre que les principes fondamentaux de cette commande.

La forme la plus simple de la commande `more` est `more file-name`. Vous voyez alors un écran de données provenant du fichier. Pour passer à l'écran suivant, appuyez sur la barre d'espacement. Si vous appuyez sur <Entrée>, seule la ligne suivante s'affiche. Si vous examinez une série de fichiers (avec la commande `more` *`file1 file 2`* `. . .`), et souhaitez vous arrêter pour en éditer un, utilisez la commande `e` ou `v`. `e` dans `more` invoque l'éditeur que vous avez défini dans votre variable environnement `EDIT`. `v` se sert de l'éditeur que vous avez défini dans la variable `VISUAL`. Si vous n'avez pas défini ces variables dans votre environnement, `more` choisit par défaut l'éditeur `ed` pour la commande `e` et l'éditeur `vi` pour la commande `v`.

Voir
Chapitre 18.

`more` n'a qu'un seul inconvénient : vous ne pouvez pas revenir en arrière dans un fichier et afficher l'écran précédent. Mais vous pouvez pallier cet inconvénient en utilisant la commande `less`.

• Affichage d'un fichier avec less

L'un des inconvénients de la commande `less` est que vous ne pouvez pas utiliser d'éditeur pour le fichier affiché. Toutefois, `less` permet aussi bien d'avancer que de reculer dans un fichier.

`less` fonctionne presque de la même manière que `more`. Pour parcourir un fichier, entrez la commande `less` *`nomfichier`*. Un écran de données s'affiche. Pour passer à l'écran suivant, appuyez sur la barre d'espacement, comme avec `more`.

Pour revenir en arrière dans un fichier, appuyez sur la touche <b> ; pour vous déplacer jusqu'à un emplacement exprimé en pourcentage du fichier, appuyez sur la touche <p> et indiquez le pourcentage à l'invite :.

• Recherche dans un fichier et sortie vers le shell

Les deux commandes `less` et `more` permettent de rechercher des chaînes dans le fichier affiché. `less` vous permet aussi de faire cette recherche en arrière, en utilisant la syntaxe `less /chaîne`. Avec `less` et `more`, lorsqu'une chaîne est trouvée, une nouvelle page s'affiche, la ligne contenant la chaîne recherchée se trouvant en haut de l'écran. Avec `less`, vous pouvez répéter les recherches précédentes grâce à la touche <n>.

Les commandes `less` et `more` permettent d'invoquer l'interpréteur avec la commande !. Lorsque vous accomplissez cette opération, vous êtes en réalité dans un sous-interpréteur ; vous devez le quitter, comme vous le faites lorsque vous quittez une session. Selon l'interpréteur que vous utilisez, vous pouvez appuyer sur <Ctrl-d> ou taper la commande `exit` pour revenir à l'écran que vous avez quitté. Si vous appuyez sur <Ctrl-d> et qu'un message vous demande d'utiliser la commande `logout` au lieu de <Ctrl-d>, entrez `logout`.

• Affichage d'autres formats de fichiers

Certaines commandes permettent d'afficher le contenu des fichiers sous d'autres formats. Par exemple, pour examiner le contenu d'un fichier binaire, affichez-le avec la commande `od`, qui signifie *octal dump*. La commande `od` affiche le fichier en notation octale, ou base 8. Diverses options permettent d'afficher un fichier en notation décimale, ASCII ou hexadécimale (base 16).

INFO

Notations octale, décimale et hexadécimale

La représentation des données binaires constitue un problème intéressant. Si les données sont des caractères ASCII, on peut les afficher sans problème (après tout, les caractères ASCII sont ce à quoi vous vous attendez lorsque vous examinez la plupart des fichiers). Toutefois, si le fichier est un programme, les données ne peuvent pas être représentées sous la forme de caractères ASCII. Dans ce cas, vous devez les afficher sous forme numérique.

Les premiers mini-ordinateurs utilisaient des mots de 12 bits. Aujourd'hui, l'unité standard de la mémoire informatique est un octet de 8 bits. Bien que vous puissiez représenter des données en base 10, la question est de savoir ce que l'on doit afficher : un octet, un mot ou 32 bits ? Pour afficher un nombre de bits ensemble, il faut élever la base 2 au nombre requis de bits. Avec l'ancien système à 12 bits, on pouvait les représenter avec quatre chiffres (représentés par 2^3*, qui est le format octal*

ou en base 8). Comme les anciens systèmes Linux fonctionnaient sur ce type de mini-ordinateurs, la notation Linux est principalement octale. Tout octet peut être représenté par un code octal à trois chiffres qui prend l'aspect suivant (cet exemple représente la valeur décimale de 8) :

```
\010
```

Puisque le monde informatique a choisi des octets de 8 bits, la notation octale n'est plus une manière efficace de représenter les données. La notation hexadécimale (base 16 ou 2^4) est plus appropriée. Un octet de 8 bits peut être représenté par deux chiffres hexadécimaux ; un octet dont la valeur décimale est 10 est représenté par 0A en notation hexadécimale.

La commande `od` donne la possibilité de choisir la façon dont sont affichées les données binaires. La forme générale de la commande est :

```
od [option]... [fichier]...
```

ou

```
od --traditionnal [fichier] [[+]offset [[+label]]
```

Le Tableau 17.3 présente ses options.

Tableau 17.3 : Options de la commande od

Option courte	Option longue	Description
`-A`	--address-radix=*radix*	Décide de la façon dont les offsets des fichiers sont imprimés
`-N`	--read-bytes=*octets*	Limite l'affichage à *octets* octets par fichier
`-j`	--skip-bytes=*octets*	Ecarte *octets* octets au début de chaque fichier
`-s`	--strings[=*octets*]	Affiche des chaînes d'au moins *octets* caractères graphiques
`-t`	--format=type	Sélectionne le ou les formats de sortie
`-v`	--output-duplicates	N'utilise pas * pour marquer la suppression de ligne
`-w`	--width[=*octets*]	Affiche *octets* octets par ligne en sortie
	`--traditionnal`	Accepte les arguments dans la forme pre-POSIX
	`--help`	Affiche cette aide et quitte le programme
	`--version`	Affiche les informations sur la version et sort

Les spécifications de format pre-POSIX, présentées dans le Tableau 17.4, peuvent s'utiliser conjointement aux commandes du Tableau 17.3.

Pour l'ancienne syntaxe, `offset` signifie `-j offset`. `label` est la pseudo-adresse du premier octet affiché, incrémentée au fur et à mesure que l'affichage progresse. Pour `offset` et `label`, le préfixe `0x` ou `0X` indique une valeur hexadécimale. Les suffixes peuvent être `.` (point) en octal et peuvent être multipliés par 512. Le paramètre `type` est construit à partir d'une ou plusieurs spécifications du Tableau 17.5.

Tableau 17.4 : Spécifications de format pre-POSIX pour od

Option courte	Equivalent POSIX	Description
`-a`	-t a	Caractères nommés
`-b`	-t oC	Octets en notation octale
`-c`	-t c	Caractères ASCII ou séquences d'échappement \
`-d`	-t u2	Entiers courts non signés
`-f`	-t fF	Nombres flottants
`-h`	-t x2	Entiers courts hexadécimaux
`-I`	-t d2	Entiers courts décimaux
`-l`	-t d4	Entiers longs décimaux
`-o`	-t o2	Entiers courts octaux
`-x`	-t x2	Entiers courts hexadécimaux

Tableau 17.5 : Paramètres de type

Paramètre	Description
a	Caractère nommé
c	Caractère ASCII ou caractère \
`d[`*`taille`*`]`	Entier décimal signé, *`taille`* octets par entier
`f[`*`taille`*`]`	Entier en virgule flottante, *`taille`* octets par entier
`o[`*`taille`*`]`	Valeur octale, *`taille`* octets par entier
`u[`*`taille`*`]`	Décimal non signé, *`taille`* octets par entier
`x[`*`taille`*`]`	Valeur hexadécimale, *`taille`* octets par entier

Dans le Tableau 17.5, *`size`* est un nombre et peut également être `c` pour `sizeof(char)`, `s` pour `sizeof(short)`, `I` pour sizeof(Int) ou `L` pour `sizeof(Long)`. Si le paramètre type est `f`, `size` peut également être `F` pour `sizeof(Float)`, `D` pour `sizeof(double)` ou `L` pour `sizeof(long double)`.

Dans le Tableau 17.3, `radix` désigne le système de numérotation ; les valeurs sont `d` pour décimale, `o` pour octale, `x` pour hexadécimale, ou `n` pour aucune (`none`). *`octets`* est une valeur hexadécimale préfixée par `0x` ou `0X` ; elle est multipliée par 512 avec le suffixe `b`, par 1024 avec le suffixe `k`, par 1 048 576 avec le suffixe `m`. `-s` sans nombre implique la valeur 3 ; `-w` sans nombre implique la valeur 32. Par défaut, `od` utilise les paramètres `-A o -t d2 -w16`.

INFO

`sizeof` *est une fonction C qui retourne le nombre d'octets de la structure de données passée en argument. Vous pourrez par exemple utiliser cette fonction afin de déterminer la taille en octets d'un entier sur votre système ; cette taille dépend en effet du système :*

```
sizeof( int );
```

Recherche de fichiers

Si vous ne parvenez pas à trouver un fichier avec `ls`, vous pouvez utiliser la commande `find`. Outil très puissant, c'est aussi l'une des commandes les plus difficiles à utiliser. Elle est constituée de trois parties, chacune pouvant comprendre plusieurs sous-parties :

- Où chercher ?
- Quel objet chercher ?
- Que faire lorsque l'objet est trouvé ?

Si vous cherchez un nom de fichier, mais ne savez pas où il se trouve dans la structure de Linux, la commande la plus simple de `find` fonctionne ainsi :

```
find / -name nomfichier -print
```

Prenez garde lorsque vous faites une recherche dans le répertoire root : dans les gros systèmes, la recherche risque d'être longue, car elle commence dans root pour se poursuivre dans chaque sous-répertoire et chaque disque (même les disques distants), jusqu'à ce que l'objet que vous cherchez soit trouvé.

Il est conseillé de limiter la prospection à un ou deux répertoires au maximum. Par exemple, si vous pensez que le fichier se trouve dans /usr ou dans /usr2, utilisez la commande suivante :

```
find /usr2 -name nomfichier -print
```

La commande `find` accepte de nombreuses options. Le Tableau 17.6 en présente quelques-unes. Pour connaître toutes les options disponibles, affichez l'aide en ligne pour `find`.

`find` permet également d'effectuer de nombreux tests logiques sur les fichiers. Par exemple, si vous cherchez une sélection de noms de fichiers qui ne peut pas être représentée par des caractères génériques, utilisez l'option *or* (`-o`) pour obtenir une liste :

```
find /home ( -name fichier1 -o -name fichier2 ) -print
```

Il est possible de combiner plusieurs critères de sélection avec la commande `find`. A moins que vous ne reteniez l'option `-o`, `find` choisit par défaut l'option *and* (et). Par exemple, avec la commande `find -size 100 -atime 2`, le programme recherche un fichier dont la taille est de 100 blocs au moins *et* qui a été ouvert il y a deux jours au moins. L'exemple précédent montre que les parenthèses permettent de lever toute ambiguïté dans l'interprétation des critères, particulièrement lorsque ceux-ci sont combinés par *or* ou *and*.

Tableau 17.6 : Quelques options de la commande find

Option	Description
`-name` *`fichier`*	La variable *`fichier`* peut être le nom d'un fichier ou un nom comprenant des caractères génériques. Dans ce dernier cas, tous les fichiers qui correspondent aux caractères génériques sont sélectionnés pour être traités.
`-links` *n*	Tout fichier ayant *n* liens ou plus est sélectionné pour être traité. Remplacez *n* par le nombre que vous voulez vérifier
`-size` *n*`[c]`	Tout fichier qui occupe *n* blocs, ou plus, de 512 octets est sélectionné. Le c ajouté au *n* signifie qu'il faut choisir tous les fichiers qui occupent *n* caractères ou plus.
`-atime` *n*	Sélectionne tous les fichiers auxquels vous avez accédé pendant les derniers *n* jours. Notez que le fait de rechercher un fichier avec `find` modifie la date d'accès
`-exec` *`cmd`*	Une fois que vous avez sélectionné une liste de fichiers, vous pouvez exécuter une commande de Linux qui prendra comme arguments les fichiers choisis. Il existe seulement deux règles avec `-exec` : le nom d'un fichier sélectionné est représenté par `{ }`, et la commande doit se terminer par les caractères `\;` . Supposons que vous ayez créé un répertoire en étant connecté en tant que root ; tous les fichiers appartiennent donc à root, mais ils devraient appartenir à l'utilisateur. La commande suivante changera le propriétaire de tous les fichiers dans /home/jack et de tous les répertoires ; le propriétaire sera jack : **find /home/jack-exec chown jack { } \;**
`-print`	C'est la commande la plus fréquemment utilisée. Elle affiche le nom et l'emplacement des fichiers sélectionnés.

Modification de l'heure et de la date d'un fichier

A chaque fichier Linux correspondent trois indications d'heure et de date : la date de création, la date de la dernière modification et la date du dernier accès. Seule la date de création ne peut être modifiée artificiellement, sauf lorsqu'on copie ou renomme le fichier. Lorsqu'un fichier est ouvert ou lu par un programme, la date d'accès change. Comme nous l'avons mentionné dans la section précédente, l'utilisation de la commande `find` modifie la date d'accès.

Si un fichier est modifié de quelque manière que ce soit (une écriture est réalisée sur ce fichier, même sans le modifier réellement), les dates de modification et d'accès sont mises à jour. Ces dates sont utiles si vous devez sauvegarder les fichiers qui ont été modifiés depuis une date donnée. La commande `find` peut être utilisée dans ce but.

Pour changer les dates d'un fichier sans modifier le fichier lui-même, vous pouvez utiliser la commande `touch`. Par défaut, `touch` met à jour les dates d'accès et de modification d'un fichier en fonction de la date en cours. Par défaut également, si vous essayez de modifier la date d'un fichier qui n'existe pas, `touch` le crée.

Vous pouvez utiliser touch pour tromper une commande qui vérifie les dates. Ainsi, si votre système exécute une commande ne sauvegardant que les fichiers modifiés après une date donnée, vous pouvez changer la date d'un fichier qui n'a pas été modifié récemment pour qu'il soit aussipréservé.

La commande touch accepte trois options permettant de modifier son comportement par défaut :

Option	Description
-a	Met à jour la date et l'heure d'accès seulement
-m	Met à jour la date et l'heure de modification seulement
-c	Empêche touch de créer un fichier s'il n'existe pas

La syntaxe par défaut est touch -am *liste-fichiers*.

Compactage des fichiers

Si vous n'avez pas beaucoup d'espace sur votre système, ou si vous avez de gros fichiers ASCII que vous utilisez peu, vous pouvez réduire la taille des fichiers en les compactant. L'utilitaire standard de Linux à utiliser s'appelle gzip. La commande gzip peut compacter un fichier ASCII jusqu'à 80 %. La plupart des systèmes UNIX proposent également la commande compress, généralement utilisée avec la commande tar afin de compacter dans une archive un groupe de fichiers. Un fichier compacté avec compress se termine par l'extension .Z, par exemple archive1.tar.Z. La version de Red Hat comprend les programmes zip et unzip pour le compactage et l'archivage de fichiers.

ASTUCE

Le compactage est utile avant l'envoi d'un fichier par courrier ou avant sa sauvegarde.

Si le fichier est compacté avec la commande gzip file-name, il prend le nom de *file-name.gz* et le fichier original est supprimé. Pour restaurer un fichier compacté, utilisez la commande gunzip file-name.

INFO

Vous n'avez pas besoin de taper l'extension .gz après le nom du fichier à décompacter, car elle est automatiquement ajoutée par gzip.

Voir Chapitre 18.

Pour garder le fichier sous sa forme compactée, et utiliser ces données dans un pipeline, utilisez la commande zcat. zcat fonctionne comme la commande cat, mais reçoit un fichier compacté en entrée, le décompacte puis l'envoie vers la sortie standard.

Par exemple, si vous avez compacté une liste de noms et d'adresses dans un fichier nommé namelist, le fichier compacté est appelé namelist.gz. Pour utiliser le contenu de ce dernier comme entrée sur un programme, utilisez `zcat` pour commencer le pipeline :

```
zcat namelist ¦ programme1 ¦ programme2 . . .
```

`zcat` présente le même inconvénient que la commande `cat` : il ne peut pas revenir en arrière dans un fichier. Linux contient un programme appelé `zless` qui fonctionne comme `less`, mais avec des fichiers compactés. Les options de `less` sont valables pour `zless`.

Le statut légal de la commande `compress` est encore mal défini. Par conséquent, le programme de choix pour Linux est l'utilitaire de compactage distribué gratuitement, `gzip`. `gzip` ne présente aucun des problèmes légaux que rencontre `compress`, c'est pourquoi presque tous les fichiers compactés installés par Linux l'ont été avec `gzip`. `gzip` devrait fonctionner avec la plupart des fichiers compactés, même ceux compactés avec `compress`.

Si vous connaissez la ligne de produits PKZIP de PKWARE, vous pourrez utiliser les programmes `zip` et `unzip` fournis avec la version Red Hat. La commande `zip` comptacte plusieurs fichiers et les place dans une archive, tout comme PKZIP. La commande `unzip` extrait les fichiers d'une archive. Consultez l'aide en ligne sur `zip/unzip` pour plus d'informations.

Informations complémentaires

La gestion des fichiers et des utilitaires de Linux est une tâche relativement simple. Organiser les fichiers en répertoires est chose facile. Rechercher, déplacer, copier, renommer et supprimer les fichiers et les répertoires sont des opérations aisées grâce aux commandes `find`, `mv`, `cp` et `rm`. Pour d'autres informations, consultez :

- le Chapitre 14, qui explique comment gérer les systèmes de fichier ;
- l'aide en ligne pour les diverses commandes présentées dans ce chapitre : `ls`, `mkdir`, `mv`, `cp`, `rm`, `mkdir`, `rmdir`, `cat`, `less`, `more`, `find`, `touch`, `gzip`, `compress`, `tar`, `zip` et `unzip`.

Travailler avec Linux

18 Les shells de Linux

Bien que les interfaces graphiques aient été ajoutées au système Linux ces dernières années, la plupart des fonctions permettant d'utiliser et d'administrer Linux (et les autres systèmes qui lui sont semblables) sont exécutées à l'aide de commandes manuelles. Dans Linux, l'interpréteur de ligne de commande s'appelle le *shell*. Ce chapitre explique comment utiliser les fonctionnalités des divers shells pour travailler avec les utilitaires et les systèmes de fichier de Linux.

Dans ce chapitre vous apprendrez à :

- vous connecter ;
- comprendre les shells ;
- comprendre l'analyse d'une commande shell ;
- éxécuter des processus en arrière-plan ;
- comprendre les messages d'exécution d'une commande ;
- éditer et interpréter une commande shell ;
- comprendre les scripts shell ;
- personnaliser les shells Linux.

Se connecter

En tant que nouvel utilisateur et administrateur de votre système Linux, vous avez choisi un nom de connexion (*login*) et un mot de passe. Comme Linux est un système d'exploitation multiutilisateur, il faut distinguer les utilisateurs et les groupes d'utilisateurs. Linux se sert de votre nom de login pour établir une session en votre nom et déterminer les privilèges dont vous disposez. Il utilise de votre mot de passe pour vérifier votre identité.

Puisqu'en théorie, n'importe quel utilisateur peut se connecter à n'importe quel terminal (mais il y a une exception), le système d'exploitation Linux commence par afficher une invite de connexion sur chaque terminal. Bien qu'il soit peu probable que plusieurs terminaux soient reliés à votre système Linux au départ (même si la connexion à plusieurs terminaux est certainement possible), des terminaux virtuels sont à votre disposition.

Pour passer à l'un des *terminaux virtuels*, appuyez simplement sur la touche <Alt> et l'une des six premières touches de fonctions de façon à basculer entre les différents terminaux virtuels. Par exemple, pour vous connecter sur un terminal virtuel comme root, appuyez sur <Alt-F1>, ce qui affichera le message suivant :

```
Red Hat Linux release 5.2 (Apollo)
Kernel 2.0.36 on an i656
login:
```

La ligne d'invite dans la ligne de code indique que cette session d'exemple s'exécute à partir de la version 2.0.36 du noyau de Linux. Lorsque de nouveaux noyaux paraissent, ce numéro est augmenté ; les versions sur les CD ROM ci-joints seront peut-être différentes. Les noyaux stables possèdent un nombre pair au milieu du numéro alors que les dernières versions (bêta) ont un numéro impair.

Entrez votre nom de login et votre mot de passe.

Quand vous vous connectez à un terminal, vous possédez la session sur ce terminal jusqu'à ce que vous vous déconnectiez. Lorsque vous vous déconnectez, Linux affiche l'invitation de login pour le prochain utilisateur. Entre la connexion et la déconnexion, Linux s'assure que les programmes que vous exécutez et les fichiers que vous pourriez créer appartiennent bien à votre nom. En somme, Linux ne vous autorise pas à lire ni à modifier un fichier appartenant à un autre utilisateur à moins que l'administrateur du système ne vous en donne la permission. Votre nom de login et votre mot de passe permettent à Linux de préserver la sécurité de vos fichiers et ceux des autres.

En tant qu'administrateur de votre système Linux, vous accordez à chaque utilisateur un nom de login, un mot de passe, un identifiant de groupe, un répertoire personnel, et un shell. Ces informations sont conservées dans un fichier nommé /etc/passwd, détenu et contrôlé par l'administrateur système, également appelé root ou superutilisateur. Dès que vous vous êtes connecté avec succès, vous pouvez changer votre mot de passe, qui est alors crypté de façon que personne d'autre ne puisse le lire. Si vous l'oubliez, vous (l'administrateur système) devez vous connecter en tant que root et créer un nouveau mot de passe. Vous pouvez en changer en utilisant la commande `passwd` (vous devrez alors taper l'ancien mot de passe).

Pour plus d'informations sur les fonctions de base de l'administration système, telles que l'ajout d'utilisateurs ou l'attribution de mots de passe oubliés, reportez-vous à la Partie II de cet ouvrage, et notamment au Chapitre 10.

Comprendre les shells

Une fois que vous êtes connecté, Linux vous place dans votre répertoire principal et lance un programme appelé shell, destiné à recevoir les commandes que vous lui transmettez et à les exécuter. Divers programmes peuvent être utilisés comme shells, mais il existe plusieurs standards disponibles avec pratiquement toutes les versions de Linux.

INFO

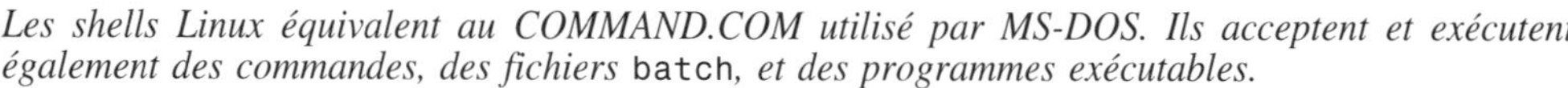

Les shells Linux équivalent au COMMAND.COM utilisé par MS-DOS. Ils acceptent et exécutent également des commandes, des fichiers `batch`*, et des programmes exécutables.*

• Les différents shells

La version Red Hat de Linux dispose des shells suivants : `sh`, `bash` (*Bourne Again* SH*ell*), `tcsh`, `csh`, `pdksh` (*Public Domain Korn* SH*ell*), `zsh`, `ash` et `mc`. Essayez chaque shell et retenez celui que vous préférez. Ce chapitre traite plus particulièrement des shells `sh` et `bash`, car la plupart des distributions Linux installent `bash` par défaut. En outre, `sh` est disponible sur la plupart des systèmes UNIX et vous trouverez de nombreux scripts écrits avec `sh`.

Le shell sert d'interface principale entre le système d'exploitation et l'utilisateur, et beaucoup d'utilisateurs l'assimilent avec Linux. Ils s'attendent à ce qu'il soit programmable, mais il ne fait pas partie du noyau du système d'exploitation. Avec suffisamment de connaissances sur la programmation système et le système d'exploitation Linux, vous pouvez écrire un programme qui servira de shell.

Bien que de nombreux shells différents aient été créés, certains prévalent : les shells Bourne, C, T, et Korn. Le shell Bourne est le plus vieux ; les autres ont des caractéristiques non présentes dans le shell Bourne. En fait, Linux utilise par défaut une variante du shell Bourne, le shell `bash` (pour l'utilisateur débutant, les shells Bourne et Korn semblent identiques ; en fait, le shell Korn tient son origine du shell Bourne).

INFO

La distribution Slackware 96 ne fournit pas le shell Korn. La version Red Hat propose une version du shell Korn, appelée `pdksh` *(*Public Domain Korn *SH*ell*).*

Le shell C a été conçu à l'université de Berkeley en Californie pour devenir plus approprié pour les programmeurs que le shell Bourne. Le shell T est un dérivé du shell C. Le shell Korn présente les mêmes particularités que le shell C, mais utilise la syntaxe du Bourne. Si tout cela vous paraît confus pour le moment, ne vous inquiétez pas. Vous pouvez faire beaucoup de choses sans savoir quel shell vous utilisez.

Dans leur forme la plus simple, les shells Korn et Bourne utilisent le signe dollar (`$`) comme invite (*prompt*) standard ; le shell C utilise le caractère %. Ces symboles peuvent être changés de sorte que vous ne puissiez les voir lorsque vous vous connectez.

Voir Chapitre 8.

Le shell Bourne, `sh`, est le shell originel de Linux. Il a été mis au point par Steve Bourne avec l'aide de John Mashey, aux laboratoires AT&T Bell. Il est disponible sur tous les systèmes Linux. Le programme exécutable de ce shell figure dans le fichier /bin/sh. Parce qu'il est disponible sur tous les systèmes Linux et possède toutes les propriétés évoquées plus haut — sans oublier ses puissantes capacités de programmation, ce shell est très couramment employé.

INFO

De nombreux exemples de scripts shell de ce chapitre sont écrits de façon à pouvoir être utilisés avec le shell Bourne. Les scripts shell sont des séquences de commandes shell, créées normalement au moyen d'un éditeur ASCII tel que `vi`*. On peut les comparer aux fichiers batch du DOS.*

Le shell C, `csh`, a été conçu par Bill Joy à l'université de Berkeley. Les étudiants ont énormément influencé le système UNIX et donc Linux. Les deux résultats de cette influence sont le shell C et l'éditeur `vi`. Le shell Bourne a plus de capacités de programmation que son homologue C, mais ce dernier a été conçu en prenant en compte le fait que l'informatique devenait de plus en plus interactive. Le programme exécutable du C figure dans le fichier /bin/csh.

Sa syntaxe ressemble beaucoup au langage de programmation C. C'est l'une des raisons pour lesquelles les scripts conçus pour le shell C ne fonctionnent pas avec Bourne et Korn (toutefois, les exécutables compilés sous le shell C se comporteront souvent correctement). Cependant, le shell C possède des caractéristiques avantageuses non disponibles dans le Bourne : une commande d'édition, un historique des commandes, une utilisation des alias de commande.

Le shell de Linux par défaut est `bash`. Il se trouve dans /bin/bash et présente plusieurs caractéristiques avancées, comme une commande d'édition, un historique des commandes, et une commande de complétion.

Tous les systèmes Linux disposent du shell `bash`. Peut-être avez-vous aussi ajouté d'autres shells comme le C et le T durant l'installation. Pour déterminer celui que vous utilisez, tapez :

```
echo $SHELL
```

La commande `echo` affiche à l'écran n'importe quel mot suivant `echo`. `SHELL` est une variable, maintenue par le shell, qui garde le nom de votre shell courant ; `$SHELL` est la valeur de cette variable.

Pour voir si le shell C est disponible, tapez :

```
csh
```

Si le symbole % apparaît, le shell C est disponible et fonctionne (entrez **exit** pour retourner au shell précédent). Si vous êtes connecté en tant que root, l'invite du shell C est %. Si vous obtenez un message d'erreur, le shell C n'est pas disponible.

Le shell que vous utilisez comme shell de login est précisé dans le fichier mot de passe. Chaque ID de login est représentée par un enregistrement ou une ligne dans le fichier des mots de passe. Pour changer votre shell de login, vous devez changer ce champ. Le fait de passer à un autre shell est relativement aisé. Avant de le changer, vérifiez bien qu'apprendre une nouvelle syntaxe ainsi qu'une nouvelle méthode d'exploitation en vaille la peine.

ATTENTION

N'éditez jamais directement le fichier des mots de passe (/etc/passwd) dans Linux. Pour des raisons de sécurité, le fichier doit être manipulé avec des commandes appropriées. Par exemple, avec Slackware Linux, pour passer au shell C en utilisant `usermod`, *tapez* `usermod -s /bin/csh utilisateur`, `utilisateur` *devant être remplacé par le nom d'utilisateur pour lequel vous allez changer de shell. Cette remarque est particulièrement importante lorsqu'on utilise les utilitaires Suite Shadow.*

Beaucoup d'autres shells sont disponibles ; certains sont exclusifs, d'autres sont disponibles sur l'Internet ou d'autres sources. Pour déterminer lesquels vous voulez utiliser, lisez les pages d'aide des différents shells et essayez-les. Parce que les shells sont des programmes, vous pouvez les exécuter comme n'importe quelle autre application.

• Configuration de l'environnement de connexion

Avant d'afficher le prompt du shell, Linux établit votre environnement par défaut. L'*environnement* Linux comprend un ensemble de données et de paramètres qui contrôlent votre session pendant que vous êtes connecté. Bien sûr, Linux permet de modifier n'importe laquelle de ces variables pour mieux répondre à vos besoins.

Votre environnement se présente ainsi :

- Le premier composant, appelé *environnement du terminal*, contrôle votre terminal (plus précisément, le comportement du port sur lequel est connecté le terminal).

INFO

Puisque Linux fonctionne sur PC, le "terminal" correspond en fait à votre moniteur et votre clavier. Vous pouvez si vous le désirez avoir d'autres terminaux connectés à Linux. Vous disposez bien sûr de six terminaux virtuels auxquels vous pouvez vous connecter.

- Le second composant, appelé *environnement du shell*, contrôle les différents aspects du shell, ainsi que les programmes que vous exécutez.

Vous devez tout d'abord connaître l'environnement de votre terminal.

Configuration de l'environnement du terminal

Votre session de démarrage consiste en deux programmes différents qui fonctionnent parallèlement pour vous donner l'impression d'un contrôle total de la machine. Bien que le shell soit le programme qui reçoit vos instructions et les exécute, avant qu'il ne visualise vos commandes, tout ce que vous tapez doit passer par un programme relativement transparent appelé *pilote de périphérique.*

Le pilote de périphériques contrôle votre terminal. Il reçoit les caractères que vous tapez et définit l'utilisation qu'il doit en faire avant de les transmettre au shell pour qu'ils soient interprétés. Par ailleurs, chaque caractère produit par le shell doit passer par le pilote de périphérique avant d'être livré au terminal. Cette section vous explique comment contrôler le comportement de votre pilote.

Linux est unique dans la mesure où, pour un programme donné, tous les périphériques sont traités de la même manière, c'est-à-dire comme des fichiers. C'est aux différents pilotes de périphériques de votre système qu'il incombe d'accomplir cette transformation. Etant donné qu'un disque dur dans le système se comporte très différemment de votre terminal, la tâche des différents pilotes de périphériques est de les rendre identiques.

Par exemple, un disque possède des blocs, des secteurs, des cylindres, et chacun doit être convenablement adressé par votre ordinateur devant la lecture et l'écriture des données. D'autre part, votre terminal accepte un flux continu de caractères, à condition que ceux-ci soient délivrés de façon lente et ordonnée. Le pilote de périphériques donne cette instruction et l'envoie à 1200, 2400, 9600 bits par seconde (bps) voire plus, et insère des bits d'arrêt, de commencement et de parité dans le flux de données.

Parce que votre terminal est toujours connecté au système, le pilote vous permet de définir des caractères spéciaux, appelés *caractères de contrôle*, qui servent de marqueurs de fin de fichier (EOF) et de fin de ligne (EOL) à votre shell. Le pilote de périphériques vous permet aussi de définir les caractères de contrôle qui envoient des signaux à un processus actif (comme le signal d'arrêt qui peut stopper un processus actif et vous renvoyer dans le shell). La Figure 18.1 montre comment le noyau, le shell et le pilote de périphériques se comportent dans Linux.

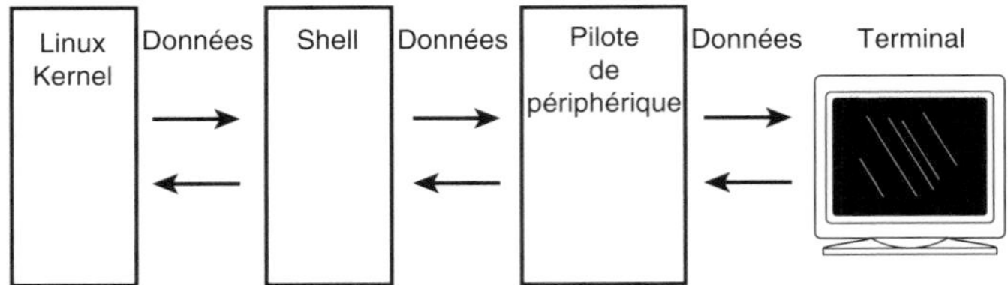

Figure 18.1
Interactions entre le noyau, le shell, et le pilote de périphériques sous Linux.

Des douzaines de paramètres peuvent être établis pour votre terminal, mais la plupart d'entre eux sont gérés automatiquement. Cependant, il y a quelques paramètres et modes que vous devez connaître.

Le pilote de périphérique comprend deux modes d'opérations : *caractères* et *bloc*. Dans le premier, tous les caractères que vous tapez passent directement soit au shell, soit à un programme directement géré par le shell. Des programmes comme les éditeurs et les tableurs requièrent le mode caractères et l'établissent automatiquement. Quand de tels programmes s'achèvent, la plupart du temps ils vous renvoient à votre terminal en mode bloc. Quand votre terminal est en mode caractères, il ne répond plus aux touches de contrôle telles que la touche Interrupt.

Quand votre terminal est en mode bloc, chaque touche que vous tapez est interprétée par le pilote de périphérique. Les touches normales sont emmagasinées dans un tampon, jusqu'à ce que vous appuyiez sur la touche fin de ligne. Dans la plupart des cas, la touche fin de ligne est <Entrée> ou <Retour>. Quand le pilote de périphériques reçoit ce caractère, il interprète toute la ligne avant de la transmettre analysée au shell ou à l'application. Le Tableau 18.1 présente les touches de contrôle les plus importantes.

Tableau 18.1 : Touches de contrôle

Nom de la touche	Description
Interrupt	Interrompt l'exécution du programme en cours. Quand vous transmettez une commande à Linux et que vous pressez sur fin de ligne, le programme fonctionne normalement jusqu'à son achèvement. Si vous tapez sur Interrupt, vous ordonnez au programme de s'arrêter. Certains programmes ignorent ce signal ; si votre terminal est en mode bloc, Interrupt passe directement au programme et ne peut pas produire l'effet désiré. La convention UNIX est d'utiliser <Del> comme touche d'interruption, mais Linux l'a changée en <Ctrl-c> par commodité pour les habitués du MS-DOS et d'autres systèmes qui utilisent la combinaison de ces deux touches
Erase	Efface le dernier caractère dans le tampon. Cette touche est définie par la barre <Correction>. Elle fonctionne comme la touche de correction d'une machine à écrire. Dans certains terminaux et systèmes, il y a confusion entre <Del> et <Correction>.
Kill	Efface tout ce qui est dans le tampon avant qu'il ne soit transmis au shell ou à l'application. Cette touche est normalement définie par le caractère @. Contrairement à ce qui se passe avec la touche Interrupt, vous ne voyez pas de nouveau prompt du shell lorsque vous appuyez sur Kill ; le pilote de périphérique attend simplement que vous tapiez plus de texte.
End-of-line	Indique au pilote de périphérique que vous avez fini de taper votre texte et qu'il doit être interprété et transmis au shell ou au programme d'application. Linux utilise la touche <Entrée>.
End-of-file	Indique au shell de sortir et d'afficher l'invite de connexion. Le caractère fin de fichier est <Ctrl-D>. Linux traite tous les périphériques comme s'ils étaient des fichiers ; comme votre terminal est une source de caractères virtuellement illimitée, Linux utilise la touche fin de fichier pour vous permettre de signaler la fin de la session de travail.

La commande utilisée pour établir et visualiser ces paramètres de touches de contrôle est `stty`, qui signifie *set teletype* (configurer le téléscripteur). Jadis, le téléscripteur était le seul terminal disponible ; une grande partie de la terminologie de Linux est date de cette époque. Par exemple,

votre terminal est défini comme un *périphérique tty* et porte un nom comme tty14. Pour visualiser ces configurations, tapez `stty -a` sur la ligne de commande. Les informations affichées ressembleront à cela :

```
speed 38400 baud; rows 25; columns 80; line = 0;
intr = ^C; quit = ^\; erase = ^?; kill = ^U; eof = ^D; eol = <undef>;
eol2 = <undef>; start = ^Q; stop =^S; susp = ^Z; rprnt = ^R; werase = ^W;
lnext = ^V; flush = ^O; min = 1; time = 0;
-parenb -parodd cs8 hupcl -cstopb cread -clocal -crtscts
-ignbrk -brkint -ignpar -parmrk -inpck -istrip -inlcr -igncr icrnl ixon ixoff
-iuclc -ixany -imaxbel
opost -olcuc -ocrnl onlcr -onocr -onlret -ofill -ofdel nl0 cr0 tab0 bs0 vt0 ff0
isig icanon iexten echo echoe echok -echonl -noflsh -xcase -tostop -echoprt
echoctl echoke
```

Notez que dans ce système, la touche Interrupt (`intr`) est définie par <Ctrl-c> (représenté par `^C`), et la touche Kill est <Ctrl-u>. Bien qu'il soit possible de configurer tous les paramètres cités ici, les utilisateurs ont l'habitude de réinitialiser les touches Interrupt et Kill. Par exemple, pour faire passer Kill de `^U` à `^C`, entrez :

```
stty kill '^C'
```

Si votre terminal répond de façon étrange, réinitialisez-le avec une configuration plus raisonnable en exécutant la commande `stty sane`.

ASTUCE

Pour qu'une configuration particulière prenne effet chaque fois que vous vous connectez, placez la commande dans votre fichier .profile (qui se trouve dans votre répertoire principal), si vous vous servez de `bash`*, Bourne ou Korn shell. Pour le shell C, placez la commande dans votre fichier .login.*

Configuration de l'environnement du shell

La création de votre environnement fait partie intégrante du processus de login au sein de la création d'une session Linux. Tous les *processus* Linux (c'est ainsi que sont appelés les programmes exécutables) ont leur propre environnement, distinct du programme lui-même. On peut dire qu'un programme fonctionne à l'intérieur d'un environnement. L'environnement Linux, appelé *environnement shell*, est composé d'un certain nombre de variables et de valeurs. Celles-ci permettent à un programme actif, comme le shell, de déterminer à quoi ressemble l'environnement.

Ce dernier réfère au shell que vous utilisez, à votre répertoire principal, ainsi qu'au type de terminal que vous utilisez. Beaucoup de ces variables sont définies pendant le processus de login et ne peuvent, voire ne doivent pas, être changées. Vous pouvez ajouter ou modifier autant de variables que vous le désirez tant qu'elles ne sont pas définies en lecture seulement (*read only*).

Les variables sont fixées dans l'environnement sous la forme *VARIABLE=valeur*. La signification de *VARIABLE* peut être paramétrée à tout ce que vous voulez. Cependant, beaucoup d'entre elles ont une signification prédéfinie par de nombreux programmes standards de Linux. Par exemple, la variable TERM est définie comme étant le nom de votre type de terminal tel que spécifié dans l'une des bases de données sur les terminaux de Linux. Digital Equipment Corporation (DEC) a conçu il y a des années un terminal populaire nommé VT-100. Les caractéristiques de ce terminal ont été copiées par de nombreux fabricants et souvent émulées dans des logiciels pour des ordinateurs personnels. Le nom d'un tel type de terminal est VT-100 ; il est représenté dans l'environnement par TERM=vt 100.

Tableau 18.2 : Variables d'environnement courantes pour le shell Bourne

Variable	Description
HOME=/home/*login*	Détermine votre répertoire home, qui est l'endroit d'où vous commencez. Remplacez *login* par votre nom de login. Par exemple, si votre nom de login est jack, HOME est défini par /home/jack.
LOGNAME=	
login	LOGNAME est initialisé de la même façon que votre nom de login.
PATH=*chemin*	La variable chemin représente la liste des répertoires dans lesquels le shell trouve les commandes. Par exemple, vous pouvez fixer le chemin ainsi : PATH=/usr:/bin:/usr/local/bin
PS1=*invite*	C'est l'invite principale du shell, qui définit à quoi ressemble votre prompt. Si vous ne le rattachez à rien de spécial, votre prompt sera $. Si vous préférez, vous pouvez le configurer de façon plus pratique : par exemple, PS1=<Entrez une commande> affiche "Entrez une commande" comme prompt de votre ligne de commande.
PWD=*répertoire*	PWD est initialisé automatiquement pour vous. Il définit l'endroit où vous êtes dans le système de gestion des fichiers. Par exemple, si vous avez vérifié PWD (en entrant echo $PWD à la ligne de commande) et que Linux affiche /usr/bin, vous êtes dans le répertoire /usr/bin. La commande pwd affiche le répertoire courant.
SHELL=*shell*	SHELL indique l'emplacement du programme qui fait office de shell. Par exemple, vous pouvez fixer votre shell dans votre fichier .profile ou .login comme SHELL=/bin/ksh de façon que le shell Korn soit votre shell de login.
TERM=*typeterm*	Initialise le nom du type de votre terminal comme il est spécifié dans la base de données sur les terminaux. Par exemple, vous pouvez fixer TERM dans votre fichier .profile ou .login comme TERM=vt 100.

INFO

Certaines de ces variables peuvent être modifiées, d'autres non.

Il existe beaucoup d'autres variables prédéfinies dans votre environnement. Si vous utilisez le shell C, vous pouvez énumérer ces variables avec la commande `printenv` ; avec les shells Bourne ou Korn, utilisez la commande `set`. Le Tableau 18.2 présente les variables les plus communes de l'environnement ainsi que leur utilisation. La colonne Variable indique ce qu'il faut taper sur la ligne de commande.

INFO

Pour une variable d'environnement définie chaque fois que vous vous connectez, placez la définition dans votre fichier .profile (qui se trouve dans votre répertoire personnel) si vous utilisez les shells `bash` *ou Bourne. Pour le shell C, placez la définition dans votre fichier .login.*

La variable la plus importante de votre environnement est probablement la variable `PATH`.

INFO

La variable `PATH` *semblera familière aux utilisateurs du DOS. Elle a la même fonction sous DOS et sous Linux.*

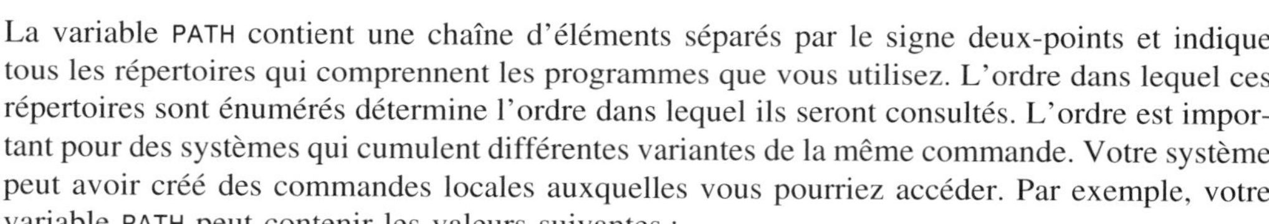

La variable `PATH` contient une chaîne d'éléments séparés par le signe deux-points et indique tous les répertoires qui comprennent les programmes que vous utilisez. L'ordre dans lequel ces répertoires sont énumérés détermine l'ordre dans lequel ils seront consultés. L'ordre est important pour des systèmes qui cumulent différentes variantes de la même commande. Votre système peut avoir créé des commandes locales auxquelles vous pourriez accéder. Par exemple, votre variable `PATH` peut contenir les valeurs suivantes :

```
/usr/ucb:/bin:/usr/bin:/usr/local/bin.
```

Cette instruction signifie que votre shell explorera le répertoire /usr/ucb en premier. Si le shell trouve la commande dans le premier répertoire qu'il parcourt, il arrête ses recherches et l'exécute. Les répertoires /bin et /usr/bin contiennent toutes les commandes Linux standards. Le répertoire /usr/local/bin contient souvent les commandes locales que vous ou d'autres utilisateurs avez ajoutées. L'ajout de commandes locales est généralement de la responsabilité de l'administrateur du système.

Si vous travaillez en tant qu'administrateur système ou pour accéder aux commandes orientées système, ajoutez /usr/sbin et/ou /usr/local/sbin, afin de faciliter la frappe de /usr/sbin/traceroute.

Si vous avez l'intention de créer vos propres commandes, vous pouvez modifier la variable `PATH` pour inclure les répertoires qui contiennent ces commandes. La façon dont vous procéderez dépendra du shell que vous utilisez. Par exemple, si vous utilisez les shells Bourne ou Korn, vous pouvez ajouter un répertoire à votre variable `PATH` en tapant la ligne suivante à l'invite de commande :

```
$ PATH=$PATH:nouveauchemin
```

Quand vous placez le caractère `$` devant le nom d'une variable, sa valeur courante est remplacée. Dans cette commande, la variable `$PATH` représente le chemin quel qu'il soit ; les deux-points et les paramètres *`nouveauchemin`* s'ajoutent à ce chemin.

Les autres façons de manipuler les variables de votre environnement sont décrites dans la section suivante. Pour le moment, sachez que l'environnement shell contient des variables et des fonctions qui peuvent être manipulées par les deux shells et les applications. Ces dernières peuvent accéder à l'environnement et le modifier, mais elles manipulent généralement les variables de l'intérieur du programme.

D'autre part, les shells peuvent uniquement manipuler les variables dans l'environnement.

Utilisation de variables shell spéciales

Le shell prend en considération un certain nombre de variables spéciales. Vous pouvez les visualiser via la commande `env`, qui énumère les variables accessibles à l'intérieur de votre environnement de travail. Voici une liste abrégée que vous pouvez consulter en entrant `env` :

```
HOME=/usr/wrev
SHELL=/bin/sh
MAIL=/usr/mail/wrev
LOGNAME=wrev
PATH=bin:/usr/bin:.
TZ=PST8PDT
PS1=$
TERM=vt100
```

Chacune de ces variables spéciales peut être utilisée de la même façon que les autres variables shells. Le Tableau 18.3 définit les variables spéciales.

Tableau 18.3 : Variables d'environnement spéciales

Variable	Description
HOME	Chemin complet de votre répertoire principal
SHELL	Nom de votre shell courant
MAIL	Nom complet de votre boîte aux lettres
LOGONAME	Nom de login (le vôtre)
PATH	Répertoires dans lesquels le shell recherche les commandes
TZ	Fuseau horaire pour la commande `date`
SECONDS	Secondes écoulées depuis l'invocation du shell
PS1	Invite du système
TERM	Type du terminal que vous utilisez

Variable HOME

La variable `HOME` spécifie toujours votre répertoire personnel. Quand vous vous connectez, vous êtes dans ce répertoire. Occasionnellement, vous pouvez utiliser la commande `cd` pour aller dans les autres répertoires. Pour passer au répertoire /usr/local/games par exemple, entrez `cd /usr/local/games`. Pour retourner à votre répertoire principal, tapez `cd`. Vous pouvez utiliser la variable `HOME` quand vous écrivez les scripts qui précisent les fichiers dans votre répertoire principal.

Au lieu d'écrire une commande comme `grep $number /usr/wrev/ventes/données.01`, il vaut mieux écrire `grep $ number$ HOME /ventes/données.01` pour les raisons suivantes :

- La ligne de commande est plus facile à lire.
- Si votre répertoire personnel est déplacé, la commande fonctionne encore.
- `$HOME` représente toujours le répertoire personnel, quelle que soit la personne qui utilise la commande. Si vous écrivez la commande en utilisant `$HOME`, les autres peuvent également l'utiliser.

Variable PATH

La variable `PATH` énumère les répertoires dans lesquels le shell recherche les commandes. Le shell effectue la recherche dans l'ordre de ces répertoires. Avec `PATH=/bin:/usr/bin/:.`, chaque fois que le shell interprète une commande, il cherche en premier dans le répertoire /bin. S'il n'y trouve pas la commande, il examine alors le répertoire /usr/bin. Finalement, le shell cherche dans le répertoire `.` (n'oubliez pas que le point représente votre répertoire courant). Quand vous entrez `cal` pour imprimer le calendrier du mois, le shell cherche d'abord dans /bin ; comme la commande n'y est pas, le shell inspecte alors /usr/bin et la trouve.

INFO

Si vous avez créé une commande appelée `cal`*, le shell ne la trouvera jamais ; il exécute la commande* `cal` *d'abord dans /usr/bin. Donnez des noms à vos commandes qui diffèrent de ceux des commandes du système.*

Vous souhaiterez peut-être placer tous vos scripts shell dans un répertoire, et changer la variable `PATH` pour y inclure ce répertoire. Cet arrangement vous permet d'exécuter les scripts shell à partir de n'importe quel répertoire dans lequel vous pouvez vous trouver. Pour ce faire, procédez ainsi :

1. Créez un répertoire pour garder les scripts. Utilisez la commande `mkdir $HOME/bin` pour créer un sous-répertoire bin dans votre répertoire principal.
2. Transférez tous les scripts shell dans ce sous-répertoire. Par exemple, pour transférer le script shell `stamp` dans votre sous-répertoire bin, utilisez la commande `mv stamp $HOME/bin`.
3. Ajoutez le sous-répertoire à votre variable `PATH` avec la commande `PATH=$PATH:$HOME/bin`. Faites cela dans votre fichier .profile pour que la modification prenne effet chaque fois que vous vous connectez sur votre système.

Vous n'avez besoin de créer ce nouveau répertoire bin et de modifier la variable `PATH` qu'une seule fois. Sous Linux, le répertoire appelé /usr/local/bin est créé pour garder les commandes locales et les scripts qui ne font pas partie du progiciel standard Linux, mais que vous pouvez ajouter et qui sont accessibles à tous les utilisateurs. Dans ce cas, vous devez vous attendre à ce que /usr/local/bin fasse aussi partie de `PATH`.

Variable MAIL

La variable `MAIL` contient le nom du fichier qui conserve votre courrier électronique. Dès que votre courrier arrive dans le système, il est placé dans le fichier spécifié par `MAIL`. Si vous avez un programme qui vous signale l'arrivée d'un nouveau courrier, il vérifiera le fichier associé à la variable `MAIL`.

Variable PS1

La variable `PS1` garde la chaîne de caractères que vous voyez comme votre première invite. L'invite est la chaîne de caractères que le shell affiche dès qu'il est prêt à recevoir une commande. Vous verrez comment changer cette variable — et n'importe quelle autre — dans la section sur la personnalisation des shells Linux, plus loin dans ce chapitre.

Variable TERM

La variable `TERM` est utilisée pour identifier votre type de terminal. Les programmes qui opèrent en mode plein écran, comme l'éditeur de texte `vi`, nécessitent cette information.

Variable TZ

La variable `TZ` contient une chaîne qui identifie votre fuseau horaire. Le programme `date` et quelques autres programmes nécessitent cette information.

L'ordinateur conserve le fuseau horaire par rapport au Greenwich Mean Time (GMT). Si la variable `TZ` est initialisée à `PST8PDT`, l'heure et la date sont déterminées par le Pacific Standard Time (PST), à huit heures ouest du GMT, avec le support du Pacific Daylight Savings Time (PDT). Le système de votre ordinateur passe automatiquement du daylight savings time au standard time. Pour la France, la valeur sera `MET` (Middle European Time).

Variable LOGNAME

La variable `LOGNAME` garde votre nom de login, le nom ou la chaîne de caractères auquel le système vous a associé. Elle permet entre autres de vous identifier comme le propriétaire de vos fichiers, l'initiateur des processus ou programmes que vous pourriez exécuter, et comme l'auteur du mail et des messages envoyés par la commande `write`.

L'exemple suivant est une extension du script shell `safrm`, un script créé pour une suppression sécurisée des fichiers. La variable `LOGNAME` est utilisée pour retirer tous les fichiers que vous détenez de votre répertoire /tmp. Pour ce faire, le script shell utilise la commande `find`. `find` possède plusieurs options ; le script shell utilise cette ligne de commande `find` :

```
find /tmp -user $LOGNAME -exec rm {} \;
```

Le premier paramètre, `/tmp`, est le répertoire de recherche. L'option `-user` indique que vous voulez chercher tous les fichiers qui appartiennent à un utilisateur particulier. Avant que la commande ne soit exécutée, le shell remplace `$LOGNAME` par le nom de login de l'utilisateur courant. L'option `-exec` indique que la commande suivante doit être appliquée à chaque fichier trouvé par le programme `find`.

Ici, le programme `rm` est utilisé pour retirer les fichiers trouvés. Les accolades représentent la position de chaque nom de fichier passé à la commande `rm`. Les deux derniers caractères, `\ ;`, sont requis par la commande `find` (exemple d'utilisation de l'antislash pour passer un caractère sur un programme sans qu'il soit interprété par le shell). Ajoutez cette ligne de commande au script shell du Listing 18.1 pour obtenir un programme qui retire les fichiers en toute sécurité et qui peut aussi nettoyer tout ce que l'utilisateur a dans le répertoire /tmp depuis plus de dix jours.

Listing 18.1 : Le script shell safrm

```
# Nom: securm
# But: copie les fichiers dans le répertoire /tmp, les efface
# du répertoire courant, nettoie /tmp,
# puis envoie un mail à l'utilisateur
# Premièrement, copie tous les paramètres dans /tmp
    cp $* /tmp
# efface les fichiers
    rm $*
# Crée un fichier à mettre dans le message du mail
# Le nom du fichier est msg
# suivi du numéro d'identification de ce processus
# Par exemple, msg1208
    msgfile=/tmp/msg$$
# construit le message du mail
    date > $msgfile
    echo "Ces fichiers ont été effacés du répertoire /tmp" >>$msgfile
# liste des fichiers à effacer du répertoire /tmp
# -mtime +10 tous les fichiers de /tmp
# modifiés depuis 10 jours ou plus, -print affiche les noms.
    find /tmp -user $LOGNAME -mtime +10 -print >> $msgfile
# efface les fichiers appropriés du répertoire /tmp
    find /tmp -user $LOGNAME -mtime +10 -exec rm ***} \;
# envoie le message
    mail $LOGNAME < $msgfile
#nettoie
    rm $msgfile
```

• Les processus

Un programme actif sous Linux est appelé *processus*. Parce que Linux est un système multitâche, plusieurs processus peuvent s'exécuter en même temps. Pour les distinguer, Linux assigne à chaque nouveau processus un identifiant appelé *PID* (*ID de processus*).

Il s'agit simplement d'un numéro qui identifie chaque processus actif. Pour visualiser quelles ID processus sont couramment associées à vos processus, utilisez la commande `ps`. Pour avoir un regard sur la plupart des ID processus couramment utilisées par votre système, émettez la commande avec les options suivantes, `ps -guax`, et vous verrez quelque chose comme :

```
USER  PID   %CPU  %MEM  SIZE  RSS  TTY  STAT START  TIME  COMMAND
jack   53    3.2  7.0   352   468  p 1  S    02:01  0:01  -bash
jack   65    0.0  3.5    80   240  p 1  R    02:01  0:00  ps -guax
root    1    0.8  3.1    44   208  con  S    02:00  0:00  init
root    6    0.0  1.8    24   124  con  S    02:00  0:00  bdflush (daemon)
root    7    0.0  1.9    24   128  con  S    02:01  0:00  update (bdflush)
root   40    1.0  3.5    65   240  con  S    02:01  0:00  /usr/sbin/syslogd
root   42    0.2  2.9    36   200  con  S    02:01  0:00  /usr/sbin/klogd
root   44    0.5  3.2    68   216  con  S    02:01  0:00  /usr/sbin/inetd
root   46    0.2  3.0    64   204  con  S    02:01  0:00  /usr/sbin/lpd
root   52    0.1  2.0    32   140  con  S    02:01  0:00  selection -t ms
root   58    0.2  2.4    37   64   p 6  S    02:01  0:00  /sbin/agetty 38400 tt
```

L'ID processus est identifiée par la colonne intitulée `PID`. Notez la ligne en gras ; elle indique le premier processus lancé par le système : `init`. Le processus `init` est décrit plus loin dans ce chapitre.

Quand Linux doit exécuter un programme (c'est-à-dire créer un processus), il fabrique une copie conforme du programme ayant fait la demande. Dans le cas le plus simple, vous demandez que le programme soit exécuté à partir de votre shell ; le shell fait une demande de fork au noyau de Linux.

Fork, init et exec

Un *fork* est un mécanisme de clonage d'un processus existant. Linux crée tous les nouveaux processus par le procédé de duplication. Quand un processus est dupliqué, une copie quasiment identique du processus existant (incluant son environnement et tous les fichiers ouverts) est créée ; indiquant au processus dupliqué qui est le père et qui est le fils, le drapeau distingue la copie de l'original.

Parce que tous les processus sont créés selon ce mode, tous ont un père et une ID processus père. Chaque processus actif dans le système Linux peut remonter sa famille jusqu'à `init`, père de tous les processus. `init` lui-même, processus ID1, est le seul qui exécute directement par

le noyau Linux avec lequel vous êtes en relation en tant qu'utilisateur. Chaque processus que vous créez pendant une session a pour ancêtre votre shell de login, ce dernier ayant `init` pour père.

Une fois que le processus a été dupliqué avec succès, le "fils" fait appel à la routine `exec` pour devenir le processus que vous souhaitez. La seule chose qui change après une fonction `exec` est l'identification du processus actif ; l'environnement du nouveau processus est une copie conforme de celui de son "père".

Entrée et sortie standards

Chaque nouveau processus est créé avec trois "fichiers" ouverts. Comme Linux traite les fichiers et les périphériques de la même façon, un "fichier" ouvert peut être soit un vrai fichier sur un disque, soit un périphérique tel que votre terminal. Les trois fichiers ouverts sont définis comme l'entrée standard (stdin), la sortie standard (stdout), et la sortie erreur standard (stderr).

Toutes les commandes Linux, de même que les applications, acceptent une entrée venant de l'entrée standard et redirigent toutes les sorties vers la sortie standard. Tous les messages erronés sont envoyés automatiquement dans la sortie d'erreur standard.

Quand vous vous connectez, les fichiers de sortie, d'entrée et d'erreur standard sont rattachés au terminal ; tous les programmes que vous exécutez (les processus que vous créez) héritent de votre terminal ainsi que des trois fichiers ouverts.

Analyse d'une commande shell

Analyser consiste à diviser une ligne de commande, ou ce que vous tapez, en parties destinées à être traitées. Dans Linux, l'analyse constitue beaucoup plus qu'une simple division de la ligne de commande. La chaîne de commande est d'abord découpée en plusieurs éléments : les noms de fichiers contenant peut-être des métacaractères, les variables du shell, une redirection des entrées/sorties, toute commande de groupe ou d'initialisation des sous-shells, et une commande de substitution. Alors seulement alors la ligne de commande peut être exécutée en même temps que vous la tapez.

Les termes *métacaractères* et *redirection des entrées/sorties* sont expliqués plus loin dans ce chapitre. Vous devez d'abord commencer par la syntaxe de base des commandes.

• Commandes, options et paramètres

Pour exécuter une commande Linux, tapez simplement le nom du fichier. La commande qui énumère les fichiers est `ls` ; vous pouvez trouver un fichier avec ce nom dans le répertoire /bin. Si /bin est fiché dans votre variable `PATH` (il devrait en être ainsi), votre shell trouve et exécute /binls.

Certaines commandes Linux ne sont pas des fichiers indépendants. Elles sont intégrées aux shells eux-mêmes. Par exemple, la commande `cd` (changer de répertoire) fait partie de la plupart des shells et est exécutée directement par eux sans regarder dans un fichier. Lisez les pages d'aide du shell que vous utilisez, pour déterminer quelles commandes sont exécutées en interne ou en externe. Certains shells possèdent un fichier de commande qui contient les commandes directement exécutées par le shell.

Options. Pour qu'une commande soit correctement exécutée, vous devez la présenter au shell sous sa forme exacte. Le nom de la commande doit constituer la première indication de la ligne ; il est suivi par les options et les paramètres.

Voir Chapitre 17.

Les options sont des lettres précédées d'un trait d'union (-) qui modifie le comportement d'une commande. Par exemple, la commande list, `ls`, énumère simplement les noms des fichiers dans le répertoire courant, par ordre alphabétique. En ajoutant différentes options, vous pouvez énumérer les composants d'un répertoire de diverses façons. Vous pouvez énumérer les fichiers et tous leurs attributs avec l'option "long", `-1`. Cette commande prend la forme suivante :

```
ls -l
```

`-1` est l'option. Quand vous voulez en utiliser plusieurs, associez tout simplement les options ensemble comme dans `ls -1F` (`-F` affiche un astérisque `*` si le fichier est exécutable, un signe `@` si c'est une ligne symbolique, et un slash `/` si c'est un sous-répertoire). La page d'aide de chaque commande énumère généralement tous les drapeaux et leur signification avant de décrire les paramètres. Les options peuvent aussi être énumérées séparément ; le shell les analyse avant de les interpréter à l'intérieur du programme. Par exemple, vous pouvez aussi bien écrire la commande `ls -1F` sous la forme `ls -1 -F`.

INFO

Linux offre une caractéristique appréciée, la mise en évidence par la couleur. Quand vous utilisez la commande `ls`*, Slackware Linux affiche les fichiers dans différentes couleurs selon leur type. Cela vous permet d'identifier rapidement les fichiers qui sont exécutables, ceux qui correspondent à des répertoires, et ceux qui sont des liens vers d'autres fichiers se trouvant dans d'autres répertoires. Ainsi, si vous redirigez la sortie de* `ls` *vers un fichier, ce dernier contient alors des caractères de contrôle utilisés pour indiquer les couleurs. Cette information peut occasionner quelques problèmes lorsque vous utilisez ce programme avec des commandes telles que* `less` *ou* `more`.

Avec la version Red Hat, il faut spécifier l'option `--color` *pour obtenir le même effet :*

```
ls --color
```

Un type d'option signale que le prochain paramètre a une signification particulière. Par exemple, l'option `-t` dans la commande `sort` est utilisée pour indiquer que le prochain caractère est un séparateur de champs. Pour obtenir le fichier `/etc/passwd`, dont les champs sont séparés par deux-points, entrez :

```
sort -t: /etc/passwd
```

Dans le cas de la commande `sort`, l'option `-t` est nécessaire seulement si le fichier utilise un séparateur de champs autre que celui par défaut. Le séparateur de champs par défaut est défini dans la variable d'environnement `IFS` (*Inter Field Separator*). Le shell utilise la variable `IFS` pour interpréter la ligne de commande de façon qu'il sache utiliser le séparateur de champs standard, à moins que l'option `-t` ne l'exige.

Paramètres. Les options doivent être spécifiées avant les *paramètres*. Ceux-ci sont des chaînes séparées par des caractères définis dans la variable d'environnement `IFS`. La chaîne par défaut dans `IFS` est un espace, une tabulation, et un caractère indiquant d'aller à la ligne. Vous pouvez insérer un certain nombre de caractères séparateurs de champs entre les paramètres ; quand le shell analyse la ligne de commande, il les réduit à un seul caractère avant d'exécuter. Par exemple, si la commande est suivie par trois espaces et une tabulation, puis le premier paramètre, le shell réduira automatiquement l'ensemble de ces caractères à une tabulation. Ainsi

```
Commande<espace><espace><espace> <Tab><paramètre>
```

devient

```
Commande<Tab><paramètre>
```

Les paramètres sont habituellement des noms de fichiers ou des chaînes qui indiquent à la commande une fonction à exécuter. Si le paramètre contient un espace imbriqué, la chaîne doit être placée entre guillemets pour éviter que le shell ne la développe. La ligne de commande suivante contient deux paramètres ; le shell tente de trouver le mot New dans le fichier nommé York :

```
grep New York
```

Si l'objectif est de trouver la chaîne "New York" dans l'entrée standard, la commande doit être écrite comme suit :

```
grep "New York"
```

Dans ce cas, la chaîne *New York* est passée à la commande `grep` comme un paramètre.

• Associer les noms de fichiers

La plupart des systèmes d'exploitation modernes (donc toutes les versions de Linux et de DOS) autorisent l'utilisation de métacaractères pour les recherches de fichiers et de chaînes. Le Tableau 18.4 présente les *métacaractères*, appelés parfois caractères génériques ou encore jokers.

Si vous placez entre guillemets un nom de fichier (ou une expression) comprenant des métacaractères, il ne sera pas étendu lors de l'analyse de la ligne de commande. Ainsi, avec `ls *`, *vous obtenez tous les fichiers du répertoire courant. Par contre, avec* `ls "*"`, *vous obtiendrez probablement le message* `file not found`, *car cette commande recherche le fichier appelé *.*

Tableau 18.4 : Métacaractères

Caractère	Signification
*	Représente toute suite de caractères, excepté le point lorsqu'il est le premier caractère d'un nom de fichier. L'exemple suivant rassemble dans le fichier *ventestot* tous les fichiers dont le nom commence par `ventes` : `cat ventes* > ventestot`.
?	Représente un seul caractère. L'exemple qui suit imprime les fichiers dont le nom est de la forme *ventes.aa*, *aa* représentant une des années 1990 : `lp ventes.9?`.
[ ]	Représente un caractère pris dans un ensemble. Cet exemple efface les fichiers *ventes.90, ventes.91, ventes.92, ventes.93* : `rm ventes.9[0-3]`.

*Le métacaractère **

L'astérisque (`*`) est le métacaractère le plus utilisé. Il signifie n'importe quel caractère. Par exemple, la chaîne `a*` correpond tous les fichiers commençant par un a. Vous pouvez utiliser autant d'astérisques que vous souhaitez par expression pour définir un ensemble de fichiers. Par exemple, l'expression `*xx*.gif` concerne tout nom de fichier possédant l'extension .gif et ayant xx quelque part dans le reste du nom. Les fichiers associés* incluent les noms de fichiers abxx.gif, xxyyzz.gif et xx.gif.

Utilisez l'astérisque pour représenter une suite de caractères. Par exemple, pour imprimer tous les fichiers de votre répertoire courant dont les noms se terminent par .txt, entrez :

```
lp *.txt
```

Faites attention quand vous utilisez le métacaractère `*`. Si vous entrez la commande suivante, vous imprimez tous les fichiers dont le nom se termine par txt :

```
lp *txt
```

Le fichier intitulé rapportxt est compris dans les fichiers imprimés lors de la deuxième commande et non la première. Si vous entrez la commande suivante, le shell passe le nom de chaque fichier de votre répertoire, même le fichier unique txt, à la commande `lp` (le fichier intitulé txt dans votre répertoire est communiqué deux fois à `lp`) :

```
lp * txt
```

Dans le dernier exemple, la commande `lp` imprime d'abord les fichiers représentés par `*`, c'est-à-dire qu'elle imprime tous les fichiers. `lp` passe ensuite à la seconde partie dans la liste des fichiers à imprimer (Linux interprète le caractère espace entre `*` et `txt` comme une délimitation — en fait, comme une virgule dans une commande anglaise). `lp` considère `txt` comme le nom du prochain fichier qu'il faudra imprimer.

Le symbole `*` peut être utilisé n'importe où dans la chaîne de caractères. Par exemple, pour utiliser la commande `ls` pour énumérer les noms de tous les fichiers de votre répertoire courant qui contiennent les caractères *rep*, entrez :

```
ls *rep*
```

Linux énumère les fichiers avec des noms tels que frep.data, report et janrep. Il y a une exception : les fichiers dont les noms commencent par un point ne sont pas cités. Pour énumérer les fichiers dont les nom commencent par un point (souvent appelés *fichiers cachés*), vous devez préciser le point de départ. Par exemple, pour voir cité un fichier intitulé .rapportrc, entrez la variante :

```
ls .*rep*
```

ATTENTION

Faites attention en utilisant le métacaractère `*`, quand vous supprimez des fichiers. La commande `rm *` supprime tous les fichiers de votre répertoire. Il est fréquent de supprimer accidentellement tous les fichiers alors qu'on ne désire effacer qu'un ensemble ayant un préfixe ou un suffixe commun. Si, au lieu d'entrer `rm *txt` (pour supprimer tous les fichiers dont le nom se termine par `txt`), vous entrez `rm * txt`. Linux détruira d'abord tous les fichiers et essayera ensuite d'effacer l'unique fichier intitulé `txt`.

Par sécurité, utilisez l'option `-i` avec `rm` si vous avez recours l'astérisque pour compléter le nom de fichier. La commande `rm -i *txt` vous demande confirmation avant suppression.

Le métacaractère ?

Utilisez le point d'interrogation pour représenter un caractère seul. Imaginez que vous disposiez de fichiers rapport1, rapportb, rapport10, rapportb3, rapport.dft et rapport.fin dans votre répertoire courant. Vous savez que la commande `lp rep*` imprime tous les fichiers ; mais pour imprimer seulement les deux premiers (rapport1 et rapportb), entrez :

```
lp rapport?
```

Pour énumérer les noms de tous ceux qui n'ont que trois caractères et se terminent par `x`, entrez :

```
ls ??x
```

Cette commande énumère un fichier dont le nom serait `tax`, et non `trax`.

Le point d'interrogation remplaçant un seul caractère, la chaîne `???` représente tous les fichiers dont le nom est constitué de trois caractères. Vous pouvez générer une liste des fichiers dont l'extension contient trois caractères avec la chaîne `.???`. Si par exemple vous effectuez une recherche dans un répertoire contenant des images ainsi que d'autres données, la commande suivante recense tous les fichiers ayant des extensions telles que .tif, .jgp et .gif, ainsi que tout fichier ayant une extension de trois caractères :

```
ls *.???
```

INFO

Rappelons que Linux n'est pas MS-DOS : les noms de fichiers ne sont pas limités à huit caractères avec une extension de trois caractères. Rappelons également que Linux distingue la casse dans les noms de fichiers.

L'expression []

Quelquefois, il faut être plus sélectif que ne le permettent les métacaractères `*` et ?. Supposons que vous vouliez sélectionner les fichiers job1, job2 et job3, mais pas jobx. Le caractère ? ne permet pas de sélectionner les fichiers voulus, car il représente une occurrence de n'importe quel caractère. Vous pouvez toutefois utiliser l'expression `job[123]`.

Vous pouvez aussi représenter un caractère unique en incluant une série de caractères entre crochets. Pour énumérer les noms de fichiers commençant par une majuscule, entrez :

```
ls [A-Z]*
```

Imaginez que vous vouliez copier les trois premiers fichiers intitulés ventes.90, ventes.91, ventes.92 et ventes.93 et que vous dans un sous-répertoire appelé bilan1994. En supposant que ce sous-répertoire existe, entrez :

```
cp ventes.9[0-2] bilan1994
```

Comme le point d'interrogation, les éléments entre des crochets représentent exactement un caractère. Il est possible de décrire des séries de valeurs telles que [123], ce qui n'autorise que les caractères 1, 2, ou 3 ; vous pouvez également décrire un intervalle de caractères comme `[A-Z]`, qui représente chaque majuscule comprise entre le A et le Z inclus.

Vous pouvez aussi spécifier un ensemble d'intervalles. Par exemple, pour uniquement préciser des caractères alphabétiques, utilisez `[A-Z,a-z]`. Dans le jeu de caractères ASCII, il y a des caractères spéciaux entre ASCII Z et ASCII a *;* si vous précisez `[A-z]`, vous incluez tous les caractères spéciaux dont vous avez besoin.

• Association de processus au moyen de pipelines

Il arrive fréquemment qu'on ait besoin d'utiliser la sortie d'un programme ou d'une commande comme entrée pour un autre programme. Au lieu d'entrer chaque commande séparément et de sauvegarder les résultats dans des fichiers intermédiaires, vous pouvez connecter une suite de commandes en utilisant un *tube* ou *pipeline* (|).

Pour trier le fichier ventes1995 puis l'imprimer, entrez :

```
sort ventes1995 ¦ lp
```

Le terme *tube* est approprié. La sortie du programme à gauche du tube (barre verticale) est envoyée via celui-ci et utilisée comme entrée du programme qui se trouve à droite. Vous pouvez connecter plusieurs processus avec les tubes. Pour imprimer une liste classée des données de tous les fichiers ayant des noms commençant par ventes, entrez :

```
cat ventes* ¦ sort ¦ lp
```

• Redirection des entrées et sorties

De nombreux programmes attendent une entrée du terminal ou du clavier ; beaucoup envoient leur sortie vers l'écran du terminal. Linux associe l'entrée du clavier à un fichier nommé stdin et la sortie du terminal à un fichier nommé stdout. Vous pouvez rediriger l'entrée et la sortie de façon que, au lieu de concerner le terminal, il vienne d'un fichier ou lui soit envoyé.

Utilisez le symbole < (inférieur à) pour rediriger la sortie vers une commande ou un programme, de sorte qu'il vienne d'un fichier et non du terminal. Imaginez que vous vouliez envoyer par e-mail un fichier nommé info à quelqu'un dont l'adresse est sarah. Au lieu de retaper les contenus du fichier dans la commande `mail`, tapez cette commande afin d'utiliser le fichier info comme entrée (stdin) de la commande `mail` :

```
mail sarah < info
```

Le symbole > (supérieur à) permet de rediriger une sortie de programme vers un fichier. Au lieu de voir la sortie s'afficher sur l'écran du terminal, elle est placée dans un fichier. La commande `date` affiche l'heure et la date courantes sur l'écran du terminal. Pour mémoriser l'heure et la date courantes dans un fichier nommé `now`, entrez :

```
date > now
```

ATTENTION

Si le nom du fichier à droite du signe > existe déjà, il est écrasé. Prenez garde à ne pas détruire ainsi une information importante.

Pour ajouter une information à un fichier déjà existant, utilisez le double symbole >>. Pour ajouter la date courante au fichier nommé rapport, entrez :

```
date >> rapport
```

Analysons un exemple un peu plus détaillé. Imaginez que le fichier intitulé ventes comprenne des données de ventes. Le premier champ de chaque ligne contient le code ID d'un client. La première ligne de commande place la sortie de la commande `date` dans un fichier appelé ventes-rapport. La deuxième ligne utilise le fichier ventes comme entrée de la commande `sort` et y ajoute la sortie de ventes-rapport. La dernière ligne envoie ce fichier aux utilisateurs sarah et brad par e-mail.

```
date > ventes rapport
sort < ventes >> ventes-rapport
mail sarah brad < ventes-rapport
```

ATTENTION

Prenez garde de ne pas rediriger le même fichier à la fois comme entrée et comme sortie. Cela détruirait très certainement les contenus du fichier.

Le Tableau 18.5 résume les symboles de redirection utilisés sous Linux.

Tableau 18.5 : Symboles de redirection de Linux

Symbole	Description	Exemple
<	Prend l'entrée dans un fichier	`mail sarah < rapport`
>	Envoie la sortie vers un fichier	`date > now`
>>	Ajoute la sortie à un fichier	`date >> rapport`

• Substitution des variables shell

Vous avez découvert l'expansion de la variable shell lorsque vous avez initialisé votre variable `PATH` à `PATH=$PATH:`*`nouveauchemin`*. Le shell remplaçait `$PATH` et prenait les valeurs courantes de la variable `PATH`. Les shells sont vraiment des langages interprétés, presque comme le BASIC ; la variable shell est le premier objet manipulé. Comme les variables du shell sont souvent manipulées, chaque shell fournit des méthodes pour tester et définir ses variables.

Les variables shell sont mémorisées comme des chaînes. Quand deux variables sont placées ensemble, leur chaîne respective est concaténée. Par exemple, si vous avez deux variables, `X=hello` et `Y=world`, l'expression `$X$Y` aboutit à la chaîne `helloworld`. Si vous transmettez la commande suivante, le shell analyse les deux paramètres, et les valeurs `X` et `Y` (les deux chaînes `hello` et `world`) sont substituées avant de passer à la commande `echo` :

```
echo $X $Y
```

La commande `echo` affiche alors `hello world`.

INFO

Notez que si vous placez une douzaine de caractères <Tab> entre `$X` *et* `$Y`*, le résultat en sortie demeure le même.*

Si la substitution s'avère ambiguë, le shell pratique celle qui lui semble la plus évidente — avec le plus souvent des résultats inattendus. Par exemple, si vous tapez `echo $XY`, le shell substitue `helloY`. Si vous avez aussi une variable `XY`, sa valeur sera elle aussi substituée. Pour contourner ces ambiguïtés, le shell dispose d'un mécanisme simple permettant de définir exactement ce que vous voulez. Si vous tapez `${X}Y`, il substitue la valeur `X` avant d'ajouter le caractère `Y` à la chaîne.

Les shells Bourne et Korn disposent pour l'expansion de la variable shell de techniques variées qui effectuent différents tests sur la variable avant d'en réaliser la substitution. Consultez les pages d'aide de `sh` et `ksh` pour plus d'informations.

• Résultat d'une substitution de commande

Après que le shell a réalisé la substitution des variables, il examine à nouveau la ligne de commande à exécuter avant qu'elle ne soit totalement prête. Une *substitution de commande* signifie que Linux remplace les résultats d'une commande par un paramètre de position. Cela est spécifié de la façon suivante :

```
commande-1 paramètre `commande-2`
```

Faites attention à l'utilisation des guillemets ("), des apostrophes (') et des accents graves (`). Le Tableau 18.6 présente l'effet de chaque signe.

Tableau 18.6 : Guillemets, apostrophes et accents

Symbole	Description
"	Les guillemets désactivent la création d'un nom de fichier et suppriment l'expansion de paramètres. Cependant, la substitution des variables et des commandes fonctionne toujours.
'	L'apostrophe annihile toute analyse ; tout ce qui se trouve à l'intérieur des apostrophes est transmis comme un paramètre unique.
`	L'accent grave induit une substitution de commande. Tout ce qui est inclus à l'intérieur des accents graves est exécuté comme si la commande avait été produite toute seule. Toute sortie placée sur la sortie standard remplace alors la commande. La ligne de commande est ensuite analysée pour ces paramètres.

Considérez la ligne de commande suivante :

```
echo Aujourd\'hui, nous sommes le `date`
```

Elle produit la sortie :

```
Aujourd'hui, nous sommes le Lun 18 Mai 14:35:09 EST 1994
```

Pour faire en sorte que la commande `echo` se comporte correctement, les caractères `'hui` (dans `Aujourd'hui`) de la commande précédente étaient précédés d'un antislash (\), également appelé *caractère d'échappement*.Virtuellement, chaque caractère non alphanumérique sur votre clavier a une signification particulière pour le shell. Pour utiliser chacun de ces caractères spéciaux dans une chaîne et pour empêcher le shell d'interpréter le caractère, vous devez le "despécialiser", c'est-à-dire le faire précéder de \. Pour passer le caractère \ lui-même, tapez \\\. Pour passer le signe `$` à une commande, tapez `\$`.

• Expressions rationnelles

Une expression rationnelle est une suite de caractères standards et d'opérateurs spéciaux. Elles servent à rechercher une chaîne de caractères dans un fichier. On les utilise souvent avec les outils de la famille `grep` (`grep`, `egrep`, et `fgrep`), mais également avec d'autres commandes UNIX.

L'expression rationnelle la plus simple est une chaîne. Une chaîne est une suite de caractères. La syntaxe d'une commande grep est :

```
grep chaîne nomdefichier
```

Par exemple, pour rechercher le mot *hand* dans un fichier particulier nommé michael.txt, exécutez la commande suivante :

```
grep hand michael.txt
```

Vous pourriez obtenir ce résultat :

```
on the other hand, michael has been working hard this past
```

si seule cette ligne du fichier contient le mot *hand*. Grep indique toutes les lignes d'un fichier texte qui contiennent une correspondance avec la chaîne.

Les expressions rationnelles utilisent des caractères spéciaux. Il s'agit du point (`.`), de l'astérisque (`*`), des crochets (`[]`), du slash (`/`), de l'accent circonflexe (`^`), et du dollar (`$`). Le Tableau 18.7 résume ces caractères spéciaux et leur rôle dans les expressions rationnelles.

On peut définir combien d'exemplaires d'un caractère donné doivent correspondre, à l'aide des accolades {}. Par exemple, la commande :

```
g\{3,4}
```

correspond à toute ligne du fichier texte contenant soit `ggg`, soit `gggg`.

Si vous conservez un fichier volumineux de courriers anciens, la commande :

```
grep 'quelconque' ~/mail/*
```

recherchera la chaîne *quelconque* dans le répertoire mail. Par exemple, vous vous souvenez que David Quigman a indiqué son numéro de téléphone dans son fichier de signature, mais vous ne vous rappelez pas dans quel dossier vous avez sauvegardé son message. La commande :

```
grep 'Quigman' ~/mail/*
```

trouvera toutes les instances du nom Quigman.

Tableau 18.7 : Caractères spéciaux des expressions rationnelles

Caractère	Description
.	Correspond à un seul caractère, à moins qu'il ne s'agisse du retour chariot. Par exemple, b.d correspond à bad et bod.
*	Correspond à zéro caractère ou plus de l'expression rationnelle qui précéde. Ainsi, le motif 4* correspond aux chaînes : 4s, 14, 24s, et ainsi de suite. Le motif * est utilisé pour exprimer : "tout".
[ ]	Utilisés pour regrouper un ensemble de caractères. Souvenez-vous que contrairement au DOS, UNIX est sensible à la casse des caractères. Ainsi, pour toutes les occurrences du nom Michael, vous pouvez indiquer [Mm]ichael pour rechercher michael ou Michael, et exclure MICHAEL. Pour rechercher un vrai caractère], vous pouvez indiquer []], ou utiliser le slash comme caractère d'échappement qui fera considérer le crochet droit comme un caractère texte, comme cela : /]. Un tiret signifie que les crochets indiquent une portée, par conséquent, [a–j] est la même chose que [abcdefghij].
/	Utilisé comme caractère d'échappement des caractères spéciaux. Ceux-ci sont traités comme du texte à rechercher dans une chaîne. Par conséquent, * correspond à tout, mais /* ne correspond qu'à une ligne contenant le caractère *. // sert naturellement à rechercher le caractère slash.
^	Situé en début de chaîne, ^ correspond à une ligne seulement si la chaîne est située au début de la ligne. Par exemple, si vous possédez un fichier texte de numéros de téléphone triés par codes régionaux, l'expression rationnelle ^02 correspondra à tous les numéros de la zone 02, mais pas au numéro de téléphone 01 44 44 44 02.
$	Si $ est le dernier caractère d'une expression rationnelle, il fait correspondre l'expression à une ligne du fichier, si l'expression est située à la fin du fichier.

Il pourrait cependant être encore plus commode de trouver le numéro de téléphone. Supposons qu'il se trouve dans la zone régionale 04. La commande

```
grep 04.[0-9]\{2\}.[0-9]\{2\}.[0-9]\{2\}.[0-9]\{2\}' ~/mail/*
```

indiquera tous les numéros de téléphone commençant par 04. Remarquez les points de séparation. Le point correspond à n'importe quel caractère, ce qui vous permet de trouver les numéros de téléphone 04-55-55-12-12, 04.55.55.12.12 ou 04 55 55 12 12 (certaines personnes utilisant le point ou le tiret et d'autres l'espace).

• Groupes de commandes, sous-shells et autres commandes

Vous terminez une commande simple avec un retour chariot. Pour en placer plus d'une sur la ligne de commande avant de presser <Entrée>, vous pouvez délimiter des commandes individuelles avec un point-virgule (;), constituant ainsi un groupe de commandes. Quand le shell analyse la ligne de commande, il traite le point-virgule comme un caractère de fin de ligne. Si vous tapez la chaîne suivante, le shell exécute les commandes séquentiellement comme si vous aviez tapé chacune d'elles ligne par ligne :

```
commande-1;commande-2;commande-3
```

Par exemple, vous pouvez entrer `clear;ls` pour effacer votre écran et visualiser une liste de répertoires.

Groupes de commandes

Pour rediriger une entrée ou une sortie sur toutes les commandes comme un groupe, vous pouvez le faire en transformant la ligne de commande en groupe de commandes. Un *groupe de commandes* est défini par un nombre de commandes entre accolades (`{}`). Par exemple, la chaîne de commandes suivante dirige la sortie des deux commandes vers le fichier intitulé fichier de sortie :

```
{commande-1;commande-2} > fichier de sortie
```

Toutes les formes de redirection peuvent être utilisées. La sortie du groupe de commandes peut être placée sur un tube comme dans l'exemple suivant :

```
{commande-1;commande-2} ¦ commande-3
```

Dans ce cas, la sortie de *commande-1* est introduite dans le tube ; celle de la *commande-2* est introduite dans le même tube ; *commande-3* ne voit qu'un flux de données.

INFO

Les commandes dans le groupe de commandes sont exécutées dans le shell courant. Cela signifie qu'elles peuvent modifier l'environnement ou changer les répertoires.

Sous-shells

Quand vous exécutez une série de commandes ou un groupe de commandes, celles-ci fonctionnent sur le shell courant. Si l'une d'elles modifie l'environnement ou change les répertoires, ces changements deviennent effectifs quand l'exécution du groupe de commandes se termine. Pour éviter ce problème, exécutez le groupe de commandes dans un *sous-shell.*

Un sous-shell est un clone du shell courant, mais comme le processus "fils" ne peut modifier l'environnement de son processus "père", toutes les commandes exécutées dans un sous-shell n'ont aucun effet dans l'environnement quand le groupe de commandes est achevé. Pour exécuter ce groupe dans un sous-shell, remplacez les accolades par des parenthèses. L'exemple de groupe de commandes utilisé dans la section précédente devient alors :

```
(commande-1;commande-2) ¦ commande-3
```

Seule *commande-3* s'exécute dans le shell courant, mais la sortie du sous-shell est reliée par un tube à l'entrée de *commande-3*.

Processus en arrière-plan

Parce que Linux est un système multitâche, il y a plusieurs façons d'exécuter les commandes en arrière-plan. La forme de traitement en tâche de fond la plus simple vous permet d'exécuter une commande en concurrence avec une autre en premier plan. D'autres méthodes placent les commandes de plus en plus loin en arrière-plan.

• Préparation des processus pour une exécution en tâche de fond

Le shell permet de commencer un processus et d'en commencer un autre, avant que le premier ne soit achevé. Vous mettez ainsi le processus en arrière-plan. Pour ce faire, il faut utiliser le caractère (&) comme dernier caractère de la ligne contenant la commande que vous voulez exécuter en tâche de fond.

Considérez la commande suivante :

```
sort ventes > ventes.triées &
```

Si vous entrez cela, un nombre apparaîtra à l'écran. Ce nombre, le PID, est le numéro d'identification du processus que vous mettez en arrière-plan. Le PID permet donc au système d'exploitation d'identifier ce processus.

Normalement, quand vous exécutez une commande, le shell suspend l'opération jusqu'à ce qu'elle soit terminée. Si vous ajoutez un point-virgule à la fin de la chaîne de commande, celle-ci fonctionne parallèlement au shell. En plaçant un point-virgule *après* la chaîne de commande, le shell réduit l'opération dès que la commande en tâche de fond est lancée. A moins que vous n'utilisiez la redirection I/O avec la commande en tâche de fond, cette dernière et le shell courant attendent une entrée et produisent une sortie vers votre terminal. A moins que votre commande en arrière-plan ne prenne soin elle-même de I/O, la syntaxe exacte pour le processus en arrière-plan se présente ainsi :

```
chaîne-commande [fichier-entrée] fichier-sortie &
```

ASTUCE

Mettez en arrière-plan des travaux dont vous ne voulez pas attendre la fin avant d'en commencer un autre. Vous pouvez également mettre des travaux en arrière-plan lorsque, parmi l'ensemble de vos activités, une au moins peut fonctionner seule. Commencez par celle-ci et mettez-la en tâche de fond.

Vous pouvez encore utiliser les terminaux virtuels offerts par Linux pour exécuter une commande et vous connecter ensuite sur un autre terminal.

Parce que le processus en arrière-plan est un fils de votre shell, il est automatiquement supprimé quand vous vous déconnectez.

Par exemple, pour copier un ensemble de fichiers dont les noms se finissent par les caractères .txt dans un sous-répertoire appelé bilan1994, et imprimer la liste choisie de données dans tous les fichiers dont le nom commence par ventes sans attendre que le processus soit achevé, tapez les deux commandes suivantes :

```
cp*.txt bilan1994 &
cat ventes* ¦ sort ¦ lp
```

• La commande nohup

Pour placer une commande plus loin en arrière-plan que les opérateurs `&` ne le permettent, utilisez `nohup` (*no hang up*). La commande prend comme arguments une chaîne de commandes. Cependant, `nohup` doit être utilisé en coordination avec l'opérateur `&` pour que la commande soit placée en arrière-plan. Si elle est gérée avec `nohup` en premier plan, la commande est préservée de toute destruction quand vous vous déconnectez de votre terminal ou terminez une communication par modem.

La syntaxe de la commande `nohup` est :

```
nohup chaîne-commande [fichier-entrée] fichier-sortie &
```

• Le démon cron

Si vous réalisez une commande avec `nohup`, celle-ci s'exécute immédiatement. Pour exécuter la commande plus tard ou sur une base de "temps disponible", vous devez faire appel aux services du démon `cron`.

Voir Chapitre 19.

Le démon `cron` est une commande exécutée en arrière-plan par Linux et, plus spécifiquement, par `init`, le programme maître. La fonction de `cron` est de fournir des services d'ordonnancement. Vous pouvez demander à `cron` d'exécuter un programme à une heure précise, périodiquement, à une heure particulière chaque jour, voire à n'importe quel moment où le lancement de `cron` est autorisé.

La commande at

La commande `at` attend une heure ou une date comme paramètre et prend n'importe quel nombre de chaînes de commandes à partir de son entrée standard. Quand `at` détecte une marque de fin de ligne, elle crée un script de shell Bourne pour assurer l'exécution à l'heure que vous avez précisée.

La commande `at` est versatile quant aux types d'heure et de date qu'elle accepte. Par exemple, si vous entrez `at now + 1 day`, les prochaines commandes, prises à partir de l'entrée standard, seront exécutées le lendemain à la même heure. On peut par exemple utiliser la commande `at` à l'intérieur d'un script shell.

Un *script shell* est un fichier contenant toutes les commandes nécessaires à l'exécution d'une série de commandes. Le nom de fichier devient alors votre propre addition au langage de commande de Linux. Voici une façon d'utiliser `at` :

```
at now + 1 day
commande-1
commande-2
```

Lorsque vous les placez dans un script shell, ces lignes vous permettent d'exécuter une ou plusieurs commandes le lendemain. Pour exécuter un nombre quelconque de commandes, entrez celles-ci après la ligne `at`. Vous pouvez exécuter n'importe quel nombre de commandes à partir de ce script.

La commande batch

Voir
Chapitre 8.

La commande `batch` est l'équivalent logique de `at now`. Si vous essayez d'utiliser `at now`, un message d'erreur déclare quelque chose comme `now has passed`. `batch` travaille exactement comme `now`, à cela près que le démon `cron` maintient une file séparée pour les commandes générées par `at`, `batch` et `cron`. Supposons que le fichier backup contienne les commandes suivantes :

```
tar -cvf tackettbkup /usr/home/tackett
```

Vous pouvez demander au système de sauvegarder le répertoire /usr/home/tackett en tapant la commande suivante :

```
batch backupv
```

La commande crontab

`cron` permet d'automatiser la maintenance du système et c'est l'une de ses meilleures utilisations. Avec `cron`, vous pouvez, en tant qu'administrateur du système, créer des sauvegardes automatiques du système chaque jour à 4 heures du lundi au samedi. Vous pourvez installer, effacer et énumérer les commandes que vous voulez exécuter grâce à la commande `crontab`.

Pour exécuter les commandes périodiquement, vous devez créer un fichier dans le format `crontab`. Ce dernier consiste en six champs séparés par des espaces ou des tabulations. Les cinq premiers champs sont des entiers spécifiant les minutes (00-59), l'heure (00-23), le jour du mois (00-31), le mois (01-12), et le jour de la semaine (0-6, avec 0 pour dimanche). Le sixième champ est la chaîne de la commande. Chaque champ numérique peut contenir une échelle de numéros (par exemple `1-5` pour indiquer du lundi au vendredi, ou des ensembles discrets de numéros tels que `0`, `20`, `40` pour indiquer que l'instruction devrait être gérée toutes les 20 minutes). Un champ peut aussi contenir un astérisque pour indiquer les valeurs légales.

L'exemple suivant utilise la commande `calendar` toutes les 20 minutes du lundi minuit au vendredi à 23:40.

```
0,20,40 * * * 1-5 calendar -
```

Si vous appelez votre fichier fichcron, vous pouvez installer un système `cron` en émettant la commande `crontab fichcron`.

Le démon `cron` fonctionne avec la minute pour unité de temps, c'est-à-dire que le temps le plus court sur lequel vous pouvez travailler est une minute. En tant qu'administrateur du système, vous pouvez limiter le nombre de commandes autorisées à fonctionner sur une seule période. Ce n'est pas parce que vous demandez à `cron` d'exécuter un fichier `at`, `batch` ou `crontab`, qu'il doit fonctionner à l'heure précise que vous lui avez indiquée.

Messages du système

Linux donne un retour immédiat pour les commandes qui sont stoppées pour une raison ou pour une autre. Dans la plupart des cas, les erreurs se limitent à des fautes de frappe dans le nom de la commande ou à des noms de fichier mal formulés. Si vous essayez d'exécuter une commande inexistante, Linux affiche le message :

```
commande: command not found
```

Si vous essayez d'utiliser un nom de fichier inexistant, Linux répond :

```
commande: fichier: no such file or directory
```

Si l'erreur est due à autre chose qu'une faute dans la ligne de commande, la commande elle-même apporte ce qui s'est passé, même si ce n'est pas toujours facilement déchiffrable.

Si vous essayez d'exécuter une commande avec `nohup` et que vous n'avez pas redirigé la sortie d'erreur standard, Linux place automatiquement des messages d'erreur dans le fichier nommé nohup.out du répertoire à partir duquel vous exécutez votre commande.

Parce que les commandes exécutées par `cron` sont moins urgentes, chaque erreur, — en fait, chaque sortie placée dans la sortie standard et non redirigée — vous est envoyée par e-mail.

Edition des commandes shell et alias

Différents shells incluent des caractéristiques offrant des raccourcis pour exécuter les commandes. *L'édition de commandes* vous permet de modifier celles que vous avez déjà tapées. Avec *l'historique des commandes*, vous pouvez rappeler celles précédemment entrées. Les *alias* servent à créer des commandes qui en représentent d'autres. La *terminaison de commande* vous permet de compléter le nom de votre fichier après en avoir tapé une partie.

• Edition de commandes

L'édition de commandes signifie qu'après avoir tapé une commande — et avant que vous ne tapiez sur la touche <Entrée> — vous pouvez éditer ou changer certains de ses éléments sans avoir à la retaper. Pour éditer une commande, pressez <Echap> afin d'entrer dans le mode d'édition ; vous pouvez alors utiliser n'importe quelle commande de déplacement de ligne de l'éditeur `vi` pour modifier la commande. La <Barre d'espace> permet de retourner à une partie de la commande que vous souhaitez modifier et à d'autres commandes `vi` telles que `x` pour effacer un caractère, `r` pour en remplacer un, etc.

• Historique des commandes

L'historique des commandes vous permet de revoir les commandes précédemment tapées et de les rappeler. Il vous fait gagner du temps et vous évite certains problèmes qui surviennent lorsque vous retapez la commande. Quand vous associez cette caractéristique à l'édition de commandes, vous pouvez aisément corriger les erreurs dans des commandes compliquées et vous occuper efficacement de tâches répétitives.

Dans les deux shells, la commande `history` affiche la liste des commandes passées que le shell a sauvegardées. Celles-ci sont numérotées. Pour exécuter la commande 10 par exemple, tapez ! `10`. Le shell `bash` bénéficie également des touches de déplacement fléchées du PC : pour rappeler des commandes, utilisez la <Flèche d'en haut>.

• Alias

Les alias permettent de donner un nom à une commande. Considérez l'exemple suivant : la commande `man` affiche la documentation de Linux et les pages d'aide. Pour faire apparaître le mot `help` comme alias, entrez :

```
alias help=man
```

Vous pouvez maintenant entrer `help cp` ou `man cp` pour visualiser les pages d'aide de Linux concernant la commande `cp`.

Vous pouvez également utiliser les alias avec des commandes disposant d'options ou d'arguments. Par exemple, pour énumérer les noms de tous les fichiers de votre répertoire courant classés par ordre décroissant par rapport à leur dernière modification (de façon que les fichiers les plus récents se trouvent en fin de liste), utilisez cette commande :

```
ls -art
```

La commande `ls` est là pour énumérer les fichiers ; l'option `-a` spécifie tous les fichiers, l'option `-r` dispose les fichiers dans l'ordre inverse, et l'option `-t` effectue un tri par rapport à l'heure de la dernière modification. C'est tout ce qu'il y a à retenir. Vous pouvez assigner l'alias `heuredir` à cette commande compliquée grâce à la commande suivante :

```
alias heuredir="ls -art"
```

Les guillemets (`" "`) sont nécessaires parce que le shell attend que l'alias `heuredir` se termine avec un espace ou avec <Entrée>. Si vous entrez `heuredir`, vous obtenez le contenu du répertoire comme vous le désiriez.

INFO

Initialiser un alias à partir de la ligne de commande maintient l'alias en activité uniquement pour la session en cours. Pour que l'alias soit actif dès que vous vous connectez, incluez la définition de l'alias dans le fichier .profile si vous utilisez le shell Bourne ; placez-le dans le fichier .login si vous utilisez le shell C.

• Terminaison de commandes

La *terminaison de commande* permet de taper le début d'un nom de fichier et de presser ensuite la touche <Tab> pour l'étendre. Cela vous fait gagner du temps et vous évite des fautes d'orthographe quand vous entrez la commande. Si deux fichiers partagent le même préfixe, Linux étend la commande au dernier caractère commun, arrête l'extension du nom, et émet un bip. Vous avez besoin de fournir alors un seul nom de fichier.

• Ajout de texte par copier-coller

Les versions Red Hat et Slackware de Linux offrent un programme qui, lancé au démarrage, vous permet d'utiliser la souris pour sélectionner un texte n'importe où sur l'écran et ensuite le coller sur la ligne de commande pour que le shell l'interprète. Pour obtenir le curseur de la souris, pressez simplement sur un des boutons de la souris. Cliquez pour sélectionner le début du texte et, maintenez le bouton enfoncé pour conduire le curseur au point de fin de texte désiré. Une fois que vous avez sélectionné votre texte, cliquez du bouton droit de la souris pour le copier sur la ligne de commande.

Travail avec les scripts shell

Le shell accepte les commandes, les interprète et prépare le système d'exploitation pour les exécuter de la manière que vous avez spécifiée. Dans les sections précédentes, vous avez vu comment le shell interprète les caractères spéciaux, complète les noms de fichier, redirige les entrées/sorties, connecte les processus *via* des tubes, et met des travaux ou des processus en arrière-plan.

Vous pouvez taper les commandes du terminal, ou elles peuvent provenir d'un fichier. Un *script shell* est une collection de plusieurs commandes shell dans un fichier. Pour exécuter les commandes, tapez le nom du fichier. Les avantages de ce procédé sont que :

- Vous n'avez pas à retaper une suite de commandes.
- Vous déterminez les étapes pour atteindre l'objectif directement.

- Vous simplifiez les opérations pour vous et les autres utilisateurs.

En utilisant les variables et les mots clés, vous pouvez écrire un programme que le shell pourra interpréter. Cela vous permet de créer des scripts shell généraux que vous ou d'autres pouvez utiliser dans diverses situations.

Imaginez qu'après vous être connecté, vous aimiez régulièrement voir qui d'autre est connecté sur votre système, exécuter un programme nommé `calendar` qui affiche vos rendez-vous pour aujourd'hui et demain, et afficher à l'écran la date et l'heure actuelles. Pour faire tout cela, tapez les commandes suivantes :

```
who
calendar
date
```

En plaçant ces trois commandes dans un fichier intitulé infos et en le rendant exécutable, vous disposez d'un script shell dont vous pouvez vous servir comme de n'importe quelle autre commande. Le fichier infos doit être un fichier texte. Vous pouvez utiliser l'éditeur de texte `vi` ou `emacs` pour placer les commandes dans le fichier infos. Pour rendre ce fichier exécutable, entrez :

```
chmod +x infos
```

La commande `chmod` modifie ou initialise les droits d'accès pour un fichier. L'option `+x` rend le fichier exécutable, c'est-à-dire qu'il le fait travailler comme une commande Linux standard. Mettez les commandes dans le fichier et faites-le exécuter en même temps. A partir de cet instant, vous pouvez taper `infos` pour exécuter votre script shell. Vous pouvez utiliser le script shell comme n'importe quelle autre commande. Par exemple, imprimez les résultats de la commande `infos` comme suit :

```
infos ¦ lp
```

Pour insérer les résultats de la commande `infos` dans le fichier nommé infotxt dans l'optique d'une référence future, entrez :

```
infos > infotxt
```

En résumé, suivez les étapes suivantes pour créer un script shell que vous puissiez utiliser quand vous le voulez :

1. Utilisez un éditeur de texte tel que `vi` ou `emacs` pour insérer les commandes shell dans un fichier texte ou ASCII. (Dans l'exemple précédent, les commandes étaient insérées dans un fichier nommé infos.)
2. Faites-le de façon à avoir la permission d'exécuter le fichier. Utilisez `chmod +x nom-du-fichier` (par exemple, `chmod +x infos`).
3. Essayez la commande en tapant son nom et en appuyant sur <Entrée>.

Lorsque vous aurez utilisé plusieurs fois ce procédé, vous verrez combien il est facile de créer des scripts utiles. Bien sûr, le plus délicat est de trouver les commandes shell qu'il faut utiliser et le moyen de mettre à profit les capacités de programmation du shell pour exprimer les étapes que vous devez réaliser.

Vous pouvez essayer un script shell et visualiser toutes les étapes par lesquelles il passe en entrant :

```
sh -x nom-du-script
```

Dans cette syntaxe, `nom-du-script` est le nom du fichier qui contient le script que vous utilisez. La commande `sh -x` affiche toutes les étapes par lesquelles passe le script, ce qui est utile lorsque vous essayez de déboguer un script.

• Création de programmes avec le shell

Pour écrire un programme utilisant les shells, vous devez connaître les variables et les structures de contrôle. Une *variable* est un objet auquel on peut assigner plusieurs valeurs à des moments distincts. Les *structures de contrôle* spécifient la manière dont vous contrôlez le flux d'exécution de votre script. Il y a deux types de structures de contrôle : les structures décisionnelles (telles que les structures `if..then..else` ou les structures `case`) et les structures itératives (telles que `for` et `while`). Avec une *structure décisionnelle*, vous pouvez choisir une action à partir d'une ou de plusieurs alternatives, selon généralement la valeur de la variable et le résultat de la commande. Avec une *structure itérative*, vous répétez une séquence de commandes.

La section "Définition de l'environnement shell" traite des variables shell ; la section "Programmation avec les structures de contrôle" donne d'autres informations sur ces structures.

La commande echo

Vous pouvez utiliser la commande `echo` pour afficher des messages d'information explicitant ce qui se passe dans un script shell. La commande `echo` affiche sur l'écran ses *arguments*, c'est-à-dire tout ce qui suit le mot `echo`. Insérer une chaîne de caractères entre guillemets vous garantit que tous les caractères seront affichés. Vous pouvez aussi rediriger les résultats d'`echo` dans un fichier.

La commande

```
echo "Attendez SVP..."
```

affiche cette ligne sur l'écran du terminal :

```
Attendez SVP...
```

La commande suivante insère `Attendez SVP...` dans le fichier messg :

```
echo "Attendez SVP..." > messg
```

ASTUCE

L'utilisation de la commande `echo` *peut donner à l'utilisateur l'impression que quelque chose se passe quand il entre une commande (idée particulièrement bonne si la commande ne donne aucune sortie après quelques secondes).*

La commande `echo` est également utile quand vous voulez suivre l'évolution d'un script shell. Utilisez `echo` à des moments-clés pour savoir ce qui se passe dans le script. Voici le fichier infos avec la commande `echo` :

```
echo " Regardons qui est sur le système. "
who
echo " Des rendez-vous? "
calendar
date
echo " Terminé"
```

Quand vous exécutez le fichier infos, vous visualisez ce qui suit :

```
$ infos
Regardons qui est sur le système
sarah  tty01  Dec 20 08:51
brad    tty03  Dec 20 08:12
ernie  tty07  Dec 20 08:45
Des rendez-vous?
12/20  Réunion des ventes à 1:45
12/21  Soirée après le boulot!
Mon Dec 20 09:02 EST 1993
Terminé
$
```

Les commentaires

Il peut arriver qu'après avoir écrit un script shell, vous ne l'utilisiez pas pendant un moment, et que vous oubliiez ce qu'il permet de faire. Insérez des commentaires dans votre script shell pour définir sa fonction et son fonctionnement. Un *commentaire* est une note à votre usage et à celui de n'importe quel autre lecteur du script. Le shell ignore les commentaires, mais ils sont utiles à tout utilisateur.

Un dièse (#) signale au shell le début d'un commentaire. Chaque caractère à partir de ce signe jusqu'à la fin de la ligne fait partie de ce commentaire. Voici comment vous pourriez commenter le script shell `infos` :

```
# Nom:  infos
# Ecrit:  1/19/97, Patty Stygian
# But:  Afficher les personnes connectées, les rendez-vous, les dates
  echo "Regardons qui est sur le système."
  who  # Afficher les personnes connectées
```

```
echo "Des rendez-vous?"
calendar  # Vérifier les rendez-vous
date  # Afficher la date
echo " Terminé"
```

Exécutez une nouvelle fois le script shell et vous obtiendrez les mêmes résultats que précédemment. Les commentaires ne changent en aucune façon le comportement de votre script.

Utilisation des variables shell dans les scripts

Pour utiliser des variables, vous devez savoir comment attribuer une valeur à une variable et comment accéder à la valeur stockée dans celle-ci.

Il existe quatre façons d'assigner une valeur à une variable :

- par l'affectation directe ;
- par la commande `read` ;
- par des paramètres sur la ligne de commande ;
- par substitution de la sortie de la commande.

Affectation directe

La façon la plus directe d'attribuer une valeur à une variable consiste à écrire une expression telle que :

```
mon-e-mail=edsgar@crty.com
```

Cette expression donne à la variable `mon-e-mail` la valeur `edsgar@crty.com`. N'incluez pas d'espaces de chaque côté du signe *égal*. La méthode d'assignation directe revêt la forme suivante :

```
variable=valeur
```

Si la valeur contient des blancs, mettez-la entre guillemets. Pour assigner une adresse de bureau comme *Pièce 21, deuxième étage* à la variable `mon-bureau`, par exemple, utilisez la commande suivante :

```
mon-bureau="Pièce 21, Deuxième étage"
```

Le shell extrait la valeur de la variable dès qu'il rencontre le signe `$` suivi du nom de la variable. Vous pouvez le constater quand les deux rapports suivants sont exécutés :

```
echo " Mon adresse e-mail est $mon-e-mail"
echo " Mon bureau est $mon-bureau"
```

Imaginez que vous copiiez fréquemment des fichiers dans le répertoire nommé /commun/info/public/ventes. Pour copier un fichier intitulé actuel dans ce répertoire, entrez :

```
cp actuel /commun/info/public/ventes
```

Pour que ce soit plus facile, vous pouvez assigner un nom de répertoire à la variable `com-ventes` avec l'expression suivante :

```
com-ventes=/commun/info/public/ventes
```

Pour copier le fichier actuel dans ce répertoire, tapez maintenant :

```
cp actuel $com-ventes
```

La commande read

La commande `read` prend la ligne suivante de l'entrée et l'assigne à une variable. Le script shell qui suit étend l'exemple précédent et demande à l'utilisateur de spécifier le nom du fichier devant être copié :

```
# Nom: copy-com
# But: copier le fichier spécifié dans le répertoire
#  /commun/info/public/ventes
  com-ventes=/commun/infor/public/ventes
  echo "Entrez le nom du fichier à copier"  # invite utilisateur
  read nom-du-fichier  # saisit le nom-du-fichier
  cp $nom-du-fichier $com-ventes  # effectue la copie
```

`read` suspend le script et attend une entrée en provenance du clavier. Si vous appuyez sur <Entrée>, le script continue. En entrant <Ctrl-d> (parfois représenté par `^D`) pendant que la commande `read` attend une entrée, le script est interrompu.

Paramètres de ligne de commande

Quand le shell interprète une commande, il affecte les noms des variables à chaque élément de la ligne de commande. Les éléments de cette ligne sont des suites de caractères séparées par des blancs ou des tabulations. (Utilisez les guillemets pour signaler qu'un ensemble de caractères séparés par des espaces représente un seul élément.) Les variables rattachées aux éléments de la ligne de commande sont `$0`, `$1`, `$2`, et ainsi de suite jusqu'à `$9`. Ces dix variables correspondent à des positions d'éléments sur la ligne. Le nom de la commande est `$0`, le premier argument ou paramètre pour la commande est donc `$1`, prenons par exemple le script shell suivant `affiche-vars` intitulé :

```
# Nom: affiche-vars
# But: demontrer les variables de la ligne de commande
  echo $0
  echo $2 $4!
  echo $3
```

Imaginez que vous entriez :

```
affiche-vars -s bonjour "regardez-moi" bart
```

La sortie du script shell est alors :

```
affiche-vars
bonjour bart!
regardez-moi
```

Dans cette sortie, la première ligne correspond au nom de la commande (variable `$0`) ; la deuxime affiche le deuxième et le quatrième argument (variables `$2` et `$4`), la dernière ligne le troisième (variable `$3`).

Prenons maintenant un exemple plus sérieux. Ce script shell efface un fichier, mais le copie d'abord dans le répertoire /tmp pour que vous puissiez le retrouver si nécessaire :

```
# Nom:  securm
# But:  copier le fichier dans le répertoire /tmp et l'effacer ensuite
#  du répertoire courant
# premièrement copie $1 dans /tmp
  cp $1 /tmp
# efface maintenant le fichier
  rm $1
```

Si vous tapez `securm abc def` et appuyez sur <Entrée>, seul le fichier abc sera retiré du répertoire courant, parce que le script shell `securm` efface simplement la variable `$1`. Vous pouvez cependant représenter tous les paramètres de la ligne de commande avec `$*`. Rendez `securm` plus général en remplaçant chaque occurrence de `$1` par `$*`. Si vous entrez alors `securm abc def xx guio`, les quatre fichiers (abc, def, xx et guio) seront retirés du répertoire courant.

Substitution de la sortie d'une commande

Vous pouvez assigner à une variable le résultat de l'exécution d'une commande. Pour mémoriser le nom du répertoire qui fonctionne actuellement dans la variable appelée `cwd`, par exemple, tapez :

```
cwd= `pwd`
```

Remarquez que `pwd`, la commande affichant le répertoire de travail, est encadrée par des accents graves et non par des apostrophes. Le script shell suivant change le nom d'un fichier en y ajoutant le mois, le jour, et l'année en cours :

```
# Nom:  cachet
# But:  renomme le fichier: ajoute au nom la date d'aujourd'hui
# initialisez td la date courante au format mmddyy
  td=`+%m%d%y`
# renomme le fichier
  mv $1 $1.$td
```

Dans cet exemple, la variable `td` est initialisée à la date courante. A la dernière ligne, cette information est ajoutée à la variable `$1`. Si le 24 février 1995, vous utilisez ce script avec un fichier appelé mon-fichier, celui-ci sera rebaptisé monfichier.022495.

Caractères spéciaux dans les scripts

Vous savez que le shell réserve un traitement spécial aux caractères tels que >, *, ? et $. Mais que faites-vous si vous ne voulez pas que ces caractères subissent un traitement spécial ?

Vous pouvez utiliser l'apostrophe pour faire en sorte que le shell ignore les caractères spéciaux. Encadrez votre chaîne de caractères d'apostrophes, comme ici :

```
grep '^Mary Tuttle' clients
```

La commande `grep` affichera les lignes du fichier clients commençant par `Mary Tuttle`. L'accent circonflexe (^) indique à `grep` de chercher à partir du début de la ligne. Si le texte `Mary Tuttle` n'était pas placé entre apostrophes, il serait interprété littéralement (ou comme un pipeline sur certains systèmes). De plus, l'espace entre `Mary` et `Tuttle` n'est pas interprété par le shell quand il se trouve entre apostrophes.

Vous pouvez aussi utiliser les guillemets pour que le shell ignore la plupart des caractères spéciaux, à l'exception du signe dollar ($) et de l'accent grave. Dans l'exemple suivant, les astérisques, les espaces, et le signe *supérieur à* sont interprétés comme des caractères normaux parce que la chaîne est encadrée des guillemets :

```
echo " *** Entrez votre réponse SVP-- >"
```

Dans cet exemple cependant, `$LOGNAME` est évalué correctement, mais il n'y a pas de valeur pour `$5` :

```
echo " >>>Merci pour le $5, $LOGNAME"
```

Utilisez l'antislash (\) pour que le shell ignore un caractère unique. Par exemple, pour que le shell ignore le signe dollar devant le 5, entrez la commande suivante :

```
echo " >>>Merci pour le \$5, $LOGNAME"
```

Le résultat sera celui escompté :

```
>>>Merci pour le $5, wrev
```

• Programmation avec les structures de contrôle

Il y a deux types de structures de contrôle dans la programmation shell. Dans les *structures décisionnelles*, telles que `if...then...else...`et `case`, le shel peut décider quelles commandes exécuter selon la valeur de l'expression (la variable, les propriétés associées à un fichier, le nombre de paramètres dans le script, ou le résultat de l'exécution d'une commande). Dans les *structures itératives*, telles que les boucles `for` et `while`, vous pouvez exécuter une suite de commandes sur une série de fichiers.

Les sections suivantes présentent des exemples illustrant l'essentiel de la programmation à l'aide d'une structure de contrôle.

L'instruction case

La structure case est une structure décisionnelle qui permet de sélectionner plusieurs orientations, fondées sur la valeur de la variable. Voici un court programme de menu.

Listing 18.2 : Création d'un menu à l'aide de l'instruction case

```
# Nom:  Menu
# But:  Permet à l'utilisateur d'imprimer ou d'effacer un fichier, ou
# de quitter un programme
# Affichage du menu
  echo "Choisissez I, E, ou Q pour"
  echo " [I]mprimer un fichier"
  echo " [E]ffacer un fichier"
echo " [Q]uitter"
# Saisie de la réponse de l'utilisateur
  read réponse
# Utilisation de case pour la concordance réponse/action
  case $réponse in
  P¦p) echo "Nom du fichier à imprimer?"
  Read nom-fic
  lp $nom-fic;;
  D¦d) echo "Nom du fichier à effacer?"
  Read nom-fic
  rm $nom-fic;;
  *) echo "Quitter maintenant";;
  esac
```

La syntaxe de l'instruction case est :

```
case mot in
  motif) instruction(s);;
  motif) instruction(s);;
  ...
  esac
```

Le paramètre *mot* est égal à chaque paramètre *motif*, en commençant avec le modèle du haut de la liste. Les déclarations qui sont exécutées lorsque le *mot* concorde avec le *motif* se terminent par deux points-virgules (;;). La fin de la déclaration case est marquée par le mot esac (*case* épelé à l'envers).

Dans le Listing 18.2, la barre verticale est utilisée pour donner un choix pour la recherche. Par exemple, P¦p signifie que *P* majuscule ou minuscule est reconnu comme concordant.

Le motif * est utilisé pour représenter tous les motifs non explicitement établis. Si l'utilisateur appuie sur une touche autre que <P>, <p>,<D>, ou <d>, il sort du menu.

Le Listing 18.3 utilise une instruction case pour opérer une sélection fondée sur le nombre de paramètres, que le shell représente par $#.

Listing 18.3 : Analyse de la ligne de commande au moyen de case

```
# Nom:  recent
# But:  Afficher les fichiers les plus récents d'un répertoire
# Si l'utilisateur tape recent <Entrée> alors
#  les noms des 10 fichiers les plus récemment modifiés sont affichés
# Si l'utilisateur tape recent n <Entrée> alors
#  les noms des n fichiers les plus récemment modifiés sont affichés
# Sinon, l'utilisateur est informé d'un usage incorrect
#
# Case basé sur le nombre des paramètres
  case $# in
  0) ls -lt ¦ head ;;
  # ls -lt répertorie les noms de fichiers selon les
  # modifications les plus récentes
  # head affiche les 10 premières lignes d'un fichier
  1) case $1 in
  [0-9]*) ls -lt ¦ head -$1 ;;
  *)echo "Usage: recent nombre-de-fichiers";;
  esac;;
  *) echo "Usage: recent nombre-de-fichiers";;
  esac
```

Statut de fin de commande

Une commande shell peut être exécutée avec succès ou non. Admettons que vous utilisiez `grep clients "Termes Américains"` pour vérifier que la chaîne `Termes Américains` se trouve bien dans le fichier clients. Le fichier existe, vous avez les droits d'accès en lecture, et `Termes Américains` est effectivement présent dans le fichier : la commande shell s'exécutera avec succès. Si l'une de ces conditions n'est pas respectée, l'exécution de la commande shell se révélera infructueuse.

Le shell rapporte toujours le statut de sortie d'une commande, d'un programme ou d'un script shell. Le *statut de sortie* d'une commande est représenté par la variable `#?`. Si vous entrez les commandes suivantes, vous verrez la valeur de `$?` :

```
grep "Termes Américains" clients
echo $?
```

Si la valeur de `$?` *est 0, la commande précédente s'est bien déroulée ; sinon, elle a échoué.*

Voici un exemple dans lequel l'état de sortie de la commande `who¦grep $1` est utilisé dans l'instruction `case` :

```
# Nom:  verif
# But:  Déterminer si une personne est connectée
```

```
# Usage: Vérifie juste le nom de login
#
case 'who ¦ grep $1 > /dev/null'in
  0) echo "$1 est connecté(e).";;
  *) echo "$1 est absent. Réessayez plus tard.";;
esac
echo "Bonne journée!"
```

Si vous entrez `just.verif` `rflame` et que `rflame` est connecté, vous obtiendrez :

```
rflame est connecté(e).
Bonne journée!
```

Si `rflame` n'est pas connecté, vous obtiendrez :

```
rflame est absent. Réessayez plus tard.
Bonne journée!
```

Structure if

La structure `if...then...else...fi` est une structure décisionnelle qui permet de sélectionner, parmi deux séries d'actions, celle qui correspond au résultat d'une commande. La partie `else` de la structure est optionnelle. Une ou plusieurs commandes peuvent être placées entre parenthèses (...). A condition que l'état de sortie de la dernière commande suivant `if` soit zéro (c'est-à-dire qu'elle ait été réalisée avec succès), les commandes suivant le mot clé `then` et précédant le mot clé `else` (s'il y en a un) sont exécutées. Sinon, ce sont celles suivant le mot clé `else` qui seront exécutées.

En d'autres termes, une ou plusieurs commandes sont exécutées. Si la dernière d'entre elles s'est déroulée avec succès, celles de la portion `then` de la déclaration sont réalisées avant que les commandes suivant `fi` (la fin de la structure) ne soient elles aussi exécutées. Si les dernières commandes sont infructueuses, celles se trouvant après `else` sont exécutées.

Voici un exemple qui se comporte exactement de la même façon que s'il était écrit en utilisant l'instruction `case` :

```
# Nom: verif
# But: Déterminer si une personne est connectée
# Usage: Vérifie juste le nom de login
#
if
  who ¦ grep $1 > /dev/null
then
  echo "$1 est connecté(e)."
else
  echo "$1 est absent. Réessayez plus tard."
fi
  echo " Bonne journée!"
```

La commande test

Beaucoup de scripts shell utilisés dans ce chapitre attendent des utilisateurs qu'ils se comportent gentiment. Les scripts n'ont aucun moyen de vérifier si l'utilisateur a la permission de copier ou de déplacer des fichiers ou s'il utilise un fichier ordinaire ou un répertoire. Une commande appelée `test` peut traiter ces questions et quelques autres. Par exemple, `test -f abc` se déroule avec succès si abc existe et il s'agit d'un fichier ordinaire.

Vous pouvez inverser la signification d'un test en utilisant un point d'exclamation devant l'option. Ainsi, pour vérifier que vous n'avez pas la permission en lecture pour le fichier abc, utilisez `test ! -r abc`. Le Tableau 18.7 présente les différentes options de la commande `test`.

Tableau 18.7 : Options permettant d'utiliser la commande test avec des fichiers

Option	Description
`-f`	Effective si le fichier existe et qu'il s'agit d'un fichier ordinaire
`-d`	Effective si le fichier est un répertoire
`-r`	Effective si le fichier existe et est lisible
`-s`	Effective si le fichier existe et n'est pas vide
`-w`	Effective si le fichier existe et est modifiable
`-x`	Effective si le fichier existe et est exécutable

Le Listing 18.4 présente un exemple d'utilisation de la commande `test`.

Listing 18.4 : Exemple de script utilisant la commande test

```
# Nom: copisur
# But: Copier le fichier1 vers le fichier2
#  Vérifie si on a le droit d'accès en lecture sur le fichier1
#  si le fichier2 existe alors
#  si on peut écrire dans le fichier2
#  alors prévenir l'utilisateur, et demander la permission de
#  continuer
#  sinon sortir
#  sinon
#  copier le fichier
#
# Vérifie s'il y a le bon nombre d'arguments
 case $# in
  2) if test ! -r $1 # Impossibilité de lire le premier fichier;;
  then;;
  exit (1) # sortir avec un état de sortie différent de zéro;;
  fi;;
  if test -f $2  # Est-ce que le second fichier existe?;;
  then;;
  if test -w $2 # Peut-on écrire dans ce fichier?;;
```

```
    then;;
    echo " $2 existe, écraser le fichiert? (O/N)";;
    read rep  # demander la permission à l'utilisateur;;
    case $rep in;;
    O¦o) cp $1 $2;;# Allons-y;;
    *) exit(1);; # Au revoir!;;
    esac;;
    else;;
    exit (1) # Le second fichier existe, mais l'écriture est
    refusée!;
    fi
    else  # Le second fichier n'existe pas, effectuons la copie!;;
    cp $1 $2;;
    fi;;
    *) echo "Usage: copisur source destination";;
    exit (1);;
  esac
```

Vous pouvez aussi utiliser la commande `test` pour tester des nombres. Afin de déterminer si une valeur dans la variable `hour` est supérieure à 12, utilisez `test $hour -gt 12`. Le Tableau 18.8 énumère quelques options compatibles à utiliser avec `test` quand vous comparez des nombres.

Tableau 18.8 : Comparaison de valeurs numériques avec la commande test

Option	Signification
-eq	Egal
-ne	Différent
-ge	Supérieur ou égal
-gt	Supérieur
-le	Inférieur ou égal
-lt	Inférieur

Le Listing 18.5 montre comment utiliser ces options pour afficher des salutations opportunes :

Listing 18.5 : Afficher des salutations avec la commande test

```
  # Nom:  Salut
  # But:  Afficher Bonjour si l'heure est inférieure à 12h
  #  Bon Après-Midi si l'heure est inférieure à 17h
  #  Bonsoir si l'heure est supérieure à 17h
  # Heure courante
    heure='date+%H
  # Contrôle le moment de la journée
```

```
if test $heure -lt 12
then
echo "Bonjour, $LOGNAME"
else
if test $heure -lt 17
then
echo "Bon Après-Midi, $LOGNAME"
else
echo "Bonsoir, $LOGNAME"
fi
fi
```

Structures itératives

Les structures de contrôle itératives permettent d'écrire des scripts shell qui contiennent des boucles. Les deux types de boucles de base s'implémentent à l'aide des boucles `for` et `while`.

Avec les boucles `for`, vous spécifiez un ensemble de fichiers ou de valeurs à utiliser avec certaines commandes. Pour copier tous les fichiers dont le nom finit par les caractères .txt dans le répertoire textdir, par exemple, utilisez la boucle `for` suivante :

```
for i in*.txt
do
  cp $i textdir/$i
done
```

Le shell interprète la déclaration `for i in*.txt` et permet à la variable `i` de prendre le nom de l'un des fichiers du répertoire courant se terminant par .txt. Vous pouvez utiliser la variable `i` avec n'importe quelle déclaration entre les mots clés `do` et `done`.

Le Listing 18.6 imprime un ensemble de fichiers, chacun accompagné de sa propre page d'identification. Il envoie aussi un courrier à l'utilisateur concernant l'état des requêtes d'impression. Les caractères `$*` représentent tous les paramètres transmis à la commande shell.

Listing 18.6 : Traitement de fichiers dans une boucle for

```
# Nom:  Prntel
# But:  Imprimer un ou plusieurs fichiers
#  avec leur propre page de présentation
#  Informer l'utilisateur des fichiers envoyés à l'imprimante
#  et de ceux qui ne le sont pas.
#  Le faire pour tous les paramètres de la commande
for i in $*
do
  if lp -t $i -dlasers $i > /dev/null
  then
  echo $i >> imprime
  else
  echo $i >> non-imprime
  fi
```

```
done
# fin de la boucle
if test -s imprime
then
  echo "Ces fichiers ont été envoyés à l'imprimante " > mes
  cat imprime >> mes
  mail $LOGNAME < mes
  rm mes imprime
fi
if test -s non-imprime
then
  echo "Ces fichiers n'ont pas été envoyés à l'imprimante " > mes
  cat non-imprime >> mes
  mail $LOGNAME < mes
  rm mes non-imprime
fi
```

Une boucle `while` considère l'état de sortie d'une commande comme le fait la déclaration `if`. Le script du Listing 18.7 prévient les utilisateurs lorsqu'ils reçoivent un nouveau mail. Il utilise la commande `diff` pour comparer les fichiers et étudier ensuite leurs différences. S'ils sont identiques, l'état de sortie est zéro (la commande est réussie).

Listing 18.7 : Répétition de commandes dans une boucle while

```
# Nom:  verif-mail
# But:  Informe l'utilisateur d'un changement concernant sa boîte aux let-
tres.
# Suggestion: Exécutez-le en tâche de fond
# Prend la taille d'une boîte aux lettres pour effectuer la comparaison
  cp $MAIL omail  # Initialisation
# Mail est une variable spéciale indiquant la boîte aux lettres de
l'utilisateur
# Lorsque omail et $mail sont identiques, inutile de regarder le mail
  while diff omail $MAIL >/dev/null
  do
  cp $MAIL omail
  sleep 30  # sleep, Pause pendant 30 secondes
  done
# Une modification a dû se produire dans les fichiers
  echo "Vous avez du courrier!!" ¦ write $LOGNAME
```

Vous pouvez constater que quelques commandes et concepts utilisés avec les déclarations `if...then...else` peuvent être appliqués aux boucles `while`. La différence, bien sûr, est qu'avec les boucles `while` vous avez affaire à un processus itératif, répétitif.

Personnalisation des shells Linux

Le shell commence dès que vous êtes connecté. Les Tableaux 18.2 et 18.3 montrent que certaines variables spéciales reçoivent leur valeur du shell, valeur qui permet de définir votre environnement shell. Certaines sont initialisées par le shell. Vous pouvez changer leur configuration et leur attribuer d'autres valeurs en éditant le fichier .profile si vous utilisez le shell Bourne ou `bash`. Si vous utilisez le shell C, initialisez les variables en éditant le fichier .login. Vous pouvez également définir des alias pour les commandes.

Quand vous lancez une commande, un nouveau shell commence ; il hérite en grande partie des caractéristiques — ou de l'environnement — du shell préexistant. Deux nouveaux points doivent être pris en compte à propos du nouveau shell :

- Il s'exécute dans votre répertoire courant. La commande `pwd` renvoie la même valeur à l'intérieur d'un shell que celle donnée avant le lancement du shell.
- Il reçoit un grand nombre de ses variables du shell préexistant. Il y a des moyens de s'assurer que les variables initialisées dans le shell préexistant ont été transmises au nouveau shell.

• Exportation de variables vers le nouveau shell

Lorsque vous créez des variables shell ou que vous attribuez des valeurs de variables préexistantes, elles figurent toujours dans le shell actif. Une variable initialisée dans le shell de login est accessible à tous les arguments de la ligne de commande. Une variable initialisée à l'intérieur d'un shell possède cette valeur uniquement au sein de ce même shell. La valeur disparaît ou est réinitialisée quand vous le quittez.

A partir de la ligne de commande, entrez ces deux commandes :

```
today=Jeudi
echo $today
```

Imaginez que la commande `echo` affiche `Jeudi`. Imaginez maintenant que vous écriviez et exécutiez le script shell suivant appelé `queljour` :

```
# Nom:queljour
# Affiche la valeur courante de la variable today
  echo "Aujourd\'hui nous sommes $today."
# fixe la valeur de today
  today=Vendredi
# Affiche la valeur courante de la variable today
  echo "Aujourd\'hui nous sommes $today."
```

Entrez maintenant ces commandes pour la ligne de commande :

```
chmod +x queljour
today=Jeudi
queljour
echo $today
```

Les lignes suivantes apparaissent alors sur l'écran :

```
Aujourd'hui nous sommes .
Aujourd'hui nous sommes Vendredi.
Jeudi
```

La valeur de la variable `today` dans le shell de login est `Jeudi`. Quand vous exécutez le script shell `queljour`, vous constatez qu'initialement la variable `today` n'était pas définie (comme le montre l'affichage de `Aujourd'hui nous sommes .`). Ensuite, la variable `today` prend la valeur de `Vendredi` dans le shell. Quand le script `queljour` s'achève, vous retournez dans le shell de login et `today` reprend sa valeur d'origine, `Jeudi`.

Afin de donner à la variable `today` la même valeur que celle du shell de login, quand le script shell `queljour` commence, utilisez la commande `export`. Cette commande *exporte* — ou transfère — les variables d'un shell à d'autres shells :

```
export today
```

Maintenant, chaque shell lancé à partir du shell login hérite de la valeur de la variable `today`. Ajoutez la commande `export` à la suite de commandes :

```
today=Jeudi
export today
queljour
echo $today
```

Vous obtiendrez la sortie suivante :

```
Aujourd'hui nous sommes Jeudi.
Aujourd'hui nous sommes Vendredi.
Jeudi
```

Remarquez que la valeur de la variable reçue par le shell lancé à partir du shell de login n'est pas renvoyée à ce dernier. L'exportation ou l'héritage de valeurs de variables ne vaut que dans un sens : d'un shell courant à un nouveau shell. C'est pourquoi, quand vous changez votre répertoire courant à l'intérieur d'un shell, vous retournez à votre point de départ quand il s'achève.

Vous pouvez exporter n'importe quelle variable d'un shell à un autre en utilisant la syntaxe suivante :

```
export nom-variable
```

Dans cette syntaxe, *`nom-variable`* est le nom de la variable que vous voulez exporter. Pour faire passer votre type de terminal de sa configuration courante à un VT-100, par exemple, entrez les commandes suivantes afin que la nouvelle valeur de `TERM` soit accessible à tous les autres shells ou programmes.

```
TERM=vt100
export TERM
```

Quand vous modifiez ou initialisez des variables shell dans le fichier .profile, assurez-vous de bien les exporter. Par exemple, pour que la variable `PATH` soit `PATH=/bin:/usr/bin:/usr/local/bin:.`, initialisez-la dans le fichier .profile et faites suivre cette initialisation de la commande `export` :

```
export PATH
```

Pour changer l'invite du shell, vous devez initialiser une valeur pour `PS1` dans le fichier .profile. Pour la faire passer de `$` à `Prêt $` par exemple, utilisez l'éditeur de texte pour insérer ces lignes dans le fichier .profile :

```
PS1="Prêt $"
export PS1
```

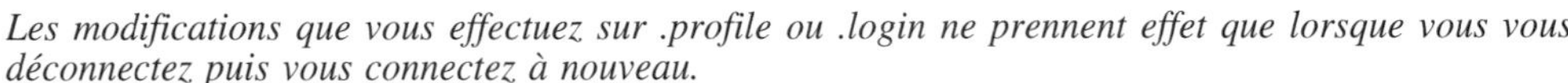

INFO

Les modifications que vous effectuez sur .profile ou .login ne prennent effet que lorsque vous vous déconnectez puis vous connectez à nouveau.

• Alias de commandes

Les alias sont utiles pour définir les commandes que vous utilisez régulièrement, mais pour lesquelles vous préféreriez ne pas avoir à vous souvenir des détails. Les alias de commande servent aussi à améliorer votre environnement de travail grâce à un ensemble d'outils pratiques. Cette commande assigne l'alias `recent` à une commande qui énumère les 10 fichiers les plus nouvellement modifiés dans le répertoire courant :

```
alias recent="ls -lat¦head"
```

Pour éviter de taper vos alias de commande chaque fois que vous démarrez, insérez-les dans le fichier .login si vous utilisez le shell C et dans le fichier .profile si vous utilisez les shells Bourne ou `bash`. Les alias de commande seront ainsi accessibles dès que vous serez dans votre shell.

Informations complémentaires

Le shell est la première interface entre l'utilisateur et le système d'exploitation Linux. Bien qu'un shell puisse correspondre à tout programme exécutable ou presque, il existe plusieurs shells standards livrés avec Linux ou disponibles gratuitement, soit sous forme de code source (écrits en C), soit compilés pour votre machine. Tous les shells Linux peuvent être considérés comme des langages de programmation de haut niveau et très ciblés, offrant toutes les constructions courantes d'un langage de programmation. L'objectif des langages shell de Linux est de pouvoir associer les petites commandes avec les utilitaires trouvés dans l'environnement Linux.

Le langage shell permet, au moyen de la redirection des entrées/sorties et du traitement en tâche de fond, d'écrire des programmes complexes avec un minimum d'efforts. Pour d'autres informations, consultez les chapitres indiqués ci-dessous.

- Le Chapitre 5 présente les informations de base sur l'utilisation de Linux.
- Le Chapitre 8 explique comment éditer des fichiers de texte.

Gestion de processus multiples

Linux est un système d'exploitation multitâche et multiutilisateur : plusieurs personnes peuvent utiliser le système informatique simultanément (contrairement à un système d'exploitation mono-utilisateur tel que MS-DOS), et Linux, comme Windows NT, peut effectuer plusieurs tâches en même temps (en commencer une et en entamer une autre avant que la première ne soit terminée).

S'occuper de plusieurs utilisateurs et de plusieurs tâches est le travail qui incombe au système d'exploitation. La plupart des systèmes disposent simplement d'un CPU et d'une collection de puces qui correspondent à la mémoire principale ou RAM. Un système peut avoir plus d'un disque ou lecteur de bande comme mémoire secondaire, ainsi que plusieurs périphériques d'entrée et de sortie. Toutes ces ressources doivent être gérées et partagées par plusieurs utilisateurs. Le système d'exploitation crée l'illusion pour chacun que le système informatique lui est personnellement consacré.

Dans ce chapitre, vous apprendrez à :

- lancer des processus multiples ;
- ordonnancer ces processus multiples en utilisant les commandes `at`, `batch`, `cron` et `crontab` ;
- contrôler l'état du système avec les commandes `who` et `ps` ;
- utiliser la commande `nohup` pour permettre aux processus de poursuivre leur exécution après que vous vous êtes déconnecté ;
- diriger les processus en changeant leur priorité relative avec les commandes `nice` et `renice` ;
- mettre fin aux processus avec la commande `kill`.

Fonctionnement multitâche

Linux doit vous donner l'impression, quand vous faites une requête, que le système vous accorde une attention quasi exclusive. En réalité, des centaines de requêtes peuvent être traitées entre le moment où vous pressez sur la touche <Entrée> et le moment où le système répond à votre commande.

Imaginez que vous deviez garder la trace de plusieurs tâches simultanément. Vous devez partager la puissance du processus, les capacités de stockage, et les périphériques d'entrée et de sortie parmi l'ensemble des utilisateurs et des processus appartenant à un seul utilisateur. Linux contrôle une liste de tâches — également connue sous le nom de *file* —attendant d'être accomplies. Ces tâches peuvent comprendre les travaux d'un utilisateur, les activités du système d'exploitation, le mail et les travaux en tâche de fond, par exemple les impressions. Linux organise des tranches de temps système pour chacune d'elles. Cette tranche de temps est extrêmement courte — de l'ordre d'une fraction de seconde, mais suffit pour qu'un programme exécute des centaines voire des milliers d'instructions. Sa durée pour chaque tâche peut dépendre du degré de priorité de celle-ci.

Linux travaille sur une tâche de la file pendant un moment, la met de côté, en commence une autre, et ainsi de suite. Il retourne ensuite à la première activité et reprend son traitement. Il poursuit ces cycles jusqu'à ce qu'il ait terminé une tâche et la retire de la file. Grâce à ce procédé, parfois appelé *temps partagé*, les ressources du système sont réparties entre toutes les tâches. Naturellement, le temps partagé doit être établi de façon fiable et efficace. Pour UNIX, une tâche est un *processus* (vous rencontrerez également le terme *process*). Le Tableau 19.1 présente différents types de processus.

Tableau 19.1 : Types de processus

Type	Description
interactif	Lancé par le shell, et s'exécutant au premier plan ou en tâche de fond.
batch	Généralement, une série de processus dont l'exécution est planifiée à un moment déterminé.
daemon	Généralement lancé lors de l'amorçage du système, et destiné à effectuer à la demande des fonctions du système d'exploitation ; exemples : lpd, NFS et DNS.

Voir Chapitre 18.

Vous savez qu'il est possible de placer et d'exécuter un programme en arrière-plan (tâche de fond). Pendant ce temps, vous pouvez continuer à entrer vos commandes et à travailler sur autre chose. C'est l'une des caractéristiques du multitâche : Linux utilise la méthode du temps partagé pour équilibrer vos commandes immédiates et celles fonctionnant en arrière-plan. Ce chapitre expose d'autres moyens d'organiser les processus de sorte qu'ils puissent fonctionner de façon autonome (*batch*).

Le système d'exploitation Linux a pour principale responsabilité de s'occuper en détail du travail de plusieurs utilisateurs et de plusieurs processus. En tant qu'utilisateur, vous avez la possibilité de spécifier quels programmes vous désirez exécuter. Certaines commandes Linux vous permettent de préciser le moment où vous voulez lancer un processus. Vous pourrez aussi contrôler vos processus, et savoir quels sont ceux en cours d'exécution. Dans certains cas, vous pouvez changer la priorité relative des travaux. Et vous pouvez toujours interrompre vos processus si le besoin s'en ressent. Si vous êtes administrateur du système, vous disposez de toutes ces capacités en plus de la responsabilité et du pouvoir d'initialiser, de contrôler et de gérer les processus qui appartiennent au système d'exploitation ou à un autre utilisateur.

Le Tableau 19.2 énumère les commandes qui permettent le contrôle des capacités multiutilisateurs et multitâches de Linux.

Tableau 19.2 : Commandes pour le fonctionnement multiutilisateur et multitâche

Commande	Action
`at`	Exécution de commandes à un moment donné
`batch`	Exécution de commandes lorsque la charge du système le permet
`cron`	Exécution des commandes planifiées
`crontab`	Gestion des fichiers crontab pour les utilisateurs
`kill`	Arrêt des processus
`nice`	Modification de la priorité d'un processus avant qu'il ne soit lancé
`nohup`	Permet à un processus de poursuivre son exécution après la déconnexion
`ps`	Informations sur les processus
`renice`	Modification de la priorité d'un processus en cours d'exécution
`w`	Informe sur les utilisateurs connectés et sur ce qu'ils font
`who`	Liste des utilisateurs connectés au système

INFO

Pour des informations complémentaires sur les commandes du Tableau 19.2, consultez l'aide en ligne. Tapez `man commande`.

Vous pouvez aussi utiliser l'option `--help` *:*

```
commande --help
```

Exécution de plusieurs processus

Vous pouvez lancer l'exécution d'un programme en tapant son nom. Vous pouvez aussi procéder à partir de fichiers contenant des commandes shell. Exécuter des programmes peut interagir avec d'autres parties du système. Un programme peut lire des fichiers ou en écrire, gérer ses informations dans la RAM, et envoyer des informations aux imprimantes, modems, ou autres périphériques. Le système d'exploitation peut également affecter des informations à un processus de sorte qu'il puisse suivre sa trace et le gérer.

Un processus est un programme exécutable, mais diffère d'un programme, qui n'est en fait qu'un ensemble d'instructions ; un processus est dynamique parce qu'il utilise les ressources d'un système actif. D'un autre côté, un simple programme Linux peut engendrer plusieurs processus.

Linux identifie et garde une trace des processus en assignant un numéro d'identification à chacun d'eux (PID).

• Lancement de plusieurs processus

Voir
Chapitre 18.

Vous savez que le shell de connexion était toujours en action. Quand vous tapez une commande, vous lancez au moins un nouveau processus pendant que le shell de login continue de fonctionner. Si vous entrez la commande suivante par exemple, le fichier intitulé report.txt est envoyé au programme `lp` :

```
lp report.txt
```

Quand le programme `lp` achève cette tâche, l'invite du shell réapparaît. Avant qu'elle ne réapparaisse, le shell de login et la commande `lp` fonctionnaient ; vous avez donc ici lancé plusieurs processus. Le shell attend la fin de la commande `lp` avant de réafficher l'invite du shell à l'écran.

• Lancement d'un processus en tâche de fond

Vous pouvez exécuter un processus comme un travail en arrière-plan en faisant suivre sa commande de lancement du signe `&`. Par exemple, si vous tapez la commande `lp report.txt &`, le shell répond immédiatement avec un numéro, le PID associé à ce processus. Le prompt du shell réapparaît sans attendre que le processus s'achève. Vous pourriez voir cela :

```
$ lp report.txt &
3146
$
```

Dans cet exemple, `3146` est le PID du processus engendré par la commande `lp`.

Sans tenir compte du fait que vous gériez la commande `lp` en arrière-plan, le processus associé à `lp` est lancé à partir du shell courant. Le processus `lp` est un processus fils de ce shell. Cet exemple montre le lien entre les processus — celui d'un père et d'un fils. Votre shell courant est le père, et le processus `lp` est le fils. Habituellement, un processus père attend que l'un ou plusieurs de ses fils se terminent avant de poursuivre. Pour que le père continue sans que le fils ait terminé, liez le signe `&` à la commande qui *engendre*, ou amorce, un processus fils. Vous pouvez entreprendre un nouveau travail ou lancer de nouvelles commandes pendant que le fils s'exécute.

INFO

Si vous travaillez sur un terminal en mode texte ou sur une machine distante, votre shell courant correspond normalement à votre shell de login. Cependant, si vous utilisez un terminal virtuel ou un terminal graphique à partir d'un GUI, un shell indépendant est associé à chaque session.

• Lancement de plusieurs processus avec les pipelines

Pour lancer plusieurs processus, vous pouvez utiliser un ou plusieurs tubes en ligne de commande. Pour imprimer la liste des 10 fichiers modifiés le plus récemment de votre répertoire courant, entrez :

```
ls -lt : head ¦ lp
```

Cette commande lance les trois processus simultanément : ils deviennent tous des fils du shell courant. Un tube fonctionne ainsi : les commandes qui se trouvent de chaque côté de la barre verticale (|) sont lancées en même temps. Aucun des processus résultants n'est le père de l'autre ; ils sont tous deux les fils du processus qui s'exécutait au moment où ils furent créés. Vous pouvez donc considérer les commandes qui se trouvent de chaque côté du symbole tube comme des processus frères.

Certains programmes sont écrits de façon qu'ils engendrent eux-mêmes plusieurs processus. La commande `ispell` énumère par exemple les mots provenant d'un document que Linux ne peut trouver dans un dictionnaire système. `ispell` engendre quelques processus fils. Avec la commande :

```
ispell final.rept > final.errs &
```

vous verrez donc s'afficher les résultats suivants :

```
1286
$
```

Ici, `1286` est le PID du processus `ispell` ; l'invite `$` indique que le shell est prêt à traiter une autre de vos commandes. Même si `ispell` peut engendrer des processus fils et attendre qu'ils soient terminés, vous n'avez pas besoin de patienter. Dans cet exemple, le shell courant est le père d'`ispell`, et les fils d'`ispell` sont les petits-fils du shell de login. Le père peut attendre ses fils, mais pas le grand-père.

Vous pouvez donc attendre ou non que les processus fils soient terminés avant de continuer. Si vous continuez sans attendre la terminaison du processus fils, vous fabriquez alors des processus fils en arrière-plan.

La section suivante présente certaines commandes Linux que vous pouvez utiliser pour ordonnancer l'exécution des processus à certains moments précis ou avec une priorité relative inférieure.

Commandes d'ordonnancement

L'environnement Linux permet de traiter l'exécution des commandes de différentes façons. Linux vous permet de créer des listes de commandes et de spécifier le moment où elles doivent être accomplies. La commande `at` prend une liste de commandes tapées au clavier ou lues à partir d'un fichier et les exécute au moment précisé par la commande. La commande `batch` est identique à `at`, si ce n'est qu'elle exécute les commandes quand le système trouve le temps de le faire, au lieu que ce soit l'utilisateur qui fixe l'heure de l'exécution. La commande `cron` permet de lancer périodiquement des commandes ; la commande `crontab` sert à éditer les fichiers utilisés par `cron`.

Toutes les commandes planifiées sont utiles pour accomplir les tâches lorsque le système n'est pas surchargé et pour exécuter des scripts sur des services externes — pour interroger les bases de données par exemple — aux heures les moins onéreuses.

• Exécution de commandes à des moments déterminés avec at

Pour planifier une ou plusieurs commandes à un moment donné, utilisez `at`. Avec cette commande, vous pouvez préciser une heure, une date, ou les deux. Elle attend deux arguments ou plus. Au minimum, il vous faut préciser l'heure d'exécution et la ou les commandes à lancer.

L'exemple suivant effectue son travail à 1:23 du matin. Si vous travaillez avant 1:23 du matin (c'est-à-dire entre minuit et 1:23 du matin), la commande sera traitée le jour même. Sinon, elle sera prête pour 1:23 du matin le jour suivant. Le travail imprime tous les fichiers du répertoire /usr/ventes/rapports et envoie à l'utilisateur nommé boss un courrier annonçant que la tâche a été effectuée à 1:23 du matin. Tapez les commandes suivantes et appuyez sur <Entrée> à la fin de chaque ligne ; tapez <Ctrl-D> lorsque vous avez tapé toutes les commandes :

```
at 1:23
lp /usr/ventes/rapports/*
echo "Fichiers imprimés, Patron!" ¦ mailx -s"Travail effectué" boss
```

Voir
Chapitre 18.

Les tâches `cron`, étudiées plus loin dans ce chapitre, représentent le procédé le plus couramment utilisé pour exécuter des tâches automatisées d'administration système sous Linux. Cependant, seul l'utilisateur root peut créer et modifier les entrées d'une tâche `cron`. La commande `at` permet à quiconque d'exécuter ces tâches, même sans disposer des privilèges de root.

Les commandes devant être planifiées par `at` sont entrées comme une liste de commandes sur la ligne suivant `at`.

Après avoir fini de taper votre commande `at`, vous obtiendrez quelque chose comme :

```
job 756603300.a at Tues Jan 21 01:23:00 1994
```

Cette réponse indique que le travail sera exécuté à 1:23 comme stipulé. Le numéro `756603300.a` identifie le travail. Si vous décidez de l'annuler, utilisez son numéro comme cela :

```
at -d 756603300.a
```

Pour planifier plusieurs commandes en utilisant `at`, le mieux est de les insérer dans un fichier. Votre fichier s'appelle faire par exemple, et vous voulez transmettre des commandes à exécuter à 10:00 du matin ; entrez :

```
at 10:00 <- faire
```

ou

```
at 10:00 -f faire
```

Rappelons que le symbole *inférieur à* (<) demande d'utiliser le contenu du fichier comme entrée de la commande `at`. L'option `-f` permet de spécifier le fichier contenant les commandes, sans utiliser la redirection.

Vous pouvez aussi préciser une date à `at`. Par exemple, pour programmer un travail à 17:00 le 24 janvier, entrez ces commandes :

```
at 17:00 Jan 24
lp /usr/ventes/rapports/*
Echo "Fichiers imprimés, Patron!" ¦ mail -s"Travail effectué" boss<Entrée>
```

Les travaux programmés avec `at` sont placés dans une file que le système d'exploitation vérifie périodiquement. Vous n'avez pas besoin d'être connecté pour qu'ils soient exécutés. La commande `at` fonctionne toujours en arrière-plan, libérant ainsi les ressources tout en accomplissant le travail. Toute sortie produite par les commandes exécutées par `at` vous est automatiquement envoyée.

Pour savoir ce que vous avez programmé avec `at`, entrez `at -1`. Avec les exemples précédents, vous obtiendrez les résultats suivants :

```
job 756603300.a at Wed Dec 21 01:23:00 1994
job 756604200.a at Tue Jan 24 17:00:00 1995
```

Seuls vos travaux `at` sont listés.

Pour retirer un travail planifié par l'intermédiaire de la commande `at`, entrez `at -r` suivi du numéro du travail. Pour retirer le deuxième travail énuméré, par exemple, entrez :

```
at -d 756604200.a
```

Le Tableau 19.3 résume les différentes façons d'utiliser la commande `at`.

En tant que root, vous pouvez utiliser toutes ces commandes ; pour les autres utilisateurs, les fichiers /etc/at.allow et /etc/at.deny déterminent si l'utilisation est autorisée. Si le fichier /etc/at.allow existe, seuls les utilisateurs répertoriés dans ce fichier sont autorisés à utiliser la commande `at`. S'il n'existe pas, le système examine le fichier /etc/at.deny, et tout utilisateur *non répertorié* dans ce fichier peut utiliser la commande `at` (en d'autres termes, tout utilisateur dont le nom apparaît dans /etc/at.deny n'est pas autorisé à utiliser `at`). Si aucun fichier n'existe, seul l'utilisateur est autorisé à utiliser cette commande. Si le fichier /etc/at.deny est vide, tout utilisateur peut utiliser `at`.

Tableau 19.2 : Résumé des commandes at

Format	Action
at *hh:mm*	Programme le travail à l'heure (*hh*) et la minute (*mm*) spécifiées au format 24 H.
at *hh:mm mois jour année*	Programme le travail à l'heure (*hh*), la minute (*mm*), le mois, le jour et l'année voulus.
at -l	Fournit la liste des travaux programmés.
at now +*nombre unités-temps*	Planifie la tâche au moment actuel augmenté du nombre d'unités spécifié ; ces unités peuvent être les minutes, les heures, les jours ou les semaines.
at -r *ID-job*	Annule le travail en utilisant le numéro de travail correspondant à *ID-job*.

• Exécution de tâches longues avec batch

Linux dispose de plusieurs commandes pour planifier les tâches. La section précédente a décrit `at`, qui vous donne le pouvoir de décider le moment où une tâche devra être exécutée. Cependant, il peut arriver que le système prenne en charge plus de travaux programmés qu'il ne peut l'assurer. La commande `batch` laisse le système d'exploitation décider de l'heure appropriée pour mettre en œuvre le processus. Quand vous programmez une tâche avec `batch`, Linux travaille sur le processus tant que la charge du système n'est pas trop importante. Les travaux exécutés sous `batch` fonctionnent en arrière-plan, comme avec `at`. En fait, dans la version Red Hat, `batch` est un alias pour `at -b`.

ASTUCE

Il est utile de placer les commandes que vous voulez exécuter avec `at` *et* `batch` *dans un fichier pour ne pas avoir à les retaper chaque fois que vous souhaitez les exécuter. Pour utiliser* `batch` *afin de planifier les commandes dans le fichier faire, entrez la commande* `batch < faire`.

Le format adéquat pour les commandes `batch` consiste à entrer la liste de commandes sur des lignes à la suite de `batch` ; vous terminez cette liste par <Ctrl-d>. Vous pouvez la placer dans un fichier et ensuite rediriger l'entrée du fichier vers `batch`. Pour trier une collection de fichiers, imprimer les résultats et avertir l'utilisateur boss que le travail a été accompli, entrez les commandes suivantes :

```
batch
sort /usr/ventes/rapports/* ¦ lp
echo "Fichiers imprimés, Patron!" ¦ mailx -s"Travail effectué" boss
```

Le système retourne cette réponse :

```
job 7789001234.b at Fri Feb 21 11:43:09 1994
```

La date et l'heure affichées correspondent au moment où vous avez appuyé sur <Ctrl-d> pour mettre fin à la commande `batch`. Quand le travail est fini, vérifiez votre mail : tout ce que les commandes affichent normalement vous est envoyé.

• Planification des commandes avec cron et crontab

`at` et `batch` sont des commandes de programmation fondées sur une base de temps unique. Pour programmer des commandes et des processus sur une base régulière, il faut utiliser le programme `cron`. Vous préciserez les heures et dates auxquelles vous voulez exécuter une commande dans les fichiers `crontab`. Les horaires peuvent être spécifiés en termes de minutes, d'heures, de jour du mois, de mois de l'année et de jour de la semaine.

Le programme `cron` est lancé seulement une fois, au démarrage du système. Il est préférable que les utilisateurs n'aient pas la permission de lancer directement `cron`. De même, en tant qu'administrateur système, vous ne devriez pas exécuter `cron` en tapant le nom de la commande ; `cron` devrait faire partie d'un script shell, comme l'une des commandes à lancer pendant la séquence de démarrage du système.

Une fois lancé, `cron` (abréviation de *chronographe*) contrôle les files pour que les travaux `at` soient correctement lancés, et vérifie si les utilisateurs ou le superutilisateur ont des travaux programmés avec les fichiers `crontab`. S'il n'y a rien à faire, `cron` "s'endort" et devient inactif ; il "se réveille" chaque minute pour voir s'il y a des commandes à exécuter. Outre son utilité, `cron` utilise peu de ressources du système.

La commande `crontab` sert à planifier une liste de commandes qui seront exécutées régulièrement. Les commandes sont planifiées pour fonctionner à une heure précise (une fois par mois, par jour, par heure et ainsi de suite). La liste doit être incluse dans le fichier crontab, qui est mis en place grâce à la commande crontab. Une fois le fichier crontab installé, `cron` lit et accomplit les commandes listées aux heures prévues. Avec la commande `crontab`, vous pouvez aussi visualiser la liste de commandes incluse dans le fichier et l'annuler si vous le désirez.

Avant d'installer votre fichier crontab avec la commande du même nom, créez le fichier contenant la liste des commandes que vous voulez planifier en utilisant l'éditeur de texte `vi` ou `emacs`. La commande `crontab` s'occupe de le placer. Chaque utilisateur dispose d'un seul fichier crontab, créé lorsque la commande `crontab` est émise. Ce fichier est placé dans un répertoire lu par cette même commande.

Linux place le fichier crontab de l'utilisateur dans le répertoire /usr/spool/cron/crontabs et lui donne le nom de l'utilisateur. Votre nom d'utilisateur est mcn, vous utilisez l'éditeur de texte pour créer un fichier intitulé mycron et vous l'installez en tapant `crontab mycron` : le fichier

/usr/spool/cron/crontabs/mcn est alors créé. (Dans cet exemple, le fichier mcn est créé, ou écrasé, avec le contenu de mycron, qui peut comprendre des entrées lançant une ou plusieurs commandes.)

INFO

Pour que les utilisateurs puissent se servir de la commande `crontab`*, ils doivent figurer dans le* fichier `/etc/cron.d/cron.allow`*. Si vous ajoutez un utilisateur dans le système à partir de la ligne de commande (en utilisant la commande* `useradd`*), il est automatiquement ajouté au fichier /etc/cron.d/cron.allow. En tant que superutilisateur, vous devez ajouter un nouvel utilisateur au fichier cron.allow avec un éditeur de texte.*

Bien qu'au départ on puisse créer le fichier crontab avec un éditeur de texte, ensuite, ne le modifiez qu'au moyen de la commande `crontab`*. N'essayez pas de remplacer ou de modifier un fichier que* `cron` *analyse (c'est-à-dire le fichier /usr/spool/cron/crontabs/user) en utilisant une autre commande que* `crontab`.

Chaque ligne du fichier `crontab` contient une référence horaire et une commande. La commande est exécutée à la référence horaire spécifiée. La référence horaire est divisée en cinq champs séparés par des espaces ou des tabulations. La sortie qui apparaît habituellement — c'est-à-dire l'information qui n'est pas redirigée vers `stdout` ou `stderr` — est envoyée par e-mail à l'utilisateur.

Voici la syntaxe pour les commandes que vous entrez dans un fichier destiné à `crontab` :

```
minute heure jour-du-mois mois-dans-année jour-dans-semaine commande
```

Les cinq premiers champs sont des options concernant la date et l'heure. Vous devez préciser chacun de ces cinq champs. Utilisez l'astérisque (`*`) dans un champ pour qu'il soit ignoré.

INFO

Un astérisque dans le fichier `crontab` *signifie plutôt "n'importe quelle valeur valable" qu'"ignorer la valeur". L'entrée de la date* `02 00 01 * *` *dans* `crontab`*, par exemple, signifie que la commande* `date` *sera exécutée deux minutes après minuit (heure zéro), le premier jour du mois. Parce que les champs du mois et du jour de la semaine sont tous deux des astérisques, cette entrée fonctionne le premier jour de chaque mois, quel que soit le jour dans la semaine.*

Le Tableau 19.4 présente les options de spécification horaire disponibles avec `crontab`.

Tableau 19.4 : Options de champs de spécification horaire pour la commande crontab

Champ	Intervalle
minute	00 à 59
heure	00 à 23 (00 = minuit)
jour-dans-mois	01 à 31
mois-dans-année	01 à 12
jour-dans-semaine	01 à 07 (01 = lundi, 07 = dimanche)

Vous pouvez créer autant d'entrées que vous le voulez dans le fichier `crontab` et les exécuter à n'importe quel moment. Vous pouvez donc lancer autant de commandes que vous le désirez dans un seul fichier `crontab`.

Pour trier un fichier intitulé /usr/wwr/ventes/hebdo et envoyer la sortie à l'utilisateur nommé twool à 7:30 tous les lundis, utilisez l'entrée suivante dans un fichier :

```
30 07 * * 01 sort /usr/wwr/ventes/hebdo ¦ mail -s"Ventes hebdomadaires" twool
```

Cette commande fixe les minutes à 30, l'heure à 07, le jour du mois à un astérisque, le mois de l'année à un autre astérisque, et le jour de la semaine à 01 (le lundi).

Notez le tube entre les commandes `mail` et `sort`. Le champ de la commande peut contenir des tubes, des points-virgules, des flèches, que vous pouvez entrer en ligne de commande du shell. A la date et à l'heure prévues, `cron` exécute le champ complet de la commande avec un shell standard (`bash`).

Si vous souhaitez préciser une suite de valeurs pour l'un des quatre premiers champs, utilisez les virgules pour séparer ces valeurs. Imaginez qu'un programme `citations` accède à un service fournissant des citations courantes et les place dans un fichier. Pour obtenir ces citations à 9h, 11h, 14h, et 16h le lundi, le mardi et le jeudi chaque semaine, et le 10 des mois de mars et septembre, utilisez l'entrée suivante :

```
* 09, 11, 14, 16 10 03, 09, 01, 02, 04 Citation
```

Insérez les lignes de commande dans un fichier en utilisant `vi` ou un autre éditeur vous permettant de sauvegarder des fichiers en tant que fichiers texte. Supposez que vous insériez vos commandes dans un fichier appelé Prog-cron. Pour utiliser `crontab` afin de placer le fichier là où `cron` pourra le trouver, entrez :

```
crontab Prog-cron
```

Chaque fois que vous utilisez `crontab` de cette façon, il écrase tout fichier crontab que vous auriez préalablement lancé.

Voir
Chapitre 18.

La commande `crontab` possède trois options :

- L'option `-e` édite le contenu du fichier crontab courant (elle ouvre votre fichier en utilisant l'éditeur `ed` ou celui assigné à la variable `EDITOR` de votre shell).
- L'option `-r` retire le fichier crontab courant du répertoire **crontabs**.
- L'option `-l` énumère le contenu du fichier crontab courant.

Dans tous ces cas, `crontab` travaille avec le fichier `crontab`, qui a votre nom de login. Si votre nom de login est mcn, votre fichier crontab sera /usr/spool/cron/crontabs/mcn. La commande `crontab` réalise cette opération automatiquement.

L'administrateur système et les utilisateurs partagent la responsabilité de s'assurer que le système est utilisé de façon appropriée. Quand vous décidez de lancer un processus, tentez d'évaluer son impact sur l'ensemble du système. Linux vous permet, en tant qu'administrateur du système, d'accorder l'accès aux commandes `at`, `batch`, et `cron` à tous les utilisateurs, à certains utilisateurs, ou aux non-utilisateurs (voire de refuser l'accès aux utilisateurs individuels).

DÉPANNAGE

Les commandes introduites dans mon fichier crontab ne fonctionnent pas.

La commande `cron` *exécute les entrées de crontab en utilisant le shell* `bash`. *Votre entrée échoue si vous utilisez les caractéristiques d'un shell autre que* `bash`. *Par exemple, le shell Korn (*`ksh`*) permet d'utiliser le tilde (~) pour représenter votre répertoire home ou la commande* `alias`.

Quand j'essaie d'utiliser la commande `at`, un message indique que je n'ai pas les permissions nécessaires à son utilisation.

Vous n'avez pas ajouté votre ID de login au fichier /etc/cron.d/at.allow.

J'ai essayé d'utiliser la commande **`at.now`** ***pour lancer une commande immédiatement.***

Que vous tapiez vite ou non, `at now` *répond toujours par le message* `ERROR: too late` *(trop tard). La meilleure solution est d'utiliser la commande* `batch` *afin d'exécuter une commande pour vous-même. Vous pouvez cependant utiliser* `at` *now* `+5 min` *pour l'exécuter dans cinq minutes. Après avoir appuyé sur <Entrée>, tapez rapidement votre commande avant que la minute ne soit écoulée.*

Informations sur l'environnement multitâche

Linux est un système d'exploitation multitâche et multiutilisateur. Comme plusieurs personnes peuvent faire plusieurs choses en même temps sur le système, les utilisateurs ont trouvé utile de pouvoir déterminer qui se sert du système et quels processus s'exécutent, et de contrôler ces processus.

Savoir que les autres peuvent conserver une trace des commandes que vous entrez est important. La plupart des utilisateurs ne peuvent avoir accès à vos fichiers sans votre autorisation, mais ils peuvent connaître les noms des commandes que vous entrez. Doncvous pouvez donc (en tant qu'administrateur système), ou quelqu'un d'autre possédant le mot de passe du superutilisateur, accéder à tous les fichiers du système.

Cependant, ne soyez pas paranoïaque à propos de votre vie privée sur un système Linux. Vous devriez savoir que le système peut être contrôlé par quiconque prenant le temps de le faire. L'information qu'il est possible d'obtenir sur ce qui se passe dans le système est très enrichissante et va bien au-delà d'une simple curiosité : en voyant quels travaux sont exécutés, vous pouvez planifier vos tâches en conséquence. Vous pouvez également visualiser vos processus actifs et vérifier qu'ils fonctionnent correctement.

• Connaître les utilisateurs du système grâce à who

L'objet de la commande `who` est de fournir des renseignements sur les personnes connectées au système. La commande `who` énumère les noms de login, les lignes de terminaux, et le temps de connexion des utilisateurs actuellement branchés.

`who` est utile dans maintes situations. Pour communiquer avec quelqu'un sur l'ordinateur en utilisant la commande `write`, par exemple, vous pouvez savoir si cette personne est sur le système en utilisant `who`. Cette commande servira également pour obtenir des renseignements sur les connexions de certains utilisateurs, le moment où ils se sont connectés sur l'ordinateur et le temps qu'ils ont passé sur le système.

Liste des utilisateurs connectés sur le système

Pour visualiser tous ceux qui sont connectés sur le système, entrez `who`. Vous verrez alors s'afficher ce qui suit :

```
$ who
root     console    Dec 13 08:00
ernie     tty02    Dec 13 10:37
bkraft     tty03    Dec 13 11:02
jdurum     tty05    Dec 13 09:21
ernie     ttys7    Dec 11 18:49
```

Cette liste montre que le superutilisateur, ernie, bkraft, et jdurum sont actuellement connectés. Elle indique que le superutilisateur s'est connecté à 8 heures du matin, bkraft à 11:02, et jdurum à 9:21. Vous constatez aussi qu'ernie est connectée sur deux terminaux et que l'une des connexions s'est faite à 18:49 deux jours plus tôt (ce qui peut attirer votre attention, à moins qu'il ne s'agisse de ses habitudes de travail).

Utilisation de titres pour les listes d'utilisateurs

Si plusieurs options sont disponibles avec `who`, ce chapitre n'en présente que deux, permettant de contrôler les processus du système :

`-u` répertorie uniquement les utilisateurs actuellement connectés.

`-H` affiche les titres se trouvant au-dessus de chaque colonne.

Vous ne verrez probablement pas très souvent le champ `COMMENT` *rempli dans les systèmes Linux récents. Auparavant, les processus qui vous permettaient de vous connecter sur UNIX (*`getty` *ou* `uugetty`*) étaient lancés directement à partir des entrées du fichier /etc/inittab et à l'écoute des requêtes de login d'un terminal particulier. Le champ* `COMMENT` *pouvait identifier l'emplacement de ce terminal et indiquer qui a été connecté et quel terminal a été utilisé. Aujourd'hui, les processus à l'écoute des requêtes de login sont traités par le Service Access Facility et ne figurent plus dans /etc/inittab.*

Grâce à ces deux options, vous pouvez obtenir plus d'informations sur les utilisateurs sont actuellement connectés. Les titres affichés avec l'option `-H` sont `NAME`, `LINE`, `TIME`, `IDLE`, `PID` et `COMMENTS` (voir Tableau 19.5).

Tableau 19.5 : Format de sortie pour la commande who

Champ	Description
NAME	Indique le nom de login de l'utilisateur.
LINE	Indique la ligne ou le terminal utilisé.
TIME	Indique l'heure à laquelle l'utilisateur s'est connecté.
IDLE	Indique les heures et les minutes écoulées depuis la dernière activité sur cette ligne. Un point est affiché si l'activité s'est produite durant la dernière minute du temps du système. Si plus de 24 heures se sont écoulées depuis l'utilisation de la dernière ligne, le mot `old` s'affiche.
PID	Indique le numéro d'identification du processus du shell de login de l'utilisateur.
COMMENT	Indique le contenu du champ de commentaire si des commentaires ont été inclus dans /etc/inittab ou s'il y a des connexions sur le réseau.

L'exemple suivant utilise les options `-u` et `-H` et montre la réponse que Linux affiche :

```
$ who -uH
NAME    LINE    TIME            IDLE    PID     COMMENTS
root    console Dec 13 08:00    .       10340
ernie   tty02   Dec 13 10:37    .       11929   Tech-89.2
bkraft  tty03   Dec 13 11:02    0:04     4761   Sales-23.4
jdurum  tty05   Dec 13 09:21    1:07    10426
ernie   ttys7   Dec 11 18:49    old     10770   oreo.coolt.com
$
```

Vous pouvez déduire de cette liste que la dernière session attribuée à ernie s'est effectuée à partir d'un site du réseau nommé `oreo.coolt.com` et qu'il n'y a eu aucune activité sur cette session depuis plus de 24 heures (ce qui peut laisser entrevoir un problème). La session du root et la première session d'ernie ont toutes deux obtenu l'accès durant la dernière minute. La dernière activité de la session de bkraft a eu lieu il y a quatre minutes ; il s'est écoulé une heure et sept minutes avant qu'une activité puisse être rapportée à la session de jdurum.

Notez que cette liste inclut le PID (numéro d'identification du processus) du shell de login des sessions de chaque utilisateur. La section suivante explique comment utiliser le PID pour poursuivre le contrôle du système.

Connaître les utilisateurs du système grâce à *finger*

`finger` est une commande complémentaire de who. Pour en savoir plus sur un utilisateur, saisissez `finger` *`nomutilisateur`* (ou `finger` *`nomutilisateur`*`@domaine` s'il se trouve sur un autre ordinateur). Par exemple, pour obtenir davantage de renseignements sur un utilisateur nommé tackett, saisissez la commande suivante :

```
finger tackett
```

Vous devriez obtenir l'affichage suivant :

```
Login: tackett                          Name: Jack Tackett Jr
Directory: /home/tackett                Shell: /bin/tcsh
Office: 2440 SW Cary Parkway 114        Office Phone: 919 555 1212
Home Phone: 919 555 1212
Never logged in.
Mail last read Fri Jul  3 17:42 1998 (EDT)
Plan:
------------------------------------------
Jack Tackett, Jr.
In the immortal words of Socrates:
     I drank WHAT?
------------------------------------------
```

Le nom de connexion et le nom réel du compte spécifié. On peut aussi voir quel est le shell préféré de l'utilisateur, son adresse, le dernier moment où il a lu son courrier, et le moment où il s'est connecté pour la dernière fois. S'il est actuellement connecté, `finger` révèle depuis combien de temps, et quel est son programme en cours. La commande `finger` affiche également toutes les informations que l'utilisateur a pu placer dans le fichier .plan de son répertoire personnel.

Ainsi, la commande `finger` affiche beaucoup d'informations sur un utilisateur, lesquelles pourraient être utilisées par des pirates pour pénétrer le système. C'est pourquoi de nombreux administrateurs système désactivent cette commande.

INFO

Si vous autorisez l'utilisation de la commande `finger` *sur votre système, ou si votre administrateur système l'autorise sur un système que vous utilisez, vous pouvez modifier les informations indiquées par* `finger`*, à l'aide de la commande* `chfn`*. Consultez la page de manuel concernée* (`man chfn`) *pour davantage d'informations.*

• Connaître le statut des processus grâce à ps

La commande `ps` propose une sorte de compte rendu concernant l'état des processus. Vous pouvez l'utiliser pour connaître les processus actifs, savoir si un processus est terminé, s'il est suspendu ou présente un problème, combien de temps il a fonctionné, connaître les ressources utilisées par un processus, déterminer sa priorité relative, et trouver le PID (numéro d'identification) nécessaire à sa suppression. Ces informations sont utiles pour le simple utilisateur, et plus encore pour l'administrateur du système. Sans ces options, `ps` énumère le PID de chaque processus associé à votre shell courant. Il est aussi possible de visualiser une liste détaillée de tous les processus fonctionnant sur le système.

Suivi des processus avec *ps*

La commande ps (*process status*) est fréquemment utilisée afin de contrôler les travaux en arrière-plan et les autres processus du système. Comme les processus en tâche de fond, dans la plupart des cas, ne sont pas en relation avec votre écran et votre clavier, vous avez la possibilité d'utiliser ps afin de suivre leur progression.

La liste ps affiche par défaut quatre titres, indicateurs de l'information contenue dans les champs au-dessous de chaque titre : PID, TTY, TIME et COMMAND (voir Tableau 19.6).

Tableau 19.6 : En-têtes présents dans la sortie de ps

Champ	Description
PID	Numéro d'identification du processus
TTY	Terminal sur lequel a été lancé le processus
TIME	Temps cumulé pour l'exécution du processus, en minutes et en secondes
COMMAND	Nom de la commande exécutée

Imaginez que vous vouliez sélectionner un fichier nommé ventes.dat, en sauvegarder une copie dans un fichier intitulé ventes.srt, et envoyer le fichier trié à un utilisateur appelé sarah. Si vous souhaitez effectuer ce travail en arrière-plan, entrez :

```
sort ventes.dat ¦ tee ventes.srt ¦ mailx -s"Données des Ventes Triées" sarah &
```

Pour contrôler le processus, entrez ps et vous verrez s'afficher :

```
PID   TTY   TIME   COMMAND
16490   tty02   0:15   sort
16489   tty02   0:00   mailx
16492   tty02   0:00   ps
16478   tty02   0:00   bash
16491   tty02   0:06   tee
16480   tty02   96:45   cruncher
```

Vous découvrez le temps cumulé et le PID de chaque processus lancé avec la commande. Vous pouvez aussi visualiser une information concernant votre shell de connexion, bash, et une autre pour la commande ps elle-même. Notez que toutes les commandes à l'intérieur du tube s'exécutent simultanément — comme vous l'escomptiez, selon la façon dont les processus s'enchaînent dans le tube. La dernière entrée correspond à une commande qui a nécessité plus d'une heure et demie d'exécution. Si vous souhaitez interrompre le processus, utilisez la commande kill (voir plus loin). Si vous entrez ps et que vous voyez la liste suivante, vous saurez alors que votre travail précédent en arrière-plan est terminé :

```
PID   TTY   TIME   COMMAND
16492   tty02   0:00   ps
16478   tty02   0:00   bash
16480   tty02   99:45   cruncher
```

INFO

Utilisez ps *occasionnellement pour vérifier l'état d'une commande. Si vous utilisez* ps *toutes les secondes, en attendant de voir si le travail en arrière-plan est terminé, l'exécution en tâche de fond perd tout son intérêt.*

Autres informations fournies par *ps* sur les processus

Parfois, vous avez besoin d'en savoir un peu plus sur les processus, et le résultat par défaut de la commande s'avère insuffisant. Pour obtenir des informations supplémentaires, utilisez les options du Tableau 19.7.

Tableau 19.7 : Options communément utilisées pour la commande ps

Option	Action
-a	Affiche également les processus des autres utilisateurs.
-c	Nom de la commande à partir de l'environnement `task-struct`.
-e	Affiche l'environnement après la ligne de commande et `and`.
-f	Affiche les processus sous une forme arborescente.
-h	Pas d'en-tête.
-j	Format travaux.
-l	Format long.
-m	Affiche des informations sur la mémoire.
-n	Sortie numérique pour USER et WCHAN. WCHAN est le nom de la fonction du noyau qui place le processus en attente, le préfixe `sys_` étant retiré du nom de la fonction. Si /etc/psdatabase n'existe pas, la valeur hexadécimale est affichée.
-r	Processus actifs uniquement.
-s	Format signal.
-S	Ajoute le temps CPU des processus fils et les erreurs de pages.
-t*xx*	Processus associés `tty`*xx* uniquement.
-u	Format utilisateur ; indique le nom de l'utilisateur et l'heure de début.
-v	Format vm (mémoire virtuelle).
-w	Sortie étendue ; ne tronque pas les lignes de commandes pour qu'elles tiennent sur une ligne.
-x	Montre les processus sans contrôler le terminal.

La commande ps donne une image seulement approximative de l'état d'un processus : les choses peuvent changer et changent d'ailleurs tout au long de son exécution. ps donne une sorte d'instantané sur l'état du processus au moment où elle est exécutée. L'instantané inclut la commande ps elle-même.

Les exemples suivants illustrent trois commandes. La première est le shell de login (bash). La deuxième est sort (utilisée pour trier un fichier intitulé inventaire). La troisième est la commande ps que vous exécutez actuellement.

Pour connaître vos processus actifs, utilisez la commande suivante :

```
$ ps
PID  TTY    TIME   COMMAND
65   tty01  0:07   -bash
71   tty01  0:14   sort inventaire
231  tty01  0:09   ps
```

Pour obtenir une liste complète, utilisez la commande suivante :

```
$ ps -uax
UID      PID PPID   C   STIME      TTY     TIME   COMD
amanda    65    1   0   11:40:11   tty01   0:06   -bash
amanda    71   65  61   11:42:02   tty01   0:14   sort inventory
amanda   231   65  80   11:46:02   tty01   0:00   ps -f
```

Quelques remarques sur cette liste complète. En plus du PID, le PPID est précisé. Le PPID est le numéro d'identification du processus père du processus. Ici, le premier processus, PID 65, est le père du deuxième processus de la liste. L'entrée de la quatrième colonne (celle dont le titre est C) donne le temps CPU qu'un processus a récemment utilisé. En sélectionnant le prochain processus avec lequel vous allez travailler, le système d'exploitation choisit un processus avec une valeur C basse et un autre avec une valeur plus élevée. L'entrée dans la colonne STIME est l'heure à laquelle le processus a été lancé.

Pour contrôler chaque processus du système et obtenir une liste complète, entrez ps -uax. (En transmettant la commande par pipeline via grep $LOGNAME, les processus appartenant à votre nom de login sont affichés pendant que les autres sont triés.) Pour visualiser une liste complète de tous vos processus, entrez :

```
ps -uax ¦ grep $LOGNAME
```

Pour énumérer les processus pour deux terminaux (par exemple, tty1 et tty2), utilisez la commande suivante :

```
$ ps -t "1 2"
PID  TTY     TIME   COMMAND
32   tty01   0:05   bash
36   tty02   0:09   bash
235  tty02   0:16   vi calendar
```

Ici, l'option -t est utilisée pour réduire la liste aux processus associés aux terminaux tty01 et tty02. Le terminal tty02 gère la commande shell (PID 32) et utilise vi pour éditer le calendrier

(PID 235). Le temps cumulé pour chaque processus apparaît également. Si vous utilisez les shells d'une interface graphique (la commande `xterm`), servez-vous des noms de périphérique pts001, pts002, etc. avec l'option `-t` pour voir les processus de ces sessions.

Parfois, un processus est marqué comme étant `<defunct>`, ce qui signifie qu'il est terminé, que le processus père en a été informé, mais que ce dernier n'a pas reconnu que le processus est "mort". Un processus comme celui-ci est appelé *processus zombie*. Il est possible que le père soit occupé à autre chose et que le zombie disparaisse vite. Si vous rencontrez un numéro de processus défunt ou un numéro qui tend à persister, c'est le signe avant-coureur d'un problème avec le système d'exploitation.

INFO

Un processus zombie n'ayant pas de père, il n'est pas possible de le supprimer. La seule façon de s'en débarrasser est de redémarrer la machine.

Contrôle de plusieurs processus

Linux permet d'exécuter plusieurs processus simultanément. Il permet aussi à un utilisateur ou à un administrateur de contrôler les processus en cours. Ce contrôle est avantageux quand vous avez besoin de :

- lancer un processus qui continue malgré la fin de son processus père (utilisez la commande `nohup`) ;
- planifier un processus avec une priorité différente de celle des autres processus (utilisez la commande `nice`) ;
- terminer ou arrêter un processus (utilisez la commande `kill`).

• nohup avec des processus en arrière-plan

Normalement, les fils d'un processus se terminent lorsque le père meurt ou s'achève. Cela signifie que lorsque vous lancez un processus en arrière-plan, il s'achève quand vous vous déconnectez. Pour qu'un processus continue après que vous vous êtes déconnecté, utilisez la commande `nohup`. Placez `nohup` au début d'une ligne de commandes :

```
nohup sort ventes.dat &
```

Cet échantillon de commande demande à la commande `sort` d'ignorer que vous vous êtes déconnecté du système ; elle devrait fonctionner jusqu'à ce que le processus soit achevé. De cette façon, vous pouvez créer un processus qui fonctionne seul pendant des jours et même des semaines. Qui plus est, vous n'avez pas besoin d'être connecté quand il s'exécute. Naturellement, vous voulez vous assurer que le travail que vous avez lancé se comporte correctement, c'est-à-dire qu'il se termine sans créer un nombre exagéré de sorties.

Quand vous utilisez `nohup`, la commande envoie tous les messages de sortie et d'erreur qui apparaissent normalement sur l'écran au fichier intitulé nohup.out. Considérez l'exemple suivant :

```
$ nohup sort ventes.dat &
1252
Sending output to nohup.out
$
```

Le fichier trié et les messages d'erreur sont placés dans le fichier nohup.out. Observez maintenant l'exemple celui-ci :

```
$ nohup sort ventes.> dat ventes.srt &
1257
Sending output to nohup.out
$
```

Tous les messages d'erreur sont placés dans le fichier nohup.out, mais le fichier ventes.dat est placé dans le fichier ventes.srt.

INFO

Quand vous vous servez de `nohup` *avec un pipeline, vous devez l'utiliser avec chaque commande du pipeline :*

```
nohup sort ventes.dat ¦ nohup mailx -s"Données des ventes triées" boss &
```

• Choix de la priorité des commandes avec nice

Utilisez la commande `nice` pour exécuter une commande selon une priorité d'ordonnancement précise. La commande `nice` vous donne le contrôle de la priorité d'un travail par rapport à un autre. Si vous n'utilisez pas `nice`, les processus sont exécutés avec une priorité fixe. Vous pouvez diminuer la priorité d'un processus avec `nice` de façon que les autres processus puissent être programmés pour utiliser le CPU plus fréquemment que le travail `nice`. Le superutilisateur (la personne qui peut se connecter sous le nom d'utilisateur root) peut également dresser des priorités pour certains processus.

INFO

`nice --help` *et* `nice --version` *ne fonctionnent pas avec l'implémentation GNU de* `nice`.

La forme générale de la commande `nice` est la suivante :

```
nice -nombre commande
```

Le niveau de priorité est déterminé par l'argument *`nombre`* (plus il est grand plus la priorité diminue). La valeur par défaut est 10 et *`nombre`* est un offset par rapport à cette valeur par défaut. Si l'argument *nombre* apparaît dans la déclaration, la priorité est augmentée de ce montant jusqu'à une limite fixée à 25. Si vous entrez la commande suivante, le processus `sort` commence avec une priorité de 10 :

```
sort ventes.dat > ventes.srt &
```

Pour lancer un autre processus, avec la commande `lp` par exemple, mais donner la préférence à la commande `sort`, entrez :

```
nice -5 lp mail_liste &
```

Pour donner à la commande `lp` la priorité la plus basse possible, entrez :

```
nice -10 lp mail_liste &
```

INFO

La valeur de priorité spécifiée ci-dessus est précédée du tiret, qui signale une option. Il ne faut pas confondre ce tiret avec le signe négatif.

Seul les superutilisateurs peuvent augmenter la priorité d'un processus. Pour ce faire, ils utilisent un numéro négatif comme argument de `nice`. Rappelons que plus la valeur `nice` est basse, plus la priorité est élevée (le maximum étant de 20). Pour donner à une tâche une priorité maximale, le superutilisateur la lance ainsi :

```
nice --19 job &
```

Le caractère `&` est optionnel ; si le travail est interactif, vous ne l'utiliserez pas pour lancer le processus en arrière-plan.

• Choix de la priorité de processus actifs avec renice

La commande `renice`, disponible sur tous les systèmes, permet de modifier la priorité d'un processus en cours. Les systèmes UNIX de Berkeley possèdent cette commande, qui est aussi disponible sur le répertoire /usr/ucb dans le système Linux V, compatible avec les systèmes Berkeley. Avec `renice`, vous pouvez définir la priorité des commandes durant leur exécution. Le format de `renice` est identique à celui de `nice` :

```
renice -nombre PID
```

Afin de changer la priorité d'un processus en cours, vous devez connaître son PID. Pour trouver le PID de tous les processus, entrez :

```
ps -e ¦ grep nom
```

Dans cette commande, *nom* est à remplacer par le nom du processus en cours. La commande `grep` filtre tous les processus qui ne contiennent pas le nom que vous recherchez. Si plusieurs processus possédant ce nom s'exécutent simultanément, vous devez déterminer celui que vous voulez en vous référant à l'heure où il a été lancé. Si vous souhaitez affecter tous les processus appartenant à un groupe ou à un utilisateur particulier, spécifiez le GID ou l'UID des processus en cours d'exécution.

L'entrée dans la seconde colonne de la liste ps est le PID du processus. Dans l'exemple suivant, trois processus sont exécutés par l'utilisateur courant (en plus du shell) ; le nom de l'utilisateur courant est pcoco :

```
$ ps -ef ¦ grep $LOGNAME
pcoco  11805  11804 0   Dec 22    ttysb  0:01  sort   ventes.dat>ventes.srt
pcoco  19955  19938 4   16:13:02  ttyp0  0:00  grep   pcoco
pcoco  19938  1     0   16:11:04  ttyp0  0:00  bash
pcoco  19940  19938 142 16:11:04  ttyp0  0:33  find   . -name core - exec rm {} ;
$
```

Pour diminuer la priorité sur le processus de PID 19940 (le processus `find`), entrez :

```
renice -5 19940
```

Pour finir, sachez que :

- Vous pouvez utiliser `renice` uniquement avec des processus qui vous appartiennent.
- Le superutilisateur peut utiliser `renice` sur n'importe quel processus.
- Seul le superutilisateur peut augmenter la priorité d'un processus.

• Arrêt de processus avec kill

Il arrive que vous souhaitiez arrêter l'exécution d'un processus pour plusieurs raisons :

- Il utilise trop de temps CPU.
- Il fonctionne trop longtemps sans produire la sortie escomptée.
- Il produit trop de sorties sur l'écran ou sur le fichier disque.
- Il semble avoir bloqué un terminal ou une autre session.
- Il se sert des mauvais fichiers pour les entrée et sortie à cause d'un opérateur ou d'une erreur de programmation.
- Il n'est plus utile.

Vous rencontrerez certainement bon nombre d'autres raisons. Si le processus à arrêter est un processus en arrière-plan, utilisez la commande `kill` pour sortir de ces situations.

Pour arrêter une commande qui n'est pas en tâche de fond, appuyez sur <Ctrl-c>. Quand la commande est en arrière-plan, appuyer sur une touche d'interruption ne l'arrête pas pour autant. Comme le processus en arrière-plan est sous le contrôle du terminal, l'entrée par le clavier de n'importe quelle touche d'interruption est ignorée. La seule façon de stopper des commandes d'arrière-plan est d'utiliser la commande `kill`.

Interruption normale des processus en arrière-plan

La commande envoie au programme un signal lui demandant d'interrompre ou de tuer un processus. Pour se servir de `kill`, utilisez l'une de ces deux formes :

```
kill PID(s)
kill -signal PID(s)
```

Pour tuer le processus dont le PID est 123, entrez `kill 123`. Pour tuer plusieurs processus dont les PID sont 123, 342, et 73, entrez `kill 123 342 73`.

En utilisant l'option `-signal`, vous pouvez faire plus que de tuer simplement un processus. D'autres signaux peuvent obliger un processus actif à relire les fichiers de configuration ou à stopper un processus sans le tuer. Les signaux valides sont affichés avec la commande `kill -l`. Un utilisateur moyen emploiera probablement `kill` sans signal ou avec le signal `-9`.

ATTENTION

Utilisez le PID correct avec la commande `kill`. *En utilisant un mauvais PID, vous pourriez interrompre un processus que vous auriez aimé continuer. Souvenez-vous que stopper un mauvais processus ou un processus système peut avoir des effets désastreux. Rappelez-vous aussi que si vous vous connectez en tant qu'administrateur système, vous pouvez tuer n'importe quel processus.*

Si vous détruisez avec succès le processus, vous n'obtenez aucune remarque de la part du shell — seule l'invite réapparaît. Un message d'erreur apparaît si vous essayez de tuer un processus que vous n'avez pas le droit de stopper ou si vous essayez d'en tuer un qui n'existe pas.

Supposons que votre nom de login soit `chris` et que vous soyez maintenant connecté sur tty01. Pour connaître les processus que vous exécutez, entrez `ps -f` afin d'obtenir la réponse suivante :

```
UID     PID    PPID    C    STIME       TTY      TIME     COMMAND
chris    65       1    0    11:40:11    tty01    0:06     -bash
chris    71      65   61    11:42:01    tty01    0:14     total-updt inventaire
chri    231      65   80    11:46:02    tty01    0:00     ps -f
chri    187      53   60    15:32:01    tty02    123:45    crunch stats
chris    53       1    0    15:31:34    tty02    1:06     -bash
```

Notez que le programme `total-updt` fonctionne sur votre terminal courant. Un autre programme, `crunch`, fonctionne sur un autre terminal, et vous pensez qu'il a utilisé un temps CPU inconsidérément grand. Pour tuer ce processus, il suffit de taper `kill 187`, Pour tuer son père, tapez `kill 53`.

Vous souhaiterez probablement supprimer le père et son fils si vous êtes connecté en tant qu'administrateur système et voyez que quelqu'un a laissé son terminal sans surveillance (si vous avez configuré Linux avec des terminaux distants). Vous pouvez supprimer un processus horloge que l'utilisateur a exécuté (processus fils) et le shell de login (processus père) de façon que le terminal sans surveillance soit déconnecté.

Arrêter un processus père peut aussi interrompre le processus fils. Pour en être sûr, stoppez les processus père et fils pour mettre fin à toute activité associée au processus père. Dans l'exemple précédent, entrez `kill 187 53` pour interrompre les deux processus.

ASTUCE

Si votre terminal se bloque, connectez-vous sur un terminal virtuel avec la touche <Alt-touche de fonction> (F1-F6), entrez `ps -ef ¦grep $LOGNAME` *et tuez le shell de connexion correspondant au terminal bloqué.*

Terminaison inconditionnelle de processus en arrière-plan

L'émission de la commande `kill` envoie un signal au processus. Les programmes Linux peuvent recevoir plus de 20 signaux, chacun d'eux étant représenté par un numéro. Par exemple, quand vous vous déconnectez, Linux envoie un signal de terminaison (*hang-up ;* signal numéro 1) à tous les processus en arrière-plan lancés à partir de votre shell de login. Le signal tue ou arrête tous ces processus à moins qu'ils n'aient été lancés avec `nohup` (comme cela a été décrit plus haut).

Si vous utilisez `nohup` pour lancer un processus en tâche de fond, ce dernier ignore tout signal qui tenterait de l'interrompre. Vous pouvez utiliser des programmes ou des scripts shell écrits pour ignorer certains signaux. Si vous ne précisez pas de signal quand vous utilisez `kill`, le signal 15 est envoyé au processus dont le PID est 1234. Si ce processus est constitué de façon à ignorer le signal 15, il ne s'interrompra pas au lancement de la commande. Cependant, il vous est possible de tuer un processus qui "s'y opposerait".

Le signal 9 est un signal inconditionnel. Pour détruire un processus sans réserve, utilisez le format suivant :

```
kill -9 PID
```

Imaginez que vous entriez `ps -f`, et visualisiez la liste suivante en guise de réponse :

```
UID     PID  PPID   C   STIME      TTY     TIME    COMMAND
chris    65     1   0   11:40:11   tty01   0:06    -bash
chris    71    65  61   11:42:01   tty01   0:14    total-updt inventaire
chris   231    65  80   11:46:02   tty01   0:00    ps -f
chris   187    53  60   15:32:01   tty02   123:45  crunch stats
chris    53     1   0   15:31:34   tty02   1:06    -bash
```

ATTENTION

Utiliser cette version inconditionnelle de la commande `kill` *présente un inconvénient :* `kill -9` *ne permet pas à un processus d'achever ce qu'il avait commencé. Si vous utilisez* `kill -9` *avec un programme qui met à jour un fichier, vous risquez de perdre cette mise à jour ou tout le fichier. Utilisez donc* `kill -9` *en connaissance de cause. Dans la plupart des cas, vous n'avez pas besoin de l'option* `-9` *; la commande* `kill` *émise sans argument arrête la majorité des processus.*

Pour tuer un processus 187, normalement vous entrez `kill 187`. Si vous entrez ensuite `ps -f` et constatez que le processus existe encore, vous savez alors qu'il a été paramétré de façon à ignorer la commande `kill`. Tuez-le sans réserve avec `kill -9 187`. Quand vous entrerez de nouveau `ps -f`, vous pourrez observer que le processus aura disparu.

Terminaison de tous les processus en arrière-plan

Pour stopper l'intégralité des travaux en arrière-plan, entrez `kill 0`.

Les commandes qui fonctionnent en arrière-plan lancent quelquefois plus d'un processus ; suivre tous les numéros de PID associés à celui que vous voulez tuer peut s'avérer fastidieux. Puisque la commande `kill 0` tue tous les processus lancés à partir du shell courant, c'est la façon la plus simple d'interrompre tous les processus. Entrez la commande `jobs` pour voir quelles commandes fonctionnent en arrière-plan avec le shell courant.

Informations complémentaires

Ce chapitre vous a présenté les commandes dont vous avez besoin pour gérer plusieurs processus. L'exécution simultanée de processus multiples est possible en mettant des travaux en arrière-plan avec le signe `&` ou en utilisant des tubes. Vous pouvez planifier des processus à une heure précise avec `at`, à l'heure où le système est accessible avec `batch`, et à des heures régulières avec `cron` et `crontab`. Pour des informations complémentaires, consultez :

- Les chapitres de la Partie III, qui traitent du suivi et de la maintenance d'un système Linux. L'administration système n'est pas un sujet facile ; elle nécessite une véritable pratique. Cette partie du livre présente les concepts et les tâches concernant d'administrateur système.
- Le Chapitre 18, qui apporte des informations spécifiques sur l'écriture de scripts pour lancer, arrêter et surveiller les processus sur votre système Linux.
- L'aide en ligne concernant les différentes commandes présentées dans ce chapitre.

20 Impression avec Linux

Bien que tout le monde ait pensé que la révolution informatique abolirait l'utilisation du papier, cela n'a pas été le cas. On utilise aujourd'hui plus de papier qu'il y a vingt ans. Alors que le système d'exploitation UNIX n'était qu'à ses débuts, les laboratoires Bell l'utilisèrent pour produire, et imprimer, la documentation technique. En conséquence, UNIX, et ainsi Linux, possèdent un grand nombre d'utilitaires destinés à l'impression (ou tout au moins au formatage des données devant être imprimés). Ce chapitre est consacré aux méthodes d'impression de fichiers.

Les systèmes d'impression communs à BSD UNIX et à Linux sont appelés *systèmes lpr* (*Line PrinteR*) .

Ce chapitre aborde les thèmes suivants :

- la configuration de votre imprimante ;
- l'envoi d'un fichier vers l'imprimante ;
- la vérification du statut de l'imprimante ;
- l'annulation d'un job d'impression ;
- la résolution des problèmes.

Sélection d'une imprimante

Si votre imprimante est accessible depuis MS-DOS, vous devriez pouvoir imprimer du texte ASCII depuis Linux. Le seul point à signaler est que certaines fonctionnalités de l'imprimante peuvent ne pas être disponibles sous Linux. En effet, sous Linux, le système envoie le fichier à imprimer non pas directement vers l'imprimante, mais d'abord vers un autre fichier. Linux envoie les fichiers vers une zone temporaire parce que les imprimantes sont des périphériques assez lents et que le système ne veut pas ralentir la session simplement pour imprimer un fichier. Ce processus s'appelle *spooling* (ou spool) ; les imprimantes sont des périphériques à fonctionnement simultané (*spooled devices*). Quand vous imprimez un fichier sous Linux, ce dernier ne va pas directement à l'imprimante ; il prend place dans une file d'attente (*queue*), attend son tour pour être imprimé. Si votre fichier est le premier de la file, l'impression est quasiment immédiate.

INFO

Spool *est l'acronyme de* Simultaneaous Peripheral Operation Off Line. *Aux premiers temps des grands systèmes IBM, de petits ordinateurs étaient utilisés pour soulager le grand système de l'impression. Cette technique permettait aux grands systèmes — très coûteux — de ne pas perdre du temps à des tâches triviales telles que l'impression.*

Héritant de la plupart des fonctionnalités d'UNIX, Linux gère un grand nombre d'imprimantes. Si vous pouvez imprimer depuis DOS, vous devriez pouvoir le faire depuis Linux.

Configuration des imprimantes

Ce chapitre suppose que vous savez éditer un fichier de texte sous Linux et que vous connaissez les notions de propriété et de droits d'accès pour un fichier donné. Il suppose également une installation et un fonctionnement corrects de votre système Linux.

En particulier, pour imprimer à distance, votre réseau doit être installé et opérationnel. Référez-vous aux fichiers d'aide (*man pages*) pour les commandes `chmod` et `chown` afin d'obtenir plus d'informations. Consultez le Chapitre 8 pour revoir l'utilisation de l'éditeur `vi`, la création de plusieurs fichiers étant nécessaire pour configurer vos imprimantes.

Fonctionnement de l'impression sous Linux

La façon la plus simple d'imprimer sous Linux est d'envoyer directement les données à l'imprimante. La commande suivante envoie la liste du contenu d'un répertoire à la première imprimante parallèle (LPT1 en langage DOS) :

```
ls > /dev/lp0
```

Cette méthode n'exploite pas les capacités multitâches de Linux, puisque le temps d'exécution de cette commande est proportionnel à celui nécessaire à l'impression des données. Sur une imprimante lente, déconnectée ou non sélectionnée, cela peut prendre un temps considérable.

Il vaut donc mieux imprimer les données en tâche de fond, c'est-à-dire les rassembler dans une file puis créer un processus en tâche de fond, qui les enverra à l'imprimante.

Linux travaille essentiellement de cette façon. Pour chaque imprimante, une zone de spool est définie. Les données y sont rassemblées afin d'être imprimées, un fichier pour une requête d'impression. Un processus en tâche de fond (appelé *démon d'impression*) parcourt constamment les zones de spool en quête de nouveaux fichiers à imprimer. Lorsqu'il en trouve un, les données sont envoyées à l'imprimante appropriée ou despoulée. Si plusieurs fichiers attendent d'être imprimés, ils le seront dans l'ordre de leur arrivée, selon le principe du premier entré, premier sorti (*first in, first out*). La zone de spool correspond donc effectivement à une file d'attente, et on dit que les requêtes en attente sont dans la *file d'impression*. Dans le cas d'une impression distante, les données sont d'abord traitées localement dans la file comme toute requête d'impression, mais le processus en tâche de fond les envoie à une imprimante spécifique d'une machine distante donnée.

Les informations nécessaires pour que le démon d'impression puisse effectuer son travail (périphérique physique à utiliser, zone de spool, nom de la machine distante ou de l'imprimante...) sont stockées dans le fichier /etc/printcap (voir plus loin).

Pour Linux, l'imprimante n'est qu'un fichier de plus. Mais comme il s'agit d'un élément matériel, elle possède une entrée dans le répertoire /dev. Linux aime considérer les périphériques physiques comme s'ils faisaient partie du système de fichiers.

Le terme *imprimante* est utilisé pour désigner une imprimante telle qu'elle est spécifiée dans /etc/printcap. L'expression *imprimante physique* désigne le périphérique (l'objet qui imprime). Plusieürs définitions dans `/etc/printcap` peuvent référer à une même imprimante physique, mais avec des options différentes. Si cela ne vous paraît pas clair, lisez la section consacrée à /etc/printcap, un peu plus loin.

Principaux programmes pour l'impression

Le système d'impression d'UNIX comprend (au minimum) cinq programmes. Ils se situent normalement aux endroits indiqués dans le Tableau 20.1, appartiennent au superutilisateur (root) et au groupe daemon, et possèdent les permissions indiquées dans le Tableau 20.1.

Tableau 20.1 : Principaux programmes pour l'impression

Droits d'accès	Chemin d'accès
`-rwsr-sr-x`	/usr/bin/lpr
`-rwsr-sr-x`	/usr/bin/lpq
`-rwsr-sr-x`	/usr/bin/lpc
`-rwsr-sr-x`	/usr/bin/lprm
`-rwxr-s---`	/usr/sbin/lpd

Les quatre premiers fichiers du Tableau 20.1 ont pour but de soumettre, d'annuler et d'examiner les requêtes d'impression. `/etc/lpd` représente le démon d'impression.

INFO

Les chemins d'accès, propriétés et droits d'accès du Tableau 20.1 sont simplifiés et peuvent se révéler incorrects sur votre système. Il faut donc que vous vous informiez sur les fichiers `lpd` *et leurs permissions.*

Toutes ces commandes disposent d'une aide en ligne, à consulter pour obtenir plus d'informations. Retenez que par défaut `lpr`, `lprm`, `lpc` et `lpq` agissent sur une imprimante appelée `lp`.

Si vous définissez une variable d'environnement appelée `PRINTER`, ce nom sera celui utilisé. Vous pouvez passer outre `lp` et la variable d'environnement `PRINTER` en spécifiant le nom de l'imprimante à utiliser sur la ligne de commande, par exemple :

```
lpc -PMONIMPRIMANTE
```

• Le démon lpd

Voir Chapitre 18.

Linux gère toutes les tâches d'impression via le démon `lpd`. Si ce processus n'est pas exécuté, aucune impression ne peut avoir lieu et les fichiers à imprimer resteront dans leurs répertoires de spool jusqu'à ce que le démon `lpd` soit lancé (les répertoires de spool seront étudiés plus loin dans la section concernant les répertoires importants pour l'impression).

Si votre système ne charge pas `lpd` au démarrage, ou si vous devez l'arrêter puis le relancer, tapez la commande suivante :

```
lpd (options)
```

L'aide en ligne sur `lpd` propose une liste d'options. L'option `-l` est importante pour la configuration des imprimantes Linux. Elle crée un fichier log qui enregistre chaque demande d'impression du système. Ce fichier peut être utile pour la mise au point du système d'impression.

• La commande lpr

La commande `lpr` soumet une requête à l'imprimante ou met une tâche d'impression en file d'attente. En fait, c'est que le fichier est copié dans le répertoire de spool. Chaque imprimante spécifiée pour votre système Linux doit avoir son propre répertoire de spool. La taille du répertoire de spool est spécifiée dans le fichier `minfree` situé dans chaque répertoire. Ce fichier spécifie le nombre de blocs à réserver pour les fichiers de spool afin d'empêcher que le démon `lpd` n'utilise tout l'espace disponible lorsqu'il met en attente une demande d'impression.

`lpd` récupère le fichier et s'occupe de transmettre les données à l'imprimante physique. Si aucun fichier n'est spécifié, `lpr` utilise l'entrée standard.

• La commande lpq

La commande `lpq` vous montre le contenu du répertoire de spool pour une imprimante donnée. L'une des informations primordiales affichées est le numéro de la requête (job ID), qui identifie un travail particulier. Ce numéro doit être spécifié pour annuler une requête en cours.

`lpq` fournit aussi la position de chaque tâche d'impression dans la file d'attente. La valeur spéciale `active` signifie que le fichier est en cours d'impression (ou tout du moins que `lpd` tente de l'imprimer).

• La commande lprm

La commande `lprm` enlève une requête de la file d'attente, c'est-à-dire qu'elle retire des fichiers non imprimés du répertoire de spool. Pour cela, vous pouvez spécifier soit le numéro de requête (obtenu par `lpq`), soit un tiret (<->) auquel cas toutes les requêtes vous appartenant seront annulées.

Si vous utilisez `lprm` en tant que superutilisateur, tous les travaux d'impression seront annulés ; si vous désirez annuler toutes les requêtes d'un utilisateur précis, il vous faut, en plus d'être le superutilisateur, spécifier son nom.

• La commande lpc

La commande `lpc` permet de contrôler l'état de l'impression et de l'imprimante, ainsi que certains aspects de son utilisation. Vous pouvez notamment commencer et arrêter l'envoi des fichiers vers les imprimantes, activer ou désactiver une imprimante, et même changer l'ordre d'impression des fichiers. Les commandes suivantes permettent de désactiver l'impression sur monimprimante, d'activer le spool sur tonimprimante, et de faire passer la requête 37 en début de file :

```
lpc down monimprimante
lpc enable ton-imprimante
lpc topq 37
```

Si aucun paramètre ne lui est passé, `lpc` fonctionne de façon interactive, et vous demande ce qu'il faut faire. Le Tableau 20.2 présente quelques options importantes de `lpc` ; consultez l'aide en ligne pour plus d'informations. La plupart des options de `lpc` prennent comme paramètre le nom de l'imprimante tel qu'il est spécifié dans le fichier /etc/printcap.

Tableau 20.2 : Quelques options de la commande lpc

Option	Paramètre	Description
`stop`	*`imprimante`*	Arrête l'imprimante, mais les demandes d'impression continuent à être placées dans la file d'attente.
`start`	*`imprimante`*	Autorise l'impression des fichiers placés dans la file d'attente et des nouveaux fichiers envoyés vers cette imprimante.
`exit, quit`	(aucun)	Quitte `lpc` lorsque le programme est en mode interactif.
`status`	*`imprimante`*	Affiche l'état actuel de l'imprimante. `status` indique par exemple si la file est activée, si l'imprimante est active, et le nombre de travaux attendant d'être imprimés.

INFO

N'oubliez pas que certaines options de `lpc` *sont réservées au superutilisateur.*

ATTENTION

`lpc` *est très instable dans son implémentation actuelle sous Linux. Des utilisateurs ont signalé que* `lpc` *affiche parfois des messages d'état incorrects, voire bloque complètement le système.*

Répertoires importants pour l'impression

En ce qui concerne l'impression, il n'y a qu'un seul répertoire important : la zone de spool, où les données sont stockées avant d'être imprimées par /etc/lpd. Cependant, un système est configuré avec plusieurs répertoires de spool, un pour chaque imprimante, cela afin de faciliter la gestion des imprimantes. Par exemple, le système d'un utilisateur est configuré avec le répertoire /usr/spool/lpd comme répertoire de spool principal, dans lequel il existe un répertoire, un pour chaque imprimante, qui porte son nom. Cet utilisateur dispose ainsi d'une imprimante appelée ps-nff, dont le répertoire de spool est/usr/spool/lpd/ps-nff.

Voir
Chapitre 16.

Les répertoires de spool doivent appartenir au groupe daemon et être accessibles en lecture/écriture à l'utilisateur et au groupe en lecture seule aux autres. Pour cela, après avoir créé un nouveau répertoire, vérifiez, à l'aide de la commande `chmod`, qu'il a les permissions `-rwxrwxr-x` (0775). Pour le répertoire monimprimante, la commande appropriée est :

```
chmod ug=rwx,o=rx monimprimante
chgrp daemon monimprimante
```

INFO

Les emplacements, propriétés, et permissions donnés ici sont simplifiés et peuvent se révéler incorrects sur votre système. Etudiez les fichiers `lpd` *et leurs droits d'accès, pour pouvoir y remédier.*

Fichiers importants pour l'impression

Hormis les programmes abordés précédemment, chaque répertoire de spool contient des fichiers qui ont les droits `-rw-rw-r-` :

- */etc/printcap* contient les spécifications pour chaque imprimante de votre système.
- *.seq* contient un compteur pour l'affectation de numéros de requêtes pour `lpr`.

- *status* contient le message devant être transmis par la commande `lpc stat`.
- *lock* est utilisé par `lpd` pour qu'il n'imprime pas deux fichiers à la fois sur une même imprimante.
- *errs* enregistre les incidents survenus sur l'imprimante.

Le fichier errs n'est pas indispensable pour l'impression, mais doit exister de façon que `lpd` puisse lui transmettre ses rapports. Vous pouvez le rebaptiser à votre gré, pour peu que son nom soit spécifié dans/et/printcap. Il est généralement créé manuellement lorsque vous initialisez votre zone de spool.

/etc/printcap est un fichier très important, c'est pourquoi les sections suivantes lui sont consacrées.

Description du fichier /etc/printcap

`/etc/printcap` est un fichier texte, qui peut être édité avec votre éditeur favori. /etc/printcap doit appartenir au superutilisateur et avoir les droits `-rw-r--r-`.

Son contenu est à première vue incompréhensible, mais devient beaucoup plus accessible une fois qu'on l'a étudié. Il est vrai que l'absence, dans certaines distributions, de pages d'aide consacrées à printcap n'arrange rien. En outre, la plupart des fichiers printcap sont écrits soit par des programmes, soit par des personnes qui ne font aucun effort de lisibilité. Pour votre propre confort, essayez de mettre en page votre fichier printcap de façon logique et claire en l'agrémentant de nombreux commentaires. Récupérez les pages d'aide des sources `lpd` si vous ne les avez pas déjà.

Chaque entrée de printcap décrit une imprimante. Elle fournit avant tout un nom logique pour un périphérique physique, puis décrit la façon dont les données transmises au périphérique doivent être gérées. Par exemple, une entrée printcap définit quel périphérique physique doit être employé, quel répertoire de spool doit être utilisé pour stocker les données destinées à ce périphérique, et signale les traitements à effectuer sur ces données avant l'impression, l'endroit où seront envoyés les messages d'erreur dus au périphérique physique, etc. Vous pouvez aussi limiter la quantité de données envoyées pour une requête, ou limiter l'accès d'une imprimante à certaines classes d'utilisateurs. Voici un exemple de définition d'imprimante dans le fichier printcap :

```
# Exemple d'entrée de printcap avec deux alias
monimprimante ¦ laserwriter:\
# lp est le périphérique d'impression — la première imprimante parallèle.
:lp/dev/lp0: \
# sd signifie répertoire de spool (spool directory — c'est là que les don-
nées sont collectées
:sd=/usr/spool/lp/lpd/monimprimante:
```

Plusieurs entrées peuvent définir différentes façons de transmettre les données à une même imprimante. Par exemple, une imprimante physique acceptera les formats PostScript et HP LaserJet, en fonction de la séquence de caractères envoyée avant chaque travail d'impression. Il est donc logique de définir deux imprimantes : l'une qui traite le format HP LaserJet, l'autre le format PostScript. Les programmes générant des données HP les enverront à l'imprimante HP, ceux qui génèrent des données PostScript les imprimeront sur l'imprimante PostScript.

INFO

Si vous ne spécifiez pas d'imprimante par défaut via une variable d'environnement, ou si vous ne spécifiez pas d'imprimante sur la ligne de commande de `lpr`*, Linux dirigera les impressions vers l'imprimante* `lp`*. Celle-ci doit donc être définie dans le fichier printcap.*

Les programmes qui modifient les données avant de les envoyer vers l'imprimante physique sont appelés des *filtres*. Un filtre peut n'envoyer aucune donnée à l'imprimante ; on dit alors qu'il filtre tout.

• Les champs du fichier /etc/printcap

Il y a tellement de champs que nous ne pourrons pas tous les décrire dans ce chapitre ; nous ne traiterons donc que les plus importants. Tous les champs de /etc/printcap (excepté pour les noms d'imprimantes) sont encadrés par deux-points et désignés par un code de deux lettres. Il y a trois types de champs : `string`, `boolean` et `numeric`. Le Tableau 20.3 décrit les plus champs les plus courants et les plus importants.

Tableau 20.3 : Champs de /etc/printcap

Champ	Type	Description
`lp`	Chaîne	Spécifie le périphérique d'impression (par exemple, /dev/lp0).
`sd`	Chaîne	Spécifie le répertoire de spool pour cette imprimante.
`lf`	Chaîne	Spécifie le fichier dans lequel les erreurs doivent être consignées.
`if`	Chaîne	Spécifie le nom du filtre d'entrée.
`rm`	Chaîne	Spécifie le nom d'un site d'impression distant.
`rp`	Chaîne	Spécifie le nom d'une imprimante distante.
`sh`	Booléen	Spécifie s'il faut supprimer les pages d'en-tête (*banner pages*).
`sf`	Booléen	Spécifie s'il faut supprimer les sauts de page en fin de tâche.
`mx`	Numérique	Spécifie la taille maximale allouable pour une requête d'impression (en blocs).

Le champ *lp*

Si vous spécifiez /dev/null comme périphérique d'impression, tous les traitements seront correctement exécutés, mais le résultat ira à la poubelle, c'est-à-dire vers nulle part. Ce n'est pas très utile, excepté pour tester des configurations. Si vous installez une imprimante distante (en ayant auparavant déclaré les champs `rm` et `rp`), spécifiez : `lp=:`.

Ne laissez pas ce champ vide : le démon d'impression vous signalerait une erreur.

Le champ *lf*

Tout fichier spécifié doit obligatoirement exister, sinon l'enregistrement des erreurs sera impossible.

Le champ *if*

Les *filtres d'entrée* sont des programmes qui, recevant des données à imprimer sur leur entrée standard, les formatent avant de les sortir sur leur sortie standard. Une utilisation typique de ce filtre d'entrée consiste à convertir du texte ASCII en PostScript. Ici, l'entrée est le texte brut et la sortie le code PostScript.

Lorsque vous spécifiez un filtre d'entrée, le démon d'impression n'envoie pas directement les données spoulées au périphérique.

Les champs *rm* et *rp*

Envoyer des données à une imprimante rattachée à une autre machine est très simple : il suffit de spécifier le nom de la machine distante avec `rm` et le nom de l'imprimante distante avec `rp`, en s'assurant que le champ `lp` du périphérique d'impression est vide.

INFO

Les données sont toujours envoyées dans le spoolur local avant d'être transférées vers la machine distante. Tout filtre d'entrée spécifié est également exécuté avant.

Les champs *sh* et *sf*

A moins que de nombreuses personnes n'utilisent votre imprimante, vous n'avez pas normalement à vous occuper des bannières ; donc, spécifiez `sh`.

La suppression des sauts de page, qui s'obtient en spécifiant `sf`, se révélera plus utile si vous utilisez des traitements de texte qui créent des pages complètes ; ainsi, si le démon d'impression ajoute un saut de page à chaque fin de travail, vous obtiendrez une page blanche après chaque tâche d'impression. Cependant, si l'imprimante est surtout utilisée pour des programmes ou des listings, l'ajout d'un saut de page garantit l'éjection complète de la dernière page, et ainsi, chaque listing commence en haut d'une nouvelle page.

Le champ *mx*

Ce champ permet de limiter la taille des données devant être spoulées. Le nombre est à spécifier en blocs de `BUFSIZE` (1 Ko sous Linux). La valeur 0 revient à supprimer la limite, ce qui permet d'effectuer des travaux dans la seule limite de l'espace disque disponible.

INFO

La limite concerne la taille des données spoulées et non pas la quantité de données envoyée à l'imprimante physique.

Si un utilisateur tente de dépasser cette limite, le fichier est tronqué. Un message apparaît :

```
(lpr: file-name: copy file is too large)
```

Pour les imprimantes non PostScript, cela peut s'avérer utile si certains utilisateurs ou programmes tentent délibérément ou accidentellement de créer des données trop volumineuses. Pour les imprimantes PostScript, la limite ne sert à rien, car une petite quantité de données PostScript peut engendrer un nombre important de pages en sortie.

• Définition de la variable d'environnement PRINTER

Vous pouvez ajouter une ligne à votre script de connexion, ou même au script de connexion par défaut, afin de définir la variable d'environnement `PRINTER`. Avec le shell `bash`, la ligne adéquate sera : `export PRINTER=monimprimante`. Ainsi, vous n'aurez pas à spécifier `-Pmonimprimante` pour chaque tâche d'impression.

Pour ajouter d'autres imprimantes, répétez simplement cette procédure avec des noms différents. Rappelez-vous qu'il peut y avoir plusieurs entrées printcap pour un même périphérique physique. Vous pouvez donc traiter différemment le même périphérique en fonction du nom indiqué pour soumettre le job d'impression.

Exemple d'entrée printcap

Le script shell suivant constitue un exemple de filtre très simple : il concatène le fichier d'entrée à la fin d'un fichier dans le répertoire /tmp après avoir ajouté une bannière appropriée. Spécifiez ce filtre dans l'entrée de printcap ainsi que `/dev/null` comme périphérique d'impression. L'imprimante n'est jamais réellement utilisée, mais il faut la paramétrer pour éviter un signal d'erreur du démon.

```
#!/bin/sh
# Ce fichier devra être placé dans le répertoire de spool
# de l'imprimante et être appelé filtre-entrée.
# Il devra appartenir au superutilisateur et au groupe daemon,
# et être exécutable par tout le monde (-rwxr-xr-x).
echo ------------------------- >> /tmp/
date                            >> /tmp/
echo ------------------------- >> /tmp/
cat                             >> /tmp/
```

Voici l'entrée du fichier `printcap`. Notez la présentation plutôt lisible et l'utilisation de caractères de continuation (\) sur toutes les lignes sauf la dernière :

```
monimprimante¦monimprimante: \
  :lp=/dev/null: \
  :sd=/usr/spool/lpd/monimprimante: \
  :lf=/usr/spool/lpd/monimprimante/errs: \
  :if=/usr/spool/lpd/monimprimante/filtre-entrée: \
  :mx#0: \
  :sh: \
  :sf:
```

Récapitulatif

Voici un guide de configuration étape par étape pour une imprimante sur **/dev/lp0**. Vous pourrez ensuite appliquer cette procédure pour d'autres imprimantes. (Vous devez être superutilisateur pour pouvoir le faire.)

1. Vérifiez les droits d'accès et la localisation de `lpr`, `lprm`, `lpc`, `lpq` et `lpd`. Le Tableau 20.2 indique les valeurs et les répertoires corrects.
2. Créez un répertoire de spool pour votre imprimante (appelée monimprimante pour l'instant). Assurez-vous que le répertoire et l'imprimante appartiennent au superutilisateur et au groupe daemon, sont accessibles en écriture par l'utilisateur et le groupe, et accessibles en lecture seulement par les autres (`-rwxrwxr-x`). Utilisez les commandes suivantes :

   ```
   mkdir /usr/spool/lpd
   mkdir /usr/spool/lpd/monimprimante
   chown root.daemon /usr/spool/lpd /usr/spool.lpd/monimprimante
   chmod ug=rwx, o=rx /usr/spool/lpd /usr/spool./lpd/monimprimante
   ```

3. Dans le répertoire /usr/spool/lpd/monimprimante, créez les fichiers nécessaires et donnez-leur les droits d'accès et le propriétaire corrects. Utilisez les commandes suivantes :

   ```
   cd /usr/spool/lpd/monimprimante
   touch .seq errs status lock
   chown root.daemon .seq errs status lock
   chmod ug=rws, o=r .seq errs status lock
   ```

4. Créez le script shell `filtre-entrée` dans le répertoire /usr/spool/lpd/monimprimante. Utilisez le filtre d'entrée de la section "Exemple d'entrée printcap". Vérifiez que le fichier appartient au superutilisateur, au groupe daemon et qu'il est exécutable par tout le monde. Utilisez les commandes suivantes :

   ```
   cd /usr/spool/lpd/monimprimante
   chmod ug=rwx, o=rx filtre-entrée
   ```

5. Créez le fichier /etc/printcap s'il n'existe pas déjà. Supprimez toutes les entrées qu'il contient et ajoutez l'entrée printcap de test de la section "Exemple d'entrée printcap". Assurez-vous que le fichier appartient au superutilisateur et est accessible en lecture par tout le monde (`-rw-r-r-`). Vous pouvez utiliser la commande `chmod` pour définir les droits (644 en octal).

Voir Chapitre 8.

6. Editez le fichier rc.local (vous pouvez pour cela utiliser des éditeurs ASCII comme `vi` ou `emacs`). Ajoutez la ligne /etc/lpd à la fin, qui lancera le démon à chaque démarrage du système. Il n'est pas nécessaire de redémarrer maintenant ; lancez directement avec la commande `lpd`.

7. Effectuez un test d'impression en tapant :

```
ls -l ¦ lpr -Pmonimprimante
```

Voir Chapitre 17.

8. Regardez dans /tmp en utilisant la commande `ls` pour vérifier la présence d'un fichier appelé testlp.out. Il devrait contenir le listing de votre répertoire, que vous pouvez vérifier au moyen des commandes `more`, `less`, ou `cat`. Référez-vous au Chapitre 16, "Gestion des fichiers et des répertoires", pour plus d'informations sur ces commandes.

9. Editez le fichier `/etc/printcap` en utilisant un éditeur ASCII tel que `vi` :
   - Dans la première entrée, remplacez les occurrences de `monimprimante` par `testlp` sur la première ligne seulement :
   - Dans le seconde entrée, remplacez `/dev/null` par votre propre imprimante, par exemple `/dev/lp0`.
   - Dans la seconde entrée, supprimez complètement la ligne `if`.

   Maintenant, copiez l'entrée monimprimante de façon à obtenir deux entrées identiques dans le fichier.

10. Redémarrez le système, ou tuez le démon d'impression et relancez-le. Ce dernier ne traite en effet le fichier /etc/printcap que lors de son lancement.

11. Refaites un test d'impression. Vous devriez obtenir une impression sur votre imprimante physique. Vous pouvez utiliser la commande suivante :

```
ls -l ¦ lpr -Pmonimprimante
```

DÉPANNAGE

Un message indique lpd: connect: No such file or directory

Le démon d'impression /etc/lpd est inactif. Vous avez peut-être oublié de l'inclure dans votre fichier /etc/rc.local. Ou bien vous l'avez inclus, mais vous avez tout simplement oublié de redémarrer. Ajoutez-le et redémarrez l'ordinateur, ou lancez /etc/lpd. N'oubliez pas que vous devez être root (superutilisateur) pour pouvoir le faire.

Un message indique Job queued, but cannot start daemon.

Cela survient souvent après le message `lpd: connect`. *Même problème que précédemment.*

Un message indique lpd: cannot create spooldir/.seq

Vous n'avez pas créé le répertoire de spool spécifié dans l'entrée printcap, ou ne l'avez pas fait correctement. Il se peut aussi que vous n'ayez plus d'espace disponible.

Un message indique lpr: Printer queue is disabled.

En tant que root, utilisez `lpc enable nom-imprimante` *pour activer l'imprimante. Notez que root peut soumettre des travaux d'impression même si l'imprimante est inactive.*

Je soumets une tâche d'impression, aucun message d'erreur n'apparaît, mais rien ne sort de l'imprimante.

Plusieurs possibilités sont à envisager :

Vérifiez que l'imprimante physique est sous tension, sélectionnée et connectée physiquement au périphérique qui lui est attribué dans le fichier /etc/printcap.

Utilisez la commande `lpq` *pour vérifier si l'entrée est bien dans la file. Si tel est le cas, il est possible que le périphérique soit occupé, que l'imprimante ne soit pas prête ou qu'elle présente une erreur. Consultez le message d'erreur spécifié dans le fichier /etc/printcap pour obtenir des renseignements.*

Vous pouvez utiliser la commande `lpc status` *pour vérifier si l'imprimante est prête, ou la commande* `lpc up nom-imprimante` *si tel n'est pas le cas (vous devez être root pour pouvoir le faire).*

Si après ces vérifications, il n'y a toujours rien en sortie, vérifiez que tous les filtres d'entrée que vous avez spécifiés sont bien présents dans le bon répertoire, mais en plus possèdent les droits d'accès nécessaires. Utilisez `syslogd` *pour consulter les messages enregistrés concernant* `lpd`*. Si l'un des enregistrements indique* `cannot execv <name of input filter>`*, il y a de grandes chances pour que cela soit la source de votre problème.*

Il est possible aussi que vous avez une imprimante PostScript, mais que vous ne lui envoyez pas du code PostScript. La plupart des imprimantes PostScript ignorent les données non PostScript. Il faudra alors installer un filtre approprié, permettant de transformer du texte en PostScript.

Enfin, vérifiez que votre filtre d'entrée engendre réellement une sortie et que cette dernière n'est pas dirigée vers /dev/null.

Mon imprimante semble bloquée et aucune des solutions précédentes ne résoud le problème.

Lorsque tout a échoué, l'ultime solution consiste à tuer le démon `lpd` *et à le relancer. Si cela ne donne rien, il faudra relancer le système Linux avec la commande* `shutdown -r now`*. Assurez-vous que personne d'autre n'est connecté au système et que vous avez sauvegardé tout fichier modifié avant d'utiliser l'option* `now` *; vous pouvez aussi indiquer l'heure d'arrêt et adresser un message aux les autres utilisateurs. Testez également l'imprimante avec une machine DOS ou Windows afin de vous assurer qu'elle fonctionne correctement.*

Configuration des imprimantes avec Red Hat

Si vous avez installé XFree86 sous Red Hat, vous pouvez utiliser l'outil de configuration, de la Figure 20.1 pour ajouter et supprimer des imprimantes, ou pour assurer la maintenance du fichier /etc/printcap, des fichiers et des répertoires de spool.

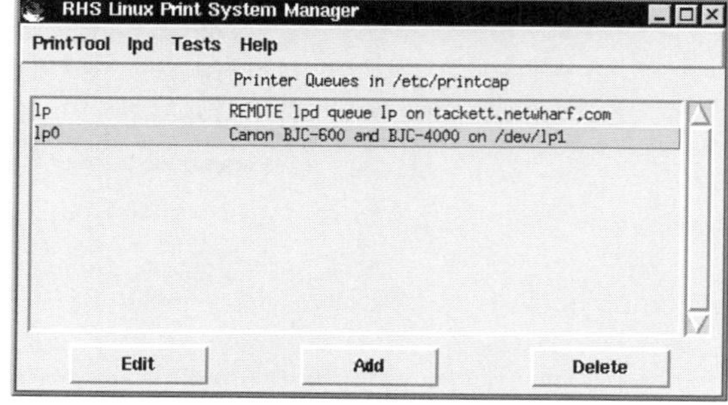

Figure 20.1
Sous Red Hat, la gestion des imprimantes se fait avec un utilitaire graphique.

Le Tableau 20.4 décrit les éléments du menu de l'outil de configuration

Table 20.4 : Les menus de l'outil de configuration

Nom du menu	Sous-menu	Description
PrintTool	Reload	Relit le répertoire des fichiers printcap
	About	Donne des informations sur l'outil de configuration
	Quit	Quitte l'outil de configuration
Lpd	Restart	Relance le démon `lpd` après d'éventuelles modifications
Tests	Print ASCII test page	Imprime une page de test en mode texte sur l'imprimante sélectionnée
	Print PostScript test page	Imprime une page de test PostScript sur l'imprimante sélectionnée
	Print ASCII directly to port	Imprime une page de test directement sur le périphérique, et non via le système `lpd`
Help	General	Aide générale sur l'outil de configuration
	Troubleshooting	Fournit une assistance à divers problèmes d'impression

Voir Chapitre 15.

Pour ajouter une imprimante, cliquez sur le bouton Add. Vous devez d'abord indiquer s'il s'agit d'une imprimante locale, distante, ou SMB, comme le montre la Figure 20.2. Une imprimante locale sera reliée à votre port parallèle ou série ; une imprimante distante (*remote*) sera connectée à votre réseau. Une imprimante LAN Manager est reliée à un autre système via le protocole SMB-Samba (*Server Message Block*).

Pour modifier la configuration d'une imprimante, sélectionnez l'entrée correspondante et cliquez sur le bouton Edit. Ces deux actions affichent la boîte de dialogue de la Figure 20.3. Il faut compléter chaque zone de la boîte de dialogue. Le Tableau 20.5 décrit ces zones.

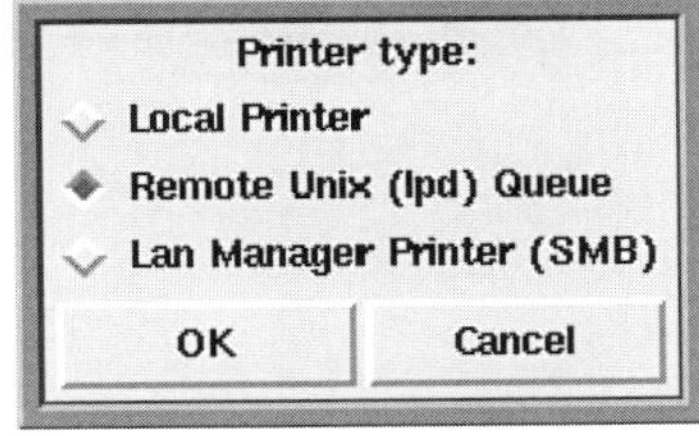

Figure 20.2
Pour créer une nouvelle imprimante, vous devez choisir son type : local, remote, ou SMB.

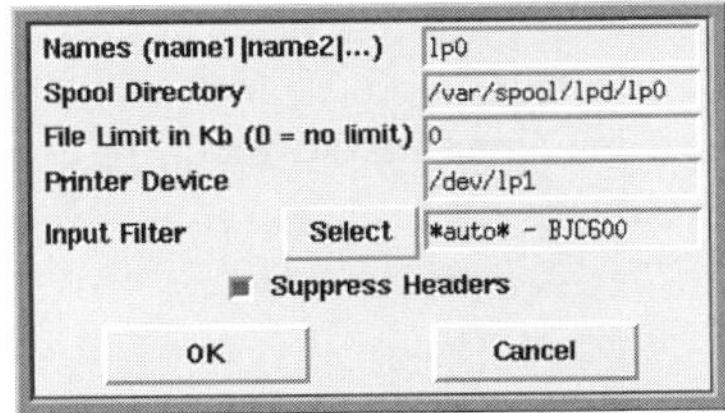

Figure 20.3
Pour obtenir une impression correcte, vous devez spécifier certaines options ; par exemple, le nom de l'imprimante et le port physique.

Tableau 20.5 : Zones décrivant une imprimante

Zone	Description
Names	Nom de l'imprimante et de la file d'attente. On peut spécifier plusieurs noms en les séparant par le caractère |.
Spool Directory	Répertoire dans lequel seront placés les fichiers destinés à cette imprimante, par exemple /usr/spool/lpd/monimprimante.
File Limit	Taille maximale des documents (en kilo-octets). La valeur 0 indique qu'il n'y a pas de limite.
Printer Device	Connexion physique pour votre imprimante, par exemple `lp0`.
Input Filter	Chemin complet et nom d'un filtre. Si votre imprimante a besoin d'être configurée, cliquez sur le bouton Select.
Suppress Headers	Cochez cette case si vous ne voulez pas de page d'en-tête avant chaque document.
Remote Host	Cette zone de la boîte de dialogue Remote Host indique le nom du système distant auquel est reliée l'imprimante.
Remote Queue	Cette zone de la boîte de dialogue Remote Host indique la file d'attente sur la machine distante. Entrez le chemin complet.

Pour configurer un filtre d'impression, cliquez sur le bouton Select, qui affiche la boîte de dialogue de la Figure 20.4. Le Tableau 20.6 décrit les divers champs de la boîte de dialogue ConFigure Filter dialog box.

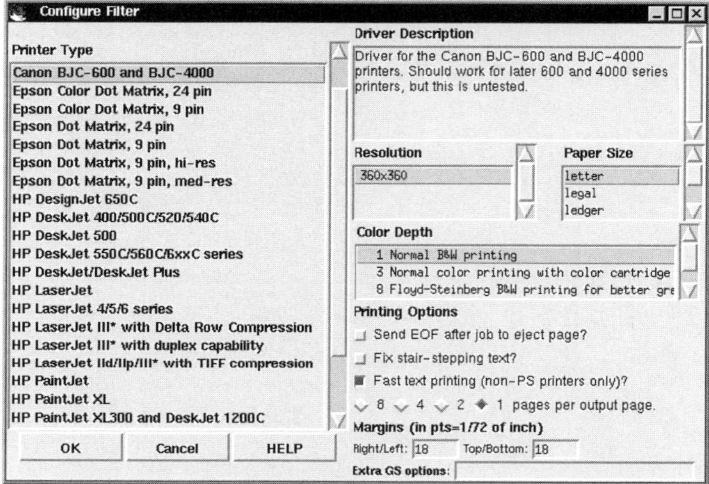

Figure 20.4
Cette boîte de dialogue vous permet de préciser et de paramétrer le filtre à utiliser avec votre imprimante.

Tableau 20.6 : Champs de chaque filtre

Nom du champ	Description
Printer Type	Type d'imprimante de ce filtre.
Driver Description	Fournit un descriptif de l'imprimante sélectionnée.
Resolution	Sélectionne la résolution de cette imprimante.
Paper Size	Sélectionne les dimensions du papier.
Color Depth	Sélectionne les couleurs de cette imprimante.
Printing options	Send EOF… oblige l'imprimante à éjecter la page.
Fix Stair-Stepping Text	corrige l'effet d'escalier.
Fast Text Printing	permet à une imprimante non PostScript d'atteindre des vitesses d'impression plus importantes.
Margins	Indique les marges souhaitées.
Extra GS options	Indique des options supplémentaires pour ghostscript.

Après avoir ajouté ou modifié une entrée pour une imprimante, vous devrez peut-être relancer le démon `lpd`. Pour cela, sélectionnez simplement l'élément lpd dans le menu du gestionnaire de Red Hat et cliquez sur Restart lpd.

Informations complémentaires

La commande `lpr` est l'interface standard de Linux est destinée à imprimer des fichiers. A partir de la ligne de commande, vous pouvez utiliser `lpr` pour imprimer vers toutes sortes d'imprimantes et pour accéder à de nombreuses options. Ensuite, vous pourrez vérifier l'avancement de vos travaux d'impression avec la commande `lpq`. Si vous changez d'avis et décidez d'annuler une impression, utilisez la commande `lprm`. Dans tous les cas, lisez la dernière mise à jour du document HOWTO concernant l'impression.

Pour plus d'informations, consultez :

- le Chapitre 3, qui présente l'installation de la version Red Hat de Linux ;
- les chapitres de la partie III qui définissent le rôle et les tâches de l'administrateur système ;
- l'aide fournie par l'outil d'impression, qui permet de configurer le système d'impression sous X ;
- le Chapitre 22 qui se penche sur l'utilisation du système X Windows ;
- l'Annexe A, qui indique où se procurer le document HOWTO Linux Printing.

21 Installation de X Window

Pour qu'un système d'exploitation remporte un certain succès auprès du public, il faut qu'il soit doté d'une interface graphique facile à utiliser. Les systèmes les plus populaires à l'heure actuelle sont Windows et Macintosh. Bien qu'ils soient largement utilisés, ils ne peuvent pas exécuter des applications graphiques sur un réseau hétérogène.

Linux, lui, le permet parce qu'il contient la version XFree86 du standard X11 de X Window créée au MIT (*Massachusetts Institute of Technology*). Ce système est bien plus qu'une interface graphique utilisée permettant d'exécuter les applications. Il s'agit d'un système client-serveur très puissant qui permet de réaliser et de les partager sur un réseau. Bien que XFree86 soit conçu pour fonctionner dans un environnement réseau, il fonctionne aussi bien sur un seul poste, car un réseau n'est pas indispensable pour exécuter les applications XFree86 ou X Window.

Dans ce chapitre, vous apprendrez :

- ce que sont X Window et XFree86
- à installer XFree86
- à configurer le système XFree86

Pour installer, configurer et utiliser XFree86, vous devez connaître quelques commandes essentielles de Linux, par exemple, celles consistant à exécuter un programme, à parcourir les répertoires, à copier, examiner et supprimer les fichiers. Vous serez peut-être également amené à modifier certains fichiers avec un éditeur de texte. Si vous avez des difficultés, ce chapitre indique la commande dont vous avez besoin pour effectuer l'opération concernée et vous renvoie aux chapitres adéquats pour plus de détails.

Comme la plupart des composants de Linux, il existe un document HOWTO se rapportant à XFree86, qui se trouve dans le répertoire /howto du CD-ROM ci-inclus et dans le répertoire /X11 que vous avez installé sous Linux. Vous trouverez aussi sa mise à jour, effectuée par Matt Welsh (**mdw@sunsite.unc.edu**) à l'adresse **http://sunsite.unc.edu/LDP/**.

ATTENTION

En général, évitez de penser que les logiciels risquent d'endommager le matériel. Malheureusement, tout logiciel touchant directement le système vidéo, qu'il s'agisse de la carte ou du moniteur, peut entraîner des dégâts physiques, surtout si vous utilisez XFree86 avec une carte vidéo qui n'est pas reconnue par Linux. Assurez-vous d'avoir le matériel approprié avant d'utiliser XFree86. Il est conseillé de lire la documentation qui l'accompagne, située dans le répertoire /usr/X386/lib/X11/etc sous Linux et dans le XFree86 HOWTO d'Helmut Geyer dans /usr/doc/faq/howto/XFree86-HOWTO.

Présentation de X Window

Voir Chapitre 30.

Le système X Window est un environnement graphique puissant qui supporte de nombreuses applications réseau. Il a été développé au MIT et peut être distribué gratuitement. La version utilisée pour ce chapitre est le X11R5. Toutefois, Linux et XFree86 étant des systèmes en constant développement, il est possible qu'une plus récente soit disponible sur Internet.

XFree86, la version utilisée par Linux, est le standard X11R6 porté sur les systèmes Intel x86. Un large éventail de matériel PC est supporté par celui-ci.

Le système X Window est issu de la collaboration de deux services du MIT, l'un étant responsable du programme réseau appelé *Project Athena*, et l'autre s'appelant *Laboratory for Computer Science*. Tous deux ont utilisé un grand nombre de postes de travail UNIX et se sont rendus compte qu'ils réinventaient la roue lorsqu'il s'agissait de programmer des GUI pour ces postes. Afin de réduire la quantité de codes qu'ils étaient en train d'écrire, ils décidèrent de créer un système de fenêtres robustes et extensibles, X Window.

En 1987, plusieurs constructeurs ont formé une organisation appelée *X Consortium*, afin de promouvoir et de standardiser X Window. Grâce à elle, l'informatique ouverte est devenue réalité. Le X Consortium se compose d'entreprises telles qu'IBM, Digital Equipment et le MIT. Il contrôle la construction et la mise sur le marché des nouvelles versions de X11.

XFree86 est une marque de XFree86 Project, Inc. Les premiers programmeurs qui ont porté X Window sur la plate-forme 80386 ont décidé de fonder ce projet pour pouvoir entrer dans le X Consortium. En en devenant membre, le XFree86 Project a pu avoir accès au travail des autres, et ainsi adapter les nouvelles caractéristiques de ce logiciel en même temps qu'elles étaient mises en application pour X Window, et sans attendre qu'elles soient officiellement sur le marché. A la date du 1er janvier 1997, le X Consortium a transmis X à l'Open Group.

X Window est en réalité un ensemble d'éléments qui fonctionne de manière à offrir une interface graphique à l'utilisateur.

- Le système à fenêtres de base est un programme qui fournit des services au système X Window.
- Un protocole permettant de communiquer sur le réseau, le X Network Protocol.

- En plus du programme de mise en application du X Network Protocol, il y a une interface bas de niveau, appelée Xlib, entre le système réseau/base et les programmes de plus haut niveau. Les applications utilisent les fonctions de Xlib plutôt que celles de bas niveau.
- Le gestionnaire de fenêtres relie toutes ces pièces entre elles. C'est une application X Window dont la fonction est de contrôler la manière dont les fenêtres sont présentées à l'utilisateur.

Le système de base, différent de la plupart des autres systèmes de fenêtrage, ne contient pas d'objets d'interface utilisateur, tels que barres de déroulement, boutons ou menus. Ces objets sont laissés aux composants de la couche la plus élevée et au gestionnaire de fenêtres.

Les applications X Window comptent non seulement ce gestionnaire, mais aussi des jeux, des utilitaires graphiques, des outils de programmation et autres petits objets. Pratiquement toutes les applications dont vous avez besoin ont été écrites pour ou portées sur X Window. L'installation et l'utilisation de la plupart d'entre elles sont étudiées en détail au prochain chapitre.

X Window met en application un gestionnaire de fenêtres pour traiter la création et le contrôle de l'interface qui compose la partie visuelle de son système. Il ne faut pas le confondre avec le *Presentation Manager* de OS/2 ou avec le *Program Manager* de Microsoft Windows. Bien que le gestionnaire de fenêtres pour X Window contrôle effectivement les fenêtres, leur comportement et leur position, vous ne trouverez pas d'icône d'installation système ou de panneau de contrôle pour configurer les paramètres du système Linux.

XFree86 comprend également des bibliothèques et des fichiers pour les programmeurs qui veulent développer leurs propres applications. L'objectif de la programmation ou de toutes les mises en garde à propos de la création d'applications X Window n'est pas le sujet du présent ouvrage. Il existe suffisamment de documentation sur les sites Internet, par exemple **prep.ai.mit.edu**, ou de nombreuses versions sur CD-ROM pour apprendre à en créer.

Qu'est-ce qu'un système client-serveur ?

X Window est un *système client-serveur* contrôlé par deux parties logicielles distinctes, l'une se trouvant sur le client et l'autre sur le serveur. Toutes deux peuvent se trouver sur des systèmes différents ou, comme c'est généralement le cas des ordinateurs personnels, sur la même machine.

Client-serveur est l'une des expressions très utilisées dans le domaine informatique. Elle a été, comme la plupart des concepts de base dans l'industrie, employée à tort et à travers, à tel point que l'utilisateur ordinaire ne sait pas à quoi cela correspond. Dans le sens traditionnel, un *serveur* est une machine qui fournit des ressources — espace sur le disque dur, imprimantes, modems, etc. — aux autres ordinateurs du réseau. Un *client* utilise ces ressources. En d'autres termes, ce dernier utilise l'espace sur le disque dur, l'imprimante ou les modems fournis par le serveur.

Dans le monde X Window, cette relation est à l'opposé de ce à quoi vous étiez habitué avec les PC. Selon la définition la plus répandue, un serveur offre des services à un client qui les utilise et qui affiche l'application exécutée sur le serveur.

Avec X Window, le serveur affiche l'application qui est exécutée sur le client. Cela peut paraître déroutant au premier abord, mais ce concept deviendra plus limpide lorsque vous maîtriserez X Window.

Un client est la ressource qui fournit les programmes et les moyens nécessaires pour exécuter une application. Dans un contexte traditionnel, le client serait en fait le serveur. Les ressources résident dans le système client (gardez à l'esprit que le client et le serveur peuvent se trouver sur la même machine), tandis que l'application s'affiche et interagit avec le serveur.

On appelle *transparence réseau* la capacité d'une application X Window, c'est-à-dire du client, à être exécutée sur un serveur situé soit sur le même ordinateur, soit sur un autre. Ainsi, une application X peut-elle être indifféremment exécutée sur une machine locale ou distante. Cette capacité permet d'effectuer des tâches qui prendraient du temps sur un autre serveur, laissant ainsi au client local la possibilité d'en exécuter d'autres.

• Capacités de sortie

Le système de fenêtrage de base offre à X Window de nombreuses opérations graphiques en mode point. X Window et ses applications les utilisent pour présenter les informations sous forme graphique aux utilisateurs. XFree86 présente les suivantes : fenêtres superposées, dessins immédiats de graphiques, images et graphiques en mode point à haute résolution et texte de qualité supérieure. Alors que les premiers systèmes X Window étaient principalement monochromes, X Window et XFree86 acceptent aujourd'hui un large éventail de systèmes couleur.

De même que X Window supporte aussi les fonctions multiprocesseurs d'UNIX, XFree86 supporte celles de Linux. Chaque fenêtre affichée sous X Window peut contenir une tâche différente exécutée sous Linux.

• Capacités d'interface utilisateur

Le X Consortium ne s'est pas occupé des règles standards pour les interfaces utilisateur. Aujourd'hui, on peut affirmer qu'il a manqué de perspicacité. Cependant, à l'époque, très peu de recherches avaient été effectuées sur la technologie de ces interfaces, aussi n'avait-on émis aucun jugement de qualité sur elles. En fait, même aujourd'hui lorsqu'on déclare qu'une interface est meilleure qu'une autre, cela reste très subjectif.

Le X Consortium voulait faire de X Window un standard pour les postes de travail UNIX, raison pour laquelle celui-ci est disponible gratuitement sur Internet. Cela permet de promouvoir l'interfonctionnement, pierre angulaire des systèmes ouverts. Si le X Consortium avait dicté l'utilisation d'une interface utilisateur, X Window n'aurait peut-être pas obtenu un tel succès.

• Capacités d'entrée

Voir Chapitre 5.

Les systèmes s'exécutant sous X Window somportent souvent un périphérique de pointage, généralement une souris. XFree86 requiert soit une souris, soit un autre périphérique de remplacement, comme une boule de commande. Si vous n'avez pas cet appareil, vous ne pourrez pas utiliser le système XFree86 avec Linux. X Window convertit les signaux du pointeur et du clavier en *événements* puis leur répond en effectuant les actions appropriées.

ATTENTION

Si votre souris ou périphérique de pointage ne sont pas gérés par Linux, vous aurez des problèmes pour utiliser XFree86 et le programme `selection`.

Installation de XFree86

Vous devez avoir installé le système XFree86 en même temps que le progiciel Slackware qui se trouve sur le CD-ROM ci-inclus. Le système X Window se trouve dans les progiciels `x` et `xap`. Si vous ne l'avez pas encore installé, vous pouvez utiliser le programme `pkgtool` de Slackware.

INFO

La version Red Hat installe également X lors de la procédure d'installation.

• Installation du logiciel

Avec la version Slackware, le programme `pkgtool` constitue la méthode la plus facile pour installer XFree86. Son utilisation est présentée plus loin dans ce chapitre. Toutefois, si vous devez installer manuellement les fichiers (lors de la mise à jour d'un nouveau système, par exemple), sachez qu'ils se trouvent sur le CD-ROM Slackware dans les répertoires /slakware/x# : /slakware/x1 à /slakware/x16.

X est constitué de plusieurs fichiers archivés et volumineux. La version actuelle de XFree86 pour Linux est 3.1.1. Elle se trouve sur le CD-ROM. Le Tableau 211 montre les principaux fichiers. Ouvrez une session root et copiez ceux nécessaires vers /usr/x386. Si ce répertoire n'existe pas, créez-le avec la commande `mkdir` :

```
opus#: mkdir /usr/x386
opus#: cd /usr/x386
opus#: cp -r /cdrom/slackware/x1 .
```

Ces commandes copient également dans le répertoire courant tous les fichiers du CD-ROM monté dans /cdrom.

Tableau 21.1 : Principaux fichiers de distribution XFree86

Nom de fichier	Description
x3270.tgz	Emulation du terminal IBM 3270
x_8514.tgz	Serveur IBM 8514
x_mach32.tgz	Serveur pour les circuits Mach32
x_mach8.tgz	Serveur pour les circuits Mach8
x_mono.tgz	Serveur pour moniteur monochrome
x_s3.tgz	Serveur pour les circuits S3
x_svga.tgz	Serveur pour la plupart des cartes SVGA (un bon point de départ)
_vga16.tgz	Serveur EGA/VGA 16 couleurs
xconfig.tgz	Exemples de fichiers de configuration Xconfig (indispensables)
xf_bin.tgz	Fichiers binaires de base nécessaires pour X (clients)
xf_cfg.tgz	Configuration XDM et programmes FVWM
xf_doc.tgz	Documentation pour XFree86
xf_kit.tgz	Linker kit pour XFree86 (1 de 2)
xf_kit2.tgz	Pilotes pour Linker kit (2 de 2)
xf_lib.tgz	Bibliothèques dynamiques et fichiers de configuration
xf_pex.tgz	Distribution PEX
xfileman.tgz	Programme du gestionnaire de fichiers
xfm.tgz	Le gestionnaire de fichiers xfm
xfnt.tgz	Polices X Window
xfnt75	Polices 75 points pour X
xfract	Programme `xfractint` (affichage de fractales)
xgames	Jeux sous X
xgrabsc.tgz	Les programmes `Xgrabsc` et `Xgrab` (`Xgrab` a servi à la capture de la plupart des figures de ce livre).
xinclude.tgx	Fichiers d'en-tête pour la programmation sous X Window
xlock.tgz	Programme `xlock` de protection des mots de passe
xman1.tgz	Pages d'aide pour X

Nom de fichier	Description
xman3.tgz	D'autres pages d'aide pour X
xpaint.tgz	Le programme `Xpaint` de dessin sous X
xpm.tgz	Bibliothèques Xpm, partagées et statiques
xspread.tgz	Tableur `Xspread`
xstatic.tgz	Bibliothèques statiques pour X
xv.tgz	Visualisateur XV
xxgdb.tgz	Interface X Window pour le débogueur GNU

Pour extraire ces fichiers, utilisez la commande suivante :

```
opus: gzip -d nomfichier.tgz
opus: tar -xvf nomfichier.tar
```

INFO

Le CD-ROM inclus contient le modèle le plus récent avant la parution de ce livre. Toutefois, pour vous procurer une version plus récente encore de XFree86, consultez les sites Internet, cela vous évitera des ennuis.

• Configuration matérielle nécessaire

Tout d'abord, vous devez vous assurer d'avoir le matériel approprié pour exécuter X Window, suffisamment de mémoire et d'espace sur le disque.

Voir Chapitres 3 (Red Hat) et 4 (OpenLinux).

Il faut environ 21 Mo d'espace sur le disque pour installer le système XFree86 et les applications X Window, et au moins 16 Mo de mémoire virtuelle pour exécuter X Window. La *mémoire virtuelle* est une combinaison de la RAM physique du système et de la quantité d'espace d'échange que vous avez allouée à Linux. Dans tous les cas, vous devez avoir au moins 4 Mo de RAM physique pour exécuter XFree86 sous Linux, ce qui nécessite un fichier d'échange de 12 Mo. Plus la RAM physique est conséquente, plus le système XFree86 sera performant.

Ensuite, une carte vidéo contenant un jeu de puces de pilote vidéo supporté par XFree86 est nécessaire. Selon le document XFree86 HOWTO de Matt Welsh, daté du 15/03/95, Linux reconnaît les cartes vidéo équipées d'un des circuits vidéo listés dans les Tableaux 21.2 et 21.3.

Tableau 21.2 : Circuits vidéo non accélérés gérés par XFree86

Constructeur	Circuits vidéo
ATI	28800-4, 28800-5, 28800-6, 28800-a
Advance Logic	AL2101
Cirrus Logic	CLGD6205, CLGD6215, CLGD6225, CLGD6235
Compaq	AVGA
Genoa	GVGA
MX-	MX68000, MX680010
NCR	77C22, 77C22E, 77C22E+
OAK	OTIO67, OTI077
Trident	TVGA8800CS, TVGA8900B, TVGA8900C, TVGA8900CL, TVGA9000, TVGA9000i, TVGA9100B, TVGA9200CX, TVGA9320, TVGA9400CX, TVGA9420
Tseng	ET3000, ET4000AX, ET4000/W32
Western Digital	WD90C00, WD90C10, WD90C11, WD90C24, WD90C30
Western Digital/Paradise	PVGA1
Video 7	HT2126-32

Tableau 21.3 : Circuits vidéo accélérés gérés par XFree86

Constructeur	Circuits vidéo
Cirrus	CLGD5420, GLGD5420, CLGD5422, CLGD5424, CLGD5426, CLGD5428
Western Digital	WD90C31
ATI	Mach8, Mach32
S3	86C911, 86C924, 86C801, 86C805, 86C805i, 86C928

• Installation du système avec pkgtool

Voir
Chapitre 14.

Pour installer X Window, vous devez vous connecter en tant que superutilisateur, c'est-à-dire root, puis enregistrer l'emplacement des progiciels X Window que vous voulez installer. Ces fichiers se trouvent sur le CD-ROM Slackware ci-inclus, dans le répertoire /slackpro. Pour accéder aux packages X Window du CD-ROM, regardez dans les répertoires suivants : /cdrom/slackware/x1, /cdrom/slackware/x2, etc. Il vous faudra mémoriser ou noter où se trouvent les fichiers.

Puisque Linux monte le CD-ROM dans un répertoire, les noms de fichiers sont relatifs à ce point de montage. Généralement, dans une installation typique, le CD-ROM est placé ou monté dans un répertoire sous le répertoire root.

Ensuite, à l'invite de commande, entrez `pkgtool`. Cette commande active le programme-outil du progiciel Slackware qui vous permet de supprimer d'anciens progiciels ou d'en installer de nouveaux. Pour X Window, ce sont `x` et `xap`, qui se trouvent dans la version Slackware. Un menu s'affiche, avec les options suivantes:

Eléments du menu	Description
Current	Installe les packages de ce répertoire
Other	Installe les packages d'un autre répertoire
Floppy	Installe les packages depuis des disquettes
Remove	Supprime les packages qui sont déjà installés
View	Affiche la liste des fichiers contenus dans un package
Exit	Quitte le programme d'installation

Appuyez sur <Maj-o> ou utilisez les flèches pour sélectionner l'option Other, puis appuyez sur <Entrée>. `pgktool` demande alors le nom du répertoire source. Entrez celui que vous avez noté plus haut pour le premier répertoire du progiciel `x`, sous la forme /cdrom/slackpro/x1.

Après avoir enregistré le répertoire initial, `pkgtool` cherche le serveur X correspondant à votre carte graphique. Vous ne pouvez installer qu'un seul serveur. Par conséquent, en passant d'un écran à l'autre, attendez d'avoir atteint le bon serveur X avant de choisir Yes.

Rappelons qu'il faut installer les programmes appropriés de chaque package. Tous ne sont pas indispensables, et si vous installez XFree86 après avoir installé Linux, il est bon de revoir tous les détails sur les packages. Une installation complète nécessitant 21 Mo, installez tous les packages, à l'exception du serveur X, si vous disposez de cette place, ou seulement celui correspondant à vos circuits vidéo.

Si vous avez déjà installé X Window, vous devez avant tout sauvegarder les fichiers de configuration les plus importants, puis supprimer les packages `x` *et* `xap` *existants.*

Configuration de XFree86

Après avoir installé XFree86, il faut le configurer en fonction de votre système. Il doit y avoir un fichier XF86Config dans l'un des répertoires suivants :

- /etc/XF86Config
- /usr/X11R6/lib/X11/XF86Config.*nomhote*
- /usr/X11R6/lib/X11/XF86Config

INFO

La configuration de XFree86 est identique pour la plupart des distributions de Linux, dont Red Hat, Slackware 96 et Caldera.

Vous pouvez trouver les informations sur le fichier de configuration dans le répertoire /etc/X11/etc. Avant de configurer votre système, examinez les fichiers README.Config et README.Linux. Si vous possédez l'équipement standard géré par Linux, tel qu'il a été indiqué dans la section "Configuration matérielle nécessaire", regardez les exemples de fichiers Xconfig du package `x3`, qui se trouvent dans le répertoire /usr/X11/lib/X11/Sample-Xconfig-files. Examinez Xconfig.Index pour vérifier que votre carte vidéo apparaît dans la liste. Vous pouvez voir cette dernière à l'aide des commandes suivantes :

```
cd /usr/X11/lib/X11/Sample-Xconfig-files
less Xconfig.Index
```

ATTENTION

N'utilisez jamais le fichier Xconfig de quelqu'un d'autre, sans vérifier auparavant qu'il ne contient pas de valeurs incorrectes. Vous pourriez endommager votre moniteur en le faisant fonctionner à de mauvaises fréquences.

Si la carte vidéo est dans la liste, copiez le fichier Xconfig.number correspondant, du répertoire des exemples vers /usr/X11/lib/X11. Pour cela, vous pouvez utiliser la commande suivante, en remplaçant *`number`* par le numéro du fichier Xconfig.Index.

```
cp Xconfig. number /usr/X11/lib/X11/Xconfig
```

Ces exemples devraient fonctionner pour le matériel standard. Il est possible de tester le fichier de configuration en démarrant X Window. S'ili démarre et fonctionne, félicitations ! S'il pose problème, Linux indique qu'il y a une erreur. Réinitialisez votre système s'il reste bloqué. Après une erreur au démarrage, et lorsque vous revenez à l'invite de commande, vous devez créer le fichier de configuration vous-même.

INFO

Si un probème survient (et que votre moniteur n'explose pas), la séquence <Ctrl-Alt-Ret. arr.> devrait arrêter le serveur X et réafficher l'invite du shell.

• Lancement du programme SuperProbe

Si les procédures d'installation mentionnées plus haut ne fonctionnent pas, vous pouvez exécuter le programme Slackware `XF86Config` pour vous aider à configurer XFree86. Il pose plusieurs questions se rapportant à votre matériel et des informations incorrectes peuvent l'endommager.

Le répertoire /usr/X11R6/lib/X11/doc contient plusieurs documents qu'il est conseillé de lire : HOWTO.Config, README.Config et configxf.doc. Vous pouvez utiliser la commande suivante pour les lire :

```
less nom-fichier
```

Rassemblez également les manuels des fabricants pour la carte vidéo et le moniteur. Lancez ensuite le programme SuperProbe :

```
/usr/X11R6/bin/SuperProb
```

Cet utilitaire teste le système et essaie d'identifier le matériel vidéo installé. Notez les informations qu'il indique ; elles serviront plus tard avec le programme `xf86Config`. Comparez-les également avec celles de la documentation accompagnant le matériel. Le programme SuperProbe générera de nouvelles informations qu'il placera à divers endroits du fichier XF86Config.

• Sections du fichier XF86Config

Le fichier XF86Config est un fichier ASCII lu par XFree86 et servant à configurer le serveur X afin qu'il fonctionne correctement avec votre matériel. Il comprend différentes sections, présentées dans le tableau ci-dessous.

Tableau 21.4 : Sections du fichier XF86Config

Section	Description
`Files`	Liste des répertoires pour les polices et les fichiers rgb
`ServerFlags`	Spécifie les options spéciales pour le serveur X
`Keyboard`	Décrit le type de clavier
`Pointer`	Décrit le périphérique de pointage, généralement la souris
`Monitor`	Descriptions détaillées sur votre moniteur. Cette section est très importante, car des informations incorrectes peuvent endommager gravement le moniteur
`Device`	Décrit la carte vidéo
`Screen`	Utilise les informations des sections Monitor et Device pour décrire l'écran physique, notamment le nombre de couleurs et la taille de l'écran en pixels

Chaque section du fichier a le format suivant :

```
Section "Nom"
valeurs des données
valeurs des données
d'autres valeurs...
#ligne de commentaire ignorée par XFree86
EndSection
```

Voir Chapitre 8.

Pour créer un tel fichier de configuration, utilisez un éditeur de texte tel que `vi`, en suivant les exemples qui sont fournis. Lorsqu'il est créé, lancez le programme `xf86Config` pour générer le fichier XF86Config. Exécutez enfin le serveur X dans un mode spécial afin de tester les paramètres de votre système, qui n'auraient pas pu être déterminés à partir des exemples, du fichier généré ou de la documentation. Ces précautions sont nécessaires, car il y a un réel danger à endommager le matériel.

La section Files. Elle liste les différentes polices installées dans le répertoire /usr/X11R6/X11/fonts de votre système. Il y aura un répertoire pour chaque série de polices ; la commande suivante permet de déterminer celles qui sont chargées :

```
ls /usr/X11R6/lib/X11/fonts
```

Chaque répertoire listé doit avoir une entrée correspondante dans la section `Files`.

En fonction des sélections effectuées lors de l'installation, les fichiers de polices doivent aller dans des répertoires standards, et la section `Files` sera de la forme suivante :

```
Section "Files"
RgbPath     "/usr/X11R6/lib/X11/rgb"
fontPath    "/usr/X11R6/lib/X11/misc/"
fontPath    "/usr/X11R6/lib/X11/Type1/"
fontPath    "/usr/X11R6/lib/X11/speedo/"
fontPath    "/usr/X11R6/lib/X11/75dpi/"
fontPath    "/usr/X11R6/lib/X11/100dpi/"
EndSection
```

La section ServerFlags. Il sera rarement nécessaire de modifier la section `ServerFlags` par défaut. Celle-ci contient trois options contrôlant le fonctionnement du serveur X.

Option	Description
`NoTrapSignals`	Option avec laquelle le serveur X crée un fichier de mise au point (dump file) lorsqu'il reçoit un signal du système d'exploitation.
`DontZap`	Désactive l'emploi de la combinaison <Ctrl-Alt-Ret. arr.> pour arrêter le serveur X.
`DontZoom`	Désactive le changement du mode graphique.

Dans l'exemple qui suit, chaque option est mise en commentaire, et donc, désactivée.

```
Section "ServerFlags"
#NoTrapSignals
```

```
#DontZap
#DontZoom
EndSection
```

La section Keyboard. Elle permet de spécifier plusieurs options se rapportant au clavier, par exemple l'affectation des touches, et contient au moins les lignes suivantes :

```
Section "Keyboard"
Protocol "Standard"
AutoRepeat 500 5
ServerNumLock
EndSection
```

Il existe d'autres options, présentées dans le Tableau 21.5, qui ne sont pas nécessaires au bon fonctionnement du clavier. Tapez `man XF86Config` à l'invite du shell pour obtenir une description complète des divers paramètres de chaque section du fichier XF86Config.

Tableau 21.5 : Options de la section Keyboard

Option	Paramètre/Description
`Protocol`	Valeurs : Standard ou Xqueue (Standard par défaut)
`AutoRepeat` *`delai vitesse`*	Définit le *`délai`* avant qu'une touche soit répétée avec la *`vitesse`* spécifiée
`ServerNumLock`	Indique au serveur X de gérer de façon interne la réponse à la touche NumLock
`VTSysReq`	Spécifie que le changement de terminal virtuel se fera au moyen de la touche <SysRq> au lieu de la touche <Ctrl>

Voir Chapitre 18.

Généralement, pour changer de terminal virtuel sous Linux, on utilise la séquence <Alt-F*x*> (où F*x* représente une touche de fonction). Mais avec X Window, il faut utiliser <Ctrl-Alt-F*x*>. Si vous vous demandez à quoi peuvent servir les terminaux virtuels avec une interface graphique, sachez que lorsque la session X se bloque, vous pouvez alors utiliser un terminal virtuel pour la terminer.

La section Pointer. Elle concerne la souris ou tout autre périphérique de pointage. XFree86 se sert des informations de cette section pour configurer la souris. Il faut au minimum spécifier le protocole qu'elle utilise et son type de périphérique. Avec une souris série, le périphérique sera le port série sur lequel elle est connectée. Voici un exemple de section `Pointer` :

```
Section "Pointer"
Protocol    "Microsoft"
Device      "/dev/mouse"
EndSection
```

Linux reconnaît les protocoles suivants :

- BusMouse Microsoft ;
- Logitech Mouse Systems ;
- MM Series Xqueue ;
- Mouseman PS/2 ;
- Microsoft.

Le Tableau 21.6 présente quelques autres options de la section `Pointer` ; il ne faut les ajouter au fichier XF86Config qu'en étant absolument sûr de leur effet sur votre système.

Tableau 21.6 : Options de la section Pointer

Option	Description
`BaudRate` *`vitesse`*	Spécifie la vitesse de transmission pour une souris série
`SampleRate` *`taux`*	Nécessaire pour certaines souris Logitech
`ClearDTR` ou `ClearRTS`	Nécessaire pour certaines souris utilisant le protocole MouseSystem
`ChordMiddle`	Nécessaire pour certaines souris Logitech
`Emulate3Buttons`	Permet d'émuler une souris à trois boutons à partir d'une souris à deux boutons. Le troisième bouton est simulé en pressant simultanément les deux boutons. La plupart des applications X nécessitent une souris à trois boutons pour fonctionner correctement

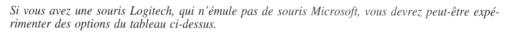

INFO

Si vous avez une souris Logitech, qui n'émule pas de souris Microsoft, vous devrez peut-être expérimenter des options du tableau ci-dessus.

La section Monitor. C'est probablement la section la plus importante du fichier XF86Config, et la plus dangereuse. Soyez prudent, car des informations incorrectes peuvent endommager votre moniteur.

Le programme SuperProbe et la documentation fournie avec le matériel seront d'une aide appréciable pour créer cette section. Vous pouvez également rechercher des informations sur un moniteur particulier dans les fichiers /usr/X11R6/lib/X11/doc/modesDB.txt et /usr/X11R6/lib/X11/doc/monitors.

Voici un exemple de section `Monitor` :

```
Section "Monitor"
Identifier   "Sanyo 1450 NI"
VendorName   "Sanyo"
ModelName    "My 14 inch monitor"
Bandwidth     60
HorizSync    30-60
VeriRefresh  50-90
```

```
#Modes:     Name        dotclock    Horizontal Timing       Vertical Timing
ModeLine    "640x480"     25        640 672 768 800         480 490 492 525
ModeLine    "800x600"     36        800 840 912 1024        600 600 602 625
ModeLine    "1024x768i"   45        1024 1024 1224 1264     768 768 776 816
EndSection
```

La section `Monitor` peut définir plusieurs moniteurs ; dans ce cas, il faut fournir pour chacun d'eux les données présentées au Tableau 21.7.

Tableau 21.7 : Options de la section Monitor

Option	Description
`Identifier` *chaîne*	Identifie le moniteur
`VendorName` *chaîne*	Identifie le fabricant
`ModelName` *chaîne*	Identifie la marque et le modèle
`Bandwidth` *valeur*	La bande passante du moniteur
`HorizSync` *intervalle*	Les fréquences valides pour le rafraîchissement horizontal (en Khz). Ce peut être une plage de fréquences si vous avez un moniteur Multisync, ou une série de valeurs
`VertRefresh` *intervalle*	Spécifie les fréquences de rafraîchissement vertical. Ce peut être un intervalle ou une série de valeurs, comme pour l'option `HorizSync`
`Gamma` *valeur*	La correction gamma pour le moniteur
`ModeLine` *valeurs*	Spécifie une série de valeurs pour chaque résolution à afficher sur le moniteur

Pour chaque résolution, il faut une ligne `ModeLine` dans la section `Monitor`, dans le format suivant :

```
ModeLine "nom" dotclock     Horizontal Freq Vertical Freq
```

Les fréquences horizontales et verticales sont des séries de quatre valeurs exprimées en Khz. Vous pourrez obtenir la plupart de ces valeurs au moyen du programme `xf86Config` (présenté plus loin) ou dans les divers fichiers de documentation fournis avec le package XFree86. Pour le test initial, il est préférable de retenir une configuration standard à partir de la documentation et de laisser X Window tester votre système.

La section Device. Elle décrit la carte vidéo du système. Voici le contenu de cette section pour une carte VGA standard :

```
Section "Device"
Identifier     "SVGA"
VendorName     "Trident"
BoardName      "TVG89"
```

```
Chipset        "tvga8900c"
VideoRam       1024
Clocks         25.30 28.32 45.00 36.00 57.30 65.10 50.40 39.90
Option         ...
EndSection
```

Les seules valeurs qui pourraient être difficiles à déterminer sont celles d'horloge (`Clocks`). La carte vidéo les utilise pour générer les signaux d'horloge qui, à leur tour, fourniront les différentes fréquences nécessaires à l'affichage des informations. Si ces valeurs sont incorrectes, le moniteur peut partir en fumée ! On peut les obtenir en lançant X avec un paramètre spécial, `-probeonly`, qui permet à X de tester le système sans trop de risque pour le matériel (`-probeonly` est présenté plus loin dans ce chapitre). X génère alors un rapport indiquant la plupart des valeurs nécessaires à la configuration.

Votre serveur peut également nécessiter des paramètres supplémentaires, décrites dans l'aide en ligne pour le serveur concerné.

La section Screen. Le fichier XF86Config peut contenir plusieurs entrées Monitor et `Device`. La section `Screen` les associe afin de créer le bureau X pour votre serveur X. Voici un exemple de section `Screen` :

```
Section "Screen"
Driver      "vga2"
Device      "SVGA"
Monitor     "Sanyo 1450 NI"
Subsection "Display"
Depth       8
Modes       "1024x768" "800x600" "640x480"
ViewPort    0 0
Virtual     1024 768
EndSubsection
EndSection
```

`Screen` se sert des identifiants des sections `Monitor` et `Device`. La ligne `Driver` indique le serveur X en cours d'exécution, et peut prendre l'une des valeurs suivantes :

- Accel ;
- SVGA ;
- VGA16 ;
- VGA2 ;
- Mono.

`Screen` comprend des sous-sections qui décrivent les divers modes disponibles pour une résolution particulière. Chaque valeur `Mode` se réfère à une valeur `ModeLine` définie dans la section `Monitor`.

X démarre à la position spécifiée par la valeur `ViewPort`. `0,0` correspond à la position 0,0, c'est-à-dire au coin supérieur gauche de l'écran.

Avec la valeur `Virtual`, vous pouvez définir un écran virtuel, plus grand que l'écran physique. Si vous le faites, X fait défiler automatiquement l'écran lorsque le pointeur est déplacé hors des limites de l'écran physique.

ASTUCE

De nombreux programmes disponibles sur Internet requièrent une souris à trois boutons et une taille d'écran égale à 1152 × 900 pixels, ce qui correspond à la taille que l'on trouve généralement sur les stations de travail Sun. Pour émuler un tel système, il faut spécifier l'option `Emulate3Buttons` *dans la section* `Pointer` *et définir la ligne* `Virtual 1152 900` *dans une sous-section de la section* `Screen`.

• Lancement du programme xf86Config

Après avoir lancé SuperProbe et construit un fichier XF86Config de base, vous pouvez lancer le programme `xf86Config` afin de générer un fichier de configuration pour votre système. Assurez-vous tout d'abord de ne pas être dans le répertoire /usr/X1R6/lib/X11, car X Window y cherche le fichier XF86Config. Il ne faut écraser le fichier que vous venez de créer. Pour lancer le programme `xf86Config`, tapez la commande :

```
/usr/X11R6/bin/xf86Config
```

`xf86Config` pose de nombreuses questions sur votre système, et s'en sert pour remplir les diverses sections du fichier XF86Config. Lorsque le programme se termine, il faut s'assurer que les valeurs sont similaires à celles que vous avez collectées en créant votre version du fichier. Les seuls éléments pour lesquels vous aurez besoin d'aide sont les valeurs d'horloge pour le moniteur, aide donnée par X Window.

• Exécution de X Window en mode -probeonly

Lorsque X est lancé dans un mode spécial, le programme génère un fichier contenant des informations concernant le système tout entier. Celles-ci vous serviront à compléter le fichier XF86Config. Pour lancer X dans ce mode spécial, tapez la commande suivante :

```
X -probeonly > /tmp/x.value 2>&1
```

Voir
Chapitre 8.

La commande redirige la sortie vers le fichier /tmp/x.value de type ASCII que vous pouvez éditer avec un éditeur, `vi` par exemple. Vous pourrez alors copier les informations d'horloge dans XF86Config.

Copiez ensuite le fichier que vous avez créé dans l'un des répertoires que XFree86 examine. Vous utiliserez alors la commande suivante :

```
cp XF86Config /usr/X11R6/lib/X11/
```

Vous pouvez maintenant lancer le serveur X au moyen de la commande `startx`.

Le fichier de ressources X Window

Pour lancer et utiliser X, le fichier de démarrage .xinitrcm est nécessaire. C'est lui qui fournit les paramètres par défaut utilisés par X. Pour remplacer les valeurs par défaut, vous pouvez utiliser un fichier, appelé .Xresources, que vous placerez dans votre répertoire personnel. Linux fournit un fichier .xinitrc par défaut dans le répertoire /etc/X11/xinit/xinitrc ; il peut également se trouver dans le répertoire /usr/lib/X11/xinit/xinitrc. Consultez les pages d'aide de `startx` et `xrdb` pour plus d'informations sur ces fichiers.

Informations complémentaires

Nous avons découvert dans ce chapitre l'implémentation XFree86 du standard X Window XR11R6. Nous avons vu les différences entre les applications client et serveur et celles PC de type client-serveur. Les chapitres suivants vous donneront plus d'informations :

- Le Chapitre 3 indique comment installer la version Red Hat de Linux ; X Window est installé lors de ce processus.
- Le Chapitre 6 présente la mise à jour et l'installation des programmes avec `RPM`, sous Linux. `RPM` est utile pour installer X si vous ne l'avez pas fait avec le système de base.
- Le Chapitre 8 présente l'utilisation de `vi`. Vous aurez besoin d'éditer le fichier de configuration XF86Config afin de fournir à X les informations correctes concernant votre matériel. `vi` est un éditeur tout à fait adapté à cette tâche.
- Le Chapitre 21 explique comment installer XFree86, la version de X destinée à Linux, et ce que vous devez faire avant d'installer X Window.

Travailler avec X Window

Si vous avez l'habitude des interfaces graphiques (GUI), par exemple Microsoft Windows ou Macintosh, vous verrez peu de différences avec X Window. Celui-ci affiche plusieurs fenêtres, chacune contenant la sortie produite par une application, appelée un *client*. Le client peut être exécuté sur le PC de l'utilisateur, ce qui est plus que probable avec Linux, ou sur un autre poste de travail du réseau.

Souvenez-vous qu'avec X Window, le paradigme client-serveur est l'inverse de ce que l'on entend habituellement par client et serveur (le serveur X est exécuté sur le poste local).

La façon dont vous utilisez X Window dépend pour beaucoup des gestionnaires de fenêtres. La plupart des fenêtres sont dotées d'un pointeur sur écran, appelé *curseur*, qui indique l'endroit où vous travaillez. La forme de celui-ci dépend de ce que vous faites et du type de gestionnaire de fenêtres que vous exécutez.

Dans ce chapitre, vous apprendrez :

- ce que sont X Window et XFree86 ;
- à installer XFree86 ;
- à configurer le système XFree86 ;
- à utiliser XFree86 ;
- à ajouter plusieurs applications X.

Exploration de X Window

X Window, comme la plupart des GUI, permet de saisir des données avec le clavier et un pointeur, généralement une souris. La plupart du temps, pour qu'une fenêtre accepte les données saisies, il faut qu'elle soit active. L'aspect d'une fenêtre active est généralement différent (par exemple, les bords sont en surbrillance) de celui d'une qui est inactive.

C'est le gestionnaire de fenêtres qui détermine la façon dont on active l'une d'elles. Avec certains gestionnaires, il suffit de déplacer le curseur sur la fenêtre et de cliquer sur un bouton de la souris, comme c'est le cas avec Microsoft Windows.

• Menus

Aujourd'hui, de nombreuses interfaces graphiques PC possèdent des menus déroulants et surgissants. Là encore, tout dépend du gestionnaire de fenêtres. Ceux de X Window ne contiennent généralement pas de barre de menus principal, mais un menu flottant. Pour faire apparaître celui-ci, vous devez cliquer avec un bouton de la souris sur le bureau, le gardez ce bouton enfoncé et tirer le curseur jusqu'à ce que vous trouviez le menu désiré parmi les diverses possibilités. Lorsque c'est fait, lâchez le bouton de la souris. Cela ressemble beaucoup à l'utilisation des menus Macintosh, mais à pas celle des menus Microsoft Windows.

• Terminaux virtuels et X Window

Votre serveur X fonctionne sur un terminal virtuel assigné par Linux, qui est affecté au septième terminal virtuel, que vous pouvez atteindre en appuyant sur les touches <Alt-F7> depuis un terminal caractère. Sous X Window, vous pouvez parvenir aux autres terminaux avec la combinaison <Ctrl-Alt-F*x*>, où *x* représente le numéro du terminal virtuel désiré. Bien que l'accès aux autres terminaux virtuels soit une fonction pratique, X Window permet de démarrer des émulateurs de terminal caractère, appelés *sessions* `xterm`.

INFO

*Si le serveur X est en cours d'exécution, vous devez utiliser la combinaison <Ctrl-Alt-F*x*> pour aller vers un terminal virtuel. La combinaison <Alt-F*x*> permet de passer d'un terminal à un autre.*

Gestionnaires de fenêtres pour Linux

Comme nous l'avons dit plus haut, il n'y a pas de gestionnaire de fenêtres spécifique à X Window. L'aspect de ce dernier est laissé au libre choix de l'utilisateur. Ainsi, Linux en offre-t-il plusieurs pour X Window (voir Tableau 22.1), même si les versions Red Hat et Slackware installent le gestionnaire `fvwm` par défaut.

• twm

`twm` est un gestionnaire de fenêtres pour X Window. Il contient des barres de titre, des fenêtres en forme, plusieurs manières de gérer les icônes, des macros définies par l'utilisateur, le pilotage du clavier par cliquer/pointer, et des affectations des touches et des boutons de la souris. Ce programme est généralement lancé par le gestionnaire de sessions utilisateur ou par le script de démarrage. Losqu'il est utilisé depuis `xdm` ou `xinit` sans ce gestionnaire, `twm` est fréquemment exécuté en premier plan comme dernier client. Dans ce cas, lorsqu'on sort de `twm`, on provoque la fermeture de la session.

Tableau 22.1 : Gestionnaires de fenêtres disponibles pour Linux

Nom	Description
`twm`	Gestionnaire de fenêtres de Tom
`fvwm`	Gestionnaire de fenêtres virtuelles pour X11
`fvwm95`	Gestionnaire de fenêtres virtuelles pour X11, ressemblant à Windows 95 de Microsoft
`mwm`	Gestionnaire de fenêtres Motif
olwm	Gestionnaire de fenêtres Openlook, basé sur OpenLook de Sun
olvwm	Gestionnaire de fenêtres virtuelles Openlook
Enlightenment	Gestionnaire de fenêtres agréable et apprécié
CDE	Common Desktop Environment, un GUI pour X qui a été porté sur de nombreux UNIX
KDE	K Desktop Environment, variante gratuite de Common Desktop Environment

Par défaut, les fenêtres d'applications sont entourées d'un cadre surmonté d'une barre de titre contenant le nom de la fenêtre, un rectangle qui s'éclaire lorsque celle-ci reçoit des entrées depuis le clavier, et des boîtes de fonction aux bords gauche et droit de cette barre. Un clic sur le bouton 1 (généralement le gauche de la souris, à moins que cela n'ait été modifié avec `xmodmap`) sur un bouton de titre appelle la fonction qui lui est associée. Dans l'interface par défaut, les fenêtres apparaissent sous forme d'icônes lorsqu'on clique sur le bouton gauche de la barre de titre, qui ressemble à un point. Inversement, les fenêtres reviennent à leur état initial lorsqu'on clique sur l'icône ou sur l'entrée correspondante dans le gestionnaire d'icônes.

Pour redimensionner une fenêtre, il faut cliquer sur le bouton droit de la barre de titre (carrés superposés), tirer le côté qui doit être déplacé avec le pointeur, et relâcher ce dernier lorsque le contour a la taille désirée. De la même manière, on déplace une fenêtre en cliquant sur la barre de titres, en tirant le contour à l'endroit désiré et en relâchant le pointeur lorsque la nouvelle position est atteinte. Cliquer simplement sur la barre de titre permet d'agrandir la fenêtre sans la déplacer.

Lorsqu'une nouvelle fenêtre est créée, `twm` lui donne la taille et l'emplacement requis par l'utilisateur. Sinon, un contour, par défaut de la taille de la fenêtre, la barre de titre et les lignes qui divisent la fenêtre en une grille qui suit le pointeur s'affichent. Chaque bouton de la souris a une action différente :

- Le bouton 1 permet de positionner la fenêtre là où elle se situe et de lui donner la taille par défaut.
- En cliquant sur le bouton 2 (généralement celui du milieu sur la souris) et en tirant le contour, on peut déplacer la fenêtre et redimensionner ses bords, comme indiqué ci-dessus.

- Le bouton 3 (généralement le bouton de droite) place la fenêtre à sa position actuelle et l'étend jusqu'en bas de l'écran.

• Fvwm

fvwm est un gestionnaire de fenêtres pour X11. Il dérive de twm et a été conçu pour minimiser l'utilisation de la mémoire, apporter un aspect 3 D aux fenêtres et offrir un bureau virtuel simple. L'utilisation de la mémoire est de 30 à 50 % inférieure à celle de twm, principalement parce que les méthodes inefficaces de twm pour stocker les liens souris (afin d'associer des commandes à ses boutons) ont été améliorées. En outre, plusieurs options configurables de twm ont été supprimées.

XFree86 possède un écran virtuel, dont le fonctionnement peut être déroutant lorsqu'il est utilisé en même temps que le gestionnaire de fenêtres virtuelles de fvwm. Avec XFree86, les fenêtres qui apparaissent sur l'écran virtuel sont créées dans la mémoire vidéo, aussi la taille de l'écran virtuel est-elle limitée par l'espace disponible.

Avec le bureau virtuel de fvwm, les fenêtres qui n'apparaissent pas à l'écran ne sont pas créées dans la RAM vidéo. Sa taille est limitée à 32 000 × 32 000 pixels. Utiliser un bureau virtuel dont la taille est plus de cinq fois celle de l'écran visible n'est pas pratique.

INFO

L'emploi de la mémoire avec le bureau virtuel dépend du nombre de fenêtres qui existent. La taille de ce dernier ne change rien.

Tant que vous ne maîtrisez pas totalement fvwm, il est conseillé de désactiver l'écran virtuel de XFree86 en réduisant sa taille à celle de l'écran physique. Par la suite, vous pourrez le réactiver.

fvwm offre plusieurs bureaux virtuels aux utilisateurs qui veulent s'en servir. L'écran est une fenêtre ouverte sur un bureau plus grand que (ou de taille égale à) l'écran. Vous pouvez accéder à plusieurs bureaux distincts. Il existe pour chaque projet ou application lorsque distincts. Chaque bureau pouvant être d'une taille supérieure à celle de l'écran physique, les fenêtres qui sont plus grandes que lui ou les groupes de fenêtres associées, peuvent être facilement visualisés.

La taille de chaque bureau virtuel doit être spécifiée au démarrage (par défaut, elle est trois fois supérieure à celle de l'écran), mais tous doivent être de la même taille. Le nombre total de bureaux distincts n'a pas besoin d'être spécifié et il est limité à environ quatre milliards. Toutes les fenêtres du bureau actif peuvent être affichées dans celui-ci, ou dans une vue en miniature. Celles qui ne s'y trouvent pas peuvent être recensées, ainsi que leur taille, dans une liste accessible sous forme de menu contextuel. Le terme *géométrie* désigne les coordonnées et le nombre de pixels nécessaires à la fenêtre avec le gestionnaire de fenêtres X.

Les *fenêtres permanentes* (*sticky*) transcendent le bureau virtuel en "collant à l'écran". C'est-à-dire qu'elles restent toujours à l'écran. Cette caractéristique est très pratique pour les horloges et les programmes de type xbiff, car il vous suffit d'exécuter un seul utilitaire pour qu'il reste toujours à l'écran.

INFO

L'utilitaire `xbiff` *signale lorsqu'un courrier arrive.*

La géométrie des fenêtres est spécifiée en fonction de celle qui est active : `xterm-geometry +0+0` apparaît toujours en haut à gauche de la partie visible de l'écran. Il est possible de spécifier la géométrie qui place les fenêtres sur le bureau virtuel, mais en dehors de l'écran. Par exemple, si l'écran visible fait 1 000 × 1 000 pixels, si la taille du bureau est de trois par trois, et si la fenêtre active se trouve en haut à gauche du bureau, la commande `xterm-geometry +1000 +1000` permet de la placer juste en dessous du coin inférieur droit de l'écran. On peut ensuite trouver cette fenêtre en déplaçant la souris vers ce coin et attendre qu'elle apparaisse. Il n'existe aucun moyen d'associer une fenêtre à un autre bureau que celui qui est actif.

La géométrie `xterm-geometry -5-5` permet de placer le coin inférieur droit de la fenêtre à cinq pixels de celui de la portion visible de l'écran. Toutes les applications n'autorisent pas des définitions négatives.

• fvwm95

Le gestionnaire de fenêtres fvwm95 pour X11 est "une copie basée sur fvwm2.x". L'intention des développeurs était de simuler les principales fonctionnalités du GUI d'un célèbre système d'exploitation, afin d'améliorer le confort des utilisateurs sous environnement UNIX, et d'éviter de gonfler le code simple et pur du GUI de fvwm. Pour d'autres d'informations, visitez l'adresse :

http://mitac11.uia.ac.be/html-test/fvwm95.html

• olwm

olwm est un gestionnaire de fenêtres pour le système X Window qui implémente en partie l'interface graphique `Openlook`. C'est un standard pour les produits Open Windows de Sun, mais il fonctionne aussi avec tout système X11, y compris XFree86. Pour exécuter `olwm`, il faut simplement que le serveur dispose des polices glyphe et du curseur `OPEN LOOK`, ce qui est le cas si vous avez installé toutes les polices disponibles.

• Enlightenment

Enlightenment est un gestionnaire de fenêtre célèbre et très bien écrit. Il est stable et rapide. Bien que fondé à l'origine sur le fonctionnement de `fvwm`, ses dernières versions ont été entièrement réécrites. Le créateur de Enlightenment dispose d'un site Web, à l'adresse **http://www.rasterman.com**, qui contient bien plus d'informations qu'il n'en pourrait tenir dans ce livre.

• CDE

CDE (*Common Desktop Environment*) est une tentative commerciale de créer un bureau standard sur la plupart des versions de UNIX. Par exemple, Sun Solaris, IBM AIX, et HP-UX de Hewlett-Packard (entre autres) disposent d'une implémentation de CDE. En tant que bureau UNIX courant, CDE est appréciable. TriTeal a porté CDE sur Linux, et sa version, (basée sur OSF Motif 1.2.5) est distribuée par Red Hat Software, dans son paquetage Linux. Pour d'autres informations sur CDE pour Linux, visitez le site Web de TriTeal, à l'adresse **http://www.triteal.com ;** pour des informations plus générales sur CDE, consultez le groupe de news Usenet **comp.unix.cde** et son fichier FAQ (*Frequently Asked Questions*), à l'adresse **http://www.pobox.com/~burnett/cde/**.

• KDE

Voir Annexe D.

KDE (*K Desktop Environment*) est un vaste projet freeware dont le but est de créer un environnement de bureau intégré identique à CDE, mais développé et réalisé entièrement sous la Licence Publique GNU (GPL).

Les principaux avantages de KDE manifestent une ambition d'aboutir à une internationalisation correcte, un système d'aide intégré, et une apparence intuitive standardisée pour une grande variété d'applications. Pour d'autres informations, consultez **http://www.kde.org/**.

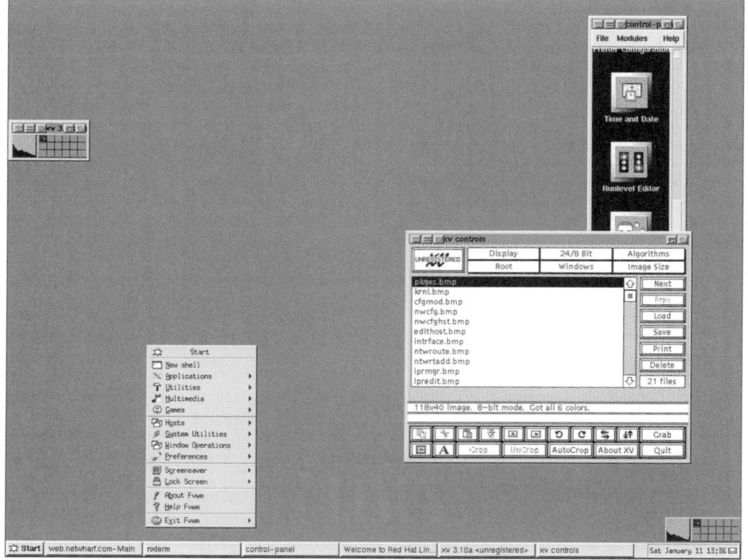

Figure 22.1
X Window sous Red Hat : une ressemblance étonnante avec Windows 98.

Applications X Window sous Red Hat

Red Hat a fait tout ce qu'il fallait pour créer une distribution Linux bien adaptée à X Window. En fait, la version commerciale contient une copie avec licence pour un utilisateur du serveur Metro-X. Lorsque vous lancez X sous Red Hat avec la commande

```
startx &
```

l'écran qui s'affiche ressemble beaucoup à celui de Windows 98 (voir Figure 22.1).

Le bouton Start offre l'accès à de nombreux programmes utiles de Linux, à des commandes du système et à des processus. Comme avec la plupart des installations X, vous pouvez accéder à ces dernières en cliquant sur le bureau avec les boutons gauche ou droit de la souris. La Figure 22.2 montre le menu affiché par le bouton Start, décrit au Tableau 22.2.

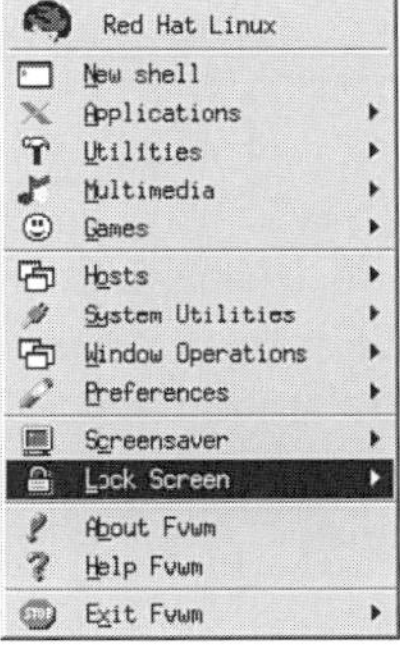

Figure 22.2
Le menu Start de Red Hat offre un accès aisé à de nombreux services.

Tableau 22.2 : Eléments du menu Start de Red Hat

Elément	Description
New Shell	Ouvre une nouvelle fenêtre shell, c'est-à-dire une fenêtre `xterm`
Applications	Accès à diverses applications : `pine` (e-mail), `xpaint` (graphismes), `irc` (communication)
Utilities	Utilitaires : calculatrice, calendrier, fenêtre `xterm` en couleur, accès aux pages d'aide
Multimedia	Lecteur de CD musicaux et mixer audio
Games	Jeux : Tetris, DOOM, etc.
Hosts	Accès aux autres ordinateurs hôtes sur le réseau ou sur Internet
System Utilities	Utilitaires permettant d'accéder au système en tant que root, et gestion des fenêtres

Elément	Description
Window Operations	Fermeture, arrêt et déplacement de fenêtres sur le bureau
Preferences	Personnalisation du bureau X
ScreenSaver	Choix d'images pour l'économiseur d'écran, qui est lancé après une période d'inactivité
Lock Screen	Sélection de motifs utilisés pour verrouiller l'écran. Pour libérer l'écran, entrez votre mot de passe
About Fvwm	Affiche une boîte de dialogue présentant des informations sur le gestionnaire de fenêtres `fvwm`
Help Fvwm	Affiche un browser HTML avec de l'aide sur `fvwm`
Exit Fvwm	Sortie de X et retour au terminal à partir duquel X avait été lancé, ou redémarrage de X

• nxterm

Lorsqu'on sélectionne New Shell dans le menu Start, une nouvelle session `xterm` est lancée ; sous Red Hat, elle est appelée *session* `nxterm`. `xterm` est une application X Window courante qui simule un terminal vidéo tel que DEC vt100. En lançant une session `xterm`, vous pouvez exécuter tout programme de type ligne de commande ou toute commande Linux, comme vous le feriez depuis un terminal virtuel. La Figure 22.3 illustre une session `xterm`.

• xv

`xv` est un programme de capture d'écrans fourni par Red Hat. Contrairement à la plupart des applications Linux, c'est un shareware. La Figure 22.4 montre la boîte de dialogue principale de `xv`.

Figure 22.3
Le lancement d'un nouveau shell en mode ligne de commande est très facile sous X.

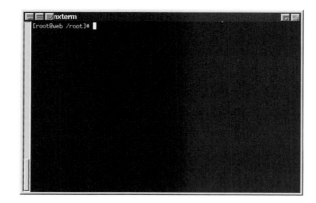

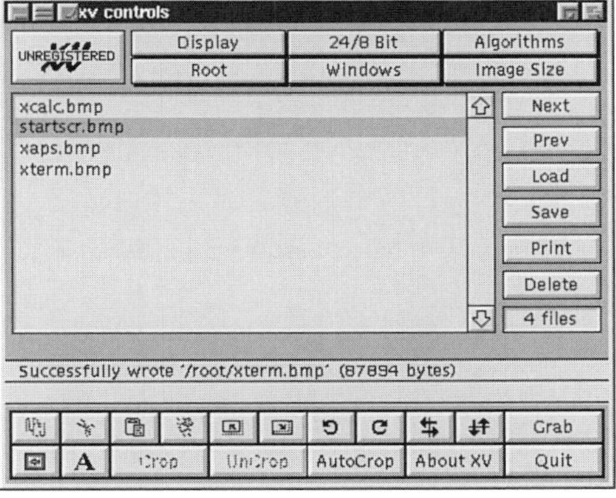

Figure 22.4
xv est un programme de capture d'écran et de conversion de fichiers graphiques.

INFO

Les sharewares *sont des programmes que vous pouvez télécharger gratuitement, mais pour lesquels il vous est demandé une contribution financière pour les conserver après un certain temps d'utilisation. Leur coût est en général assez faible.*

Les boutons sur le côté droit de la boîte de dialogue sont les plus utiles. Le Tableau 22.3 décrit leurs fonctions. La liste principale indique quels sont les fichiers graphiques disponibles.

Tableau 22.3 : Boutons de commande de xv

Bouton	Description
Next	Sélectionne le fichier suivant dans la liste
Prev	Sélectionne le fichier précédent dans la liste
Load	Charge dans le programme un fichier pris sur le disque
Save	Sauvegarde dans un fichier sur disque l'image capturée. Vous pouvez choisir l'un des types suivants : GIF, JPEG, TIFF, PostScript, PBM (brut), PBM (ASCII), bitmap X11, XPM, BMP, fichier raster Sun, IRIS TGB, Targa (24 bits), Fits et PM
Print	Imprime le fichier graphique actuellement sélectionné
Delete	Efface le fichier graphique actuellement sélectionné

Le bouton Grab, dans le coin inférieur droit, permet de capturer toute partie du bureau. Un clic dessus affiche la boîte de dialogue de capture (voir Figure 22.5).

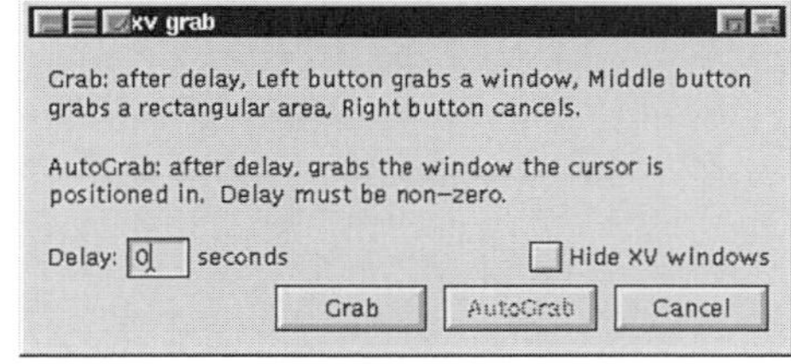

Figure 22.5
On peut capturer une partie de l'écran de différentes façons.

La souris permet de sélectionner sur l'écran l'objet à capturer. Pour capturer une fenêtre, cliquez sur le bouton Grab puis avec le bouton gauche dedans. Vous pouvez également définir un délai, cliquez sur le bouton AutoGrab et placez le curseur dans la fenêtre à capturer. Quelle que soit la méthode, `xv` capture l'image et l'affiche dans une fenêtre. La boîte de dialogue principale permet alors de manipuler celle-ci et de la sauvegarder.

Applications X Window sous Slackware 96

Il existe de nombreuses applications X Window sur Internet. Dans les sections qui suivent, vous trouverez un aperçu de plusieurs d'entre elles contenues soit dans la version Slackware, soit dans le répertoire /contrib du CD-ROM Slackware. Certaines sont également fournies avec la version Red Hat ou peuvent être téléchargées depuis les sites Web.

• xterm

Le programme `xterm` de Slackware est identique à la commande `nxterm` de Red Hat. C'est une application X Window qui simule un terminal vidéo, par exemple, le DEC vt100. Lorsque vous lancez une session `xterm`, vous pouvez exécuter n'importe quel programme de type ligne de commande ou toute commande Linux, comme vous le feriez sur les terminaux virtuels de Linux. La Figure 22.6 illustre une session `xterm`.

Le programme `xterm` est un émulateur de terminal pour X Window. Il fournit des terminaux compatibles DEC vt100 et Tektonix 4014 aux programmes qui ne peuvent pas utiliser directement le système des fenêtres. Si le système d'exploitation sous-jacent supporte les fonctions de redimensionnement du terminal, `xterm` les utilise pour signaler aux programmes exécutés dans la fenêtre que celle-ci est redimensionnée.

Les terminaux vt102 et Tektronix 4014 ont chacun leur propre fenêtre, aussi pouvez-vous simultanément éditer du texte dans l'une et examiner des graphiques dans l'autre. Pour conserver le même rapport hauteur/largeur (la hauteur de l'écran en pixels divisée par la largeur de l'écran en pixels), les graphiques Tektronix se trouvent dans la plus grande boîte qui entre dans la fenêtre avec un rapport hauteur/largeur de 4014 et qui est située dans la partie supérieure gauche de la fenêtre.

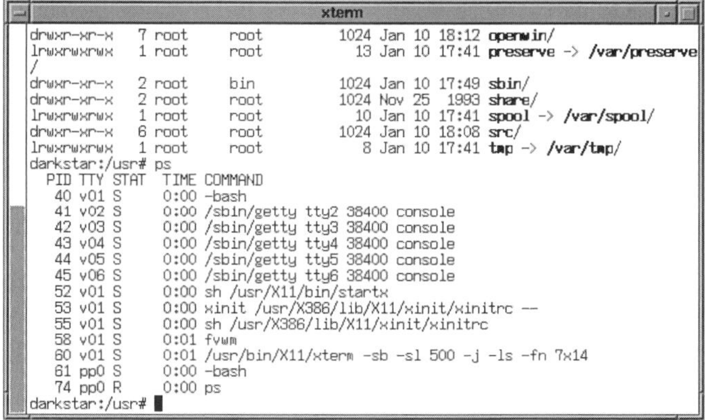

xterm
drwxr-xr-x   7 root   root   1024 Jan 10 18:12 openwin/
lrwxrwxrwx   1 root   root   13 Jan 10 17:41 preserve -> /var/preserve
/
drwxr-xr-x   2 root   bin   1024 Jan 10 17:49 sbin/
drwxr-xr-x   2 root   root   1024 Nov 25 1993 share/
lrwxrwxrwx   1 root   root   10 Jan 10 17:41 spool -> /var/spool/
drwxr-xr-x   6 root   root   1024 Jan 10 18:08 src/
lrwxrwxrwx   1 root   root   8 Jan 10 17:41 tmp -> /var/tmp/
darkstar:/usr# ps
PID TTY STAT TIME COMMAND
40 v01 S   0:00 -bash
41 v02 S   0:00 /sbin/getty tty2 38400 console
42 v03 S   0:00 /sbin/getty tty3 38400 console
43 v04 S   0:00 /sbin/getty tty4 38400 console
44 v05 S   0:00 /sbin/getty tty5 38400 console
45 v06 S   0:00 /sbin/getty tty6 38400 console
52 v01 S   0:00 sh /usr/X11/bin/startx
53 v01 S   0:00 xinit /usr/X386/lib/X11/xinit/xinitrc --
55 v01 S   0:00 sh /usr/X386/lib/X11/xinit/xinitrc
58 v01 S   0:01 fvwm
60 v01 S   0:01 /usr/bin/X11/xterm -sb -sl 500 -j -ls -fn 7x14
61 pp0 S   0:00 -bash
74 pp0 R   0:00 ps
darkstar:/usr#

Figure 22.6
xterm *permet un accès aisé à un shell.*

Bien que les deux fenêtres puissent être affichées en même temps, l'une est considérée comme celle qui est active et recevant les entrées clavier et les sorties terminal. C'est elle qui contient le curseur. Elle peut être choisie au moyen de séquences d'échappement, des menus des options vt, dans la fenêtre vt102, et Tek, dans la fenêtre 4014.

Emulations

Les entrées de `$TERMCAP` qui fonctionnent avec `xterm` sont `xterm`, `vt102`, `vt100` et `ANSI`. La variable d'environnement `$TERMCAP` spécifie le type du terminal émulé par le système. `xterm` recherche automatiquement le fichier `termcap` dans cet ordre pour ces entrées, puis définit les variables d'environnement `TERM` et `$TERMCAP`.

Pour plus d'informations sur le contenu de `termcap` *et les séquences d'échappement reconnues, reportez-vous à l'aide en ligne.*

De nombreuses caractéristiques spécifiques de `xterm` peuvent être modifiées sous le contrôle du programme à l'aide de séquences d'échappement différentes des séquences standards `vt102`.

L'émulation Tektronix 4014 est également assez bonne. Quatre tailles de police différentes et cinq types de lignes sont supportés. Les commandes texte et graphique Tektronix sont enregistrées par `xterm` et peuvent être copiées dans un fichier en envoyant la séquence d'échappement Tektronix `COPY`.

Autres caractéristiques de xterm

`xterm` sélectionne automatiquement le curseur texte lorsque le pointeur entre dans la fenêtre, et le désélectionne lorsque le pointeur quitte la fenêtre. Si c'est la fenêtre active, le curseur est choisi quel que soit l'emplacement du pointeur.

En mode vt102, il existe des séquences d'échappement pour activer et désactiver un autre buffer d'écran de la même taille que la zone d'affichage de la fenêtre. Lorsqu'il est activé, l'écran est enregistré et remplacé par son substitut. L'enregistrement des lignes qui disparaissent en haut de l'écran est désactivé jusqu'à ce que l'écran normal soit restauré. L'entrée `termcap` pour `xterm` permet à l'éditeur `vi` de passer à l'écran de remplacement pour l'édition et de restaurer l'écran normal à la fin.

En mode vt102 et Tektronix, il existe des séquences d'échappement visant à modifier le nom des fenêtres.

Utilisation de la souris avec xterm

Lorsque la fenêtre vt102 est créée, `xterm` permet de sélectionner du texte et de le copier dedans ou dans une autre.

Les fonctions de sélection sont appelées lorsque les boutons du pointeur sont utilisés sans modificateur, et lorsqu'ils le sont avec la touche <Maj>. L'attribution des fonctions décrites ci-dessous aux touches et aux boutons peut être modifiée dans la base de données des ressources.

Le bouton 1 de la souris (celui de gauche) est utilisé pour enregistrer le texte dans le tampon. Insérez le curseur au début du texte, maintenez le bouton enfoncé tandis que vous déplacez le curseur jusqu'à la fin du texte, puis relâchez-le. Le texte sélectionné est en surbrillance et est enregistré dans le tampon. Il apparaît comme sélection `PRIMARY` lorsque le bouton est relâché. En cliquant deux fois de suite, vous sélectionnez un mot, trois fois de suite, une ligne ; en cliquant quatre fois de suite, vous revenez à la sélection de caractères, etc.

Le bouton 2 (celui du milieu) permet de coller le texte de la sélection `PRIMARY`. Si vous n'avez rien sélectionné, le texte est inséré depuis le tampon, comme s'il s'agissait d'une entrée au clavier.

En coupant et collant des morceaux sans suivre de nouvelles lignes, vous pouvez prendre du texte en différents endroits dans des fenêtres et construire une commande pour l'interpréteur, par exemple, ou prendre la sortie d'un programme et l'insérer dans un éditeur. Le tampon étant partagé par plusieurs applications, considérez-le comme un fichier dont vous connaissez le contenu. L'émulateur de terminal et d'autres programmes de texte le traitent comme du texte délimité par de nouvelles lignes.

La barre de défilement dans la fenêtre `xterm` montre la position et la quantité de texte affiché à l'écran en comparaison par rapport à celle du texte enregistré. Plus la quantité de texte enregistré est importante, plus la taille de la zone en surbrillance diminue.

Un clic avec le bouton 1 sur la barre de défilement permet de déplacer la ligne adjacente en haut du viseur. En cliquant avec le bouton 2, on déplace l'affichage du texte enregistré, vers la position du pointeur dans la barre de défilement. En cliquant avec le bouton 3, on déplace la ligne supérieure de l'affichage jusqu'à la position du pointeur.

Contrairement à la fenêtre vt102, celle de Tektronix ne permet pas de copier du texte. Elle autorise néanmoins à utiliser le mode Tektronix GIN, ce qui change la flèche du curseur en croix. En appuyant sur n'importe quelle touche, on envoie cette touche et la coordonnée du curseur en forme de croix. Des clics sur les boutons 1, 2 ou 3 renvoient les lettres `l`, `m` et `r`, respectivement. Si vous appuyez sur la touche <Maj> lors d'un clic sur un bouton, la lettre correspondante est envoyée en majuscule. Pour différencier un bouton d'une touche, le bit de poids fort du caractère est mis à un.

• xcalc

La Figure 22.7 illustre `xcalc`, calculatrice scientifique qui émule une calculatrice TI-30 ou HP-10C. Les opérations peuvent être effectuées avec le bouton 1 de la souris ou, dans certains cas, avec le clavier.

Figure 22.7
xcalc émule les calculatrices TI-30 et HP-10C.

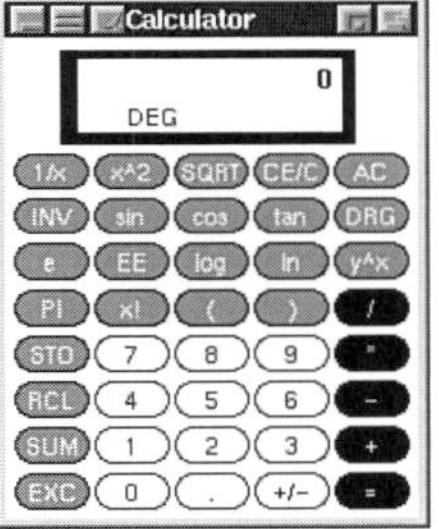

De nombreuses opérations disposent de raccourcis clavier. Pour quitter `xcalc`, cliquez sur la touche AC du calculateur TI avec le bouton 3 de la souris, ou sur la touche OFF du calculateur HP. En mode TI, les touches numériques, +/- et +, -, *, / et = ont des fonctions classiques.

INFO

Les opérateurs obéissent aux règles usuelles de priorité. Ainsi, si vous entrez ***3+4*5=*** *vous obtenez le résultat 23 et non 35. Les parenthèses peuvent être utilisées pour changer la propriété. Par exemple,* **`(1+2+3)*(4+5+6)`**`=` *donne comme résultat* `6*15=90`.

Le résultat de l'opération dans l'affichage du calculateur peut être sélectionné pour être collé dans du texte. Le Tableau 22.4 recense les diverses fonctions pour l'émulation TI.

En mode RPN (notation polonaise inverse), ou HP, les touches numériques, CHS (changer le signe), +, -, *, /, et ENTER ont des fonctions classiques. Les autres ont pratiquement les mêmes fonctions qu'en mode TI. Les différences sont illustrées dans le Tableau 22.5.

Tableau 22.4 : Emulation TI

Touche/Fonction	Description
1/x	Remplace le nombre affiché par son inverse.
x^2	Calcule le carré du nombre affiché.
SQR	Calcule la racine carrée du nombre affiché.
CE/C	Un clic sur cette touche efface le nombre affiché, mais pas l'état de la machine. Permet d'entrer un nouveau nombre en cas d'erreur. Si vous double-cliquez, vous réinitialisez le calculateur. AC permet d'effacer l'affichage, l'état et la mémoire. Si vous cliquez avec le bouton 3 sur CE/C, vous quittez `xcalc`.
INV	Inverse la fonction. Reportez-vous aux touches de fonctions pour plus de détails.
sin	Calcule le sinus du nombre affiché, en fonction du mode DRG (voir DRG). Si la fonction est inversée, calcule l'arcsinus du nombre.
cos	Calcule le cosinus. Si la fonction est inversée, calcule l'arccosinus.
tan	Calcule la tangente. Si la fonction est inversée, calcule l'arctangente.
DRG	Change le mode DRG, indiqué par DEG, RAD ou GRAD en bas de l'affichage. En mode DEG, l'affichage des nombres apparaît en degrés. En mode RAD, les nombres sont en radians, et en GRAD, ils sont en grades. Lorsqu'elle est inversée, la touche DRG peut convertir les degrés en radians, puis en grades et vice-versa. Par exemple, mettez le calculateur en mode DRG et entrez 45 `INV DRG`. `xcalc` affiche .785398, ce qui correspond à 45 degrés convertis en radians.
e	La constante e, qui est 2.7182818...
EE	Utilisé pour entrer les exposants. Par exemple, pour obtenir -2.3E-4, vous entrez `2 . 3 +/- EE 4 +/-.`
log	Calcule le logarithme (base 10) du nombre affiché. Lorsque la fonction est inversée, elle élève 10.0 à la puissance affichée. Par exemple, en entrant 3 `INV log`, on obtient 1 000.
ln	Calcule le logarithme (base e) du nombre affiché. Inversée, la fonction élève e à la puissance affichée. Par exemple, en entrant e `ln`, on obtient 1.
y^x	Elève le nombre de gauche à la puissance indiquée par le nombre de droite. Par exemple, en entrant 2 y^x 3, on obtient 8, qui correspond à 2 puissance 3.
PI	La constante pi, soit 3,1415927...
x!	Calcule la factorielle du nombre affiché. Celui-ci doit être un nombre entier compris entre 0 et 500 ; toutefois, en fonction de votre bibliothèque mathématique, le résultat risque de déborder bien avant.
(	Parenthèse gauche.
)	Parenthèse droite.
/	Division.
*	Multiplication.
-	Soustraction.
+	Addition.

Touche/Fonction	Description
=	Effectue l'opération.
STO	Copie en mémoire le nombre affiché.
RCL	Affiche la valeur mémorisée.
SUM	Ajoute le nombre affiché à la valeur mémorisée.
EXC	Echange le nombre affiché avec la valeur mémorisée.
+/-	Inverse le signe.
.	Séparateur décimal.

Tableau 22.5 : Emulation HP

Touche/Fonction	Description
<	C'est la touche pour revenir en arrière, au cas où vous auriez fait une erreur. Elle efface les chiffres affichés. Si vous l'inversez, le registre x est effacé.
ON	Efface l'affichage, l'état et la mémoire. En appuyant sur cette touche avec le bouton 3 de la souris, vous quittez `xcalc`.
INV	Inverse la fonction des touches. C'est la touche `f` d'un calculateur HP, mais `xcalc` n'affiche pas plusieurs légendes sur chacune. Reportez-vous aux descriptions de chaque touche pour plus de détails.
10^x	Elève 10.0 au nombre situé au-dessus de la pile. Lorsqu'elle est inversée, cette fonction calcule le logarithme (base 10) du nombre affiché.
e^x	Elève e au nombre situé au-dessus de la pile. Inversée, calcule le logarithme (base e) du nombre affiché.
STO	Copie en mémoire la valeur située en haut de la pile. Il existe dix emplacements en mémoire. Pour en spécifier un, il suffit d'ajouter son numéro après STO.
RCL	Empile le nombre de la mémoire choisie.
SUM	Ajoute le nombre en haut de la pile au nombre situé dans la mémoire choisie.
x:y	Echange les nombres situés aux deux premières places de la pile, les registres x et y.
R v	Fait défiler la pile vers le bas, ou vers le haut lorsqu'elle est inversée.
touches vides	Ces touches étaient utilisées pour les fonctions de programmation sur les HP-10C. Elles ne fonctionnent pas dans `xcalc`.

• xspread

Le programme `xspread`, illustré Figure 22.8, est un tableur distribué avec Slackware qui ne fonctionne que sous X Window. Les concepteurs de `xspread` travaillent en ce moment sur un projet visant à faire fonctionner le programme avec un écran ASCII s'il ne trouve pas un terminal X Window. Le manuel de référence de `xspread` fournit toutes les indications nécessaires sur ce programme. La copie au format `LaTeX` de ce manuel se trouve dans le fichier `xspread.tex`.

Figure 22.8
xspread *sous XFree86.*

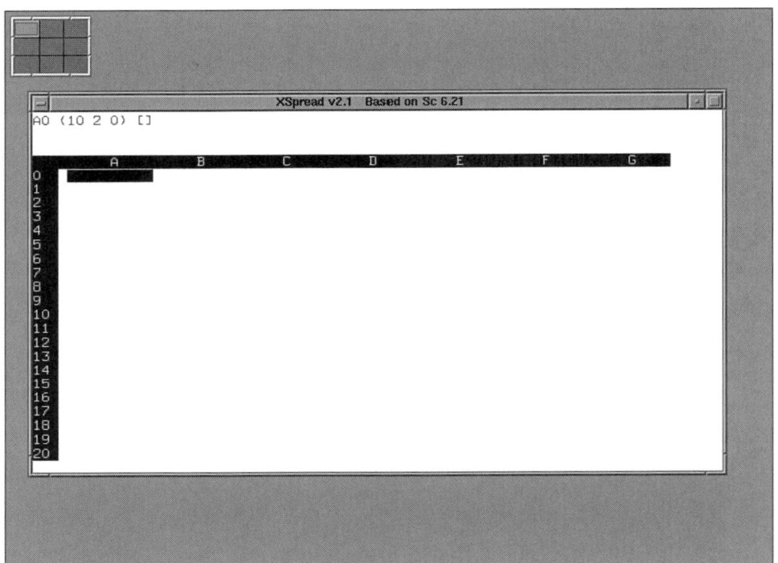

`xspread` offre de nombreuses caractéristiques standards pour un tableau :

- saisie et édition de cellules ;
- taille de la feuille de calcul : 702 colonnes avec un nombre de rangées illimité ;
- lecture et écriture de fichiers ;
- chiffrement de fichiers ;
- références absolues et relatives pour les cellules ;
- données numériques et textuelles dans les cellules ;
- justification à gauche ou à droite pour le texte ;
- insertion et suppression de rangées et de colonnes ;
- dissimulation et apparition des rangées et des colonnes ;
- intervalles nommés ;

- recalcul manuel ou automatique ;
- opérateurs numériques (+, -, *, /, ^, %) ;
- opérateurs relationnels (<, <=, >, >=, =, !=) ;
- opérateurs logiques (&, |, ~) ;
- références de fonctions ;
- graphiques (XY, barre, pile, camembert, courbes) ;
- opérations sur les matrices (transposer, multiplier, additionner, soustraire, inverser) ;
- positionnement du curseur avec la souris ;
- sélection des éléments de menu avec la souris ;
- références aux programmes extérieurs, qui sont appelés *fonctions externes*.

La structure et le fonctionnement du tableur sont semblables, mais pas identiques à ceux des tableurs comme Lotus 1-2-3 et ses clones. L'espace de travail est organisé en rangées et colonnes de cellules. Chaque cellule contient un nombre, un label ou une formule qui résulte en un nombre ou un label.

Vous pouvez démarrer le programme en spécifiant ou non un fichier, qui doit être enregistré en tant que feuille de calcul. Si un fichier est spécifié dans la ligne de commande, `xspread` essaye de le localiser et de le lire. S'il y parvient, `xspread` commence dans l'espace de travail avec le contenu du fichier. S'il n'y parvient pas ou si aucun fichier n'est spécifié dans la ligne de commande, `xspread` démarre avec un espace de travail vide.

Pour obtenir un guide d'initiation au programme, exécutez l'un des fichiers de démonstration : `demo`, `demo math`, ou `demo matrix`, et examinez le fichier Sample Run dans le répertoire doc.

• Seyon

Seyon, comme vous pouvez le voir Figure 22.9, est un progiciel de télécommunication complet pour le système X Window. Voici quelques-unes de ses caractéristiques :

- Un répertoire de numérotation.
- Une émulation de terminal.
- Scripts.
- Plusieurs protocoles de téléchargement, dont Zmodem.
- Divers modes de traduction.

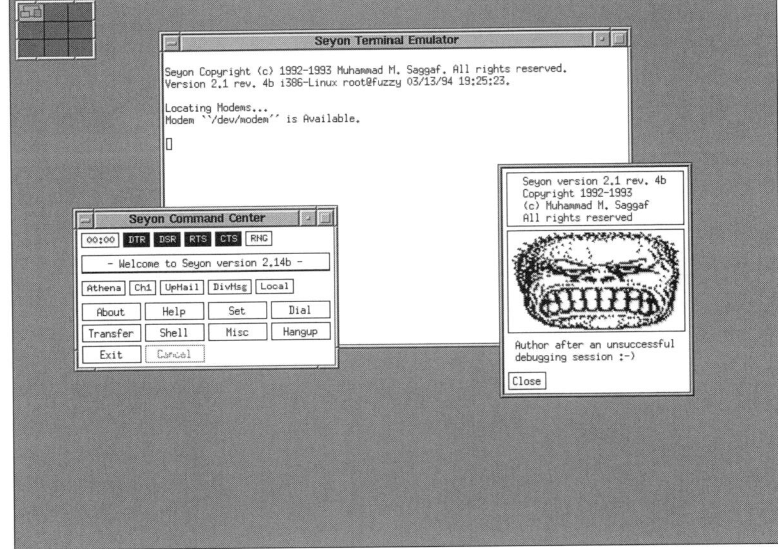

Figure 22.9
Même si l'accès à Internet est important, de nombreux utilisateurs accèdent encore aux BBS via un modem.

Répertoire de numérotation

Le répertoire de numérotation autorise un nombre illimité d'entrées. Il est entièrement piloté par la souris et contient des fonctions de suivi d'appel, de temporisation de numérotation, de renumérotation automatique, de numérotation de plusieurs numéros et de file de renumérotation circulaire. Chaque entrée du répertoire peut être configurée individuellement : vitesse de transmission, masque de bits et script. Le répertoire de numérotation utilise un carnet d'adresses en mode texte qui peut être édité depuis Seyon. Seyon gère également la numérotation manuelle.

Emulation de terminal

L'émulation de terminal supporte DEC vt102, Tektronix 4014 et ANSI. Seyon délègue la sienne à `xterm`, de telle sorte que les fonctions de `xterm`, par exemple, le tampon de défilement, l'utilitaire couper-coller et les alarmes visuelles, sont également disponibles sur la fenêtre de l'émulation de terminal de Seyon.

Utiliser `xterm` permet aussi de doter Seyon d'une émulation vt102 plus complète que tout autre programme de télécommunication UNIX ou DOS. D'autres programmes d'émulation de terminal peuvent être utilisés avec Seyon pour répondre aux besoins de l'utilisateur ; par exemple, la version couleur de `xterm` peut être employée pour obtenir une émulation ANSI en couleur (très répandue sur de nombreux systèmes BSS), et `xvt` si la mémoire est quelque peu limitée.

Scripts

Les scripts permettent d'automatiser les tâches fastidieuses, par exemple, la connexion avec un hôte distant. L'interpréteur de scripts de Seyon utilise des fichiers texte et a une syntaxe semblable à celle de `sh`, avec quelques options supplémentaires. Il accepte de nombreuses instructions, comme le branchement par `if...else` et l'itération par `goto`. Les scripts peuvent être affectés à des entrées du répertoire de numérotation en vue d'une exécution automatique lorsque la connexion est effectuée.

Transferts de fichiers

Seyon supporte un nombre illimité de slots pour les protocoles externes de transfert de fichiers. Les protocoles sont activés par une console de transfert pilotée par souris et utilisant un fichier texte, modifiable depuis Seyon, pour la configuration du protocole. Seyon ne demande le nom des fichiers à l'utilisateur que si le protocole choisi le nécessite ou si l'opération de transfert est un téléchargement, pour lequel Seyon accepte aussi les caractères génériques. Plusieurs répertoires de téléchargement peuvent être spécifiés pour les différents slots de transfert.

Seyon détecte les signatures Zmodem en entrée et active automatiquement un protocole Zmodem spécifique à l'utilisateur pour recevoir les fichiers d'entrée. Les transferts Zmodem sont ainsi complètement automatiques et ne requièrent aucune intervention de la part de l'utilisateur.

Modes de traduction

Seyon peut traduire les entrées faites par l'utilisateur, comme <Ret. arr.> en <Effacer>, un caractère saut de ligne en caractère retour chariot, et traduire les métatouches, c'est-à-dire remplacer par exemple <Esc> par <Alt>. Ce dernier mode simule la métatouche sur les hôtes qui ne gèrent pas les connexions 8 bits, et rend possible son utilisation dans les programmes comme `emacs`.

Autres caractéristiques de Seyon

Seyon permet de définir de manière interactive les paramètres des programmes, l'aide en ligne, le contrôle de flux par logiciel (XONN/XOFF) ou par matériel (RTS/CTS), ainsi que de capturer une session dans un fichier et d'exécuter temporairement un interpréteur de commandes local dans la fenêtre de l'émulation de terminal.

Seyon a été conçu pour être simple et configurable. Presque toutes ses caractéristiques peuvent être configurées pour répondre aux goûts de l'utilisateur.

• xgrab

xgrab est une interface pour `xgrabsc`, programme de capture d'images X Window. Il a été créé par Bruce Schuchardt (`bruce@slc.com`) et de nombreuses autres personnes qui conservent un vague copyright sur le programme. xgrab permet de capturer des images rectangulaires arbitraires sur un serveur X et de les transférer dans plusieurs formats vers des fichiers ou des commandes (par exemple lpr).

Lisez la page man de xgrabsc pour obtenir une description des options de xgrab. Après avoir sélectionné celles qui vous intéressent parmi les catégories présentées, cliquez sur OK afin que xgrab exécute xgrabsc et vous permette de capturer une image sur l'écran. Après avoir cliqué sur OK, la fenêtre de xgrab disparaît et xgabsc contrôle l'opération jusqu'à ce qu'elle soit terminée. Cette fenêtre réapparaît ensuite.

xgrab répond aux options d'application standards, par exemple -display. Reportez-vous à la page man de X Window pour obtenir une liste complète. Vous pouvez également remplacer les paramètres par défaut de xgrab dans votre fichier .Xdefaults. Reportez-vous à la section "Exemples" pour plus de détails.

Ressources

Le fichier XGrab.ad, contient une description des ressources de tous les composants utilisés dans la fenêtre xgrab. Ces composants (*widgets*) sont les spécifications de ressources pour les éléments tels que les boutons et les menus. Les ressources globales, par exemple, la police et la couleur par défaut, se trouvent à la fin du fichier.

Exemples

L'option de sortie ToCommand peut être utilisée pour transmettre la sortie du xgrabsc vers des programmes. Les commandes les plus répandues sont lpr pour PostScript et xwud pour X Window Dump. Les programmes qui n'acceptent pas les pipelines ne doivent pas être utilisés avec ToCommand.

Vous pouvez aussi vous amuser à transmettre la sortie à plusieurs commandes, par exemple, tee screen.dmp/xwud *afin de stocker l'image saisie et d'obtenir un aperçu de la fenêtre.*

Les paramètres par défaut de xgrab peuvent être définis dans votre fichier .Xdefaults. Pour la version xgrab de la boîte à outils Athena, les boutons à bascule peuvent être activés ou désactivés par l'intermédiaire de leur attribut .state, et les chaînes de zones de texte définies au moyen de leur attribut *string. Pour la version Motif, qui a des boutons en forme de losange à la place des boutons radio, ceux à bascule peuvent être activés ou désactivés grâce à leur attribut .set, et les chaînes de zones de texte, définies avec leur attribut *value.

Par exemple, afin de définir la taille du papier par défaut pour les sorties PostScript, inscrivez les lignes suivantes dans .Xdefaults (utilisez xrdb pour les charger dans le serveur) :

```
XGrab*.pageWidthText*string: 8.5
XGrab*.pageHeightText*string: 11.0
```

ou

```
XGrab*.pageWidthText*value: 8.5
XGrab*.pageHeightText*value: 10.0
```

Pour définir le type de sortie par défaut dans XWD, inscrivez ces lignes dans .Xdefaults :

```
XGrab*.ps.state: 0
XGrab*.xwd.state: 1
```

• xlock

Patrick J. Naughton (naughton@eng.sun.com) a écrit xlock et l'a distribué dans le monde entier. Ce programme verrouille l'affichage de X Window jusqu'à ce que l'utilisateur saisisse son mot de passe. Lorsque xlock est actif, toutes les connexions à de nouveaux serveurs sont refusées. L'économiseur d'écran est désactivé. Le curseur de la souris est éteint. L'écran est effacé et remplacé par un motif changeant. Si vous appuyez sur une touche ou un bouton de la souris, le programme demande le mot de passe de l'utilisateur qui a lancé xlock.

Si le mot de passe correct est saisi, l'écran est déverrouillé et le serveur X est restauré. Lorsque vous l'entrez, la commande <Ctrl-Maj-u> sert à supprimer, et la commande <Ctrl-Maj-h> à effacer. Pour revenir à l'écran verrouillé, cliquez sur la petite icône du motif changeant.

S'amuser un peu avec DOOM

Il faut toujours garder le meilleur pour la fin. Pourquoi exécuter XFree86 sous Linux ? Parce qu'ID Software, Inc. a adapté une version de DOOM qui est un jeu d'aventures passionnant, devenu très populaire. Naviguant dans des images en 3 D très réalistes, vous êtes un soldat de l'espace pénétrant dans une colonie épouvantable et terrifiante, située sur l'une des lunes de Mars. Vous devez rechercher vos compagnons égarés dans des laboratoires et divers autres lieux. Mais vous ne rencontrez que des monstres et d'autres soldats de l'espace ligués contre vous.

La version X Window fournie avec le CD-ROM Slackware qui se trouve dans le répertoire contrib, est un shareware. La version Red Hat l'installe automatiquement lors de l'installation du système. Bien que celle-ci tourne sur les ordinateurs 386, elle a été conçue pour les 486. Si vous exécutez DOOM sur le premier et qu'il dispose de peu de RAM, vous serez déçu. Le jeu sera trop lent pour être divertissant. Vous avez besoin de plus de puissance pour jouer avec DOOM sous Linux.

• Installation de DOOM

DOOM est installé par défaut avec la distribution Red Hat et peut être lancé en sélectionnant xdoom dans le menu Games du menu /Start.

Dans la version Slackware, DOOM est stocké dans une série de fichiers archives au sein du répertoire ///slackware/y2. Si vous avez sélectionné le module de jeux lors de l'installation de Linux, DOOM devrait déjà être installé. Sinon, utilisez le programme `pkgtool` pour l'installer ou également procéder de la façon suivante :

1. Copiez les fichiers du répertoire ///slackware/y2 sur votre disque dur.
2. Remplacez le répertoire par le répertoire de base que vous désirez utiliser. Les archives extraient les fichiers vers le répertoire `/usr/games/doom`, aussi pouvez-vous copier tous ceux du répertoire doom du CD-ROM Slackware vers /usr, au moyen des commandes suivantes :

```
cd/usr
cp/cdrom/contrib/linuxdoom/* .
```

3. Décompactez chaque fichier du répertoire avec :

```
gzip -d nomfichier
```

où *`nomfichier`* correspond au nom de chacun de ces fichiers. Cette commande en crée deux tar.

4. Désarchivez chaque fichier avec la commande `tar` afin de créer les répertoires et fichiers nécessaires.

```
tar -xfv fichier-archive
```

Voir
Chapitre 11.

• Lancement de DOOM

Avant de jouer avec DOOM, vous devez démarrer X Window. Pour cela, entrez `startx`. Lorsque X Window est lancé, vous pouvez soit lancer une session `xterm`, soit utiliser la séquence <Ctrl-Alt-F*x*> afin d'accéder à l'un des terminaux virtuels en mode caractère. Entrez `linuxx-doom`. Si la commande ne fonctionne pas, cela signifie que Linux n'a pas trouvé le programme DOOM, c'est-à-dire que ce dernier ne se trouve pas dans le chemin. Si tel est le cas, remplacez le répertoire actif par celui dans lequel vous avez installé le jeu, puis entrez de nouveau la commande DOOM.

Si vous avez lancé DOOM d'un terminal virtuel, vous devez revenir à la session X Window en appuyant sur <Ctrl-Alt-F7>. Si vous l'avez lancé à partir d'une session `xterm`, vous devriez voir apparaître l'écran d'introduction de DOOM au bout de quelques secondes.

Tandis que DOOM se charge, une série de messages apparaissent. L'un d'eux peut indiquer que DOOM et Linux n'arrivent pas à démarrer le système son ; vous devrez alors jouer sans ce dernier. Le son n'est pas encore complètement géré dans cette version. Telle est la réalité pour les systèmes évolutifs tels que Linux. Pour savoir comment jouer avec DOOM, lisez le fichier README.Linux.

Les serveurs X Window (souvenez-vous que le serveur s'exécute sur le système local) sont disponibles pour la plupart des systèmes non UNIX. L'un des meilleurs serveurs X est l'application MI/X de MicroImages, disponible pour les systèmes d'exploitation Windows et Macintosh. Pour obtenir d'autres informations et un serveur X gratuit, rendez-vous à l'adresse **http://www.microimages.com/**.

Informations complémentaires

Il existe sur le Net de nombreux programmes pour Linux. X Window permet aussi d'en exécuter simultanément plusieurs, plus facilement qu'au moyen de terminaux virtuels en mode caractère. Consultez les forums **comp.windows.x.apps** et **comp.windows.x.intrinsics** ; ils proposent diverses informations générales sur X Window. Reportez-vous également aux chapitres suivants :

- Le Chapitre 3 explique comment installer la distribution Red Hat de Linux, ce qui comprend l'installation de X sous Red Hat.
- Le Chapitre 21 montre comment installer XFree86, la version de X Window pour Linux.
- Pour savoir comment accéder à Internet avec Linux, consultez le Chapitre 30.
- Pour surfer sur le Web, reportez-vous au Chapitre 31.

ADMINISTRATION RÉSEAU

23 Les protocoles TCP/IP

TCP/IP (*Transmission Control Protocol/Internet Protocol*) est un jeu de protocoles largement répandus ; c'est de lui que dépendent les communications sur les réseaux tels que l'Internet, et c'est sans doute de lui que dépendront les futures autoroutes de l'information.

TCP/IP, qui fut à l'origine un projet subventionné par le gouvernement américain, est souvent utilisé aujourd'hui pour connecter des réseaux de toutes tailles. Il est très apprécié, car il permet de communiquer entre des machines différentes, et on le trouve sur la quasi-totalité des stations de travail, des mini-ordinateurs et des grands systèmes. Ce chapitre décrit les origines et le langage de TCP/IP, ses conventions d'adressage et de dénomination, et les concepts essentiels à la création de l'Internet.

Dans ce chapitre, vous découvrirez :

- comment TCP/IP est passé d'un projet de la Défense américaine à l'ensemble de protocoles préféré pour les connexions Internet ;
- les termes TCP/IP et Internet de base ;
- les composantes des protocoles TCP/IP et les ressemblances et différences entre ces protocoles et l'autre grand modèle d'architecture de réseaux, l'OSI (*Open Systems Interconnexion,* Interconnexion des systèmes ouverts) ;
- comment assigner et employer les adresses utilisées par TCP/IP pour identifier les systèmes sur l'Internet ;
- comment diviser les réseaux logiques en réseaux physiques moins importants ;
- comment router des informations d'un réseau TCP/IP vers un autre ;
- comment assembler les composantes d'un réseau (systèmes, routeurs et autres périphériques) afin de créer un réseau TCP/IP pouvant être connecté à l'Internet.

Historique de TCP/IP

A la fin des années 1960, les responsables du Département Américain de la Défense (DOD) rencontrèrent un problème de communication électronique de plus en plus important. La communication d'un volume croissant d'informations électroniques entre le personnel, les laboratoires de recherche, les universités et les fournisseurs se heurtait à un obstacle majeur : les

différentes entités possédaient des systèmes informatiques provenant de plusieurs fabricants, utilisant des systèmes d'exploitation différents, et une grande variété de topologies et de protocoles de réseau. Comment échanger ces informations ?

L'*Advanced Research Projects Agency* (ARPA) se pencha sur le problème de la gestion des différents topologies et matériels de réseaux. L'ARPA collabora avec les universités et les fabricants informatiques afin de mettre au point des normes de communication. Un réseau à base de quatre nœuds fut défini et mis en place ; c'est l'origine de l'actuel Internet. Dans les années 70, ce réseau a été orienté vers une nouvelle conception de protocoles-noyaux, qui est devenue le point de départ de TCP/IP.

Pour parler de TCP/IP, il faut présenter brièvement l'Internet. L'Internet est un vaste réseau de réseaux qui permet aux ordinateurs de communiquer à travers le monde. Il grossit à une vitesse phénoménale. Toute estimation du nombre d'utilisateurs de l'Internet serait dépassée au moment même de sa publication. Les nœuds comprennent des universités, des sociétés, des laboratoires de recherche, aux Etats-Unis et ailleurs. L'explosion du World Wide Web de ces dernières années a entraîné l'extension de l'Internet. L'Internet est le support du Web, un réservoir proposant des millions de programmes shareware, des informations sur n'importe quel sujet, des lieux de débat et d'échange d'informations, et le courrier électronique. On peut aussi se connecter à distance sur tout système informatique du réseau à l'aide du protocole Telnet. Etant donné le grand nombre de systèmes connectés, on peut partager d'énormes ressources informatiques, ce qui permet de lancer des programmes volumineux sur des systèmes distants. Les projets de traitement largement diffusés, comme la description en 1997 du Standard de cryptage des données (*Data Encryption Standard*), ne sont possibles que grâce au principe "tout est connecté à tout" de l'Internet.

Terminologie de l'Internet

La suite de protocoles Internet est composé de nombreux protocoles associés, fondés sur les conventions établies par TCP et IP. Afin d'éclaircir les relations entre ces composantes, le Tableau 23.1 fournit quelques définitions et références.

Le modèle OSI (Open Systems Interconnection)

De nombreux types d'ordinateurs sont aujourd'hui utilisés, qui diffèrent sur plusieurs points : systèmes d'exploitation, UC, interfaces réseaux, etc. Ces différences rendent plus compliquée encore la communication entre systèmes informatiques. En 1977, l'ISO (l'organisation internationale de normalisation) a créé une sous-commission chargée de mettre au point les normes de communication de données, et de promouvoir l'interopérabilité des produits venant des nombreux fournisseurs.

Tableau 23.1 : Termes relatifs aux réseaux

Terme	Définition
Datagramme	Interchangeable avec *paquet de données* ou *message de réseau,* ce terme désigne l'unité d'information échangée.
DNS	*Domain Name Service.* Service fourni par un ou plusieurs ordinateurs d'un réseau, qui permet de trouver un chemin vers le nœud souhaité. Il permet d'éviter que chaque système d'un réseau garde en mémoire une liste de tous les systèmes avec lesquels il désire communiquer. DNS est notamment utilisé par les *passerelles* de courrier électronique.
GOSIP	*Government Open System Interconnexion Protocol.* Ensemble de protocoles OSI utilisé dans les projets et réseaux du gouvernement américain.
Internet	Réseau informatique fondé sur TCP/IP et d'autres protocoles associés. L'Internet est un réseau public qui relie entreprises, universités, services du gouvernement et centres de recherche.
FTAM	*File Transfer, Access and Management.* Comme le précise l'OSI, c'est un protocole de transfert et de gestion de fichiers.
FTP	*File Transfer Protocol.* Permet le transfert de fichiers entre systèmes.
IP	*Internet Protocol.* Protocole qui s'occupe du transport de datagrammes sur l'Internet.
NFS	*Network File System.* Système de disque virtuel de réseau qui permet à un ordinateur client de monter des systèmes de fichier et répertoires distants. A l'origine, NFS a été développé par Sun Microsystems.
NIC	*Network Information Center.* S'occupe de l'administration Internet, des adresses TCP/IP et des noms du réseau.
Nœud	Ordinateur sur un réseau.
OSI	*Open System Interconnexion.* Modèle normalisé ISO qui définit la communication de données.
RFC	*Request for Comments.* Documentation gérée par NIC concernant les protocoles Internet, l'adressage, le routage, la configuration et autres sujets liés à l'Internet.
RIP	*Routing Information Protocol.* Utilisé pour l'échange d'informations entre routeurs.
RMON	*Remote MONitor.* Un moniteur de réseau distant qui permet la collecte d'informations concernant le trafic sur le réseau.
RPC	*Remote Procedure Call.* Permet d'exécuter des procédures sur un serveur.
SMTP	*Simple Mail Transfer Protocol.* Utilisé pour le transfert de courrier électronique entre systèmes.
SNMP	*Simple Network Management Protocol.* Utilisé pour gérer des périphériques réseau distants et pour collecter des informations venant de périphériques distants, relatives à la configuration, aux erreurs et aux alarmes.

Terme	Définition
TCP	*Transmission Control Protocol*. Protocole entre deux applications, qui assure la transmission fiable et orientée-connexion des données.
Telnet	Protocole utilisé pour établir des connexions de terminaux à distance.
UDP	*User Datagram Protocol*. Protocole sans connexion utilisé pour le transfert de données entre agents.
VT	*Virtual Terminal*. Méthode qui utilise Telnet pour se connecter sur des systèmes distants à travers le réseau.

Le modèle OSI est le fruit de ces recherches.

Le modèle OSI ne spécifie pas de protocole, ni de norme de communication, mais il propose des lignes directrices que les tâches de communication appliquent.

INFO

Il est important de comprendre que le modèle OSI n'est qu'un modèle (ou cadre) qui spécifie les fonctions à effectuer. Il ne détaille pas la façon dont ces fonctions doivent s'effectuer. Cependant, l'ISO certifie certains protocoles qui sont conformes aux normes ISO pour certaines parties du modèle OSI. Le protocole CCITT X.25, par exemple, est accepté par l'ISO comme l'implémentation fournissant la plupart des services de la couche Réseau du modèle OSI.

Afin de simplifier ces opérations, la sous-commission de l'ISO a choisi de diviser le processus complexe de la communication en sous-tâches plus petites. Ainsi, les problèmes sont plus faciles à gérer, et chaque sous-tâche peut être optimisée séparément. Le modèle OSI est divisé en sept couches :

- application ;
- présentation ;
- session ;
- transport ;
- réseau ;
- liaison ;
- physique.

Un jeu de fonctions spécifiques est attribué à chaque couche. Chaque couche utilise les services de la couche juste au-dessous et fournit des services à la couche directement au-dessus. La couche Réseau utilise ainsi les services de la couche Liaison et fournit des services à la couche Transport. Le Tableau 23.2 expose les services offerts par chaque couche.

INFO

Le concept d'une couche qui utilise des services et en fournit d'autres aux couches contiguës est simple. Prenons par exemple le fonctionnement d'une entreprise : la secrétaire fournit ses services au directeur (la couche directement au-dessus), en rédigeant un rapport. Ensuite elle utilise les services d'un coursier (la couche directement au-dessous) pour livrer le message. En séparant ces services, la secrétaire (l'application) n'est pas obligée de savoir comment le message est envoyé au destinataire. Il lui suffit de demander au coursier (le réseau) de le livrer. De nombreuses secrétaires envoient ainsi des messages à l'aide d'un service de coursiers ordinaire, tout comme un réseau à couches peut transporter des paquets, en les passant à la couche Réseau pour la livraison.

Tableau 23.2 : Services fournis par chaque couche OSI

Couche	Description
Physique (1)	Cette couche établit la connexion physique entre un système et le réseau. Elle spécifie le type de connecteur, le brochage, les niveaux de tension, etc.
Liaison (2)	Cette couche "fait" et "défait" les paquets de données à transmettre. Elle organise ces informations en trames. La trame désigne la structure exacte des données transmises physiquement par le fil ou par d'autres moyens
Réseau (3)	Assure le routage des données sur le réseau
Transport (4)	Détermine la séquence des données à transmettre et confirme cette transmission
Session (5)	Etablit et ferme les voies de communication
Présentation (6)	Convertit les données et vérifie que l'échange de données s'effectue sous un format universel
Application (7)	Fournit une interface entre l'application et l'utilisateur. La couche 7 constitue une passerelle entre les applications utilisateur et la procédure de communication en réseau

ATTENTION

Il ne faut pas confondre la couche Application et les programmes applicatifs que vous exécutez sur l'ordinateur. Souvenez-vous que la couche Application fait partie du modèle OSI qui ne spécifie pas les modalités d'interface entre un utilisateur et le chemin de communication. Un programme applicatif est une implémentation spécifique à cette interface. Une vraie application effectue les services des couches Application, Session et Présentation, tout en laissant les services des couches Transport, Réseau, Liaison et Physique au système d'exploitation réseau.

Chaque couche communique avec la couche correspondante des autres ordinateurs. Par exemple, la couche 3 d'un système communique avec la couche 3 d'un autre système.

Lors du passage d'informations d'une couche vers celle d'en dessous, un en-tête est ajouté aux données pour préciser la provenance et la destination des informations. Le bloc en-tête-données constitue les données transmises à la couche suivante. Par exemple, quand la couche 4 transmet les données à la couche 3, elle ajoute son propre en-tête. Quand la couche 3 transmet les données à la couche 2, elle traite l'en-tête et les données de la couche 4 comme données et ajoute son propre en-tête avant de transmettre cette combinaison à la couche suivante.

Dans chaque couche, les unités d'informations ont un nom (voir Tableau 23.3). Ainsi, en connaissant les termes qui désignent les données, vous savez de quelle couche du modèle il s'agit.

Tableau 23.3 : Termes utilisés par les couches OSI pour désigner les unités d'informations

Couche OSI	Nom de l'unité d'informations
Application	Message
Transport	Segment
Réseau	Datagramme
Liaison	Trame (ou Paquet)
Physique	Bit

Avant le modèle OSI, la Défense américaine avait défini son propre modèle de réseau, connu sous le nom de DOD. Le modèle DOD est très proche de l'ensemble de protocoles TCP/IP, comme l'explique la section suivante.

La pile du protocole TCP/IP

La pile du protocole TCP/IP représente une architecture de réseau proche du modèle OSI de l'ISO. La Figure 23.1 montre la position des couches TCP/IP par rapport à celles de la pile du protocole ISO.

TCP/IP ne distingue pas les couches supérieures de la pile du protocole avec la même précision que le modèle OSI. Les trois premières couches OSI sont à peu près équivalentes aux protocoles de procédures Internet. Telnet, FTP, SMTP, NFS, SNMP et DNS sont des exemples de protocoles.

La couche Transport du modèle OSI assure la transmission fiable des données. Dans la pile de protocole Internet, ce stade correspond aux protocoles Hôte-Hôte. TCP et UDP en sont des exemples. TCP sert à traduire des messages à longueur variable venant de couches supérieures, et il s'occupe de la confirmation et du réglage de flux nécessaires entre des systèmes distants.

UDP ressemble à TCP, mais n'est pas orienté-connexion et ne confirme pas la réception de données. UDP ne fait que recevoir les messages et les transmettre aux couches supérieures. Comme UDP ne possède pas les fonctions de service de TCP, c'est une interface plus efficace pour les actions telles que les services de disques distants.

Figure 23.1
Comparaison d'OSI et TCP/IP.

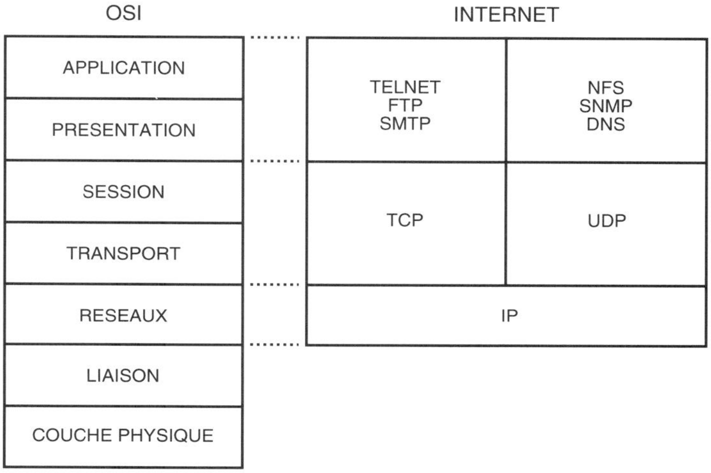

OSI	INTERNET	
APPLICATION	TELNET FTP SMTP	NFS SNMP DNS
PRESENTATION		
SESSION	TCP	UDP
TRANSPORT		
RESEAUX	IP	
LIAISON		
COUCHE PHYSIQUE		

L'IP (*Internet Protocol*) assure les communications sans connexion entre les systèmes. Il s'intègre au modèle OSI comme partie de la couche Réseau. La couche Réseau du modèle OSI assure le transport des informations dans tout le réseau. Ce transport s'effectue après examen de l'adresse de la couche Réseau. Cette adresse détermine les systèmes et le chemin avant d'envoyer le message.

IP fournit la même fonctionnalité que la couche Réseau et permet de transporter le message entre les systèmes, mais il n'en garantit pas la réception. Il peut arriver que IP divise les messages en "fragments" et les reconstitue à l'arrivée. Chaque fragment risque d'emprunter un chemin différent selon les systèmes. Si les fragments n'arrivent pas dans le bon ordre, IP rassemble les paquets à l'arrivée en rétablissant le bon ordre.

Adresses IP

L'*Internet Protocol* nécessite l'attribution d'une adresse à chaque périphérique sur le réseau. Cette adresse s'appelle *adresse IP* et se compose de quatre octets. Ces octets constituent chacun une adresse unique, dont une partie désigne un réseau (avec désignation facultative d'un sous-réseau), et une autre partie représente un nœud particulier du réseau.

Plusieurs adresses ont un sens particulier sur l'Internet :

- Une adresse qui commence par un zéro désigne le nœud local à l'intérieur du réseau courant. Par exemple, 0.0.0.23 désigne la station de travail 23 sur le réseau courant. L'adresse 0.0.0.0 désigne la station de travail courante.

- L'adresse de boucle locale, 127, est importante pour l'identification des pannes et les diagnostics de réseaux. L'adresse de réseau 127.0.0.0 correspond à la boucle locale à l'intérieur d'une station de travail.
- L'adresse ALL est désignée en activant tous les bits afin d'obtenir une valeur de 255. Ainsi, 192.18.255.255 envoie un message à tous les nœuds du réseau 192.18. De la même façon, 255.255.255.255 envoie un message à tous les nœuds sur l'Internet. Ces adresses sont importantes pour l'envoi de messages à plusieurs endroits et pour les annonces de service.

ATTENTION *Veillez à ne pas utiliser les numéros 0, 127 et 255 en affectant des numéros de nœud à vos stations de travail. Ces numéros sont réservés et ont un sens particulier.*

• Les classes d'adresses IP

Les adresses IP sont désignées par gammes, appelées *classes*, selon les applications et la taille d'un organisme ou d'une société. Les classes les plus courantes sont A, B et C. Ces trois classes représentent le nombre de bits que l'on peut attribuer localement pour un réseau local. Le Tableau 23.4 montre les relations entre les différentes classes d'adresses, le nombre de bits disponibles et les valeurs d'adresses initiales.

Tableau 23.4 : Classes d'adresses IP

Classe	Nœuds disponibles	Bits initiaux	Adresse de départ
A	2^{24} = 167 772	0xxx	0-127
B	2^{16} = 65 536	10xx	128-191
C	2^{8} = 256	110x	192-223
D		1110	224-239
E		1111	240-255

Les adresses de la classe A sont utilisées pour de grands réseaux ou des groupes de réseaux associés. Les adresses de classe B sont utilisées pour les réseaux contenant plus de 256 nœuds (mais moins de 65 536 nœuds). La plupart des structures utilisent les adresses de classe C. Un organisme ou une société a intérêt à obtenir plusieurs adresses de classe C puisque le nombre d'adresses de classe B est limité. La classe D est réservée aux messages à diffusion multiple et la classe E aux expériences et au développement.

Obtenir des adresses IP

L'organisme *Network Information Center* (NIC) gère actuellement les adresses Internet. On pourra trouver à l'adresse **http://www.internic.net** un formulaire en ligne de demande de nom de domaine, ainsi que toute autre information complémentaire.

Dans la plupart des cas, votre prestataire Internet pourra s'occuper de l'enregistrement de vos adresses IP.

Obtenir des RFC

Outre l'attribution d'adresses, le NIC fournit d'autres renseignements pratiques. Il contient toute la documentation technique relative à l'Internet. Il possède une collection de documents qui décrivent tous les protocoles associés, les méthodologies de routage, les lignes directrices sur la gestion de réseaux, et des méthodes pour utiliser différentes technologies de réseaux.

RFC signifie *Request For Comments* (*demande de commentaires*). On peut obtenir des RFC depuis l'Internet en utilisant le protocole FTP pour se connecter à divers sites, par exemple **ftp.internic.net**, dans le répertoire /rfc, et également par Telnet à l'adresse **rs.internic.net**.

Le Tableau 23.5 fournit une liste des RFC appropriées à la mise en place d'un réseau. Plusieurs de ces documents décrivent en détail le fonctionnement de différents protocoles, des spécifications et de la théorie sous-jacentes. D'autres documents plus généraux, apportent des renseignements très utiles à aux administrateur de réseau. Un administrateur doit au moins savoir où se trouvent ces documents et comment les consulter. Ils fournissent des renseignements qui peuvent vous aider dans la planification et la croissance du réseau d'une organisation.

Tableau 23.5 : Quelques RFC intéressantes

Nom	Description
RFC791.txt	Protocole Internet. Spécifications du protocole des programmes DARPA Internet
RFC792.txt	Protocole des messages de contrôle Internet
RFC793.txt	Transmission Control Protocol
RFC950.txt	Procédure standard de sous-réseaux Internet
RFC1058.txt	Protocole de routage d'informations
RFC1178.txt	Choisir un nom d'ordinateur
RFC1180.txt	A TCP/IP Tutorial (didacticiel TCP/IP)
RFC1208.txt	Glossaire des termes de réseaux
RFC1219.txt	Attribution de numéros de réseau
RFC1234.txt	Router le trafic IPX par des réseaux IP

• Dénomination d'un réseau

Lorsque vous nommez les nœuds d'un réseau, pensez à la gestion du réseau et à la réaction des usagers. Un peu de planification s'impose. De nombreuses entreprises ont des normes de dénomination. Si la vôtre applique de telles normes, nous vous conseillons de les suivre afin d'éviter toute confusion. Sinon, place à l'imagination. La dénomination d'ordinateurs et de réseaux peut tout simplement consister à donner les noms des utilisateurs aux stations de travail (Paul, Claire, Anne, Luc).

Si vous avez de nombreux ordinateurs identiques, une numérotation sera peut-être plus appropriée (par exemple, PC1, PC2, et PC128). La dénomination doit être faite de façon que chaque système possède un nom unique. Si vous appeler un ordinateur *ordinateurdanslebureauduchef*, attendez-vous à recevoir des plaintes des utilisateurs. Après tout, même l'administrateur aura à taper tous les noms d'ordinateur de temps à autre. Evitez des noms comme *oiiomfw932kk*. Ils empêchent certainement les intrus de se connecter sur votre ordinateur, mais risquent aussi de vous en empêcher.

Choisissez des noms explicites, respectant un thème. Ils facilitent la coordination d'une expansion future, et donnent aux utilisateurs l'impression d'être plus près des machines. Il est plus facile en effet d'entretenir de bonnes relations avec une machine qui s'appelle *toto* qu'avec une machine qui s'appelle *OF1284*.

Gardez à l'esprit les points suivants lors du choix d'un système de dénomination :

- Les noms doivent être simples et courts (entre 6 et 8 caractères au maximum). Même si le protocole Internet accepte des noms contenant jusqu'à 255 caractères, ils sont à éviter, car certains systèmes ne les acceptent pas. Chaque libellé peut comprendre jusqu'à 63 caractères. Chaque partie d'un nom de domaine complet (séparé par un point) pour un nœud s'appelle un libellé.
- Pensez à utiliser un thème (des étoiles, des fleurs, des couleurs), à moins que d'autres normes de dénomination ne s'appliquent.
- Le nom ne doit pas commencer par des chiffres.
- N'utilisez pas de nom dupliqué.
- Suivez une politique de dénomination cohérente.

Si vous respectez ces lignes directrices, votre méthodologie de dénomination sera correctement mise en place.

Les noms Internet sont représentatifs des organisations et des fonctionnalités des systèmes au sein du réseau. Voici des exemples de ce que vous pouvez utiliser :

```
richard.geniecivil.monentreprise.com
nic.ddn.mil
```

Voici des exemples de ce qu'il est difficile d'utiliser ou de se rappeler :

```
voicimastationdetravail.servicedubaratin.longnomdentreprise.com
n34556nx.-,m3422.monentreprise.com
```

Le dernier nom pourrait contenir des informations codées sur une station de travail dans la salle 345 sur le réseau 56, dotée de fonctions de réseaux exécutives, mais ce type de nom est d'habitude considéré comme mauvais puisqu'il prête à confusion et que les messages risquent d'être mal acheminés.

Les noms Internet permettent de référencer un utilisateur sur un nœud particulier :

```
Edouard@PC22.Programmation.monentreprise.com
```

Arborescence des noms NIC

Le NIC garde une arborescence des noms de réseaux. Cet arbre est utilisé pour regrouper des entreprises analogues sous des branches similaires (voir Figure 23.2). Les principales entreprises sont regroupées sous des branches similaires. C'est la source des libellés Internet comme **com**, **edu** et **gov** que l'on voit dans les noms Internet.

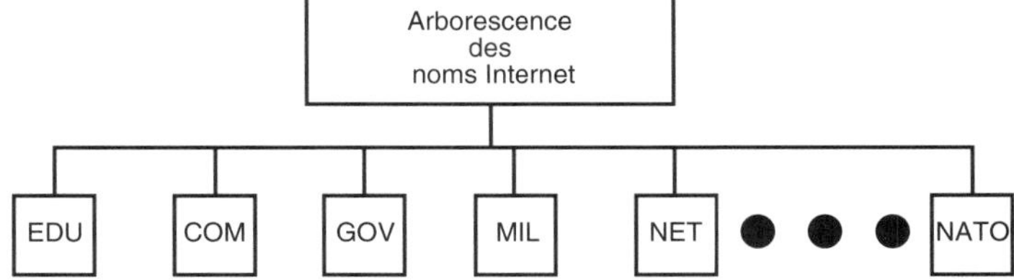

Figure 23.2
Arborescence des noms NIC.

Le Tableau 23.6 montre quelques-uns des noms de feuilles courants, et les définitions pour l'arbre NIC. L'arbre contient beaucoup d'autres feuilles, mais le tableau ne cite que les plus courantes.

Tableau 23.6 : Noms NIC courants

Nom	Type d'organisation
edu	Etablissements d'enseignement (universités, instituts supérieurs)
com	Commercial (la plupart des entreprises)
gov	Services non militaires du gouvernement américain (Maison Blanche, Ministère de l'Agriculture)
mil	Militaire (utilisateurs militaires et leurs fournisseurs)
net	Gestion et administration du réseau Internet
org	Autres types d'organisations

Sous-réseaux et masques de sous-réseaux

Lorsqu'on divise un grand réseau logique en réseaux physiques plus petits, on crée des *sous-réseaux*. Les raisons d'un tel découpage peuvent être variées : limitations électriques de la technologie de réseaux, contraintes de l'installation, critères de simplicité, réseau séparé par étage dans un bâtiment (ou par service, ou par application), besoin d'emplacements distants reliés par câble à grande vitesse.

Les réseaux résultant de cette division sont donc plus faciles à gérer. Ces sous-réseaux communiquent entre eux au moyen de passerelles et de routeurs. Il peut aussi arriver qu'une une entreprise possède plusieurs sous-réseaux, physiquement reliés au même réseau, ce qui permet de diviser les fonctions du réseau de façon logique, en groupes de travail.

Les sous-réseaux individuels constituent une partie de l'ensemble. Supposons qu'un réseau de classe B soit divisé en 64 sous-réseaux séparés. Afin d'effectuer cette division, l'adresse IP est scindée en deux parties : une partie réseau et une partie hôte (voir Figure 23.3). La première correspond à l'adresse attribuée et aux bits d'informations sous-réseau. Ces bits sont en effet enlevés de la partie hôte de l'adresse. Le nombre de bits attribués à un réseau de classe B est 16. La partie sous-réseau ajoute 6 bits supplémentaires (soit un total de 22 bits qui distinguent le sous-réseau). Cette division produit 64 réseaux dont chacun contient 1 024 nœuds. La partie réseau peut être agrandie ou réduite suivant le nombre de réseaux souhaité ou le nombre de nœuds par réseau.

Figure 23.3
Masque de sous-réseau de classe B.

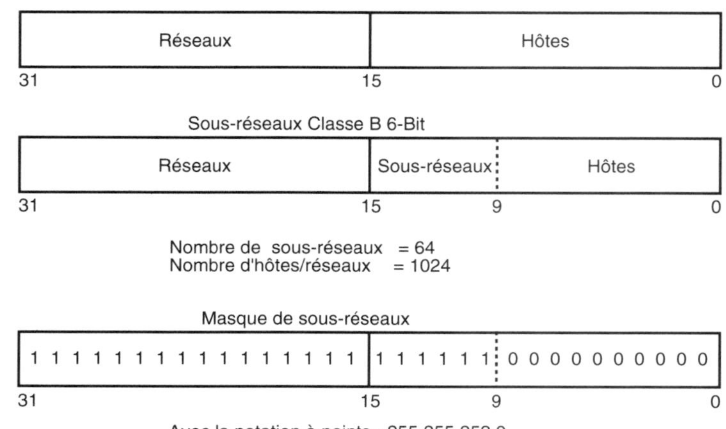

Pour fixer un masque de sous-réseau, il faut déterminer où s'arrête l'adresse du réseau et où commence l'adresse de l'hôte. Le masque de sous-réseau ne contient que des 1 dans le champ réseau, et que des 0 dans le champ hôte.

Supposons qu'un réseau de classe C soit composé comme suit :

```
N = Network (Réseau)
H = Host (Hôte)
NNNNNNNN.NNNNNNNN.NNNNNNNN.HHHHHHHH
```

Chaque case représente un seul bit parmi les 32 de l'adressage. Si l'on veut diviser ce réseau de classe C en quatre réseaux de classe C, la composition sera la suivante :

```
NNNNNNNN.NNNNNNNN.NNNNNNNN.NNHHHHHH
```

Le masque du sous-réseau est :

```
11111111.11111111.11111111.11000000
```

Si l'on écrit cette adresse en notation à points en base 10, le masque est 255.255.255.192. Il sert à communiquer entre les nœuds sur tous les sous-réseaux au sein de ce réseau.

Si l'on enlève trois bits du champ hôte, on peut créer huit réseaux ; le masque résultant est le suivant :

```
11111111.11111111.11111111.11100000
```

Le masque du sous-réseau est 255.255.255.224. Chacun des huit réseaux aura 29 nœuds puisque cinq adresses sont disponibles (ce nombre devrait être 32, mais une adresse avec huit 0, huit 1 ou la valeur 127 est interdite).

Ce concept est également valable pour les réseaux de classe B et A. La seule différence est que les champs restants sont Ø (zéro).

Considérons un réseau de classe B. L'espace d'adressage est réparti comme suit :

```
NNNNNNNN.NNNNNNNN.HHHHHHHH.HHHHHHHH
```

Si l'on enlève deux bits du champ hôte pour les ajouter à la partie réseau, le masque de sous-réseau suivant est utilisé :

```
11111111.11111111.11000000.00000000
```

Ce masque s'écrit 255.255.192.0.

Les bits nécessaires au masque de sous-réseau peuvent être enlevés de n'importe quelle position à l'intérieur du champ hôte. Cependant, cela entraîne des masques de sous-réseau complexes et des adresses interdites. Dans la mesure du possible, essayez d'éviter ces problèmes.

Routage

Le *routage* est une méthode permettant de transférer des informations entre réseaux. Un routeur fonctionne au niveau de la couche Réseau des protocoles réseau. Les données peuvent être routées de différentes façons. La méthode de routage implémentée sur le réseau Internet est RIP (*Routing Information Protocol*, Protocole de routage d'informations).

• Le protocole RIP

RIP a été conçu en vue d'une utilisation sur des réseaux de petite à moyenne taille. Il est fondé sur les protocoles de routage Xerox Network Systems (XNS). RIP désigne une route de messages à l'aide d'un algorithme de routage distances/vecteurs. Cet algorithme considère qu'un coût est attribué à chaque chemin. Ce coût peut être représentatif du trafic du réseau, du type de ligne ou de l'attrait du chemin. Ensuite, le protocole détermine le chemin au plus faible coût pour transmettre le message. (Plusieurs RFC donnent des informatins sur le routage.)

Fonctionnement du protocole de routage

Pour préserver une liste de sauts vers des nœuds contigus, un routeur RIP contient une table de routage soit dans le routeur, soit en mémoire. Cette table est mise à jour toutes les 30 secondes à partir des informations des routeurs voisins. Les informations servent à recalculer le chemin le moins cher entre les systèmes. Chaque routeur émet (ou "réclame") et reçoit des informations sur le routage.

La distance sur laquelle un message peut être routé est limitée dans le protocole de routage. Chaque routeur peut router un message qui a un coût inférieur à 16. Si le coût d'un message envoyé sur un fil dépasse 16, l'hôte est considéré comme non joignable. Les coûts constituent un moyen d'attribuer des valeurs à des chemins différents sur le réseau, et permettent d'assurer une route économique (parmi plusieurs) vers une destination quelconque.

En cas de rupture de réseau, les routeurs doivent réapprendre les chemins les moins chers. Cela prend du temps, et des messages risquent donc d'être envoyés à un coût supérieur pendant quelque temps. Quand un nœud s'arrête, tous les routeurs doivent réajuster leurs tables de routage en conséquence. Pendant ce temps, des messages peuvent se perdre à l'intérieur du réseau. Après un certain temps, les routeurs sont resynchronisés et le routage continue.

Les blocages de routeurs constituent aussi un problème. Dans le cas d'un blocage, les routeurs contigus à celui qui est bloqué mettent à jour leur contiguïté vers un routeur bloqué en 180 secondes. Si aucune information n'est reçue de ce routeur après ce laps de temps, ce chemin est enlevé de la base de données du routeur local.

RIP ne gère pas les distances de routage, mais uniquement les coûts. De ce fait, il se peut que RIP n'utilise pas le chemin physique le plus court entre deux points. Les protocoles ont été étudiés et modifiés afin de corriger cette défaillance. Un nouveau protocole, OSPF (*Open Shortest Path First*, ouverture du chemin le plus court en premier), est actuellement développé et testé :, qui commence à être accepté et utilisé.

• Segmentation des réseaux

Les réseaux Internet sont divisés en segments pour plusieurs raisons, liées aux technologies de réseaux sous-jacentes, ou aux positions géographiques notamment. Les meilleures raisons d'isoler les segments de réseaux sont fondées sur l'usage de ces réseaux. S'il y a beaucoup de trafic entre quelques nœuds, il vaut mieux les isoler. Cette isolation réduit l'usage et augmente les capacités de réponse du réseau pour les autres utilisateurs.

On peut aussi segmenter les réseaux pour changer de technologie de réseaux ou pour communiquer entre différentes technologies de réseaux. Il se peut, par exemple, qu'un ensemble de bureaux utilise un Token Ring alors que l'usine utilise Ethernet. Chacun a une fonction bien distincte. Il est possible que les bureaux aient besoin d'un Token Ring pour communiquer avec un AS/400. L'usine peut avoir besoin d'Ethernet pour permettre la communication entre les contrôleurs et les ordinateurs. Les informations peuvent ensuite être téléchargées vers le réseau du bureau pour le suivi des commandes. Les technologies sont d'habitude liées par des routeurs qui ne passent que les données qui doivent être transmises d'un réseau vers un autre. Ces informations peuvent alors être partagées entre les nœuds des réseaux respectifs.

L'utilisation excessive de routeurs peut alourdir un réseau, et ainsi réduire leurs avantages. Un routeur n'a pas d'intérêt si tous les nœuds d'un réseau doivent joindre tous ceux d'un autre, et vice versa. Dans ce cas, les avantages d'un routeur seraient réduits à cause du trafic de service des protocoles de routage. Un pont serait plus utile.

Un pont permet d'échanger toutes les informations entre deux réseaux. L'accès se fait au niveau de la couche Physique, ce qui évite la traduction des adresses et le trafic de routage. Un pont permet de transmettre toutes les informations (y compris les messages à diffuser sur le système). Si deux réseaux échangent rarement des informations, il vaut mieux choisir un routeur ; sinon, un pont est plus judicieux.

Mise en place de réseaux Internet

La conception et la configuration d'un réseau Internet ressemblent à celles de n'importe quel réseau informatique. L'Internet comprend de nombreux types de nœuds, y compris des stations de travail, des serveurs, des imprimantes, des mainframes, des routeurs, des ponts, des passerelles, des serveurs d'impression et des terminaux. Il exige que chaque périphérique possède une adresse IP unique. Un périphérique peut avoir plusieurs adresses selon ses fonctions, mais une adresse au minimum est nécessaire pour communiquer avec les autres périphériques.

• Les types de connexions

Un réseau TCP/IP peut être composé de plusieurs systèmes connectés à un réseau local, ou bien de centaines de systèmes connectés à des milliers de systèmes sur l'Internet. Chaque organisation est libre de créer le type de réseau qui lui convient.

Le schéma 23.4 montre un réseau simple, composé de plusieurs stations de travail et d'un serveur de fichiers. A chaque station a été attribuée l'adresse de réseau 194.62.23. Une adresse de nœud particulière a été attribuée à chaque périphérique. Ce réseau est typique de la plupart des services d'une entreprise ou même d'un petit bureau. Il y a encore de la place pour ajouter des imprimantes et des stations supplémentaires au réseau. La connexion sur d'autres réseaux locaux ou distants n'est pas prévue.

Figure 23.4
Un réseau simple.

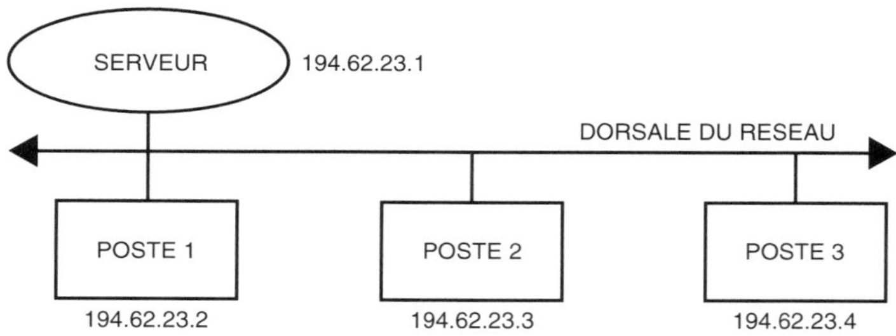

Le réseau du schéma 23.5 est plus complexe. Il comprend trois réseaux séparés, interconnectés à l'aide d'une combinaison de routeurs et de serveurs. Les ordinateurs et stations de chaque segment peuvent être privés ou non des informations venant des deux autres réseaux. Cela est caractéristique du masque de sous-réseau et de la sécurité activés sur les serveurs et les routeurs.

Les informations d'un réseau sont routées vers un autre suivant les besoins. Ce type de configuration est typique de la plupart des grands réseaux d'entreprise. Il peut être fondé sur les limites de distance physique de la technologie sous-jacente, ou sur la charge des réseaux individuels. Il peut arriver qu'un (ou plusieurs) des réseaux présente un gros volume de trafic devant être distribué sur plusieurs réseaux.

Le routeur 1 entre les réseaux 1 et 2 assure le routage d'informations entre ces deux réseaux. Si le routage est activé sur le serveur 1 (qui relie les réseaux 2 et 3), les informations du réseau 3 vers le réseau 2 sont routées. De plus, les informations peuvent être routées du réseau 3 vers le réseau 2 à l'aide du serveur 1. Les informations peuvent être routées du réseau 2 vers le réseau 1 à l'aide du routeur 1. Le serveur 1, reliant les réseaux 2 et 3, possède deux adresses IP : une sur le réseau 2, l'autre sur le réseau 3. Il en va de même pour le routeur 1, qui a des adresses sur les réseaux 2 et 1.

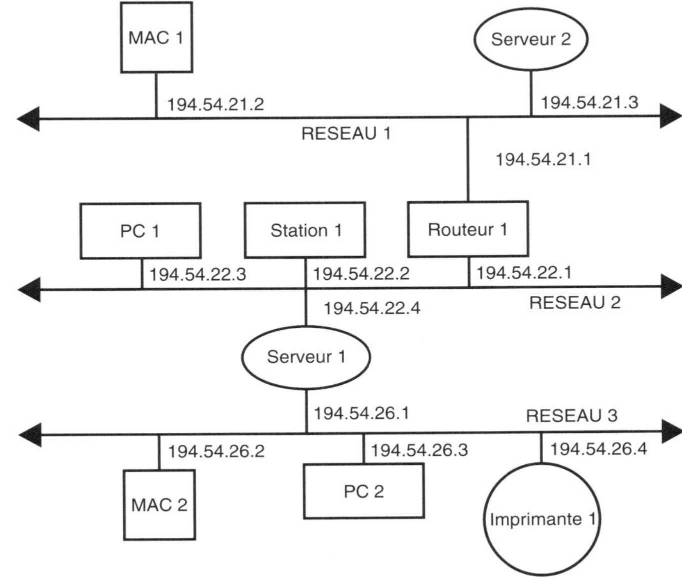

Figure 23.5
Un réseau plus complexe.

Imaginons qu'il y ait beaucoup de trafic du réseau Internet sur les réseaux 3 et 1. Dans ce cas, il peut être intéressant de placer un routeur supplémentaire entre les réseaux 1 et 3. Ce routeur supplémentaire peut éliminer une partie du trafic de routage sur le serveur 1, permettant le passage d'informations entre les réseaux en cas de plantage du serveur 1.

Le routeur supplémentaire peut ajouter un niveau de tolérance aux pannes au réseau. Cette tolérance aux pannes est fondée sur le fait que les informations peuvent encore être routées du réseau 3 vers le réseau 2, même si le serveur 1 ne fonctionne pas. Le chemin entre les réseaux 3 et 2 passerait par le réseau 1 et le routeur 1. L'ajout du routeur 2 est illustré à la Figure 23.6.

La tolérance aux pannes d'un réseau améliore son intégrité et est particulièrement importante dans certaines applications. Si des informations à courte durée de vie doivent être échangées entre deux réseaux, un autre chemin doit être prévu entre eux. Ce chemin peut être mis en place à l'aide de routeurs supplémentaires. Etant donné que ces chemins peuvent être indirects (en passant par un troisime réseau), un paramètre de configuration doit être utilisé.

Ce paramètre est couramment appelé le *coût de réseau.* Le coût d'un saut peut augmenter si la valeur que prend un paquet à travers un chemin de réseau est augmentée. Le chemin préféré par défaut est le moins cher. Cette pratique évite le routage régulier d'informations par le chemin à coût élevé.

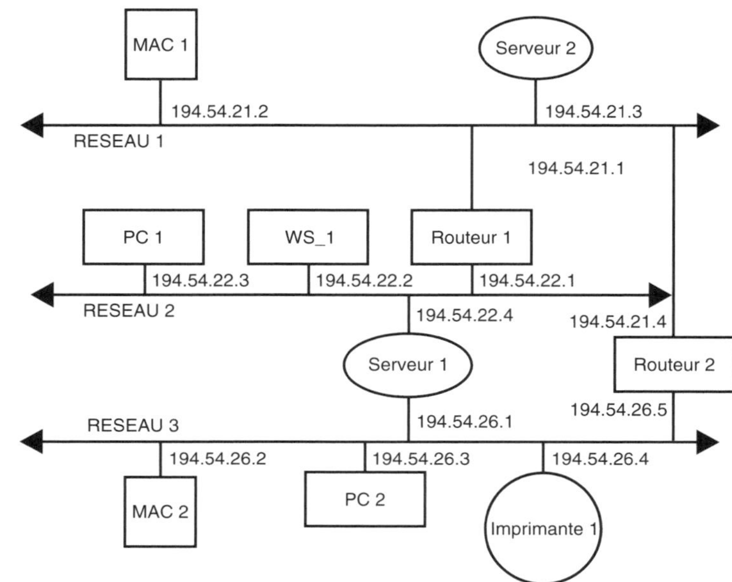

Figure 23.6
Ajout d'un second routeur pour une tolérance aux pannes.

La Figure 23.6 illustre l'ajout d'un routeur entre les réseaux 1 et 3. Le chemin souhaité pour transmettre des informations du réseau 3 vers le réseau 2 passe par le serveur 1. Puisque le routeur 2 relie les réseaux 1 et 3, les informations peuvent être routées entre ces deux réseaux. En outre, comme le routeur 2 se trouve entre les réseaux 1 et 2, les informations sont routées par ce chemin-là. Les informations venant du réseau 3, et destinées au réseau 2, peuvent prendre l'un des deux chemins, c'est-à-dire passer par le serveur 1, ou par les routeurs 1 et 2. Ce dernier n'est pas le chemin choisi, car les informations peuvent être routées directement par le serveur 1. De ce fait, un coût plus élevé est attribué au chemin utilisant les routeurs 1 et 2 du réseau 2. Ce type d'analyse de chemins doit être effectué dans le cas d'un réseau segments multiples.

• Choix d'une configuration réseau

Les moyens physiques utilisés par un réseau Internet peuvent inclure presque toutes les technologies réseau courantes. Le trafic du réseau Internet n'est pas limité à Ethernet, ARCnet ou Token Ring. Il peut passer par RS232 asynchrone, des lignes T1 et des relais de trames. Quelle que soit la topologie choisie pour le réseau, il faut suivre les règles de configuration, d'installation et d'opération qui lui sont associées.

Voir Chapitre 17.

Pensez à la bande passante qu'exige une application. De nombreuses applications requièrent le transfert de plusieurs mégaoctets de données, et la bande passante devient une priorité. On peut généralement économiser de la bande passante en compactant les fichiers avant de les envoyer sur le réseau.

Il faut aussi songer à la situation géographique du réseau. Si tous les nœuds se trouvent dans le même immeuble, un seul LAN peut suffire. Cependant, s'ils sont répandus à travers la ville, il faudra peut-être une connexion T1. S'ils se trouvent dans plusieurs endroits, un réseau à relais de trames ou à commutation de paquets peut être utilisé.

Lors de la conception d'un réseau, il faut considérer le type d'informations qui seront transportés, l'emplacement physique, et la charge du réseau. Afin de déterminer la capacité du réseau, analysez les types de stations de travail, les serveurs et les applications.

Si vous utilisez des stations de travail *diskless* (sans disque), la charge du réseau sur chaque nœud est augmentée, car chaque station *diskless* a besoin de télécharger tout le code du système d'exploitation à travers le réseau. Comme tous les utilitaires et applications, ainsi que les fichiers de données, sont stockés à distance, chaque action sur cette station nécessite l'accès au réseau.

Le volume de trafic NFS sur le réseau est également important. NFS fournit des services de disques virtuels à distance ; les informations récupérées et stockées sur ces disques distants sont utilisées en permanence sur le réseau.

Il faut aussi considérer les images graphiques volumineuses, le *swapping* et les fichiers de page utilisés pour la mémoire virtuelle, les applications de bases de données réparties, le trafic d'impression et des terminaux. Ses éléments doivent être pris en compte lors de la création de tout réseau, sachez toutefois que ceux qui conçoivent et utilisent les réseaux locaux PC y sont rarement confrontés. Lorsqu'un réseau est connecté sur un ensemble d'utilisateurs généraux, tous les aspects de l'environnement réseau entrent en jeu.

Demandez-vous encore si vous aurez besoin de services "dial-up" et d'accès à distance. Si cet accès est associé au trafic des terminaux et d'écran, le port série d'un système existant peut être suffisant. S'il y a une connexion PPP (*Point-to-Point Protocol*), pensez au volume de trafic qui sera imposé sur le réseau lors du chargement d'utilitaires, de programmes et de bases de données par les lignes téléphoniques. Ce point est important, car IP n'est pas limité à une liaison rapide comme Novell IPX ou d'autres protocoles de réseaux.

• Lignes directrices pour configurer un réseau

La conception d'un réseau se fait en suivant des lignes directrices et des règles. Les questions suivantes méritent d'être posées lors de la planification d'un réseau :

- Comment le réseau sera-t-il utilisé dans l'immédiat ?
- Comment sera-t-il utilisé dans les années à venir ?
- Quelles applications seront utilisées sur le réseau ?
- A l'intérieur de l'entreprise, les groupes de travail auront-ils besoin de ressources de réseau à l'avenir ?

- Quels types et combien de stations de travail seront sur le réseau ?
- Combien de serveurs, de mini-ordinateurs et d'autres hôtes seront sur le réseau ?
- Quels autres périphériques (imprimantes, traceurs) seront sur le réseau ?
- Les unités de disques et les jukebox optiques seront-ils nécessaires ?
- La gestion du réseau sera-t-elle centralisée ?
- Le réseau sera-t-il connecté à l'Internet ou à d'autres réseaux d'entreprise, ou bien servira-t-il de base à un réseau distant ?
- Quels autres protocoles vont utiliser les technologies de réseau (IPX, DECNET, LAT, protocoles OSI, TCP/IP) ?
- Où seront échangées les données cruciales (Faut-il déterminer plusieurs chemins) ?
- Comment le réseau s'agrandira-t-il, et évoluera-t-il ?

Une fois que vous avez répondu à ces questions, vous pouvez définir le réseau. Le nombre de nœuds indique combien d'adresses de classe C sont nécessaires, ou s'il faut une classe B.

La connexion aux services distants doit aussi être adressée. La charge peut être distribuée sur les segments de plusieurs réseaux. Essayez de réduire le trafic sur les réseaux. Si, par exemple, vous avez deux systèmes qui s'échangent beaucoup d'informations, nécessitant des sauts sur trois réseaux, envisagez un déplacement de ces systèmes vers le même réseau.

Déterminez la meilleure topologie de réseau possible pour répondre aux besoins spécifiés dans l'analyse du réseau. Pour prévoir la croissance du réseau, la meilleure approche est de déterminer la charge maximale et de développer ensuite un réseau où cette charge sera au minimum.

• Routeurs et ponts

Des périphériques particuliers sont utilisés pour connecter les réseaux et les systèmes. Parfois, les termes *passerelle* et *routeur* sont interchangeables. Strictement parlant, une *passerelle* est un système qui envoie des messages entre différents types de réseaux ; un *routeur* envoie des messages entre des réseaux du même type.

Routeur désigne ici tout périphérique transmettant des messages d'un réseau vers un autre. Le routeur est assez intelligent pour savoir si un message reçu doit être envoyé vers un autre réseau ou routeur.

Les routeurs fonctionnent au niveau de la couche Réseau et sont d'habitude associés à un protocole du type IP ou IPX. La plupart des routeurs qui gèrent le trafic IPX peuvent aussi gérer un trafic IP. Le routeur sert à relier les réseaux multiples locaux et distants. Il fournit un moyen d'échanger les données entre réseaux. De plus, comme il fonctionne au niveau Réseau, il peut aider à réduire le trafic de service.

Si un réseau utilise de nombreux protocoles différents, et qu'un autre réseau n'utilise que IP, un routeur qui ne route que les messages IP est nécessaire pour que les deux réseaux communiquent. Le routeur évite que les messages n'arrivent sur un réseau qui ne pourrait pas les gérer.

En revanche, les ponts peuvent servir à relier des réseaux locaux et distants. Ils échangent des informations quel que soit le protocole. Un pont permet à deux réseaux interconnectés de contenir de nombreux protocoles différents à la fois. D'habitude, les messages envoyés par un pont ne contiennent pas d'informations supplémentaires concernant le routage. Normalement, les messages ne sont pas perturbés.

Un des inconvénients du pont est que tous les messages de diffusion (y compris les diffusions multiples) venant de tous les réseaux interconnectés sont visibles sur toutes les branches connectées par un pont. Il en résulte un grand volume de trafic lié aux messages de mise à jour sur le réseau. De plus, un pont envoie les messages uniquement vers les adresses réseau de l'autre côté du pont, mais il peut envoyer tous les protocoles de réseaux et messages de service.

Les routeurs et les ponts servent à échanger des informations entre réseaux. L'utilité de chacun est déterminée par les besoins du réseau, les protocoles en jeu, la capacité du réseau et les exigences de l'utilisateur. La bonne sélection des composantes peut permettre à un réseau de fonctionner de manière plus efficace, permettre de prévoir une croissance future, et garantir systématiquement sa fiabilité.

INFO

Utilisez des ponts uniquement si des paquets à protocoles multiples doivent être échangés. Sinon, choisissez un routeur, qui permet de réduire la charge du réseau.

Informations complémentaires

Pour obtenir des informations supplémentaires sur TCP/IP, consultez :

- Le Chapitre 24, qui explique comment installer et configurer un réseau pour Linux.
- Le Chapitre 25, qui traite du système de résolution des noms Internet.
- Le Chapitre 29, qui explique comment configurer des communications TCP/IP asynchrones sur des lignes série.

Configuration d'un réseau TCP/IP

La configuration d'un réseau TCP/IP constitue l'une des tâches les plus courantes de l'administration des machines Linux. Dans la plupart des cas, elle n'est pas très compliquée. Elle requiert cependant un peu de réflexion sur la conception du réseau et la connaissance de quelques programmes et fichiers de configuration.

Dans ce chapitre, vous apprendrez à :

- créer des fichiers de configuration réseau pour TCP/IP ;
- configurer vos interfaces Ethernet à l'aide du programme `ifconfig` ;
- spécifier des routes et d'autres informations de réseau à l'aide du programme `route` ;
- utiliser le programme `netstat` pour surveiller et identifier des pannes de réseau ;
- utiliser le programme `netconfig` pour simplifier la configuration TCP/IP.

Fichiers de configuration TCP/IP

Le fonctionnement en réseau TCP/IP sous Linux est commandé par un ensemble de fichiers de configuration dans le répertoire /etc. Ces fichiers informent Linux de son adresse IP ainsi que de son nom d'hôte et de domaine, et ils commandent les interfaces de réseau. Le Tableau 24.1 définit le rôle de chaque fichier, que présentent les sections suivantes.

Tableau 24.1 : Fichiers de configuration du réseau TCP/IP

Fichier	Description
/etc/hosts	Associe les noms d'hôtes aux adresses IP
/etc/networks	Associe les noms de domaines aux adresses réseau
/etc/rc.d/rc3.d/S10network	Configure et active les interfaces Ethernet au moment de l'amorçage

• Le fichier /etc/hosts

Sur un réseau TCP/IP, chaque ordinateur possède une adresse IP, un nom d'hôte canonique et des alias de noms d'hôtes (facultatifs). Le fichier /etc/hosts permet d'affecter les noms d'hôtes et les adresses IP.

INFO

Tous les noms d'hôtes, noms de domaines et adresses IP mentionnés dans ce chapitre sont fictifs et ne reflètent aucun réseau réel sur l'Internet.

En guise d'illustration, étudions le réseau construit par Burwell, Inc. Ce réseau est composé de la seule adresse de classe B attribuée à Burwell par InterNIC (organisation gérant les adresses Internet). Ce réseau a été divisé en deux sous-réseaux de classe C. Le format du fichier hosts est le suivant :

```
# /etc/hosts de linux1.burwell.com
#
# Pour bouclage
127.0.0.1     localhost
# Cette machine
166.82.1.21     linux1.burwell.com linux1     # machine local
# Autres hôtes du réseau
166.82.1.20     server.burwell.com server     # le serveur
166.82.1.22     wk1.burwell.com               # station de travail 1
166.82.1.10     netpr1.burwell.com netpr1     # imprimante réseau
166.82.1.1     gateway.burwell.com gateway    # router
166.82.1.1     gate-if1                # 1ère interface de la passerelle
166.82.2.1     gate-if2                # 2ème interface de la passerelle
166.82.1.30     linux2.burwell.com linux2     # Portable via PLIP
# fin du fichier hosts
```

ASTUCE

Notez que la passerelle précédente possède deux noms d'hôtes pour l'adresse IP 166.82.1.1. Il est conseillé de donner un nom unique à chaque interface réseau sur une machine. Ainsi, il est plus facile d'interpréter les résultats des commandes `ifconfig` *et* `route`.

Le format du fichier hosts se présente ainsi : une adresse IP par ligne commençant dans la première colonne, le nom d'hôte canonique associé à cette adresse, et des alias (facultatifs). Les champs sont séparés par des espaces ou par des tabulations. Les lignes vides et le texte précédé d'un dièse (#) sont considérés comme des commentaires et sont ignorés.

L'adresse IP 127.0.0.1 est appelée *adresse de boucle locale* et elle est réservée à cette fonction. Le nom localhost lui est normalement attribué. Si vous souhaitez utiliser votre machine uniquement de façon autonome, ou utiliser SLIP ou PPP pour vous connecter à l'extérieur, vous n'aurez besoin que de l'adresse localhost dans le fichier hosts.

INFO

La fonction du fichier /etc/hosts a été en grande partie remplacée par le service DNS sur les machines connectées à l'Internet ou sur de grands réseaux internes. Toutefois, DNS n'est pas disponible lors du démarrage ou lorsque la machine est en mode mono-utilisateur. Il est conseillé de placer les informations sur des machines importantes (serveurs, passerelles) dans /etc/hosts.

Sur un réseau dont seules quelques machines ne sont pas connectées à l'Internet, il est plus facile de garder une liste complète de tous les hôtes dans /etc/hosts, au lieu de configurer et de gérer DNS.

• Le fichier /etc/networks

On attribue des noms et des adresses IP à des sous-réseaux de la même façon qu'aux hôtes. Cette dénomination est gérée par le fichier /etc/networks. Les adresses IP du fichier networks n'incluent que la partie correspondant à l'adresse réseau, plus l'octet de sous-réseau. Voici un exemple pour burwell.com :

```
# /etc/networks de burwell.com
localnet 127.0.0.0    # boucle de réseau logicielle
burwell - c1 166.82.1 # réseau du groupe développement, Classe C
burwell - c2 166.82.2 # réseau MIS, Classe C
# end of networks file
```

Les premiers éléments sont le nom `localnet` et l'adresse IP, `127.0.0.0`. Si vous n'avez pas l'intention de connecter votre machine Linux sur un réseau TCP/IP, ou si vous utilisez uniquement SLIP ou PPP, le fichier n'a besoin que de ces éléments.

Les lignes suivantes identifient les deux sous-réseaux de classe C que Burwell a créés à partir de son réseau de classe B.

Initialisation des interfaces Ethernet

Le programme `ifconfig` signale au noyau Linux les interfaces réseau telles que le bouclage logiciel et les cartes Ethernet, de façon que Linux puisse s'en servir. Le programme `ifconfig` sert aussi à surveiller et à changer l'état des interfaces réseau. Voici un appel simple d'`ifconfig` :

```
ifconfig adresse interface
```

Cet appel active l'interface réseau indiquée et lui attribue une adresse IP. On appelle cette procédure le *bringing up* (activation) de l'interface. La syntaxe générale pour appeller `ifconfig` est la suivante :

```
ifconfig interface [aftype [options] ¦ address
```

Le Tableau 24.2 donne la liste des arguments de commandes en ligne pour `ifconfig`.

Voir Chapitre 12.

Normalement, il n'est pas nécessaire d'utiliser toutes ces options. ifconfig peut tout désigner uniquement à partir du nom de l'interface, du masque de sous-réseau et de l'adresse IP attribuée. Vous devrez désigner explicitement la plupart des paramètres seulement si `ifconfig` ne les connaît pas ou dans le cas d'un réseau complexe.

Tableau 24.2 : Arguments sur la ligne de commande pour ifconfig

Argument	Description
interface	Nom de l'interface réseau, généralement le nom du pilote de périphérique suivi d'un numéro d'identification. Cet argument est obligatoire.
aftype	Famille d'adresses à utiliser pour décoder et afficher toutes les adresses des protocoles. Actuellement, les adresses inet (TCP/IP), ddp (Appletalk Phase 2), ipx (Novell) et AX25 et netrom (tous deux amateur packet radio) sont supportées. La famille inet est la valeur par défaut.
`up`	Active l'interface spécifiée.
`down`	Désactive l'interface spécifiée.
`[-]arp`	Active / désactive l'usage du protocole ARP sur l'interface spécifiée. Un signe *moins* placé devant `arp` désactive le flag.
`[-]trailers`	Active / désactive les fins de trames Ethernet. Cette option n'est pas implémentée actuellement dans le système de réseau Linux.
`[-]allmulti`	Active / désactive le mode non sécurisé de l'interface. L'activation de ce mode commande à l'interface d'envoyer tout le trafic du réseau — et pas uniquement le trafic destiné à votre machine — vers le noyau.
`metric` *N*	Attribue la valeur N (entier) à la valeur métrique de l'interface. La valeur métrique représente le coût d'envoi d'un paquet sur cette route. L'évaluation des côuts des routes n'est pas encore utilisée par le noyau Linux, mais elle sera implémentée prochainement.
`mtu` *N*	Définit le nombre maximal d'octets que l'interface peut gérer en un seul transfert à la valeur N (nombre entier). Le code réseau courant du noyau ne gère pas la fragmentation. Assurez-vous que la valeur MTU (*Maximum Transmission Unit*) est suffisament grande.
`dstaddr` *addr*	Définit l'adresse IP de l'autre extrémité d'une liaison point-à-point. Le mot clé `pointopoint` l'a rendu obsolète.
`netmask` *addr*	Définit le masque de réseau IP pour l'interface spécifiée.
`irq` *addr*	Définit la ligne d'interruption utilisée par ce périphérique. Souvenez-vous que beaucoup de périphériques ne supportent pas la définition dynamique de l'IRQ.
`[-] broadcast [`*addr*`]`	Définit l'adresse de diffusion pour l'interface quand une adresse est saisie. Si aucune adresse n'est saisie, le flag `IFF-BROADCAST` de l'interface spécifiée est activé. Un signe *moins* devant le désactive.
`[-]pointo-point [`*addr*`]`	Cette option active le mode point-à-point sur l'interface spécifiée. Elle informe le noyau que cette interface constitue une liaison directe vers une autre machine. Quand l'adresse est incluse, elle est attribuée à la machine à l'autre bout de la liste. Si aucune adresse n'est saisie, le flag `IFF-POINTOPOINT` est activé. Un signe *moins* devant le désactive.
`hw`	Définit l'adresse matérielle pour l'interface spécifiée. Le nom de la classe de matériel et l'équivalent ASCII de l'adresse matérielle doivent suivre ce mot clé. Ethernet (`ether`), AMPR AX.25 (`ax25`) et PPP (`ppp`) sont actuellement supportés.
adress	Nom d'hôte ou adresse IP à attribuer à l'interface spécifiée. Les noms d'hôtes utilisés sont convertis en adresses IP équivalentes. Ce paramètre est obligatoire.

ATTENTION

Si votre machine Linux est en réseau, le programme `ifconfig` *doit être protégé des accès non autorisés. Si une interface est en mode non sécurisé, des intrus peuvent examiner votre réseau, et obtenir des données confidentielles (comme les mots de passe). Cela constitue une grave violation des règles de sécurité.*

• Examen d'une interface réseau à l'aide d'ifconfig

Exécuter le programme `ifconfig` sans argument affiche l'état de toutes les interfaces réseau connues du noyau. En l'exécutant simplement avec le nom de l'interface sur la ligne de commande, vous affichez le statut de l'interface :

```
$ ifconfig lo
lo  Link encap Local Loopback
inet addr 127.0.0.1 Bcast 127.255.255.255 Mask 255.0.0.0
UP LOOPBACK RUNNING MTU 2000 Metric 1
RX packets 0 errors 0 dropped 0 overruns 0
TX packets 1658 errors 10 dropped 0 overruns 0
```

Cet exemple utilise `lo`, l'interface de bouclage logiciel. Observez l'adresse IP attribuée (`inet addr`), l'adresse de diffusion (`Bcast`) et le masque de sous-réseau (`Mask`). L'interface est activée (`UP`) avec une valeur `MTU` de `2000` et une valeur `Metric` de `1`. Les deux dernières lignes donnent des statistiques sur le nombre de paquets reçus (`RX`) et transmis (`TX`), ainsi que des compteurs d'erreurs, de données supprimées et d'engorgements.

• Configuration de l'interface de boucle locale

Toutes les machines Linux dont la couche Réseau est installée dans le noyau possèdent une interface de bouclage logiciel. Cette interface permet de tester les applications réseau et fournit un réseau pour les services TCP/IP locaux comme INN quand la machine n'est pas connectée à un réseau réel. Le nom d'interface réseau pour le système de bouclage est `lo`. Tapez la ligne suivante pour exécuter `ifconfig` :

```
ifconfig lo 127.0.0.1
```

Cette commande active l'interface de bouclage et lui attribue l'adresse 127.0.0.1. Cette adresse est celle qui est habituellement utilisée pour le bouclage, puisque InterNIC n'attribuera jamais le réseau de classe A 127.0.0.1 à qui que ce soit.

Afin de rendre le système de bouclage totalement opérationnel, il faut lui ajouter une route à l'aide de la commande `route` (voir plus loin, la section "Routage TCP/IP").

• Configuration d'une interface réseau

La configuration d'une interface réseau Ethernet demande un peu plus d'efforts, surtout si vous utilisez des sous-réseaux. Voici un appel simple à `ifconfig` pour linux1.burwell.com :

```
ifconfig eth0 linux1
```

Cette commande active l'interface Ethernet 0, cherche linux1 dans le fichier /etc/hosts, et l'attribue à cette interface. Une analyse de l'interface `eth0` à ce moment révèle le code suivant :

```
$ ifconfig eth0
eth0  Link encap 10Mbps Ethernet HWaddr 00:00:E1:54:3B:82
inet addr 166.82.1.21Bcast166.82.1.255 Mask 255.255.255.0
UP BROADCAST RUNNING MTU 1500 Metric 0
RX packets 3136 errors 217 dropped 7 overrun 26
TX packets 1752 errors 25 dropped 0 overrun 0
Interrupt:10 Base address:0x300
```

Notez que l'adresse de diffusion et le masque de sous-réseau ont été réglés automatiquement par `ifconfig`, sur la base de l'adresse IP trouvée dans /etc/hosts. Si vous utilisez des sous-réseaux, vous devrez spécifier l'adresse de diffusion et le masque de façon explicite. Par exemple, si vous avez un réseau de classe C, et que vous utilisez le premier bit de la partie hôte de l'adresse pour obtenir deux sous-réseaux, il vous faudra préciser l'adresse de diffusion et le masque quand vous ferez tourner `ifconfig` :

```
ifconfig eth0 linux1 broadcast 166.82.1.127 netmask 255.255.255.128
```

• Configuration des interfaces IP parallèles

Les interfaces de protocoles *Parallel IP* (PLIP), *Serial Line IP* (SLIP) et *Point-to-Point* Protocol (PPP) sont gérées différemment par `ifconfig`. Pour activer une interface PLIP, il faut ajouter l'option `pointopoint` à la ligne de commande `ifconfig`. Supposons que le laptop de Burwell linux2 soit connecté sur le premier port parallèle de linux1. Pour activer la liaison PLIP, appelez `ifconfig` de la manière suivante :

```
ifconfig plip0 linux1 pointopoint linux2
```

Voir Chapitre 29.

Cette commande active l'interface `plip0` avec l'adresse IP de linux1, fixe le flag `pointopoint` et informe l'interface que l'adresse IP à l'autre bout de la liaison est linux2. `ifconf` cherche les adresses de linux1 et de linux2 dans /etc/hosts et attribue les adresses en conséquence. Sur un laptop, utilisez un appel de ce type :

```
ifconfig plip0 linux2 pointopoint linux1
```

Routage TCP/IP

Le routage définit le chemin emprunté par un paquet à travers le réseau entre son point de départ et d'arrivée. Ce chemin est déterminé par une comparaison entre l'adresse IP de destination et les tables de routages du noyau, et par la transmission du paquet vers la machine indiquée qui peut constituer, ou non, la destination. La table de routage du noyau contient des informations du type "Pour passer sur réseau x depuis machine y, envoie paquet à machine z à un coût de 1", associées à des valeurs durée de vie et fiabilité pour cette route.

• Choix d'une politique de routage

La première étape lors de la mise en place d'un routage sur votre réseau consiste à décider d'une politique de routage. Dans le cas de petits réseaux isolés, la commande `route` suffira pour l'installation au démarrage de routes statiques sur chaque machine. Pour les grands réseaux comprenant de nombreux sous-réseaux ou réseaux connectés sur l'Internet, un routage dynamique est nécessaire. Le programme de routage fournit un routage dynamique en communiquant avec les programmes de routage des autres machines, et en installant des routes selon sa connaissance de la topologie du réseau.

La politique de routage consiste souvent à combiner des routages dynamique et statique. Les machines de chaque sous-réseau utilisent le routage statique afin de joindre leurs voisins immédiats. La route par défaut — la route utilisée pour des paquets qui ne correspondent à aucune route dans la table de routage — est réglée sur une machine de passerelle avec un routage dynamique qui connaît le reste du réseau. De grands réseaux peuvent être construits de cette façon, pour réduire les problèmes liés aux fichiers de configuration et le volume de la bande passante utilisé par les programmes de routage dynamique.

• Le programme /sbin/route.

Le programme `/sbin/route` utilise la table de routage du noyau et permet de définir des routes statiques pour d'autres ordinateurs ou réseaux déjà configurés et activés par `ifconfig`. Cette opération se fait normalement au démarrage à l'aide du script de /etc/rc.d/rc3.d. Le Tableau 24.3 décrit les arguments de commande en ligne pour `/sbin/route`.

Tableau 24.3 : Arguments sur la ligne de commande pour /sbin/route

Argument	Description
(aucun)	Si aucune option n'est précisée, `/sbin/ route` affiche la table de routage courante.
`-n`	Provoque la même sortie que l'absence d'argument, mais remplace les noms d'hôtes par leurs adresses IP numériques.
`del`	Enlève de la table de routage la route pour l'adresse de destination spécifiée.
`add`	Ajoute à la table de routage une route vers l'adresse ou le réseau spécifié.

Examen de la table de routage du noyau

Exécuter `/sbin/route` sans argument sur la ligne de commande, ou simplement avec `-n`, entraîne l'affichage de la table de routage :

```
/sbin/route
Kernal routing table
Destination   Gateway   Genmask   Flags   Metric   Ref   Use   Iface
127.0.0.0   *   255.0.0.0   U   0   0   100   lo
```

Cette table vient d'une machine où seule l'interface de bouclage est activée. Le Tableau 24.4 décrit les champs du rapport sur la table de routage.

Tableau 24.4 : Champs du rapport sur la table de routage

Champ	Description
`Destination`	Adresse IP de destination de cette route.
`Gateway`	Nom d'hôte ou adresse IP de la passerelle utilisé par la route. S'il n'y a pas de passerelle, un astérisque s'affiche.
`Genmask`	Masque de la route. Le noyau s'en sert pour régler la généralité d'une route par "bitwise ANDing" du `Genmask` (procédure d'opérateurs ET) par rapport à une adresse IP d'un paquet avant de la comparer avec l'adresse IP de destination de cette route.
`Flags`	Indicateurs pour la route (U = Up, H = Host, G = Gateway, D = Dynamic Route, M = Modified).
`Metric`	Coût métrique de cette route.
`Ref`	Nombre des autres routes qui dépendent de la présence de cette route.
`Use`	Nombre d'utilisations de l'entrée dans la table de routage.
`Iface`	Interface réseau vers laquelle les paquets sont envoyés par la route.

Revenons au réseau Burwell : l'exemple suivant provient de linux2 (le laptop) avec un lien SLIP actif et en cours d'exécution.

```
/sbin/route
Kernal routing table
Destination   Gateway   Genmask   Flags   Metric   Ref   Use   Iface
slip.burwell.c   *   255.255.255.255   UH   0   0   0   sl0
127.0.0.0   *   255.0.0.0   U   0   0   100   lo
default   slip.burwell.c   *   UG   0   0   1   sl0
```

L'entrée dans la table pour le bouclage reste inchangée et il y a deux nouvelles entrées. La première spécifie une route vers slip.burwell.com. La deuxième spécifie une route par défaut qui se sert de slip.burwell.com comme passerelle.

Chaque machine connectée sur un réseau doit avoir une route par défaut dans sa table de routage. Cette route par défaut est utilisée quand aucune entrée dans la table ne correspond à la destination d'un paquet.

Ajout de routes statiques

On ajoute des routes à la table en exécutant le programme route avec l'argument `add`. La syntaxe de l'argument de la commande en ligne pour `route add` est la suivante :

```
route add [ -net ¦ -host ] addr [gw passerelle] [metric coût] [netmask masque] [dev périp
```

Le Tableau 24.5 décrit les arguments sur la ligne de commande utilisés par la commande `route add`.

Tableau 24.5 : Arguments de route add sur la ligne de commande

Argument	Description
`-net` / `-host`	L'adresse spécifiée est obligatoirement considérée soit comme une adresse réseau, soit comme une adresse hôte.
`adr`	Adresse de destination pour la nouvelle route. Il peut s'agir d'une adresse IP, d'un nom d'hôte ou d'un nom réseau.
`gw` *`passerelle`*	Spécifie que tout paquet destiné à cette adresse doit être routé par la passerelle spécifiée.
`metric` *`coût`*	Définit le champ metric dans la table de routage.
`netmask` *`masque`*	Spécifie le masque de réseau de la route à ajouter. Le programme `route` le devinera. Normalement, vous n'avez donc pas besoin d'entrer cet argument.
`dev` *`périph`*	Oblige route à associer la nouvelle route au périphérique de l'interface réseau spécifié. En général, `route` devine sans problème quel périphérique il doit utiliser pour la nouvelle route. Vous n'aurez donc pas à utiliser souvent cet argument.

Quand vous ajoutez une route de passerelle à la table de routage, assurez-vous que la passerelle spécifiée est accessible. En règle générale, vous devrez ajouter une route statique pour la passerelle avant d'ajouter la route qui utilise cette dernière.

Exemples de routage

Commençons par l'interface de bouclage. Après avoir configuré cette interface à l'aide d'`ifconfig`, vous devrez lui ajouter une route :

```
# route add 127.0.0.1
```

Il n'y a pas à apporter d'autres précisions, puisque route compare l'adresse à celles des interfaces connues, et attribue l'interface de bouclage à cette nouvelle route. L'exemple suivant montre comment régler le routage pour la liaison SLIP sur la machine linux2 de Burwell, après avoir établi cette liaison et après avoir activé l'interface à l'aide d'`ifconfig` :

```
# route add slip.burwell.com
# route add default gw slip.burwell.com
```

La première commande ajoute une route statique pour l'hôte slip.burwell.com ; la seconde indique au noyau d'utiliser slip.burwell.com comme passerelle pour tous les paquets à destination inconnue.

ATTENTION

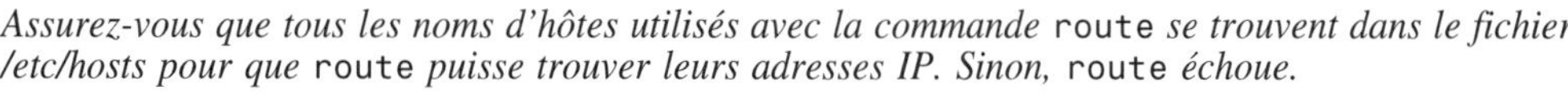

Assurez-vous que tous les noms d'hôtes utilisés avec la commande `route` *se trouvent dans le fichier /etc/hosts pour que* `route` *puisse trouver leurs adresses IP. Sinon,* `route` *échoue.*

Si vous avez créé des sous-réseaux en coupant l'adresse IP au milieu d'un octet, vous devrez spécifier le masque de réseau nécessaire lors de l'exécution de `route`. Par exemple, si vous utilisez un réseau de classe C avec quatre sous-réseaux qui utilisent les deux premiers bits du dernier octet, il vous faudra exécuter route de la manière suivante :

```
# route add hostname netmask 255.255.255.192
```

`route` placera ainsi le bon masque dans l'entrée de la table de routage.

Pour Ethernet et d'autres interfaces de diffusion sur réseau, vous devrez ajouter des routes pour indiquer au noyau quel réseau est accessible par chaque interface configurée. Après avoir activé l'interface réseau eth0 sur linux1.burwell.com à l'aide d'`ifconfig` (comme précédemment), exécutez `route` afin d'installer la route vers le réseau sur cette interface-là :

```
# route add -net 166.82.1.0
```

Cette ligne peut paraître insuffisante pour configurer correctement l'entrée dans la table, car aucune interface n'est indiquée. Toutefois, `route` trouvera l'interface en comparant l'adresse IP sur la ligne de commande et l'adresse IP de chaque interface réseau. Il attribue la route à l'interface correspondante. Dans ce cas, l'adresse 166.82.1.21 a été attribuée à eth0, avec un masque de 255.255.255.0. Comme cela correspond à l'adresse réseau donnée dans la commande `route`, `route` met en place une route vers le réseau 166.82.1.0 utilisant l'interface eth0 :

```
$ route
Kernal routing table
Destination   Gateway   Genmask   Flags   Metric   Ref   Use   Iface
166.82.1.0   *   255.255.255.0   UN   0   0   0   eth0
127.0.0.0   *   255.0.0.0   U   0   0   100   lo
```

Pour indiquer à linux1 comment atteindre l'autre sous-réseau, il faut, par sécurité, deux entrées dans la table de routage :

```
# route add gateway.burwell.com
# route add -net 166.82.2.0 gw gateway.burwell.com
```

Une route statique est ainsi ajoutée à gateway.burwell.com. Ensuite il faut ajouter une route de réseau pour 166.82.2.0 en utilisant `gateway.burwell.com` comme passerelle pour ce réseau :

```
$ route
Kernal routing table
Destination   Gateway   Genmask   Flags   Metric   Ref   Use   Iface
gateway.burwell   *   255.255.255.0   UH   0   0   0   eth0
166.82.1.0   *   255.255.255.0   UN   0   0   0   eth0
166.82.2.0   gateway.burwell   255.255.255.0   UN   0   0   0   eth0
127.0.0.0   *   255.0.0.0   U   0   0   100   lo
```

Observez la route statique que vous avez ajoutée pour gateway.burwell.com, et la route passerelle vers le réseau 166.82.2.0

Suppression de routes avec la commande *route*

Pour supprimer des routes, exécutez la commande `route` avec l'option `del` et spécifiez l'adresse de destination de la route à supprimer :

```
# route del -net 166.82.2.0
```

La route pour le réseau 166.82.2.0 est alors supprimée.

Surveillance d'un réseau TCP/IP avec netstat

Le programme `netstat` est un outil indispensable pour surveiller votre réseau TCP/IP. Il peut afficher la table de routage du noyau, l'état des connexions actives sur le réseau et des statistiques utiles sur chaque interface réseau. Le Tableau 24.6 décrit les arguments sur la ligne de commande pour `netstat`. Quelques autres arguments sont destinés aux experts. Consultez l'aide en ligne pour plus d'informations.

Tableau 24.6 : Arguments courants de ligne de commande pour netstat

Argument	Description
-a	Affiche les renseignements concernant toutes les connexions Internet, y compris celles uniquement en mode écoute.
-i	Affiche les statistiques pour tous les périphériques du réseau.
-c	Affiche l'état du réseau mis à jour en permanence. `netsat` affichera l'état du réseau une fois par seconde jusqu'à ce qu'il soit interrompu.
-n	Affiche les adresses locales et distantes, et les informations sur les ports sous forme numérique / brute au lieu des noms d'hôtes et noms de service.
-o	Affiche l'heure d'expiration de l'état timer et l'état inactif de chaque connexion réseau.

Argument	Description
-r	Affiche la table de routage du noyau.
-t	Ne donne des informations que sur les sockets TCP (y compris ceux uniquement en mode écoute).
-u	Ne donne des informations que sur les sockets UDP.
-v	Donne des informations sur la version pour netstat.
-w	Donne des informations brutes sur les sockets.
-x	Donne des informations sur les sockets de domaine UNIX.

• Affichage des connexions réseau actives

L'exécution de netstat sans argument génère une liste des connexions réseau actives sur votre machine. Les lignes suivantes montrent la sortie de netstat par défaut :

```
$ netstat
Active Internet connexions
Proto Recv-Q Send-Q Local Address   Foreign Address
 (State)
tcp   0    0 linux1.burwell.com:1266 server.burwell.:telnet ESTABLISHED
Active UNIX domain sockets
Proto  RefCnt   Flags   Type          State       Path
UNIX   1        [ ACC ] SOCK-STREAM   LISTENING   /dev/printer
UNIX   2        [ ]     SOCK-STREAM   CONNECTED   /dev/log
UNIX   2        [ ]     SOCK-STREAM   CONNECTED
UNIX   1        [ ACC ] SOCK-STREAM   LISTENING   /dev/log
```

La première section montre une connexion de protocole TCP active venant du port 1266 sur linux1.burwell.com vers le port telnet de server.burwell.com utilisé par lance. Le Tableau 24.7 décrit les champs d'une liste de connexions Internet actives.

Tableau 24.7 : Champs d'une connexion Internet actives

Champ	Description
Proto	Protocole utilisé par cette connexion, par TCP ou par UDP.
Recv-Q	Nombre de bits reçus pour ce socket, mais n'ayant pas encore été copiés par le programme utilisateur.
Send-Q	Nombre de bits envoyés à l'hôte distant n'ayant pas été reconnus.
Local Address	Nom d'hôte local et numéro de port attribué à cette connexion. L'adresse IP du socket est convertie pour le nom d'hôte canonique de cette adresse, et le numéro de port est traduit en nom du service, à moins d'utiliser le flag -n.
Foreign Address	Nom d'hôte étranger et numéro de port attribué à cette connexion. Le flag -n a le même effet sur le champ Local Address.

Champ	Description	
State	Etat actuel du socket, qui peut être :	
	ESTABLISHED	La connexion est totalement établie.
	SYN SENT	Le socket essaie actuellement de se connecter à un hôte distant.
	SYN RECV	La connexion s'initialise.
	FIN WAIT1	Le socket a été fermé et il attend la fin de la connexion.
	FIN WAIT2	La connexion a été fermée. Le socket attend la fermeture de la part de l'hôte distant.
	TIME WAIT	Le socket est fermé et attend la retransmission de fermeture venant de l'hôte distant.
	CLOSED	Le socket n'est pas utilisé.
	CLOSE WAIT	L'hôte distant a fermé sa connexion. L'hôte local attend la fermeture du socket.
	LAST ACK	La connexion à distance et le socket sont fermés. L'hôte local attend une confirmation.
	LISTEN	Le socket écoute, en attendant un essai de connexion venant de l'extérieur.
	UNKNOWN	L'état du socket est inconnu.
User	Identification de connexion du propriétaire du socket.	

La deuxième section affiche les *domain sockets* UNIX qui sont actifs. Les *domain sockets* UNIX constituent un mécanisme IPC (communication inter-processus) qui utilise le système de fichiers UNIX comme système de rendez-vous. Les processus créent des fichiers spéciaux dans le système de fichiers, qui sont ensuite ouverts par les autres processus sur la machine qui veut communiquer. Les lignes de code précédentes montrent que deux sockets sont en mode écoute : l'un sur /dev/printer, l'autre sur /dev/log. Il y a aussi deux sockets actuellement connectés, l'un sur /dev/log, l'autre qui n'a pas de chemin particulier associé. Le Tableau 24.8 décrit les champs d'une liste de domain sockets UNIX actifs.

Les interfaces réseau qui perdent de nombreux paquets ou pour lesquelles il y a beaucoup d'erreurs d'engorgement peuvent signaler une machine ou un réseau surchargés. On peut s'en apercevoir rapidement en examinant les statistiques concernant l'interface réseau.

Tableau 24.8 : Champs d'une liste de domain sockets UNIX actifs

Champ	Description	
Proto	Protocole utilisé sur ce socket. En règle générale, c'est unix.	
RefCnt	Nombre de processus associés à ce socket.	
Flags	Options de ce socket. Actuellement, la seule option reconnue est SO-ACCEPTON (ACC), qui indique que le socket n'est pas connecté et que le processus qui l'a créé attend une demande de connexion.	
Type	Mode d'accès au socket. Ce champ contiendra l'un des mots clés suivants :	
	SOCK DGRAM	Datagramme, mode sans connexion.
	SOCK STREAM	Mode connecté orienté connexion.
	SOCK RAW	Mode brut.
	SOCK RDM	Mode *Reliably Delivered Message* (livraison fiable des messages).
	SOCK SEQ PACKET	Mode Paquets séquentiels.
	UNKNOWN	Mode inconnu du programme netstat.
State	Etat actuel du socket. Les mots clés suivants sont utilisés :	
	FREE	Le socket n'a pas été attribué.
	LISTENING	Le socket attend une demande de connexion.
	UNCONNECTED	Le socket n'est pas connecté actuellement.
	CONNECTING	Le socket essaie de faire une connexion.
	DISCONNECTING	Le socket essaie de fermer une connexion.
	UNKNOWN	L'état du socket n'est pas connu. Normalement, cet état ne se produit pas.
Path	Nom de chemin utilisé par d'autres processus pour une connexion sur le socket.	

L'exécution de netstat avec l'option -o ajoute les informations sur les états internes à la liste des domain sockets UNIX actifs. Les lignes suivantes en sont un exemple :

```
$ netstat -o
Active Internet Connections
Active Internet connexions
Proto Recv-Q Send-Q Local Address Foreign Address (State)
tcp  0    0    localhost:1121 localhost:telnet ESTABLISHED off (0.00/0)
tcp  0    0    localhost:telnet localhost:1121 ESTABLISHED on (673.69/0)
```

Les données ajoutées figurent en fin de chaque ligne et comprennent un comptage des octets de retransmission récepteur et émetteur, l'état du timer (on/off) et des valeurs d'heure/état inactif (entre parenthèses). L'heure indiquée correspond au temps restant avant l'expiration du timer. backoff compte le nombre de fois où la transmission de données courante a été tentée. Ces informations sont utiles pour identifier des problèmes sur le réseau et facilitent la visualisation de la connexion qui pose problème.

INFO

Comme l'option -o *affiche l'état des données TCP/IP internes, le format de ces données risque de changer, ou l'option risque d'être supprimée dans les nouvelles versions du logiciel de réseaux.*

• Examen de la table de routage du noyau

L'exécution de netstat avec l'option -r imprimera la table de routage du noyau. Le format est identique à celui de la commande route.

• Statistiques sur l'interface réseau

L'exécution de netstat avec l'option -i permet d'imprimer les statistiques d'utilisation pour chaque interface réseau active. C'est un excellent outil pour le débogage des problèmes liés aux réseaux. A l'aide de cette commande, il est facile de voir quand les paquets sont perdus, quand il y a engorgement, etc.

L'exemple suivant illustre l'utilisation de l'option -i, et le Tableau 24.9 explique chaque champ de la liste.

```
$ netsat -i
Kernal Interface Table
Iface MTU  Met RX-OK RX-ERR RX-DRP RX-OVR TX-OK TX-ERR TX-DRP TX-OVR Flags
lo    2000  0     0      0      0      0  1558      1      0      0   LRU
```

Tableau 24.9 : Champs de la table d'interfaces noyau

Champ	Description
Iface	Nom de l'interface réseau.
MTU	Nombre maximal d'octets pouvant être envoyés en une fois par cette interface.
Met	Valeur métrique pour cette interface.
RX-OK	Nombre de paquets reçus sans erreur.
RX-ERR	Nombre de paquets reçus avec erreurs.
RX-DRP	Nombre de paquets supprimés.
RX-OVR	Nombre d'erreurs d'engorgement.
TX-OK	Nombre de paquets transmis sans erreur.
TX-ERR	Nombre de paquets reçus avec erreurs.

Champ	Description	
`TX-DRP`	Nombre de paquets supprimés pendant la transmission.	
`TX-OVR`	Nombre de paquets supprimés suite à des erreurs d'engorgement.	
`Flags`	Les flags suivants peuvent apparaître dans ce champ :	
	A	L'interface reçoit des paquets pour des adresses à diffusion multiple.
	B	L'interface reçoit des paquets diffusés.
	D	La fonction de débogage d'interface est actuellement activée.
	L	C'est l'interface de bouclage.
	M	L'interface est en mode non sécurisé.
	N	L'interface ne traite pas les fins de trames.
	O	L'*Address Resolution Protocol* (Protocole de résolution des adresses) est désactivée sur ce réseau.
	P	L'interface fonctionne comme connexion point-à-point.
	R	L'interface fonctionne.
	U	L'interface a été activée.

Informations complémentaires

Vous connaissez maintenant les bases pour configurer une machine Linux en vue de l'utiliser sur un réseau. Les pages d'aide des commandes présentées ici vous donneront d'autres informations. En ce qui concerne les réseaux TCP/IP et leur configuration, consultez :

- Le Chapitre 18, qui donne plus de détails sur l'écriture de scripts shell.
- Le Chapitre 23, qui présente le protocole TCP/IP.
- Le Chapitre 25, qui explique comment configurer une machine Linux comme client et serveur DNS (*Domain Name Services*).

25 Configuration de DNS (Domain Name Service)

A l'origine, le nombre d'hôtes sur l'Internet était très faible. Les associations entre les noms et les adresses IP étaient assez faciles à gérer. Chaque hôte avait à sa disposition une liste complète de tous les noms d'hôtes et des adresses dans un fichier local. La croissance rapide de l'Internet a vite rendu ce système trop lourd. Lors de l'ajout d'un nouvel hôte, il devenait nécessaire de mettre à jour le fichier des hôtes sur chaque ordinateur. De plus, comme chaque nouvel ordinateur entraînait l'apparition d'une nouvelle ligne dans chaque fichier d'hôtes, ces fichiers devinrent énormes. Un nouveau système était nécessaire.

L'association des noms de systèmes Internet et des adresses IP demande beaucoup de réflexion. L'Internet a connu une énorme croissance ces dernières années, et le système initial, où les correspondances entre noms d'hôtes et adresses IP étaient sauvegardées dans un fichier ASCII local, s'est vite avéré peu pratique. Il fallait un nouveau système afin de gérer les milliers d'ordinateurs du Net, sans oublier ceux qui s'ajoutaient tous les jours. Ce nouveau système, appelé BIND (*Berkeley Internet Domain Server*), est une base de données réparties couvrant tout le réseau. Egalement appelé *Domain Name Service*, ou DNS, il fournit au mécanisme de correspondance d'adresses IP un nom d'hôte efficace et assez transparent.

Tout le monde reconnaît que le DNS est particulièrement difficile à configurer. Cependant, une fois que vous y serez parvenu, il est assez facile d'en assurer la maintenance. Ce chapitre vous apporte quelques rudiments nécessaires à la mise en place et la configuration d'un système DNS.

Vous y trouverez des applications sur :

- DNS ;
- la mise en place du convertisseur (résolveur) ;
- les divers fichiers de configuration `named` ;
- la mise en place de `named`.

Présentation de DNS

DNS fournit un mécanisme qui convertit les adresses IP en noms mnémoniques représentant les hôtes, les réseaux et les alias de mail. Pour ce faire, il divise l'IP Internet et le nom en différents groupes logiques. Chaque groupe gère ses ordinateurs et d'autres données.

En raison de sa complexité, DNS possède sa propre terminologie. Le Tableau 25.1 définit quelques termes souvent utilisés.

Tableau 25.1 : Termes DNS souvent utilisés

Terme	Définition
Domaine	Entité logique ou organisation qui représente une partie d'un réseau. Par exemple, **unc.edu** est le nom du domaine primaire de l'université de la Caroline du Nord à Chapel Hill.
Nom de domaine	Partie nom d'un nom d'hôte qui représente le domaine contenant l'hôte. Dans l'adresse **sunsite.unc.edu**, le nom de domaine est **unc.edu**. Ce terme est interchangeable avec *domaine*.
Hôte	Ordinateur sur un réseau.
Nœud	Ordinateur sur un réseau.
Serveur de noms	Un ordinateur qui fournit des services DNS pour associer des noms DNS aux adresses IP.
Résoudre ou traduire	Convertir un nom DNS en son adresse IP correspondante.
Convertisseur ou traducteur	Programme ou bibliothèque de programmes qui extrait des informations DNS d'un serveur de noms.
Résolution inverse	Association d'une adresse IP à son nom DNS. Egalement appelé DNS inverse.
Duper (*spoof*)	Faire croire au réseau que l'adresse IP ou le nom de domaine est différent.

DNS associe trois concepts :

- *L'espace de nom de domaine* désigne une arborescence identifiant une série d'hôtes et fournissant des informations sur eux. Chaque nœud de l'arborescence possède une base de données contenant des informations sur les hôtes dont il est responsable. Des requêtes tentent d'extraire les informations pertinentes de cette base. En clair, il s'agit simplement d'une liste de toutes sortes d'informations, d'adresses IP et d'alias mail, etc. qui peuvent être consultée depuis le système DNS.
- *Le serveurs de nom* sont des programmes qui stockent et mettent à jour les données dans l'espace de nom de domaine. Chacun possède toutes des informations complètes sur un sous-ensemble de l'espace de nom de domaine et des informations cachées sur les autres parties.

- *Un serveur de noms* dispose d'informations complètes sur son domaine de compétence. Ces informations sont divisées en *zone*, qui peuvent être distribuées parmi les différents serveurs de noms afin de fournir un service secondaire à une zone. Chaque serveur de noms connaît les autres serveurs responsables de zones différentes. Si l'on demande des informations situées dans une zone dont un serveur est responsable, ce dernier ne fait que renvoyer les informations. En revanche, si l'on demande des informations situées dans une zone différente, le serveur de noms avertit le serveur responsable de cette zone.
- *Les convertisseurs* sont des programmes ou des routines qui extraient des informations des serveurs de noms afin de répondre aux requêtes au sujet d'un hôte dans l'espace de nom de domaine.

Configuration du convertisseur

La première chose à faire, quand vous utilisez DNS, est de configurer la bibliothèque de résolution sur votre ordinateur. Votre convertisseur local doit être configuré si vous avez l'intention de convertir des noms DNS, même si vous ne voulez pas faire fonctionner un serveur de noms de domaine local.

• Le fichier /etc/host.conf

Les bibliothèques de résolution locales sont configurées à l'aide du fichier /etc/host.conf, qui se trouve dans le répertoire /etc. Ce fichier signale au convertisseur quels services sont disponibles et dans quel ordre il faut les appliquer. Ce fichier est en ASCII simple et il liste les options de résolution, à raison d'une option par ligne. Ses champs peuvent être séparés par des espaces ou des tabulations. Un dièse indique le début d'un commentaire.

Plusieurs options peuvent être spécifiées dans le fichier host.conf, comme le montre le Tableau 25.2.

Voici un exemple de fichier de configuration /etc/host.conf utilisant ces options :

```
# Exemple de fichier /etc/host.conf file
#
# Recherche les noms d'abord via DNS puis revient à /etc/hosts
order bind host
# Nous n'avons pas de machines avec plusieurs adresses
multi off
# Vérifie la parodie d'adresse IP (spoofing)
nospoof on
# et nous avertit si quelqu'un veut parodier
alert on
# Règle le nom de domaine tristar.com pour les recherche d'hôte
trim tristar.com
```

Tableau 25.2 : Options de configuration pour le fichier host.conf

Option	Description
`order`	Spécifie l'ordre dans lequel les différents mécanismes de résolution de noms sont appliqués. Les services de résolution spécifiés sont appliqués dans l'ordre donné. Les mécanismes de résolution de noms supportés sont les suivants :
`hosts`	Essaie de convertir le nom en cherchant dans le fichier etc/host local.
`bind`	Lance une requête à un serveur DNS pour convertir le nom.
`nis`	Utilise le protocole NIS (*Network Information Service*) pour convertir le nom d'hôte.
`alert`	A utiliser avec `on` ou `off` comme argument. Si elle est activée, chaque tentative de "spoofing" est enregistrée à l'aide de syslog.
`nospoof`	Si une adresse spécifiée est associée à un nom d'hôte à l'aide d'une résolution inverse, le nom renvoyé est converti afin de vérifier qu'il correspond à l'adresse demandée. Cette procédure évite le "spoofing" (incohérence) d'adresses IP. Cette option est activée en spécifiant `nospoof on`. Attention : l'utilisation de cette option peut entraîner une surcharge notable du système.
`trim`	Avec un nom de domaine comme argument, `trim` enlève le nom de domaine avant de chercher le nom dans /etc/hosts. Ainsi, vous pouvez saisir uniquement le nom d'hôte de base qui se trouve dans /etc/hosts sans avoir à spécifier le nom de domaine.
`multi`	A utiliser avec `on` ou `off` comme argument. Utilisé uniquement avec les requêtes `host` afin de déterminer si un hôte peut avoir plusieurs adresses IP spécifiées dans `/etc/hosts`. Cette option n'a aucun effet sur les requêtes NIS ou DNS.

Cet exemple montre une configuration générale du programme de résolution pour le domaine tristar.com. Dans un premier temps, le convertisseur cherche les noms d'hôtes à l'aide du DNS avant d'essayer le fichier local /etc/hosts.

INFO

Il est conseillé de spécifier le fichier local /etc/hosts dans la recherche de résolution. Si pour une raison quelconque, vos serveurs de noms ne sont pas accessibles, vous pourrez encore convertir les noms d'hôtes listés dans le fichier host local. De plus, il est recommandé de garder sur chaque ordinateur local une liste de tous les hôtes locaux dans vos fichiers /etc/hosts.

Des adresses IP multiples pour une seule machine sont désactivées. Cet hôte cherche une duperie des adresses IP en reconvertissant le nom d'hôte renvoyé par une recherche d'adresse IP inversée. Il est vrai que les performances en souffrent un peu, mais cette méthode vous permet de vous assurer que personne ne vous fournit un nom d'hôte fictif. De plus, la fonction alarme (*alert*) est activée : elle vous avertit lors de la détection d'une duperie. Enfin, le convertisseur tronque le domaine tristar.com, et enlève tous les noms d'hôtes qui sont recherchés dans le fichier local /etc/hosts.

• Le fichier /etc/resolv.conf

Une fois que le comportement général de votre bibliothèque de convertisseur a été configuré, vous aurez besoin de configurer des informations pour la partie DNS du convertisseur. Cela n'est nécessaire que si vous utilisez le DNS pour convertir des noms, c'est-à-dire en spécifiant `bind` dans la ligne `order` du fichier /etc/host.conf.

Le fichier /etc/resolv.conf détermine la façon dont le convertisseur utilise le DNS pour convertir les noms d'hôtes. Il spécifie les serveurs DNS à contacter (et leur ordre) lors de la résolution de noms. Il fournit aussi le nom de domaine local et quelques indices pour deviner les domaines d'hôtes qui sont spécifiés sans domaine.

Le Tableau 25.3 définit les options valides pour le fichier /etc/resolv.conf.

Tableau 25.3 : Options de configuration du fichier /etc/resolv.conf

Option	Description
`domain`	Indique le nom de domaine local de cet hôte. S'il n'est pas fourni, le convertisseur essaie de l'obtenir à l'aide de l'appel système `getdomainname()`.
`nameserver`	Spécifie l'adresse IP d'un serveur DNS à contacter afin de convertir un nom. Un maximum de trois serveurs peut être saisi en utilisant l'option `nameserver` plusieurs fois. Les serveurs sont interrogés dans l'ordre précisé. Il vaut mieux placer le serveur le plus fiable en premier afin d'éviter une perte de temps dans une recherche sur un serveur qui risque de se planter.
`search`	Liste de domaines à essayer si aucun domaine n'est spécifié dans la requête d'un nom d'hôte. Si aucune option de recherche n'est précisée, la liste de domaines est créée à partir du domaine local, plus chaque domaine père du domaine local.

Voici un exemple de fichier de configuration /etc/resolv.conf pour tristar.com :

```
# /etc/resolve.conf de tristar.com
#
# Initialise notre nom de domaine local
domain tristar.com
# Indique notre serveur de noms primaire
nameserver 166.82.1.3
```

Vous devez spécifier l'adresse IP du serveur DNS comme argument de l'option `nameserver` *(et non le nom d'hôte). Si le nom d'hôte est spécifié, le DNS ne sait pas quel hôte doit être contacté pour chercher le nom d'hôte du serveur de noms.*

Le domaine local est spécifié à l'aide de l'option `domain` et un seul serveur de noms est précisé pour la résolution des noms d'hôtes.

Vous n'avez pas utilisé l'option `search` pour définir l'ordre de la recherche. Cela signifie que si vous essayez d'obtenir l'adresse d'une machine (skippy par exemple), le convertisseur essaie d'abord skippy. En cas d'échec, il cherche skippy.tristar.com, et ensuite skippy.com.

Il arrive que les serveurs DNS se plantent subitement. Si vous dépendez uniquement d'un serveur DNS pour la résolution de noms, vous risquez de vous trouver bloqué en cas de plantage. Assurez-vous que vous avez spécifié plusieurs serveurs et gardez un grand nombre d'hôtes dans votre fichier local /etc/hosts par sécurité.

Configuration du serveur avec le démon named

A partir de maintenant, la magie commence ! Vous connaissez les étapes de base d'une configuration de convertisseur et savez comment lui indiquer les serveurs à contacter. Dans les sections qui suivent, vous apprendrez à créer un serveur de noms.

Le serveur de noms DNS sous Linux est fourni par le démon `named`. En général, ce démon est appelé au démarrage et trouve ses informations de configuration dans un ensemble de fichiers de configuration. Normalement, `named` tourne jusqu'à ce que l'on éteigne la machine. Une fois lancé et initialisé avec les données de configuration, le démon écrit le numéro de son processus dans le fichier ASCII /etc/named.pid. Ensuite, il attend des requêtes DNS sur le port de réseau par défaut spécifié dans /etc/services.

• Le fichier named.boot

Le premier fichier lu lors de l'exécution de `named` est normalement /etc/named.boot. Très petit, il constitue la clé des autres fichiers de configuration utilisés par `named`. Il contient des pointeurs vers ces fichiers de configuration et vers d'autres serveurs de noms. Les commentaires commencent par un point-virgule et continuent jusqu'à la fin de la ligne. Il peut contenir plusieurs options répertoriées dans le Tableau 25.4.

Tableau 25.4 : Options de configuration du fichier named.boot

Option	Description
`directory`	Spécifie le répertoire où se trouvent les fichiers de zones DNS. Vous pouvez spécifier plusieurs répertoires différents en utilisant plusieurs fois l'option `directory`. Vous pouvez indiquer des chemins relatifs à ces répertoires.
`primary`	Utilise comme argument un nom de domaine et un nom de fichier. L'option `primary` définit `named` comme la source de référence pour le domaine spécifié et lui ordonne de charger les informations à partir du fichier spécifié.
`secondary`	Demande à `named` d'être le serveur secondaire pour le domaine spécifié. Utilise un nom de domaine, une liste d'adresses, et un nom de fichier comme arguments. `named` essaie de transférer les informations sur les zones depuis les hôtes spécifiés dans la liste d'adresses et de les garder dans le fichier spécifié sur la ligne de l'option. Si aucun hôte n'est accessible, il essaie de récupérer ces informations à partir du fichier de zones secondaire.

Option	Description
`cache`	Etablit des informations de cache pour `named`. Utilise un nom de domaine et un nom de fichier comme arguments. Normalement, le nom de domaine est spécifié comme point. Le fichier contient un ensemble de données, appelées *server hints* (indices serveur), qui fournissent des informations sur les serveurs de noms root.
`forwarders`	Utilise une liste de serveurs de noms comme arguments. Commande au serveur local de contacter les serveurs listés s'il est incapable de convertir une adresse à partir de ses propres informations.
`slave`	Convertit le serveur de noms local en serveur esclave. Si cette option est incluse, le serveur essaie de convertir les noms DNS par des requêtes répétitives. Elle envoie la requête vers un des serveurs listés dans la ligne de l'option `forwarders`.

D'autres options sont utilisées, mais plus rarement. Pour plus d'informations, consultez l'aide en ligne pour `named`.

INFO

Comme tristar.com n'est pas relié à l'Internet, de nombreuses adresses IP d'hôte et de réseau sont fictives. Lors de la mise en place de votre propre serveur, assurez-vous que vous utilisez les adresses qui vous ont été attribuées.

Voici un exemple de fichier named.boot :

```
; fichier named.boot
; Exemple de fichier named.boot pour tristar.com
;
directory /var/named
;
cache    .   named.ca
primary   tristar.com   named.hosts
primary   197.198.199.in-addr.arpa   namedrev
```

Cet exemple configure le serveur de noms primaire pour tristar.com. Les commentaires commencent par un point-virgule. La ligne `directory` indique que tous les fichiers de travail de `named` se trouvent dans le répertoire /var/named. Puisqu'aucun des autres fichiers précisés dans le fichier named.boot ne possède de chemin associé, ils se trouvent dans /var/named.

La ligne suivante configure l'information de cache pour ce serveur de noms. Cette option devrait être présente sur chaque machine qui fonctionne comme serveur de noms. Elle commande à `named` d'activer la fonction cache et de charger les informations de serveur root à partir du fichier named.ca.

INFO

Cette entrée `cache` *est très importante. Sans elle, aucun cache n'est activé sur le serveur de noms local. Cela risque de provoquer de graves problèmes de performance lors des recherches de noms. De plus, le serveur local ne peut contacter aucun serveur de noms root, si bien qu'il devient impossible de convertir des noms d'hôtes non locaux à moins que le serveur local ne soit déclaré comme serveur de noms adresseur.*

La ligne suivante indique à `named` que ce serveur est la source de référence pour le domaine tristar.com. Les données sur les zones et les hôtes se trouvent dans le fichier named.host (voir section suivante).

Dans le fichier `named.hosts`, il existe une deuxième ligne `primary` qui montre que vous avez aussi l'autorité de zone primaire sur la zone 197.198.199.in-addr.arpa dont les informations de zone se trouvent dans le fichier named.rev. Cette syntaxe étrange sert à obtenir des informations qui lient les adresses IP aux noms DNS. Comme DNS a été configuré à l'origine pour lier des noms DNS aux adresses IP, une ligne `primary` différente est nécessaire à la résolution inverse.

INFO

Le domaine in-addr.arpa sert à spécifier une adresse inverse ou IP à la résolution de noms DNS.

• Fichiers de bases de données et enregistrements de ressources

Toutes les informations des divers fichiers de bases de données `named` sont stockées sous un format appelé *resource record* (enregistrement de ressources). Chaque archive de ressources est associée à un type qui indique la fonction de l'enregistrement. Un enregistrement de ressources est le plus petit élément d'information utilisé par `named`.

Nombreux sont ceux qui trouvent que la syntaxe des enregistrements et des fichiers maîtres de bases de données est obscure, d'autant que certains enregistrements de ressources doivent figurer à certains endroits dans certains fichiers. La plupart des problèmes de configuration DNS sont liés à des erreurs dans ces fichiers de configuration maîtres. Cependant, le moment est venu de plonger dans la syntaxe des enregistrements de ressources et dans les divers fichiers maîtres.

INFO

A l'intérieur des fichiers de configuration maîtres, il existe une option permettant de spécifier des noms d'hôtes absolus ou uniquement relatifs à ce domaine. Un nom d'hôte est absolu s'il se termine par un point comme `foo,tristar,com.` *; les autres sont considérés comme relatifs au domaine local (appelé aussi* origine*). Vous pouvez vous référer à l'origine elle-même en utilisant le caractère @.*

Les enregistrements de ressources utilisent une syntaxe générale identique quel que soit le type. Pour rendre les choses encore plus complexes, plusieurs parties de l'enregistrement sont facultatives suivant le type d'enregistrement, et prennent une valeur par défaut si elles ne sont pas précisées. Le format général d'un enregistrement de ressources est le suivant :

```
[propriétaire] [ttl] [classe] type données
```

Les champs sont séparés par des blancs (des espaces ou des tabulations). Le Tableau 25.5 décrit les divers champs.

Tableau 25.5 : Champs d'un enregistrement de ressources

Champ	Description
propriétaire	Nom de domaine ou d'hôte relatif à l'enregistrement. Si aucun nom n'est précisé, le nom de domaine de l'enregistrement de ressources précédent est proposé.
ttl	Champ *time-to-live* (durée de vie), qui indique la durée de validité des informations dans cet enregistrement (en secondes) à partir du moment de leur récupération d'un serveur DNS. Si aucune valeur n'est précisée, le `ttl` minimal du dernier SOA (*Start of Authority*, début d'autorisation) est utilisé.
classe	Spécifie une classe d'adresse réseau. La valeur `IN` doit être utilisée sur des réseaux TCP/IP. Si cette classe n'est pas précisée, celle de l'enregistrement de ressources précédent est utilisée.
type	Précise le type d'enregistrement de ressources (voir la section suivante). Cette valeur est obligatoire.
données	Spécifie les données associées à cet enregistrement de ressources. Cette valeur est obligatoire. Le format du champ `data` dépend du contenu du champ `type`.

Comme vous pouvez le constater, le format d'un enregistrement de ressources prête à confusion. Il existe plusieurs champs facultatifs, et le champ `data` dépend du type d'enregistrement de ressources. Pire encore, il existe plusieurs types d'enregistrement de ressources. Le Tableau 25.6 montre les types d'enregistrement de ressources les plus courants ; il en existe d'autres, mais qui s'utilisent rarement. Si ces types supplémentaires vous intéressent, consultez les RFC correspondants et les pages man de `named`.

Tableau 25.6 : Types d'enregistrements de ressources couramment utilisés

Type	Description
A	Enregistrement d'adresse qui lie un nom d'hôte et une adresse. Le champ de données garde l'adresse en notation décimale à points. Il n'y a qu'un enregistrement A par hôte, puisque ces informations sont considérées comme une référence. Toute liaison de nom d'hôte ou toute adresse doit être entrée à l'aide du type `CNAME`.
`CNAME`	Associe un alias au nom canonique d'un hôte (celui précisé dans l'enregistrement A).
`HINFO`	Fournit des informations sur un hôte. Ce champ de données garde les informations sur le matériel et les logiciels pour un hôte donné.
`MX`	Etablit un enregistrement d'échange mail. Le champ garde une valeur de préférence (nombre entier) suivie d'un nom d'hôte. Les enregistrements `MX` commandent à un transporteur de mail d'envoyer tout mail vers un autre système qui sait comment le livrer à destination.
`NS`	Pointe vers un serveur de noms pour une autre zone. Le champ de l'enregistrement de ressources `NS` contient le nom DNS du serveur. Un enregistrement A doit aussi être spécifié afin de lier le nom d'hôte à l'adresse du serveur de noms.

Type	Description
PTR	Associe des adresses à des noms, comme dans le domaine in-addr.arpa. Le nom d'hôte doit être le nom canonique.
SOA	Indique au serveur de noms que tous les enregistrements de ressources qui suivent se rapportent à ce domaine (SOA est l'acronyme de *Start Of Authority)*. Le champ de données est encadré par des parenthèses et c'est habituellement un champ à lignes multiples. Il contient les entrées suivantes :
`origin`	Nom canonique du serveur de noms primaire pour ce domaine. Normalement, c'est un nom de domaine absolu se terminant par un point. De ce fait, il n'est pas modifié par `named`.
`contact`	Adresse e-mail du responsable qui gère ce domaine. Comme le caractère @ a un sens particulier dans les enregistrements de ressources, il est remplacé par un point. Si le responsable de tristar.com s'appelle David, son adresse de contact est david.tristar.com.
`serial`	Numéro de version du fichier d'informations de zones (un nombre entier). Ce numéro est utilisé par les serveurs de noms secondaires pour déterminer le moment où le fichier d'informations de zones a changé. Il doit être augmenté de 1 à chaque modification du fichier.
`refresh`	Période (en secondes) durant laquelle le serveur secondaire attend avant de vérifier l'enregistrement SOA du serveur de noms primaire. Ces enregistrements ne changeant pas très souvent, cette valeur peut être d'environ une journée
`retry`	Période (en secondes) durant laquelle le serveur secondaire attend avant d'essayer à nouveau une requête vers le serveur primaire si celui-ci n'est pas accessible. Normalement, cette valeur doit être de quelques minutes.
`expire`	Période (en secondes) durant laquelle le serveur secondaire attend avant de rejeter les informations de zones s'il n'a pas pu contacter le serveur primaire. Normalement, cette valeur doit être très élevée (environ trente jours).
`minimum`	Valeur `ttl` par défaut pour les enregistrements de ressources ne spécifiant pas de valeur `ttl`. Si votre réseau ne change pas beaucoup, cette valeur peut être élevée (quelques semaines). Vous pouvez la remplacer en spécifiant une valeur `ttl` dans vos enregistrements de ressources.

Comme vous pouvez le constater, le format des enregistrements de ressources devient vite complexe. La situation devrait s'éclaircir une fois que vous aurez examiné quelques fichiers de configuration maîtres utilisés par `named`.

• Le fichier named.hosts

Dans votre fichier named.boot, vous avez listé named.hosts comme un fichier contenant des informations sur votre domaine local, tristar.com. Vous auriez pu le nommer à votre gré en incluant le nom dans la ligne `primary` de named.boot. Le fichier `names.hosts` contient des informations sur les hôtes dans la zone d'autorité tristar.com. Voici un exemple de fichier `named.hosts` qui utilise plusieurs des types d'enregistrement de ressources :

Listing 25.1 : Exemple de fichier named.hosts

```
; fichier named.hosts file pour tristar.com
;
@  IN  SOA  ns.tristar.com. dave.tristar.com. (
6   ; numéro de série
86400  ; rafraîchissement : 24 heures
300   ; réessayer : 5 minutes
2592000 ; expire : 30 jours
86400  ; minimum 24 heures
)
IN  NS  ns.tristar.com.
;
; votre domaine proprement dit tristar.com
;
@  IN  A  199.198.197.1
IN  MX  100  mailhost.tristar.com
IN  HINFO  PC-486  Linux
;
; votre serveur de noms primaire
;
ns  IN  A  199.198.197.1
nameserver IN  CNAME  ns.tristar.com.
;
; autres hôtes
;
mailhost  IN  A  199.198.197.2
opus  IN  A  199.198.197.3
IN  MX  100  mailhost.tristar.com
skippy  IN  A  199.198.197.4
IN  MX  100  mailhost.tristar.com
;
; l'hôte local
;
localhost IN  A  127.0.0.1
```

INFO

La résolution des noms d'hôtes dans les enregistrements de ressources qui se terminent par un point s'arrête là. Si le point n'est pas le dernier caractère du nom d'hôte, named *suppose que le nom d'hôte que vous avez saisi est relatif au nom de domaine d'origine (désigné par @) et ajoute le nom de domaine au nom d'hôte.*

Le premier enregistrement pour le domaine est le SOA (début d'autorisation). La première ligne de cet enregistrement commence par @ qui indique l'origine ou le domaine actuel : tristar.com.

La définition de l'origine vient du domaine listé sur la ligne `primary` correspondante de named.boot. Viennent ensuite les codes `IN SOA`, qui indiquent à `named` que cet enregistrement de ressources utilise l'adressage Internet (TCP/IP) et qu'il est un enregistrement `SOA`.

Les deux éléments suivants sont le nom canonique du serveur de noms primaire pour ce domaine (ns.tristar.com) et l'adresse électronique dont le caractère `@` a été remplacé par un point (david.tristar.com). Ensuite vient la liste des divers champs de données nécessaires à un enregistrement `SOA` (un par ligne). Le Tableau 25.6 explique en détail chacune de ces entrées.

Après l'enregistrement `SOA` vient l'enregistrement de ressources d'un serveur de noms, qui répertorie ns.tristar.com comme étant un serveur de noms pour le domaine. Puisqu'aucun domaine ne se trouve dans le champ de domaine, on suppose que c'est le dernier domaine spécifié (`@`), listé dans l'enregistrement `SOA`. Evidemment, le `@` est étendu pour devenir le domaine local, tristar.com.

Les trois lignes qui suivent configurent quelques informations sur le domaine même (tristar.com). Bien que vous ayez utilisé le caractère `@` comme nom de domaine (pour des raisons de clarté) parce que c'était le dernier nom de domaine du fichier, ces enregistrements de ressources l'appliquent encore par défaut si le champ de domaine est resté vide. La ligne suivante :

```
@   IN   A   199.198.197.1
```

permet aux utilisateurs de traiter tristar.com comme une vraie machine. L'adresse IP 199.198.197.1 lui a été attribuée ; c'est en réalité, comme vous allez le voir, l'adresse IP de ns.tristar.com.

La ligne suivante configure un enregistrement `MX` (échangeur de mail) pour tristar.com qui permet de faire suivre tout courrier vers mailhost.tristar.com. La dernière ligne de ce groupe configure un enregistrement `HINFO` (informations sur hôtes) pour tristar.com, qui indique qu'il s'agit d'un 486 qui tourne sous Linux.

Un peu plus haut dans le fichier, vous avez désigné ns.tristar.com comme serveur de noms à l'aide d'un enregistrement de ressources `NS`. Pour que `named` fonctionne correctement, il faut fournir une adresse ou un enregistrement `A` qui donne l'adresse de ns.tristar.com. C'est ce que fait la ligne suivante du fichier. Après l'enregistrement "de colle" qui donne l'adresse du serveur de noms, vient l'enregistrement de ressources `CNAME`, qui vous indique que nameserver.tristar.com est un alias de ns.tristar.com.

Vous procédez ensuite à la configuration des enregistrements d'adresse pour trois hôtes supplémentaires dans votre domaine : mailhost, opus et skippy. Notez qu'après les enregistrements `A` d'opus et de skippy, des enregistrements `MX` routent tout le courrier reçu par opus et skippy vers mailhost.tristar.com. Puisqu'aucun nom n'a été spécifié dans le premier champ de ces enregistrements `MX`, ils sont applicables au nom précédent, opus ou skippy.

INFO

*Comme le champ propriétaire (*owner*) d'un enregistrement de ressources prend par défaut la valeur précédente si le champ reste vide, il est facile de regrouper les enregistrements relatifs à un hôte. S'ils sont ajoutés au milieu d'un fichier, il se peut que l'hôte par défaut change en ce qui concerne certains enregistrements de ressources existants. Regardez attentivement avant d'ajouter des enregistrements de ressources à un fichier existant.*

Le dernier hôte du fichier named.hosts est localhost, lié à l'adresse 127.0.0.1. De toute évidence, la syntaxe de ces fichiers devient très compliquée et il est facile de commettre des erreurs.

• Le fichier named.rev

Ce fichier ressemble beaucoup à named.hosts, sauf qu'il effectue l'opération inverse. Il lie des adresses aux noms d'hôtes. Voici un exemple simple de fichiers named.rev pour tristar.com :

Listing 25.2 : Exemple de fichier named.rev

```
 ; fichier named.rev file pour tristar.com
 ;
@  IN  SOA  ns.tristar.com. david.tristar.com. (
6   ; numéro de série
86400  ; rafraîchissement : 24 H
300   ; réessayer : 5 minutes
2592000; expire : 30 J
86400  ; minimum 24 H
)
IN  NS  ns.tristar.com.
 ;
 ; correspondance inverse de vos adresses IP
 ;
1  IN  PTR  ns.tristar.com.
2  IN  PTR  mailhost.tristar.com.
3  IN  PTR  opus.tristar.com.
4  IN  PTR  skippy.tristar.com.
```

L'enregistrement `SOA` est le même que celui du fichier named.hosts. Ce n'est que la configuration des informations de référence pour le domaine. Dans ce cas, `@`, la valeur d'origine, est déclarée à 197.198.199.in-addr.arpa de la ligne `primary` du fichier named.boot. Souvenez-vous que le domaine in-addr.arpa fait référence aux associations inverses des adresses aux noms.

INFO

Les adresses listées dans la ligne in-addr.arpa correspondent à l'adresse du réseau à l'envers. Le réseau qui sert d'exemple dans ce chapitre a l'adresse 199.198.197.0. Quand vous la répertoriez dans les fichiers de données pour liaisons inverses, elle apparaît ainsi :

`197.198.199.in-addr.arpa`

L'enregistrement NS donne le serveur de noms pour votre domaine. Il est suivi des enregistrements qui constituent les enregistrements de résolution d'adresses inverses. Ce sont des enregistrements PTR, qui donnent le numéro d'hôte (la partie de l'adresse IP qui n'est pas donnée dans la valeur in-addr.arpa) et le nom d'hôte canonique correspondant. Il faut utiliser ici le nom d'hôte canonique, au lieu d'un nom d'hôte relatif.

Par exemple, la ligne suivante demande à named de lier l'adresse hôte 199.198.197.2 au nom d'hôte mailhost.tristar.com. :

```
2  IN  PTR  mailhost.tristar.com.
```

• Le fichier named.ca

La fonction cache de named est très importante. Heureusement, le fichier named.ca qui établit le cache est le plus simple des fichiers de configuration named. Il se contente de répertorier les serveurs de noms root des divers domaines, ainsi que leur adresse IP. Il contient quelques indicateurs de champs spéciaux qui signalent à named qu'il s'agit de serveurs root.

Vous pourrez probablement copier l'exemple de fichier named.ca du Listing 25.3. Pour obtenir une liste complète des serveurs de noms root, lancez l'utilitaire nslookup.

Listing 25.3 : Exemple de fichier named.ca

```
; fichier named.ca
;
99999999  IN  NS  NS.NIC.DDN.MIL
99999999  IN  NS  NS.NASA.GOV
99999999  IN  NS  KAVA.NISC.SRI.COM
99999999  IN  NS  TERP.UMD.EDU
99999999  IN  NS  C.NYSER.NET
99999999  IN  NS  NS.INTERNIC.NET
;
NS.NIC.DDN.MIL      99999999  IN  A  192.112.36.4
NS.NASA.GOV       99999999  IN  A  128.102.16.10
KAVA.NISC.SRI.COM  99999999  IN  A  192.33.33.24
TERP.UMD.EDU     99999999  IN  A  128.8.10.90
C.NYSER.NET       99999999  IN  A  192.33.4.12
NS.INTERNIC.NET   99999999  IN  A  198.41.0.4
```

Vous pouvez constater que le fichier named.ca ne fait qu'associer les enregistrements de serveurs de noms NS à leurs adresses.

Dépannage

DNS est un système très complexe. Vous pouvez commettre de nombreuses erreurs qui risquent de provoquer des problèmes sur votre système. De nombreux problèmes liés à la configuration DNS se ressembleront, mais ils auront des causes différentes. Cependant, la plupart résultent des erreurs de syntaxe dans les fichiers de configuration.

Vérifiez que les noms d'hôtes sont correctement spécifiés dans les fichiers de configuration DNS. S'il s'agit d'un nom absolu, il doit se terminer par un point.

Faites particulièrement attention aux noms utilisés dans les enregistrements `SOA` et `CNAME`. Si vous faites une erreur, ces enregistrements de ressources peuvent router des requêtes de noms d'hôtes vers des ordinateurs qui n'existent pas.

Incrémentez le numéro de série dans les fichiers de configuration en cas de modifications. Si vous l'oubliez, DNS ne relira pas les fichiers.

Assurez-vous que les adresses IP des enregistrements `A` sont correctement saisies, et vérifiez la correspondance avec votre fichier /etc/hosts (si vous en avez un). De plus, vérifiez que le nom DNS et l'adresse IP correspondent aux informations de résolution inverse contenues dans named.rev.

INFO

Le projet S/WAN de Paul Vixie (qui a écrit BIND) est intéressant : il fournit l'encryptage opportun au niveau paquet Ethernet. Pour dplus d'informations sur ce sujet, rendez-vous à l'adresse ***http://www.cygnus.com/~gnu/swan.html****.*

Le meilleur outil de mise au point est la commande `nslookup`. Utilisez-la pour tester entièrement votre serveur DNS. Effectuez des résolutions normales et inverses pour chaque adresse dans la base DNS, afin d'être sûr que les noms et les adresses sont corrects.

Informations complémentaires

Ce chapitre présentait les diverses composantes du système DNS et les différents fichiers de configuration nécessaires à la mise en place d'un serveur DNS sur un système Linux. Comme la syntaxe des enregistrements de ressources est assez obscure, soyez très vigilant au moment de créer vos fichiers de configuration.

Pour obtenir d'autres informations sur les réseaux, consultez :

- le Chapitre 24, qui explique comment installer et configurer un réseau TCP/IP ;
- le Chapitre 29, qui traite de la configuration de SLIP et PPP pour accéder à l'Internet ;
- le Chapitre 31, qui constitue une introduction à l'Internet et à DNS.

26 Configuration du courrier électronique

Ce chapitre étudie tout d'abord certaines des questions générales relatives au courrier électronique et de l'Internet au sens large : concepts et définitions, les standards du courrier électronique définis dans les RFC (Requests for Comment) que sendmail et d'autres applications ont essayé de respecter, et certains des protocoles définis pour l'utilisation de la messagerie électronique. Il traite ensuite de sendmail, le sous-système basé sur UNIX le plus utilisé sur l'Internet.

Vue générale du courrier électronique

Cette section propose une vue très générale du courrier électronique. Elle présente d'abord une étude de certains des concepts généraux du courrier électronique, y compris deux sortes de logiciels de courrier et l'endroit où sendmail se situe dans cette distinction. La partie suivante de cette section présentera les RFC (Request for Comment), qui comprennent les définitions des protocoles utilisés pour communiquer à l'intérieur et entre des réseaux. La dernière partie explique certains des protocoles qui servent à définir les messages électroniques.

• Historique et concepts généraux

L'un des premiers systèmes de courrier interne largement utilisés a été PROFS, d'IBM. Ce système, qui reposait sur un ordinateur central, disposait de fonctionnalités identiques à celles des systèmes e-mail modernes tels que Microsoft Exchange et Lotus Notes. Ces fonctionnalités sont :

- des outils d'administration et de gestion éprouvés ;
- une sécurité adaptable ;
- des possibilités de planification.

PROFS et les autres systèmes de messagerie de l'époque présentaient plusieurs similitudes. Basés sur un ordinateur central ou sur UNIX, ils étaient à base de texte, et considérés comme des systèmes de messagerie centralisés sur un hôte. Comme PROFS était dimensionnable et adaptable, IBM ne l'a que récemment abandonné pour son courrier interne.

Les ordinateurs étant de plus en plus acceptés et utilisés dans les entreprises, les gens ont commencé a profiter de la puissance que permettait le passage de l'ordinateur central à l'ordinateur de bureau. Le partage des fichiers a été l'une des premières applications des réseaux d'ordinateurs personnels ; il permettait l'utilisation d'un serveur central de fichiers et d'un lecteur de réseau partagé universellement accessible. Peu de temps après, les systèmes de messagerie ont commencé à profiter de la nouvelle puissance des ordinateurs de bureau des utilisateurs. Ainsi, la messagerie à base d'ordinateur central a évolué (dans certains cas) vers une messagerie à base de LAN.

• Le modèle de messagerie à fichier partagé

cc:Mail est un exemple de messagerie à base de LAN, également dénommée messagerie à fichier partagé. Dans le modèle de messagerie à fichier partagé, le client ordinateur de bureau dispose de tout le pouvoir et de tout le contrôle. Un client envoie des messages à une boîte aux lettres située sur un serveur, et interroge le serveur pour récupérer le courrier du répertoire défini pour sa boîte aux lettres. Le serveur est passif, il ne fait que stocker les messages. Il ne réalise aucun traitement ou tri et n'est pas prévu pour imposer des règles destinées à contrôler le flux de messages. La messagerie à fichier partagé offre les avantages suivants, par rapport à la messagerie à base d'ordinateur central :

- l'ajout d'attaches aux messages en texte pur ;
- des serveurs de prix inférieur ;
- une configuration simplifiée ;
- Une performance accrue pour certaines actions des clients.

Les systèmes de messagerie à fichier partagé ont cependant introduit de nouveaux problèmes. Chaque utilisateur ayant besoin d'un accès complet au système de fichiers, y compris aux boîtes aux lettres des autres utilisateurs, cela a posé des problèmes de sécurité. Par ailleurs, comme chaque client a besoin d'interroger un serveur pour obtenir du nouveau courrier, le trafic du réseau s'est accru. La bande passante du réseau est plus souvent un goulet d'étranglement que ne le sont les bandes passantes du client ou du serveur.

• Le modèle de messagerie client-serveur

Le système de messagerie client-serveur a réparti les tâches de traitement des messages entre les stations de travail de bureau et les serveurs. Grâce à un modèle à flux poussé de messages, les clients de courrier n'obstruent plus le réseau en interrogeant continuellement le réseau à la recherche de nouveaux messages. La messagerie client-serveur a également profité à la messagerie à fichier partagé en renforçant la sécurité de telle sorte que les utilisateurs ont davantage de difficultés à lire le courrier d'autrui. Le serveur le plus intelligent permet le tri et le traitement des messages avant leur envoi à un client du réseau.

• MUA, MTA, et MDA

Un système de courrier électronique peut être divisé en trois parties : l'Agent utilisateur du courrier (MUA, *Mail User Agent*), l'Agent de transport du courrier (MTA, *Mail Transport Agent*), et l'Agent de distribution du courrier (MDA, *Mail Delivery Agent*).

Le MUA est l'interface utilisateur — le logiciel dont l'utilisateur se sert pour lire son courrier, le classer dans des répertoires ou des dossiers, et l'écrire. Les gens ont des préférences quant aux fonctionnalités de leurs MUA ; ceux-ci ne sont par ailleurs pas disponibles sur toutes les plates-formes. Plusieurs MUA peuvent cohabiter sur une même machine. Par exemple, une station de travail UNIX peut utiliser les MUA suivants : mailx, elm, pine, mutt, mailtool, et dtmail. Un utilisateur peut se servir de n'importe quel MUA présent sur son système, car ce ne sont que des applications locales. Par ailleurs, la fonctionnalité MUA est souvent incluse dans les logiciels intégrés comme Lotus Notes et Netscape Mail.

Le MTA ne sert pas à écrire un message de courrier, mais à diriger le courrier d'un MUA local à un autre MTA situé sur un autre système (sendmail en est un exemple ; il n'est pas utilisé pour lire ou écrire directement le courrier, mais seulement pour distribuer les messages préformatés). L'orientation du courrier peut être effectuée localement ou à distance. Dans un transfert local, où l'expéditeur et le destinataire disposent tous deux d'un compte sur la même machine, le MTA a la responsabilité de véhiculer le courrier de lui-même à un MDA local ; il peut pour cela modifier les protocoles, les adresses et le routage du message. Un message créé sur un réseau UUCP demande d'être modifié pour être reçu sur un réseau TCP/IP. Le MTA agit comme une passerelle de courrier pour faire passer un message d'un réseau utilisant un certain protocole à un autre utilisant un protocole différent. Dans la plupart des cas, on ne trouve qu'un MTA sur chaque machine.

Le MDA est le troisième composant du programme de gestion du courrier. Alors qu'il transfère le courrier SMTP directement entre les MTA, le programme sendmail fait appel aux MDA (*Mail Delivery Agents*) pour distribuer localement le courrier de la file d'attente de sendmail à celle d'un MUA. Sendmail est souvent configuré pour utiliser deux MDA particuliers : /bin/mail et procmail. /bin/mail est presque universellement disponible sur les systèmes UNIX ; procmail est largement répandu, il est plus rapide et possède davantage de possibilités que le /bin/mail standard, notamment pour le pré-tri et le pré-acheminement du courrier.

Pour mieux comprendre la relation entre MUA/MTA/MDA, imaginez une personne envoyant une lettre. Le MUA représente cette personne. Elle écrit la lettre, la met dans une enveloppe, écrit une adresse et la timbre, puis la porte au bureau de poste. Le MTA joue le rôle du personnel du bureau de poste : il prend la lettre, examine l'adresse, la corrige si nécessaire, et la dirige soit sur une boîte aux lettres du même bureau de poste (si la lettre est locale), soit sur un autre bureau de poste (pour une destination distante). Le MDA correspond à l'employé des postes chargé de distribuer le courrier du bureau de poste à l'adresse de destination. Si une passerelle est utilisée, cette comparaison peut être étendue : un MTA qui reçoit une lettre à destination d'un autre département doit la transmettre à un autre MTA sachant distribuer les courriers dans ce département.

• Les RFC (Requests for Comment) de l'IETF

Les RFC (*Request for Comment*) décrivent les formats des protocoles utilisés sur l'Internet, lesquels sont également largement adoptés par de nombreux systèmes non Internet. Les RFC sont identifiées par des numéros ; il est plus facile de faire référence à la RFC822 qu'au "Standard for the Format of ARPA Internet Text Messages". Il existe à ce jour plus de deux mille RFC, certaines ayant été rendues obsolètes par l'arrivée de nouvelles. Pour trouver une RFC donnée, consultez le IETF sur le World Wide Web, à l'adresse **http://www.ietf.org/**.

Le courrier est une fonction tellement répandue sur l'Internet que de nombreuses RFC ont pour but de standardiser l'échange de courrier. sendmail et d'autres MTA sont concernés par les besoins et les définitions de ces protocoles. Mais la description en détail de toutes les RFC relatives au transport et au format du courrier demanderait des années et des milliers de pages.

Le Tableau 26.1 présente, par ordre chronologique, les RFC intéressant sendmail.

• Protocoles de l'Internet

sendmail utilise le protocole SMTP (*Simple Mail Transfer Protocol*) pour transférer des messages entre deux serveurs de courrier. Pour agir en tant que protocole serveur-à-serveur, SMTP a besoin d'un autre protocole comme POP3 pour récupérer et traiter localement les messages et les distribuer aux utilisateurs concernés. SMTP est le protocole de communication généralement utilisé pour le courrier dans les réseaux UNIX sous TCP/IP (*Transmission Control Protocol/Internet Protocol*). Contrairement au protocole UUCP, qui doit disposer d'un "plan" des machines existant entre l'expéditeur et le destinataire, TCP/IP permet à deux systèmes du réseau de converser "directement" en échangeant des paquets d'information. Le protocole SMTP est défini dans la RFC821 de l'IETF, intitulée "Simple Mail Transfert Protocol".

SMTP et ESMTP SMTP est un protocole client-serveur basé sur TCP, défini dans la RFC821 de l'IETF. SMTP est complexe dans ses détails, mais de conception simple. Après l'établissement d'une connexion fiable, le client (MUA) lance une brève séquence d'initialisation avec le serveur (MTA). Le client transmet alors un ou plusieurs messages au MTA pour qu'il les distribue. Avant l'envoi de chaque message, le client envoie la liste des destinataires locaux du message et l'adresse de l'expéditeur. En comparant avec le courrier papier, ces informations sont considérées comme correspondant à l'enveloppe du message.

Tableau 26.1 : Les RFC et la messagerie de courrier électronique

Numéro	Titre	Commentaire
RFC819	Domain Naming	Contient les conventions des applications utilisateur sur l'Internet.
RFC821	Simple Mail Transfer Protocol	Définit SMTP.
RFC822	Standard for the Format of ARPA Internet Text Messages	Définit le format (en-tête, corps, et leurs séparateurs) des messages de courrier texte sur l'Internet.
RFC976	UUCP Mail Interchange	Définit le format du protocole standard UUCP (*UNIX-to-UNIX-Copy-Protocol*) de transfert de messages de courrier entre deux systèmes UNIX
RFC1123	Requirements for Internet Hosts - Application and Support	Etend et met à jour la RFC822, principalement pour clarifier les sujets ambigus du document original
RFC1327	Mapping between X.400 (1988) / ISO 10021 and RFC822	Met à jour la RFC822.
RFC1521 et RFC1522	MIME Parts One and Two	Apporte une autre extension au formatdu courrier défini dans la RFC822 en définissant MIME, qui, entre autres choses, permet d'insérer dans les messages de courrier des fichiers binaires comme des graphiques ou des sons. Les deux ont été rendues obsolètes par la RFC2045–2049.
RFC1651	SMTP Service Extensions	Introduit ESTMP
RFC1652	SMTP Service Extension for 8-bit MIME Transport	
RFC1653	MTP Service Extension for Message	
RFC1869	SMTP Service Extensions	Rend la RFC1651 obsolète.
RFC1870	SMTP Service Extension for Message Size Declaration	Rend la RFC1653 obsolète.
RFC1891	SMTP Service Extension for Delivery Status Notifications	
RFC1892	The Multipart/Report Content Type for the Reporting of Mail System Administrative Messages	
RFC1893	Enhanced Mail System Status Codes	
RFC1894	An Extensible Message Format for Delivery Status Notifications	
RFC2045–2049	Multipurpose Internet Mail Extensions (MIME) Parts One through Five	Rend RFC1521 et RFC1522 obsolètes.

L'échange de la séquence d'initialisation et du contenu du message se fait dans un langage formel constitué de commandes de quatre caractères et de codes de trois chiffres. Par exemple, le déroulement d'un échange de courrier ESMTP peut ressembler à ceci :

```
$ /usr/sbin/sendmail -v david@mail.fake.com < message
david@mail.fake.com... Connecting to localmail.mail.fake.com. via smtp...
220 localmail.mail.fake.com ESMTP Send-
mail 8.9/8.9/; Sat, 22 May 1999 08:06:22 -0700
>>> EHLO gateway.oppositemail.com
250 localmail.mail.fake.com Hello michael@gateway.opposite-
mail.com [192.168.0.5], pleased to meet you
>>> MAIL From:michael@gateway.oppositemail.com
250 <michael@gateway.oppositemail.com>... Sender ok
>>> RCPT To:david@mail.fake.com
250 Recipient ok
>>> DATA
354 Enter mail, end with "." on a line by itself
>>> .
250 WAA11745 Message accepted for delivery
david@mail.fake.com... Sent (WAA11745 Message accepted for delivery)
Closing connection to localmail.mail.fake.com.
>>> QUIT
221 localmail.mail.fake.com closing connection
```

ESMTP (*Extended Simple Mail Transport Protocol*) est un cadre pour les fonctionnalités supplémentaires du courrier électronique. Il s'agit d'un mécanisme par lequel toutes les extensions utilisées avec le SMTP classique peuvent être négociées entre le client et le serveur. Ce mécanisme est décrit dans la RFC1651, et il ne dispose pas de limites fixes : deux extensions possibles ont été définies dans RFC1652 et RFC1653.

La RFC1652 définit l'encodage MIME sur 8 bits, qui permet à un utilisateur de transmettre des courriers de données de 8 bits sans avoir à réencoder ces données par une méthode base64 ou autre. Il supprime également la rupture qui peut résulter de l'envoi de données de 8 bits à un serveur compatible RFC821 incapable de traiter les éléments qu'il reçoit.

La déclaration de la taille d'un message permet à un serveur de limiter la taille d'un message qu'il est prêt à accepter. Avec SMTP RFC821, la seule possibilité consiste à faire rejeter le message par le serveur, après sa transmission complète et son transit sur le réseau. Cela représente malheureusement une perte de bande passante, et le client n'a aucune possibilité de savoir si le message a été refusé à cause de sa taille.

D'autres extensions possibles offertes par ESMTP sont la demande d'un rapport d'état de distribution des messages sortants (de sorte que les expéditeurs soient avertis lorsque les messages parviennent à destination) et la négociation de l'encodage entre les serveurs de courrier sécurisés.

• Formatage des messages de courrier

SMTP définit comment transférer un message de courrier sur l'Internet, mais pas comment le reconnaître. La RFC822 fixe le format des messages du courrier électronique de l'Internet. Ce format est simple, comme il convient à un standard :

- un en-tête contenant divers attributs de message nécessaires ou facultatifs ;
- une ligne vide ;
- le contenu du message.

Dans l'exemple de message donné ici, les champs de l'en-tête occupent plus de place que le contenu :

```
Return-Path: david@mail.fake.com
Received: from localmail.mail.fake.com (local-
mail.mail.fake.com [168.9.100.10]) by gateway.opposite-
mail.com (8.9/8.9) with ESMTP id WAA01322 for <robert@opposite-
mail.com>; Sat, 22 May 1999 18:17:06 -0500
Recei-
ved: from beta.mail.fake.com (beta.mail.fake.com [207.266.47.2]) by local-
mail.mail.fake.com (8.9/8.9) with  SMTP id WAA13732 for <robert@opposite-
mail.com>; Sat, 22 May 1999 18:22:06 -0500
Message-Id: 199802180506.WAA13732@localmail.mail.fake.com
X-Sender: pete@localmail.mail.fake.com
X-Mailer: Amiga Eudora Lite Version 2.1.2
Mime-Version: 1.0
Content-Type: text/plain; charset="us-ascii"
Date: Sat, 22 May 1999 18:22:08 -0500
To: robert@oppositemail.com
From: David Wylie david@mail.fake.com
Subject: Message d'essai
Cela est un message d'essai.
David
```

La ligne vide qui suit la ligne "Subject" sépare l'en-tête du corps du message. Toute autre ligne vide suivante fait partie du corps du message et n'a aucune signification structurelle. La plupart des champs d'en-tête sont courts, et leur signification est assez évidente (par exemple, "Subject"), alors que d'autres sont plus longues et incompréhensibles à la lecture (comme "Received..."). Pour obtenir des explications détaillées des nombreux champs standards et des champs moins standards, consultez le Chapitre 35 de sendmail, 2e édition, de Costales et Allman.

Chaque ligne d'en-tête est constituée d'une paire "clé-valeur" servant à définir une caractéristique du message. Par exemple, l'un des éléments nécessaires d'un message de courrier est son

destinataire. On le définit par le mot clé To:, un ou plusieurs caractères Espace ou Tabulation, puis la valeur représentant l'adresse électronique du destinataire. Dans le message ci-dessus, cette caractéristique est définie par la ligne suivante :

```
To: robert@oppositemail.com
```

sendmail

sendmail est en général considéré comme l'un des rares vrais cauchemars de l'administration d'un système UNIX. Il est difficile à configurer et peut être abordé en grande partie comme un débutant aborde UNIX. Un jour où quelqu'un se plaignait à Eric Allman (le créateur de sendmail) de la complexité de l'administration de sendmail, celui-ci répondit : "La configuration de sendmail est complexe, car le monde est complexe". Même si sendmail est capable de faire à peu près tout ce que vous pouvez imaginer, lui demander de faire ce que vous voulez peut être une véritable corvée.

Pourtant, les récentes versions ont amélioré de manière significative les possibilités de configurer et d'administrer sendmail. L'ajout d'un jeu étendu de macros M4, et la possibilité d'utiliser des noms compréhensibles pour les paramètres, en plus des options à un caractère, dans le fichier de configuration, ont simplifié le travail de configuration de sendmail. sendmail est également devenu un produit mature. Même si l'on y découvre presque chaque mois des imperfections, sendmail est utilisé en réseau d'entreprise pour la distribution du courrier, à travers une grande variété de réseaux et dans des environnements de haut volume.

• Histoire de sendmail

A la fin des années 1970, Eric Allman se trouvait à l'université de Californie de Berkeley. Il a écrit l'ancêtre de sendmail, delivermail, rendu public en 1979 pour résoudre le problème du transfert simultané du courrier entre les trois réseaux du campus. Ces trois réseaux étaient ARPANET (qui utilisait NCP, *Network Control Protocol*), un système de courrier UUCP, et un réseau interne nommé BerkNet.

L'année suivante, ARPANET a commencé à évoluer de NCP à TCP (*Transmission Control Protocol*). Auparavant, le courrier était distribué à l'aide de FTP (*File Transfert Protocol*), mais SMTP a été créé en prévision de la croissance potentielle du trafic du courrier du réseau.

En réponse à ces modifications, Allman a adopté une approche d'acceptation des formats du courrier électronique. Lorsqu'un message ne correspondait pas au format souhaité, sendmail essayait d'arranger son format au lieu de le refuser. Allman a également choisi de limiter la fonction de sendmail à celle de routeur de courrier, et de ne pas en faire une application de courrier pour utilisateur final. La version 4.1c de UNIX BSD (Berkeley Software Distribution) a vu la première sortie publique de sendmail.

Pendant ce temps, d'autres personnes s'affairaient à étendre les capacités de sendmail, indépendamment de Allman. Outre divers efforts privés, plusieurs éditeurs commerciaux comme

Sun et Hewlett-Packard ont développé leurs propres versions de sendmail, s'apercevant que certaines améliorations indispensables manquaient dans les versions existantes. En dehors de ces développements parallèles, plusieurs versions de sendmail sont apparues, avec des niveaux de compatibilité variables. En 1998, Allman a attribué à sendmail un statut commercial, en tant que version 8.9, la version 8.8.x restant un freeware, comme elle l'avait toujours été.

• L'architecture de sendmail

En général, la compilation et l'installation de la distribution de sendmail sont plus simples que cela paraît au premier abord. Le paquetage des sources comprend des fichiers de description de compilation prévus pour de nombreux systèmes différents, et un script de "fabrication" qui choisit le fichier adapté à l'environnement local. Un administrateur peut parfois avoir besoin d'effectuer des modifications mineures au fichier de description de compilation le plus proche de son environnement, pour l'adapter au système local.

Le démon sendmail. Le démon sendmail proprement dit est normalement configuré pour s'exécuter sur un système UNIX en tant que démon à l'écoute de courrier entrant.

INFO

Un démon est un programme UNIX qui s'exécute en arrière-plan sans fenêtre de terminal de contrôle.

Lorsqu'il fonctionne en tant que démon, sauf si on le lui a interdit au démarrage, `sendmail` se divise et s'exécute en arrière-plan, guettant sur la socket 25 les connexions SMTP entrantes. La commande permettant de lancer `sendmail` en tant que démon sur un système de type UNIX Berkeley peut ressembler à ceci :

```
/usr/lib/sendmail -bd -q30m
```

Cette commande peut être définie comme l'une des commandes exécutées au démarrage du système UNIX. En voici un exemple, pris dans le script de démarrage sendmail.init qui réside dans le répertoire /etc/rc.d/init.d d'un système Linux :

```
# Start daemons.
echo -n "Starting sendmail: "
daemon sendmail -bd -q1h
echo
touch /var/lock/subsys/sendmail
;;
```

Le paramètre `-bd` lance `sendmail` en tant que démon et `-q1h` indique à `sendmail` de vérifier la file d'attente toutes les heures. Dans l'exemple précédent, le paramètre `-q` indique à `sendmail` de vérifier la file d'attente toutes les trente minutes.

Lorsqu'il est lancé, `sendmail` commence par lire le fichier de configuration /etc/sendmail.cf (présenté, ainsi que d'autres fichiers de configuration, dans la section suivante).

Configuration et contrôle de sendmail à l'aide du fichier sendmail.cf. Une partie de la puissance de sendmail vient de l'accès aux fichiers de configuration sous-jacents à sendmail. Les messages de courrier étant canalisés par les fichiers de configuration de sendmail, sendmail est chargé de toutes les fonctions de routage : l'analyse, l'expédition, la distribution, le renvoi, et la mise en file d'attente.

La configuration de `sendmail` repose essentiellement sur sendmail.cf. Ce fichier de configuration complexe n'est lu qu'une fois au démarrage de sendmail, et contient trois types d'informations importantes :

- les options, comme les commutateurs de contrôle d'exécution, les définitions des distributeurs de courrier, et les emplacements des autres fichiers de configuration de sendmail ;
- les macros utilisées dans les ensembles de règles ;
- les ensembles de règles permettant de réécrire les adresses des messages entrants et sortants.

ASTUCE

Personne n'envisage d'écrire son fichier sendmail.cf à partir d'une page blanche d'un éditeur de texte. Lorsque vous configurez sendmail pour un nouveau réseau, vous pouvez presque à coup sûr vous procurer un fichier sendmail.cf ne nécessitant que quelques modifications. Naturellement, dès que votre serveur de courrier est opérationnel, sauvegardez sa configuration et rangez-la dans un endroit sûr.

sendmail V8 a apporté l'usage du préprocesseur de macros m4 ; il permet de créer des fichiers sendmail.cf contenant les fonctionnalités que vous souhaitez. Le nom d'un fichier m4 de création de sendmail comprend souvent le suffixe .mc (macro configuration), mais cela n'est pas une nécessité. De nombreux exemples de scripts .mc accompagnent les distributions standards de sendmail.

Par exemple, le fichier .mc minimal d'une station de travail Linux (sans les commentaires appropriés) pourrait ressembler à ceci :

```
OSTYPE(linux)dnl
MAILER(local)dnl
```

Il s'agit des deux seules macros nécessaires à un fichier .mc. Vous pouvez ajouter d'autres fonctionnalités, mais ce fichier — nommé smallest_linux.mc — pourrait être exécuté par la commande suivante (en supposant que votre répertoire en cours soit /usr/lib/sendmail/cf/cf, qui est l'emplacement où la distribution standard de sendmail range les fichiers m4) :

```
m4 ../m4/cf.m4 smallest_linux.mc > sendmail.cf
```

Le listing suivant analyse les éléments de la commande précédente :

`m4`
Appelle le préprocesseur m4

`../m4/cf.m4`
Identifie le fichier de configuration par défaut de m4

`smallest_linux.mc`
Fichier de configuration des macros de deux lignes

`>sendmail.cf`
La sortie doit être placée dans le fichier sendmail.cf

Après avoir créé à l'aide de m4 un fichier sendmail.cf contenant exactement les fonctionnalités voulues, il vous faut l'adapter à votre site. L'utilisation de m4 pour la création de sendmail.cf reste néanmoins une méthode rapide et fiable. En plus des nombreuses macros m4 fournies avec la distribution de sendmail, vous pouvez écrire les vôtres si nécessaire.

Pour obtenir rapidement un fichier de configuration de sendmail, complétez la page Web de l'outil de configuration m4 (pour sendmail V8) situé à l'adresse **http://www.completeis.com/sendmail/sendmail.cgi**. Sélectionnez les options souhaitées, et un fichier sendmail.cf conforme à ces choix vous sera envoyé.

Les fichiers de configuration de sendmail et leurs emplacements. sendmail.cf est le premier fichier que sendmail lit au démarrage. Il contient les emplacements de tous les autres fichiers de configuration utilisés par sendmail, énumérés ci-dessous dans le Tableau 26.2 :

Tableau 26.2 : Fichiers de configuration de sendmail

Nom et emplacement des fichiers	Description
/etc/aliases	Répertorie sous forme de texte ASCII des alias des noms
/etc/aliases.db	Base de données des alias compilée à partir de /etc/aliases
/etc/sendmail.hf	Fichier d'aide
/var/log/sendmail.st	Statistiques
/var/spool/mqueue/*	Fichiers temporaires de la file d'attente
/var/run/sendmail.pid	ID du processus du démon

Il ne s'agit là que des emplacements par défaut des fichiers. Les emplacements étant définis dans sendmail.cf, vous pouvez indiquer les noms et les chemins de répertoires de votre choix.

sendmail contient trop d'options de configuration pour qu'on puisse les énumérer dans ce livre. Leur syntaxe est de deux types : très obscure, et un peu moins obscure. Dans la version obscure, la lettre `O` (en majuscule) marque le début d'une option de commande du fichier sendmail.cf. Par exemple, les deux commandes suivantes :

```
O8pass8
```

et

```
O EightBitMode=pass8
```

jouent le même rôle. Elles indiquent à sendmail de transmettre les données formatées en 8 bits sous 8 bits, et de ne pas les tronquer à 7 bits. Remarquez la différence de syntaxe : la version monocaractère (`O8`) ne présente pas d'espace entre le `O` et la lettre significative de l'option, alors que la version (`O EightBitMode`) doit en contenir un. Comme pour toutes les autres commandes de sendmail, `O` doit se trouver à gauche de la ligne, à la colonne 1.

Cette limitation empêche une mauvaise interprétation des commandes, comme la ligne suivante, que l'on peut également rencontrer dans un fichier sendmail.cf :

```
DMMONGO
```

Cette commande définit (`D`) pour une macro (`M`) la valeur `MONGO`, de sorte qu'il soit possible d'utiliser `$M` à la place de "MONGO" pour réécrire les règles. Sans la limitation précisant qu'une commande est identifiée par un `O` situé dans la colonne la plus à gauche d'une ligne, le O de MONGO pourrait être interprété comme une commande.

Les options présentées ici illustrent le format de l'option de commande à utiliser dans un fichier de configuration. Les options peuvent toutefois être définies dans un fichier de macros m4 ou sur la ligne de commande. Les versions ligne de commande des options ci-dessus comprennent un tiret placé avant l'option elle-même, un o minuscule pour indiquer une commande d'option monocaractère, ou un O majuscule pour indiquer une commande d'option nommée, comme dans les exemples suivants :

```
-o8pass8
```

et

```
-O EightBitMode=pass8
```

• Ensembles de règles de sendmail

sendmail utilise des règles pour réécrire les adresses des courriers entrants et sortants. Ces règles sont au centre des possibilités de sendmail, de même que leur complexité : les règles de réécriture de sendmail constituent un langage de programmation spécialisé, orienté texte. Eric Allman a conçu sendmail de telle sorte que l'ensemble des règles réalise deux tâches essentielles :

- examiner l'adresse de chaque destinataire pour déterminer quel MDA doit être utilisé pour lui transmettre le message (ou au plus près) ;
- transformer les adresses à la fois dans l'enveloppe et dans l'en-tête du message pour faciliter la distribution ou la réponse.

Les règles de réécriture sont organisées en ensembles de règles. Un ensemble de règles est un sous-programme ou un module composé d'une suite de règles. Lorsqu'une adresse est passée à un ensemble de règles, le sous-programme la transmet à chacune de ses règles, l'une après l'autre. Si la clause de correspondance est satisfaite, la règle s'applique, l'adresse est modifiée, et le résultat est transmis à la règle suivante. Si l'adresse ne satisfait pas à la règle en cours, elle n'est pas modifiée, et la règle suivante de l'ensemble est essayée.

Syntaxe des ensembles de règles de sendmail. Chaque ensemble de règles est identifié par un numéro, et chaque nouvel ensemble de règles commence par un S situé dans la première colonne d'une ligne, suivi de son numéro d'identification. Les règles commencent par un R, et ne sont pas numérotées. Une commande non R termine l'ensemble de règles. Par exemple :

```
#######################################
###   Ruleset 0 -- Parse Address   ###
#######################################
S0
R$*             $: $>98 $1        handle local hacks
```

La syntaxe d'une règle est obscure, mais assez simple. Chaque règle possède une partie à gauche, une partie à droite, et un commentaire facultatif. Les deux parties et le commentaire facultatif sont séparés par des tabulations. La partie à gauche sert de modèle de comparaison pour l'adresse. Si l'adresse correspond au modèle de la partie gauche, elle est modifiée par la règle de la partie à droite et transmise à la règle suivante.

Dans sendmail.cf, un signe dièse (`#`) marque le début d'une ligne de commentaire. Les lignes vides sont ignorées. `S0` marque le début de l'ensemble de règles 0 (Ruleset 0). Le `R` de la ligne suivante marque le début de la règle. `$*` accepte toutes les adresses qui lui sont transmises, et `$: $>98 $1` transmet l'adresse à l'ensemble de règles 98 (Ruleset 98) pour traitement complémentaire. Le texte "handle local hacks" est un commentaire. Puisque les règles sont délimitées par une tabulation, la partie commentaire n'a pas besoin de commencer par un signe dièse (`#`).

Les principaux ensembles de règles de sendmail. Il existe plusieurs ensembles de règles standards, pouvant figurer dans un ordre quelconque dans sendmail.cf. Lorsque sendmail lit le fichier de configuration, il ordonne les règles. Un ensemble de règles attendu, mais absent est traité comme s'il était présent, mais vide.

Voici les principaux ensembles de règles :

- Ruleset 0 décide d'un MDA en lisant l'adresse.
- Ruleset 1 traite l'adresse de l'expéditeur.
- Ruleset 2 traite l'adresse du destinataire.
- Ruleset 3 prétraite toutes les adresses.
- Ruleset 4 posttraite toutes les adresses.
- Ruleset 5 réécrit les utilisateurs locaux non nommés.

Attribution d'un alias dans sendmail. Un alias est un raccourci d'une ou de plusieurs adresses complètes de courrier. Ce peut être le surnom d'une longue adresse que vous ne voulez pas ressaisir continuellement (comme "john" pour "john.dagenhamster@autre.entreprise.com"), ou le nom d'une liste de destinataires.

De nombreux MUA possèdent leurs propres listes d'alias, mais celles-ci sont généralement dans un format incompatible avec celui des autres MUA. Lorsque vous utilisez pine sur une station de travail Linux, son fichier d'alias ne peut pas être utilisé pour écrire une lettre avec votre client Lotus Notes de votre station de travail Windows 95. Au contraire, les nombreuses listes d'alias possibles contenues dans les alias du fichier alias de sendmail seront reconnues et développées lorsqu'un message sera traité par sendmail, quel que soit le MUA utilisé pour créer le message. sendmail autorise plusieurs fichiers d'alias — jusqu'à douze par défaut.

Informations complémentaires

Pour obtenir des informations complémentaires, reportez-vous au Chapitre 33, qui indique comment communiquer à l'aide du système e-mail.

- Vous pouvez approfondir sendmail en consultant l'adresse du Web **http://www.sendmail.org/** ou en étudiant le livre sendmail de Bryan Costales et Eric Allman, deuxième édition, édité par O'Reilly & Associates.
- Le Chapitre 33 traite de l'utilisation des agents utilisateurs de courrier tels que elm, pine et mutt, pour lire et rédiger un courrier électronique.

27 Introduction à Usenet

On confond souvent Usenet et l'Internet, mais Usenet n'est pas l'Internet. Usenet n'est pas un réseau, mais un service supporté par l'Internet, de même que de nombreux ordinateurs ne faisant pas directement partie de l'Internet. La meilleure façon que j'aie trouvée pour décrire Usenet est de le comparer à vingt mille (environ) tableaux d'affichage (BBS), avec un titre différent servant à décrire le sujet de chacun. Vous pouvez rechercher le tableau d'affichage du sujet qui vous intéresse, et lire certains ou tous ses messages du jour. Si vous le souhaitez, vous pouvez créer un message pour répondre publiquement à un autre message ou pour entamer une nouvelle discussion. Vous pouvez également noter l'adresse de quelqu'un et lui envoyer une lettre en privé qui n'apparaîtra pas sur le tableau. Vous pouvez ensuite revenir et observer s'il existe de nouveaux messages intéressants émanant d'autres personnes.

Usenet n'est pas comparable à une ligne téléphonique partagée, car on ne correspond pas avec autrui en direct. Il n'est pas possible d'interrompre quelqu'un au moment où il réfléchit à ce qu'il va écrire au tableau (vous pouvez toutefois recopier ultérieurement son message et le citer hors de son contexte ; mais, outre le fait que cela soit inconvenant, ce n'est pas la même chose qu'interrompre la personne et empêcher les autres de lire ses propos). Usenet est cependant très proche d'un parti, car celui qui s'exprime est peu contrôlé. Si quelqu'un prétend, par exemple, que les écureuils sont les seuls animaux à sang chaud incapables de battre les lièvres, il peut poster le message. Naturellement, les personnes qui savent que cela est inexact peuvent répondre et corriger le propos. Et si la première personne persiste à dire qu'elle a raison, il est probable que les autres lecteurs du tableau commenceront à ignorer ses messages.

INFO

Pour vous informer sur l'histoire de Usenet, visitez l'adresse ***http://www.yahoo.com/Reference/FAQs/*** *à l'aide de Netscape. Vous y trouverez plusieurs FAQ (*Frequently Asked Questions*) la concernant.*

Histoire et origines de Usenet

Dans le haut Moyen Age de l'informatique (vers la fin des années 70) est apparue une version de UNIX, libellée V7. L'une de ses applications était UUCP, qui signifie Unix-to-Unix CoPy. En 1979, deux étudiants diplômés de Duke University ont commencé à utiliser UUCP pour échanger des messages entre deux systèmes de l'université. Un ensemble de scripts shell fut

ensuite développé pour échanger des messages entre Duke et le réseau de l'Université de Caroline du Nord de Chapel Hill. Plus tard, les scripts shell furent réécrits en C, puis encore réécrits et étendus à de nombreuses reprises.

Structure de Usenet

Pour citer Douglas Adams dans le Guide de la Galaxie pour auto-stoppeurs, "L'espace est VASTE. Vraiment VASTE.", Usenet comprend (à l'heure où j'écris) environ dix mille groupes de news différents, pour plusieurs millions de participants. Certains de ces groupes de news sont inactifs et personne n'y poste jamais rien. Certains sont très actifs et devront prochainement être divisés en plusieurs groupes de news (soit parce que personne ne peut continuer avec ce volume, soit parce que de nombreux participants de ce groupe s'intéressent à un ensemble plus restreint de sujets).

Comme exemple de génération dynamique de groupe de news, citons comp.sys.powerpc, consacré aux discussions sur le processeur RISC du PowerPC. Lorsque Be, Inc. a annoncé le BeBox, une station de travail biprocesseur fonctionnant sous un nouveau système d'exploitation, une partie importante du groupe de news s'est concentrée uniquement sur le logiciel et le matériel de Be. Pour satisfaire à la fois les intérêts de ceux qui voulaient débattre de BeOS et les souhaits de ceux que cela n'intéressait pas, un groupe de news baptisé comp.sys.be fut créé. Un thème de discussion comme "fonctionnalités non documentées de la famille de processeurs du PowerPC" aurait pu intéresser tout le groupe de news, et les informations générées par cette discussion auraient pu constituer une vaste partie de la FAQ du groupe de news ou une FAQ totalement indépendante.

Même si le volume de Usenet peut paraître écrasant, sa structure reflète une certaine logique. Le Tableau 27.1 présente quelques divisions de premier niveau de Usenet. La partie la plus à gauche de chaque nom Usenet représente un identificateur de premier niveau.

Tableau 27.1 : Noms des hiérarchies de Usenet

Nom de la hiérarchie	Description
biz	Affaires
comp	Tout ce qui concerne les ordinateurs
misc	Divers
news	Sujets de Usenet, informations générales
rec	Loisirs (sports, artisanat, violons d'Ingres)
sci	Sciences
soc	Social (individus, cultures)
talk	Discussions sur tous les sujets
alt	Tout le reste

Il existe d'autres identificateurs de premier niveau pour les groupes de news, dont beaucoup sont régionaux. Par exemple, un groupe de news dont le nom commence par de.* est généralement alimenté par des interlocuteurs de langue allemande, et la plupart des hiérarchies de.* traite de sujets allemands et européens.

La hiérarchie alt.* représente une partie énorme de Usenet. Les conditions nécessaires pour créer un groupe de news alt.* sont plus simples que pour créer un groupe de news de hiérarchie principale. En outre, ils ne sont pas toujours transmis par tous les fournisseurs de services Internet, pour deux raisons. La première est la bande passante : les groupes de news alt.* constituent une partie importante de tous les groupes Usenet, et certains groupes de news alt.* — en particulier ceux qui sont consacrés aux fichiers binaires des applications ou des images graphiques — peuvent accaparer d'énormes quantités de bande passante. La seconde raison est sa nature offensante : les groupes de news alt.* ont tendance à tolérer un langage ou des sujets plus outranciers ou détestables que les groupes de news principaux, et on risque plus d'être heurté par leur contenu.

INFO

Certains fournisseurs d'accès Internet disposent d'un règlement "défini par l'utilisateur" pour l'accès à Usenet : ils fournissent des groupes en provenance de l'ensemble des groupes de news, mais n'acheminent que les groupes de news que les utilisateurs du réseau ont demandés. Ce règlement "à la carte" réduit de manière substantielle la bande passante réelle de l'approvisionnement Usenet nécessaire au réseau, alors que les centres d'intérêt des utilisateurs ne sont pas limités ou censurés. D'autres fournisseurs de services Internet adoptent un règlement mixte : ils n'acheminent que les groupes qu'ils approuvent ET que leurs utilisateurs demandent.

Si Usenet est nouveau pour vous, vérifiez que le groupe de news news.announce.newusers figure dans votre liste d'abonnement. Des guides d'informations de base sur les aspects de Usenet y sont régulièrement postés chaque quinzaine.

Configuration des clients Usenet

Usenet repose sur la relation habituelle client-serveur : un serveur échange des messages avec un autre serveur et les stocke sur le système local. Pour lire un groupe de news Usenet, vous devez contacter votre réseau ou votre fournisseur de services Internet, et lui demander le nom d'un serveur NNTP (ce qui ressemble à quelque chose comme test.fake.com ou 192.168.2.221). Vous pouvez ensuite commencer.

• NN et TIN

NN et TIN sont deux lecteurs de news très proches, dont les configurations sont très semblables ; ils font tous deux partie de nombreuses distributions de Linux.

Si vous essayez une version de TIN compilée avec les options NNTP depuis un compte de shell UNIX, essayez l'une de ces commandes :

- Si vous utilisez les shells ksh ou bash :

```
$ NNTPSERVER= test.fake.com tin -r -f .fakenewsrc I .newsnet/.index
```

- Si vous utilisez le shell C ou le shell tcsh :

```
% setenv NNTPSERVER test.fake.com; tin -r -f .fakenewsrc I .newsnet/.index
```

Pour NN, la configuration est similaire :

- Si vous utilisez les shells ksh ou bash :

```
$ NNTPSERVER=test.fake.com nn newsrc=~ .fakenewsrc
```

- Si vous utilisez le shell C ou le shell tcsh :

```
% setenv NNTPSERVER test.fake.com nn newsrc=~/.fakenewsrc
```

• Pine

Pine est le plus souvent utilisé en tant que lecteur de courrier, mais il peut l'être également en tant que lecteur de news. Pour configurer votre client de courrier pine afin qu'il accède à Usenet, appuyez sur <S> (Setup), puis sur <C> (Config). Modifiez ensuite la ligne "news collections" pour qu'elle indique :

```
*{test.fake.com/NNTP}[]
```

Appuyez ensuite sur <E> afin de quitter pine et relancez-le. Puis appuyez sur <L> (List Folders), passez dans les dossiers des news, et sélectionnez <A> (Add) pour vous abonner aux groupes de news que vous souhaitez.

L'écran résultant devrait ressembler à ceci :

```
PINE 3.96   FOLDER LIST                          Folder: INBOX  313 Messages
---------------------------------------------------------------
Folder-collection <mail/[]>  ** Default for Saves **      (Local)
---------------------------------------------------------------
                [ Select Here to See Expanded List ]
---------------------------------------------------------------
News-collection <News on test.fake,com>                  (Remote)
---------------------------------------------------------------
                [ Select Here to See Expanded List ]
```

Même si la lecture des news peut s'avérer amusante et pleine d'enseignement, la seule lecture (et non la publication) de messages est un type de comportement dissimulé, désapprouvé par les anciens de Usenet. Pour poster de nouveaux messages Usenet aux groupes de news ou envoyer des réponses par courrier électronique, vous devez également compléter les champs suivants :

- votre nom (nom de famille et prénom) ;

- votre adresse e-mail (idutilisateur@nomdhote.domaine) ;
- l'ordinateur qui fait suivre votre courrier (demandez le nom du serveur de courrier SMTP à votre administrateur système).

Ces données sont en principe déjà indiquées pour votre lecteur de courrier. Vous devriez pouvoir utiliser les mêmes. Demandez néanmoins confirmation auprès d'un administrateur système.

ASTUCE

La plupart des administrateurs système disposent d'un document indiquant ces renseignements. Si ce n'est pas le cas, conservez-en un résumé afin d'en faire bénéficier autrui ultérieurement.

Avec pine et d'autres lecteurs de news, de même qu'avec la plupart des applications d'e-mail, il est possible de définir un fichier de signature. Il s'agit d'un bloc d'informations que vous souhaitez insérer dans chaque annonce que vous faites à un groupe de news. Vous y indiquerez généralement votre nom, votre adresse e-mail, et (s'il s'agit d'un compte professionnel) votre titre ou votre rang. Les gens insèrent aussi parfois une citation qu'ils jugent spirituelle.

INFO

Vous indiquerez rarement dans un fichier de signature votre adresse personnelle et votre numéro de téléphone. Même si l'on écarte les côtés malveillants ou espiègles, il existe toujours la possibilité qu'une personne, dans le cadre de son activité professionnelle normale, vous appelle de Nouméa (à Paris) en oubliant l'écart de fuseaux horaires. Souvenez-vous que si une personne est capable de lire votre courrier électronique ou vos news postés sur l'Internet, elle peut toujours répondre aussi de la même manière.

Souvenez-vous également que le fait de coller manuellement votre fichier de signature à la fin de votre message ou l'attacher en tant que fichier joint, alors qu'il est par ailleurs inséré de façon automatique, vous fera paraître un peu étourdi.

Lors de la lecture des groupes de news, viendra le moment où vous voudrez participer à une discussion en cours ou lancer un nouveau sujet de conversation. Pour participer activement à Usenet, vous devez connaître les règles de la culture UsenetGroupes de news:Netiquette. Suivez les recommandations générales suivantes avant de poster des messages à un groupe de news :

- Attendez d'avoir lu le groupe de news pendant au moins une semaine, et de percevoir sa tonalité. Jugez-vous la discussion moyenne trop directe et brutale, ou les participants actuels vous trouveront-ils agaçant ?
- Cherchez et lisez la FAQ (s'il en existe une). De nombreuses FAQ de Usenet sont archivées en **ftp://rtfm.mit.edu/pub/Usenet/**.
- Ne publiez que vers les groupes de news pour lesquels votre message est pertinent. Si vous essayez de vendre un lit à eau en Californie, vous ne devez certainement faire votre publicité que dans les groupes de news .forsale, dans la zone immédiate. Il est peu probable que les lecteurs du groupe triangle.forsale desservant la zone est de Caroline du Nord

souhaitent acheter votre lit à eau de l'autre côté du pays. De même, si vous vous posez une question sur les ordinateurs Amiga, ne vous adressez pas au groupe de news orienté Macintosh.

Il se peut que vous postiez un message à un groupe de news, et que vous ne le voyiez pas y figurer ensuite. Certains groupes de news sont en effet modérés, ce qui signifie que tous les messages qui y sont adressés sont lus par une ou plusieurs personnes qui décident si les messages sont appropriés et peuvent être transmis au groupe de news. On peut se rendre compte si un groupe de news est modéré en consultant sa FAQ, sa charte, ou en lisant ses messages pendant une semaine ou deux afin de remarquer si quelqu'un se présente comme un modérateur de ce groupe.

ASTUCE

Si vous ne voyez pas apparaître immédiatement une FAQ dans le groupe de news lors de votre première connexion, essayez l'un des moteurs de recherche pour Usenet tel que ***http://www.deja-news.com*** *ou* ***http://www.altavista.digital.com****, et utilisez le nom du groupe et "FAQ" comme mot clé. Vous pouvez également demander "Is there a FAQ for this group?" dans votre premier message.*

D'une manière générale, suivez le sens commun, et vous vous débrouillerez très bien. Pour d'autres conseils sur le sujet parfois délicat de la Netiquette, visitez l'adresse **http://www.fau.au/rinaldi/netiquette.html** ; il s'agit d'un site Web disposant de nombreuses bonnes ressources pour les débutants Internet.

Informations complémentaires

Pour davantage d'informations sur Usenet, reportez-vous au Chapitre 34. Il décrit les systèmes des news Usenet utiles pour l'échange de messages publics.

28 L'éditeur emacs

Le terme emacs signifie *EditorMACroS* ; ce projet a vu le jour afin de remplacer un éditeur de texte appelé *teco*. emacs est l'un des éditeurs les plus utilisés, les plus largement distribués parmi ceux dont on peut disposer dans le monde UNIX/Linux. En fait, des versions d'emacs sont disponibles sur la plupart des plates-formes informatiques, de Linux à Windows.

Une version complète d'emacs occupe plusieurs mégaoctets d'espace disque. C'est un éditeur très fonctionnel, très puissant, et que l'on a amélioré afin de proposer des fonctions allant bien au-delà du simple éditeur de texte. Dans certaines installations, vous pouvez, grâce à lui, éditer des fichiers et les gérer, tenir un calendrier, travailler par e-mail, lire des informations sur Usenet ou les réseaux, créer des squelettes pour la mise en pages, l'utiliser comme calculatrice, ou même surfer sur l'Internet. D'une certaine façon, emacs est un environnement de travail qui contient un éditeur de texte. Une version répandue d'emacs est distribuée via la licence GNU. C'est la version installée par Linux au Chapitre 5. Dans ce chapitre vous étudierez :

- les commandes de base d'emacs ;
- comment créer de nouveaux fichiers et modifier les fichiers existants ;
- comment exécuter les fonctions de base d'un traitement de texte.

Lancement d'emacs

Voir Annexe D.

L'éditeur emacs a été créé par le patriarche du GNU, Richard Stallman. Le code source d'emacs est disponible gratuitement sous autorisation GNU. Stallman, fondateur de la Free Software Foundation et du projet GNU, considère en effet que tout logiciel devrait être gratuit et que les systèmes informatiques devraient être accessibles à tous. Les utilisateurs sont d'ailleurs encouragés à effectuer des modifications, mais doivent alors les partager avec autrui.

Voir Chapitre 8.

L'éditeur emacs ne possède pas les deux modes de base de vi. Cela signifie que tout ce que vous tapez est inséré dans le tampon. Pour transmettre à l'éditeur des commandes chargées d'enregistrer des fichiers, rechercher du texte, en supprimer, etc., vous devrez vous servir d'autres touches. Dans emacs, vous utilisez la touche <Ctrl> et différents caractères (d'habitude <Ctrl-x> et <Ctrl-c>) ainsi que la touche <Echap> pour exécuter les diverses commandes. Un échantillon des commandes courantes sera décrit dans ce chapitre.

Ces commandes `emacs` sont en fait des raccourcis pour les commandes texte complètes. Par exemple, <Ctrl-x><Ctrl-s>, qui enregistre le tampon courant dans un fichier, est en réalité un raccourci évitant à l'utilisateur de taper la commande `emacs` <Esc>`-x save-buffer`. Comme vous pouvez le constater, la séquence <Ctrl-x><Ctrl-s> est plus simple et beaucoup plus facile à retenir que la commande complète d'`emacs`. Un récapitulatif des commandes de base figure à la fin de ce chapitre.

`emacs` permet également d'éditer plusieurs tampons ou fichiers, dans la même session. Ainsi, vous pouvez éditer plusieurs fichiers à la fois. Vous découvrirez aussi certaines commandes de manipulation des tampons. `emacs` utilise également des tampons ayant pour rôle la sauvegarde du texte effacé et le rappel des commandes.

Pour lancer `emacs`, tapez `emacs` et appuyez sur <Entrée>. Un écran vide avec une ligne d'état apparaît.

Ce chapitre n'aborde pas les touches et les commandes utilisées dans `emacs`, mais vous pouvez obtenir une aide en tapant <Ctrl-h><h>. Ensuite, utilisez <Ctrl-x><Ctrl-c> pour quitter complètement, ou <Ctrl-x><1> pour revenir à la session d'édition. Contrairement à `vi`, `emacs` possède donc une aide en ligne et même un didacticiel.

Une fois que vous avez interrogé l'aide en ligne, `emacs` présente un autre tampon, prêt à fournir une aide. Si vous appuyez sur <t>, `emacs` lance un excellent didacticiel. Si vous appuyez sur <k>, il fournit une aide sur votre prochaine commande /touche. Si vous avez appuyé sur <Ctrl-h><k><Ctrl-w>, vous obtiendrez donc des informations sur la façon de supprimer une région marquée.

Pour retourner à la session d'édition, appuyez sur <Ctrl-x><1>. `emacs` revient alors dans une situation d'édition avec un seul tampon.

Le système `emacs` complet du GNU est volumineux, mais peut être personnalisé pour correspondre au mieux à votre environnement local. Parmi les versions plus petites d'`emacs` facilement disponibles, on trouve `Freemacs` de Russell Nelson, et `MicroEmacs`, écrit à l'origine par Dave Conroy. N'oubliez pas non plus que la distribution de Linux fournit d'autres éditeurs du même type, à savoir `JED` et `JOVE`, qui sont moins gourmands en taille que l'installation complète d'`emacs`.

INFO

Si ce chapitre ne couvre pas toutes les caractéristiques d'emacs (il existe des ouvrages entièrement consacrés à ce sujet), il vous permettra cependant de connaître les commandes permettant d'effectuer les travaux d'édition primordiaux. Pour en savoir plus sur les fonctions avancées `d'emacs` *et les opérations avancées d'édition de texte, consultez le manuel de référence fourni avec votre système. Il n'est pas nécessaire d'être un expert d'emacs pour l'utiliser correctement. emacs possède également un didacticiel très détaillé incorporé au système. Vous trouverez plus loin un supplément d'information sur l'exécution du didacticiel ; pour l'invoquer, tapez <Ctrl-h><t>.*

Travailler avec emacs

L'édition de texte consiste à créer un nouveau texte ou à modifier un texte existant. Lorsque vous créez un nouveau texte, vous le placez dans un fichier portant un nom Linux standard. Lorsque vous modifiez un texte existant, vous utilisez son nom pour appeler une copie dans la session d'édition. Dans chacun des cas, quand vous utilisez l'éditeur, le texte est stocké dans la mémoire du système, dans une zone de sauvegarde appelée un *tampon* (ou *buffer*).

Utiliser un tampon vous épargne de modifier directement le contenu d'un fichier jusqu'à ce que vous décidiez de sauvegarder ce tampon — ce qui est avantageux si vous souhaitez abandonner les modifications effectuées et recommencer.

`emacs` autorise l'édition simultanée de plusieurs tampons, ce qui permet d'effectuer des couper-coller d'un tampon à un autre, de comparer du texte à partir de fichiers différents, ou de fusionner un fichier dans un autre. `emacs` utilise aussi un tampon spécial pour accepter les commandes et donner des informations à l'utilisateur. Ce tampon, le *mini-buffer*, apparaît en bas de l'écran.

`emacs` permet également d'afficher le contenu de différents tampons dans leur propre fenêtre ; vous pouvez donc visualiser plusieurs fichiers en même temps, même si vous n'utilisez pas une interface utilisateur graphique.

• L'écran d'emacs

La Figure 28.1 montre un écran `emacs` tel qu'il se présente à l'utilisateur. La partie haute affiche le contenu de différents tampons, parfois dans des fenêtres multiples. Une ligne de mode (ou d'état) est affichée en bas de l'écran. Cette ligne, généralement affichée en vidéo inverse, offre à l'utilisateur des informations sur le tampon, comme son nom, le mode principal et le mode secondaire, ainsi que la quantité de texte qu'il affiche. En dessous de la ligne de mode, on trouve le mini-buffer. C'est un tampon contenant une seule ligne destinée à recevoir les commandes `emacs`, et à afficher leur résultat.

La position actuelle dans le tampon est indiquée par un curseur. `emacs` fait référence à ce dernier comme à un *point*, surtout dans le système d'aide en ligne ; il est donc important que vous vous souveniez de ce terme.

• Création d'un fichier emacs

Pour créer votre premier fichier `emacs`, appliquez les instructions suivantes. Si vous rencontrez des difficultés, vous pouvez quitter et recommencer en appuyant sur <Ctrl-x><Ctrl-c>.

1. Lancez emacs (tapez emacs et appuyez sur <Entrée>). L'écran de la Figure 28.1 apparaît.

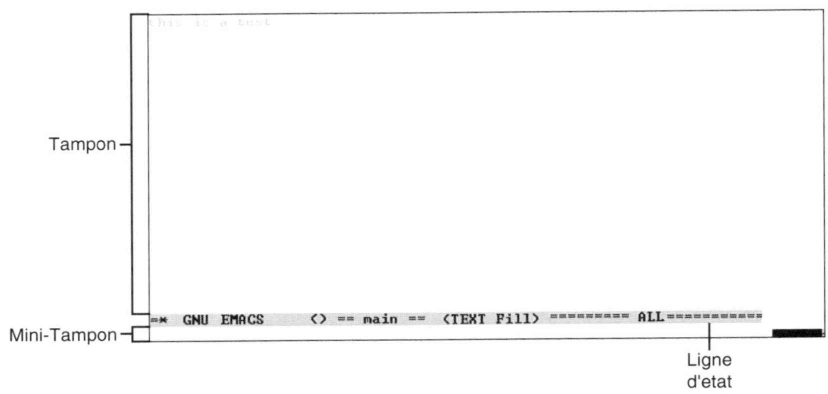

Figure 28.1
Un écran emacs.

2. Ajoutez des lignes de texte dans le tampon. Tapez :

```
Emploi du temps pour aujourd'hui.
a. Pratique de emacs.
b. Tri des ventes et impression des résultats.
```

Vous pouvez utiliser la touche <Backspace> pour corriger des fautes sur la ligne en cours. Ne vous souciez pas des détails ici : cet exemple n'est qu'un essai. Vous apprendrez d'autres méthodes pour effectuer des modifications dans les dernières parties de ce chapitre.

INFO

Observez le mini-tampon en bas de l'écran. Le résultat de votre frappe apparaît ici, car vous tapez des commandes pour l'éditeur `emacs`.

Utilisez la touche <Correction> (<Ret. arr.>) pour corriger les erreurs dans la ligne en cours. Vous apprendrez d'autres méthodes pour effectuer des modifications dans les sections suivantes.

3. Enregistrez votre tampon dans un fichier appelé emacs-pract.1. Appuyez sur <Ctrl-x><Ctrl-s> et tapez `emacs-pract.1`. Ce nom de fichier apparaît au bas de l'écran. Appuyez sur <Entrée>. Cette commande enregistre ou écrit le tampon dans le fichier emacs-pract.1.

INFO

Observez le nombre de caractères du nom de fichier. Contrairement à MS-DOS et à Windows, Linux accepte plus de huit caractères et de trois caractères d'extension pour un nom de fichier.

Un message confirmant votre action sur la ligne d'état s'affiche :

```
wrote /root/emacs-pract.1
```

Il confirme que le fichier emacs-pract.1 a bien été créé et sauvegardé sur disque. Il se peut que votre affichage diffère si vous n'avez pas tapé exactement la même information.

4. Quittez `emacs` en tapant <Ctrl-x><Ctrl-c>, puis <Entrée>. Si un texte édité n'a pas été sauvegardé, `emacs` demande une confirmation. Répondez <y> pour sauvegarder les données, <n> dans le cas contraire. `emacs` se termine et vous revenez à l'invite du shell.

DÉPANNAGE

emacs place les caractères saisis dans le mini-buffer et entreprend des actions étranges.

Si vous appuyez deux fois sur <Echap>, `emacs` *entre dans le mode de programmation LISP. LISP est le langage avec lequel a été écrit* `emacs`*, et vous pouvez vous en servir pour étendre et personnaliser* `emacs`*. Lorsque vous pressez <Echap><Echap>,* `emacs` *passe en mode d'évaluation d'expression et attend que l'utilisateur entre une commande LISP ; appuyez simplement sur <Entrée> pour quitter ce mode.*

• Lancement d'emacs avec un fichier existant

Pour éditer ou examiner un fichier qui existe déjà dans votre répertoire courant, tapez `emacs` suivi du nom de ce fichier et appuyez sur <Entrée>. Essayez avec le fichier que vous avez créé dans le paragraphe précédent en entrant :

```
emacs-pract.1
```

Vous obtenez l'affichage suivant :

```
Emploi du temps pour aujourd'hui.
a. Pratique de emacs.
b. Tri des ventes et impression des résultats.
```

Regardez le mini-buffer : il contient le nom du fichier que vous éditez.

DÉPANNAGE

Je tape le nom d'un fichier existant, mais* `emacs` *agit comme si je créais un nouveau fichier.

Vous devez avoir tapé le nom d'un fichier qui n'existe pas dans votre répertoire courant. Supposez que vous tapiez `emacs pract.1` *et appuyiez sur <Entrée>, mais qu'il n'y ait pas de fichier nommé pract.1 dans votre répertoire courant. Vous lancez à nouveau* `emacs`*, mais il agit comme si vous créiez un nouveau fichier.*

J'essaie d'éditer un nouveau fichier, mais* `emacs` *affiche un message indiquant une interdiction d'accès en lecture et je reviens au prompt du shell.

Vous avez essayé d'éditer un fichier qu'il vous est interdit de lire. De la même manière, vous ne pouvez éditer un répertoire. Cela dit, si vous tapez `emacs nom-répertoire` *(*`nom-répertoire` *étant le nom d'un répertoire),* `emacs` *vous informe que vous ouvrez un répertoire, mais ne vous permet pas de l'éditer. Si vous tentez d'utiliser* `emacs` *avec un fichier binaire, au lieu d'un fichier ASCII, vous obtiendrez un plein écran de caractères (de contrôle) étranges, que vous ne pourrez ni lire ni éditer.* `emacs` *attend des fichiers stockés en texte ordinaire.*

J'ai ouvert un fichier dans* `emacs`*, mais un message m'indique qu'une ligne est trop longue.

Vous tentez d'utiliser `emacs` *sur un fichier de données qui est juste une longue chaîne d'octets.*

J'ai essayé d'enregistrer un fichier avec <Ctrl-x><Ctrl-s>, mais le terminal s'est bloqué, ne répondant plus au clavier.

Votre terminal répond probablement aux caractères de contrôle du flot <Ctrl-s> et <Ctrl-q>. Appuyez sur <Ctrl-q> pour redémarrer votre session.

J'ouvre un fichier dans* `emacs`*, mais des caractères étranges s'affichent à l'écran.

Vous êtes peut-être en train d'utiliser `emacs` *avec un fichier créé par un traitement de texte.*

Dans tous les cas, sortez de `emacs` *de façon à revenir à l'invite du shell de login en appuyant sur <Ctrl-x><Ctrl-c> et en répondant* `n` *à la demande d'enregistrement du fichier. En utilisant ces raccourcis clavier, vous êtes sûr de quitter* `emacs` *sans apporter de modifications au fichier existant.*

• Sortie de l'éditeur emacs

Pour quitter `emacs`, appuyez sur <Ctrl-x><Ctrl-c>. Si vous n'avez enregistré aucun changement dans le fichier, `emacs` vous invite à sauver le tampon. Si vous tapez `y`, il enregistre le fichier et vous renvoie dans le shell de Linux. Si vous n'avez pas fourni de nom de fichier, `emacs` vous en demande un puis se termine. Si vous répondez `n` à la demande d'enregistrement du tampon, `emacs` vous invite à confirmer cette décision pour être sûr que vous désirez quitter sans sauvegarder. Cette fois, vous devez taper la réponse dans son intégralité, soit `yes` soit `no`. Si vous répondez oui, `emacs` retourne au shell de Linux sans sauvegarder les modifications apportées au tampon. Si vous avez ouvert plusieurs tampons, `emacs` prendra en compte chacun d'eux.

ATTENTION

L'installation par défaut d'`emacs` *exécute des sauvegardes périodiques durant l'édition d'un tampon.* `emacs` *ne fait pas de copies de sauvegarde des fichiers, mais lorsque vous sauvegardez un fichier pour la première fois,* `emacs` *place une image de ce fichier dans #nomfichier#. Une fois que vous avez appuyé sur <Ctrl-x><Ctrl-s>, le fichier d'origine est modifié et il devient impossible de restaurer son état initial. Donc, vous devez faire vos propres copies de sauvegarde des fichiers* `emacs` *avant de démarrer une session d'édition, de façon à vous assurer que les mises à jours automatiques n'écraseront pas par inadvertance un fichier important, vous empêchant de récupérer une version antérieure de celui-ci.*

ATTENTION

Répondez `n` *à l'invite "quitter sans sauver" avec précaution. Lorsque vous répondez* `n`*, toutes les modifications que vous avez apportées depuis le dernier enregistrement sont perdues. En cas de doute, il est préférable de sauvegarder le fichier sous un autre nom.*

Imaginons que vous n'ayez pas complètement terminé votre session `emacs`, mais que vous souhaitiez faire autre chose sous Linux. Dans ce cas, plusieurs options s'offrent à vous :

- suspendre `emacs` et retourner au shell de Linux ;
- basculer vers un autre terminal virtuel ;
- lancer une commande shell à partir d'`emacs`.

Suspendre emacs

Vous pouvez suspendre `emacs` — et presque toutes les applications Linux — en appuyant sur <Ctrl-z>. Ce raccourci clavier place l'application courante en arrière-plan et présente une autre invite shell. La commande permettant de réactiver `emacs` dépend du shell où vous vous trouvez. Vous pouvez taper la commande `fg`, qui demande la mise au premier plan de la tâche qui se déroule en arrière-plan. Si le shell que vous utilisez ne reconnaît pas cette commande, tapez `exit`, pour réactiver votre session `emacs` avec tous vos tampons et fichiers encore intacts.

Basculer entre emacs et d'autres terminaux virtuels

Voir
Chapitre 5.

Linux fournit six terminaux virtuels ; l'utilisateur dispose donc de six sessions différentes. Une fois dans `emacs`, vous pouvez appuyer sur <Ctrl-Alt-F*x*> pour activer un autre terminal ; F*x* représente une des touches de fonction du clavier (de F1 à F6). Si vous ne vous êtes pas logé sur ce terminal, faites-le comme si vous lanciez Linux pour la première fois. Vous obtenez alors une session Linux complètement activée. Pour rebasculer sur `emacs`, appuyez de nouveau sur <Ctrl-Alt-F*x*>. Si vous oubliez la session sous laquelle tourne `emacs`, vous pouvez faire le tour de tous les terminaux virtuels.

Vous pouvez aussi utiliser la commande `ps` pour afficher tous les processus actifs (voir Listing 28.1). La sortie de la commande `ps- guax` indique les terminaux respectifs des processus actifs.

Listing 28.1 : Résultat de la commande ps

```
USER  PID  %CPU %MEM  SIZE  RSS TTY STAT  START  TIME  COMMAND
root  1    0.5   3.1   44   208   ?   S   20:48  0:00  init
root  6    0.0   1.8   24   124   ?   S   20:48  0:00  bdfush(daemon)
root  7    0.0   1.9   24   128   ?   S   20:48  0:00  update(bdflush)
root  23   0.0   2.9   56   200   ?   S   20:48  0:00  /usr/sbin/crond-l10
root  36   0.6   3.5   65   240   ?   S   20:48  0:00  /usr/sbin/sysylogd
root  38   0.1   2.9   36   200   ?   S   20:48  0:00  /usr/sbin/klogd
root  40   0.3   3.2   66   216   ?   S   20:48  0:00  /usr/sbin/inetd
root  42   0.1   3.0   64   204   ?   S   20:48  0:00  /usr/sbin/lpd
root  47   0.1   6.0  259   404   ?   S   20:48  0:00  sendmail:accepting c
root  51   0.1   2.0   32   140   ?   S   20:48  0:00  selection-t ms
root  52   1.5   7.2  376   484 v01   S   20:48  0:01  -bash
root  53   0.3   3.4   88   232 v02   S   20:48  0:00  /sbin/getty tty2   3840
root  54   0.3   3.4   88   232 v03   S   20:48  0:00  /sbin/getty tty3   3840
root  55   0.2   3.4   88   232 v04   S   20:48  0:00  /sbin/getty tty4   3840
root  56   0.3   3.4   88   232 v05   S   20:48  0:00  /sbin/getty tty5   3840
root  57   0.3   3.4   88   232 v06   S   20:48  0:00  /sbin/getty tty6   3840
root  67   0.0   3.5   80   240 v01   R   20:49  0:00  ps -guax
```

Il est alors possible d'utiliser la valeur TTY, dans l'intervalle v1 à v6, pour choisir le bon terminal virtuel. Par exemple, si la commande ps indique qu'emacs fonctionne actuellement sur tty v1 et tty v2, sur <Alt-F1> ou <Alt-F2> vous renverront vers la session d'emacs appropriée.

Accès aux commandes Linux à partir d'emacs

Quelquefois, tout ce que vous avez à faire se résume à une vérification sommaire visant à déterminer si un fichier existe. Vous n'avez pas besoin d'une session shell intégrale pour exécuter cette action. emacs offre en effet la possibilité d'exécuter des commandes shell sans sortir d'emacs. Appuyez sur <Ctrl-u><Echap><!>. Vous êtes alors invité à entrer une commande shell. Entrez-la et tapez <Entrée>. emacs transmet la commande au shell de Linux, qui l'exécute.

Si vous n'appuyez pas sur <Ctrl-u>, emacs envoie la sortie vers un tampon/fenêtre appelé *Shell Command Output*. Les fenêtres seront présentées ultérieurement ; sachez qu'une fenêtre permet de visualiser plusieurs tampons à la fois. emacs offre différentes commandes permettant de se déplacer d'une fenêtre à une autre et de les effacer (sans effacer pour autant leurs tampons respectifs). Pour effacer la fenêtre de sortie, appuyez sur <Ctrl-x><1>.

• Annulation d'une commande

Dans emacs, vous pouvez annuler (*undo*) la plus récente de vos actions ou modifications sur le tampon tant que vous n'avez pas enregistré les changements sur le fichier. Pour ce faire, appuyez sur <Ctrl-x><u>. En répétant cette commande, vous pouvez annuler les changements effectués sur le tampon.

INFO

emacs *garde la trace de ce qui a été annulé dans les tampons en mémoire, puis dans un fichier. Théoriquement, vous pouvez donc annuler tous les changements apportés à un tampon, dans la limite de la place disponible sur le disque. En pratique, la commande undo sert surtout à annuler les dernières commandes ou éditions réalisées.*

Malheureusement, elle ne s'applique pas pour annuler l'écriture sur un fichier, contrairement à l'écriture dans un tampon.

Pour lire un fichier à partir du disque, donc écraser les modifications effectuées dans un tampon, utilisez <Ctrl-x><Ctrl-r>. Cette commande lit le fichier spécifié et le place dans le tampon courant, effaçant son ancien contenu. Ainsi, si vous spécifiez le même nom de fichier, emacs remplace le tampon actuel par le contenu du fichier sur le disque. C'est un moyen rapide d'annuler de nombreuses modifications sans quitter et relancer emacs.

Mais que faire si emacs a enregistré automatiquement le fichier ou si vous l'avez sauvegardé, avec des modifications incorrectes ? emacs crée un fichier de sauvegarde la première fois que vous enregistrez un fichier. Son nom est identique à celui du fichier à ceci près qu'il commence et se termine par un dièse (#). Si votre fichier s'appelle emacs-prct.1, le nom de la sauvegarde sera #emacs-prct.1#. Si vous écrasez accidentellement votre fichier courant avec des modifications incorrectes, vous pourrez utiliser le fichier de sauvegarde pour recommencer.

Enregistrement des fichiers et du tampon

Vous savez comment écrire le tampon dans un fichier et quitter `emacs`. Quelquefois, cependant, vous souhaiterez sauvegarder ce tampon dans un fichier sans quitter `emacs`. Il est conseillé d'enregistrer le fichier régulièrement durant la session d'édition. En effet, si le système s'éteint à cause d'une défaillance ou d'une panne de courant, vous risquez de perdre votre travail s'il n'a pas été récemment sauvegardé. Pour enregistrer le tampon, appuyez sur <Ctrl-x><Ctrl-s>.

Si vous lancez `emacs` sans spécifier un nom de fichier, vous devrez en fournir un si vous décidez de l'enregistrer sur le disque. Dans ce cas, appuyez sur <Ctrl-x><Ctrl-s>, tapez le nom du fichier et appuyez sur <Entrée>.

Vous voudrez peut-être enregistrer le tampon dans un nouveau fichier dont le nom est différent de celui avec lequel vous avez démarré. Par exemple, vous avez lancé `emacs` avec le fichier emacs-pract.1, effectué quelques changements, et souhaitez enregistrer les modifications dans un nouveau fichier sans perdre celui d'origine. Vous pouvez enregistrer le fichier en tant que nouveau fichier. Pour ce faire, appuyez sur <Ctrl-x><Ctrl-w>. `emacs` demande le nom du fichier. Le tampon est alors écrit dans le fichier spécifié. Si la commande s'est déroulée correctement, le nom du fichier apparaît.

Si vous spécifiez le nom d'un fichier existant, un message s'affiche dans le mini-buffer, vous demandant si vous désirez écraser le fichier. Répondez à votre gré.

• Gestion des fichiers

Si vous désirez charger un autre fichier à éditer, `emacs` vous permet de le faire soit dans le tampon courant, soit dans un nouveau tampon, en mettant de côté le tampon courant. `emacs` vous permet également d'insérer le contenu d'un fichier dans le tampon courant.

Pour remplacer le tampon courant par le contenu d'un autre fichier, appuyez sur <Ctrl-x><Ctrl-v>. `emacs` vous invite à entrer un nom de fichier dans le mini-buffer. Si vous ne vous souvenez plus du nom entier ou si ce nom est un peu long, utilisez l'option de complétion d'`emacs`. Lorsqu'`emacs` réclame un nom de fichier, vous pouvez saisir simplement les premières lettres du nom puis appuyer sur <Tab>. `emacs` étendra le nom du fichier de façon qu'il corresponde à tout fichier commençant par les lettres indiquées. S'il y en a plusieurs, `emacs` affiche une fenêtre contenant tous les fichiers qui concordent avec les caractères que vous avez entrés et vous permet d'en choisir un.

Pour rechercher un fichier dans un nouveau tampon, appuyez sur <Ctrl-x><Ctrl-f>. Entrez le nom du fichier à l'invite du mini-buffer. Normalement, `emacs` nomme normalement le tampon après le nom du fichier, mais vous pouvez changer le nom du tampon : appuyez sur

<Echap><x>, entrez le nouveau nom pour ce tampon, et appuyez sur <Entrée>. `emacs` demande un nouveau nom. Entrez-le et appuyez sur <Entrée>. La ligne de mode affiche le nouveau nom.

Pour insérer un fichier dans le tampon courant, déplacez le curseur sur la position désirée dans le fichier et appuyez sur <Ctrl-x><i>.

• Déplacement du curseur

Lorsque vous éditez du texte, vous avez besoin de positionner le curseur à l'endroit où vous voulez insérer du texte supplémentaire, en effacer, corriger des erreurs, modifier des mots, ou ajouter du texte à la fin d'un fichier existant. Les commandes saisies sont appelées *commandes de positionnement du curseur.*

Les flèches

Vous pouvez utiliser les flèches dans la plupart des systèmes afin de positionner le curseur. Pour comprendre leur fonctionnement, lancez `emacs` avec un fichier existant et observez leur influence. Sachez aussi utiliser les touches <Page Up> et <Page Down>.

Pour créer un nouveau fichier emacs-pract.3, contenant une liste des fichiers et répertoires du répertoire /usr, entrez la commande suivante ; ce fichier vous servira à expérimenter les commandes de déplacement du curseur :

```
ls /usr > emacs-pract.3
```

Si vous créez le fichier avec la séquence <Ctrl-u><Echap><!>, le message suivant apparaît :

```
(shell command completed with no output)
```

INFO

Ne vous inquiétez pas : ce message ne signifie pas qu'il y a un problème. La sortie standard ayant été redirigée vers le fichier, `emacs` *ne peut rien mettre dans un tampon.*

Ce fichier étant créé, lancez `emacs` avec le fichier emacs-pract.3 (tapez `emacs-pract.3` et appuyez sur <Entrée>). Essayez à présent d'utiliser les flèches, <Page Up> et <Page Down> pour évoluer dans le tampon d'édition.

Parfois, bien que les touches de positionnement du curseur semblent fonctionner, d'étranges caractères apparaissent dans le fichier. Ces caractères sont les codes utilisés par l'ordinateur pour représenter les différentes touches à la place des caractères eux-mêmes. Si de tels caractères se manifestent, utilisez les différentes commandes clavier pour positionner le curseur plutôt que les touches clavier.

ASTUCE

Dans emacs, *vous pouvez débarrasser l'écran des caractères insolites ou faux en appuyant sur <Ctrl-l>.*

Autres touches de déplacement du curseur

Il existe d'autres méthodes pour positionner le curseur dans emacs sans utiliser les flèches. Familiarisez-vous avec elles, car elles sont parfois plus efficaces.

Lorsque emacs a été développé en 1975, les claviers de nombreux terminaux étaient dépourvus de flèches. D'autres touches étaient et sont toujours utilisées pour positionner le curseur. Il faut un peu de pratique pour se sentir à l'aise avec ces touches, mais quelques utilisateurs expérimentés d'emacs les préfèrent aux flèches.

En voici certaines :

- appuyez sur <Ctrl-f> pour déplacer le curseur sur la première position à droite ;
- appuyez sur <Ctrl-b> pour déplacer le curseur sur la première position à gauche ;
- appuyez sur <Ctrl-n> pour aller au début de la ligne suivante en conservant votre position sur la ligne ;
- appuyez sur <Ctrl-p> pour revenir à la ligne précédente en conservant votre position sur la ligne ;
- appuyez sur <Ctrl-a> pour aller en début de ligne ;
- appuyez sur <Ctrl-e> pour aller en fin de ligne.

Certaines commandes d'emacs permettent de positionner le curseur par rapport aux mots d'une ligne. Un *mot* est défini comme une séquence de caractères séparés par des espaces ou des symboles de ponctuation usuels comme . ?, -. Voici ces commandes :

<Echap><f>Avance d'un mot

<Echap><b>Recule d'un mot

Lancez emacs et ouvrez le fichier emacs-pract.1 en tapant **emacs-pract.1** et en appuyant sur <Entrée>. Utilisez ensuite n'importe quelle commande de positionnement pour déplacer le curseur, repéré par un caractère de soulignement, jusqu'au *t* de ventes sur la troisième ligne du fichier :

```
b. Tri des ventes et impression des résultats.
```

Pour atteindre le début du mot suivant, appuyez sur <Echap><f> ; le curseur est alors positionné sous le *e* du mot et de la phrase précédent. Appuyez sur <Echap><f> pour aller sur le *i* de impression. Afin de revenir au début du mot et, appuyez sur <Echap><b> ; le curseur est positionné de nouveau sous le *e* de et.

Touches de déplacement rapide

Pour vous déplacer à travers un fichier écran par écran, plutôt que d'appuyer sur <Page down>, utilisez les commandes de défilement..

- <Ctrl-v> avance d'un écran.
- <Echap-v> recule d'un écran.
- <Ctrl-x><]> avance d'une page.
- <Ctrl-x><[> recule d'une page.

Pour vous rendre rapidement à la dernière ligne d'un fichier ou d'un tampon, appuyez sur <Echap><Maj-.> ; pour remonter jusqu'à la première ligne du fichier, appuyez sur <Echap><Maj-,>. Pour vous déplacer vers une ligne spécifique du tampon, tapez la commande `goto-line` *n* ; *n* représente le numéro de la ligne que vous désirez atteindre. Pour vous rendre sur la ligne 35 du fichier (si elle existe), appuyez sur <Echap>, entrez `goto-line 35` et appuyez sur <Entrée>.

Vous pouvez répéter n'importe quelle commande en appuyant sur <Echap-*n*> (*n* indique le nombre d'itérations désiré), et en entrant ensuite la commande à répéter.

Prenez un peu de temps pour vous exercer à déplacer le curseur au moyen de ces commandes. Rappelez-vous qu'il faut être en mode commande pour qu'elles fonctionnent.

• Ajout de texte

Pour ajouter du texte au tampon d'édition, vous devez positionner le curseur à l'endroit à partir duquel vous désirez commencer à entrer ce texte. Tous les caractères de texte normal tapés seront ajoutés au tampon. Si vous appuyez sur <Entrée>, `emacs` "ouvre", ou ajoute, une ligne au tampon. Une fois que vous avez positionné le curseur à l'endroit adéquant, il ne vous reste qu'à taper.

Pour ajouter une ligne de texte au-dessus ou en-dessous de la ligne courante, utilisez <Ctrl-o>. Cette commande "ouvre" une ligne dans le tampon et permet d'y ajouter du texte.

Voici un exemple décrivant l'utilisation de<Ctrl-o> pour insérer des lignes sous la ligne courante.

Avant :

```
Travaux en tout genre
SVP appelez
Si vous avez des questions.
```

Le curseur se trouve sur la deuxième ligne. Appuyez sur <Ctrl-o> pour ajouter une ou plusieurs lignes sous cette ligne. Tapez les lignes :

```
Hans P-H<Entrée>
55 51 83 71
```

Après :

```
Travaux en tout genre
SVP appelez
Hans P-H
55 51 83 71
Si vous avez des questions.
```

Vous auriez pu ajouter plus de deux lignes en appuyant sur <Entrée> à la fin de chaque ligne. Naturellement, vous auriez aussi bien pu n'ajouter qu'une seule ligne ; il n'est pas nécessaire alors d'appuyer sur <Entrée>.

• Suppression de texte

Dans emacs, vous avez la possibilité d'annuler un caractère, un mot, un nombre de mots consécutifs, tout le texte jusqu'à la fin d'une ligne, ou une ligne entière. Comme vi, emacs est un éditeur visuel. Les caractères, les mots et les lignes disparaissent de l'écran au fur et à mesure que vous les effacez. Le Tableau 28.1 définit les commandes de suppression.

Elles agissent toutes à partir de la position courante du curseur. Déplacez-le vers le caractère, le mot ou la ligne à modifier puis entrez la commande de suppression désirée. Exercez-vous à les utiliser pour observer leurs effets.

Tableau 28.1 : Commandes de suppression de texte

Commande	Action
<Ctrl-d>	Efface le caractère correspondant à la position du curseur.
<Echap><d>	Efface le mot sur lequel se trouve le curseur.
<Ctrl-k>	Efface à partir de la position du curseur jusqu'à la fin de la ligne.
<Echap><k>	Efface la phrase sur laquelle se trouve le curseur.
<Ctrl-w>	Efface une région marquée (voir le Tableau 28.4).

Si vous utilisez la commande <Ctrl-k>, les caractères supprimés ne sont pas perdus. Ils sont ajoutés à un tampon de récupération, que vous pouvez recopier à n'importe quel moment grâce à la commande <Ctrl-y>.

• Recherche et remplacement de texte

Trouver un mot, une phrase, ou un nombre dans un fichier peut s'avérer difficile si vous devez le lire ligne par ligne. Comme beaucoup d'éditeurs et de traitements de texte, emacs possède une commande vous permettant de rechercher une chaîne de caractères et, si vous le désirez, de la remplacer par une autre. Vous pouvez faire une recherche en avançant ou en reculant à partir de la position courante dans le tampon. Vous avez également la possibilité de poursuivre la recherche : `emacs` la commence en partant du début du tampon quand il atteint la fin. Dans chaque cas, `emacs` cherche la chaîne spécifiée dans la direction choisie et positionne le curseur au début de la chaîne.

Tableau 28.2 : Commandes de recherche et de remplacement

Commande	Action
<Ctrl-s>	Rechercher en avançant à partir de la position courante
<Ctrl-r>	Rechercher en reculant à partir de la position courante
<Ctrl-x><s>	Répéter la recherche en avançant
<Ctrl-x><r>	Répéter la recherche en reculant
<Echap><r>	Remplace chaque occurrence de la première chaîne tapée dans le mini-buffer par la seconde ; chaque chaîne se termine par <Echap>
<Echap><Ctrl-r *question*>	Avant d'effectuer le remplacement, répondez dans le mini-buffer à la questin qui vous est posée en utilisant : <Ctrl-g> : Annuler l'opération
	<!> : Remplacer le reste
	<?> : Obtenir une liste d'options
	<.> : Remplacer et quitter à l'endroit où la commande a été lancée
	<,> : Remplacer le reste sans demander de confirmation
	<y> : Remplacer et continuer l'opération de remplacement
	<Barre d'espace> : Identique à <y>
	<n> : Ne pas remplacer, mais poursuivre l'opération de remplacement

Recherches

Lorsque vous tapez une commande de recherche, elle apparaît dans le mini-buffer. Pour rechercher la chaîne `ventes > 100K` en avançant dans le fichier, entrez :

```
<Ctrl-s>ventes > 100K
```

Cette commande lance une recherche incrémentielle à travers le tampon. Tandis que vous tapez les caractères de la chaîne à rechercher, `emacs` positionne le curseur sur la suite de caractères. Si `emacs` ne trouve pas le texte, un message indique que la recherche a échoué. Si la chaîne se trouve dans le tampon, `emacs` positionne le curseur sous le *v* du mot `ventes`. Une fois la première occurrence de la chaîne trouvée, appuyez sur <Echap> pour arrêter la recherche, sinon `emacs` continue à rechercher une concordance lorsque vous entrez un autre texte. Pour `emacs`, les recherches de ce type sont des recherches incrémentielles : il effectue la recherche au fur et à mesure que vous tapez la chaîne à rechercher.

Pour procéder à des recherches non-incrémentielles, faites précéder la chaîne à trouver par la touche <Echap> et appuyez sur <Entrée> à la fin du texte :

```
<Ctrl-s><Echap>ventes > 100K
```

Si vous réalisez, alors que vous effectuez la recherche dans un grand fichier, que la chaîne à trouver est incorrecte, arrêtez la recherche en appuyant sur <Ctrl-g> avant qu'emacs ne parcoure le fichier entier,.

DÉPANNAGE

J'ai tapé une chaîne que je sais exister dans le fichier, mais emacs ne la trouve pas.

La raison la plus courante de cette erreur est que la chaîne que vous avez tapée est incorrecte. emacs *(et les ordinateurs en général) n'effectue pas un gros travail de réflexion ; il prend un temps considérable pour arriver à comprendre ce que vous voulez réellement taper. Si vous cherchez la chaîne* Pentium *et que vous avez tapé* Pentiom, emacs *ne la trouvera pas, à moins que vous ayez mal orthographié* Pentium *dans le tampon et qu'il corresponde à la chaîne recherchée. Vérifiez soigneusement la chaîne à rechercher avant d'appuyer sur <Entrée>.*

Remplacement de texte

On peut rechercher du texte pour localiser un mot ou un paragraphe particulier, mais aussi pour le remplacer. Si vous découvrez une faute de frappe, vous souhaiterez certainement la corriger sur le tampon entier plutôt que de rechercher toutes les occurrences erronées une à une. Pour corriger *erreur* par *erreur* par exemple, appuyez sur <Esc><r>. Le mini-buffer demande la chaîne à rechercher : tapez erreur et appuyez sur <Entrée>. emacs vous invite alors à entrer la chaîne de remplacement : tapez erreur et appuyez sur <Entrée>. emacs va parcourir le fichier à la recherche de la chaîne ereur afin de la remplacer par erreur. Le plus souvent, la casse est respectée. Ainsi, si Ereur apparaît, emacs lui substituera par Erreur.

Si vous ne voulez pas remplacer chaque occurrence de la chaîne recherchée par celle de remplacement, donnez des instructions à emacs afin qu'il demande confirmation avant de remplacer le texte. Pour obtenir ce mode de remplacement avec confirmation, appuyez sur : <Echap><Ctrl-r>.

Lorsqu'emacs trouve une occurrence de Linux, il s'arrête et attend que vous le guidiez dans l'action à entreprendre. Les réponses possibles sont :

Touche	Action
<Ctrl-g>	Annule l'opération
<!>	Remplace le reste
<?>	Affiche une liste des options
<.>	Remplace et quitte à l'endroit où la commande a été lancée
<,>	Remplace le reste sans demander confirmation
<y>	Remplace et continue l'opération de remplacement
<Barre d'espace>	Identique à <y>
<n>	Ne remplace pas, mais continue l'opération de remplacement

Par exemple, si vous souhaitez effectuer le remplacement sélectif du nom de votre système d'exploitation Linux par son ancêtre UNIX, appuyez sur <Esc><Ctrl-r>. `emacs` affiche `Query replace:` dans le mini-buffer. Entrez la chaîne à rechercher, `Linux`. `Query replace Linux with:` apparaît. Entrez alors la chaîne de remplacement, `UNIX`. `emacs` commence la recherche et déclare `Query replace Linux with UNIX`. Si vous souhaitez mettre fin à la recherche et l'opération de remplacement, tapez <Ctrl-g>.

Modification de texte

Il vous arrivera souvent d'avoir à modifier ou à remplacer une chaîne de caractères par une autre (il n'y a pas grande différence entre les deux opérations). Vous utiliserez les commandes de remplacement pour remplacer un caractère ou une suite de caractères. Vous pouvez aussi vous servir des commandes de modification pour corriger une des fautes de frappe les plus fréquentes — la transposition de deux lettres.

Tableau 28.3 : Commandes de modification

Touche	Action
<Ctrl-t>	Transpose deux lettres adjacentes.
<Echap><t>	Transpose deux mots.
<Ctrl-x><Ctrl-t>	Transpose deux lignes.
<Esc><c>	Place une capitale à l'initiale des mots.
<Esc><l>	Met le mot entier en capitales.
<Esc><u>	Met le mot entier en minuscules.

Les changements s'effectuent par rapport à la position du curseur. Positionnez-le à l'endroit du tampon où doit se dérouler la correction avant d'utiliser ces commandes.

• Copier, couper et coller du texte

Lorsque vous effacez ou coupez des caractères, des mots, des lignes ou des portions de lignes, l'objet est sauvegardé dans le *tampon de récupération* (*kill buffer*). Vous pouvez placer ou coller le contenu de ce tampon de récupération où vous le désirez dans le texte édité, en entrant <Ctrl-y>. La commande <Ctrl-y> (*yank*), colle l'objet à droite ou à gauche du curseur.

Voici un exemple illustrant l'utilisation de <Ctrl-y> pour coller le contenu du tampon après le curseur.

Avant :

```
Exécutez ces soigneusement instructions.
```

Effacez les caractères `ces` et un espace en appuyant sur <Echap-d>. Maintenant, déplacez le curseur après le *t* de `soigneusement` et appuyez sur <Ctrl-y>.

Après :

```
Exécutez soigneusement ces instructions.
```

Pour copier une séquence de quatre lignes vers une autre partie du texte, vous devez marquer les quatre lignes, les effacer vers le tampon de récupération, puis les recopier aux endroits appropriés. Procédez ainsi :

1. Positionnez le curseur au début de la première des quatre lignes.
2. Appuyez sur <Ctrl-Barre d'espace> pour placer le marquage.
3. Déplacez le curseur à la fin de la quatrième ligne, pour créer ce qu'`emacs` considère comme une *région*.
4. Effacez le texte en appuyant sur <Ctrl-w>.
5. Comme vous voulez copier les lignes, vous devez remplacer le texte effacé. Faites-le avec la commande <Ctrl-y>.
6. Déplacez le curseur à l'endroit du tampon où vous désirez copier le texte.
7. Appuyez sur <Ctrl-y> pour coller les lignes copiées sous la ligne contenant le curseur.

DÉPANNAGE

J'ai effacé la région marquée, mais celle que j'avais marquée n'a pas été effacée.

Malheureusement, l'`emacs` *GNU fourni avec Linux n'affiche aucun symbole pour délimiter le marquage, si bien qu'il est très facile d'oublier de fixer le marquage ou de le placer à un endroit non approprié. Pour vérifier la position du marquage, utilisez la commande <Ctrl-x><Ctrl-x>, qui échange la position du curseur avec celle où le marquage a été effectué. Si le curseur se positionne à l'endroit où vous pensiez avoir défini le marquage, c'est que ce dernier est placé convenablement. Pour placer le curseur sur sa position d'origine, exécutez simplement <Ctrl-x><Ctrl-x> de façon à réitérer l'échange.*

Récapitulatif des commandes

Le Tableau 28.4 donne la liste des principales commandes fournies par `emacs`. <Esc><c> indique qu'il faut appuyer et relâcher la touche méta *(d'ordinaire la touche <Echap> sur un clavier PC, bien que sur certains claviers vous puissiez utiliser la touche <Alt>), et ensuite appuyer sur la touche <c> suivante. <Ctrl-c> implique une pression simultanée sur les touches <Ctrl> et <c>. N'oubliez pas que <Ctrl-g> arrête à n'importe quel moment l'exécution de la commande en cours.*

*Tableau 28.4 : Commandes de base d'*emacs

Touches	Description
Ecriture sur disque	
<Ctrl-x><Ctrl-s>	Enregistre le tampon courant sur le disque
<Ctrl-x><Ctrl-w>	Ecrit le tampon courant sur le disque en demandant le nom du nouveau fichier
<Ctrl-x><n>	Change le nom de fichier du tampon courant
<Esc><z>	Ecrit tous les tampons modifiés sur le disque et quitte `emacs`
Lecture à partir du disque	
<Ctrl-x><Ctrl-f>	Trouve le fichier, et le lit dans le nouveau tampon créé à partir du nom de fichier
<Ctrl-x><Ctrl-r>	Lit le fichier dans le tampon courant, en effaçant le contenu antérieur
<Ctrl-x><Ctrl-i>	Insère le fichier dans le tampon courant à la position du curseur
Déplacement du curseur	
<Ctrl-f>	Avance d'un caractère
<Ctrl-b>	Recule d'un caractère
<Ctrl-a>	Se positionne au début de la ligne courante
<Ctrl-e>	Se positionne à la fin de la ligne courante
<Ctrl-n>	Avance d'une ligne
<Ctrl-p>	Recule d'une ligne
<Echap><f>	Avance d'un mot
<Echap><b>	Recule d'un mot
<Echap><a>	Se rend vers une ligne
<Echap><Maj-.>	Retourne au début du tampon
<Echap><Maj-,>	Se déplace à la fin du tampon
Suppression et insertion de texte	
<Ctrl-d>	Efface le caractère suivant
<Ctrl-c>	Insère un espace
<Echap><d>	Efface le mot suivant
<Ctrl-k>	Efface jusqu'à la fin de la ligne courante.
<Entrée>	Insère une nouvelle ligne
<Ctrl-j>	Insère une nouvelle ligne et indente
<Ctrl-o>	Ouvre une nouvelle ligne
<Ctrl-w>	Efface la région délimitée par le marquage et le curseur
<Echap><w>	Copie la région dans le tampon de récupération

Touches	Description
<Ctrl-x><Ctrl-o>	Efface les lignes autour du curseur
Recherche et remplacement	
<Ctrl-s>	Effectue une recherche en avançant à partir du curseur
<Ctrl-r>	Effectue une recherche en reculant à partir du curseur
<Ctrl-x><s>	Répète la recherche en avançant
<Ctrl-x><r>	Répète la recherche en reculant
<Echap><r>	Remplace chaque occurrence de la première chaîne tapée dans le mini-buffer par la deuxième chaîne tapée, en terminant chaque chaîne par <Echap>
<Echap><Ctrl-r>	Demande confirmation avant d'effectuer le remplacement, entrez dans le mini-buffer
<Ctrl-g>	Annule l'opération
<!>	Remplace le reste
<?>	Affiche une liste des options
<.>	Retourne à l'endroit où la commande a été lancée
<y> ou barre d'espace	Remplace et continue l'opération de remplacement
<n>	Ne remplace pas, mais continue l'opération de remplacement
Marquage du texte	
<Ctrl><Barre d'espace>	Place le marquage à la position courante du curseur
<Ctrl-x><Ctrl-x>	Echange la position du marquage avec celle du curseur
<Ctrl-w>	Efface la région marquée
<Echap-w>	Copie la région marquée dans le tampon de récupération
<Ctrl-y>	Insère le tampon à la position courante du curseur
Tampons	
<Ctrl-x><b>	Bascule vers un autre tampon
<Ctrl-x><x>	Bascule vers le tampon suivant de la liste
<Echap><Ctrl-n>	Change le nom du tampon courant
<Ctrl-x><k>	Efface un tampon qui n'est pas affiché

Personnalisation d'emacs

Vous pouvez personnaliser `emacs` en plaçant des fonctions LISP dans le fichier .emacs. Ce fichier doit se trouver dans votre répertoire personnel. Voici un exemple de fonction LISP :

```
(keyboard-translate ?\C-h ?\C-?)
```

Cette fonction est utile si votre terminal traduit la touche <Ret. arr.> en séquence <Ctrl-h>. Ces caractères constituent, par défaut, la séquence utilisée pour invoquer l'aide depuis `emacs`. En définissant une nouvelle fonction et en l'associant à une touche, vous pouvez personnaliser la façon dont `emacs` répond aux touches saisies.

Dans l'exemple précédent, ?`\C-h` représente la séquence <Ctrl-h>. `\C-?` représente la touche <Suppression>. Sur presque tous les claviers, les deux touches ont la même valeur ASCII, 8. Après avoir saisi cette ligne dans le fichier .emacs et avoir sauvegardé ce fichier, vous pourrez, la prochaine fois que vous lancerez `emacs`, supprimer des caractères au moyen de la touche <Suppression>.

Naturellement, vous ne pourrez plus accéder à l'aide depuis le clavier. Pour éviter ce problème, vous pouvez associer la fonction d'aide à une autre séquence de touches. Placez la ligne suivante dans le fichier .emacs, en remplaçant `touche` *par la touche choisie :*

```
(keyboard-translate ?\C-touche ?\C-h)
```

Informations complémentaires

Pour obtenir des informations concernant un autre éditeur et le système de gestion de fichiers Linux, consultez :

- Le Chapitre 8, qui constitue une introduction à l'éditeur `vi`. `vi` est important, car il est fourni avec tous les systèmes UNIX/Linux. Si vous savez l'utiliser, vous pourrez éditer des fichiers sur tous les systèmes. Les administrateurs système utilisent `vi` pour de nombreuses tâches.
- Le Chapitre 11, qui montre comment protéger des fichiers de texte contre un effacement accidentel.
- Le Chapitre 16, qui présente les concepts liés aux fichiers et aux répertoires. Pour utiliser efficacement `emacs` ou un autre éditeur de texte, une compréhension minimale du système de fichiers est nécessaire. L'éditeur crée et modifie les fichiers, mais c'est à vous de leur donner un nom et de les placer dans les répertoires appropriés.
- Le Chapitre 28, qui décrit l'impression de fichiers de texte sous Linux.

INTERNET

29 Les protocoles SLIP et PPP

Le noyau Linux gère deux protocoles pour la transmission série du trafic IP (Internet Protocol*) : SLIP (*Serial Line Internet Protocol*) et PPP (*Point-to-Point Protocol*). Toute personne munie d'un modem fonctionnant à une vitesse correcte et d'un fournisseur de services supportant ces protocoles peut connecter sa machine Linux sur IP à un coût très raisonnable par rapport aux services de location de lignes spéciales. Les pilotes SLIP pour Linux ont été disponibles peu après la sortie de Linux et le support de PPP a été ajouté presque aussitôt. Même si PPP est désormais dominant, la configuration SLIP est toujours utilisée.*

Grâce ce chapitre vous saurez :

- ce dont vous avez besoin pour faire fonctionner SLIP ou PPP sur votre machine Linux ;
- comment initialiser et automatiser les connexions SLIP et PPP ;
- comment configurer un serveur SLIP et PPP sur votre machine Linux ;
- comment utiliser les fonctions de sécurité de PPP.

Configuration requise pour SLIP et PPP

Voir Chapitre 24.

Il faut vous assurer que certains paramètres sont bien configurés dans votre noyau Linux et dans ses fichiers de configuration. La fonction de réseau TCP/IP doit être activée et l'interface de bouclage doit être configurée.

Voir Chapitre 25.

Afin de faciliter l'accès aux machines autres que la machine "dial-up" (connexion par modem), placez l'adresse de votre serveur DNS dans le fichier /etc/resolv.conf. Si votre connexion par modem est lente ou peu fiable, vous souhaiterez peut-être faire tourner un serveur de noms sur votre boîtier Linux de façon à mettre en mémoire cache les recherches de noms et à diminuer le trafic IP DNS sur votre connexion par modem.

Automatisation des opérations SLIP avec dip

Linux offre des programmes pour la gestion des opérations SLIP. `dip`, le pilote du protocole IP "dial-up", est l'un des outils les plus souples. Il fournit un langage permettant de contrôler le modem et de configurer automatiquement l'interface réseau SLIP, ainsi que les tables de routage du noyau. Vous pouvez utiliser `dip` pour initialiser des connexions SLIP ou pour fournir un service SLIP de connexion à d'autres machines. La syntaxe de `dip` est la suivante :

```
dip [-tvi] [-m mtu] [fichierscript]
```

Le Tableau 29.1 décrit les arguments de commande en ligne pour `dip`.

Tableau 29.1 : Arguments de dip

Arguments	Description
`-a`	Demande aux utilisateurs leur nom et leur mot de passe.
`-t`	Exécute `dip` en mode commande. Ce mode donne un accès complet à toutes les fonctions de `dip` et permet d'initialiser une connexion SLIP manuellement.
`-v`	Utilisé avec `-t` pour afficher le niveau actuel d'erreur.
`-i`	Force `dip` à fonctionner en mode entrée. Cette option est utilisée lorsque `dip` fournit un service SLIP à d'autres machines appelant la vôtre.
`-m mtu`	Force `dip` à utiliser la valeur MTU spécifiée.
`fichierscript`	Nom du script `dip` à exécuter.

• Utilisation de dip en mode commande

Pour le placer en mode commande, appelez `dip` avec l'option `-t`. Ce mode vous permet de commander `dip` directement. C'est un excellent outil pour développer et écrire des scripts `dip`. Le mode commande de `dip` ressemble à ceci :

```
$ /sbin/dip -t
DIP: Dialup IP Protocol Driver version 3.3.7i-uri (24 May 94)
Written by Fred N. van Kempen, MicroWalt Corporation.
DIP>
```

A partir de l'invite DIP>, vous pouvez exécuter n'importe quelle commande `dip` en l'entrant et en appuyant sur <Entrée>. La commande `help` (aide) permet d'afficher une liste des commandes. Appeler une commande avec un mauvais argument entraîne l'affichage d'un texte court expliquant l'usage de cette commande. Le Tableau 29.2 décrit les commandes disponibles à partir de l'invite ou dans des scripts `dip`.

`dip` met aussi un bon nombre de variables à votre disposition. Vous pouvez en déclarer certaines, comme les adresses IP locale et distante. D'autres ne sont pas modifiables et servent de diagnostic et d'informations. Chaque variable commence par "`$`" et doit être saisie en minuscules. Le Tableau 29.3 décrit ces variables et leurs fonctions.

Tableau 29.2 : Commandes dip

Commande	Description
`chatkey motclé [code]`	Ajoute un mot clé et un code de niveau d'erreur au jeu de codes d'erreur renvoyés par la commande `dial`. Permet de détecter quand le modem répond BUSY ou `VOICE`, ou d'autres messages spécifiques.
`config [arguments]`	Permet de manipuler directement l'interface SLIP fournie par `dip`. Cette commande est en général désactivée, car elle présente un énorme risque de sécurité. Le fichier de code source command.c doit être légèrement modifié pour activer cette commande.
`databits bits`	Configure le nombre de bits utilisables comme données dans chaque octet. Supporte les connexions "dial-up" à 6 et à 7 bits.
`default`	Force `dip` à déclarer une route par défaut dans la table de routage du noyau pointée vers l'hôte distant.
`dial num`	Compose le numéro de téléphone spécifié.
`echo on¦off`	Active / désactive `echo`. Activé, `echo` force `dip` à afficher tout ce qui passe par le modem.
`flush`	Elimine toutes les réponses du modem qui n'ont pas encore été lues.
`get $var`	Donne à la variable `$var` soit la valeur constante `ask`, soit la constante distante spécifiée. Demande une valeur à l'utilisateur ou prend le mot suivant de la ligne série et l'attribue à `$var`.
`goto label`	Saute vers `label` *dans un script* `dip`.
`help`	Affiche une liste des commandes disponibles en mode commande.
`if $var op nombre`	Effectue un saut conditionnel dans un script. `$var` doit correspondre à `$errlvl`, `$locip` ou `$rmtip`. Le nombre doit être entier et les opérateurs suivants sont disponibles (avec la signification du langage C) : ==, !=, <, >, <=, >=.
`init chaîneinit`	Prend `chaîneinit` *comme chaîne d'initialisation à envoyer au modem par la commande* `reset`.
`mode SLIP¦CSLIP`	Configure le mode de protocole de connexion et fait passer `dip` en mode démon. Normalement, cette commande force `dip` à passer en mode démon sans rendre la main au script ou à la ligne de commande `DIP>`.
`modem HAYES`	Sélectionne le type de modem. Le type HAYES est le seul qui soit supporté jusqu'à présent (HAYES doit être en majuscules).
`netmask masque`	Prend `masque` *comme masque de réseau des routes que* `dip` *installe.*
`parity E¦O¦N`	Définit la parité de la ligne série : E = paire, O = impaire, N = aucune.
`password`	Demande à l'utilisateur d'entrer un mot de passe et le récupère en toute sécurité. Cette commande n'affiche pas le mot de passe lors de la saisie.
`print`	Renvoie un écho du texte à la console où `dip` a commencé. Les variables contenues dans le texte sont remplacées par leur valeur.
`port periph`	Définit le périphérique utilisé par `dip`.

Commande	Description
`quit`	Quitte le programme `dip`.
`reset`	Envoie la chaîne d'initialisation vers la ligne série.
`send texte`	Envoie le texte spécifié vers la ligne série. Les séquences avec antislash (du type C) sont gérées correctement.
`sleep nbre`	Retarde le traitement pendant la période spécifiée (en secondes).
`speed nbre`	Définit la vitesse de la ligne série.
`stopbits bits`	Définit le nombre de bits d'arrêt utilisés par le port série.
`timeout nbre`	Fixe le délai de transmission par défaut à la valeur `nbre` (nombre entier). Cette période est calculée en secondes.
`term`	Force `dip` à passer en mode émulation de terminal. Vous pouvez alors communiquer directement avec l'interface série. Appuyez sur <Ctrl-]> pour revenir à l'invite `DIP>`.
`wait mot nbre`	Force `dip` à attendre l'arrivée du mot spécifié sur la ligne série avec un délai de transmission de `nbre` secondes.

Tableau 29.3 : Variables fournies par dip

Variable	Description
`$local`	Nom hôte de la machine locale.
`$locip`	Adresse IP attribuée à la machine locale.
`$remote`	Nom hôte de la machine distante.
`$rmtip`	Adresse IP de la machine distante.
`$mtu`	Valeur MTU pour la connexion.
`$modem`	Type de modem utilisé (lecture seulement).
`$port`	Nom du périphérique série utilisé par `dip` (lecture seulement).
`$speed`	Vitesse du périphérique série (lecture seulement).
`$errlvl`	Cette variable contient le code résultat de la dernière commande exécutée (lecture uniquement). Un zéro indique une réussite. Toute autre valeur indique une erreur.

ASTUCE

L'attribution d'un nom d'hôte à la variable `$local` *ou* `$remote` *provoquera la résolution par* `dip` *du nom d'hôte en adresse IP, et cette adresse sera stockée dans la variable d'adresse correspondante. Il y aura, de ce fait, une étape de moins à inclure dans les scripts.*

INFO

Vous ne pouvez pas déclarer les variables à lecture seule à l'aide de la commande `get`.

• Utilisation de dip avec des adresses IP statiques

Il est très courant d'attribuer des adresses IP individuelles à chaque machine utilisant un prestataire SLIP. Quand votre machine initialise une connexion SLIP vers l'hôte distant, `dip` configure l'interface SLIP en utilisant cette adresse connue. Le Listing 29.1 est un script `dip` qui utilise des adresses IP statiques pour l'initialisation d'une connexion SLIP à partir de linux2.burwell.com vers linux1.burwell.com :

Listing 29.1 : Exemple de script dip utilisant des adresses IP statiques

```
# Connecte linux2 à linux1 à l'aide d'adresses IP statiques
# Configure les paramètres de communication
port /dev/cua1 # utilise le modem sur la ligne série /dev/cua1
speed 38400
modem HAYES
reset  # Envoie la chaîne d'initialisation au modem
flush  # Ne tient pas compte de la réponse du modem
get $local linux2 # Initialise l'adresse IP locale
get $remote linux1 # Initialise l'adresse IP distante
# Numéro de téléphone du modem de linux1
dial 555-1234
if $errlvl != 0 goto error  # Si l'appel échoue, affiche erreur
wait CONNECT 75
if $errlvl != 0 goto error  # Si nous recevons pas la chaîne CONNECT
# du modem, affiche erreur
send r\n\  # Réveille le programme de login
wait ogin: 30  # Attend l'invite de login pendant 30 secondes
if $errlvl != 0 goto error  # Si invite de login non reçue,
# affiche erreur
send Slinux2\n  # Envoie le nom de login SLIP de linux2
wait ssword: 5  # Attend l'invite de mot de passe 5 secondes
if $errlvl != 0 goto error  # Si invite de mot de passe pas reçue,
# affiche erreur
send be4me\n  # Envoie le mot de passe
wait running 30  # Attend confirmation que SLIP est opérationnel
if $errlvl != 0 goto error  # Sinon, affiche erreur
# Nous sommes connectés, affiche des informations utiles
print Connecté à $remote avec l'adresse $rmtip
default  # Fait de cette liaison notre route par défaut
mode SLIP     # Active notre mode SLIP de notre côté
# Routine d'erreur en cas d'échec
error:
print Echec de SLIP avec $remote.
```

ASTUCE

Le suivi de comptes SLIP peut s'avérer difficile. En général, des noms de connexions entièrement en minuscules sont attribués à des comptes utilisateurs UNIX. Le fait d'utiliser la machine cliente avec un S majuscule ajouté au début comme nom de connexion vers le compte SLIP de cette machine facilite ce suivi et évite de mélanger les noms de connexions et les comptes utilisateur normaux.

Le script précédent initialise le modem et sélectionne les adresses IP locale et distante de la liaison SLIP. Si vous utilisez des noms d'hôtes dans ce cas, `dip` les associe aux équivalents de leurs adresses IP. Ensuite, le script appelle le modem et effectue la séquence de connexion. Une fois connecté et sûr que la liaison SLIP est activée sur l'hôte distant, le script demande à `dip` de configurer la table de routage, puis de basculer la ligne série en mode SLIP.

En cas d'erreur, la routine d'erreur à la fin du script affiche un message d'avertissement et quitte le script. `dip` laisse toujours la ligne série dans un état raisonnable une fois qu'il n'en a plus besoin.

• Utilisation de dip avec des adresses IP dynamiques

Plus l'utilisation de SLIP s'est développée, plus la gestion des adresses IP des clients SLIP est devenue difficile. Ce problème s'est aggravé à l'arrivée des serveurs terminaux supportant SLIP. Maintenant, il se peut qu'on vous attribue une adresse IP quelconque en fonction du port du serveur terminal qui a reçu votre appel. `dip` a été modifié pour récupérer les informations sur les adresses IP parmi les données arrivant sur la ligne série. Le script `dip` du Listing 29.2 récupère les adresses IP locale et distante venant de la ligne série.

Listing 29.2 : Script dip avec adresses IP dynamiques

```
# Script de connexion SLIP à un serveur avec attribution dynamique
 # d'adresses IP.Le serveur affiche :
 #
 # remote address is XXX.XXX.XXX.XXX the local address is YYY.YYY.YYY.YYY
 # Initialise le port série et sa vitesse.
 port /dev/cua1
 speed 38400
 # Réinitialise le modem et la ligne du terminal.
 Reset
 flush
 # Appel
 dial 555-1234
 if $errlvl != 0 goto error
 wait CONNECT 60
 if $errlvl != 0 goto error
 # Nous sommes connectés. Connexion au système.
login:
 wait name: 10
 if $errlvl != 0 goto error
 send Slinux2\n         # Envoie l'ID utilisateur
 wait ord: 10
```

```
  if $errlvl != 0 goto error
  send be4me\n          # Envoie le mot de passe
  if $errlvl != 0 goto error
  get $remote remote 10      # Reçoit l'adresse IP distante
  if $errlvl != 0 goto error
  get $local remote 10      # Reçoit l'adresse IP locale
  if $errlvl != 0 goto error
 done:
  print CONNECTE à $remote avec l'adresse $rmtip nous sommes $local
  default      # Initialise la route
  mode SLIP       # Passe en mode SLIP
  goto exit
 error:
  print SLIP vers $host a échoué.
 exit:
```

Ce script utilise `get $remote remote 10` pour surveiller la ligne série et pour récupérer le premier élément ressemblant à une adresse IP dans la variable `$remote`. Au bout de 10 seconde, la commande échoue et génère une erreur si aucune adresse IP n'est identifiée.

Utilisation de diplogin pour fournir un service SLIP

Le programme `dip` automatise le début des connexions SLIP venant de la machine cliente. Linux gère aussi les liaisons SLIP "dial-up" entrantes. Quelques packages sont disponibles, qui font la même chose. Vous utiliserez ici le programme `diplogin` (qui n'est qu'un autre nom de `dip`).

Pour fournir des services SLIP à d'autres personnes, vous devez créer un compte spécifique à chaque personne sur votre boîtier Linux et configurer chaque compte correctement. Vous devez aussi écrire un fichier /etc/dip.hosts contenant les informations pertinentes pour chaque hôte SLIP.

• Création de comptes SLIP

Vous pouvez créer le compte SLIP manuellement, ou bien à l'aide du script `adduser`, en fournissant les bonnes réponses à chaque question posée. Voici un exemple d'entrée /etc/passwd pour linux2.burwell.com dans le fichier passwd sur linux1.burwell.com :

```
Slinux2:IdR4gDZ7K7D82:505:100:linux2 SLIP Account:/tmp:/sbin/diplogin
```

Il est conseillé d'utiliser /tmp comme répertoire personnel pour les comptes SLIP afin de réduire les problèmes de sécurité en empêchant les utilisateurs SLIP d'écrire des fichiers dans des zones sensibles de votre système de fichiers. Assurez-vous que le chemin utilisé vers le programme `diplogin` est correct.

• Le fichier /etc/diphost

Ce fichier contrôle l'accès à SLIP sur votre machine et contient les paramètres de connexion pour chaque compte autorisé à utiliser SLIP. Il contient des lignes de la forme suivante :

```
Slinux2::linux2.burwell.com:linux2 SLIP:SLIP,296
```

Les champs de ce fichier sont : l'identification utilisateur, le mot de passe secondaire, le nom hôte ou l'adresse IP de la machine qui appelle (ce champ d'informations n'est pas utilisé actuellement) et les paramètres de connexion de ce compte. Le champ paramètres de connexion contient le protocole (SLIP ou CSLIP) et la valeur MTU (*Maximum Transmission Unit*) de ce compte.

Si ce deuxième champ est rempli, `diplogin` demande un mot de passe externe quand le compte spécifié se connecte à votre machine. Si la réponse de l'hôte distant ne correspond pas à la chaîne dans ce champ, la tentative de connexion est annulée.

ATTENTION

Le programme `diplogin` *exige des privilèges de superutilisateur pour modifier la table de routage du noyau. Si vous n'exécutez pas* `dip setuid root`*, vous ne pouvez pas utiliser de lien entre* `dip` *et* `diplogin`*. Vous devez faire une copie de* `dip`*, appelée* `diplogin` *et posséder son* suid root.

C'est tout ce qu'il faut ! La mise en place des comptes SLIP et du fichier /etc/diphosts configure entièrement votre système pour qu'il gère des liaisons SLIP entrantes.

Le protocole PPP

PPP (*Point-to-Point Protocol*) est un autre protocole destiné à envoyer des datagrammes sur une liaison série. Développé après SLIP, PPP contient plusieurs fonctions qui manquent à SLIP. Il gère automatiquement des options comme les adresses IP, la taille des datagrammes et l'autorisation des clients. Il peut aussi transporter des paquets d'autres protocoles qu'IP.

• Automatisation des liaisons PPP à l'aide de pppd et chat

PPP fonctionne en deux parties : le pilote PPP du noyau Linux et un programme appelé `pppd` que l'utilisateur doit lancer. Le moyen le plus simple d'utiliser PPP est de le connecter manuellement sur l'hôte distant à l'aide d'un programme de communication et de le lancer manuellement de `pppd` sur les hôtes locaux et distants. Il est nettement plus commode d'utiliser un script `chat` avec `pppd` qui gère le modem, la connexion sur l'hôte distant, et le lancement à distance de `pppd`.

Utilisation du programme *chat*

chat est un programme qui automatise l'interaction entre votre ordinateur et un modem. Il permet surtout d'établir la connexion modem entre les processus démons pppd local et distant. La syntaxe du programme est la suivante :

```
chat [options] script
```

Le Tableau 29.4 donne la liste des arguments pour chat.

Tableau 29.4 : Arguments pour chat

Argument	Description
-f *fichier*	Utilise le script chat dans le fichier spécifié.
-l *fichverrou*	Crée un fichier de verrouillage du type UUCP à l'aide du fichier de verrouillage spécifié.
-t *nbre*	Utilise le nombre spécifié en secondes comme délai de transmission pour chaque chaîne attendue.
-v	Force chat à enregistrer dans syslog tout ce qu'il reçoit et envoie.
script	Script chat à utiliser.

Il n'est pas possible d'utiliser l'option -f et de spécifier un script chat en même temps, car ils ne sont pas compatibles. Si vous utilisez l'option -l pour chat, n'utilisez pas l'option lock avec pppd, puisque le fichier de verrouillage ainsi créé par chat provoquera l'échec de pppd, qui considère que le périphérique modem est déjà utilisé.

ASTUCE

Lors de la mise au point de scripts chat, *exécutez* tail -f /var /adm/messages *sur une console virtuelle et utilisez l'option* -v *quand vous exécutez* chat *sur une autre. Vous pourrez ainsi lire la conversation de* chat *lorsqu'elle apparaît sur la première console virtuelle.*

Création de scripts *chat*

Les scripts chat sont composés d'une ou de plusieurs paires de chaînes d'attente-réponse (*expect-reply*), séparées par des espaces. Le programme chat attend ce texte et dès sa réception, envoie le texte de réponse. La partie "attente" peut contenir des paires "sous-attente/sous-réponse" (facultatives), séparées par des traits d'union.

Voici un script chat pour une connexion sur une machine Linux :

```
ogin:-\r\n-ogin: abbet1 word: costello
```

Ce script force `chat` à attendre la chaîne `ogin:`. Si `chat` dépasse le délai de transmission avant de la recevoir, il envoie un retour chariot et un saut de ligne et attend de nouveau la chaîne `ogin:`. Dès qu'il l'identifie, il envoie `abbet1` et attend `word:`. Ensuite, il envoie la réponse, `costello`.

ASTUCE

Placez uniquement le texte nécessaire à l'identification réelle dans vos chaînes d'attente. Ainsi, vous réduirez les risques d'erreurs de correspondance et d'échec du script résultant d'une déformation du texte. Par exemple, utilisez `ogin:` *à la place de* `login:`, *et* `word:` *à la place de* `password:`.

Normalement, `chat` envoie un retour chariot après chaque chaîne de réponse, à moins que la chaîne ne se termine par une séquence de caractères en `\c`. Les retours chariot ne sont pas recherchés dans les chaînes d'attente sauf en cas de demande explicite à l'aide de la séquence de caractères `\r` dans la chaîne d'attente.

La plupart des modems peuvent indiquer la raison pour laquelle un appel échoue lors d'un signal occupé (*busy*) ou en l'absence de porteuse. Vous pouvez utiliser la chaîne d'attente `abort` (abandon) pour forcer `chat` à échouer s'il reçoit les chaînes spécifiées. De multiples paires d'`abort` peuvent être cumulées. Le script suivant montre comment utiliser la chaîne d'attente `abort` :

```
abort 'NO CARRIER' abort 'BUSY' ogin:--ogin: ppp word: be4me
```

Tableau 29.5 : Séquences de caractères et d'échappement reconnues par chat

Séquence	Description
BREAK	Utilisée comme chaîne de réponse, elle force `chat` à envoyer une coupure au modem. En général, ce signal spécial force l'hôte local à changer sa vitesse de transmission.
''	Envoie une chaîne nulle avec un seul retour chariot.
\b	Caractère Ret. arr. (*backspace*)
\c	Supprime le saut de ligne envoyé après une chaîne de réponse. Doit figurer à la fin de cette chaîne.
\d	Force `chat` à attendre une seconde.
\K	Autre méthode pour envoyer un signal de coupure.
\n	Envoie le caractère saut de ligne.
\N	Envoie un caractère nul.
\p	Provoque une pause d'un dixième de seconde.
\q	Evite que la chaîne dans laquelle se trouve cette séquence apparaisse dans syslog.
\r	Envoie ou attend un retour chariot.
\s	Envoie ou attend un espace.
\t	Envoie ou attend une tabulation.
\\\	Envoie ou attend un antislash.
ddd	Spécifie un caractère ASCII en octal.
^*C*	Spécifie le caractère de contrôle représenté par C.

Ce script force chat à échouer s'il reçoit NO CARRIER ou BUSY à n'importe quel moment pendant l'exécution du script.

chat reconnaît un certain nombre de séquences de caractères et d'échappement (voir Tableau 29.5).

ASTUCE

Utilisez la chaîne abort *pour empêcher des appels à basse vitesse sur votre modem à haute vitesse. Configurez votre modem de façon qu'il renvoie une chaîne* CARRIER 14400 *lors d'une connexion, et ajoutez* abort CARRIER 2400 *à votre script* chat. *Ainsi,* chat *échouera si votre modem se connecte à 2 400 bps au lieu de 14 400.*

Utilisation de PPP avec *chat*

Le programme pppd contient des options qui régissent tous les aspects de la liaison PPP. La syntaxe de la commande pppd est la suivante :

```
pppd [options] [nom-tty] [vitesse]
```

Le Tableau 29.6 décrit les options les plus courantes.

Il existe plus de quarante options supplémentaires contrôlant les aspects PPP à tous les niveaux. Consultez les pages man pour plus d'informations sur ces arguments.

INFO

Le programme pppd *nécessite que le fichier /etc/ppp/options existe, même s'il est vide.* pppd *lit le contenu de ce fichier constitue est l'endroit idéal pour placer les options que vous souhaiteriez appliquer à chaque exécution de* pppd.

pppd et chat peuvent être combinés de plusieurs façons. Vous pouvez spécifier tous les arguments de commande en ligne des deux programmes sur la ligne de commande. Vous pouvez également placer les options pppd dans un fichier, voire le script chat. Dans l'exemple suivant, tout se trouve sur la ligne de commande :

```
$ pppd connect chat "" ATDT5551234 ogin: linux2 word: be4me' \
/dev/cua1 38400 mru 296 lock debug crtscts modem defaultroute
```

Ces lignes exécutent pppd avec un script chat simple qui compose un numéro et connecte l'utilisateur linux2 sur l'hôte distant. Le périphérique, la vitesse, le MRU et d'autres options sont compris.

En revanche, vous pouvez placer la plupart des options pppd dans un fichier et forcer chat à lire un fichier script. L'appel à pppd est le suivant :

```
pppd /dev/cua1 38400 connect chat -f linux1.chat'
```

Tableau 29.6 : Options courantes pour pppd

Option	Description
`device`	Utilise le périphérique spécifié. pppd ajoute /dev/ à la chaîne si besoin est. Si aucun périphérique n'est spécifié, le terminal de contrôle est utilisé.
`speed`	Sélectionne la vitesse du modem.
`asyncmap` *`map`*	Sélectionne la table de caractères asynchrones. Cette table spécifie quels caractères ne peuvent être envoyés par la connexion, et doivent être échappés. Cette table est un nombre hexadécimal à 32 bits ; chaque bit représente un caractère. Le bit zéro (00000001) représente le caractère 0 × 00.
`auth`	Exige l'authentification de l'hôte distant.
`connect` *`programme`*	Utilise le programme ou la commande shell pour établir la connexion. `chat` s'utilise dans ce cas.
`crtscts`	Utilise le contrôle de flux matériel.
`xonxoff`	Utilise le contrôle de flux logiciel.
`defaultroute`	Force pppd à sélectionner une route par défaut vers l'hôte distant dans votre table de routage du noyau.
`disconnect` *`programme`*	Exécute le programme spécifié après que pppd a terminé sa liaison.
`escape` *`c1, c2,...`*	Provoque l'échappement des caractères spécifiés lors de la transmission. Les caractères sont exprimés à l'aide de leur équivalent ASCII en hexadécimal.
`file` *`nom-fichier`*	Lit les options pppd à partir du fichier spécifié.
`lock`	Utilise un verrouillage du type UUCP sur le périphérique série.
`mru` *`nbre`*	Règle le maximum receive unit au numéro spécifié.
`netmask` *`masque`*	Règle l'interface du réseau PPP netmask.
`passive`	Force pppd à attendre une connexion valide au lieu d'échouer quand une connexion ne se fait pas immédiatement.
`silent`	Empêche pppd d'établir une connexion. pppd attend alors une tentative de connexion venant de l'hôte distant.

Les lignes suivantes montrent le contenu du fichier de référence :

```
# Fichier d'options PPP globales
mru 296      # Initialise la valeur de MRU
lock         # Utilise le verrouillage UUCP
crtscts      # Utilise le contrôle de flux matériel
modem        # Utilise les lignes de contrôle du modem
defaultroute # PPP est la route par défaut
```

pppd lit ce fichier et traite les options qui s'y trouvent. Tout texte précédé d'un dièse est traité comme un commentaire et est ignoré.

Le script chat suivant définit un certain nombre de chaînes abort, compose un numéro de téléphone, attend l'invite de connexion et connecte l'utilisateur ppp sur l'hôte distant avec le mot de passe ppp-word :

```
abort 'NO CARRIER'
abort 'BUSY'
abort 'VOICE'
abort 'CARRIER 2400'
"" ATDT555-1234
CONNECT '/c'
ogin: -BREAK-ogin: ppp
word: ppp-word
```

• Fournir un service PPP

La configuration de votre machine Linux en tant que serveur PPP est encore plus facile que la mise en place d'un serveur SLIP. Elle ne nécessite qu'un nouveau compte et un script shell qui exécute correctement le programme pppd.

Créez un compte ppp avec une entrée /etc/passwd qui ressemble à :

```
$ ppp:*:501:300:PPP Account:/tmp:/etc/ppp/ppplogin
```

et réglez passwd correctement. Les numéros uid (501) et gid (300) ne sont pas forcément identiques. Si vous le désirez, vous pouvez aussi attribuer un compte à chaque client PPP. Le fichier /etc/ppp/ppplogin doit être un script exécutable, comme celui-ci :

```
#!/bin/sh
# Script de connexion à un serveur PPP
# Désactive les messages sur ce terminal
mesg n
# Désactive l'écho
stty -echo
# Exécute pppd au-dessus de ce processus sh
exec pppd -detach silent modem crtscts
```

Ce script exécute pppd avec l'argument -detach, afin d'éviter que pppd se détache de tty. Si pppd se détachait, le script serait interrompu et la connexion "dial-up" serait coupée. L'option silent force pppd à attendre que le démon pppd distant initialise la liaison. Les options modem forcent pppd à surveiller les lignes de contrôle du modem et crtscts le force à utiliser le contrôle de flux matériel.

Quand des utilisateurs se connectent sur votre machine en utilisant les bons ID utilisateurs et mots de passe, la liaison PPP est établie automatiquement sur votre boîtier.

• Sécurité d'une liaison PPP

Il est très important de préserver la sécurité des liaisons PPP. Permettre à n'importe qui de connecter votre machine sur un serveur PPP, ou de se connecter sur votre serveur PPP est aussi dangereux que de connecter directement n'importe quelle machine sur votre réseau. PPP fournit une connexion IP directe qui place effectivement les machines aux deux extrémités de la liaison sur le même réseau.

Pour rendre PPP plus sûr, deux protocoles d'authentification ont été développés : PAP (*Password Authentication Protocol*, Protocole d'authentification des mots de passe) et CHAP (*Challenge Handshake Authentication Protocol*, Protocole de demande d'authentification de liaison). Lorsqu'une connexion PPP est établie, chaque machine peut demander l'authentification de la part de l'autre machine. Cela vous permet de contrôler entièrement l'utilisation de votre service PPP.

Le plus sûr de ces deux protocoles, CHAP, utilise un ensemble de *clés secrètes* (des chaînes de texte dont les utilisateurs des machines CHAP gardent le secret) et un système de demandes cryptées pour assurer l'authentification réciproque. Il permet notamment d'envoyer, de façon ponctuelle, des demandes pendant toute la durée de la liaison PPP. Il détecte, par exemple, des intrus qui ont remplacé l'utilisateur légitime en changeant de ligne téléphonique.

Les clés secrètes de CHAP sont stockées dans /etc/ppp/chap-secrets. Pour pouvoir utiliser l'authentification sur votre liaison PPP, il faut ajouter l'option auth à l'appel de `pppd` et ajouter des informations nécessaires sur l'hôte dont l'authentification est demandée à partir du fichier chap-secrets. Voici un exemple de fichier chap-secrets pour linux2.burwell.com :

```
# linux2.burwell.com CHAP secrets file
# client/server/secret/IP addr
linux2.burwell.com linux1.burwell.com "C'est plein d'étoiles"
[ccc]linux2.burwell.com
linux1.burwell.com linux2.burwell.com "Trois étoiles" linux1.burwell.com
* linux2.burwell.com "trois étoiles" burwell.com
```

Chaque ligne contient jusqu'à quatre champs : le nom d'hôte client, le nom d'hôte serveur, la clé secrète, et une liste (facultative) des adresses IP qui peuvent être attribuées au client sur sa demande. Les désignations client et serveur de ce fichier sont déterminées par l'hôte qui demande l'authentification (le serveur). Le client doit répondre à cette requête.

Ce fichier définit trois secrets CHAP différents. La première ligne est utilisée quand linux1.burwell.com demande une authentification CHAP de la part de linux2.burwell.com ; la deuxième s'utilise dans le cas contraire. La dernière ligne définit un joker pour le client. Cela permet à n'importe quelle machine qui connaît la bonne clé secrète d'établir une liaison PPP vers linux2.burwell.com. Le caractère désignant le joker (l'astérisque) peut s'utiliser soit dans le champ client, soit dans le champ serveur.

Une gestion attentive du fichier chap-secrets vous permettra de contrôler entièrement les machines ayant accès à votre serveur PPP et les machines auxquelles vous avez accès grâce à PPP.

Informations complémentaires

SLIP et PPP ont été conçus pour offrir une alternative économique aux solutions de connexion IP fondées sur les lignes louées. Vous connaissez les exigences d'un système SLIP ou PPP et savez comment automatiser les liaisons SLIP et PPP à l'aide des commandes `dip` et `chat`. Vous avez appris à configurer Linux comme serveur SLIP ou PPP et à en augmenter la sécurité grâce au protocole CHAP.

- L'aide en ligne vous donnera des informations complètes sur `dip`, `chat` et `pppd`.
- Le Chapitre 10 détaille l'ajout et la suppression de comptes utilisateur.
- Le Chapitre 23 présente TCP/IP et le fonctionnement de ce protocole.
- Le Chapitre 24 explique comment préparer une machine Linux pour l'utiliser sur un réseau.
- Le Chapitre 25 présente l'utilisation de DNS (*Domain Name Service*) sur une machine Linux.

Communications réseau avec les commandes telnet, ftp et r

La gestion de réseaux informatiques permet de partager des ressources et des informations auxquelles on accède à distance. Linux propose un large éventail d'outils prévus à cet effet. Si le Web offre l'accès à de nombreuses informations au format hypertexte, d'autres outils permettent de se connecter sur des ordinateurs distants, de transférer des fichiers ou d'exécuter des commandes à distance.

Dans ce chapitre, vous étudierez :

- la commande `telnet` ;
- la commande `ftp` ;
- les commandes `r`.

Accès à des ordinateurs distants avec telnet

La commande `telnet` constitue l'outil de base pour se connecter à distance sous Linux. `telnet` vous propose une session sur le terminal d'un ordinateur distant, qui vous permet d'exécuter des commandes comme si vous étiez connecté localement.

Pour vous connecter à un ordinateur via `telnet`, vous devez connaître un nom d'utilisateur et un mot de passe (*password*) valides sur cette machine. Certains systèmes offrent aux invités (*guests*) la possibilité de se connecter mais, pour des raisons de sécurité, cela reste assez rare. Lorsque les connexions d'invités sont permises, l'utilisateur n'est admis en général que dans un shell bridé ou dans le menu. Ces deux environnements utilisateur ont pour but de préserver la sécurité de l'ordinateur et de le protéger des intrus malveillants ou négligents. Un shell bridé empêche l'utilisateur d'exécuter certaines commandes ; un menu ne propose qu'un choix limité parmi un ensemble de menus prédéfinis, bloquant ainsi totalement l'accès aux shells.

`telnet` permet également aux utilisateurs de se connecter à distance sur leurs ordinateurs. Une fois qu'ils ont entré leur nom d'utilisateur et leur mot de passe, il peuvent ainsi consulter leur boîte aux lettres, éditer des fichiers et exécuter des programmes comme s'ils étaient connectés localement. Cependant, il faudra vous contenter d'un environnement avec terminaux au lieu du système X Window. En effet, `telnet` ne propose une émulation de terminal que pour des terminaux courants comme DEC VT-100, qui ne peut pas recevoir un environnement graphique tel que X Window.

• Sommaire des commandes telnet

Voici la syntaxe de base de `telnet` :

```
telnet [nom-hôte]
```

`nom-hôte` est le nom de l'ordinateur distant. Si vous ne spécifiez pas son nom, `telnet` démarre en *mode de commande interactif*. Si vous donnez le nom de l'hôte distant, `telnet` essaie immédiatement d'initier une session.

Outre le nom de l'hôte, `telnet` accepte plusieurs lignes de commandes. Le Tableau 30.1 dresse la liste des arguments pour `telnet`.

Tableau 30.1 : Arguments de ligne de commande pour telnet

Argument	Description
d	Démarre la mise au point.
a	Tente une connexion automatique.
n *fichiertrace*	Active le mode trace et enregistre les données de suivi dans un fichier.
e *carechap*	Définit le caractère d'échappement pour la session. S'il n'est pas indiqué, il n'y aura pas de caractère d'échappement pour la session en cours.
l *utilisateur*	Envoie le nom de l'utilisateur *utilisateur* au système distant pour la connexion automatique. Cet argument implique l'argument a.
port	Indique le numéro du port auquel se connecter sur le système distant. A utiliser pour spécifier différents programmes de réseau. Sans spécification, `telnet` se connecte sur le port `telnet` implicite.

• Exemple de session telnet

Pour démarrer une session `telnet`, tapez `telnet` suivi du nom d'hôte de l'ordinateur auquel vous voulez vous connecter. `telnet` affiche le message suivant : *Trying some IP adress* (essai avec cette adresse IP), *some IP adress* étant l'adresse de l'ordinateur que vous venez d'appeler. Si la connexion `telnet` réussit (c'est-à-dire si l'ordinateur et le réseau fonctionnent), Linux affiche `Connected to` *computer name* et vous informe que la touche d'échappement est une séquence de caractères spécifiques (presque toujours <Ctrl-]>). Vous savez ainsi quels caractères taper pour passer de votre session sur terminal à l'interprète de commande `telnet`. Cela est indispensable pour envoyer des commandes directement au programme `telnet` et non à votre session sur ordinateur distant.

Une fois qu'il a réussi à se connecter au système distant, `telnet` fait défiler les informations concernant la connexion, puis vous demande d'inscrire votre nom et votre mot de passe. Si vous possédez un nom d'utilisateur et un mot de passe valides, vous êtes connecté et vous pouvez maintenant travailler à distance de façon interactive.

Voici un exemple de session `telnet` avec un ordinateur Linux connecté à un autre ordinateur Linux :

```
$ telnet server.quelquepart.com
Trying 127.0.0.1...
Connected to server.quelquepart.com.
Escape character is ^]'.
"Red Hat Linux release 4.0 (Colgate)
kernel 2.0.18 on an I486
login: bubba
Password: password
Last login: Mon Nov 11 20:50:43 from localhost
Linux 2.0.6. (Posix).
server:~$
server:~$ logout
Connection closed by foreign host.
$
```

Une fois votre session à distance terminée, pensez bien à vous déconnecter. `telnet` signale que la session à distance est close, et vous retournez au prompt de votre shell local.

Transferts de fichiers par FTP

Le protocole de transfert de fichier FTP (*File Transfer Protocol*) est un moyen simple et efficace de transférer des données entre des ordinateurs connectés à un réseau TCP/IP. FTP permet aux utilisateurs de transférer des fichiers ASCII et binaires.

Lors d'une session FTP, vous vous connectez à un autre ordinateur en utilisant le programme client `ftp`. A partir de là, vous pouvez vous déplacer dans l'arborescence du répertoire, faire la liste des éléments, copier des fichiers d'un ordinateur distant du vôtre et transférer des fichiers de votre ordinateur à la machine distante. Les normes de protection de fichiers sont les mêmes, et vous ne pouvez pas obtenir ou stocker un fichier sur un ordinateur distant si vous n'avez pas les permissions requises.

Pour transférer des fichiers via `ftp`, vous devez connaître un nom d'utilisateur et un mot de passe valides sur l'ordinateur distant. La combinaison nom d'utilisateur-mot de passe sert à valider votre session FTP et à déterminer votre accès au fichier pour les transferts. Evidemment, vous devez aussi connaître le nom de l'ordinateur avec lequel vous voulez mener la session FTP.

Sachez que les clients FTP possèdent des jeux de commandes différents selon le système d'exploitation utilisé. Ce chapitre n'aborde que le client FTP de Linux. Cependant, lorsque vous démarrez une session FTP avec un ordinateur distant, ce système peut s'attendre à recevoir des commandes différentes. Il est rare que les systèmes FTP soient totalement incompatibles entre eux. Les commandes que vous utilisez normalement sont parfois légèrement différentes, ou bien indisponibles.

• Connexions FTP anonymes

En raison de la croissance explosive de l'Internet, de nombreuses organisations ont créé d'énormes répertoires d'informations auxquels on peut accéder via FTP. On y trouve de tout, des fichiers texte à tous les types de logiciels disponibles. Mais comment faire pour accéder à cet énorme entrepôt de données si l'on ne possède pas un compte sur l'ordinateur distant ? Doit-on obtenir un compte sur tous les sites FTP pour avoir accès à ces fichiers ?

La réponse est non. Il existe sur l'Internet une convention commune qui autorise les "invités" FTP à avoir accès aux répertoires de fichiers, pour pouvoir ensuite les transférer. Cet accès pour "invités" s'appelle une connexion FTP anonyme (*anonymous ftp*). Pour l'utiliser, il faut démarrer une session FTP avec le système distant et taper `anonymous` comme nom d'utilisateur. Votre adresse électronique servira de mot de passe.

Par exemple, l'utilisateur `smith` sur `linux.quelquepart.com` veut ouvrir une session FTP avec un site FTP commun :

```
$ FTP.uu.net
ftp.uu.net (login : smith) : anonymous
passeword : smith@linux.quelquepart.com
```

Beaucoup de sites n'autorisent pas les connexions FTP anonymes. En effet, permettre à des invités de se connecter à votre ordinateur présente certains risques. Lorsqu'une connexion FTP n'est pas autorisée, la commande `ftp` *est rejetée ; un message apparaît :* `login failed User "anonymous" unknown`*, connexion impossible, utilisateur "anonyme" inconnu). Les sites qui acceptent les connexions FTP anonymes placent généralement l'utilisateur dans une arborescence de répertoires, dans laquelle seule la consultation est permise. Si vous êtes autorisé à introduire des fichiers dans l'ordinateur distant, vous ne pouvez en général le faire que dans un seul répertoire.*

• Récapitulatif des commandes ftp

La commande `ftp` de Linux propose un très large éventail de commandes en mode interactif. Comme nous l'avons mentionné plus haut, il est possible que certains hôtes distants ne puissent recevoir toutes ces commandes. De toute façon, vous n'aurez probablement pas besoin d'en utiliser beaucoup. Le Tableau 30.2 dresse la liste des commandes disponibles en FTP.

Tableau 30.2 : Commandes ftp disponibles en mode interactif

Commande	Description
`!`	Echappement vers le shell
`$`	Exécute une macro
`account`	Envoie la commande `account` au serveur distant
`append`	Ajoute à la fin d'un fichier
`ascii`	Choisit le mode ASCII pour les transferts de fichiers
`bell`	Emet un signal sonore quand la commande est terminée
`binary`	Choisit le mode binaire pour les transferts de fichiers
`bye`	Termine la session `ftp` et quitte
`case`	Traduit des noms de fichiers de `mget` en caractères supérieurs ou inférieurs
`cd`	Modifie le répertoire actif dans l'ordinateur distant
`cdup`	Modifie le répertoire actif distant en répertoire parent
`chmod`	Modifie les autorisations des fichiers distants
`close`	Termine la session FTP
`cr`	Supprime ou non le retour chariot lors de la réception d'un fichier ASCII
`delete`	Supprime des fichiers distants
`debug`	Fait basculer le mode de mise au point
`dir`	Affiche le contenu du répertoire distant (indique le volume et les autorisations)
`disconnect`	Termine une session FTP (comme `close`)
`exit`	Termine la session FTP et sort
`form`	Règle le format du transfert de fichier
`get`	Lit un fichier de l'ordinateur distant
`glob`	Fait apparaître ou disparaître l'expansion du caractère générique des noms de fichiers locaux
`hash`	Fait apparaître un dièse (#) pour chaque tampon transféré
`help`	Imprime le fichier d'aide local
`idle`	Lit ou règle le temps d'inactivité sur l'ordinateur distant
`image`	Règle le type de transfert de fichier en mode binaire (comme `binary`)
`lcd`	Modifie le répertoire local actif
`ls`	Affiche le contenu du répertoire distant (indique les tailles et les permissions)

Commande	Description
`macdef`	Définit une macro
`mdelete`	Efface plusieurs fichiers sur l'ordinateur distant
`mdir`	Affiche le contenu de plusieurs répertoires distants
`mget`	Lit plusieurs fichiers de l'ordinateur distant
`mkdir`	Crée un répertoire dans la machine distante
`mls`	Affiche le contenu de plusieurs répertoires distants
`mode`	Définit le mode de transfert de fichiers
`modtime`	Affiche l'heure de la dernière modification du fichier distant
`mput`	Envoie plusieurs fichiers à l'ordinateur distant
`newer`	Lit un fichier distant si celui-ci est plus récent que le fichier local analogue
`nmap`	Définit les modèles pour la traduction systématique des noms de fichiers
`nlist`	Affiche le contenu du répertoire distant
`ntrans`	Définit la table de traduction pour la traduction des noms de fichiers
`open`	Connecte au site FTP distant
`passive`	Passe en mode de transfert passif
`prompt`	Impose un prompt interactif sur plusieurs commandes
`proxy`	Emet une commande en connexion alternée
`put`	Envoie un fichier vers l'ordinateur distant
`pwd`	Affiche le répertoire actif sur l'ordinateur distant
`quit`	Termine la session FTP et sort
`quote`	Envoie une commande arbitraire `ftp`
`recv`	Reçoit un fichier
`rget`	Fait redémarrer le fichier à la fin du fichier local
`rstatus`	Affiche l'état de la machine distante
`rhelp`	Obtient de l'aide d'un serveur distant
`rename`	Renomme un fichier
`reset`	Efface les commandes de réponse avec file d'attente
`restart`	Redémarre le transfert de fichier au nombre d'octets spécifié
`rmdir`	Supprime un répertoire sur la machine distante
`runique`	Assigne un nom de fichier unique à chaque fichier reçu lors de la réception, dans un répertoire, de plusieurs fichiers ayant le même nom
`send`	Envoie un fichier à l'ordinateur distant

Commande	Description
`site`	Envoie au serveur distant une commande propre au site : `usmask`, `idle`, `chmod`, `help`, `group`, `gpass`, `newer` ou `minfo`
`size`	Affiche le volume d'un fichier distant
`status`	Affiche l'état actuel
`struct`	Règle la structure du transfert de fichier
`system`	Affiche le type de système distant
`sunique`	Lors de l'envoi de fichiers multiples ayant le même nom et même répertoire, `runique` attribue un nom unique à chaque fichier envoyé
`tenex`	Règle le type de transfert de fichiers `tenex`
`tick`	Bascule le comptage d'octets lors des transferts
`trace`	Affiche le parcours des paquets
`type`	Règle le type de transfert de fichiers
`umask`	Obtient ou installe `umask` sur l'ordinateur distant
`user`	Envoie de nouvelles informations sur les utilisateurs
`verbose`	Affiche le mode verbeux
`?`	Affiche une aide

Démarrer une session FTP

On utilise la commande `open` pour ouvrir une session `ftp` avec un hôte distant. Voici sa syntaxe :

```
open nom-hote
```

Cette commande ne vous sera utile que si vous avez décidé de vous connecter à plus d'un site au cours d'une session FTP. Pour vous connecter à un seul ordinateur lors de la session, indiquez le nom de l'hôte distant sur la ligne de commande comme argument de la commande `ftp`.

Fin d'une session FTP

Les commandes `close`, `disconnect`, `quit` et `bye` mettent fin à une connexion avec un ordinateur distant. `close` et `disconnect` sont identiques ; elles ferment la connexion avec l'ordinateur distant et laissent le programme `ftp` en cours d'exécution. `quit` et `bye` ferment la connexion à l'ordinateur distant si celle-ci est active ; elles ferment ensuite le programme `ftp` sur votre ordinateur.

Changement de répertoire

La commande `cd [répertoire]` est utilisée pour changer de répertoire sur l'ordinateur distant lors de votre session FTP. La commande `cdup` vous conduit au répertoire parent du répertoire actif. La commande `lcd` change le répertoire local pour que vous puissiez spécifier où trouver ou ranger des fichiers locaux.

Listing d'un répertoire distant

La commande `ls` affiche le contenu d'un répertoire distant, comme `ls` à partir d'un shell interactif. La syntaxe de cette commande est la suivante :

```
ls [répertoire] [fichier-local]
```

Si un répertoire est cité dans la commande, `ls` affiche son contenu. Si le nom d'un fichier local est mentionné, le listing du répertoire sera affiché dans le fichier que vous avez nommé sur votre ordinateur local.

Les commandes `dir` et `ls` donnent un listing détaillé, qui informe sur les droits d'accès, la taille, le propriétaire et la date. La syntaxe de la commande `dir` est la suivante :

```
dir [répertoire] [fichier-local]
```

Voir Chapitre 14, pour une explication du listing ci-dessus.

Voici un exemple de listing produit par `dir` :

```
-rw-r--r--   1  root  archive  2928  May  17  1993   README
-rw-r--r--   1  root  archive  1723  Jun  29  1993   README.NFS
dr-xr-xr-x   2  root  wheel    8192  Jun   6  12:16  bind
-rwxr-xr-x   5  root  wheel    8192  Aug   2  06:11  decus
drwxr-xr-x  19  root  archive  8192  Feb   7  1994   doc
drwxr-xr-x   6  root  wheel    8192  Jun  15  15:45  edu
dr-xr-xr-x   7  root  wheel    8192  Sep  28  09:33  etc
```

Extraire des fichiers d'un système distant

Les commandes `get` et `mget` sont utilisées pour extraire des fichiers d'un ordinateur distant. La commande `get` trouve le fichier dont vous donnez le nom comme argument (*`fichier`*). Voici sa syntaxe :

```
get nom-fichier [fichier-distant]
```

Vous pouvez également donner un nom de fichier local, c'est-à-dire le nom d'un fichier créé sur votre ordinateur local. Si vous ne le donnez pas, *`fichier-distant`* est utilisé.

La commande `mget` extrait plusieurs fichiers en même temps. Voici sa syntaxe :

```
mget liste-fichiers
```

Vous spécifiez ces fichiers en donnant à `mget` une liste de noms de fichiers séparés par des espaces ou une combinaison de caractères génériques. Vous recevez un prompt pour chaque fichier. Pour arrêter le prompt, utilisez la commande `prompt` avant d'utiliser `mget`. Dans tous les cas, les fichiers sont transférés en tant que fichiers ASCII, à moins que vous n'ayez réglé le mode de transfert différemment.

Envoyer des fichiers à un système distant

Les commandes `put` et `mput` sont utilisées pour envoyer des fichiers à un ordinateur distant. La commande `put` envoie le fichier local dont vous avez donné le nom comme argument. Sa syntaxe est la suivante :

```
put nom_fichier
```

La commande `mput` envoie une série de fichiers locaux. Voici sa syntaxe :

```
mput liste-fichiers
```

Vous spécifiez ces fichiers en donnant à `mput` une liste de noms de fichiers séparés par des espaces ou bien une combinaison de caractères génériques. Quand vous utilisez `mput`, un prompt apparaît pour chaque fichier. Pour arrêter le prompt, utilisez la commande `prompt`. Dans tous les cas, les fichiers sont transférés en tant que fichiers ASCII, à moins que vous n'ayez choisi un autre mode de transfert.

Modifier le mode de transfert de fichiers

`ftp` utilise le code ASCII (*American Standard Code for Information Interchange*) pour transférer vos fichiers, à moins que vous n'ayez choisi autre chose. Ce mode convient parfaitement pour des textes en clair, mais il rend inutilisables vos données binaires. Avec les commandes `ascii` et `binary`, vous pouvez régler le mode de transfert afin d'éviter d'endommager vos fichiers binaires.

INFO

*Parmi les fichiers que vous voudrez transférer, beaucoup seront en format binaire. Les fichiers terminant par **.tar** sont des archives créées avec la commande* `tar`. *Ceux se terminant par .z et .gz sont des fichiers compressés avec la commande* `compress` *(pour le premier) et la commande GNU* `gzip` *(pour le second). Les fichiers se terminant par .zip sont des archives compressées qui ont été créées avec* `PKZIP`. *Si vous avez un doute, utilisez le mode de transfert binaire. Le mode ASCII endommage les fichiers binaires.*

Vérifier l'état d'avancement du transfert

Lors du transfert d'un gros fichier, vous apprécierez sans doute de pouvoir vérifier, grâce à `ftp`, l'état d'avancement du transfert. La commande `hash` demande `ftp` d'afficher un dièse à l'écran à chaque transmission de données tampons effectuée. Cette commande fonctionne pour envoyer et recevoir des fichiers.

Commandes locales dans une session FTP

Le point d'exclamation (!) est utilisé pour fournir, lorsque vous êtes en FTP, une commande au shell sur votre ordinateur local. Cela peut se révéler très utile si vous avez besoin de faire quelque chose alors que vous êtes au milieu d'une session FTP. Supposez que vous ayez besoin de créer un répertoire afin de conserver des fichiers reçus. Si vous tapez `!mkdir nouv dir` et appuyez sur <Entrée>, Linux créera, dans votre répertoire local actif, un répertoire appelé nouv dir.

• Exemple de session FTP

Le Listing 30.1 présente une courte session FTP.

Listing 30.1 : Connexion FTP et listing d'un répertoire

```
$ ftp opus
Connected to opus.
220 opus FTP server (Linux opus2.0.6 #4 Mon Nov 11 16:01:33 CDT 1996) ready.
Name (opus:smith): smith
Password (opus:smith): mot-de-passe
331 Password required for smith.
230 User smith logged in.
Remote system type is UNIX.
Using ASCII mode to transfer files.
ftp> dir
200 PORT command successful.
150 Opening ASCII mode data connexion for /bin/ls.
total 8
-rw-r--r--  1 root     daemon       1525 Sep 29 15:37 README
dr-xr-xr-x  2 root     wheel         512 Jun 24 11:35 bin
dr--r--r--  2 root     wheel         512 Jun 24 11:18 dev
dr--r--r--  2 root     wheel         512 Jun 24 11:24 etc
dr-xr-xr-x  4 root     wheel         512 Sep 29 15:37 pub
dr-xr-xr-x  3 root     wheel         512 Jun 24 11:15 usr
-r--r--r--  1 root     daemon        461 Jun 24 13:46 welcome.msg
226 Transfer complete.
433 bytes received in 0.027 seconds (16 Kbytes/s)
ftp> get README
200 PORT command successful.
150 Opening ASCII mode data connexion for README (1525 bytes).
226 Transfer complete.
local: README remote: README
1561 bytes received in 0.0038 seconds (4e+02 Kbytes/s)
ftp> quit
221 Goodbye.
$
```

Dans cet exemple, un utilisateur ouvre une session FTP avec l'hôte opus et se connecte sous `smith`. Le serveur FTP distant sollicite le mot de passe, que l'utilisateur tape (le mot de passe n'apparaît pas à l'écran). ftp connecte alors smith à l'ordinateur distant et affiche le prompt ftp pour les commandes en mode interactif. L'utilisateur demande à ftp, via la commande dir, de répertorier le répertoire distant, puis transfère, via la commande get, le fichier README. Lorsqu'il en a fini avec la session FTP, l'utilisateur se délogue (*log off*) grâce à la commande quit. Il est alors renvoyé au prompt du shell Linux local.

• Exemple de session FTP anonyme

Vous venez de voir comment un utilisateur débute une session FTP avec un système pour consulter certains répertoires. Il possédait un nom d'utilisateur et un mot de passe valides sur le système distant. Maintenant, observez une session FTP avec un important site d'archivage de logiciels sur l'Internet. Proche du Listing 30.1, le Listing 30.2 présente quelques différences intéressantes.

Listing 30.2 : Exemple de connexion FTP anonyme

```
$ ftp ftp.uu.net
Connected to ftp.uu.net.
220 ftp.UU.NET FTP server (Ver-
sion wu-2.4(1) Wed Nov 13 15:45:10 EST 1996) ready.
Name (ftp.uu.net:bubba): anonymous
331 Guest login ok, send your complete e-mail address as password.
Password: votre_adresse_e-mail
230-
230-                   Welcome to the UUNET archive.
230-   A service of UUNET Technologies Inc, Falls Church, Virginia
230-   For information about UUNET, call +1 703 204 8000,
-  or see the files in /uunet-info
230-
230-   Access is allowed all day.
230-   Local time is Wed Nov 13 15:53:02 1996.
230-
230-   All transfers are logged with your host name and e-mail address.
230-   If you don't like this policy, disconnect now!
230-
230-   If your FTP client crashes or hangs shortly
230-   after login, try using a
230-   dash (-) as the first character of your password.
230-   This will turn off the informational messages which may
230-    be confusing your ftp client.
230-
230-Please read the file /info/README.ftp
230-  it was last modified on Mon Nov 11 17:39:53 1996 - 2 days ago
230 Guest login ok, access restrictions apply.
ftp>
```

```
ftp> dir
200 PORT command successful.
150 Opening ASCII mode data connexion for /bin/ls.
total 4149
drwxr-sr-x   2 34   0            512 Jul 26  1992 .forward
-rw-r--r--   1 34   uucp           0 Jul 26  1992 .hushlogin
-rw-r--r--   1 34   archive       59 Jul 31  1992 .kermrc
-rw-r--r--   1 34   archive        0 Jul 26  1992 .notar
drwx--s--x   5 34   archive      512 Jul 23 19:00 admin
lrwxrwxrwx   1 34   archive        1 Jul 26  1992 archive -> .
drwxrws--x   4 0    archive      512 Apr 20 16:29 bin
lrwxrwxrwx   1 34   archive       23 Sep 14  1993 by-name.gz ->index/
➥ master/by-name.gz
lrwxrwxrwx   1 34   archive       23 Sep 14  1993 by-time.gz ->index/
➥ master/by-time.gz
-rw-r--r--   1 34   archive   90112 Apr 26  1991 compress.tar
lrwxrwxrwx   1 0   archive      9 Jul 23 18:50 core -> /dev/null
drwxrws--x   2 0   archive    512 Jul 26  1992 dev
drwxrwsr-x  21 34  archive   1024 Sep 29 15:18 doc
drwxrws--x   6 0   archive    512 Apr 14 16:42 etc
lrwxrwxrwx   1 34  archive     31 Dec  8  1993 faces ->/archive/
➥ published/usenix/faces
drwxrwsr-x   2 34   archive      512 Jul 26  1992 ftp
drwxrwsr-x   4 34   archive      512 Sep 29 10:34 government
drwxrwsr-x  18 34   archive     1024 Sep 29 10:28 graphics
-rw-rw-r--   1 27   archive   798720 Jul 11 20:54 gzip.tar
lrwxrwxrwx   1 34   archive       17 Jul 26  1992 help -> info/archive-help
drwxrwsr-x  20 34   archive     1024 Dec  2  1993 index
drwxrwsr-x  19 34   archive      512 Sep 29 10:30 inet
drwxrwsr-x   4 34   archive      512 Sep 29 15:36 info
drwxrwsr-x  25 34   archive      512 Sep 29 10:29 languages
drwxrwsr-x   4 34   archive      512 Sep 29 10:28 library
drwx--s--x   2 0    0           8192 Jul 26  1992 lost+found
lrwxrwxrwx   1 34   archive       20 Aug  2  1992 ls-lR.Z ->index/
➥ master/ls-lR.Z
lrwxrwxrwx   1 34   archive       21 Sep 14  1993 ls-lR.gz ->index/
➥ master/ls-lR.gz
lrwxrwxrwx   1 34   archive       21 Aug  2  1992 ls-ltR.Z ->index/
➥ master/ls-ltR.Z
lrwxrwxrwx   1 34   archive       22 Sep 14  1993 ls-ltR.gz ->index/
➥ master/ls-ltR.gz
drwxrwsr-x  24 34   archive     1024 Sep 29 15:10 networking
drwxrwsr-x   2 34   archive      512 Aug 10 09:26 packages
d--xrws--x  17 34   archive      512 Sep 26 12:29 private
drwxrwsr-x  25 34   archive     1536 Sep 29 15:30 pub
drwxrwsr-x  17 34   archive     1024 Sep 29 15:38 published
lrwxrwxrwx   1 34   archive       10 Jul 26  1992 sco-archive ->
➥ vendor/sco
drwxrwsr-x  20 34   archive      512 Sep 29 04:18 systems
drwxrwxrwx  14 34   archive     1536 Sep 29 15:36 tmp
lrwxrwxrwx   1 34   archive       17 Jul 26  1992 unix-today ->
```

```
➥  vendor/unix-today
lrwxrwxrwx   1 34   archive        17 Jul 26  1992 unix-world ->
➥  vendor/unix-world
drwxrwsr-x  36 34   archive      1024 Sep 29 15:29 usenet
drwxrws--x   6 0    archive       512 Oct 22  1992 usr
lrwxrwxrwx   1 34   archive        16 Aug  2  1992 uumap ->
➥  networking/uumap
-rw-rw-r--   1 34   archive   3279895 Sep 28 21:05 uumap.tar.Z
drwxrwsr-x   3 210  archive      2560 Sep 29 15:36 uunet-info
drwxrwsr-x  64 34   archive      1536 Sep 29 10:29 vendor
226 Transfer complete.
3257 bytes received in 0.76 seconds (4.2 Kbytes/s)
ftp>
ftp> cd systems/unix/linux
250-Files within this subtree are automatically mirrored from
250-tsx-11.mit.edu:/pub/linux
250-
250 CWD command successful.
ftp>
ftp> binary
200 Type set to I.
ftp> get sum.Z
200 PORT command successful.
150 Opening BINARY mode data connexion for sum.Z (80959 bytes).
226 Transfer complete.
local: sum.Z remote: sum.Z
80959 bytes received in 5.6 seconds (14 Kbytes/s)
ftp> quit
221 Goodbye.
$
```

DÉPANNAGE

J'ai transféré un fichier binaire, mais cela ne fonctionne pas normalement. Je n'arrive ni à le désarchiver ni à le décompacter.

Vérifiez que vous avez réglé le transfert de fichier en mode binaire. Pour ce faire, utilisez la commande `binary` *au prompt* `ftp`.

Je suis en train de transférer un gros fichier et je voudrais voir où en est l'opération.

Utilisez la commande `hash`. `ftp` *affiche à l'écran un dièse après que chaque buffer de données a été traité. La taille du buffer de données peut varier en fonction de Linux, mais elle est généralement de 1 024, 4 096 ou 8 192 octets.*

J'ai essayé d'établir une connexion FTP anonyme, mais le site a indiqué que l'utilisateur* `anonymous` *était inconnu (user unknown) et que la connexion était impossible (logon failed).

Soit vous avez mal écrit `anonymous`, *soit le site n'autorise pas les connexions FTP anonymes. Sans autorisation, vous devez posséder un nom d'utilisateur et un mot de passe valides sur l'ordinateur distant.*

Je veux transférer plusieurs fichiers sans que FTP me sollicite pour chacun d'eux.

Utilisez la commande `prompt`. *Elle fera disparaître le prompt.*

J'ai essayé d'utiliser une connexion FTP anonyme, mais le site a indiqué que je n'avais pas entré une adresse électronique valide en guise de mot de passe.

Auparavant, il était convenu que, lors d'une connexion FTP anonyme, il fallait utiliser le mot `guest` *(invité) comme mot de passe. Maintenant, il est d'usage d'entrer votre adresse électronique. Beaucoup de sites FTP font tourner des serveurs spéciaux qui contrôlent le mot de passe et vérifient qu'il est de la forme* `utilisateur@hote.quelquepart.domaine`. *Essayez de nouveau et vérifiez que vous avez correctement inscrit votre adresse électronique complète.*

Dans cet exemple, une session FTP est lancée avec **ftp.uu.net**, un important site d'archivage FTP sur l'Internet. Le nom de l'utilisateur donné au prompt d'ouverture est `anonymous`, car il s'agit d'une connexion FTP anonyme. Pour le mot de passe, on utilise l'adresse électronique complète. `ftp.uu.net` affiche alors un message de bienvenue contenant des informations sur l'archive. Remarquez que l'utilisateur modifie les répertoires, règle le mode de fichier en mode binaire, lit un fichier binaire compressé puis quitte la session.

Les commandes r

Outre `ftp` et `telnet`, il existe plusieurs autres commandes permettant d'accéder à des ordinateurs distants et d'échanger des fichiers à travers un réseau. On les appelle commandes `r`.

Les commandes `r` méritent une attention particulière, car une de leurs fonctions peut causer, si vous n'y prenez garde, d'importantes failles dans le système de protection. Lorsque vous lancez une commande `r`, le système distant inspecte un fichier appelé /etc/hosts.equiv pour vérifier que votre hôte local est listé. S'il ne le trouve pas, il va rechercher, dans votre répertoire d'accueil sur la machine distante, un fichier appelé .rhosts. La commande `r` vérifie alors que le nom de votre ordinateur local se trouve bien dans le fichier .rhost. S'il est listé dans l'un de ces endroits, la commande est exécutée sans contrôle du mot de passe.

Il est très pratique de ne pas avoir à taper son mot de passe chaque fois qu'on a besoin d'accéder à un ordinateur distant, mais cela peut aussi poser de graves problèmes de sécurité. Considérez attentivement les problèmes de sécurité qu'impliquent les commandes `r` avant de configurer les fichiers /etc/hosts.equiv et .rhost sur votre système local.

• rlogin

La commande `rlogin` ressemble beaucoup à la commande `telnet`, car elle permet de démarrer une session en commande interactive sur un système distant. La syntaxe de `rlogin` est :

```
rlogin [-8EKLdx] [-e caract] [-k domaine] [-l utilisateur] hôte
```

Cela dit, on l'utilise généralement ainsi :

```
rlogin hôte
```

Le Tableau 30.3 présente les différentes options pour `rlogin`.

Tableau 30.3 : Options de ligne de commande pour rlogin

Option	Description
-8	Autorise une saisie de chemin de données 8 bits à tout moment. Cela permet d'envoyer des caractères structurés selon l'ANSI ainsi que des codes spéciaux. Si cette option n'est pas utilisée, les bits de parité sont éliminés, sauf si les caractères de départ et d'arrêt à distance sont différents de <Ctrl-s> et <Ctrl-q>.
-E	Empêche tout caractère d'être identifié comme un caractère d'échappement. Utilisée avec l'option -8, permet d'obtenir une connexion complètement transparente.
-K	Neutralise toutes les authentifications Kerberos. Employée uniquement pour les connexions avec un hôte qui utilise le protocole d'authentification appelé Kerberos.
-L	Permet à la session `rlogin` de tourner en mode `litout`. Pour plus de renseignements, consultez la page manuelle `tty`.
-d	Démarre la mise au point (débogage) sur les sockets TPC utilisés pour communiquer avec l'hôte distant. Pour plus de renseignements, consultez la page manuelle `setsockopt`.
-e	Utilisée pour définir le caractère d'échappement de la session `rlogin` — par défaut, le tilde (~). Vous pouvez spécifier un caractère littéraire ou une valeur d'octet sous la forme `\nnn`.
-k	Demande au `rlogin` d'obtenir des tickets Kerberos pour l'hôte distant dans un domaine spécifié, et non dans celui de l'hôte distant, tel que déterminé par `krb realmofhost(3)`.
-l	Permet de spécifier le nom distant. Utilise, si elle est disponible, l'authentification Kerberos.
-x	Applique la norme de chiffrement américaine DES pour toutes les données circulant via la session `rlogin`. Peut influer sur le temps de réponse et l'utilisation de l'unité centrale, mais offre une sécurité accrue.

• rsh

Abréviation de *remote shell* (shell à distance), cette commande lance un shell sur l'hôte distant indiqué et exécute la commande que vous inscrivez sur la ligne de commande `rsh`. Si vous ne fournissez pas de commande à exécuter, vous serez connecté à la machine distante qui utilise `rlogin`.

Voici la syntaxe de la commande `rsh` :

```
rsh [-Kdnx] [-k domaine] [-l nom-utilisateur] hôte [commande]
```

Mais vous l'utiliserez le plus souvent sous la forme :

```
rsh hôte [commande]
```

Le Tableau 30.4 présente les options de ligne de commande pour `rsh`.

Tableau 30.4 : Options de ligne de commande pour rsh

Option	Description
`-K`	Neutralise toute authentification Kerberos. Employée uniquement lors des connexions à un hôte qui utilise Kerberos.
`-d`	Démarre la mise au point sur les sockets TCP utilisés pour communiquer avec l'hôte distant. Pour plus de renseignements, consultez à la page manuelle `setsockopt`.
`-k`	Demande à `rsh` d'obtenir des tickets Kerberos pour l'hôte distant dans un domaine spécifié et non dans celui de l'hôte, tel que déterminé par `krb realmofhost(3)`.
`-l`	Permet de spécifier le nom distant. Utilise, si elle est disponible, l'authentification Kerberos. L'autorisation est déterminée par la commande `rlogin`.
`-n`	Réoriente la saisie de données à partir d'une unité spéciale `/dev/null`.
`-x`	Applique la norme de chiffrement DES à toutes les données transférées. Peut influer sur le temps de réponse et la charge CPU, mais offre une sécurité accrue.

Linux applique la saisie de données standards à la commande `rsh` et la copie selon la norme de saisie de la commande exécutée à distance. Il copie le résultat standard de la commande distante en résultat standard pour `rsh`. Il envoie également les erreurs standards distantes dans un fichier local d'erreurs standards. Tous les signaux de sortie, d'arrêt ou de suspension sont envoyés à la commande distante. De plus, les caractères spécifiques à un shell qui ne sont pas encadrés de guillemets (comme `">>"`) sont traités localement. Encadrés de guillemets, ils sont traités par la commande distante.

• rcp

Abréviation de *remote copy* (copie à distance), `rcp` est la dernière des commandes `r` qui puisse vous être utile. On s'en sert pour copier des fichiers entre des ordinateurs. `rcp` peut être utilisée pour copier des fichiers d'un ordinateur distant à un autre, sans que la source ou la destination ne soient sur la machine locale.

La commande `rcp` a deux formes. La première est celle utilisée pour copier un fichier dans un autre fichier. La seconde est utilisée pour copier un fichier ou un répertoire dans un autre répertoire. Voici les deux types de syntaxes :

```
rcp [-px] [-k domaine] fichier1 fichier2
rcp [-px] [-r] [-k domaine] fichier(s) répertoire
```

Chaque argument du fichier ou du répertoire peut être soit un nom de fichier local, soit un nom de fichier distant. Ce dernier se présente sous la forme `utildist@hotedist:chemin`. `utildist`est le nom de l'utilisateur distant, `hotedist` celui de l'ordinateur distant et `chemin` est la voie d'accès au fichier. Le nom du fichier doit contenir un deux-points (:).

Le Tableau 30.5 présente les arguments pour `rcp`.

Tableau 30.5 : Arguments de ligne de commande pour rcp

Option	Description
`-r`	Copie de façon récurrente l'arborescence du répertoire source dans le répertoire de destination. Pour pouvoir utiliser cette option, la destination doit être un répertoire.
`-p`	Tente de conserver les heures de modification et modes des fichiers source, en ignorant `umask`.
`-k`	Demande à `rcp` d'obtenir des tickets Kerberos pour l'hôte distant dans un domaine spécifié, et non dans celui de l'hôte distant, comme déterminé par `krb realmfhost(3)`.
`-x`	Applique la norme de chiffrement DES à toutes les données transférées par `rcp`. Cela peut influer sur le temps de réponse et la charge CPU, mais offre une sécurité accrue.

Si le nom du chemin d'accès spécifié dans le nom du fichier n'est pas complet, il sera interprété comme étant relatif au répertoire d'ouverture dans l'ordinateur distant de l'utilisateur désigné. Si aucun nom d'utilisateur distant n'est fourni, le vôtre sera utilisé. Si un chemin d'accès sur un hôte distant comprend des caractères spécifiques à un shell, on peut le signaler en les encadrant d'antislash (\), de guillemets (") ou d'apostrophes ('). Tous les métacaractères seront ainsi interprétés à distance.

INFO

La commande `rsh` *ne demande pas de mot de passe. Elle réalise ses duplications au moyen de* `rsh`.

• ssh

`ssh` (abréviation de *Secure Shell*), comme `rsh`, sert à se connecter à une machine distante et à y exécuter des commandes. `ssh` est destiné à remplacer `rsh` et `rlogin`, en fournissant la possibilité de définir une session cryptée entre deux systèmes non sûrs sur un réseau non sécurisé. Le problème, avec `telnet`, est que, lorsqu'on se connecte au système distant, le mot de passe est transmis sur le réseau sous forme ASCII. En surveillant les paquets Ethernet, il est possible que quelqu'un se procure votre nom d'utilisateur et votre mot de passe sur le système distant. `ssh` empêche cela, en utilisant l'identification RSA. Grâce à la sécurité qu'il procure, `ssh` est aujourd'hui couramment utilisé par les administrateurs système. Il existe des clients `ssh` pour d'autres systèmes d'exploitation, comme Macintosh et Windows.

La commande `ssh` ressemble beaucoup à `telnet`, car elle permet de lancer une session de commande interactive sur un système distant. Sa syntaxe est la suivante :

```
ssh [-a] [-c idea¦blowfish¦des¦3des¦arcfour¦tss¦none] [-e escape_car]
[-I fichier_indentité] [-l nom_de_login] [-n] [-k] [-V] [=o option] [-p port]
[-q] [-P] [-t] [-v] [-x] [-C] [-L port"hôte:porthôte] [-R port:hôte:por-
thôte]  nom-hôte [commande]
```

L'utilisation la plus courante est :

```
ssh nom-hôte
```

Le Tableau 30.4 décrit les diverses options de ssh.

Table 30.4 Options de la commande ssh

Option	Description
-a	Désactive la transmission de l'agent d'identification.
-c	Sélectionne la clé à utiliser pour le codage de la session. **idea est la valeur par défaut, arcfour est** la plus rapide, et **none équivaut à utiliser rlogin ou rsh (pas de codage).**
-e	Définit le caractère d'échappement de la session.
-f	Place **ssh en arrière-plan après l'établissement de l'identification et des transferts.**
-i	Sélectionne le fichier d'identité dans lequel la clé privée d'identification RSA est lue.
-k	Désactive la transmission des tickets Kerberos.
-l	Définit le nom de connexion à utiliser sur la machine distante.
-n	Redirige stdin de /dev/nulls utilisé lorsque **ssh s'exécute en tâche de fond.**
-o	Utilisé pour les options définies par l'utilisateur qui suivent le format dans le fichier de configuration.
-p	Définit le port auquel se connecter sur l'hôte distant.
-q	Active le mode silencieux, qui supprime tous les messages sauf ceux d'erreurs fatales.
-P	Utilise un port non privilégié.
-t	Force l'allocation d'un pseudo-tty
-v	Active le mode verbeux (utile pour le débogage).
-x	Désactive la transmission X11.
-C	Demande le compactage de toutes les données.
-L	Indique le port local auquel connecter l'hôte distant et le port désignés.
-R	Indique le port distant auquel connecter l'hôte local et le port désignés.

Informations complémentaires

Pour obtenir d'autres informations concernant l'Internet, consultez :

- le Chapitre 31, qui décrit les différents types d'informations que l'on peut trouver sur l'Internet, ainsi que les outils permettant d'y accéder ;
- le Chapitre 33, qui explique comment envoyer et recevoir du courrier électronique via l'Internet.

31 Internet et le Web

Vous avez certainement entendu parler de tout ce que l'on peut trouver sur l'Internet : cela va des photos satellite pour la météo aux statistiques commerciales, en passant par le commerce électronique.

Ce chapitre présente les services permettant d'accéder aux informations de l'Internet : le World Wide Web (ou Web), FTP, `gopher`, `telnet`, WAIS ou `archie`. Vous utiliserez certainement une combinaison de ces services. Ce chapitre décrit chaque service et explique comment l'utiliser. Etant donné que le Web est très facile à utiliser, et qu'il permet d'accéder à de nombreux autres services, l'accent sera mis sur l'accès à ces services depuis un navigateur Web.

Ce chapitre présente :

- le Web ;
- les adresses URL ;
- les moteurs de recherche sur le Web ;
- les autres outils ;
- les autres sources d'informations.

Présentation du World Wide Web

L'Internet est un réseau intégralement distribué, ce qui signifie que votre ordinateur est connecté non seulement à l'ordinateur du bureau d'en face, mais aussi à des milliers d'autres ordinateurs situés dans le monde entier. En réalité, votre ordinateur est connecté à un autre ordinateur, lui-même connecté à plusieurs autres ordinateurs, etc.

L'Internet revêt une dimension internationale : la quasi-totalité des pays y ont ainsi accès . Pendant longtemps, il existait de nombreux services pour accéder aux informations (FTP, gopher, etc.). Mais aucun n'était simple à utiliser. Il fallait disposer du logiciel approprié, savoir quel service utiliser et à quel moment, etc. Un "navigateur informatique" tel que le Web s'imposait, pour permettre à l'utilisateur d'accéder plus facilement à l'information.

Le Web est une création européenne puisqu'il est né au CERN (Centre européen de recherche nucléaire). Les chercheurs ont compris que les utilisateurs avaient besoin de pouvoir partager et échanger des informations et des documents en temps réel. C'est en réponse à ce besoin que le Web est né.

Le Web utilise des liens hypertextes qui permettent de naviguer facilement entre les documents, les graphiques, les fichiers, les clips audio, etc. depuis tout site Internet. Lorsqu'on sélectionne un lien hypertexte dans un document, il mène automatiquement au document vers lequel pointe ce lien . De lien en lien, les utilisateurs trouvent rapidement l'information voulue.

• Structure du Web

Le Web repose sur une architecture client-serveur. Le logiciel client, un *navigateur* Web (vous rencontrerez peut-être le terme anglais, *browser*, ou encore des traductions telles que *fureteur* ou *butineur*), contacte un serveur (logiciel serveur Web) et échange des messages avec lui, selon un ensemble de règles permettant au client et au serveur de se comprendre mutuellement. Cet ensemble de règles s'appelle *protocole.* Les serveurs et les clients Web communiquent à l'aide du protocole de transfert de fichiers hypertexte *HTTP.* Lorsqu'un programme Web client accède à un document situé sur un serveur Web, les programmes client et serveur utilisent le plus souvent le protocole HTTP. Le serveur Web peut gérer plusieurs autres protocoles qui seront abordés plus loin.

INFO

Client-serveur *est une expression clé du vocabulaire des réseaux, et notamment du Web. Un* serveur *est un ordinateur qui met à la disposition d'autres machines un certain nombre de services, qu'il s'agisse de programmes, de routines ou encore de données. Un serveur peut, par exemple, fournir des informations issues d'une base de données à laquelle vous n'avez pas accès directement.*

Un client *est un ordinateur qui utilise les services d'un serveur. Le client entre en contact avec le serveur et lui demande un certain type de service. Très souvent, les ordinateurs clients utilisent un logiciel spécialement conçu pour interagir avec un programme serveur, lui-même conçu à cet effet.*

Grâce à l'architecture client-serveur, des ordinateurs situés à des endroits différents peuvent accéder aux informations d'un même serveur. Il est possible de mettre en place plusieurs serveurs, permettant d'accéder à différents types de données. Comme l'utilisateur se sert d'un logiciel client pour communiquer avec le serveur, il est également possible de concevoir un programme client différent pour chacune des plates-formes qu'il utilise. Ainsi, qu'il travaille dans un environnement Windows ou Macintosh, l'utilisateur pourra accéder aux données d'un serveur UNIX ou Linux aussi aisément qu'un utilisateur travaillant dans un environnement UNIX ou Linux.

Pour pouvoir accéder au Web, il faut disposer d'un logiciel client (appelé *browser,* ou *navigateur*). Un navigateur Web est un programme capable de communiquer avec un serveur Web via le protocole HTTP, d'afficher les informations et de représenter les liens hypertextes. Il existe de nombreux navigateurs. Les plus utilisés actuellement sont Navigator de Netscape et Internet Explorer de Microsoft. Vous pouvez vous en procurer un de différentes façons : chez un prestataire Internet, en l'achetant, en le téléchargeant depuis un site Internet, etc. Après l'avoir installé et configuré, vous êtes prêt à surfer sur le Web.

• Adresses URL

On accède aux informations au moyen d'adresses descriptives, les URL (*Uniform Resource Locator*), qui agissent comme un pointeur vers l'objet Internet. Elles indiquent où se trouve l'objet, son nom, et comment y accéder. Tout objet accessible sur l'Internet possède une URL.

Bien qu'elle puisse sembler complexe, la syntaxe des URL est en fait assez facile à comprendre. En voici un exemple :

http://www.ncsa.uiuc.edu/SDG/Software/Mosaic/Docs/whats-new.html

La partie située à gauche des deux-points (:) spécifie la méthode d'accès aux données. Cette méthode définit le protocole utilisé pour communiquer avec le serveur, et donne une idée du type d'échange qui aura lieu. Le Tableau 31.1 présente plusieurs méthodes d'accès.

Tableau 31.1 : Méthodes d'accès possibles pour une URL

Méthode d'accès	Description
http	Protocole permettant d'accéder à la plupart des pages Web. Offre des liens hypertexte interactifs vers des pages écrites en HTML (*HyperText Markup Language*).
wais	Utilisée pour accéder à un site WAIS (*Wide Area Information Service*).
gopher	Utilisée pour accéder à un serveur Gopher.
ftp	Fournit une connexion FTP anonyme.
telnet	Ouvre une connexion telnet vers un site.
news	Utilisée pour lire des infos Usenet.

INFO

De nombreux services et sources d'information existaient avant que le Web ne fasse son apparition. Ils utilisaient des protocoles autres que HTTP. Les navigateurs Web actuels permettent d'accéder directement à ces services. Vous pouvez par exemple télécharger des fichiers avec le protocole FTP, retrouver des documents sur des serveurs gopher, effectuer des recherches textuelles avec WAIS, et lire les news Usenet.

Après les caractères ://, on trouve le nom de l'ordinateur hôte avec lequel vous voulez entrer en contact. Vient ensuite le chemin vers le document à retrouver ou à afficher. Ce chemin dépend de l'emplacement du fichier sur le serveur distant. (Si le document se trouve dans le répertoire par défaut, il peut ne pas y avoir de chemin.) L'URL se termine par le nom du document, qui peut être du texte, un document hypermedia, un fichier son, un graphique, ou un fichier d'un autre type.

Reprenons l'exemple. L'URL **http://www.ncsa.uiuc.edu/SDG/Software/Mosaic/Docs/whats-new.html** utilise le protocole HTTP pour se connecter sur le serveur **www.ncsa.uiuc.edu** ; elle lui indique que vous vous intéressez au document whats-new.html, qui se trouve dans le répertoire SDG/Software/Mosaic/Docs.

L'extension html dans le nom du document indique à votre navigateur Web (par exemple, Navigator) qu'il s'agit d'un document écrit en HTML, langage dont la syntaxe décrit les pages hypertexte pour le Web. Pour plus de détails sur le HTML, reportez-vous au Chapitre 32.

• Recherches sur le Web

Le Web ne cesse de s'étendre, devient chaque jour plus immense. Plutôt que de cliquer sur des milliers de pages, vous pouvez utiliser des moteurs de recherche afin de trouver plus rapidement les informations souhaitées. Un *moteur de recherche* est un programme qui recherche dans sa base de données les informations correspondant à votre demande. Certains moteurs de recherche, par exemple Alta Vista ou Infoseek, examinent l'intégralité du Web et placent les informations dans de grandes bases de données. D'autres moteurs n'effectuent la recherche que sur un site Web donné.

Lorsque un bouton Search (Rechercher) apparaît sur un site Web, il ne concerne généralement que ce site. Pour effectuer une recherche dans tout le Web, il faut un outil de recherche plus général. La liste suivante présente quelques moteurs de recherche qui parcourent les sites Web sur l'Internet. Certains permettent même de consulter les autres sources d'information sur l'Internet, comme les sites FTP ou les news.

- *Alta Vista* (**http://www.altavista.com**) : pour le Web et Usenet. Vous pouvez tout trouver, n'importe où sur le Web ou Usenet. Mais si vous ne limitez pas la recherche, vous risquez d'obtenir beaucoup trop d'informations en retour.
- *Yahoo!* (**http://www.yahoo.com**) : pour le Web, Usenet, les adresses e-mail, les nouvelles, la recherche de personnes, les plans des villes et le cours des actions. Ce n'est pas réellement un moteur de recherche. Yahoo! est en fait une gigantesque liste de sites Web, triés par catégories, communiqués par les utilisateurs. Yahoo! est utile pour les informations courantes, et illustre bien la diversité et la quantité d'informations disponibles sur le Web. Il fournit également des liens vers les moteurs de recherche.
- *Infoseek* (**http://www.infoseek.com**) : pour le Web, Usenet, les FAQ (questions souvent posées), les nouvelles, les adresses e-mail, les plans, les actions et les listes de sociétés. Infoseek contient un moteur de recherche et des listes ; il est intéressant quand la recherche ne doit pas être limitée au Web ou Usenet. Infoseek utilise un langage de recherche différent de la plupart des autres moteurs de recherche.
- *Open Text Index* (**http://index.opentext.net**) : pour le Web, Usenet, les nouvelles et les adresses e-mail. C'est une alternative à AltaVista simple à utiliser et efficace pour rechercher des sujets difficiles à trouver. La recherche peut se faire dans d'autres langues que l'anglais, par exemple le japonais ou l'espagnol.
- *Excite* (**http://www.excite.com**) : pour le Web, Usenet et les revues des sites Excite Web. Excite effectue une recherche conceptuelle sur le Web ; il est efficace lorsque vous n'êtes pas sûr des termes à rechercher. Comme il utilise un moteur de recherche mono-site sur de nombreux sites Web, il est gratuit.

- *Lycos* (**http://www.lycos.com**) : pour le Web, les sites FTP et gopher. Les fonctionnalités de Lycos sont analogues à celles de Yahoo!. Il est efficace pour les recherches sur les sujets courants. Vous pouvez aussi rechercher des sons et des graphiques.
- *Search.Com* (**http://www.search.com**) : pour le Web et Usenet. Ce moteur peut effectuer des recherches sur d'autres moteurs de recherche, comme AltaVista, HotBot ou InfoSeek. Search.Com fournit une liste complète des autres moteurs de recherche et un utilitaire pratique suggérant le moteur à utiliser pour votre recherche.
- *Inference Find!* (**http://www.inference.com/**) : pour le Web uniquement. Ce n'est pas un moteur de recherche à proprement parler. Inference Find! groupe les résultats des autres moteurs de recherche et élimine les répétitions. Au moment de la rédaction de cet ouvrage, il appelle WebCrawler, Yahoo, Lycos, AltaVista, InfoSeek et Excite.
- *HotBot* (**http://www.hotbot.com**) : pour le Web et Usenet. HotBot est efficace pour trouver les sites utilisant une technologie particulière, par exemple JavaScript ou VRML. Vous pouvez limiter la recherche à une zone géographique (l'Europe par exemple), une classe de domaines (par exemple **edu**), ou un seul site Web (tel que **www.apple.com**).

Pour rendre une recherche plus efficace, il faut employer les mots clés appropriés. Essayez de trouver des mots qui soient propres à ce que vous recherchez. Evitez les termes trop utilisés, tels que *www*, *Internet*, *ordinateur*, etc. S'ils sont indispensables, combinez-les avec des termes plus précis, au moyen d'expressions booléennes, de façon à restreindre la recherche. Voici un exemple

```
WWW AND "Moteurs de recherche"
```

INFO

La plupart des moteurs de recherche autorisent les guillemets pour rechercher des expressions. Consultez l'aide du moteur de recherche.

Généralement, même avec un seul moteur de recherche, vous obtiendrez un trop grand nombre de sites. Pour le réduire, limitez la recherche. En combinant les opérateurs booléens AND, OR et NOT, on peut restreindre plusieurs milliers de sites à quelques-uns.

La syntaxe des recherches booléennes combine les opérateurs booléens et les termes à rechercher. Le Tableau 31.2 propose quelques exemples d'utilisation de AND, OR et NOT.

Procédez à plusieurs recherches dans le même but, afin de comparer les résultats selon le moteur utilisé et la recherche spécifiée. Seule la pratique vous rendra plus habile et plus précis dans vos recherches.

Après avoir présenté les adresses URL et les recherches sur le Web, voyons les autres méthodes d'accès présentées dans le Tableau 31.1. Chaque section décrit un service, explique comment y accéder avec ou sans navigateur, et donne un exemple des informations que ce service retourne.

Tableau 31.2 : Expressions booléennes utiles

Opérateur	Description
AND ou +	Renvoie les pages contenant tous les termes spécifiés. Utilisez AND ou + lorsque les termes à rechercher sont différents et que vous voulez restreindre le résultat à quelques pages. Ainsi, avec BMW AND `roadster`, ou BMW + `roadster`, seules les pages contenant ces deux termes seront retournées.
OR	Renvoie les pages contenant n'importe quel terme spécifié. Ainsi, BMW OR roadster affichera les pages qui contiennent *BMW*, ou *roadster*, ou les deux mots.
NOT	Renvoie les pages qui ne contiennent pas les mots spécifiés (tous les moteurs de recherche n'acceptent pas cet opérateur).

Utilisation de FTP avec un navigateur Web

Le protocole FTP (*File Transfer Protocol*) est la méthode utilisée par l'Internet pour échanger les fichiers entre les ordinateurs. Quoi que vous cherchiez — logiciel, documentation, listes FAQ ou programmes, vous pourrez vous le procurer via une connexion FTP anonyme.

Voir Chapitre 30.

Une connexion FTP anonyme est un service qui permet de retrouver des données sur l'Internet sans avoir un compte sur la machine concernée. Vous pouvez ainsi accéder aux fichiers que l'administrateur du système distant a rendus publics.

FTP gère les transferts en mode ASCII pour les fichiers de texte, et en mode binaire pour les autres types de fichiers. La plupart des logiciels clients Web déterminent automatiquement le type de fichier ; vous n'avez donc pas à vous en préoccuper. En examinant son extension, on peut en général déterminer le type de programme d'archivage ou de compactage qui a servi à créer un fichier. Le Tableau 31.3 présente quelques extensions courantes.

Tableau 31.3 : Extensions usuelles pour les fichiers disponibles via FTP

Extension	Description
`.Z`	Fichier compacté avec le programme `compress` d'UNIX
`.z`	Fichier probablement compacté à l'aide du programme `gzip` de GNU ou du programme `compress` d'UNIX
`.gz`	Fichier compacté à l'aide du programme `gzip` de GNU
`.tar`	Archive contenant plusieurs fichiers, créée par le programme `tar` d'UNIX
`.zip`	Archive contenant plusieurs fichiers, créée à l'aide de `pkzip`

Quelquefois, un fichier aura été créé en combinant plusieurs programmes. Ainsi, le fichier programs.tar.Z correspondra à une archive de plusieurs fichiers, créée avec le programme `tar`, puis compactée avec l'utilitaire `compress`.

Pour effectuer des transferts FTP anonymes à l'aide d'un client Web tel que Navigator de Netscape (qui gère FTP directement), remplacez la partie protocole de l'URL par `ftp`. Ainsi, pour commencer une session FTP anonyme avec le site **sunsite.unc.edu**, utilisez l'URL suivante :

ftp://sunsite.unc.edu

Avec cette URL, votre client Web essaiera d'établir une connexion FTP avec le site **sunsite.unc.edu** et d'établir une session FTP anonyme. Lorsque la session est établie, vous pouvez vous déplacer dans les répertoires et transférer des fichiers en cliquant sur les liens affichés.

INFO

De nombreux serveurs FTP anonymes vous demandent votre adresse e-mail comme mot de passe. En cas de problème, vérifiez les préférences concernant e-mail dans votre navigateur.

Pour spécifier une session FTP non anonyme dans Netscape, tapez

```
ftp:// nomutil@ftp.startup.com
```

`nomutil` est votre nom d'utilisateur, *`ftp.startup.com`* le site sur lequel vous voulez vous connecter. Un mot de passe vous sera demandé.

INFO

Lorsque vous sélectionnez un fichier de texte en vue de le télécharger à partir d'un serveur FTP distant, la plupart des navigateurs Web l'affichent à l'écran. Pour le sauvegarder sur disque, il faut sélectionner une commande dans un menu. Certains navigateurs Web permettent de spécifier si le fichier doit être sauvegardé sur disque au lieu d'être affiché.

Pour obtenir une liste des sites FTP via le Web, consultez **http://www.yahoo.com/Computers_and_Internet/Internet/FTP_Sites/.**

Utilisation d'archie avec un navigateur Web

Avec les connexions FTP anonymes — comme avec le Web, déterminer où se trouvent les fichiers intéressants n'est pas facile. Le système `archie` a été créé pour résoudre ce problème. `archie` est un moteur de recherche pour les sites FTP anonymes.

`archie` est un programme d'interrogation de base de données qui contacte les sites FTP à travers le monde et demande à chaque site une liste complète de ses fichiers. `archie` indexe ensuite ces informations dans sa propre base de données interne. C'est dans cette base que vous effectuez les recherches. Comme sa mise à jour prend beaucoup de temps, elle a lieu environ tous les mois. Il se peut donc qu'un emplacement indiqué par `archie` soit incorrect.

`archie` est un service très apprécié. Les différents serveurs archie peuvent être très sollicités ; les demandes prendront alors un certain temps. Certains sites imposent des limites au nombre de connexions simultanées, de façon que le serveur ne soit pas trop ralenti. Si vous contactez un serveur archie saturé, essayez un autre serveur ou attendez quelques minutes avant de recommencer.

Tableau 31.4 : Serveurs archie

Serveur	Adresse IP	Emplacement
archie.unl.edu	129.93.1.14	USA (NE)
archie.internic.net	198.49.45.10	USA (NJ)
archie.rutgers.edu	128.6.18.15	USA (NJ)
archie.ans.net	147.225.1.10	USA (NY)
archie.sura.net	128.167.254.179	USA (MD)
archie.au	139.130.4.6	Australie
archie.uni-linz.ac.at	140.78.3.8	Autriche
archie.univie.ac.at	131.130.1.23	Autriche
archie.cs.mcgill.ca	132.206.51.250	Canada
archie.uqam.ca	132.208.250.10	Canada
archie.funet.fi	128.214.6.102	Finlande
archie.univ-rennes1.fr	129.20.12838	France
archie.th-darmstadt.de	130.83.128.118	Allemagne
archie.ac.il	132.65.16.18	Israël
archie.unipi.it	131.114.21.10	Italie
archie.wide.ad.jp	133.4.3.6	Japon
archie.hana.nm.kr	128.134.1.1	Corée
archie.sogang.ac.kr	163.239.1.11	Corée
archie.uninett.no	128.39.2.20	Norvège
archie.rediris.es	130.206.1.2	Espagne
archie.luth.se	130.240.12.30	Suède
archie.switch.ch	130.59.1.40	Suisse
archie.twnic.net	192.83.166.10	Taiwan
archie.ncu.edu.tw	192.83.166.12	Taiwan
archie.dic.ic.ac.uk	146.169.11.3	Royaume-Uni
archie.hensa.ac.uk	129.12.21.25	Royaume-Uni

Le Tableau 31.4 présente quelques serveurs archie du monde entier.

De nombreux serveurs archie acceptent maintenant les requêtes transmises via le Web. Pour effectuer une requête, consultez **http://www.nexor.co.uk/public/archie/servers.html** pour obtenir une liste des passerelles archie vers le Web. A partir de cette page, vous pouvez vous connecter sur de nombreux sites miroirs archie. La connexion la plus rapide se fera généralement sur le site le plus près de chez vous.

Pour vous connecter à l'un de ces serveurs, établissez une connexion telnet avec le nom archie. A part quelques différences mineures, tous les serveurs sont fondamentalement les mêmes. Lorsque vous êtes connecté, une invite s'affiche, par exemple :

```
archie>
```

Vous pouvez alors taper des commandes. Les valeurs par défaut pour la recherche peuvent différer selon les serveurs. La commande `show search` permet de connaître celles qui sont utilisées sur le serveur auquel vous êtes connecté. Cette commande renvoie l'une des valeurs suivantes :

`regex`	`archie` interprète votre chaîne de recherche comme une expression normale d'UNIX.
`exact`	Votre chaîne de recherche doit correspondre parfaitement à un nom de fichier.
`sub`	Votre chaîne de recherche est conforme si elle fait partie d'un nom de fichier en tant que sous-chaîne. Cette recherche ne distingue pas les majuscules et les minuscules.
`subcase`	Semblable au type de recherche `sub`, sauf que la casse de la chaîne doit correspondre.

Vous pouvez choisir le type de recherche désiré en utilisant la commande `set search`. Par exemple,

```
archie> set search type-recherche
```

Une fois que vous avez choisi le type de recherche qui vous convient, utilisez la commande `prog` pour rechercher par nom du fichier. Par exemple :

```
archie> set search sub
archie> prog linux
```

Cette commande recherche dans la base de données, sans tenir compte de la casse, tous les fichiers contenant la sous-chaîne `linux`. Pour chaque fichier correspondant, `archie` indique l'ordinateur contenant ce fichier, ainsi que le nom de chemin complet de ce fichier.

Si vous avez besoin d'aide en utilisant `archie`, tapez simplement `help` à l'invite d'`archie`. A partir de l'invite `help>`, tapez un point d'interrogation (`?`) afin d'afficher une liste des thèmes pour lesquels l'aide est disponible.

Une fois que vous avez obtenu les informations souhaitées, tapez `exit` ou `quit` pour quitter `archie`.

Utilisation de telnet avec un navigateur Web

`telnet` est presque aussi ancien que l'Internet. Ce service permet de consulter des bases de données, des catalogues de bibliothèques ou d'autres sources d'information à travers le monde. Vous voulez connaître la météo pour votre lieu de vacances ? en savoir un peu plus sur quelqu'un que vous avez rencontré sur l'Internet ? Utilisez `telnet`. Les connexions telnet que vous établissez avec un autre ordinateur se font à travers l'Internet. `telnet` ne fonctionne qu'en mode texte ; vous n'y trouverez pas de graphiques comme sur l'Internet.

INFO

`gopher` *est un autre outil ancien sur l'Internet, et on peut accéder plus facilement à la plupart des sites telnet au moyen des menus gopher (voir section suivante).*

Pour lancer `telnet` depuis un navigateur Web, tapez l'URL du site concerné, par exemple :

telnet://pac.carl.org

Voir Chapitre 30.

Un programme `telnet` est lancé et établit la connexion. A partir de là, vous sortez du navigateur et travaillez essentiellement à partir de menus.

INFO

Configuration de Netscape pour travailler avec **`telnet`**

Votre navigateur n'intègre probablement pas `telnet`*. Il faut vous procurer un programme* `telnet`*, l'installer sur l'ordinateur, puis configurer le navigateur afin qu'il l'utilise. Voici comment configurer* `telnet` *pour Netscape :*

1. *A partir du menu Options, sélectionnez Preferences.*
2. *Sélectionnez Applications and Directories.*
3. *Sélectionnez Browse à côté de la fenêtre Telnet Application.*
4. *Recherchez le programme telnet exécutable.*
5. *Appuyez sur <Entrée>. Netscape est configuré.*

Windows 95 et Windows NT incluent des applications telnet dans le dossier système. Sur les Macintosh et les anciennes versions de Windows, on dispose généralement de NCSA Telnet.

La plupart des sites telnet sont assez simple à utiliser et disposent d'une aide en ligne. Ils fonctionnent mieux — et parfois seulement — avec l'émulation VT100. Vous vous apercevrez que la plupart des ressources sont accessibles directement sur le Web.

Utilisation de gopher avec un navigateur Web

`gopher` est un service Internet qui permet d'accéder aux informations au moyen de menus. `gopher` fut l'un des premiers services Internet à essayer d'offrir une interface utilisateur conviviale.

Lorsque vous vous connectez à un site offrant des services gopher, vous obtenez un menu présentant différentes possibilités. Chaque élément de menu est soit un fichier soit un autre menu. Vous pouvez effectuer votre choix sans avoir à connaître le nom ou l'adresse IP du site de destination, ni les noms de fichiers et de répertoires. gopher règle ces détails à votre place.

INFO

Aucune ressource d'information sur l'Internet n'est réellement spécifique à gopher. *Tout ce qui est accessible par gopher peut l'être par d'autres moyens, par exemple une page Web HTML, FTP ou* telnet. *Dans certains cas, les ressources ne seront accessibles qu'au moyen de* gopher, *pour des raisons de sécurité.*

Pour accéder à un serveur gopher via un navigateur Web, indiquez **gopher** dans la partie protocole de l'URL. Ainsi, pour le serveur gopher du site **sunsite.unc.edu**, vous taperez

```
gopher://sunsite.unc.edu
```

gopher permet de se déplacer facilement sur l'Internet. Malheureusement, les informations fournies par gopher ne sont pas très bien organisées. Les éléments étant représentés par des ensembles de menus, il faut parfois parcourir un grand nombre de menus pour accéder au fichier désiré. Ce problème mis à part, gopher offre l'accès à de très nombreuses informations.

Un inconvénient de gopher est le manque de liste standard des thèmes pour les divers serveurs gopher. Les administrateurs de ces serveurs organisent les informations chacun à leur manière, si bien que chaque serveur a des thèmes différents. Et même si les thèmes sont identiques, il y a peu de chances qu'ils soient formulés de la même façon.

INFO

L'espace gopher étant plus ancien que le Web, il est trop important pour qu'on puisse effectuer des recherches aléatoires. veronica *est semblable à* archie, *mais est destiné à gopher. Consultez* ***gopher://gopher.scs.unr.edu/00/veronica-faq*** *pour plus d'informations.*

Sur le Web

Pour obtenir une liste des sites gopher, consultez **http://www.yahoo.com/Computers_and_Internet/Internet/Gopher/**.

Accès aux news Usenet avec un navigateur Web

Dans leur définition la plus simple, les news Usenet sont un forum électronique. De nombreux ordinateurs à travers le monde échangent des informations, appelées *articles*, sur tous les sujets

imaginables. Ces ordinateurs ne sont pas physiquement reliés au même réseau ; ils le sont néanmoins logiquement, car ils peuvent échanger des données. Reportez-vous au Chapitre 34 pour une présentation complète des news Usenet.

Voir Chapitre 34.

Les articles Usenet sont regroupés en sujets, lesquels sont ensuite organisés hiérarchiquement.

Il existe un groupe de discussion Usenet sur tous les sujets ou presque. C'est un moyen intéressant pour trouver et échanger des informations.

Inscription sur les listes de diffusion

Les listes de diffusion constituent un autre moyen de discussion sur l'Internet. Elles diffèrent des news Usenet en ce que les différents messages et articles sont envoyés par courrier électronique au lieu d'être diffusés sur Usenet.

Pourquoi utiliser une liste de diffusion plutôt qu'un groupe Usenet ? Généralement, les listes de diffusion sont destinées à de groupes restreints de personnes. La constitution d'un groupe Usenet est assez complexe. En revanche, tout administrateur système peut constituer une liste de diffusion. De plus, la liste n'étant mise à jour que sur un seul ordinateur, le contrôle est plus facile et l'administrateur peut régler plus aisément les problèmes concernant les utilisateurs. Certaines listes — par exemple celles se rapportant à la sécurité — sont réservées à quelques personnes. Si vous souhaitez en faire partie, il faut faire une demande auprès du responsable de la liste.

• Recherche des listes de diffusion

Comme pour les groupes Usenet, les listes de diffusion couvrent un grand nombre de sujets. Une liste exhaustive des listes accessibles publiquement est postée régulièrement au groupe **news.answers**.

Vous pouvez rechercher les listes de diffusion à l'adresse **http://www.liszt.com**.

• Utilisation des listes de diffusion

Les listes sont généralement mises en place au moyen d'une adresse e-mail particulière, dont la vocation est de réexpédier vers un groupe de personnes tout le courrier qu'elle reçoit. Normalement, deux adresses e-mail sont associées à une liste de diffusion : celle de la personne qui gère cette liste et celle de la liste elle-même.

Supposons qu'il existe une adresse e-mail pour les utilisateurs de gadgets. L'adresse e-mail de la liste sera de la forme : `gadgets@quelquepart.com`. Si vous expédiez un message vers cette adresse, elle sera transmise à toutes les personnes ayant souscrit à la liste de diffusion.

Par convention, les listes de diffusion Internet utilisent une adresse e-mail spéciale pour les demandes administratives (par exemple pour s'abonner à cette liste). Cette adresse est construite en ajoutant `-request` au nom de la liste. Pour notre liste d'exemple, l'adresse administrative serait donc **gadgets-request@quelquepart.com**. Tout le courrier concernant l'administration doit être envoyé à l'adresse administrative.

Voir
Chapitre 34.

Chaque liste de diffusion (et groupe Usenet) a ses propres règles qu'il faut connaître avant d'envoyer un courrier ou un article. Généralement, lorsque vous vous abonnez à une liste, vous recevez un message d'introduction, et éventuellement une liste de questions fréquentes (FAQ). Ce message contient les règles spéciales s'appliquant pour cette liste. Commencez par lire les FAQ afin de ne pas les poser à des centaines de personnes.

Les serveurs WAIS

WAIS (*Wide Area Information Servers*) est un système chargé de rechercher des informations dans un grand ensemble de bases de données. *Wide area* signifie qu'il est capable d'utiliser un grand réseau, tel que l'Internet, pour mener ses recherches à l'aide de logiciels clients et de serveurs.

Avec WAIS, vous pouvez extraire des textes ou des documents multimédias stockés dans les bases de données de l'Internet. WAIS est semblable à `gopher`, sauf qu'il effectue toutes les recherches pour vous.

Pour utiliser WAIS, vous avez besoin, comme avec `gopher`, d'un logiciel client. `telnet` peut également vous connecter à un site accessible aux clients de WAIS. Avec UNIX, il existe un client de WAIS interactif : *swais*. Pour utiliser ce système, vous pouvez établir une connexion telnet sur **sunsite.unc.edu** avec le nom **swais**. Vous obtiendrez alors un menu des bases de données que vous pourrez explorer.

Informations complémentaires

Le Web est un moyen merveilleux pour explorer l'Internet et exploiter ses vastes ressources. Il existe des navigateurs sous forme de logiciels gratuits ou commercialisés. Grâce à eux, il est très facile de surfer sur le Net et de trouver les informations désirées. Pour obtenir des informations supplémentaires sur le Web et l'Internet, consultez le Chapitre 32, qui présente le langage HTML (*HyperText Markup Language*) utilisé pour créer les pages Web.

Création de documents Web avec le HTML

Au Chapitre 31, vous avez appris comment accéder au Web et étudié les divers types d'informations que l'on y trouvait. Créer une page Web accessible aux autres utilisateurs n'est pas aussi difficile que vous pourriez le penser. Il suffit de disposer d'un serveur Web utilisant le protocole HTTP (*HyperText Transport Protocol*) et d'un jeu de documents écrits en HTML (*HyperText Markup Language*).

Ce chapitre présente le HTML et ce qui est nécessaire pour écrire des pages Web dans ce langage. Les thèmes suivants seront abordés :

- présentation du HTML ;
- travail avec le HTML ;
- balises ;
- points d'ancrage et liens ;
- graphiques.

Présentation du HTML

Le langage HTML (*HyperText Markup Language*) est utilisé pour créer les pages et les documents Web, mais ce n'est pas un langage de programmation au sens de C++, Java, Pascal ou Perl ; c'est plutôt un langage de balisage multi-plate-forme, dont la souplesse permet d'afficher du texte et d'autres éléments (des images par exemple), avec différents programmes de visualisation.

Un document HTML comprend des balises spéciales intégrées dans un document ASCII, qui balises sont interprétées par les navigateurs Web qui formatent et affichent les documents.

INFO

*Le HTML est un sous-ensemble du SGML (*Standard Generalized Markup Language*), standard international (ISO 88791) pour l'échange des documents électroniques. Le SGML est un métalangage destiné à définir et standardiser la structure des documents. Il décrit également une grammaire sur laquelle on peut baser la conception d'autres langages de balisage. Tout document HTML valide l'est également en SGML. Comme pour les autres langages dérivés du SGML, la grammaire HTML est décrite dans un fichier DTD (*Document Type Definition*).*

Le HTML indique aux navigateurs Web comment afficher des documents Web ; toutefois, ses indications quant au format sont assez générales. Il existe de nombreux navigateurs sur le marché, par exemple Netscape, Internet Explorer ou Mosaic. La plupart tournent sous des interfaces graphiques comme X Window ou Windows. D'autres, comme Lynx, sont des programmes ANSI et sont limités en termes d'affichage graphique.

En écrivant des documents HTML, rappelez-vous que leur apparence différera en fonction du navigateur utilisé. Ce que vous obtenez avec un navigateur peut être différent du résultat avec un autre programme, ou encore avec ce même navigateur dans un environnement différent.

Travail avec le HTML

Les outils pour le Web évoluant sans cesse, la création de documents HTML est de plus en plus facile. Les outils cachent souvent les détails du code HTML. Vous n'avez qu'à saisir le texte, formater le document, et le sauvegarder à l'endroit approprié. Certains navigateurs, comme Netscape Navigator Gold, intègrent un éditeur qui permet la création de pages Web par pointer/cliquer. Il existe d'autres outils du même type : Microsoft FrontPage, Adobe Page-Mill, Allaire HomeSite et Macromedia DreamWeaver.

Si vous ne voulez pas utiliser un éditeur HTML, ou pour mettre sur le Web des documents existants, de nombreux programmes permettent de convertir en HTML des documents issus d'un traitement de texte, d'un logiciel de PAO, d'un tableur, etc. Les logiciels les plus récents, tels que Adobe Framemaker, ont souvent une option pour sauvegarder un document au format HTML.

Sur le Web

Vous trouverez de nombreux programmes de conversion à l'adresse **http://www.yahoo.com/Computers_and_Internet/Software/Internet/World_Wide_Web/HTML_Converters/**.

Vous serez peut-être tenté de créer vous-même des documents HTML. Bien que nombre d'outils facilitent cette tâche, vous vous apercevrez parfois qu'ils ne permettent pas toujours de faire exactement ce que vous voulez.

Vous constaterez également que le HTML est relativement facile à utiliser. Comme c'est un langage de balisage en mode ASCII, il suffit de disposer d'un éditeur pour sauvegarder les fichiers dans ce format, et d'un navigateur pour afficher les pages Web en cours de développement. Une connexion réseau n'est pas nécessaire. Tout navigateur Web permet d'ouvrir un fichier Web local et de l'afficher, de la même façon que s'il provenait de l'Internet.

Certains éditeurs HTML pourront être utiles, car ils permettent de sélectionner le texte à formater et d'appliquer des balises HTML à partir d'un menu, au lieu d'avoir à taper soi-même ces balises. D'autres ressemblent plus à des traitements de texte ; vous sélectionnez le texte puis le type de formatage à appliquer. Dans les deux cas, vous aurez peut-être à éditer le code HTML afin de finaliser le document.

Vous trouverez des éditeurs aux adresses suivantes :

Sausage Software HotDog/HotDog Pro : **http://www.sausage.com.au**

Macromedia : **http://www.macromedia.com**

Le site **http://www.yahoo.com/Computers_and_Internet/Software/Internet/World_Wide_Web/HTML_Editors/** propose une liste des éditeurs HTML.

Avant d'étudier plus en détail la syntaxe du HTML, voyons une page Web et le code HTML correspondant. La Figure 32.1 montre une page Web simple.

Le Listing 32.1 montre son code source. Vous y verrez les éléments de base d'une page HTML.

NOTE

Par souci de lisibilité, le codage HTML des caractères accentués n'a pas été respecté dans les listings de ce chapitre (exemple : é *devrait être remplacé par* é*).*

Listing 32.1 : Code source d'une page HTML simple

```
<HTML>
<HEAD>
   <TITLE>Hello Web!</TITLE>
</HEAD>
<BODY>
<H1>Hello!</H1>
Corps d'une page HTML élémentaire.
<P>
<IMG src="exemple.gif">
</BODY>
</HTML>
```

Vous constaterez que le langage HTML est assez simple :

- Toutes les balises sont entre chevrons (les caractères < et >). La balise `<HTML>` au début du listing précédent en est un exemple.
- La plupart des balises nécessitent une balise initiale (`<nom_balise>`) et une finale (`</nom_balise>`). Leur emplacement délimite le formatage spécifié. Si vous omettez la balise finale, vous ne verrez aucun formatage ; en fait, il se peut que le texte n'apparaisse même pas.
- De nombreuses balises HTML possèdent des attributs modifiables, qui permettent de changer le comportement par défaut de la balise. Pour un tableau sans bordure, par exemple, vous pouvez l'obtenir en définissant un attribut (`BORDER=`*`valeur`*) pour la balise `<TABLE>`.
- Tous les fichiers HTML nécessitent les balises `<HTML>` au début du fichier et `</HTML>` à la fin. Ces balises indiquent à un navigateur Web que le document est écrit en HTML.

Figure 32.1
Une page HTML simple.

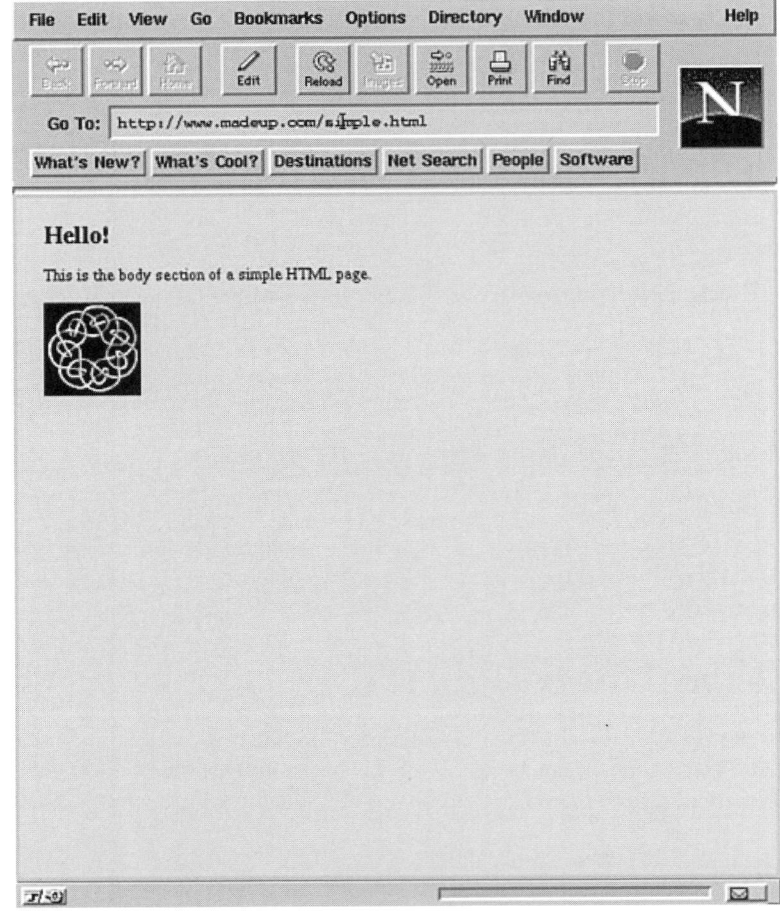

Un document HTML est généralement constitué de deux sections logiques : l'en-tête et le corps. L'en-tête contient des informations sur le document ; le corps contient les informations elles-mêmes. Comme vous l'avez sûrement deviné, la section d'en-tête est entourée des balises `<HEAD>` et `</HEAD>`, alors que le corps est délimité par `<BODY>` et `</BODY>`.

La section d'en-tête d'une page HTML contient des informations relatives au document lui-même. Plusieurs balises peuvent s'y trouver, mais `<TITLE>` est la plus utilisée. Le titre du document, c'est-à-dire tout ce qui se trouve entre `<TITLE>` et `</TITLE>`, apparaîtra dans la barre de titre des navigateurs Web.

Le corps d'une page HTML contient la plupart des éléments que l'on voit lorsqu'elle est affichée dans un navigateur. Vous placerez à cet endroit tout ce que vous voulez présenter : texte, graphiques, liens (URL), listes et tables.

INFO

L'élément `<TITLE>` *identifie le nom de la page. Il sera utilisé lorsque quelqu'un crée un signet (*bookmark*) pour celle-ci. Bien que le HTML ne limite pas la longueur du titre, il est préférable de retenir un texte court et descriptif, qui peut être affiché facilement. Une règle simple consiste à ne pas dépasser 60 caractères et à se limiter à une phrase.*

Le titre étant affiché dans une fenêtre séparée et ne faisant pas partie du document lui-même, il doit être du texte simple sans liens ou balises de formatage.

INFO

Une caractéristique très intéressante du code HTML est que l'on peut l'étudier. Si vous trouvez une page géniale et que vous voulez savoir comment elle est construite, il suffit d'en examiner le code ! Vous apprendrez beaucoup de cette façon.

L'examen du code source d'une page se fait généralement à partir d'une option de menu dans le navigateur. Avec Netscape, par exemple, il s'agit de Document Source dans le menu View.

Après avoir vu les bases du HTML, passons maintenant aux balises et à leur utilisation. Il en existe de nombreuses, mais en en maîtrisant quelques-unes (et en les combinant de différentes façons), vous pourrez créer de très belles pages Web.

Eléments de base du HTML

La syntaxe de base du HTML comprend trois éléments : les balises, les attributs et les adresses URL. Ceux-ci détaillent, respectivement, la façon dont les éléments sont formatés et affichés, les particularités de certaines actions, et l'emplacement des autres fichiers et documents.

• Balises

Les balises sont les éléments de base du HTML ; elles indiquent aux navigateurs Web comment afficher le texte et les graphiques, et donnent d'autres informations sur le format. Rappelons qu'elles sont écrites entre chevrons (`<nom_balise>`) et que la plupart d'entre elles nécessitent également une balise finale (`</nom_balise>`). Nous avons déjà vu la balise `<TITRE>` au Listing 32.1 :

```
<TITLE>Hello Web!</TITLE>
```

Cette ligne indique que la chaîne spécifiée doit être interprétée et affichée comme un titre. Tout ce qui se trouve entre (`<TITLE>`) et (`</TITLE>`), du texte dans ce cas, sera affiché dans la barre de titre du navigateur Web. De façon similaire, d'autres balises n'affectent que les éléments qu'elles entourent.

• Attributs

Parfois, une balise doit donner des informations précises, telles que l'emplacement d'un fichier. C'est le but des *attributs*. Voyons un exemple :

```
<IMG SRC="exemple.gif">
```

La balise `<IMG>` demande au navigateur Web d'afficher une image graphique, mais laquelle ? Ici, l'attribut `SRC="exemple.gif"` précise la façon dont doit être interprétée la balise `<IMG>`.

INFO

*Les attributs hauteur (*height*) et largeur (*width*), utilisés avec la balise* `<IMG>`*, permettent au navigateur d'afficher l'image plus rapidement. Dans Netscape, on peut l'ouvrir directement une image qui est au format GIF ou JPEG. Ensuite, à partir du menu View, il faut sélectionner View Document Info pour voir la taille de l'image.*

• Adresses URL

Toutes les ressources Web sont accessibles par l'intermédiaire d'une adresse URL (*Uniform Resource Locator*). Le HTML utilise les URL pour spécifier l'emplacement des fichiers nécessaires ou d'autres pages Web reliées par des liens hypertextuels.

Syntaxe du HTML

Nous avons vu qu'il y avait trois éléments de base dans le HTML : balises, attributs et URL. Les balises constituent les briques de base. Elles servent à transmettre des commandes aux navigateurs Web, alors que les attributs et les URL fournissent des détails concernant les commandes.

Les balises peuvent être groupées en plusieurs catégories, selon leur fonction. Certaines donnent des informations concernant la totalité du document, d'autres servent à formater le texte, et d'autres encore sont utilisées pour les graphiques et les liens vers d'autres documents.

Sur le Web

Consultez les versions en ligne des documents *HTML Quick Reference* sur **http://www.mcp.com/que/developer_expert/htmlqr/toc.htm** et *Special Edition Using HTML* sur **http://www.mcp.com/que/et/se_html2/toc.htm** ; vous y trouverez un listing des balises HTML et de leurs attributs.

• Balises globales

Les balises `<HTML>` et `</HTML>` indiquent au navigateur Web que le document est écrit en HTML. `<HTML>` doit figurer en premier dans le document, et `</HTML>` en dernier.

Les documents HTML sont composés d'un en-tête contenant des informations sur le document, et d'un corps contenant les informations elles-mêmes. L'en-tête est balisé par `<HEAD>` et `</HEAD>`, et peyt contenir plusieurs balises, alors que le corps est délimité par `<BODY>` et `</BODY>`. L'en-tête peut contenir plusieurs balises, mais `<TITLE>` est la seule qui soit souvent utilisée. Le titre du document, qui apparaît entre `<TITLE>` et `</TITLE>`, sera affiché dans la barre de titre du navigateur Web.

• Formatage du texte

Le HTML propose différentes façons de formater le texte à afficher. Rappelons que le formatage réel est effectué par le navigateur.

En-têtes. Le HTML peut gérer jusqu'à 6 niveaux d'en-têtes dans un document, définis par les balises `<H1>` à `<H6>`. La Figure 32.2 montre comment ceux-ci pourront apparaître dans un navigateur (Netscape, dans ce cas). Rappelons qu'ils sont affichés différemment selon les navigateurs ; la taille et la police pourront différer de ce que vous voyez chez vous. Le Listing 32.2 montre le code source.

Listing 32.2 : Exemple d'en-tête de fichier HTML

```
<HTML>
<HEAD>
<TITLE>Exemples de titres</TITLE>
</HEAD>
<BODY>
     <H1>Titre de niveau 1</H1>
     <H2>Titre de niveau 2
     </H2>
     <H3>Titre de niveau 3
     </H3>
     <H4>Titre de niveau 4</H4>
     <H5>Titre de niveau 5</H5>
     <H6>Titre de niveau 6</H6>
Texte.......
</BODY>
</HTML>
```

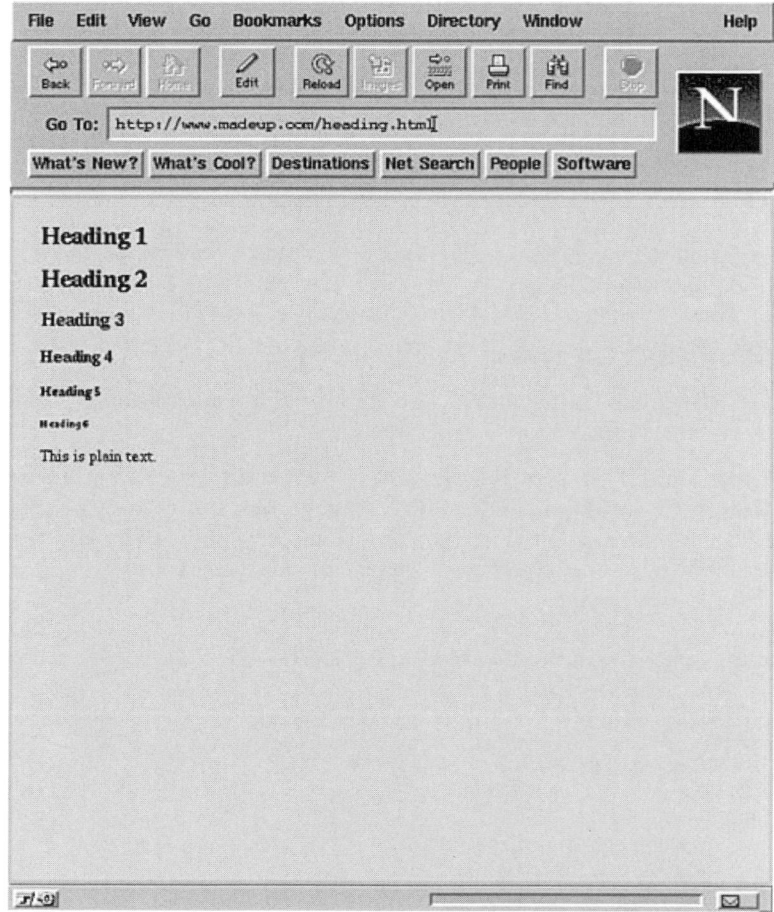

Figure 32.2
Niveaux d'en-têtes affichés avec Netscape.

Le HTML ne tient pas compte du fait que les balises indiquant les niveaux 2 et 3 ne sont pas en fin de ligne. Celles-ci indiquent simplement au navigateur que le texte qu'elles entourent doit avoir le niveau qu'elles définissent. Notez également que la ligne `This is plain text` n'est pas balisée. Elle sera affichée comme texte générique par le navigateur.

INFO

Il est en général préférable de s'en tenir à trois niveaux d'en-têtes dans un document Web. Si vous avez besoin de plus, pensez à utiliser des pages supplémentaires.

Texte ordinaire. Le HTML propose plusieurs moyens de formater le texte normal des documents, car il ne tient pas compte des fins de ligne dans un fichier HTML, ni des retours chariot

sont également négligés ; il faudra donc utiliser des balises spéciales pour indiquer les sauts de ligne et les débuts de paragraphe.
 demande au navigateur d'insérer un saut de ligne. Le texte qui suit sera abaissé d'une ligne.

Pour créer un nouveau paragraphe, utilisez la balise <P>. Elle a le même effet que <BR>, mais la plupart des navigateurs insèrent une ligne vide, de façon à séparer visuellement les blocs de texte. L'effet réel de <P> peut différer selon les navigateurs et </P> n'est généralement pas nécessaire. Elle le sera toutefois si <P> possède des attributs.

Pour séparer visuellement des sections d'une même page, le HTML permet de tracer une ligne horizontale à travers la fenêtre avec la balise <HR> (pour *horizontal rule*) en trace une. Comme elle insère un saut de paragraphe avant la ligne, la balise <P> n'est pas nécessaire. Une balise finale est également inutile pour <HR>.

Voici maintenant un court exemple HTML qui montrera l'effet des sauts de ligne, des marques de paragraphes et des lignes horizontales. Le Listing 32.3 montre le code HTML utilisant ces trois types de balises.

Listing 32.3 : Exemple HTML montrant un formatage simple du texte

```
<HTML>
<HEAD>
<TITLE>Formatage simple du texte </TITLE>
</HEAD>
<BODY>
<H2>Exemple 1</H2>
Exemple de texte écrit sur plusieurs lignes conti-
nues sans retour à ligne explicite.<P>
<H2>Exemple 2</H2>
Cet exemple de texte inclut un<BR>
retour à la ligne au milieu.<P>
<H2>Exemple 3</H2>
Texte avant une balise de paragraphe.<P>
Texte après une balise de paragraphe.<HR>
Texte après une ligne horizontale.
</BODY>
</HTML>
```

La Figure 32.3 montre cette page affichée avec Mosaic.

Supposons que vous vouliez afficher du texte, par exemple un tableau, et que les retours chariot et l'espacement restent exactement tels que vous les définissez. <PRE> et </PRE> permettent de délimiter du texte préformaté. Tout texte qu'elles entourent sera affiché dans une police non proportionnelle, et les retours chariot et les espaces seront conservés tels quels.

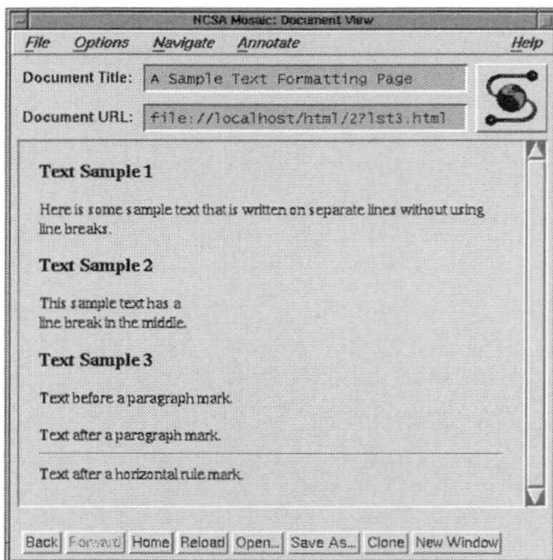

Figure 32.3
Texte affiché avec Mosaic.

Vous pouvez, jusqu'à un certain point, définir la façon dont le texte sera affiché. Le HTML comprend des balises pour le mettre en gras, en italique ou le souligner, que définissent des *styles physiques*. `<B>` et `</B>` définissent du gras, `<I>` et `</I>` l'italique, `<U>` et `</U>` le soulignement.

Le HTML dispose également de certains *styles logiques* pour afficher le texte. Les balises `<EM>` et `</EM>` le mettent en évidence, ce qui est généralement rendu par des italiques. `<STRONG>` et `</STRONG>` servent à accentuer le texte, qui sera généralement en gras.

La Figure 32.4 montre l'affichage de différents formats.

Le Tableau 32.1 résume certaines balises HTML courantes pour le formatage du texte.

Tableau 32.1 : Quelques balises HTML pour le formatage de texte

Balise	Action
<B>...</B>	Texte en **gras**.
<BLOCKQUOTE>... </BLOCKQUOTE>	Indentation du texte à gauche et à droite.
<FONT>...</FONT>	Contrôle divers aspects du texte avec des attributs, par exemple, la couleur (COLOR=*valeur_rgb*) et la taille (SIZE=*nombre*).
<I>...</I>	Texte en *italique*.
<PRE>...</PRE>	Laisse le texte exactement tel qu'il est formaté.
<STRIKE>...</STRIKE>	Texte barré.
<U>...</U>	Texte souligné.
<EM>...</EM>	Style logique ; mise en évidence généralement avec de l'*italique*.
<KBD>...</KBD>	Style logique ; style clavier (affiché généralement dans une police `non proportionnelle`).
<STRONG>...</STRONG>	Style logique ; mise en évidence généralement avec du **gras**).

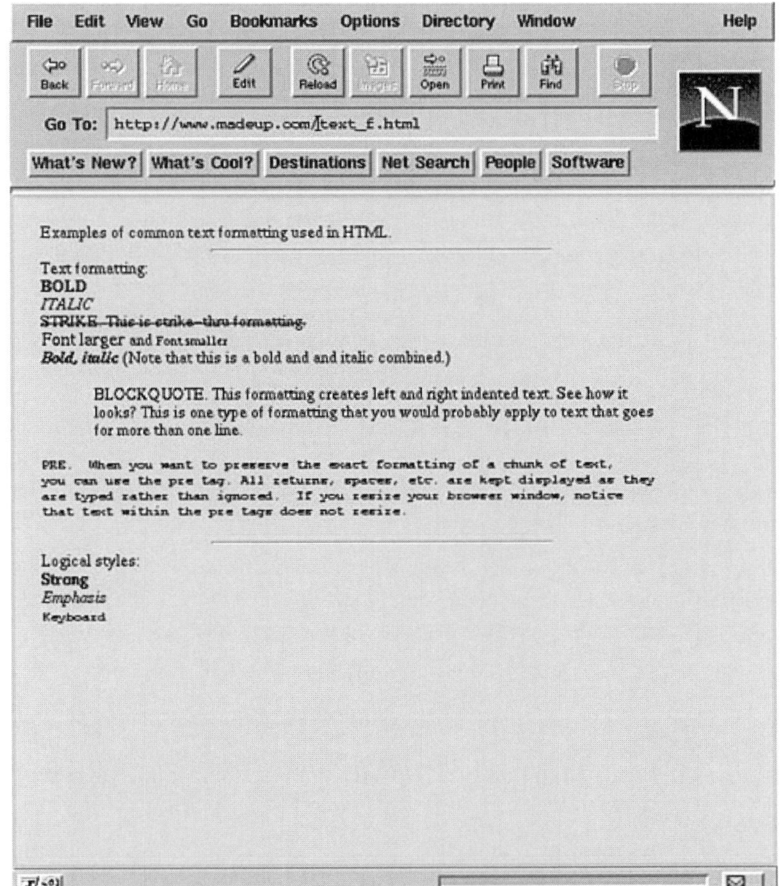

Figure 32.4
Texte formaté affiché dans Netscape.

Texte divers. <ADDRESS> et </ADDRESS> sont deux balises de formatage qui ne rentraient pas dans les catégories précédentes. Elles servent à marquer les adresses, les signatures, etc., dans un document. Le texte avec ce format est souvent placé à la fin d'un document, après un filet. Le formatage exact produit par <ADDRESS> est fonction du navigateur utilisé.

• Organisation des informations avec des listes

Quelquefois, les informations à afficher doivent être organisées d'une certaine façon. Vous pourriez par exemple avoir une liste d'images à afficher, ou vouloir montrer une liste de dix éléments. Il existe différentes façons dans le HTML de formater et de présenter des listes. C'est un moyen efficace pour présenter l'information, car le navigateur Web formatera la liste de façon homogène. Il suffit pour cela de définir comment sont regroupées les informations.

Listes à puces. Une liste non ordonnée contient des éléments affichés avec une puce ou un autre caractère de formatage. Chaque entrée peut comprendre plusieurs lignes.

La création d'une liste non ordonnée se fait à l'aide de deux jeux de balises. `<UL>` et `</UL>` rn définissent le début et la fin ; `<LI>` identifie chaque élément. Le Listing 32.4 montre le code HTML pour une liste non ordonnée simple. La Figure 32.5 montre comment cette liste apparaît dans Mosaic.

Listing 32.4 : Exemple de liste non ordonnée

```
<HTML>
<HEAD>
<TITLE>Liste non ordonnée</TITLE>
</HEAD>
<BODY>
<LI>Elément de liste numéro 1.
<LI>Elément de liste numéro 2.
<LI>Elément de liste numéro 3.
</UL>
</BODY>
</HTML>
```

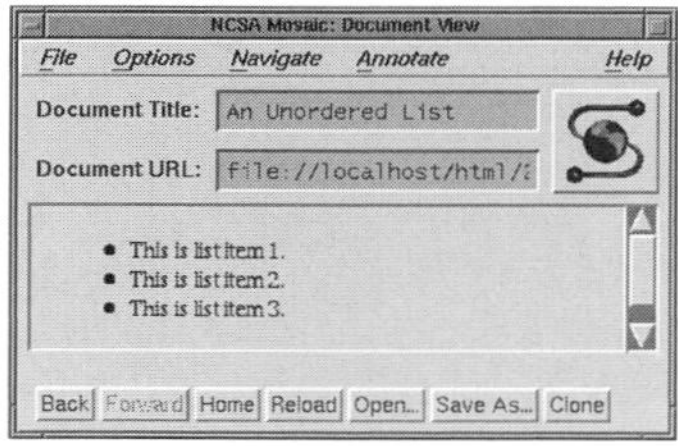

Figure 32.5
Liste non ordonnée affichée dans Mosaic.

Listes ordonnées. Elles présentent des informations selon un ordre numérique. Lorsqu'un nouvel élément est ajouté, le numéro est incrémenté. Ces listes se définissent à l'aide des balises `<OL>` et `</OL>` ; `<LI>` est également utilisée pour marquer chaque élément.

Le Listing 32.5 montre le code source d'une liste ordonnée simple. La Figure 32.6 la présente affichée avec Mosaic.

Glossaires. Représentez-vous le glossaire d'un livre : on trouve généralement un mot ou un terme, puis un paragraphe donnant sa définition. Ceux du HTML (appelés également listes de définition) permettent de le faire dans des pages Web. Le glossaire recense des termes, qui peuvent être un mot ou un groupe de mots, chacun étant suivi d'une définition.

Listing 32.5 : Liste ordonnée

```
<HTML>
<HEAD>
<TITLE>Liste ordonnée</TITLE>
</HEAD>
<BODY>
<OL>
<LI>Elément de liste numéro 1.
<LI>Elément de liste numéro 2.
<LI>Elément de liste numéro 3.
</OL>
</BODY>
</HTML>
```

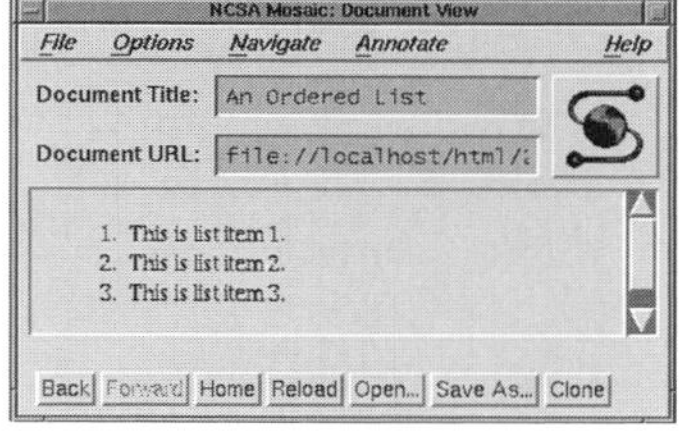

Figure 32.6
Une liste ordonnée, affichée dans Mosaic.

Il peut servir pour tout type d'information demandant un titre et une explication. Un emploi courant consiste à définir chaque terme comme lien vers un autre document, la définition décrivant alors ce document. (La création de liens hypertextuels sera présentée plus loin dans ce chapitre.)

Le début et la fin d'un glossaire sont marqués respectivement par les balises `<DL>` et `</DL>`. Chaque élément de la liste utilise `<DT>` pour marquer le terme du glossaire, et `<DD>` pour marquer la définition. Le Listing 32.6 montre un exemple de code HTML correspondant à une liste simple. La Figure 32.7 montre celle-ci telle qu'elle est affichée dans Mosaic.

Listing 32.6 : Exemple de glossaire

```
<HTML>
<HEAD>
<TITLE>Exemple de glossaire</TITLE>
</HEAD>
<BODY>
<DL>
<DT>Elément 1
```

```
<DD>Champ de définition de l'élément 1.
<DT>Elément 2
<DD>Champ de définition de l'élément 2.
<DT>Elément 3
<DD>Champ de définition de l'élément 3.
</DL>
</BODY>
</HTML>
```

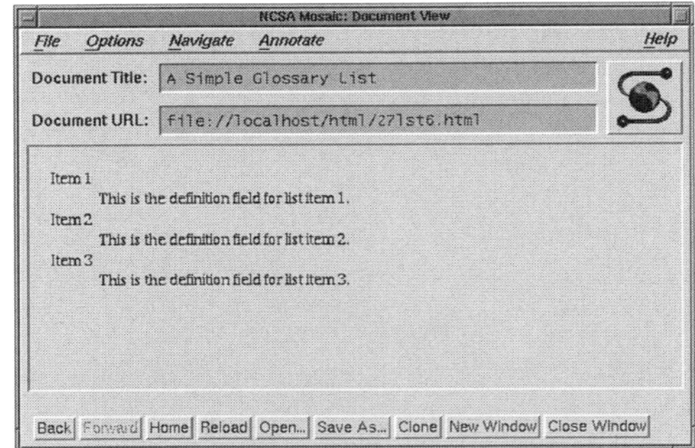

Figure 32.7
Un glossaire affiché dans Mosaic.

Listes composites. Les divers types de listes en HTML offrent différents moyens de présenter les informations aux utilisateurs. En fait, le HTML permet de combiner ces types pour mieux contrôler l'affichage des informations. Il est facile d'imbriquer un type de liste à l'intérieur d'un autre.

Supposons que vous vouliez créer une section dans votre page d'accueil pour indiquer aux visiteurs vos films et musiques préférés. Vous pouvez imbriquer à cette fin deux glossaires dans une liste non ordonnée. Le Listing 32.7 donne un exemple de code HTML utilisant des listes imbriquées.

Listing 32.7 : Création d'une liste personnalisée à l'aide de listes imbriquées

```
<HTML>
<HEAD>
<TITLE>Listes imbriquées</TITLE>
</HEAD>
<BODY>
Cette liste indique certains de mes musiciens et films préférés.
Elle utilise deux listes de définitions imbriquées dans une liste
non ordonnée.
Elle utilise également certains balises de formatage de texte. <P>
J'espère que vous l'aimerez.<HR>
<LI>Voici certains de mes films préférés<P>
 <DL>
 <DT>L'apiculteur
 <DD>Théo Angelopoulos
```

```
  <DT>La Comédie de Dieu
  <DD>Max Monteiro
  </DL>
 <P>
 <LI>Voici certains de mes groupes de musiciens préférés<P>
  <DL>
  <DT>Coil
  <DD>Projet européen de musique expérimentale et électronique.
  <DT>Philip Glass
  <DD>Compositeur moderne incroyable.
  <DT>Ozone Quartet
  <DD>Quartet instrumental d'avant-garde.
 </DL>
 </UL>
 </BODY>
```

Cet exemple de combinaison de listes est un peu plus complexe que ce que nous avons vu auparavant, mais n'utilise que des techniques connues. Remarquez que les glossaires sont indentés dans le code HTML, ce qui n'a pour but que de rendre le code HTML plus lisible (rappelons que les navigateurs ignorent les sauts de ligne et les espaces supplémentaires lorsqu'ils affichent une page). La Figure 32.8 montre la page telle qu'elle apparaît dans Netscape.

Le Tableau 32.2 résume les balises HTML servant à créer des listes et étudiées jusqu'ici.

Tableau 32.2 : Balises HTML pour la création de listes

Balise	Action
`<UL>...</UL>`	Crée une liste non ordonnée (avec puces) ; les éléments de la liste sont marqués avec `<LI>`.
`<OL>...</OL>`	Crée une liste ordonnée (numérotée) ; les éléments de la liste sont marqués avec `<LI>`.
<DL>...</DL>	Crée un glossaire ; les termes sont marqués avec <DT> et les définitions avec <DD>.

• Liaisons entre pages

Dans cette section, vous allez maintenant apprendre à lier ensemble des pages Web et à créer des liens hypertextuels, qui permettent de passer d'une page à l'autre.

Les liens HTML hypertextuels sont également appelés points d'ancrage ; ils sont définis à l'aide de `<A>` et `</A>`. Ces balises entourent les mots constituant le lien, que les navigateurs Web affichent généralement les liens dans une couleur différente et en les soulignant.

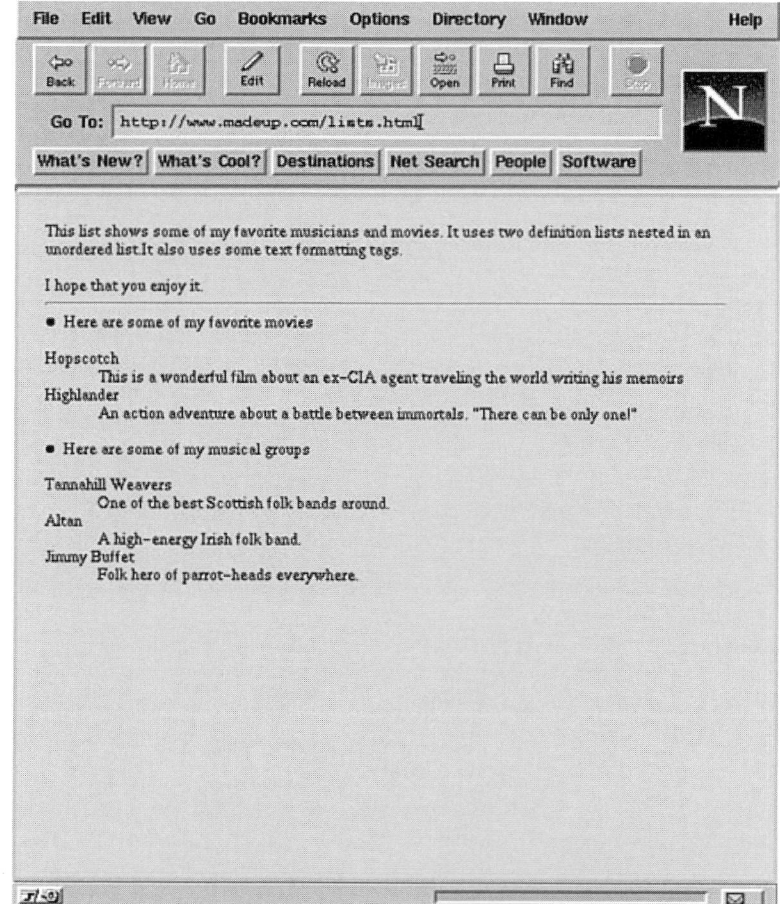

Figure 32.8
Liste personnalisée affichée dans Netscape.

Pour indiquer à un navigateur Web le document à rechercher quand l'utilisateur clique sur le lien, vous pouvez utiliser l'attribut `HREF` et une adresse URL. Supposons que vous vouliez créer un lien vers la page d'accueil NCSA Mosaic. Pour inclure la phrase `Cliquez ici pour aller à la page d'accueil NCSA Mosaic`, où le mot `ici` est le lien, vous taperez les lignes suivantes :

```
Cliquez <A HREF="http://www.ncsa.uiuc.edu/SDG/Software/Mosaic/index.html">
ici</A> pour aller à la page d'accueil NCSA Mosaic.
```

Les balises d'ancrage entourent le lien, dans ce cas, le mot `ici`. L'attribut `HREF` est à l'intérieur de celles-ci. C'est aussi simple que cela.

INFO

Vous pouvez placer n'importe quelle adresse URL dans l'attribut `HREF` *; le lien peut s'établir avec une page Web, un site FTP, un serveur Gopher, ou tout autre emplacement.*

Au lieu de créer simplement un lien, vous pouvez lui donner un nom, au moyen de l'attribut `NAME`. Les liens nommés sont très utiles pour aller à des endroits précis dans un document. On peut, par exemple, placer un sommaire au début d'un grand document, et relier chaque entrée à un endroit approprié dans le document. Ce procédé, combiné avec `HREF`, permet de conduire les utilisateurs vers un emplacement donné dans un autre document.

Supposons que vous disposiez d'un document assez long, par exemple une liste de questions souvent posées (FAQ), qui traite de gadgets. Vous pouvez créer un lien allant du sommaire à la section "Utilisation des gadgets". La première chose à faire est de créer un point d'ancrage dans cette section, de façon à pouvoir s'y référer dans le sommaire. Le code HTML est le suivant :

```
<A NAME="utilgadget">Utilisation des gadgets</A>
Bien utilisés, les gadgets peuvent être très pratiques.
Toutefois, puisqu'ils n'ont aucun rapport avec HTML,
nous n'en parlerons pas dans ce chapitre.
```

Ensuite, il suffit de placer un lien hypertextuel dans le sommaire, pointant vers cette section, et défini par l'attribut `HREF` en spécifiant le nom du point d'ancrage préfixé par le caractère `#`. L'entrée dans le sommaire aura la forme suivante :

```
<A HREF="#utilgadget">Utilisation des gadgets</A>
```

Lorsque l'utilisateur clique sur l'entrée `Utilisation des gadgets` dans le sommaire, le navigateur effectue un saut vers le label `utilgadget` du document.

On peut donner un nom à un lien pointant vers un autre emplacement, en utilisant simplement les attributs `NAME` *et* `HREF` *dans le même point d'ancrage. Par exemple*

<A HREF="http://www.nexistepas.com/index.html#fin">Aller à la fin</A>

vous dirigera vers un autre document et l'affichera, à partir de l'endroit où se trouve le label `<#fin>` *dans ce fichier.*

• Graphiques

L'une des raisons pour lesquelles le Web est si populaire est le fait qu'il permet d'incorporer des graphiques et du texte en un seul format. Avec le HTML, il est facile de placer des graphiques dans un document. Toutefois, avant de mettre toutes sortes d'images dans vos fichiers, rappelez-vous que de nombreux utilisateurs accèdent au Web via des lignes téléphoniques lentes, et que les graphiques peuvent être longs à transférer. En outre, d'autres se servent de navigateurs en mode texte, par exemple Lynx, qui ne peuvent pas afficher de graphiques.

Il faut vous assurer que la navigation dans vos documents Web sera aisée, même si les graphiques ne sont pas affichés. Nous verrons un peu plus loin une technique permettant de vérifier le support du graphisme.

Vous pouvez ajouter des images à vos documents HTML de deux façons : au moyen de liens hypertextuels, ou en utilisant des images incorporées.

- Les liens pointent vers les fichiers graphiques. Cette méthode nécessite que l'utilisateur dispose d'un programme spécial (*helper*) pour afficher ceux-ci correctement. Dans cette méthode, les liens nomment l'image graphique comme document de destination.
- Vous pouvez insérer les graphiques directement dans vos documents HTML. On les appelle *images en ligne* (ou *incorporées*). De nombreux navigateurs gèrent les formats graphiques JPG, GIF ou X Bitmap, ainsi que les images en ligne.
- Le HTML repère ces dernières au moyen de la balise `<IMG>`, qui se combine avec l'attribut `SRC="`*`fichier`*`"` pour définir le fichier qui sera affiché. Le HTML fournit également l'attribut `ALIGN=` pour indiquer au navigateur Web comment présenter l'image en fonction du texte qui l'entoure. Les valeurs valides pour `ALIGN` sont `TOP`, `MIDDLE` et `BOTTOM`.

Comme nous l'avons déjà mentionné, vous devez faire en sorte que vos pages Web soient exploitables par des navigateurs ne gérant pas les graphiques. Pour cela, il faut fournir des références textuelles pour chaque image. L'attribut `ALT="texte concernant l'image"` permet de spécifier le texte à présenter si le navigateur ne peut pas afficher les graphiques.

Un exemple aidera à clarifier tout cela. Le Listing 32.8 présente le code HTML affichant une image GIF en ligne. Si le navigateur ne peut pas l'afficher, il présentera une description de cette image.

Listing 32.8 : Insertion d'une image dans un script HTML

```
<HTML>
<HEAD>
   <TITLE>Exemple d'image</TITLE>
</HEAD>
<BODY>
<H2>Images</H2>
<P>
<P>
<IMG src="venus.jpg"
     align="right"
     height="160" width="82"
     alt="Statue of Aphrodite">
<UL>
<LI>Statue d'Aphrodite, connue en tant que "Vénus de Milo".
<LI>Sculptée en marbre en Grèce, vers l'an 100 av. J.-C.
<LI>Actuellement au Musée du Louvre, à Paris.
<LI>Fait partie de la collection des Antiquités grecques, étrus-
ques, et romaines du Louvre.
```

```
</UL>
<HR>
Pour visiter le site Web du Louvre, cliquez
<A HREF="http://mistral.culture.fr/louvre/louvrea.htm">ICI</A>
</BODY>
</HTML>
```

La Figure 32.9 montre la page affichée avec Netscape. Celle-ci combine différents éléments : un en-tête, une liste, un trait horizontal, une image et un lien.

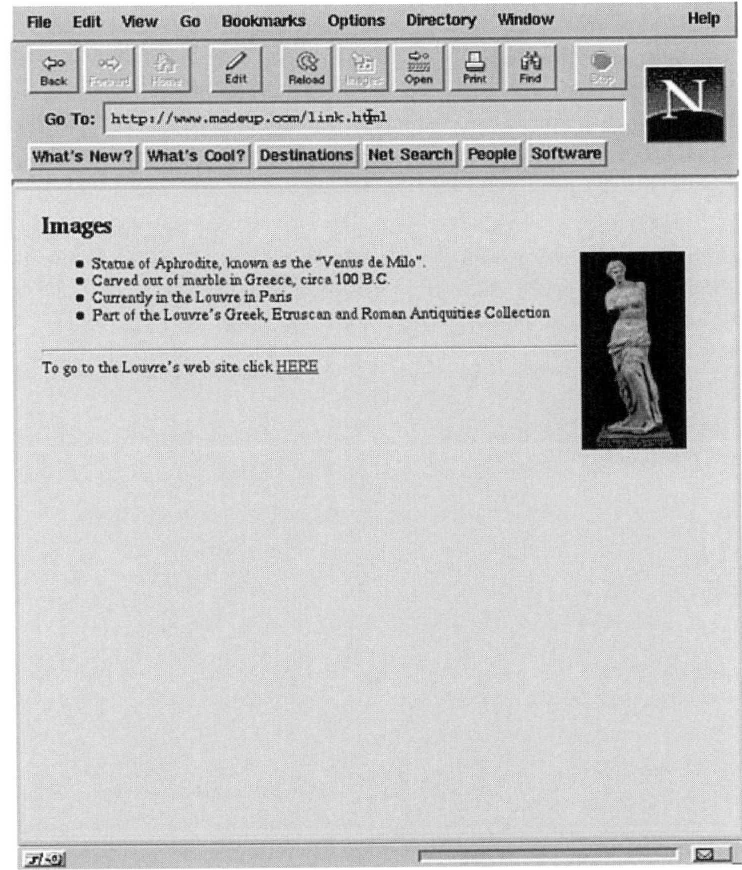

Figure 32.9
Image incorporée affichée avec Netscape.

Vous pouvez combiner des images et des points d'ancrage pour créer des liens graphiques. Entourez simplement la balise `<IMG>` avec celles d'ancrage qui définissent le document à charger. Dans l'exemple suivant, l'image sert alors de lien vers un autre document HTML.

```
Cliquez sur l'icône pour afficher d'autres informations sur cette statue.
<A HREF="statue.html"><IMG SRC="statue.gif"
ALIGN=BOTTOM ALT="[Photo de statue]">
</A>
```

Informations complémentaires

Ce chapitre vous a présenté les notions de base sur le HTML et la façon de créer une page Web. Vous avez appris à utiliser des balises, qui transmettent des commandes aux navigateurs Web, ainsi que l'emploi des attributs et des adresses URL, qui fournissent des détails pour les commandes. On trouve sur l'Internet de nombreux guides sur le HTML, couvrant tous les sujets, depuis la syntaxe jusqu'à la conception de pages. Utilisez pour cela l'un des moteurs de recherche.

Sur le Web

L'adresse **http://www.yahoo.com/Computers_and_Internet/Information_and_Documentation/Data_Formats/HTML/** constitue un bon point de départ pour les recherches concernant le HTML.

Vous trouverez d'autres informations sur le World Wide Web au Chapitre 31, qui présente le Web et la façon d'y effectuer des recherches.

33 Le courrier électronique

Le courrier électronique (*electronic mail* ou *e-mail*, en anglais) semble avoir conquis le monde en un clin d'œil. Des millions d'utilisateurs y ont en effet accès. De nombreux réseaux commerciaux ou prestataires Internet peuvent vous fournir, à vous ou à votre entreprise, un accès au courrier électronique partout dans le monde.

Dans ce chapitre, vous apprendrez à :

- envoyer un e-mail ;
- lire vos messages électroniques ;
- répondre au courrier électronique que vous avez reçu ;
- imprimer des messages, sauvegarder des fichiers et effacer des courriers ;
- acheminer un courrier en le réexpédiant, en créant des listes d'adresses et en envoyant des copies à d'autres personnes.

Présentation

Voir Chapitre 8.

Un programme *e-mail* est employé par un utilisateur de système informatique ou de réseau d'ordinateurs pour envoyer et recevoir des messages. Vous devez au minimum fournir au programme l'adresse du destinataire et le message à faire parvenir. Cette adresse inclut le nom sous lequel la personne qui doit recevoir le message se connecte. Si elle se trouve sur un autre système dans un réseau, l'adresse doit contenir les éléments qui permettront d'identifier l'ordinateur-cible. Vous pouvez rédiger le message lorsque vous utilisez votre programme ou le préparer, en utilisant un éditeur de texte tel que `vi`.

Le courrier électronique apporte plusieurs avantages :

- Les rapports, données et documents que vous enverrez ne mettront que quelques secondes ou minutes à parvenir à destination.
- Vous ne risquez pas de déranger les personnes à qui vous envoyez un message ; de même, vous n'êtes pas nécessairement interrompu dans votre travail quand vous recevez un message.
- Vous n'avez pas besoin d'envoyer des signaux téléphoniques ou de prendre rendez-vous pour communiquer avec quelqu'un.

- Vous pouvez envoyer et recevoir les messages électroniques au moment qui vous convient.

Lorsque vous envoyez un courrier électronique, l'ordinateur se charge de le livrer ou de le déposer sur un réseau qui le transportera vers un autre site. On considère alors que votre message a été envoyé. Quelques instants plus tard, le message arrive sur la machine de destination.

Si l'expéditeur et le destinataire se situent tous deux sur le même système informatique, l'opération n'a lieu que dans une machine. Si vous envoyez un message à un système, l'ordinateur vérifie que l'adresse existe, puis dépose le message dans le fichier où sont conservés tous les courriers de cet utilisateur (si aucun réseau n'est impliqué, l'ordinateur local vérifie l'adresse). Le fichier chargé de stocker les messages s'appelle une boîte aux lettres (*mailbox,* en anglais), et elle porte généralement le nom de l'utilisateur qui reçoit le message. Par exemple, si vous vous connectez sous oliann, votre boîte aux lettres sera le fichier oliann et se trouvera dans le répertoire /var/spool/mail. Quand le message a été "livré" dans la boîte aux lettres, on dit que le fichier est "reçu". La Figure 33.1 montre comment le courrier électronique est envoyé et reçu.

INFO

*Avec le protocole POP (*Post Office Protocol*), le courrier est stocké sur un système distant et il est lu lorsque l'utilisateur consulte son courrier. Nous supposons dans ce chapitre que vous utilisez un système de courrier complet sur votre machine Linux, avec le programme* `sendmail` *qui gère les tâches en arrière-plan pour envoyer et recevoir le courrier.*

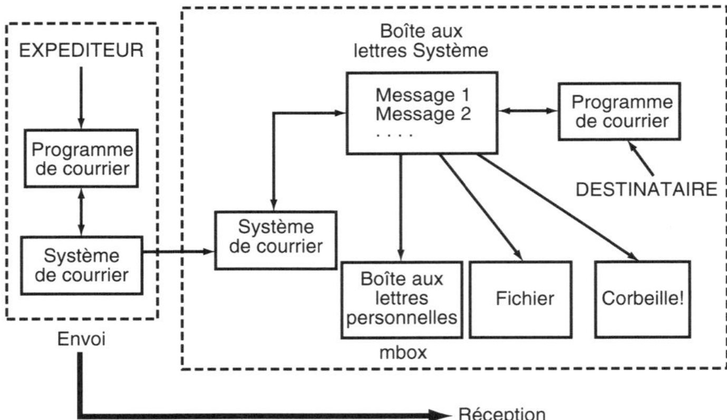

Figure 33.1
Envoi et réception de courrier.

Le système informatique vous avertit lorsque vous recevez du courrier. Vous pouvez choisir, dans l'ordre qui vous convient, les messages que vous voulez consulter. Vous pouvez en outre :

- effacer des messages individuels après les avoir lus ou les effacer sans vous donner la peine de les lire (le courrier électronique n'est pas exempt de prospectus) ;
- conserver certains messages dans le fichier boîte aux lettres ;

INFO

Lorsque vous envoyez un courrier électronique, le message `Mail sent` *! apparaît à l'écran. Il signifie que votre courrier a bien été envoyé, mais n'implique pas qu'il a été reçu ou livré. Lorsqu'un courrier ne peut pas être livré, un message le signale généralement à l'expéditeur.*

Un message peut ne pas être livré pour plusieurs raisons. Première hypothèse : un message part sur un réseau, l'adresse de ce réseau est exacte, mais le nom de l'utilisateur, sur ce réseau, est incorrect. Deuxième hypothèse : l'adresse est entièrement correcte, mais le message ne peut, pour une question de permission ou de quota, être livré dans la boîte aux lettres de l'utilisateur. Dans les deux cas, le message est envoyé, mais on dit qu'il est non distribuable. Autre scénario : le courrier a été délivré, mais la boîte aux lettres de l'utilisateur est abîmée ou détruite. Dernière hypothèse : le destinataire ne consulte pas son courrier ou ne s'est pas connecté depuis des jours, des semaines, ou plus encore.

- conserver certains messages dans une boîte aux lettres personnelle ;
- conserver d'autres messages dans un fichier ou dossier individuel ;
- répondre directement à l'expéditeur du message ;
- envoyer une "réponse groupée" à un groupe d'utilisateurs qui reçoit les mêmes messages ;
- réexpédier du courrier à d'autres personnes ;
- imprimer votre courrier.

A vous d'organiser votre courrier de façon qu'il n'occupe qu'un espace raisonnable sur votre disque dur. Vous n'avez pas besoin de conserver tous les messages que vous recevez. Vous constaterez d'ailleurs qu'il est plus facile de lire vos nouveaux messages si vous faites régulièrement le tri dans votre boîte aux lettres.

Différents programmes de courrier électronique sont disponibles avec Linux, dont ceux qui sont intégrés aux navigateurs Web tels que Netscape. L'interface la plus commune, appelée `mail`, est disponible sous presque tous les environnements UNIX. Grâce à elle, vous pouvez :

- gérer et consulter votre courrier ;
- inclure un sujet dans l'en-tête d'un message ;
- inclure un en-tête `Cc:` pour envoyer des duplicata de courrier à d'autres personnes ;
- réexpédier le courrier vers d'autres personnes ;
- créer des listes de diffusion.

Dans ce chapitre, vous trouverez quelques exemples du programme `mail`. Vous découvrirez ensuite un autre programme de courrier pour Linux, `elm`.

Envoi de courrier avec mail

Vous pouvez envoyer du courrier à un individu, un groupe d'individus ou à une liste d'adresses. Vous devez bien sûr spécifier, comme lorsque vous envoyez une simple lettre, l'adresse des

destinataires de vos messages. Parfois, vous rédigerez ou composerez votre message en même temps que vous l'enverrez ; en d'autres occasions, vous l'aurez préparé à l'avance. Avec `mail` ou `elm`, le message que vous expédiez doit être un fichier de texte, c'est-à-dire un fichier ASCII.

INFO

*Le protocole SMTP (*Simple Mail Transport Protocol*) est utilisé pour transférer du courrier d'un ordinateur à un autre. Il ne peut actuellement recevoir que les fichiers ASCII. Pour envoyer un fichier binaire par courrier électronique, vous devez le convertir en fichier ASCII avec l'utilitaire* `uuencode`.

Quelle que soit la façon dont vous avez préparé votre message, vous l'enverrez en utilisant la commande suivante :

```
mail adresse
```

Cette commande lance le système de courrier. Vous pouvez alors composer le message et l'envoyer à l'`adresse` spécifiée, à savoir est l'adresse électronique du destinataire. Une adresse peut se présenter sous divers aspects. Pour envoyer un courrier à quelqu'un qui est connecté sous un nom d'utilisateur sur la même machine que vous, utilisez le nom de cette personne. Par exemple, pour envoyer un courrier à l'utilisateur Georges, entrez la commande :

```
mail georges
```

Si Georges est sur un autre système auquel vous pouvez accéder à travers le réseau ou un groupe de réseaux, vous devez inclure le nom de ce système sur ce réseau. Supposons que Georges soit le nom d'un utilisateur sur un ordinateur dont le nom de réseau est `apple.startup.com`. Vous pouvez envoyer un courrier en entrant la commande :

```
mail georges@apple.startup.com
```

La forme exacte de l'adresse dépend du type de réseau utilisé et des règles ou conventions locales. Renseignez-vous auprès d'un expert local ou de l'administrateur de votre système pour connaître la forme des adresses sur un réseau dans votre entreprise.

Pour envoyer le même message à plusieurs utilisateurs, incluez leurs adresses sur la ligne de commande du programme `mail` :

```
mail fred bill georges@apples.startup.com
```

• Rédaction du message lors de l'envoi du courrier

Beaucoup d'utilisateurs composent ou écrivent des messages en même temps qu'ils envoient du courrier. C'est le moyen le plus rapide, mais pas toujours le plus soigné, pour envoyer du courrier. Les possibilités d'édition sont en effet limitées lorsque vous écrivez votre message. Vous ne pouvez en général travailler que sur une ligne à la fois. Vous devez d'abord taper la commande pour envoyer du courrier électronique, puis spécifier l'adresse ou les adresses, et appuyer sur <Entrée>. Vous pouvez alors taper le message puis signaler, par un point sur une ligne vide, que vous avez terminé. Vous pouvez aussi utiliser <Ctrl-d > pour terminer votre message. Voici un exemple montrant comment envoyer un courrier électronique à une utilisatrice appelée Lynn. Entrez cette commande pour lancer le programme `mail` et spécifiez ensuite l'adresse de l'utilisatrice sur votre système :

```
mail lynn
Subject: Félicitations! On déjeune ensemble jeudi ?
```

Maintenant, tapez le message et appuyez sur <Entrée> à chaque fin de ligne. Voici un exemple de message que vous pouvez envoyer à Lynn. Pressez <Entrée> à la fin de chaque ligne pour former les paragraphes du message :

```
Lynn,
Je voulais juste te dire que tu as fait du bon boulot à la
réunion d'hier! Il semblerait que nous soyons sur le point
de résoudre ce problème
On déjeune ensemble jeudi ?
Passe-moi un coup de fil
Joe
.
```

Vous pouvez également terminer le message avec <Ctrl-d> au lieu du point. L'ordinateur répond en affichant `EOT`, qui signifie *End Of Transmission* (fin de transmission).

• Annulation d'un message

Vous poulez annuler un message quand vous êtes en train de le taper, mais vous ne pouvez pas l'effacer une fois qu'il a été envoyé. Pour annuler un message pendant que vous le rédigez, appuyez sur la touche qui sert d'interruption sur votre ordinateur (généralement <Ctrl-c> ou <Del>). Lorsqu'un message est annulé, il est conservé dans un fichier appelé dead.letter. Vous pouvez supprimer ce fichier ou l'éditer plus tard pour un autre message. Lorsque vous utilisez `mail`, il faut appuyer deux fois sur <Ctrl-c> pour annuler (au cas où vous appuyiez sur < Ctrl-d> ou sur <Del> par erreur). Une fois le message effacé, le prompt de la ligne de commande apparaît. L'exemple qui suit montre comment se déroule l'annulation :

```
mail lynn
Subject: Félicitations ! On déjeune jeudi ?
Lynn,
Je voulais juste te dire que tu as fait du bon boulot<Ctrl-c>
(Interrupt -- one more to kill letter)
```

Vous devez maintenant choisir pour continuer la lettre ou l'annuler. Si vous décidez de continuer, vous n'avez qu'à taper le texte de la lettre comme suit :

```
à la réunion d'hier ! Il semblerait que nous soyons sur le
point de résoudre ce problème.
```

Si vous choisissez d'annuler de nouveau la lettre, appuyez sur <Ctrl-c> ou <Del>. Le système affiche `Interrupt- -one more to kill letter`. Pour supprimer le message, appuyez une deuxième fois sur <Ctrl> ou <Del> ; `mail` se termine et le prompt du shell apparaît.

• Envoi d'un message préparé à l'avance

Vous choisirez peut-être d'utiliser un éditeur de texte comme `vi` pour composer un message à envoyer par courrier électronique. Avec un éditeur de texte, vous disposez d'outils pour effectuer la mise en page et les vérifications d'orthographe. Vous pouvez créer le texte à l'aide de n'importe quel programme, du moment que vous obtenez un texte ou un fichier ASCII à la fin.

Supposons que le texte que vous souhaitiez envoyer s'appelle report.txt et que l'adresse de destination soit bigboss@tour.vert.com. Il existe trois façons d'envoyer le fichier. Dans les exemples suivants, la commande `mail` utilise l'option `-s` et la partie qui sert d'en-tête est encadrée de guillemets :

- **Utiliser un pipeline.** Pour envoyer report.txt avec la commande `mail`, entrez :

  ```
  cat report.txt / mail -s "Rapport de vente "bigboss@tour.vert.com
  ```

- **Rediriger l'entrée.** Pour envoyer report.txt avec la commande `mail` et l'option `-s`, entrez :

  ```
  mail -s "Rapport de vente" bigboss@tour.vert.com < report.txt
  ```

- **Utiliser ~r pour inclure un fichier dans un message.** Pour utiliser `mail` et envoyer le fichier (en se servant du prompt par défaut `subject:`), entrez :

  ```
  mail bigboss@tour.vert.com
  Subject: Rapport de vente
  ~r report.txt
  ~.
  EOT
  ```

Le prompt du système apparaîtra lorsque vous aurez mené à terme l'une de ces méthodes. Le résultat est identique dans tous les cas.

INFO

Dans le troisième exemple, `~r` sert à lire ou à inclure le fichier report.txt dans le message électronique. C'est un exemple de commande tilde. *Vous devez faire précéder la commande d'un tilde (~) lorsque vous lisez ou envoyez un courrier. D'autres commandes tilde pourront vous être utiles ; elles seront présentées plus loin.*

• Envoi du résultat d'une commande ou d'un programme par courrier électronique

Si vous lancez une commande ou un programme dont la sortie apparaît sur écran (`stdout`), vous pouvez communiquer ces résultats à une commande `mail`. Supposons que vous ayez des informations dans un fichier appelé contrib.lst. Vous pouvez utiliser la commande `sort` pour le trier puis envoyer le résultat à vous-même (sous le nom d'utilisateur `imgood`) et à `bigshot`. Pour cela, entrez :

```
sort contrib.lst/mail -s "Infos triées" imgood bigboss@tour.vert.com
```

Lecture du courrier

La plupart des systèmes Linux signalent, lors de la connexion, que du courrier est arrivé. Pour lire votre courrier, vous pouvez utilisez `mail` ou un autre programme de courrier électronique. Lors de la consultation, le programme affiche un repère signalant les messages qui ont été lus. Selon les commandes que vous utiliserez et la façon dont vous quitterez le programme de courrier, les messages lus seront conservés soit dans la boîte aux lettres du système, /var/spool/mail/$LOGNAME, soit dans votre répertoire personnel dans le fichier mbox.

• Lecture du courrier avec mail

Pour lire votre courrier avec la commande `mail`, tapez `mail`. Si votre nom de connexion est imgood, voici ce que vous verrez alors s'afficher :

```
mail
mail Type ? for help.
"/var/spool/mail/imgood": 5 messages 2 new 1 unread
1 sarah Wed Jan 5 09:17 15/363
2 bigboss@tour.vert.com Thu Jan 6 10:18 26/657 Réunion vendredi
U 3 wjones Fri Jan 7 08:09 32/900 Commande Framistan
>N 4 chendric Fri Jan 7 13:22 35/1277 Brouillon du rapport
N 5 dupont@quelquepart.com Sat Jan 8 13:21 16/3103 Extrait du livre
?
```

Voici quelques remarques concernant l'affichage :

- La première ligne identifie le programme et propose de taper un point d'interrogation pour obtenir de l'aide.
- La deuxième ligne indique que `mail` est en train de lire votre boîte aux lettres, /var/spool/mail/imgood, et que vous avez reçu cinq messages. Deux sont arrivés depuis que vous avez consulté votre courrier pour la dernière fois, un est arrivé auparavant, mais vous ne l'avez pas encore lu, et deux autres messages ont déjà été lus.
- Les cinq lignes qui suivent vous renseignent sur le courrier. Pour le moment, ignorez les tout premiers caractères. Chaque ligne contient le numéro du message, l'adresse de l'expéditeur, la date d'envoi du message, le nombre de lignes et de caractères et le sujet (s'il a été précisé). Observez la ligne qui suit :

```
2 bigboss@tour.vert.com Thu Jan 6 10:18 26/657 Réunion vendredi
```

Cette ligne indique que le message numéro 2 a été envoyé par bigboss@tour.vert.com ; cette adresse montre que le message provient d'une machine appartenant à un autre réseau (le courrier provenant d'un utilisateur local porte simplement le nom de cet utilisateur). Le message a été envoyé le jeudi 6 janvier à 10h18. Il est composé de 26 lignes et de 657 caractères. Son sujet est "Réunion vendredi".

- Une ligne de message commençant par `N` signifie qu'un nouveau courrier (*new mail*), a été reçu depuis la dernière consultation.
- Une ligne de message commençant par `U` signale un courrier non-lu, courrier que vous connaissez, mais que vous n'avez pas lu (*unread mail*).
- Une ligne de message sans `N` ni `U` signale un courrier que vous avez lu et conservé dans la boîte aux lettres de votre système.
- Le signe supérieur (>) sur une ligne de message signale le message courant, c'est-à-dire le prochain message dont vous vous occuperez.
- Le point d'interrogation (`?`) sur la dernière ligne correspond à l'invite du programme `mail`.

Lecture du message courant

Le message courant est précédé du signe supérieur (>). Pour le lire, appuyez simplement sur <Entrée>. Lorsque vous l'ouvrez, voici ce qui apparaît :

```
Message 4 :
From chendric Fri, Jan 7 13:22 EST 1994
Received : by your .system.com
Date : Fri, 7 Jan 1994 13:22:01 -0500
From : Carol Hendricks <chendric>
Return-Path : <chendric>
To : aborat, lynn, oackerm, imgood
Subject : Brouillon du rapport
Voici un brouillon du rapport que je veux présenter la semaine pro-
chaine. Lis-le s'il-te-plaît et fais-moi part de tes commentaires.
Merci.
-----------------------Début du Rapport---------------------------------
Perspectives d'expansion
Préparé par Carol Hendricks
Nous avons constaté, au cours des six derniers mois, une augmenta-
tion de la demande pour nos services. La tendance actuelle du marché indi-
que que la demande va se poursuivre sur au moins 18 mois, voire plus. Le res-
ponsable du personnel de notre service déclare "Nous sommes surchar-
gés de nouveaux clients et
:
```

Le message s'affiche sur un écran à la fois. Chaque fois que vous voyez le signe deux-points, vous pouvez appuyer sur <Entrée> pour afficher la page suivante ou sur <q>pour quitter le message. Au dernier écran, `EOF:` s'affiche (*end of file* ou fin de fichier). Appuyez sur <q> ou <Entrée> pour retourner au prompt ?. Remarquez que le signe supérieur pointe toujours sur le message que vous venez de lire. Ce message est donc toujours le message actif.

Certaines lignes sont apparues à l'écran avant que le message lui-même ne débute. Elles constituent l'en-tête et peuvent être utiles. En général, cet en-tête indique :

- le numéro du message ;
- qui a envoyé le message ;
- quand il a été envoyé ;
- le nom du système qui a reçu le message ;
- le jour où ce message a été reçu ;
- le "véritable nom" de l'expéditeur ainsi que son ID de connexion ;
- le chemin de retour ;
- le ou les destinataire(s) du message ;
- le sujet.

Chaque message électronique est accompagné de ces renseignements. L'expéditeur est toujours identifié, ce qui rend difficiles les contrefaçons. Le vrai nom qui apparaît à la ligne `From:` provient d'un champ de l'enregistrement de l'expéditeur dans le fichier mot de passe. L'information de retour (`Return-Path` ou `Reply-to`) est utilisée par le système de courrier lorsque vous voulez envoyer une réponse. La ligne `To:` contient l'adresse ou la liste des adresses des destinataires de ce message. (Cet extrait de message était adressé à un groupe.) L'expéditeur a fourni une ligne `Subject:`.

Lecture du prochain message

Le message suivant peut se lire de deux façons. Le courrier *suivant* est celui qui se trouve, dans votre boîte aux lettres, après le message courant. Pour le faire apparaître à l'écran, appuyez sur <Entrée> ou sur <n>. Une fois lu, il devient le message courant. Le message suivant se lit de la même façon que le message actif. Lorsque vous avez lu le dernier message de la liste, `At EOF` s'inscrit sur l'écran.

Lecture d'un message quelconque

Tous les messages contenus dans votre boîte aux lettres sont numérotés. Vous pouvez les lire dans n'importe quel ordre, en tapant le numéro du message que vous avez choisi lorsque s'affiche le prompt ?. Par exemple, pour lire le deuxième message, tapez `2` et appuyez sur <Entrée>. Le message numéro 2 devient ainsi le message courant.

• Lecture du courrier à partir d'autres fichiers

Le lancement du programme `mail` vous permet de lire les messages contenus dans la boîte aux lettres de votre système, /var/spool/mail/LOGNAME. LOGNAME est une variable shell qui conserve votre nom d'utilisateur (voir Chapitre 18). Si vous vous connectez sous imgood, votre courrier sera conservé dans /var/spool/mail/imgood. Vous pouvez également lire le courrier situé dans des fichiers abritant des messages électroniques complets (les messages avec en-tête et textes). Naturellement, vous devez avoir le droit de lire ces fichiers.

Pour lire les messages d'un fichier, tapez la commande qui permet de lancer le programme de courrier électronique, tapez ensuite `-f` *`nom_de_fichier`* sur la même ligne, puis appuyez sur <Entrée>. Par exemple, pour lire le courrier électronique contenu dans le fichier mbox, entrez :

```
mail -f mbox /
```

Vous pouvez lire le courrier contenu dans ce fichier de la même façon que vous consultez les messages de votre boîte aux lettres.

INFO

Situé dans votre répertoire personnel, mbox conserve automatiquement les messages que vous avez déjà lus, mais pas effacés. Ces messages sont sauvegardés dans mbox lorsque vous quittez le programme `mail`.

• Envoi d'un message pendant la consultation du courrier

Vous pouvez envoyer un message tout en utilisant `mail` pour lire d'autres messages. Pour cela, tapez `m` *`adresse`* à l'invite ?. Procédez ainsi :

1. Lancez le programme `mail` : tapez `mail` et appuyez sur <Entrée>.
2. Que vous lisiez des messages ou fassiez autre chose, tapez les caractères suivants à l'invite ? pour envoyer un courrier à l'utilisateur ernie :

   ```
   m ernie
   ```
3. Lorsque le programme demande le sujet, tapez un résumé d'une ligne :

   ```
   Subject: Heure du Match
   ```
4. Tapez le message puis terminez-le par un point sur la dernière ligne :

   ```
   N'oublie pas qu'on joue au volley à 18h30
   .
   ```
5. L'ordinateur affiche les lignes suivantes :

   ```
   EOT
   ?
   ```
6. Continuez à utiliser `mail`.

Impression des messages

Avec `mail`, vous pouvez imprimer le message courant sur une imprimante connectée à votre système. Vous devez d'abord sélectionner le message à imprimer. Tapez ensuite `/ lpr` à l'invite ?. Vous êtes en fait en train de communiquer le message courant au programme `lpr`.

Pour imprimer un ensemble de messages, enregistrez-les dans un fichier puis imprimez-le. Pour obtenir plus de renseignements sur les moyens efficaces de sauvegarder des messages, consultez la section sur la sauvegarde des messages dans ce chapitre.

Aide dans mail

Lorsque vous tapez la commande de mise en route de votre programme de courrier électronique, l'invite ? s'affiche à l'écran. Le programme `mail` vous invite à taper **?** pour recevoir de l'aide. Pour obtenir la liste des commandes et les renseignements les concernant, tapez **?** puis appuyez sur <Entrée>.

Voici ce qui apparaît alors à l'écran :

```
Mail Commands
t <message list> type messages (tapez messages)
n   goto and type next message (passe au - et tape le message suivant)
e <message list> edit messages
f <message list> give head lines of messages (donne des en-têtes aux
➥ messages)
d <message list> delete messages (efface des messages)
s <message list> file append messages to file (ajoute des messages)
u <message list> undelete messages (restaure des messages)
R <message list> reply to messages senders (répond aux expéditeurs des
➥ messages)
r <message list> reply to senders and all recipients (répond aux
➥ expéditeurs des messages et à tous les destinataires)
pre <message list> make messages to go back to /usr/spool/mail
➥ (renvoie les messages à /usr/spool/mail)
p <message list> print messages (imprime des messages)
m <user list> mail to specific users (courrier pour certains utilisateurs)
q quit, saving unresolved messages in mbox (quitte, laissant les
➥ messages non traités dans mbox)
x quit, do not remove system mailbox (quitte, sans supprimer la
➥ boîte aux lettres)
h print out active message headers (sort sur imprimante les en-têtes des
➥ messages actifs)
! shell escape (échappement du shell)
cd [rpertoire] chdir to directory or home if none given
A <message list> consists of integers, ranges of same, or user names
➥ separated by spaces. If omitted, Mail uses the last message typed
➥ (composé de nombres entiers, de gammes identiques ou de noms
➥ d'utilisateurs séparés par des espaces.
➥ Si on l'omet, Mail utilise le dernier message tap).
A <user list> consists of user names or aliases separated by blank spaces.
➥ Aliases are defined in .mailrc in your home directory (composé de noms
➥ d'utilisateurs et de pseudonymes séparés par des espaces. Les
```

```
➥ pseudonymes sont dfinis dans .mailrc, dans votre rpertoire d'accueil).
&
```

La liste présente toutes les commandes que vous pouvez utiliser d'après l'invite ?. Certaines seront expliquées par la suite, mais voici d'emblée quelques remarques :

- Dans tous les cas, vous pouvez utiliser l'initiale de la commande ou la taper en entier.
- Les éléments [ ] ou < > sont optionnels ; n'encadrez pas la commande avec ces signes lorsque vous la taperez.
- Vous pouvez appliquer le terme `message list` à tous les messages en utilisant `*`. Par exemple, pour sauvegarder tous les messages dans un fichier appelé allmail, tapez `s * allmail` et appuyez sur <Entrée>.
- Vous pouvez appliquer le terme `message list` à un seul numéro de message. Pour sauvegarder le message 2 dans un fichier appelé meeting, tapez `s 2 meeting` et appuyez sur <Entrée>.
- Vous pouvez appliquer le terme `message list` à une série de numéros de messages en les séparant par un tiret. Par exemple, `2-4` renvoie aux messages 2, 3 et 4. Pour sauvegarder ces messages dans un fichier appelé memos, tapez `s 2-4 memos` et appuyez sur <Entrée>.
- Le terme `print` à la ligne `print message` ne signifie pas "sortir des messages sur imprimante". Il veut dire "afficher les messages".
- La commande `edit` sert à modifier des messages avant de les envoyer à quelqu'un d'autre ou de les stocker dans un fichier.

Sauvegarde des messages dans un fichier avec mail

Vous voudrez sans doute sauvegarder certains courriers reçus. Voici pourquoi il n'est pas pratique de tous les conserver dans votre boîte aux lettres :

- Trop de messages sont affichés lorsque vous consultez votre courrier.
- Les administrateurs de système limitent souvent la taille des boîte aux lettres. Si vous atteignez cette limite, il vous sera peut-être impossible de recevoir de nouveaux messages.
- Votre courrier ne sera pas organisé et vous pourrez difficilement localiser les messages importants ou ceux concernant un sujet en particulier.

Une fois lus, les messages sont stockés (si vous le désirez) dans le fichier mbox. Vous pouvez lire ces messages en tapant `mail -f mbox` et en appuyant sur <Entrée>. L'option `-f` du programme `mail` permet aussi de lire des messages contenus dans d'autres fichiers.

`mail` permet de stocker le message courant dans un fichier avec ou sans en-tête. Vous pouvez choisir le fichier qui recevra le message, et ce dernier sera ajouté à ce fichier. Si vous ne désignez pas de fichier, le message sera rajouté au fichier mbox (votre boîte aux lettres personnelle), dans votre répertoire personnel. Si vous utilisez `q` pour quitter le programme `mail`, les messages sont retirés de la boîte aux lettres de votre système.

Lorsqu'apparaît l'invite ?, toutes les méthodes suivantes peuvent être utilisées pour sauvegarder un message :

- Tapez `s` pour ajouter le message courant dans mbox, dans le répertoire personnel.
- Tapez `s` *`nomfichier`* pour ajouter le texte du message courant dans le fichier indiqué, en conservant intacts les en-têtes (utile pour utiliser le programme `mail` pour lire les messages plus tard).
- Tapez `w` *`nomfichier`* pour ajouter le texte du message courant dans le fichier indiqué, sans les informations d'en-tête (utile pour conserver uniquement le texte du message et le traiter avec un autre programme).

ASTUCE

Pour conserver les messages dans votre boîte aux lettres système plutôt que dans le fichier mbox après les avoir lus, utilisez la commande `pre` *(*preserve*). Vous pouvez appliquer cette commande à une liste de messages.*

Les messages que vous avez lus sont automatiquement stockés dans mbox, sauf si vous utilisez la commande `preserve`.

Habituez-vous à spécifier le nom du fichier lorsque vous utilisez la commande `save` (`s`). Si vous ne le faites pas, le message courant sera ajouté au fichier mbox. Si vous incluez une liste de messages sans nommer de fichier, le programme `mail` utilisera cette liste comme nom de fichier pour stocker le message courant. Si vous utilisez `q` pour quitter le programme de courrier électronique, les messages sauvegardés seront retirés de la boîte aux lettres de votre système.

Suppression et récupération de messages

La commande `d` sert à supprimer un message contenu dans le fichier de messages que vous êtes en train de consulter. Si vous quittez le programme en utilisant la commande `q`, tous les messages effacés avec la commande `d` sont supprimés du fichier.

Lorsque vous utilisez `mail` pour lire votre courrier, servez-vous de la commande `d` ou `delete` pour signaler les messages que vous voulez effacer. Si vous quittez ensuite le programme avec `q`, les messages que vous avez signalés seront supprimés de votre boîte aux lettres. Ils seront définitivement effacés, à moins que vous ne les ayez sauvegardés, ce qui peut s'avérer utile dans certains cas.

Pour supprimer le message courant, tapez d puis appuyez sur <Entrée>. Vous pouvez également spécifier une liste de messages.

Lorsque vous marquez un message ou un groupe de messages à effacer, vous pouvez changer d'avis et restaurer les messages avec la commande u. Vous devez obligatoirement utiliser la commande u avant d'entrer q pour quitter. Une fois que vous avez entré q, les messages sont définitivement effacés. La commande u ou undelete s'utilise comme d ou delete.

ASTUCE

Si vous souhaitez restaurer tous les messages que vous aviez sélectionnés pour les supprimer, tapez u * *à l'invite ?.*

Réponse à un courrier

Pour répondre à un message, utilisez l'adresse indiquée dans le champ Reply-to:. Si ce champ n'existe pas, utilisez les renseignements fournis pour le chemin de retour (Return-Path). Voici des en-têtes partiels de deux messages. Le premier contient les deux champs ; le second ne possède que le champ Return-Path :

Message 1 :

```
From server@malte.abc.com Mon Nov 8 18:31 EST 1993
Received: from MALTE.ABC.COM by s850.nwc.edu with SMTP
Return-Path: <server@matle.ams.com>
Date: Mon, 8 Nov 93 18:17:15 -0500
Comment: From DuJour List
Originator: dujour@mathe.abc.com
Errors-To: asap@can.org
Reply-To: <dujour@mathe.abc.com>
Sender: dujour@mathe.abc.com
```

Message 2 :

```
From chendric Fri, Jan 7 13:22 EST 1994
Received: by your .system.com
Date: Fri, 7 Jan 1994 13:22:01 -0500
From: Carol Hendricks <chendric>
Return-Path: <chendric>
To: aborat, lynn, oackerm, imgood
Subject: Brouillon du rapport
```

Pour répondre au premier message, utilisez l'adresse indiquée par Reply-To: dujour@mathe.abc.com. Notez que les champs Reply-To et Return-Path sont différents. Dans le second exemple, utilisez chendric pour répondre à l'expéditeur du message.

INFO

Servez-vous toujours de l'adresse `Reply-To` *si elle figure dans l'en-tête, car elle constitue l'adresse précise de l'expéditeur. Lorsque* `Reply-To` *n'est pas disponible, l'adresse* `Return-Path` *permet généralement de répondre à l'expéditeur.*

Vous pouvez laisser au programme `mail` le soin de choisir l'adresse à utiliser pour répondre à un courrier électronique. Pour cela, il faut utiliser l'une de ces commandes :

- `R` Adresse une réponse à l'expéditeur du message
- `r` Adresse une réponse à l'expéditeur et à tous les destinataires d'un message électronique.

Vous pouvez utiliser, avec l'une ou l'autre de ces commandes, une liste de messages (comme nous l'avons expliqué plus haut dans ce chapitre). Sinon, la commande `R` ou `r` s'applique au message courant.

Voici maintenant comment utiliser ces deux commandes avec un en-tête partiel extrait d'un message envoyé par chendric, ou Carol Hendricks. Dans ce message, elle demande à un groupe de commenter le brouillon d'un rapport qu'elle a préparé :

```
From chendric Fri, Jan 7 13:22 EST 1994
Received : by your .system.com
Date: Fri, 7 Jan 1994 13:22:1 -0500
From: Carol Hendricks <chendric>
Return-Path: <chendric>
To: aborat, lynn, oackerm, imgood
Subject: Brouillon du rapport
```

Pour répondre uniquement à chendric, tapez `R` et appuyez sur <Entrée> lorsqu'apparaît l'invite ?. Voici la réponse que vous obtiendrez :

```
To: chendric
Subject: Re : Brouillon du rapport
```

Ces lignes indiquent que la réponse est destinée à une seule personne ; le sujet montre que le message est envoyé en réponse à un courrier précédent.

Si vous souhaitez que toutes les personnes de la liste lisent vos commentaires, tapez `r` et appuyez sur <Entrée> lorsque l'invite ? s'affiche. Voici ce qui s'inscrira alors :

```
To: chendric, aborat, lynn, oackerm, imgood
Subject: Re : Brouillon du rapport
```

Cette ligne indique que la réponse est destinée à tous ceux qui appartiennent à la liste d'origine, dont l'auteur. Le sujet montre que le message est envoyé en réponse à un courrier précédent.

Voir
Chapitre 34.

A partir de maintenant, vous entrerez vos messages comme dans la section "Envoi de courrier avec `mail`", plus haut dans ce chapitre.

ATTENTION

Soyez prudent en utilisant `r` *pour répondre à un message. Tout ce que vous enverrez sera alors distribué à tous ceux qui ont reçu une copie du message d'origine. Linux fait la distinction entre les majuscules et les minuscules, mais sachez que la plupart des utilisateurs ne sont pas habitués à taper des commandes en lettres capitales. C'est une erreur courante qui peut parfois être très embarrassante.*

INFO

Avant d'envoyer une réponse, pensez à ce que vous écrivez et aux personnes qui liront vos messages. Les sarcasmes ou les critiques cinglantes ne sont pas bien perçus. Un message électronique ne s'articule pas comme un discours oral : vous ne pouvez pas voir ou entendre les réactions des personnes à qui vous vous adressez et elles ne peuvent pas non plus vous voir ni vous entendre. Par conséquent, mieux vaut être courtois.

Vous savez à quel point il est facile d'acheminer un message. Mais une fois que vous avez envoyé quelque chose à quelqu'un, vous ne pouvez jamais savoir où ce message va finir et combien de personnes le liront. Réfléchissez et soyez prévenant.

Acheminement du courrier vers d'autres personnes

Le courrier électronique est distribué par adresses. Pour expédier un message, envoyer des copies d'un message (Cc:), créer des pseudonymes ou des formes plus simples d'adresses, constituer des listes d'adresses, etc., il faut manipuler des adresses. Vous n'avez pas besoin de le faire directement, car le programme `mail` peut s'en charger lui-même.

• Réexpédition des messages

Pour réexpédier un message (vous incluez en fait ce message dans un message que vous composez), vous devez d'abord lancer `mail`, comme pour lire vos messages. Utilisez ensuite la commande `m`, `r` ou `R` pour envoyer un message. Tandis que vous composez votre message, utilisez une commande tilde, `~f`, pour réexpédier un ou plusieurs messages. La forme générale de la commande `~f` est *`mglist`*. Voici comment procéder pour réexpédier un message :

1. Lancez `mail` (tapez `mail` et appuyez sur <Entrée>). Le système affiche alors quelque chose comme :

```
mail Type ? for help.
"/var/spool/mail/imgood": 5 messages 2 new 1 unread
1 sarah
Wed Jan 5 09:17 15/363
2 bigboss@tour.vert.com Thu Jan 6 10:18 26/657 Réunion vendredi
U 3 wjones Fri Jan 08:09 32/900 Commande Framistan
> N 4 chendric Fri Jan 7 13:22 35/1277 Brouillon du rapport
N 5 dupont@quelque-
part.com Sat Jan 8 16:21 76/3103 Extrait de GREAT new UNI
   ?
```

2. Lisez le message 5 en tapant `5` et en appuyant sur <Entrée>. (Le texte de ce message n'a pas été reproduit ici.) Supposons que vous vouliez l'envoyer à vos amis dont les adresses sont sarah, georges@hb.com et lynn@netcong.com.
3. Utilisez la commande `m` pour envoyer un courrier à ces adresses, tapez un sujet, et entrez le début de votre message, comme ceci :

```
? m sarah georges@hb.com.lynn@netcong.com
Subject: Expédier un extrait du nouveau manuel de Que sur Linux
Salut!
Je t'envoie un passage que j'ai trouvé dans le nou-
veau livre de Que. C'est l'édition spéciale sur l'utilisa-
tion de Linux. Je vais m'en procurer un demain.
En veux-tu aussi un exemplaire?
```

4. Utilisez la commande `~f` pour expédier le message numéro 5. Tapez `~f 5` et appuyez sur <Entrée>. `mail` affiche le message suivant :

```
Interpolating : 5
(continue)
```

5.Le curseur se trouve maintenant sous le mot "continue". Vous pouvez ajouter du texte au message ou le terminer en tapant ~ et en appuyant sur <Entrée>. L'invite ? apparaît.

• Envoi d'une copie avec mail

Vous pouvez envoyer la copie d'un message à une ou plusieurs adresses en les plaçant dans une liste appelée `Cc:`. La liste `Cc:` fonctionne selon vos instructions : le courrier est envoyé à l'(aux) adresse(s) principale(s) (celles dans l'en-tête `To:`) ainsi qu'à l'(aux) adresse(s) dans l'en-tête `Cc:`. Pour inclure ces adresses dans la liste `Cc:`, utilisez la commande tilde `~c` *`adresse`* lorsque vous êtes en train d'envoyer un message.

L'exemple suivant montre comment envoyer un bref mémo à une adresse principale (`wjones`), et comment expédier une copie de ce mémo à votre ordinateur et à une autre adresse, (votre adresse est imgood et celle de l'autre utilisateur est ecarlst). Vous vous en envoyez un pour avoir, vous aussi, une copie de ce mémo. Suivez ces étapes pour ajouter une liste `Cc:` à la liste des destinataires :

1. Lancez `mail` pour envoyer un courrier électronique à l'adresse principale, wjones, et donnez un sujet en en-tête. Pour cela, entrez les commandes suivantes :

```
$ mail wjones
Subject : Mmo - Accord de vente avec Framistan
```

2. Entrez le texte du mémo que vous voulez envoyer. Par exemple :

```
To: William Jones
Date: Oct 31, 1994
From: Henry Charleston
```

```
RE: Accord de vente avec Framistan Motors.
Le 29 octobre 1994, j'ai organisé une réunion avec le directeur général
➥ de Framistan Motors. Nous avons conclu et paraphé un accord de vente
➥ grâce auquel Framistan s'engage à acheter 10 000 exemplaires de
➥ notre carburateur thermo-embryonnaire. L'accord a été envoyé aux
➥ parties concernées dans notre entreprise et nous comptons l'entériner
➥ officiellement avant deux semaines.
```

3. Entrez la commande `~c` *`adresse`* pour ajouter des adresses à la liste `Cc:`. Par exemple, voici ce que vous pouvez taper pour envoyer des copies à vous-même (imgood) et à ecarlst :

```
~c ecarlst imgood
```

4. Pour envoyer le message, tapez un tilde puis un point (~.) et appuyez sur <Entrée>. Le message `EOT` apparaît, suivi de l'invite du shell.

ASTUCE

Pour revoir, et éventuellement modifier, les en-têtes d'un message à expédier, tapez `~h` *pendant la composition du message. Les en-têtes seront présentés un par un et vous pourrez les modifier.*

Lorsqu'un message est envoyé de cette façon, tous les destinataires peuvent voir les en-têtes `To:` et `Cc:`. Si quelqu'un répond au message avec la commande `r`, la réponse sera envoyée à toutes les adresses des listes `To:` et `Cc:`, ainsi qu'à l'auteur.

Vous pouvez personnaliser `mail` de façon qu'il affiche toujours un en-tête `Cc:`, de la même façon qu'il affiche un en-tête `Subject` (voir la section "Personnalisation de l'environnement `mail`"). Bien entendu, vous pouvez choisir de ne rien entrer dans la liste et appuyer sur <Entrée>.

• Pseudonymes et listes d'adresses

Le programme `mail` permet, comme la plupart des programmes de courrier électronique, de créer un pseudonyme (alias) pour une adresse, et un pseudonyme de groupe pour une liste d'adresses. Le pseudonyme de groupe peut s'utiliser comme une liste d'adresses. Il est plus facile d'utiliser une adresse lorsqu'elle contient un alias, car celui-ci est en général plus court et plus facile à mémoriser.

Lors d'une session `mail`, vous pouvez constituer, en même temps que vous lisez votre courrier, un pseudonyme pour une seule personne ou pour un groupe avec la commande `alias`. Pour que les pseudonymes soient plus utiles, rangez-les dans un fichier appelé .mailrc dans votre répertoire personnel (voir la prochaine section).

Voici comment créer et utiliser des pseudonymes avec le programme `mail` :

1. Lancez `mail`. Les en-têtes s'affichent, puis l'invite ? apparaît :

```
mail Type ? for help.
"/var/spool/mail/imgood" : 5 messages 2 new 1 unread
1 sarah Wed Jan 5 09:17 15/363
2 bigboss@tour.vert.com Thu Jan 6 10:18 26/657 Runion vendredi
```

```
U 3 wjones Fri Jan 7 08:09 32/900 Commande framistan
 > N 4 chendric Fri Jan 7 13:22 35/1277 Brouillon du rapport
N 5 dupont@quelquepart.com Sat Jan 8 13:21 16/3103 Extrait du SUPER nou-
veau Linux
?
```

2. Pour créer un pseudonyme individuel, utilisez la commande `alias` suivie du pseudonyme pour l'adresse. Ici, le pseudonyme ros est créé pour l'adresse bigboss@tour.vert.com :

```
alias ros bigboss@tour.vert.com
```

3. Utilisez le pseudonyme ros dans une adresse ; `mail` reconstitue alors la forme complète de l'adresse. Par exemple, vous pouvez entrer la commande `mros` pour commencer un message que vous voulez envoyer à bigboss@tour.vert.com.
4. Pour créer un pseudonyme destiné à un groupe, utilisez la commande `alias` suivie du pseudonyme pour les adresses. Ici, le pseudonyme friends est créé, puis du courrier est envoyé à ce groupe :

```
alias friends chendric karlack abc.com!home-
base!fran!eca@xy.srt.edu<Entrée>
m friends<Entrée>
Subject: Extrait du nouveau manuel sur Linux - prends ta copie!<Entrée>
~f 5<Entrée>
Interpolating: 5
~.<Entrée>
EOT
?
```

Personnalisation de l'environnement mail

Vous pouvez personnaliser votre environnement `mail` en stockant des commandes ou des variables d'environnement dans le fichier .mailrc de votre répertoire personnel. Le programme `mail` consulte ce fichier chaque fois que vous utilisez le programme. Vous pouvez définir plusieurs variables d'environnement et commandes dans .mailrc, et les commandes varieront selon les programmes. Reportez-vous à l'aide du programme `mail` pour connaître la liste de toutes les options .mailrc. Certaines commandes reconnues par `mail` ont déjà été présentées dans la section sur l'aide avec `mail`. Cette section décrit un sous-ensemble des commandes et des variables qui peuvent être utilisées avec le fichier .mailrc. Le Tableau 33.1 présente les commandes ; le Tableau 33.2, les variables d'environnement.

ASTUCE

Vous pouvez émettre les commandes du Tableau 33.1 à tout moment lorsque l'invite ? est affichée ; elles resteront actives pendant toute la session.

Tableau 33.1 : Commandes mail

Commande	Définition
#	Indique un commentaire. Ne produit aucun effet.
alias	Crée un pseudonyme pour une personne ou pour un groupe. Syntaxe : `alias` *`alias-nom liste-adresse`*.
set	Définit une variable d'environnement. Syntaxe : `set` *`nom-de-variable`* ou `set` *`nom-de-variable=chaîne`*.

Tableau 33.2 : Variables d'environnement mail

Variable	Définition
askcc	Demande la liste `Cc:` après la saisie du message. Valeur par défaut : `noaskcc`.
asksub	Demande la liste `Subject` avant la saisie du message. Active par défaut.
noheader	N'affiche pas l'en-tête d'information sur les messages disponibles lorsque vous lancez `mail`. Désactivée par défaut.
ignore	Ignore les caractères d'interruption lors de la saisie des messages. Utile si vous avez une connexion "bruyante" par téléphone ou autre ligne de communication. Valeur par défaut : `noignore`.
metoo	Lorsque votre nom fait partie du pseudonyme d'un groupe, le message, normalement, ne vous est pas envoyé. Avec cette variable, vous pouvez recevoir des messages envoyés au pseudonyme d'un groupe qui détient votre adresse. Valeur par défaut : `nometoo`.

ASTUCE

Vous pouvez définir un environnement s'appliquant à tout le système en plaçant ces commandes et ces variables dans le fichier /etc/mail.rc.

Dans l'exemple qui suit, le fichier .mailrc est créé pour vous permettre d'utiliser les commandes et les variables d'environnement décrites dans les Tableaux 33.1 et 33.2. Le signe # introduit un commentaire. Vous pouvez créer ce fichier avec `vi` ou tout autre éditeur capable de produire un texte ou un fichier ASCII.

```
# Fichier mailrc pour D. Gunter
# S'assurer que les interruptions ne sont pas ignorées.
set noignore
# Fixer les variables pour que les prompts de Subject et CC apparaissent
set asksub
set askcc
# Pseudonymes individuels
alias billy wbracksto
alias ham jhron@cucumber.abc.com
alias me gunter
# Pseudonymes de groupe, liste d'adresses
alias pirates jroger@blackflag.net bbow
```

```
alias researh chendric jreynold eackerma
alias framistan wjones imgood cornlo@framistan.org imgood
```

Placez ces instructions dans le fichier .mailrc. Ensuite, à chaque lancement de `mail`, ces instructions seront traitées.

Sortie du programme mail

Lorsque vous lisez le courrier dans une boîte aux lettres, il est possible de lire, de sauter ou d'effacer des messages. Ces actions n'affectent pas la boîte aux lettres elle-même, mais une copie temporaire de celle-ci. Vous pouvez quitter le programme de courrier de façon que la boîte aux lettres soit modifiée par vos actions (la copie modifiée et temporaire remplace la boîte aux lettres d'origine), ou de façon que votre boîte aux lettres ne soit pas modifiée et ne tienne pas compte de tout ce que vous avez fait au cours de votre session e-mail.

• Sortie et sauvegarde des modifications

Pour quitter le programme `mail` tout en sauvegardant les modifications effectuées, appuyez sur <q>lorsqu'apparaît le prompt ?. L'invite du shell s'affiche de nouveau. Lorsque vous quittez `mail` de cette façon, les messages que vous avez lus, mais pas effacés sont conservés dans le fichier mbox dans votre répertoire personnel.

Supposons que vous utilisiez `mail` pour lire votre courrier, que votre nom d'utilisateur soit imgood et que votre répertoire personnel soit /home/imgood. Lorsque vous tapez `mail` et appuyez sur <Entrée> pour lancer le programme `mail`, voici ce qui apparaît à l'écran :

```
mail Type ? for help.
"/var/spool/mail/imgood" : 5 messages 2 new 1 unread
1 sarah Wed Jan 5 009:17 15/363
2 bigboss@tour.vert.com Thu Jan 6 100:18 216/657 Réunion vendredi
U 3 wjones Fri Jan 7 008:009 32/90000 Commande Framistan
>N 4 chendric  Fri Jan 7 13:22 35/1277 Brouillon du rapport
N 5 col.com§kackerma@ps.com Sat Jan 8 13:21 16/3103 Extrait de GREAT new UNI
?
```

Supposons maintenant que vous lisiez le message courant en appuyant sur <Entrée> et que vous lisiez ensuite le message 1 en tapant **1** puis <Entrée>. Si vous appuyez maintenant sur <q-Entrée> pour quitter, voici les informations que vous obtiendrez :

```
Saved 2 messages in /home/imgood/mbox
Held 3 messages in var/spool/mail/imgood
```

Les deux messages que vous avez lus sont sauvegardés dans votre répertoire personnel ; les trois autres sont enregistrés dans la boîte aux lettres de votre système, var/spool/mail/imgood.

Si vous conservez souvent des messages de cette manière, le fichier mbox peut devenir assez volumineux. Pour éviter cela, vous pouvez l'imprimer de temps en temps puis l'effacer. Vous pouvez également lire les messages contenus dans ce fichier comme s'il s'agissait de la boîte aux lettres de votre système (voir plus loin).

INFO

Vous pouvez lire votre courrier et indiquer que le message courant doit être conservé dans la boîte aux lettres /var/spool/mail/imgood, et non dans le fichier mbox. Pour le faire une fois que vous avez lu un message, tapez `pre` *(pour* préserver*) à l'invite ?.*

• Sortie sans sauvegarde des modifications

Pour quitter le programme `mail`, vous pouvez aussi appuyer sur <x-Entrée> à l'invite ?. Ce faisant, vous quittez le programme sans qu'aucune modification ne soit enregistrée dans votre boîte aux lettres ni dans tout autre fichier, comme si vous n'aviez pas du tout lu votre courrier. L'invite du shell apparaît ensuite. Lorsque vous quittez le programme `mail` de cette façon, le courrier est sauvegardé dans la boîte aux lettres de votre système.

Le programme elm

Comme nous l'avons signalé, il existe plusieurs programmes de courrier sous Linux. Chacun d'entre eux présente des avantages et des inconvénients.

Le programme `elm` est distribué avec les versions Linux de Slackware et de Red Hat. Ce programme de courrier travaille plutôt en mode écran qu'en mode ligne. Il propose un éventail de menus interactifs et son utilisation est très simple. Toutes les possibilités offertes par `mail` existent dans `elm`, et elles sont généralement plus faciles à utiliser.

`elm` étant très simple, vous ne trouverez ici qu'une rapide présentation. Pour des informations plus complètes, consultez les pages man ou l'aide incluse dans `elm`.

• Lancement d'elm

Pour démarrer une session de courrier avec `elm`, tapez `elm` au prompt de commande. Si vous utilisez `elm` pour la première fois, le programme demandera la permission de constituer un répertoire de configuration dans votre compte et de créer, s'il n'existe pas, un fichier boîte aux lettres appelé mbox. Voici ce qui s'affichera à l'écran lorsque vous lancerez `elm` pour la première fois :

```
$ elm
Notice:
This version of ELM requires the use of a .elm directory in your home
➥ directory to store your elmrc and alias files. Shall I create the
➥ directory .elm for you and set it up (y/n/q) ? y<Entrée>
Great! I'll do it now.
```

```
 (Pour utiliser cette version d'elm, il faut que votre répertoire
➥ personnel contienne un répertoire elm dans lequel stocker
➥ vos fichiers elmrc et alias. Puis-je créer et installer pour
➥ vous le répertoire .elm (o/n/a) ? o
Super! Je vais le faire maintenant.)
Notice
ELM requires the use of folders directory to store your
➥ mail folders in. Shall I create the directory /hme/gunter/
➥ Mail for you (y/n/q) ? y
Great! I'll do it now.
(ELM a besoin d'un répertoire dossier dans lequel classer
➥ votre courrier. Puis-je créer pour vous le répertoire /home/
➥ gunter/Mail (o/n/a) ? o<Entrée>
Super! Je vais le faire maintenant.)
```

Une fois qu'`elm` a créé son répertoire et le fichier mbox, il exécute le programme `mail` principal. C'est un programme de courrier qui travaille uniquement au niveau de la page-écran. Votre écran s'efface et quelque chose de semblable à cela apparaît :

```
Mailbox is '/var/spool/mail/gunter' with 2 messages [ELM 2.4 PL23]
N 1 Nov 11 Jack Tackett manuel Linux
N 2 Nov 11 Jack Tackett d'autres idées
Vous pouvez utiliser une de ces commandes en tapant son initiale;
d)elete (supprime) ou u)ndelete mail (restaure), m)ail a message (expedie),
r)eply (répond) ou f)orward mail (achemine), q)uit
Pour lire un message, appuyez sur <Entrée>. j = descend, k = monte, ? = aide
Command:
```

En haut de l'écran, `elm` indique l'emplacement de la boîte aux lettres, le nombre de messages qu'elle contient et la version d'`elm` utilisée. `elm` affiche alors une ligne pour chaque message contenu dans votre boîte aux lettres. Il place la lettre `N` devant chaque nouveau message, comme le programme `mail`. Une ligne récapitulative vous indique pour chaque message s'il s'agit d'un nouveau message, quand il a été reçu, qui l'a expédié et quel est son sujet. Comme d'habitude, ce qui s'affiche à l'écran varie légèrement selon la version d'`elm` utilisée. Le message courant est mis en évidence.

• Commandes elm

Au bas de l'écran, un résumé des commandes indique quelles sont les commandes disponibles pour cette page-écran. Comme le montre l'exemple précédent, il est possible d'effacer ou de restaurer un message, de l'expédier, d'y répondre, de l'acheminer ou bien de quitter le programme. Pour revenir au message précédent, appuyez sur la touche <j>; pour passer au suivant, appuyez sur la touche <k>. Pour obtenir de l'aide, appuyez sur la touche <?>. Le prompt `Command:`, en bas de l'écran, vous invite à taper une touche de commande.

Grâce à ses nombreuses invites et touches d'aide, `elm` est très simple à utiliser. Le Tableau 33.3 dresse la liste de toutes les commandes qui peuvent être exécutées dans le programme `elm`.

Tableau 33.3 : Résumé des commandes pour elm

Commande/touche	Description
<Entrée>, <barre d'espace>	Affiche le message courant
/	Transmet le message courant, ou les messages marqués, à une commande du système
!	Echappement vers le shell
$	Resynchronise le dossier
?	Affiche l'aide en ligne
+,<Droite>	Affiche la page-index suivante
-, <Gauche>	Affiche la page-index précédente
=	Sélectionne le premier message comme message courant
*	Sélectionne le dernier message comme message courant
<*n*><Entrée>	Sélectionne le *n*ième message comme message courant
/	Recherche par sujet
//	Recherche dans tout le corps du message, par sujet
>	Enregistre le message courant, ou les messages signalés par un repère, dans un dossier
<	Recherche dans le message courant selon les dates d'entrées
a	Bascule en mode "alias"
b	Réexpédie le message courant
C	Copie le message courant, ou les messages signalés par un repère, dans un dossier
c	Bascule dans un autre fichier
d	Supprime le message courant
<Ctrl-d>	Supprime les messages qui ont un format spécifique
e	Edite le dossier courant
f	Achemine le message courant
g	Réponse groupée (une pour tous les destinataires) au message courant
h	Affiche l'en-tête avec le message
J	Permet d'augmenter le message courant d'un numéro
j, <flèche descendante>	Passe au prochain message non effacé
K	Diminue le message courant d'un numéro

Commande/touche	Description
k,<flèche montante>	Retourne au message précédent non effacé
l	Limite les messages selon des critères spécifiques
<Ctrl-l>	Nouvel écran
m	Envoie un message
n	Message suivant, affiché comme courant puis augmenté d'un numéro
o	Modifie les options `elm`
p	Imprime le message courant ou les messages signalés par un repère
q	Quitte (il peut y avoir un prompt pour effacer, stocker et conserver des messages)
Q	Sortie rapide, pas d'invite
r	Répond au message courant
s	Enregistre le message courant, ou les messages marqués, dans un dossier
t	Marque le message courant pour de prochaines opérations
T	Marque le message courant et passe au message suivant
<Ctrl-t>	Ajoute les messages qui ont un format spécifique
u	Récupère le message courant
<Ctrl-u>	Récupère les messages qui ont un format spécifique
x, <Ctrl-q>	Sort en laissant le dossier inchangé ; demande confirmation si le dossier a été modifié
X	Sort en laissant le dossier inchangé, sans condition

Le programme Mutt

`Mutt` est un client de courrier freeware de plus en plus connu. Tout en étant à la portée des débutants (par défaut, il ressemble beaucoup à `elm` et fonctionne comme lui), `Mutt` est particulièrement recherché par les utilisateurs expérimentés, pour ses grandes possibilités de configuration.

Voici certaines des fonctionnalités principales de Mutt :

- support de la couleur ;
- support des fils de messages ;
- support de MIME — y compris RFC2047 sur les en-têtes codés et PGP/MIME (RFC2015) ;

- support de POP3 ;
- support de plusieurs formats de boîtes aux lettres, dont mbox, MMDF, MH, et maildir ;
- raccourcis clavier (par défaut, semblables à ceux de `elm`) ;
- capacité à rechercher une expression rationnelle ;
- support de DSN (*Delivery Status Notification*) ;
- possibilité d'insérer des fichiers joints à partir de la ligne de commande, lors de la composition ;
- possibilité de répondre à ou de faire suivre plusieurs messages à la fois ;
- fichiers de configuration de style .mailrc ;
- processus d'installation faisant appel à GNU autoconf.

• Comment se procurer Mutt

`Mutt` est distribué sous les conditions de la licence publique GNU, sur les CD-ROM d'installation de Red Hat 5.2, dans le répertoire RedHat/RPMS, sous forme de paquetage `.rpm`. Une version internationale de `Mutt`, comprenant le support de PGPô, est disponible sur plusieurs serveurs FTP, par exemple **ftp://ftp.gbnet/pub/mutt-international/**.

• Informations complémentaires sur Mutt

La page d'accueil de Mutt réside à l'adresse **http://www.cs.hmc.edu/~me/mutt/index.html**. Elle contient des liens vers le manuel en ligne de Mutt, rédigé par Michael Elkins (**http://www.cs.hmc.edu/~me/mutt/manual.html**) et la FAQ de Mutt rédigée par Felix von Leitner (**http://www.math.fu-berlin.de/~leitner/mutt/faq.html**). La page d'accueil de Mutt renseigne également sur plusieurs listes de diffusion consacrées au client de courrier.

Informations complémentaires

Pour obtenir d'autres informations sur les communications à travers l'Internet, consultez :

- le Chapitre 31, qui décrit les différents types d'informations disponibles sur l'Internet ;
- le Chapitre 34, qui présente les groupes de news Usenet qui servent à échanger des messages publics.

Survivre aux news de Usenet

Avec la croissance explosive que connaît l'Internet, les groupes de news Usenet sont devenus très populaires. Abréviation de *User Network* (réseau d'utilisateurs), Usenet est un *pseudo-réseau* composé de machines qui échangent des informations classées par sujets selon une hiérarchie précise. On utilise le terme *pseudo-réseau*, car Usenet n'est pas, à proprement parler, un réseau physique. Il est en fait constitué de tous les ordinateurs qui échangent les infos Usenet.

Dans ce chapitre, vous découvrirez :

- ce qu'est un groupe de news Usenet ;
- l'histoire de Usenet ;
- la structure des conférences électroniques au sein du système Usenet ;
- la culture Usenet ;
- un aperçu du lecteur de news `rn`.

Qu'est-ce qu'un groupe Usenet ?

Les groupes de news Usenet, les *netnews*, ou *news* sont des forums (ou conférences électroniques) pour les discussions en direct. Beaucoup d'ordinateurs répartis dans le monde entier échangent des informations, ou *articles*, sur tous les sujets possibles et imaginables. Ces ordinateurs ne sont pas connectés physiquement au même réseau, mais reliés logiquement par leur capacité à échanger des données. Dans ce chapitre, les termes Usenet, news, groupes, conférences, forums, sont utilisés de manière interchangeable.

INFO

Les logiciels qui gèrent Usenet se divise en deux catégories : les programmes utilisés pour lire et poster des articles, et les logiciels servant à traiter puis à transférer des articles d'un système à un autre.

Ne confondez pas Usenet et les babillards pour PC (*PC Bulletin Board System* ou BBS). Si certaines similitudes existent à première vue, les différences sont en fait nombreuses et importantes :

- Les articles Usenet sont consacrés à différents sujets et n'émanent pas, comme avec les BBS, d'un seul ordinateur. Ils sont envoyés "en différé" d'un ordinateur à un autre (ils

sont d'abord emmagasinés puis acheminés). Lorsqu'un site reçoit une information, il l'échange ensuite avec un ou plusieurs voisins. Ces transactions permettent d'alimenter les ordinateurs en informations (qu'on appelle *news feeds,* en anglais). C'est pourquoi les informations mettent du temps pour se déplacer d'un endroit à un autre.

- Personne n'est chargé de contrôler le système. A la différence de BBS, Usenet n'a pas d'opérateur système. Chaque site possède donc une bonne part d'autonomie. Les infos Usenet ont d'ailleurs été qualifiées à juste titre d'"anarchie organisée".

En général, les groupes Usenet sont divisés en deux parties logiques : l'une regroupe les programmes et les protocoles qui permettent de poster et de transférer des articles entre les ordinateurs, l'autre concerne les programmes utilisateur qui servent à lire et à poster ces articles. Ce chapitre est consacré en grande partie à ces derniers.

Terminologie Usenet

Les groupes Usenet, présentés à la section sur la culture Usenet dans ce chapitre, ont une organisation et une culture particulières. Usenet utilise également une terminologie qui lui est propre. Ce vocabulaire déroute généralement les nouveaux utilisateurs, et particulièrement ceux qui utilisent les systèmes BBS. Le Tableau 34.1 présente quelques termes souvent utilisés sur Usenet.

Tableau 34.1 : Termes couramment employés dans les infos Usenet

Terme	Définition
article	Message posté à une conférence électronique.
bande passante	Ce terme technique désigne la quantité de données qu'un moyen de transmission peut contenir. On parle de gaspillage de bande passante pour les articles qui ne fournissent que peu d'informations utiles.
BTW	Acronyme de By The Way (au fait, à ce propos).
citer	Reprendre des extraits d'un message auquel vous êtes en train de répondre. La plupart des lecteurs de news autorisent les citations (parfois désignées par le terme *quoteback*). Cependant, limitez-vous aux passages importants pour économiser de la largeur de bande.
FAQ	Liste des questions les plus souvent posées (*Frequently Asked Questions*). La plupart des conférences électroniques possèdent une FAQ qu'elles postent régulièrement. On considère qu'il est impoli de poser une question dont la réponse figure dans l'une de ces listes.
flame (brûlot)	Article dans lequel des propos grossiers, agressifs et injurieux sont adressés à une autre personne.
FYI	Acronyme de *For Your Information* (pour votre information).
hiérarchie	Le système Usenet regroupe les conférences électroniques dans une arborescence fondée sur les sujets.
IMHO	Acronyme de *In My Humble Opinion* (à mon humble avis).

Terme	Définition
newsgroup	Ensemble cohérent d'articles portant sur le même sujet d'intérêt général.
news reader	Programme utilisateur, tel que `rn`, qui sert à lire et poster des articles sur Usenet.
net.personality	Personne célèbre au sein de la communauté Usenet ou Internet.
net.police	Organisation mythique qui veille au respect des règles de Usenet. Terme généralement sarcastique.
netiquette	Etiquette Usenet.
newbie	Personne débutant avec Usenet.
ROFL	Acronyme de *Roll On The Floor Laughing* (écroulé de rire).
RFTM	Acronyme de *Read The Forgotten Manual* (Lisez ce fichu manuel). On l'utilise généralement comme suit : "Voici une courte réponse à votre question. RFTM pour de plus amples informations".
poster	Soumettre un article à une conférence électronique.
signal/bruit	Terme technique qui fait référence au rapport entre le volume de données et la quantité de bruit de fond. Sur Usenet, ce terme correspond au rapport entre la quantité d'informations utiles et le nombre de bavardages hors sujet en arrière-plan. Un rapport signal/bruit élevé indique qu'une conférence électronique contient beaucoup d'informations utiles et très peu de bavardages hors sujet. Il peut être également utilisé pour décrire une personne en particulier.
signature	Court fichier inclus à la fin de tous vos courriers. Il contient généralement votre nom, votre adresse électronique, et éventuellement un commentaire humoristique.
sig file	Voir *signature*.
smileys	Symboles souvent employés, dans un courrier ou un message électronique, pour indiquer une émotion. Par exemple, :-) illustre la joie et :-(la tristesse (regardez-les de côté).

Bref historique

Fin 1979, deux étudiants en troisième cycle à l'université de Duke décidèrent de relier des ordinateurs UNIX pour échanger des messages. Un autre étudiant en troisième cycle à l'université de Caroline du Nord, se rallia à leur projet et écrivit le premier système de transfert d'informations. Ce logiciel, constitué d'un ensemble de scripts shell, fut installé sur les deux premiers sites Usenet, unc et duke. Au début des années 1980, ces sites furent rejoints par un autre ordinateur de l'université de Duke, appelé phs. Le logiciel fut finalement réécrit en langage C pour être distribué au public. On l'appela A News Software.

Ce système devint rapidement très populaire et, par conséquent, incapable de maîtriser un flot croissant d'informations. Des programmeurs de l'université de Berkeley, Californie, décidèrent alors de réécrire le logiciel A pour augmenter ses capacités. Cette nouvelle version, appelé B News, fut diffusée en 1982.

A cette époque, on utilisait le protocole UUCP (*Unix To Unix Copy Program*) pour transférer des articles. Cependant, comme de plus en plus de sites se joignaient au réseau, celui-ci devint bientôt incapable de gérer une charge aussi importante. UUCP apparut vite dépassé et tous les espoirs se tournèrent alors vers l'Internet et les protocoles TCP/IP. En 1986, un ensemble de programmes, utilisant le protocole NNTP (*Network News Transport Protocol*) fut diffusé. Ce protocole est défini dans RFC 977. Il permit aux articles d'être échangés avec TCP/IP au lieu du protocole UUCP, plus lent. Grâce à ce protocole, les utilisateurs purent lire et poster des news à distance, sans avoir à installer le logiciel sur toutes les machines.

Une fois que NNTP fut disponible sur le Net, la croissance du système Usenet, déjà rapide, devint explosive. Le logiciel B News devint alors trop lent pour gérer ce flot croissant d'informations. En 1987, Henry Spencer et Geoff Collyer, de l'université de Toronto, développèrent un nouveau logiciel de traitement des informations, C News. Ensuite, Rich Salz développa un nouveau système de transport, INN, l'un des serveurs de news les plus utilisés aujourd'hui.

Le système Usenet continue de se développer à un rythme rapide. D'autres services commerciaux proposent maintenant, en plus de leurs propres serveurs, les groupes Usenet. Plusieurs BBS, tels que FidoNet, permettent également d'accéder aux infos Usenet.

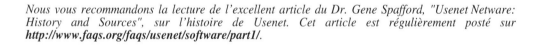

Nous vous recommandons la lecture de l'excellent article du Dr. Gene Spafford, "Usenet Netware: History and Sources", sur l'histoire de Usenet. Cet article est régulièrement posté sur ***http://www.faqs.org/faqs/usenet/software/part1/***.

Structure de Usenet

Il existe des milliers de forums. Personne n'en connaît le chiffre exact, mais il dépasse largement les 20 000. Il existe des groupes sur tous les sujets, et ce nombre grossit chaque jour.

• Hiérarchie des groupes

Avec autant de conférences électroniques, trouver des informations sur les sujets qui vous intéressent pourrait tourner au cauchemar si elles n'étaient pas organisées. Les groupes de discussion sont en effet classés par sujets selon une hiérarchie particulière. Chaque nom de groupe est composé de "sous-noms" séparés les uns des autres par un point. Ils se lisent de gauche à droite, des catégories les plus spécifiques aux plus générales. On trouve, au sommet de cette hiérarchie, plusieurs catégories de groupes standard, auxquelles s'ajoutent de nombreuses catégories spécialisées. Les catégories standards sont bien établies. Le Tableau 34.2 dresse la liste des groupes appartenant aux catégories de plus haut niveau dans le système Usenet.

Tableau 34.2 : Catégories des groupes les plus importants de la hiérarchie Usenet

Catégorie	Description
comp	Nombreux sujets se rapportant à l'informatique.
misc	Thèmes très divers et difficiles à intégrer dans une autre catégorie.
news	Thèmes liés au système de news Usenet.
rec	Sujets concernant les loisirs.
soc	Questions sociales.
sci	Sujets scientifiques.
talk	Sujets conçus pour des discussions suivies.

Comme pour tout ce qui concerne l'Internet, il existe des exceptions. Nous n'avons pas cité toutes les hiérarchies de haut niveau qui existent. Elles sont pour la plupart consacrées à d'autres régions du monde. Par exemple, les groupes ba et triangle traitent des sujets relatifs à la baie de San Francisco (pour le premier) et au Research Triangle Park de Caroline du Nord (pour le second).

Une autre hiérarchie, qui ne figure pas dans ce tableau, mérite une attention particulière. Les règles de la hiérarchie alt sont en effet très souples en ce qui concerne la création de groupes de discussion. N'importe qui peut créer un groupe dans cette hiérarchie, ce est qui très difficile avec tout autre groupe de haut niveau. alt consacre de nombreuses conférences à des sujets hors normes. En fait, beaucoup de personnes considèrent que certains sujets abordés par le groupe alt sont inadmissibles. Beaucoup de débats sur la censure ont été lancés sur le Net parce que des sites voulaient interdire une partie, voire la totalité des conférences du groupe alt.

• Diffusion des informations

Usenet regroupe les articles dans diverses catégories et limite leur diffusion au sein du système d'information. Il permet également de circonscrire la distribution de ces articles à une certaine zone géographique. Lorsque la diffusion est réservée à une zone spécifique, l'article n'est reçu que par les sites qui appartiennent à cette zone. C'est l'administrateur du système qui choisit ce qui pourra être diffusé sur son site.

Pourquoi limiter la diffusion d'un article ? Supposons que vous viviez en Caroline du Nord et que vous annonciez qu'une rencontre aura lieu entre les utilisateurs d'un groupe local. Il est fort probable que cette réunion n'intéressera pas les utilisateurs australiens. Limiter la diffusion

d'un article à une zone géographique spécifique permet donc d'économiser de la bande passante sur le réseau, de diminuer le coût d'envoi de votre message et de calmer l'agacement de tous les utilisateurs lointains dérangés par votre message.

Vous pouvez limiter la diffusion de votre article en ajoutant une ligne `Distribution` : à l'en-tête de votre message lorsque vous le postez. La plupart des lecteurs de news (*news readers*) demandent de préciser, au moment de l'envoi, la zone de diffusion. Après `Distribution:`, entrez la diffusion géographique qui convient. Le Tableau 34.3 dresse la liste des types de diffusion généralement utilisés.

Tableau 34.3 : Valeurs de diffusion généralement utilisées

Valeur	Explication
local	Les articles à diffusion locale sont généralement réservés à un groupe de serveurs locaux dans votre organisation. Cette diffusion est souvent utilisée pour les conférences locales.
nc	Chaque état a son aire de diffusion, qui correspond à son code postal. Ici, nc limite la diffusion aux machines situées en Caroline du Nord.
us	Envoie l'article à tous les sites Usenet aux Etats-Unis.
na	Envoie l'article à tous les sites Usenet en Amérique du Nord.
world	Envoie un article à tous les sites Usenet accessibles dans le monde entier. En général, cette distribution est systématiquement choisie si aucune autre aire de diffusion n'est précisée.

Votre site permet peut-être de choisir d'autres types de diffusion. Vous pouvez peut-être utiliser une diffusion régionale ou au sein d'une organisation pour déterminer la portée de votre article. La plupart du temps, il vaut mieux choisir un type de diffusion qui n'enverra votre article que dans les zones susceptibles d'être intéressées.

Aucune autorité centrale

Le fait que Usenet ne possède pas d'autorité centrale laisse beaucoup de gens perplexes. Votre administrateur de systèmes locaux n'a d'autorité que sur le système local. Aucune organisation, aucun groupe en particulier ne dictent les règles ni n'enregistrent vos plaintes. En dépit de ce manque flagrant de structure régulatrice, Usenet fonctionne remarquablement bien. En fait, de nombreuses personnes estiment que ce réseau fonctionne mieux que s'il y avait une autorité centrale.

Comment peut-il fonctionner de manière organisée ? Usenet est géré par la coopération entre les sites et grâce aux pratiques développées au cours des années.

Usenet se réglemente en général très bien tout seul. Si un utilisateur commence à abuser du réseau, vous pouvez être certain qu'il en sera informé, et l'administrateur de son système aussi, par des milliers de messages électroniques et plusieurs coups de téléphone. Le problème est en général rapidement résolu.

Culture Usenet

La culture Usenet est propre à ce réseau. Prenez le temps de vous familiariser avec tous ses aspects avant de plonger dans Usenet. Usenet vous semblera ensuite beaucoup plus facile à aborder.

Ces dernières années, plusieurs services sur le réseau proposent, en plus de leurs prestations, les infos Usenet. Des milliers de personnes ont ainsi découvert Usenet et commencent à lire et à poster des infos. Beaucoup d'entre elles se sont plaintes de la grossièreté des utilisateurs Usenet, qu'elles jugent généralement différents de ceux des autres services. Il est vrai que la culture Usenet n'a pratiquement pas d'équivalent. Elle n'est ni meilleure, ni pire que les autres serveurs, simplement différente. Si vous prenez en considération toutes les différences qui existent entre les cultures du Net, vous constaterez probablement que les expériences sont un peu plus faciles à mener sur Usenet.

Plus d'un million de personnes (probablement plusieurs millions, mais personne ne sait exactement combien) lisent et postent chaque jour des articles Usenet. Ces personnes exercent des métiers très divers, mènent toutes sortes de vies et viennent des quatre coins du monde. Les infos Usenet sont acheminées par des ordinateurs du monde entier, formant ainsi une véritable communauté internationale. Nombreux sont les utilisateurs de Usenet pour qui l'anglais n'est pas la langue maternelle. Ne vous attendez pas à ce que les personnes qui lisent vos articles partagent le même groupe ethnique et les mêmes valeurs culturelles, religieuses ou sociales. Partez du principe qu'elles seront probablement différentes de vous, à bien des points de vue.

Un aspect de la culture Usenet, le *flame*, constitue une expérience généralement très déplaisante pour le nouvel utilisateur. Un flame (que l'on pourrait traduire par brûlot) est un message grossier, généralement dégradant et insultant, que vous recevez en réponse à l'un de vos articles. Vous le constaterez vous-même, la meilleure des solutions est encore de les ignorer. Usenet est beaucoup trop vaste pour que vous puissiez contenter tout le monde, d'autant plus que certaines personnes semblent prendre un certain plaisir à vous "descendre en flammes".

• Absence de contact visuel

L'inconvénient avec les communications électroniques est que vous ne pouvez recevoir aucune donnée visuelle durant le dialogue. Lorsque des personnes parlent face à face, le langage du corps fournit toujours, de manière consciente ou inconsciente, des informations. Tous ces signaux visuels nous échappent quand on ne peut pas voir les personnes qui lisent et postent des infos. Privées du langage du corps ou de signaux visuels pour indiquer vos émotions ou vos sentiments, vos paroles pourront facilement être mal interprétées.

Heureusement, vous pouvez utiliser plusieurs conventions pour combler le manque de signaux visuels. Pour mettre l'accent sur un terme en particulier, entourez-le d'astérisques : `Je le pense *sincèrement* !`. Les majuscules sont utilisées pour signifier que l'on crie. Si vous postez accidentellement un article écrit en lettres capitales, on vous le fera sans doute remarquer.

Vous pouvez aussi exprimer vos émotions en les écrivant dans vos messages. Par exemple, si vous faites un commentaire sarcastique, ajoutez <sarcasme> à la fin de la ligne pour être sûr qu'il sera interprété comme tel. Vous pouvez également utiliser les *smileys* pour ajouter de l'émotion à vos messages. Un smiley (*emoticon*) représente un visage ; vous le verrez mieux si vous regardez de côté. :-) représente un visage heureux et souriant. :-(, un visage triste.

Sur le Web

Vous trouverez une liste de tous les smileys à l'adresse **http://www.eff.org/pub/Net_culture/Folklore/Arts/smiley2.list**. Certains smileys sont plutôt drôles et originaux ; le visage heureux et le visage triste sont les plus utilisés. Utiliser les plus longs ou les plus rares revient à employer des mots mystérieux dans une conversation courante : on ne fait qu'embrouiller ses interlocuteurs.

• Culture des groupes de news

Aucune conférence de Usenet n'a la même culture. Chaque conférence est consacrée à un sujet différent et attire donc un public particulier. Certains groupes sont composés essentiellement d'étudiants, d'autres attirent les chercheurs scientifiques... Certains groupes (tels **comp** et **sci**) traitent de sujets très techniques et les conversations, même si elles sont parfois houleuses, restent en général rationnelles. Les membres de ces groupes aiment essentiellement analyser des aspects ou des problèmes d'ordre technique. Pour participer à leurs conférences, rédigez consciencieusement votre article et pensez à justifier tous vos propos.

Les groupes moins techniques, comme **rec**, traitent de thèmes plus subjectifs. N'oubliez pas que les réponses que vous recevrez refléteront sûrement des opinions très différentes des vôtres. Les conférences du groupe **talk**, comme certaines du groupe **misc**, se livrent à des conversations très passionnées. Bon nombre d'entre elles abordent des sujets très délicats, comme l'avortement ou le contrôle des armes. Soyez prudent si vous êtes nouveau sur Usenet. Prenez le temps de vous familiariser avec ces groupes avant d'y participer. Attendez-vous à recevoir des réponses ou des courriers "musclés"; de nombreux participants ont des opinions très tranchées.

Avant de commencer à participer à l'une de ces conférences, prenez donc le temps de bien connaître la culture de ce groupe. Lisez ses conversations pendant quelques jours, car elles vous permettront de cerner le ton des articles et de voir quels sont les comportements tolérés ou jugés inacceptables. Cherchez une FAQ pour vous faire une idée du groupe (éventuellement en utilisant un moteur de recherche du Web).

Il arrive pour certains groupes, que l'envoi d'articles soit soumis à restriction. On les appelle des groupes avec modérateur. Ce terme désigne la personne gérant le groupe. On ne peut ainsi poster un article que lorsqu'il a été approuvé par le modérateur. Il décide si l'article convient et, si tel est le cas, le diffuse. La plupart des logiciels détectent automatiquement s'il s'agit d'un groupe avec modérateur et expédient donc votre article au modérateur au lieu de diffuser directement.

Lecture et envoi d'articles

Maintenant que vous connaissez mieux Usenet, examinons comment un article est lu ou envoyé. Le mécanisme peut varier suivant le type de logiciel que vous utilisez pour lire les informations. En effet, il existe de nombreux programmes permettant de traiter des informations, mais tous sont différents. En outre, beaucoup de personnes utilisent un navigateur Web intégrant un lecteur de news, Netscape par exemple. D'autres préfèrent les outils en mode ligne, tels que `rn`. Les concepts généraux que vous lirez ici peuvent donc s'appliquer à tous les lecteurs de news.

• Souscription à un groupe

Avant de commencer à lire des infos, vous devez choisir les groupes auxquels vous voulez participer. Cette procédure de sélection s'appelle *souscription* ou *abonnement*.

La plupart des programmes de lecture offrent une liste des conférences disponibles, que vous utiliserez pour sélectionner les groupes qui vous intéressent. Le processus d'abonnement varie selon les programmes de lecture utilisés, mais la sélection se fait en général à partir d'une liste. A partir de ce moment, seules apparaîtront à l'écran les news des groupes que vous avez sélectionnés. Bien entendu, vous pouvez à tout moment choisir d'autres groupes ou quitter ceux qui ne vous intéressent plus.

Vous vous souvenez des vingt mille groupes de news ? Si votre programme de lecture est paramétré de sorte à télécharger la totalité des groupes transmis par votre serveur de news, cela vous demandera un certain temps.

• Lecture des news

Une fois que vous êtes inscrit dans plusieurs conférences, vous pouvez commencer à lire les news. Vous choisissez vos conférences parmi la liste des groupes auxquels vous appartenez. Votre lecteur de news affiche la liste de tous les thèmes abordés dans les articles que s'échangent les participants. Ces thèmes peuvent être classés ou non, selon le lecteur de news que vous utilisez. Certains programmes de lecture classent les articles par sujets et indiquent quels sont ceux qui ont été envoyés en réponse à un autre article. Ce procédé s'appelle le *threading*.

Lorsque vous sélectionnez l'article que vous souhaitez lire, plusieurs lignes d'informations s'affichent en haut de l'article. Ces lignes constituent l'en-tête de l'article, qui fournit des renseignements, notamment sur l'auteur, le jour de rédaction, le sujet, la conférence à qui il a été envoyé et le chemin emprunté par l'article pour parvenir à votre site. Vous pourrez y trouver d'autres informations, par exemple l'organisation à laquelle est affilié l'auteur, ainsi qu'un ensemble de mots clés permettant d'identifier le contenu de l'article.

La plupart des lecteurs de news signalent que les articles ont été lus lorsque vous les avez consultés. Quand vous sélectionnez une conférence, seuls les nouveaux articles s'affichent généralement. Cela signifie que les articles que vous avez déjà consultés n'apparaîtront probablement plus dans votre liste. Pour conserver un article, sauvegardez-le sur votre disque ou imprimez-le. Vous pouvez aussi le marquer d'un repère *unread* (non lu) ; ainsi, votre lecteur de news l'affichera de nouveau lorsque vous joindrez votre conférence. De nombreux programmes de lecture vous permettent de conserver vos vieux articles dans une liste. Le système indique alors que les articles de cette liste ont déjà été lus, mais il ne les supprime pas.

• Envoi d'une réponse par courrier électronique

Après avoir lu un article, il vous est possible d'ajouter des commentaires au thème faisant l'objet de la discussion. Si ces informations ne sont pas susceptibles d'intéresser tous les membres de la conférence, vous pouvez répondre à l'article via le courrier électronique. La plupart des programmes de lecture offrent cette possibilité.

Si vous choisissez d'envoyer votre réponse par courrier électronique, le logiciel de lecture se sert alors des informations contenues dans l'en-tête de l'article pour trouver l'adresse électronique de l'auteur, puis confie à un éditeur de courrier le soin d'éditer votre message. En général, vous avez également la possibilité d'inclure l'article d'origine dans votre réponse. Si vous le faites, ne copiez que les passages qui ont un rapport avec votre réponse. Une fois que vous avez mis au point votre réponse, vous pouvez l'expédier à l'auteur de l'article.

Beaucoup d'expéditeurs Usenet modifient leur adresse pour empêcher les collecteurs automatiques d'adresses e-mail de leur expédier des courriers commerciaux indésirables, nommés *spam*. L'adresse de l'expéditeur peut contenir une donnée manifestement erronée. Par ailleurs, l'expéditeur peut donner des instructions dans sa signature, indiquant ce qu'il faut modifier dans l'adresse reply-to pour le joindre. Par exemple, un expéditeur dont une fausse adresse serait **sbarnes@sequoia.skytails.org** pourrait indiquer dans sa signature de "Remplacer 'tails' par 'wings' pour répondre".

• Poster un article

On dit qu'un article est posté, lorsqu'il est créé et envoyé à travers le système Usenet. Vous pouvez poster un nouvel article sur un sujet nouveau, ou faire suivre une réponse. Votre lecteur de news devrait normalement proposer différentes commandes selon le type d'article que voulez envoyer.

Poster une réponse

Ce type d'article sera classé dans la même rubrique que l'article d'origine et le lecteur de news signalera qu'il s'agit d'une réponse.

Lorsque vous faites suivre une réponse, vous avez la possibilité d'y inclure l'article d'origine. Ajouter des passages de l'article d'origine à votre réponse vous permettra de préciser quelles sont vos références. N'oubliez pas que certains sites la recevront plusieurs jours après le message d'origine. Si vous décidez d'y inclure l'article de référence, essayez de ne citer que les passages importants. S'empêtrer dans un empilement de fichiers et de citations à la recherche d'informations nouvelles se révèle vite fastidieux. Par ailleurs, certains serveurs de news refuseront votre réponse si la citation dépasse un certain pourcentage du message, en fonction de la politique des administrateurs.

Reportez-vous à la ligne `Subject` et vérifiez que le sujet est toujours conforme au contenu de votre article. Consultez également la ligne `Newsgroup` pour vous assurer que votre réponse sera envoyée à la conférence appropriée. En particulier, voyez si l'envoi du message à plusieurs groupes de news est approprié, ou si le sujet ne concerne qu'un ou deux des groupes d'origine.

Poster un nouvel article

Pour engager une conversation sur un sujet nouveau, n'envoyez pas de réponse, mais postez plutôt un nouvel article. Le processus est identique à l'envoi d'une réponse : il suffit de transmettre à votre lecteur de news la commande appropriée, et il vous demandera certains renseignements concernant le groupe de destination, le sujet et la diffusion. Un éditeur de texte sera ensuite affiché. La différence principale est que vous créerez un nouveau thème au lieu d'en développer un.

Un document concernant le style d'écriture sur Usenet est régulièrement posté sur ***news.announce.newusers****.*

Vous devez penser à plusieurs choses lorsque vous écrivez votre article. Nous les appellerons, pour bien, des "astuces sur le style Usenet". Ces astuces concernent la forme et le fond de votre article.

Les lignes doivent contenir moins de 80 caractères, car de nombreux terminaux ne peuvent pas les afficher si elles dépassent cette taille. De même, essayez de limiter vos articles à un millier de lignes au maximum. Certains sites font toujours tourner des vieux logiciels de transfert d'informations et les longs articles peuvent leur poser des problèmes.

Vous voudrez probablement créer un fichier signature qui se rajoute systématiquement à la fin de vos articles. La plupart des lecteurs de news le permettent, mais le mécanisme exact varie selon les logiciels. La plupart des gens indiquent leurs noms et adresses électroniques dans ce

fichier, de même que leur position géographique. Certaines personnes ajoutent un commentaire humoristique ou un petit dessin ASCII. Evitez si possible les longues signatures (n'insérez votre nom complet, vos surnoms, une citation d'auteur, et un dessin de votre voiture en vingt lignes ASCII). Il est raisonnable de vous limiter à quatre lignes. Certains logiciels limitent d'ailleurs automatiquement les signatures à quatre lignes (environ).

Votre article ne peut être envoyé que s'il contient un sujet. Choisissez si possible un sujet court, mais explicite. Des milliers de personnes parcourent les sujets de toutes les conférences ; celui que vous choisirez doit permettre à votre article d'être facilement repéré si besoin est. Sélectionnez avec attention les conférences auxquelles vous posterez vos articles. La plupart des lecteurs de news permettent d'envoyer le même article à plusieurs conférences. Assurez-vous que ces groupes soient les moins nombreux possible. N'oubliez pas que chaque groupe compte des milliers d'utilisateurs.

Netiquette : l'étiquette sur Usenet

Tout au long de ce chapitre, nous avons répété combien il était important de réaliser que le ton ou le contenu de votre message pouvaient être interprétés de multiples façons. Il faut en effet, sur Usenet, avoir le souci de respecter la *netiquette*. La netiquette s'applique à tous les secteurs de l'Internet, y compris le courrier électronique.

Le terme *netiquette* fait simplement référence au comportement "correct et poli" tel qu'on le conçoit dans Usenet. Vous ne devriez pas rencontrer de problèmes sur Usenet à partir du moment où vous réalisez qu'il s'agit d'un réseau immense et très divers. Les utilisateurs n'auront pas tous des croyances ou valeurs semblables aux vôtres. Essayez de vous en souvenir lorsque vous posterez des articles.

Assurez-vous que vos idées sont clairement exprimées. Il est très facile, sans langage corporel et avec le délai entre l'article et la réponse, de mal interpréter les propos d'une personne. Rappelez-vous également que beaucoup de lecteurs ne sont pas de langue maternelle anglaise et ne connaissent pas certaines expressions ou sarcasmes.

Les publicités purement commerciales ne sont pas vues d'un bon œil dans Usenet. Il existe des conférences spécialisées dans la promotion de produits et de services. Ne postez pas de publicité chaînée, surtout pas l'infâme MAKE.MONEY.FAST (gagner de l'argent rapidement) ou Craig Shergold. Ces articles circulent dans Usenet depuis des années et vous (et votre administrateur système) vous attirerez immédiatement les foudres de milliers de personnes si vous en postez un.

Résistez à l'envie de poster des "flames", surtout lorsqu'il s'agit de problèmes d'orthographe et de grammaire. Même si les flames font partie du paysage Usenet, ces attaques personnelles ne règlent pas les problèmes. Si l'un de vos articles reçoit une réponse incendiaire, prenez le temps de vous calmer et de réfléchir à une riposte appropriée, la meilleure solution étant sans doute de l'ignorer. Lorsque vous recevez un flame, si vous postez une réponse calme, l'expéditeur vous présentera peut-être ses excuses. Le problème ne fera que s'amplifier si vous laissez s'exprimer votre colère. Rappelez-vous que votre correspondant est une personne à part entière et non un ordinateur.

INFO

Si un utilisateur pose vraiment des problèmes, vous pouvez l'ajouter dans votre fichier kill. *Il s'agit d'un fichier de configuration pour votre programme de lecture, qui contient une liste d'utilisateurs ou de sujets. Tout ce qui s'y trouve ne sera pas affiché lorsque vous lirez les news. La plupart des lecteurs de news peuvent gérer ce fichier. C'est un procédé plutôt inoffensif permettant de bâillonner les utilisateurs vraiment pénibles.*

En général, un peu de bon sens et de courtoisie suffit pour éviter les problèmes. N'oubliez pas que Usenet est très vaste et qu'il concentre trop d'utilisateurs pour que vous puissiez tous les satisfaire. Tôt ou tard, un de vos courriers mettra quelqu'un en colère et vous serez probablement "incendié".

Le lecteur de news rn

Il existe différents types de logiciels de lecture de news, beaucoup trop pour que nous puissions tous les décrire ici. Le lecteur de news `rn` est un programme de lecture couramment utilisé et que vous trouverez sous presque toutes les versions d'UNIX. Développé par Larry Wall, il est aujourd'hui disponible partout. Même si `rn` n'est pas le lecteur le plus facile à utiliser, et ne possède pas les fonctions les plus rutilantes, il reste aujourd'hui l'un des plus populaires. `rn` permet de lire les news via une interface ASCII, ce qui convient à tout travail sur un terminal local ou pour une session à distance sur un autre réseau.

INFO

Un autre lecteur, `trn`*, est assez populaire et souvent distribué en même temps que Linux.* `trn` *est pratiquement identique à* `rn`*, sauf en ce qui concerne la catégorisation des sujets. Pour des raisons de compatibilité, nous ne parlerons, dans ce chapitre, que du programme* `rn`*. Pour en savoir plus sur* `trn`*, consultez sa page man dans Linux.*

Lorsque vous lancez `rn` pour la première fois, un message de bienvenue s'affiche, suivi de la liste des conférences. Vous pouvez en profiter pour vous inscrire dans les différents groupes. Si votre site propose un grand nombre de groupes, il vous faudra peut-être un certain de temps pour mener à bien votre inscription. `rn` conserve les informations concernant vos inscriptions dans votre répertoire d'accueil, à l'intérieur d'un fichier appelé .newsrc.

Après l'abonnement aux divers groupes, `rn` passe en mode de sélection de conférences. Les noms de toutes les conférences auxquelles vous avez souscrit s'affichent un à un. Vous pouvez entrer une conférence et taper <y> pour commencer à lire des articles, passer au groupe suivant en tapant <n>, ou encore revenir à la conférence précédente en tapant <q>. Pour obtenir la

liste de tous les sujets de la conférence, tapez <=> au prompt de la conférence. La plupart des commandes dans `rn` et `trn` sont composées d'un caractère. Vous pouvez obtenir de l'aide en tapant <h> à n'importe quel prompt de commande.

Une fois que vous avez choisi une conférence, entrez le mode de sélection des articles. Dans ce mode, plusieurs commandes peuvent vous aider à parcourir les articles d'une conférence. Le Tableau 34.4 en présente quelques-unes.

Tableau 34.4 : Exemples de commandes disponibles en mode de sélection d'articles

Commande	Description
<n><Barre d'espace>	Passe au prochain article qui n'a pas été lu. La <barre d'espace> ne le fait qu'au prompt de sélection, à la fin d'un article.
<Barre d'espace>	Affiche la page suivante de l'article courant lorsqu'elle n'est pas tapée au prompt de sélection.
<Maj-n>	Passe à l'article suivant.
<Ctrl-Maj-n>	Passe à l'article suivant qui traite du même sujet que l'article courant.
<p>	Cherche dans la liste l'article précédent qui n'a pas été lu.
<Maj-p>	Passe à l'article précédent.
<Ctrl-Maj-r>	Passe à l'article précédent qui traite du même sujet que l'article courant.
<h>	Affiche des renseignements sur le mode de sélection d'articles.
<r>	Répond à l'auteur d'un article par courrier électronique.
<Maj-r>	Répond à l'auteur de l'article par courrier électronique, en incluant l'original.
<f>	Fait suivre une réponse.
<Maj-f>	Fait suivre une réponse, en incluant l'article d'origine dans le nouveau.
<S>*nom-de-fichier*	Sauvegarde l'article courant dans un fichier appelé *nom-de-fichier*.
<q>	Quitte le groupe actif et revient en mode de sélection de conférences.

Cela n'est qu'une partie des options disponibles dans `rn` et `rtn`. Ces programmes offrent de nombreuses fonctionnalités et peuvent être personnalisés. Pour plus de renseignements, reportez-vous aux pages man et à l'aide en ligne.

Informations complémentaires

Dans ce chapitre, vous avez découvert la structure de Usenet, le mécanisme qui permet de lire et de poster des articles, la hiérarchie des groupes et la culture Usenet. Avec un peu de patience et de pratique, vous comprendrez à quel point les informations que vous propose Usenet sont indispensables. Pour obtenir d'autres informations sur les communications électroniques et l'Internet, consultez :

- le Chapitre 31, qui décrit les divers types d'informations que l'on peut trouver sur l'Internet .
- le Chapitre 33, qui présente le nouveau moyen de communication que constitue le courrier électronique.

Mise en place d'un serveur Web Linux

Mise en place d'un serveur Apache

L'emploi d'un système Linux comme support d'un serveur Web nécessite d'installer un logiciel serveur spécial. Les deux serveurs les plus utilisés avec UNIX sont Apache et NCSA. En fait, une étude effectuée en novembre 1996 a montré qu'Apache représentait plus de 40 % de ceux installés. Bien que ce chapitre, comme plusieurs autres, soit spécifique à Apache, le vocabulaire s'applique aussi aux autres serveurs Web. La famille de serveurs NCSA partage de nombreux points communs avec Apache, en ce qui concerne les fichiers de configuration, car Apache est un dérivé du serveur NCSA 1.3 et l'équipe de développement avait à cœur de conserver la compatibilité avec ceux de la même marque qui existaient déjà.

Ce chapitre présente les étapes essentielles pour installer le logiciel et mettre en place un serveur Web. Si vous avez déjà installé un serveur Apache ou NCSA, vous pouvez sauter ce chapitre, tout en recherchant les différences importantes.

Dans ce chapitre, nous aborderons les points suivants :

- compilation du code source du serveur ;
- configuration du serveur ;
- mise au point ;
- installation du serveur Apache-SSL.

Compilation du code pour le serveur

Le code du serveur Apache se compile sur pratiquement toute variante UNIX : Solaris 2.X, SunOS 4.1.X, Irix 5.X et 6.X, Linux, FreeBSD/NetBSD/BSDI, HP-UX, AIX, Ultrix, OSF1, NeXT, Sequent, A/UX, SCO, UTS, Apollo Domain/OS, QNX, et quelques autres. Il existe un portage sur OS/2, et une version bêta pour Windows NT 4.0. La portabilité est une priorité pour l'équipe de développement.

Les CD-ROM contiennent une version exécutable récente, dans les formats a.out et ELF. Le code source intégral d'Apache est également fourni. Puisque vous disposez des programmes binaires, vous pouvez passer l'étape de compilation et aller directement à la prochaine section, si vous avez hâte de lancer le serveur. Toutefois, pour ajouter des modules ou personnaliser le serveur, il faut savoir comment le compiler.

Copiez le code source du package dans votre système de fichiers. Il faut disposer de plusieurs mégaoctets libres sur le disque pour compiler le serveur. Décompactez-le et allez dans le répertoire /src. Voici la séquence de commandes nécessaire :

```
cd /CDROM
cp apache_1.3.0.tar.gz /usr/local/apache/
cd /usr/local/apache/
tar -zxvf apache_1.3.0.tar
cd src
```

• Etape 1 : édition du fichier de configuration

Le fichier de configuration est utilisé par le programme Configure pour créer un fichier Make spécifique à votre plate-forme, avec les définitions runtime activées si nécessaire, les modules choisis étant compilés. Il crée également le fichier modules.c, qui contient des informations sur les modules à lier au moment de la compilation.

Voir Chapitre 36.

Il faut déclarer le compilateur C (très probablement `gcc`), et enlever la marque de commentaire pour l'option `AUX_CFLAGS` appropriée. Recherchez dans le fichier Make l'entrée Linux pour `AUX_CFLAGS`. Par exemple :

```
CC=gcc
AUX_CFLAGS = -DLINUX
```

INFO

En ce qui concerne la définition `CFLAGS`, *pour que chaque fichier dont le bit d'exécution est à 1 soit analysé pour les directives du côté serveur, déclarez* `-DXBITHACK`. *Pour supprimer la charge due aux conversions DNS inverses lorsqu'une entrée est placée dans le fichier log, déclarez* `-DMINIMAL_DNS`.

D'un autre côté, pour plus de sécurité en ce qui concerne le nom d'hôte, vous pouvez déclarer `-DMAXIMAL_DNS`. *Ce serait le cas si vous vouliez protéger des parties de votre site en fonction du nom d'hôte. Cette étape est facultative et elle existe principalement pour assurer la compatibilité en amont avec NCSA 1.3.*

A la fin du fichier se trouve une liste des modules qui sont fournis avec la distribution Apache. Notez que, par défaut, ils ne sont pas tous compilés dans le programme final. Certains s'excluent mutuellement. Ainsi, il serait peu approprié de compiler en même temps le module de connexion configurable et celui de connexion standard.

En outre, certains comme `mod_auth_dbm`, peuvent nécessiter une liaison avec une bibliothèque externe et ont besoin qu'une entrée soit ajoutée à la ligne `EXTRA_LIBS`. Les modules seront traités un peu plus loin ; pour installer et démarrer le serveur, il est préférable de conserver les valeurs par défaut.

• Etape 2 : exécution du script configure

Le script `configure` est un script shell Bourne qui crée, à partir du fichier de configuration, les fichiers Make et modules.c.

- **Etape 3 : lancement de make**

La commande `make` compile le serveur. Vous verrez peut-être des messages concernant les types de données, surtout si l'option `-Wall` est déclarée. Il ne devrait pas y avoir d'erreur fatale.

Si tout se passe bien, vous devriez maintenant avoir le programme exécutable `httpd` dans le répertoire /src.

Hiérarchie des fichiers

La prochaine étape consiste à prendre quelques décisions fondamentales en ce qui concerne l'emplacement dans le système de fichiers des différentes parties du serveur. Notez vos décisions, vous en aurez besoin pour la prochaine section.

Le premier point à décider est l'emplacement du *répertoire racine du serveur*. Il s'agit du sous-répertoire dans lequel il résidera, et où seront créés les répertoires /conf, logs et cgi-bin, ainsi que d'autres sous-répertoires concernant le serveur. Par défaut, choisissez /usr/local/apache, bien que la racine habituelle du serveur soit /pub/htdocs. Les fichiers de configuration et log peuvent se situer ailleurs. Le répertoire racine du serveur est un endroit pratique pour conserver à la même place tout ce qui concerne le serveur. De plus, si celui-ci s'arrête et laisse un fichier core, celui-ci se trouvera dans ce répertoire.

La seconde décision à prendre est l'emplacement du *répertoire racine des documents*, qui contiendra les documents HTML et les autres média. Un fichier appelé monfichier.html dans le répertoire racine des documents sera référencé par http://host.com/index.html, qui peut être un sous-répertoire de la racine du serveur ou également être situé ailleurs. Généralement, il s'agit du sous-répertoire htdocs dans la racine du serveur. Si, pour des raisons d'espace disque ou autres, vous le changez de place, donnez-lui un nom assez court, par exemple /home/www ou /www/htdocs. Si vous installez un serveur Web au-dessus d'un serveur FTP par exemple, la racine des documents pourra être dans /home/ftp/pub.

Il reste enfin à décider où seront placés les fichiers log (enregistrant l'activité). Il faut un espace de travail assez important, qui est fonction de la charge estimée pour le serveur. Comme point de référence, pour un site avec 100 K hits (connexions) par jour (ce qui peut être considéré comme modéré), on peut s'attendre à générer 15 Mo d'informations dans les fichiers log. Pour des raisons de performances, il vaut mieux que le répertoire log soit sur une partition séparée, ou même sur un autre disque, car même sur un serveur modérément chargé, il peut y avoir plusieurs écritures par seconde.

Configuration de base

Cette section présente les modifications minimales à apporter aux fichiers de configuration afin de pouvoir démarrer un site Web de base.

Il y en a trois pour Apache. Cela remonte à NCSA et provient du fait que l'administration du serveur se répartit en trois catégories ; en les associant à trois fichiers séparés, le gestionnaire du site (le *Webmaster* ou *Webmestre*) peut accorder des permissions d'écriture différentes.

Ces fichiers de configuration se trouvent dans le sous-répertoire conf/ de la racine du serveur. Chaque nom de fichier a le suffixe `-dist` ; il est prudent de faire une copie en retirant ce suffixe, puis d'éditer ces copies en conservant les versions `-dist` comme sauvegardes et références.

Le format de base des fichiers de configuration est une combinaison d'interface de type shell et de pseudo-code HTML. L'unité élémentaire est la directive, qui prend un certain nombre d'arguments :

```
Directive argument argument....
```

par exemple,

```
Port 80
```

ou

```
AddIcon /icons/back.gif ..
```

On peut également grouper les directives entre des balises semblables à celles du HTML. Toutefois, contrairement à ce langage, ces balises doivent être seules sur une ligne :

```
<Virtualhost www.monhote.com>
DocumentRoot /www/htdocs/monhote.com
ServerName www.monhote.com
</Virtualhost>
```

La directive Virtualhost permet à un seul serveur de se faire passer pour plusieurs serveurs différents. Par exemple, l'hôte indiqué ci-dessus, www.myhost.com, n'a pas besoin de résider sur l'ordinateur nommé www.myhost.com ; il pourrait se trouver sur l'ordinateur hosts.netwharf.com.

• Httpd.conf

Le premier fichier de configuration à examiner est httpd.conf. Celui-ci définit les informations de base au niveau du serveur, par exemple, le port auquel il est relié, le nom d'utilisateur qui lui est associé, etc. Si vous n'êtes pas l'administrateur système du site sur lequel vous êtes en train d'installer le serveur, demandez à cette personne de vous aider.

Les éléments essentiels à traiter dans ce fichier sont :

- `Port` *`numéro`*

  Par exemple,

  ```
  Port 80
  ```

  Il s'agit du numéro de port TCP/IP auquel est relié le serveur Web. Généralement, c'est le port 80 dans les URL http ; en d'autres termes, **http://www.monhote.com/** est équivalent à **http://www.monhote.com:80/**.

  Cependant, vous pouvez utiliser un autre port, s'il y a déjà un serveur sur le port 80, ou pour garder secret le serveur. (En cas d'informations sensibles toutefois, il est préférable de contrôler l'accès au serveur et de le protéger éventuellement avec des mots de passe.)

- `User` *`#numéro_ou_uid`*
- Group
- *`#numéro_ou_uid`*

  comme dans :

  ```
  User nobody
  Group nogroup
  ```

  Apache doit être lancé par l'utilisateur root pour qu'il puisse être relié à un port inférieur à 1 024. Immédiatement après s'être connecté sur le port, Apache prend un autre ID d'utilisateur, généralement `nobody`. C'est important pour des raisons de sécurité. Le fonctionnement de serveurs Web en tant que root signifie que toute "brèche" dans le serveur (que ce soit dans celui-ci, ou via un script CGI, ce qui est le plus probable) peut être exploitée par un utilisateur extérieur pour exécuter une commande sur votre machine. Il est donc plus sûr de choisir un ID d'utilisateur anodin tel que `nobody` ou `www`.

  Cet ID utilisateur doit avoir le droit de lire les fichiers dans la racine des documents, ainsi que ceux de configuration. L'argument devrait être le nom de l'utilisateur réel ; toutefois, si vous préférez un ID numérique, préfixez-le avec le signe #. La directive Group, similaire à la directive User, définit l'ID de groupe sous lequel tournera le serveur.

  Si vous exécutez vos serveurs Web en tant que root, toute faille dans le serveur (qu'elle se situe à travers le serveur lui-même, ou à travers un script CGI, ce qui est plus probable) peut être exploitée par un utilisateur extérieur pour exécuter une commande sur votre machine. Il est donc plus sûr de définir l'utilisateur comme étant `nobody`, `www`, ou tout autre ID inoffensif.

- `ServerAdmin` *`adresse_e-mail`*

  Définit l'adresse e-mail de l'utilisateur qui recevra le courrier concernant les actions du serveur. Dans le cas d'une erreur sur le serveur, le message envoyé au navigateur visitant votre site sera du type "signaler ce problème à user@monhote.com". Il est question qu'Apache puisse envoyer des messages d'avertissement à l'utilisateur ServerAdmin en cas de problème majeur sur le serveur.

- `ServerRoot` *`répertoire`*

  Par exemple,

  ```
  ServerRoot /usr/local/apache
  ```

  Définit la racine du serveur qui a été choisie auparavant. Donnez le chemin complet sans mettre de slash à la fin.

- `ErrorLog` *`répertoire/fichier`*
- TransferLog
- *`répertoire/fichier`*

  Spécifie l'endroit où seront enregistrés les accès au site Web et les erreurs. Si le nom de fichier indiqué ne commence pas par un slash, il est supposé être relatif au répertoire racine du serveur. Nous avons suggéré auparavant que les fichiers log soient placés dans un répertoire séparé, hors de la racine du serveur ; ces directives désignent les répertoires d'enregistrement et les noms des fichiers y figurant.

- `ServerName` *`hote_DNS`*

  Le serveur Web doit parfois connaître le nom d'hôte avec lequel il est désigné et qui peut être différent du sien. Ainsi, www.monhote.com pourrait être en fait un alias DNS pour passerelle.monhote.com. Dans ce cas, les URL générées par le serveur ne doivent pas être **http://passerelle.monhote.com/**. C'est le but de la directive `ServerName`.

• Srm.conf

Le second fichier de configuration à traiter avant de lancer le serveur est srm.conf. Les données importantes ici sont :

- `DocumentRoot` *`répertoire`*

  Il s'agit du répertoire racine pour l'arborescence des documents, qui peut être /usr/local/apache/htdocs ou /www/htdocs. Ce répertoire doit exister et l'utilisateur attribué au serveur Web (généralement `nobody`) doit avoir le droit de le lire.

- `ScriptAlias` *`chemin_requête_alias répertoire`*

  La directive `ScriptAlias` permet de spécifier un répertoire particulier *en dehors* de la racine des documents, comme alias d'un chemin indiqué dans une demande, et permet que les objets s'y trouvant soient exécutés et non simplement lus à partir du système de fichiers. Ainsi, la directive

  ```
  ScriptAlias /cgi-bin/ /usr/local/apache/cgi-bin/
  ```

  signifie qu'une demande pour *http://www.monhote.com/cgi-bin/fortune* exécutera le programme /usr/local/apache/cgi-bin/fortune. Apache est livré avec divers scripts CGI utiles pour les débutants, qui illustrent la programmation CGI.

Finalement, le répertoire contenant les scripts CGI ne doit pas être sous la racine des documents. Des interactions bizarres entre le code traitant la directive `ScriptAlias` et celui traitant la résolution des noms de chemin pourraient provoquer des problèmes.

• Access.conf

Voir
Chapitre 36.

Le fichier access.conf a une structure plus rigide que celle des autres fichiers de configuration ; les directives se trouvent entre des balises `<Directory>` et `</Directory>` de type HTML, qui définissent la portée de celles qui sont listées.

Ainsi, les instructions entre

```
<Directory /www/htdocs>
```

et

```
</Directory>
```

affectent tout ce qui se trouve dans le répertoire /www/htdocs. En outre, les métacaractères sont autorisés ; par exemple,

```
<Directory /www/htdocs/*/archives/>
....
</Directory>
```

s'applique à /www/htdocs/list1/archives/, /www/htdocs/list2/archives/, etc.

Lancement du serveur Apache

Pour démarrer le serveur, lancez simplement l'exécutable que vous avez compilé auparavant (ou la bibliothèque précompilée), l'option `-f` indiquant le fichier httpd.conf ; voici un exemple :

```
/usr/local/apache/src/httpd -f /usr/local/apache/conf/httpd.conf
```

L'exemple suivant de script init active également le serveur Web Apache. La distribution Red Hat l'installe automatiquement, lorsque vous avez choisi d'installer le serveur Web.

```
#!/bin/sh
#
# Startup script for the Apache Web Server
#
# chkconfig: 345 85 15
# description: Apache is a World Wide Web server.  It is used to serve \
# HTML files and CGI.
#
#
# Source function library.
. /etc/rc.d/init.d/functions
```

```
# See how we were called.
case "$1" in
  start)
        echo -n "Starting httpd: "
        daemon httpd
        echo
        touch /var/lock/subsys/httpd
        ;;
  stop)
        echo -n "Shutting down http: "
        kill cat /var/run/httpd.pid
        echo httpd
        rm -f /var/lock/subsys/httpd
        rm -f /var/run/httpd.pid
        ;;
  status)
        status httpd
        ;;
  restart)
        $0 stop
        $0 start
        ;;
  *)
        echo "Usage: httpd.init {start¦stop¦restart¦status}"
        exit 1
esac
exit 0
```

Pour voir si httpd s'exécute bien, on peut se servir de la commande ps :

```
ps -aux / grep
```

Vous serez surpris de voir qu'il y a un certain nombre de processus httpd simultanément en cours d'exécution. Que peut-il se passer ?

Les premiers serveurs Web, tels que CERN et NCSA, étaient basés sur un modèle où un serveur principal créait un processus fils à chaque arrivée d'une requête. Le processus fils y répondait alors, tandis que le serveur originel reprenait l'écoute sur le port. Cette conception était simple et robuste, mais le fait de créer un processus fils (*forking* en termes UNIX) était une opération coûteuse. Au-delà de quelques connexions par seconde, le matériel même le plus performant en effet était pénalisé. De plus, il était difficile d'implémenter un traitement destiné à réduire le nombre de processus fils. Lorsque leur nombre était très important, le serveur originel pouvait difficilement réduire celui des clones existants. Il était difficile d'accepter ou de refuser les requêtes en fonction de la charge du serveur.

Apache, comme NCSA 1.4+, les serveurs Web de Netscape et d'autres basés sur UNIX, est basé au contraire sur un modèle d'un groupe de processus fils permanents, s'exécutant en parallèle et coordonnés par un processus père, qui peut dire combien de fils sont actifs, en engendrer de nouveaux si nécessaire, et même en stopper s'il y en a trop d'inactifs.

Revenons au serveur. Lancez votre navigateur Web et faites-le pointer vers le serveur local (utilisez le format http:// et ajoutez le paramètre `ServerName` défini dans le fichier httpd.conf). Si tout s'est bien passé, vous devriez voir un index de tout ce qui se trouve dans le répertoire racine des documents, ou, s'il y a un fichier index.html dans ce dernier, vous verrez le contenu de ce fichier.

Le Tableau 35.1 présente d'autres options que l'on peut spécifier sur la ligne de commande.

Tableau 35.1 : Options de ligne de commande pour httpd

Option	Résultat
`-d` *racineserveur*	Définit la valeur initiale pour `ServerRoot`.
`-X`	Lance le serveur en mode mono-processus ; utile pour la mise au point, mais ne doit pas être utilisé pour répondre aux demandes extérieures.
`-v`	Affiche la version du serveur, puis quitte le programme.
`-?`	Affiche la liste des options que l'on peut spécifier sur la ligne de commande.

Après avoir vérifié que le serveur Apache a démarré correctement, vous pourrez ajouter la commande de démarrage aux scripts d'amorçage du système, de façon qu'Apache soit lancé automatiquement. Généralement, la commande de lancement sera dans le fichier /etc/rc.d/rc.local.

Mise au point du processus de démarrage

Apache donne généralement des messages d'erreur significatifs ; les sections suivantes en expliquent quelques-uns.

• Erreur d'ouverture de fichiers

```
httpd: could not open document config file .....
fopen: No such file or directory
```

Les messages concernant les erreurs d'ouverture de fichier surviennent généralement lorsque l'option `-f` spécifie un chemin relatif. Apache recherche les fichiers relativement à la racine du serveur (dans src/httpd.h) et non par rapport au répertoire dans lequel vous êtes. Il faut indiquer le chemin complet ou celui relatif à la racine du serveur.

• Erreurs concernant le port

```
httpd: could not bind to port [X]
bind: Operation not permitted
```

La cause la plus probable des erreurs concernant le port est lorsque vous tentez de lancer le serveur sur un port au dessous de 1 024 avec un autre nom que root. La plupart des systèmes d'exploitation UNIX, dont Linux, empêchent les utilisateurs qui n'ont pas l'accès root de lancer tout type de serveur sur un port au dessous de 1 024. Si le faites en tant que root, le message d'erreur doit disparaître.

```
httpd: could not bind to port
bind: Address already in use
```

Ces messages d'erreur signifient que le port spécifié est déjà occupé. Y a-t-il un autre serveur Web ? Il n'existe pas de mécanisme UNIX standard permettant de déterminer si quelque chose tourne sur un port donné. Sur la plupart des systèmes, le fichier /etc/services peut indiquer les démons les plus courants, sans toutefois en donner une liste complète. Essayez la commande `netstat`, avec différentes options, par exemple `-a`.

• Noms de groupe ou d'utilisateur incorrects

```
httpd: bad user name ....
httpd: bad group name ....
```

Ces messages signifient que les noms de groupe et/ou d'utilisateur définis dans le fichier httpd.d ne sont pas définis dans votre système, d'autres indiquent que certains fichiers et répertoires n'existent pas. S'ils existent vraiment, vérifiez qu'ils peuvent être lus par les ID utilisateur sous lesquels tourne le serveur (c'est-à-dire `root` et `nobody`).

• Messages d'erreur lors du démarrage initial du serveur

Supposons que le serveur Apache ait été lancé et que, d'après la commande `ps`, il soit en cours d'exécution. Lorsque vous voulez vous connecter au site, apparaissent les problèmes ou messages d'erreur suivants :

- *`Aucune connexion`*. Vérifiez si un coupe-feu situé entre vous et le serveur filtre les paquets. Ensuite, essayez d'utiliser `telnet` avec le port sur lequel tourne le serveur, par exemple `telnet monhote.com 80`. Si vous n'obtenez pas en retour le message `Connected to monhote.com`, c'est qu'il n'y a pas de connexion du tout.
- *`403 Access Forbidden`*. Le répertoire racine des documents peut ne pas être accessible en lecture ; ou il peut y avoir dans le fichier access.conf quelque chose empêchant la machine, sur laquelle se trouve le navigateur, d'accéder à votre site.

- `500 Server Error`. Votre page d'accueil est-elle un script CGI ? Celui-ci peut échouer.

Les erreurs les plus courantes se produisent lors du démarrage initial du serveur. Si la connexion avec celui-ci est effectivement établie, consultez ensuite le fichier ErrorLog pour obtenir plus de précisions.

Mise en place d'Apache-SSL

Nous allons maintenant étudier la mise en place d'Apache SSL, une variante du serveur Web Apache qui peut gérer des transactions sécurisées au moyen du protocole SSL (*Secure Sockets Layer*). C'est un protocole de chiffrement RSA basé sur une clé publique, développé par Netscape Communications et utilisé dans Navigator et les serveurs Web de Netscape.

Jusqu'à une date récente, la seule possibilité pour effectuer des transactions SSL sur le Web était d'utiliser un serveur propriétaire, comme Netscape Commerce ou OpenMarket Secure. Les versions à chiffrement renforcé de ces serveurs n'étaient pas disponibles en-dehors des Etats-Unis, à cause de restrictions à l'exportation.

Eric Young, auteur du célèbre package `libdes`, a écrit avec Tim Hudson la bibliothèque `SSLeay` qui implémente SSL. Le package `SSLeay` a été ensuite étendu pour devenir une bibliothèque générale de chiffrement et de gestion des certificats, tout en conservant le même nom.

Ben Laurie, un membre du groupe Apache, a interfacé ensuite cette bibliothèque avec le serveur Apache, et a diffusé les patchs sur le Net. Sameer Parekh, de la société Community ConneXion, Inc. (appelée C2 ci-dessous), a enfin construit à partir des patchs de Ben Laurie un package utilisable légalement aux Etats-Unis.

La technologie RSA utilisée par SSL étant couverte par un brevet de RSA Data Security, Inc. (RSADI, **www.rsa.com**), celle-ci ne peut pas être utilisée telle quelle en dehors des Etats-Unis. C2 a acquis une licence de la technologie RSA afin de rendre l'utilisation d'Apache-SSL légale outre-Atlantique, grâce au package RSAREF, produit par RSADSI et Consensus Development Corporation (**www.consensus.com**).

Les restrictions à l'exportation interdisant à toute personne résidant hors des Etats-Unis le téléchargement du package C2 Apache-SSL, les patchs SSL ne figurent pas sur les CD-ROM de ce livre.

Pour en savoir plus sur SSL et Apache, rendez-vous à l'URL **http://www.apache-ssl..org**

Informations complémentaires

Vous trouverez d'autres informations sur l'installation, la configuration et le fonctionnement du serveur Web Apache aux chapitres suivants :

- Le Chapitre 36 présente plus en détail les options de configuration.
- Le Chapitre 37 montre comment rendre un serveur Web plus robuste, plus efficace et plus sûr.

Configuration d'un serveur Apache

Vous devriez maintenant disposer d'un serveur Web en fonctionnement, bien qu'il soit configuré de façon minimale. Dans ce chapitre, nous allons en étudier les fonctionnalités. Vous trouverez une série de guides, de façon à prendre rapidement Apache en main. Vers la fin du chapitre, nous traiterons de quelques modules expérimentaux d'Apache.

Le développement d'Apache étant très rapide, il est possible que ce serveur intègre de nouvelles fonctionnalités au moment où vous lirez ces pages. Toutefois, les anciennes possibilités ne devraient pas changer de façon significative. Apache attache beaucoup d'importance à la compatibilité avec l'existant.

Dans ce chapitre, nous verrons comment :

- configurer les types MIME ;
- gérer les requêtes ;
- utiliser les directives sur le serveur ;
- utiliser les cookies.

Configuration de base

Les fichiers srm.conf et access.conf contiennent la plupart des options de configuration pour les différentes parties du serveur. srm.conf s'appelle également fichier `ResourceConfig`, directive qui peut être définie dans le fichier httpd.conf ; access.conf est indiqué par la directive `AccessConfig`, qui se trouve également dans httpd.conf.

Voir Chapitre 35.

Les noms *srm.conf* et *access.conf* sont liés au fait que, lorsque le serveur était encore NCSA, la seule raison d'être du fichier access.conf était la définition des permissions, des restrictions, de l'authentification, etc. Ensuite, lorsque l'indexation des répertoires a été ajoutée, la nécessité de contrôler répertoire par répertoire certaines caractéristiques est apparue. access.conf était alors le seul fichier de configuration présentant une certaine structure pour un contrôle étroit des accès : l'instruction `<Directory>`, en pseudo-HTML.

Avec les nouvelles routines d'analyse de fichier de configuration d'Apache, la plupart des directives peuvent être situées n'importe où, par exemple, dans les instructions `<Directory>` du fichier access.conf, ou `<VirtualHost>` de httpd.conf, etc. Toutefois, pour des raisons de clarté, il est préférable de conserver une structure pour les fichiers de configuration. Placez les options de configuration concernant le traitement sur le serveur (par exemple, les instructions `Port` et `<VirtualHost>`) dans httpd.conf, les informations génériques sur les ressources du serveur (par exemple `Redirect`, `AddType`, et les renseignements sur l'indexation des répertoires) dans srm.conf, et les configurations par répertoire dans access.conf.

L'instruction `<Limit>` est utilisée dans les instructions `<Directory>` pour spécifier certaines méthodes HTTP auxquelles s'appliquent des directives particulières. Vous trouverez des exemples plus loin dans ce chapitre.

Même si ce chapitre reste utile, les versions 1.3.0 et ultérieures d'Apache comprennent un frontal de style GNU Autoconf, supportant toutes les options de configuration précédentes, ainsi que les améliorations de 1.3.0 et ultérieures. L'usage de cet outil est recommandé.

• Fichiers de configuration par répertoire

Voir
Chapitre 35.

Avant de détailler les différentes options de configuration, voyons un mécanisme qui contrôle la configuration répertoire par répertoire. On utilise pour cela un fichier de configuration qui est local au répertoire à configurer. access.conf permet déjà de contrôler des options pour les sous-répertoires, comme nous l'avons vu au Chapitre 35. Toutefois, vous voudrez peut-être que ces configurations soient gérées par des utilisateurs autres que ceux qui sont autorisés à démarrer le serveur (par exemple des utilisateurs gérant leurs pages d'accueil). C'est le but de la directive `AccessFileName`.

La valeur par défaut pour `AccessFileName` est .htaccess. Pour spécifier un autre fichier, par exemple .acc, placez la directive ci-dessous dans srm.conf :

```
AccessFileName .acc
```

Si l'examen du fichier `AccessFileName` est activé et qu'arrive une requête concernant /www/htdocs/chemin/chemin2/fichier, le serveur recherchera les fichiers /.acc, /www/.acc, /www/htdocs/.acc, /www/htdocs/chemin/.acc et /www/htdocs/chemin/chemin2/.acc, dans cet ordre. En outre, s'il trouve le fichier, le serveur l'analysera pour voir les options de configuration qui s'appliquent. (Rappelons que cette analyse doit se faire pour chaque connexion séparément, ce qui peut réduire énormément les performances.) On peut désactiver la directive `AccessFileName` en plaçant les options suivantes dans le fichier access :

```
<Directory />
AllowOverride None
</Directory>
```

Pour des raisons de clarté et de brièveté, supposons que l'option `AccessFileName` définisse ces fichiers comme étant .htaccess. Quelles sont les options que ces fichiers apportent ? La directive `AllowOverride` contrôle les options disponibles dans l'instruction `<Directory>` de AccessConfig, comme nous l'avons déjà dit. Le Tableau 36.1 liste les arguments pour `AllowOverride`.

Tableau 36.1 : Arguments d'AllowOverride

Argument	Résultat
`AuthConfig`	Si présent, les fichiers .htaccess peuvent spécifier leurs propres directives d'authentification, par exemple `AuthUserFile`, `AuthName`, `AuthType` et `require`.
`FileInfo`	Si présent, .htaccess peut modifier toute option pour les informations concernant les fichiers, en utilisant des directives telles que `AddType`, `AddEncoding` et `AddLanguage`.
`Indexes`	Si présent, les fichiers .htaccess peuvent définir localement des directives qui contrôlent l'indexation des répertoires, tel qu'implémenté dans le module mod_dir.c, par exemple `FancyIndexing`, `AddIcon` et `AddDescription`.
`Limit`	Autorise l'emploi de directives limitant l'accès, en fonction du nom d'hôte ou d'un numéro d'hôte IP (`allow`, `deny` et `order`).
`Options`	Autorise l'emploi de la directive `Options`.
`All`	Permet d'utiliser tous les arguments précités.

Les options `AllowOverride` ne se fusionnent pas ; si la configuration pour /chemin/ est différente de celle pour /, elle aura priorité, car elle a une profondeur supérieure.

• Types MIME : AddType et AddEncoding

Un élément fondamental du protocole HTTP, raison pour laquelle le Web est un endroit si approprié aux formats multimédias, est qu'un type MIME est associé à chaque objet transmis via HTTP.

INFO

*MIME (*Multipurpose Internet Mail Extensions*) est né d'un effort de standardisation de la transmission par e-mail de documents multimédias. Une partie de la spécification MIME stipule que les messages e-mail peuvent contenir, dans des en-têtes, des informations identifiant le type des données transférées. L'un des en-têtes MIME,* `Content-Type`*, indique le format ou type de l'objet. Par exemple, un objet HTML sera étiqueté* `"text/html"`*, et les images JPEG seront libellées "image/jpeg".*

Sur le Web

L'Internet Assigned Numbers Authority, à l'adresse **http://www.isi.edu/div7/iana/**, gère une liste des types MIME.

Lorsqu'un navigateur demande un objet à un serveur, celui-ci le lui transmet en indiquant son type (`Content–Type`). Le navigateur sait ainsi comment traiter cet objet, par exemple, il sait s'il doit l'envoyer à un programme graphique, à un programme visualisant PostScript ou à un autre traitant du code VRML.

Cela signifie également que tout objet sur le serveur doit être associé au type MIME correct. Il existe heureusement une convention pour indiquer le type des données, au moyen de suffixes de deux, trois ou quatre lettres ; ainsi, foobar.gif sera très probablement une image au format GIF

Le serveur a besoin d'un fichier pour associer le suffixe au type MIME. Apache est donc fourni avec un tel fichier, mime.types, qui est situé dans le répertoire de configuration. Le format simple de ce fichier consiste en un enregistrement par ligne, avec le type MIME et une liste des suffixes qui s'y rapportent. Bien qu'il puisse y avoir plusieurs suffixes pour un même type MIME, l'inverse n'est pas possible. La directive `TypesConfig` permet enfin de spécifier un autre emplacement pour ce fichier.

L'Internet évolue si rapidement qu'il est difficile de garder à jour le fichier mime.types. La directive `AddType`, placée dans srm.conf, permet de pallier ce problème :

```
AddType x-world/x-vrml wrl
```

Dès lors, lorsqu'une requête demande au serveur un fichier se terminant pas .wrl, le serveur envoie également un en-tête de la forme suivante :

```
Content-type: x-world/x-vrml
```

Il est donc inutile d'effectuer la fusion des versions futures du fichier mime.types et de vos installations et configurations privées.

Comme nous le verrons plus loin, `AddType` sert également à spécifier des fichiers "spéciaux" qui sont traités automatiquement par certaines fonctionnalités du serveur.

La directive `AddEncoding` est similaire à `AddType`. De même que l'en-tête MIME `Content-Type` permet de spécifier le format des données d'un objet, `Content-Encoding` spécifie la façon dont celui-ci est codé. Il s'agit d'un attribut de l'objet lorsque celui-ci est transféré ou stocké ; le navigateur sait donc qu'il doit "décoder" ce qui lui est transmis, en fonction de l'attribut de codage. L'emploi le plus courant concerne les fichiers compactés. Ainsi, avec la directive

```
AddEncoding x-gzip gz
```

si vous accédez à un fichier appelé monmonde.wrl.gz, les en-têtes MIME envoyés en réponse auront le format suivant (les en-têtes MIME de ce format accompagnent tous les transferts effectués sur le Web ; ils ne sont pas affichés par le navigateur, mais sont utilisés pour définir la façon de traiter le fichier entrant) :

```
Content-Type: x-world/x-vrml
Content-Encoding: x-gzip
```

Tout navigateur digne de ce nom saura qu'il lui faut décompacter le fichier avant de le transmettre à un programme de visualisation de code VRML.

Avec Apache 1.3, le module optionnel mod_mime_magic (s'il est inclus) est capable d'analyser le contenu d'un fichier et d'assigner une extension au nom du fichier s'il n'en possède pas. Ce module repose sur une version libre de la commande UNIX `file`.

• Directives Alias, ScriptAlias et Redirect

Les directives `Alias`, `ScriptAlias` et `Redirect`, toutes situées dans le fichier srm.conf et implémentées par le module mod_alias.c, offrent une certaine souplesse pour faire correspondre l'espace URL du serveur à la structure réelle du système de fichiers.

Cela signifie simplement qu'une adresse de la forme http://monhote.com/x/y/z ne doit pas nécessairement correspondre au fichier x/y/z sous la racine des documents du serveur, agissant comme un lien symbolique. Par exemple :

```
Alias /chemin/ /un/autre/chemin/
```

La directive précédente associe le sous-répertoire hypothétique */chemin* sous la racine des documents à un autre sous-répertoire du système de fichiers. Par exemple, une requête pour **http://monhote.com/statistiques/**.

désignerait normalement le répertoire /statistiques sous la racine des documents, mais vous voulez qu'elle soit redirigée hors de la racine (par exemple, vers /usr/local/statistiques). Pour cela, vous déclarez la directive

```
Alias /statistiques/ /usr/local/statistiques/
```

Cette redirection est totalement transparente pour les utilisateurs extérieurs. Si vous utilisez `Alias`, il vaut mieux ne pas créer d'alias à l'intérieur de la racine des documents. De plus, une requête telle que **http://monhote.com/statistiques/graph.gif**

équivaut à une requête pour le fichier

```
/usr/local/statistiques/graph.gif
```

La directive `ScriptAlias` est semblable à `Alias`, avec un effet supplémentaire : tout ce qui se trouve dans le sous-répertoire désigné est considéré par défaut comme un script CGI. Cela peut sembler un peu bizarre, mais, dans les premiers sites Web, toutes les fonctionnalités CGI étaient rassemblées dans un répertoire spécial, et elles étaient référencées sur le serveur Web de la façon suivante **http://monhote.com/cgi**–bin/script.

Si la directive suivante se trouve dans le fichier srm.conf :

```
ScriptAlias /cgi-bin/ /usr/local/etc/httpd/cgi-bin/
```

l'URL précédente pointe vers le script /usr/local/etc/httpd/cgi-bin/script. Nous verrons un peu plus loin qu'il existe une façon plus élégante de spécifier qu'un fichier est un script CGI à exécuter.

La directive `Redirect`, comme son nom l'indique, redirige la requête vers une autre ressource, qui peut se situer sur la même machine, ou à un autre endroit du Net. De plus, la comparaison se fera au niveau des sous-chaînes. Ainsi, avec la directive

```
Redirect /newyork http://monhote.com/maps/states/newyork
```

une requête pour **http://monhote.com/newyork/index.html** sera redirigée vers **http://monhote.com/maps/states/newyork/index.html**.

Le second argument de `Redirect` peut être naturellement l'adresse URL d'un autre site. Assurez-vous de savoir ce que vous êtes en train de faire.

ATTENTION

Faites attention à ne pas créer involontairement une boucle. Par exemple :
Redirect /newyork http://monhote.com/newyork/newyork
peut avoir des effets dévastateurs sur le serveur.

• Une meilleure façon de déclarer les scripts CGI

Nous avons vu précédemment qu'il existait une solution différente de `ScriptAlias` pour activer les scripts CGI. On peut se servir de la directive `AddType` et créer un type MIME personnalisé, comme ceci :

```
AddType application/x-httpd-cgi cgi
```

Lorsque le serveur reçoit une requête pour un fichier CGI, le serveur l'associe à ce type MIME puis se dit : "Je dois exécuter ce fichier au lieu de l'envoyer simplement comme s'il était ordinaire". Les fichiers CGI peuvent ainsi être placés dans les mêmes répertoires que les fichiers HTML, GIF ou autres.

• Indexation des répertoires

Lorsqu'une adresse URL est transmise au serveur Apache vers un répertoire au lieu d'un fichier, par exemple, **http://monhote.com/statistiques/**

Apache commence par chercher un fichier spécifié par la directive `DirectoryIndex` dans srm.conf. Dans les configurations par défaut, il s'agit d'index.html. Vous pouvez définir une liste de fichiers à rechercher, ou même un chemin absolu vers une page ou un script CGI :

```
DirectoryIndex index.cgi index.html /cgi-bin/ailleurs
```

La directive précédente indique qu'il faut rechercher tout d'abord index.cgi dans le répertoire ; s'il ne s'y trouve pas, il faut rechercher index.html dans le répertoire. Enfin, si aucun de ces fichiers n'existe, rediriger la requête vers /cgi-bin/ailleurs.

Si le serveur Apache ne peut pas établir de correspondance pour la requête, il crée à la volée une liste HTML de tous les fichiers existants dans le répertoire.

Il existe plusieurs façons de personnaliser l'affichage produit par l'indexation des répertoires. Il faut tout d'abord vous demander pour voir, dans les états, des éléments tels que les icônes et l'heure de la dernière modification. Si c'est le cas, spécifiez la directive

```
FancyIndexing On
```

Sinon, vous obtiendrez un simple menu des fichiers disponibles, ce que vous préférerez peut-être pour des raisons de sécurité ou de performance.

Si vous choisissez d'utiliser l'option `FancyIndexing`, il faut décider du niveau de personnalisation. Les valeurs par défaut pour l'indexation des répertoires sont assez élaborées.

Les directives `AddIcon`, `AddIconByEncoding` et `AddIconByType` personnalisent la sélection des icônes situées à côté des fichiers. `AddIcon` associe les icônes aux noms de fichiers en utilisant la forme

```
AddIcon fich_icône nomfichier [nomfichier] [nomfichier]...
```

Par exemple,

```
AddIcon /icons/binary.gif .bin .exe
```

signifie que l'icône située dans binary.gif sera associée à tout fichier se terminant par .bin ou .exe. Les noms de fichiers peuvent être spécifiés à l'aide des métacaractères, un nom de fichier complet, ou encore deux noms spéciaux : `^^DIRECTORY^^` pour les répertoires et `^^BLANKICON^^` pour les lignes vides. Voici des exemples de directives :

```
AddIcon /icons/dir.gif ^^DIRECTORY^^
AddIcon /icons/old.gif *~
```

Le paramètre `fich_icône` peut être une chaîne indiquant le nom du fichier d'icône et le texte à placer dans l'attribut `ALT`. Les directives auront alors la forme suivante :

```
AddIcon (BIN,/icons/binary.gif) .bin .exe
AddIcon (DIR,/icons/dir.gif) ^^DIRECTORY^^
```

L'emploi de `AddIconByType` est un peu plus souple et probablement préférable. Au lieu d'associer des icônes à des noms de fichiers, cette directive les associe aux types MIME correspondant aux fichiers. La syntaxe est à peu près la même :

```
AddIconByType fich_icône type-mime [type-mime]...
```

`type-mime` peut être le type MIME correspondant à ce que vous avez assigné à un fichier, ou une expression spécifiant un type. Vous verrez par exemple dans les fichiers de configuration des directives de la forme suivante :

```
AddIconByType (SND,/icons/sound2,gif) audio/*
```

L'utilisation d'une expression est plus sûre qu'une association avec les seuls suffixes des noms de fichiers.

La directive `AddIconByEncoding` est utilisée principalement pour différencier les fichiers compactés. Elle n'a de sens qu'utilisée conjointement avec des directives `AddEncoding` dans srm.conf, qui, par défaut, affiche les lignes suivantes :

```
AddEncoding x-gzip gz
AddEncoding x-compress Z
AddIconByEncoding (CMP,/icons/compressed.gif) x-compress x-gzip
```

L'option AddIconByEncoding définit l'icône à afficher à côté des fichiers compactés.

La directive DefaultIcon indique l'icône à utiliser lors de l'indexation des répertoires quand aucune des expressions ne correspond à un fichier donné.

```
DefaultIcon /icons/unknown.gif
```

Il est possible d'ajouter du texte en haut et en bas de la liste des répertoires. C'est très utile car, au lieu de présenter simplement les répertoires "à la UNIX", elle offre une interface dynamique. Les directives HeaderName et ReadmeName indiquent les noms des fichiers contenant le texte à afficher respectivement en haut et en bas du listing. Dans le fichier srm.conf par défaut, ces directives sont spécifiées ainsi :

```
HeaderName HEADER
ReadmeName README
```

Lors de la construction du listing de répertoire, Apache recherchera le fichier HEADER.html. S'il le trouve, il placera son contenu en haut de la liste des fichiers. Sinon, le serveur recherche le fichier HEADER. S'il le trouve, il suppose que c'est un fichier de texte simple et effectue diverses opérations, telles que la traduction des caractères < en séquence < qu'il insère en haut de la liste. Le même processus a lieu pour le fichier README, le résultat étant alors placé en bas de l'index des répertoires qui est généré.

Dans de nombreux cas, que ce soit pour des raisons de cohérence ou de sécurité, vous voudrez que le mécanisme d'indexation laisse de côté certains types de fichiers, par exemple ceux de sauvegarde d'emacs, ou ceux dont le nom commence par un point (fichiers cachés). La directive IndexIgnore permet de spécifier les types de fichier à ignorer lors de la construction d'un index. Par défaut, elle est définie comme suit :

```
IndexIgnore */.??* *~ *# */HEADER* */README* */RCS
```

Bien que la ligne précédente puisse sembler ésotérique, il s'agit simplement d'une liste d'éléments délimités par des espaces. Le premier terme correspond à tout fichier dont le nom dépasse trois caractères. Ainsi, le lien vers le répertoire parent (..) fonctionne toujours. Le second terme (*~) et le troisième (*#) correspondent habituellement aux anciens fichiers de sauvegarde d'emacs. Les termes suivants écartent les fichiers utilisés pour HeaderName et ReadmeName. Le dernier terme (*/RCS) est là, du fait que de nombreux sites utilisent RCS, un logiciel de gestion des versions, qui place les informations dans les répertoires RCS.

Pour finir, deux directives très intéressantes contrôlent le dernier jeu d'options concernant l'indexation des répertoires. La première, AddDescription, est similaire à AddIcon :

```
AddDescription description nomfichier [nomfichier]...
```

Par exemple,

```
AddDescription "Mon chat" /private/cat.gif
```

L'argument `nomfichier` peut être une expression ; on pourra donc avoir :

```
AddDescription "Un film MPEG rien que pour toi!" *.mpg
```

Enfin, la directive `IndexOptions` est une sorte de fourre-tout pour la définition des options. Sa syntaxe est simple :

```
IndexOptions option [option]...
```

Le Tableau 36.2 liste les options disponibles.

Tableau 36.2 : Options disponibles pour IndexOptions

Option	Description
`FancyIndexing`	Cette option est la même que la directive `FancyIndexing` (cette confusion est due à des raisons de compatibilité avec les serveurs antérieurs).
`IconsAreLinks`	Si cette option est activée, l'icône se comporte comme un lien vers la ressource associée (l'utilisateur pourra cliquer dessus). En d'autres termes, elle devient une partie de l'hyperlien.
`ScanHTMLTitles`	Lorsqu'on lui transmet un listing de fichier HTML, le serveur ouvre celui-ci et l'analyse pour obtenir la valeur du champ `<TITLE>`, s'il existe. Cela peut surcharger lourdement le serveur, car cela va créer de nombreux accès au disque et nécessiter un certain temps CPU pour extraire le titre. Non recommandé, sauf si vous disposez des ressources nécessaires.
`SuppressDescription`, `SuppressLastModified`, `SuppressSize`	Ces options suppriment le champ correspondant (description, dernière modification et taille). Normalement, ces champs font partie du listing créé.

Par défaut, aucune de ces options `IndexOptions` n'est activée. Celles-ci ne fusionnent pas, ce qui signifie que lorsqu'elles sont définies par répertoire au moyen des fichiers access.conf ou .htaccess, si vous les redéfinissez pour un autre répertoire, il faut le faire en totalité. Supposez, par exemple, que votre fichier de configuration access contienne les lignes suivantes :

```
<Directory /pub/docs/>
IndexOptions ScanHTMLTitles
</Directory>
<Directory /pub/docs/others/>
IndexOptions IconsAreLinks
</Directory>
```

La directive `ScanHTMLTitles` ne sera pas définie pour les listings créés dans ou sous le second répertoire, /pub/docs/others/. Il est en effet plus simple de définir les directives pour chaque répertoire que d'employer une logique NOT pour en désactiver une en particulier.

Si vous rencontrez des problèmes avec l'indexation des répertoires, vérifiez que les valeurs de la directive `Options` dans les fichiers access.conf autorisent l'indexation pour les répertoires concernés. `Options` doit spécifier `Indexing` explicitement. De plus, si vous vous servez des fichiers .htaccess pour définir des éléments tels que `AddDescription` ou `AddIcon`, l'option `FileInfo` doit être indiquée dans la directive `AllowOverride`.

• Répertoires des utilisateurs

Les sites recevant la visite de nombreux utilisateurs préfèrent parfois accorder l'accès aux utilisateurs pour qu'ils puissent gérer leur propre partie de l'arborescence Web dans leurs répertoires ; la syntaxe URL est alors : **http://monhote.com/~utilisateur/.**

où `~utilisateur` est en fait un alias vers un répertoire dans le répertoire personnel de l'utilisateur. Cela diffère de la directive `Alias`, qui peut seulement associer un pseudo-répertoire à un répertoire réel. Dans ce cas, vous voulez associer `~utilisateur` à un répertoire tel que /home/user/public_html. Le nombre d'utilisateurs pouvant être très élevé, il faut une sorte de macro, ce que fournit la directive `UserDir`.

Avec `UserDir`, vous spécifiez l'endroit où les utilisateurs pourront placer leurs données dans leurs répertoires personnels ; celui-ci est associé à `~utilisateur`. En d'autres termes, avec la spécification par défaut

```
UserDir public_html
```

une requête pour **http://monhote.com/~david/index.html**

recherchera un fichier UNIX

```
/home/david/public_html/index.html
```

si l'on suppose que /home/david est le répertoire personnel de David.

Modules spéciaux

La plupart des fonctionnalités différenciant Apache des produits concurrents ont été implémentées sous forme de modules. Cela a permis de les faire évoluer indépendamment du reste du serveur, et de favoriser le réglage des performances. Les sections qui suivent traitent en détail ces fonctionnalités.

• Directives basées sur le serveur

On peut considérer les *directives basées sur le serveur* comme un préprocesseur pour le HTML. Le "traitement" ayant lieu sur le serveur, les visiteurs de votre site n'ont pas à savoir que vous utilisez de telles directives, et n'ont donc pas besoin de logiciel client particulier. Le format de ces directives est le suivant :

```
<!--#directive attribut="valeur" -->
```

Parfois, une "directive" donnée peut avoir plusieurs attributs au même moment. Cette syntaxe insolite a pour but de cacher cette fonctionnalité dans un commentaire SGML ; de cette façon, les outils de validation HTML n'ont pas à connaître de nouvelles balises. La syntaxe est importante ; si les deux traits d'union de fin ne figurent pas, cela causera des erreurs.

***#include*.** C'est probablement la directive la plus utilisée. Elle sert à insérer un autre fichier dans un document HTML. Les attributs autorisés sont `virtual` et `file`. La fonction de `file` est un sous-ensemble de la fonction de `virtual`. Sa présence étant due à des raisons de compatibilité, il vaut mieux ne pas l'utiliser.

`virtual` demande au serveur de traiter la valeur de l'attribut comme lien relatif, ce qui signifie que vous pouvez utiliser `../` pour localiser des objets au-dessus du répertoire, et que les autres transformations, par exemple `Alias`, s'appliqueront. Par exemple,

```
<!--#include virtual="quote.txt" -->
<!--#include virtual="/toolbar/footer.html" -->
<!--#include virtual="../footer.html" -->
```

***#exec*.** Cette directive exécute un script du côté serveur et insère le résultat dans le document SSI (*server-side include*) en cours de traitement. Vous pouvez soit exécuter un script CGI en utilisant l'attribut `cgi`, soit une commande shell en utilisant l'attribut `cmd`. Par exemple,

```
<!--#exec cgi="compteur.cgi" -->
```

prend le résultat du programme CGI compteur.cgi et l'insère dans le document.

La sortie CGI doit aussi inclure l'en-tête de type de contenu `"text/html"`, *sinon cela provoque une erreur.*

De même,

```
<!--#exec cmd="ls -l" -->
```

effectue un appel à `ls -l` dans le répertoire des documents et place le listing résultant dans la page en sortie, à la place de la commande `#exec`. Comme l'attribut `file` pour la directive `#include`, la compatibilité avec l'existant est la principale raison d'être de la commande `#exec`, car elle présente une brèche dans un environnement non sûr.

INFO

Il existe des risques certains à accorder aux utilisateurs l'accès à CGI, qui sont accrus avec `#exec cmd`*, par exemple*

`cmd="cat /etc/passwd"`

Si un administrateur de site veut laisser les utilisateurs se servir des directives sur le serveur, mais pas de `#exec`*, il peut spécifier* `IncludesNOEXEC` *dans les fichiers de configuration access.conf.*

***#echo*.** Cette directive ne comprend qu'un seul attribut, `var`, dont la valeur est toute variable d'environnement CGI, ainsi que quelques autres variables, présentées ci-dessous.

Tableau 36.3 : Valeurs de l'attribut var

Attribut	Définition
DATE_GMT	La date et l'heure courantes dans le méridien de Greenwich (GMT).
DATE_LOCAL	La date et l'heure courantes dans le fuseau horaire local.
DOCUMENT_NAME	Le nom système du document SSI, non compris les répertoires en dessous de lui.
DOCUMENT_URI	URI (*Uniform Resource Identifier*). Dans une URL de la forme http*://hote/chemin/fichier*, l'URI est la partie */chemin/fichier*.
LAST_MODIFIED	La date à laquelle le document SSI a été modifié.

Par exemple,

```
<!--#echo var="DATE_LOCAL" -->
```

insère dans le document une ligne de la forme Wednesday, 05–Mar–97 10:44:54 GMT.

***#fsize*, *#flastmod*.** Ces directives affichent, respectivement, la taille et la date de dernière modification de tout objet indiqué par l'URI spécifiée par l'attribut `file` ou `virtual`, comme dans la directive `#include`. Par exemple,

```
<!--#fsize file="index.html" -->
```

retourne la taille du fichier index.html de ce répertoire.

***#config*.** Vous pouvez modifier, au moyen de `#config`, l'effet de certaines directives SSI. L'attribut `sizefmt` contrôle l'effet de `#fsize` ; les valeurs possibles sont `bytes` ou `abbrev`. Avec `bytes`, le nombre exact d'octets sera affiché, alors que `abbrev` (valeur par défaut) donnera une version abrégée (en kilo-octets avec `K`, en mégaoctets avec `M`). Ainsi les lignes suivantes

```
<!--#config sizefmt="bytes" -->
Le fichier index.html contient <!--#fsize virtual="index.html" --> octets
```

retourneront `Le fichier index.html contient 4,522 octets`, alors que

```
<!--#config sizefmt="abbrev" -->
```

retournera `Le fichier index.html contient 4 K octets`.

La directive `timefmt` contrôle le format de la date pour les valeurs `LOCAL`, `DATE_GMT` et `LAST_MODIFIED` de la directive `#echo`. Elle a le même format que l'appel `strftime`. (En fait, le serveur appelle `strftime`, un appel système qui formate la date et l'heure en une chaîne de la longueur spécifiée.) La chaîne de format est constituée de variables commençant par %. Ainsi, `%H` indique l'heure (au format 24 h). Pour savoir comment construire une telle chaîne, consultez la page man de cette fonction.

L'exemple suivant

```
<!--#config timefmt="%Y/%m/%d-%H:%M:%S" -->
```

donnera, pour le 2 janvier 1997, à 12:30 h,

```
1997/01/02-12:30:00
```

Pour finir, le dernier attribut que peut prendre la directive `#config` est `errmsg` ; c'est le message d'erreur à afficher en cas de problème lors de l'analyse du document. Par défaut, c'est :

```
<!--#config errmsg="Erreur lors du traitement de cette directive" -->
```

• Cookies

Les *cookies* HTTP permettent de maintenir un certain ordre au sein d'un protocole assez désordonné. Avec HTTP, une session entre un client et un serveur met généralement en œuvre plusieurs connexions TCP, au cours desquelles il est difficile de rassembler les accès pour une application (de commerce électronique par exemple) nécessitant de conserver l'état d'une transaction. Les cookies apportent une solution à ce problème. Dans la méthode implémentée par Netscape dans son navigateur, qui a été reprise par d'autres éditeurs par la suite, les serveurs peuvent créer un cookie sur un poste client. Un cookie est une chaîne de caractères qui n'a de signification que pour le serveur lui-même et qui est transmise par le client au serveur quand il en fait la demande.

Le module mod_cookies gère tous les détails concernant l'affectation d'un cookie distinct à chaque visiteur, en fonction du nom d'hôte du visiteur et d'une valeur aléatoire. Ce cookie est accessible depuis l'environnement CGI, au moyen de la variable d'environnement `HTTP_COOKIE`, la raison étant que tous les en-têtes HTTP sont accessibles aux applications CGI. Les scripts CGI peuvent l'utiliser comme clé dans une base de données de suivi de session, ou il peut être enregistré afin d'obtenir une bonne estimation du nombre de visiteurs sur un site, et pas seulement le nombre de hits ou de domaines uniques.

Il n'y a ici aucune configuration à faire. Il suffit de compiler le serveur avec mod_cookies.

• Configuration des enregistrements

Très souvent, les informations enregistrées par défaut selon le format des fichiers log (*Common LogFile Format*, ou CLF) ne sont pas suffisantes pour effectuer une analyse fine de l'efficacité d'un site Web. Celles-ci sont essentiellement des chiffres de base en termes de hits, de pages visitées, d'hôtes, d'informations horaires, etc. L'URL à l'origine de l'appel, le navigateur utilisé, et les cookies employés ne sont pas enregistrés. Il existe deux façons d'obtenir plus de renseignements sur les fichiers log : en utilisant les directives compatibles NCSA pour l'enregistrement d'informations concernant les navigateurs, ou le format des fichiers log d'Apache, qui est totalement configurable.

Compatibilité NCSA. En vue d'assurer la compatibilité avec le serveur Web NCSA 1.4, deux modules ont été ajoutés. Ceux-ci enregistrent les en-têtes `User–Agent` et `Referer` à partir des requêtes HTTP.

L'en-tête `User-Agent` est envoyé par la plupart des navigateurs et identifie ce programme. On peut demander son enregistrement au moyen de la directive `AgentLog` dans le fichier srm.conf, ou dans une section spécifique aux hôtes virtuels. Cette directive prend un argument, le nom du fichier dans lequel seront enregistrés les agents utilisateur, par exemple

```
AgentLog logs/agent_log
```

Pour utiliser `AgentLog`, il faut que le module mod_log_agent ait été compilé dans le serveur.

De manière similaire, l'en-tête `Referer` est envoyée par le navigateur pour indiquer la dernière partie d'un lien. En d'autres mots, lorsque vous êtes dans une page dont l'URL est "A", et qu'il y a un lien vers l'URL "B", et que vous suivez ce lien, la requête pour la page "B" inclut un en-tête `Referer` contenant l'URL de "A". C'est un moyen très utile pour connaître les sites proposant des liens vers le vôtre, et le pourcentage du trafic qui leur est dû.

L'enregistrement de l'en-tête `Referer` est demandé à l'aide de la directive `RefererLog`, qui indique le fichier dans lequel seront enregistrées ces informations :

```
RefererLog logs/referer_log
```

La directive `RefererIgnore` est un autre moyen offert par le module d'enregistrement ; elle permet d'ignorer des en-têtes `Referer`, et est utile pour écarter les références provenant de votre site, dans le cas où vous ne voulez enregistrer que les liens provenant de sites externes. Si votre site est **www.monhote.com**, vous utiliserez alors la directive :

```
RefererIgnore www.monhote.com
```

Rappelons que l'enregistrement de l'en-tête `Referer` nécessite de compiler et de lier le module mod_log_referer.

Configuration des enregistrements. Les modules précédents existent, comme de nombreuses autres fonctionnalités d'Apache, pour garantir la compatibilité avec le serveur NCSA. Ils posent néanmoins quelques problèmes, car comme ils ne contiennent pas d'autres informations sur les requêtes qu'ils enregistrent, il est presque impossible de déterminer quels champs `Referer` ont accédé à tel ou tel objet de votre site. Idéalement, toutes les informations concernant une transaction devraient pouvoir être enregistrées dans un fichier, en étendant le format des fichiers log, voire en le remplaçant complètement. Cela est possible avec le module mod_log_config.

Ce module implémente la directive `LogFormat`, qui prend comme argument une chaîne, dont les variables commencent par % pour indiquer les différents éléments d'une requête. Le Tableau 36.4 listes ces variables.

Tableau 36.4 : Variables pour la directive LogFormat

Variable	Définition
`%h`	Hôte distant.
`%l`	Identification de l'hôte distant via `identd`.
`%u`	Utilisateur distant, tel qu'il déterminé par tout type d'authentification pouvant avoir lieu. S'il n'a pas été authentifié, et que le statut de la requête est 401 (erreur d'authentification), ce champ peut contenir une valeur incorrecte.
`%t`	Format courant des fichiers log pour l'heure.
`%r`	Première ligne de la requête.
`%s`	Statut. Pour les requêtes qui sont redirigées en interne, c'est le statut de la requête originelle ; %>s donne la dernière.
`%b`	Octets envoyés.
`%{Foobar}i`	Contenu des lignes d'en-tête `Foobar` : dans la requête émise par le client vers le serveur.
`%{Foobar}o`	Contenu des lignes d'en-tête `Foobar` : dans la réponse envoyée au client par le serveur.

Par exemple, pour enregistrer simplement le nom de la machine distante, l'objet demandé et l'heure, vous utiliserez l'instruction suivante :

```
LogFormat "%h \"%r\" %t"
```

Les informations enregistrées auront alors l'aspect suivant :

```
host.exterieur.com "GET / HTTP/1.0" [06/Mar/1996:10:15:17]
```

Le format d'enregistrement par défaut est le CLF (*Common Logfile Format*), qui est :

```
LogFormat "%h %l %u %t \"%r\" %s %b"
```

En fait, la plupart des outils d'analyse des fichiers log pour CLF ignoreront les champs supplémentaires à la fin des données. Pour capturer les informations supplémentaires importantes, et pour que ces données puissent être analysées par ces outils, utilisez le format suivant :

```
LogFormat "%h %l %u %t \"%r\" %s %b %{Referer}i \"%{User-Agent}i\""
```

INFO

Les guillemets entourant les variables sont obligatoires. Le module d'enregistrement configurable interprétera automatiquement les valeurs des variables, au lieu de prendre leurs noms. L'antislash, \, demande d'interpréter de façon littérale le caractère suivant. Par exemple, pour enregistrer la chaîne `User-Agent`, *l'instruction* `LogFormat` *sera :*

```
LogFormat "%h \"%r\" %t \"%{User–Agent}i\""
```

Le champ `User-Agent` *contenant généralement des espaces, il doit également être entre guillemets. Supposons que vous vouliez enregistrer le champ* `Referer` *:*

```
LogFormat "%h \"%r\" %t %{Referer}i"
```

Les guillemets ne sont pas nécessaires ici, car les en-têtes `Referer`*, comme les URL, ne contiennent pas d'espace. Toutefois, pour une application critique, vous pourrez en utiliser, car l'en-tête* `Referer` *étant fourni par le client, il n'y a donc aucune garantie quant à son format.*

INFO

Pour mieux contrôler les données enregistrées, vous pouvez utiliser le module d'enregistrement configurable afin d'implémenter un test simple pour les variables. De cette façon, vous pourrez n'en enregistrer que lorsqu'un code de statut est, ou n'est pas, retourné. Pour spécifier les codes de statut faisant l'objet du test, insérez-en la liste, et séparez-les par des virgules, entre % et la lettre représentant la variable :

```
%404,403{Referer}i
```

Dans cet exemple, l'en-tête `Referer` *ne sera enregistré que si le statut retourné par le serveur est* `404 Not Found` *ou* `403 Access Denied`*. Pour les autres codes, un tiret sera enregistré. L'enregistrement de ces erreurs peut être utile lorsque vous voulez simplement trouver les liens pointant vers des ressources qui n'existent plus.*

La négation du code de statut `Referer` se fait simplement en plaçant un point d'exclamation au début de la liste des codes de statut. Ainsi, l'instruction

```
%!401u
```

enregistre l'utilisateur dans toute transaction d'authentification, à moins que celle-ci échoue, auquel cas il n'y a aucun intérêt à enregistrer la valeur d'un champ contenant des données sans valeur.

Rappelons que, comme de nombreuses fonctions, l'enregistrement peut être configuré par hôte virtuel. Par conséquent, pour que toutes les informations concernant les hôtes virtuels d'un même serveur soient enregistrées dans le même fichier, utilisez le format suivant :

```
LogFormat "hotea ...."
```

dans les sections `<VirtualHost>` pour hotea et

```
LogFormat "hoteb ...."
```

dans les sections `<VirtualHost>` pour hoteb. Vous trouverez d'autres détails à la section sur les hôtes virtuels.

INFO

Il faut compiler le module mod_log pour configurer l'enregistrement par hôte virtuel. Il faut également vous assurer que le module d'enregistrement par défaut, mod_log_common, n'est pas compilé ; sinon, il pourra y avoir des problèmes.

• Négociation du contenu

La *négociation du contenu* est le mécanisme par lequel un client Web indique au serveur les types de données qu'il peut traiter ; en fonction de ces informations, le serveur peut transmettre au client une version "optimale" des ressources demandées. La négociation du contenu peut s'appliquer à un certain nombre de caractéristiques, comme le type des données (également appelé type du média), la langue dans laquelle seront transmises les données (anglais ou français, par exemple), le jeu de caractères du document et le codage.

Négociation du type de contenu. Pour utiliser des images JPEG dans vos pages, sans toutefois pénaliser les utilisateurs dont le navigateur ne sait pas les gérer, vous pouvez créer une version GIF des images. Même si le fichier GIF est plus volumineux, ou utiliser simplement un format 8 bits, c'est quand même mieux que de transmettre au navigateur des données qu'il ne peut traiter, ce qui provoquerait la rupture de la connexion. Le client et le serveur *négocient* donc le format des données que le serveur transmet au client.

Les spécifications concernant la négociation du contenu ont fait partie de HTTP dès l'origine. Malheureusement, on ne peut pas s'y fier autant qu'il serait souhaitable. Par exemple, les navigateurs implémentant des extensions (*plug-in*) n'indiquent pas dans l'en-tête de la connexion les types de média pour lesquels ils disposent d'une extension. La négociation de contenu ne peut donc pas, pour l'instant, servir à décider s'il faut envoyer un fichier ShockWave ou son équivalent Java. La seule utilisation fiable est celle qui permet de distinguer des images en ligne JPEG de GIF. Les navigateurs actuels sont assez nombreux à intégrer ce type de négociation.

Le fichier mod_negotiation.c dans Apache 1.0 implémente les spécifications pour la négociation du contenu, selon une ancienne version de HTTP/1.0 IETF, pour laquelle, au moment de la rédaction de ces lignes, le statut RFC est en cours. La négociation du contenu a été enlevée, car les spécifications n'étaient pas tout à fait complètes. Elle est améliorée de façon significative dans HTTP1/1. Cela ne signifie pas pour autant qu'elle peut être utilisée de façon fiable pour la sélection d'images en ligne.

Pour activer la négociation du contenu, il faut inclure le module mod_negotiation.c dans le serveur. La configuration peut se faire de deux façons :

- au moyen d'un fichier décrivant toutes les variantes d'une ressource négociable, avec les valeurs de préférence et les caractéristiques du contenu ;

- en définissant une valeur `Options` appelée `MultiViews.`

De façon à rester pragmatique, nous ne verrons que la seconde possibilité. Si la première vous intéresse, il existe des renseignements la concernant dans le serveur Apache.

Dans le fichier access.conf, cherchez la ligne qui définit les options concernant la partie du site pour laquelle vous voulez autoriser la négociation du contenu. (Vous pouvez également l'autoriser pour la totalité du site.) Si le mot clé `Multiviews` n'apparaît pas sur cette ligne, il devrait y être. De façon assez surprenante, la valeur `All` n'inclut pas `Multiviews`, une fois encore, pour des raisons de compatibilité. Vous aurez donc une ligne de la forme suivante :

```
Options Indexes Includes Multiviews
```

ou

```
Options All MultiViews
```

Lorsque le paramètre `Multiviews` est modifié, il faut relancer le serveur pour prendre en compte la nouvelle configuration.

`Multiviews` étant activé, vous pouvez placer une image JPEG dans un répertoire, par exemple /chemin/ et l'appeler image.jpg, créer ensuite une image équivalente au format GIF et la placer dans le même répertoire /chemin/, avec le nom image.gif. Les URL de ces deux objets sont respectivement :

http://host/chemin/image.jpg et http://host/chemin/image.gif.

Ensuite, si vous demandez à votre navigateur de rechercher **http://host/chemin/image**.

le serveur ira dans le répertoire /chemin/, verra les deux fichiers d'images, et déterminera le format à envoyer en fonction de ce qu'indique le client. Si celui-ci peut traiter les formats JPEG et GIF, le serveur choisira la version la plus concise et l'enverra au client. Généralement, les images JPEG sont beaucoup plus petites que leurs équivalentes GIF.

Si votre fichier HTML ressemble à ceci :

```
<HTML><HEAD>
<TITLE>Bienvenue dans la page Home Gizmo !</TITLE>
</HEAD><BODY>
<IMG SRC="/header" ALT="GIZMO Logo">
Bienvenue dans Gizmo!
<IMG SRC="/produits" ALT="Produits">
<IMG SRC="/services" ALT="Services">
```

vous pourrez avoir des fichiers GIF et JPEG pour l'en-tête, les produits et les services. La plupart des clients obtiendront le format qu'ils peuvent traiter.

INFO

Si vous avez un fichier appelé image, et un autre appelé image.gif, le premier sera demandé en cas de requête pour le fichier image. De même, une requête demandant explicitement image.gif n'obtiendra pas image.jpg, même si le client sait traiter le format JPEG.

Gestion de la langue. Si `Multiviews` est activé, vous pouvez également différencier les ressources en fonction de la langue, par exemple français, anglais ou japonais. Cela se fait en ajoutant des entrées supplémentaires dans l'espace des noms de suffixes, qui associe les langues utilisées par le serveur, puis leur donne un rang. On ajoute pour cela deux directives dans le fichier srm.conf : `AddLanguage` et `LanguagePriority`. Le format est le suivant :

```
AddLanguage en .en
AddLanguage it .it
AddLanguage fr .fr
AddLanguage jp .jp
LanguagePriority en fr jp it
```

Supposons que vous vouliez gérer la langue pour le fichier index.html, qui existe en anglais, français, italien et japonais. Vous créerez respectivement les fichiers index.html.en, index.html.fr, index.html.it et index.html.jp, puis référencerez le document sous la forme index.html. Lorsque un logiciel multilingue se connecte, il doit indiquer dans un en-tête de la requête (généralement `Accept-Language`) les langues qu'il préfère, sous forme d'une notation standard avec deux lettres. Le serveur voit ce que le client peut accepter et lui transmet "le meilleur choix", indiqué par l'en-tête `LanguagePriority`. Si le client n'accepte pas l'anglais, il essaie le français ; sinon, il essaie le japonais ; ou enfin l'italien. `LanguagePriority` indique également la langue à retenir s'il n'y a pas d'en-tête `Accept-Language`.

Les suffixes pour la langue et ceux indiquant le type de contenu partageant le même espace, vous pouvez donc les mélanger. index.fr.html est le même fichier que index.html.fr. Vérifiez simplement que vous le référencez avec la ressource correcte.

• Fichiers asis

Souvent, il peut arriver que vous vouliez utiliser dans vos documents des en-têtes, tels que `Expires:`, mais sans que la page soit un script CGI. La façon la plus simple est d'ajouter le type MIME httpd/send-as-is dans le fichier srm.conf.

```
AddType httpd/send-as-is asis
```

Cela signifie que tout fichier qui se termine par .asis peut inclure ses propres en-têtes MIME. Toutefois, il doit comprendre deux retours chariot avant le corps réel du contenu. En fait, il doit inclure deux combinaisons retour chariot/saut de ligne. Comme Apache, il insérera le saut de ligne. Ainsi, pour envoyer un document avec un type MIME spécial qui n'est pas enregistré sur le serveur, vous indiquerez

```
Content-type: text/foobar
C'est du texte dans un format "foobar" très spécial.
```

L'application la plus significative est un mécanisme très efficace pour effectuer des animations de type push (animation graphique en ligne) sans scripts CGI. La raison pour laquelle un script CGI est nécessaire pour ces animations est que le type du contenu inclut généralement un séparateur (un push étant un message MIME composite). Dans les exemples qui suivent, `XXXXXXXX` indique la séparation entre les différentes parties du message composite :

```
Content-type: multipart/x-mixed-replace;boundary=XXXXXXXX
--XXXXXXXX
Content-type: image/gif
....(données GIF)....
--XXXXXXXX
Content-type: image/gif
....(données GIF)....
--XXXXXXXX
....
```

En mettant le flux de données sous la forme d'un simple fichier avec le paramètre .asis dans la directive `AddType`, au lieu d'utiliser un script CGI, vous pouvez éviter une surcharge importante. La seule perte potentielle concerne les animations temporisées. Mais pour de nombreuses personnes, la lenteur des connexions Internet suffit amplement.

Si vous avez activé `MultiViews`, vous pouvez ajouter .asis à la fin d'un nom de fichier, sans qu'il soit nécessaire de renommer les liens. Par exemple, foobar.html peut se transformer facilement en foobar.html.asis, tout en conservant l'appellation foobar.html.

Une dernière application intéressante d'asis est de pouvoir effectuer des redirections HTTP sans devoir accéder aux fichiers de configuration du serveur. Par exemple, le fichier .asis suivant redirigera les utilisateurs vers un autre endroit :

```
Status 302 Moved
Location: http://une.autre.place.com/chemin/
Content-type: text/html
<HTML>
<HEAD><TITLE>Nous avons déménagé !</TITLE></HEAD>
<BODY>
<H1>Nous étions là, mais nous sommes maintenant
<A HREF="http://some.other.place.com/chemin/">ici. </A>
</H1>
</BODY></HTML>
```

Le corps HTML n'est là que pour les clients qui ne comprennent pas la réponse 302.

Fonctionnalités avancées

Afin d'exercer un contrôle plus poussé de votre serveur ou depersonnaliser l'environnement de façon très spécifique, vous pouvez configurer le serveur Apache pour qu'il gère, par exemple, le contrôle des accès et l'authentification des utilisateurs.

• Contrôle des accès par le serveur

Il est possible de contrôler les accès au serveur, ou même à un sous-répertoire du serveur, en fonction du nom d'hôte, du domaine ou du numéro IP de la machine cliente. Cela se fait au moyen des directives `allow` et `deny`, qui s'utilisent conjointement à `order`. Celles-ci acceptent plusieurs hôtes :

```
deny from escrocs.com vilains.com
```

Il existe deux possibilités selon que vous voulez interdire l'accès de votre serveur à tout le monde, sauf quelques autres machines, ou accorder l'accès à tout le monde, sauf quelques machines. La première quelques-unes se fait de la façon suivante :

```
order deny,allow
allow from mondomaine.com
deny from all
```

Les instructions ci-dessus signifient : "accorder l'accès uniquement aux machines du domaine mondomaine.com", qui pourrait par exemple inclure les hôtes hote1.mondomaine.com, ppp.mondomaine.com et patron.mondomaine.com.

Dans l'exemple suivant, les conditions `deny` seront évaluées avant les `allow` lors de la détermination des droits d'accès. L'interdiction d'accès pour quelques sites se fera de façon similaire :

```
order allow,deny
allow from all
deny from badguys.com
```

`order` est nécessaire, car le serveur doit savoir dans quel ordre appliquer les règles. L'ordre par défaut est `deny,allow`.

Dans une troisième forme de `order`, impliquant l'argument `mutual-failure`, une condition doit satisfaire à la fois à `allow` et à `deny` pour que l'accès soit accordé. En d'autres termes, l'accès sera autorisé aux utilisateurs listés dans `allow`, mais pas dans `deny`. Voici un exemple :

```
order mutual-failure
allow from mondomaine.com
deny from patron.mondomaine.com
```

Dans cet exemple, l'accès est refusé à patron.mondomaine.com, tout en étant accordé à toutes les autres machines de mondomaine.com

ATTENTION

La protection des ressources par nom d'hôte peut être dangereuse. Une personne déterminée pourra assez facilement trouver l'adresse IP à partir du nom d'hôte et tromper le serveur de noms. Il est donc recommandé d'utiliser les adresses IP pour une protection renforcée. Comme auparavant, vous pouvez lister simplement le nom de domaine pour vous référer à toute machine de ce domaine, ou utiliser des parties des adresses IP.

```
allow from 204.62.129
```

Avec l'instruction ci-dessous, l'accès sera accordé à tout hôte dont l'adresse IP correspond à la valeur ci-dessus, par exemple 204.62.129.1 ou 204.62.129.130.

Ces directives sont souvent placées dans une instruction `<Limit>`*, et peuvent même l'être dans une instruction* `<Directory>`*, la plupart du temps dans un fichier de configuration access.conf. L'exemple suivant servira pour la plupart des protections ; il interdit l'accès du répertoire /www/htdocs/prive à toutes les machines, sauf à celles de l'espace 204.62.129.*

```
<Directory /www/htdocs/prive>
Options Includes
AllowOverride None
<Limit GET POST>
order allow,deny
deny from all
allow from 204.62.129
</Limit>
</Directory>
```

• Authentification des utilisateurs

Lorsqu'une ressource fait l'objet d'une *authentification de l'utilisateur*, l'accès à celle-ci est protégé par un nom et un mot de passe, qui sont conservés dans une base de données du serveur, laquelle peut prendre de nombreuses formes. Il existe des modules Apache pour accéder aux fichiers plats, aux fichiers de gestion de bases de données (DBM), aux bases mSQL (bases freeware), aux bases Oracle, Sybase, etc. Ce chapitre ne traite que des fichiers plats et du format DBM.

Voyons tout d'abord quelques directives de configuration. `AuthName` définit, pour les pages protégées par mot de passe, ce qui sera présenté au client en vue de l'authentification, par exemple un message tel que `Indiquez vos nom et mot de passe`.

La directive `AuthType` définit le type d'authentification pour la zone concernée. Dans HTTP/1.0, il n'en existe qu'un seul : Basic. HTTP/1.1 en contient d'autres, tels que MD5.

La directive `AuthUserFile` définit le fichier qui contient la liste des noms et des mots de passe (un couple par ligne). Ces derniers sont chiffrés avec les routines `crypt()` d'UNIX. Par exemple,

```
joe:D.W2yvlfjaJoo
mark:21slfoUYGksIe
```

La directive AuthGroupFile spécifie le fichier qui contient la liste des groupes et de leurs membres, séparés par des espaces. Par exemple,

```
managers: joe mark
production: mark shelley paul
```

Enfin, la directive require spécifie les conditions à satisfaire pour accorder l'accès. Elle peut indiquer simplement les utilisateurs autorisés, un groupe ou une liste de groupes d'utilisateurs, ou dire que tout utilisateur valide dans la base de données est autorisé à se connecter. Par exemple,

```
require user mark paul
 (Seuls mark et paul ont accès.)
require group managers
 (Seules sont autorisées les personnes du groupe managers.)
require valid-user
 (Toute personne listée dans la base AuthUserFile a accès.)
```

Le fichier de configuration aura finalement l'aspect suivant :

```
<Directory /www/htdocs/protected/>
AuthName Protected
AuthType basic
AuthUserFile /usr/local/etc/httpd/conf/users
<Limit GET POST>
require valid-user
</Limit>
</Directory>
```

Pour réserver l'accès d'un répertoire à un groupe particulier, le fichier de configuration sera le suivant :

```
<Directory /www/htdocs/protected/>
AuthName Protected
AuthType basic
AuthUserFile /usr/local/etc/httpd/conf/users
AuthGroupFile /usr/local/etc/httpd/conf/group
<Limit GET POST>
require group managers
</Limit>
</Directory>
```

• Authentification avec les fichiers DBM

L'authentification utilisant les fichiers DBM offre une recherche des mots de passe et de l'appartenance aux groupes plus rapide. Pour utiliser un tel fichier, le module mod_auth_dbm doit avoir été inclus dans le serveur.

Les fichiers DBM de type UNIX implémentent une recherche rapide par tables de hachage, ce qui en fait une solution particulièrement adaptée aux grandes bases de données. Les fichiers plats nécessitent d'analyser le fichier des mots de passe pour chaque accès, ce qui peut éventuellement se terminer par une erreur "utilisateur non trouvé" après son exploration intégrale. Par contre, avec les tables de hachage, on sait immédiatement si une "clé" existe dans la base de données, et quelle est sa valeur.

Certains systèmes utilisent les bibliothèques ndbm ; d'autres, les bibliothèques db berkeley. L'interface vers Apache est toutefois la même.

Le choix d'un fichier DBM pour la base de données, à la place d'un fichier plat ordinaire, se fait à l'aide de la directive `AuthDBMUserFile`. De même, le fichier des groupes sera spécifié à l'aide de `AuthDBMGroupFile`, au lieu de `AuthGroupFile`.

• Hôtes virtuels

Apache dispose d'un moyen très intéressant de gérer les hôtes virtuels, un mécanisme permettant d'héberger plusieurs hôtes sur une même machine. A cause des limitations de HTTP, la gestion de plusieurs hôtes se fait actuellement en affectant un numéro IP différent à chacun d'eux. Par exemple, une machine UNIX pourra être associée aux adresses IP 204.122.133.1, 204.122.133.2 et 204.122.133.3, www.hote1.com étant associé à la première adresse, www.hote2.com à la seconde et www.hote3.com à la troisième.

INFO

Apache 1.2 et ultérieur, via les spécifications du protocole HTTP 1.1, gère maintenant les hôtes virtuels non basés sur des adresses IP. Avec cette nouvelle possibilité, vous n'avez plus à affecter une adresse IP par hôte virtuel.

Les hôtes virtuels sont configurés au moyen d'une instruction dans le fichier httpd.conf. En voici le format :

```
<VirtualHost www.hote1.com>
DocumentRoot /www/htdocs/hote1/
TransferLog logs/access.hote1
ErrorLog logs/error.hote1
</VirtualHost>
```

L'attribut de la balise `VirtualHost` est le nom de l'hôte, que le serveur examine pour obtenir une adresse IP.

INFO

S'il y a une possibilité pour que www.hote1.com retourne plusieurs adresses IP, ou que le serveur Web ait quelques difficultés à traduire le nom d'hôte en numéro IP, il est préférable d'utiliser une adresse IP à la place du nom d'hôte.

Toute directive se trouvant dans l'instruction `VirtualHost` ne s'applique qu'aux requêtes s'adressant à cet hôte. `DocumentRoot` pointe vers un répertoire où le contenu pour www.hote1.com est supposé se trouver.

Chaque hôte virtuel peut avoir ses propres fichiers log pour les accès et les erreurs, ses propres directives `Redirect` et `Alias`, `ServerName` et `ServerAdmin`, etc. En fait, les seules directives qui ne peuvent pas s'appliquer à un hôte virtuel sont

```
ServerType   MaxRequestsPerChild
UserId   BindAddress
GroupId   PidFile
StartServers   TypesConfig
MaxSpareServers   ServerRoot
MinSpareServers
```

Si vous prévoyez d'utiliser Apache avec un grand nombre d'hôtes virtuels, il faut surveiller les limites des processus. Certaines plates-formes UNIX ne permettent que soixante-quatre descripteurs de fichiers par processus. Etant donné qu'Apache en utilisera un par fichier log et par hôte, cette limite sera atteinte avec trente-deux hôtes virtuels, chacun ayant un fichier log pour les accès et un autre pour les erreurs. Vous constaterez l'apparition de ces problèmes si le fichier log des erreurs commence à enregistrer des erreurs du type `unable to fork()`, ou si aucune écriture n'a lieu dans le fichier des accès. Apache essaie d'appeler `setrlimit()` (une fonction système limitant les processus) pour gérer ce problème, mais cet appel ne réussit pas toujours.

• Messages d'erreur personnalisés

Apache peut donner des réponses personnalisées en cas d'erreur, ce qui se fait au moyen de la directive `ErrorDocument`, dont la syntaxe est :

```
ErrorDocument code_réponse_HTTP action
```

`code_réponse_HTTP` est l'événement déclenchant l'action, qui peut être :

- une URI locale vers lequel est redirigé le serveur ;
- une adresse URL externe vers laquelle est redirigé le client ;
- un texte commençant par le caractère `"`, et dans lequel la variable `%s` contient, le cas échéant, toute information supplémentaire.

Voici des exemples :

```
ErrorDocument 500 "Gare! Nous avons un problème : %s.
ErrorDocument 500 /errors/500.cgi
ErrorDocument 500 http://backup.monhote.com/
ErrorDocument 401 /subscribe.html
ErrorDocument 404 /debug/record-broken-links.cgi
```

Deux autres variables CGI sont transmises à toute ressource redirigée : `REDIRECT_URL` contient l'URL demandée à l'origine, et `REDIRECT_STATUS` indique la cause de la redirection. Le script pourra ainsi éventuellement tenter de déterminer ce qui a provoqué la réponse à l'erreur.

• Autres options de configuration dans httpd.conf

Quelques autres options de configuration n'avaient pas leur place dans les sections précédentes : `BindAddress`, `PidFile` et `Timeout`.

`BindAddress`. Au démarrage, Apache associe au port désigné toutes les adresses IP correspondant à la machine. La directive `BindAddress` peut être utilisée pour indiquer que seule une adresse est associée au port. Avec celle-ci, vous pouvez exécuter plusieurs exemplaires d'Apache, chacun servant des hôtes virtuels différents, au lieu d'avoir un seul démon gérant tous les hôtes virtuels. Par exemple, cela peut être utile pour avoir deux serveurs Web avec des noms d'utilisateur différents, notamment pour des raisons de sécurité et de contrôle d'accès.

Supposons que vous ayez trois adresses, 1.1.1.1, 1.1.1.2 et 1.1.1.3, la première étant l'adresse principale de la machine. Vous voulez faire tourner trois serveurs, l'un d'eux s'exécutant sous un ID utilisateur différent des deux autres. Il y aura alors deux jeux de fichiers de configuration, le premier ressemblant à ceci :

```
User web3
BindAddress 1.1.1.3
ServerName www.compagnie3.com
DocumentRoot /www/compagnie3/
```

et l'autre à :

```
User web1
ServerName www.compagnie1.com
DocumentRoot /www/compagnie1/
<VirtualHost 1.1.1.2>
ServerName www.compagnie2.com
DocumenbtRoot /www/compagnie2/
</VirtualHost>
```

Si vous lancez le premier fichier, il sera associé uniquement à l'adresse IP 1.1.1.3. Le second, qui n'a pas de directive `BindAddress`, associera le port à toutes les adresses IP. Vous voulez donc lancer un serveur avec le premier jeu de fichiers de configuration, puis lancer un autre avec le second jeu.

`PidFile`. `PidFile` désigne l'emplacement du fichier contenant l'ID de processus pour Apache. Celui-ci est utile pour pouvoir automatiser l'arrêt ou le redémarrage du serveur Web. Par défaut, ce paramètre a la valeur logs/httpd.pid. Vous pourriez, par exemple, arrêter le serveur au moyen de la commande suivante :

```
cat /usr/local/etc/httpd/logs/httpd.pid ¦ xargs kill -15
```

Il n'est pas nécessaire, même si c'est possible, de déplacer des fichiers vers un répertoire tel que /var.

`TimeOut`. La directive `TimeOut` spécifie le temps que le serveur attendra entre les paquets envoyés avant de considérer que la connexion est interrompue. Avec la valeur par défaut, 1 200, le serveur attendra 20 mn après avoir envoyé un paquet, avant de considérer que la connexion est perdue et s'il n'y a aucune réponse. Sur les serveurs qui sont chargés, il est préférable d'abaisser cette valeur, au risque de diminuer le niveau de service offert aux clients disposant de peu de bande passante.

Informations complémentaires

Les chapitres suivants donnent d'autres informations sur le serveur Web Apache :

- Le Chapitre 35 présente l'installation et la configuration du serveur Apache.
- Le Chapitre 37 montre comment obtenir un serveur robuste, efficace, automatisé et sûr.

37 Gestion d'un serveur Web

L'un des principaux avantages du serveur Web Apache est sa grande adaptabilité. La quasi-totalité des fonctionnalités qui imposent une charge supplémentaire au serveur se présentent sous forme de modules séparés, ce qui signifie que l'on peut choisir de privilégier la vitesse d'exécution par rapport à celles-ci. Cela étant, Apache a été conçu pour être rapide et efficace. Même en incluant toutes les fonctionnalités d'Apache, vous serez limité par la bande passante du réseau avant d'atteindre les limites d'une machine serveur de Web.

Apache a été également conçu pour offrir aux administrateurs des sites le choix entre sécurité et fonctionnalité. Pour les sites comprenant de nombreux utilisateurs internes, par exemple, un prestataire Internet, il est important de pouvoir choisir les fonctionnalités à intégrer dans le serveur. D'un autre côté, une société concevant des sites Web peut désirer une souplesse maximale, même si cela signifie qu'un script CGI peut ouvrir une brèche dans le serveur. En fait, la plupart des gens pensent que CGI présente de lui-même un risque de sécurité important.

Dans ce chapitre, nous aborderons les points suivants :

- contrôle des processus fils ;
- accroissement de l'efficacité ;
- permutation des fichiers log ;
- sécurité.

Contrôle des processus fils

Voir Chapitre 35.

Comme nous l'avons vu au Chapitre 35, Apache utilise le concept d'*essaim* de processus semi-permanents, ou *processus fils*, s'exécutant et répondant aux requêtes simultanément. Bien que la taille de l'essaim soit variable, il existe des limites en ce qui concerne sa taille maximale et l'incrément. L'un des principaux problèmes de performance, avec les anciens serveurs qui exécutaient un appel système `fork()` pour chaque requête, était qu'il n'y avait aucun moyen de contrôler le nombre total de démons simultanés. Lorsque la mémoire principale était saturée et que le système commençait à travailler sur disque, la machine devenait ainsi inutilisable.

D'autres logiciels serveur permettent de spécifier un nombre fixe de processus, la création d'un nouveau processus fils ayant lieu pour chaque demande si tous les autres sont occupés. Ce

n'est pas le modèle le plus efficace. Souvent, le nombre de processus définis étant trop élevé (par exemple, trente fils alors que cinq suffiraient, ce qui diminue les performances), le problème de la prolifération de processus fils n'est pas réglé.

Apache, quant à lui, commence avec quelques processus permanents, et s'assure qu'il y a toujours un certain nombre (en fait un intervalle entre un minimum et un maximum) de processus libres pour répondre à un afflux de requêtes simultanées. S'il faut lancer des processus supplémentaires pour atteindre le nombre libre minimum, cela ne présente pas de problème. Si le nombre de processus inoccupés est supérieur à la valeur maximale fixée, certains seront tués. Il en existe également un nombre maximum au-delà duquel la création n'a plus lieu, de façon à éviter leur prolifération anarchique des processus.

Les valeurs dont nous venons de parler sont définies à l'aide des directives suivantes du fichier /usr/local/apache/httpd.conf :

```
StartServers  10
MinSpareServers 5
MaxSpareServers 10
MaxClients   150
```

Les nombres indiqués sont les valeurs par défaut. Au démarrage du serveur Apache, dix processus fils (`StartServers`) sont automatiquement lancés, quelle que soit la charge au départ. S'ils sont occupés, d'autres seront créés jusqu'à ce que les requêtes puissent être satisfaites aussi rapidement que possible. Le nombre de processus libres doit se situer entre cinq (`MinSpareServers`) et dix (`MaxSpareServers`) de façon à pouvoir répondre aux pointes de charge (afflux de requêtes survenant à des intervalles d'une demi-seconde). Celles-ci sont d'ailleurs souvent dues à des navigateurs qui ouvrent une connexion TCP/IP séparée pour chaque image dans une page, en vue d'accélérer les performances sur le poste client, ce qui se fait au détriment du serveur et du réseau.

Ces directives font partie de l'ensemble des fonctionnalités intrinsèques d'Apache et devraient être disponibles dans toute version d'Apache.

Le système atteint généralement un nombre stable de processus fils simultanés, mais si les requêtes affluent, la limite `MaxClients` sera atteinte. A ce moment-là, les requêtes seront mises en file d'attente. Si elles continuent à arriver, les visiteurs verront peut-être le message "connexion refusée". Cela vaut mieux que de laisser proliférer les processus, ce qui conduirait à la saturation du serveur, et empêcherait quiconque d'être servi.

Il est recommandé de ne pas modifier `MaxClients` ; la valeur par défaut, 150, convient dans la plupart des cas. Toutefois, pour savoir combien de requêtes vous pouvez traiter sur une machine Sun Enterprise 10 000 multiprocesseurs avec 2 Go de RAM, il faut considérer l'autre extrémité de l'échelle. Avec un serveur Web tournant sur une machine dotée de peu de mémoire, mais de ressources CPU limitées, il faudra peut-être diminuer la valeur de `MaxClients` afin que celui-ci ne risque pas d'être saturé.

Le fichier Scoreboard

Le modèle multiprocessus décrit dans la section précédente nécessite un minimum de communications entre les processus père et fils. Dans ce but, une méthode de communication très adaptable entre les plates-formes a été retenue. Il s'agit du fichier scoreboard, où chaque fichier y dispose d'un emplacement vers lequel il peut écrire. Le processus père httpd surveille ce fichier avant d'obtenir des indications sur le statut et prend des décisions concernant la création ou l'arrêt d'autres processus.

Ce fichier était auparavant situé dans le répertoire /tmp. En raison de problèmes dus aux setups Linux qui effacent régulièrement les répertoires /tmp (provoquant la perte de contrôle du serveur), celui-ci a été déplacé vers /var/log. On peut, avec la directive `ScoreBoardFile`, indiquer où on veut placer ce fichier.

Le programme httpd_monitor, dans le répertoire support/ de la distribution Apache, permet d'examiner le fichier scoreboard et de connaître l'état des processus fils afin de savoir s'ils viennent d'être lancés, s'ils sont actifs, inactifs ou morts. Il permet d'affiner les valeurs pour les directives `MaxSpareServers` et `MinSpareServers`. Il est l'équivalent de la commande `iostat` pour le système Linux.

Accroissement de l'efficacité du logiciel serveur

Par rapport à la configuration standard du serveur, on peut accroître les performances en configurant les ressources de façon plus intelligente, en désactivant certaines fonctionnalités, ou même en modifiant le système d'exploitation ou le matériel. Tous ces facteurs font la différence entre un serveur Web ordinaire et un performant.

La plupart des améliorations qui ne concernent pas le matériel dépendent de la réduction de la charge CPU, des accès aux disques et des besoins en mémoire.

• Directives sur le serveur

Les directives basées sur le serveur (*Server-side includes,* SSI) sont des instructions HTML de prétraitement qui peuvent augmenter les accès disque et la charge CPU. Le CPU est pénalisé, car il faut rechercher dans le fichier HTML les directives, ou analyser un fichier prend plus de temps que le lire et l'envoyer sur le réseau.

Le problème est qu'il faut deux, trois, quatre (ou plus) accès disque pour envoyer une page. Par exemple, un document SSI typique peut nécessiter de rechercher un en-tête et un pied de page. En comptant le document lui-même, cela fait trois accès au lieu d'un seul. Si les fichiers HTML sont volumineux, la différence est minime. Mais comme ils sont généralement petits, la pénalisation est relativement importante. Ce problème est aggravé par tout script CGI inclus ; avec une page SSI comprenant deux scripts CGI, le nombre d'accès disque sera probablement doublé par rapport à ce qu'il serait avec un script CGI envoyant directement la page toute entière.

• Emploi des fichiers .htaccess

Apache utilise des fichiers spéciaux .htaccess, pour contrôler les accès aux répertoires. Leur fonctionnement étant hiérarchique, lorsqu'une requête concerne /chemin/chemin2/dir1/dir2/foo, Apache recherche un fichier .htaccess dans chaque sous-répertoire. Avec ce chemin, il y a au moins cinq sous-répertoires, soit une charge supplémentaire qu'il vaut mieux éviter.

Pour éviter un trop grand nombre d'accès disque, placez tout ce qui est contrôlé par les fichiers .htaccess dans le fichier de configuration access.conf ou même srm.conf. Si vous devez rechercher des fichiers .htaccess dans les sous-répertoires et que vous pouvez limiter la recherche à un seul, utilisez la directive `AllowOverride`.

Supposons que la racine de vos répertoires soit /www/htdocs et que vous vouliez désactiver la recherche de tous les fichiers .htaccess, sauf ceux qui se trouvent dans /www/htdocs/dir1/dir2 et tout ce qui se trouve en dessous. Voici les lignes à ajouter au fichier de configuration access.conf.

```
<Directory /www/htdocs>
Options All
AllowOverride None
</Directory>
<Directory /www/htdocs/dir1/dir2>
Options All
AllowOverride All
</Directory>
```

Il est important que les répertoires soient listés dans cet ordre, de façon que la seconde directive `<Directory>` ne précède pas la première.

• Utilisation des fichiers .asis pour les animations de type Push

Voir Chapitre 33.

Le fichiers .asis ont la particularité d'avoir leurs en-têtes HTTP intégrés directement au fichier lui-même. Ils sont pratiques pour optimiser certains types de fichiers, tels que les animations "serveur-push", qui requièrent qu'on définisse leurs propres en-têtes, généralement envoyés par des scripts GCI. A un script de type "serveur-push" est normalement associée la tâche de rassembler les images à la volée. En revanche, avec un fichier .asis, tout le flot peut être dans un seul fichier, ce qui réduit les accès disque, les besoins en mémoire et la charge CPU.

Le seul inconvénient des fichiers .asis est qu'on ne peut pas créer d'animations "push" temporisées, avec lesquelles un délai est ajouté entre les images sous forme d'un appel à la fonction `sleep()`, cet appel suspendant un programme pendant le nombre de secondes défini. Comme les animations "serveur-push" sont limitées par la bande passante, nombreux sont ceux qui doutent de l'utilité de cette possibilité.

Automatisation de la permutation des fichiers log

L'un des objectifs des administrateurs de site devraient être d'automatiser la permutation des fichiers enregistrant les accès et les erreurs. Même un serveur peu chargé peut générer chaque jour plusieurs mégaoctets de données concernant l'activité. Si l'on n'y prend pas garde, l'espace disque peut très vite être saturé.

Pour la permutation des fichiers log, le serveur Web arrête d'écrire sur l'ancien fichier et commence à enregistrer dans un nouveau sans interrompre le service offert aux utilisateurs extérieurs. Pour y parvenir, le meilleur moyen consiste à renommer le fichier log en modifiant légèrement son nom et en envoyant un signal `SIGHUP` au processus père, c'est-à-dire en le renommant access_log.0, ou quelque chose de similaire, sur le même disque dur et sur la même partition. La raison en est que chaque processus fils ouvre un descripteur pour ce fichier. Lorsqu'on le renomme, le descripteur de fichier pointe encore vers le log réel jusqu'à ce que le processus fils reçoive un "écho" du signal `SIGHUP` du processus père. Lorsque cet écho est renvoyé, le descripteur de fichier est fermé, un nouveau est créé et le nouveau log est créé. C'est à peu près la seule façon d'être sûr que des informations sur le trafic ne seront pas perdues lors de la permutation des fichiers log.

Voici un exemple de script effectuant une telle permutation :

```
#!/bin/sh
logdir="/usr/local/etc/httpd/logs"   # répertoire log
acclog="access_log"                  # log pour les accès
errlog="error_log"                   # log pour les erreurs
pidfile="$logdir/httpd.pid"          # fichier stockant les PID des parents
mv $logdir/$acclog $logdir/$acclog.0
mv $logdir/$errlog $logdir/$errlog.0
kill -HUP 'cat $pidfile'
```

Le script assurant la permutation doit être exécuté par l'utilisateur qui a lancé le démon HTTP du départ, par exemple "root". Pour écrire d'autres scripts qui placeront ces fichiers .0 dans un fichier archive, choisissez l'année et le mois comme noms de répertoires ; ainsi les log du mois de janvier 1997 seront placés dans le fichier 1997/01/01, dans un répertoire disposant de assez de place. De cette façon, les fichiers log sont faciles à déplacer (vers une cartouche DAT, un CD-ROM) ou à supprimer.

Points concernant la sécurité

La sécurité du serveur est sans aucun doute l'une des principales préoccupations d'un administrateur Web. Un serveur Web présente, par nature, des risques. C'est également le cas, d'ailleurs, lorsque vous connectez une machine sur un réseau. Toutefois, de nombreuses actions peuvent être entreprises pour renforcer la sécurité externe (personnes essayant d'entrer dans votre site) ou interne (utilisateurs du site ouvrant des brèches, volontairement ou non).

• Scripts CGI

Les scripts CGI sont peut-être le point le plus faible au regard des menaces externes. La plupart opèrent au niveau du shell : ce sont des programmes Perl ou des scripts shell et non des programmes compilés. De nombreuses attaques ont exploité les caractéristiques de ces shells. Cette section ne détaille pas la façon de rendre les scripts CGI plus sûrs, mais présente les points essentiels à connaître.

Un script shell s'exécute avec l'ID utilisateur du processus serveur fils, qui est "nobody" par défaut. Pour plus de sécurité, considérez qu'il s'agit d'un utilisateur à qui vous ne pouvez pas faire confiance ; assurez-vous qu'il ne dispose pas des droits de lecture pour les fichiers que vous voulez garder privés, ni des droits d'écriture sur des domaines sensibles. Certains scripts CGI, par exemple une application permettant aux utilisateurs de vous envoyer des commentaires concernant le site Web, demandent un droit d'écriture pour certains fichiers. Pour les autoriser, il est préférable de spécifier un répertoire dans lequel les scripts CGI pourront écrire sans écraser de données.

De plus, les administrateurs de site peuvent restreindre, au moyen de la directive `ScriptAlias`, l'emploi de scripts CGI à des répertoires particuliers. D'un autre côté, si l'extension .cgi a été définie, la directive `Options ExecCGI` dans le fichier access.conf offre un contrôle plus poussé de leur utilisation.

Le listing ci-dessous présente un exemple de fichier access.conf avec lequel les scripts CGI peuvent être utilisés partout sur un site (où la racine des documents est /home/htdocs), sauf dans le répertoire "users".

Listing 37.1 : Exemple de fichier access.conf montrant une configuration de répertoire

```
<Directory /home/htdocs/>
Options Indexes FollowSymLinks Includes Multiviews ExecCGI
AllowOverride None
</Directory>
<Directory /home/htdocs/users/>
Options Indexes SymLinksIfOwnerMatch IncludesNOEXEC Multiviews
AllowOverride None
</Directory>
```

Puisque la directive `ExecCGI` n'apparaît pas dans la liste `Options` du second répertoire, on ne peut pas y utiliser les scripts CGI.

Malheureusement, il n'est pas possible à la fois d'autoriser les scripts CGI et de les interdire. Actuellement, la plupart des langages servant à les écrire n'intègrent pas le contrôle de la sécurité ; par conséquent, des règles imposant de ne pas toucher au disque dur, ou ne pas transmettre par e-mail le fichier /etc/passwd doivent être gérées de la même façon que si elles s'appliquaient à des utilisateurs Linux réels. Cela changera peut-être au fur et à mesure que le langage Java de Sun sera utilisé sur le serveur, ou lorsque les langages interprétés seront délaissés au profit d'outils de programmation de haut niveau.

• Directives situées sur le serveur

Dans le Listing 37.1, un autre changement est apparu entre la partie *contrôlée* du serveur et la partie *non contrôlée* : l'argument `Includes` sur la ligne `Options` a été remplacé par `IncludesNOEXEC`. `IncludesNOEXEC` permet aux utilisateurs suspects d'utiliser des directives du côté serveur sans exécuter les instructions `#include` de scripts CGI ou la commande `#exec`. Cette dernière est particulièrement dangereuse dans un environnement non sécurisé, car elle donne en fait un accès au niveau du shell à un programme HTML.

• Liens symboliques

Dans un environnement non sécurisé, les *liens symboliques* d'UNIX (qui permettent de relier les frontières du système de fichiers) deviennent également la préoccupation des administrateurs de sites Web. Des utilisateurs malveillants pourraient facilement créer des liens à partir de répertoires pour lesquels le droit d'écriture leur est accordé vers un objet ou une ressource, même situés hors de la racine des documents, pour lequel ils ne devraient avoir qu'un droit de lecture. Un utilisateur pourrait ainsi créer un lien vers le fichier /etc/passwd puis le diffuser sur le Web, ce qui exposerait votre site à des attaques, notamment si votre système d'exploitation n'exploite pas les mots de passe "shadow".

INFO

*Dans un incident récent mettant en cause le moteur de recherche Alta Vista (**www.altavista.digital.com**), une recherche de noms communs aux fichiers de mots de passe (bin, root, ftp, etc.) a conduit aux réels fichiers des mots de passe, qui avaient été laissés, volontairement ou non, à la disposition de tous. Parmi ceux-ci, certains comprenaient des mots de passe chiffrés, qui pouvaient facilement être décryptés avec quelques heures de calcul sur la plupart des stations de travail.*

Pour se protéger des brèches dues aux liens symboliques, un administrateur de site a deux options : la directive `SymLinksIfOwnerMatch`, qui n'autorise les liens que si leur propriétaire est le même que celui de l'objet relié ; ou interdire tous les liens en ne spécifiant ni `FollowSymLinks` ni `SymLinksIfOwnerMatch`.

Les segments `<Directory>` dans le Listing 37.1 comprennent l'option `AllowOverride None`. L'interdiction des liens est le choix le plus sûr. En revanche, pour autoriser la personnalisation de quelques objets au moyen des fichiers .htaccess, vous pouvez le faire à l'aide de la directive `AllowOverride`. Sinon, la valeur `None` offre le maximum de sécurité.

• Espaces publics inscriptibles

Le dernier risque spécifique aux serveurs Web apparaît lorsque des espaces publics inscriptibles sont accessibles via HTTP. Ainsi, sur de nombreux sites, le répertoire FTP "entrant" est accessible directement depuis le Web. Ce peut être une brèche si quelqu'un veut y placer un script CGI malveillant ou un fichier include qui appelle `#exec` pour provoquer des dommages. S'il est nécessaire de mettre à la disposition du public des espaces inscriptibles, quelques actions amélioreront la protection :

- Le choix le plus sûr pour la directive `Options` est :

  ```
  Options Indexes
  ```

  Vous pourriez retenir la valeur `None`, mais `Indexes` ne pose pas vraiment de problèmes de sécurité supplémentaires, tant que vous faites confiance à ceux qui peuvent télécharger des documents. Au regard des événements récents impliquant des contenus "indécents", mieux vaut ne prendre aucun risque.
- Donnez à `AllowOverride` la valeur `None` de façon que personne ne puisse envoyer de fichier .htaccess dans votre répertoire ou modifier les paramètres concernant la sécurité.
- Vérifiez que, pour le démon FTP utilisé, le bit d'exécution ne peut pas être activé. En l'empêchant, vous interdisez l'exécution des scripts CGI téléchargés. Si vous utilisez `XBitHack` pour activer les directives sur le serveur, vous pouvez empêcher que celles-ci soient exécutées. Il s'agit d'une solution de secours pour les `Options` telles qu'elles sont définies Listing 37.1. Celles-ci devraient vous protéger contre ces risques.

Les mêmes règles s'appliquent si vous avez des scripts CGI qui génèrent leurs propres fichiers HTML ou CGI. Si, par exemple, le programme guestbook.cgi ajoute constamment des informations personnelles dans le fichier guestbook.html, toutes ces règles s'appliquent. Vous devez alors considérer que le contenu de ce fichier HTML présente des risques. Cette brèche peut être obstruée si le script CGI vérifie ce qui est écrit et enlève les instructions "dangereuses", par exemple les directives situées sur le serveur.

Autres réglages

Le serveur Web Apache est plus optimisé pour la précision que pour la vitesse. Par ailleurs, la performance est rarement un problème, car n'importe quel serveur Web est capable de saturer une ligne téléphonique sans grand effort.

Si vous recherchez la performance optimale de la part d'un serveur, que vous exécutiez le site Web de CNN ou que vous essayiez simplement de faire tourner Apache sur un matériel manifestement incapable de saturer la bande passante (comme un serveur Web d'intranet avec Ethernet à 10 Mbps sur le 386DX40 que vous avez déniché dans le placard du bureau), vous pouvez effectuer certains réglages qui amélioreront la réactivité. Concernant les améliorations bon marché, la question la plus importante de tout serveur Web est la RAM. Un serveur Web perd beaucoup en performance lorsqu'il est obligé de permuter la mémoire sur disque, ce qu'il doit éviter à tout prix. Pour cela, il est possible de limiter le paramètre MaxClients, pour demeurer à l'intérieur de la RAM disponible. La meilleure source d'informations concernant la recherche et le réglage de performance est sur le Web, à l'adresse **http://www.apache.org/docs/misc/perf-tuning.html**.

Informations complémentaires

Pour plus d'informations sur la mise en place et la configuration d'Apache, consultez le Chapitre 35, qui présente le serveur Web Apache.

Annexes

Sources d'informations

Linux étant basé sur UNIX, la quasi-totalité des livres traitant d'UNIX donnent des informations sur Linux. Mais la meilleure source d'informations est la communauté Linux elle-même, qui offre tout ce qu'on peut désirer, des mises à jour aux groupes Usenet. Linux fournit aussi des documents en ligne grâce au LDP (*Linux Documentation Project*, ou Projet de Documentation Linux). Celui-ci élabore toute une série de manuels pour Linux. Les dernières éditions sont disponibles sur l'Internet. Le LDP est conduit par Matt Welsh et la plupart des informations figurent dans le répertoire **\usr\doc\faq**.

Les listes suivantes indiquent les sites FTP Internet, les magazines, les conférences et les groupes Usenet qui peuvent vous fournir de plus amples informations sur Linux.

Les sites Web de Linux

Linux étant un enfant de l'Internet, un très grand nombre de sites Web lui sont consacrés. Linux est même un sujet très répandu sur le Web. Le Tableau A.1 indique les URL qui contiennent la plus grande partie des informations sur Linux diffusées sur le Web.

Tableau A.1 : Principaux sites Web consacrés à Linux

URL	Description
http://sunsite.unc.edu/mdw	Site des informations sur Linux ; siège du Linux Documentation Project
http://www.linux.org.uk	Site des utilisateurs européens de Linux
http://www.li.org	Site international de Linux
http://www.redhat.com	Site de RedHat Linux
http://www.slackware.org	Site officiel de Slackware
http://www.caldera.com	Site de Caldera
http://www.linux.org	Site de Linux Organization
http://sunsite.unc.edu/linux-source	Navigateur des sources de Linux, qui permet de voir le code des sources de Linux en hypertexte
http://www.yahoo.com/Computers_and _Internet/Operating_Systems/Unix/Linux	Site Yahoo pointant sur de nombreux sites existants

Les groupes Usenet

Voir
Chapitre 34.

Si vous avez accès aux newsgroups, vous pourrez disposer d'une grande variété d'informations sur Linux. Parmi ceux-ci, deux groupes ont un modérateur : **comp.os.linux.announce** et **comp.os.linux.answers**.

INFO

*Le groupe d'origine, **comp.os.linux**, n'existe plus car d'autres, plus spécifiques, ont été créés.*

- **comp.os.linux.announce** Groupe modéré, il est utilisé pour des annonces importantes, comme la correction des erreurs (bogues).
- **comp.os.linux.answers** Groupe modéré, il apporte des réponses à toutes vos questions concernant Linux et son installation. Lisez la documentation Linux appropriée et les FAQ (Questions fréquemment posées) avant de poster une question à ce groupe.
- **comp.os.linux.development.system** Dévolu aux nombreux programmeurs qui développent le système Linux dans le monde.
- **comp.os.linux.development.apps** Destiné aux programmeurs qui développent des applications Linux.
- **comp.os.linux.hardware** Apporte des réponses aux questions concernant la compatibilité matérielle.
- **comp.os.linux.setup** Propose une aide pour les problèmes d'installation et de configuration.
- **comp.os.linux.advocacy** Défent la cause Linux.
- **comp.os.linux.networking** Traite de la mise en réseau de machines Linux.
- **comp.os.linux.x** Donne des réponses sur l'installation et la configuration de X Window sous Linux.
- **comp.os.linux.m68k** Promeut le portage de Linux sur les processeurs 68xxx de Motorola.

Un autre groupe, `comp.os.linux.misc`, accueille tous les sujets qui ne rentrent pas dans les catégories précédentes. Il existe en outre plus de cent soixante-dix autres groupes Usenet contenant le mot Linux. La liste suivante présente quelques-uns des plus utilisés. N'hésitez pas à partir en exploration.

alt.linux.sux	alt.os.linux
alt.uu.comp.os.linux.questions	alt.os.linux.slackware
aus.computers.linux	dc.org.linux-users
de.comp.os.linux.hardware	de.comp.os.linux.misc
de.comp.os.linux.networking	de.comp.os.linux.x
de.alt.sources.linux.patches	uk.comp.os.linux

fj.os.linux
linux.apps.bbsdev
linux.apps.seyon
linux.apps.flexfax
linux.debian.announce
linux.dev.gcc
linux.dev.admin
linux.dev.bbs
linux.dev.config
linux.dev.doc
linux.dev.fsf
linux.dev.ftp
linux.dev.ibcs2
linux.dev.japanase
linux.dev.linuxbsd
linux.dev.linuxss
linux.dev.lugnuts
linux.dev.mgr
linux.dev.net
linux.dev.newbie
linux.dev.nys
linux.dev.oi
linux.dev.ppp
linux.dev.scsi
linux.dev.seyon
linux.dev.standards
linux.dev.tape
linux.dev.uucp
linux.dev.word
linux.dev.x11
linux.free-widgets.announce
linux.free-widgets.development

fr.comp.os.linux
linux.apps.linux-bbs
linux.apps.seyon.development
linux.debian
linux.debian.user
linux.dev.680x0
linux.dev.apps
linux.dev.c-programming
linux.dev.debian
linux.dev.fido
linux.dev.fsstnd
linux.dev.hams
linux.dev.interviews
linux.dev.laptop
linux.dev.linuxnews
linux.dev.localbus
linux.dev.mca
linux.dev.msdos
linux.dev.new-lists
linux.dev.normal
linux.dev.oasg
linux.dev.pkg
linux.dev.qag
linux.dev.serial
linux.dev.sound
linux.dev.svgalib
linux.dev.term
linux.dev.wabi
linux.dev.kernel
linux.fido.ifmail
linux.free-widgets.bugs
linux.local.chicago

linux.local.nova-scotia
linux.local.silicon-valley
linux.motif.clone
linux.new-tty
linux.news.groups
linux.ports.alpha
linux.samba
linux.samba.announce
linux.sdk
linux.wine.users

Documents en ligne

Matt Welsh dirige un groupe de passionnés de Linux qui rédigent systématiquement des manuels Linux disponibles sur l'Internet. Vous pouvez vous procurer leurs dernières versions sur le site `sunsite.unc.edu` dans le répertoire /pub/Linux/docs. Vous trouverez des versions antérieures de ces documents dans le répertoire /docs de votre version Linux. Le siège actuel de LPD se trouve à l'adresse suivante :

http://www.redhat.com/linux-info/ldp

Les documents disponibles sont les suivants :

- *Linux Installation and Getting Started* (Installer et démarrer Linux) par Matt Welsh.
- *The Linux System Administrators' Guide* (Guide d'administration du système Linux) par Lars Wirzenius.
- *The Linux Network Administrators' Guide* (Guide d'administration du réseau Linux) par Olaf Kirch.
- *The Linux Kernel Hackers' Guide* (Guide du noyau Linux pour hackers) par Michael Johnson.
- *The Linux Frequently Asked Question List (FAQ)* (Liste des questions les plus fréquemment posées sur Linux) est gérée par Ian Jackson et se compose de questions et de réponses portant sur une multitude de sujets.
- *The Linux META-FAQ* (les META-FAQ Linux) est géré par Michael K. Johnson.
- *The Linux INFO-SHEET* (Feuille d'informations Linux) est géré par Michael K. Johnson.
- *The Linux Software Map* (Les logiciels Linux) est géré par Aaron Schab.

• Documents HOWTO pour Linux

Le document HOWTO Index donne la liste de tous les documents HOWTO disponibles. Ceux-ci fournissent des informations détaillées sur, par exemple :

- Linux Installation HOWTO ;
- Linux Hardware HOWTO et Linux Printing HOWTO.

Reportez-vous à l'Annexe B pour une liste complète des documents HOWTO et des mini-HOWTO. Ces fichiers se trouvent dans le répertoire /usr/doc/faq/howto fr votre disque. La plupart sont archivés avec `gzip` pour économiser de la place. Pour les lire, tapez la commande `zless`.

De nombreuses FAQ, portant sur des problèmes concernant Linux et des programmes GNU, sont livrées avec Linux et se trouvent dans le répertoire /usr/info.

• L'aide en ligne

Voir Chapitre 5.

Le système d'exploitation Linux lui-même fournit une aide en ligne grâce à la commande man. Pour y accéder, entrez celle-ci suivie du sujet sur lequel vous voulez des informations.

Magazines

Linux Journal est le principal périodique consacré exclusivement à Linux. Pour toute information, contactez **http://www.linuxjournal.com.**

Sites FTP consacrés à Linux

Voir Chapitre 30.

Vous trouverez sur l'Internet une grande quantité d'informations à jour concernant Linux. Le Tableau A.2 dresse la liste des sites FTP contenant des archives Linux. Le principal est situé à l'université de Caroline du Nord (Chapel Hill) et s'appelle **sunsite.unc.edu**.

Tableau A.2 : Sites FTP avec archives pour Linux

Nom du site	Répertoire
tsx.11.mit.edu	/pub/linux
sunsite.unc.edu	/pub/Linux
nic.funet.fi	/pub/Linux
ftp.mcc.ac.uk	/pub/linux
ftp.dfv.rwth-aachen.de	/pub/linux
ftp.informatik.rwth-aachen.de	/pub/Linux
ftp.ibp.fr	/pub/linux
kirk.bond.edu.au	/pub/OS/Linux
ftp.uu.net	/systems/unix/linux
wuarchive.wustl.edu	/systems/linux

Nom du site	Répertoire
ftp.win.tue.nl	/pub/linux
ftp.stack.nl	/pub/Linux
ftp.ibr.cs.tu-bs.de	/pub/os/linux
ftp.denet.dk	/pub/os/Linux

InfoMagic

InfoMagic produit les CD-ROM inclus dans ce livre et fournit un support technique. Si votre disque est endommagé, contactez l'éditeur. Si cela ne suffit pas, joignez InfoMagic à l'adresse **support@infomagic.com**.

Pour les développeurs Linux

Si vous pensez que Linux est le meilleur outil qui puisse exister et pour contribuer au développement des prochaines versions, l'Internet propose tout un ensemble de listes de diffusion consacrées aux divers sujets liés au développement de Linux. C'est une liste d'adresses "multicanaux", ce qui signifie que les messages concernant différents sujets sont envoyés à plusieurs groupes de personnes. Vous devez vous inscrire à tous les canaux qui vous intéressent. Pour participer à un projet de développement de Linux, vous obtiendrez plus d'informations en envoyant un courrier électronique à :

majordomo@vger.rutgers.edu

en plaçant le mot `lists` dans le corps du message afin d'obtenir un listing de ces listes. Ajoutez également le mot `help` pour obtenir le fichier d'aide standard de Majordomo, qui indique la façon de s'abonner.

Documents HOWTO pour Linux

Par Tim Bynum, v2.10.74, 12 mai 1998

Cette annexe est un index des documents HOWTO et mini-HOWTO pour Linux ; il contient également d'autres informations sur ce projet.

Présentation des documents HOWTO

Les documents HOWTO décrivent en détail la configuration ou l'utilisation de Linux. Vous trouverez ainsi le document *Installation HOWTO*, qui donne des instructions sur l'installation de Linux, et *Mail HOWTO*, qui décrit l'installation et la configuration du courrier électronique sous Linux, ou encore *NET2 HOWTO* et *Printing HOWTO*, etc.

Les documents HOWTO sont exhaustifs ; ils ressemblent aux FAQ (*Frequently Asked Questions*), mais ne se présentent généralement pas sous la forme de questions/réponses. Toutefois, la plupart d'entre eux comprennent une section FAQ à la fin. Ils existent en différents formats : texte simple, PostScript, DVI et HTML.

Il existe aussi une multitude de documents mini-HOWTO. Ce sont des HOWTO courts et spécifiques, comme *Colour-IS mini-HOWTO*. Ils n'existent qu'aux formats texte simple et HTML.

Où se procurer les documents HOWTO pour Linux ?

Vous pouvez vous procurer les documents HOWTO via une connexion FTP anonyme sur les sites

ftp://sunsite.unc.edu/pub/Linux/docs/HOWTO

ftp://tsx-11.mit.edu/pub/linux/docs/HOWTO

ainsi que sur les sites miroir, par exemple :

<ftp://sunsite.unc.edu/pub/Linux/MIRRORS.html>

On peut également parcourir les documents HOWTO au format HTML

<http://sunsite.unc.edu/LDP/HOWTO/>

sur le Web. On les trouve également sur de nombreux sites miroir comme :

<http://sunsite.unc.edu/LDP/hmirrors.html>

sunsite.unc.edu étant très visité, utilisez si possible un site miroir.

Les documents HOWTO sont postés chaque mois au groupe Usenet **comp.os.linux.answers**.

• Traductions des documents HOWTO

On peut se procurer des traductions des HOWTO sur **sunsite.unc.edu** et sur divers miroirs de par le monde. Il en existe actuellement dans les langues suivantes :

- Chinois (zh) ;
- Français (fr) ;
- Allemand (de) ;
- Grec (el) ;
- Italien (it) ;
- Indonésien (id) ;
- Japonais (ja) ;
- Coréen (ko) ;
- Polonais (pl) ;
- Espagnol (es) ;
- Suédois (sv) ;
- Turque (tr).

Si vous connaissez un autre projet de traduction, faites-le moi savoir, et je l'ajouterai à la liste. Si vous souhaitez que vos traductions soient archivées sur **sunsite.unc.edu**, lisez la spécification sur l'arborescence des répertoires, à l'adresse :

http://sunsite.unc.edu/pub/Linux/docs/HOWTO/translations/Directory-Structure

et contactez-moi.

Index HOWTO

La liste ci-dessous indique les documents HOWTO actuellement disponibles pour Linux.

- *Linux 3Dfx HOWTO*, de Bernd Kreimeier <**bk@gamers.org**>. Comment utiliser le support du circuit accélérateur graphique 3Dfx. Mis à jour le 6 février 1998 .
- *Linux AX25 HOWTO*, de Terry Dawson **<terry@perf.no.itg.telecom.com.au>**. Configuration des réseaux AX25 pour Linux. Mis à jour le 7 octobre 1997.
- *Linux Access HOWTO*, de Michael De la rue **<access-HOWTO@ed.ac.uk>**. Utilisation de la technologie plug-and-play avec Linux. Mis à jour le 28 mars 1997.

- *Linux Alpha HOWTO*, de David Mosberger <**davidm@azstarnet.com**>. Résumé sur les processeurs et systèmes Alpha. Mis à jour le 6 juin 1997.
- *Linux Assembly HOWTO*, de François-René Rideau <**rideau@ens.fr**>. Informations sur la programmation assembleur x86. Mis à jour le 16 novembre 1997.
- *Linux Benchmarking HOWTO*, de André D. Balsa <**andrewbalsa@usa.net**>. Comment effectuer des évaluations de base. Mis à jour le 15 août 1997.
- *Linux BootPrompt HOWTO*, de Paul Gortmaker **<gpg109@rsphy1.anu.edu.au>**. Liste des arguments spécifiés à l'amorçage et présentation des logiciels d'amorçage. Mis à jour le 1er février 1998.
- *Linux Bootdisk HOWTO*, de Graham Chapman **<grahamc@zeta.org.au**>. Création d'une disquette boot/root pour Linux. Mis à jour le 1er février 1998.
- *Linux Busmouse HOWTO*, de Chris Bagwell <**cbagwell@sprynet.com**>. Information sur la compatibilité des souris de type bus avec Linux. Mis à jour le 4 mai 1998.
- *Linux CD Writing HOWTO*, de Winfried Trümper <**winni@xpilot.org**>. Comment graver des CD-ROM. Mis à jour le 16 décembre 1997.
- *Linux CDROM HOWTO*, de Jeff Tranter **<jeff_tranter@pobox.com>**. Information sur la compatibilité des lecteurs de CD-ROM pour Linux. Mis à jour le 23 janvier 1998.
- *Linux Chinese HOWTO*, de Chih-Wei Huang <**cwhuang@phys.ntu.edu.tw**>. Comment configurer Linux pour l'utiliser avec la police de caractères chinoise. Mis à jour le 20 avril 1998.
- *Linux Commercial HOWTO*, de Martin Michlmayr **<tbm@cyrius.com>**. Listing des logiciels vendus pour Linux. Mis à jour le 8 mai 1998.
- *Linux Config HOWTO*, de Guido Gonzato <**guido@ibogfs.cineca.it**>. Comment régler et personnaliser votre système Linux. Mis à jour le 10 avril 1998.
- *Linux Consultants HOWTO*, de Martin Michlmayr <tb**m@cyrius.com>**. Listing des consultants Linux. Mis à jour le 8 mai 1998.
- *Linux Cyrillic HOWTO*, d'Alexander L. Belikoff **<abel@bfr.co.il>**. Configuration de Linux pour le jeu de caractères cyrilliques. Mis à jour le 23 janvier 1998.
- *Linux DNS HOWTO*, de Nicolai Langfeldt **<janl@math.uio.no>**. Installation de DNS. Mis à jour le 3 avril 1998.
- *Linux DOS/Win to Linux HOWTO*, de Guido Gonzato <**guido@ibogfs.cineca.it**>. Comment passer de DOS/Windows à Linux. Mis à jour le 15 avril 1998.
- *Linux DOSEMU HOWTO*, de Uwe Bonnes <**bon@elektron.ikp.physik.th-darmstadt.de**>. HOWTO concernant DOSEMU, un émulateur de DOS sous Linux. Mis à jour le 15 mars 1997 pour dosemu-0.64.4 (en cours).

- *Linux Danish HOWTO*, de Niels Kristian Bech Jensen **<nkbj@image.dk>**. Configuration de Linux pour les caractères danois. Mis à jour le 17 avril 1998.
- *Linux Distribution HOWTO*, d'Eric S. Raymond **<esr@snark.thyrsus.com>**. Liste des distributions de Linux. Mis à jour le 8 février 1998.
- *Linux ELF HOWTO*, de Daniel Barlow **<daniel.barlow@linux.org>**. Installation et migration vers le format de fichiers binaires ELF. Mis à jour le 14 juillet 1996.
- *Linux Emacspeak HOWTO*, de Jim Van Zandt **<jrv@vanzandt.mv.com>**. Utilisation de "emacspeak" avec Linux. Mis à jour le 21 décembre 1997.
- *Linux Ethernet HOWTO*, de Paul Gortmaker **<gpg109@rsphy1.anu.edu.au>**. Informations sur la compatibilité des matériels Ethernet pour Linux. Mis à jour le 1er février 1998.
- *Linux Finnish HOWTO*, de Pekka Taipale **<pjt@iki.fi>**. Configuration de Linux pour les caractères finlandais. Mis à jour le 14 février 1996.
- *Linux Firewall* HOWTO, de Mark Grennan, **<markg@netplus.net>**. Mise en place d'un pare-feu en utilisant Linux. Mis à jour le 8 novembre 1996.
- *Linux French HOWTO*, de Guylhem Aznar <**guylhem@danmark.linux.eu.org**>. Comment configurer Linux pour l'utiliser avec la police de caractères française.
- *Linux Ftape HOWTO*, de Kevin Johnson **<kjj@pobox.com>**. Informations sur la compatibilité de ftape avec Linux. Mis à jour le 15 mars 1997.
- *Linux GCC HOWTO*, de Daniel Barlow **<daniel.barlow@linux.org>**. Installation du compilateur GNU C et des bibliothèques de développement. Mis à jour le 28 février 1996.
- *Linux German HOWTO*, de Winfried Trümper **<winni@xpilot.org>**. Informations sur l'utilisation de Linux avec les caractéristiques spéciales de l'allemand. Mis à jour le 19 mars 1997.
- *Linux Glibc2 HOWTO*, de Eric Green <**ejg3@cornell.edu**>. Comment installer et migrer vers la bibliothèque glibc2. Mis à jour le 8 février 1998.
- *Linux HAM HOWTO*, de Terry Dawson **<terry@perf.no.itg.telecom.com.au>**. Configuration du logiciel de radio amateur pour Linux. Mis à jour le 1er avril 1997.
- *Linux HOWTO Index*, de Tim Bynum <**linux-howto@sunsite.unc.edu>**. Index des documents HOWTO concernant Linux. Mis à jour le 10 mai 1998.
- *Linux Hardware Compatibility HOWTO*, de Patrick Reijnen <**antispam.patrickr@antispam.bart.nl**>. Liste du matériel connu pour fonctionner avec Linux. Mis à jour le 29 mars 1998.
- *Linux Hebrew HOWTO*, de Yair G. Rajwan **<yair@hobbes.jct.ac.il>**. Configuration de Linux pour les caractères hébraïques. Mis à jour le 12 septembre 1995.
- *Linux INFO-SHEET*, de Michael K. Johnson **<johnsonm@redhat.com>**. Introduction générique au système d'exploitation Linux. Mis à jour le 24 octobre 1997.
- *Linux IPX HOWTO*, de Terry Dawson **<terry@perf.no.itg.telecom.com.au>**. Installation et configuration de réseaux IPX. Mis à jour le 29 mars 1997.

- *Linux ISP Hookup HOWTO*, d'Egil Kvaleberg **<egil@kvaleberg.no>**. Introduction aux connexions ISP. Mis à jour le 5 mars 1998.
- *Linux Installation HOWTO*, d'Eric S. Raymond **<esr@snark.thyrsus.com>**. Se procurer et installer Linux. Mis à jour le 20 avril 1998.
- *Linux Intranet Server HOWTO*, de Pramod Karnad <**karnad@indiamail.com**>. Comment installer un serveur intranet Linux. Mis à jour le 7 août 1997.
- *Linux Italian HOWTO*, de Marco "Gaio" Gaiarin **<gaio@dei.unipd.it>**. Configuration de Linux pour les caractères italiens. Mis à jour le 6 août 1997.
- *Linux Java-CGI HOWTO*, de David H. Silber <**dhs@orbits.com**>. Comment installer des binaires CGI compatibles Java. Mis à jour le 18 novembre 1996.
- *Linux Kernel HOWTO*, de Brian Ward **<ward@blah.math.tu-graz.ac.at>**. Mise à jour et compilation du noyau Linux. Mis à jour le 26 mai 1997.
- *Linux Keyboard and Console HOWTO*, d'Andries Brouwer **<aeb@cwi.nl>**. Information sur le clavier, la console et les caractères non-ASCII avec Linux. Mis à jour le 25 février 1998.
- *Linux LinuxDoc+Emacs+Ispell HOWTO*, de Philippe Martin <**feloy@wanadoo.fr**>. Assiste les rédacteurs et les traducteurs des HOWTO de Linux ou de tout autre document du Linux Documentation Project. Mis à jour le 27 février 1998.
- *Linux META-FAQ*, de Michael K. Johnson **<johnsonm@redhat.com>**. Liste des sources d'informations sur Linux. Mis à jour le 25 octobre 1997.
- *Linux MGR HOWTO*, de Vincent Broman **<broman@nosc.mil>**. Informations sur l'interface graphique MGR pour Linux. Mis à jour le 30 mai 1996.
- *Linux MILO HOWTO*, de David A. Rusling <**david.rusling@reo.mts.dec.com**>. Comment utiliser Alpha Linux Miniloader (MILO). Mis à jour le 6 décembre 1996.
- *Linux Mail HOWTO*, de Guylhem Aznar <**guylhem @ danmark.linux.eu.org**>. Informations sur les serveurs et les programmes clients de courrier électronique. Mis à jour en janvier 1998.
- *Linux Multi-Disk HOWTO*, de Stein Gjoen <**sgjoen@nyx.net**>. Comment installer plusieurs lecteurs de disques durs. Mis à jour le 3 février 1998.
- *Linux NET-3 HOWTO*, de Terry Dawson **<terry@perf.no.itg.telecom.com.au>**. Configuration de réseaux TCP/IP sous Linux. Mis à jour le 1er avril 1998.
- *Linux NFS HOWTO*, de Nicolai Langfeldt <**janl@math.uio.no**>. Comment configurer les clients et les serveurs NFS. Mis à jour le 3 novembre 1997.
- *Linux NIS HOWTO*, de Thorsten Kukuk <**kukuk@vt.uni-paderborn.de**>. Informations sur l'utilisation de NIS/YP avec Linux. Mis à jour le 23 avril 1998.

- *Linux Optical Disk HOWTO*, de Skip Rye <**Skip_Rye@faneuil.com**>. Comment utiliser les lecteurs de disques optiques sous Linux. Mis à jour le 22 décembre 1997.
- *Linux Oracle HOWTO*, de Paul Haigh <**paul@nailed.demon.co.uk**>. Comment installer le serveur de bases de données Oracle. Mis à jour le 10 mars 1998.
- *Linux PCI HOWTO*, de Michael Will **<Michael.Will@student.uni-tuebingen.de>**. Informations sur la compatibilité de l'architecture PCI avec Linux. Mis à jour le 30 mars 1997.
- *Linux PCMCIA HOWTO*, de Dave Hinds **<dhinds@allegro.stanford.edu>**. Installation et utilisation des cartes PCMCIA. Mis à jour le 19 février 1998.
- *Linux PPP HOWTO*, de Robert Hart **<hartr@interweft.com.au>**. Informations sur l'utilisation des réseaux PPP avec Linux. Mis à jour le 31 mars 1997.
- *Linux Parallel Processing HOWTO*, de Hank Dietz <**pplinux@ecn.purdue.edu**>. Etude des approches des traitements parallèles sous Linux. Mis à jour le 5 janvier 1998.
- *Linux Pilot HOWTO*, de David H. Silber <**pilot@orbits.com**>. Comment utiliser un USR Pilot PDA avec Linux. Mis à jour le 17 août 1997.
- *Linux Polish HOWTO*, de Sergiusz Pawlowicz **<ser@arch.pwr.wroc.pl>**. Informations sur l'utilisation de Linux avec des caractéristiques pour le polonais. Mis à jour le 5 janvier 1997.
- *Linux PostgreSQL HOWTO*, de Al Dev (Alavoor Vasudevan) <**aldev@hotmail.com**>. Comment installer PostgreSQL comme serveur de bases de données. Mis à jour le 12 avril 1998.
- *Linux Printing HOWTO*, de Grant Taylor **<gtaylor+pht@picante.com>**. Logiciels d'impression pour Linux. Mis à jour le 23 septembre 1997.
- *Linux Printing Usage HOWTO*, de Mark Komarinski **<markk@auratek.com>**. Utilisation du système d'impression pour différents types de fichiers. Mis à jour le 6 février 1998.
- *Linux RPM HOWTO*, de Donnie Barnes <**djb@redhat.com**>. Comment utiliser le gestionnaire de paquetages de Red Hat (.rpm). Mis à jour le 8 avril 1997.
- *Linux Reading List HOWTO*, de Eric S. Raymond <**esr@snark.thyrsus.com**>. Livres intéressants relatifs à Linux. Mis à jour le 11 février 1998.
- *Linux Root RAID HOWTO*, de Michael A. Robinton <**michael@bzs.org**>. Comment créer un système de fichiers RAID monté par root. Mis à jour le 25 mars 1998.
- *Linux SCSI Programming HOWTO*, de Heiko Eissfeldt **<heiko@colossus.escape.de>**. Informations sur la programmation de l'interface SCSI générique. Mis à jour le 7 mai 1996.
- *Linux SMB HOWTO*, de David Wood **<dwood@plugged.net.au>**. Utilisation du protocole SMB (*Session Message Block*) avec Linux. Mis à jour le 10 août 1996.
- *Linux SRM HOWTO*, de David Mosberger <**davidm@azstarnet.com**>. Comment démarrer Linux/Alpha en utilisant le microprogramme SRM. Mis à jour le 17 août 1996.

- *Linux Security HOWTO*, de Kevin Fenzi <**kevin@scrye.com**>. Aperçu général des questions de sécurité. Mis à jour le 1er mai 1998.
- *Linux Serial Programming HOWTO*, de Peter H. Baumann <**Peter.Baumann@dlr.de**>. Comment utiliser les ports série dans des programmes. Mis à jour le 22 janvier 1998.
- *Linux Shadow Password HOWTO*, de Michael H. Jackson **<mhjack@tscnet.com>**. Se procurer, installer et configurer les mots de passe "shadow". Mis à jour le 3 avril 1996.
- *Linux Slovenian HOWTO*, de Primoz Peterlin **<primoz.peterlin@biofiz.mf.uni-lj.si>**. Informations sur l'utilisation Linux pour le slovène. Mis à jour le 30 octobre 1996.
- *Linux Sound HOWTO*, de Jeff Tranter **<jeff_tranter@pobox.com>**. Matériel et logiciel pour le traitement du son avec Linux. Mis à jour le 23 janvier 1998.
- *Linux Sound Playing HOWTO*, de Yoo C. Chung **<wacko@laplace.snu.ac.kr>**. Pour jouer différents formats de son sous Linux. Mis à jour le 23 janvier 1998.
- *Linux Spanish HOWTO*, de Gonzalo Garcia Agullo **<Gonzalo.Garcia-Agullo@jrc.es>**. Informations sur l'utilisation Linux avec l'espagnol. Mis à jour le 20 août 1996.
- *Linux teTeX HOWTO*, de Robert Kiesling <**kiesling@terracom.net**>. Comment installer le paquetage teTeX (TeX et LaTeX) sous Linux. Mis à jour le 21 août 1997.
- *Linux Text-Terminal HOWTO*, de David S. Lawyer <**bf347@lafn.org**>. Ce document explique ce que sont les terminaux texte, comment ils fonctionnent, comment les installer et les configurer... Mis à jour en mai 1998.
- *Linux Thai HOWTO*, de Poonlap Veeratanabutr <**poon-v@fedu.uec.ac.jp**>. Comment configurer Linux pour l'utiliser avec la police de caractères thaïlandaise. Mis à jour le 16 juillet 1997.
- *Linux Tips HOWTO*, de Paul Anderson **<paul@geeky1.ebtech.net>**. Conseils divers concernant Linux. Mis à jour le 26 décembre 1997.
- *Linux UMSDOS HOWTO*, de Jacques Gelinas **<jacques@solucorp.qc.ca>**. Installation et utilisation du système de fichiers UMSDOS. Mis à jour le 13 novembre 1995.
- *Linux UPS HOWTO*, de Harvey J. Stein **<abel@netvision.net.il>**. Informations sur l'utilisation d'un onduleur (alimentation non interruptible) avec Linux. Mis à jour le 18 novembre 1997.
- *Linux UUCP HOWTO*, de Guylhem Aznar <**guylhem@danmark.linux.eu.org**>. Informations sur le logiciel UUCP. Mis à jour le 6 février 1998.
- *Linux User Group HOWTO*, de Kendall Grant Clark <**kclark@ntlug.org**>. Conseils sur la manière de trouver, maintenir et faire grandir un groupe d'utilisateurs Linux. Mis à jour le 24 avril 1998.
- *Linux VAR HOWTO*, de Martin Michlmayr <**tbm@cyrius.com**>. Liste des revendeurs Linux à valeur ajoutée. Mis à jour le 9 mai 1998.

- *Linux VMS to Linux HOWTO*, de Guido Gonzato <**guido@ibogfs.cineca.it**>. Comment passer de VMS à Linux. Mis à jour le 20 avril 1998.
- *Linux Virtual Services HOWTO*, de Brian Ackerman <**brian@nycrc.net**>. Comment installer les services d'hébergement virtuel. Mis à jour le 4 novembre 1997.
- *Linux WWW HOWTO*, de Wayne Leister **<n3mtr@qis.net>**. Installation de serveurs et clients WWW. Mis à jour le 19 novembre 1997.
- *Linux XFree86 HOWTO*, d'Eric S. Raymond **<esr@snark.thyrsus.com>**. Se procurer, installer et configurer XFree86 3.2 (X11R6). Mis à jour le 24 février 1998.
- *Linux XFree86 Video Timings HOWTO*, de Eric S. Raymond <**esr@snark.thyrsus.com**>. Comment composer une ligne modale pour XFree86. Mis à jour le 20 février 1998.

• Documents Mini-HOWTO

Liste des documents mini-HOWTO disponibles :

- *Linux 3 Button Mouse mini-HOWTO*, de Geoff Short **<geoff@kipper.york.ac.uk>**. Configuration de la souris pour utiliser trois boutons. Mis à jour le 4 novembre 1997.
- *Linux ADSM Backup mini-HOWTO*, de Thomas Koenig **<Thomas.Koenig@ciw.uni-karlsruhe.de>**. Installation et utilisation du programme de sauvegarde ADSM. Mis à jour le 15 janvier 1997.
- *Linux Asymmetric Digital Subscriber Loop (ADSL) mini-HOWTO*, de David Fannin <**dfannin@dnai.com**>. Traite de la commande, de l'installation, et de la configuration. Mis à jour le 9 mai 1998.
- *Linux AI-Alife mini-HOWTO*, de John A. Eikenberry **<jae@ai.uga.edu>**. Informations sur les logiciels IA pour Linux. Mis à jour le 13 janvier 1998.
- *Linux Advocacy mini-HOWTO*, de Paul L. Rogers <**Paul.L.Rogers@li.org**>. Suggestions sur la façon de préconiser l'utilisation de Linux. Mis à jour le 7 mai 1998.
- *Linux Backup with MSDOS mini-HOWTO*, de Christopher Neufeld <**neufeld@physics.utoronto.ca**>. Sauvegarde de machines Linux avec MSDOS. Mis à jour le 5 août 1997.
- *Linux Battery Powered mini-HOWTO*, de Hanno Mueller <**hanno@lava.de**>. Comment réduire la consommation électrique d'un système Linux. Mis à jour le 21 décembre 1997.
- *Linux Boca mini-HOWTO*, de David H Dennis **<david@freelink.net>**. Installation d'une carte série Boca 16 ports (Boca 2016). Mis à jour le 1er août 1997.
- *Linux BogoMips mini-HOWTO*, de Wim C.A. van Dorst **<baron@clifton.hobby.nl>**. Informations sur BogoMips. Mis à jour le 13 décembre 1997.
- *Linux Bridge mini-HOWTO*, de Chris Cole <**cole@lynkmedia.com**>. Installation d'un pont Ethernet. Mis à jour le 13 novembre 1997.
- *Linux Bridge+Firewall mini-HOWTO*, de Peter Breuer <**ptb@it.uc3m.es**>. Installation d'un pont Ethernet et d'un firewall. Mis à jour le 19 décembre 1997.

- *Linux Bzip2 mini-HOWTO*, de David Fetter <**dfetter@best.com**>. Comment utiliser le nouveau programme de compactage bzip2. Mis à jour le 10 mars 1998.
- *Linux Cable Modem mini-HOWTO*, de Vladimir Vuksan <**vuksan@veus.hr**>. Comment utiliser une liaison modem avec une liaison ISP. Mis à jour le 29 avril 1998.
- *Linux Clock mini-HOWTO*, de Ron Bean <**rbean@execpc.com**>. Comment régler et garder l'heure juste. Mis à jour en décembre 1996.
- *Linux Coffee mini-HOWTO*, de Georgatos Photis <**gef@ceid.upatras.gr**>. Réflexions sur la façon de faire le café avec Linux (humoristique). Mis à jour le 15 janvier 1998.
- *Linux Colour ls mini-HOWTO*, de Thorbjoern Ravn Andersen **<ravn@dit.ou.dk>**. Définition des couleurs avec **ls**. Mis à jour le 7 août 1997.
- *Linux Cyrus IMAP mini-HOWTO*, de Kevin Mitchell <**kevin@iserv.net**>. Comment installer le serveur Cyrus IMAP. Mis à jour le 21 janvier 1998.
- *Linux DHCP mini-HOWTO*, de Vladimir Vuksan <**vuksan@veus.hr**>. Comment installer un client et serveur DHCP. Mis à jour le 7 mai 1998.
- *Linux DPT Hardware RAID mini-HOWTO*, de Ram Samudrala <**me@ram.org**>. Comment configurer un matériel RAID. Mis à jour le 15 décembre 1997.
- *Linux Diald mini-HOWTO*, de Harish Pillay **<h.pillay@ieee.org>**. Utilisation de diald pour se connecter à un ISP. Mis à jour le 3 juin 1996.
- *Linux Diskless mini-HOWTO*, de Robert Nemkin **<buci@math.klte.hu>**. Installation d'une machine Linux sans disque dur. Mis à jour le 31 mai 1996.
- *Linux Ext2fs Undeletion mini-HOWTO*, de Aaron Crane <**aaronc@pobox.com**>. Comment récupérer des fichiers effacés dans un système de fichiers ext2. Mis à jour le 4 août 1997.
- *Linux Fax Server mini-HOWTO*, de Erez Strauss <**erez@newplaces.com**>. Comment installer un serveur de fax. Mis à jour le 8 novembre 1997.
- *Linux Firewall Piercing mini-HOWTO*, de François-René Rideau <**rideau@ens.fr**>. Utiliser ppp sur telnet, de manière transparente pour un firewall Internet. Mis à jour le 25 avril 1998.
- *Linux GIS-GRASS mini-HOWTO*, de David A. Hastings <**dah@ngdc.noaa.gov**>. Comment installer le logiciel Geographic Information System (GIS). Mis à jour le 13 novembre 1997.
- *Linux GTEK BBS-550 mini-HOWTO*, de Wajihuddin Ahmed <**wahmed@sdnpk.undp.org**>. Comment installer la carte multivoie GTEK BBS-550 sur Linux. Mis à jour le 20 août 1997.

- *Linux Hard Disk Upgrade mini-HOWTO*, de Yves Bellefeuille <**yan@ottawa.com**>. Comment copier un système Linux d'un disque dur sur un autre. Mis à jour le 31 janvier 1998.
- *Linux IO Port Programming mini-HOWTO*, de Riku Saikkonen <**Riku.Saikkonen@hut.fi**>. Utilisation des ports d'E/S dans les programmes C. Mis à jour le 28 décembre 1997.
- *Linux IP Alias mini-HOWTO*, d'Harish Pillay **<h.pillay@ieee.org>**. Utilisation des alias IP. Mis à jour le 13 janvier 1997.
- *Linux IP Masquerade mini-HOWTO*, d'Ambrose Au <**ambrose@writeme.com**>. Utilisation d'IP. Mis à jour le 10 novembre 1997.
- *Linux IP Subnetworking mini-HOWTO*, de Robert Hart <**hartr@interweft.com.au**>. Pourquoi et comment mettre en sous-réseau un réseau IP. Mis à jour le 31 mars 1997.
- *Linux IP Connectivity mini-HOWTO*, de Michael Strates <**mstrates@croftj.net**>. Comment obtenir le courrier et les news par une liaison téléphonique. Mis à jour le 6 novembre 1997.
- *Linux Install From ZIP mini-HOWTO*, de Kevin Snively <**k.snively@seaslug.org**>. Comment installer Linux depuis un lecteur ZIP sur port parallèle. Mis à jour le 29 avril 1998.
- *Linux Kerneld mini-HOWTO*, d'Henrik Storner **<storner@osiris.ping.dk>**. Utilisation du chargement dynamique de modules "kerneld". Mis à jour le 19 juillet 1997.
- *Linux LBX mini-HOWTO*, de Paul D. Smith **<psmith@baynetworks.com>**. Utilisation de Low-Bandwidth X (LBX). Mis à jour le 11 décembre 1997.
- *Linux LILO mini-HOWTO*, de Alessandro Rubini <**rubini@linux.it**>. Exemples d'installations LILO typiques. Mis à jour le 9 janvier 1998.
- *Linux Large Disk mini-HOWTO*, d'Andries Brouwer **<aeb@cwi.nl>**. Utilisation de disques de plus de 1 024 cylindres. Mis à jour le 26 juillet 1996.
- *Linux Leased Line mini-HOWTO*, de Rob van der Putten <**rob@sput.dsl.nl**>. Comment installer des modems de lignes louées. Mis à jour le 3 mars 1998.
- *Linux Linux+DOS+Win95+OS2 mini-HOWTO*, de Mike Harlan <**r3mdh@raex.com**>. Utilisation conjointe de Linux, DOS, OS/2 et Windows 95. Mis à jour le 11 novembre 1997.
- *Linux Linux+FreeBSD mini-HOWTO*, de Niels Kristian Bech Jensen <**nkbj@image.dk**> Utilisation conjointe de Linux et de FreeBSD. Mis à jour le 18 avril 1998.
- *Linux Linux+NT-Loader mini-HOWTO*, de Bernd Reichert <**reichert@dial.eunet.ch**>. Utilisation conjointe de Linux et du chargeur d'amorçage de Windows NT. Mise à jour le 2 septembre 1997.
- *Linux Linux+Win95 mini-HOWTO*, de Jonathan Katz <**jkatz@in.net**>. Utilisation conjointe de Linux et de Windows95. Mis à jour le 26 octobre 1996.

- *Linux Loadlin+Win95 mini-HOWTO*, de Chris Fischer <**protek@brigadoon.com**>. Utilisation conjointe de Linux et de Windows95, en utilisant loadlin. Mis à jour le 6 mars 1998.
- *Linux Mac Terminal mini-HOWTO*, de Robert Kiesling <**kiesling@terracom.net**>. Comment utiliser un Apple Macintosh en tant que terminal série. Mis à jour le 9 novembre 1997.
- *Linux Mail Queue mini-HOWTO*, de Leif Erlingsson <**Leif.Erlingsson@leif@lege.com**>. Pour mettre en file du courrier distant et délivrer le courrier local. Mis à jour le 3 septembre 1997.
- *Linux Mail2News mini-HOWTO*, de Robert Hart **<iweft@ipax.com.au>**. Installation d'une passerelle courrier-news. Mis à jour le 4 novembre 1996.
- *Linux Man Page mini-HOWTO*, de Jens Schweikhardt **<schweikh@noc.dfn.de>**. Rédaction de pages du manuel en ligne. Mis à jour le 11 mars 1998.
- *Linux Modules mini-HOWTO*, de Riley H. Williams <**rhw@bigfoot.com**>. Comment installer et configurer des modules de noyau. Mis à jour le 14 novembre 1997.
- *Linux NFS-Root mini-HOWTO*, d'Andreas Kostyrka **<andreas@ag.or.at>**. Mise en place de machines Linux sans disque. Mis à jour le 8 août 1997.
- *Linux NFS-Root-Client mini-HOWTO*, d'Ofer Maor <**ofer@hadar.co.il**>. Mise en place de machines Linux sans disque avec NFS. Mis à jour le 1er juillet 1997.
- *Linux Netscape+Proxy mini-HOWTO*, de Sarma Seetamraju **<sarma@usa.net>**. Installation d'un serveur proxy pour Netscape. Mis à jour le 15 août 1997.
- *Linux News Leafsite mini-HOWTO*, de Florian Kuehnert <**sutok@gmx.de**>. Comment installer un site de news feuille. Mis à jour le 4 janvier 1998.
- *Linux Offline Mailing mini-HOWTO*, de Gunther Voet <**freaker@tuc.ml.org**>. Comment mettre en place des adresses e-mail sans connexion Internet dédiée. Mis à jour le 7 février 1998.
- *Linux Partition mini-HOWTO*, de Kristian Koehntopp <**kris@koehntopp.de**>. Choisir des partitions de disque. Mis à jour le 3 novembre 1997.
- *Linux Partition Rescue mini-HOWTO*, de Rolf Klausen <**rolfk@romsdal.vgs.no**>. Comment récupérer des partitions Linux supprimées. Mis à jour le 22 octobre 1997.
- *Linux Path mini-HOWTO*, de Esa Turtiainen <**etu@dna.fi**>. Utilisation de la variable d'environnement PATH. Mis à jour le 15 novembre 1997.
- *Linux Pre-installation Checklist mini-HOWTO*, de S. Parthasarathy <**algolog@hd1.vsnl.net.in**>. Liste de contrôle et questionnaire d'avant l'installation. Mis à jour le 27 janvier 1998.

- *Linux Process Accounting mini-HOWTO*, d'Albert M.C. Tam **<bertie@scn.org>**. Installation de la comptabilité des processus. Mis à jour le 8 août 1997.
- *Linux Proxy ARP Subnet mini-HOWTO*, de Bob Edwards <**bob@faceng.anu.edu.au**>. Comment utiliser un proxy ARP en sous-réseau. Mis à jour en août 1997.
- *Linux Public Web Browser mini-HOWTO*, de Donald B. Marti Jr. <**dmarti@best.com**>. Comment installer un compte d'invité pour utiliser un navigateur WWW. Mis à jour le 5 janvier 1998.
- *Linux Qmail+MH mini-HOWTO*, de Christopher Richardson <**rdn@tara.n.eunet.de**>. Comment installer qmail et MH. Mis à jour le 5 mars 1998.
- *Linux Quota mini-HOWTO*, d'Albert M.C. Tam **<bertie@scn.org>**. Installation de quotas sur disques. Mis à jour le 8 août 1997.
- *Linux RCS mini-HOWTO*, de Robert Kiesling <**kiesling@terracom.net**>. Utilisation de RCS (*Revision Control System*). Mis à jour le 14 août 1997.
- *Linux RPM+Slackware mini-HOWTO*, de Dave Whitinger, <**dave@whitinger.net**>. Comment installer le gestionnaire de paquetages de Red Hat (RPM) sous Slackware. Mis à jour le 13 avril 1998.
- *Linux Remote Boot mini-HOWTO*, de Marc Vuilleumier Stückelberg <**Marc.VuilleumierStuckelberg@cui.unige.ch**>. Installation d'un sélecteur de boot basé sur serveur. Mis à jour en août 1997.
- *Linux Remote X Apps mini-HOWTO*, de Vincent Zweije <**zweije@xs4all.nl**>. Comment exécuter des applications X distantes. Mis à jour le 12 février 1998.
- *Linux SLIP-PPP Emulator mini-HOWTO*, de Irish <**irish@eskimo.com**>. Utilisation des émulateurs SLIP-PPP sous Linux. Mis à jour le 7 août 1997.
- *Linux Sendmail+UUCP mini-HOWTO*, de Jamal Hadi Salim **<jamal@glcom.com>**. Utilisation conjointe de sendmail et UUCP. Mis à jour le 6 mai 1998.
- *Linux Small Memory mini-HOWTO*, de Todd Burgess <**tburgess@uoguelph.ca**>. Utilisation de Linux sur un système équipé de peu de mémoire. Mis à jour le 29 octobre 1997.
- *Linux Software Building mini-HOWTO*, de Mendel Leo Cooper <**thegrendel@theriver.com**>. Comment construire des paquetages de logiciels. Mis à jour le 4 novembre 1997.
- *Linux Software RAID mini-HOWTO*, de Linas Vepstas <**linas@fc.net**>. Configuration d'un logiciel RAID. Mis à jour le 28 décembre 1997.
- *Linux Soundblaster AWE mini-HOWTO*, de Marcus Brinkmann <**Marcus.Brinkmann@ruhr-uni-bochum.de**>. Installation de la carte Soundblaster AWE 32/64. Mis à jour le 11 janvier 1998.
- *Linux StarOffice mini-HOWTO*, de Matthew Borowski <**mkb@poboxes.com**>. Informations sur l'installation de la Suite StarOffice. Mis à jour le 14 janvier 1998.

- *Linux Term Firewall mini-HOWTO*, de Barak Pearlmutter <**bap@cs.unm.edu**>. Utilisation de "term" à travers un pare-feu. Mis à jour le 15 juillet 1997.
- *Linux TkRat mini-HOWTO*, de Dave Whitinger <**dave@whitinger.net**>. Installation et utilisation du programme de courrier TkRat. Mis à jour le 2 février 1998.
- *Linux Token Ring mini-HOWTO*, de Mike Eckhoff <**mike.e@emissary.aus-etc.com**>. Utilisation de cartes Token Ring. Mis à jour le 7 juillet 1998.
- *Linux Ultra-DMA mini-HOWTO*, de Brion Vibber <**brion@pobox.com**>. Utilisation des lecteurs et des contrôleurs Ultra-DMA. Mis à jour le 3 mai 1998.
- *Linux Update mini-HOWTO*, de Stein Gjoen <**sgjoen@nyx.net**>. Comment se maintenir au courant des développements de Linux. Mis à jour le 3 février 1998.
- *Linux Upgrade mini-HOWTO*, de Greg Louis **<glouis@dynamicro.on.ca>**. Mise à jour de votre distribution Linux. Mis à jour le 6 juin 1996.
- *Linux VPN mini-HOWTO*, de Arpád Magosányi <**mag@bunuel.tii.matav.hu**>. Comment installer un réseau privé virtuel (VPN, *Virtual Private Network*). Mis à jour le 7 août 1997.
- *Linux Visual Bell mini-HOWTO*, d'Alessandro Rubini **<rubini@linux.it>**. Désactivation des alarmes sonores et activation des alarmes visuelles. Mis à jour le 11 novembre 1997.
- *Linux Windows Modem Sharing mini-HOWTO*, de Friedemann Baitinger <**baiti@toplink.net**>. Comment paramétrer Windows pour utiliser un modem partagé sur une machine Linux. Mis à jour le 2 novembre 1997.
- *Linux WordPerfect mini-HOWTO*, de Wade Hampton <**whampton@staffnet.com**>. Installation de SCO WordPerfect pour Linux. Mis à jour le 13 août 1997.
- *Linux X Big Cursor mini-HOWTO*, de Joerg Schneider **<schneid@ira.uka.de>**. Utilisation de grands curseurs avec X Window. Mis à jour le 11 août 1997.
- *Linux XFree86-XInside mini-HOWTO*, de Marco Melgazzi <**marco@techie.com**>. Conversion de XFree86 en lignes de mode XInside. Mis à jour en septembre 1997.
- *Linux xterm Title mini-HOWTO*, de Ric Lister <**ric@giccs.georgetown.edu**>. Chaînes de caractères dans la barre de titre d'un terminal X. Mis à jour le 7 janvier 1998.
- *Linux ZIP Install mini-HOWTO*, de John Wiggins <**jwiggins@comp.uark.edu**>. Installation de Linux sur un lecteur ZIP. Mis à jour le 26 janvier 1998.

• HOWTO spéciaux

Ils ne sont pas joints à la collection des HOWTO, car ils reposent sur des images et ne peuvent pas être distribués dans tous les formats supportés.

- *Linux High Availability HOWTO*, de Harald Milz <**hm@seneca.muc.de**> est disponible à l'adresse **http://sunsite.unc.edu/pub/Linux/ALPHA/linux-ha/High-Availability-HOWTO.html**.
- *Linux Graphics mini-HOWTO*, de Michael J. Hammel <**mjhammel@graphics-muse.org**> est disponble à l'adresse **http://www.graphics-muse.org/linux/lgh.html**.

• HOWTO et mini-HOWTO non mis à jour

Il existe un certain nombre de documents non mis à jour sur le site :

ftp://sunsite.unc.edu/pub/Linux/docs/HOWTO/unmaintained

Ils sont conservés, car une ancienne documentation vaut parfois mieux que rien. Vous devez cependant savoir qu'il s'agit d'une documentation obsolète.

Module-HOWTO
News-HOWTO
Portuguese-HOWTO
SCSI-HOWTO
Serial-HOWTO
Term-HOWTO
UUCP-HOWTO

Rédaction et soumission d'un document HOWTO

Pour écrire un document HOWTO ou mini-HOWTO, contactez auparavant l'auteur à l'adresse **linux-howto@sunsite.unc.edu**.

Voici quelques lignes directrices pour écrire un document HOWTO ou mini-HOWTO :

- Structurez et organisez votre document. Ecrivez de façon claire. Beaucoup d'utilisateurs ne parlent pas l'anglais couramment.
- Pour un document HOWTO, il faut utiliser le package SGML-Tools, disponible sur **http://www.pobox.com/~cg/sgmltools,** afin de formater le document. Ce package permet de produire des fichiers LaTeX (pour DVI et PostScript), du texte simple, et du code HTML, à partir d'un même document source. Il a été conçu spécifiquement pour les documents HOWTO. Il permet également de donner une apparence uniforme à tous ces documents. Il est très important que vous formatiez et contrôliez le format de sortie des documents PostScript, texte pur, et HTML.
- Vous pouvez écrire un document mini-HOWTO sous le format SGML ou HTML. Si vous utilisez SGML, il sera publié avec les HOWTO des livres LPD.
- Vérifiez que toutes les informations sont correctes. Ce point est très important. Si vous avez un doute, indiquez-le clairement.

- Assurez-vous de couvrir la version la plus récente du logiciel disponible. De plus, donnez toutes les instructions pour le télécharger (site FTP, nom de chemin complet) ; indiquez le numéro de version et la date de révision du logiciel.
- Ajoutez, le cas échéant, une section FAQ à la fin de votre document, qui est nécessaire dans la plupart des documents HOWTO afin de traiter des points qui ont été développés.
- Prenez les autres documents HOWTO ou mini-HOWTO comme modèles. Leur code source SGML est disponible sur les sites FTP Linux. Consultez également le LDP Style Guide, qui contient des conseils.
- Placez votre nom, votre adresse e-mail, la date et un numéro de version au début du document. Vous pouvez également inclure des adresses Web. L'en-tête standard est le suivant :

  Titre

  Nom et adresse e-mail de l'auteur

  Numéro de version et date

  par exemple :

  The Linux HOWTO Index

  by Tim Bynum

  v2.10.29, 31 July 1997
- Enfin, attendez-vous à recevoir des questions et des commentaires sur ce que vous avez écrit. Les accès quotidiens aux documents HOWTO se comptent par centaines.

Lorsque vous avez écrit un document HOWTO, envoyez-le à l'auteur par e-mail. Si vous avez utilisé le package SGML-Tools, expédiez simplement le code source SGML. L'auteur s'occupe ensuite du formatage des documents et de l'archivage du document sur le site **sunsite.unc.edu**, ainsi que de leur envoi à différents groupes Usenet.

Il est important de passer par l'auteur pour soumettre un document HOWTO, car il s'occupe de la maintenance des archives et a besoin de conserver la trace des documents écrits.

Ensuite, tout ce qu'il vous reste à faire est de lui envoyer les mises à jour périodiques.

Copyright

Copyright (c) 1995-1998 by Tim Bynum.

Sauf indication contraire, le copyright des documents HOWTO est détenu par les auteurs respectifs. Ceux-ci peuvent être reproduits et distribués, en totalité ou en partie, sur tout support physique ou électronique, à condition que la notice de copyright soit conservée. La redistribution à des fins commerciales est permise et encouragée ; toutefois, l'auteur doit en être averti.

Toutes les traductions, tous les travaux dérivés et les regroupements incorporant des documents Linux HOWTO doivent se faire sous la notice de copyright. Cela signifie que vous ne pouvez pas exploiter un élément d'un document HOWTO et imposer des restrictions supplémentaires en le distribuant. Des exceptions à ces règles peuvent être accordées sous certaines conditions ; contactez le coordinateur Linux HOWTO à l'adresse indiquée ci-dessous.

Pour résumer, l'auteur souhaite promouvoir la diffusion de ces informations par tous les moyens possibles. Toutefois, il veut conserver le copyright sur les documents HOWTO et aimerait connaître leur redistribution.

Si vous avez des questions, contactez Tim Bynum, qui est le coordinateur des documents Linux HOWTO, à l'adresse **linux-howto@sunsite.unc.edu.**

Matériel compatible avec Linux

Cette version du document *Linux Hardware Compatibility HOWTO* date de juin 1998. Bien que certains points puissent ne plus être à jour, les informations sur ce qui fonctionne ou non avec Linux sont importantes. La plupart des améliorations et des mises à jour concernant le matériel listé fonctionneront avec les versions actuelles de Linux. Vous trouverez tous les documents HOWTO mentionnés ici dans les répertoires /usr/doc/HOWTO ou /usr/doc/HOWTO/mini de votre disque dur.

Utilisez la commande suivante pour lire les fichiers ayant l'extension .gz :

```
zcat fichier ¦ more
```

Introduction

Linux Hardware Compatibility HOWTO

Patrick Reijnen, < **patrickr@bart.nl** >

v98.2, 29 March 1998

Ce document dresse la liste de la plupart des éléments de matériel gérés par Linux et indique où trouver les pilotes nécessaires.

Bienvenue

Le document *Linux Hardware HOWTO* répertorie la majeure partie du matériel compatible avec Linux. Il est recommandé de le lire attentivement avant de poster des questions sur Usenet !

Les sections "Autres" répertorient le matériel avec des pilotes en phases alpha ou bêta plus ou moins sûrs, ou d'autres qui ne font pas partie des noyaux standard. Certains pilotes n'existant que dans des noyaux au stade alpha, si un matériel est listé ici et n'est pas géré par votre version de Linux, il vous faudra effectuer la mise à jour.

On peut se procurer la dernière version de ce document à l'adresse :

http://users.bart.nl/~patrickr/hardware-howto/Hardware-HOWTO.html

sur les sites SunSite et sur tous les miroirs habituels.

On peut se procurer les traductions de ce texte et des autres HOWTO de Linux aux adresses suivantes :

http://sunsite.unc.edu/pub/Linux/docs/HOWTO/translations

ftp://sunsite.unc.edu/pub/Linux/docs/HOWTO/translations.

Si vous connaissez des (in)compatibilités non indiquées ici, veuillez le faire savoir, par e-mail adressé à l'auteur de ce livre.

Si vous avez toujours besoin d'assistance pour choisir des composants après avoir lu ce document, consultez "Build Your Own PC" sur le site **http://www.verinet.com/pc/**.

• Copyright

Copyright 1997, 1998 Patrick Reijnen

Ce HOWTO est un document librement distribué ; vous pouvez le redistribuer et/ou le modifier sous les termes de la Licence Publique Générale GNU, telle que publiée par la Free Software Foundation ; soit sous la version 2 de la licence, ou (à votre convenance) sous une version ultérieure.

Ce document est distribué dans l'espoir qu'il sera utile, mais sans aucune garantie, même commerciale ou de bonne fin. Lisez la Licence Publique Générale GNU pour plus de détails. Vous pouvez en obtenir un exemplaire en écrivant à la Free Software Foundation, Inc., 675 Mass Ave, Cambridge, MA 02139, USA.

Si vous utilisez ce document HOWTO, ou un autre, dans une distribution commerciale, les auteurs souhaitent recevoir en échange un exemplaire de votre produit.

• Architectures matérielles

Ce document ne concerne que les plates-formes Intel ; pour les autres, consultez :

Linux for PowerMac **http://ftp.sunet.se/pub/os/Linux/mklinux/mkarchive/info/index.htm**

Ordinateurs/cartes mères/BIOS

Les bus ISA, VLB, EISA, et PCI sont tous supportés.

PS/2 et Microchannel (MCA) sont supportés dans le noyau standard 2.0.7. Il existe un support de MCA dans le noyau 2.1.16 et ultérieur, mais le code est encore un peu bogué. Pour davantage d'informations, consultez la page d'accueil Micro Channel de Linux (**http://glycerine.itsmm.uni.edu/mca/**)

• Systèmes spécifiques

Systèmes IBM PS/2 MCA

ftp://ftp.dcrl.nd.edu/pub/misc/linux/

De nombreuses cartes mères PCI récentes affichent des messages d'erreur durant le processus de démarrage lors du "Probing PCI Hardware". La procédure indique le message suivant :

```
Warning : Unknown PCI device 8086:7100). Please read include/linux/pci.h
```

Ce message vous renvoie au fichier pci.h file, où vous trouverez le paragraphe PROCEDURE TO REPORT NEW PCI DEVICES.

Nous essayons de rassembler les informations sur les nouveaux périphériques PCI, utilisant la procédure d'identification PCI standard. Si un avertissement apparaît au moment du démarrage, veuillez nous indiquer :

- La description exacte de votre matériel. Essayez de trouver quel est le périphérique non reconnu. C'est peut-être le chipset de votre carte mère, le pont PCI-CPU ou le pont PCI-ISA.
- Si vous ne trouvez pas les informations dans le manuel de votre matériel, essayez de lire la référence de la puce sur la carte.
- Envoyez tous ces renseignements à **linux-pcisupport@cao-vlsi.ibp.fr**, et j'ajouterai votre périphérique à la liste dès que possible. AVANT d'envoyer un mail, vérifiez les dernières releases de Linux pour être sûr qu'il n'y a pas déjà été ajouté récemment.

En principe, votre carte mère et les périphériques PCI fonctionneront correctement.

• Non supporté

Portables

Pour davantage d'informations sur Linux et les portables, le site suivant est un bon point de départ.

- Page d'accueil pour les portables

ftp://www.cs.utexas.edu/users/kharker/linux-laptop/.

D'autres informations sont présentes sur les sites suivants :

- Gestion de l'alimentation

ftp://ftp.cs.unc.edu/pub/users/faith/linux/

- Etat des batteries

  ftp://sunsite.unc.edu/pub/Linux/system/power/
- Curseur non clignotant

  ftp://sunsite.unc.edu/pub/Linux/kernel/patches/console/noblink-1.7.tar.gz

Autres informations générales

ftp://tsx-11.mit.edu/pub/linux/packages/laptops/

- ## Portables spécifiques

- Compaq Concerto (pilote pen)

  http://www.cs.nmsu.edu/~pfeiffer/
- Compaq Contura Aero

  http://domen.uninett.no/~hta/linux/aero-faq.html
- IBM ThinkPad

  http://peipa.essex.ac.uk/tp-linux/tp-linux.html
- NEC Versa M et P

  http://www.santafe.edu:80/~nelson/versa-linux/
- Tadpole P1000

  http://www.tadpole.com/Support/linux.html
- TI TravelMate 4000M

  ftp://ftp.biomath.jussieu.fr/pub/linux/TM4000M-mini-HOWTO.txt.Z
- TI TravelMate 5100
- Toshiba Satellite Pro 400CDT

  http://terra.mpikg-teltow.mpg.de/~burger/T400CDT-Linux.html

- ## PCMCIA

http://hyper.stanford.edu/HyperNews/get/pcmcia/home.html

Les pilotes PCMCIA gèrent actuellement tous les contrôleurs PCMCIA standard, dont les puces Databook TCIC/2, Intel i82365SL, Cirrus PD67xx et Vadem VG-468. Le contrôleur 6AHC05GA utilisé dans certains portables Hyundai ne l'est pas. Voir à l'Annexe B la liste des cartes PCMCIA gérées.

CPU/FPU

Tous les processeurs 386, ou supérieurs, Intel/AMD/Cyrix 386SX/DX/SL/DXL/SLC, 486SX/DX/SL/SX2/DX2DX4, Pentium, Pentium Pro et Pentium II (fondamentalement, c'est un

Pentium Pro avec MMX) fonctionneront. AMD K5 et K6 fonctionnent, bien que les anciennes versions de K6 devraient être évitées, car elles sont boguées. On peut essayer de désactiver le cache interne dans le setup du BIOS.

Si vous n'avez pas de coprocesseur mathématique, Linux possède une émulation FPU (virgule flottante).

Les noyaux 1.3.31 et plus récents incluent un support expérimental de plusieurs processeurs (traitement symétrique). Pour des détails et des mises à jour, consultez la page d'accueil du projet Linux/SMP :

http://www.linux.org.uk/SMP/title.html.

Quelques puces AMD 486DX parmi les toutes premières posent des problèmes particuliers. Toutes les actuelles devraient convenir et, si vous avez un CPU ancien, vous devriez pouvoir le changer.

La série ULSI Math*Co contient une erreur dans les instructions `FSAVE` et `FRSTOR` qui pose des problèmes avec tous les systèmes d'exploitation en mode protégé. Des puces IIt et Cyrix anciennes risquent elles aussi d'avoir ce genre de problème.

Le TLB des puces UMC U5S pose problème dans les très vieux noyaux (1.1.x).

Processeur	Site
Activation du cache sur les processeurs Cyrix	**ftp://sunsite.unc.edu/pub/Linux/kernel/patches/CxPatch030.tar.z**
Contrôle du cache par logiciel	**ftp://sunsite.unc.edu/pub/Linux/kernel/patches/linux.cxpatch**
Paramètres des registres du CPU Cyrix 5x86	**ftp://sunsite.unc.edu/pub/Linux/kernel/patches/cx5x86mod_1.0c.tgz**

Mémoire

On peut utiliser tous les types de mémoire avec Linux : DRAM, EDO et SDRAM. Vous devez surveiller une chose : normalement, le noyau ne supporte pas plus de 64 Mo de mémoire. Pour utiliser davantage de mémoire, ajoutez la ligne suivante à votre fichier de configuration LILO :

```
append="mem=<nombre de Mo>M"
```

Ainsi, pour 96 Mo de mémoire :

```
append="mem=96M"
```

n'indiquez pas un nombre supérieur à la quantité de mémoire réellement installée. Cela pourrait entraîner des pannes imprévisibles.

Cartes vidéo

Linux fonctionne avec toute carte vidéo en mode texte. Les cartes VGA qui ne figurent pas ci-dessous fonctionnent probablement encore avec des pilotes mono VGA et/ou standard VGA16.

Si vous cherchez à acheter une carte vidéo bon marché pour faire tourner X, n'oubliez pas que les cartes accélérées (ATI Mach, ET400/W32p, S3) sont beaucoup plus rapides que celles non ou partiellement accélérées (Cirrus, WD).

"32 bpp" signifie en fait qu'il s'agit d'une carte 24 couleurs, l'alignement se faisant sur les frontières 32 bits. Cela ne signifie pas que les cartes sont capables de gérer les couleurs définies sur 32 bits (16 777 216 couleurs). Les modes 24 ppm (*packed pixel mode*) ne sont pas gérés par XFree86 ; les cartes gérant les couleurs sur 24 bits avec d'autres systèmes d'exploitation pourront ne pas fonctionner avec lui. Parmi elles, on trouve notamment Mach32, Cirrus 542x, S3 801/805/868/968, ET400.

• Cartes vidéo Diamond

Les cartes Diamond les plus récentes sont gérées par la version actuelle de XFree86. Les plus anciennes peuvent ne pas fonctionner, mais on peut contourner ce problème. Diamond participe activement au projet XFree86.

• SVGALIB (graphics for console)

- Tseng ET3000/ET4000/W32

• XFree86 3.3.1

Accéléré

- Western Digital WD90C24/24A/24A2/31/33

Non accéléré

- Alliance AP6422, AT24
- ATI VGA Wonder series
- Avance Logic AL2101/2228/2301/2302/2308/2401
- Cirrus Logic 6420/6440, 7555
- Compaq AVGA
- DEC 21030
- Genoa GVGA
- MCGA (320x200)
- MX MX68000/MX68010

- NCR 77C22, 77C22E, 77C22E+
- NVidia NV1
- Oak OTI-037C, OTI-067, OTI-077
- RealTek RTG3106
- SGS-Thomson STG2000
- Trident 8800CS, 8200LX, 8900x, 9000, 9000i, 9100B, 9200CXr, 9320LCD, 9400CXi, 9420, 9420DGi, 9430DGi
- Tseng ET3000, ET4000AX
- VGA (standard VGA, 4 bit, slow)
- Video 7 / Headland Technologies HT216-32
- Western Digital/Paradise PVGA1, WD90C00/10/11/30

Monochrome

- Hercules mono
- Hyundai HGC-1280
- Sigma LaserView PLUS
- VGA mono

Autres

- EGA (ancien, depuis 1992) **ftp://ftp.funet.fi/pub/Linux/BETA/Xega/**

• S.u.S.E. X-Server

S.u.S.E. fabrique une série de serveurs X basés sur le code de XFree-86. Ces serveurs X supportent les nouvelles cartes vidéo et sont des versions sans bogue pour les serveurs X de XFree86. S.u.S.E fabrique ces serveurs X en collaboration avec The XFree86 Project, Inc. Ces serveurs X seront présents dans la prochaine version de XFree86.

Pour l'instant, les serveurs X de S.u.S.E. sont disponibles pour les cartes vidéo suivantes :

- XSuSE Elsa GLoria X-Server
- ELSA GLoria L, GLoria L/MX, Gloria S
- Cartes vidéo avec le circuit Alliance Semiconductor AT3D (également AT25)
- Hercules Stingray 128 3D
- XSuSE NVidia X-Server (support PCI etAGP, circuit NV1 et Riva128)
- ASUS 3Dexplorer
- Diamond Viper 330

- ELSA VICTORY Erazor
- STB Velocity 128
- XSuSE Matrox. Support de Mystique, Millennium, Millennium II et Millennium II AGP
- XSuSE Trident. Support du circuit 9685 (y compris ClearTV) et le dernier Cyber
- XSuSE Tseng. W32, W32i ET6100 et ET6300.

• Serveurs X commercialisés

Les serveurs X commercialisés peuvent fonctionner avec des cartes qui ne marchent pas avec XFree86 et donner de meilleurs résultats. En général, ils gèrent beaucoup plus de cartes que XFree86 ; c'est pourquoi nous ne recenserons ici que les cartes non gérées par ce dernier. Contactez les fournisseurs directement ou référez-vous au document *Commercial HOWTO* pour plus de détails.

Xi Graphics, Inc. Xi Graphics, Inc (connu sous le nom de X Inside, Inc) [**http://www.xig.com**] commercialise trois serveurs X (les cartes supportées sont classées par fabricant) :

Accelerated-X Display Server

3Dlabs

- 300SX
- 500TX Glint
- 500MX Glint
- Permedia 4MB/8MB
- Permedia II 4MB/8MB

Actix

- GE32plus 1MB/2MB
- GE32ultra 2MB
- GraphicsENGINE 64 1MB/2MB
- ProSTAR 64 1MB/2MB

Alliance

- ProMotion-3210 1MB/2MB
- ProMotion-6410 1MB/2MB
- ProMotion-6422 1MB/2MB

ARK Logic

- ARK1000PV 1MB/2MB
- ARK1000VL 1MB/2MB

- ARK2000PV 1MB/2MB

AST

- Manhattan 5090P (GD5424) 512KB

ATI

- 3D Xpression 1MB/2MB
- 3D Pro Turbo PC2TV 4MB/8MB
- 3D Pro Turbo PC2TV 6144
- 3D Xpression+ PC2TV 2MB/4MB
- 3D Xpression+ 2MB/4MB
- ALL-IN-WONDER 4MB/8MB
- ALL-IN-WONDER PRO 4MB/8MB
- Graphics Ultra (Mach8) 1MB
- Graphics Pro Turbo (Mach64/VRAM) 2MB/4MB
- Graphics Pro Turbo 1600 (Mach64/VRAM) 2MB/4MB
- Graphics Ultra Plus (Mach32) 2MB
- 8514/Ultra (Mach8) 1MB
- Graphics Ultra Pro (Mach32) 1MB2MB
- Graphics Vantage (Mach8) 1MB
- VGA Wonder Plus 512KB
- VGA Wonder XL 1MB
- Video Xpression 1MB
- XPERT@Play 4MB/6MB/8MB
- XPERT@Work 4MB/6Mb/8MB
- Video Xpression 2MB
- WinBoost (Mach64/DRAM) 2MB
- WinTurbo (Mach64/VRAM) 2MB
- Graphics Wonder (Mach32) 1MB
- Graphics Xpression 1MB/2MB
- Rage II (SGRAM) 2MB/4MB/8MB
- Rage II+ (SGRAM) 2MB/4MB/8MB
- Rage Pro 2MB/4MB/8MB

Avance Logic

- ALG2101 1MB
- ALG2228 1MB/2MB
- ALG2301 1MB/2MB

Boca

- Voyager 1MB/2MB
- Vortek-VL 1MB/2MB

Colorgraphic

- Dual Lightning 2MB
- Pro Lightning Accelerator 2MB
- Quad Pro Lightning Accelerator 2MB
- Twin Turbo Accelerator 1MB/2MB

Chips & Technology

- 64300 1MB/2MB
- 64310 1MB/2MB
- 65510 512KB
- 65520 1MB
- 65530 1MB
- 65535 1MB
- 65540 1MB
- 65545 1MB
- 65550 2MB
- 82C450 512KB
- 82C451 256KB
- 82C452 512KB
- 82C453 1MB
- 82C480 1MB/2MB
- 82C481 1MB/2MB

Cirrus Logic

- GD5402 512KB
- GD5420 1MB
- GD5422 1MB

- GD5424 1MB
- GD5426 1MB/2MB
- GD5428 1MB/2MB
- GD5429 1MB/2MB
- GD5430 1MB/2MB
- GD5434 1MB/2MB
- GD5436 1MB/2MB
- GD5440 1MB/2MB
- GD5446 1MB/2MB
- GD5462 2MB/4MB PCI and AGP
- GD5464 2MB/4MB PCI and AGP
- GD5465 2MB/4MB PCI and AGP
- GD54M30 1MB/2MB
- GD54M40 1MB/2MB

Compaq

- ProLiant Series 512KB
- ProSignia Series 512KB
- QVision 1024 1MB
- QVision 1280 1MB/2MB
- QVision 2000+ 2MB
- QVision 2000 2MB

DEC

- DECpc XL 590 (GD5428) 512KB

Dell

- 466/M & 466/ME (S3 805) 1MB
- OnBoard ET4000 1MB
- DGX (JAWS) 2MB
- OptiPlex XMT 590 (Vision864) 2MB

Diamond

- Fire GL 1000 Pro 4MB/8MB

- Fire GL 1000 4MB/8Mb
- Stealth 3D 2000 2MB/4MB
- Stealth 3D 3000XL 2MB/4MB
- Stealth 64 Graphics 2001 1MB/2MB
- Stealth 64 Graphics 2121XL 1MB/2MB
- Stealth 64 Graphics 2201XL 2MB
- SpeedStar 1MB
- SpeedStar 64 Graphics 2000 1MB/2MB
- SpeedStar 24 1MB
- SpeedStar 24X 1MB
- SpeedStar 64 1MB/2MB
- SpeedStar Hicolor 1MB
- SpeedStar PCI 1MB
- SpeedStar Pro 1MB
- SpeedStar Pro SE 1MB/2MB
- Stealth 1MB
- Stealth 24 1MB
- Stealth 32 1MB/2MB
- Stealth 64 VRAM 2MB/4MB
- Stealth 64 DRAM 1MB/2MB
- Stealth 64 Video VRAM (175MHz) 2MB/4MB
- Stealth 64 Video DRAM 1MB/2MB
- Stealth 64 Video VRAM (220MHz) 2MB/4MB
- Stealth Hicolor 1MB
- Stealth Pro 1MB/2MB
- Stealth SE 1MB/2MB
- Stealth 64 Video 2001TV 2MB
- Stealth 64 Video 2121 1MB/2MB
- Stealth 64 Video 2121TV 1MB/2MB
- Stealth 64 Video 2201 2MB
- Stealth 64 Video 2201TV 2MB
- Stealth 64 Video 3200 2MB
- Stealth 64 Video 3240 2MB/4MB
- Stealth 64 Video 3400 4MB

- Viper 1MB/2MB
- Viper Pro 2MB
- Viper Pro Video 2MB/4MB
- Viper SE 2MB/4MB

ELSA

- VICTORY 3D 2MB/4MB
- WINNER 1000 1MB/2MB
- WINNER 1000AVI 1MB/2MB
- WINNER 1000ISA 1MB/2MB
- WINNER 1000PRO 1MB/2MB
- WINNER 1000TRIO 1MB/2MB
- WINNER 1000TRIO/V 1MB/2MB
- WINNER 100VL 1MB
- WINNER 2000 2MB/4MB
- WINNER 2000AVI 2MB/4MB
- WINNER 2000AVI/3D 2MB/4MB
- WINNER 2000PRO 2MB/4MB
- WINNER 2000PRO/X 2MB/4MB/8MB
- WINNER3000-L 4MB
- WINNER3000-M 2MB
- WINNER3000-S 2MB
- WINNER 1024 1MB
- WINNER 1280, TLC34075 Palette 2MB
- WINNER 1280, TLC34076 Palette 2MB
- Gloria-XL
- Gloria-MX
- Gloria-L
- Synergy

Everex

- ViewPoint 64P 1MB/2MB
- VGA Trio 64P 1MB/2MB

Gateway

- Mach64 Accelerator (Mach64/VRAM) 2MB

Genoa

- 5400 512KB
- 8500/8500VL 1MB
- Phantom 32i 8900 2MB
- Phantom 64 2MB

Hercules

- Dynamite 1MB
- Dynamite Pro 1MB/2MB
- Dynamite Power 2MB
- Dynamite 3D / GL
- Graphite 1MB
- Stingray 64 1MB/2MB
- Stingray Pro 1MB/2MB
- Stringray 1MB
- Terminator 3D 2MB/4MB
- Terminator 64/Video 2MB
- Graphite Terminator Pro 2MB/4MB

HP

- NetServer LF/LC/LE (TVGA9000i) 512KB
- Vectra VL2 (GD5428) 1MB
- Vectra XM2i (Vision864) 1MB/2MB
- Vectra XU (Vision864) 1MB/2MB

IBM

- 8514/A 1MB
- PC 300 Series (GD5430) 1MB
- PC 300 Series (Vision864) 1MB/2MB
- PC 700 Series (Vision864) 1MB/2MB
- PS/ValuePoint Performance Series (Vision864) 1MB/2MB
- VC550 1MB
- VGA 256KB

- XGA-NI 1MB
- XGA 1MB

IIT

- AGX014 1MB
- AGX015 1MB/2MB

Integral

- FlashPoint 1MB/2MB

Leadtek

- WinFast L2300 4MB/8MB

Matrox

- Comet 2MB
- Marvel II 2MB
- Impression (MGA-IMP/3/A/H, MGA-IMP/3/V/H, MGA-IMP/3/M/H) 3MB
- Impression Lite (MGA-IMP+/LTE/P) 2MB
- Impression Plus Lite (MGA-IMP+/LTE/V) 2MB
- Millennium (MGA-MIL) 2MB/4MB/8MB
- Millennium 220 (MGA-MIL) 2MB/4Mb/8MB
- Millennium PowerDoc (WRAM) 2MB/4MB/8MB
- Millennium II (WRAM) 2MB/4MB/8MB PCI and AGP
- Mystique (MGA-MYS) 2MB/4MB
- Mystique 220
- Matrox (con.t)
- Impression Plus (MGA-IMP+/P, MGA-IMP+/A) 2MB/4MB
- Impression Plus 220 (MGA-IMP+/P/H, MGA-IMP+/A/H) 2MB/4MB
- Impression Pro (MGA-PRO/4.5/V) 4.5MB
- Ultima Plus (MGA-PCI/2+, MGA-VLB/2+) 2MB/4MB
- Ultima (MGA-ULT/2/A, MGA-PCI/2, MGA-VLB/2) 2MB
- Ultima (MGA-ULT/2/A/H, MGA-ULT_2/M/H) 2MB
- Ultima Plus 200 (MGA-PCI/4/200, MGA-VLB/4/200) 4MB

MaxVision

- VideoMax 2000 2MB/4MB

Metheus

- Premier 801 1MB
- Premier 928-1M 1MB
- Premier 928-2M 2MB
- Premier 928-4M 4MB

Micronics

- Mpower 4 Plus (Mach64) 1MB

MIRO

- miroCRYSTAL 10AD 1MB
- miroCRYSTAL 12SD 1MB
- miroCRYSTAL 12SD 2MB
- miroCRYSTAL 20PV 2MB
- miroCRYSTAL 20SD 2MB
- miroCRYSTAL 20SV 2MB
- miroCRYSTAL 22SD 2MB
- miroCRYSTAL 40SV 4MB
- miroCRYSTAL VR2000 2MB/4MB
- miroMAGIC 40PV 4MB
- miroMAGIC plus 2MB
- miroVIDEO 12PD 1MB/2MB
- miroVIDEO 20SD 2MB
- miroVIDEO 20SV 2MB
- miroVIDEO 20TD 2MB
- miroVIDEO 22SD 2MB
- miroVIDEO 40SV 4MB

NEC

- Versa P Series 1MB

Nth Graphics

- Engine/150 2MB

- Engine/250 2MB

Number Nine

- GXE Level 10, AT&T 20C491 Palette 1MB
- GXE Level 10, Bt485 or AT&T20C505 Palette 1MB
- GXE Level 11 2MB
- GXE Level 12 3MB
- GXE Level 14 4MB
- GXE Level 16 4MB
- GXE64 1MB/2MB
- GXE64pro 2MB/4Mb
- GXE64pro (-1600) 2MB/4MB
- Imagine 128 2MB
- Image 128 (-1280) 4MB
- Image 128 Series 2 (DRAM) 2MB/4Mb
- Image 128 Pro (-1600) 4MB/8MB
- Image 128 Series 2 (VRAM) 2MB/4MB/8MB
- Image 128 Series III (Revolution 3D) (WRAM) 8MB/16MB PCI and AGP
- Revolution 3D "Ticket to Ride" (WRAM) 8MB/16MB PCI and AGP
- 9FX Motion331 1MB/2MB
- 9FX Motion531 1MB/2MB
- 9FX Motion771 2MB/4MB
- 9FX Reality332 2MB
- 9FX Reality772 2MB/4MB
- 9FX Reality 334 PCI and AGP
- 9FX Vision330 1MB/2MB

Oak Technology

- OTI-067 512KB
- OTI-077 1MB
- OTI-087 1MB
- OTI-107 1MB/2MB
- OTI-111 1MB/2MB

Orchid

- Farenheit 1280 Plus, ATT20C491 Palette 1MB
- Farenheit 1280 1MB
- Farenheit 1280 Plus, SC15025 Palette 1MB
- Farenheit ProVideo 64 2MB/4MB
- Farenheit Video 3D 2MB
- Kelvin 64 1MB/2MB
- Kelvin Video64 1MB/2MB
- P9000 2MB

Packard Bell

- Series 5000 Motherboard 1MB

Paradise

- 8514/A 1MB
- Accelerator 24 1MB
- Accelerator Value card 1MB
- Bahamas 64 1MB/2MB
- Bali 32 1MB/2MB
- VGA 1024 512KB
- VGA Professional 512KB

Pixelworks

- WhrilWIN WL1280 (110MHz) 2MB
- WhrilWIN WL1280 (135MHz) 2MB
- WhirlWIN WW1280 (110MHz) 2MB
- WhirlWIN WW1280 (135MHz) 2MB
- WhrilWIN WW1600 1MB

Radius

- XGA-2 1MB

Reveal

- VC200 1MB
- VC300 1MB
- VC700 1MB

S3

- ViRGE 2MB/4MB
- ViRGE/DX 2MB/4MB
- ViRGE/GX 2MB/4MB
- ViRGE/GX /2 2MB/4MB
- ViRGE/VX 2MB/4MB
- Trio32 1MB/2MB
- Trio64 1MB/2MB
- Trio64V+ 1MB/2MB
- Trio64V2/DX 1MB/2MB
- Trio64V2/GX 1MB/2MB
- 801 1MB/2MB
- 805 1MB/2MB
- Vision864 1MB/2MB
- Vision866 1MB/2MB
- Vision868 1MB/2MB
- 911 1MB
- 924 1MB
- 928 1MB
- 928 2MB/4MB

Sierra

- Falcon/64 1MB/2MB

Sigma

- Legend 1MB

SPEA/V7

- Mercury P64 2MB
- Storm Pro 4MB
- ShowTime Plus 2MB
- STB
- Evolution VGA 1MB

- Horizon Plus 1MB
- Horizon VGA 1MB
- Horizon 64 1MB/2MB
- Horizon 64 Video 1MB/2MB
- Horizon Video 1MB
- LightSpeed 2MB
- LightSpeed 128 2MB
- Nitro 3D 2MB/4MB
- Nitro 64 1MB/2MB
- Nitro 64 Video 1MB/2MB
- PowerGraph VL-24 1MB
- PowerGraph X-24 1MB
- PowerGraph 64 3D 2MB
- PowerGraph 64 1MB/2MB
- PowerGraph 64 Video 1MB/2MB
- PowerGraph Pro 2MB
- Velocity 3D 4MB
- Velocity 64V 2MB/4MB

Toshiba

- T4900CT 1MB

Trident

- TGUI9400CXi 1MB/2MB
- TGUI9420DGi 1MB/2MB
- TGUI9440 1MB/2MB
- TGUI9660 1MB/2MB
- TGUI9680 1MB/2MB
- TVGA8900B 1MB
- TVGA8900C 1MB
- TVGA8900CL 1MB
- TVGA8900D 1MB
- TVGA9000 512KB
- TVGA9000i 512KB
- TVGA9200CXr 1MB/2MB

Tseng Labs

- ET3000 512KB
- ET4000 1MB
- ET6000 2MB/4MB
- VGA/16 (ISA) 1MB
- VGA/16 (VLB) 1MB/2MB
- VGA/32 1MB/2MB
- ET4000/W32 1MB
- ET4000/W32i 1MB/2MB
- ET4000/W32p 1MB/2MB

VLSI

- VL82C975 (AT&T RAMDAC) 2MB
- VL82C975 (BrookTree RAMDAC) 2MB
- VL82C976 (Internal RAMDAC) 2MB

Western Digital

- WD90C00 512KB
- WD90C11 512KB
- WD90C24 1MB
- WD90C26 512KB
- WD90C30 1MB
- WD90C31 1MB
- WD90C33 1MB
- WD9510-AT 1MB

Weitek

- P9100 2MB
- P9000 2MB
- W5186 1MB
- W5286 1MB
- Laptop Accelerated-X Display Server

Broadax

- NP8700 (Cyber 9385)

Chips & Technology

- 65510 512KB
- 65520 1MB
- 65530 1MB
- 65535 1MB
- 65540 1MB
- 65545 1MB
- 65554 2MB/4MB
- 65555 2MB

Cirrus Logic

- GD7541 1MB/2MB
- GD7543 1MB/2MB
- GD7548 2MB

Compaq

- LTE 5400 (Cirrus Logic CL5478)
- Presario 1090ES (NM 2093)

Dell

- Latitude XPi 896 (NeoMagic 2070)
- Latitude XPi (NM 2070)
- Latitude XPi CD 1MB (NM 2090)
- Latitude LM (NM 2160)
- Latitude CP (NM 2160)
- Inspiron 3000 (NM 2160)

Digital (DEC)

- HiNote VP (NeoMagic 2090)
- Fujitsu
- Lifebook 435DX (NeoMagic 2093)

Gateway 2000

- Solo 2300 (NeoMagic 2160)

- Solo 2300 SE (NM 2160)
- Solo 9100 (C&T 65554)
- Solo 9100XL (C&T 65555)

Hewlett Packard

- OmniBook 800 (NM 2093)

Hitachi

- Notebook E133T (NeoMagic 2070)

IBM

- VGA 256KB
- Thinkpad 380D (NeoMagic 2090)*
- Thinkpad 385ED (NeoMagic 2090)*
- Thinkpad 560E (Cyber 9382)
- Thinkpad 760XD (Cyber 9385)
- Thinkpad 770 (Cyber 9397)

Micron

- TransPort XKE (NeoMagic 2160)
- Millenia Transport (Cirrus Logic GD7548)

NEC

- Versa P Series 1MB
- Versa 6230 2MB (NeoMagic 2160)

NeoMagic

- MagicGraph128 / NM2070 896
- MagicGraph128 / NM2070
- MagicGraph128V / NM2090
- MagicGraph128V+ / NM2097
- MagicGraph128ZV / NM2093
- MagicGraph128XD / NM2160

Sony

- VAIO PCG-505 (NeoMagic 2097)

Toshiba

- T4900CT 1MB
- Tecra 740CDT (C&T 65554)

Trident

- Cyber 9397
- Cyber 9385
- Cyber 9382

Twinhead

- Slimnote 9166TH (Cyber 9385)
- De nombreux client de XiG ont confirmé le support
- Multi-head Accelerated-X Display Server

Metro-X 2.3

- Metro Link <sales@metrolink.com>
- La carte vidéo S3 ViRGE est réputée ne pas être supportée par Metro-X.

Contrôleurs (disques durs)

Linux fonctionne avec les contrôleurs IDE, MFM et RLL standard. Lorsque vous utilisez des MFM/RLL, vous devez employer ext2fs et l'option de vérification des blocs défectueux lors du formatage du disque.

Les interfaces EIDE (*Enhanced IDE*) sont gérées, avec jusqu'à deux interfaces IDE et jusqu'à quatre disques durs et/ou lecteurs de CD-ROM. Linux détectera les interfaces EIDE suivantes :

- CMD-640
- DTC 2278D
- FGI/Holtek HT-6560B
- RZ1000
- Triton I (82371FB) IDE (avec busmaster DMA)
- Triton II (82371SB) (avec busmaster DMA)

Les contrôleurs ESDI qui émulent l'interface ST-506 (MFM/RLL/IDE) fonctionnent également. L'option de vérification des blocs défectueux s'applique également à ces contrôleurs. Les XT 8 bits génériques fonctionnent aussi.

Le démarrage avec pre-patch-2.0.31-3 IDE/ATAPI est fourni.

Autre contrôleur supporté :

- Tekram D690CD IDE PCI Cache Controller (avec miroir et cache RAID de niveau 1)

Contrôleurs (SCSI)

Vous devez choisir un contrôleur SCSI avec beaucoup de soin. De nombreux contrôleurs ISA SCSI économiques ont été conçus pour piloter des CD-ROM plutôt que des disques durs. Des SCSI bas de gamme de ce genre ne valent pas mieux que les IDE. Reportez-vous au document *SCSI HOWTO* et étudiez les performances avant d'acheter une carte SCSI.

• Contrôleurs supportés

- AMI Fast Disk VLB/EISA (compatible BusLogic)
- Adaptec AVA-1502E (ISA/VLB) (AIC-6360). Utiliser le pilote AHA-152x
- Adaptec AVA-1505/1515 (ISA) (compatible AHA- 152x)
- Adaptec AHA-1510/152x (ISA/VLB) (AIC-6260/6360)
- Adaptec AHA-154x (ISA) (tous modèles)
- Adaptec AHA-174x (EISA) (en mode amélioré)
- Adaptec AHA-274x (EISA) (AIC-7771)
- Adaptec AHA-284x (VLB) (AIC-7770)
- Adaptec AHA-2920 (PCI). Utiliser le pilote Future Domain
- Adaptec AHA-2940AU (PCI) (AIC-7861)
- Adaptec AHA-294x/U/W/UW/D/WD (AIC-7871, AIC-7844, AIC-7881, AIC-7884)
- Adaptec AHA-3940/U/W (PCI) (AIC-7872, AIC-7882) (since 1.3.6)
- Adaptec AHA-398x/U/W (PCI) (AIC-7873, AIC-7883)
- Adaptec PCI contrôleurs avec AIC-7850, AIC-7855, AIC-7860
- Adaptec sur carte contrôleur avec AIC-777x (EISA), AIC-785x, AIC-787x (PCI), AIC-788x (PCI)
- Always IN2000
- BusLogic (ISA/EISA/VLB/PCI) (tous modèles)
- DPT PM2001, PM2012A (EATA-PIO)

DPT Smartcache/SmartRAID familles Plus,III,IV (ISA/EISA/PCI).

http://www.uni-mainz.de/~neuffer/scsi/dpt/(EATA-DMA)

- Les cartes de ces familles sont PM2011, PM2021, PM2041, PM3021, PM2012B, PM2022, PM2122, PM2322, PM2042, PM3122, PM3222, PM3332, PM2024, PM2124, PM2044, PM2144, PM3224, PM3334
- DTC 329x (EISA) (compatible Adaptec 154x)
- Future Domain TMC-16x0, TMC-3260 (PCI)
- Future Domain TMC-8xx, TMC-950
- Puces Future Domain TMC-1800, TMC-18C50, TMC-18C30, TMC-36C70
- ICP-Vortex PCI-SCSI Contrôleurs de batteries de disques (nombreux niveaux RAID supportés)

  Les patches pour Linux 1.2.13 et 2.0.29 sont disponibles à

  ftp://icp-vortex.com/download/linux/

  Les contrôleurs GDT6111RP, GDT6121RP, GDT6117RP, GDT6127RP, GDT6511RP, GDT6521RP, GDT6517RP, GDT6527RP, GDT6537RP et GDT6557RP sont supportés. Vous pouvez aussi utiliser pre-patch-2.0.31-4 pour pre-patch-2.0.31-9.
- Contrôleurs ICP-Vortex EISA-SCSI (nombreux niveaux RAID supportés)

  Les patches pour Linux 1.2.13 et 2.0.29 sont disponibles à l'adresse

  ftp://icp-vortex.com/download/linux/

  Les contrôleurs GDT3000B, GDT3000A, GDT3010A, GDT3020A et GDT3050A sont supportés. Vous pouvez aussi utiliser pre-patch-2.0.31-4 pour pre-patch-2.0.31-9.
- Media Vision Pro Audio Spectrum 16 SCSI (ISA)
- NCR 5380 (cartes génériques)
- NCR 53c400 (Trantor T130B) (utiliser le support générique NCR 5380 SCSI)
- NCR 53c406a (Acculogic ISApport / Media Vision Premium 3D SCSI)
- NCR puces 53C7x0
- NCR puces 53C810, 53C815, 53C820, 53C825, 53C860, 53C875, 53C895
- Qlogic / Control Concepts SCSI/IDE (FAS408) (ISA/VLB)
- Quantum ISA-200S, ISA-250MG
- Seagate ST-01/ST-02 (ISA)
- SoundBlaster 16 SCSI-2 (compatible Adaptec 152x) (ISA)
- Tekram DC-390, DC-390W/U/F
- Trantor T128/T128F/T228 (ISA)
- UltraStor 14F (ISA), 24F (EISA), 34F (VLB)
- Western Digital WD7000 SCSI

• Autres

Processeur	Site
AMD AM53C974, AM79C974 (PCI) (Compaq, HP, Zeos onboard SCSI)	**ftp://sunsite.unc.edu/pub/Linux/kernel/patches/scsi/AM53C974-0.3.tgz**
Adaptec ACB-40xx SCSI-MFM/RLL bridgeboard	**ftp://sunsite.unc.edu/pub/Linux/kernel/patches/scsi/adaptec-40XX.tar.gz**
Always Technologies AL-500	**ftp://sunsite.unc.edu/pub/Linux/kernel/patches/scsi/al500-0.2.tar.gz**
BusLogic (ISA/EISA/VLB/PCI) (nouveau pilote beta)	**ftp://sunsite.unc.edu/pub/Linux/kernel/patches/scsi/BusLogic-1.3.0.tar.gz**
Iomega PC2/2B	**ftp://sunsite.unc.edu/pub/Linux/kernel/patches/scsi/iomega_pc2-1.1.x.tar.gz**
Qlogic (ISP1020) (PCI)	**ftp://sunsite.unc.edu/pub/Linux/kernel/patches/scsi/isp1020-0.5.gz**
Ricoh GSI-8	**ftp://tsx-11.mit.edu/pub/linux/ALPHA/scsi/gsi8.tar.gz**

• Contrôleurs non supportés

- Adaptateurs SCSI sur port parallèle.
- Cartes DTC non compatibles Adaptec (327x, 328x).

Contrôleurs (E/S)

Toute carte standard composite série/parallèle/jeu. Linux gère les puces UART 8250, 16450, 16550, et 16550A et les cartes supportant les adresses IRQ non standard (IRQ > 9) peuvent être utilisées.

Reportez-vous à la note AN-493 de National Semiconductor, de Martin S. Michael. La section 5.0 décrit en détail les différences entre NS16550 et NS16550A. Pour résumer, le modèle NS16550 contient des bogues dans les circuits FIFO, mais la puce NS16550A (et les suivantes) ont été corrigées. Toutefois, il existe quelques rares puces NS16550 en circulation.

De nombreuses parties de "16550" des cartes modernes proviennent de fabricants de parties compatibles, et ne peuvent pas utiliser le suffixe "A" de National. De même, certaines cartes multiports utilisent les circuits multiports 16552, 16554 de National ou d'autres fournisseurs (généralement dans un package soudé sur la carte, et non sous la forme d'un circuit à quarante broches). Il n'y a pas à s'en préoccuper, sauf avec le très ancien circuit NS16550 de National (sans "A") sur une vieille carte, auquel cas il faut le traiter comme un 16450 (sans FIFO) qu'un 16550A. Zhahai Stewart — **zstewart@hisys.com**

Contrôleurs passifs (multiports) supportés

- Usenet Serial Board II

Les cartes passives (ou non intelligentes) se répartissent en deux catégories : la première utilise les adresses standard des ports de communication et quatre adresses IRQ ; la seconde, compatible AST FourPort, utilise un bloc d'adresses sélectionnable et une seule adresse IRQ (définis avec `setserial`). Si vous avez l'une de ces cartes, vérifiez à quel standard elle se conforme ; le prix n'est pas un critère.

Contrôleurs intelligents gérés

- Computone IntelliPort II (4/8/16 port)

  ftp://ftp.computone.com/pub/bbs/beta/ip2linux-1.0.2.tar.gz
- Cyclades Cyclom-8Y/16Y (8, 16 ports) (ISA/PCI)
- DigiBoard PC/Xe (ISA), PC/Xi (EISA) et PC/Xeve

  ftp://ftp.digibd.com/drivers/linux/
- Cartes Equinox SST Intelligent serial I/O

  http://www.equinox.com
- Hayes ESP versions 1, 2 et 8 ports. Inclus dans le noyau depuis 2.1.15. Le pilote des versions de noyau 2.0.x peut être trouvé à l'adresse

  http://www.nyx.net/~arobinso
- Stallion EasyIO (ISA) / EasyConnection 8/32 (ISA/MCA)
- Stallion EasyConnection 8/64 / ONboard (ISA/EISA/MCA) / Brumby / Stallion (ISA)

Autres

- Comtrol RocketPort (8/16/32 port)

  ftp://sunsite.unc.edu/pub/Linux/kernel/patches/serial/ comtrol-1.04.tar.gz
- DigiBoard COM/Xi. Contacter Simon Park (**si@wimpol.demon.co.uk**) ou Mark Hatle (**fray@krypton.mankato.msus.edu**).
- Moxa C102, C104, C168, C218 (8 port), C320 (8/16/24/32 extensible) et C320T

  ftp://ftp.moxa.com.tw/drivers/linux/
- Specialix SIO/XIO (modulaire, 4 pour32 ports)

  ftp://sunsite.unc.edu/pub/Linux/kernel/patches/serial/ sidrv.taz

Adaptateurs réseau

Un adaptateur Ethernet peut être de très bonne comme de très mauvaise qualité. En général, plus la conception est récente, meilleur il est. Certaines cartes très anciennes comme les 3c501 présentent l'unique avantage d'être vendues 5 dollars au marché aux puces ! Toutes ne sont pas de bons clones, et les mauvaises peuvent provoquer des blocages intempestifs sous Linux. Lisez le document *Ethernet HOWTO* pour des descriptions détaillées des cartes (voir l'Annexe B).

• Adaptateurs réseau supportés

Cartes Ethernet supportées

- Pour les cartes Ethernet équipées de la famille DECchip DC21x4x, le pilote "Tulip" convient. On peut trouver davantage d'informations sur ce pilote à l'adresse

  http://cesdis.gsfc.nasa.gov/linux/drivers/tulip.html.
- Znyx 312 etherarray (pilote Tulip)

ISDN

- Page WWW ISDN pour Linux

  http://www.ix.de/ix/linux/linux-isdn.html
- Teles S0

  ftp://ftp.franken.de/pub/isdn4linux/
- Les cartes ISDN qui émulent les modems standards ou les cartes Ethernet courantes n'ont pas besoin de pilote spécial pour fonctionner

Adaptateurs de poche et portables

- Pour davantage d'informations sur Linux et l'utilisation du port parallèle, rendez-vous à la page d'accueil Linux Parallel Port

  http://www.torque.net/linux-pp.html
- D-Link DE600/DE620 (adaptateur sur port parallèle)

Slotless

- PLIP (port parallèle), avec un "câble LapLink" ou un câble bi-directionnel

ARCnet

- Fonctionne avec toutes les cartes ARCnet

Token Ring

- Toute carte Token Ring IBM n'utilisant pas DMA
- IBM Tropic
- Madge Token Ring OCI 16/4 Mk2

FDDI

- DEC DEFEA (EISA) / DEFPA (PCI) (noyau 2.0.24 et ultérieur)

Radio amateur (AX.25)

- La plupart des cartes génériques basées sur 8530 HDLC

Cartes PCMCIA

Voir l'Annexe B pour une liste complète.

• Autres

- Ethernet
- Racal-Interlan PCI card (puce AMD PC 97c970)
- ISDN
- SpellCaster's Datacomute/BRI, Telecomute/BRI (ISA)
  ftp://ftp.franken.de/pub/isdn4linux/
- ATM
- Efficient Networks ENI155P-MF 155 Mbps ATM adapter (PCI)
  http://lrcwww.epfl.ch/linux-atm/
- Relais de trame
- Sangoma S502 56K Carte relais de trame
  ftp://ftp.sovereign.org/pub/wan/fr/
- Wireless
- Proxim RangeLan2 7100 (ISA) / 630x (OEM mini-ISA)
  http://www.komacke.com/distribution.html

• Non supportées

- Cartes Sysconnect / Schneider & Koch Token Ring (toutes)

Cartes son

- 6850 UART MIDI
- Adlib (OPL2)

- Audio Excell DSP16
- Aztech Sound Galaxy NX Pro
- Cartes à base de Crystal CS4232 (PnP)
- ECHO-PSS (Orchid SW32, Cardinal DSP16, etc.)
- Ensoniq SoundScape
- Gravis Ultrasound
- Carte fille Gravis Ultrasound 16-bit
- Gravis Ultrasound MAX
- Logitech SoundMan Games (SBPro, support stéréo 44kHz)
- Logitech SoundMan Wave (Jazz16/OPL4)
- Logitech SoundMan 16 (compatible PAS-16)
- MediaTriX AudioTriX Pro
- Media Vision Premium 3D (Jazz16)
- Media Vision Pro Sonic 16 (Jazz)
- Media Vision Pro Audio Spectrum 16
- Microsoft Sound System (AD1848)
- Cartes OAK OTI-601D(Mozart)
- Cartes OPTi 82C925. Utiliser le pilote MSS et les outils isapnp
- Cartes OPTi 82C928/82C929 (MAD16/MAD16 Pro/ISP16/Mozart)
- Cartes OPTi 82C931. Voir **http://oto.dyn.ml.org/~drees/opti931.html**
- Sound Blaster
- Sound Blaster Pro
- Sound Blaster 16
- Turtle Beach Wavefront (Maui, Tropez)
- Wave Blaster (et autres cartes filles)
- Cartes basées sur les puces ESS Technologies AudioDrive (688, 1688, 1868, etc)
- Le support de AWE32/64 est démarré dans les noyaux 2.1.x (consulter le SoundBlaster AWE mini-HOWTO de Marcus Brinkmann pour les détails d'installation)
- MPU-401 MIDI

• Autres

Carte	Site
MPU-401 MIDI(mode intelligent)	**ftp://sunsite.unc.edu/pub/Linux/kernel/sound/mpu401-0.2.tar.gz**
Haut-parleur PC/DAC port parallèle	**ftp://ftp.informatik.hu-berlin.de/pub/os/linux/hu-sound/**
Turtle Beach MultiSound/Tahiti/Monterey	**ftp://ftp.cs.colorado.edu/users/mccreary/archive/tbeach/multisound/**

• Cartes non supportées

Le circuit ASP sur les séries SoundBlaster 16 et AWE32 n'est pas supporté. Le synthétiseur Emu MIDI ne l'est également pas. Nathan Laredo (**laredo@gnu.ai.mit.edu**) peut écrire des pilotes AWE32 si vous le lui demandez ou pour pratiquement tout matériel si vous lui envoyez celui-ci.

Les cartes SoundBlaster 16 avec DSP 4.11 et 4.12 contiennent un bogue matériel provoquant des blocages lorsqu'elles jouent des fichiers MIDI et audio digitaux en même temps. Le problème peut survenir avec les cartes filles Wave Blaster ou les périphériques MIDI connectés sur le port MIDI. On ne connaît pas de correction.

Disques durs

Tout disque dur devrait convenir si le contrôleur est géré (liste dans le *HOWTO SCSI*). Tout disque SCSI à accès direct devrait convenir (longueur des blocs : 256, 512 ou 1 024 bits). Les autres longueurs ne conviennent pas. Notez cependant que ce problème peut être résolu en changeant la longueur des blocs et/ou des secteurs grâce à la commande MODE SELECT SCSI.

Les gros disques IDE fonctionnent correctement avec les noyaux récents. La partition d'amorçage doit se trouver dans les 1024 premiers cylindres, à cause de limitations imposées par le BIOS PC.

Certains disques Conner CFP1060S peuvent avoir des problèmes avec Linux et `ext2fs`. Les symptômes sont des erreurs concernant les inodes lors de `e2fsck` et des systèmes de fichier endommagés, que Conner a corrigés. Contacter Conner au 1-800-4 CONNER (USA) ou +44-1294-315333 (Europe).

Certains disques Micropolis ont des problèmes avec les cartes Adaptec et BusLogic ; contactez les fabricants si vous suspectez des problèmes.

- Pilote de périphériques multiples (RAID-0, RAID-1), **ftp://sweet-smoke.ufr-info-p7.ibp.fr/public/Linux/**.

Lecteurs de bandes magnétiques supportés

- Lecteurs SCSI (extraits du document SCSI HOWTO). Ceux qui contiennent des blocs de longueur, fixe ou variable, inférieure à la longueur de la mémoire tampon du pilote (32Ko d'après les sources de distribution). En principe, tous les lecteurs devraient fonctionner. (Envoyez un courrier électronique à l'auteur de ce livre si vous avez remarqué une incompatibilité.)
- QIC-02
- Iomega DITTO interne (ftape 3.04c et plus récent)
- Lecteurs QIC-117, QIC-40/80 QIC-3010/3020 (QIC-WIDE). La plupart des lecteurs de bandes utilisant le contrôleur de disquettes devraient convenir. Divers contrôleurs dédiés (Colorado FC-10/FC-20, Mountain Mach-2 et Iomega Tape Controller II) sont également gérés

  ftp://sunsite.unc.edu/pub/Linux/kernel/tapes.
- Lecteurs ATAPI

  Pour eux, un pilote alpha (ide-tape.c) est disponible dans le noyau. Les lecteurs de bande ATAPI supportés sont Seagate TapeStor 8000 et Conner CTMA 4000 IDE ATAPI Streaming

• Non supportés

- Cartes contrôleurs de lecteurs Emerald et Tecmar QIC-02. Chris Ulrich (**insom@math.ucr.edu**)
- Lecteurs se connectant au port parallèle (exemple : Colorado Trakker)
- Certains contrôleurs de bandes à haut débit (Colorado TC-15)
- Irwin AX250L/Accutrak 250 (pas QIC-80)
- Unité de sauvegarde interne IBM (pas QIC-80)
- COREtape Light

Lecteurs de CD-ROM supportés

Pour davantage d'informations sur les lecteurs de CD-ROM, consultez le CDROM HOWTO à l'adresse **http://sunsite.unc.edu/LDP/HOWTO/**.

- Les SCSI extraits du document CD-ROM HOWTO. Tout lecteur SCSI CD-ROM avec une taille de bloc de 512 ou 2 048 octets devrait fonctionner avec Linux ; cela comprend la vaste majorité de ceux disponibles sur le marché.
- Lecteurs de CD-ROM EIDE (ATAPI) (IDECD) Presque tous les lecteurs à double, quadruple, et sextuple vitesse sont supportés, y compris :
  - Mitsumi FX400
  - Nec-260
  - Sony 55E

• Lecteurs de CD-ROM propriétaires

- Aztech CDA268-01A, Orchid CDS-3110, Okano/Wearnes CDD-110, Conrad TXC, CyCDROM
- CR520ie/CR540ie/CR940ie (AZTCD)
- Creative Labs CD-200(F) (SBPCD)
- Funai E2550UA/MK4015 (SBPCD)
- GoldStar R420 (GSCD)
- IBM Externe ISA (SBPCD)
- Kotobuki (SBPCD)
- Lasermate CR328A (OPTCD)
- LMS Philips CM 206 (CM206)
- Longshine LCS-7260 (SBPCD)
- Matsushita/Panasonic CR-521/522/523/562/563 (SBPCD)
- MicroSolutions Backpack pour port parallèle (BPCD)
- Mitsumi CR DC LU05S (MCD/MCDX)
- Mitsumi FX001D/F (MCD/MCDX)
- Optics Storage Dolphin 8000AT (OPTCD)
- Sanyo H94A (SJCD)
- Sony CDU31A/CDU33A (CDU31A)
- Sony CDU-510/CDU-515 (SOMYCD535)
- Sony CDU-535/CDU-531 (SONYCD535)
- Teac CD-55A SuperQuad (SBPCD)

• Autres

- LMS/Philips CM 205/225/202
  ftp://sunsite.unc.edu/pub/Linux/kernel/patches/cdrom/lmscd0.4.tar.gz

- NEC CDR-35D (old)
  ftp://sunsite.unc.edu/pub/Linux/kernel/patches/cdrom/linux-neccdr35d.patch
- Sony SCSI multisession CD-XA
  ftp://tsx-11.mit.edu/pub/linux/patches/sony-multi-0.00.tar.gz
- Pilote de port parallèle
  http://www.torque.net/linux-pp.html

• Notes

Tous les lecteurs de CD-ROM devraient fonctionner de façon similaire pour lire les données. Il existe divers problèmes de compatibilité avec les utilitaires de lecture de CD audio (surtout avec certains lecteurs NEC). Certains pilotes en phase alpha ne gèrent pas le son.

Des lecteurs NEC anciens (simple vitesse) peuvent présenter des problèmes avec les contrôleurs SCSI actuel.

PhotoCD (XA) est supporté. Le programme hpcdtoppm de Hadmut Danisch convertit les fichiers PhotoCD dans le format portable pixmap. Vous pouvez vous le procurer à l'adresse **ftp://ftp.gwdg.de/pub/linux/hpcdtoppm** ou comme l'un des utiltaires PBM.

La lecture de CD vidéo est également supportée dans les noyaux 2.1.3x et ultérieurs. Un patch existe pour le noyau 2.0.30.

Enfin, la plupart des chargeurs de CD-ROM IDE sont supportés.

Graveurs de CD-ROM

De nombreux graveurs de CD-ROM sont désormais supportés par Linux. Pour en connaître la liste à jour, consultez le *Linux CD-Writing mini-HOWTO* à l'adresse :

http://sunsite.unc.edu/LDP/HOWTO/mini/CD-Writing

ou consultez :

http://www.shop.de/cgi-bin/wini/lsc.pl

ftp://sunsite.unc.edu/pub/Linux/utils/disk-management/

Cdwrite et cdrecord (**http://www.fokus.gmd.de/nthp/employees/schilling/cdrecord.html)** servent à graver des CD-ROM. Le paquetage X-CD-Roast pour Linux est un frontal graphique destiné à l'utilisation des programmes de gravure. Vous pouvez vous le procurer à l'adresse :

ftp://sunsite.unc.edu/pub/Linux/utils/disk-management/xcdroast-0.96b.tar.gz.

- Grundig CDR 100 IPW
- HP CD-Writer+ 7100
- HP SureStore 4020i
- HP SureStore 6020es/i
- JVC XR-W2010
- Mitsubishi CDRW-225
- Mitsumi CR-2600TE
- Olympus CDS 620E
- Philips CDD-522/2000/2600/3610
- Pinnacle Micro RCD-5020/5040
- Plextor CDR PX-24CS
- Ricoh MP 1420C
- Ricoh MP 6200S/6201S
- Sanyo CRD-R24S
- Smart et Friendly Internal 2006 Plus 2.05
- Sony CDU 920S/924/926S
- Taiyo Yuden EW-50
- TEAC CD-R50S
- WPI(Wearnes) CDR-632P
- WPI(Wearnes) CDRW-622
- Yamaha CDR-100
- Yamaha CDR-200/200t/200tx
- Yamaha CDR-400t/400tx

Lecteurs amovibles

Tous les lecteurs SCSI devraient fonctionner si le contrôleur est géré, y compris les lecteurs optiques, (MO), WORM, floptical, Bernoulli, Zip, Jaz, SyQuest, PD, et autres.

- Lecteurs Zip sur port parallèle : **ftp://gear.torque.net/pub/**
- Avatar Shark-250 sur port parallèle : **http://www.torque.net/shark.html**

Les disques amovibles fonctionnent comme les disques durs et les disquettes. Exécutez simplement fdisk/mkfs et montez les disques. Linux offre le verrouillage des lecteurs si votre matériel le permet. On peut également utiliser mtools lorsque les disques sont au format MS-DOS.

Les lecteurs CD-R ont besoin d'un logiciel spécial pour fonctionner. Consultez le CD-R Mini-HOWTO.

Linux supporte les disques de 512 et de 1 024 octets/secteur. A partir du noyau 2.1.32, Linux supporte également 2 048 octets/secteur. Un patch destiné au noyau 2.0.30 est disponible à l'adresse :

http://liniere.gen.u-tokyo.ac.jp/2048.html

Le support 2 048 octets/secteur est nécessaire pour les lecteurs de disques magnéto-optiques Fujitsu M2513.

A partir du pre-patch-2.0.31-3 les lecteurs IDE/ATAPI internes Zip, flopticals et PD sont supportés.

- LS-120 floptical
- PD-CD

Souris supportées

- Souris série Microsoft
- Souris série Mouse Systems
- Souris série Logitech Mouseman
- Souris série Logitech
- ATI XL Inport busmouse
- C&T 82C710 (QuickPort) (Toshiba, TI Travelmate)
- Microsoft busmouse
- Logitech busmouse
- Souris PS/2 (périphérique auxiliaire)

• Autres

- **Sejin J**
  ftp://sunsite.unc.edu/pub/Linux/kernel/patches/console/jmouse.1.1.70-jmouse.tar.gz
- **MultiMouse.** Utilise plusieurs périphériques souris comme une seule souris
  ftp://sunsite.unc.edu/pub/Linux/system/Misc/MultiMouse-1.0.tgz
- **Microsoft Intellimouse**

• Notes

Les périphériques de type "Touchpad", par exemple Alp Glidepoint, fonctionnent également s'ils sont compatibles avec un autre protocole pour les souris.

Les souris Logitech les plus récentes (sauf les modèles Mouseman) utilisent le protocole Microsoft et les trois boutons fonctionnent. Même si les Microsoft n'ont que deux boutons, le protocole en autorise trois. Le port souris des cartes ATI Graphics Ultra et Ultra Pro utilise le protocole Logitech busmouse. (Reportez-vous au document Busmouse HOWTO pour plus de détails.)

Modems

Tous les modems internes, ainsi que les externes connectés au port série, sont gérés par Linux. Malheureusement, certains fabricants ont créé des modems uniquement destinés à Windows 95. Consultez l'Annexe D qui fournit la liste du matériel incompatible avec Linux. Quelques-uns sont fournis avec un logiciel DOS qui télécharge le programme de contrôle au moment de l'exécution. Ils peuvent normalement être utilisés en chargeant le programme sous DOS et en effectuant un redémarrage à chaud. Il est préférable d'éviter de tels modems, car ceux-ci ne sont utilisables qu'avec du matériel PC. Les modems PCMCIA devraient fonctionner avec les pilotes PCMCIA. Les modems/fax ont besoin d'un logiciel fax adéquat pour fonctionner. Vérifiez également que la partie fax du modem supporte Class 2 ou Class 2.0. Il semble qu'en général les logiciels de fax d'UNIX ne supportent pas Class 1.0.

- **Digicom Connection 96+/14.4+.** Programme de téléchargement du code DSP
  ftp://sunsite.unc.edu/pub/Linux/system/Serial/smdl- linux.1.02.tar.gz
- **Motorola ModemSURFR interne 56K.** Ajouter deux lignes à RC.SERIAL pour prendre en compte l'IRQ et les ports, s'ils ne sont pas standards.
- Séries ZyXEL U-1496.
- ZyXEL 1.4, programme de contrôle voix/fax/modem
  http://www.pe1chl.demon.nl/ZyXEL/ZyXEL-1.6.tar.gz
- **Séries ZyXEL Elite 2864.** Programme de contrôle modem/fax/voix.
  http://www.pe1chl.demon.nl/ZyXEL/ZyXEL-1.6.tar.gz
- **ZyXEL Omni TA 128.** Programme de contrôle modem/fax/voix.
  http://www.pe1chl.demon.nl/ZyXEL/ZyXEL-1.6.tar.gz

Imprimantes et tables traçantes

Toutes les imprimantes et tables traçantes connectées aux ports parallèles ou série devraient fonctionner. Malheureusement, certains fabricants ont créé des imprimantes uniquement destinées à Windows 95. Consultez l'Annexe D qui fournit la liste du matériel incompatible avec Linux.

- Séries HP LaserJet 4, free-lj4, programme de contrôle des modes d'impression.
  ftp://sunsite.unc.edu/pub/Linux/system/printing/free-lj4-1.1p1.tar.gz

- BiTronics interface port parallèle.

  ftp://sunsite.unc.edu/pub/Linux/kernel/patches/misc/bt-ALPHA-0.0.1.module.patch.gz

• Ghostscript

La plupart des programmes Linux génèrent des fichiers PostScript. Les imprimantes non PostScript peuvent émuler PostScript Niveau 2 au moyen de GhostScript.

- Ghostscript : **ftp://ftp.cs.wisc.edu/pub/ghost/aladdin/**

GhostScript fonctionne avec les imprimantes suivantes :

- Apple Imagewriter
- C. Itoh M8510
- Canon BubbleJet BJ10e (bj10e)
- Canon BubbleJet BJ200, BJC-210 (B/W only), BJC-240 (B/W only) (bj200)
- Canon BubbleJet BJC-600, BJC-610, BJC-4000, BJC-4100, BJC-450, MultiPASS C2500, BJC-240
- BJC-70 (bjc600)
- Canon BubbleJet BJC-800 (bjc800)
- Canon LBP-8II, LIPS III
- DEC LA50/70/75/75plus
- DEC LN03, LJ250
- Epson 9 aiguilles, 24 aiguilles, séries LQ, AP3250
- Epson Stylus Color/Color II/500/800 (stcolor)
- HP 2563B
- HP DesignJet 650C
- HP DeskJet, Deskjet Plus (deskjet)
- HP Deskjet 500, Deskjet Portable (djet500)
- HP DeskJet 400/500C/540C/690C/693C (cdj500)
- HP DeskJet 550C/560C/600/660C/682C/683C/693C/850/870Cse (cdj550)
- HP DeskJet 850/870Cse/870Cxi/680 (cdj850)
- HP DeskJet 500C/510/520/5540C/693C impression en noir seulement (cdjmono)
- HP DeskJet 600 (lj4dith)
- HP DeskJet 600/870Cse, LaserJet 5/5L (ljet4)

- HP Deskjet 500/500C/510/520/540/550C/560C/850C/855C
  ftp:ftp.pdb.sni.de/pub/utilities/misc/hpdj-2.1.tar.gz
- HP PaintJet XL300, Deskjet 600/1200C/1600C (pjxl300)
- HP LaserJet/Plus/II/III/4
- HP PaintJet/XL
- IBM Jetprinter couleur
- IBM Proprinter
- Imagen ImPress
- Mitsubishi CP50 couleur
- NEC P6/P6+/P60
- Oki OL410ex LED (ljet4)
- Okidata MicroLine 182
- Ricoh 4081/6000 (r4081)
- SPARCprinter
- Imprimante StarJet 48 inkjet
- Tektronix 4693d couleur 2/4/8 bits
- Tables traçantes Tektronix 4695/4696 inkjet
- Xerox XES (2700, 3700, 4045, etc.)

- **Autres**
  - Imprimantes couleur Canon BJC600/800
    ftp://petole.imag.fr/pub/postscript/ghostscript/bjc600/

Scanners

Le paquetage SANE (Scanner Access Now Easy) concerne le support des scanners. Vous trouverez des informations à l'adresse :

http://www.mostang.com/sane/

Il peut être téléchargé à partir de **ftp://ftp.mostang.com/pub/sane/**. Il s'agit d'une interface scanner universelle. Elle est livrée au complet, avec une documentation et plusieurs frontaux.

Vous trouverez d'autres informations sur les scanners à main à l'adresse

http://swt-www.informatik.uni-hamburg.de/~1willamo/scanner.html

• Supportés

A4 Tech AC 4096 / AS 8000P	**ftp://ftp.informatik.hu-berlin.de/pub/local/linux/a4scan/a4scan.tgz**
Adara Image Star I	**http://fb4-1112.uni-muenster.de/ffwd/**
	ftp://fb4-1112.uni-muenster.de/pub/ffwd/mtekscan-0.2.tar.gz
Conrad Personal Scanner 64, P105 scanners à main	**ftp://tsx-11.mit.edu/pub/linux/ALPHA/scanner/scan-driver-0.1.8.tar.gz**
Epson GT6000	**ftp://sunsite.unc.edu/pub/Linux/apps/graphics/capture/ppic0.5.tar.gz**
Fujitsu SCSI-2 scanners	contacter Dr. G.W. Wettstein <**greg%wind.UUCP@plains.nodak.edu**>
Genius ColorPage-SP2	**http://fb4-1112.uni-muenster.de/ffwd/**
	ftp://fb4-1112.uni-muenster.de/pub/ffwd/mtekscan-0.2.tar.gz
Genius GS-B105G scanner à main	**ftp://tsx-11.mit.edu/pub/linux/ALPHA/scanner/gs105-0.0.1.tar.gz**
Genius GeniScan GS4500, GS4500A scanners à main	**ftp://tsx-11.mit.edu/pub/linux/ALPHA/scanner/gs4500-2.0.tar.gz**
HighScreen Greyscan 256 scanner à main	**ftp://tsx-11.mit.edu/pub/linux/ALPHA/scanner/gs4500-2.0.tar.gz**
HP ScanJet II séries SCSI	**ftp://sunsite.unc.edu/pub/Linux/apps/graphics/capture/hpscanpbm-0.3a.tar.gz**
HP ScanJet IIc, IIcx, IIp, 3c, 4c, 4p, 5p, 5pse, plus	**http://www.tummy.com/xvscan/**
Logitech Scanman+, Scanman 32, Scanman 256 scanners à main	**ftp://tsx-11.mit.edu/pub/linux/ALPHA/scanner/logiscan-0.0.4.tar.gz**
Microtek ScanMaker modèles E3, E6, II, IIXE, III et 35t	**http://fb4-1112.uni-muenster.de/ffwd/**
	ftp://fb4-1112.uni-muenster.de/pub/ffwd/mtekscan-0.2.tar.gz
Mustek M105 scanner à main	**ftp://tsx-11.mit.edu/pub/linux/ALPHA/scanner/scan-driver-0.1.8.tar.gz**
Mustek HT800 Turbo, Matador 105, Matador 256 scanners à main	**ftp://tsx-11.mit.edu/pub/linux/ALPHA/scanner/scan-driver-0.1.8.tar.gz**
Mustek Paragon 6000CX	**ftp://sunsite.unc.edu/pub/Linux/apps/graphics/capture/muscan-2.0.6.taz**

Nikon Coolscan SCSI scanner de films 35mm	**ftp://sunsite.unc.edu/pub/Linux/apps/graphics/capture/coolscan-0.2.tgz**
Pearl 256 scanner à main	**ftp://tsx-11.mit.edu/pub/linux/ALPHA/scanner/scan-driver-0.1.8.tar.gz**
UMAX SCSI scanners	**ftp://tsx-11.mit.edu/pub/linux/ALPHA/scanner/umax-0.5.5.tar.gz**

Les pilotes Mustek ne fonctionnent qu'avec les cartes d'interface GI1904. Eric Chang **eric.chang@chrysalis.org** a créé un patch pour les utiliser avec les cartes d'interface IF960.

• Autres

Genius GS-4000, ScanMate/32, ScanMate/GS handheld scanners	**ftp://tsx-11.mit.edu/pub/linux/ALPHA/scanner/gs4500-2.0.tar.gz**
Mustek HT105, M800 scanners à main	**ftp://tsx-11.mit.edu/pub/linux/ALPHA/scanner/scan-driver-0.1.8.tar.gz**
Voelkner Personal Scanner 64 scanner à main	**ftp://tsx-11.mit.edu/pub/linux/ALPHA/scanner/scan-driver-0.1.8.tar.gz**

• Non supportés

- Escom 256 (Primax Lector Premier 256) scanner à main
- Genius ScanMate/256 scanners à main
- Mustek CG8000 scanner à main
- Trust Ami Scan scanner à main

Autres matériels

- Moniteurs VESA avec économie d'énergie (DPMS)

La gestion de l'économie d'énergie est incluse dans le noyau. Il suffit d'utiliser `setterm` pour l'activer.

• Ecrans tactiles

Le serveur X de Metro-X supporte l'écran tactile suivant :

- Carrol Touch serial : **http://www.carrolltouch.com**

• Terminaux sur port série

Vous pouvez facilement utiliser les terminaux anciens sous Linux en les connectant à un port série de votre système. Au minimum, les terminaux suivants sont supportés :

- VT52
- VT100
- VT220
- VT320
- VT420

• Manettes de jeu

Le support des manettes de jeu est présent dans les dernières distributions de XFree86 (3.3.x) et dans les versions 2.1.xx du noyau. Pour les noyaux plus anciens, référez-vous aux liens suivants :

- Pilote Joystick
  ftp://sunsite.unc.edu/pub/Linux/kernel/patches/console/joystick-0.8.0.tgz
- Pilote Joystick (module) :
  ftp://sunsite.unc.edu/pub/Linux/kernel/patches/console/joyfixed.tgz

• Cartes de capture vidéo / Tuners TV

Plusieurs programmes supportant les tuners TV sont disponibles :

BTTV	**http://www.thp.Uni-Koeln.DE/~rjkm/linux/bttv.html**
Xawtv	
Xtvscreen	
Data Translation DT2803	
Data Translation DT2851 Capture d'image	**ftp://sunsite.unc.edu/pub/Linux/apps/video/dt2851-2.01.tar.gz**
Data Translation DT3155	**http://krusty.eecs.umich.edu/people/ncowan/linux/welcome.html**
Diamond DTV2000 (basé sur BT848)	
Dipix XPG1000/FPG/PPMAPA (basé sur TI C40 DSP). La plupart des cartes supplémentaires sont supportées.	**http://www.thp.Uni-Koeln.DE/~rjkm/linux/bttv.html**
Epix SVM	
Epix Silicon Video MUX séries de cartes de capture d'images vidéo	**http://www.ssc.com/lj/issue13/npc13c.html**

FAST Screen Machine II	**ftp://sunsite.unc.edu/pub/Linux/apps/video/ScreenMachinell.2.0.tgz**
Hauppage Wincast TV PCI (basé sur BT848)	**http://www.thp.Uni-Koeln.DE/~rjkm/linux/bttv.html**
Imaging Technology ITI/IC-PCI	**ftp://ftp.gom-online.de/pub/IC-PCI/icpci-0.3.2.tar.gz**
ImageNation Cortex I	**ftp://sunsite.unc.edu/pub/Linux/apps/video/cortex.drv.1.1.tgz**
ImageNation CX100	**ftp://sunsite.unc.edu/pub/Linux/apps/video/cxdrv-0.86.tar.gz**
ImageNation PX500 (en cours de fabrication). Demander l'avancement actuel	**rubini@linux.it**
Imaging Technology Inc. IC-PCI carte de capture d'image	**ftp://gandalf.expmech.ing.tu-bs.de/pub/driver/icpci-0.2.0.tar.gz**
Matrox Meteor	**ftp://sunsite.unc.edu/pub/Linux/apps/video/meteor-1.4a.tgz**
Matrox PIP-1024	**http://www.powerup.com.au/~sobeyp/pip_tar.gz**
MaxiTV/PCI (basé sur ZR36120)	**ftp://sunsite.unc.edu/pub/Linux/kernel/misc-cards/zr36120-971127.tgz**
Miro PCTV (basé sur BT848)	**http://www.thp.Uni-Koeln.DE/~rjkm/linux/bttv.html**
MuTech MV1000 PCI	**ftp://sunsite.unc.edu/pub/Linux/apps/video/mv1000drv-0.33.tgz**
MuTech MV200	**http://www.powerup.com.au/~sobeyp/mu_tar.gz**
Philips PCA10TV (plus fabriqué)	**ftp://ftp.il.ft.hse.nl/pub/tv1000/pctv1000.02.tgz**
Pro Movie Studio	**ftp://sunsite.unc.edu/pub/Linux/apps/video/PMS-grabber.3.0.tgz**
Quanta WinVision B&W carte de capture vidéo	**ftp://sunsite.unc.edu/pub/Linux/apps/video/fgrabber-1.0.tgz**
Quickcam	**ftp://sunsite.unc.edu/pub/Linux/apps/video/qcam-0.7c-5.tar.gz**
Sensus 700	**http://www.robots.com/s700.htm**
Smart Video Recoder III (basé sur BT848)	**http://www.thp.Uni-Koeln.DE/~rjkm/linux/bttv.html**
STB TV PCI Television Tuner (basé sur BT848)	**http://www.thp.Uni-Koeln.DE/~rjkm/linux/bttv.html**
Tekram C210 (basé sur ZR36120)	**ftp://sunsite.unc.edu/pub/Linux/kernel/misc-cards/zr36120-971127.tgz**
Video Blaster, Rombo Media Pro+	**ftp://sunsite.unc.edu/pub/Linux/apps/video/vid_src-0.6.tgz**
VT1500 TV cartes	**ftp://sunsite.unc.edu/pub/Linux/apps/video/vt1500-1.0.9.tar.gz**

• Appareil photo numérique

- HP Photo Smart

ftp://ftp.itojun.org/pub/digi-cam/

• Alimentations non interruptibles

Différentes alimentations sont supportées, lisez le UPS HOWTO

- APC SmartUPS
  ftp://sunsite.unc.edu/pub/Linux/system/ups/apcd-0.5.tar.gz
- APC-BackUPS 400/600, APC-SmartUPS SU700/1400RM
  ftp://sunsite.unc.edu/pub/Linux/system/ups/apcupsd-2.2.tar.gz
- UPS's with RS-232 surveillance de port (paquetage genpower)
  ftp://sunsite.unc.edu/pub/Linux/system/ups/genpower-1.0.1.tgz
- MGE UPS
  http://www.mgeups.com/download/softlib.htm
  http://www.mgeups.com/download/software/linux/upsp.tgz
- Démon destiné à allumer et éteindre les ordinateurs. Il connaît les réseaux et autorise les modes serveur et client.
  ftp://sunsite.unc.edu/pub/Linux/system/ups/powerd-2.0.tar.gz

• Cartes multifonctions

- Carte d'interface sonore Pro Audio Spectrum 16 SCSI / Sound

• Acquisition de données

Le site Linux Lab Project collecte les pilotes pour le matériel d'acquisition de données ; il maintient également des listes de diffusion se rapportant à ce sujet. Contactez ce site pour plus d'informations.

- Linux Lab Project : **http://www.llp.fu-berlin.de/**
- CED 1401
- DBCC CAMAC
- cartes IEEE-488 (GPIB, HPIB)
- Keithley DAS-1200
- National Instruments AT-MIO-16F / Lab-PC+
- Carte Analog Devices RTI-800/815 ADC/DAC : contacter Paul Gortmaker (**gpg109@anu.edu.au**)

- **Interfaces horloges de surveillance**
  - ICS WDT500-P
    http://www.indcomp.src.com/products/data/html/wdt500-p.html
  - ICS WDT501-P (avec et sans tachymètre de ventilateur)
    http://www.indcomp.src.com/products/data/html/wdt500-p.html

- **Divers**
  - Mattel Powerglove
  - Carte radio AIMS Labs RadioTrack FM
    ftp://sunsite.unc.edu/pub/Linux/apps/sound/radio/radiotrack-1.1.tgz
  - Carte radio Reveal FM
    ftp://magoo.uwsuper.edu/docs/radio.html
  - Cartes Videotext
    ftp://sunsite.unc.edu/pub/Linux/apps/video/videoteXt-0.6.tar.gz

- **Sources d'information connexes**

Information	Site
Archive FAQ de Cameron Spitzer, concernant le matériel	**ftp://rahul.net/pub/cameron/PC-info/**
Numéro de téléphone des fournisseurs de matériels et de logiciels	**http://mtmis1.mis.semi.harris.com/comp_ph1.html**
Guide des fournisseurs de matériel informatique	**http://guide.sbanetweb.com/**
Information sur l'optimisation des systèmes	**http://www.dfw.net/~sdw/**

Remerciements

Merci à tous les auteurs et à ceux qui ont contribué aux documents HOWTO ; de nombreuses informations ici présentes y ont été puisées sans vergogne ; à FRiC, Zane Healy et Ed Carp, les auteurs initiaux de ce HOWTO ; à tous ceux qui ont envoyé des mises à jour et nous ont fait part de leurs réactions. Remerciements particuliers à Eric Boerner et Lilo (la personne et non le programme) pour leurs vérifications pertinentes. Merci également à Dan Quinlan pour la conversion initiale en SGML.

Annexe A : cartes S3 supportées par XFree86 3.3.1.

- CHIPSETRAMDAC CLOCKCHIPBPPCARD 801/805AT&T 20C490 16 Actix GE 32 / 32+ 2Mb Orchid Fahrenheit 1280(+) 801/805AT&T 20C490 ICD2061A 16 STB Power-Graph X.24 801/805 Del S3 805 Miro Crystal 8S Orchid Fahrenheit VA VL-41 805 S3 GENDAC 16 Miro 10SD VLB/PCI SPEA Mirage VLB 801/805SS2410 ICD2061A 8 Diamond Stealth 24 VLB/ISA 801/805AT&T 20C490 Ch8391 16 JAX 8231/8241, SPEA Mirage 801/805S3 GENDAC Miro Crystal 10SD 805i Actix GE 32i ELSA Winner 1000 ISA 928 AT&T 20C490 16 Actix Ultra 928 Sierra SC15025 ICD2061A 32 ELSA Winner 1000 ISA/VLB/EISA 928 Bt485 ICD2061A 32 STB Pegasus VL 928 Bt485 SC11412 16 SPEA(/V7) Mercury VLB 928 Bt485 ICD2061A 32 #9 GXE Level 10/11/12 928 Ti3020 ICD2061A 32 #9 GXE Level 14/16 928 928Movie Diamond Stealth Pro ELSA Winner 1000TwinBus ELSA Winner 1000VL ELSA Winner 2000 Miro Crystal 16S 864 ICD2061A Miro Crystal 20SD (BIOS 2.xx) 864 AT&T 20C498 ICS2494 32 Miro (Crystal) 20SD (BIOS 1.xx) 864 AT&T 20C498/ ICD2061A/ 32 ELSA Winner 1000 PRO VLB/PCI 864 STG1700 ICS9161 MIRO 20SD (BIOS 2.x) ELAS Winner 1000 PRO 864 STG1700 ICD2061A 32 Actix GE 64 VLB 864 AT&T 20C498/ ICS2595 16 SPEA(/V7) Mirage P64 DRAM (BIOS 3.x) AT&T 21C498 864 S3 86C716 SDAC 32 ELSA Winner 1000 PRO Miro 20SD (BIOS 3.x) SPEA Mirage P64 DRAM (BIOS 4.x) Diamond Stealth 64 DRAM Genoa Phantom 64i Miro Crystal 20SD VLB (BIOS 3.xx) 864 ICS5342 ICS5342 32 Diamond Stealth 64 DRAM (some) 864 SDAC Diamond Stealth 64 Graphics 2001 864 AT&T 20C498-13ICD2061A 32 #9 GXE64 PCI 864 ASUS Video Magic PCI V864 VidTech FastMax P20
- CHIPSETRAMDAC CLOCKCHIPBPPCARD 964 ELSA Winner 2000 PRO-2,4 spider Tarantula 64 964 AT&T 20C505 ICD2061A 32 Miro Crystal 20SV PCI/40SV 964 Bt485 ICD2061A 32 Diamond Stealth 64 964 Bt9485 ICS9161A 32 SPEA Mercury 64 964 Ti3020 ICD2061A 8 ELSA Winner 2000 PRO PCI 964 Ti3025 Ti3025 32 #9 GXE64 Pro VLB/PCI Miro Crystal 40SV 964 IBM RGB 32 Hercules Graphite Terminator 64 868 S3 86C716 SDAC 32 ELSA Winner 1000AVI Miro Crystal 20SD PCI 868 AT&T 29C409 ELSA Winner 1000AVI 868 Diamond Stealth Video DRAM Diamond Stealth 64 Video 2120/2200 ELSA Winner 1000PRO/X #9 FX Motion 531 VideoLogic GrafixStar 500 968 Diamond Stealth 64 Video 3200 ELSA Gloria-4/8 ELSA Winner 2000AVI ELSA Winner 2000PRO/X-2/X-4/X-8 Genoa VideoBlitz III AV Hercules Graphite Terminator Pro 64 LeadTek WinFast S430 LeadTek WinFast S510 Miro Crystal 80SV Miro Crystal 20SV #9 FX Motion 771 VideoLogic GrafixStar 700 WinFast S430/S510 968 TVP3026 32 ELSA Winner 2000PRO/X Diamond Stealth 64 Video VRAM 968 IBM RGB 32 Genoa VideoBlitz III AVI Hercules Terminator Pro 64 STB Velocity 64 Video #9 FX Motion 771 Diamond Stealth 64 Video 3240/3400 968 TI RAMDAC Diamond Stealth 64 Video

3240/3400 732 (Trio32) 32 Diamond Stealth 64 DRAM SE (all Trio32 based cards) 764 (Trio64) 32 SPEA Mirage P64 (BIOS 5.x) Diamond Stealth 64 DRAM Diamond Stealth 64 Graphics 2xx0 #9 FX Vision 330 STB PowerGraph 64 (all Trio64 based cards)

- CHIPSETRAMDAC CLOCKCHIPBPPCARD (Trio64V+) DSV3326 Diamond Stealth 64 Video 2001 DataExpert DSV3365 ExpertColor DSV3365 MAXColor S3 Trio64V+ ELSA Winner 1000TRIO/V Hercules Terminator 64/Video #9 FX Motion 331 STB Powergraph 64 Video VideoLogic GrafixStar 400 (Trio64V2) ELSA Winner 1000/T2D (ViRGE) Canopus Co. Power Window 3DV DSV3325 DataExpert DSV3325 Diamond Multimedia Stealth 3D 2000 Diamond Multimedia Stealth 3D 2000 PRO Diamond Stealth 3D 2000 Diamond Stealth 3D 2000 PRO Diamond Stealth 3D 3000 ELSA Victory 3D ELSA Victory 3DX ELSA Winner 3000-S Expertcolor DSV3325 Hercules Terminator 64/3D Lead-Tek WinFast 3D S600 MELCO WGP-VG4S #9 FX Motion 332 Orchid Tech. Fahrenheit Video 3D STB systems Powergraph 3D WinFast 3D S600 (ViRGE/DX) Hercules Terminator 3D/DX (ViRGE/GX) STB Nitro 3D (ViRGE/VX) ELSA Winner 2000AVI/3D ELSA Winner 3000 ELSA Winner 3000-L-42/-M-22 MELCO WGP-VX8 STB Systems Velocity 3D 911/924 Diamond Stealth VRAM 924 SC1148 DAC
- NOTE : pour les circuits ViRGE/VX,DX,GX,GX2 vous avez besoin de XFree86 3.3.1. Vous devez utiliser le serveur XF86_SVGA.

Annexe B : cartes PCMCIA supportées

Ces cartes sont compatibles avec le module PCMCIA de David Hind ; cette liste provient de sa page Web.

• Cartes Ethernet

- Les cartes SMC, Megahertz et Ositech utilisent le pilote smc91c92_cs
- Les cartes 3Com et Farallon utilisent le pilote 3c589_cs
- Les cartes Fujitsu, TDK, RATOC, CONTEC, Eagle et Nextcom utilisent le pilote fmvj18x_cs

Toutes les autres cartes utilisent le pilote pcnet_cs. Les autres cartes compatibles NE2000 qui ne sont pas indiquées devraient également fonctionner avec pcnet_cs.

- 3Com 3c589, 3c589B, 3c589C, 3c589D
- Accton EN2212, EN2216 EtherCard
- Allied Telesis CentreCOM CE6001, LA-PCM
- Asante FriendlyNet
- AST 1082 Ethernet
- CeLAN EPCMCIA
- CNet CN30BC, CN40BC Ethernet

- Compex/ReadyLINK Ethernet Combo
- Compex Linkport Ethernet
- Connectware LANdingGear Adapter
- CONTEC C-NET(PC)C
- Danpex EN-6200P2 Ethernet
- Datatrek NetCard
- Dayna Communications CommuniCard E
- Digital DEPCM-AA Ethernet
- Digital EtherWORKS Turbo Ethernet
- D-Link DE-650, DE-660
- Eagle NE200 Ethernet
- Edimax Technology Ethernet Combo
- EFA InfoExpress 205, 207 Combo
- Eiger Labs EPX-ET10T2 Combo
- ELECOM Laneed LD-CDWA, LD-CDX, LD-CDNIA, LD-CDY
- EP-210 Ethernet
- Epson Ethernet
- EtherPRIME Ethernet
- Explorer NE-10000 Ethernet
- EZLink 4109 Ethernet
- Farallon Etherwave
- Fiberline FL-4680
- Fujitsu FMV-J181, FMV-J182, FMV-J182A
- Fujitsu Towa LA501
- Gateway 2000 Ethernet
- Genius ME3000II Ethernet
- Grey Cell Ethernet
- GVC NIC-2000P Ethernet Combo
- Hitachi HT-4840-11 EtherCard
- Hypertec HyperEnet
- IBM CreditCard Ethernet Adapter
- IC-Card Ethernet

- Infotel IN650ct Ethernet
- I-O Data PCLA/T
- Katron PE-520 Ethernet
- Kingston KNE-PCM/M, KNE-PC2
- LANEED Ethernet
- LanPro EP4000A
- Lantech Ethernet
- Linksys EtherCard
- Logitec LPM-LN10T, LPM-LN10BA Ethernet
- Longshine Ethernet
- Macnica ME-1 Ethernet
- Maxtech PCN2000 Ethernet
- Megahertz XJ10BT, XJ10BC, CC10BT Ethernet
- Melco LPC-TJ, LPC-TS
- Micronet Etherfast Adapter
- NDC Instant-Link
- Network General ''Sniffer''
- New Media EthernetLAN
- New Media LiveWir (NOT the LiveWire+)
- New Media BASICS Ethernet
- NextCom NC5310
- Novell/National NE4100 InfoMover
- Ositech Four of Diamonds
- Panasonic CF-VEL211P-B
- Planet SmartCom 2000, 3500
- PreMax PE-200 Ethernet
- Proteon Ethernet
- Ratoc REX-9822, REX-5588A/W
- Relia RE2408T Ethernet
- RPTI EP400, EP401 Ethernet
- SCM Ethernet
- SMC 8020BT EtherEZ (not the EliteCard)
- Socket Communications Socket EA LAN Adapter
- SuperSocket RE450T

- Surecom Ethernet
- SVEC PN605C
- TDK LAC-CD02x, LAK-CD021, LAK-CD022A, LAK-CD021AX Ethernet
- Thomas-Conrad Ethernet
- Trust Ethernet Combo
- Volktek NPL-402CT Ethernet
- Xircom CreditCard CE2

• Adaptateurs Fast Ethernet (10/100baseT)

- Linksys EtherFast 10/100
- Xircom CreditCard CE3

• Adaptateurs Token-ring

Vous devez disposer au minimum du noyau 1.3.72

- IBM Token ring Adapter
- 3Com 3c689 TokenLink III

• Adaptateurs réseau Wireless

- AT&T GIS / NCR WaveLAN version 2.0
- DEC RoamAbout/DS
- Xircom CreditCard Netwave

• ISDN

- ELSA PCMCIA

• Cartes modem et série

Pratiquement toutes les cartes modem, série à un port et modems cellulaires numériques devraient fonctionner. Par ailleurs, les modems ISDN qui émulent un UART standard sont supportés.

- Advantech COMpad-32/85 série deux ports
- Cartes Quatech, IOTech dual RS-232
- Carte Quatech quad RS-232
- Carte Socket Communications dual RS-232

• Cartes mémoire

Toutes les cartes SRAM devraient fonctionner. Les cartes flash non supportées peuvent être lues, mais non écrites.

- Epson 2MB SRAM
- IBM 8MB Flash
- Intel Series 2 and Series 2+ Flash
- Maxtor MobileMax 16MB Flash
- New Media SRAM
- TDK Flash Memory SFM20W/C 20MB

• Adaptateurs SCSI

Prudence. De nombreux fabricants, en particulier les fabricants de CD-ROM, semblent changer de circuits contrôleurs à leur convenance. Ils utilisent en général un code produit différent, mais pas toujours : les anciennes cartes (supportées) New Media Bus Toaster ne sont pas faciles à distinguer des cartes actuelles (non supportées) Bus Toaster.

- Adaptateur APA-1460, APA-1460A, APA-1450A SlimSCSI
- Adaptateur Digital SCSI II
- Eiger Labs SCSI (Not the Eiger SS-1000)
- Future Domain SCSI2GO
- IBM SCSI
- Carte Iomega ZIP
- IO-DATA PCSC-II, PCSC-II-L
- IO-DATA CDG-PX44/PCSC CD-ROM
- Logitec LPM-SCSI2
- Logitec LCD-601 CD-ROM
- MACNICA mPS110, mPS110-LP SCSI
- Melco IFC-SC2, IFC-DC
- NEC PC-9801N-J03R
- New Media Bus Toaster SCSI (anciennes cartes seulement)
- New Media Toast 'n Jam (SCSI seulement)
- Panasonic KXL-D740, KXL-DN740A, KXL-DN740A-NB 4X CD-ROM
- Pioneer PCP-PR1W CD-ROM
- Qlogic FastSCSI
- Raven CD-Note 4X

- RATOC REX-9530 SCSI-2
- Simple Technologies SCSI
- Sony CD-ROM Discman PRD-250
- Taxan ICD-400PN
- Toshiba NWB0107ABK, SCSC200B

• Adaptateurs de CD-ROM ATA/IDE

Noyau 1.3.72 minimum

- Argosy EIDE CD-ROM
- Caravelle CD-36N
- Creative Technology CD-ROM
- Digital Mobile Media CD-ROM
- EXP CD940 CD-ROM
- IO-DATA CDP-TX4/PCIDE, CDP-TX6/PCIDE, CDP-TX10/PCIDE, CDV-HDN6/PCIDE,
- MOP-230/PCIDE
- H45 Technologies Quick 2x CD-ROM

• Cartes multifonctions

Noyau 1.3.73 minimum

- 3Com 3c562, 3c562B/C/D, 3c563B/C/D
- ActionTec Comnet EF336 modem 28.8 + ethernet 10Mb (seule la partie modem fonctionne)
- IBM Home et Away Card
- Linksys LANmodem 28.8, 33.6
- Megahertz/U.S. Robotics EM1144, EM3288, EM3336
- Motorola Mariner
- Motorola Marquis
- Ositech Jack de Diamonds
- Xircom CreditCard CEM28, CEM33, CEM56

• Cartes lecteur ATA/IDE

Ces cartes lecteur sont supportées à partir du noyau 1.3.72. Les cartes Flash-ATA et rotating-media sont supportées.

• Cartes diverses

- Trimble Mobile GPS (utilise le pilote série/modem)

• Cartes avec pilote distribué séparément

- IBM Smart Capture (Koji Okamura **oka@nanotsu.kobe-u.ac.jp**)

• En cours...

Certaines personnes travaillent sur les cartes suivantes :

- Nat'l Inst DAQCard (Eric Gonzalez **root@colomsat.net.co**)
- Roland SCP-55 MIDI (Toshiaki Nakatsu **ir9k-nkt@asahi.net.or.jp**)
- CyberRom CD-ROM (David Rowntree **rowntree@dircon.co.uk**)
- IO DATA PCSC-II (Katayama Nobuhiro **kata-n@po.iijnet.or.jp**)
- Macnica mPS-1x0 (Katayama Nobuhiro **kata-n@po.iijnet.or.jp**)
- FORTEZZA encryption (Rex Riggins **rriggins@radium.ncsc.mil**)
- Harris PRISM/AM79C930 (Mark Mathews **mark@mail.absoval.com**)
- IBM Etherjet (Danilo Beuche **danili@cs.tu-berlin.de**). On peut se procurer le pilote à l'adresse :

http://www.first.gmd.de/~danilo/pc-driver

- Teles
- Hayes ESP contact er Dennis Boylan <**dennis@lan.com**>
- PCMCIA
- Xircom CE3 (Werner Koch **werner.koch@guug.de**)

• Cartes non supportées

- ActionTec Comnet EF336 modem 28.8 + ethernet 10Mb (partie ethernet non supportée)
- Adaptec/Trantor APA-460 SlimSCSI
- Lecteur de disquettes CanonCompaq PCMCIA
- New Media .WAVjammer et toutes les autres cartes son
- Tous les adaptateurs ethernet 100baseT
- Panasonic KXL-D720, KXL-D745
- SMC 8016 EliteCard

- Adaptateur wireless Telxon/Aironet
- Xircom CE II Ethernet/Modem
- Xircom CE-10BT Ethernet

Annexe C : périphériques Plug and Play

Pour les personnes qui ont du mal à faire fonctionner des périphériques Plug and Play, il existe des utilitaires ISA PnP écrits par Peter Fox. Citation du README : "ces programmes permettent la configuration de périphériques ISA Plug-And-Play sur une machine Linux".

Ce programme convient à tous les systèmes, qu'ils possèdent ou non un BIOS PnP.

Les commandes proviennent de la spécification Plug and Play ISA Version 1.0a. (**ftp://ftp.redhat.com/pub/pnp/docs/**)

On peut trouver davantage d'informations sur les utilitaires ISA PnP sur le site Web de Peter Fox :

http://www.roestock.demon.co.uk/isapnptools/

Merci de m'indiquer le matériel (qui, normalement, n'est pas supporté sous Linux) que l'on peut faire fonctionner à l'aide de ces utilitaires. Ils seront ajoutés à cette annexe.

Annexe D : matériel incompatible avec Linux

Certains fabricants ont créé des périphériques compatibles uniquement avec MS-Dos et Windows 95. Ils semblent émuler une partie du matériel normalement disponible de ces périphériques grâce à des paquetages logiciels vendus avec le périphérique. Les spécifications de ces périphériques ne sont pas rendues publiques, aussi est-il presque impossible de leur écrire des pilotes. Voici la liste des périphériques connus pour leur incompatibilité avec Linux.

Pour simplifier, il vaut mieux éviter le matériel qui indique "A besoin de Windows" ou "Windows uniquement".

- Imprimante Canon LBP-465
- Imprimantes Hewlet Packard HP Deskjet 820xx
- Imprimantes Hewlet Packard HP Deskjet 720C, 722C
- Imprimante Lexmark 1000 inkjet
- Imprimante Sharp JX-9210
- Modem interne Boca Research 28.8 (modèle MV34AI)
- Modem DSVD

- Modem Multiwave Innovation CommWave V.34 (**http://www.multiwave.com/**)
- US Robotics WinModem series
- Modem Zoltrix 33.6 Win HSP Voice/Speaker Phone
- Carte modem/série Compaq 192 PCMCIA
- Carte modem/série New Media Winsurfer PCMCIA

Glossaire

Terme	Définition
AGP	*Accelerated Graphics Port*. Mécanisme d'interconnexion de bus destiné à améliorer la performance des applications graphiques 3D. AGP est un bus dédié du sous-système graphique vers le circuit logique central. **http://www.euro.dell.com/intl/euro/r+d/r+dnews/vectors/vect_2-1/v2-1_agp.htm**
ATAPI	*AT Attachment Packet Interface*. Nouveau protocole de contrôle des périphériques de stockage volumineux semblable aux protocoles SCSI. Il réside sur l'interface ATA (AT Attachment), le nom officiel du Standard ANSI pour l'interface IDE développée pour les lecteurs de disques durs. ATAPI est couramment utilisé pour les disques durs, les lecteurs de CD-ROM, les lecteurs de bandes, et d'autres périphériques.
ATM	*Asynchronous Transfer Mode*
CDDA	Capacité pour un graveur de CD-ROM à lire des pistes audio.
DMA	*Direct Memory Access*
EGA	*Enhanced Graphics Adapter*
EIDE	*Enhanced IDE*
EISA	*Extended Industry System Architecture*
FDDI	*Fiber Distributed Data Interface*. Réseau local en anneau haute vitesse.
IDE	*Integrated Drive Electronics*. Chaque lecteur possède un contrôleur intégré.
ISA	*Industry System Architecture*
ISDN	*Integrated Services Digital Network*. Réseau numérique à intégration de services (Numéris)
MCA	*MicroChannel Architecture*
MFM	*Modified Frequency Modulation*
MMX	*Multimedia Extensions*. Ajoutées à la plus récente génération des processeurs Pentium de Intel, ces extensions permettent de meilleures qualités audio et vidéo.
PCI	*Pheripheral Component Interconnect*. Bus 32 bits conçu par Intel.
RAID	*Redudant Arrays of Inexpensive Disks*. L'idée de base d'un RAID consiste à combiner plusieurs petits disques durs bon marché dans une batterie de disques durs, ce qui produit une performance supérieure à celle d'un seul gros lecteur coûteux. Il existe cinq types d'architectures de batteries redondantes RAID : de RAID-1 à RAID-5. Une batterie non redondante de lecteurs de disques porte le nom RAID-0. **http://www.uni-mainz.de/~neuffer/scsi/what_is_raid.html**

Terme	Définition
RLL	*Run Length Limited.* (méthode de compression de données)
SCSI	*Small Computer Systems Interface.* Interface standard définie pour tous les périphériques d'un ordinateur. Elle permet de n'utiliser qu'un seul adaptateur pour tous les périphériques. **http://www.uni-mainz.de/~neuffer/scsi/what_is_scsi.html**
SVGA	*Super Video Graphics Adapter*
UART	*Universal Asynchronous Receiver Transmitter*
VGA	*Video Graphics Adapter*
VLB	*VESA Local Bus*
WORM	Write Once Read Many

D La Licence Publique Générale GNU

Qu'est-ce exactement que GNU ? Beaucoup croient que les logiciels GNU font partie du domaine public, et d'autres qu'il s'agit de shareware. Tous ont tort. Fondamentalement, un logiciel GNU est un logiciel dont les droits d'auteur sont réservés, et dont les auteurs ont autorisé la diffusion sous certaines conditions. Ces conditions comprennent les dispositions nécessaires pour fournir le code source, et prévoient qu'aucune partie du logiciel ne peut être placée sous un copyright qui limiterait la diffusion ultérieure du logiciel — c'est-à-dire que vous ne pouvez pas utiliser dans votre programme un code source sous Licence GNU, sans rendre votre code source librement accessible.

Même si la Licence GNU prévoit que vous deviez rendre votre code source librement accessible, cela ne signifie pas que vous deviez donner gratuitement votre programme ; vous pouvez percevoir une rétribution pour votre programme, mais elle DOIT comprendre le code source des parties GNU et de VOTRE partie. Vous ne pouvez pas percevoir une rétribution pour la partie exécutable du programme et une autre pour le code source —, mais un seul prix pour les deux. Vous ne pouvez par conséquent rien retenir, ni facturer de supplément pour ce que vous pourriez considérer comme du code source propriétaire. C'est le principal inconvénient rencontré par de nombreux responsables logiciel lorsqu'ils utilisent des logiciels GNU dans leurs programmes — ils ne veulent pas mettre leur code source à la disposition de leurs concurrents.

Mais le concept de GNU va plus loin, et la meilleure source d'explication de ce concept est peut-être Richard Stallman, le fondateur de la philosohie GNU. Stallman est membre fondateur et promoteur de le FSF (*Free Software Foundation*). Il croit très fermement que tous les logiciels devraient être libres et que l'utilisation des systèmes informatiques devrait être ouverte à tout le monde. Le fait que des programmes comme Linux et emacs soient librement accessibles répond à cette philosophie. Chacun peut en disposer pour son propre usage. Les utilisateurs sont également encouragés à y apporter des modifications et à les partager avec autrui.

INFO

On se réfère parfois à la Licence GNU par GNU copyleft*, jeu de mots basé sur "copyright". GNU est également un jeu de mots —* GNU's Not UNIX *(*GNU n'est pas UNIX*). Pour davantage d'informations sur le copyleft GNU, consultez*

http://www.fsf.org/copyleft/copyleft.html

Quel rapport Linux a-t-il avec tout cela ? Les divers composants de Linux sont distribués sous la Licence Publique Générale de GNU. Par conséquent, Linux n'est ni du domaine public, ni

un shareware. Linus Torvalds et les autres conservent le copyright sur leurs travaux sous la GPL. Le reste de cette annexe est la GPL telle qu'elle est publiée par la Free Software Federation.

INFO

Le site Web de la Free Software Foundation est :
http://www.fsf.org

La licence GNU

Version 2, Juin 1991

Copyright© 1989, 1991 Free Software Foundation, Inc. 675 Mass Ave, Cambridge, MA 02139, USA.

Chacun est autorisé à copier et à distribuer des copies exactes de ce document, mais aucune modification ne peut y être apportée.

Préambule

Les licences d'utilisation de la plupart des logiciels sont destinées à vous empêcher de les partager et les modifier. A l'opposé, la Licence Publique Générale GNU vous permet de partager et de modifier les logiciels librement accessibles, afin de garantir qu'ils restent disponibles pour tous leurs utilisateurs. Cette Licence Publique Générale s'applique à la plupart des programmes de la Free Software Foundation et à tout autre programme que les auteurs décident d'y soumettre. (D'autres logiciels de la Free Software Foundation sont aussi couverts par la Licence Publique Générale pour Bibliothèques GNU.) Vous pouvez également l'appliquer à vos programmes.

Lorsque nous parlons de logiciel librement accessible, nous nous référons à une liberté, non à un prix. Nos licences sont conçues pour garantir que vous êtes libre de distribuer des copies des programmes (et vous faire rémunérer pour ce service si vous le souhaitez), que vous recevez ou pouvez vous procurer le code source, que vous pouvez modifier les programmes ou en utiliser certaines parties dans d'autres programmes libres, et que vous savez que vous pouvez faire tout cela.

Afin de protéger vos droits, nous devons imposer des restrictions interdisant à quiconque de vous refuser ces droits ou de vous demander d'y renoncer. Ces restrictions vous donnent des responsabilités, si vous distribuez ou modifiez des copies de programmes.

Par exemple, si vous distribuez, gratuitement ou non, des copies d'un programme, vous devez accorder tous les droits que vous possédez aux utilisateurs. Vous devez vous assurer qu'eux aussi reçoivent ou peuvent se procurer le code source. Et vous devez leur montrer ces clauses afin qu'ils connaissent leurs droits.

Nous protégeons vos droits par deux moyens : (1) le copyright du logiciel, et (2) la délivrance de cette licence qui vous autorise légalement à copier, distribuer et/ou modifier le logiciel.

En outre, pour la protection de chaque auteur et la nôtre, nous voulons nous assurer que chacun comprend bien qu'il n'existe aucune garantie pour ce programme libre. Si le logiciel est modifié par une tierce personne et retransmis, nous voulons que ses destinataires sachent qu'ils ne détiennent pas l'original, de façon que les problèmes introduits par les tiers n'entachent pas la réputation de l'auteur original.

Enfin, tout programme libre est continuellement menacé par des brevets de logiciels. Nous voulons nous protéger du danger que des redistributeurs d'un programme libre en obtiennent individuellement la licence. Pour éviter cela, nous avons clairement indiqué que tout brevet devait accorder l'utilisation libre pour tous ou aucune autorisation.

Les termes et conditions exacts de copie, distribution et modification sont les suivants.

Termes et conditions de copie, distribution et modification de la Licence Publique Générale GNU

Cette licence s'applique à tout programme ou à toute autre œuvre contenant une notice placée par le détenteur du copyright, indiquant qu'il peut être distribué suivant les termes de cette Licence Publique Générale. Le "Programme" ci-dessous fait référence à ce programme ou à cette œuvre, et une "œuvre basée sur le Programme" signifie soit le Programme, soit toute œuvre qui en est dérivée selon la loi : c'est-à-dire une œuvre contenant le programme ou une partie de celui-ci, identique ou avec des modifications, et/ou traduite dans une autre langue. (A partir de maintenant, "traduction" fera partie intégrante du terme "modification"). Chaque personne bénéficiant de la licence est désignée par "Vous".

Les activités autres que la copie, la distribution et la modification ne sont pas couvertes par cette licence ; elles sortent de son cadre. L'utilisation du Programme n'est pas limitée, et les données qui en proviennent ne sont couvertes que si leur contenu constitue une œuvre reposant sur le Programme (indépendante ou ayant été réalisée avec le programme). Cela dépend du rôle du Programme.

1. Vous pouvez copier et distribuer des copies conformes du code source du programme tel que vous le recevez, par n'importe quel moyen, à condition de publier sur chaque copie

un copyright approprié et une limitation de garantie, de conserver telles quelles toutes les stipulations qui font référence à cette licence et à l'absence de toute garantie, et de fournir à tous les autres destinataires du Programme une copie de cette Licence jointe au Programme.

Vous pouvez vous faire rémunérer pour l'acte physique de transfert d'une copie, et vous êtes libre de proposer une garantie en contrepartie d'une rémunération.

2. Vous pouvez modifier votre ou vos copie(s) du Programme ou toute partie de celui-ci, formant ainsi une œuvre basée sur le Programme, et copier et distribuer ces modifications ou cette œuvre selon les termes de l'article 1 ci-dessus, à condition que vous vous conformiez également aux conditions suivantes :

a. Vous devez faire en sorte que les fichiers modifiés indiquent clairement que vous les avez modifiés, et la date de chaque modification.

b. Vous devez faire en sorte que toute œuvre que vous distribuez ou publiez, qui contient ou qui dérive de tout ou partie du Programme, soit distribuée comme un tout et sans droits selon les termes de cette licence.

c. Si le programme modifié lit des commandes de manière interactive, vous devez faire en sorte qu'au moment où il est lancé pour une utilisation interactive ordinaire, il affiche un message indiquant à l'utilisateur :

- le copyright approprié, ainsi que l'absence de garantie (ou l'existence d'une garantie proposée par vous),
- qu'il est autorisé à redistribuer le programme sous ces conditions,
- par quel moyen il peut lire une copie de cette Licence.
- exception : si le Programme est interactif, mais n'affiche normalement pas un tel message, votre œuvre dérivée du Programme n'est pas tenue d'en afficher un.

Ces conditions s'appliquent à l'ensemble des modifications. Si des parties identifiables de l'œuvre ne sont pas dérivées du Programme et peuvent être raisonnablement considérées comme indépendantes et des œuvres en elles-mêmes, cette Licence et ses conditions ne s'appliquent pas à ces parties lorsqu'elles sont distribuées séparément. Mais lorsque vous les distribuez comme éléments d'un ensemble basé sur le Programme, la distribution de cet ensemble doit se faire sous les conditions de cette Licence, lesquelles s'appliquent, pour les autres titulaires de la licence, à toutes les parties de l'ensemble, indépendamment de leur auteur.

Il n'est pas question ici de revendiquer des droits ou de contester vos droits sur une œuvre entièrement écrite par vous, mais d'exercer le droit de contrôler la distribution des œuvres dérivées ou collectives reposant sur le Programme.

En outre, le simple ajout au Programme (ou à une œuvre fondée sur le Programme) d'une autre œuvre non fondée sur le Programme, sur un support de distribution, ne place pas l'autre œuvre dans le cadre de cette Licence.

3. Vous pouvez copier et distribuer le Programme (ou une œuvre qui en dérive selon l'article 2) sous forme de code objet ou exécutable, selon les termes des articles 1 et 2 ci-dessus, à condition :

   a. Que vous accompagniez la distribution correspondante du code source complet lisible par un ordinateur, selon les termes des articles 1 et 2 ci-dessus, sur un support habituellement utilisé pour l'échange de logiciels ; ou,

   b. Que vous l'accompagniez d'une proposition écrite valide pendant trois ans minimum, d'offrir à quiconque, gratuitement ou au simple prix de revient de la distribution physique, une copie du code source correspondant, selon les termes des articles 1 et 2 ci-dessus, sur un support habituellement utilisé pour l'échange de logiciels ; ou,

   c. Que vous l'accompagniez des informations relatives à la proposition de distribution du code source que vous avez reçues.(Cette alternative n'est autorisée que pour une distribution non commerciale, et seulement si vous avez reçu le programme sous forme de code objet ou exécutable avec une telle offre, en accord avec l'alinéa b ci-dessus.)

   Le code source d'une œuvre sous-entend la forme sous laquelle il est le plus facile d'y apporter des modifications. Pour un exécutable, le code source complet signifie le code source de tous les modules qui le composent, plus tous les fichiers de définition d'interfaces associés, de même que les scripts destinés à contrôler la compilation et l'installation de l'exécutable. Toutefois, n'est pas inclus tout ce qui est normalement distribué (que ce soit sous forme de source ou de binaire) avec les composants principaux (compilateur, noyau, etc.) du système d'exploitation sur lequel fonctionne l'exécutable, à moins que ces composants eux-mêmes n'accompagnent l'exécutable.

   Si la distribution de l'exécutable ou du code objet consiste à offrir un accès permettant d'effectuer une copie depuis un endroit indiqué, l'offre d'un accès équivalent pour copier le code source du même endroit équivaut à une distribution du code source, même si les tiers ne sont pas obligés de copier le source avec le code objet.

4. Vous ne pouvez pas copier, modifier, céder, ou distribuer le Programme, autrement que ce que permet expressément cette Licence. Toute tentative de copier, modifier, céder, ou distribuer le Programme d'une façon différente annulera automatiquement vos droits au regard de cette Licence. Toutefois, les tiers qui ont reçu de vous des copies ou des droits selon cette Licence, ne verrons pas leurs droits épuisés, tant qu'ils respecteront pleinement ses conditions.

5. Vous n'êtes pas obligé d'accepter cette Licence, puisque vous ne l'avez pas signée. Cependant, rien d'autre ne vous autorise à modifier ou à distribuer le Programme ou les œuvres

qui en dérivent. Ces actes vous sont interdits par la loi si vous n'acceptez pas cette Licence. Par conséquent, en modifiant ou en distribuant le Programme (ou toute œuvre fondée sur lui), vous indiquez que vous acceptez les termes et conditions de cette Licence.

6. Chaque fois que vous redistribuez le Programme (ou toute œuvre fondée sur lui), le bénéficiaire reçoit automatiquement l'autorisation du détenteur original de copier, distribuer ou modifier le Programme soumis à ces termes et conditions. Vous ne pouvez pas imposer d'autres restrictions sur les droits du bénéficiaire. Vous n'êtes pas responsable du respect de cette Licence par les tiers.

7. Si, à la suite d'une décision de justice, ou d'une allégation d'une violation d'un brevet, ou de toute autre raison (non limitée aux questions de brevets), des conditions vous sont imposées (par un jugement, un accord, ou autre) qui contredisent les dispositions de cette Licence, elles ne vous dégagent pas de ses obligations. Si vous ne pouvez pas concilier vos obligations au regard de cette Licence avec toute autre obligation ayant rapport, vous devez complètement vous abstenir de distribuer le Programme.

Si une partie quelconque de cet article devient invalide ou inapplicable dans une circonstance particulière, le reste de l'article est supposé s'appliquer et la totalité de l'article est supposée s'appliquer dans toutes les autres circonstances.

Cet article n'a pas pour but de vous entraîner à bafouer des brevets ou d'autres droits de propriété, ou à contester leur validité ; elle n'est destinée qu'à protéger l'intégrité du système de distribution du logiciel libre, mis en place par les pratiques de licence publique. De nombreuses personnes ont généreusement contribué à la gamme étendue des programmes distribués selon ce système auquel elles faisaient une entière confiance ; il appartient à chaque auteur/donateur de décider s'il souhaite diffuser ses programmes par un autre système, et ce choix ne peut être imposé par personne.

Cet article est destiné à rendre bien clair ce qui est considéré comme une conséquence de cette Licence.

8. Si la distribution et/ou l'utilisation du Programme est limitée dans certains pays, soit par des brevets, soit par des copyrights sur des interfaces, le détenteur original du copyright qui place le Programme sous cette Licence peut ajouter une clause de limitation géographique de distribution, excluant explicitement ces pays. Dans ce cas, cette Licence intègre la limitation comme si elle y était écrite.

9. La Free Software Foundation peut publier périodiquement des versions mises à jour et/ou nouvelles de la Licence Publique Générale. Celles-ci seront identiques, dans l'esprit, à la présente version, mais pourront différer dans les détails pour répondre à de nouveaux problèmes.

Chaque version possède un numéro distinct. Si le Programme indique qu'un numéro de version de cette Licence et "toute version ultérieure" s'appliquent à lui, vous avez la possibilité de respecter les termes et conditions de cette version ou de toute autre version ultérieure publiée par la Free Software Foundation. Si le programme ne spécifie aucun numéro de version de cette Licence, vous pouvez choisir n'importe quelle version déjà publiée par la Free Software Foundation.

10. Si vous désirez incorporer des parties du Programme dans d'autres programmes libres dont les conditions de distribution sont différentes, écrivez à l'auteur pour lui en demander l'autorisation. Pour les programmes dont le copyright appartient à la Free Software Foundation, écrivez à la Free Software Foundation, nous faisons quelquefois des exceptions pour ce cas. Notre décision sera guidée par le désir de préserver la liberté de tous les dérivés de notre programme libre et par celui de promouvoir le partage et la réutilisation d'un logiciel en général.

LIMITATION DE GARANTIE

11. LE BREVET D'UTILISATION DE CE PROGRAMME PREVOYANT UNE UTILISATION GRATUITE, AUCUNE GARANTIE N'EST ASSUREE, DANS LES LIMITES AUTORISEES PAR LA LOI. SAUF SI MENTIONNE PAR ECRIT, LES DETENTEURS DU COPYRIGHT ET/OU LES TIERS FOURNISSENT LE PROGRAMME "EN L'ETAT" SANS AUCUNE GARANTIE D'AUCUNE SORTE, EXPLICITE OU IMPLICITE, Y COMPRIS, MAIS SANS QUE CELA NE SOIT LIMITATIF, CELLES DE COMMERCIALISATION OU D'APTITUDE A REPONDRE A BESOIN PARTICULIER.VOUS ASSUMEZ TOUS LES RISQUES DECOULANT DE LA QUALITE ET DE LA PERFORMANCE DU PROGRAMME. EN CAS DE DEFECTUOSITE DU PROGRAMME, VOUS SUPPORTEREZ LE COUT DE TOUS LES SERVICES, REPARATIONS OU CORRECTIONS NECESSAIRES.

12. EN AUCUN CAS, SAUF CAS EXPLICITEMENT PREVU PAR LA LOI OU ACCEPTE PAR ECRIT, LE DETENTEUR DU COPYRIGHT NI AUCUNE AUTRE PERSONNE AUTORISEE A MODIFIER ET/OU REDISTRIBUER LE PROGRAMME COMME IL EST INDIQUE CI-DESSUS, NE SERA TENU POUR RESPONSABLE DE TOUT DOMMAGE GENERAL, PARTICULIER, FORTUIT, OU INDIRECT, SURVENANT DE L'UTILISATION OU DE L'IMPOSSIBILITE D'UTILISER LE PROGRAMME (Y COMPRIS, MAIS SANS QUE CELA SOIT LIMITATIF, LA PERTE OU L'IMPOSSIBILITE D'UTILISER DES DONNEES, SUBIE PAR VOUS OU TOUTE AUTRE PERSONNE, OU L'INCAPACITE DU PROGRAMME A FONCTIONNER AVEC D'AUTRES PROGRAMMES), MEME LORSQUE LE DETENTEUR OU LE TIERS A ETE AVERTI DE L'EVENTUALITE DE TELS DOMMAGES.

FIN DES TERMES ET CONDITIONS

Comment appliquer ces règles à vos nouveaux programmes

Si vous développez un nouveau programme, et désirez qu'il soit de la plus grande utilité pour le public, la meilleure méthode consiste à en faire un logiciel libre que tout le monde pourra redistribuer et modifier selon ces termes.

Pour cela, joignez les indications suivantes au programme. Il est plus sûr de les insérer au début de chaque fichier source pour bien préciser l'absence de garantie; et chaque fichier doit contenir au minimum la ligne de "copyright" et un pointeur vers l'endroit où les autres indications résident.

```
<une ligne pour indiquer le nom du programme et donner briève-
ment une idée de son usage.>
Copyright © 19yy <nom de l'auteur>
```

Ce programme est un logiciel libre, vous pouvez le redistribuer et/ou le modifier selon les termes de la Licence Publique Générale GNU telle que publiée par la Free Software Foundation ; soit la version 2 de la licence, soit (à votre convenance) toute autre version ultérieure.

Ce programme est distribué dans l'espoir qu'il sera utile, mais SANS AUCUNE GARANTIE ; même pas les garanties de COMMERCIALISATION ou d'APTITUDE A REPONDRE A UN BESOIN PARTICULIER. Lisez la Licence Publique Générale GNU pour davantage de détails.

Vous devez avoir reçu une copie de la Licence Publique Générale GNU avec ce programme ; si ce n'est pas le cas, écrivez à la Free Software Foundation, Inc., 675 Mass Ave, Cambridge, MA 02139, USA.

Ajoutez également les informations permettant de vous contacter par courrier électronique ou par voie postale.

Si le programme est interactif, faites afficher un court avertissement comme celui-ci lors de son lance-ment en mode interactif :

```
Gnomovision version 98, Copyright © 19yy nom de l'auteur
Gnomovision est fourni sans AUCUNE GARANTIE ; pour plus de détails, saisis-
sez 'show w'.
Ce programme est un logiciel libre, et vous êtes encouragé à le redistri-
buer sous certaines conditions ; saisissez 'show c' pour les détails.
```

Les commandes hypothétiques "show w" et "show c" doivent afficher les parties appropriées de la Licence Publique Générale GNU. Naturellement, vous pouvez les baptiser autrement ; il peut même s'agir de clics de souris, ou d'éléments d'un menu — faites ce qui conviendra le mieux à votre programme.

Vous devez également demander à votre employeur (si vous travaillez en tant que programmeur) ou à votre école, etc., de signer une "renonciation au copyright" concernant le programme, si nécessaire. Voici un exemple (changez les noms) :

```
Yoyodine, Inc., déclare par la présente renoncer à tous les droits de copy-
right sur le programme 'Gnomovision' (qui est proposé aux compila-
teurs) écrit par James Hacker.
"signature de Ty Coon", le 1er Avril 1998
Ty Coon
```

Cette Licence Publique Générale ne permet pas d'intégrer votre programme dans des logiciels propriétaires. Si votre programme est une bibliothèque de fonctions, vous pouvez considérer qu'il est plus utile d'autoriser l'édition des liens des applications propriétaires avec cette bibliothèque. Si c'est ce que vous souhaitez, utilisez la Licence Publique Générale de Bibliothèque GNU à la place de cette Licence.

Installation de StarOffice

Récapitulation des besoins du système Linux

En suivant les instructions de cette section, vous devriez être en mesure de faire fonctionner StarOffice sur pratiquement n'importe quel système Linux répondant aux exigences indiquées. Les besoins d'installation de StarOffice 4.0 sont indiquées au Tableau E.1.

Table E.1 : Système nécessaire à l'installation de StarOffice pour Linux

Elément	Condition
Version du noyau de Linux	2.0.x (ou ultérieure)
Version de la bibliothèque Linux	libc 5.4.22 ou ultérieure jusqu'à la version 6.x (libc 6.x peut être installée sur votre système Linux, mais la version précédente doit être disponible pour StarOffice)
Mémoire du système	32 Mo RAM
Espace de disque dur	11–120 Mo selon le type d'installation
Système X Window	256 ou plus de couleurs ou de gris

Ces conditions sont claires. Portez une attention particulière au fait que StarOffice exige une grande quantité de mémoire et d'espace disque, comparativement à de nombreux programmes Linux. Plus vous en disposez, plus StarOffice fonctionnera régulièrement.

• Vérification de vos variables d'environnement

StarOffice utilise la variable d'environnement LANG pour déterminer les paramètres internationaux du système numérique, de la monnaie et du dictionnaire. La valeur par défaut est _US pour U.S. English. Pour passer en British English, exécutez la commande suivante depuis une ligne de commande, avant d'exécuter StarOffice :

```
export LANG=en_GB
```

• Installations mono-utilisateur et réseau (multiutilisateurs)

L'un des avantages de Linux est d'être un vrai système d'exploitation multiutilisateur. Plusieurs personnes peuvent se connecter sur un réseau et utiliser les fichiers et les services d'un unique système Linux.

StarOffice autorise une installation en réseau, ce qui vous permet d'installer StarOffice dans un emplacement principal (comme /opt ou /usr/local), puis d'installer une partie client relativement réduite (11 Mo) permettant à un utilisateur d'accéder à StarOffice sans que le produit complet (et énorme) ne soit installé dans chacun des répertoires personnels (home).

ASTUCE

Même si vous n'utilisez Linux que comme votre ordinateur de bureau, une installation en réseau est une méthode commode pour permettre à plusieurs comptes utilisateur d'accéder à StarOffice sans dévorer jusqu'à 100 Mo par utilisateur.

• Vérification des autorisations des droits d'accès aux fichiers et des versions des bibliothèques

Cela étant précisé, l'installation de StarOffice est chose simple. La plupart des problèmes ne surviennent que pour une ou deux raisons :

- Vous ne disposez pas des autorisations suffisantes pour créer les répertoires et les fichiers nécessaires à l'installation.
- Les bonnes bibliothèques nécessaires à l'exécution du programme d'installation ou à StarOffice lui-même ne sont pas installées.

Si vous effectuez une installation mono-utilisateur, vous installez StarOffice dans votre répertoire personnel, l'autorisation de créer des fichiers ne pose donc pas problème.

Pour effectuer une installation en réseau, vous vous connecterez probablement en tant que root (ou en tant qu'utilisateur pourvu de certains droits d'administration système). Le répertoire dans lequel vous installez StarOffice doit être accessible en lecture par tous les utilisateurs qui l'utiliseront depuis cet emplacement. Les commandes permettant de définir les droits d'accès au répertoire de StarOffice sont indiquées un peu plus loin dans cette annexe, dans la description de la procédure d'installation.

Si vous installez StarOffice sur un système Linux différent de celui du CD-ROM 3 accompagnant ce livre, il se peut que vous ayez besoin d'installer la version des bibliothèques système utilisées par StarOffice. Vous pouvez vérifier la version installée à l'aide des commandes suivantes :

```
$ cd /usr/lib
$ ls -l libc*
lrwxrwxrwx  1 root root 19 Aug 11 1997 /usr/lib/libc.so ->/lib/libc.so.5.4.22
-r--r--r--  1 root root 19354 Nov  7 1997 /usr/lib/libcomm.so
```

ASTUCE

Si vous n'utilisez pas un système Linux de Caldera, vous pouvez également utiliser la commande suivante, qui fonctionne souvent sur les systèmes Red Hat ou Slackware :

```
$ /sbin/ldconfig -Nv ¦ grep libc.so.5
```

Si l'affichage fait apparaître libc5.4.22 (ou une version postérieure à libc5.x), comme dans l'exemple précédent, StarOffice fonctionnera correctement. Sinon, vous devez l'installer à partir des CD-ROM d'origine qui accompagnent votre distribution Linux, ou d'une version CD-ROM de Linux à jour.

ATTENTION

Vous pouvez télécharger des versions de bibliothèques différentes à partir du site Web suivant :
http://sunsite.unc.edu/pub.Linux/GCC
Mais il est plus prudent d'utiliser une bibliothèque officiellement testée auprès de votre fournisseur Linux.

Après avoir téléchargé et installé la version correcte de libc (décrite à la section suivante), exécutez la commande suivante, pour la rendre accessible à votre système :

```
# ldconfig
```

• Systèmes Linux différents

StarOffice pour Linux a été "sponsorisé" par Caldera, Inc., l'un des premier fournisseurs de produits Linux. Caldera, Inc. a collaboré avec Star Division pour porter la suite StarOffice sur Linux. Cela signifie que StarOffice s'installe sans peine sur les systèmes Caldera OpenLinux, mais qu'il peut demander une légère adaptation pour fonctionner correctement sur les autres systèmes Linux, comme Debian ou Red Hat Linux.

Bien que Caldera OpenLinux exploite l'outil de gestion des paquetages de logiciels RPM (qui repose sur l'utilitaire RPM), StarOffice pour Linux utilise un programme d'installation différent décrit plus loin dans cette annexe. Il n'est pas nécessaire que RPM soit installé sur votre système Linux pour installer StarOffice.

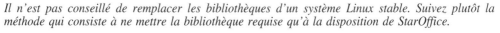

ATTENTION

Il n'est pas conseillé de remplacer les bibliothèques d'un système Linux stable. Suivez plutôt la méthode qui consiste à ne mettre la bibliothèque requise qu'à la disposition de StarOffice.

Si la version de bibliothèque et les autres conditions correspondent à celles décrites au Tableau E.1, StarOffice devrait fonctionner sans problème sur n'importe quel système Linux.

Si une autre version des bibliothèques système est installée, vous souhaiterez certainement n'utiliser la version 5.4.22 de libc que pour StarOffice, sans la rendre disponible pour les autres programmes de votre système Linux. Cette procédure est indiquée dans la section suivante :

Pour installer la version StarOffice de libc de telle sorte que seul StarOffice l'utilise, suivez cette procédure avant de lancer le programme d'installation :

1. Créez le répertoire dans lequel StarOffice sera installé (cet exemple décrit une installation réseau ; vous pouvez également créer ce sous-répertoire dans le répertoire personnel d'un utilisateur).

   ```
   # mkdir /opt/Office40/
   ```

2. Créez un sous-répertoire pour le fichier de la bibliothèque qui sera utilisée par StarOffice.

   ```
   # cd /opt/Office40
   # mkdir lib
   ```

3. Copiez le fichier libc dans le sous-répertoire de la bibliothèque de StarOffice que vous venez de créer.

   ```
   # cp /tmp/libc.so.5.4.33 /opt/Office40/lib
   ```

4. Ajoutez un lien symbolique de telle sorte que la version 5 de la bibliothèque soit incluse dans le répertoire.

   ```
   # ln -s libc.so.5.4.33 libc.so.5
   ```

5. Initialisez la variable d'environnement LD_LIBRARY_PATH pour qu'elle fasse référence au sous-répertoire de la bibliothèque de StarOffice.

   ```
   # export LD_LIBRARY_PATH=/opt/Office40/lib
   ```

La bibliothèque adéquate sera dès lors utilisée aussi bien pour l'installation que pour l'exécution de la suite StarOffice.

Vous devez exécuter cette dernière étape (exporter la variable LD_LIBRARY_PATH) juste avant chaque démarrage de StarOffice. A défaut, StarOffice ne trouvera pas le fichier de bibliothèque convenable. Si vous placez cette commande dans votre script de démarrage (.bashrc ou .profile), tous les programmes utiliseront cette bibliothèque, ce qui représente un risque pour tout ce que vous faites d'autre.

ASTUCE

Une alternative à l'utilisation de la commande export, à chaque démarrage de StarOffice, consiste à créer un script qui initialise la variable du chemin des bibliothèques ; et lance StarOffice en même temps, par exemple :

```
#!/bin/sh
export LD_LIBRARY_PATH=/opt/Office40/lib
/opt/Office40/bin/soffice
```

Sauvegardez ces trois lignes dans un fichier, puis exécutez la commande

```
chmod a+x scriptname
```

pour rendre le script exécutable. Dorénavant, lorsque vous exécuterez le script, le chemin des bibliothèques ne sera initialisé que pour StarOffice, et non pour les autres programmes que vous exécutez.

Vous êtes maintenant prêt à exécuter le programme d'installation de StarOffice.

Lancer Setup pour une installation mono-utilisateur

On installe StarOffice à partir du CD-ROM, grâce à un programme "Setup", comme pour la plupart des programmes Windows auxquels vous êtes habitué. Après avoir vérifié que vous remplissez bien les conditions d'un système Linux convenable, vous pouvez lancer le programme d'installation de StarOffice.

La procédure d'installation réseau est décrite dans la dernière partie de cette annexe. Une installation réseau ne diffère d'une installation mono-utilisateur que par l'emplacement des fichiers de StarOffice et la possibilité offerte à plusieurs utilisateurs d'exécuter StarOffice en même temps.

On lance le programme setup comme tout autre programme Linux. Si vous ne connaissez pas bien la procédure, suivez ces étapes :

1. Ouvrez une session sous le nom de l'utilisateur pour lequel vous installez StarOffice, et démarrez le système X Window.
2. Ouvrez une fenêtre xterm.
3. Insérez le CD-ROM StarOffice, et à l'aide de la commande su, logez-vous sous le nom d'un utilisateur autorisé à monter le lecteur de CD-ROM (ou sous root, si nécessaire). La commande exacte sera fonction de la configuration de vos périphériques :

```
$ su - admin
password:
$ mount -t iso9660 /dev/cdrom /mnt/cdrom
$ exit
$
```

4. Passez dans le répertoire de StarOffice du CD-ROM (son emplacement exact dépend de l'endroit où vous avez monté le lecteur de CD-ROM à l'étape 2) :

```
$ cd /mnt/cdrom/StarOffice
```

5. Lancez le programme d'installation setup en exécutant la commande :

```
$ ./setup
```

6. Après quelques secondes, la description de StarOffice apparaît, et l'installation commence.

• Récapitulation des conditions d'utilisation

Lorsque vous lancez le programme setup, la première fenêtre qui apparaît, affiche les conditions d'utilisation de StarOffice, comme dans la Figure E.1. La licence détermine de quelle façon vous pouvez utiliser votre exemplaire de StarOffice pour Linux.

Trois types de licences sont disponibles pour StarOffice :

- **Licence d'essai de 30 jours.** Cette version de StarOffice est disponible dans les promotions de certaines revues. Le logiciel est libellé "Try & Buy Version" sur la barre de titre, et s'arrête de fonctionner 30 jours après son installation.
- **Licence non commerciale.** Il s'agit d'une version complète de StarOffice, mais dont l'exploitation dans un but commercial n'est pas autorisée. Elle ne peut être utilisée que pour un usage personnel ou pour évaluer StarOffice avant d'acheter une licence commerciale.
- **Licence commerciale.** Cette version de StarOffice possède une licence permettant de l'utiliser pour n'importe quel usage, commercial ou personnel. Il est en général nécessaire d'acquérir une licence commerciale de StarOffice pour Linux.

INFO

Le CD-ROM 3 de ce livre contient une version complète de StarOffice pour Linux, avec une licence non commerciale. Vous pouvez l'installer et l'utiliser pour vos besoins personnels ou pour l'évaluer. Pour l'utiliser professionnellement, vous devez acquérir une licence commerciale.

• Choix d'une option d'installation

Vous devez ensuite décider des composants de StarOffice à installer. Nous l'avons déjà indiqué, StarOffice n'est pas un petit programme, et vous souhaiterez certainement ne pas installer certaines parties.

Souvenez-vous pourtant que la nature "intégrée" de StarOffice signifie que la plus grande partie du programme est partagée entre tous les composants. Il est par conséquent impossible de ne pas installer un composant volumineux comme le logiciel de présentation StarImpress.

Si vous devez vraiment économiser de l'espace disque, vous pouvez délaisser les composants suivants :

- les bibliothèques graphiques ;
- les modèles ;
- les fichiers d'aide ;
- les exemples de documents.

Vous pouvez choisir parmi plusieurs modes d'installation, comme le montre la Figure E.1.

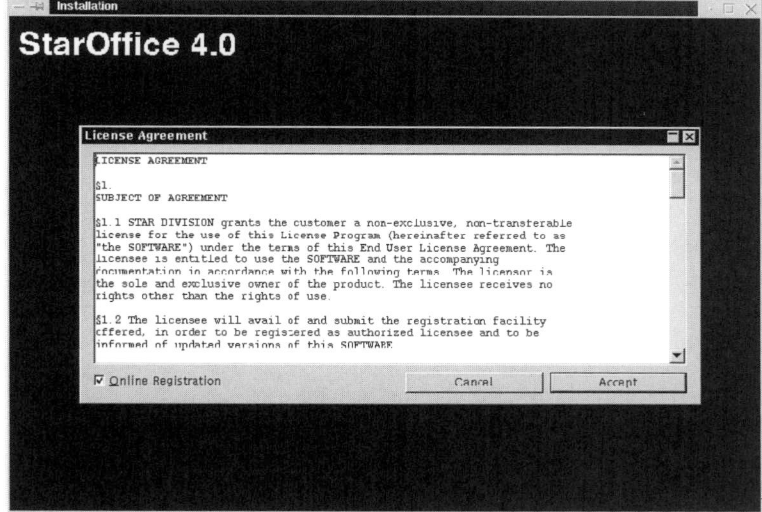

Figure E.1
Vous pouvez définir les composants de StarOffice à installer, en sélectionnant un mode d'installation.

La solution la plus simple est l'installation standard. Même si cela occupe beaucoup d'espace disque, vous disposez du graphisme, des modèles, des fichiers d'aide, des dictionnaires, etc. Pour sélectionner le bouton Standard Installation, vous devez disposer d'environ 110 Mo de libre sur votre disque dur. L'installation définitive occupe environ 90 Mo, mais l'installation elle-même requiert un certain espace supplémentaire.

Si vous ne disposez pas d'autant d'espace, vous pouvez choisir le mode Minimum Installation. Il ne nécessite que 50 Mo environ d'espace disque, mais il ne permet pas de disposer de certains éléments comme les fichiers d'aide ou les exemples de documents.

• Le mode d'installation personnalisée

Si vous préférez décider vous-même, vous pouvez choisir le mode Custom Installation. Lorsque vous sélectionnez ce bouton, la boîte de dialogue de la Figure E.2 apparaît.

Vous pouvez y sélectionner les composants à installer. Cependant, comme nous l'avons déjà indiqué, vous ne disposez pas d'un grand choix (contrairement par exemple à Microsoft Office).

StarOffice exploite les mêmes fonctionnalités sous-jacentes pour le traitement de texte, le tableur, le logiciel de présentation, etc. Si vous délaissez une section essentielle, rien de tout cela ne fonctionnera. Vous pouvez, en revanche, économiser de l'espace en sélectionnant les exemples de documents, les modèles, les fichiers d'aide, etc. à installer.

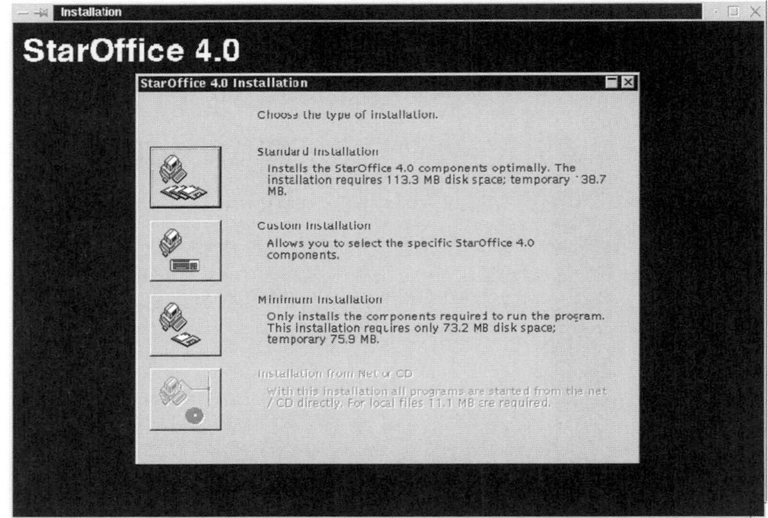

Figure E.2
Le mode Custom Installation vous permet de sélectionner les composants supplémentaires que vous souhaitez installer.

Pour désélectionner des options de la liste, respectez la procédure suivante :

1. Cliquez sur le signe plus (+) situé à gauche de l'élément que vous voulez désélectionner. Cet élément se développe pour afficher son contenu.
2. Cliquez sur le signe plus (+) des composants de niveau inférieur, si nécessaire.
3. Cliquez sur l'icône ou le nom d'un élément que vous ne voulez pas installer. L'icône devient blanche, et la ligne Required Disk Space située en bas de la boîte de dialogue est mise à jour, pour indiquer les nouveaux besoins en volume.
4. Cliquez une nouvelle fois sur les icônes que vous voulez resélectionner pour les inclure dans l'installation.
5. Après avoir sélectionné et désélectionné les composants adéquats, lancez l'installation en sélectionnant le bouton Install.

Pour changer le répertoire d'installation de StarOffice, cliquez sur le bouton Select... de la partie inférieure de l'écran. Vous pouvez alors parcourir l'arborescence de fichiers de votre système Linux et choisir un sous-répertoire.

Remarquez toutefois que vous devez choisir un sous-répertoire appartenant au répertoire personnel de l'utilisateur en cours, car il ne s'agit pas d'une installation pour un réseau ; avec cette installation, un seul utilisateur utilisera StarOffice.

• Décider de l'endroit où placer StarOffice

Si vous ne choisissez pas le mode Custom Installation, vous devez tout de même décider de l'endroit où installer StarOffice. Si vous avez choisi l'un des modes Standard ou Minimum

Installation, une autre fenêtre s'affiche (voir Figure E.3) dans laquelle vous pouvez sélectionner un sous-répertoire d'installation. Cela ressemble à l'option située en bas de la boîte de dialogue de l'installation personnalisée (reportez-vous à la Figure E.2).

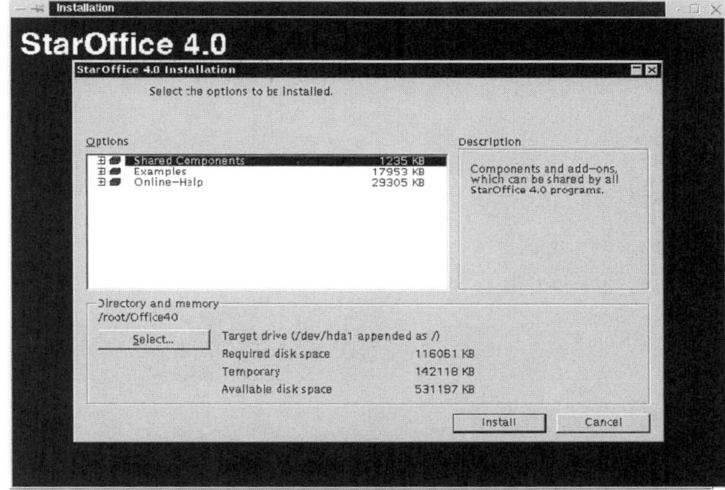

Figure E.3
Vous avez la possibilité de choisir l'endroit d'installation de StarOffice.

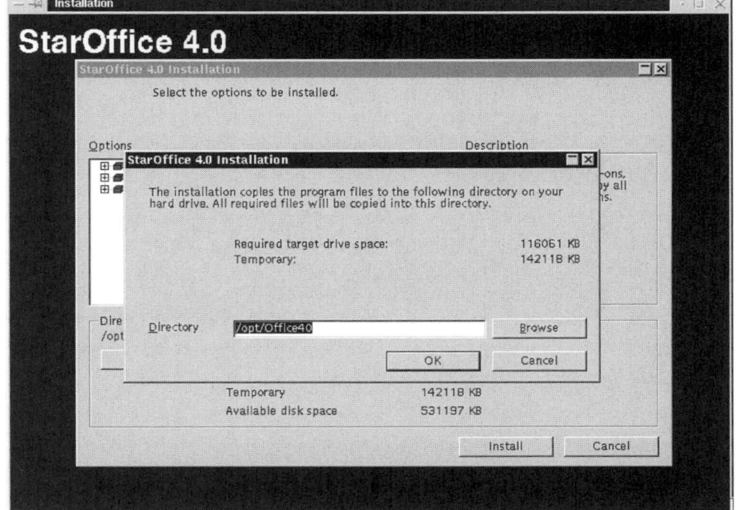

Figure E.4
Cette boîte de dialogue vous montre la progression de l'installation.

Cette installation de StarOffice étant destinée à un seul utilisateur, l'emplacement par défaut que représente le répertoire personnel de l'utilisateur constitue un choix sûr.

Si vous ne voulez pas installer StarOffice dans le répertoire personnel, ou pour modifier le nom du répertoire dans lequel StarOffice est installé, choisissez le bouton Select.

Après avoir choisi le répertoire d'installation, cliquez sur OK. Une fenêtre apparaît, affichant la progression de l'installation (voir la Figure E.4). Celle-ci demande de 5 à 25 minutes, en fonction de la vitesse de votre matériel.

• Saisie de vos renseignements utilisateur

Une fois l'installation terminée, une boîte de dialogue apparaît, vous demandant divers renseignements personnels, comme votre nom, celui de votre entreprise, votre numéro de téléphone, et votre adresse e-mail (voir la Figure E.5).

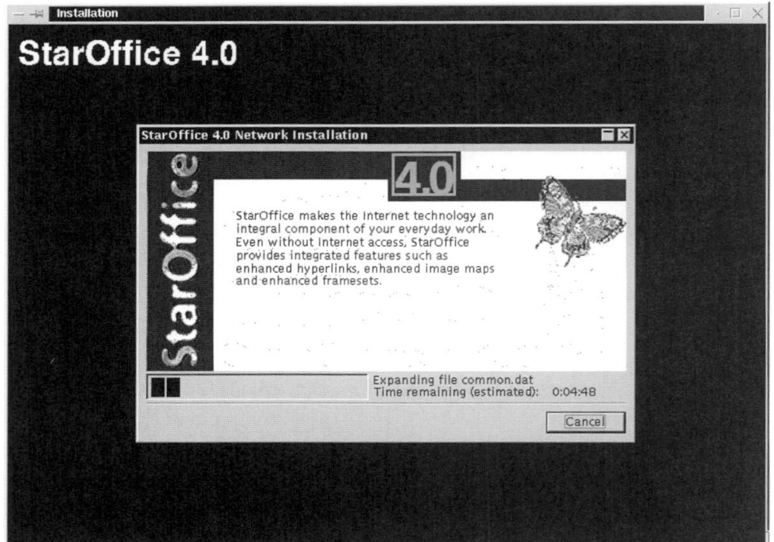

Figure E.5
Les renseignements utilisateur que vous saisissez ici seront utilisés dans les documents de StarOffice.

Il n'est pas obligatoire de saisir des informations à cet endroit, mais il est conseillé d'indiquer au moins votre nom et votre adresse e-mail, qui seront ainsi utilisés lorsque vous créerez et enverrez des messages e-mail avec StarOffice. Ces renseignements seront fournis aux systèmes de l'Internet qui gèrent les envois destinés au courrier électronique et aux groupes de news. Ils sont exigés par l'étiquette Internet ; les services e-mail et news de StarOffice ne fonctionneront pas sans eux.

Les autres renseignements, comme votre numéro de fax, de téléphone, et votre adresse, sont fournis à votre système StarOffice pour être intégrés aux modèles et aux macros de documents comme les pages de couverture de fax et les notes de frais de déplacement. Mais les informations autres que votre nom et votre adresse e-mail sont moins primordiales.

Complétez ce que vous voulez dans cette boîte de dialogue, puis cliquez sur OK pour continuer.

ASTUCE

Si vous avez besoin d'effectuer une mise à jour, une modification, ou un ajout dans cette boîte de dialogue, vous pouvez le faire à tout moment en utilisant le menu Tools. Sélectionnez Options, General, puis la page User Data.

L'installation est à présent terminée. Si vous ne souhaitez pas apprendre à effectuer l'installation réseau, passez directement à la partie consacrée à l'installation d'une imprimante.

Préparation d'une installation en réseau

Une installation en réseau est utile si vous avez acquis plusieurs licences de StarOffice. Elle permet d'installer StarOffice en un seul endroit, où plusieurs utilisateurs pourront accéder et l'utiliser. Cela permet d'économiser de l'espace disque en évitant à chaque utilisateur la nécessité de posséder un exemplaire de StarOffice dans son répertoire personnel.

INFO

Naturellement, si vous utilisez la version non commerciale de StarOffice incluse sur le CD-ROM 3 qui accompagne ce livre, vous pouvez utiliser l'installation en réseau avec plusieurs comptes utilisateur afin d'évaluer son fonctionnement. Mais ne l'utilisez pas professionnellement.

L'installation en réseau de StarOffice est fondamentalement identique à l'installation mono-utilisateur. Les seules différences tiennent à l'endroit où StarOffice sera installé et à la nécessité de créer quelques fichiers pour chaque utilisateur de StarOffice. Nous allons vous accompagner dans les deux étapes de l'installation : serveur et utilisateur.

Côté serveur de l'installation en réseau

Les besoins système d'une installation en réseau sont les mêmes que pour une installation mono-utilisateur.

Pour commencer une installation en réseau, respectez la procédure suivante :

1. Ouvrez une session en tant qu'utilisateur disposant des privilèges administratifs nécessaires au montage du lecteur de CD-ROM. Lancez ensuite le système X Window.
2. Montez le lecteur de CD-ROM qui contient le CD-ROM de StarOffice.

3. Passez dans le répertoire de StarOffice en exécutant la commande :

```
# cd /mnt/cdrom/StarOffice40/
```

4. Commencez l'installation en réseau en exécutant la commande :

```
# ./setup /net
```

Les boîtes de dialogue qui apparaissent sont identiques à celles de l'installation mono-utilisateur. La seule différence, à cette étape de l'installation, est l'emplacement que vous choisissez pour installer les fichiers de StarOffice.

Au lieu d'installer StarOffice dans le répertoire personnel d'un seul utilisateur, vous devez l'installer dans une zone commune d'applications, comme le répertoire /opt ou le répertoire /usr/local (sous un sous-répertoire Office40/).

Terminez l'installation en réseau en répondant aux boîtes de dialogue pour accepter les conditions d'utilisation et sélectionner le mode d'installation (Standard, Minimum, ou Custom). Ne saisissez pas de renseignements utilisateur dans l'installation réseau avant d'installer un utilisateur individuel.

• Côté client de l'installation en réseau

L'installation en réseau de StarOffice n'est pas prévue pour être utilisée directement. En fait, elle peut engendrer une erreur de segmentation et bloquer le système si vous essayez de l'utiliser. Suivez plutôt les instructions de l'installation en réseau (que vous venez de terminer) en installant quelques fichiers pour un utilisateur isolé.

Pour commencer l'installation d'un seul utilisateur, respectez la procédure suivante :

1. Ouvrez une session dans votre système Linux sous le nom de l'utilisateur qui se servira de StarOffice en réseau.
2. Passez dans le sous-répertoire binaire de StarOffice que vous avez utilisé pour l'installation en réseau :

```
$ cd /opt/Office40/bin
```

3. Lancez le programme setup en exécutant la commande suivante pour préciser que vous installez un seul utilisateur de StarOffice en réseau :

```
$ ./setup
```

4. Cliquez sur Accept pour accepter les conditions d'utilisation et poursuivre l'installation.
5. Dès que la boîte de dialogue vous demandant de choisir le mode d'installation apparaît, cliquez sur le bouton Installation from Net or CD.
6. Choisissez le répertoire d'installation que vous destinez aux fichiers StarOffice, dans le répertoire personnel de l'utilisateur.

   Une boîte de dialogue affiche la progression de l'installation.

7. La boîte de dialogue des renseignements utilisateur apparaît, dans laquelle vous pouvez saisir vos informations personnelles. Cliquez sur OK pour terminer l'installation.

Souvenez-vous que si vous ne saisissez pas au moins votre nom et votre adresse e-mail, les fonctions de courrier électronique et de groupes de news de StarOffice ne fonctionneront pas.

Vous êtes prêt à utiliser StarOffice. Cependant, avant de continuer, étudiez la dernière section sur la modification de votre installation de StarOffice.

Mise à jour ou suppression de l'installation de StarOffice

Après avoir installé StarOffice, il se peut que vous vouliez modifier l'installation. Par exemple, si vous n'avez pas installé les fichiers d'aide ou les modèles lors de l'installation initiale, vous pouvez les ajouter ultérieurement. Par ailleurs, vous pouvez avoir besoin de supprimer StarOffice de votre système Linux. Même si presque tout ce qui concerne StarOffice réside dans le répertoire Office40/, il n'est pas inutile de posséder un utilitaire de désinstallation.

Toutes ces tâches peuvent être accomplies à l'aide de l'utilitaire setup après l'installation de StarOffice. Cet utilitaire détectera que StarOffice est déjà installé sur votre système (pour l'utilisateur actuel) et vous proposera en conséquence les diverses options de l'installation d'origine.

Passez dans le répertoire du programme StarOffice et lancez le programme setup :

```
$ cd Office40/bin
$ ./setup &
$
```

Le programme setup démarre, mais son apparence est différente (voir Figure E.6). Les options suivantes apparaissent désormais :

- Modify installation
- Upgrade installation
- Deinstallation
- Repair

La plupart de ces options ont besoin que le CD-ROM de StarOffice soit monté. L'utilitaire setup doit accéder aux fichiers d'origine pour modifier ou mettre votre installation à jour.

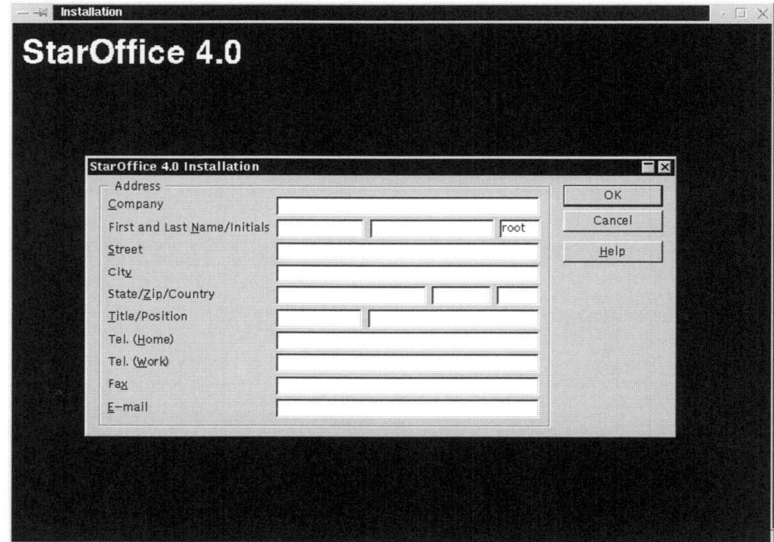

Figure E.6
L'utilitaire setup propose différentes options après l'installation de StarOffice.

• Modification de l'installation de StarOffice

Lorsque vous avez installé StarOffice, vous avez dû choisir un mode d'installation. Dans le mode Custom Installation, vous avez sélectionné les composants que vous souhaitiez installer.

Si vous lancez à nouveau l'utilitaire setup — après avoir terminé l'installation d'origine — et choisissez le bouton Modify, vous pouvez ajouter ou supprimer des éléments de la liste des composants que vous avez installés.

La boîte de dialogue dans laquelle vous choisissez ces composants ressemble à la boîte de dialogue Custom Installation.

• Mise à jour de votre installation de StarOffice

Si vous disposez d'un CD-ROM avec une version plus récente de StarOffice pour Linux, vous pouvez sélectionner le bouton Upgrade pour mettre à jour les fichiers adéquats de l'installation de StarOffice de votre système Linux.

Si vous utilisez le bouton Upgrade au lieu de supprimer le répertoire existant de StarOffice (ou d'utiliser l'option de désinstallation qui suit), vous pouvez préserver le paramétrage et les fichiers de travail que vous avez créés dans votre répertoire StarOffice actuel.

• Désinstallation de StarOffice

Si vous décidez de supprimer StarOffice de votre système, la meilleure façon consiste à utiliser le bouton De-Iinstall du programme setup.

Naturellement, vous pouvez également vous rendre dans le répertoire Office40/ et exécuter la commande :

```
$ rm -rf *
```

Mais cela est en général très dangereux. En outre, certains des fichiers cachés créés par StarOffice peuvent rester en place. Si vous souhaitez réinstaller ultérieurement StarOffice, ces fichiers cachés oubliés entraîneront une confusion lors de l'installation.

• Dépannage de StarOffice

La dernière option de post-installation du programme setup est le bouton Repair. Utilisez-le lorsqu'un événement survenu dans votre système de fichiers Linux empêche le fonctionnement de StarOffice.

Vous pouvez comparer cette situation à un blocage complet de Microsoft Windows. Au lieu de réinstaller le système ou l'application, vous pouvez lancer l'utilitaire setup et utiliser le bouton Repair.

La fonction Repair est capable de déterminer les parties manquantes ou mal situées de StarOffice, et les éventuelles incompatibilités entre versions. Comme dans le cas d'une modification de l'installation, cela est plus commode que de sauvegarder vos données et vos configurations et de procéder à une nouvelle installation de StarOffice.

De même qu'avec les options Modify et Upgade, vous aurez besoin du CD-ROM de StarOffice pour que l'utilitaire Repair retrouve les fichiers manquants d'après la source.

F Les CD-ROM

Le Macmillan Linux, 4ème édition, fournit à ses lecteurs une solution Linux complète. Sur les CD-ROM qui accompagnent ce livre, vous trouverez Red Hat Linux 5.2, Caldera OpenLinux Lite 1.2 et StarOffice 4.0. Non seulement vous disposerez de deux distributions majeures de Linux, mais également d'une suite de bureau de première catégorie.

Consultez le Chapitre 2 pour les instructions d'installation.

Red Hat Linux 5.2: système d'exploitation primé

Les CD-ROM 1 et 2 contiennent Red Hat Linux 5.2, élu "Produit système d'exploitation de bureau de l'année" par InfoWorld, deux ans de suite. Red Hat Linux est fait pour les utilisateurs qui ont besoin, sur leurs ordinateurs serveur ou de bureau, d'un environnement informatique fiable, sûr et hautement performant. Voici ce que vous obtenez avec Red Hat Linux 5.2 :

Un environnement de bureau. Red Hat Linux 5.2 vous offre la liberté dont vous avez besoin sur votre bureau. Vous avez le choix entre plusieurs gestionnaires de fenêtres. Vous pouvez également surfer sur le Net, compiler des programmes et formater des disquettes — le tout en même temps — et jouir d'un système d'exploitation extrêmement stable, au multitâche plus souple que n'importe quel autre système d'exploitation. Les systèmes sous Red Hat Linux sont capables de fonctionner en continu pendant des mois d'affilée.

Un serveur Internet. Red Hat Linux peut fournir les services Internet, y compris le Web, le courrier électronique, les news et DNS pour plusieurs sites avec un véritable hébergement virtuel.

Une plate-forme d'apprentissage. Le CD-ROM contient le code source complet (sauf pour les applications commerciales). Peut-on imaginer meilleure plate-forme d'apprentissage ? Red Hat Linux est livré avec des compilateurs C, C++, F77 complets, des langages de programmation (python, perl, Tcl/Tk, scheme0) et des outils pour des applications mathématiques ou scientifiques (spice, GNUplot, xfing).

Caldera OpenLinux Lite 1.2 et StarOffice 4.0 pour Linux

Le CD-ROM 3 contient OpenLinux Lite 1.2 et la version non commerciale de StarOffice 4.0.

- **Caldera OpenLinux Lite 1.2**

OpenLinux Lite 1.2 est la version gratuite du produit de Caldera "Linux for Business", une distribution de Linux complète. OpenLinux est la seule distribution Linux "pour soi" disponible à l'heure actuelle. Cela signifie que tous les binaires livrés avec cette distribution ont été compilés et testés pour fonctionner dans l'environnement OpenLinux.

Environnement de bureau. En plus des gestionnaires de fenêtres standards qui vous sont proposés par les autres distributions de Linux, OpenLinux Lite 1.2 vous offre une version d'évaluation de sa solution de bureau Looking Glass. Elle fournit une gestion de fichiers performante et un bureau tirer-lâcher facilitant l'ajout des programmes et des liens à votre environnement de bureau.

Prêt pour l'Internet. Caldera OpenLinux Lite est parfait pour l'Internet. Tout ce dont vous avez besoin en matière de client-serveur est présent.

Installation aisée. Il ne faut que trente minutes environ pour installer Caldera OpenLinux Lite grâce à son interface conviviale qui vous guide à toutes les étapes.

- **StarOffice 4.0**

Le CD-ROM 3 comprend également la version non commerciale, mais néanmoins complète, de StarOffice 4.0. StarOffice est une suite de bureau complète composée d'un traitement de texte, d'un tableur, d'un logiciel de présentation, etc. Il s'agit de l'une des suites de bureau les plus populaires disponibles sous Linux ; elle a récemment été primée Editor's Choice par 32 Bits Online.

Les logiciels

Lisez toute la documentation jointe aux produits des éditeurs indépendants (habituellement sous forme de fichier readme.txt ou licence.txt), et suivez toutes les instructions.

B

C

E

R

T

U